INSTITUIÇÕES DE DIREITO CIVIL

Volume V

DIREITO DE FAMÍLIA

EDIÇÕES DA OBRA

1ª edição – 1972	11ª edição – 1999 – 6ª tiragem	16ª edição – 2007 – 3ª tiragem
2ª edição – 1975	11ª edição – 1999 – 7ª tiragem	16ª edição – 2008 – 4ª tiragem
3ª edição – 1979	11ª edição – 1999 – 8ª tiragem	17ª edição – 2009
4ª edição – 1981	11ª edição – 2000 – 9ª tiragem	18ª edição – 2010
5ª edição – 1985	11ª edição – 2000 – 10ª tiragem	18ª edição – 2010 – 2ª tiragem
6ª edição – 1987	11ª edição – 2000 – 11ª tiragem	19ª edição – 2011
7ª edição – 1991	11ª edição – 2001 – 12ª tiragem	20ª edição – 2012
8ª edição – 1993	12ª edição – 2001	21ª edição – 2013
9ª edição – 1994	13ª edição – 2002	22ª edição – 2014
10ª edição – 1995	14ª edição – 2004	23ª edição – 2015
11ª edição – 1996	14ª edição – 2004 – 2ª tiragem	24ª edição – 2016
11ª edição – 1997 – complemento	14ª edição – 2004 – 3ª tiragem	25ª edição – 2017
11ª edição – 1997 – 2ª tiragem	15ª edição – 2005	26ª edição – 2018
11ª edição – 1998 – 3ª tiragem	15ª edição – 2005 – 2ª tiragem	27ª edição – 2019
11ª edição – 1998 – 4ª tiragem	16ª edição – 2006	28ª edição – 2020
11ª edição – 1998 – 5ª tiragem	16ª edição – 2006 – 2ª tiragem	29ª edição – 2022

O GEN | Grupo Editorial Nacional – maior plataforma editorial brasileira no segmento científico, técnico e profissional – publica conteúdos nas áreas de concursos, ciências jurídicas, humanas, exatas, da saúde e sociais aplicadas, além de prover serviços direcionados à educação continuada.

As editoras que integram o GEN, das mais respeitadas no mercado editorial, construíram catálogos inigualáveis, com obras decisivas para a formação acadêmica e o aperfeiçoamento de várias gerações de profissionais e estudantes, tendo se tornado sinônimo de qualidade e seriedade.

A missão do GEN e dos núcleos de conteúdo que o compõem é prover a melhor informação científica e distribuí-la de maneira flexível e conveniente, a preços justos, gerando benefícios e servindo a autores, docentes, livreiros, funcionários, colaboradores e acionistas.

Nosso comportamento ético incondicional e nossa responsabilidade social e ambiental são reforçados pela natureza educacional de nossa atividade e dão sustentabilidade ao crescimento contínuo e à rentabilidade do grupo.

CAIO MÁRIO DA SILVA PEREIRA

Professor Emérito na Universidade Federal do Rio de Janeiro
e na Universidade Federal de Minas Gerais.

INSTITUIÇÕES DE DIREITO CIVIL

Volume V

DIREITO DE FAMÍLIA

Tânia da Silva Pereira
Sofia Miranda Rabelo
Atualizadoras e colaboradoras

30ª edição revista, atualizada e reformulada

- O autor deste livro e a editora empenharam seus melhores esforços para assegurar que as informações e os procedimentos apresentados no texto estejam em acordo com os padrões aceitos à época da publicação, e todos os dados foram atualizados pelo autor até a data de fechamento do livro. Entretanto, tendo em conta a evolução das ciências, as atualizações legislativas, as mudanças regulamentares governamentais e o constante fluxo de novas informações sobre os temas que constam do livro, recomendamos enfaticamente que os leitores consultem sempre outras fontes fidedignas, de modo a se certificarem de que as informações contidas no texto estão corretas e de que não houve alterações nas recomendações ou na legislação regulamentadora.

- Fechamento desta edição: *24.11.2023*

- O Autor e a editora se empenharam para citar adequadamente e dar o devido crédito a todos os detentores de direitos autorais de qualquer material utilizado neste livro, dispondo-se a possíveis acertos posteriores caso, inadvertida e involuntariamente, a identificação de algum deles tenha sido omitida.

- Atendimento ao cliente: (11) 5080-0751 | faleconosco@grupogen.com.br

- Direitos exclusivos para a língua portuguesa
  Copyright © 2024 by
  Editora Forense Ltda.
  Uma editora integrante do GEN | Grupo Editorial Nacional
  Travessa do Ouvidor, 11 – Térreo e 6º andar
  Rio de Janeiro – RJ – 20040-040
  www.grupogen.com.br

- Reservados todos os direitos. É proibida a duplicação ou reprodução deste volume, no todo ou em parte, em quaisquer formas ou por quaisquer meios (eletrônico, mecânico, gravação, fotocópia, distribuição pela Internet ou outros), sem permissão, por escrito, da Editora Forense Ltda.

  1ª edição – 1972
  30ª edição – 2024

- Capa: Aurélio Corrêa

- **CIP – BRASIL. CATALOGAÇÃO NA FONTE.
  SINDICATO NACIONAL DOS EDITORES DE LIVROS, RJ.**

  P49i
  v. 5
  Pereira, Caio Mário da Silva, 1913-2004

  Instituições de direito civil : direito de família / Caio Mário da Silva Pereira ; atualização e colaboração por Tânia da Silva Pereira, Sofia Miranda Rabelo. – 30. ed., – Rio de Janeiro : Forense, 2024.
  (Instituições de direito civil ; 5)

  Inclui bibliografia e índice
  ISBN 978-65-5964-911-2

  1. Direito civil - Brasil. 2. Direito de família - Brasil. I. Pereira, Tânia da Silva. II. Título. III. Série.

  23-86683 CDU: 347.6(81)

  Gabriela Faray Ferreira Lopes – Bibliotecária – CRB-7/6643

*Este volume,
do* Direito de Família,
*dedico à minha mulher e aos meus filhos,
sempre queridos;
aos meus pais, sempre lembrados;
aos meus irmãos, sempre amigos.*

Índice Sistemático

Prefácio XIII
Nota da Atualizadora XXIII

Introdução 1

Capítulo LXXXII – A Família 19

368. Conceito de família 23
369. Origem e evolução da família 26
370. Concepção moderna de família 28
371. Natureza e taxinomia do direito de família 35
372. Os institutos do direito de família 36
372-A. Inovações constitucionais 38
372-B. Família socioafetiva 42
372-C. Estatuto da Criança e do Adolescente 45
372-D. Estatuto da Juventude 51
372-E. Estatuto da Pessoa Idosa 53
372-F. Princípios norteadores do direito de família 57

Capítulo LXXXIII – Casamento 73

373. Conceito de casamento 75
374. Natureza jurídica do casamento 79
375. Caracteres e finalidades do casamento 84
376. Casamento civil e casamento religioso 88
376-A. Capacidade para o casamento 91

Capítulo LXXXIV – Impedimentos Matrimoniais e Causas Suspensivas 95

377. Conceito de impedimento matrimonial. Natureza. Classificação 97
378. Dos impedimentos no Código Civil de 2002 98
379. Da oposição dos impedimentos 104
380. Das causas suspensivas 105
381. Outros impedimentos 109
381-A. A presunção de morte e o casamento 109

Capítulo LXXXV – Habilitação 113

382. Requisitos e pressupostos matrimoniais 115
383. Processo de habilitação 116

Capítulo LXXXVI – Celebração e Prova do Casamento 123

384. Cerimônia nupcial 125
385. Suspensão da cerimônia 128
386. Assento do casamento 128
387. Casamento nuncupativo 129
388. Casamento por procuração 132
389. Prova do casamento 133
389-A. Posse de estado de casados 134

Capítulo LXXXVII – Da Invalidade do Casamento 137

390. Casamento inexistente 139
391. Casamento nulo 142
392. Casamento anulável 145
393. Casamento putativo 155
394. Causas suspensivas do casamento (casamento irregular) .. 158

Capítulo LXXXVIII – Da Eficácia Jurídica do Casamento 161

395. Efeitos do casamento em geral 163
396. Deveres de ambos os cônjuges 171
397. Direitos e deveres dos cônjuges vinculados à atividade empresarial 177
398. Direitos sucessórios dos cônjuges 180
398-A. Usucapião familiar 181

Capítulo LXXXIX – Regimes de Bens 187

399. Disposições gerais sobre regimes de bens 189
399-A. A modificação do regime de bens na constância do casamento 191
400. Regime da separação obrigatória de bens 196
401. Deveres e direitos patrimoniais entre os cônjuges 201
402. Considerações especiais sobre bens reservados 209
403. Pacto antenupcial 211
403-A. Regime da comunhão parcial de bens 214
403-B. Regime de comunhão universal de bens 223
403-C. Regime de participação final nos aquestos 230
403-D. Regime de separação de bens 236
403-E. Doações antenupciais 239
404. Do usufruto e administração dos bens de filhos menores . 241

Capítulo XC – Dissolução da Sociedade Conjugal e do Vínculo Matrimonial 245

405. Do divórcio 251
405-A. Aspectos gerais 251
405-B. Do divórcio após a Emenda Constitucional nº 66 de 2010 256

405-C. A dissolução da sociedade conjugal no novo Código de Processo Civil .. 264
406. Os fundamentos da separação litigiosa (mencionados por razões históricas) ... 267
406-A. Divórcio no exterior...................................... 277
407. Direito ao nome: os efeitos do divórcio 278
407-A. Lei nº 11.924, de 17.04.2009 – Acréscimo do sobrenome do padrasto ... 282
407-B. Proteção dos filhos na separação e no divórcio – Guarda compartilhada .. 284
407-C. Visita e convivência com os avós............................. 290
407-D. Dano moral no divórcio..................................... 293
407-E. Divórcio por via extrajudicial................................ 299
407-F. Aspectos civis da "Lei Maria da Penha" (Lei nº 11.340/2006) 301
407-G. Da alienação parental....................................... 304

Capítulo XCI – Parentesco Decorrente do Casamento........................ 317
  408. Relações de parentesco....................................... 319
  409. Filiação nas relações matrimoniais............................. 324
  410. Da ação negatória da paternidade ou maternidade 337

Capítulo XCII – Filiação Fora do Casamento............................... 345
  411. Reconhecimento da filiação 349
  411-A. Aspectos históricos do reconhecimento voluntário................ 350
  411-B. O reconhecimento voluntário no Código Civil 355
  411-C. Efeitos do reconhecimento 359
  412. Investigação de paternidade e maternidade...................... 368
  412-A. Aspectos históricos.. 368
  412-B. Considerações gerais 372
  412-C. Da posse de estado de filho e filiação socioafetiva................ 373
  412-D. Competência para a ação de investigação de paternidade.......... 378
  412-D-1. Alimentos gravídicos 379
  412-D-2. Da legitimidade ativa 381
  412-D-3. Da legitimidade passiva 384
  412-E. Da defesa na ação de investigação de paternidade 385
  412-F. Presunção de paternidade decorrente da recusa em fazer exame de DNA .. 387
  412-G. Do nome... 390
  412-H. Da investigação da maternidade.............................. 392
  412-I. Autoridade da coisa julgada.................................. 392
  412-J. Das provas na ação investigatória 397
  412-K. O reconhecimento da filiação socioafetiva e a multiparentalidade 403

Capítulo XCIII – A Adoção como Parentesco Civil e como Família Substituta 411
  413. Considerações gerais sobre a adoção 415
  413-A. Conceito.. 419
  413-B. Efeitos da adoção 422

413-C. Licença-maternidade na adoção 423
413-D. Aspectos criminais 424
414. Adoção no Código Civil e a correlação com o Estatuto da Criança e do Adolescente modificado pela Lei nº 12.010, de 2009 426
414-A. Adoção internacional 451
414-B. O direito ao nome afetivo 455

Capítulo XCIV – Poder Familiar 457

415. Evolução e conceito de poder familiar 459
416. Poder familiar quanto à pessoa do filho 466
417. Poder familiar quanto aos bens do filho 475
418. Da cessação, suspensão e extinção do poder familiar 477
418-A. Guarda compartilhada 485
418-B. Poder familiar e autoridade parental na contemporaneidade .. 490
418-C. Autoridade parental e os direitos existenciais das crianças e dos adolescentes 494
418-D. A autoridade parental, o tratamento dos dados pessoais de crianças e adolescentes e a internet das coisas 500
418-E. Autoridade parental e direitos patrimoniais 504

Capítulo XCV – Colocação na Família Substituta: Tutela. Guarda 507

419. Conceito e espécies de tutela 509
420. Incapacidade e escusas 515
421. Exercício de tutela. Garantia. Bens de órfãos 518
422. Prestação de contas. Cessação da tutela 528
422-A. Guarda, na Lei nº 8.069, de 1990. Guarda provisória e definitiva no Estatuto da Criança e do Adolescente 532
422-B. Súmula 383 do STJ 537

Capítulo XCVI – Curatela 539

423. Conceito e espécies de curatela 541
423-A. A curatela no Código Civil 548
423-B. A curatela do nascituro 558
423-C. A curatela do enfermo e do deficiente físico 559
423-D. O exercício da curatela 564
423-E. Curatela do pródigo 566
424. Cessação da curatela 567

Capítulo XCVII – Alimentos 569

425. Alimentos: conceito, natureza, caracteres 573
426. Os alimentos no Código Civil 578
426-A. Revisão dos alimentos 590

427. Casos especiais de alimentos 599
427-A. Alimentos decorrentes de ato ilícito 599
427-B. Alimentos gravídicos 601
427-C. Alimentos no Estatuto da Criança e do Adolescente 606
427-D. Alimentos decorrentes de relações não biológicas 609
427-E. Legado de alimentos 610
428. Ação de alimentos 610
428-A. A execução de alimentos no Novo Código de Processo Civil 619
428-B. Alimentos ao companheiro 623
428-C. Alimentos durante a pandemia 625
428-D. Alimentos compensatórios 629

ANEXO – A – União Estável 633
A-1. Concubinato e união estável 635
A-2. Direitos dos companheiros na Lei nº 8.971/1994 640
A-3. União estável na Lei nº 9.278/1996 644
A-4. União estável no Código Civil 648
A-4.1. O regime patrimonial na união estável 655
A-5. Direitos sucessórios dos companheiros 664
A-6. Outras questões legais que envolvem a união estável 668

ANEXO – B – Bem de Família 673
B-1. Aspectos gerais 675
B-1-A. Histórico 675
B-1-B. Natureza jurídica 676
B-2. O bem de família voluntário no Código Civil 677
B-3. O bem de família legal (Lei nº 8.009/1990) 684

Índice Alfabético-remissivo 693

Prefácio

Às vésperas de completar 90 anos, tenho a alegria de entregar a uma equipe de destacados juristas os "manuscritos" que desenvolvi desde a versão original do Projeto do Código Civil de 1975, aprovado pela Câmara dos Deputados em 1984 e pelo Senado Federal em 1998.

A exemplo dos mais modernos compêndios de direito, com o apoio daqueles que escolhi pela competência e dedicação ao Direito Civil, sinto-me realizado ao ver prosseguir no tempo as minhas ideias, mantidas as diretrizes que impus às *Instituições*.

Retomo, nesse momento, algumas reflexões, pretendendo que as mesmas sejam incorporadas à obra, como testemunho de uma concepção abrangente e consciente das mudanças irreversíveis: a História, também no campo do Direito, jamais se repete.

Considerando que inexiste atividade que não seja "juridicamente qualificada", perpetua-se a palavra de Del Vecchio, grande jusfilósofo por mim tantas vezes invocado, ao assinalar que "todo Direito é, em verdade, um complexo sistema de valores" e, mais especificamente, ao assegurar que o sistema jurídico vigente representa uma conciliação entre "os valores da ordem e os valores da liberdade".[1]

Em meus recentes estudos sobre "alguns aspectos da evolução do Direito Civil",[2] alertei os estudiosos sobre o perigo em se desprezar os motivos de ordem global que legitimam o direito positivo, e sobre a importância de se ter atenção às "necessidades sociais" a que, já há muito, fez referência Jean Dabin.[3]

Eu fugiria da realidade social se permanecesse no plano puramente ideal dos conceitos abstratos, ou se abandonasse o solo concreto "do que é" e voltasse pelas áreas exclusivas do "dever ser". Labutando nesta área por mais de sessenta anos, lutando no dia a dia das competições e dos conflitos humanos, reafirmo minhas convicções no sentido de que o Direito deve ser encarado no concretismo instrumental que realiza, ou tenta realizar, o objetivo contido na expressão multimilenar de Ulpiano, isto é, como o veículo apto a permitir que se dê a cada um aquilo que lhe deve caber – *suum cuique tribuere*. E se é verdade que viceja na sociedade a tal ponto que *ubi societas ibi ius*, também é certo que não se pode abstraí-lo da sociedade onde floresce: *ubi ius, ibi societas*.

---

1 DEL VECCHIO, Giorgio, *Evoluzione ed Involuzione del Diritto*, Roma, 1945, p. 11, refere-se a *"un tentativo di conciliazione tra il valore dell'ordine e il valore della libertà"*, muito embora para assegurar um desses valores seja necessário sacrificar correspondentemente o outro.
2 PEREIRA, Caio Mário da Silva, *Direito Civil: Aspectos de sua Evolução*, Rio de Janeiro, Forense, 2001.
3 DABIN, Jean, *Philosophie de L'ordre Juridique Positif*, Sirey, Paris, 1929, p. 22.

Visualizando o Direito como norma de conduta, como regra de comportamento, e esquivando-me dos excessos do positivismo jurídico, sempre conclamei o estudioso a buscar conciliá-lo com as exigências da realidade, equilibrando-a com o necessário grau de moralidade e animando-a com o anseio natural de justiça – esse dom inato ao ser humano.

Não se pode, em verdade, ignorar o direito positivo, o direito legislado, a norma dotada de poder cogente. Ele é necessário. Reprime os abusos, corrige as falhas, pune as transgressões, traça os limites à liberdade de cada um impedindo a penetração indevida na órbita das liberdades alheias. Não é aceitável, porém, que o Direito se esgote na manifestação do poder estatal. Para desempenhar a sua função básica de "adequar o homem à vida social", como eu o defini[4] há de ser permanentemente revitalizado por um mínimo de idealismo, contribuindo para o equilíbrio de forças e a harmonia das competições.

Assiste-se, por outro lado, à evolução do direito legislado, na expressão morfológica de sua elaboração, como tendente a perder cada vez mais o exagerado tecnicismo de uma linguagem esotérica, posta exclusivamente ao alcance dos iniciados. Sem se desvestir de uma linguagem vernácula, há de expressar-se de tal modo que seja compreendido sem o auxílio do misticismo hermenêutico dos especialistas.

Tomado como ponto de partida o Código Civil de 1916, sua preceituação e a sua filosofia, percebe-se que o Direito Civil seguiu por décadas rumo bem definido. Acompanhando o desenvolvimento de cada instituto, vê-se que, embora estanques, os segmentos constituíram uma unidade orgânica, obediente no seu conjunto a uma sequência evolutiva uniforme.

No entanto, as últimas décadas, marcadas pela redemocratização do País e pela entrada em vigor da nova Constituição, deflagraram mudanças profundas em nosso sistema jurídico, atingindo especialmente o Direito Privado.

Diante de tantas transformações, passei a rever a efetiva função dos Códigos, não mais lhes reconhecendo a missão tradicional de assegurar a manutenção dos poderes adquiridos, tampouco seu valor histórico de "Direito Comum". Se eles uma vez representaram a "consagração da previsibilidade",[5] hoje exercem, diante da nova realidade legislativa, um papel residual.

Como ressalvei no primeiro volume de minhas *Instituições,* buscando subsídios em Lúcio Bittencourt[6] "a lei contém na verdade o que o intérprete nela enxerga, ou dela extrai, afina em essência com o conceito valorativo da disposição e conduz o direito no rumo evolutivo que permite conservar, vivificar e atualizar preceitos ditados há anos, há décadas, há séculos, e que hoje subsistem somente em função do entendimento moderno dos seus termos".

---

4   PEREIRA, Caio Mário da Silva, *Instituições de Direito Civil*, Rio de Janeiro, Forense, 2001, v. I, nº 1.
5   IRTI, Natalino, "L'età della decodificazione", *in Revista de Direito Civil*, nº 10, p. 16, out./dez., 1979.
6   BITTENCOURT, C. A. Lúcio, "A Interpretação como Parte Integrante do Processo Legislativo", *in Revista Forense*, v. 94, p. 9.

O legislador exprime-se por palavras, e é no sentido real destas que o intérprete investiga a verdade e busca o sentido vivo do preceito. Cabe a ele preencher lacunas e omissões e construir permanentemente o Direito, não deixando que as leis envelheçam, apesar do tempo decorrido.

Fiel a essas premissas hermenêuticas, sempre considerei a atuação de duas forças numa reforma do Código Civil: a imposição das novas contribuições trazidas pelo progresso incessante das ideias e o respeito às tradições do passado jurídico. Reformar o Direito não significa amontoar todo um conjunto normativo como criação de preceitos aptos a reformular a ordem jurídica constituída.

Em meus ensinamentos sobre a "interpretação sistemática", conclamei o investigador a extrair de um complexo legislativo as ideias gerais inspiradoras da legislação em conjunto, ou de uma província jurídica inteira, e à sua luz pesquisar o conteúdo daquela disposição. "Deve o intérprete investigar qual a tendência dominante nas várias leis existentes sobre matérias correlatas e adotá-la como premissa implícita daquela que é o objeto das perquirições".[7]

Estou convencido de que, no atual sistema jurídico, existe espaço significativo para uma interpretação teleológica, que encontra na Lei de Introdução às normas do Direito Brasileiro sua regra básica, prevista no art. 5º: "*Na aplicação da lei, o juiz atenderá aos fins sociais a que ela se dirige e às exigências do bem comum*".

Na hermenêutica do novo Código Civil, destacam-se hoje os princípios constitucionais e os direitos fundamentais, os quais se impõem às relações interprivadas, aos interesses particulares, de modo a fazer prevalecer uma verdadeira "constitucionalização" do Direito Privado.

Com a entrada em vigor da Carta Magna de 1988, conclamei o intérprete a um trabalho de hermenêutica "informado por uma visão diferente da que preside a interpretação das leis ordinárias".[8]

Ao mesmo tempo, alertei-o acerca do que exprimi como o "princípio da continuidade da ordem jurídica", mantendo a supremacia da Constituição sobre a legislatura: "Aplica-se *incontinenti*, porém voltada para o futuro. Disciplina toda a vida institucional *ex nunc*, a partir de 'agora', de quando começou a vigorar".[9] Não obstante o seu caráter imperativo e a instantaneidade de sua vigência, "não poderia ela destruir toda a sistemática legislativa do passado".[10]

Diante do "princípio da hierarquia das leis", não se dirá que a Constituição "revoga" as leis vigentes uma vez que, na conformidade do princípio da continuidade da ordem jurídica, a norma de direito objetivo perde a eficácia em razão de uma força contrária a sua vigência. "As leis anteriores apenas deixaram de existir no plano do ordenamento jurídico estatal por haverem perdido seu fundamento de

---

7 PEREIRA, Caio Mário da Silva, *Instituições de Direito Civil*, v. I, nº 38.
8 PEREIRA, Caio Mário da Silva, "Direito Constitucional Intertemporal", *in Revista Forense*, v. 304, p. 29.
9 Id., ob. cit., p. 31.
10 Id., ob. cit., p. 32.

validade".[11] Diante de uma nova ordem constitucional, a *"ratio"* que sustentava as leis vigentes cessa. Cessando a razão constitucional da lei em vigor, perde eficácia a própria lei.

Naquela mesma oportunidade, adverti no sentido de que a nova Constituição não tem o efeito de substituir, com um só gesto, toda a ordem jurídica existente. "O passado vive no presente e no futuro, seja no efeito das situações jurídicas já consolidadas, seja em razão de se elaborar preceituação nova que, pela sua natureza ou pela necessidade de complementação, reclama instrumentalização legislativa".[12]

Cabe, portanto, ao intérprete evidenciar a subordinação da norma de direito positivo a um conjunto de disposições com maior grau de generalização, isto é, a princípios e valores dos quais não pode ou não deve mais ser dissociada.

Destaco, a esse propósito, o trabalho de Maria Celina Bodin de Moraes, que assume uma concepção moderna do Direito Civil.[13] Analisando a evolução do Direito Civil após a Carta Magna de 1988, a autora afirma: "Afastou-se do campo do Direito Civil a defesa da posição do indivíduo frente ao Estado, hoje matéria constitucional".

Ao traçar o novo perfil do Direito Privado e a tendência voltada à "publicização" – a conviver, simultaneamente, com uma certa "privatização do Direito Público" – a ilustre civilista defende a superação da clássica dicotomia "Direito Público-Direito Privado" e conclama a que se construa uma "unidade hierarquicamente sistematizada do ordenamento jurídico". Essa unidade parte do pressuposto de que "os valores propugnados pela Constituição estão presentes em todos os recantos do tecido normativo, resultando, em consequência, inaceitável a rígida contraposição".[14]

A autora ressalta a supremacia axiológica da Constituição, "que passou a se constituir como centro de integração do sistema jurídico de direito privado"[15] abrindo-se então o caminho para a formulação de um "Direito Civil Constitucional", hoje definitivamente reconhecido na Doutrina e nos Tribunais.

Reporto-me, especialmente, aos estudos de Pietro Perlingieri, ao afirmar que o Código Civil perdeu a centralidade de outrora e que "o papel unificador do sistema, tanto em seus aspectos mais tradicionalmente civilísticos quanto naqueles de relevância publicista é desempenhado de maneira cada vez mais incisiva pelo Texto Constitucional".[16]

Diante da primazia da Constituição Federal, os "direitos fundamentais" passaram a ser dotados da mesma força cogente nas relações públicas e nas relações privadas, e não se confundem com outros direitos assegurados ou protegidos.

---

11 BATALHA, Wilson de Souza Campos *apud* PEREIRA, Caio Mário da Silva, "Direito Constitucional Intertemporal", ob. cit., p. 33.
12 PEREIRA, Caio Mário da Silva, "Direito Constitucional Intertemporal", ob. cit., p. 34.
13 Bodin de MORAES, Maria Celina, "A Caminho de um Direito Civil Constitucional", *in Revista de Direito Civil*, nº 65, p. 22, jul./set., 1993.
14 Id., ob. cit., p. 24.
15 Id., ob. cit., p. 31.
16 PERLINGIERI, Pietro, *Perfis do Direito Civil: Introdução ao Direito Civil Constitucional*. Trad. de M. C. De Cicco. Rio de Janeiro, Renovar, 1997, p. 6.

Em minha obra, sempre salientei o papel exercido pelos "princípios gerais de direito", a que se refere expressamente o art. 4º da Lei de Introdução às normas do Direito Brasileiro como fonte subsidiária de direito. Embora de difícil utilização, os princípios impõem aos intérpretes o manuseio de instrumentos mais abstratos e complexos e requerem um trato com ideias de maior teor cultural do que os preceitos singelos de aplicação quotidiana.[17]

Devo reconhecer que, na atualidade, os princípios constitucionais se sobrepõem à posição anteriormente ocupada pelos princípios gerais de direito. Na Doutrina brasileira, cabe destacar, acerca dessa evolução, os estudos de Paulo Bonavides sobre os "princípios gerais de direito" e os "princípios constitucionais".[18]

Depois de longa análise doutrinária e evolutiva, o ilustre constitucionalista reafirma a normatividade dos princípios.[19] Reporta-se a Vezio Crisafull[20] ao asseverar que "um princípio, seja ele expresso numa formulação legislativa ou, ao contrário, implícito ou latente num ordenamento, constitui norma, aplicável como regra de determinados comportamentos públicos ou privados".

Bonavides identifica duas fases na constitucionalização dos princípios: a programática e a não programática, de concepção objetiva.[21] "Nesta última, a normatividade constitucional dos princípios ocupa um espaço onde releva de imediato a sua dimensão objetiva e concretizadora, a positividade de sua aplicação direta e imediata."

Conclui o conceituado autor que, "desde a constitucionalização dos princípios, fundamento de toda a revolução 'principial', os princípios constitucionais outra coisa não representam senão os princípios gerais de direito, ao darem estes o passo decisivo de sua peregrinação normativa, que, inaugurada nos Códigos, acaba nas Constituições".[22]

No âmbito do debate que envolve a constitucionalização do Direito Civil, mencione-se ainda o § 1º do art. 5º do Texto Constitucional, que declara que as normas definidoras dos direitos e das garantias fundamentais têm aplicação imediata. Considero, no entanto, que não obstante preceito tão enfaticamente estabelecido, ainda assim, algumas daquelas normas exigem a elaboração de instrumentos adequados à sua fiel efetivação.[23]

Rememorando meus ensinamentos sobre "direito subjetivo" e a centralidade da "*facultas agendi*", ressalvadas, é claro, as tantas controvérsias e divergências que envolvem o tema, destaco na conceituação do instituto o poder de ação, posto à disposição de seu titular e que não dependerá do exercício por parte deste último. Por

---

17 *Vide Instituições de Direito Civil*, ob. cit., v. 1, nº 13.
18 BONAVIDES, Paulo, *Curso de direito constitucional,* 7ª ed., São Paulo, Malheiros, 1997.
19 BONAVIDES, Paulo, *Curso de Direito Constitucional*, ob. cit., p. 246.
20 CRISAFULLI, Vezio. *La Costituzione e sue Disposizioni di Principi*, Milano, 1952, p. 16; ob. cit., p. 246.
21 Id., ob. cit., p. 246.
22 Id., ob. cit., pp. 261-262.
23 PEREIRA, Caio Mário da Silva, "Direito Constitucional Intertemporal", ob. cit., p. 33.

essa razão, o indivíduo capaz e conhecedor do seu direito poderá conservar-se inerte, sem realizar o poder da vontade e, ainda assim, ser portador de tal poder.

Ainda a respeito do direito subjetivo, sempre ressaltei a presença do fator teleológico, ou seja, "o direito subjetivo como faculdade de querer, porém dirigida a determinado fim. O poder de ação abstrato é incompleto, desfigurado. Corporifica-se no instante em que o elemento volitivo encontra uma finalidade prática de atuação. Esta finalidade é o interesse de agir".[24]

Mais uma vez refiro-me aos estudos de Maria Celina Bodin de Moraes, que, apoiando-se em Michele Giorgianni, esclarece: a força do direito subjetivo não é a do titular do direito, e sim "a força do ordenamento jurídico que o sujeito pode usar em defesa de seus interesses", concluindo que "esta força existe somente quando o interesse é juridicamente reconhecido e protegido" (...).

No âmbito dos direitos subjetivos, destaca-se o princípio constitucional da tutela da dignidade humana, como princípio ético-jurídico capaz de atribuir unidade valorativa e sistemática ao Direito Civil, ao contemplar espaços de liberdade no respeito à solidariedade social. É nesse contexto que Maria Celina Bodin de Moraes insere a tarefa do intérprete, chamado a proceder à ponderação, em cada caso, entre liberdade e solidariedade. Esta ponderação é essencial, já que, do contrário, os valores da liberdade e da solidariedade se excluiriam reciprocamente, "todavia, quando ponderados, seus conteúdos se tornam complementares: regulamenta-se a liberdade em prol da solidariedade social, isto é, da relação de cada um, com o interesse geral, o que, reduzindo a desigualdade, possibilita o livre desenvolvimento da personalidade de cada um dos membros da comunidade".[25]

Nessas minhas reflexões, não poderia me omitir quanto às propostas de João de Matos Antunes Varela, as quais ajudaram a consolidar minhas convicções, já amplamente conhecidas, no sentido da descodificação do Direito.

Numa análise histórica, o insigne civilista português demonstra que o Código Civil se manteve na condição de "diploma básico de toda a ordem jurídica", atribuindo ao Direito Civil a definição dos direitos fundamentais do indivíduo. Desde os primórdios das codificações, nunca se conseguiu, no entanto, estancar a atividade das assembleias legislativas no que concerne à "legislação especial", a qual se formava por preceitos que "constituíam meros corolários da disciplina básica dos atos jurídicos e procuravam, deliberadamente, respeitar os princípios fundamentais definidos no Código Civil".

O mencionado autor apresenta efetivos indicadores para o movimento de descodificação: o Código Civil deixou de constituir-se o centro geométrico da ordem jurídica, já que tal papel foi transferido para a Constituição; o aumento em quantidade e qualidade da legislação especial; a nova legislação especial passou a caracterizar-se por uma significativa alteração no quadro dos seus destinatários: "As leis deixaram

---

24 PEREIRA, Caio Mário da Silva, *Instituições de Direito Civil*, v. I, n° 5.
25 Bodin de MORAES, Maria Celina, "Constituição e Direito Civil: Tendências", *in Revista dos Tribunais*, v. 779, pp. 55 e 59, set./2000.

em grande parte de constituir verdadeiras normas gerais para constituírem 'estatutos privilegiados' de certas classes profissionais ou de determinados grupos políticos".[26]

Refere-se, ainda, aos "microssistemas" como "satélites autônomos que procuram regiões próprias na órbita incontrolada da ordem jurídica (...)" e "reivindicam áreas privativas e exclusivas de jurisdição e que tendem a reger-se por princípios diferentes dos que inspiram a restante legislação".[27]

Conclui Varela que a Constituição não pode hoje limitar-se a definir os direitos políticos e as liberdades fundamentais do cidadão e a traçar a organização do Estado capaz de garantir a livre iniciativa dos indivíduos. "Acima da função de *árbitro* nos conflitos de interesses *individuais* ou de acidental *interventor supletivo* no desenvolvimento econômico do país, o *Estado social moderno* chamou, justificadamente, a si duas funções primordiais: a de promotor ativo *do bem comum* e de garante da *justiça social*".[28]

Como Antunes Varela, considero a necessidade de serem preservadas as leis especiais vigentes, salvo a total incompatibilidade com normas expressas do novo Código Civil, quando estaremos enfrentando a sua revogação ou ab-rogação. Alerte-se, no entanto, para a cessação da vigência da lei por força do desaparecimento das circunstâncias que ditaram a sua elaboração. Invoca-se, a propósito, a parêmia *cessante ratione legis, cessat et ipsa lex.*

Entre as causas especiais de cessação da eficácia das leis, não se pode deslembrar a resultante da declaração judicial de sua inconstitucionalidade. Por decisão definitiva do Supremo Tribunal Federal, cabe ao Senado Federal suspender a sua execução, no todo ou em parte (CF, art. 52, X). Portanto, não compete ao Poder Judiciário revogar a lei, mas recusar a sua aplicação quando apura a afronta a princípios fixados no Texto Maior.

Destaque-se, ainda, a Lei Complementar nº 95, de 26 de fevereiro de 1998, que dispõe sobre a "elaboração, a redação, a alteração e a consolidação das leis", declarando no art. 9º que "*a cláusula de revogação deverá enumerar, expressamente, as leis ou disposições legais revogadas*".

Outrossim, devemos ser cautelosos ao interpretar o art. 2º, § 2º, da Lei de Introdução às normas do Direito Brasileiro, segundo o qual "*a lei nova, que estabeleça disposições gerais ou especiais a par das já existentes, não revoga nem modifica a lei anterior*". Da mesma forma advertiu Marco Aurélio S. Vianna, ao considerar que "a generalidade de princípios numa lei geral não cria incompatibilidade com regra de caráter especial. A disposição especial disciplina o caso especial, sem afrontar a norma genérica da lei geral que, em harmonia, vigorarão simultaneamente".[29]

---

26 Antunes VARELA, João de Matos, "O Movimento de Descodificação do Direito Civil", *in Estudos Jurídicos em Homenagem ao Prof. Caio Mário da Silva Pereira*, Rio de Janeiro, Forense, 1984, pp. 507-509.
27 Id., ob. cit., p. 510.
28 Id., ob. cit., p. 527.
29 VIANNA, Marco Aurélio S., *Direito Civil. Parte Geral*, Belo Horizonte, Del Rey, 1993, p. 53.

A adequação do Código Civil ao nosso *status* de desenvolvimento representa um efetivo desafio aos juristas nesse renovado contexto legislativo. A minha geração foi sacrificada no altar estadonovista. Quando atingiu a idade adulta e chegou o momento de aparelhar-se para competir nos prélios políticos, as liberdades públicas foram suprimidas e o restabelecimento custou inevitável garroteamento entre os antigos que forcejavam por ficar e os mais novos que chegaram depois e ambicionavam vencer. A geração atual, que conviveu com as diversas versões do novo Código, busca assimilar as lições realistas do mundo contemporâneo.

Nova diretriz deverá ser considerada para o jurista deste milênio que se inicia. San Tiago Dantas pregava, de forma visionária, a universalidade do comando jurídico, conduzindo à interdisciplinaridade entre os vários ramos jurídicos. Considero, contudo, que o Direito deve buscar também nas outras ciências, sobretudo naquelas sociais e humanas, o apoio e a parceria para afirmar seus princípios, reorganizando metodologicamente seus estudos e pesquisas. As relações humanas não podem ser tratadas pelo sistema jurídico como se fossem apenas determinadas pelo mundo dos fatos e da objetividade. A filosofia, a psicologia, a sociologia, a medicina e outras ciências indicam novos rumos ao Direito.

Convivendo com um sistema normativo, que sempre se contentou com a pacificação dos conflitos, cabe aos juristas, intérpretes e operadores do Direito assumi-lo com a "função promocional" apregoada por Norberto Bobbio desde a década de setenta. O Código de Defesa do Consumidor, o Estatuto da Criança e do Adolescente e a Lei de Diretrizes e Bases da Educação representam estrutura legislativa que se projetará como modelo dos diplomas legislativos, nos quais há de prevalecer, acima de tudo, o respeito aos direitos fundamentais.

Devemos, portanto, assumir a realidade contemporânea: os Códigos exercem hoje um papel menor, residual, no mundo jurídico e no contexto sociopolítico. Os "microssistemas", que decorrem das leis especiais, constituem polos autônomos, dotados de princípios próprios, unificados somente pelos valores e princípios constitucionais, impondo-se assim o reconhecimento da inovadora técnica interpretativa.

No que tange ao volume quinto das *Instituições*, pude contar com o apoio da minha filha Tânia da Silva Pereira, Mestre em Direito Civil pela UFRJ, com titulação equivalente pela Faculdade de Direito da Universidade de Coimbra, Professora de Direito da PUC/Rio e da UERJ, dedicada à Advocacia cível, destacadamente, em Direito de Família, Infância e Juventude e Sucessões, com obras publicadas nessas especialidades. Destaco, também, a efetiva contribuição da Sr.ª Angela Maria de Carvalho Figueiredo, que a apoiou nos trabalhos de atualização e revisão do livro.

Agradeço o empenho e o desvelo, que tanto engrandeceram a obra. Graças a esse trabalho, o volume foi acrescido não apenas de meus próprios comentários, como também de referências a outras teses doutrinárias, nacionais e estrangeiras, cuja seleção revela a pesquisa realizada em prol da cuidadosa atualização.

Diante do Código Civil de 2002, espero que minha obra, já agora atualizada, possa prosseguir no tempo orientando os operadores do Direito, os juristas e os acadêmicos do novo milênio, cabendo-lhes, sob a perspectiva da globalização das instituições, o desafio de conciliar critérios de interpretação que resultem na prevalência do bom senso, da criatividade e, por vezes, de muita imaginação.

Caio Mário da Silva Pereira

Nota da Atualizadora

Caio Mário da Silva Pereira, em sua obra *Algumas Lembranças*, indicou a síntese de sua proposta ao iniciar a atualização das *Instituições de Direito Civil*, antes mesmo da Carta Magna de 1988; posteriormente, buscou atender as novas diretrizes constitucionais. Entusiasmado com a oportunidade de conferir novos rumos às suas obras, a partir de 1989, tive o privilégio de ajudá-lo na atualização do volume V das *Instituições de Direito Civil* dedicado ao Direito de Família, sendo certo que alguns assuntos tinham merecido do nosso Mestre uma posição de vanguarda, a exemplo da *equiparação dos filhos e não discriminação*, o que já constava de sua obra desde 1975 e fora incluído na Carta Magna de 1988.

Foram dele estas ponderações: "numa rápida reflexão sobre o que representará o Direito no novo século, procurei deixar a minha mensagem, ressaltando, especialmente, que as codificações cumpriram sua missão histórica de assegurar a manutenção dos poderes adquiridos e que não mais se pode reconhecer ao Código Civil o valor de 'Direito Comum'. Naquela oportunidade destaquei a importância das normas constitucionais, notadamente dos Direitos Fundamentais, ao ocupar o lugar privilegiado e tradicionalmente reconhecido aos Princípios Gerais de Direito. (...) Alertei, sobretudo, para a proposta consolidada na Doutrina brasileira de um Direito Civil Constitucional, reconhecido definitivamente nos meios acadêmicos e pelo Tribunais. Convoquei finalmente os operadores do direito para que assumam suas principais responsabilidades com base nos ditames constitucionais".[1]

Tais diretrizes permitiram a esta atualizadora a inclusão das regras básicas do "Estatuto da Criança e do Adolescente" (Lei nº 8.069/1990), do "Estatuto da Pessoa Idosa" (Lei nº 10.741/2003) e do "Estatuto da Pessoa com Deficiência" (Lei nº 13.145/2015), que preveem a proteção das vulnerabilidades próprias das respectivas parcelas da população.

Neste trabalho de atualização da 30ª edição do volume V das *Instituições de Direito Civil* contei com a efetiva e preciosa parceria da jurista mineira *Sofia Miranda Rabelo*, que, ainda em seu curso de graduação em direito, teve contato com o Mestre Caio Mário, discutindo o Direito Civil em seus vários aspectos, conhecendo seus manuscritos para a atualização de sua obra, ouvindo sua trajetória acadêmica na UFMG e na UFRJ e sua história de vida como advogado, Presidente do Conselho Federal da OAB em tempos desafiadores. Já como advogada e acadêmica, os encontros prosseguiram e foram comemorados os 90 anos do Professor Caio Mário em

---

[1] Caio Mário da Silva Pereira, *Algumas lembranças*, Rio de Janeiro: Forense, 2001, p. 88-89.

Belo Horizonte, na então Faculdade de Direito Izabela Hendrix, que se tornou uma verdadeira – e merecida – festa ao nosso maior civilista.

Após o seu falecimento, em 2004, prosseguimos juntas na atualização do volume V das *Instituições de Direito Civil*; e, também como advogadas de Direito de Família e Sucessões, professoras universitárias e pesquisadoras, nossos trabalhos em parceria permitiram a implantação de projetos desafiadores, como a coordenação e participação na obra inédita no Brasil, sobre a "Avosidade" e os vários aspectos das relações avoengas.

Como vice-presidente do Instituto dos Advogados de Minas Gerais – IAMG, a ilustre jurista Sofia Miranda Rabelo organizou o 1º Congresso de Direito Civil do IAMG em homenagem ao seu ex-presidente, Caio Mário da Silva Pereira, no Museu do Judiciário de Minas Gerais. O evento possibilitou que alguns atualizadores das Instituições e renomados civilistas de todo o país celebrassem a sua obra com palestras brilhantes e debates atuais.

Com a contribuição de *Sofia Miranda Rabelo* foi possível incluir nesta 30ª edição vasta doutrina e jurisprudência dos nossos tribunais nos dois últimos anos, não só de Direito de Família, como também de direitos da infância e juventude, das pessoas idosas e das pessoas com deficiência.

Dentre os novos temas, destaque-se o *direito de uso ao nome afetivo* a partir da concessão da guarda provisória no processo de adoção, prevista na Lei nº 7.930, de 02.04.2018 (Estado do Rio de Janeiro), sendo certo que outras legislações estaduais também previram esse direito.[2] Importante um posicionamento do Poder Legislativo com vistas à uniformização do entendimento acerca desse assunto. Até porque não há como falar em regulamentação nacional sem alterar o Estatuto da Criança e do Adolescente.

Em tempos de pandemia, coube-nos promover os estudos e a coordenação de uma obra sobre *Avosidade*,[3] ou seja, o reconhecimento do vínculo socioafetivo entre avós e netos. O reconhecimento não se limita à ordem formal, pois gera efeitos práticos, como a desnecessidade de autorização judicial (art. 83, §º, b, 1, do ECA) para viagens, além de no futuro, caso necessário, ambas terem lugar preferencial para cuidarem uma da outra (arts. 1.731, I, e 1.775, § 1º, do Código Civil).

A edição especial nº 3 do Informativo de Jurisprudência do Superior Tribunal de Justiça, publicada em 31.01.2022, destacou a seguinte tese: "Na multiparentalidade deve ser reconhecida a equivalência de tratamento e de efeitos jurídicos entre as paternidades biológica e socioafetiva". Esse entendimento foi consolidado, por unanimidade, no REsp 1.487.596/MG, Quarta Turma, Rel. Antônio Carlos Ferreira, julgado em 28.09.2021, publicado em 01.10.2021.

---

2 Na mesma direção, temos: São Paulo (Lei nº 16.785/2018); Paraná (Lei nº 19.746/2018); Sergipe (Lei nº 8.508/2019); Espírito Santo (Lei nº 11.061/2019); Pernambuco (Lei nº 16.674/2019); Rio Grande do Sul (Lei nº 15.617/2021) e Alagoas (Lei nº 8.448/2021).

3 Tânia da Silva Pereira, Antônio Carlos Mathias Coltro, Sofia Miranda Rabelo e Livia Teixeira Leal, *Avosidade: relação jurídica entre avós e netos*, São Paulo: Foco, 2021.

Temas da atualidade mereceram a nossa apreciação, a exemplo do *Alimentos Compensatórios*, que prevê a possibilidade de o Juiz destinar ao *credor*, mensalmente, parte da renda líquida dos bens comuns, administrados pelo *devedor*. Pontuou-se, ainda, a distinção dos alimentos compensatórios como *humanitários* e *patrimoniais*, reconhecidos largamente pela Jurisprudência dos tribunais estaduais e depois respaldados pelo Superior Tribunal de Justiça.

Os institutos da *União Estável*, da *Filiação Fora do Casamento*, da *Dissolução da Sociedade Conjugal*, bem como a supressão da separação judicial em nosso sistema permitiram às atualizadoras uma efetiva releitura da jurisprudência dos tribunais superiores, tendo sido significativa a contribuição do Conselho Nacional de Justiça, através de provimentos e atos normativos. Quanto à *Autoridade Parental*, reafirmamos nossas ponderações sobre a importância de os pais ficarem atentos às tecnologias às quais seus filhos menores estão expostos.

Caio Mário conheceu o privilégio da lucidez no "longo caminho percorrido". Às vésperas de completar seus 90 anos, nosso Mestre ponderou aos leitores de sua obra: "se longo foi o caminho percorrido, desconhecido é o percurso que ainda me espera. Sem medo da próxima curva, acredito no espaço por onde, lentamente, ainda posso prosseguir. Se o corpo não mais apresenta a energia da juventude, a mente se vangloria ao perceber a grandeza do tempo que seguiu comigo marcado por retrocessos e destacadas conquistas".[4]

Sempre recomendando aos atualizadores que prosseguissem na sua obra, como atualizadoras, estamos certas de que cumprimos a missão outorgada pelo nosso Mestre, permitindo aos operadores do direito um permanente contato com a sua Doutrina.

Tânia da Silva Pereira

---

[4] Caio Mário da Silva Pereira, *Algumas lembranças*, Rio de Janeiro: Forense, 2001, p. 1.

Introdução

Bibliografia

Clóvis Beviláqua, *Comentários ao Código Civil*, v. II, comentário ao art. 233; De Page, *Traité Élémentaire*, v. I, n° 538; Francesco Cosentini, *Droit de Famille, Essai de Réforme*, pp. 14 e 501; Guilherme Calmon Nogueira da Gama, "Parentalidade responsável e o cuidado: novas perspectivas" *in Revista do Advogado* n° 101 (dezembro/2008), p. 31; Gustavo Tepedino, *Temas de Direito Civil*, Rio de Janeiro, Renovar, 1999, p. 395; José Afonso da Silva, *Curso de Direito Constitucional Positivo*, São Paulo, Malheiros, 2000, p. 803; Maria Celina Bodin de Moraes, "A caminho de um Direito Civil Constitucional", *in Revista de Direito Civil* n° 65, p. 22, jul./set., 1993; Mazeaud, Mazeaud et Mazeaud, *Leçons de Droit Civil*, v. I, n°s 685 e 688; Paulo Lôbo, *in Direito Civil: Famílias*, São Paulo, Saraiva, 2008, pp. 05 e segs.; René Savatier, *Du Droit Privé au Droit Public*, p. 21; René Savatier, *Le Droit, l'Amour et la Liberté*, p. 14; René Savatier, *Les Métamorphoses Économiques et Sociales du Droit Civil d'Aujourd'hui*, n° 110; Ruggiero e Maroi, *Istituzioni di Diritto Privato*, v. I, § 47; Rodrigo da Cunha Pereira, *Princípios Fundamentais Norteadores do Direito de Família*, Belo Horizonte, Del Rey, 2006, pp. 18-19; Sá Pereira, *Lições de Direito de Família*, p. 265; Tânia da Silva Pereira, *Direito da Criança e do Adolescente: uma proposta interdisciplinar*, Rio de Janeiro, Renovar, 2008, pp. 239-240 e 678; Tânia da Silva Pereira, "Famílias Possíveis: novos paradigmas na convivência familiar", *in Anais do IV Congresso de Direito de Família*, Belo Horizonte, Del Rey/IBDFAM, 2004, p. 634; Troplong, *De l'Influence du Christianisme sur le Droit Civil des Romains*, Paris, 1843.

No desenvolvimento do plano geral das *Instituições de Direito Civil*, segue-se este volume V, dedicado ao Direito de Família.

Tem início com a caracterização do organismo familiar, que não prescinde de informações de cunho sociológico, apresentadas, todavia, com as reservas naturais quanto a certas fases que alguns escritores mais revestem com as galas de sua criação imaginativa do que apoiadas em documentação segura.

Necessário é, todavia, registrá-las, porque a condição atual da instituição da família é um capítulo de sua história evolutiva no ciclo da civilização ocidental, a que não faltam as contribuições da cultura bíblica; da vida doméstica nas Penínsulas helênica e itálica; da estrutura germânica que importamos indiretamente através de seu impacto sobre o Império Romano ao tempo das invasões bárbaras, e diretamente por intermédio da influência visigótica na Península ibérica; da moral cristã que assinala estes dois milênios; e da tendência autonomista e liberal dos tempos modernos, especialmente no século XX, marcado por duas guerras mundiais que na vida da família deixaram sinais inapagáveis.

Examina os regimes de bens. Estuda o casamento em todos os seus aspectos: caracterização jurídica do ato, formalidades antecedentes, solenidade da celebração, assento de registro; eficácia, ineficácia e dissolução; efeitos de cunho pessoal e patrimonial.

Cuida das relações de parentesco da filiação inclusive adotiva, abolidas as designações discriminatórias por orientação do art. 227, § 6º, da Carta Magna de 1988. Examina os institutos de proteção aos órfãos, aos portadores de deficiências mentais e físicas, aos ébrios habituais e aos viciados em tóxicos.

A técnica da exposição é a mesma dos volumes anteriores, a numeração dos capítulos e parágrafos obedece à mesma sequência, e as proposições e teses versadas atentam para as implicações de caráter social, para as soluções legislativas, para as sugestões reformistas e para a normação dos institutos em Direito Comparado. Cuidou esta edição de destacar as principais mudanças introduzidas pelo Código Civil de 2002. Inclui entre os "Anexos" dois novos Capítulos: União Estável e Bem de Família, respeitando a numeração da obra.

Não pode o jurista esquecer que o material com que trabalha há de ser colhido em plena vida. Cada época vive um complexo de regras que lhe são próprias. Não desprezam o passado, não rompem com as tradições, mas modelam ou disciplinam os fatos humanos segundo as injunções do seu momento histórico. Se a sociedade fosse estática, o Direito seria estático. Se o Direito fosse estático, imporia à vida social um imobilismo incompatível com o senso evolutivo da civilização. Contingente como a vida, o Direito é igualmente mutável.

Nosso tempo assiste às mais profundas transformações do mundo. No plano científico, as descobertas mais revolucionárias. No das comunicações, a transmissão instantânea da ideia e da imagem em todos os espaços, terrestres e siderais. No dos transportes, o homem venceu quase todos os obstáculos, deslocando-se em veículos dirigidos de uma a outra região, de um a outro país, de um a outro continente, de um a outro corpo celeste. No plano social, mutações causadas por toda uma fenomenologia complexa, determinando transformações conceituais extremas.

O Direito é sensível a todas estas mutações; sofre o seu impacto, e sob ele se transforma. No desenvolvimento do plano geral das *Instituições de Direito Civil*, enfrentamos neste volume as mais significativas alterações, as quais poderão atingir mais cedo ou mais tarde, a maioria dos cidadãos no seu cotidiano.

Cabe-nos distinguir, as sensíveis mudanças introduzidas pela Carta Magna de 1988 e pelos novos princípios norteadores das relações familiares, indicados, sobretudo, por "leis especiais", Documentos Internacionais, na Doutrina e Jurisprudência. Apesar das resistências, alguns parâmetros se apresentam como irreversíveis no panorama legislativo, onde se destaca o Código Civil de 2002.

Desta feita, o legislador demonstrou nítido esforço em adaptar-se às novas conquistas. Sua coragem não foi suficiente para impulsioná-lo aos avanços dos sistemas jurídicos mais adiantados; optou pelo esforço de buscar um questionável equilíbrio em meio às controvérsias já enfrentadas pela Doutrina e pela Jurisprudência no dia a dia dos Tribunais. Mirando ao longe as modificações que se faziam necessárias, preferiu recuar numa atitude marcada pela dificuldade de confrontar-se com o novo.

O Direito de Família é particularmente sensível a toda esta nova ambientação, quer seja social quanto jurídica.

PUBLICIZAÇÃO. A começar da caracterização mesma do Direito de Família como complexo normativo, existe tendência marcante para retirá-lo do Direito Privado, sob fundamento de que não se deve restringir à proteção da pessoa e à afirmação de direitos subjetivos, mas tem em vista, mais do que o indivíduo, a tutela de toda a sociedade, ou do Estado mesmo.[1] Não falta a sustentação de estar a família sendo conduzida para o Direito Público, tantas são as normas de ordem pública que a envolvem.[2] A ideia, posto que sedutora, não chega a convencer. A penetração dos princípios de ordem pública não é estranha aos demais compartimentos jusprivatísticos. E nem por isso o Direito Civil se publiciza todo, ou se extingue como Direito Privado. Mais racional seria a sugestão dos irmãos Mazeaud: sem que se transforme o Direito de Família em Direito Público, preconizam a promulgação de um "Código de Família" que reúna todas as regras de Direito Privado e de Direito Público, a ela relativas. Mas o Direito de Família deve continuar integrando o Direito Privado, dada a predominância dos interesses do organismo familiar sobre os dos organismos públicos.[3]

No Direito Brasileiro, no entanto, já se delineia um Direito Civil Constitucional a que nos referimos no "Prefácio" desta obra, indicando um novo perfil ao Direito Privado coordenado pelos princípios constitucionais. Destacamos especialmente a perspectiva apresentada por Maria Celina Bodin de Moraes[4] ao indicar a supremacia

---

1 Ruggiero e Maroi, *Istituzioni di Diritto Privato*, v. I, § 47.
2 René Savatier, *Du Droit Privé au Droit Public*, p. 21.
3 Mazeaud, Mazeaud *et* Mazeaud, *Leçons*, v. I, nº 688.
4 Maria Celina Bodin de Moraes, "A caminho de um Direito Civil Constitucional", *in Revista de Direito Civil* nº 65, jul./set., p. 22, 1993.

axiológica da Constituição abrindo-se o caminho para a formulação de um "Direito Civil Constitucional", hoje definitivamente reconhecido, na Doutrina e nos Tribunais.

O modelo igualitário da família constitucionalizada, segundo Paulo Lôbo,[5] se contrapõe ao modelo autoritário do Código Civil anterior. O consenso, a solidariedade, o respeito à dignidade das pessoas que a integram são os fundamentos dessa imensa mudança paradigmática que inspiram o marco regulatório estampado nos arts. 226 a 230 da Constituição de 1988.[6]

A Constituição de 1988 expande a proteção do Estado à família, promovendo a mais profunda transformação de que se tem notícia, entre as Constituições mais recentes de outros países. Alguns aspectos são salientados por Paulo Lôbo:

a. a proteção do Estado alcança qualquer entidade familiar, sem restrições;

b. a família, entendida como entidade, assume claramente a posição de sujeito de direitos e obrigações;

c. os interesses das pessoas humanas, integrantes da família, recebem primazia sobre os interesses patrimonializantes;

d. a natureza socioafetiva da filiação torna-se gênero, abrangente das espécies biológica e não biológica;

e. consuma-se a igualdade entre os gêneros e entre os filhos;

f. reafirma-se a liberdade de constituir, manter e extinguir a entidade familiar e a liberdade de planejamento familiar, sem imposição estatal;

g. a família configura-se no espaço de realização pessoal e da dignidade humana de seus membros;

Os princípios constitucionais, o Código Civil, o Estatuto da Criança e do Adolescente, o Estatuto da Pessoa Idosa, e a Convenção Internacional sobre os Direitos da Criança (Decreto nº 99.710/1990) delinearam novos paradigmas no âmbito das relações familiares.

O papel dos princípios é informar todo o sistema, de modo a viabilizar o alcance da dignidade da pessoa humana em todas as relações jurídicas, ultrapassando, desta forma, a concepção estritamente positivista, que prega um sistema de regras neutro. Não mais se aceita um Direito adstrito a concepções meramente formais, enclausurado em uma moldura positivista. É necessário ultrapassar esta barreira e visualizar que só é possível a construção de um Direito vivo e em consonância com a realidade se tivermos em mente um "Direito principiológico", como ensina Rodrigo da Cunha Pereira.[7]

DESCODIFICAÇÃO. Se a descodificação sempre esteve na nossa perspectiva de reforma do Direito Civil, é incontestável no Direito de Família a necessidade de se assumir a dimensão das grandes mudanças. O direito codificado não tem como

---

5 Paulo Lôbo, in *Direito Civil: Famílias*, São Paulo, Saraiva, 2008, p. 05.
6 Paulo Lôbo, ob. cit., p. 06.
7 Rodrigo da Cunha Pereira, *Princípios Fundamentais Norteadores do Direito de Família*, Belo Horizonte, Del Rey, 2006, pp. 18-19.

acompanhar os acontecimentos, quer na rotina cotidiana quer nos acontecimentos de maior gravidade, a exigir provimentos legislativos diferenciados. O ideal seria reunir num mesmo diploma legal as regras de Direito de Família e Sucessões, desprendidas de um sistema monolítico, constituindo novos "microssistemas" com procedimentos próprios, baseados nos princípios constitucionais e nos Documentos Internacionais de proteção aos direitos da pessoa humana.

DESPATRIMONIALIZAÇÃO. Novo referencial se apresenta nos estudos do Direito Civil descaracterizando a excessiva preocupação pelas relações patrimoniais. Neste aspecto destaque-se a proposta de Gustavo Tepedino[8] ressaltando que ao eleger a dignidade da pessoa humana como fundamento da República, e subordinar as relações jurídicas patrimoniais a valores existenciais, consegue assim despatrimonializá-las: os institutos do Direito Civil têm proteção condicionada ao atendimento de sua função social, cujo conteúdo é definido fora da órbita patrimonial.

CRISE DA FAMÍLIA. Homens de pensamento, com muita frequência, aludem à crise da família, proclamando e lamentando a sua desagregação. Mais aparente que real, pois o que se observa é a mutação dos conceitos básicos, estruturando o organismo familiar à moda do tempo, que forçosamente há de diferir da conceptualística das idades passadas.[9]

O direito de nosso tempo manifesta cuidados especiais com a família. E nisto revela já uma diferença muito grande com o passado. As leis e os Códigos falavam nas relações familiares, aludiam ao casamento, à filiação, ao regime de bens. Mas não mencionavam a palavra "família". A observação, posto que em geral, foi enfatizada por Savatier, em referência especial ao Código Napoleão. Recorda que Portalis, na Exposição de Motivos, a havia proclamado o "viveiro" do Estado – "*Législateurs, les familles sont la pepinière de l'État, et c'est le mariage que forme les familles.*" Podia retroceder mais longe, invocando Cícero, que a designou com felicidade o seminário da República: *principium Urbis et quasi seminarium republicae*. Mas, acrescenta Savatier que o Código de 1804 não dedica uma referência especial à família.[10] Não destoam da tese os três Mazeaud, ao acentuarem que quem abre o Código Civil não encontra aí nem livro, nem capítulo, nem seção sob a epígrafe "Da Família".[11]

Hoje em dia outras são as ideias. Na dimensão genética ou biológica, tutelada inicialmente pelo Direito Moderno, considerava-se família o conjunto de pessoas que descendem de tronco ancestral comum. A ele se agrupavam os que se encontravam, direta ou indiretamente, em decorrência das relações conjugais, na linha reta, ascendente e descendente, como na colateral ou oblíqua. Como organismo ético e social, não se desprezavam as normas da religião, da moral e dos costumes.

---

8   Gustavo Tepedino, *Temas de Direito Civil*, Rio de Janeiro, Renovar, 1999, p. 395.
9   De Page, *Traité Élémentaire*, v. I, nº 538.
10 Savatier, *Le Droit, l'Amour et la Liberté*, p. 14.
11 Mazeaud, Mazeaud *et* Mazeaud, *Leçons de Droit Civil*, v. I, nº 685.

Num passado recente, ainda se discriminavam as relações extraconjugais, o ato jurídico da adoção. E se distinguiam filhos legítimos, ilegítimos, adulterinos, incestuosos. Todas essas classificações desapareceram em face de disposição constitucional que equiparou todos os filhos, abolindo quaisquer designações discriminatórias (art. 227, § 6°, CF).

Priorizada a convivência familiar, ora se confronta com o grupo fundado no casamento ou no companheirismo, ora se assume o reconhecimento da família monoparental com os mesmos direitos e deveres. O Direito Brasileiro outorgou, ainda, direitos à família substituta e já se esboça o reconhecimento de prerrogativas e compromissos próprios à família socioafetiva, na qual prevalecem os laços de afetividade sobre os elementos meramente formais.

Não se pode esquecer que a família, nas últimas décadas e neste início de milênio, busca mecanismos jurídicos diversos de proteção para seus membros, o respeito às diferenças, necessidades e possibilidades.

Os monumentos mais significativos da vida dos povos dedicam seu interesse à família como organismo. *A Carta das Nações Unidas,* votada pela ONU em 10 de dezembro de 1948, alude particularmente ao direito de "fundar uma família", sem quaisquer restrições étnicas ou religiosas. E acrescenta: "A família é o núcleo natural e fundamental da sociedade e tem direito à proteção da sociedade e do Estado" (art. XVI e n° 3).

Na mesma linha dos Direitos Universais é a proclamação feita pelas Constituições da República do Brasil: "A família é constituída pelo casamento e terá direito à proteção dos Poderes Públicos" (Emenda Constitucional n° 1, de 1969, art. 175); "A família, base da sociedade, tem especial proteção do Estado" (Constituição Federal de 1988, art. 226).

A Convenção Internacional sobre os Direitos da Criança aprovada pela ONU identificou a família no Preâmbulo como "grupo fundamental da sociedade e ambiente natural para o crescimento e o bem-estar de todos os seus membros e em particular das crianças", indicando a prioridade para "receber a proteção e assistência necessárias a fim de poder assumir plenamente suas responsabilidades dentro da comunidade".

No âmbito do Direito de Família destacam-se aspectos já indicados em Leis Especiais, na Doutrina e na Jurisprudência, os quais o legislador de 2002, inadvertidamente, deixou de priorizar, mantendo-se na contramão das conquistas e mudanças, a exemplo da indenização por dano moral no âmbito do casamento e da união estável, a proteção dos embriões excedentários etc.

PERSONALIDADE JURÍDICA DA FAMÍLIA. A nova tendência de prestigiar a família como organismo social, como instituição, e como núcleo fundamental da sociedade desborda do direito legislado e alcança os doutrinadores, tendo mesmo inspirado toda uma corrente que sustenta hoje a sua personalidade jurídica. Foi Savatier quem sustentou basicamente a ideia de ser a família sujeito de direitos, com autonomia em relação aos seus membros, e consequentemente achar-se investida da condição de pessoa moral. A concepção, arrojada, encontrou seguidores. Um projeto de lei foi redigido pela "Société d'Études Législatives", em 1941, acreditando alguns que uma reforma neste sentido teria bons resultados.[12]

Sempre defendeu Caio Mário da Silva Pereira que somente com o reconhecimento da personalidade jurídica da família, diversa da de seus componentes, permitiria a estes o exercício de certas faculdades em função essencialmente de sua condição de membros da família. Para reconhecer sua personalidade jurídica exigiria previsão expressa no art. 44 do CC, onde são enumeradas as pessoas jurídicas de Direito Privado. Portanto, a família não pode ser parte numa relação jurídica. No entanto, seus membros, representados, assistidos ou por si, podem exercer seus direitos fundamentais e postular perante o Sistema de Justiça.

PLANEJAMENTO FAMILIAR. No Direito de Família vão necessariamente percutir aqueles problemas graves, que polarizam tanto as atenções dos sociólogos como dos líderes autênticos. Quando assistimos ao crescimento demográfico como ameaça a todos os povos da Terra, pela disparidade entre o aumento populacional e o dos meios de produção alimentícia, e paralelamente sentimos o problema do "controle da natalidade", preocupa o pesquisador, o anatomopatologista, o teólogo e o chefe da Igreja de Roma na sua mais controvertida Encíclica *Humanae Vitae*, podemos estar certos de que ao civilista ele não foi estranho. E não são poucos os estudos que o assunto já inspirou.[13]

A Lei nº 9.263/1996, alterada pela Lei nº 14.443/2022, transferiu para o SUS – Sistema Único de Saúde – a responsabilidade de sua implantação e desenvolvimento. Por iniciativa da Organização Mundial de Saúde, foi editado o Manual Básico para o Planejamento Familiar. Sendo um completo guia de referência, o manual fornece orientação específica a respeito de 20 métodos de planejamento familiar tratando de muitas das necessidades dos serviços de saúde, desde a correção de interpretações equivocadas ao controle de efeitos colaterais. Também aborda questões de saúde afins que possam emergir no contexto do planejamento familiar. Maiores informações podem ser encontradas no *website* da OMS in http://www.who. int/reproductive-

---

12 René Savatier, *Les Métamorphoses Économiques et Sociales du Droit Civil d'Aujourd'hui*, nº 110.
13 A título de exemplo, sem pretender esgotar as referências doutrinárias pertinentes, respigam exemplificativamente as obras: P. Simon, *Le Contrôle des Naissances*, 1966; A. Morali Daninos, *Sociologie des Relations Sexuelles*, Paris, 1963; V. Olivetti Berla, *Demografia e Controllo delle Nascite*, Milano, 1963; A. Sauvy, *La Prévention des Naissances*, Paris, 1962; A. Toynbee, *Population and Food Supply*, XXIX Sessão do Conselho da FAO, Roma, 1969; A. F. Guttmacher, *The Complete Book of Birth Control*, New York, 1961; W. Vogt, *People*, New York, 1960; Lagrona-Weil Hall, *La Livre Conception à l'Etranger*, Paris, 1958; I. Derogy, *Des Enfants Malgré Nous*, Paris, 1956; *Problems of Population in the World*, Relatório XXXVIII da UNESCO, Paris, 1961; A. Urelia Sini, *Il Problema del Controllo delle Nacite*, Milano, 1967; S. De Lestapis, *La Limitation des Naissances*, Paris, 1959; A. Dumas, *Le Contrôle des Naissances, Opinions Protestantes*, Paris, 1965; W. Gibbons, *Antifertility Drugs and Morality in America*, 1957; A. Perego, *La Finalita Matrimoniale et la Limitazione delle Nascite*, Torino, 1960; D. R. Peretti Griva, "L'articolo 553 e il Problema Demografico", in *Il Controllo delle Nascite*, Milano, 1957, pp. 64 e segs.; W. van Der Marck, *Love and Fertility, Contemporary Questions about Birth Regulation*, London, 1965; Savatier, *Les Conquêtes de la Biologie*, in Dalloz, 1948, *Chronique*, p. 33.

-health/family_planning/. O manual também pode ser encontrado no *website* do Projeto INFO em http://www.fphandbook.org.[14]

Não destoa a disposição contida na Constituição Federal de 1988, ao estabelecer (art. 226, § 7º) que o planejamento familiar é livre decisão do casal, fundado nos princípios da dignidade da pessoa humana e da paternidade responsável. Esta responsabilidade é de ambos os genitores, cônjuges ou companheiros, sujeitos ativos na definição de prioridades nas relações familiares e no âmbito doméstico.

A determinação constitucional, no entanto, não provocou a consolidação de um plano nacional de planejamento familiar capaz de implementar efetivamente as propostas constitucionais; a promulgação da Lei nº 9.263/1996 buscou regulamentar o assunto, sobretudo no que concerne à responsabilidade do Poder Público. Destacam-se, especialmente, as responsabilidades do Sistema Único de Saúde – SUS para definir as normas gerais do planejamento familiar, garantir as ações preventivas e educativas e propiciar recursos educacionais e científicos para o exercício desse direito. O Código de 2002, no art. 1.565, fixou algumas diretrizes ao determinar que é livre decisão do casal e que é vedado qualquer tipo de coerção por parte de instituições públicas e privadas.

Há que se compreender o real sentido da *paternidade responsável* indicada no texto constitucional. A expressão é usada no sentido do "masculino genérico", compreendendo a responsabilidade dos genitores em iguais condições; se fosse atribuída a responsabilidade pelo planejamento familiar somente ao homem, estaríamos contrariando o princípio da igualdade entre o homem e a mulher presente em vários momentos no texto constitucional. Mais do que oferecer um leque de métodos anticoncepcionais, desafia nosso país a priorizar um programa educativo abrangente, dirigido à família e, principalmente, às mulheres, independentemente da fase da vida reprodutiva em que se encontrem, contemplando tanto as que desejam como as que não desejam ter mais filhos. Esta proposta deve ser inserida em um programa integrado de atendimento à saúde.[15]

Guilherme Calmon Nogueira da Gama propõe uma nova nomenclatura – Parentalidade Responsável –, envolvendo não só a ideia inerente às consequências do exercício dos direitos reprodutivos pelas pessoas humanas, mas, ao mesmo tempo, constituindo responsabilidades no campo das relações de parentalidade-filiação. Ao direito individual da mulher de exercer sua sexualidade e optar pela maternidade se contrapõem as responsabilidades individual e social que ela assume ao se tornar mãe. Da mesma forma, e com bastante peculiaridade em relação ao homem: ao direito individual que lhe é assegurado de exercer sua sexualidade e optar pela paternidade se opõem as responsabilidades individual e social que ele encampa na sua esfera jurídica ao se tornar pai. E conclui: "A parentalidade responsável decorre não

---

14 Vide também o *site* http://info.k4health.org/globalhandbook/remindersheets/Portuguese Hanbook.pdf (acessados em 10.10.2010).
15 Tânia da Silva Pereira, *Direito da Criança e do Adolescente: uma proposta interdisciplinar*, Rio de Janeiro, Renovar, 2008, p. 678.

apenas do fundamento da vontade da pessoa em se tornar pai ou mãe, mas também pode surgir em razão do risco do exercício da liberdade sexual – ou mesmo reprodutiva no sentido mais estrito – no campo da parentalidade. Diante do estágio atual da civilização humana, com os recursos educacionais e científicos existentes em matéria de contracepção – e mesmo de concepção –, há risco inerente ao exercício de práticas sexuais realizadas pelas pessoas, o que fundamenta o estabelecimento dos vínculos de paternidade-filiação e maternidade-filiação e, consequentemente, a assunção das responsabilidades – deveres e obrigações especialmente – inerentes aos vínculos paterno-materno-filiais. Assim, o princípio da parentalidade responsável fundamenta o estabelecimento da paternidade, maternidade e filiação com base no simples risco, a par de também não excluir a vontade livre e consciente, como fontes geradoras de tais vínculos.[16]

REPRODUÇÃO ASSISTIDA. Quando a ciência biológica anuncia processo de inseminação artificial, para proporcionar a gestação sem o pressuposto fisiológico das relações sexuais, eclode uma série de implicações jurídicas, tais como: a indagação do *status* da filiação, a necessidade de autorização da mulher, a anuência do marido, o registro do filho, afora o problema da inseminação contra a vontade de qualquer dos cônjuges, ou a sua realização sem o conhecimento do fato por algum deles, ou a necessidade de reconhecimento ou declaração da paternidade. Todos estes assuntos têm sido debatidos pelos civilistas em congressos, conferências, monografias, estudos publicados em revistas especializadas.[17]

A Doutrina brasileira tem enfrentado, com coragem, aspectos relevantes relativos ao tema. A ausência de uma efetiva regulamentação impõe o desafio ao jurista de participar das avaliações científicas indicando os elementos ético-jurídicos que devem orientar a pesquisa. Não deve ser ele, apenas, um mero elaborador de normas proibitivas.

O transplante de órgãos, regulamentado pela Lei n° 10.211/2001, considera crime qualquer tipo de comercialização, embora autorize a disposição gratuita do próprio corpo, em todo ou em parte, atendidas condições específicas. O Brasil sancionou, finalmente, a Lei n° 11.105, de 25 de março de 2005, conhecida como "Lei de Biossegurança" que estabelece normas de segurança e mecanismos de fiscalização de atividades que envolvam organismos geneticamente modificados, foi autorizada a pesquisa, terapia e utilização de células-tronco embrionárias obtidas de embriões produzidos por fertilização *in vitro*.

---

16 Guilherme Calmon Nogueira da Gama, "Parentalidade responsável e o cuidado: novas perspectivas", *In Revista do Advogado* n° 101 (dezembro/2008, p. 31).

17 Sem esgotar as fontes, citamos a título de exemplo: Fernando Santosuosso, "Contributo per una Disciplina Giuridica in Tema di Fecondazione Artificiale", *in Studi in tema di Diritto di Famiglia*, Milano, 1967; Alberto Trabucchi, "Inseminazione Artificiale", *in Nuovissimo Digesto Italiano*; G. Garbonni, "Inseminazione Artificiale e Delitto di Adulterio", *in Rivista di Diritto Matrimoliale*, 1965, p. 349; S. Lener, *Matrimonio, Fedetà Coniugale e Inseminazione Artificiale*, Civiltà Catt, 1959, III, p. 59; U. Maiello, "Inseminazione Artificiale e Adozione", *in Diritto e Giurisprudenza*, 1964, p. 489; Fernando Santosuosso, *La Fecondazione Artificiale nella Donna*, Milano, 1961.

Neste momento de busca de limites e tomadas de posições, cabem também indagações relativas ao papel do Direito neste contexto, como ciência social, respeitados os parâmetros filosóficos, morais, religiosos e constitucionais, sempre condicionados ao princípio da dignidade humana. Se estes valores e princípios têm regido as normas das instituições públicas e privadas na elaboração das próprias regras de funcionamento, há que se reconhecer que, em muitas delas, os interesses próprios se sobrepõem a estes limites.[18]

ADOÇÃO. Dentro da sistemática legal, não são poucas nem infrequentes as modificações que o Direito de Família suporta em consequência das mutações conceituais dos tempos modernos, algumas com impacto profundo sobre os institutos tradicionais.

Depois de um longo período de desprestígio e reconhecendo que as modificações nela introduzidas em diversos sistemas jurídicos não alcançavam o desejado êxito, o legislador de 1916 trouxe para o Código Civil a adoção como modalidade de filiação civil, rompendo com princípios tradicionais e milenares. Posteriormente, construiu o instituto da "legitimação adotiva", introduzindo-o em nosso direito pela Lei nº 4.655, de 2 de junho de 1965, objeto de farta floração doutrinária e resultados práticos irrecusáveis. O Código de Menores (Lei nº 6.697/1979), revogando a legitimação adotiva, sistematizou a "adoção plena" também constituída por decisão judicial, mantendo em vigor a "adoção simples" do Código Civil.

A Constituição de 1988 estabeleceu que a adoção deve ser assistida pelo Poder Público, sujeita a normas especiais de efetivação, o que conduziu a orientações diversas: manteve-se o sistema da adoção orientada pelo Código Civil para maiores de 18 anos e, para os menores desta idade, os procedimentos próprios da Lei nº 8.069/1990.

O Código Civil de 2002 procurou unificar a orientação para a Adoção de menores e maiores de dezoito anos, determinando a obrigatoriedade da sentença constitutiva para a constituição do vínculo de filiação. Reconheça-se, portanto, a preocupação do Direito Brasileiro em prestigiar o instituto da Adoção reforçado pelo princípio constitucional da não discriminação entre filhos. Encerrou-se, finalmente, o velho debate sobre o direito à licença-maternidade para a mãe adotiva através da "licença-maternidade" na adoção, ao ser promulgada a Lei nº 10.421, de 15 de abril de 2002 (*DO* de 16.04.2002), reconhecendo-se, ainda, pela Lei nº 8.213/1991, o benefício do "salário-maternidade" a ser pago pelo INSS.

A adoção por estrangeiros e brasileiros residentes no exterior passou a ser regulamentada pela "Convenção relativa à proteção e cooperação internacional em matéria de Adoção Internacional" aprovada em Haia em 1993 e ratificada pelo Brasil através do Decreto nº 3.087/1999. A Lei nº 12.010, de 03 de agosto de 2009, também conhecida como "Lei Nacional de Adoção", ao modificar o Estatuto da Criança e do

---

18 Tânia da Silva Pereira, *Direito da criança e do Adolescente: uma proposta interdisciplinar*, Rio de Janeiro, Renovar, 2008, pp. 239-240.

Adolescente, regulamentou a Adoção Internacional, dentro dos parâmetros fixados na mencionada Convenção, e estabeleceu novos pontos norteadores para o processo de colocação em família substituta.

PODER FAMILIAR. O instituto clássico da *pátria potestas*, identificado no Código de 2002 como *Poder Familiar*, tem passado por numerosas transformações que lhe alteram a caracterização jurídica, modificam o seu fundamento e a sua finalidade, que é deslocada para uma concepção mais moderna, a exemplo da França e da Suíça, onde se prioriza a proteção e a responsabilidade, substitutivo da *potestas* romana, que traduzia subordinação autocrática e enfeixamento de direitos parentais (sobre o poder familiar, *vide* n° 415, *infra*). Na atualidade o instituto do Poder familiar passou ser denominado Autoridade Parental, prevalecendo, portanto, a ideia de responsabilidade dos pais em relação aos filhos menores, sendo certo que se trata de prerrogativa materna e/ou paterna, independentemente da existência de um matrimônio dos genitores.

Com a entrada em vigor da Lei n° 11.698, de 13 de junho de 2008, fruto de uma grande mobilização social, alteraram-se os artigos 1.583 e 1584 do Código Civil, integrando ao sistema jurídico a "Guarda Compartilhada" que já compunha debates doutrinários e inúmeras decisões judiciais, garantindo aos filhos a convivência familiar preconizada pelo art. 227 da Constituição de 1988.

O Poder Familiar deve priorizar a proteção dos filhos e uma sadia convivência familiar, reduzindo a excessiva preocupação com os interesses patrimoniais.

Também pode-se afirmar que as responsabilidades dos pais pelos filhos extrapola o âmbito do poder familiar do Código Civil, que manteve as mesmas prioridades do Código Civil de 1916, onde a preocupação maior era a representatividade e a proteção patrimonial. O Estatuto da Criança e do Adolescente (Lei n° 8.069/1990) ampliou as responsabilidades parentais ao estabelecer, de forma efetiva no art. 22, que cabe aos pais o dever de "sustento, guarda e educação dos filhos menores". Sem excluir as responsabilidades reafirmadas na lei civil de 2002, as responsabilidades parentais envolvem os direitos fundamentais da criança e do adolescente presentes no art. 227 da Constituição Federal, destacando, especialmente, o direito à convivência familiar e comunitária. A Lei n° 12.010, de 03 de agosto de 2009, também conhecida como "Lei Nacional de Adoção", modificando o Estatuto da Criança e do Adolescente, assumiu o "acolhimento" como parâmetro exegético nas relações familiares. A Lei refere-se aos "Programas de acolhimento institucional" ou "Programas de acolhimento familiar". A nova lei entrou em vigor no momento de mobilização mundial, no sentido de estabelecer um entendimento comum sobre o que de fato significa "responsabilidade social", orientando as instituições públicas e privadas sobre valores e princípios que devem representar um modo de agir socialmente responsável. O conceito de "acolhimento" passa a exigir do intérprete um posicionamento coerente com os ditames legais e constitucionais, complementado com subsídios interdisciplinares que permitam nova exegese do Direito Fundamental à convivência familiar e comunitária estabelecido no art. 227 da Constituição Federal e regulamentado pelo Estatuto.

IGUALDADE JURÍDICA ENTRE OS CÔNJUGES. A condição jurídica da mulher é um dos mais ricos capítulos da história evolutiva do Direito. Foi onde se processou a maior transformação no Direito de Família.

Organizada esta sobre base patriarcal, como ocorria nas sociedades primitivas, a civilização romana colocava a mulher em plano secundário. Não lhe reconhecia equiparação de direitos ao homem *propter sexus infirmitatem et ignoratiam rerum forensium*. Como filha, era sempre incapaz, sem pecúlio próprio, sem independência, *alieni iuris*. Casada, saía de sob a *potestas* do pai, e ingressava *in domo mariti* ali se prolongando a sua condição subalterna, pois que entrava *in loco filiae* e desta sorte perpetuava-se a sua inferioridade, prolongando-se por toda a vida a *capitis deminutio* que a marcava, e de que não se podia livrar numa sociedade individualista ao extremo, num povo que dava a maior importância às duas atividades que fizeram crescer o Império e tornar-se poderoso: a guerra e o comércio, expandindo as fronteiras por todo o mundo conhecido e assegurando as fortunas que faziam a riqueza de *Urbs*. Naquela sociedade, não havia para a mulher outras virtudes que as reconhecidas às suas *matronae*: "Ser casta e fiar lã".

Não obstante o espiritualismo que ao Direito Romano trouxe o Cristianismo[19] a condição jurídica da mulher permaneceu, por toda a Idade Média e boa parte da Idade Moderna, inteiramente estática. Estática, quer dizer, inferiorizada.

Mesmo nos tempos contemporâneos, a elaboração jurídica dos últimos duzentos anos, mesmo os Códigos modernos não tiveram a coragem de romper as barreiras dos preconceitos e consagraram ideias que pouca diferença faziam dos prejuízos quiritários. Se a mulher era socialmente prestigiada, juridicamente lhe faltava a equiparação que a libertasse das malhas de um patriarcalismo deslocado no tempo e no espaço. Mas que persistia e durava.

Veio o século XX. Vieram as duas Guerras Mundiais. Mobilizaram-se todos os homens válidos sob as bandeiras. As mulheres assumiram trabalhos antes desempenhados pelos varões. E o direito não pôde mais conter os preconceitos herdados de um passado remoto. As mudanças foram radicais e bruscas. Numa só frase podem ser retratadas, como o foram para um país tradicionalista (Inglaterra) e para um direito severo (a *Common Law*).

Destaque-se na obra de Jenks, revista por Davies, em 1952, na qual o autor frisa que "num passado recente, com o casamento, se operavam, para mulher, mudanças tão fortes ao assumir o papel de esposa, que isto a colocava em uma posição legal excepcional e inalterável conhecida por *status*. Devido às grandes e recentes mudanças efetuadas na lei, que afetam à mulher casada, os efeitos legais do casamento têm muito menos repercussão que antigamente, e com isso não se vê mais a mulher casada como uma classe diferenciada".

No plano das generalidades, Cosentini proclama que os tempos modernos exigem que a mulher não continue mais a ser subordinada, cega, mas a colaboradora afetuosa do homem.[20]

---

19 Troplong, *De l'Influence du Christianisme sur le Droit Civil des Romains*, Paris, 1843.
20 Francesco Cosentini, *Droit de Famille, Essai de Réforme*, p. 14.

Sem nos determos na percussão destas transformações, por todos os sistemas jurídicos, ou ao menos pelos que compõem o que se convencionou denominar como a "civilização ocidental", uma visão de conjunto sobre o direito brasileiro reflete essa tendência e consagra essas transformações. Se nos detivéssemos no plano doutrinário, bem veríamos que os escritores em obra sistemática e em trabalhos monográficos descrevem a concepção autonomista da mulher, como expressão da atualidade de nosso direito.

Mesmo limitando-nos ao direito escrito, ao direito legislado, ou restringindo as observações de *iure condito*, já podemos fixar a posição jurídica da mulher brasileira em termos que nem comportam confronto com o passado, mesmo próximo.

O grande passo foi dado pela Lei nº 4.121, de 27 de agosto de 1962, que dispôs sobre a situação jurídica da mulher casada, e é com razão cognominada o "Estatuto da mulher casada". Começou por abolir aquele romanismo que se incrustara em nosso direito como uma excrescência inqualificável e injustificável. O Código de 1916, parecendo volver-se para um passado já superado e retrogradando para dois mil anos, ainda proclamava a incapacidade relativa da mulher casada, que o diploma de 62 aboliu.

É certo que nos lares bem formados o clima dominante era o da igualdade. O ambiente, de harmonia. As relações, de cooperação. Mas, na hora de proceder na vida civil e na vida doméstica, a mulher aparecia inferiorizada: "relativamente incapaz".

Na sociedade conjugal, o marido era o chefe. Não obstante a palavra amenizadora da doutrina, a dizer que "teve o legislador pátrio o cuidado de manter a mulher casada em situação jurídica igual à do marido"[21] a "chefia" lhe dava predominância, como assinala Sá Pereira: "Se ligais o sentido intelectual, o marido é o chefe, porque nessa sociedade é ele o que pensa; se lhe dais o sentido jurídico ainda é ele o chefe, porque, nessa sociedade, é ele o capaz. Esta situação já foi realmente uma realeza absoluta, hoje não o é mais, sem deixar porém de ser ainda uma posição formidável, em cujas muralhas a personalidade feminina se ergastula e deprime."[22]

Foi, porém, a Lei nº 4.121, de 1962, que abateu estas muralhas, mantendo no marido a chefia, porém, acrescentando que esta é uma função exercida com a colaboração da mulher, no interesse comum do casal e dos filhos. Se o art. 240 do Código Civil de 1916 declarava que a mulher assume com o casamento a condição de sua consorte e companheira, foi o Estatuto da mulher casada que lhe facultou o direito de "velar pela direção material e moral da família".

A mesma Lei nº 4.121, em nova redação do art. 246 do Código Civil de 1916, deu à mulher casada que exerce profissão fora do lar autonomia econômica e lhe franqueou constituir reserva patrimonial de livre administração e disposição, a cavaleiro das dívidas contraídas pelo marido. Esta mesma lei deu o pátrio poder sobre os filhos do leito anterior, ainda quando convolava novas núpcias e excluiu da co-

---

21 Clóvis Beviláqua, *Comentários ao Código Civil*, v. II, comentário ao art. 233.
22 Sá Pereira, *Lições de Direito de Família*, p. 265.

munhão os "bens reservados" que acumule com o fruto do seu trabalho, bem como os frutos civis deste. Foi desta lei que lhe adveio a participação na *patria potestas*, que exerce em colaboração com o marido. Estas modificações no regime jurídico da mulher já se integraram no nosso direito positivo.

Esclareça-se que o Código Civil de 2002 incorporou, definitivamente, a igualdade jurídica entre o homem e a mulher. Caio Mário sempre considerou precipitada a revogação do instituto do "bem reservado" da mulher, diante das desigualdades sociais nas diversas regiões do país onde a mulher ainda tem espaços significativos a conquistar.

Merece indicação especial a ratificação pelo Brasil, através do Decreto nº 4.377/2002 da "Convenção sobre Eliminação de Todas as Formas de Discriminação sobre a Mulher", reafirmando direitos declarados na Constituição Federal de 1988. A ratificação desta Convenção autoriza a denúncia em âmbito internacional, de casos de violação ocorridos internamente no Brasil.

Destaquem-se como relevantes mudanças introduzidas pela Constituição Federal de 1988: a equiparação dos cônjuges em direitos e deveres (art. 226, § 5º); o planejamento familiar (art. 226, § 7º) e a assistência à família (art. 226, § 8º) e a absoluta igualdade de todos os filhos, proibindo designações discriminatórias.

Outras reivindicações existem e se tornam necessárias para compor o quadro da equiparação e da autonomia da mulher que constrói, com o marido ou companheiro, a estabilidade da família, o progresso e a riqueza deste país, afastando composições postergadas e desprezadas. Cite-se, como exemplo, a Lei nº 12.344/2010, que, embora tenha aumentado para 70 anos a idade que impõe, obrigatoriamente, o regime da absoluta separação de bens no casamento, ainda representou um retrocesso ao manter a discriminação das pessoas idosas, ferindo os princípios da dignidade humana e da igualdade.

A evolução jurídica, como as mudanças sociais, não admite retrocessos. A elevação jurídica da mulher se completou com a dupla regulamentação de relações pessoais e patrimoniais, pela participação mais direta e intensa nos direitos e obrigações inerentes ao poder familiar, à tutela, e uma ingerência maior na economia doméstica.[23]

A Carta de 1988 reconheceu a convivência familiar e comunitária como Direito Fundamental constitucional (art. 227, CF). Procurou ressaltar a importância da vida em família como ambiente natural para o desenvolvimento daqueles que ainda não atingiram a vida adulta, valorizando esta convivência na família natural ou na família substituta e representando para eles a melhor medida para sua proteção e desenvolvimento.

Essas conquistas, no entanto, não atenderam à necessidade de acolhimento, não só como aporte material ao desenvolvimento e bem-estar dos seus membros, como também espaço de convívio marcado pelo afeto e amizade entre seus membros. Consagram-se realidades familiares que se somam às tradicionais, marcadas por excessivos

---

23 Francesco Cosentini, ob. cit., p. 501.

formalismos e discriminações, impõem-se renovados valores, exigindo efetiva sistematização. A família regulada pelo Código Civil passa a representar limitada forma de convivência, mesmo quando regulamenta a união estável como entidade familiar. As famílias monoparentais identificadas constitucionalmente refletem efetiva conquista nos rumos do reconhecimento de novos núcleos de relações de afeto, cuidado e proteção, gerando, inclusive, direitos patrimoniais.[24]

Seja em face dos preceitos tradicionais, seja em função das mutações que as novas tendências evolutivas lhe imprimem, uma observação há de estar presente sempre, ao espírito de quem em nosso tempo escreve sobre o Direito de Família, segundo feliz síntese de Ruggiero e Maroi: "Os vínculos se estabelecem e os poderes se conferem, não tanto para atribuir direitos quanto para impor deveres, a tal ponto que não é somente a violação destes, mas o abuso ou simples mau uso daqueles que geram a sua privação."[25]

Pareceu-nos oportuno estender esta "Introdução", salientando algumas das linhas de atuação do Direito de Família, para que o leitor, logo no pórtico do volume, tenha conhecimento de que não se defrontará com a simples repetição do que todos os livros mencionam.

A Constituição Federal dedicou o Capítulo VII à Família, à Criança, ao Adolescente e ao Idoso dentro do Título VIII relativo à "Ordem Social", o que, na visão de José Afonso da Silva, reflete a preocupação do legislador constituinte em harmonizar com a Ordem Econômica, assegurando a todos a existência digna, conforme os ditames da justiça social.[26]

Este volume, nos lugares adequados, absorve os princípios concernentes à família, promovendo a necessária atualização.

Da mesma forma, a Carta Magna voltou suas vistas para o grave problema da infância e da adolescência, instituindo o dever prioritário de sua assistência (art. 227), o que será objeto de permanentes informações sobre as regras do Estatuto da Criança e do Adolescente (Lei nº 8.069/1990).

As pessoas idosas conquistaram do legislador ordinário a aprovação da Lei nº 8.842/1994 e do Decreto nº 1948/1996, que tratavam da política nacional de assistência à pessoa idosa. O Decreto nº 1.948/1996 foi posteriormente revogado pelo Decreto nº 9.921/2019 que, por sua vez, tinha como finalidade a consolidação de todos os atos normativos relacionados com o tema. A Lei nº 10.173/2001 acrescentou ao art. 1.211 da Lei Processual regra específica para atender aos maiores de 65 anos. A Lei nº 10.741, de 1º de outubro de 2003, sancionou o "Estatuto da Pessoa Idosa", assegurando direitos e garantias aos maiores de 60 anos (vide 372-D).

Diante do apelo do autor aos atualizadores no sentido de que prosseguissem sua obra, Tânia da Silva Pereira deu continuidade ao volume V das *Instituições de Direito Civil: Direito de Família*.

---

24 Tânia da Silva Pereira, "Famílias Possíveis: novos paradigmas na convivência familiar", *in Anais do IV Congresso de Direito de Família*. Belo Horizonte, Del Rey/IBDFAM, 2004, p. 634.
25 Ruggiero e Maroi, *Istituzioni*, v. I, § 47.
26 José Afonso da Silva, *Curso de Direito Constitucional Positivo*, São Paulo, Malheiros, 2000, p. 803.

Nota da atualizadora: passados mais de três anos da pandemia da Covid-19, procuramos introduzir nesta obra importante doutrina e variada jurisprudência relativas aos institutos de Direito de Família, sendo certo que incluímos aspectos significativos do "Estatuto da Pessoa Idosa" (Lei nº 10.741/2003) e do "Estatuto da Pessoa com Deficiência" (Lei nº 13.146/2015). Mereceram destaque, também, as modificações trazidas ao "Estatuto da Criança e do Adolescente" (Lei nº 8.069/1990).

Nesta 30ª edição, contei com a destacada parceria da jurista mineira Sofia Miranda Rabelo, cujas pesquisas jurisprudenciais e doutrinárias contribuíram efetivamente para a presente atualização.

Esta parceria sempre existiu em nossas pesquisas acadêmicas e profissionais. Sofia é mestre e doutora em Direito, professora na PUC Minas, vice-presidente do Instituto dos Advogados de Minas Gerais e advogada há mais de vinte anos, com especial atuação na área do Direito de Família e Sucessões.

Capítulo LXXXII
A Família

Sumário

368. Conceito de família. 369. Origem e evolução da família. 370. Concepção moderna de família. 371. Natureza e taxinomia do Direito de Família. 372. Os institutos do Direito de Família. **372-A.** Inovações constitucionais. **372-B.** Família socioafetiva. **372-C.** Estatuto da Criança e do Adolescente. **372-D.** Estatuto da Juventude. **372-E.** Estatuto da Pessoa Idosa. **372-F.** Princípios norteadores do Direito de Família.

Bibliografia

Alberto Trabucchi, *Istituzioni di Diritto Civile*, nos 104 e segs.; Ana Paula de Barcellos, *A eficácia jurídica dos princípios constitucionais*, Rio de Janeiro, Renovar, 2006, p. 203; Anderson Schreiber, "Direito à moradia como fundamento para a impenhorabilidade do imóvel residencial do devedor solteiro", *in* Carmen Lúcia Silveira Ramos *et al.* (org.), *Diálogos sobre direito civil*. Rio de Janeiro: Renovar, 2002; Andréa Rodrigues Amin, "Princípios orientadores do Direito da Criança e do Adolescente", *in Curso de Direito da Criança e do Adolescente: aspectos teóricos e práticos* (Coord.: Kátia Regina Ferreira Lobo Andrade Maciel). 5ª ed. Rio de Janeiro: Lumen Juris, 2011; Antonio Cicu, *Derecho de Familia*, trad. de Santiago Sentís Melendo, pp. 109 e segs.; Arnoldo Wald, *Direito de Família*, São Paulo, 1998, p. 44; Belmiro Pedro Welter, "Igualdade entre a Filiação Biológica e Socioafetiva", *in Revista Brasileira de Direito de Família* nº 14, Porto Alegre, Síntese, pp. 132 e 136, 2002; Bernardo Jablonski, *Até que a Vida nos Separe – A Crise do Casamento Contemporâneo*, Rio de Janeiro, Agir, 1998, p. 58; Bonnecase, *La Philosophie du Code Napoléon Appliquée au Droit de Famille*; Caio Mário da Silva Pereira, *Efeitos do Reconhecimento de Paternidade Ilegítima*, Rio de Janeiro, Forense, 1947; Caio Mário da Silva Pereira, *Reconhecimento da Paternidade e seus Efeitos*, Rio de Janeiro, Forense, 2001; Clóvis Beviláqua, *Direito de Família*, §§ 1º e segs.; De Page, *Traité Élémentaire*, v. I, pp.

536 e segs.; Cristiano Chaves de Farias e Nelson Rosenvald, *Direito das Famílias*, 5ª ed, Rio de Janeiro, Lumen Juris, 2013; Eduardo Espínola, *A Família no Direito Civil Brasileiro*, nos 1 a 7; Engels, *Origem da Família, da Propriedade Privada e do Estado*, p. 52; Enneccerus, Kipp *y* Wolff, *Tratado, Derecho de Familia*, v. I, § 1º; Guilherme de Oliveira, *Critério Jurídico da Paternidade,* Coimbra Almedina, 1998, pp. 442 a 445; Guilherme Peña de Moraes, *Curso de Direito Constitucional.* Rio de Janeiro, Lumen Juris, 2008, p. 499; Felício de Araujo Pontes Jr., *Conselhos de Direito da Criança e do Adolescente: uma modalidade de exercício do Direito de Participação Política – Fatores determinantes e modo de atuação*, pp. 24-25; Flavio Tartuce, "Novos Princípios no Direito de Família Brasileiro", *in Manual de Direito das Famílias e das Sucessões* (coord.: Ana Carolina Brochado Teixeira e Gustavo Tepedino) Belo Horizonte, Del Rey/ Mandamentos, 2008, p. 42; Giselda Maria Fernandes Novaes Hironaka, "O conceito de família e sua organização jurídica", *in* Rodrigo da Cunha Pereira (org.), *Tratado de direito das famílias,* 2. ed., Belo Horizonte: IBDFAM, 2016; Heloisa Helena Barboza, "Perfil jurídico do cuidado e da afetividade nas relações familiares", *in Cuidado e afetividade* (org.: Tânia da Silva Pereira, Guilherme de Oliveira e Antônio Carlos Mathias Coltro), São Paulo, Atlas, 2016; Heloisa Szymanski, "Viver em família como experiência de cuidado mútuo: desafios de um mundo em mudança", *in Revista Serviço Social e Sociedade,* nº 71, pp. 10-11; Ingo Wolfgang Sarlet, *A Eficácia dos Direitos Fundamentais*, Porto Alegre, Livraria do Advogado, 1998, p. 45; Jacqueline Filgueras Nogueira, *A Filiação que se Constroi: O Reconhecimento do Afeto como Valor Jurídico*, São Paulo, Memória Jurídica, 2001; Jean Carbonnier, *Droit Civil*, v. I, nº 1; J. J. Gomes Canotilho, *in Direito Constitucional e Teoria da Constituição,* Lisboa, Almedina, 1999, p. 380; João Claudino de Oliveira e Cruz, *Dos Alimentos no Direito de Família*, nº 5; José Arias, *Derecho de Familia*, pp. 15 e segs.; José Roque Junges, *Dicionário de Filosofia do Direito* (coord.: Vicente de Paula Barreto) Rio de Janeiro, Renovar/Unisinos, 2006, pp.175-178; Leonardo Boff, "Justiça e Cuidado: opostos ou complementares?", *in O cuidado como valor jurídico* (coord.: Tânia da Silva Pereira e Guilherme de Oliveira), Rio de Janeiro, Forense, 2008; Leonardo Boff, *Saber cuidar: ética do humano, compaixão pela terra,* Petrópolis, Vozes, 2003; Luciano Alves Rossato, Paulo Eduardo Lépore, Rogério Sanches Cunha, *Estatuto da Criança e do Adolescente Comentado.* São Paulo: Editora Revista dos Tribunais, 2010; Luiz Edson Fachin, *in Comentários ao Novo Código Civil: do Direito de Família, do Direito Pessoal, das Relações de Parentesco* – arts. 1.591 a 1.658 – v. XVIII (coord.: Sálvio de Figueiredo Teixeira), Rio de Janei-

ro, Forense, 2003; Luiz Edson Fachin, *Da Paternidade: Relação Biológica e Afetiva*, Belo Horizonte, Del Rey, 1996, pp. 36 e 125; Maria Celina Bodin de Moraes, *Dano à pessoa humana: uma leitura civil-constitucional dos danos morais*, Rio de Janeiro, Renovar, 2003, p. 85; Maria Celina Bodin de Moraes, "O Princípio da Solidariedade", in *Os Princípios da Constituição de 1988*, Org.: Manoel Messias Peixinho, Isabella Franco Guerra e Firly Nascimento Filho, Rio de Janeiro, Lumen Juris, 2001, p. 168; Mazeaud, Mazeaud *et* Mazeaud, *Leçons de Droit Civil*, v. I, pp. 685 e segs.; Naide Maria Pinheiro, *Estatuto do Idoso Comentado*. Campinas: Servanda, 2012; Orlando Gomes, *Direito de Família*, nos 15/24, atualizado por Humberto Theodoro Júnior, Rio de Janeiro, Forense, 1998; Paulo Lôbo, *Direito Civil: Famílias,* São Paulo, Saraiva, 1988, p. 54; Paulo Lôbo, "Princípio da Solidariedade familiar", in *Revista Brasileira de Direito das Famílias e Sucessões* (Edição de Lançamento), Porto Alegre, Magister/IBDFAM, p. 159, 2007; Paulo Luiz Netto Lobo, "Direito ao Estado de Filiação e Direito à origem genética: Uma distinção necessária", in *Revista de Direito de Família,* n° 19, ago.-set./2003, Porto Alegre, Síntese, p. 141; Paulo Luiz Netto Lôbo, "Unidades familiares desconstitucionalizadas: para além dos *numerus clausus"*, in *Revista brasileira de Direito de Família,* n° 12, Porto Alegre, Síntese, 2002, p. 45; Pérola Melissa Vianna Braga, *Curso de Direito do Idoso*. São Paulo: Atlas, 2011; Pietro Perlingieri, *Perfis do Direito Civil*, tradução de Maria Cristina de Cicco, 3ª ed., rev. e ampl., Rio de Janeiro, Renovar, 1997; Planiol, Ripert *et* Boulanger, *Traité Élémentaire de Droit Civil*, v. I, 1.645 e segs.; Pontes de Miranda, *Direito de Família*, §§ 1° e segs.; Ricardo Lucas Calderón, *Princípio da Afetividade no Direito de Família,* Rio de Janeiro: Renovar, 2013; Ricardo Lucas Calderón, "Afetividade e cuidado sob as lentes do Direito", *in Cuidado e afetividade* (org.: Tânia da Silva Pereira, Guilherme de Oliveira e Antônio Carlos Mathias Coltro), São Paulo, Atlas, 2016; Roberta Tupinambá, "O Cuidado como Princípio Jurídico nas Relações familiares", in *O cuidado como valor jurídico* (coord.: Tânia da Silva Pereira e Guilherme de Oliveira), Rio de janeiro, Forense, 2008; Rodrigo da Cunha Pereira, *Direito de Família: Uma Abordagem Psicanalítica*, Belo Horizonte, Del Rey, 1997, p. 24; Rodrigo da Cunha Pereira, *Princípios norteadores do Direito de Família,* Belo Horizonte, Del Rey, 2006, p. 94; Rolf Madaleno, *Curso de Direito de Família*, 5ª ed. Rio de Janeiro: Forense, 2013; Rosana Amaral Girard Fachin, *Em busca da Família do novo Milênio*, Rio de Janeiro, Renovar (Biblioteca de Teses), 2001; Ruggiero e Maroi, *Istituzioni di Diritto Privato*, §§ 47 e segs.; Sá Pereira, *Lições de Direito de Família*, pp. 21 e segs.; Sergio Resende de Barros, "A ideologia do afeto", in *Revista Brasileira de Direito de Família* n° 14 (jul.-set./2002), Porto Alegre, Síntese/IBDFAM, p. 8; Sumaya Saady Morhy Pereira, *in Direitos Fundamentais e relações familiares,* Porto Alegre, Livraria do Advogado, 2007, pp. 87-88; Tânia da Silva Pereira "Abrigo e alternativas de acolhimento familiar", *in O Cuidado como valor Jurídico,* Rio de Janeiro, Forense, 2008; Tânia da Silva Pereira, *Direito da Criança e do Adolescente: uma proposta interdisciplinar,* Rio de Janeiro, Renovar, 2008; Tânia da Silva Pereira e Carolina de Campos Melo, "Infância e Juventude: os direitos fundamentais e os princípios constitucionais consolidados na Constituição de 1988", *in Revista Trimestral de Direito Civil* n° 3, Rio de Janeiro, Padma, p. 109, 2000; Tânia da Silva Pereira, "O cuidado como valor jurídico", *in A ética da convivência: sua efetividade no cotidiano dos Tribunais* (coord.: Tânia da Silva Pereira e Rodrigo da Cunha Pereira), Rio de Janeiro, Forense, 2006, p. 234; Tânia da Silva Pereira, "O Melhor Interesse da criança", *in O Melhor Interesse da criança: uma proposta interdisciplinar* (coord.: Tânia da Silva Pereira), Rio de Janeiro, 2000; Tânia da Silva Pereira e Livia Teixeira Leal, "A sustentabilidade do idoso: as conquistas e desafios para um envelhecimento sustentável", In *Cuidado e sustentabilidade.* São Paulo: Atlas, 2014; Vera Regina Waldow, "Cuidar: expressão humanizadora da enfermagem", Petrópolis, Vozes, 2006; Waldyr Grizard Filho, *in Famílias reconstituídas: novas uniões depois da separação,* Revista dos Tribunais, São Paulo, 2005, p. 80; Westermarck, *Storia del Matrimonio Umano,* pp. 7 e segs; Yussef Said Cahali, *Dos Alimentos,* p. 361; Ernest W. Burgges e Harvey J. Locke, *The family*: from institution to companionship, New York: American Book Company, 1945; Andrée Michel, *Modèles sociologiques de la famille dans les sociétés contemporaines.* in *Archives de philosophie du droit* – reformes du droit de la famille, Paris: Sirey, 1975; Tânia da Silva Pereira, Antônio Carlos Mathias Coltro, Sofia Miranda Rabelo e Livia Teixeira Leal, *Avosidade*: relação jurídica entre avós e netos, Indaiatuba, Foco, 2021.

368. Conceito de família

A plurivalência semântica é fenômeno normal no vocabulário jurídico. Caio Mário já o salientou em oportunidades diversas, mesmo em referência a esta província juscivilista.[1]

Ao conceituar a "família", destaque-se a diversificação. Em sentido genérico e biológico, considera-se família o conjunto de pessoas que descendem de tronco ancestral comum. Ainda neste plano geral, acrescenta-se o cônjuge, aditam-se os filhos do cônjuge (enteados), os cônjuges dos filhos (genros e noras), os cônjuges dos irmãos e os irmãos do cônjuge (cunhados). Na largueza desta noção, os civilistas enxergam mais a figura da romana *Gens* ou da grega *Genos* do que da família propriamente dita.[2]

A verdade é que, desta sorte considerada, a família pouca importância apresentava como organismo jurídico, pela ausência de efeitos imediatos, embora conserve sentido sentimental e revele prestígio social, assim entre os mais abastados quanto entre os mais humildes, que não deixam por este meio de exibir a sua importância. Por isso mesmo, e no extremo oposto, como a define Enneccerus, "o conjunto de pessoas ligadas pelo parentesco e pelo casamento". Durante séculos, fora ela um organismo extenso e hierarquizado; mas, sob a influência da lei da evolução, retraiu-se, para se limitar aos pais e filhos.[3]

Tradicionalmente, a família era considerada em relação: *a*) ao princípio da autoridade; *b*) aos efeitos sucessórios e alimentares; *c*) às implicações fiscais e previdenciárias; *d*) ao patrimônio. Em senso estrito, a família se restringia ao grupo formado pelos pais e filhos. Aí se exercia a autoridade paterna e materna, participação na criação e educação, orientação para a vida profissional, disciplina do espírito, aquisição dos bons ou maus hábitos influentes na projeção social do indivíduo. Aí se praticava e desenvolvia em mais alto grau o princípio da solidariedade doméstica e cooperação recíproca. Novos núcleos familiares foram reconhecidos, a exemplo da união estável e a família monoparental.

Em razão dos efeitos sucessórios, a família compreende as pessoas chamadas por lei a herdar umas das outras. Assim considerada, ora se amplia, ora se restringe, ao sabor das tendências do direito positivo, em cada país e em cada época.

A família também compreende os parentes em linha reta (art. 1.591, CC), e estende-se aos colaterais, convocando os mais afastados até o quarto grau (art.

---

1 Caio Mário da Silva Pereira, *Efeitos do Reconhecimento de Paternidade Ilegítima*.
2 Clóvis Beviláqua, *Direito de Família*, § 1º; Pontes de Miranda, *Direito de Família*, § 1º; Carbonnier, *Droit Civil*, nº 1.
3 Planiol, Ripert *et* Boulanger, *Traité Élémentaire de Droit Civil*, nº 1.646.

1.592, CC). A vocação hereditária no Código Civil de 2002 é regulamentada nos arts. 1.829/1.844, CC.

Os efeitos alimentares se estendem aos ascendentes, descendentes (arts. 1.695 e segs.), tendo o Código Civil de 2002 concedido aos companheiros os mesmos direitos dos cônjuges, como desdobramento natural do reconhecimento da união estável entre o homem e a mulher como "entidade familiar". A Lei nº 10.741, de 1º.10.2003, declara o direito especial aos alimentos para os maiores de sessenta anos. Tudo que representa a família é universalmente considerada a "célula social por excelência", conceito que, de tanto se repetir, não se lhe aponta mais a autoria.

No desenvolvimento, ainda, do conceito de família, não mais comporta a classificação, que se ligava mais intimamente à qualificação dos filhos, e, por metonímia, distinguia a família "legítima", que tinha por base o casamento; a "ilegítima", originária das relações extramatrimoniais; e a adotiva, criada pelas relações oriundas da adoção tradicional, pela legitimação adotiva que vigorou até 1990. Com a equiparação dos filhos adotada pela Carta Magna de 1988 (art. 227, § 6º, CF), inclusive dos adotados, proibiu-se, expressamente, designações discriminatórias relativas à filiação.

Não é, porém, harmônica a aceitação do conceito de "família natural". O Estatuto da Criança e do Adolescente, no art. 25, identifica como "família natural a comunidade formada pelos pais ou qualquer deles e seus descendentes"; outros ascendentes comporão a "família substituta", sob a forma de guarda ou tutela. Em nome do direito fundamental à convivência familiar não se podem afastar os irmãos do conceito de família natural, a determinar a preferência para o acolhimento, presentes os pressupostos da afetividade, cuidado e responsabilidade.[4]

Merece referência a posição adotada por Rodrigo da Cunha Pereira[5] ao reportar-se à Lacan e identificar a base cultural da família, afirmando ser ela "uma estruturação psíquica, onde cada um de seus membros ocupa um lugar, uma função. Lugar do pai, lugar da mãe, lugar dos filhos, sem, entretanto, estarem necessariamente ligados biologicamente. (...) Um indivíduo pode ocupar um lugar de pai sem ser o pai biológico".

Além disso, a família não tem suas normas somente no Direito. Como organismo ético e social, vai hauri-las também na religião, na moral, nos costumes, sendo de assinalar que a sua força coesiva é, antes de tudo, um dado psíquico.[6]

Como conjunto, o núcleo familiar não recebe tratamento pacífico e uniforme. A ordem jurídica o enfoca em razão de seus membros, ou de suas relações recíprocas. A observação é de tal monta que suscitou em alguns autores este reparo, quanto ao direito francês: embora discipline em minúcia os direitos de família, o Código Napoleão não menciona o vocábulo nem ao menos na designação de títulos e capítulos,

---

[4] Tânia da Silva Pereira, *Direito da Criança e do Adolescente: uma proposta interdisciplinar*. Rio de Janeiro, Renovar, 2008, p. 379.
[5] Rodrigo da Cunha Pereira, *Direito de Família: uma Abordagem Psicanalítica*, p. 24.
[6] Antonio Cicu, *Derecho de Familia*, p. 110.

senão para qualificar o "conselho de família", no propósito de remediar a destruição parcial dela, pelo fato da morte de um dos pais.[7]

Nova estrutura jurídica se constrói em torno do conceito da família socioafetiva, a qual alguns autores identificam como "família sociológica", onde se identificam, sobretudo, os laços afetivos, solidariedade entre os membros que a compõem, família em que os pais assumem integralmente a educação e a proteção de uma criança, que independe de algum vínculo jurídico ou biológico entre eles.[8] Assim é que se tem, hoje, considerado a relação afetiva estabelecida entre os membros da família, podendo, muitas vezes, haver a priorização deste vínculo em detrimento do fator puramente biológico.[9]

A "despatrimonização" do Direito Civil como "uma tendência normativa-cultural" atinge também o Direito de Família não mais orientado na "expulsão e a redução quantitativa do conteúdo patrimonial", mas na tutela qualificativa das relações familiares.[10] Sob esta perspectiva, destaque-se a orientação no sentido de identificar a família centrada na "dignidade da pessoa humana e na solidariedade social".[11] No direito brasileiro atual descaberia, entretanto, o comentário, dado que todas as Constituições, desde 1934, referem-se-lhe em título especial como em cânon próprio, pelo qual revelam o propósito de considerá-la um organismo. E na verdade, a família é um organismo social e um organismo jurídico, como se mencionou na "Introdução" deste volume.

Não falta, mesmo, quem lhe defenda a atribuição de personalidade jurídica e a titularidade como tal de direitos próprios.[12] A sugestão encontra bons defensores na primeira linha dos civilistas modernos.[13]

Para Caio Mário é inaceitável a tese. Não tanto em razão do silêncio legislativo, pois que poderia ser este quebrado com uma alusão expressa de *iure condendo*. Mas, principalmente, porque a personificação da família desfiguraria a sua imagem, já que na vida de relação a família não procede por direito próprio e como órgão autônomo, senão que se organiza em razão de seus membros e opera através

---

7 René Savatier, *Le Droit, l'Amour et la Liberté*, p. 14; Mazeaud, Mazeaud *et* Mazeaud, *Leçons*, v. I, n° 685.
8 Jacqueline Filgueras Nogueira, *A Filiação que se Constroi: o reconhecimento do Afeto como Valor Jurídico*, p. 55.
9 "O pedido de adoção, formulado neste processo, funda-se no art. 41, § 1°, do ECA (correspondente ao art. 1.626, parágrafo único, do CC/2002), em que um dos cônjuges pretende adotar o filho do outro, o que permite ao padrasto invocar o legítimo interesse para a destituição do poder familiar do pai biológico, arvorado na convivência familiar, ligada, essencialmente, à paternidade social, ou seja, à socioafetividade..." (STJ – 3ª Turma – REsp. n° 1.106.637/SP – Rel. Min. Nancy Andrighi – Julg.: 01.06.2010 – *DJe* 01.07.2010).
10 Pietro Pierlingeri, *Perfis do Direito Civil*, tradução de Maria Cristina de Cicco, pp. 33-34.
11 Rosana Amaral Girard Fachin, *Em busca da Família do novo Milênio*, p. 54.
12 René Savatier, *Les Métamorphoses Economiques et Sociales du Droit Civil d'Aujourd'huit*, n° 110: Savatier: "Une personne moral meconue: la familie em tant que sujet de Droit", *in Dalloz Périodique*, 1939, p. 49.
13 Mazeaud, Mazeaud *et* Mazeaud, ob. cit., n° 688.

da atuação deles, individualmente considerados. Em contrário à personificação da família, muitos se inscrevem.[14]

Não obstante a acesa polêmica em torno do que seria a organização originária da família, como se há de ver em seguida (n° 369, *infra*), a família é *organismo jurídico* (Cicu) ou um organismo natural, no sentido evolutivo. Mais particularmente o é neste outro, de um agrupamento que se constitui naturalmente, e cuja existência a ordem jurídica reconhece.[15] Com tal sentido a Constituição Federal proclamou base da sociedade, com especial proteção do Estado (art. 226).

369. Origem e evolução da família

Quem rastreia a família em investigação sociológica encontra referências várias a estágios primitivos em que mais atua a força da imaginação do que a comprovação fática; mais prevalece a generalização de ocorrências particulares do que a indução de fenômenos sociais e políticos de franca aceitabilidade.

As obras de Mac Lennan, Morgan, Spencer, Engels, D'Aguano, Westermarck, Gabriel Tarde, Bachofen, com base em monumentos históricos ou na observação dos chamados "primitivos atuais" (as tribos indígenas da América, os grupos polinésios ou africanos, os agrupamentos étnicos que no século XIX e ainda no XX cultivam um padrão de vida rudimentar ou quase selvagem), têm procurado reconstituir o organismo familiar em suas origens. Oferecem dados inequivocamente valiosos. Mas pecam, às vezes, pelas afirmações generalizadas, que afrontam os mais vivos impulsos da natureza humana.

Não obstante a inegável autoridade dos que a sustentam, não é de todo imune às críticas a ocorrência de uma pretensa "promiscuidade" originária, defendida por Mac Lennan e Morgan, em que todas as mulheres pertenceriam a todos os homens. Tal condição é incompatível com a ideia exclusivista do ser humano e até mesmo de muitos irracionais, e contraditória com o desenvolvimento da espécie.

Na mesma linha de promiscuidade, inscreve-se o tipo familiar "poliândrico", em que ressalta a presença de vários homens para uma só mulher[16] ou ainda o do matrimônio por grupo, caracterizado pela união coletiva de algumas mulheres com alguns homens.[17]

Mais racional seria aceitar como originária a ideia da família "monogâmica", defendida por Ziegler, Starck, Darwin, Westermarck.

---

14 Sá Pereira, ob. cit.; Orlando Gomes, *Direito da Família*, n° 7; Enrique Dias de Guijarro, *Tratado de Derecho de Familia*, v. I, p. 412; Dabin, *Philosophie de l'Ordre Juridique Positif*; Planiol, Ripert *et* Boulanger, *Traité Élémentaire*, v. I, n° 1.656; Planiol *et* Ripert, *Traité Pratique*, v. II, n° 8-*bis*; Colin *et* Capitant, *Cours de Droit Civil*, v. I, n° 1.296.
15 Planiol, Ripert *et* Boulanger, *Traité Élémentaire*, v. I, n° 1.648; Antonio Cicu, *Derecho de Familia*, p. 117.
16 Spencer, *Principes de Sociologie*, v. II, p. 264.
17 Engels, *Origem da Família, da Propriedade Privada e do Estado*, p. 52.

Mesmo aí a controvérsia não se extingue.

Com efeito, não faltam referências a que a família haja passado pela organização matriarcal, que não se compadece, contudo, com a proclamação de que foi estágio obrigatório na evolução da família. Pode ter acontecido eventualmente que em algum agrupamento a ausência temporária dos homens nos misteres da guerra ou da caça haja subordinado os filhos à autoridade materna, que assim a investia de poder. Ou pode supor-se (como o faz Westermack, com base em costumes observados em primitivos atuais) que a certeza da maternidade foi erigida em elemento determinante das relações de parentesco (irmãos uterinos, especialmente), desprezando-se ou relegando-se a plano secundário o parentesco na linha masculina.[18]

Mas aceitar como certa a existência de um tipo de família preenchendo todo um período evolutivo, no qual à mulher estaria reservada a direção do lar, parece realmente pouco provável.

Fato certo e comprovado, este, sim, pelos registros históricos, pelos monumentos literários, pelos fragmentos jurídicos, é que a família ocidental viveu largo período sob a forma "patriarcal". Assim a reconheceram as civilizações mediterrâneas. Assim a divulgou a documentação bíblica. E nós, herdeiros intelectuais da civilização romana, encontramo-la documentada nas pesquisas históricas de Mommsenn e Fustel de Coulanges, ou referida nos depoimentos de Aulo Gélio e Tito Lívio. Ressalta ainda hoje o tônus emocional com que Cícero alude à figura valetudinária de Appius Claudius, que dirige os seus com a plena autoridade de um patriarca autêntico, não obstante a idade avançada e a quase cegueira. As regras fixadas através dos tempos, desde época anterior ao Código Decenviral até a codificação justinianeia do século VI, dão testemunho autêntico dessa tipicidade familiar.

Acompanhando as referências mais literárias do que documentais de Fustel de Coulanges, as pesquisas monumentais de Mommsenn e Marquardt, a reconstituição valiosíssima e sempre atual de Rudolph von Jhering, a poderosa reconstituição de Bonfante, e valendo-se ainda da contribuição de romanistas e historiadores outros, Caio Mário retratou a família romana como tipo institucional desse organismo no ocidente, particularmente tendo em vista que a família brasileira no século XIX muito se lhe assemelhava, como no século passado ainda os costumes interioranos dela guardaram marcadas reminiscências.[19]

Em Roma, a família era organizada sob o princípio da autoridade[20] e abrangia quantos a ela estavam submetidos, como afirmava Ulpiano, ao destacar, dentre numerosos outros conceitos de família: *"Iure proprio familiam dicimus plures personas, quae sunt sub unius potestate, aut natura, aut iure subiectae, utputa paterfami-*

---

18 Westermarck, *Storia del Matrimonio Umano*, pp. 7 e segs.
19 Mommsenn *et* Marquardt, *Manuel des Antiqués Romaines*, v. XIV, *La Vie Privée des Romains*, pp. 3 e segs.; Fustel de Coulanges, *La Cité Antique*, pp. 92 e segs.; Bonfante, *Istituzioni di Diritto Romano*, pp. 136 e segs.; Von Jhering, *L'Esprit du Droit Romain*, v. II, Seção III; Cândido de Oliveira, *Manual Lacerda*, v. V, p. 7.
20 Ruggiero e Maroi, *Istituzioni*, § 48.

lias, quique deinceps vicem eorum sequuntur utputas nepotes et neptes et deinceps" (*Digesto*, Livro 50, Título VI, fr. 195, § 3°).

O *pater* era, ao mesmo tempo, chefe político, sacerdote e juiz. Comandava, oficiava o culto dos deuses domésticos (*penates*) e distribuía justiça. Exercia sobre os filhos direito de vida e de morte (*ius vitae ac necis*), podia impor-lhes pena corporal, vendê-los, tirar-lhes a vida. A mulher vivia *in loco filiae,* totalmente subordinada à autoridade marital (*in manu mariti*), nunca adquirindo autonomia, pois que passava da condição de filha à de esposa, sem alteração na sua capacidade; não tinha direitos próprios, era atingida por *capitis deminutio* perpétua que se justificava *propter sexus infirmitatem et ignorantiam rerum forensium*. Podia ser repudiada por ato unilateral do marido.

Somente o *pater* adquiria bens, exercendo a *domenica potestas* (poder sobre o patrimônio familiar) ao lado e como consequência da *patria potestas* (poder sobre a pessoa dos filhos) e da *manus* (poder sobre a mulher).

A família era organizada em função da ideia religiosa (descreveu Fustel de Coulanges como se o tivesse pessoalmente visto congregando seus membros várias vezes ao dia em torno do altar doméstico, para invocar e propiciar os deuses lares).[21] O poder do Império Romano nasceu de tal organização.[22]

Mas, com o tempo, arrefeceram estas regras severas: conheceu-se o casamento *sine manu*; as necessidades militares estimularam a criação de patrimônio independente para os filhos, constituídos pelos bens adquiridos como soldado (*peculium castrense*), pelos que granjeavam no exercício de atividades intelectuais, artísticas ou funcionais (*peculium quasi castrense*) e pelos que lhe vinham por formas diversas desses (*peculium adventicium*).

A partir do século IV, com o Imperador Constantino, instala-se no Direito Romano a concepção cristã da família[23], na qual as preocupações de ordem moral predominam, sob inspiração do espírito de caridade.[24]

Por outro lado, impondo-se o direito da cidade com maior vigor, sobrepôs-se ao doméstico, e sacrificou em parte a autoridade do *paterfamilias*.

Mas, em todo tempo, sobrevivendo mesmo à codificação de Justiniano, a organização da família romana conservou-se autocrática, muito embora já se positivasse no sexto século a decomposição da família romana primitiva, como igualmente a da família germânica (Sippe) que já a esse tempo se iniciara.[25]

370. CONCEPÇÃO MODERNA DE FAMÍLIA

Na sua evolução pós-romana, a família recebeu a contribuição do direito germânico. Recolheu, sobretudo, a espiritualidade cristã, reduzindo-se o grupo familiar aos pais e filhos, e assumiu cunho sacramental.[26]

---

21 Fustel de Coulanges, *La Cité Antique*, p. 39.
22 Mazeaud, Mazeaud *et* Mazeaud, *Leçons*, v. I, n° 694.
23 Irmãos Mazeaud, n° 694.
24 Gabriel Lepointe, *La Famille dans l'Ancien Droit*, p. 7.
25 Enneccerus, loc. cit.
26 Mazeaud, Mazeaud *et* Mazeaud, loc. cit., v. I, n° 694.

E veio revestir no direito moderno outras características. Substituiu-se, à organização autocrática uma orientação democrático-efetiva. O centro de sua constituição deslocou-se do princípio da autoridade para o da compreensão e do amor. As relações de parentesco permutaram o fundamento político do *agnatio* pela vinculação biológica da consanguinidade (*cognatio*).

Os pais exercem o poder familiar no interesse da prole, menos como direito do que como complexo de deveres (poder-dever, em lugar de poder-direito). Considerou-se um eufemismo vazio do antigo conteúdo a expressão poder marital, desde que o texto constitucional de 1988 equiparou os direitos e deveres dos cônjuges nas relações matrimoniais (art. 226, § 5º), o que foi reforçado pelo art. 1.511 do Código Civil de 2002.

Os filhos podem adquirir bens, que, em sua menoridade, são administrados e usufruídos pelos pais.

Caio Mário manifestou-se favorável à permanência do direito de a mulher formar o seu patrimônio reservado com o fruto exclusivo de seu trabalho (Lei nº 4.121/1962), de que o marido não podia dispor, e ainda tinha a faculdade de defender sua parte no acervo comum, contra os credores do marido. Compartilhava a administração do lar, repartindo com ele as decisões e as responsabilidades. Diante do princípio constitucional da igualdade entre os cônjuges (§ 5º do art. 226, CF/1988), os "bens reservados" da mulher foram afastados do nosso direito.

Na vigência do Código Civil de 2002 busca-se identificar na categoria dos "bens particulares" aqueles que cada um possuía antes do casamento e também, os proventos do trabalho pessoal de cada cônjuge (inciso V do art. 1.668 e inciso VI do art. 1.659, CC).

Há uma nova concepção de família que se constrói em nossos dias. Fala-se na sua desagregação e no seu desprestígio. Fala-se na crise da família.[27] Não há tal. Um mundo diferente imprime feição moderna à família. Não obstante certas resistências[28] e embora se extingam os privilégios nobiliárquicos, a família ainda concede prestígio social e econômico, cultivando seus membros certo orgulho por integrá-la. Recebe inequívoca proteção do Estado, que intervém cada vez mais na medida em que os poderes privados declinam.[29] As relações familiares foram necessariamente atingidas: entre pais e filhos e entre os diversos membros do grupo familiar. Afastou-se da organização patriarcal, que vigorou no Brasil por todo o Século XX, não apenas no direito, mas, sobretudo, nos costumes. O pai, como um pater romano, exercia autoridade plena sobre os filhos, que nada faziam sem a sua permissão. Escolhia-lhes a profissão, elegia o noivo da filha, estava presente em toda a vida de uns e de outros, a cada momento.

Atualmente, a doutrina e a jurisprudência demonstram sensibilidade ao analisar as questões de família, lidando com os aspectos próprios e singulares dos casos

---

27 De Page, *Traité Élémentaire*, v. I, nº 538.
28 Planiol *et* Ripert, *Traité Pratique*, v. II, p. 3.
29 Planiol, Ripert *et* Boulanger, *Traité Élémentaire*, v. I, nº 1.654.

concretos e não somente tendo como foco uma *versão da família* apresentada pela lei. Para tanto, ultrapassa-se a norma para a busca de uma interpretação mais ampla, coerente e com base no que constitui a família: o afeto e o cuidado.

Para tais e laborações, postula-se um modelo aberto de família inspirado na liberdade, considerando que não há como traçar um perfil ideal.[30] Para tanto, busca-se a interdisciplinaridade para repensar o núcleo familiar.[31]

Apesar das mudanças dos costumes, da cultura e do próprio ser humano, há considerações da ideia de família como "ponto de referência e central do indivíduo na sociedade".[32] Com isso, mesmo com intensas alterações sociais, persiste a particularidade de cada ser humano, pois não há como o público recobrir o pessoal.

Devido às tantas alterações nas formas familiares, passou-se a discutir a *crise da família* no mundo moderno, vislumbrando-se, possivelmente, as novas formas de organização familiar, que já não encontram os mesmos personagens nem os mesmos lugares no cenário que conhecemos como lar. A família monoparental é um exemplo, encontrando-se só a mãe ou só o pai, ou um responsável, comandando a casa no dia a dia no cuidado dos filhos. Assim, vai-se diversificando a instituição tida como a célula *mater* da sociedade e considerando-se inéditas representações sociais da família, diante do rompimento dos modelos e padrões tradicionais.

Desvincular-se do paradigma clássico patriarcal e autoritário leva à reflexão de que a *"crise e decadência da família"* ressurgem como "evolução e conquista" da liberdade individual e dos direitos privados consagrados nas relações de afeto.

Procura-se na contemporaneidade um modelo de família que não imponha tanta rigidez quanto o tradicional, promovendo a personalização dos sujeitos. Trata-se de um novo desenho das relações familiares, que considera as vontades de seus membros; isto é, busca-se uma certa noção de *felicidade e realização pessoal*.[33]

Andrée Michell[34] descreveu a família moderna considerando a concepção de modelo *eudemonista*, no qual a conduta humana é admitida quando se busca a felicidade, seja esta individual ou coletiva. A partir dessa nova roupagem, o indivíduo não vive para a família ou para o casamento, mas, sim, a família passa

---

30 Villela, *Liberdade e família*, p. 39-40.
31 "Tantas são as variáveis culturais, éticas, políticas, econômicas e religiosas que a pressionam e modelam, mas sobretudo tantas são as imponderáveis aspirações e inspirações do homem na situação de família que nenhum modelo cerrado atenderia a uma e a outras. **Só a família fundada na aptidão para responder ao mistério de amor e comunicação que habita cada ser humano o pode livrar do vazio e da solidão**" (Villela, *Liberdade e família*, p. 39-40).
32 Tepedino, *Novas formas de entidades familiares: efeitos do casamento e da família não-fundada no matrimônio*, p. 326.
33 Leite, *Famílias monoparentais*, p. 16.
34 Michel, *Modèles sociologiques de la famille dans les sociétés contemporaines*, p. 131.

a existir para o desenvolvimento pessoal[35] no qual cada um procura o seu próprio bem-estar.

Essa concepção que privilegia a satisfação dos sujeitos e leva à busca da felicidade do ser humano atende com bastante coerência e sabedoria os novos rumos da família.

Burgess e Locke descreveram, pela sociologia, a mais espetacular transformação sofrida pela família na história do Ocidente como a passagem a um organismo preordenado visando a fins externos para um núcleo de companheirismo a serviço das próprias pessoas que a constituem, com o objetivo de alcançar o afeto recíproco e a mútua compreensão nas relações entre os seus membros.[36]

As transformações da família trazem como consequência uma ampliação da liberdade individual,[37] o que implica uma reinterpretação da missão da família, englobando a responsabilidade como fator essencial na modernidade.

Villela elucida que o objetivo eudemonista pretendido pela família no mundo atual não se confunde com hedonista.[38] Apesar da semelhança nas palavras, a procura do prazer individual a qualquer custo não corresponde com a função essencial do núcleo familiar, que, é um espaço privado, mas ao mesmo tempo chama seus membros a uma responsabilização evidente e exigida pelo contexto atual e pelas normas impostas pelo Estado.[39]

Esse é um paradoxo que se tem enfrentado; a família como espaço privado e de liberdade, mas com a imposição cada vez mais invasiva do público, algumas vezes representado por leis, outras por decisões judiciais.

Modernamente, o grupo familiar se reduz numericamente. A necessidade econômica ou a simples conveniência leva a mulher a exercer atividades fora do lar, o que enfraquece o dirigismo no seu interior. Problemas habitacionais e de espaço, e atrações frequentes exercem nos filhos maior fascínio do que as reuniões e os jogos domésticos do passado.

A perda gradativa de seus membros e a "expulsão" de agregados e serviçais, pelas menores possibilidades de contato com o "resto" da família, levaram Bernardo Jablonski a identificá-la como "família", equiparando-a a uma ilha por seu isolamento, sobretudo, nos grandes centros urbanos.[40]

Identificada pela Convenção Internacional sobre os Direitos da Criança – ONU/1989 (Decreto nº 99.710/1990) como "núcleo fundamental da sociedade e meio natural para o crescimento e bem-estar de todos os seus membros e, em particular, as crianças", predomina, hoje, o seu conceito como unidade social.

---

35 Michel, *Modèles sociologiques de la famille dans les sociétés contemporaines*, p. 132.
36 Burgges e Locke, *The family: from institution to companionship*, p. VII-IX, p. 3-33.
37 Villela, *Liberdade e família*, p. 9.
38 Villela, *Liberdade e família*, p. 15.
39 Villela, *Liberdade e família*, p. 15.
40 Bernardo Jablonski, *Até que a Vida nos Separe – A Crise do Casamento Contemporâneo*, p. 58.

Nos meios menos favorecidos de fortuna, os menores começam muito cedo a trabalhar, seja em empregos regulares, seja em serviços eventuais e pequenos expedientes.

Desta sorte, diminui necessariamente a coesão familiar. O jovem assume mais cedo maior independência, deixando de se exercer a influência parental na sua educação. No entanto, opõe-se a busca a realização pessoal à dependência econômica, fruto das dificuldades, cada vez mais significativas, de âmbito profissional.

Obviamente, surgem e crescem problemas sociais. Levanta-se em nosso tempo o mais grave de todos, que é o referente à infância abandonada e delinquente, o da juventude que procura no uso das drogas uma satisfação para anseios indefinidos.

Tudo isso suscita novo zoneamento de influências, com a substituição da autoridade paterna pela estatal. Em contrapartida, a família necessita de maior proteção do Estado, (Constituição, art. 226), e tanto mais adiantado um país, quanto mais eficiente esta se deve fazer sentir.

Nos Tribunais e no âmbito político-administrativo, a proteção da família é centrada especialmente nos filhos menores, e orientada, a cada dia, pelo princípio do "melhor interesse da criança" como um novo paradigma, valorizando a convivência familiar dentro ou fora do casamento.

Houve, pois, sensível mudança nos conceitos básicos. A família modifica-se profundamente. Está se transformando sob os nossos olhos. Ainda não se podem definir as suas linhas de contorno precisas, dentro do conflito de aspirações. Não se deve, porém, falar em desagregação, nem proclamar-se verdadeiramente uma crise. Como organismo natural, a família não acaba. Como organismo jurídico, elabora-se sua nova organização. Para efeito de proteção do Estado é reconhecida a união estável entre homem e mulher como "entidade familiar" (Constituição, art. 226, § 3º), a qual será examinada em capítulo próprio.

As uniões homoafetivas adquirem o *status* de "entidade familiar", autorizando, inclusive, a adoção. Coube ao Supremo Tribunal Federal, sob a relatoria do Ministro Ayres Britto, dar "nova interpretação conforme a Constituição ao art. 1.723 do CC para dele excluir qualquer significado que impeça o reconhecimento da união contínua, pública e duradoura entre pessoas do mesmo sexo como entidade familiar, entendida esta como sinônimo perfeito de família".[41]

---

41 Confira-se a histórica decisão do Supremo Tribunal Federal, veiculada no seu *Informativo* n. 625: "Relação homoafetiva e entidade familiar. (...) No mérito, prevaleceu o voto proferido pelo Min. Ayres Britto, relator, que dava interpretação conforme a Constituição ao art. 1.723 do CC para dele excluir qualquer significado que impeça o reconhecimento da união contínua, pública e duradoura entre pessoas do mesmo sexo como entidade familiar, entendida esta como sinônimo perfeito de família. (...) Em segundo lugar, o emprego da sexualidade humana diria respeito à intimidade e à vida privada, as quais seriam direito da personalidade e, por último, dever-se-ia considerar a âncora normativa do § 1º do art. 5º da CF. Destacou, outrossim, que essa liberdade para dispor da própria sexualidade inserir-se-ia no rol dos direitos fundamentais do indivíduo, sendo direta emanação do princípio da dignidade da pessoa humana e até mesmo cláusula pétrea. (...) Após mencionar que a família deveria servir de norte interpretativo para as figuras jurídicas do casamento civil, da união estável, do planejamento familiar e a adoção, o relator registrou que a diretriz da formação

Assim é que, seguindo este entendimento, o Conselho Nacional de Justiça, por meio da Resolução n° 175, de 14 de maio de 2013, vedou às autoridades competentes "a recusa de habilitação, celebração de casamento civil ou de conversão de união estável em casamento entre pessoas de mesmo sexo".

As *famílias monoparentais,* assim compreendendo "comunidade formada por qualquer dos pais e seus descendentes" (§ 4° do art. 226, CF), representam, hoje, no Brasil 10.197 milhões de núcleos familiares em que só existe mãe ou pai, segundo o censo do IBGE de 2010. Enquanto 2,3% dos lares os filhos estão sob a responsabilidades do pai, em 15,5% deles os filhos têm na mãe a referência familiar.[42]

Os vínculos de afetividade projetam-se no campo jurídico como a essência das relações familiares. O afeto constitui a diferença específica que define a entidade familiar. É o sentimento entre duas ou mais pessoas que se afeiçoam pelo convívio diuturno, em virtude de uma origem comum ou em razão de um destino comum que conjuga suas vidas tão intimamente, que as torna cônjuges quanto aos meios e aos fins de sua afeição até mesmo gerando efeitos patrimoniais, seja de patrimônio moral, seja de patrimônio econômico. Para Sergio Resende de Barros "este é o afeto que define a família: é o *afeto conjugal*. Mais conveniente seria chamá-lo *afeto familiar*, uma vez que está arraigada nas línguas neolatinas a significação que, desde o latim, restringe o termo cônjuge ao binômio marido e mulher, impedindo e desaconselhando estendê-lo para além disso. Embora o afeto conjugal entre o homem e a mulher seja espécie mais relevante, não é a única espécie de afeto familiar".[43] Neste contexto de mudanças, *as famílias reconstituídas* nascem de um novo relacionamento (casamento ou outra união), onde um dos cônjuges ou companheiro (ou ambos) compõe a família com filhos de relações anteriores. Nesta convivência familiar todos trazem experiências anteriores e se veem diante do desafio de criar novos espaços de afetividade. Esta renovada relação de parentesco por afinidade assume, muitas vezes, as funções e cuidados próprios da família biológica, sobretudo em razão da morte ou da separação conjugal. Os genitores afins, quase sempre participam do processo de socialização, do sustento material e educação. Neste núcleo familiar, o diálogo, o

---

dessa instituição seria o não atrelamento a casais heteroafetivos ou a qualquer formalidade cartorária, celebração civil ou liturgia religiosa. Realçou que família seria, por natureza ou no plano dos fatos, vocacionalmente amorosa, parental e protetora dos respectivos membros, constituindo-se no espaço ideal das mais duradouras, afetivas, solidárias ou espiritualizadas relações humanas de índole privada, o que a credenciaria como base da sociedade (CF, art. 226, *caput*). Desse modo, anotou que se deveria extrair do sistema a proposição de que a isonomia entre casais heteroafetivos e pares homoafetivos somente ganharia plenitude de sentido se desembocasse no igual direito subjetivo à formação de uma autonomizada família, constituída, em regra, com as mesmas notas factuais da visibilidade, continuidade e durabilidade" (STF, ADI 4.277/DF e ADPF 132, Rel. Min. Ayres Britto, 04 e 05.05.2011).

42 "Mães e pais que valem por dois em 10 milhões de lares pelo Brasil", Jornal *O Globo*, Caderno *Economia*, publicado em 26.08.2012, p. 41.
43 Sergio Resende de Barros, "A ideologia do afeto", in *Revista Brasileira de Direito de Família* n° 14 (jul.-set./2002), Porto Alegre: Síntese/IBDFAM, p. 8.

afeto e a solidariedade podem ajudar nos conflitos que se apresentam diversificados em cada configuração familiar.

Waldyr Grizard Filho refere-se a uma compreensão restrita da família reconstituída como "lugar onde convivem o novo casal, os filhos comuns e os filhos nascidos de relações anteriores, conformando um sistema familiar único". Numa compreensão mais ampla o mesmo autor inclui "o conjunto de várias unidades domésticas, por onde circulam todos os filhos, no sentido dos autores franceses, ou seja, a rede familiar que relaciona os diferentes lares formados depois da separação do casal original".[44]

Nesse cenário, tem-se destaque o papel dos avós no ambiente social e familiar reconfigurado com as relações transgeracionais. Como explicam Tânia da Silva Pereira e Sofia Miranda Rabelo, a avosidade passou a ser uma realidade com o aumento da expectativa de vida e a queda da natalidade, revelando que, pela primeira vez na história, a população idosa é superior às crianças até cinco anos de idade, ou seja, têm-se mais avós do que netos.[45] Essa sobreposição geracional faz com que os avós estejam mais presentes na vida dos netos, contribuindo com sua criação, prestando-lhes apoio emocional e até mesmo financeiro.

Como definem Sofia Miranda Rabelo e Ana Carolina Brochado Teixeira, "o desempenho das funções assumidas pelos avós no contexto familiar contemporâneo ultrapassa a imagem de outrora, valorizando a participação dos mais velhos na família, fortalecendo os vínculos afetivos diante das diferenças geracionais. A análise da avosidade aproxima a infância e adolescência da velhice, em intersecções que entrelaçam posições de vulnerabilidades".[46]

As implicações jurídicas da reformulação das relações intergeracionais trazem a avosidade presente nos institutos da guarda, da convivência, dos alimentos, da responsabilidade civil, da adoção e até no exercício da autoridade parental, além de outras possibilidades.

Percebe-se que a legislação e jurisprudência brasileiras têm sofrido alterações que visam melhor compreender e abarcar o fenômeno da avosidade. Nesse sentido, Rabelo e Teixeira destacam a possibilidade de exercício da autoridade parental pelos avós, mediante autorização do titular, e o parágrafo único do art. 1589 do Código Civil, que estende o direito de visitas aos avós.

---

44 Waldyr Grizard Filho, *Famílias reconstituídas: novas uniões depois da separação*, p. 80.
45 Tânia da Silva Pereira e Sofia Miranda Rabelo, coautoras da primeira obra jurídica sobre Avosidade no Brasil, esclarecem que a expressão avosidade, originária da língua espanhola "abuelidad", foi apresentada pela pesquisadora argentina Paulina Redler em 1977, defendendo o seu conceito e a função dos avós, comparando-os e contrastando-os com a paternidade e a maternidade. Como fenômeno mundial, nasceram expressões em diversos idiomas para nomear a avosidade. Como "Grandparenthood", na língua inglesa, "Grandparentalité", na francesa, e "Großelternschaft", na alemã. Ver Tânia da Silva Pereira, Antônio Carlos Mathias Coltro, Sofia Miranda Rabelo e Livia Teixeira Leal, Avosidade: relação jurídica entre avós e netos, Indaiatuba: Foco, 2021.
46 RABELO, Sofia Miranda e TEIXEIRA, Ana Carolina Brochado. *Avosidade*: relação Jurídica entre avós e netos. Indaiatuba-SP: Foco, 2021, p. 46.

371. Natureza e taxinomia do direito de família

Para se situar bem o Direito de Família e caracterizá-lo devidamente, cumpre reportarmo-nos de início à divisão clássica do Direito nas duas grandes categorias: Direito Público e Direito Privado, já desenvolvida e explicada (vide nº 3, v. I).

Província do Direito Civil, e parte do Código Civil, o Direito de Família tem ocupado sempre posição destacada no Direito Privado. E constitui o complexo de normas disciplinares das relações de família, isto é, das que se passam entre pessoas ligadas pelo parentesco e pelo casamento. As relações concubinárias e a união estável entre um homem e uma mulher se apresentam, após a Carta Magna de 1988, como polo de importantes pesquisas influenciada pela Jurisprudência dos Tribunais que buscam indicar diretrizes para a solução dos conflitos decorrentes das relações de fato. As tentativas de regulamentação pelas Leis nºs 8.971/1994 e 9.278/1996 não atingiram o objetivo desejado. A solução dada pelo novo Código Civil não satisfaz às demandas dos Tribunais.

No seu conjunto, as normas que compõem o Direito de Família, embora destinadas a regular as relações entre pessoas integradas no agrupamento familiar, costumam ser reunidas pela sua mais íntima proximidade, formando os institutos do casamento, da filiação, do poder familiar, da tutela e da curatela, como se verá neste volume.

Publicização. Uma tendência de certos doutrinadores vem-se observando, contudo, no rumo de retirar do Direito Privado o Direito de Família, para classificá-lo como ramo do Direito Público. A razão desta tendência é assinalada pela observação de que nas relações jurídico-familiares há predominância acentuada de princípios de ordem pública, cuja conceituação genérica já se fez nesta obra (vide nº 3, *supra*, v. I). No tocante à predominância da ordem pública, a observação é procedente. À vista da importância social de sua disciplina, a maioria das normas jurídicas constitutivas do Direito de Família acusa a presença de preceitos inderrogáveis impostos como *ius cogens* à obediência de todos, chegando mesmo a caracterizarem-se antes como deveres do que como direitos. Paralelamente, conservam outros a natureza de regras supletivas.

Tendo em vista o seu conteúdo intrínseco, alguns dos princípios integrantes do Direito de Família, pelo tipo pessoal das relações que têm em vista, entre os cônjuges, entre pais e filhos, entre parentes consanguíneos ou afins – formam o que se convencionou denominar "direitos de família puros". Outros traduzem relações nitidamente patrimoniais, como efeitos diretos ou indiretos dos primeiros, e se assemelham às relações de cunho obrigacional ou real, cuja preceituação atraem e imitam.

Levados por tais considerações, ou mesmo pelo gosto das novidades, é que alguns escritores sustentam o deslocamento de todo o Direito de Família para a grande província do Direito Público.[47] Outros não chegam tão longe, mas lhe recusam praça

---

47 Savatier, *Du Droit Civil au Droit Public*, pp. 19 e segs.

no Direito Privado, preferindo qualificá-lo como um direito especial ou *sui generis*, o que, em verdade, nada significa.

Não cessando aí a controvérsia, pode-se inscrever neste grupo o seu enquadramento como "direito social" (Lehmann).

Outros enxergam na predominância dos princípios da ordem pública um caráter institucional: relações jurídicas nascem de atos voluntários (casamento, adoção, reconhecimento de filho), os quais são submetidos às regras gerais dos atos jurídicos, mas a vontade não se manifesta senão na sua realização, pois que os respectivos efeitos são somente aqueles preestabelecidos na lei.[48]

Sem o propósito de polemizar a questão, por não faltarem ao Direito de Família peculiaridades marcantes, Caio Mário entende que o seu lugar é mesmo no Direito Privado e a sua classificação certa no Direito Civil, dado o tipo de relações jurídicas a que visa disciplinar.

É certo que não se trata de relações idênticas às demais do Direito Privado, e se o afirmássemos, incorreríamos em justificada crítica. Não se pode negar que alguns institutos que se desenvolvem no Direito Civil não suportam a transposição para o Direito de Família sem mudanças profundas, ou, ao menos, sem determinadas ressalvas quanto à técnica de aplicação, como se assinalará em minúcia cada vez que se torne mister acentuar a diversificação.

Com estas conotações, que às vezes assumem a condição de reservas doutrinárias marcantes, Caio Mário entende que o Direito de Família conserva a caracterização disciplinar do Direito Privado, e não desgarra da preceituação do Direito Civil. No estado atual da ciência civilista, é aí que ainda há de permanecer, embora se reconheça nele a presença constante de preceitos de ordem pública.

372. Os institutos do Direito de Família

Pelo seu conteúdo e pela sua finalidade imediata, as normas que compõem o Direito de Família ocupam três faixas que não se revelam muito distintas ou destacadas, mas, ao revés, se interpenetram, pelas diretrizes e pelos efeitos respectivos, embora tendam a reunir-se. Não chegam, obviamente, a formar compartimentos estanques, mas podem identificar-se quando teleologicamente consideradas.

Conforme, pois, a sua finalidade ou o seu objetivo, estas normas ora regulam as relações pessoais entre os cônjuges, ou entre os ascendentes e os descendentes ou entre parentes fora da linha reta; ora disciplinam as relações patrimoniais que se desenvolvem no seio da família, compreendendo as que se passam entre cônjuges, entre pais e filhos, entre tutor e pupilo; ora finalmente assumem a direção das relações assistenciais, e novamente têm em vista os cônjuges entre si, os filhos frente aos pais, o tutelado em face do tutor, o interdito diante do seu curador.

---

48 Planiol, Ripert *et* Boulanger, *Traité Élémentaire*, v. I, n° 1.651.

Relações pessoais, patrimoniais e assistenciais – são os três setores em que o Direito de Família atua, ou as três faixas por que as respectivas *regulae iuris* se distribuem.

Na sua seriação, contudo, as ditas regras não se ordenam assim. Ao revés, lado a lado se emparelham relações patrimoniais e pessoais, relações assistenciais e patrimoniais, relações pessoais e assistenciais. Desobedeceria ao necessário rigor lógico se o código ou o livro de exposição doutrinária as apresentasse em razão da predominância pessoal, patrimonial ou assistencial.

Mais técnico, mais científico e lógico é o critério predominante em nosso e alheio direito, propondo o agrupamento das normas em função das finalidades imediatas, que as polarizam mais em torno das pessoas a que se destinam do que em decorrência do tipo específico das relações procuradas. Mais correto do que abrir seções para os preceitos que cuidam de todas as relações pessoais entre cônjuges e entre parentes, ou de relações patrimoniais em conjunto, é ordená-la no que se refere a cada complexo especialmente considerado.

Deste ponto de vista é que se destacam os institutos do Direito de Família: o do casamento, da filiação, do poder familiar, da tutela, da curatela, dos alimentos, da ausência. As "uniões livres", nas suas diversas modalidades e, após 1988, a "união estável" se apresentam como novo âmbito de proteção jurídica da família.

O instituto do casamento é o primeiro na ordem cronológica, pela sua importância, pela sua abrangência e pelos seus efeitos. É o casamento que gera as relações familiares originariamente. Certo é que existem fora do casamento, produzindo consequências previstas e reguladas no Direito de Família. Mas, além de ocuparem plano secundário, e ostentarem menor importância social, não perdem de vista as relações advindas do casamento, que copiam e imitam, embora as contrastem frequentemente. A preeminência do casamento emana substancialmente de que originam dele as relações havidas do casamento, como a determinação dos estados regulares e paragonais que, sem excluírem outros, são os que a sociedade primordialmente considera, muito embora a Constituição de 1988 tenha proibido quaisquer designações discriminatórias (art. 227, § 6º).

Neste ponto, insinua-se a indagação se existe um organismo que se possa qualificar como "família natural" em contraposição à família "consanguínea". Como vimos acima, o Estatuto da Criança e do Adolescente identifica no art. 25 como "família natural, a comunidade formada pelos pais ou qualquer deles e seus descendentes". Há, sem dúvida, relações familiares fora do casamento, compreendendo aquelas três faixas já referidas – pessoais, patrimoniais e assistenciais.

No Código Civil, o casamento é o centro e, consequentemente, o foco de onde irradiam as normas básicas do Direito de Família. Ele é estudado em todos os seus aspectos: conceituação, formalidades antecedentes, concomitantes e subsequentes à sua celebração.

Do casamento nascem relações entre os cônjuges, com a imposição de recíprocos deveres e de mútuos direitos. Dele provêm relações patrimoniais que, a seu turno, chegam a constituir verdadeiro instituto, que é o dos regimes de bens entre cônjuges: de comunhão universal, de separação total ou parcial, ou ainda o dotal.

No instituto do casamento cabem as regras relativas à sua eficácia ou ineficácia: inexistência por falta de pressupostos fáticos, nulidade e anulabilidade, além do problema ligado à dissolução da sociedade conjugal, com o "divórcio a vínculo" e a separação.

Cada uma das matérias, pela riqueza normativa, chega a erigir-se em outros tantos institutos, e a constelação destes amplia-se, fazendo do casamento mais uma instituição, e como tal considerado.

Outro centro de relações que no Direito de Família assume importância e significação excepcionais é o instituto da filiação, não faltando justificativa para que se proclame que em derradeira análise todo o Direito de Família deve objetivar principalmente a condição jurídica dos filhos. Confrontados estes com o estado dos pais relativamente ao casamento, decorriam as qualificações consequentes: filiação legítima, filiação ilegítima, filiação adotiva, com as subqualificações respectivas, que especificavam a legitimação pelo subsequente matrimônio dos pais; a condição dos filhos simplesmente naturais, os incestuosos e os adulterinos; a adoção simples ou adoção plena, todos equiparados pela Constituição de 1988, que proíbe as designações discriminatórias.

Paralelamente às qualificações ligadas aos filhos, vêm os complexos legais referentes à contestação para o caso dos que assumem um *status* a que não têm direito; e a investigação de maternidade ou paternidade, em favor dos que reivindicam uma situação jurídica que lhes deve ser reconhecida.

Em desdobramento da filiação e constituindo outros tantos complexos de normas, ocorrem àqueles institutos de proteção ou assistência, desdobrados em três classes: poder familiar quanto aos filhos subordinados à autoridade paterna e materna; tutela dos menores que se sujeitam à de pessoas que não são os seus genitores; e curatela, que não se relaciona com o instituto da filiação, mas encontra guarida no Direito de Família pela semelhança ou analogia com o sistema assistencial das crianças e adolescentes, embora tenha particularmente em vista a assistência aos psicopatas.

O problema relativo à concessão de alimentos encontra desate no Direito de Família, quer nas relações entre cônjuges, quer entre parentes, na linha reta ou colateral.

O Direito de Família no Código de 2002 consolidou os princípios constitucionais introduzidos pela Constituição de 1988, reconhecendo outros direitos cujas bases se fixam em nossa realidade social.

372-A. Inovações constitucionais

Autores, como Savatier, conforme visto anteriormente, manifestam sua estranheza pelo fato de a palavra "família" estar ausente no Código Napoleão.[49] Nosso Direito não comete igual pecado.

---

49 Savatier, *in Le Droit, l'Amour et la Liberté*, p. 14.

Não abriga, todavia, a tese de se atribuir personalidade jurídica à "Família". Desenvolve os institutos que compõem esta província juscivilista, sem, contudo, reconhecer-lhe personalidade autônoma.

Em todo tempo, a ordem jurídica estabeleceu o dever de assistência à família, nas pessoas que compõem esse agrupamento social. Os institutos do pátrio poder (hoje, poder familiar) e da tutela sempre tiveram acolhida no nosso e nos alheios sistemas jurídicos. Igualmente tem merecido atenção o direito aos alimentos na ordem familiar.

Tais propósitos são presentes nas disposições do Código Civil, ao cogitar das relações dos cônjuges entre si e, bem assim, dos deveres dos pais para com os filhos. O mesmo sentido assistencial inspira o Decreto-Lei nº 3.200, de 19 de abril de 1941, que se intitulou como "Lei de Organização e Proteção da Família". O mesmo propósito comparece no Código de Menores, promulgado pela Lei nº 6.697, de 10 de outubro de 1979, em substituição ao anterior vindo de 1927. Propósito tipicamente assistencial animou a Lei nº 5.478, de 25 de julho de 1968, que cogitou do dever natural de sustento aos filhos menores e inválidos.[50]

A Constituição Federal de 05 de outubro de 1988 abriu horizontes ao instituto jurídico da família, que mereceu sua atenção em três pontos relevantes: "entidade familiar", planejamento familiar e assistência direta à família (art. 226, §§ 3º a 8º).

Sobre o "planejamento familiar" já foi mencionado na "Introdução", ilustrado com numerosas autoridades ali invocadas. Ao que nessa passagem foi dito, acrescente-se que a Carta de 1988 enfrentou o problema no propósito de dirimir contendas até então existentes entre os que são favoráveis e os adversários da "limitação da natalidade".

E o fez fundado nos princípios da dignidade humana e da paternidade responsável, competindo ao Estado propiciar recursos educacionais e científicos para o exercício desse direito. Levou, portanto, em consideração o crescimento populacional desordenado, entendendo, todavia, que cabe à decisão livre do casal a escolha dos critérios e dos modos de agir, vedada qualquer forma coercitiva por parte de instituições oficiais ou particulares (art. 226, § 7º). Cabe à legislatura regulamentar o preceito, e aos organismos privados ou públicos orientar, esclarecer e cooperar. Trata-se de inovação relevante, a ser devidamente desenvolvida sob aspecto jurídico como técnico-científico. Como iniciativa de regulamentação cite-se a Lei nº 9.263, de 12.01.1996, que transfere ao Sistema Único de Saúde (SUS) a responsabilidade de sua implantação e desenvolvimento.[51]

---

50 Yussef Said Cahali, *Dos Alimentos,* p. 361; João Claudino de Oliveira e Cruz, *Dos Alimentos no Direito de Família,* nº 5.
51 Merecem, também, referência: Portaria nº 048, de 11.02.1999; Portaria nº 085, de 15.03.1999; Portaria nº 1.356 de 25.07.2002 (métodos anticoncepcionais – assistência integral – kit básico e complementar).

No tocante à assistência direta à família, dirige sua bússola, enfrentando o desafio de milhões de brasileiros que vivem em condições que a UNESCO qualifica de "miséria absoluta". Com base nesta norma constitucional (art. 226, § 8º) incumbe a todos os órgãos, instituições e categorias sociais conscientes envidar esforços e empenhar recursos na sua real efetivação.

Das inovações, a que tem despertado maior interesse, suscitando mesmo certas divergências polêmicas, é a que se contém na disposição do § 3º do mencionado art. 226, nestes termos: "... para efeito de proteção do Estado, é reconhecida a união estável entre o homem e a mulher como 'entidade familiar', devendo a lei facilitar sua conversão em casamento".

A polêmica já esboçada trava-se entre a ideia de se reconhecer a qualquer união, entre pessoas de sexo diferente, a equiparação ao casamento, constituindo uma "entidade" própria.

Caio Mário defendia a insustentabilidade desta equiparação nos termos do próprio inciso constitucional. Com efeito, o § 3º do art. 226 considera a existência da união entre homem e mulher, estatuindo que, se dotada de estabilidade, a lei "facilitará" a sua "conversão em casamento". É óbvio que, se ao legislador compete editar regras neste sentido, está simultaneamente negando à entidade familiar a condição de "*status* nupcial" por mais longa que seja a sua duração e por mais que esteja consolidada.

Considere-se, no entanto, que o Superior Tribunal de Justiça tem identificado a família unipessoal formada por "pessoas solteiras vivendo com outros parentes ou mesmo sós, como o caso de um divorciado solitário". Buscando proteger a moradia da família tornando-a impenhorável (Lei nº 8.009/1990) passou-se a discutir, inclusive, se uma pessoa solteira podia constituir uma entidade familiar ou família. Reconheceu-se, finalmente, esta possibilidade,[52] persistindo, contudo, a controvérsia.[53]

---

52 Também merece destaque a decisão proferida pela 6ª Turma do STJ, de 19.08.1999, que, ao referir-se à aplicabilidade da Lei nº 8009/1990, identificou família como "instituição social de pessoas que se agrupam, normalmente por laços de casamento, união estável, ou descendência. Não se olvidem ainda os ascendentes. Seja o parentesco civil, ou natural. Compreende ainda a família substitutiva. Nessa linha, conservada a teleologia da norma, o solteiro deve receber o mesmo tratamento. Também o celibatário é digno dessa proteção. E mais. Também o viúvo, ainda que seus descendentes hajam constituído outras famílias, e como, normalmente acontece, passem a residir em outras casas. 'Data venia', a Lei nº 8.009/1990 não está dirigida a número de pessoas. Ao contrário – à pessoa solteira, casada, viúva, desquitada, divorciada, pouco importa. O sentido social da norma busca garantir um teto para cada pessoa. Só essa finalidade põe sobre a mesa a exata extensão da lei. Caso contrário, sacrificar-se-á a interpretação teleológica para prevalecer a insuficiente interpretação literal" (REsp 1998/0052764-8 – 6ª Turma – Rel. Min. Luiz Vicente Cernichiaro (1084) – Julg.: 19.08.1999 – *DJ* 10.05.1999, p. 234).

53 Na visão de Anderson Schreiber, "o fundamento para a impenhorabilidade do imóvel residencial do devedor solteiro não deve ser buscado no alargamento procustiano do conceito de entidade familiar, mas no direito à moradia" (Anderson Schreiber, "Direito à moradia como fundamento para a impenhorabilidade do imóvel residencial do devedor solteiro", *in* Carmen Lúcia Silveira Ramos *et al.* (org.), *Diálogos sobre direito civil*, Rio de Janeiro: Renovar, 2002, p. 95). No mesmo

Merece referência a Súmula n° 364 do STJ ao considerar que o conceito de impenhorabilidade do Bem de Família abrange também o imóvel pertencente a pessoas solteiras, separadas e viúvas. Diante da realidade brasileira de 12,2% dos lares habitados por apenas um morador, segundo o senso de 2010,[54] não se pode desprezar esta unidade familiar, devendo ser concedido aos seus titulares os mesmos direitos reconhecidos aos núcleos familiares formados por uma comunidade de pessoas.

No que tange à "união estável" o assunto tem despertado maior interesse. A Lei n° 8.971/1994 e a Lei n° 9.278/1996 buscaram regulamentar o assunto e outros projetos legislativos tramitam no Congresso Nacional sem que até o momento haja consenso para indicação de seu conceito. O art. 1.723 do Código Civil define a união estável como "entidade familiar entre o homem e a mulher, configurada na convivência pública, contínua e duradoura e estabelecida com o objetivo de constituição de família".

Este preceito, na sua generalização, compreende toda espécie de conceitos, que devem orientar toda a relação dos cônjuges, como a destes com os filhos. Não se trata, evidentemente, de extinguir os institutos já consagrados anteriormente. O que se cogita é de, através de legislação mais abrangente e adequada, o Estado estatuir medidas que visem a proteção ao campo da família, e que tenham por objeto mais desenvolvido programa de assistência nos três estágios: relações entre homem e mulher; relações destes com os filhos; deveres do Estado com todas as pessoas abrangidas no contexto familiar.

Novos tipos de grupamento humano marcados por interesses comuns e pelos cuidados e compromissos mútuos hão de ser considerados como novas "entidades familiares" a serem tuteladas pelo direito.

Conclui Paulo Lôbo: embora o art. 226 da Constituição Federal reconheça um número ampliado de entidades familiares, estas são meramente exemplificativas, sem embargo de serem as mais comuns, por isso mesmo merecendo referência expressa. Elas são tipos implícitos, incluídos no âmbito de abrangência do conceito amplo e indeterminado de família indicado no *caput*. "Todo conceito indeterminado depende de concretização dos tipos, na experiência de vida, conduzindo à tipicidade aberta, dotada de ductilidade e adaptabilidade".[55]

Essas "famílias possíveis" se somam àquelas consideradas tradicionais, desvinculadas do fator biológico; não mais se pode ignorar a existência de comunidades formadas por pessoas que se propõem a viver em grupo, motivadas muitas vezes

---

sentido: "a tutela do único bem imóvel de um devedor que vive só nos parece muito mais consentânea com a tese garantista do patrimônio mínimo apresentada por Luiz Edson Fachin, do que eventual ligação, ainda que de longe, com o Direito de Família. O porquê é lógico: sendo família um fato natural, no mínimo birrelacional, não é possível que haja *status familiae* onde não houver ao menos duas pessoas" (Giselda Maria Fernandes Novaes Hironaka, "O conceito de família e sua organização jurídica", *in* Rodrigo da Cunha Pereira (org.), *Tratado de direito das famílias*, 2. ed., Belo Horizonte: IBDFAM, 2016, p. 59-60).

54 "Bloco do eu sozinho já soma quase 7 milhões", Jornal *O Globo*, Caderno *Economia*, publicado em 26.08.2012, p. 40.

55 Paulo Luiz Netto Lôbo. "Unidades familiares desconstitucionalizadas: para além dos *numerus clausus*", *in Revista brasileira de Direito de Família*, n° 12, Porto Alegre, Síntese, p. 45, 2002.

por razões religiosas ou ideológicas, agrupamentos na busca da sobrevivência ou autossuficiência.[56]

Heloisa Szymanski recomenda que, para se desenvolver projetos de atenção à família o ponto de partida é olhar para esse grupamento humano como "um núcleo em torno do qual as pessoas se unem por razões afetivas, dentro de um projeto de vida em comum em que compartilham um quotidiano e no decorrer das trocas intersubjetivas, transmitem tradições, planejam seu futuro, acolhem-se, atendem os idosos, formam crianças e adolescentes". (...) "As trocas afetivas na família imprimem marcas que as pessoas carregam a vida toda, definindo direções no modo de ser com os outros afetivamente, e no modo de agir com as pessoas. Esse ser com os outros, apreendidos com pessoas significativas, prolonga-se por muitos anos e frequentemente projeta-se nas famílias que se formam posteriormente".[57]

Das "inovações constitucionais" no Direito de Família destacam-se ainda a plena igualdade jurídica dos cônjuges; a abolição da desigualdade dos filhos; o reconhecimento dos filhos havidos de relação extramatrimonial; a reforma do pátrio poder (hoje poder familiar); a colocação em família substituta (adoção ou tutela e guarda) – tudo isto será objeto de detidos estudos nos lugares apropriados.

Em razão, portanto, das profundas modificações introduzidas no Direito de Família, e em consequência das mutações legais e constitucionais, tivemos de efetuar profunda revisão em alguns capítulos, notadamente: Capítulo XCI: Parentesco Legítimo; Capítulo XCII: Parentesco Ilegítimo; Capítulo XCIII: Parentesco Civil; Capítulo XCIV: Poder Familiar; Capítulo XCV: Tutela; Capítulo XCVI: Curatela; Capítulo XCVII: Alimentos.

372-B. Família socioafetiva

O Direito Brasileiro na contemporaneidade tem indicado novos elementos que compõem as relações familiares, transcendendo os limites fixados pela Carta de 1988, mas incorporando, também, seus princípios.

Consolida-se a família socioafetiva em nossa Doutrina e Jurisprudência, uma vez declarada a convivência familiar e comunitária como Direito Fundamental, a não discriminação de filhos, a corresponsabilidade dos pais quanto ao exercício do poder familiar e o núcleo monoparental reconhecido como entidade familiar.

Convocando os pais a uma "paternidade responsável", assumiu-se uma realidade familiar concreta onde os vínculos de afeto se sobrepõem à verdade biológica, após as conquistas genéticas vinculadas aos estudos do DNA.

Guilherme de Oliveira, ilustre jurista português, nesta mesma linha, defende a tese de que a paternidade jurídica não foi e nem é, forçosamente, determinada

---

56 Tânia da Silva Pereira, "Abrigo e alternativas de acolhimento familiar", in *O Cuidado como valor Jurídico*. Rio de Janeiro, Forense, 2008.
57 Heloisa Szymanski, "Viver em família como experiência de cuidado mútuo: desafios de um mundo em mudança", in *Revista Serviço Social e Sociedade,* nº 71, pp. 10-11.

pela verdade biológica do parentesco. Alerta, inclusive, para a hipótese onde a pura descoberta da verdade biológica pode causar um dano sério ao filho e aos outros interessados. Buscando a "consolidação da família" e referindo-se ao "nascimento da verdade sociológica", o autor se reporta à posse de estado de filho para consolidar um vínculo meramente afetivo e sociológico a exprimir uma família cuja estabilidade a lei resolve proteger no interesse do filho e no interesse social.[58]

Também no Brasil têm-se reconhecido outros atributos nas relações paterno-filiais. A afetividade invade a ciência jurídica transcendendo aos aspectos exclusivamente psicológicos e sociológicos. Como o "respeito e consideração mútuos" (art. 1.566, V) e "lealdade e respeito" (art. 1.724), o afeto e tolerância hão de ser incorporados como valores jurídicos no âmbito das relações familiares.

Situações peculiares devem ser assumidas no mundo jurídico como relações de afeto com força própria para uma definição jurídica: o "filho de criação", quando comprovado o "estado de filho afetivo" (posse de estado de filho), a adoção judicial, o reconhecimento voluntário ou judicial da paternidade ou maternidade e a conhecida "adoção à brasileira".[59]

Belmiro Pedro Welter[60] discorda de parte da Doutrina e da Jurisprudência ao esclarecer que não se trata de posse de estado de filho, mas sim de "estado de filho afetivo, cujo vínculo entre pais e filho, com o advento da Constituição Federal de 1988, não é de posse e domínio, e sim de amor, de ternura, na busca da felicidade mútua, em cuja convivência não há mais nenhuma hierarquia".

Conclamando à "valorização das relações socioafetivas não matrimoniais", Luiz Edson Fachin enfatiza "que a paternidade pode exigir mais do que laços de sangue; embora não seja imprescindível o chamamento de 'filho', os cuidados na alimentação e na instrução, o carinho no tratamento, quer em público, quer na intimidade do lar, revelam no comportamento a base da paternidade".[61] Para ele, a verdade socioafetiva não é menos importante que a verdade biológica. Destaca que "a posse de estado de filho oferece os necessários parâmetros para o reconhecimento da relação de filiação".[62]

Ao discorrer sobre o reconhecimento voluntário da paternidade, Caio Mário sempre enfatizou o direito ao patronímico e à proteção, ficando o filho submetido à *patria potestas* daquele que o reconheceu.[63] Esta vontade manifesta e os consentimentos desvinculados da verdade biológica são determinantes dos deveres e direitos que são peculiares às relações paterno-filiais.

---

58 Guilherme de Oliveira, *Critério Jurídico da paternidade*, pp. 442-445.
59 Belmiro Pedro Welter, *Igualdade entre a Filiação Biológica e Socioafetiva*, p. 132.
60 Belmiro Pedro Welter, ob. cit., p. 136.
61 Luiz Edson Fachin, *Da Paternidade: Relação Biológica e Afetiva*, p. 36.
62 Luiz Edson Fachin, *Comentários ao Novo Código Civil: do Direito de Família, do Direito Pessoal, das Relações de Parentesco*, p. 29.
63 Caio Mário da Silva Pereira, *Reconhecimento da Paternidade e seus Efeitos*, § 82.

Acerca da questão, destaca-se o julgamento do Recurso Extraordinário 898.060,[64] no qual o Supremo Tribunal Federal fixou a seguinte tese: "A paternidade socioafetiva, declarada ou não em registro público, não impede o reconhecimento do vínculo de filiação concomitante baseado na origem biológica, com os efeitos jurídicos próprios". Em seu voto, o Ministro Relator Luiz Fux entendeu que não devem ser feitas distinções entre os vínculos biológicos e afetivos quando o melhor interesse do descendente é o reconhecimento jurídico da paternidade.[65]

Na inseminação artificial heteróloga a vontade manifesta dos que buscaram a concretização de seus desejos na reprodução assistida veda a impugnação da paternidade; da mesma forma, o consentimento afasta qualquer direito que possa pleitear o doador do material genético.

Identifica-se na Doutrina e na Jurisprudência uma maior valorização dos laços de afetividade, sobrepondo, muitas vezes, os vínculos biológicos. Acrescenta Sergio Resende de Barros: "O afeto se desenvolve e evolui como relação social. Progride socialmente. Obriga crescentemente. Vincula. Gera responsabilidades entre sujeitos. Daí por que o direito o protege não apenas como fato individual, mas, também, como fato social. O afeto é fator de outros fatos que o direito protege. A afeição é um fato social jurígeno, que gera direitos e obrigações acerca de vários bens e valores, como alimentos, moradia, saúde, educação etc."[66]

O Superior Tribunal de Justiça tem proferido decisões que reforçam a opção da doutrina e da jurisprudência pelos vínculos socioafetivos em detrimento dos biológicos. Convém citar, por exemplo, o julgamento do REsp 1.814.330/SP, de relatoria da Min. Nancy Andrighi,[67] no qual entendeu-se pela impossibilidade da anulação do registro de nascimento pretendida pelo recorrente, uma vez que este não desconstituiu as provas que demonstravam a existência de socioafetividade com a criança.

Dessa forma, percebe-se a crescente relevância dada ao instituto da socioafetividade, uma vez que este tem o condão de afastar, até mesmo, a ocorrência de erro ou a ausência de vínculo biológico no pai que realiza o registro do nascimento.

Na Adoção consolida-se a paternidade socioafetiva em detrimento da paternidade biológica, ao argumento de que a paternidade é função na qual se insere a construção do amor paterno-filial cuja base é o desenvolvimento físico, mental, moral, espiritual, cultural e social da pessoa em formação.[68]

---

64 STF – Tribunal Pleno – RE 898.060 – Rel. Min. Luiz Fux – *DJe* 23.08.2017.
65 No mesmo sentido, destacam-se as seguintes decisões do STJ: STJ – 3ª Turma – AgInt no AREsp 2.268.162/PE – Rel. Min. Nancy Andrighi – *DJe* 17.05.2023; STJ – 3ª Turma – REsp 1.867.308/MT – Rel. Min. Ricardo Villas Bôas Cueva – *DJe* 11.05.2022; STJ – 4ª Turma – AgInt no AREsp 1.985.216/SP – Rel. Min. Maria Isabel Gallotti – *DJe* 17.08.2022.
66 Sergio Resende de Barros. "A tutela constitucional do afeto". In: *Anais do V Congresso Brasileiro de Direito de Família*. Belo Horizonte: Del Rey / IBDFAM, 2005, p. 885.
67 STJ – 3ª Turma – REsp 1.814.330/SP – Rel. Min. Nancy Andrighi – *DJe* 28.09.2021.
68 Leila Donizetti, In *Filiação socioafetiva: o direito à identidade genética*. Rio de Janeiro: Lumen Juris, 2007, p. 25.

372-C. Estatuto da Criança e do Adolescente

Constitui hoje problema grave no mundo inteiro a proteção à criança e ao adolescente. Em 1959, a Organização das Nações Unidas aprovou a "Declaração Universal dos Direitos da Criança", instituindo a primeira mobilização da consciência coletiva, e despertou o mundo civilizado para esse tema que ocupa o primeiro plano nas reformas sociais contemporâneas. Em sessão realizada aos 20 de novembro de 1989, a Assembleia da ONU aprovou por unanimidade a "Convenção sobre os Direitos da Criança", a qual foi ratificada, pelo Brasil em 1990, através do Decreto nº 99.710/1990.

Esta Convenção é fruto de um esforço conjunto entre vários países que, durante dez anos, buscaram definir quais os direitos humanos comuns a todas as crianças, para a formulação de normas legais, internacionalmente aplicáveis, capazes de abranger as diferentes conjunturas socioculturais existentes entre os povos. A Convenção consagra a "Doutrina Jurídica da Proteção Integral", ou seja, que os direitos inerentes a todas as crianças e adolescentes possuem características específicas devido à peculiar condição de pessoas em vias de desenvolvimento em que se encontram e que as políticas básicas voltadas para a juventude devem atuar de forma integrada entre a família, a sociedade e o Estado. Recomenda que a infância deverá ser considerada prioridade imediata e absoluta, necessitando de consideração especial, devendo sua proteção sobrepor-se às medidas de ajustes econômicos, sendo universalmente salvaguardados os seus direitos fundamentais. Reafirma, também, conforme o *princípio do melhor interesse da criança,* que é dever dos pais e responsáveis garantir às crianças proteção e cuidados especiais e, na falta destes, é obrigação do Estado assegurar que instituições e serviços de atendimento o façam. Reconhece a família como grupo social primário e ambiente natural para o crescimento e bem-estar de seus membros, especificamente das crianças, ressaltando o direito de receber a proteção e a assistência necessárias a fim de poder assumir plenamente suas responsabilidades dentro da comunidade.

Cabe destacar que o art. 227 da Constituição de 1988 enunciou princípio programático de proteção, ao dizer que "é dever da família, da sociedade e do Estado assegurar à criança e ao adolescente, com absoluta prioridade, o direito à vida, à saúde, à alimentação, à educação, ao lazer, à profissionalização, à cultura, à dignidade, ao respeito, à liberdade e à convivência familiar e comunitária, além de colocá-los a salvo de toda forma de negligência, discriminação, exploração, violência, crueldade e opressão". Os direitos fundamentais da criança e do adolescente são identificados entre aqueles "fora do catálogo, mas com *status* constitucional formal, os quais são idênticos no que tange à sua técnica de positivação e eficácia".[69]

A Constituição impõe, ainda, ao Estado (§ 1º do art. 227) promover programas de assistência integral à saúde da criança e do adolescente, admitindo a participação de entidades não governamentais. Conjugado o princípio do art. 227, § 1º, com o art. 204, desenvolve-se na área da assistência social o conceito da descentralização

---

69 Ingo Wolfgang Sarlet, A Eficácia dos Direitos Fundamentais, p. 45.

administrativa, atendendo a que a criança, como todo indivíduo, é muito mais ligada ao Município, que está próximo, do que ao Estado e à União, que se situam em plano remoto, e em alguns casos inacessíveis.

Neste sentido, e em íntima colaboração com esta ideia, é o programa de colocação da criança em "família substituta", que supre as deficiências naturais e orgânicas das entidades oficiais no planejamento assistencial (v. n°s 414, 414-A, 419-B e 423, *infra*).

Dando execução a esses propósitos genéricos, foi editada a Lei n° 8.069, de 13 de julho de 1990, que dispôs sobre o "Estatuto da Criança e do Adolescente".

Este diploma desceu a minúcias em termos de proteção e assistência, além de estabelecer medidas definidoras de direitos; outras de caráter administrativo e ainda de punições, de modo a tornar efetivas a proteção e a assistência à criança e ao adolescente.

O "Estatuto" não constituiu mera substituição do Código de Menores de 1979 (Lei n° 6.697). Teve em mira transformar a filosofia da proteção e assistência à infância e à adolescência, subordinada a dois conceitos fundamentais.

Enquanto o Código anterior tinha como base a figura do "menor em situação irregular", o Estatuto coloca no epicentro a "Doutrina Jurídica da Proteção Integral" (art. 1°) e adota como técnica assistencial a descentralização, através dos "conselhos", tendo como inovação relevante o "Conselho Tutelar". Não descura, contudo, do acesso à Justiça, nos diversos aspectos: preventivo, assistencial e repressivo. Numa análise de conjunto, ou numa projeção perspectiva, o princípio enunciado no art. 227 da Constituição é a síntese da conceituação internacional dos Direitos da Criança, proclamados pela ONU.

No prosseguimento do seu discurso, o Estatuto considera, para efeito de seus princípios, que a proteção compreenda como sujeitos de direito (art. 2°): 1) *criança* é a pessoa até doze anos de idade; 2) *adolescente* é, em princípio, o indivíduo entre doze e dezoito anos, embora, excepcionalmente, o Estatuto seja aplicado às pessoas entre dezoito e vinte e um anos. Desenvolvendo esses conceitos, o Estatuto enuncia os princípios que enfatizam os direitos fundamentais da criança e do adolescente, salientando-se:

1) No primeiro plano, o direito à vida e à saúde (arts. 9° a 14), desenvolvendo o que estabelece o art. 6° da Convenção dos Direitos da Criança, assegurando-lhe a sobrevivência e o desenvolvimento: especificamente, assegura-lhe o desenvolvimento físico, mental, moral, espiritual e social em condições de liberdade e dignidade (Estatuto, art. 3°).

2) Cogita, em seguida, do direito à liberdade, ao respeito e à dignidade (arts. 15 a 18), dentro dos quais é de se destacar: a liberdade de locomoção em logradouros públicos e espaços comunitários; a liberdade de opinião e de expressão; a liberdade religiosa; a participação na vida familiar e comunitária; a participação na vida política; a integridade física, psíquica e moral; a identidade e autonomia moral, espiritual e material.

3) Cuida do direito à convivência familiar e comunitária (arts. 19 a 52), assegurando o direito de ser criado e educado no seio da própria família, ou de família substituta, a igualdade de todos os filhos biológicos ou por adoção; o direito ao sustento, guarda e educação.

A Lei nº 12.010, de 03 de agosto de 2009, fez profundas modificações na Lei nº 8.069/1990, especialmente no que concerne às normas gerais de colocação em família substituta. Um novo conceito de "acolhimento" passa a exigir do intérprete um posicionamento coerente com os ditames legais e constitucionais, complementado por subsídios interdisciplinares que permitam nova exegese do Direito Fundamental à convivência familiar e comunitária estabelecido no art. 227 da Constituição Federal e regulamentado pelo Estatuto. Além de dar preferência à *família natural* (comunidade formada pelos pais ou qualquer deles e seus descendentes), priorizou a *família ampliada ou extensa*, ao defini-la como "aquela que se estende para além da unidade pais e filhos ou da unidade do casal, formada por parentes próximos com os quais a criança ou adolescente convive e mantém vínculos de afinidade e afetividade". Não se trata, portanto, de qualquer parente, mas sim de pessoas do núcleo familiar, entre as quais já existe uma convivência permanente; a *afinidade*, no caso, não se traduz pelo conceito do art. 1.595 do Código Civil como parentesco civil decorrente do casamento e da união estável. Traduz identificação e estabilidade afetiva no relacionamento com a criança ou adolescente, bem como compromisso e responsabilidade na convivência familiar ou no acolhimento institucional.

4) Dá enorme importância ao direito à educação e à cultura, ao esporte e ao lazer (arts. 53 a 59), proclamando direitos e obrigações dos pais na educação dos filhos. Assegura o Estatuto o ensino fundamental obrigatório e gratuito, como consectário do disposto no art. 208, § 1º, da Constituição, e é abrangente de todo tipo de criança e adolescente, independentemente de se abrigar no seio da família (biológica ou substituta).

5) No preparo para a existência adulta, volta-se para o direito à profissionalização e à proteção no trabalho (arts. 60 a 69). Mais longe vai do que já se estabelece na CLT: proíbe o trabalho ao menor de 16 anos (salvo na condição de aprendiz); proíbe à criança e ao adolescente toda espécie de trabalho noturno, perigoso, insalubre e penoso, bem como a sua realização em locais prejudicais à sua formação e ao seu desenvolvimento físico, moral, psíquico e social. Conjugando o direito ao trabalho com a educação, interdiz o trabalho em horário e local compatível com a frequência à escola (art. 67).

Reproduzindo o princípio constitucional da presunção de inocência (Constituição, art. 5º, nº LVII) e da segurança (Constituição, art. 5º, nº LIV) ao processo subordinado ao princípio do "devido processo legal" (que foi importado do conceito norte-americano do *due process of law*) (art. 134, CF/1988) incumbe à Defensoria Pública a "assistência judiciária gratuita e integral aos necessitados".

Ao adolescente que pratica ato infracional é assegurada a remissão (art. 126) em atenção às circunstâncias pessoais e sociais que envolveram a prática da infração, compreendendo a suspensão e até mesmo a extinção do processo.

O Estatuto representou um salto de qualidade em relação à lei anterior ao estabelecer o regime de semiliberdade e internação (arts. 127 e 128). Admitiu medidas de internação em casos extremos de infração cometida mediante grave ameaça e violência à pessoa, no caso de reiteração no descumprimento injustificado da medida anteriormente imposta (Estatuto, art. 122). Em havendo internação, cabe ao Estado "zelar pela integridade física e mental dos internos e adotar as medidas necessárias", cuidando de manter separados dos infratores os adolescentes não infratores. Não sendo a internação o procedimento adequado, institui (art. 118) a medida socioeducativa da liberdade assistida, para o fim de acompanhar, auxiliar e assistir o adolescente. A ele será assegurado defensor, e em todos os casos de publicação de atos será respeitado segredo de justiça.

Extinguiu, também, o poder normativo do Código de 1979 que, mediante portarias e provimentos gerais, autorizava aos Juízes de Menores agir diretamente em nome da proteção e vigilância.

Neste sentido, é importante ressaltar as alterações promovidas pela Lei nº 12.594, de 18 de janeiro de 2012, que cuida da criação, manutenção e operacionalização do Sistema Nacional de Atendimento Socioeducativo (SINASE), regulamentando os procedimentos destinados ao acompanhamento do cumprimento das medidas destinadas aos adolescentes que cometem ato infracional.

A Lei nº 12.594, por meio do SINASE, procura uniformizar o atendimento aos adolescentes em conflito com a lei e o processo de apuração de atos infracionais, criando mecanismos legais que possibilitem a efetiva ressocialização desses jovens. A Lei prevê a adoção de medidas alternativas à internação e o direito de adolescentes casados ou que tenham um relacionamento estável receberem visitas íntimas, mediante autorização do juiz responsável pelo acompanhamento do caso. É instituído, ainda, o Plano Individual de Atendimento (PIA), instrumento de previsão, registro e gestão das atividades a serem desenvolvidas com o adolescente infrator.

Onde o Estatuto introduziu a maior mudança no regime de assistência à criança e ao adolescente foi com a criação do Conselho Tutelar e Conselhos municipais, estaduais e nacional de direitos da criança e do adolescente.

No primeiro plano, coloca o Conselho tutelar (art. 131) como órgão permanente e autônomo, não jurisdicional, encarregado pela sociedade de zelar pelo cumprimento dos direitos da criança e do adolescente. É composto de cinco membros, eleitos pela população local para mandato de quatro anos, permitida uma recondução mediante novo processo de escolha (art. 132) com as atribuições, entre outras, de atender às crianças e aos adolescentes na omissão da sociedade, do Estado ou da família; encaminhar ao Ministério Público notícia de fato que constitua infração administrativa ou penal contra os direitos da criança e do adolescente; encaminhar à autoridade judiciária os casos de sua competência; representar, em nome da pessoa e da família contra a violação dos direitos previstos no art. 220, § 3º, da Constituição; adotar medidas de interesse da criança e do adolescente, inclusive representar ao Ministério Público, para efeito das ações de perda ou suspensão do poder familiar, depois de esgotadas as possibilidades de manutenção da criança ou do adolescente junto à família natural (arts. 155 e segs.). A Lei nº 8.242, de 1991, modificou o sistema de eleição do Conselho Tutelar.

A Lei nº 12.696, de 25 de julho de 2012, alterou dispositivos do Estatuto para garantir direitos trabalhistas básicos aos conselheiros tutelares, que passaram a fazer jus a: cobertura previdenciária, férias anuais remuneradas, acrescidas de $1/3$ do valor da remuneração mensal, licença-maternidade e paternidade, e gratificação natalina. A remuneração dos conselheiros passa, ainda, a ser obrigatória, e a Lei Orçamentária municipal ou distrital deverá prever os recursos para o pagamento da remuneração e para a formação continuada dos conselheiros.

A Lei nº 13.257, de 8 de março de 2016, conhecida como "Marco Legal da Primeira Infância" buscou orientar as políticas públicas voltadas para a primeira infância, reconhecendo a especificidade e a relevância dos primeiros anos de vida no desenvolvimento infantil e do ser humano. Destaca o legislador que a prioridade absoluta em assegurar os direitos da criança, do adolescente e do jovem implica o dever do Estado de estabelecer políticas, planos, programas e serviços para a primeira infância que atendam às especificidades dessa faixa etária, visando garantir seu desenvolvimento integral (art. 3º).

A lei considera *primeira infância* o período que abrange os primeiros seis anos completos ou 72 meses de vida da criança, ressaltando a importância de se ter uma Política Nacional Integrada, com uma atuação intersetorial de todos os entes da Federação em conjunto com a população, para a promoção de direitos nessa fase especial, buscando o fortalecimento da família no exercício de sua função de cuidado e educação dos filhos, através de orientação e informação.

São consideradas áreas prioritárias: a saúde, a alimentação e a nutrição, a educação infantil, a convivência familiar e comunitária, a assistência social à família, a cultura, o brincar e o lazer, o espaço e o meio ambiente, bem como a proteção contra toda forma de violência e de pressão consumista, a prevenção de acidentes e a adoção de medidas que evitem a exposição precoce à comunicação mercadológica (art. 5º), devendo o Poder Público promover a divulgação dos direitos dos infantes nos meios de comunicação social (art. 265-A do Estatuto, alterado pela Lei nº 13.257/2016).

Importa observar que inseriu o legislador um parágrafo único ao art. 3º da Lei nº 8.069/1990, para destacar que os direitos previstos pelo Estatuto "aplicam-se a todas as crianças e adolescentes, sem discriminação de nascimento, situação familiar, idade, sexo, raça, etnia ou cor, religião ou crença, deficiência, condição pessoal de desenvolvimento e aprendizagem, condição econômica, ambiente social, região e local de moradia ou outra condição que diferencie as pessoas, as famílias ou a comunidade em que vivem".

Ressalta-se que foi estendido de forma expressa o dever do Poder Público de prestar assistência psicológica às gestantes e mães que manifestem interesse em entregar seus filhos para adoção ou que se encontrem em situação de privação de liberdade. A lei inclui, ainda, um parágrafo no art. 13 da Lei nº 8.069/1990, para conferir máxima prioridade ao atendimento das crianças na faixa etária da primeira infância com suspeita ou confirmação de violência de qualquer natureza, mantendo a previsão de encaminhamento das gestantes ou mães que manifestem interesse em entregar seus filhos para adoção.

Também reforçou o legislador o acesso integral às linhas de cuidado voltadas à saúde da criança e do adolescente, por intermédio do Sistema Único de Saúde – SUS, inclusive com suporte odontológico, determinando que a criança e o adolescente com deficiência serão atendidos sem discriminação ou segregação (arts. 11 e 14 do Estatuto, alterado pela Lei nº 13.257/2016). A lei assegura, ainda, a "todas as mulheres o acesso aos programas e às políticas de saúde da mulher e de planejamento reprodutivo e, às gestantes, nutrição adequada, atenção humanizada à gravidez, ao parto e ao puerpério e atendimento pré-natal, perinatal e pós-natal integral no âmbito do Sistema Único de Saúde" (art. 8º do Estatuto).

No âmbito da convivência familiar, dispôs a lei que a mãe e o pai, ou os responsáveis, têm direitos iguais e deveres e responsabilidades compartilhados no cuidado e na educação da criança (art. 22, parágrafo único do Estatuto). Previu, ainda, a prioridade de manutenção da criança ou do adolescente em sua família de origem se não existir outro motivo que por si só autorize a decretação da perda ou da suspensão do poder familiar, devendo a família ser incluída em serviços e programas oficiais de proteção, apoio e promoção (art. 23, § 1º, do Estatuto).

Nos casos de acolhimento familiar por meio de família acolhedora cadastrada, a Lei nº 13.257/2016 incluiu os §§ 3º e 4º no art. 34 do Estatuto, reforçando a utilização de recursos públicos para a manutenção dos serviços de acolhimento, facultando o repasse de recursos para a própria família acolhedora. Prevê, ainda, que os serviços de acolhimento em família acolhedora deverão dispor de equipe que organize o acolhimento temporário de crianças e de adolescentes em residências de famílias selecionadas, capacitadas e acompanhadas que não estejam no cadastro de adoção.

O "Marco Legal" também alterou a Lei nº 11.770/2008, assegurando aos adotantes a prorrogação da licença-maternidade, por 60 dias, e da licença paternidade, por 15 dias, no âmbito do Programa Empresa Cidadã. É importante destacar que, no período de prorrogação, a empregada e o empregado terão direito à remuneração integral, não podendo, contudo, exercer nenhuma atividade remunerada, sob pena de perda do referido direito, de modo que a criança seja mantida sob seus cuidados.

Alterou, ainda, o art. 318 Código de Processo Penal, criando três hipóteses de substituição da prisão preventiva pela domiciliar: nos casos em que a acusada seja gestante ou "mulher com filho de até 12 (doze) anos de idade incompletos" e, quando homem, "caso seja o único responsável pelos cuidados do filho de até 12 (doze) anos de idade incompletos". Neste último caso, portanto, exige-se a demonstração de que o pai é, na prática, o único responsável pelos cuidados da criança, ou mesmo de que é imprescindível para esses cuidados.[70]

---

70 STJ – 6ª Turma – RHC 81.300/SP – Rel. Min. Nefi Cordeiro – Julg.: 06.04.2017 – *DJe* 20.04.2017.

Trata-se de diploma de grande relevância para a mobilização do Poder Público, da família e da sociedade como um todo para a garantia de direitos essenciais ao desenvolvimento dos infantes nos primeiros anos de vida, que deverá contar com a efetiva mobilização dos diversos setores para sua implementação prática.

Numa total abrangência, o Estatuto assegura à criança e ao adolescente o acesso à Justiça (art. 141), prevê a criação da Justiça da Infância e da Adolescência: cuida da apuração de "ato infracional" atribuído à adolescência; da apuração de infração administrativa (art. 194); especifica as funções do Ministério Público; garante a presença da própria criança ou adolescente, seus pais ou representantes, e qualquer pessoa que tenha legítimo interesse na solução de lide em que esteja envolvida a criança ou adolescente, através de advogado, assegurando, ainda, a prestação de assistência judiciária integral e gratuita àqueles que dela necessitarem (art. 206).

Minuciosa em todos os sentidos, a Lei nº 8.069/1990 dá cobertura a tudo que envolva a existência social e jurídica da Criança e do Adolescente, desenvolvendo uma nova filosofia em que predomina a prevenção e a assistência, e retirando de seu centro o adolescente que pratica ato infracional.

O Código Civil, no que concerne ao Direito de Família, Infância e Juventude, sofreu inúmeras modificações, buscando compatibilizar-se com a Doutrina e Jurisprudência após a Carta Constitucional de 1988. Apesar do flagrante esforço de seu Relator-Geral, Deputado Ricardo Fiúza, o texto apresentou flagrantes controvérsias e retrocessos, os quais serão apontados nos respectivos capítulos.

372-D. Estatuto da Juventude

De acordo com o Censo do IBGE de 2010, o Brasil conta com mais de 50 milhões de jovens entre 15 e 29 anos, o que corresponde a mais de ¼ da população brasileira. Nos últimos anos, tem-se atentado para a garantia de direitos deste grupo, que representa grande parte da população economicamente ativa e que infelizmente muitas vezes permanece sem acesso a direitos básicos.[71]

No dia 05 de agosto de 2013 foi publicada a Lei nº 12.852, conhecida como "Estatuto da Juventude", que dispõe sobre os direitos dos jovens, os princípios e diretrizes das políticas públicas de juventude e o Sistema Nacional de Juventude – SINAJUVE. Para fins de aplicação deste Estatuto, considera-se jovem a pessoa entre 15 e 29 anos (§ 1º do art. 1º da Lei). Como os adolescentes com idade entre 15 e 18 anos são regidos também pelo Estatuto da Criança e do Adolescente, a Lei nº 12.852/2013, no § 2º do art. 1º, indica a aplicação prioritária do ECA e, excepcionalmente, do Estatuto da Juventude, quando este não conflitar com as normas de proteção integral do adolescente.

O art. 2º da Lei nº 12.852/2013 traz os princípios que regem a sua aplicação e as políticas públicas de juventude, quais sejam: promoção da autonomia e eman-

---

71 Secretaria Nacional de Juventude. Cartilha "Políticas Públicas de Juventude". Brasília: Imprensa Nacional, Janeiro de 2013.

cipação[72] dos jovens; valorização e promoção da participação social e política, de forma direta e por meio de suas representações; promoção da criatividade e da participação no desenvolvimento do País; reconhecimento do jovem como sujeito de direitos universais, geracionais e singulares; promoção do bem-estar, da experimentação e do desenvolvimento integral do jovem; respeito à identidade e à diversidade individual e coletiva da juventude; promoção da vida segura, da cultura da paz, da solidariedade e da não discriminação; e valorização do diálogo e convívio do jovem com as demais gerações.

São apontados como direitos do jovem: o *direito à cidadania, à participação social e política e à representação juvenil*, inclusive na formulação, execução e avaliação das políticas públicas de juventude (art. 4º); o *direito à educação* de qualidade, com a garantia de educação básica, obrigatória e gratuita, inclusive para aqueles que a ela não tiveram acesso na idade adequada (art. 7º); o *direito à profissionalização, ao trabalho e à renda*, exercido em condições de liberdade, equidade e segurança, adequadamente remunerado e com proteção social (art. 14); o *direito à diversidade e à igualdade de direitos e de oportunidades*, não podendo ser o jovem discriminado por motivo de: etnia, raça, cor da pele, cultura, origem, idade, sexo, orientação sexual, idioma, religião, opinião, deficiência e condição social ou econômica (art. 17); o *direito à saúde e à qualidade de vida*, considerando suas especificidades na dimensão da prevenção, promoção, proteção e recuperação da saúde de forma integral (art. 19); o *direito à cultura*, incluindo a livre criação, o acesso aos bens e serviços culturais e a participação nas decisões de política cultural, à identidade e diversidade cultural e à memória social (art. 21); o *direito à comunicação e à livre expressão* (art. 26); o *direito à prática desportiva* (art. 28); o *direito ao território e à mobilidade*, incluindo a promoção de políticas públicas de moradia, circulação e equipamentos públicos, no campo e na cidade (art. 31); o *direito à sustentabilidade e ao meio ambiente ecologicamente equilibrado* (art. 34); e o *direito à segurança pública e ao acesso à justiça* (art. 37).

Importa destacar que o Estatuto garante aos jovens estudantes o direito de pagar meia passagem nos ônibus interestaduais e direito a meia-entrada em atividades culturais para aqueles de baixa renda (com renda familiar de até 2 salários mínimos). De acordo com a Lei, em cada evento, os produtores poderão limitar em 40% o percentual de ingressos vendidos com desconto, para ambos os públicos (art. 23, § 10).

No art. 39, a Lei nº 12.852/2013 institui o Sistema Nacional de Juventude – SINAJUVE, afirmando que sua composição, organização, competência, funcionamento e financiamento serão definidos posteriormente em regulamento próprio. O Estatuto também apresenta uma repartição de competência entre os entes da Federação, criando, ainda, os Conselhos de Juventude, que são órgãos permanentes e autô-

---

72 De acordo com o parágrafo único do art. 2º, "emancipação", neste contexto, refere-se à trajetória de inclusão, liberdade e participação do jovem na vida em sociedade, e não ao instituto da emancipação disciplinado pelo Código Civil de 2002.

nomos, não jurisdicionais, encarregados de tratar das políticas públicas de juventude e da garantia do exercício dos direitos do jovem (art. 45).

Cabe ressaltar que o Estatuto somente entrará em vigor 180 dias após sua publicação oficial, ou seja, só a partir de 2014 é que se poderão verificar os impactos da alteração.

O maior desafio da Lei nº 12.852/2013 é, sem dúvida, dar aplicabilidade prática às suas previsões, estimulando a criação de políticas públicas efetivas que garantam na realidade do dia a dia os direitos básicos dos jovens. Espera-se que a Lei não fique apenas no papel, e sim que seja capaz de mobilizar as esferas do poder público para a promoção desta importante parcela da população.

372-E. Estatuto da Pessoa Idosa

A proteção da pessoa idosa mereceu do legislador constitucional princípios diversos, estabelecendo prioridades vinculadas ao exercício de Direitos Fundamentais. O art. 230 da Carta Magna garante a proteção ao idoso e assegura a sua participação na comunidade, defendendo sua dignidade e bem-estar e garantindo-lhe o direito à vida, como responsabilidade da família, da sociedade e do Estado. Também foi destacada a preferência do lar para a execução dos programas de amparo aos idosos e garantida aos maiores de sessenta e cinco anos a gratuidade dos transportes coletivos urbanos (art. 230, §§ 1º e 2º).

O coroamento desse processo de conquistas ocorreu no dia 1º de outubro de 2003 quando foi sancionado o "Estatuto da Pessoa Idosa", concretizado na Lei nº 10.741, de 1º de outubro de 2003, conclamando a família, a sociedade e o Estado a assegurar ao idoso, com a absoluta prioridade, o exercício de Direitos Fundamentais da Terceira Idade. Entre os vários direitos assegurados, destacam-se a "destinação privilegiada de recursos", o "atendimento do idoso pela própria família em detrimento do atendimento asilar", o direito aos alimentos como obrigação solidária dos familiares, tendo a lei identificado novos crimes e infrações administrativas para as hipóteses de violações.

De acordo com o censo do IBGE de 2010, há mais de 20 milhões de pessoas acima dos 60 anos de idade, o que equivale a aproximadamente 12% da população brasileira. Em 2000, este número era de 15 milhões, representando 8% da população, o que revela um aumento significativo do número de idosos, exigindo o aprimoramento de políticas públicas voltadas para este grupo.

Dessa forma, após mais de 10 anos da promulgação do Estatuto da Pessoa Idosa, é necessário verificar quais foram as conquistas e quais ainda são os desafios para que as suas disposições sejam efetivamente implementadas na prática. Vive-se o desafio de identificar novas diretrizes para a proteção do idoso, não só no âmbito do atendimento à saúde, como na manutenção da qualidade de vida, dentro ou fora da família.

O idoso goza de todos os direitos fundamentais inerentes à pessoa humana, sem prejuízo de sua proteção integral, sendo asseguradas todas as oportunidades e facilidades para preservação de sua saúde física e mental e seu aperfeiçoamento moral, intelectual, espiritual e social, em condições de liberdade e dignidade. O "Estatuto" estabelece, ainda, a obrigação da família, da comunidade, da sociedade e do Poder Público de assegurar ao idoso, com absoluta prioridade, a efetivação de seus direitos fundamentais, prevendo, em seu art. 8º o envelhecimento como direito personalíssimo, ou seja, "essencial ao desenvolvimento da pessoa e destinado a lhe resguardar a dignidade".[73]

De acordo com o art. 3º, § 1º, da Lei nº 10.741/2003, a garantia de prioridade compreende: atendimento preferencial imediato e individualizado; preferência na formulação e na execução de políticas sociais públicas específicas; destinação privilegiada de recursos públicos nas áreas relacionadas com a proteção à pessoa idosa; viabilização de formas alternativas de participação, ocupação e convívio da pessoa idosa com as demais gerações; priorização do atendimento da pessoa idosa por sua própria família, em detrimento do atendimento asilar; capacitação e reciclagem dos recursos humanos nas áreas de geriatria e gerontologia e na prestação de serviços às pessoas idosas; estabelecimento de mecanismos que favoreçam a divulgação de informações de caráter educativo sobre os aspectos biopsicossociais de envelhecimento; garantia de acesso à rede de serviços de saúde e de assistência social locais; e prioridade no recebimento da restituição do Imposto de Renda.

Devem ser destacadas, ainda, as alterações promovidas pela Lei nº 13.466, de 12 de julho de 2017, que incluiu o § 2º no art. 3º do Estatuto, prevendo que, dentre as pessoas idosas, deve ser assegurada prioridade especial aos maiores de oitenta anos, que terão preferência em relação aos demais idosos. A referida lei também promoveu a inclusão do § 7º no art. 15, prevendo a preferência especial dos maiores de oitenta anos sobre os demais idosos nos atendimentos de saúde, e do § 5º no art. 71, que garante prioridade processual especial aos maiores de oitenta anos.

No âmbito das responsabilidades familiares, a Constituição Federal de 1988 determina o dever dos pais de criar e educar os filhos menores, e dos filhos maiores de ajudar e amparar os pais na velhice, carência ou enfermidade (art. 229). Assim, com base na solidariedade familiar, o "Estatuto", em seu art. 12, estabelece a obrigação solidária dos familiares com relação à prestação alimentar em favor do idoso, sendo facultado ao autor o direito de acionar um único prestador, o qual deverá cumprir a totalidade da obrigação e terá direito de regresso contra os demais codevedores.

Ressalta-se que "o direito aos alimentos é personalíssimo, impenhorável e imprescritível, mas as prestações vencidas prescrevem no prazo de dois anos", devendo o magistrado pautar-se no binômio necessidade/possibilidade para sua determinação. Dessa forma, "se o idoso tem necessidade e a família tem possibilidade, a pensão alimentícia será fixada pelo juiz da Vara da Família através da ação de alimentos proposta pelo idoso ou por seu curador".[74]

---

73 Naide Maria Pinheiro, *Estatuto do Idoso comentado*. Campinas: Servanda, 2012, p. 78.
74 Pérola Melissa Vianna Braga, *Curso de Direito do Idoso*. São Paulo: Atlas, 2011, p. 19.

No que se refere ao idoso como devedor de alimentos, Rolf Madaleno destaca que, "com relação aos alimentos devidos pelos pais aos filhos ou pelos avós aos netos, o fator idade ou o enquadramento do devedor de pensão na terceira idade não mereceu a atenção do Estatuto da Pessoa Idosa, sendo a obrigação alimentar dos avós regulada exclusivamente pelo Código Civil".[75] Neste caso, os avós apenas complementam a pensão já alcançada pelos pais e que se revelou insuficiente.

Neste sentido, destaca-se a decisão da 3ª Turma do STJ, que concedeu *habeas corpus* a uma mulher de 77 anos, para lhe garantir o direito a cumprir, no próprio domicílio, a pena de prisão civil que lhe foi imposta por inadimplemento de pensão alimentícia. A decisão, em caráter excepcional, amparada no princípio da dignidade da pessoa humana, levou em conta que a devedora é pessoa com idade avançada e portadora de cardiopatia grave.[76]

É importante ressaltar que o aumento da expectativa de vida traz o desafio de se repensar o papel do idoso na sociedade, pois o convívio intergeracional torna-se cada vez mais intenso e duradouro. Dessa forma, tem-se valorizado a participação ativa dos avós na vida dos netos, proporcionando importantes mudanças na própria dinâmica familiar, e refletindo, sobretudo, na legislação.

A Lei nº 12.398/2011 veio alterar o art. 1.589 do Código Civil de 2002 e o art. 888 do Código de Processo Civil, estendendo o direito de visita aos avós, como forma de corroborar um posicionamento que já vinha predominando na Jurisprudência. Tem-se observado que "a presença dos avós no âmbito da família pode representar para os netos um aprendizado contínuo quanto às rotinas diárias, alimentação, etc., bem como um efetivo exemplo de experiência e de hábitos de vida. A troca de conhecimentos propiciada entre gerações pode ser um referencial importante para aqueles que se encontram em fase peculiar de desenvolvimento".[77]

Nossos Tribunais têm reconhecido a importância dos avós na vida dos netos ao estabelecer que "a avó tem o direito de exercer a visitação em relação aos netos e estes têm o direito de receber o afeto avoengo, estreitar laços de convivência familiar e ampliar a convivência social".[78] Assim, "não havendo nada que impeça a convivência da avó com a neta, salvo a vontade equivocada dos genitores, é cabível estabelecer a regulamentação de visitas, que deverá ser cumprida pelos réus, sob pena de fixação de *astreintes*".[79]

---

75 Rolf Madaleno, *Curso de Direito de Família*. 5ª ed. Rio de Janeiro: Forense, 2013, p. 83.
76 STJ – 3ª Turma – *Habeas Corpus* nº 38.824/SP – Rel. Min. Nancy Andrighi – Julg.: 17/10/2013.
77 Tânia da Silva Pereira e Livia Teixeira Leal, "A sustentabilidade do idoso: as conquistas e desafios para um envelhecimento sustentável", In *Cuidado e sustentabilidade*. São Paulo: Atlas, 2014, p. 423.
78 TJ RS – 7ª Câmara Cível – Agravo de Instrumento nº 70052709318 – Rel. Des. Sérgio Fernando de Vasconcellos Chaves – Julg.: 08/03/2013, *DJ*: 15/03/2013.
79 TJ RS, 7ª Câmara Cível – Apelação Cível nº 70050894963 – Rel. Des. Sérgio Fernando de Vasconcellos Chaves – Julg.: 24/10/2012 – *DJ*: 26/10/2012.

Já se reconheceu, inclusive, aos avós o direito à pensão por morte do neto, se demonstrado que o criaram e que dependiam dele para sobreviver.[80]

No entanto, muitos ainda são os desafios enfrentados para que se garanta efetivamente esses direitos. O desrespeito, a desvalorização do papel do idoso, a violência doméstica, a fragilidade e a vulnerabilidade do idoso para vivenciar as mudanças ambientais são verdadeiras barreiras a serem superadas para que o idoso possa ter garantido um envelhecimento digno. Infelizmente, ainda se observa uma série de violações contra os direitos garantidos pelo "Estatuto". Este determina como dever de todo cidadão comunicar à autoridade competente qualquer forma de violação que tenha testemunhado ou de que tenha conhecimento (art. 4º, § 6º).

O art. 19 da Lei nº 10.741/2003, em seu § 1º, define como violência contra o idoso qualquer "ação ou omissão praticada em local público ou privado que lhe cause morte, dano ou sofrimento físico ou psicológico". O dispositivo estabelece, ainda, que os casos de suspeita ou confirmação de violência contra os idosos devem ser obrigatoriamente comunicados às autoridades policiais; aos Ministérios Públicos, ao Conselho Nacional da Pessoa Idosa; aos Conselhos Estaduais e Municipais da Pessoa Idosa.

"O maior desafio consiste na identificação desses casos, que são pouco relatados em virtude do medo do idoso de ficar sozinho, já que muitas vezes os agressores são parentes próximos ou cuidadores. O receio do abandono e a sensação de culpa, por se sentirem um peso para a família, impedem que os idosos que estejam sofrendo algum tipo de agressão a denunciem, constituindo um verdadeiro obstáculo para a garantia efetiva de seus direitos."[81]

Tem-se verificado uma busca não somente pelo aprimoramento dos preceitos legais de proteção ao idoso, mas, sobretudo, pela efetivação dos direitos garantidos pela Constituição Federal de 1988 e pelo Estatuto da Pessoa Idosa, o que inclui o desenvolvimento de novas perspectivas que possibilitem uma integração efetiva das pessoas com mais de 60 anos nos diversos setores da sociedade.

Como bem ressalta Pérola Melissa Vianna Braga, "socializar o envelhecimento é um processo de aprendizagem sobre as características e demandas do envelhecer. Significa incitar a sociedade a absorver o envelhecimento como um processo complexo, que envolve uma mudança de comportamento e principalmente uma mudança de pensamento e de reflexão. Não adianta tratar bem o idoso porque isto é lei. É preciso respeitar e aceitar o envelhecimento porque ele faz parte da própria vida".[82]

---

80 STJ – 2ª Turma – REsp 1.574.859/SP – Rel. Min. Mauro Campbell Marques – Julg.: 08.11.2016 – DJe 14.11.2016.
81 Tânia da Silva Pereira e Livia Teixeira Leal, *ob. cit.*, p. 424.
82 Pérola Melissa Vianna Braga, *ob. cit.*, p. 1.

372-F. Princípios norteadores do direito de família

As mudanças experimentadas no bojo da família contemporânea culminaram em importantes alterações no texto constitucional (CRFB/1988) e nos textos legais (CC/2002, ECA, EI).

Delinearam-se novos paradigmas e novos modelos de família, centrados na dignidade da pessoa humana e na solidariedade familiar, visando à realização integral de seus membros. Rompeu-se com a primazia dos laços sanguíneos e patrimoniais em prol do vínculo afetivo.

Nessa seara, explica Sumaya Saady Morhy Pereira dois aspectos principais, dentre as substanciais mudanças, sustentam o Direito de Família contemporâneo: a alteração do papel atribuído às entidades familiares e a alteração do conceito de unidade familiar. Para a autora, a família passou a ter papel funcional de servir de instrumento de promoção da dignidade da pessoa humana. Não é mais protegida como instituição, titular de interesse transpessoal, superior aos interesses dos seus membros; passou a ser tutelada como instrumento de estruturação e desenvolvimento da personalidade dos sujeitos que a integram.[83]

O novo perfil da família no ordenamento constitucional brasileiro afasta a ideia de um organismo autônomo e independente, mas, também, não apresenta a família passiva e dependente, exclusivamente, do protecionismo estatal. Sua função instrumental implica o reconhecimento de responsabilidades dos seus membros de tal forma que o sistema constitucional de proteção à família não pode ser compreendido no âmbito isolado dos deveres de proteção do Estado.[84]

Como instrumento de realização de seus membros, a proteção da família mantém-se como obrigação do Estado, não como papel subsidiário, mas ao contrário, inserido num sistema misto, vinculando os poderes públicos a um dever de proteção de direitos humanos, impondo-lhes o dever de garantir às famílias as condições e recursos necessários para o desempenho de suas funções.

De qualquer sorte, fato é que os novos valores que hoje compõem os direitos fundamentais dos cidadãos e as relações familiares são traduzidos em princípios jurídicos, previstos tanto em sede de legislação ordinária quanto e, sobretudo, em sede constitucional.

Na contemporaneidade, o princípio constitucional da dignidade da pessoa humana (art. 1º, III, CRFB) assumiu posto de macroprincípio constitucional, de sorte que todos os princípios que se concretizam na dignidade da pessoa humana constituem direitos fundamentais.

Há de se destacar, ainda, os princípios previstos no art. 5º da CRFB e nos arts. 226, 227 e 230 da CRFB – todos de extrema relevância no âmbito das relações familiares.

---

83 Sumaya Saady Morhy Pereira, *Direitos Fundamentais e relações familiares*. Porto Alegre, Livraria do Advogado, 2007, pp. 87-88.
84 Sumaya Saady Morhy Pereira, ob. cit., p. 114.

Além dos princípios e garantias expressos no texto constitucional, já se incorporou ao sistema jurídico brasileiro o reconhecimento dos "Direitos Fundamentais Dispersos", preconizados por J. J. Canotilho,[85] que ocupam, seguramente, a mesma hierarquia dos direitos expressos na Constituição Federal de 1988.[86]

Portadores de dimensão ética e política, os princípios – sejam expressos, sejam dispersos, sejam implícitos – exigem um esforço muito maior do que a mera aplicação das regras, visto que, por serem abstratos, aplicam-se a uma gama de hipóteses concretas.

No âmbito do Direito de Família, identificam-se princípios norteadores das relações familiares, quais sejam: princípio da dignidade da pessoa humana (inciso III do art. 1º, CF/1988), da solidariedade familiar (inciso I do art. 3º, CF/1988) da equiparação de filhos e da vedação de designações discriminatórias relativas à filiação (art. 227, § 6º, CF); do melhor interesse da criança e do adolescente e da proteção integral (art. 3º do Decreto nº 99.710/1990) da prioridade absoluta, da afetividade e do cuidado (princípios constitucionais implícitos – art. 5º, § 2º, CF/1988,); todos a seguir detalhados.

O *princípio da dignidade da pessoa humana* é positivado no texto constitucional pátrio no art. 1º, inciso III, sendo considerado um dos esteios de sustentação dos ordenamentos jurídicos contemporâneos.

Trata-se, como dito, de verdadeiro macroprincípio constitucional no qual se concretizam direitos fundamentais e do qual se desdobram subprincípios ou princípios implícitos, conforme autoriza o art. 5º, § 2º, da CRFB.

Por constituir um direito fundamental, sob perspectiva subjetiva, este princípio confere aos seus titulares a pretensão a que se adote determinado comportamento – positivo ou negativo – e, sob perspectiva objetiva, compõe a base da ordem jurídica.[87]

De qualquer sorte, contemporaneamente, a afirmação e asseguramento dos direitos fundamentais, com ênfase na dignidade da pessoa humana, é condição de legitimação do Estado de Direito.

Rodrigo da Cunha Pereira identifica a dignidade da pessoa humana como um princípio ético que a história mostrou ser necessário incluir entre os princípios do Estado. E completa: "é um macroprincípio sob o qual irradiam outros princípios e valores essenciais como a liberdade, a autonomia privada, cidadania, igualdade, alteridade e solidariedade".[88]

---

85 J. J. Gomes Canotilho, *Direito Constitucional e Teoria da Constituição*. Lisboa, Almedina, 1999, p. 380.
86 Tânia da Silva Pereira e Carolina de Campos Melo, "Infância e Juventude: os direitos fundamentais e os princípios constitucionais consolidados na Constituição de 1988", in *Revista Trimestral de Direito Civil*, nº 3, Rio de Janeiro: Padma, p. 109, 2000.
87 Guilherme Peña de Moraes. *Curso de Direito Constitucional*. Rio de Janeiro, Lumen Juris, 2008, p. 499.
88 Rodrigo da Cunha Pereira. *Princípios norteadores do Direito de Família*, Belo Horizonte, Del Rey, 2006, p. 94.

Em obra exemplar sobre a eficácia jurídica dos princípios, Ana Paula de Barcellos considera a dignidade da pessoa humana como o pressuposto filosófico de qualquer regime jurídico civilizado e das sociedades democráticas em geral.[89] Ressalta, ainda, que o efeito pretendido da dignidade da pessoa humana consiste, em termos gerais, que as pessoas tenham uma vida digna.[90]

Em verdade, cuida-se de princípio cuja conceituação, de tão extensa, deve ser evitada, sob pena de se limitar o seu campo de incidência, sendo certo, contudo, que, como macroprincípio, nunca poderá sofrer qualquer tipo de relativização, mas apenas a dos subprincípios que compõem o seu conteúdo.

Para Maria Celina Bodin de Moraes, no caso concreto, o que deve haver é uma ponderação de princípios de modo a se precisar a forma em que será alcançada a dignidade.[91] Isto porque a família só faz sentido para o Direito a partir do momento em que ela é veículo funcionalizador da promoção da dignidade de seus membros. Seus reflexos crescentes vêm permeando todo o Direito, como é o exemplo da valorização dos laços de afetividade e da convivência familiar oriundas da filiação, em detrimento, por vezes, dos vínculos de consanguinidade.[92]

Portanto, não restam dúvidas de que a dignidade da pessoa humana constitui, na contemporaneidade, princípio norteador do Direito de Família brasileiro.

O princípio da *equiparação dos filhos* constitui uma das grandes contribuições da Constituição de 1988 ao Direito de Família, resultado de efetiva conquista da Doutrina e Jurisprudência, influenciadas, inclusive, pela substituição dos modelos tradicionais de família e pelo reconhecimento jurídico de uma pluralidade de entidades familiares.

Como é cediço, a família tradicional só concebia como filho "legítimo" aquele que decorresse do casamento. Outras qualificações discriminatórias eram expressas na legislação civil e especial.

Sob essa égide, é possível afirmar que o princípio da equiparação dos filhos é uma das nuances do princípio da igualdade no âmbito do Direito de Família ao reconhecer a Constituição Federal a igualdade entre o homem e a mulher (art. 5º, *caput*, CRFB), e a equiparação de direitos e deveres nas relações conjugais (§ 5º do art. 226, CRFB).

Nascidos dentro ou fora do casamento ou acolhidos em adoção, é garantido aos filhos os mesmos direitos. A Doutrina Jurídica da Proteção Integral que orienta o Estatuto da Criança e do Adolescente baseia-se na concepção de que "criança e adolescente são sujeitos de direitos universalmente reconhecidos, não apenas de direitos comuns aos adultos, mas, além desses, de direitos especiais provenientes de

---

89 Ana Paula de Barcellos. *A eficácia jurídica dos princípios constitucionais*. Rio de Janeiro, Renovar, 2006, p. 203.
90 Ana Paula de Barcellos, ob. cit., p. 304.
91 Maria Celina Bodin de Moraes, *Dano à pessoa humana: uma leitura civil-constitucional dos danos morais*. Rio de Janeiro, Renovar, 2003, p. 85.
92 Rodrigo da Cunha Pereira, ob. cit., p. 183.

sua condição peculiar de pessoas em desenvolvimento que devem ser assegurados pela família, Estado e sociedade", reforça Felício Pontes Jr.[93]

Ao afirmar o art. 1.593, CC/2002 que o parentesco é natural ou civil, conforme resulte da consanguinidade ou *outra origem*, admitiu o legislador civil a possibilidade do reconhecimento da filiação socioafetiva, o que já se apresenta na Doutrina e na Jurisprudência como efetivas conquistas.

O *princípio da solidariedade* encontra assento no art. 3º, inciso I, da CRFB. Para o Direito de Família, vai além, assumindo como fundamento os arts. 226, 227 e 230 da Constituição Federal.

Até a promulgação da Carta de 1988, a única acepção jurídica do vocábulo solidariedade remontava ao *corpus juris civilis* onde a pluralidade subjetiva e unidade de objeto constituíam a essência do instituto da solidariedade no direito obrigacional.[94]

Ao estatuir os objetivos da República Federativa do Brasil, no art. 3º, inciso I, estabelece a Constituição, entre outros fins, a construção de uma sociedade livre, justa e solidária. Ainda no mesmo art. 3º, no inciso III, outra finalidade a ser atingida completa e melhor define a anterior: a erradicação da pobreza e da marginalização social e a redução das desigualdades sociais e regionais.[95] O legislador constituinte ainda cuidou de calcar o Estado Democrático de Direito nos fundamentos da dignidade humana, da igualdade substancial e da solidariedade social.[96]

Pode-se dizer que o princípio da solidariedade representou, então, uma inovação substancial no ordenamento jurídico pátrio, devendo o mesmo "ser levado em conta não só no momento da elaboração da legislação ordinária e na execução das políticas públicas, mas também nos momentos de interpretação-aplicação do Direito".[97]

Em outras palavras, o princípio da solidariedade é um fato social – só se pode pensar no indivíduo inserido em uma sociedade. É a partir desta concepção que se fala em solidariedade objetiva, que traduziria a necessidade imprescindível da coexistência humana.[98]

No âmago de coexistir, fala-se, então, em solidariedade: na proteção dos grupos familiares (art. 226, CF), na proteção das crianças e dos adolescentes (art. 227, CF) e na proteção dos idosos (art. 230, CF).

Portanto, pode-se afirmar que, no âmbito do Direito de Família, o princípio da solidariedade vai além, não se resumindo apenas ao que dispõe o art. 3º, I, CRFB; seu real significado decorre de uma interpretação sistemática da Lei Maior.

---

93 Felício de Araujo Pontes Jr., *Conselhos de Direito da Criança e do Adolescente: uma modalidade de exercício do Direito de Participação Política – Fatores determinantes e modo de atuação*, pp. 24-25.
94 Maria Celina Bodin de Moraes, "O Princípio da Solidariedade", *in Os Princípios da Constituição de 1988*, Org.: Manoel Messias Peixinho, Isabella Franco Guerra e Firly Nascimento Filho, Rio de Janeiro, Lumen Juris, 2001, p. 168.
95 Maria Celina Bodin de Moraes, ob. cit., p. 168.
96 Maria Celina Bodin de Moraes, ob cit., p. 168.
97 Maria Celina Bodin de Moraes, ob. cit., p. 169.
98 Maria Celina Bodin de Moraes, ob. cit., p. 171.

Ao se referir à "sociedade solidária" inclui, evidentemente, a "base da sociedade" (art. 226), que é a família,[99] que, por sua vez, é composta de crianças, adultos, inclusive os idosos (arts. 227 e 230).

Para Paulo Lôbo, a *solidariedade familiar* é fato e direito, realidade e norma. No plano fático, as pessoas convivem no âmbito familiar, não por submissão a um poder incontrolável, mas porque compartilham afetos e responsabilidades. No plano jurídico, os deveres de cada um para com os outros impuseram a definição de novos direitos e deveres jurídicos, inclusive na legislação infraconstitucional, a exemplo do Código Civil de 2002, o que significa que se alcançou a dimensão ideal da solidariedade, impondo pugnar-se por avanços legislativos.[100]

O princípio da solidariedade familiar também implica respeito e considerações mútuos em relação aos membros da família,[101] pelo que, definitivamente, constitui princípio norteador do Direito de Família contemporâneo.

O *princípio jurídico da afetividade,* em que pese não estar positivado no texto constitucional, pode ser considerado um princípio jurídico, à medida que seu conceito é construído por meio de uma interpretação sistemática da Constituição Federal (art. 5º, § 2º, CF) princípio é uma das grandes conquistas advindas da família contemporânea, receptáculo de reciprocidade de sentimentos e responsabilidades. Pode-se destacar um anseio social à formação de relações familiares afetuosas, em detrimento da preponderância dos laços meramente sanguíneos e patrimoniais. Ao enfatizar o afeto, a família passou a ser uma entidade plural, calcada na dignidade da pessoa humana, embora seja, *ab initio,* decorrente de um laço natural marcado pela necessidade dos filhos de ficarem ligados aos pais até adquirirem sua independência e não por coerção de vontade, como no passado. Com o decorrer do tempo, cônjuges e companheiros se mantêm unidos pelos vínculos da solidariedade e do afeto, mesmo após os filhos assumirem suas independências. Essa é a verdadeira diretriz prelecionada pelo princípio da afetividade.

Todo ser humano, desde sua infância, precisa receber e dar afeto para se tornar integral. No seu processo de amadurecimento, seja na escola ou na família, ou mesmo no seu grupo de amizade, apelar aos seus sentimentos é, muitas vezes, mais convincente que apelar por argumentos racionais. Tratada com afeto, responderá, afetuosamente.[102]

Para Paulo Lôbo, "o afeto não é fruto da biologia. Os laços de afeto e de solidariedade derivam da convivência e não do sangue". (...) "O desafio que se coloca

---

99 Paulo Lôbo. "Princípio da Solidariedade familiar", *in Revista Brasileira de Direito das Famílias e Sucessões* (Edição de Lançamento), Porto Alegre: Magister/IBDFAM, p. 159, 2007.
100 Paulo Lôbo, ob. cit., p. 149.
101 Flavio Tartuce, "Novos Princípios no Direito de Família Brasileiro", *in Manual de Direito das Famílias e das Sucessões* (coord.: Ana Carolina Brochado Teixeira e Gustavo Tepedino), Belo Horizonte, Del Rey/ Mandamentos, 2008, p. 42.
102 Tânia da Silva Pereira, "O cuidado como valor jurídico", *in A ética da convivência: sua efetividade no cotidiano dos Tribunais* (coord.: Tânia da Silva Pereira e Rodrigo da Cunha Pereira), Rio de Janeiro, Forense, 2006, p. 234.

aos juristas, principalmente aos que lidam com o Direito de Família é a capacidade de ver a pessoa em toda a sua dimensão ontológica, a ela subordinando as considerações de caráter biológico ou patrimonial. Impõe-se a materialização dos sujeitos de direitos[103], que são mais que apenas titulares de bens. A restauração da primazia da pessoa humana, nas relações civis, é a condição primeira de adequação do direito à realidade social e aos fundamentos constitucionais".[104]

Para Ricardo Lucas Calderón, o princípio da afetividade possui duas dimensões: uma objetiva e outra subjetiva. A *dimensão objetiva* envolve a presença de fatos tidos como representativos de uma expressão de afetividade, ou seja, fatos sociais que indiquem a presença de uma manifestação afetiva. A *dimensão subjetiva* trata do afeto anímico em si, do sentimento do afeto propriamente dito. Esta dimensão subjetiva do princípio certamente escapa ao Direito, de modo que é sempre presumida, sendo que constatada a *dimensão objetiva* da afetividade restará desde logo presumida a presença da *dimensão subjetiva*. Dito de outro modo, é possível designá-lo como *princípio da afetividade jurídica objetiva*, o que ressalta o aspecto fático que é objeto da apreensão jurídica.

O mesmo autor ressalta que a análise do cuidado para fins jurídicos deve se dar de forma objetiva, tendo como base elementos concretos apurados faticamente, de modo que a subjetividade inerente ao amor e a afetividade seja apreensível pelo Direito.[105]

O *princípio do melhor interesse da criança* deve ser reconhecido como pilar fundamental do Direito de Família contemporâneo e encontra assento constitucional no art. 227 da Constituição Federal.

Sua origem se prende ao instituto do *parens patriae*, utilizado na Inglaterra como uma prerrogativa do Rei e da Coroa, visando proteger aqueles que não podiam fazê-lo por conta própria. Embora tenha surgido na Inglaterra, vinculado à guarda de pessoas incapazes e de suas eventuais propriedades, esta responsabilidade, inicialmente assumida pela Coroa, foi delegada ao Chanceler a partir do século XIV.[106]

Seu estudo também se remonta ao despojar da função econômica da família para a função afetiva. Enfatiza a preocupação com a criança e o adolescente, que vivenciam processo de amadurecimento e formação de suas personalidades, o que impulsiona o Direito a privilegiar seus interesses.

Como princípio jurídico, *configura-se* em nosso sistema jurídico com seus próprios indicadores; ao aplicá-lo, há que se considerar sua base constitucional e legal.

---

103 Ricardo Lucas Calderón, In *Princípio da Afetividade no Direito de Família,* Rio de Janeiro: Renovar, 2013, p.402.

104 Paulo Luiz Netto Lôbo. "Direito ao Estado de Filiação e Direito à origem genética: Uma distinção necessária", in *Revista de Direito de Família,* nº 19, ago.-set./2003, Porto Alegre: Síntese, p. 141.

105 Ricardo Lucas Calderón, "Afetividade e cuidado sob as lentes do Direito", *in Cuidado e afetividade* (org.: Tânia da Silva Pereira, Guilherme de Oliveira e Antônio Carlos Mathias Coltro), São Paulo, Atlas, 2016, p. 520.

106 Tânia da Silva Pereira. "O Melhor Interesse da criança", *in O Melhor Interesse da criança: uma proposta interdisciplinar* (coord.: Tânia da Silva Pereira), Rio de Janeiro, 2000.

Com a ratificação da Convenção Internacional sobre os Direitos da Criança da ONU/1989 (Decreto nº 99.710/1990) e sua consequente incorporação, não se pode afastar a possibilidade de apontá-lo como diretriz na proteção e atendimento dos menores de 18 anos, o que é destacado no art. 41 da referida Convenção: "... nada do estipulado no seu texto afetará disposições que sejam mais favoráveis para a realização dos direitos da criança".

Considerando-os em suas individualidades, também por seus pais ou responsável, crianças e adolescentes devem ser assumidos como pessoas em peculiar condição de desenvolvimento.

Luiz Edson Fachin identifica este princípio como "um critério significativo na decisão e na aplicação da lei. Isso revela um modelo que, a partir do reconhecimento da diversidade, tutela os filhos como seres prioritários nas relações paterno-filiais e não mais apenas a instituição familiar em si mesma".[107]

O "melhor interesse" é um reflexo do caráter integral da Doutrina Jurídica da Proteção Integral que orienta o Estatuto da criança e do Adolescente e tem estrita relação com a Doutrina dos Direitos Humanos em geral. Para Paulo Lôbo "é de prioridade e não de exclusão de outros direitos e interesses".[108]

Sua implantação não pode se resumir a sugestões ou referência; deve ser a premissa em todas as ações concernentes à criança e ao adolescente.

No campo do planejamento familiar, o princípio do melhor interesse da criança ganha relevo, diante da priorização dos seus interesses e direitos em detrimento dos interesses de seus pais, a impedir, assim, que a futura criança venha a ser explorada econômica ou fisicamente pelos pais, por exemplo. Pode-se considerar que o espectro do melhor interesse da criança não se restringe às crianças e adolescentes presentes, mas abrange também as futuras crianças e adolescentes, frutos do exercício consciente e responsável das liberdades sexuais e reprodutivas de seus pais. Trata-se de uma reformulação do conceito de responsabilidade jurídica para abranger as gerações futuras, e, nesse contexto, é fundamental a efetividade do princípio do melhor interesse da criança no âmbito das atuais e próximas relações paterno-materno-filiais. Para Heloisa Helena Barboza, "tal constatação não é aplicável apenas às procriações resultantes de técnicas de reprodução assistida, mas também às procriações frutos da relação carnal havida entre o homem e a mulher e mesmo nos casos de falta de reprodução assistida ou carnal, devendo o princípio do melhor interesse da criança servir como importante limite ao exercício ilimitado ou abusivo dos direitos reprodutivos, inclusive – e principalmente –, no âmbito do planejamento familiar.[109]

---

107 Luiz Edson Fachin. *Da Paternidade: Relação Biológica e Afetiva*, Belo Horizonte: Del Rey, 1996, p. 125.
108 Paulo Lôbo. *Direito Civil: Famílias.* São Paulo, Saraiva, 1988, p. 54.
109 Heloisa Helena Barboza, in *A filiação em face da inseminação artificial e da fertilização "in vitro".* Rio de Janeiro: Renovar, 1993, pp. 95-96.

Há elementos concretos no bojo do Estatuto da Criança e do Adolescente que permitem identificar e qualificar o princípio do melhor interesse da criança não apenas como princípio geral, mas também sob o formato de norma específica em determinados setores envolvendo a criança. Assim, por exemplo, o art. 23, *caput*, do ECA prioriza os interesses e valores existenciais em detrimento de valores patrimoniais ao prever que a falta ou carência de recursos materiais não constitui motivo suficiente para a perda ou suspensão do pátrio poder (hoje, poder familiar), em perfeita compatibilidade com os valores e princípios constitucionais na valorização da pessoa em detrimento do patrimônio.

A Jurisprudência tem utilizado o *melhor interesse* como princípio norteador, sobretudo em questões que envolvem: *adoção*[110], priorizando os laços afetivos entre a criança e os postulantes; *competência*[111], entendendo que a apreciação das lides deve ocorrer no local onde os interesses do menor estejam melhor protegidos, mesmo que isso implique em flexibilização de outras normas; *guarda e direito de visitação*[112], a partir da premissa de que não se discute o direito da mãe ou do pai, ou ainda de outro familiar, mas sobretudo o direito da criança a uma estrutura familiar que lhe dê segurança e todos os elementos necessários a um crescimento equilibrado; e *alimentos*[113], buscando soluções que não se resultem prejudiciais à pessoa em condição peculiar de desenvolvimento.

Entretanto, não se pode ignorar o aspecto de relatividade e subjetividade deste princípio que se justifica por admitir variações culturais, sociais, axiológicas etc., autorizando sua definição no caso concreto.

O *princípio da prioridade absoluta* merece também especial destaque, sendo previsto pelo art. 227 da Constituição Federal de 1988, pelo art. 4º do Estatuto da Criança e do Adolescente e pelo art. 3º do Estatuto da Pessoa Idosa.

Ao lado do princípio do melhor interesse, a prioridade absoluta exerce importante papel no que se refere à primazia dos direitos das crianças e dos adolescentes nas questões que os envolvem em todas as esferas de interesses, seja na esfera judi-

---

110 Neste sentido, ver: STJ, AgRg na Medida Cautelar nº 15.097 – MG, Rel. Min. Massami Uyeda; STJ, REsp nº 1.172.067 – MG, Rel. Min. Massami Uyeda; STJ, REsp nº 1.106.637 – SP, Rel. Min. Nancy Andrighi; STJ, REsp nº 889.852 – RS, Rel. Min. Luis Felipe Salomão.
111 Neste sentido, ver: STJ, Conflito de Competência nº 38.922 – RJ, Rel. Min. Nancy Andrighi; STJ, Conflito de Competência nº 86.187 – MG, Rel. Min. Sidnei Beneti; STJ, Conflito de Competência nº 105.962 – DF, Rel. Min. Massami Uyeda; STJ, Conflito de Competência nº 108.442 – SC, Rel. Min. Nancy Andrighi; STJ, Conflito de Competência nº 111.130 – SC, Rel. Min. Nancy Andrighi.
112 Neste sentido, ver: STJ, REsp nº 37051 – SP, Rel. Min. Nilson Naves; STJ, REsp nº 916.350 – RN, Rel. Min. Nancy Andrighi; STJ, REsp nº 964.836 – BA, Rel. Min. Nancy Andrighi; STJ, REsp nº 1.032.875 – DF, Rel. Min. Nancy Andrighi; STJ, REsp nº 1.147.138 – SP, Rel. Min. Aldir Passarinho Júnior; STJ, REsp nº 280.228 – PB, Rel. Min. Ruy Rosado de Aguiar; STJ, REsp nº 993.458 – MA, Rel. Min. Nancy Andrighi; STJ, REsp nº 1.186.086 – RO, Rel. Min. Massami Uyeda.
113 Neste sentido, ver: STJ, REsp nº 1.058.689 – RJ, Rel. Min. Nancy Andrighi; STJ, REsp nº 958.513 – SP, Rel. Min. Aldir Passarinho Júnior.

cial, extrajudicial, administrativa, social ou familiar.[114] Assim, observa-se que o art. 227 da Constituição Federal pretende que "a família se responsabilize pela manutenção da integridade física e psíquica, a sociedade pela convivência coletiva harmônica, e o Estado pelo constante incentivo à criação de políticas públicas", no que se refere à população infantojuvenil.[115] O *caput* do art. 4º do ECA reproduz quase que de forma idêntica o art. 227, acrescentando, em seu parágrafo único, que a garantia de prioridade compreende: primazia de receber proteção e socorro em quaisquer circunstâncias; precedência de atendimento nos serviços públicos ou de relevância pública; preferência na formulação e na execução das políticas sociais públicas; e destinação privilegiada de recursos públicos nas áreas relacionadas com a proteção à infância e à juventude.

No caso da população idosa, Rolf Madaleno destaca que a Lei nº 10.741/2003 "regula os direitos assegurados às pessoas com idade igual ou superior a 60 anos, sendo destinatários, com prioridade e imediata aplicação, de todos os direitos fundamentais inerentes à pessoa humana".[116] Assim, embora não haja previsão constitucional, o art. 3º desta Lei prevê a garantia de prioridade para a população idosa, incluindo: atendimento preferencial imediato e individualizado junto aos órgãos públicos e privados prestadores de serviços à população; preferência na formulação e na execução de políticas sociais públicas específicas; destinação privilegiada de recursos públicos nas áreas relacionadas com a proteção ao idoso; viabilização de formas alternativas de participação, ocupação e convívio do idoso com as demais gerações; priorização do atendimento do idoso por sua própria família, em detrimento do atendimento asilar, exceto dos que não a possuam ou careçam de condições de manutenção da própria sobrevivência; capacitação e reciclagem dos recursos humanos nas áreas de geriatria e gerontologia e na prestação de serviços aos idosos; estabelecimento de mecanismos que favoreçam a divulgação de informações de caráter educativo sobre os aspectos biopsicossociais de envelhecimento; garantia de acesso à rede de serviços de saúde e de assistência social locais; e prioridade no recebimento da restituição do Imposto de Renda.

É importante notar que alguns autores defendem que, diante de um eventual choque entre a prioridade prevista pelo ECA e aquela apontada pelo Estatuto da Pessoa Idosa, a primeira deveria prevalecer, por se tratar de uma garantia também constitucional. Dessa forma, se uma criança e um idoso estiverem na fila de um hospital, a criança deveria ser atendida primeiro. No entanto, esta afirmação feita de forma abstrata, sem considerar as peculiaridades do caso concreto, pode ocasionar distorções na prática, colocando o idoso em uma posição inferior e possibilitando

---

114 Andréa Rodrigues Amin, "Princípios orientadores do Direito da Criança e do Adolescente", *in Curso de Direito da Criança e do Adolescente: aspectos teóricos e práticos* (Coord.: Kátia Regina Ferreira Lobo Andrade Maciel). 5ª Ed. Rio de Janeiro: Lumen Juris, 2011, p. 22.
115 Luciano Alves Rossato, Paulo Eduardo Lépore, Rogério Sanches Cunha, *Estatuto da Criança e do Adolescente Comentado*. São Paulo: Editora Revista dos Tribunais, 2010, p. 76.
116 Rolf Madaleno, in *Curso de Direito de Família*, 5ª Ed. Rio de Janeiro: Forense, 2013, p. 101.

atitudes discriminatórias. O ideal seria verificar as particularidades da situação fática para definir a solução mais compatível com o ordenamento jurídico como um todo.

Tanto para a criança e o adolescente quanto para o idoso, a prioridade absoluta exerce a importante função de garantir, na prática e nas diversas esferas, os direitos previstos pela lei, atentando para as vulnerabilidades e necessidades desta parcela da população e norteando a elaboração de ações e políticas públicas.

O *princípio do cuidado*, que ainda se encontra em fase inicial de reconhecimento pela Doutrina e pela Jurisprudência pátrias, não possui assento constitucional expresso, mas vem sendo defendido como princípio constitucional implícito por força do art. 5°, § 2°, da Constituição Federal.

Nos estudos históricos e filosóficos, o cuidado se traduziu, inicialmente, pela palavra latina *cura*, significando atenção, cuidado e interesse. Embora se apresente historicamente com significados diversos, coube ao filósofo Martin Heidegger atribuir o *status* de categoria ontológica e fundamentação antropológica, abrindo a perspectiva de construção de uma ética do cuidado, nunca antes formulada pela ética ocidental. Estudos de Piaget, Lawrence Kohlberg e Carol Gilligan, Annete C. Baier e M. Mayeroff permitiram novas dimensões ao paradigma do cuidado. Entre nós, as obras de Leonardo Boff ensinam uma dimensão do cuidado voltado para a responsabilidade e compromisso[117] e Vera Regina Waldow refere-se à "ação transformadora do cuidado".[118]

José Roque Junges, em uma análise panorâmica, conclui que "se o cuidado é uma dimensão necessária da ética, deverá encontrar um lugar no Direito como complemento e corretivo do puro enfoque da justiça imparcial. A Jurisprudência caracteriza-se por descer ao caso singular, tentando compreender o fato jurídico a partir do contexto particular e das relações implicadas. Esse é, também, um procedimento da ética do cuidado".[119] Leonardo Boff considera a ética da Justiça e a ética do cuidado como complementares na medida em que "eles não se opõem, mas se compõem na construção de uma convivência humana fecunda, dinâmica, sempre aberta a novas relações e carregada de sentimento de solidariedade, afetividade e, no termo, de amorosidade".[120]

Colocando em foco as modificações havidas no cerne da Constituição Federal e da legislação ordinária e especial (Código Civil de 2002, Estatuto da Criança e do Adolescente), nota-se que as mesmas demonstram densa dose de *cuidado*.

Vislumbra-se o princípio do cuidado nas relações familiares ao reconhecer como entidade familiar a comunidade formada por qualquer dos pais e seus des-

---

117 Leonardo Boff. *Saber cuidar: ética do humano, compaixão pela terra*. Petrópolis, Vozes, 2003.
118 Vera Regina Waldow, "Cuidar: expressão humanizadora da enfermagem". Petrópolis, Vozes, 2006.
119 José Roque Junges. *Dicionário de Filosofia do Direito* (coord.: Vicente de Paula Barreto), Rio de Janeiro: Renovar/Unisinos, 2006, pp.175-178.
120 Leonardo Boff, "Justiça e Cuidado: opostos ou complementares?", *in O cuidado como valor jurídico* (coord.: Tânia da Silva Pereira e Guilherme de Oliveira). Rio de Janeiro: Forense, 2008.

cendentes (art. 226, § 4º, CF), conferindo às pessoas que a compõem a legitimidade para lhes propiciar o alcance da integridade da pessoa humana e ainda lhes conferir maior segurança nas relações jurídicas, como, por exemplo, a impenhorabilidade do bem de família.

No que tange ao Código Civil vigente, nota-se densa influência do princípio jurídico do cuidado, em sua essência.

O direito de receber alimentos está calcado no macroprincípio constitucional da dignidade da pessoa humana, concretizando-se como manifestação de solidariedade econômica que existe em vida entre os membros de um mesmo grupo.[121] Também é cristalina a verificação do valor do cuidado, na inserção do companheiro como herdeiro necessário e na equiparação do direito sucessório do cônjuge e do companheiro.

No mesmo sentido, os dispositivos que tratam da "Proteção da Pessoa dos Filhos" (Capítulo XI, Código Civil) revelam também o valor do "cuidado".

No que concerne à abordagem do cuidado no cerne do Estatuto da Criança e do Adolescente, são várias as passagens que deixam evidente a presença do referido princípio por parte do legislador e concretizam o já abordado princípio do melhor interesse da criança. Da garantia constitucional de "prioridade absoluta" das crianças e adolescentes em receber o socorro necessário pelos pais, pela sociedade ou pelo Poder Público, emerge o cuidado como verdadeiro princípio jurídico inspirador do conteúdo legal.

Com a ratificação da Convenção Internacional sobre os Direitos da Criança por meio do Decreto nº 99.710/1990, é notória a inserção do princípio jurídico do cuidado em seu conteúdo.

Analisando-se a referida Convenção, indubitavelmente, o cuidado se apresenta como princípio jurídico e como norma expressa. No art. 3º, indica que "os Estados-Partes se certificarão que as instituições, os serviços e os estabelecimentos encarregados do *cuidado* ou da direção das crianças cumpram com os padrões estabelecidos pelas autoridades competentes". Da mesma forma, o art. 7º assegura à criança "o direito de conhecer seus pais e a *ser cuidada* por eles". Igualmente, o art. 9º determina que uma decisão deve ser tomada a respeito do local da residência "se a criança sofre maus-tratos ou descuido por parte de seus pais ou quando estes vivem separados". O art. 18 destaca que os Estados-Partes envidarão esforços para assegurar o reconhecimento do princípio de que ambos os pais têm obrigações comuns em relação à educação e ao desenvolvimento da criança, garantindo-lhes a criação de instituições, instalações e serviços para o cuidado das crianças.

Finalmente, no que toca ao Estatuto da Pessoa Idosa (Lei nº 10.741/2003), a garantia de prioridade sistematizada através dos parágrafos únicos dos arts. 3º e 4º denota uma proteção especial, concedida em razão da condição peculiar dos idosos.[122]

Roberta Tupinambá indica a potencialidade do cuidado no sentido de representar o ápice do atual sistema jurídico de proteção das relações humanas e, em especial,

---

121 Arnoldo Wald. *Direito de Família*, São Paulo, 1998, p. 44.
122 Tânia da Silva Pereira, ob. cit., p. 244.

das relações familiares, sendo evidente e ostensivo o grau de influência, que este princípio jurídico operou no campo das modificações trazidas com a vigência da Constituição Federal de 1988, do Estatuto da Criança e do Adolescente, do Estatuto da Pessoa Idosa e do Código Civil de 2002, e por meio da ratificação da Convenção Internacional sobre os Direitos da Criança por meio do Decreto nº 99.710/1990.[123]

Na primeira decisão do STJ que reconheceu o direito à indenização por dano moral na hipótese de abandono afetivo, sob a liderança da Ministra Nancy Andrighi, foi destacada a ofensa ao *dever do cuidado*. Em seu voto no Resp nº 1.159.242/SP (julgado pela Terceira Turma em 24.04.2012) a Ilustre Relatora destaca a percepção do cuidado como valor jurídico já incorporado ao nosso sistema jurídico, com locuções e termos que manifestam suas diversas desinências, como se observa no art. 227 da Constituição Federal. Completa a Ministra Nancy: "aqui não se fala ou discute o amar e, sim, a imposição biológica e legal de cuidar, que é dever jurídico, corolário da liberdade das pessoas de gerarem ou adotarem filhos". E conclui: "Em suma, amar é faculdade, cuidado é dever". Por esses e outros argumentos se vislumbra a inafastabilidade da acepção do cuidado como princípio jurídico dentro da sistemática do ordenamento jurídico brasileiro, a cotejar o patamar de direito norteador do Direito de Família contemporâneo.

Em decisão paradigmática, no RE 898.060, o STF entendeu que a paternidade socioafetiva, declarada ou não em registro público, não impede o reconhecimento do vínculo de filiação concomitante baseado na origem biológica, com os efeitos jurídicos próprios. No julgamento, a Ministra Cármen Lúcia, ressaltou que "amor não se impõe, mas cuidado sim e esse cuidado me parece ser do quadro de direitos que são assegurados, especialmente no caso de paternidade e maternidade responsável", destacando-se o *cuidado* como valor jurídico norteador do reconhecimento da possibilidade de coexistência entre o vínculo biológico e socioafetivo.[124]

Heloisa Helena Barboza ressalta que o dever de cuidado pode ser entendido como "o conjunto de atos que devem ser praticados pelos integrantes da família para proteção daqueles que são suscetíveis de vulneração, em razão de suas circunstâncias individuais", podendo traduzir objetivamente o princípio jurídico da afetividade.[125]

Tem-se observado, tanto na doutrina quanto na jurisprudência, a aplicação dos princípios da boa-fé objetiva e da confiança nas questões que envolvem relações familiares. Cristiano Chaves de Farias e Nelson Rosenvald esclarecem que, diante de "inúmeros problemas decorrentes, naturalmente, de uma sociedade hipercomplexa

---

123 Roberta Tupinambá, "O Cuidado como Princípio Jurídico nas Relações familiares", *in O cuidado como valor* jurídico (coord.: Tânia da Silva Pereira e Guilherme de Oliveira), Rio de janeiro, Forense, 2008.

124 STF – Tribunal Pleno – RE 898.060 – Rel. Min. Luiz Fux – Julg.: 21.09.2016. Disponível em: <http://www.stf.jus.br/portal/cms/verNoticiaDetalhe.asp?idConteudo=325781>. Acesso em: 22 set. 2016.

125 Heloisa Helena Barboza, "Perfil jurídico do cuidado e da afetividade nas relações familiares", *in Cuidado e afetividade* (org.: Tânia da Silva Pereira, Guilherme de Oliveira e Antônio Carlos Mathias Coltro), São Paulo, Atlas, 2016, p. 184.

– aberta, plural, multifacetada e globalizada –, acentua-se a importância da confiança como elemento imprescindível da vida social e, por conseguinte, da ordem jurídica". Os mesmos autores destacam a relevância do princípio constitucional da solidariedade social, que afasta "comportamentos contrários aos interesses e expectativas despertadas em outrem".[126]

No Direito de Família, a proteção das expectativas legítimas ganha contornos especiais, na medida em que é no meio familiar que se desenvolvem as relações mais complexas e basilares da vida humana, que exigem a confiança como elemento fundamental para a sua configuração.

Neste contexto, insere-se o princípio do *venire contra factum proprium*, que representa a proibição de comportamento contraditório nas relações jurídicas, pautando-se no princípio da boa-fé objetiva. A consideração deste princípio como norteador para dirimir conflitos familiares traduz uma exigência de coerência comportamental daqueles que buscam a tutela jurisdicional no âmbito do Direito de Família.

A 3ª Turma do STJ, no julgamento do REsp nº 1.087.163/RJ, tendo como Relatora a Ministra Nancy Andrighi, considerou a proibição de comportamento contraditório do pai biológico que pleiteava a alteração do registro civil da filha e que se manteve inerte por mais de três anos, "sabendo o autor que a sua filha era criada por outra pessoa, que assumia publicamente a condição de paternidade, e da criança cuidava como filha". A Turma considerou que a inércia, o *non facere* do genitor, contribuiu para a consolidação do vínculo afetivo entre a filha e o pai registral, o que retira do primeiro o direito de se insurgir contra os fatos consolidados.

A Ilustre Relatora destacou, ainda, que "a omissão do recorrido, que contribuiu decisivamente para a perpetuação do engodo urdido pela mãe, atrai o entendimento de que a ninguém é dado alegrar a própria torpeza em seu proveito (*nemo auditur propriam turpitudinem allegans*) e faz fenecer a sua legitimidade para pleitear o direito de buscar a alteração no registro de nascimento de sua filha biológica".[127]

Em 06 de julho de 2015, é promulgada a Lei nº 13.146, que institui o Estatuto da Pessoa com Deficiência, e vem, enfim, regulamentar a Convenção sobre os Direitos das Pessoas com Deficiência, internalizada pelo Brasil por meio do Decreto nº 6.949/2009, trazendo como princípios fundamentais a autonomia da pessoa com deficiência, a não discriminação, a sua plena e efetiva participação e inclusão na sociedade, o respeito pela diferença, a igualdade de oportunidades e a acessibilidade, na esteira do art. 3º da Convenção.

É garantido à pessoa com deficiência o atendimento prioritário em diversos setores e fica vedada qualquer forma de discriminação contra a pessoa com deficiência, inclusive a discriminação legal: as pessoas com deficiência deixam de ser consideradas incapazes para o Direito brasileiro e passam a ter autonomia para conduzir

---

[126] Cristiano Chaves de Farias e Nelson Rosenvald, *Direito das Famílias*, 5ª ed, Rio de Janeiro, Lumen Juris, 2013.
[127] STJ – 3ª Turma – REsp nº 1.087.163/RJ – Rel. Min. Nancy Andrighi – Julg.: 18.08.2011 – DJe: 31.08.2011.

a sua própria vida, nos limites de suas possibilidades. A lei traz, inclusive, novas possibilidades, como a tomada de decisão apoiada, para auxílio da pessoa com deficiência, mantendo-se o exercício de direitos de cunho existencial, como o direito ao próprio corpo, à sexualidade, ao matrimônio, à privacidade, à educação, à saúde, ao trabalho e ao voto.

Excepcionalmente, as pessoas com deficiência podem estar submetidas à curatela, que passa a ter um caráter muito mais protetivo do que restritivo de direitos, sendo medida protetiva extraordinária, que deve ser proporcional às necessidades e às circunstâncias de cada caso, durando o menor tempo possível.

Em seu art. 5º, o Estatuto traz a garantia de proteção da pessoa com deficiência contra toda forma de "negligência, discriminação, exploração, violência, tortura, crueldade, opressão e tratamento desumano ou degradante", reconhecendo a criança, o adolescente, a mulher e o idoso com deficiência como um grupo especialmente vulnerável.

Essa previsão encontra-se em consonância com o inciso III do art. 5º da Constituição Federal de 1988, que determina que ninguém será submetido a tortura nem a tratamento desumano ou degradante. Também a Convenção Internacional sobre os Direitos das Pessoas com Deficiência (Decreto nº 6.949/2009) traz em seus arts. 15 e 16 a prevenção contra tortura ou tratamentos ou penas cruéis, desumanos ou degradantes, contra a exploração, a violência e o abuso contra pessoas com deficiência.

Para efetivar essa proteção, a Convenção prevê que o Poder Público deve tomar medidas de natureza legislativa, administrativa, judicial, social e educacional, devendo haver um monitoramento constante das autoridades. Há uma preocupação especial em relação ao tratamento da violência doméstica, reconhecendo-se a necessidade de proteger as pessoas com deficiência, tanto dentro como fora do lar, principalmente em aspectos relacionados a gênero e idade. Busca-se, ainda, a promoção da recuperação física, cognitiva e psicológica, inclusive mediante a provisão de serviços de proteção, a reabilitação e a reinserção social de pessoas com deficiência que forem vítimas de qualquer forma de exploração, violência ou abuso.

Ainda, ao reconhecer a vulnerabilidade potencializada da criança, do adolescente, da mulher e do idoso com deficiência, o Estatuto dialoga com os diplomas legais de proteção especial – Lei nº 11.340/2006 (Lei Maria da Penha), Lei nº 8.069/1990 (Estatuto da Criança e do Adolescente) e Lei nº 10.741/2003 (Estatuto da Pessoa Idosa) –, estabelecendo-se um sistema protetivo integrado e que considera as diferentes necessidades de cada indivíduo. É inegável que essa nova ótica, que consagra a dignidade humana da pessoa com deficiência por meio da possibilidade de *inclusão*, também traz em seu bojo o *cuidado* e a *solidariedade*, constituindo reflexo da própria lógica constitucional de igualdade e liberdade.

Também se observa o avanço da busca pela *solução consensual dos conflitos de família* com o advento do Novo Código de Processo Civil – Lei nº 13.105, de 16 de março de 2015, que, em seu Capítulo X, apresenta um procedimento especial para as ações de família, que prioriza a mediação e busca tratar o conflito subjacente ao processo, buscando apoio na equipe multidisciplinar.

A orientação desses novos princípios auxilia o magistrado na solução dos chamados *hard cases*, não abrangidos pela norma legal, possibilitando que sejam apresentadas soluções mais fiéis ao ordenamento jurídico como um todo.

Capítulo LXXXIII
Casamento

Sumário

373. Conceito de casamento. 374. Natureza jurídica do casamento. 375. Caracteres e finalidades do casamento. 376. Casamento civil e casamento religioso. 376-A. Capacidade para o casamento.

Bibliografia

A. Bowman, *Marriage for Moderns* E. Bourbouson, *Du Mariage, des Regimes Matrimoniaux, des Successions dans les Cinq Parties du Monde*; Alberto Trabucchi, *Istituzioni di Diritto Civile* n°s 107 e segs. e pp. 260 e segs.; Alexandre Herculano, *Estudos sobre o Casamento Civil*; Antonio Cicu, *El Derecho de Familia*, p. 48; Arnoldo Wald, *O Novo Direito de Família*, São Paulo, Saraiva, 2002; Arturo Carlo Jemolo, *Il Matrimonio*, pp. 18 e segs.; Bernard Demain, *La Liquidation des Biens des Concubins*, p. 59; Cândido de Oliveira, *Manual Lacerda*, v. V, pp. 8 e segs.; Clóvis Beviláqua, *Direito de Família*, §§ 6º e segs.; Cristiano Chaves de Farias e Nelson Rosenvald, in *Curso de Direito Civil – Famílias.* Salvador: JusPODIVM, 2012, p. 192; Cunha Gonçalves, *Direito de Família e Direito de Sucessões*, pp. 18 e segs.; Coste-Floret, *La Nature Juridique du Mariage*, passim; Dalloz, *Nouveau Repertoire*, v. I *Union Livre*; De Page, *Traité Élémentaire*, v. I, nº 569; Eduardo Espínola, *A Família no Direito Civil Brasileiro*, n°s 8 e segs.; Edgar de Moura Bittencourt, *A Família, passim*; Ennecerus, Kipp y Wolff, *Tratado, Derecho de Familia*, v. I, §§ 2ºe 4°; Ernest Roguin, *Traité de Droit Civil Comparé*, v. I, *Le Mariage*, passim; Euclides de Oliveira, "Do casamento", in *Direito de Família e o Novo Código Civil* (coord.: Rodrigo da Cunha Pereira e Maria Berenice Dias), Del Rey, 2002; Francesco Degni, *Il Diritto di Famiglia*, Pádua, Antonio Milani, 1943; Giselda Maria Fer nandes Novaes Hironaka e Euclides de Oliveira, "Do Casamento", *in Direito de Família e o novo Código Civil*, Belo Horizonte, Del Rey, 2002; Gismondi, "Il Matrimonio e la società civile", *in Rivista Trimestrale di Diritto e Procedura Civile*, 1975; Guy Raymond, *Le Consentement des Époux au Mariage*, p. 11; Hauriou, *Principes de Droit Publique*, p. 203; Heinrich Lehmann, *Derecho de Familia*, pp. 43 e segs.; Henry, Léon *et* Jean Mazeaud, *Leçons*, v. I, n°s 705 e segs.; Jean Carbonnier, *Droit Civil*, v. II, n°s 2 e segs. e p. 12; João Batista de Oliveira Cândido, "Casamento", *in Direito de Família Contemporâneo* (coord.: Rodrigo da Cunha Pereira), Del Rey 1997; José Arias, *Derecho de Familia*, pp. 67 e segs.; Julien Bonnecase, *La Philosophie du Code Napoléon Appliquée au Droit de Famille*, pp. 260 e segs.; Julien Bonnecase, *La Philosophie du Code Napoléon et le Droit de Famille*, passim; Julien Bonnecase, *Supplément au Traité de Droit Civil de Baudry-La-cantinerie*, v. IV, n°s 366 e segs.; Lafayette, *Direito de Família*, §§ 8º e segs.; Marco Aurelio Sá Viana, *Curso de Direito Civil: Direito de Família*, Belo Horizonte, Del Rey, 1998; Orlando Gomes, *Direito de Família*, n°s 25-39, atualizado por Humberto Theodoro Júnior, Rio de janeiro, Forense, 1998; Oscar de Macedo Soares, *Casamento Civil*; Maria Luiza de Lamare São Paulo, *Do novo Código Civil – Do Direito de Família* (coord.: Heloisa Maria Daltro Leite), Rio de Janeiro, Freitas Bastos, 2002; Paulo Lôbo, *Direito Civil: Famílias*, p. 71; Pacchioni, *Corso di Diritto Romano*, v. III, p. 320; Planiol, Ripert *et* Boulanger, *Traité Élémentaire*, v. I, n°s 730 e segs.; Pontes de Miranda, *Direito de Família*, §§ 7º e segs.; Rodrigo da Cunha Pereira, *Direito de Família: uma Abordagem Psicanalítica*, Belo Horizonte, Del Rey, 1997; Rolf Madaleno, *Curso de Direito de Família*. Rio de Janeiro: Forense, 2008, pp. 73-74; Rolf Madaleno, *in Curso de direito de Família*. Rio de Janeiro: GEN/FORENSE, 2011, pp.107/108; Ruggiero e Maroi, *Istituzioni di Diritto Privato*, v. I, §§ 51 e segs.; Sá Pereira, *Lições de Direito de Família*, pp. 71 e segs.; Savatier, *Le Droit, l'Amour et la Liberté*, p. 138; Sílvio de Salvo Venosa, *in Direito Civil – Direito de Família*. São Paulo: Atlas, 2012, p. 26; Van Wetter, *Pandectes*, v. V, p. 2; Washington de Barros Monteiro, *in Curso de Direito Civil: Direito de Família*, São Paulo, Saraiva, 2000.

373. Conceito de casamento

De casamento há numerosas definições que não se limitam às vezes a conceituá-lo, porém refletem concepções originais ou tendências filosóficas. Posto que todos os sistemas o disciplinem, inexiste uniformidade na sua caracterização.[1]

É costume começar pelas que o Direito Romano legou à posteridade. São duas, espelhando os pendores típicos de cada época. A primeira, de Modestino, é do século III e acentua as ideias predominantes no período clássico, dizendo: "... *nuptiae sunt coniunctio maris et feminae, consortium omnis vitae, divini et humani iuris communicatio*" (*Digesto*, Livro 23, Tít. II, fr. I).

Observa-se a referência à perenidade da união (*consortium omnis vitae*), bem como à "comunhão de direito humano e divino". Com o tempo, todavia, a noção desfigurou-se, desaparecendo a alusão à divindade, bem como a referência à subsistência do vínculo por toda a vida dos cônjuges, ao mesmo passo que aflorava a invocação dos costumes.

E assim foi construída a segunda definição romana, provavelmente elaborada por Ulpiano, consagrada nas *Institutas* de Justiniano, e depois adotada pelo Direito Canônico: "... *nuptiae autem sive matrimonium est viri et mulieris coniunctio individuam vitae consuetudinem continens.*"[2]

O que dominava na concepção romana do matrimônio era mais a ideia de relação jurídica do que de celebração, mais a situação fática da convivência, animada sempre da *affectio maritalis*.[3] Já em Direito Romano se dizia que *nuptias consensus facit*, isto é, o casamento se efetua com a manifestação da vontade dos nubentes.

O Cristianismo elevou o casamento à dignidade de um sacramento, pelo qual um homem e uma mulher selam a sua união sob as bênçãos do céu, transformando-se numa só entidade física e espiritual (*caro una,* uma só carne), e de maneira indissolúvel (*quos Deus coniunxit, homo non separet*).

No direito brasileiro, Lafayette o definiu: "O casamento é um ato solene pelo qual duas pessoas de sexo diferente se unem para sempre, sob promessa recíproca de fidelidade no amor e da mais estreita comunhão de vida."[4]

Sobressai aí o propósito de caracterizar o matrimônio em razão da solenidade do ato, tal como já fizera Savigny, e da indissolubilidade do vínculo.

Igualmente clássica a definição de Clóvis Beviláqua, posto que extensa, dizendo: "O casamento é um contrato bilateral e solene, pelo qual um homem e uma mulher se unem indissoluvelmente, legitimando por ele suas relações sexuais; estabelecendo a

---

1 Jemolo, *Il Matrimonio*, nº 1.
2 *Institutas*, Livro I, t. IX. § 1º, Cânon 11, *Da Praesumptionibus*.
3 Pacchioni, *Corso di Diritto Romano*, v. III, p. 320; Jemolo, ob. cit., nº 2.
4 Lafayette, *Direito de Família*, § 8º.

mais estreita comunhão de vida e de interesses, e comprometendo-se a criar e educar a prole que de ambos nascer".[5]

Abraça aí o mestre a concepção contratualista, alude francamente às relações sexuais, repete a ideia tradicional de comunhão de vida, e realça os deveres para com a prole.

Outros não mencionam a natureza do ato, contentando-se com aludir à união em si mesma, como se lê na definição de Van Wetter, mais elegante do que científica: "O casamento é a união do homem e da mulher com fins de criar uma comunidade de existência".[6]

Em nossa e alheia doutrina multiplicam-se as definições, cuja repetição seria enfadonha. O que mais importa é a determinação dos caracteres jurídicos, como elementares de uma conceituação. E isto constitui objeto de um parágrafo especial (nº 375, *infra*).

É óbvio que a noção conceitual do casamento não pode ser imutável. As ideias que convinham ao povo hebreu do Velho Testamento, que satisfaziam o grego, que agradavam aos romanos, que vigiam na Idade Média, e mesmo as que predominavam no Século XX – já não atendem às exigências da nossa geração, que assiste a uma profunda transformação do social, do político e do econômico. E sendo a família um organismo em lenta, mas constante mutação, o casamento que a legitima há de afeiçoar-se às condições ambientes e contemporâneas.

O art. 1.511 do Código Civil de 2002 determina que o "casamento estabelece comunhão plena de vida, com base na igualdade de direitos e deveres dos cônjuges".

Para Rolf Madaleno, a "*comunhão plena de vida* torna-se condição de validade de todo o casamento, atributo indispensável de sua existência e subsistência porque seria inconcebível perpetuar no tempo qualquer relação conjugal que dela se ressentisse". (...) Destaca também que "não faz qualquer sentido manter unido um casal que confesse não estar feliz, porque não mais encontra, ou talvez porque nunca tenha encontrado em seu relacionamento este atributo indissolúvel da absoluta e imprescindível integral comunhão de vida".[7]

No casamento identifica-se uma relação de afeto, de comunhão de interesses e, sobretudo, respeito, solidariedade e compromisso. Estes elementos devem estar presentes nas formas diversas de convivência familiar, destacadamente, diante da possibilidade de novos casamentos autorizados pelo Divórcio.

A isto atendendo, e aos caracteres e finalidades matrimoniais desenvolvidos adiante (nº 375, *infra*), Caio Mário definiu o casamento como a "união de duas pessoas de sexo diferente, realizando uma integração fisiopsíquica permanente". E completa: é nesta integração que subsiste a essência do casamento, elemento que se sobrepõe às mutações sociais e culturais. Não se pode afirmar que a vida do

---

5   Clóvis Beviláqua, *Direito de Família*, § 6º.
6   Van Wetter, *Pandectes*, v. V, p. 2.
7   Rolf Madaleno, *Curso de Direito de Família*. Rio de Janeiro, Forense, 2008, pp. 73-74.

casal, composta de um homem e uma mulher, é, nos dias atuais, a única forma de vida familiar e comunitária.

Reporta-se a Rodrigo da Cunha Pereira[8] ao identificar na sexualidade a base das relações humanas, independentemente da sua caracterização jurídica. Foram vãs as tentativas do Estado em controlar as relações sexuais ao estabelecer que elas só poderiam existir dentro do casamento.

Além do reconhecimento da proteção do Estado à entidade familiar constituída por qualquer dos pais e seus descendentes ou à união estável entre um homem e uma mulher (art. 226, §§ 3º e 4º, da Constituição Federal), tivemos a admissão desta espécie de união entre os homoafetivos, conforme decisão do STF na ADI 4.277/DF e ADPF 132, Rel. Min. Ayres Britto, publicada em 04 e 05.05.2011.[9]

União Estável e uniões livres. Ao casamento, como instituição social legítima e regular, assemelha-se a União Estável, constitucionalmente protegida pelo Estado e consolidada dia a dia pelas conquistas legislativas, doutrinárias e jurisprudenciais.

Não se pode, todavia, afastar do contexto familiar e social as *uniões livres*, mais ou menos duradouras e especialmente o concubinato, cuja quase estabilidade não deixa de atrair as atenções e despertar os interesses da ordem jurídica. É óbvio que não gera consequências iguais às do matrimônio. Mas não deixa de produzi-las, mormente no plano econômico. Os amásios devem-se assistência. A "companheira" é beneficiária dos favores da legislação social e previdenciária. Os filhos têm direito a alimentos e concorrem na sucessão do pai. O conceito de concubinato e as condições preenchidas para o reconhecimento dos filhos serão adiante desenvolvidas.

Independentemente desses efeitos indiretos, a "união livre" é considerada em si mesma pela doutrina moderna, tantas e tão frequentes vezes tem sido postulada na Justiça. O problema é posto geralmente quando ocorre a sua cessação, seja pelo rompimento com o abandono da amásia pelo concubino, seja pela morte deste. Surgem então as ações visando a prestações de natureza econômica: reparação por perdas e danos, pensão alimentícia, partilha de haveres fundada na existência de uma sociedade de fato entre os amantes. De elaboração jurisprudencial, pode-se dizer que existe hoje uma doutrina mais ou menos assente.

Já se debate nos Tribunais Brasileiros a possibilidade de danos morais decorrentes da "culpa" no casamento, o que representa, algumas vezes, retrocesso, uma vez que o Direito de Família vinha afastando, gradativamente, tal pesquisa nos conflitos entre cônjuges. Não se pode, no entanto, afastar a possibilidade de persegui--la, também no âmbito familiar, configurados os pressupostos básicos de violação

---

8   Rodrigo da Cunha Pereira, *Direito de Família: uma Abordagem Psicanalítica*, p. 54.
9   Além da histórica decisão do STF, acerca do reconhecimento da união estável entre homoafetivos, cite-se julgado do STJ, no qual a 4.ª Turma, por maioria, proveu recurso de duas mulheres que pediam para serem habilitadas ao casamento civil. A Turma concluiu que a dignidade da pessoa humana, consagrada pela Constituição, não é aumentada nem diminuída em razão do uso da sexualidade, e que a orientação sexual não pode servir de pretexto para excluir famílias da proteção jurídica representada pelo casamento (STJ – 4ª Turma – REsp 1.183.378 – Min. Luiz Felipe Salomão – j. 25.10.2011 – *DJe* 01.02.2012).

de direitos. Oportunamente, buscar-se-á melhor identificar a sua aplicabilidade no Capítulo relativo à "Dissolução da sociedade conjugal e do vínculo matrimonial".

Caio Mário sempre defendeu a tese do descabimento da indenização à concubina a título de remuneração de gozo sexual, dada a imoralidade que revestiria o pedido limitado ao pagamento do *pretium carnis*. A repulsa, em nosso e alheio direito, é unânime.

Para ele, descabe, também, o direito a alimentos a título de concubinato impuro. Como união livre que é, pressupõe a reserva mental por parte de ambos os amantes de se deixarem quando bem quiserem, desassistindo ao outro a faculdade de pleitear alimentos e indenização, mesmo por dano moral, fundada no abandono ou na terminação das relações pela morte do companheiro.[10]

Neste sentido, o STJ tem também entendido pela impossibilidade de a concubina pleitear indenização pela realização de serviços domésticos, tendo em vista que nem o casamento dá ensejo a este tipo de reparação. Assim, a 3ª Turma do STJ, tendo como Relatora a Ministra Nancy Andrighi, decidiu que "Se com o término do casamento não há possibilidade de se pleitear indenização por serviços domésticos prestados, tampouco quando se finda a união estável, muito menos com o cessar do concubinato haverá qualquer viabilidade de se postular tal direito, sob pena de se cometer grave discriminação frente ao casamento, que tem primazia constitucional de tratamento".[11] Nessa mesma linha, a 4ª Turma, tendo como relator o Ministro Luís Felipe Salomão, entendeu que "Na verdade, conceder a indigitada indenização consubstanciaria um atalho para se atingir os bens da família legítima, providência rechaçada por doutrina e jurisprudência. (...) Com efeito, por qualquer ângulo que se analise a questão, a concessão de indenizações nessas hipóteses testilha com a própria lógica jurídica adotada pelo Código Civil de 2002, protetiva do patrimônio familiar, dado que a família é a base da sociedade e recebe especial proteção do Estado (art. 226 da CF/88), não podendo o Direito conter o germe da destruição da própria família"[12].

Tem-se, entretanto, reconhecido direito à reparação, quando ocorre o rompimento abusivo, quando o amásio havia prometido casamento à amante, quando ocorrera a sedução dela, ou mesmo se trata de assegurar a velhice da antiga amante deixada numa fase da vida em que não mais teria possibilidade de angariar a subsistência pelo trabalho. Haveria aqui uma "obrigação natural", convertida em "obrigação civil", baseando-se o ressarcimento não na ruptura em si, das relações, porém nas circunstâncias que a revestem.[13]

---

10 Jean Carbonnier, *Droit Civil*, v. II, nº 58; Savatier, *Le Droit, l'Amour et la Liberté*, p. 138; Dalloz, *Nouveau Repertoire*, v. I *Union Livre*; Mazeaud, Mazeaud *et* Mazeaud, *Leçons*, v. I, nº 708.
11 STJ – 3ª Turma – REsp 872.659/MG – Rel. Min. Nancy Andrighi – Julg.: 25.08.2009 – DJe.: 19.10.2009.
12 STJ – 4ª Turma – REsp 988.090/MS – Rel. Min. Luís Felipe Salomão – Julg.: 02.02.2010 – DJe.: 22.02.2010.
13 Savatier, loc. cit., Henry Mazeaud, Note Sirey, 1952, 2.85 transcrita em Leçons, v. I, p. 722; Carbonnier, ob. cit., p. 185; Louis Pettiti, *Condition de l'Épouse et de la Concubine dans la Legislation Francaise*, p. 9.

A partilha de haveres adquiridos pelo esforço comum, a título de liquidação de uma "sociedade de fato" é mais aceita, no pressuposto de que se comprove a sua existência[14] prova esta que pode ser dada por todos os meios, exigindo, contudo, se apure a circunstância de haverem os amantes colocado recursos e esforços em comum para a obtenção dos resultados, bem como se verifique a intenção de participarem um e outro de ganhos e perdas, já que o só fato da vida concubinária é insuficiente para criar a sociedade de fato.[15]

O legislador de 2002 menciona o concubinato como "relações não eventuais entre o homem e a mulher, impedidos de casar" (no art. 1.727), o que é identificado por Rolf Madaleno como "envolvimento afetivo paralelo, de curta ou longa duração uma indisfarçável infidelidade que continua trazendo perturbação para dentro da sociedade conjugal ou convivencial de orientação monogâmica.[16]

Destaque-se a orientação constitucional prevista no art. 226, § 3º, da Carta de 1988, ao reconhecer como entidade familiar, para efeito de proteção do Estado "a união estável do homem e da mulher", e bem assim, comunidade formada entre quaisquer dos pais e seus descendentes (família monoparental). Importa relembrar que hoje a união homoafetiva adquiriu o *status* de entidade familiar, tendo seus direitos equiparados aos dos companheiros.

374. Natureza jurídica do casamento

Se frequentes são as polêmicas em torno das noções básicas do Direito de Família, como temos visto nos aspectos até aqui referidos – ponto que sem dúvida reúne todos os visos de uma *vexata quaestio* é a determinação da natureza jurídica do casamento, a começar se é um instituto de direito privado ou de direito público.[17]

Considerando-o em termos confessionais, a Igreja Católica define-o como "sacramento" instituído por Jesus Cristo, e nesta dignidade o trata. Como tal, dotado de indissolubilidade, passou o matrimônio por fases diversas na doutrina canônica, de que ressalta a regulamentação provinda do Concílio de Trento (1563), adotada e seguida no Brasil em virtude e por força das Constituições do Arcebispado da Bahia.

O jurista cuida do casamento como ato civil, disciplinado na lei e estruturado pela doutrina civilista. Mas nunca deve perder de vista que originariamente foi sempre um ato religioso em face do cerimonial que o envolve, em todas as seitas e em todas as épocas.[18] Tal caráter sacramental percute necessariamente na sua caracterização jurídica, ainda quando enfocado o matrimônio no plano leigo do direito positivo.

---

14 Súmula da Jurisprudência predominante no Supremo Tribunal Federal, nº 380.
15 Jean Carbonnier, ob. cit., p. 184; Dalloz, *Nouveau Répertoire*, v. I. *Union Libre*, nºs 12 e segs.; Bernard Demain, *La Liquidation des Biens des Concubins*, p. 59.
16 Rolf Madaleno, *Curso de Direito de família*, Rio de Janeiro, Forense, 2008, p. 816.
17 Jemolo, *Il Matrimonio*, nº 9.
18 Planiol, Ripert Estado Boulanger, Traité Élementaire, v. I, nº 733.

Ligada à variedade das definições, vem naturalmente a diversidade na conceituação. Para Lafayette é um "ato solene", para Sá Pereira é uma "convenção social", para Beviláqua é um "contrato".

Duas correntes, na doutrina ocidental, atraem a maioria das opiniões: a "contratualista" e a "institucionalista".

Para uns, o casamento é uma "instituição social", no sentido de que reflete uma situação jurídica, cujas regras e quadros se acham preestabelecidos pelo legislador, com vistas à organização social da união dos sexos. Dentro da sociedade, a família é um organismo de ordem natural com a finalidade de assegurar a perpetuidade da espécie humana, e bem assim o modo de existência conveniente às suas aspirações e a seus caracteres específicos. Em face disto, o casamento é o conjunto de normas imperativas cujo objetivo consiste em dar à família uma organização social moral correspondente às aspirações atuais e à natureza permanente do homem.[19]

Independentemente da concepção institucionalista, ainda há os que se insurgem contra a natureza contratual das núpcias, sob fundamento de que, não obstante o consentimento recíproco que as gera (Ulpiano: *nuptias enim non concubitus sed consensus facit*), diferem do contrato pela constituição, modo de ser, duração e efeitos.[20] Para outros, o casamento é um "contrato", tendo em vista a indispensável declaração convergente de vontades livremente manifestadas e tendentes à obtenção de finalidades jurídicas. A concepção contratualista originou-se no Direito Canônico (*Cânon* 1.012: *Christus Dominus ad sacramenti dignitatem evexit ipsum contractum matrimonialem inter baptizatos*). Adotou-a o racionalismo jusnaturalista do século XVIII. Penetrou no Código Francês em 1804, seduziu a Escola Exegética do século XIX, e sobrevive na doutrina civilista do século XX, disputando com certa vantagem as palmas com as demais concepções. Para Cristiano Chaves de Farias e Nelson Rosenvald, com o advento da Lei n. 11.441/2007, que permitiu a dissolução do casamento em cartório, por meio de mero procedimento administrativo, fundado na vontade das partes, "a nova sistemática da dissolução, por mútuo consenso, vem a confirmar o vaticínio da corrente contratualista: de acordo com as concepções filosóficas, legais e sociológicas hoje predominantes, não pode haver mais qualquer dúvida acerca da natureza do casamento, que, de uma vez por todas, se confirma como *negocial*".[21]

---

19 Julien Bonnecase, *Supplément au Traité de Droit Civil de Baudry-La-cantinerie*, v. IV, n°s 366 e segs.; Julien Bonnecase, *La Philosophie du Code Napoléon Appliquée au Droit de Famille*, p. 260; Hauriou, *Principes de Droit Publique*, p. 203; Coste-Floret, *La Nature Juridique du Mariage;* Jean Carbonnier, *Droit Civil*, v. II, p. 12; De Page, *Traité Élémentaire*, v. I, n° 567; Planiol *et* Ripert, *Traité Pratique*, v. II, n° 69; Francesco Degni, *Diritto di Famiglia*, p. 7; Antonio Cicu, *El Derecho de Familia*, p. 48.

20 Savigny, *Système de Droit Romain*, v. III, § 42; Lafayette, *Direitos de Família*, § 8°; D'Aguano, *Genese e Evoluzione del Diritto Civile*, n° 97; Ruggiero e Maroi, *Istituzioni di Diritto Privato*, v. I, § 51.

21 Cristiano Chaves de Farias e Nelson Rosenvald, In: *Curso de Direito Civil – Famílias*. Salvador: JusPodivm, 2012, p. 192.

Uma terceira orientação conhecida como teoria *mista* ou *eclética* é defendida por alguns juristas brasileiros, dentre eles, Flavio Tartuce e José Fernando Simão, ao considerar o casamento um negócio jurídico bilateral *sui generis*, especial: "na formação é um contrato, no conteúdo é uma instituição". Da mesma forma, Sílvio de Salvo Venosa afirma que "o casamento-ato é um negócio jurídico; o casamento-estado é uma instituição".[22]

O que no matrimônio deve ser primordialmente considerado é o paralelismo com os contratos em geral, que nascem de um acordo de vontade e realizam os objetivos que cada um tem em vista, segundo a motivação inspiradora dos declarantes e os efeitos assegurados pela ordem jurídica. A natureza contratual do casamento não é contrariada pela exigência legal de forma especial e solene da manifestação volitiva, que obedece à padronização prefixada e ao ritual específico da celebração. Não é igualmente negada pela participação direta do Estado no ato constitutivo, pois que o princípio da ordem pública também costuma estar presente em numerosos outros contratos de direito comum. Não é contraditada ainda pelo fato de não se admitir acordo liberatório que, no campo contratual, via de regra, concede às mesmas vontades geradoras da avença o poder de resolvê-la (distrato).

Caio Mário considera o casamento como um "contrato especial", dotado de consequências peculiares, mais profundas e extensas do que as convenções de efeitos puramente econômicos, ou "contrato de Direito de Família", em razão das relações específicas por ele criadas. Particularizando, não é a circunstância de se admitir ou não o divórcio que lhe atribui ou lhe recusa a natureza contratual,[23] pois que, em doutrina como em presença do direito positivo, as teses adversas são sustentadas com igual cópia de argumentos, independentemente de se assentar a indissolubilidade do vínculo.

O legislador do Código de 2002 não se preocupou em enfrentar o debate sobre a natureza jurídica do casamento. Merecem referência as posições adotadas por alguns doutrinadores brasileiros: Orlando Gomes define-o como "contrato de feição especial". Washington de Barros Monteiro declara o casamento como "uma instituição".[24] Arnoldo Wald afirma ser "ato jurídico complexo e solene que não tem natureza contratual".[25] Marco Aurélio Sá Viana entende tratar-se de "um contrato de Direito de Família".[26]

Todos, porém, reconhecem que, se é livre cada um escolher o seu cônjuge, a ninguém é concedido o direito de discutir com o celebrante o conteúdo dos direitos

---

22 Sílvio de Salvo Venosa In *Direito Civil – Direito de Família.* São Paulo: Atlas, 2012, p. 26.
23 Sobre a natureza contratual do matrimônio: Clóvis Beviláqua, *Direito de Família*, § 6°; Pontes de Miranda, *Direito de Família*, § 8°; Aubry *et* Rau, *Cours de Droit Civil*, v. VII, § 450; Eduardo Espínola, *A Família no Direito Civil Brasileiro*, n° 12, pág. 40; Planiol, Ripert *et* Boulanger, ob. cit., n° 755; Ennecerus, Kipp *y* Wolff, *Tratado, Derecho de Familia*, v. I, § 8°; Jemolo, *Il Matrimonio*, n° 10; Cunha Gonçalves, *Direitos de Família*, p. 20.
24 Washington de Barros Monteiro, *Curso de Direito Civil: Direito de Família*, p. 17.
25 Arnold Wald, *Curso de Direito Civil: Direito de Família*, p. 17.
26 Marco Aurelio Sá Vianna, *Curso de Direito Civil: Direito de Família*, p. 44.

e deveres, as regras da dissolução da sociedade conjugal, nem em tempo nenhum impor a resolubilidade do vínculo ou condições à legitimidade dos filhos.

Nesta inconciliável polêmica, que René David considera, entretanto, controvérsia tradicional e estéril,[27] não faltou também a opinião eclética ou mista dos que exigem uma distinção básica: considerado como ato gerador de uma situação jurídica (casamento-fonte), é inegável a sua natureza contratual; mas, como complexo de normas que governam os cônjuges durante a união conjugal (casamento-estado), predomina o caráter institucional.[28] Não é destoante desta distinção a que considera o casamento de um lado como ato jurídico (*matrimonium in fieri*) e de outro, como relação jurídica (*matrimonium in facto*) – o primeiro tendo em vista a celebração, e o segundo como relação de vida. Ou dizendo-o de outra maneira, mas com o mesmo sentido, se a celebração requer o concurso dos nubentes, o casamento em si mesmo é, mais que um contrato, um *status* ou um relacionamento cujos direitos e obrigações são fixados pela lei em vez de sê-lo pelas partes.[29]

Como quer que se encare, para alguns chega a transcender do Direito Privado, dado que suas finalidades e sua função tocam diretamente o interesse público.[30]

Sem a mesma repercussão dessas correntes, detêm-se outros em aspectos vários da natureza jurídica do casamento. Vassalli[31] considera-o "ato complexo", atendendo a que requer, além do concurso das partes, a proclamação do Estado através do celebrante.[32] Duguit, seguido de Jèze, transpõe para o direito matrimonial a classificação dos atos jurídicos ou das fontes de direito a que já aludimos (v. n° 9, *supra*, v. I), qualificando as núpcias como "ato-condição" pelo fato de originar-se de uma declaração volitiva que coloca o agente numa condição jurídica impessoal.[33]

A Constituição Federal não se define pela natureza jurídica do casamento, imprimindo-lhe, contudo, a prioridade da constituição da família, muito embora não reconheça a exclusividade, uma vez que cogita da entidade familiar. Estabelece, todavia, que é civil e gratuita a sua celebração (art. 226, § 1°).

O Código Civil (art. 1.511) consagra o princípio constitucional da igualdade de direitos e deveres dos cônjuges (art. 226, § 5°, CF). Maria Luiza de Lamare São Paulo[34] alerta, no entanto, para a necessidade de se "respeitar as peculiaridades de cada um dos consortes" (...) "o que não significa a igualdade de atributos entre as pessoas". Como exemplo, destaca que "a licença-maternidade, por exemplo, tem pe-

---

27 René David, *Le Droit Français*, n° 30.
28 Mazeaud, Mazeaud *et* Mazeaud, *Leçons*, v. I, n° 711; Planiol *et* Ripert, *Traité Pratique*, v. II, n° 69.
29 Trabucchi, *Istituzioni*, n° 107; George L. Clark, *Summary of American Law*, v. I, p. 140; Herbert F. Goodrich, *Handbook of Laws*, p. 348.
30 Trabucchi, *Istituzioni*, n° 107.
31 Vassalli, *Del Matrimonio*, p. 88.
32 Vassalli, ob. cit., p. 88.
33 Leon Duguit, *Traité du Droit Constitutionnel*, v. I, §§ 30 e segs.
34 Maria Luiza de Lamare São Paulo, *Do novo Código Civil – Do Direito de Família* (coord.: Heloisa Maria Daltro Leite), p. 6.

ríodo de duração superior ao da licença paternidade em razão do aleitamento; e, por conseguinte, da necessária presença física da mulher ao lado do bebê".

O legislador não se preocupou em buscar características ou definições para o casamento, indicando, apenas, um pressuposto básico: "a comunhão plena de vida".

O art. 1.512 estatui a gratuidade para sua celebração para as pessoas cuja pobreza for declarada, sob as penas da lei. Mais uma vez o legislador civil incorporou a determinação constitucional (art. 226, § 1°, CF), ressalvando a possibilidade de isenção de emolumentos para aqueles que se declararem impossibilitados de proceder ao pagamento. Constitui crime de falsidade ideológica a falsa declaração de pobreza, sujeitando o declarante às penas da lei.[35]

Proíbe expressamente o art. 1.513 a interferência de qualquer pessoa de direito público ou privado na comunhão de vida instituída pela família. A referida disposição legal é meramente doutrinária e programática. No propósito de separar, dentro do Direito de Família, as relações pessoais das patrimoniais, o Código pretendeu acentuar a imunidade da comunhão de vida do cônjuge a interferências estranhas.

Nas críticas dirigidas pelo autor ao Anteprojeto originário (de 1972), mostrou ele que, na vida social, há pessoas que, por iniciativa própria ou por dever de ofício, interferem para preservar, como para restabelecer, a comunhão constituída pelo matrimônio. A fim de que a disposição não reste vazia no Código, deve ser entendida no sentido de que à Justiça caberá repelir a atuação de toda pessoa, física ou jurídica, que possa concorrer para desestabilizar a comunhão interconjugal. Deve-se estender esta interferência quando caracterizada a violência física e psicológica contra qualquer de seus membros, ou seja, cônjuges, companheiros e os filhos. Reconhecida como Direito Fundamental também a convivência em família substituta (Guarda, Tutela e Adoção) deve-se aplicar o princípio da não interferência também neste grupo familiar, admitindo-a, somente, na hipótese de violação de direitos fundamentais.

Aos pais cabe o pleno direito de decidir quanto à educação dos filhos, ter ciência dos processos pedagógicos e participar da definição das propostas educacionais. As situações de maus-tratos, opressão ou abuso sexual impostos pelos pais ou responsável autorizam o Juiz a deferir o afastamento do agressor da moradia comum (arts. 13 e 130 – ECA).[36]

---

35 Maria Luiza de Lamare São Paulo, ob. cit., p. 9.
36 *Vide*, também art. 226, § 4°, e parte final do art. 227 da Constituição Federal. Merece referência o art. 245 do Estatuto da Criança e do Adolescente ao identificar como infração administrativa sujeita à multa "deixar o médico, professor ou responsável por estabelecimento de atenção à saúde e de ensino fundamental, pré-escola ou creche, de comunicar à autoridade competente os casos de que tenha conhecimento, envolvendo suspeita ou confirmação de maus-tratos contra criança ou adolescente". A Lei n° 9.975 de 23 de junho de 2000 acrescentou o art. 244-A – ECA que prevê o tipo penal identificado como "submeter criança ou adolescente à prostituição ou à exploração sexual", sendo prevista pena de "reclusão de quatro a dez anos e multa, além da perda de bens e valores utilizados na prática criminosa em favor do Fundo dos Direitos da Criança e do Adolescente da unidade da Federação (Estado ou Distrito Federal) em que foi cometido o crime, ressalvado o direito de terceiro de boa-fé", conforme as alterações promovidas pela Lei n° 13.440, de 8 de maio de 2017. Importante alteração

Destaque-se, finalmente, que o art. 1.514 do Código Civil de 2002 procurou indicar o efetivo momento no qual se realiza o casamento, ou seja, "no momento em que o homem e a mulher manifestam perante o juiz a sua vontade de estabelecer vínculo matrimonial e o juiz os declara casados".

A norma é de cunho puramente doutrinário. Na vigência do Código de 1916, e em face do disposto no art. 194, que consagrava os termos do pronunciamento do celebrante, homologando a vontade dos nubentes, formulava-se a indagação a propósito do momento em que se considerava realizado o matrimônio: quando respondem eles à indagação ou quando o juiz pronunciava a fórmula do artigo.

O Código de 2002 tencionou desfazer a dúvida. Caio Mário manteve sua posição no sentido de considerar que não é o juiz que estabelece o casamento. É a vontade manifestada pelos noivos. Já no Direito Romano se dizia que *nuptias consensus facit*, isto é, o casamento se efetua com a manifestação da vontade dos nubentes. Segundo a doutrina canônica, a autoridade eclesiástica é uma "testemunha qualificada". Não obstante os termos do artigo, para o autor prevalece o entendimento de que, observadas as formalidades, os nubentes consideram-se casados no momento em que manifestam a sua vontade de se receberem por marido e mulher. O pronunciamento do juiz celebrante é meramente "declaratório" e não constitutivo. Se por qualquer motivo deixar ele de os declarar marido e mulher, após ouvir a resposta afirmativa dos nubentes, casados hão de se considerar, para todos os efeitos.

375. Caracteres e finalidades do casamento

Independentemente da posição adotada em face da sua natureza jurídica (n° 374, *supra*), reveste-se o casamento de determinados caracteres. Alguns, universalmente consagrados. Outros, peculiares a dados sistemas jurídicos. Destacamos a solenidade do ato, a diversidade de sexos, a dissolubilidade.

A – *Solenidade*. O matrimônio é ato solene. Ainda quando se despe de toda pompa, não abdica de requisitos formais que o retiram da craveira comum dos contratos em geral, para revesti-lo de um ritual completo (*vide* n° 384, *infra*).

Os povos antigos celebravam-no em obediência a ritos variegados, ora contendo o simbolismo de uma captura ou rapto, ora a reminiscência de uma compra, ora recordando um tratado de paz formalizado num banquete ou mais modestamente representado na partilha de um bolo e de uma bebida.

O Direito Romano, afora o matrimônio *iure gentium* praticado pelos peregrinos e o *contubernium*, que era a união dos escravos, conheceu três modalidades de casamento: *confarreatio*, *coemptio* e *usus*. Mas, a partir do século III, desapareceu a distinção entre o *matrimonium iure quiritium e o casamento iure gentium*, depois que a Consti-

---

legislativa diz respeito à Lei n° 12.978, de 21 de maio de 2014, que passou a denominar o delito previsto pelo art. 218-B do Código Penal Brasileiro de "favorecimento da prostituição ou de outra forma de exploração sexual de criança ou adolescente ou de vulnerável", acrescentando, ainda, o inciso VIII ao art. 1° da Lei n° 8.072, de 25 de julho de 1990, para classificá-lo como crime hediondo.

tuição de Caracalla concedeu direito de cidadania a todos os súditos do Império.[37] E no século de Justiniano foi apenas imagem do que vigorava nos antigos tempos.[38]

A *confarreatio* era o matrimônio patrício, celebrado pomposamente perante o *Pontifex Maximus* e o *Flamen Dialis*, com a presença de 10 testemunhas representando as antigas 10 tribos; partiam os nubentes um pão de flor de farinha (*farreus panis*), pronunciando palavras sacramentais (*ubi tu Gaius, ibi ego Gaia*). Depois acompanhavam todos a esposa à casa do marido (*deductio uxoris in domum mariti*), passando ela da autoridade paterna (*patria potestas*) para a do esposo (*manus*).

Ao lado da *confarreatio* (matrimônio de cunho religioso) praticava-se a *coemptio* (casamento civil), menos sacramental, posto que solene, representando uma venda (*ficta venditio*), em reminiscência das práticas adotadas entre as tribos bárbaras, de que remotamente provinha o povo romano.

E, finalmente, conhecia-se e praticava-se o *usus*, casamento plebeu, que pouco distanciava do concubinato, e tinha por ideia central a *posse* a consolidar a situação jurídico-matrimonial pelo decurso de um ano, a não ser que se interrompesse a continuidade da coabitação por três noites consecutivas (*usurpatio trinoxium*). Sobre o casamento romano, vários autores se detêm.[39]

Nos primeiros tempos do Cristianismo, o matrimônio celebrava-se *solo consensu*, vale dizer, não era elemento essencial a bênção do pároco, bastando que os nubentes em consciência se recebessem como marido e mulher. Com o surgimento dos inconvenientes advindos dos casamentos clandestinos, a Igreja já exigiu, para sua validade, a realização perante o seu ministro, como "testemunha necessária", orientação que o Direito Canônico mantém até hoje[40] desde o Concílio de Trento.

O Direito Civil de todos os povos ocidentais envolve o ato matrimonial numa aura de solenidade, que se inicia com os editais, desenvolve-se na cerimônia e continua na inscrição ou assento próprio.

Sobressai a presença ativa do representante do Estado, que colhe a vontade manifestada de viva voz pelos contraentes e, em seguida, anuncia e declara o casamento. A tendência à simplificação da cerimônia nupcial, o ambiente pouco solene onde se celebra, às vezes a pressa do celebrante na conclusão do ato, que se observam nas grandes cidades, já foram criticados alhures com certa amargura, e apontados como causa de se lhe não dar a importância que o matrimônio deve ter, na vida social.[41]

B – *A Diversidade de sexos e as perspectivas de mudanças:* Tradicionalmente, o ato nupcial sempre teve em vista a união de duas pessoas de sexo opos-

---

37 Cândido de Oliveira, *Manual Lacerda*, v. V, p. 10.
38 Ruggiero e Maroi, *Istituzioni*, v. I, § 51.
39 Endemann, *Einführung*, v. II, § 154; Cuq, *Les Institutions Juridiques des Romains*, v. I, pp. 58-59, e v. II, pp. 85-86; Bonfante, *Istituzioni di Diritto Romano*, § 58; Fustel de Coulanges, *La Cité Antique*, p. 41; Arangio Ruiz, *Istituzioni di Diritto Romano*, p. 446.
40 Francesco Degni, *Il Diritto di Famiglia*, p. 19; De Page, *Traite Élémentaire*, v. I, nº 565.
41 Planiol, Ripert *et* boulanger, *Traité Élémentaire*, v. I, nº 741.

to, indicado não só como requisito, mas também como pressuposto fático de sua existência, cuja postergação fundamentava a teoria do "casamento inexistente". Não se pode negar que a vida em casal, composta de um homem e uma mulher, não é a única forma de vida familiar e comunitária. O casamento, até então, tem-se mostrado como a mais organizada, mas, nem por isto, pode-se desconhecer como válida a convivência entre pessoas do mesmo sexo, a qual dia a dia se torna mais frequente. Os costumes e alguma legislação esparsa já a assumiram com certa liberalidade, autorizando o reconhecimento de direitos pessoais e patrimoniais aos parceiros, reconhecendo-a como "entidade familiar". Merece destaque a decisão da 4ª Turma do STJ, tendo como Relator o Ministro Luis Felipe Salomão, ao autorizar o processo de habilitação para a conversão da união homoafetiva em casamento requerida por duas mulheres que mantinham relacionamento estável há três anos, "salvo se, por outro motivo, as recorrentes estiverem impedidas de contrair matrimônio".[42] A Turma entendeu que "Os arts. 1.514, 1.521, 1.523, 1.535 e 1.565, todos do Código Civil de 2002, não vedam expressamente o casamento entre pessoas do mesmo sexo, e não há como se enxergar uma vedação implícita ao casamento homoafetivo sem afronta a caros princípios constitucionais, como o da igualdade, o da não discriminação, o da dignidade da pessoa humana e os do pluralismo e livre planejamento familiar".

C – *Dissolubilidade*. Este é um caráter do matrimônio, sem cunho universal. Ao contrário, dividem-se os sistemas jurídicos, predominando largamente os que o consagram. Historicamente, todos os povos da Antiguidade, que direta ou indiretamente influíram em nosso Direito de Família, admitiram o divórcio. Foi conhecido e adotado no Direito Hebreu (Velho Testamento), no Direito Grego, no Direito Romano e no Direito Germânico. Desde os primeiros tempos, a Igreja o combateu. O Novo Testamento registra uma divergência: enquanto o Evangelho de São Mateus abre exceção para o caso de adultério, os de Marcos e Lucas e as Epístolas de São Paulo o repelem de todo. Os antigos Padres da Igreja (Santo Agostinho, Graciano e Pedro Lombardo) sustentam a tese de indissolubilidade absoluta. O movimento da Reforma Protestante a repele.

Na atualidade do mundo ocidental, poucos países são antidivorcistas. Os demais aceitam o divórcio, ora como punição ao cônjuge infrator de seus deveres conjugais (divórcio-sanção), ora para libertação dos cônjuges quando as finalidades matrimoniais não podem ser cumpridas (divórcio-remédio). Ressalvam outros, em respeito à consciência dos cônjuges, a "separação de corpos" como fórmula conciliatória de dissolução da sociedade conjugal, sem o rompimento do vínculo.

No Brasil, o problema fora posto em termos ainda mais irredutíveis. Sustentando "a indissolubilidade do casamento", o nosso direito inscreveu-a nas Constituições anteriores. Destarte, a indissolubilidade transcendia de uma posição

---

42 STJ – 4ª Turma – Resp. 1.183.378/RS – Min. Luis Felipe Salomão – Julg.: 25.10.2011 Publ.: 01.02.2012.

dogmática e tornava-se uma definição filosófica da ordem constitucional, a cavaleiro de maioria parlamentar eventual, pois que sua adotabilidade não teria lugar sem prévia Emenda Constitucional, com observância das formalidades exigidas no respectivo processo.

A Emenda Constitucional n° 9, de 28 de junho de 1977, aboliu o princípio da indissolubilidade do matrimônio, ensejando a edição da Lei n° 6.515, de 26 de dezembro de 1977, a regulamentar o divórcio (n° 408-A, *infra*). O Código Civil regulamenta o assunto nos arts. 1.579 a 1.582. A Constituição de 1988 admitiu, no art. 226, § 6°, o instituto do divórcio a ser desenvolvido no n° 405, *infra*.

D – Finalidades. São complexas e múltiplas as finalidades do casamento. Seguindo a concepção canônica, distribuem-se em dois grupos: procriação e educação da prole no primeiro; mútua assistência e satisfação sexual no segundo (*Codex Iuris Canonici de 1917,* Cân. 1.013: *matrimonii finis primarius est procreatio atque educatio prolis; secundarius mutuum adiutorium et remedium concupiscentiae*).

No plano puramente civilista as mesmas ideias subsistem.

A) No primeiro plano coloca-se a predominância constitucional. A família tradicionalmente reconhecida como organismo natural e social assume formas diversas que nos conduzem a admitir a sua caracterização como *"base cultural da sociedade"* como já analisado no Capítulo LXXXII. Não se pode perder de vista que a Carta das Nações Unidas, art. XVI e n° 3, define: "A família é o núcleo natural e fundamental da sociedade, e tem direito à proteção da sociedade e do Estado".

Alerte-se, no entanto, que o casamento é referido constitucionalmente como predominante, quando a Carta de 88 alude em primeiro plano à proteção do Estado à família decorrente do casamento (civil ou religioso em efeitos civis).

B) Tradicionalmente, a finalidade natural do casamento é a procriação de filhos, perpetuando a espécie. Natural, mas não essencial, pois não são raros os casais sem filhos, como as uniões de pessoas que pela idade ou estado de saúde não têm condições de os ter.

C) A comunhão plena de vida e de interesses, a satisfação do amor recíproco, aquela *affectio maritalis* que as núpcias romanas destacavam como fator psíquico da vida em comum é o sustentáculo da subsistência do casamento. Lafayette chegou a apontar como fim capital do matrimônio essa admirável identificação de duas existências, sofrendo as mesmas dores e partilhando as mesmas felicidades.[43]

D) Outras finalidades, não tão relevantes, porém ainda frequentes, são apontadas, tais como a atribuição do nome à esposa e aos filhos, a regularização de relações econômicas, a legalização de estados de fato. A equiparação constitucional dos filhos, independente de sua origem (art. 227, § 6°, CF), reduziu a necessidade de identificação do nome dos filhos com o da mãe no que concerne ao nome; há que se

---

[43] Lafayette, ob. cit., § 8°.

destacar a orientação adotada pelo § 1º do art. 1.565 do Código Civil, ao admitir que "qualquer dos nubentes possa acrescer ao seu o sobrenome do outro".

376. Casamento civil e casamento religioso

Nosso Direito, ao tempo do Império, conheceu, a princípio, somente o casamento católico (*in facie Ecclesiae*), por ser oficial do Estado a religião. Com o crescimento populacional, aumentou o número de não católicos, que se viam forçados a um drama de consciência: absterem-se do casamento ou realizarem-no em contradição com as suas convicções espirituais.

Foi então que se instituiu, ao lado do eclesiástico, que era o único regulado pela lei, o matrimônio civil, pelo qual se unissem as pessoas pertencentes a seitas dissidentes (Lei nº 1.144, de 11 de setembro de 1861, regulamentada pelo Decreto nº 3.069, de 17 de abril de 1863).

Desta forma, três modalidades de núpcias passaram a ser praticadas: 1º, casamento católico, celebrado segundo as normas do Concílio de Trento, de 1563, e das Constituições do Arcebispado da Bahia; 2º, casamento misto entre católico e não católico, realizado sob a disciplina do Direito Canônico; 3º casamento que unia membros de seitas dissidentes, em obediência às prescrições religiosas, respectivas.[44]

Posto anunciasse o Visconde de Ouro Preto, Chefe do Ministério de 7 de junho de 1889, a breve apresentação de projeto de "casamento civil", coube à República realizá-lo, com a promulgação do Decreto nº 181, de 24 de janeiro de 1890, instituindo-o obrigatório, o que a Constituição de 24 de fevereiro de 1891 enfaticamente proclamou: "A República só reconhece o casamento civil, cuja celebração será gratuita" (art. 72, § 4º).

Tendo em vista a separação da Igreja do Estado, pronunciada como um dos princípios programáticos da propaganda republicana, consagrou a opinião já firmada entre os civilistas para os quais o Estado não tem o direito de intervir na escolha dos princípios religiosos adotados pelos contraentes, como nenhuma seita religiosa pode sustentar a exclusividade de seus preceitos para a validade do matrimônio.[45]

A reação eclesiástica foi severa. E, paralelamente, a população leiga não faltou com os seus apodos. Esboçou-se, mesmo, um movimento sedicioso, conhecido como a "Guerra de Canudos", sob a forma de uma guerrilha rural, chefiada por Antônio Conselheiro, que foi sufocada, com enorme perda de vidas, pelas tropas regulares do Exército, em lutas ferrenhas, a que não faltaram lances dramáticos de que tudo dá testemunho Euclides da Cunha, nas páginas épicas de *Os Sertões*.

---

44 Lafayette, *Direitos de Família*, § 10; Cândido de Oliveira, *Manual Lacerda*, v. V, § 5º, p. 16; Oscar de Macedo Soares, *Casamento Civil*.
45 Lafayette, ob. cit., § 9º.

Com o tempo generalizou-se o casamento civil, celebrado paralelamente ao religioso, duplicidade que os hábitos sociais cultivavam e cultivam.

Em vigor o Código Civil de 1916, consolidou-se a matéria relativa ao casamento exclusivamente civil, sem a menor alusão ao religioso. Também omitiu o mesmo diploma os esponsais, que o direito anterior regulava, não obstante abolidos totalmente na generalidade dos sistemas jurídicos contemporâneos (v., a respeito dos esponsais, o final deste parágrafo).

Sob fundamento de serem desaconselháveis as duplas núpcias, medrou a ideia de se atribuírem efeitos civis ao matrimônio religioso (Constituição de 1934, art. 146). Subsiste, contudo, a duplicidade das bodas, cujo inconveniente Duguit assinala no direito italiano, com inteira procedência no nosso.[46]

A matéria é prevista na Constituição de 1988 (art. 226, § 2°) e foi disciplinada pela Lei n° 6.015/1973. O eclesiástico equivale ao civil quando os nubentes promoverem o processo de habilitação perante o Oficial do Registro, que, na conformidade do que dispõe o Código Civil, lhes passará a certidão competente, a ser arquivada pela autoridade celebrante.

Realizado o casamento, qualquer interessado requererá a inscrição do ato religioso no Registro. A grande inovação, na matéria, é a habilitação *a posteriori*, dos casamentos oficiados sem a prévia habilitação civil: os nubentes requerem a inscrição apresentando a prova do ato religioso e os documentos exigidos pelo art. 1.525 do Código Civil.

Válido o matrimônio oficiado por ministro de confissão religiosa reconhecida, que traga a configuração de seita reconhecida como tal, oficialmente. Não obstante as facilidades concedidas pela lei, a população brasileira continua com os dois casamentos – civil e religioso –, sendo crescente, em números relativos, a parcela dos que se utilizam apenas do religioso nos dois efeitos, eclesiástico e civil.

O Código de 2002 (arts. 1.515 e 1.516) integra-o na sua sistemática. Para que gere efeitos civis, o casamento deverá ser celebrado segundo uma seita religiosa reconhecida e deverá atender às exigências formais e substanciais impostas para a validade do casamento civil. Uma vez inscrito retrotrai nos seus efeitos à data de celebração. Foi mantido o prazo de 90 dias para o registro a partir de sua realização, mediante a comunicação do celebrante ao ofício competente, ou por iniciativa de qualquer interessado desde que tenha sido homologada a habilitação (1.516, § 1°, CC/2002).

O Código não faz referência expressa ao registro *post mortem*. Não obstante, a omissão, assim se deve entender, porque na alusão ao requerimento de qualquer interessado, a qualquer tempo, é de se interpretar como se estendendo após a morte, desde que hajam os nubentes promovido a habilitação nos termos da lei civil. Somente assim se compreende que hajam tido o cuidado de efetuar o processo de habilitação. E se sobrevier a morte, lícito será ao cônjuge supérstite e aos herdeiros completar as providências para que a vontade presumida dos cônjuges se converta em realidade.

---

46 Francesco Duguit, *Il Diritto di Famiglia*, p. 24.

Previu no § 2º do art. 1.516 a possibilidade de habilitação *a posteriori*, "a requerimento do casal, por escrito, a qualquer tempo, no registro civil, mediante prévia habilitação perante a autoridade competente e observado o prazo do art. 1.532", ou seja, de 90 dias. Pela sistemática de 2002 os nubentes podem ficar de posse do certificado de habilitação, válido por noventa dias, o que poderá implicar na omissão quanto ao respectivo registro. Processada a habilitação, *a posteriori* ao casamento religioso este produz efeitos jurídicos, podendo ser transcrito por qualquer das partes no prazo de validade da habilitação (90 dias).

Estabelece o § 3º do art. 1.516 que se um dos cônjuges for civilmente casado com outrem será indeferida a inscrição do registro, deixando de produzir o casamento religioso os pretendidos efeitos civis. Não se justifica tal regra.

Não é o fato de haver um dos consorciados contraído casamento civil anteriormente que invalida a inscrição do religioso, pois bem pode ser que o casamento anterior esteja desfeito por anulação, divórcio ou morte do outro cônjuge. Em assim sendo, razão não existe para a ineficácia da inscrição. E também não é apenas a existência de casamento civil anterior que obsta a eficácia, pois que o mesmo efeito terá a inscrição de outro casamento religioso, gerador de efeitos civis.

Esponsais. No pórtico das relações de família, é comum tratarem os escritores nossos e alheios dos esponsais (*sponsalia per verba de futuro*). Não se cogita no Código de 2002 do compromisso ou promessa de casamento, que, em outros sistemas, inclusive o nosso direito pré-codificado, tanta importância apresentava.

Tal é o conceito de liberdade matrimonial hoje vigorante, que a "promessa de casamento" fica reduzida a pouco mais que um "idílio sem consequência jurídica".[47]

Os esponsais tinham cunho contratual (Lafayette, Beviláqua), participando da dupla feição que nos outros sistemas jurídicos se lhe atribui, de contrato simultaneamente de Direito de Família e de Direito de Obrigações.[48] E a consequência seria resolver em perdas e danos o inadimplemento do contrato esponsalício.[49] Repudiados pelo direito positivo, a partir do Código de 1916 restou o noivado, que é um compromisso puramente moral dos nubentes, sem que possa ser exigido o seu cumprimento, e de que os noivos podem arrepender-se. O rompimento do noivado é facultado sempre, como pertinente à noção de que o matrimônio há de refletir a vontade espontânea dos nubentes. Mas não se pode recusar o ressarcimento de perdas e danos, se se provar o prejuízo advindo a um dos noivos diretamente do rompimento (como, por exemplo, se o noivo exigiu que a noiva se demitisse do emprego, e depois, injustificadamente, quebra o compromisso).

Os presentes de noivado (*arrhae sponsaliciae*), que se cultivavam em Roma e que o nosso direito antigo ainda conservava (Herculano, *Lendas e Narrativas*) a título de arras, subsistem como simples praxes, variando o seu valor e a sua importância de acordo com as condições econômicas dos noivos. O problema que surge em torno

---

47 Guy Raymond, *Le Consentement des Époux au Mariage*, p. 11.
48 Enneccerus, Kipp y Wolff, *Derecho de Familia*, v. I, § 4º.
49 De Page, *Traité Élementaire*, v. I, nº 569.

do assunto diz respeito à sua devolução, no caso de rompimento do compromisso. Em Direito Romano, a restituição era obrigatória, pois que se consideravam subordinados à cláusula *si nuptiae sequantur*.

Corretagem matrimonial. Tendo surgido pessoas, entidades e organizações que se propõem aproximar futuros candidatos ao casamento, mediante pagamento, levantou-se a questão relativa à legitimidade de tal remuneração. Encontrando a princípio resistências que levavam a considerar-se inexigível caminhou-se depois no rumo de considerar válido o contrato firmado, reservando-se aos Tribunais a faculdade de arbitrar o pagamento.[50] Em nosso direito, é ainda considerada uma obrigação judicialmente inexigível (*Obligatio Naturalis*, nº 129, v. II). Mas a tendência é o seu reconhecimento, desde que não se desfigure a espontaneidade do querer dos nubentes. Quer dizer: se estes se unirem em matrimônio livremente, será devida remuneração à organização que os tiver aproximado. Nunca, porém, será lícito forçar a união a qualquer pretexto, para o recebimento das taxas cobradas.

Atente-se para o reconhecimento de direitos nas "relações homoafetivas", não reconhecidas como casamento, exceto por decisões isoladas, a exemplo da proferida no REsp 1.183.378, mas já produzindo efeitos em nosso sistema jurídico, quando comprovada a sociedade de fato e mais recentemente, como "entidade familiar".

Reporte-se ao entendimento de Caio Mário no sentido de se rever a identificação de tais relações pessoais como "inexistentes". Reformas já se realizaram em alguns sistemas jurídicos, reconhecendo alguns direitos pessoais, a exemplo dos direitos previdenciários. Outros, a exemplo da Alemanha, Espanha e países escandinavos, já autorizam o casamento entre pessoas do mesmo sexo. Tudo leva a crer que o direito do milênio acabará por acatar a tese de que a união de pessoas de sexos diferentes deixe de ser a única forma consagrada na legislação.

376-A. Capacidade para o casamento

O Código de 2002 inovou ao cuidar da capacidade para o casamento, ou seja, requisito por via do qual os nubentes devem demonstrar sua capacidade nupcial ou sua habilitação.

Até certo ponto, há coincidência da capacidade específica para o casamento com a genérica para os atos da vida civil. Não é, contudo, rigorosa e necessária. Às vezes, aos noivos falta aptidão para o matrimônio, não obstante serem maiores e capazes; noutros casos, a lei lhes reconhece habilitação para o casamento, posto lhes falte a plenitude da capacidade civil.

A aptidão específica para o casamento se vincula à dupla ordem de ideias: de um lado, a consideração de que as regras aplicáveis ao Direito de Família, e em especial em matéria de casamento, não são as mesmas que regem a prática dos demais atos; de outro lado, argui-se o *leitmotiv* da verificação das condições matrimoniais.

---

50 Mazeaud, Mazeaud *et* Mazeaud, *Leçons*, v. I, nº 724.

Não se trata de atender à indagação se a pessoa é portadora dos requisitos exigidos a quem pretende emitir uma declaração de vontade qualquer, geradora de direitos e obrigações, mas sim a verificação se está habilitada para um ato cuja finalidade natural é a procriação, a manutenção e a educação da prole.

Esta aptidão diz respeito ao discernimento (condições psíquicas) e à puberdade (condições fisiológicas). O discernimento vem da experiência que o tempo propicia, associa-se à autonomia do espírito. A puberdade vem com o desenvolvimento dos órgãos e glândulas que permitem conceber, e varia de indivíduo a indivíduo, com as condições de meio, de sexo, de saúde, de educação e de alimentação. Sendo sua comprovação direta difícil e melindrosa ao pudor, como no Direito Romano o Imperador Justiniano já reconhecia (Código, Livro V, Tít. 60, Const. 3), os sistemas jurídicos preferem instituí-la como presunção do fato de haver o indivíduo atingido certo limite de idade.

Como exigência específica para o matrimônio, a idade suscita a observação de que, embora a maioridade civil se atinja aos 18 anos completos, a lei recua a aptidão nupcial, tendo em vista que o desenvolvimento fisiológico é mais veloz, e ainda a circunstância de que é boa a política legislativa que facilita os casamentos, notadamente em país tropical como o nosso.

O Código Civil (art. 1.517) equiparou a capacidade matrimonial do homem e da mulher aos 16 anos de idade. Esta mudança no que concerne à idade núbil é decorrente da igualdade de direitos e deveres entre os cônjuges, prevista no § 5º do art. 226 da Constituição Federal. Orlando Gomes[51] indica que "a idade é um aspecto da capacidade, pressuposto de validade do casamento e, não, propriamente, impedimento".

Celebrado o casamento cessa a incapacidade dos nubentes. Desfeito o vínculo matrimonial pela viuvez, anulação do casamento ou divórcio mantém-se a capacidade civil.

Caso haja divergência entre os genitores (parágrafo único do art. 1.517, CC/2002) quanto à autorização para o casamento, aplicam-se as regras concernentes ao exercício do poder familiar, especificamente o parágrafo único do art. 1.631 do Código Civil de 2002, que assegura a qualquer dos genitores mobilizar as forças cogentes do Estado para dirimir os conflitos.

Excepcionalmente, permitia-se o casamento de quem ainda não havia alcançado a idade núbil para evitar a imposição ou cumprimento de pena criminal ou em caso de gravidez da mulher (art. 1.520). Contudo, com a edição da Lei nº 13.811/2019, tais exceções foram afastadas, de modo que não se permite mais o casamento de quem não tiver atingido a idade núbil, ou seja, dezesseis anos. A respeito dos efeitos das alterações promovidas pela mencionada lei à união estável, entende-se que não devem ser abrangidas, contemplando a liberdade para o exercício da autonomia privada no que tange à escolha individual da entidade familiar.[52]

---

51 Orlando Gomes, *Direito de Família*, atualizado por Humberto Theodoro Júnior, p. 10.
52 Sobre o tema, ver: MATOS, Ana Carla Harmatiuk; OLIVEIRA, Lígia Ziggiotti de. Paradoxos entre autonomia e proteção das vulnerabilidades: efeitos jurídicos da união estável entre adoles-

O art. 148, parágrafo único, letra *c*, do Estatuto da Criança e do Adolescente (Lei nº 8.069/1990) estabelece a competência do Juiz da Infância e Juventude para "suprir a capacidade ou o consentimento para o casamento", quando configurada uma das hipóteses do art. 98 daquele mesmo diploma legal: I – por ação ou omissão da sociedade ou do Estado; II – por falta, omissão ou abuso dos pais ou responsável; III – em razão de sua conduta. Para Rolf Madaleno, no entanto, diante da paridade de direitos e de deveres do homem e da mulher e dos cônjuges no âmbito da sociedade conjugal (CF, art. 5º, inc. I e art. 226, § 5º), o impasse deve ser resolvido pelo juiz de família, decidindo pela injustiça ou não de denegação do consentimento (art. 1.519, CC). O mesmo autor alerta para mais uma falha do Código Civil de 2002, "ao impingir o regime obrigatório da completa separação de bens (art. 1.641, inc. III), constituindo-se na mais adjeta das condenações, especialmente se for considerado que nesta idade núbil mínima usualmente os jovens e inexperientes noivos não possuem nenhuma riqueza pessoal, nada impedindo que pudessem contrair matrimônio pelo regime da comunhão parcial de bens, e promover a partilha daquelas riquezas por ambos construídas na constância do casamento".[53]

A gravidez precoce, fruto da estreita relação com a pulsão sexual na adolescência, sobretudo nas classes populares, reflete outras razões culturais e psicológicas relevantes, não só o desejo de ter um filho. Constata-se uma valorização da maternidade, na qual ser mãe equivale a assumir um novo *status*, o de ser mulher. Qualquer programa de "planejamento familiar", portanto, deve priorizar esta considerável parcela da população, independentemente de suas condições econômicas e sociais, convocando, além dos especialistas da área de saúde, os técnicos de áreas afins (psicólogos e pedagogos) para uma ação conjunta em prol de uma convivência comunitária centrada na família.

---

centes. In: BROCHADO TEIXEIRA, Ana Carolina; DADALTO, Luciana. *Autoridade parental*: dilemas e desafios contemporâneos. Indaiatuba/SP: Foco, 2019.
53 Rolf Madaleno, in *Curso de direito de Família*. Rio de Janeiro: GEN/FORENSE, 2011, pp.107/108.

Capítulo LXXXIV
Impedimentos Matrimoniais e Causas Suspensivas

Sumário

377. Conceito de impedimento matrimonial. Natureza. Classificação. 378. Dos impedimentos no Código Civil de 2002. 379. Da oposição dos impedimentos. 380. Das causas suspensivas. 381. Outros impedimentos. 381-A. A presunção de morte e o casamento.

Bibliografia

Antônio Carlos Mathias Coltro, "Ausência, presunção de morte e o novo casamento do cônjuge remanescente: questionamentos sobre uma nova realidade", *in Direito de Família contemporâneo e novos direitos* (coord. Florisbald de Souza Del'Olmo e Luiz Ivani de Amorim Araujo), Rio de Janeiro, Forense, 2006, p. 20; Arnaldo Rizzardo, *Direito de Família*, Rio de Janeiro, Forense, 2008; Arturo Carlo Jemolo, *Il Matrimonio*, nos 29 e segs.; Cândido de Oliveira, "Direito de Família", *in Manual Lacerda*, v. V, §§ 20 e segs., pp. 36 e segs.; Clóvis Beviláqua, *Direito de Família*, §§ 12 e segs.; Eduardo Espínola, *A Família no Direito Civil Brasileiro*, nos 21 e segs.; Enneccerus, Kipp *y* Wolff, *Tratado, Derecho de Familia*, v. I, §§ 8º e segs.; Euclides de Oliveira, "Do casamento", *in Direito de Família e o Novo Código Civil* (coord.: Rodrigo da Cunha Pereira e Maria Berenice Dias), Del Rey, 2002; Francesco Degni, *Il Diritto di Famiglia*, pp. 59 e segs.; Heinrich Lehmann, *Derecho de Familia*, pp. 78 e segs.; Inácio de Carvalho Neto, "A morte presumida como causa de dissolução do matrimônio", *in Revista IOB de Direito de Família* n. 60. São Paulo: IOB, 2010, p. 10; Jean Carbonnier, *Droit Civil*, v. II, nº 13; João Batista de Oliveira Cândido, "Casamento", *in Direito de Família Contemporâneo* (coord.: Rodrigo da Cunha Pereira), Del Rey, 1997, pp. 33-78; José Arias, *Derecho de Familia*, pp. 94 e segs.; Lafayette, *Direitos de Família*, §§ 12 e segs.; Luiz Edson Fachin e Carlos Eduardo Pianovski Ruzik, *Có-*

digo Civil Comentado (coord.: Álvaro Vilaça Azevedo), São Paulo: Atlas, 2004; Mazeaud, Mazeaud et Mazeaud, *Leçons de Droit Civil*, v. I, n°s· 754 e segs.; Orlando Gomes, *Direito de Família*, n°s 44 e segs.; Nestor Duarte in *Código Civil Comentado* (coord. Ministro Cezar Peluso). São Paulo: Manole, 2009, p. 24 (comentários ao art. 7°, CC); Ruggiero e Maroi, *Istituzioni di Diritto Privato*, v. I, § 53; Paulo Lôbo, *Direito Civil: Famílias*, São Paulo: Saraiva, 2008; Planiol, Ripert et Boulanger, *Traité Élémentaire*, v. I, n°s107 e segs.; Pontes de Miranda, *Direito de Família*, §§ 9° e segs.; Rolf Madaleno, *Curso de Direito de Família*, Rio de Janeiro, Forense, 2008; Sá Pereira, *Lições de Direito de Família*, pp. 89 e segs; Rolf Madaleno, in *Curso de Direito de Família*. Rio de Janeiro: GEN/Forense, 2011, p. 125; Zeno Veloso, "Novo casamento do cônjuge do ausente", in *Revista de Direito de Família*, v. 23, Porto Alegre: Síntese e Ibdfam, 2004, p. 53.

377. Conceito de impedimento matrimonial. Natureza. Classificação

Desde o Direito Romano, apontam-se motivos de proibição para o matrimônio. O Direito Canônico, vendo no casamento um ato de envergadura capital para o indivíduo e para a sociedade, tomou-os, desenvolveu-os, e construiu com eles a teoria dos "impedimentos matrimoniais".

A sua ideia central está em que o matrimônio exige requisitos especiais que não se confundem com os pressupostos necessários dos atos comuns da vida civil. A noção geral de impedimento não é a mesma de incapacidade.[1] Casos há em que se observa sua coincidência.

Casos existem em que o impedimento é específico. Às vezes, de caráter geral (*e.g.*, uma pessoa casada não pode casar com nenhuma outra); no entanto, o adotado não pode casar com o filho superveniente ao adotante, mas pode-se casar com outra pessoa. Daí conceituar-se impedimento matrimonial como "a ausência de requisitos para o casamento".[2] Em forma positiva define-se, também, como o obstáculo legal para o matrimônio. Numa e noutra redação a noção é a mesma, e cinge-se à determinação daquelas circunstâncias, cuja verificação tem como consequência impedir a celebração de casamento.

A elaboração canônica de uma teoria proporcionou certa uniformidade aos sistemas jurídicos ocidentais, assim nos países de formação romano-cristã (Brasil, França, Alemanha, Itália, Suíça, Portugal, Argentina, Chile etc.) como ainda nos de *Common Law* (Inglaterra, Canadá, Estados Unidos etc.).

Acompanhando-os no direito brasileiro atual, não se perdeu de vista, contudo, as fontes próximas e remotas, e bem assim a contribuição do Direito Comparado, salientando, todavia, que a referência à doutrina canônica não significa sua integral adoção, porém uma adaptação dela e de sua técnica às contingências nacionais. Nossa vinculação legal a essa teoria fez-se através da Lei de 3 de novembro de 1827, que mandou observar as normas ditadas pelo Concílio de Trento e a Constituição Primeira do Arcebispado da Bahia. O Decreto nº 181-A, de 24 de janeiro de 1890, ligou-se ao Casamento Civil por ele instituído. O Código Civil de 1916 os discriminou.

Segundo o art. 183 do Código Civil de 1916 (que seguiu de perto a distribuição contida no Decreto nº 181, de 24 de janeiro de 1890), os impedimentos matrimoniais compreendiam 16 incisos, segundo os quais a lei opõe barreira ao casamento, mencionando os casos em que as pessoas não podem casar. Tendo, contudo, em vista a sua oponibilidade e a extensão das sanções impostas ao infrator, não são eles de idêntica natureza. Distribuíam-se, antes, por categorias distintas.

---

[1] Orlando Gomes, *Direito de Família*, nº 44.
[2] Clóvis Bevilaqua, *Direito de Família*, § 12; Lafayette, *Direitos de Família*, § 12; Pontes de Miranda, *Direito de Família*, § 9º; Sá Pereira, *Lições de Direito de Família*, p. 89; Jemolo, *Il Matrimonio*, nº 29.

Num primeiro movimento, mencionavam-se, de um lado, os impedimentos dirimentes, que implicavam a invalidade do casamento: *vetant facienda, facta retractant*; e, de outro lado, os impedimentos impedientes, que carreavam outras espécies de sanção ao infrator, diversas da anulação: *impediunt fieri, facta tenent*. Os primeiros, a seu turno, subdividiam-se em públicos e privados, levando em linha de conta a legitimidade para opô-los.

Pela sua distribuição, assim se colocavam:

A) Os impedimentos dirimentes públicos *(impedimenta dirimentia publica)*, também chamados absolutos (art. 183, incisos I a VIII), podiam ser acusados por qualquer pessoa e pelo Ministério Público, trazendo, como consequência, a *nulidade do casamento* celebrado em contrariedade ao seu ditame;

B) Os impedimentos dirimentes privados *(impedimenta dirimentia privata)*, também denominados relativos (art. 183, incisos IX a XII), somente oponíveis por determinadas pessoas, e tendo como efeito *a anulabilidade* do ato;

C) Impedimentos impedientes *(impedimenta impedientia)* (art. 183, incisos XIII a XVI), que podem ser apontados por alguns interessados, e não importavam em tornar nulo ou anulável o matrimônio, mas em sujeitar os infratores à penalidade de natureza econômica.

O Código Civil de 2002 modificou a organização dos impedimentos matrimoniais, separando os "impedimentos propriamente ditos" (art. 1.521), antigos "impedimentos dirimentes públicos" (art. 183, I a VIII) das "causas suspensivas" (art. 1.523), as quais, no Código de 1916, eram conhecidas como "impedimentos impedientes" (art. 183, XIII a XVI). Os "impedimentos dirimentes privados" foram incluídos entre as "causas da anulação do casamento" previstas no art. 1.550 do Código Civil de 2002.

Seguindo critério diverso, e acompanhando o projeto do Código Civil de 1965 (art. 96), o Código Civil vigente considera como impedimentos matrimoniais somente os "dirimentes públicos" (art. 183, I a VIII, do Código Civil de 1916), isto é, aqueles que podem ser alegados por qualquer pessoa capaz (art. 1.522) e que, infringidos, têm como consequência a nulidade do matrimônio (*impediunt fieri, facta retractam*). Em linhas gerais, os impedimentos de 2002 se identificam com "os impedimentos dirimentes públicos" de 1916, excluindo apenas a restrição imposta ao cônjuge adúltero.

378. Dos impedimentos no Código Civil de 2002

Na primeira ordem dos impedimentos vêm aqueles que, por motivos de moralidade social, a ordem jurídica inscreve como portadores de maior gravidade, envolvem causas que condizem com a instituição da família e a estabilidade social. Por isto mesmo, pode sua existência ser acusada por qualquer pessoa e pelo órgão do Ministério Público na sua qualidade de representante da sociedade.[3] É nulo o matrimônio celebrado com a sua infração (nº 391, *infra*).

---

3   Espínola, *A Família no Direito Civil Brasileiro*, nº 21, nota 69; Sá Pereira, *Lições de Direito de Família*, p. 92.

São eles em número de sete (art. 1.521, I a VII), compreendendo três categorias jurídicas:

A) impedimentos resultantes do parentesco (*impedimentum ligaminis seu vinculi*) indicados nos incisos I a V, incluindo o incesto (*impedimentum consanguinitatis*);

B) impedimento resultante de casamento anterior – inciso VI;

C) impedimento decorrente de crime (*impedimentum criminis*) – inciso VII.

A-1) Parentesco em linha reta, *in infinitum*, art. 1.521, I. Não podem casar os ascendentes com os descendentes em qualquer grau, ligados diretamente pela consanguidade ou pela adoção. Quanto ao parentesco consanguíneo a lei refere-se a pessoas que descendam uma da outra, e sem distinção de graus. Não podem casar o ascendente com o descendente, seja a relação advinda de justas núpcias, da União Estável, como ainda se o parentesco é originário de relações concubinárias ou esporádicas. Por motivos tanto de ordem eugênica, em face da observação de que as uniões consanguíneas próximas geram taras fisiológicas, como ainda considerações de moralidade pública, presentes estas no parentesco consanguíneo como no afim, o incesto constitui um dos mais profundos tabus da Humanidade.[4] É milenar o seu repúdio nas leis e nos costumes. Na literatura clássica, é bem viva a sua condenação na tragédia de Sófocles, onde se vê com horror Édipo desposar a mãe depois de assassinar o pai.

Diante da regra do § 6º do art. 227 da Constituição Federal que equipara direitos e proíbe quaisquer designações discriminatórias relativas à filiação, passou-se a discutir o incesto no Brasil, não só no que tange aos direitos dos filhos, mas também no que concerne às diversas formas de violência contra a criança e adolescente, sobretudo, no âmbito intrafamiliar. A consanguinidade não comporta exceção. A nulidade por adoção, diante da equiparação constitucional dos filhos, não é mais restrita a ascendente do adotante. Se for a adoção anulada, cessa o impedimento e o matrimônio é eficaz.[5]

A-2) O impedimento por afinidade *(impedimentum affinitatis)* – art. 1.521, II. Deve limitar-se ao 1º grau[6] já que afinidade não gera afinidade, como em Direito Romano se dizia: *affinitas affinitatem non parit*. Pontes de Miranda, entretanto, não limita o impedimento ao primeiro grau, aludindo à sua extensão *in infinitum*.[7] Entre os povos civilizados, não há discrepância quanto à proibição de casamento entre parentes na linha reta, mais por inspiração moral do que biológica. É, aliás, um traço marcante nos povos de cultura ocidental serem exógamos.[8]

Nosso direito atual não cogita do chamado "parentesco espiritual" (*cognatio spiritualis*), originário do batismo, que, anteriormente e sob fundamento canônico,

---

4 Carbonnier, *Droit Civil*, v. II, nº 12, p. 50.
5 Espínola, ob. cit., p. 145.
6 Lafayette, *Direitos de Família*, p. 145.
7 Pontes de Miranda, *Direito de Família*, § 10.
8 Enneccerus, Kipp y Wolff, *Tratado, Derecho de Familia*, v. I, § 12.

obstava o casamento do padrinho com a afilhada, e entre os pais do batizado e os padrinhos.[9]

Os impedimentos do casamento devem ser estendidos para o reconhecimento da união estável, o que deixa antever com absoluta clareza o § 1º do art. 1.723 do Código Civil ao inibir a sua constituição quando presentes os impedimentos do art. 121, à exceção da incidência do inciso IV no caso de a pessoa casada se achar separada de fato ou judicialmente, vale dizer, não é a separação e, tampouco o divórcio que põem fim ao casamento, mas sim, a separação de fato, quando tiver ocorrido, tanto que o casamento meramente cartorial não impede o reconhecimento da união estável.[10]

Alerta Paulo Lôbo: em razão de sua densidade moral, este impedimento diz respeito, não apenas ao parentesco consanguíneo, mas ao de natureza civil, ou seja, em virtude da adoção, de inseminação artificial heteróloga e de posse de estado de filiação. A transgressão desse impedimento sempre foi reprimida com muito rigor, além da vedação do casamento.[11]

A-3) Parentesco na linha colateral. O art. 1.521, IV "proibiu o matrimônio entre irmãos, unilaterais ou bilaterais e demais colaterais, até o terceiro grau, inclusive". Motivos de ordem moral, e também biológica, sempre aconselharam não se unam em matrimônio parentes próximos, posto que colaterais. O ambiente familiar se envenenaria de concupiscência, estimulada pela proximidade constante, se a lei tolerasse a união matrimonial entre colaterais próximos. Por isto, proíbe o casamento entre consanguíneos (irmão e irmã), entre afins (cunhados durante o cunhadio), entre o adotado e o filho superveniente ao adotante. Razões biológicas desaconselham, ainda, as uniões entre consanguíneos próximos, pelo risco de se agravarem taras e malformações somáticas, defeitos psíquicos, ou outros, que se podem conservar como caracteres recessivos, e virem a eclodir somados na descendência.

Quanto ao incesto entre colaterais, se alarga ou restringe em função da sensibilidade moral, variável em cada época.[12] A criação da Humanidade, na concepção bíblica, e a sua recriação após o dilúvio assentam no incesto dos filhos de Adão e de Noé. A mitologia mediterrânea povoa o Olimpo de filhos incestuosos dos deuses. E até hoje, entre povos que não cultivam o mesmo grau cultural da civilização romano-cristã do Ocidente, a repulsa ao incesto é presente apenas entre irmãos uterinos.

Tem variado, no tempo e no espaço, a proibição do casamento entre colaterais, ora abrangendo graus mais remotos, ora mais chegados, em uns países e em outros. O Direito Canônico proíbe no 3º grau canônico (correspondente ao quarto grau civil), embora se trate de um impedimento que os Bispos são autorizados a levantar.

No Brasil, o impedimento tem sofrido variações: no direito pré-codificado compreendia apenas o segundo grau, sendo frequentes as uniões conjugais entre tio

---

9 Lafayette, *Direitos de Família*, v. I, nota 5.
10 Rolf Madaleno, *Curso de Direito de família*, p. 81
11 Paulo Lôbo, *Direito Civil: Famílias*, p. 86.
12 Sá Pereira, ob. cit., p. 94.

e sobrinha; o Código Civil de 1916 levou-o ao terceiro, com aplausos da doutrina,[13] mas o Decreto-Lei nº 3.200, de 19 de abril de 1941, admitiu possa levantá-lo o juiz e autorizar o casamento, à vista de laudo proferido por dois médicos por ele designados, que examinem os nubentes e atestem a inexistência de motivos que o desaconselhem. No direito estrangeiro, varia a rigidez do impedimento. Para o italiano, a par do impedimento absoluto na linha reta (consanguíneos e afins) e na colateral entre irmãos, o casamento é vedado em outros graus de parentesco (entre tio e sobrinha, entre cunhados, entre adotante e adotado ou seus descendentes), mas com possibilidade de os interessados obterem dispensa.[14] A tendência moderna vigora no sentido de não se tratar com demasiado rigor o conceito de espuriedade. O impedimento na linha colateral não se estende aos afins (cunhadio).

Deixou o legislador de 2002 de referir-se expressamente, à situação regulamentada pelo Decreto-Lei nº 3.200/1941, que admitia que o Juiz autorizasse o casamento de colaterais de terceiro grau (tio e sobrinha ou tia e sobrinho) desde que se apresentasse atestado médico que atestasse "a sanidade, afirmando não haver inconveniente, sob o ponto de vista da saúde de qualquer deles e da prole, na realização do matrimônio". Havendo divergência entre os médicos, seguem-se normas relativas às perícias, nomeando-se outro médico, ou formando-se nova junta. Desde que viável, admite-se o tratamento específico se constatada a inconveniência.[15]

Buscando uma efetiva solução para tal controvérsia, há que se considerar que o Decreto-Lei nº 3.200/1941, identificado como "Lei especial", não foi revogado pelo Código Civil. Neste mesmo sentido, Luiz Edson Fachin e Carlos Eduardo Pianovski Ruzik esclarecem: "não altera, portanto, o novo Código Civil o regime de casamento entre tios e sobrinhos; haverá vedação legal, somente, se comprovada a inconveniência das núpcias no que tange à saúde da prole".[16]

No que concerne ao casamento entre sogros, sogras, genros, noras e enteados, esse parentesco nunca se extingue, ainda que o casamento tenha sido extinto, pelo divórcio ou falecimento dos cônjuges. Consequentemente, nunca deverá haver casamento ou união estável entre sogro e nora, por exemplo.[17]

A-4) Adoção – art. 1.521, III e V. Estes impedimentos (*impedimentum cognationis legalis*), como visto, eram restritos na linha colateral ao filho adotivo com o superveniente ao adotante, já que o parentesco civil não se estendia além dessas pessoas. Sempre teve fundamento moral e vigorou em todos os países em que a adoção é permitida.[18] Com a equiparação de filhos independente da origem incluindo a adoção, vigora o impedimento; embora guardado o sigilo que o envolve, autoriza-se

---

13 Espínola, ob. cit., nº 22, nota 77.
14 Ruggiero e Maroi, *Istituzioni*, v. I, § 53.
15 Arnaldo Rizzardo, *Direito de família*, p. 37.
16 Luiz Edson Fachin e Carlos Eduardo Pianovski Ruzik, *Código Civil Comentado*, p. 64. No mesmo sentido Arnold Wald, *O novo Direito de Família*, São Paulo, Saraiva, p. 73.
17 Paulo Lôbo, *Direito Civil: Famílias*. São Paulo, Saraiva, 2008, p. 86.
18 Cândido de Oliveira, "Direito de Família", *in Manual Lacerda*, v. V, § 26, p. 46.

o seu rompimento para efeito de impedir o casamento nos casos em que exista entre os nubentes parentesco biológico.

A adoção realizada nos termos do Estatuto da Criança e do Adolescente (Lei nº 8.069/1990, modificada pela Lei nº 12.010/2009), mantém a mesma orientação ao integrar, sem restrições, o adotado na família do adotante, devendo prevalecer o impedimento igual ao da família biológica. Não há dúvida de que vigora a restrição contida no art. 1.521 do Código Civil, devendo ser tomadas as declarações em segredo de Justiça.

Esclareça-se que, o Projeto de 1962 que repetira a linguagem do Código de 1916, estabelecia a proibição de casamento entre o "adotante e o cônjuge do adotado". Naquela oportunidade Caio Mário indicara que esta redação nada significava, uma vez que "o cônjuge" de um ou de outro pressupunha a existência de casamento, já envolvido no impedimento de pessoa casada. A Comissão acolheu a observação. Este impedimento é de cunho moral, e se explica por si mesmo, não demandando maiores esclarecimentos.

Dispunha o Código de 1916 que não podia casar o adotado com o filho superveniente ao pai ou mãe adotiva. O Código de 2002 veda o casamento do adotado com o filho do adotante. A razão da diferença redacional está em que na redação original do Código revogado era permitida a adoção somente a quem não tivesse filhos. A legitimação adotiva, introduzida entre nós pela Lei nº 4.655/1965, e a regulamentação da Adoção estabelecida na Lei nº 6.697, de 10 de outubro de 1979, ampliaram as chances para os pretendentes à medida. Andou bem o legislador de 2002 ao determinar o impedimento para o matrimônio do adotado com o filho "superveniente" do adotante.

Os impedimentos concernentes à adoção se inspiram em razões de ordem moral. O inciso III do art. 1.521 do Código Civil de 2002, veda o casamento do adotante com quem foi o cônjuge do adotado e do adotado de quem o foi do adotante. Por outras palavras, o pai adotivo ou a mãe adotiva não pode casar-se com a viúva do filho adotivo ou com o viúvo da filha adotiva. Como restrição matrimonial decorrente da adoção, estende-se a impossibilidade entre o adotado e a prole gerada pelos pais adotivos, posteriormente à adoção. (...) Mesmo que venha a ser extinta a adoção, perdura perpetuamente o impedimento. No caso, porém de adoção inexistente, não há impedimento matrimonial, de vez que nunca se formou o vínculo, e assim, inexistindo parentesco ou impedimento.[19]

Tratando-se de casamento do adotado com o filho do adotante (inciso V do art. 1.521, CC/2002), este impedimento é incontestável uma vez que a Constituição de 1988 (§ 6º do art. 227) equiparou os filhos oriundos da adoção aos filhos biológicos.

B-1) Impedimento resultante de casamento anterior – art. 1.521, VI. Tendo em vista o tipo familiar monogâmico dominante no mundo ocidental, constitui impedimento a existência de um casamento anterior. Não é, obviamente, o fato de já se ter antes casado qualquer dos contraentes, mas o de ser casado. A proibição,

---

19 Arnaldo Rizzardo, *Direito de família*. Rio de Janeiro, Forense, 2008, p. 40.

que vigora enquanto o matrimônio anterior subsistir, desaparece com a sua dissolução pela morte do outro cônjuge ou por decreto judicial de anulação ou nulidade, e ainda na hipótese de divórcio. Se, após a celebração do segundo casamento, o primeiro é declarado nulo, deverá prevalecer o segundo, pois o que se reputará impedimento é o casamento válido; se não o é, não macula as núpcias realizadas.[20] Enneccerus, Kipp e Wolff consideram neste caso o casamento anterior como impedimento impediente, mas isto não se encontra em nossas leis.

No Brasil, sua eficácia está subordinada à homologação pelo STJ (art. 105, inc. I, alínea *i*, CF) se o tiver sido celebrado no estrangeiro e com o efeito liberatório proclamado pela mais alta Corte. A separação judicial não modifica a situação, porque respeita o vínculo matrimonial, dissolvendo apenas a sociedade conjugal, salvo se convertido em divórcio.

C-1) Impedimento decorrente de crime (*impedimentum criminis*). Previu o inciso VII do art. 1.521 a proibição do matrimônio ao cônjuge sobrevivente com o condenado por homicídio ou tentativa de homicídio contra o seu consorte. Não pode casar o viúvo ou viúva com o condenado por homicídio de seu consorte. Também aqui o que caracteriza o impedimento (*crimen*) é a condenação, não bastando mera acusação ou o processo. A proibição vai alcançar obviamente o mandante ou autor intelectual, desde que condenado. E estende-se, por lei, ao que o for por tentativa de homicídio, ainda que de outra causa venha a falecer a vítima. A inspiração do impedimento é moral, presumindo-se no cônjuge supérstite repugnância por quem tirou ou tentou tirar a vida de seu consorte. E se não a sente, a sociedade manifesta-se pela proibição legal (Espínola, Beviláqua). Este impedimento deverá prevalecer apenas no caso de "homicídio doloso", pois que a ausência do *animus necandi* no crime "culposo" e até um sentimento de reparação, pode levar o agente a aproximar-se do que enviuvou, daí nascendo afeição a ser consagrada pelo casamento. O Projeto Beviláqua aludia ao "homicídio voluntário", traduzindo esta interpretação, que nos parece deva sobreviver, já que não se compadece com a hermenêutica da lei um entendimento irracional. É, aliás, princípio assente em doutrina estrangeira.[21] O inciso poderia ter melhor redação para reforçar o entendimento doutrinário de que apenas o homicídio doloso implica o impedimento.

E mais, repetindo a expressão "cônjuge sobrevivente", deixa dúvidas em relação à aplicação do impedimento no caso de tentativa de homicídio, uma vez que a qualificação de sobrevivente, dada ao cônjuge, se verifica no caso de homicídio. É essencial a condenação do agente no juízo criminal, e vai alcançar o mandante ou autor intelectual. O Projeto Beviláqua aludia ao "homicídio voluntário", que o Código de 1916 generalizou. Se culposo for o homicídio, pode o casamento resultar da aproximação com a viúva da vítima e até inspirar-se num propósito de reparação.

O parágrafo único do art. 1.522 impôs, ainda, a obrigação do Juiz ou do oficial do registro de declarar o impedimento do qual tiver conhecimento, no que difere da

---

20 Enneccerus, Kipp *y* Wolff, *Tratado, Derecho de Familia*, v. l. I, § 11.
21 Ruggiero *et* Maroi, *Istituzioni*, v. I, § 53.

redação do art. 189 de 1916 ao declarar que "os impedimentos podiam ser opostos" pelo celebrante ou pelo oficial do registro. A eles eram impostas sanções pecuniárias se não os declarasse, o que não foi recepcionado pelo legislador de 2002.

Esclareça-se, finalmente, que o Código Civil de 2002 não incluiu o impedimento relativo ao matrimônio do cônjuge adúltero com o corréu. Sob aspecto moral, mais correto age quem se casa com a mulher que induziu ao erro, do que aquele que a abandona. A vida social está cheia desses exemplos, merecendo aplausos quem repara o mal. Diante do entendimento mais recente no sentido de, cada vez mais, se esvaziar o adultério em sua caracterização criminal, antecipou-se o legislador civil ao excluí-lo dos impedimentos. Cabe destacar que a Lei nº 11.106/2005 revogou o crime de adultério do art. 240 do Código Penal.

379. Da oposição dos impedimentos

Identificados os impedimentos matrimoniais em razão dos interesses sociais que refletem, cogita a lei de sua *oposição* em termos mais simples do que na sua distribuição. A sociedade tem interesse em que não se realize o casamento de pessoas entre as quais milita o impedimento. Mas, celebrado ele, a conveniência social reside na sua conservação, salvo o desfazimento daqueles infringentes de normas condizentes com a paz civil e doméstica, ou disposições de ordem pública. Os impedimentos podem ser opostos, até o momento da celebração do casamento, por qualquer pessoa capaz que tenha conhecimento do obstáculo ao casamento, inclusive o representante do Ministério Público quando tenha conhecimento dele.[22]

O Código Civil simplificou o sistema de oposição de impedimentos ao declarar no art. 1.522 que "podem ser opostos por qualquer pessoa capaz", em qualquer fase do processo de habilitação, e até o momento da celebração do matrimônio; seja o juiz no casamento civil, seja ministro celebrante no religioso, tem o dever de declarar o que tiver conhecimento. Igual obrigação é imposta ao oficial do registro. A oportunidade para a oposição cessa com a cerimônia do casamento, e com ela a *legitimatio* para postular-lhe a invalidade, que é restrita, nos termos do que dispõe o Código.

Forma da oposição. Para que não se transformem em estímulo as imputações caluniosas ou levianas, nem encorajem despeitos e paixões incontidas, os autores salientam a necessidade de observância rigorosa da forma de oposição dos impedimentos.[23]

Determina o art. 1.529 que "os impedimentos serão opostos em declaração escrita e assinada, instruída com as provas do fato alegado, ou com a indicação do lugar onde possam ser obtidas". Caberá ao oficial do Registro Civil "dar aos nubentes ou a seus representantes, nota da oposição, indicando os fundamentos, as provas e

---

22 Eduardo Espínola, ob. cit., nº 28, nota 95.
23 De Page, *Traité Élémentaire*, v. I, nº 638.

o nome de quem a ofereceu" (art. 1.530). Aos nubentes é dado o direito de requerer a concessão de prazo razoável para fazer prova contrária aos fatos alegados e promover as ações civis e criminais contra o oponente de má-fé. A eles caberá, ainda, produzir a prova contrária, e, convencendo da improcedência do alegado, levantar-se-á o impedimento, por despacho judicial, em face da prova contrária produzida pelos interessados. Mas nada impede ocorra o levantamento voluntário, desde que conste de ato autêntico, emanado do próprio opositor.[24] O procedimento pertinente está previsto no art. 67, § 5º, da Lei nº 6.015/1973 (Lei de Registros Públicos).

A oposição do impedimento não tem efeito conclusivo sobre a eficácia do casamento, quer em sentido positivo, quer negativo. Assim é que sua rejeição, e a celebração das núpcias, não obsta à propositura da ação da nulidade baseada no mesmo fato arguido. A decisão no processo de habilitação não faz coisa julgada. Reversamente, se o juiz deixar de suspender a cerimônia ou por qualquer motivo efetuar-se esta ao arrepio da acusação apresentada – *interdictum iudicis* –, daí não decorre a invalidade do matrimônio. Nem se eximirá o interessado da produção de prova cabal na ação que de futuro ajuíze. Cumpridas as formalidades relativas à habilitação e efetivada homologação da habilitação por sentença (art. 1.526) e publicados os editais pela imprensa local, se houver (art. 1.527), o Oficial do Registro Civil extrairá o certificado de habilitação.

Sanção. Contra o oponente de má-fé, poderão ser intentadas ações civis ou criminais, cabendo no caso a reparação do dano.[25] Trata-se, aqui, de uma hipótese de dano moral, que muitos consideravam irreparável, mas que nós entendemos tão suscetível de reparação quanto o patrimonial (*vide* nº 176, *supra*, v. II) e hoje é matéria definitivamente reconhecida, à vista do que dispõe a Constituição de 1988, art. 5º, incisos V e X. Mas é óbvio que a reparação dos danos (morais ou patrimoniais) não tem lugar pelo só fato da improcedência da oposição; é mister se apure a má-fé do oponente, o abuso que o inspirou, ou ao menos a culpa no seu comportamento.[26]

Dispensa. Não se cogita em nosso direito da *dispensa dos impedimentos*, tal qual autoriza o Canônico e permitem outros sistemas, como o nosso pré-codificado, que, todavia, o vedava quanto aos de direito natural ou direito divino: parentesco consanguíneo em linha reta, impotência, duplo crime de homicídio, casamento preexistente.[27]

380. DAS CAUSAS SUSPENSIVAS

A matéria que constitui objeto do presente Capítulo era integrante do que na doutrina canônica, seguida pelo Código Civil de 1916, se designava como "impe-

---

24 De Page, ob. cit., v. I, nº 644.
25 Clóvis Beviláqua, *Comentários ao art. 191*.
26 Planiol, Ripert Estado Boulanger, *Traité Élementaire*, v. I, nº 957; Jemolo, *Il Matrimonio*, nº 52.
27 Lafayette, ob. cit., § 17. Beviláqua, *Direito de Família*, § 15.

dimentos impedientes", que o art. 183 abrangia na mesma proibição ("não podem casar") mas que não levavam à invalidade do matrimônio, porém, sujeitavam o infrator a certas penalidades (*impediment fieri, facta tenent*). Já na vigência do regime de 1916 não faltava quem lhes negasse o caráter de "impedimentos".[28] Na verdade conservaram a denominação por amor às tradições. Foi o Projeto do Código Civil de 1965 que os retirou daquela categoria, incluindo as restrições neles contidas entre as normas gerais relativas à "capacidade matrimonial". O Código de 2002, mantendo a formulação do Projeto primitivo de 1972, os qualifica de "causas suspensivas", que mereceram o alerta do autor desta obra porque, em verdade, nada suspendem. Enunciados no Código de 2002 como conselhos – "não devem casar" – não trazem o efeito mencionado na epígrafe, pois que a consequência de sua contraveniência não será a "suspensão" das bodas, que se realizam normalmente, porém, sujeitam o contraventor a certas sanções.

Cogita-se, assim, das causas suspensivas, que não têm por efeito a invalidade do casamento, mas, ao revés, *impediunt fieri, facta tenent*, impondo (art. 1.641, I) a sanção de vigorar o regime de separação de bens. Examine-se o conteúdo de cada um dos incisos do art. 1.523 do Código Civil de 2002.

A) *Confusão de patrimônios*. O primeiro deles (art. 1.523, I) veda o casamento ao viúvo ou viúva que tenha filho do cônjuge falecido, enquanto não fizer inventário dos bens do extinto casal e der partilha aos herdeiros (art. 183, XIII, CC/1916). Destarte, visa a lei a evitar que se confunda o acervo patrimonial em que são interessados os filhos do primeiro leito com o que vai constituir o substrato econômico da sociedade conjugal recém-formada. E tem em vista, ainda, obstar que as novas afeições e criação da nova prole possam influenciar o bínubo, em detrimento dos filhos do antigo casal.

Originariamente, o Código de 1916 referiu-se apenas ao inventário, sem a alusão que o Projeto primitivo fazia à partilha. Isto gerou controvérsia, a saber, se esta completava aquele, suscitando em João Arruda a consideração de que a exigência legal se limitava ao inventário, uma vez que a partilha como ato dos herdeiros poderia ser diferida, condenando o sobrevivente à viuvez longa, senão perpétua. Estas razões, como Beviláqua[29] assinalava, não procedem, uma vez que é a partilha que define claramente o direito de cada um, e o estado de indivisão é sempre provisório. No do extinto casal são interessados os filhos do primeiro leito. Convolando as novas núpcias, o viúvo ou viúva constituirá patrimônio em que a segunda sociedade conjugal apoiará o seu substrato econômico.

É, portanto, de toda conveniência não se confundir o antigo e o novo acervo patrimonial, além de se preservar que as novas afeições e influências levem o côn-

---

28 Cândido de Oliveira, *in Manual Macerda*, v. V, p. 152.
29 Clóvis Beviláqua, *Comentários ao Código Civil*, v. II, ao art. 183, n° XIII, p. 25; Cândido de Oliveira, "Direito de Família", *in Manual Lacerda*, v. V, § 116, p. 248: Eduar-do Espínola. *A Família no Direito Civil Brasileiro*, p. 83, nota 88; Ferreira Coelho, *Código Civil dos Estados Unidos do Brasil*, v. XII, p. 330.

juge bínubo a proceder em detrimento da prole do casal extinto. É mister que se homologue a partilha, promovendo-se a separação dos patrimônios, de tal sorte que os herdeiros do cônjuge premorto tenham, discriminados, os bens que lhes cabem. O impedimento é temporário.

Poderá o juiz autorizar a realização do casamento se o nubente provar a inexistência de prejuízo para ele e para os filhos (parágrafo único do art. 1.523). Poderá, também, comprovar que o matrimônio será realizado pelo regime da separação convencional de bens. Não impôs o Código de 2002 a perda do usufruto dos bens dos filhos menores do primeiro leito como no art. 225 do Código de 1916.

B) *Confusão de sangue*. Duas situações previstas no Código de 1916 como "impedimentos impedientes" (art. 183, XIV) foram recepcionadas pelo art. 1.523, II, do novo Código: "Não devem casar a viúva ou a mulher cujo casamento se desfez por ser nulo ou ter sido anulado, até dez meses depois do começo da viuvez ou da dissolução da sociedade conjugal". Dissolvido o casamento, pela nulidade, anulação ou pela morte do marido, não pode a mulher contrair novas núpcias, antes de decorridos dez meses. Aqui, a restrição legal visa evitar a *turbatio sanguinis*, que fatalmente ocorreria, tendo em vista que se presumiria filho do falecido aquele que nascesse até 300 dias da data do óbito ou da sentença anulatória ou que declare nulo o casamento; igual presunção atribuiria a paternidade ao segundo marido quanto ao filho que nascesse até 180 dias depois de estabelecida a convivência conjugal (art. 1.597, I). Deve-se abrir exceção para o caso de ser o casamento anterior anulado por impotência *coeundi*, desde que absoluta e anterior ao matrimônio[30] ou quando resulta evidente das circunstâncias a impossibilidade física de coabitação entre os cônjuges.[31] A sanção imposta ao infrator destas disposições é a separação de bens no casamento, *ex vi* do disposto no art. 1.641, I. No entanto, poderá o juiz autorizar o casamento se a nubente provar o nascimento do filho ou inexistência da gravidez (parágrafo único do art. 1.523). A proibição não prevalece, também, se a sentença vier a ser proferida passados mais de 10 meses da separação de corpos determinada judicialmente, como medida preparatória da ação (v. nº 382, *supra*). Alerte-se, também que, diante dos avanços decorrentes da prova da filiação pelo exame do DNA, a prova da filiação ou sua exclusão poderão permitir ao Juiz autorizar o casamento, ressalvando eventuais direitos dos filhos.

C) *Divórcio*. Determina o art. 1.523, III, restrição especial ao casamento do divorciado "enquanto não houver sido homologada ou decidida a partilha dos bens do casal". Esta regra legal contrasta com a Súmula nº 197 do STJ que autoriza a concessão do divórcio direto sem a prévia partilha de bens. Independente das contradições que envolvem a partilha de bens na separação judicial (art. 1.575) e no divórcio (art. 1.581) aplica-se, nesta hipótese, a separação de bens no casamento, na forma do art.

---

30 Ruggiero e Maroi, Istituzione, v. I, § 53.
31 Planiol, Ripert *et* Boulanger, *Traité Élémentaire*, v. I, nº 829; Mazeaud, Mazeaud *et* Mazeaud nº 758.

1.641, I. Admite, também, o parágrafo único do art. 1.523, a autorização para o casamento se o nubente provar a inexistência de prejuízo para ele e para os filhos.

D) *Contas da tutela ou curatela.* O art. 1.523, IV, estabelece que "o tutor ou curador, e os ascendentes, descendentes, irmãos, cunhados e sobrinhos de um ou de outro não podem casar com o tutelado ou curatelado, enquanto não cessar a tutela ou curatela, e não estiverem saldadas as respectivas contas". Trata-se de defender o incapaz contra o administrador de seus bens que procure num casamento o meio de se livrar da prestação de contas. Não vale a quitação dada pelo próprio interessado, porque as contas se prestam *in iudicio*.

Não existindo patrimônio ou aprovadas as contas devidamente homologadas pelo Juízo competente, não mais se configura a causa suspensiva.

E) *Das oposições das causas suspensivas.* O parágrafo único do art. 1.523 do Código Civil acrescentou a possibilidade de os nubentes solicitarem ao juiz que não sejam aplicados os efeitos das causas suspensivas, uma vez presentes determinados requisitos.

O art. 1.524 enumera aquelas pessoas que podem arguir as causas suspensivas: parentes em linha reta de um dos nubentes, sejam consanguíneos ou afins, e pelos colaterais em segundo grau, sejam também consanguíneos ou afins.

Diversamente dos *impedimenta dirimentia,* que podem ser opostos por qualquer pessoa capaz, as causas suspensivas somente podem ser articuladas pelos parentes em linha reta de um dos nubentes (pais, avós, sogros), e pelos irmãos, cunhados, tios ou sobrinhos. E exige esclarecimento a posição do Código de 2002 ao estender a *legitimatio* para arguir as causas suspensivas aos tios e sobrinhos, que o Código de 1916 não mencionava: é que a alusão aos afins não pode compreendê-los, tendo em vista que afinidade não gera afinidade, de tal sorte que não se pode atribuir a tio ou sobrinho "por afinidade" o mesmo poder que aos irmãos e cunhados. Lembra, ainda, Espínola[32] que, se a dissolução do casamento se deu por sentença, e não pela morte, o marido (ou ex-marido) tem legítimo interesse em evitar a *turbatio sanguinis*, embora não o diga a lei.

No que tange à oportunidade da oposição, esta se liga, particularmente, ao processo de habilitação: anunciadas as núpcias pela publicação dos proclamas, abre-se o prazo de 15 dias, dentro do qual os interessados podem objetar contra o casamento. Decorrido *in albis* o lapso, e passada a certidão de habilitação, é ainda lícita a apresentação da causa suspensiva, até o momento da cerimônia. Com uma diferença, todavia: enquanto não certificada a habilitação, o interessado dirige-se ao escrivão; depois dela, ao juiz. Formulada a oposição, suspende-se a cerimônia.

Mas, se o incidente ocorrer no ato, é mister seja qualificado o oponente e formalizada a representação.[33] Não se poderá interromper uma solenidade grave pelo simples fato de uma pessoa enunciar a existência de uma "causa suspensiva" sem provar as suas qualidades e sem trazer as provas da acusação.

---

32 Eduardo Espínola, ob. cit., n° 28, nota 96.
33 Pontes de Miranda, *Direito de Família*, § 15.

Na mesma linha de orientação dos impedimentos, determina o art. 1.529 que "as causas suspensivas serão opostas em declaração escrita e assinada, instruída com as provas do fato alegado, ou com a indicação do lugar onde possam ser obtidas". Caberá ao oficial do Registro Civil "dar aos nubentes ou a seus representantes, nota da oposição, indicando os fundamentos, as provas e o nome de quem a ofereceu" (art. 1.530). Aos nubentes é dado o direito de requerer a concessão de prazo razoável para fazer prova contrária aos fatos alegados, e promover as ações civis e criminais contra o oponente de má-fé.

Cumpridas as formalidades relativas à habilitação e efetivada homologação da habilitação por sentença (art. 1.526) e publicados os editais pela imprensa local, se houver (art. 1.527), o Oficial do Registro Civil extrairá o certificado de habilitação.

381. Outros impedimentos

Leis especiais criaram restrições ao casamento de certas pessoas, em razão de seu estado ou profissão, equiparáveis a impedimentos e assim por alguns denominados.[34]

Referem-se aos militares (Exército, Marinha, Aeronáutica), aos funcionários diplomáticos e consulares. Realizado este ao arrepio das restrições, não induz a nulidade do ato, porém, sujeita o infrator a punições regulamentares. Os impedimentos originários das ordens sacras somente vigoram no âmbito do direito canônico, não os reconhecendo a lei civil. Também não constituem impedimento as enfermidades somáticas, malformações ou defeitos.

Em alguns casos, porém, poderão provocar a anulação do matrimônio por erro essencial quanto à pessoa, o que será visto no nº 392, *infra*.

Percebe-se, portanto, que as alterações relativas aos impedimentos e causas suspensivas tiveram como objetivo maior a proteção da convivência familiar, não mais vinculada à rigidez das "legitimidades" e "ilegitimidades" do passado.

381-A. A presunção de morte e o casamento

A morte presumida e seus reflexos no casamento é um tema que nos remete ao instituto da Ausência, o qual está inserido na parte geral do Código Civil de 2002, não mais compondo os institutos de Direito de Família (vide Volume I das *Instituições*, atualizado por Celina Bodin de Moraes).

Na vigência do Código de 1916, o parágrafo único do art. 315 excluía a morte presumida como causa de dissolução do casamento. Era necessário que o cônjuge requeresse o divórcio direto, o que dependia do decurso do prazo de dois anos de

---

[34] Eduardo Espínola, ob. cit., p. 86; Enneccerus, Kipp y Wolff, *Tratado, Derecho de Familia*, v. I, § 17.

separação de fato. Em conformidade com o art. 37, CC/2002, configura-se a morte presumida após a ausência de 10 anos.

Pela redação do § 1º do art. 1.571 do Código Civil de 2002, o casamento válido se dissolve pelo divórcio e pela morte de um dos cônjuges, tanto a morte real, física, como a *morte presumida* dos ausentes, nos casos em que a lei autoriza a abertura de sucessão definitiva. Considera-se dissolvido o casamento do ausente cuja morte presumida foi declarada por sentença.

Há que se distinguir a morte presumida quando aberta a sucessão provisória ou decretada a sucessão definitiva da declaração da morte presumida sem a decretação da ausência. Nesta última hipótese, seus requisitos são elencados por Nestor Duarte, a saber: a) o desaparecimento da pessoa; b) não ter sido encontrado o cadáver para exame; c) prova do local onde ocorreu o perigo; d) circunstância que identifique a probabilidade da morte, ou seja, a verossimilhança de sua ocorrência. Cabível também a decretação da morte presumida do desaparecido ou feito prisioneiro em campanha, se não vier a ser encontrado até dois anos após o fim do conflito (art. 7º, CC). A decretação da morte presumida deve ser judicial, a requerimento do interessado, após a cessação das buscas.[35]

Considerando que se faz necessária na habilitação para o casamento a comprovação do estado civil (art. 1.525, CC), através de procedimento judicial, o pretendente ao novo enlace deve promover procedimento judicial para declarar a morte presumida, autorizando o art. 9º, IV, CC o registro civil da sentença de morte presumida.

A decretação da morte presumida também interessa em outras situações jurídicas do direito brasileiro, a exemplo dos efeitos sucessórios e previdenciários, seguro de vida, indenizações etc., impondo providências outras como: cancelamento do título de eleitor, do CPF, encerramento de contas bancárias etc.

Deixou o legislador civil de prever a hipótese de retorno do ausente. Zeno Veloso, em exemplar estudo sobre o tema, deu-se ao trabalho de investigar os sistemas jurídicos atuais e suas diversas soluções. No direito alemão, se o ausente reaparecer, ou se ficar comprovado que ele efetivamente não morreu, não é considerado nulo o segundo casamento do cônjuge presente, a não ser que os nubentes soubessem disso. Enfim, o novo casamento dissolve o anterior. Na Itália, ao contrário, considera-se nulo o novo casamento, naquelas circunstâncias, embora seja reconhecida sua putatividade. Adepto da orientação que reconhece a validade do segundo casamento, sugere o autor a inclusão do art. 1.571-A no Código Civil com a seguinte redação: "Se o cônjuge do ausente contrair novo casamento, e o que se presumia morto retornar ou confirmar-se que estava vivo quando celebradas as novas núpcias, o casamento precedente permanece dissolvido".[36]

---

35 Nestor Duarte in *Código Civil Comentado* (coord. Ministro Cezar Peluso). São Paulo: Manole, 2009, p. 24 (comentários ao art. 7º, CC).
36 Zeno Veloso, "Novo casamento do cônjuge do ausente" in *Revista de Direito de Família*, v. 23, Porto Alegre: Síntese e Ibdfam, 2004, p. 53. Este mesmo entendimento foi adotado pelo art. 102 do Código Civil Suíço, ao determinar que o cônjuge de uma pessoa declarada ausente não pode contrair um novo casamento antes da dissolução judicial do precedente. Vide ob. cit., p. 50.

Neste mesmo rumo, conclui Antônio Carlos Mathias Coltro que "determinando o § 1º do art. 1.571 a aplicação da presunção relativa ao ausente para a hipótese de morte de um dos cônjuges, de sorte a autorizar que o outro contraia novo matrimônio, evidente que, com tal solução, considerou o legislador dissolvido o casamento do atingido pela ausência (inexistente, assim, a bigamia), não se podendo imaginar que, procurando resolver a situação do presumidamente viúvo, de sorte a poder ele aliar-se a outra pessoa, deva se considerar, se acaso retornar, como desfeito o novo lar, em prejuízo dos que o integram e dos filhos que dele eventualmente resultantes".[37]

Inácio de Carvalho Neto identifica nesta hipótese uma presunção relativa "já que o ausente pode retornar e em consequência provar que não está morto". Para ele, "sendo presunção relativa desfaz-se com a prova de que não houve morte real, ou seja, com o reaparecimento do ausente". Conclui, finalmente, pela nulidade do segundo casamento, a exemplo do direito italiano.[38]

Rolf Madaleno, na linha de orientação de Zeno Veloso e de Antônio Carlos Mathias Coltro, considera que "soa desapropriado pronunciar a nulidade do novo casamento e restabelecimento automático da relação nupcial declarada dissolvida pela morte presumida do cônjuge que reapareceu. Isso porque novo vínculo afetivo ocupou o espaço deixado pelo vazio, devido ao desaparecimento prolongado do consorte declarado ausente, não parecendo que o seu retorno pudesse novamente preencher o lugar já ocupado pelo novo matrimônio. Declarar nulo o último casamento servirá apenas para transformar em união estável um casamento contraído com a mais profunda boa-fé, processualmente convalidado por sentença judicial transitada em julgado, que só perdeu seu efeito legal pelo inusitado retorno do cônjuge desaparecido".[39]

Conclui-se que, a prevalecer a orientação constitucional no sentido de priorizar a convivência familiar, deve ser validado o segundo matrimônio, resguardados os direitos patrimoniais daquele que retornar, bem como, respeitados também seus direitos em relação aos filhos.

---

37 Antônio Carlos Mathias Coltro, "Ausência, presunção de morte e o novo casamento do cônjuge remanescente: questionamentos sobre uma nova realidade" in *Direito de Família contemporâneo e novos direitos* (coord. Florisbal de Souza Del'Olmo e Luiz Ivani de Amorim Araujo), Rio de Janeiro, Forense, 2006, p. 20.
38 Inácio de Carvalho Neto, "A morte presumida como causa de dissolução do matrimônio" in *Revista IOB de Direito de Família* n. 60. São Paulo: IOB, 2010, p. 10.
39 Rolf Madaleno, in *Curso de Direito de Família*. Rio de Janeiro: GEN/Forense, 2011, p. 125.

Capítulo LXXXV
HABILITAÇÃO

Sumário

382. Requisitos e pressupostos matrimoniais. **383.** Processo de habilitação.

Bibliografia

Arturo Carlo Jemolo, *Il Matrimonio*, pp. 110 e segs.; Bárbara Almeida de Araujo; "A Ausência: Análise do Instituto sob a Perspectiva Civil-Constitucional", *in A Parte Geral do Novo Código Civil* (coord.: Gustavo Tepedino), Rio de Janeiro, Renovar, 2002; Caio Mário da Silva Pereira, "Pessoas desaparecidas em atividades políticas no período da repressão: os efeitos jurídicos e sociais da Lei n° 9.140/1995", *in Direito Contemporâneo: Estudos em Homenagem a Oscar Dias Corrêa*, Rio de Janeiro, Forense Universitária, 2001; Clóvis Beviláqua, *Direito de Família*, § 17; De Page, *Traité Élémentaire*, v. I, n° 619 e segs.; Eduardo Espínola, *A família no Direito Civil Brasileiro*, pp. 47 e segs.; Enneccerus, Kipp *y* Wolff, *Tratado, Derecho de Familia*, v. I, § 20; Francesco Degni, *in Il Diritto di Famiglia*, pp.103 e segs.; Giselda Maria Fernandes Novaes Hironaka e Euclides de Oliveira, "Do Casamento", *in Direito de Família e o Novo Código Civil* (coord.: Rodrigo da Cunha Pereira e Maria Berenice Dias), Belo Horizonte, Del Rey, 2002; João Batista de Oliveira Cândido, "Casamento", *in Direito de Família Contemporâneo* (coord.: Rodrigo da Cunha Pereira), Del Rey, 1997; Mazeaud, Mazeaud *et* Mazeaud, *Leçons* n° 714 e segs.; Nádia de Araujo, *Direito Internacional Privado: Teoria e Prática Brasileira*, Rio de Janeiro, Renovar, 2003, p. 363; Orlando Gomes, *Direito de Família*, n° 33 e segs.; Orlando Gomes, *in Direito de Família*, atualizado por Humberto Theodoro Junior, Rio de Janeiro, Forense, 1998; Planiol, Ripert *et* Boulanger, *in Traité Elementaire I*, n° 786 e segs.; Pontes de Miranda, *Direito de Família*, § 24; Ruggiero e Maroi, *Instituzioni di Diritto Privado*, v. I, § 53; Sá Pereira, *Lições de Direito de Família*, pp. 81 e segs.; Virgilio Panagiotis Stavridis, *O Novo Código Civil: Livro IV do Direito de Família* (coord.: Heloísa Maria Daltro Leite), Rio de Janeiro, Freitas Bastos, 2002; Wilson de Souza Campos Batalha, *Comentários à Lei de Registros Públicos*, v. I, p. 185.

382. Requisitos e pressupostos matrimoniais

O casamento requer certo número de requisitos atinentes à autoridade que o celebra, à forma do ato e às pessoas dos contraentes. O celebrante há de ser competente, não apenas em razão de sua atribuição legal (*ex ratione materiae*), como ainda em função da circunscrição territorial dentro da qual pode oficiar (*ex ratione loci*). O ato matrimonial deve obedecer às prescrições formais instituídas com caráter de ordem pública. Os nubentes devem ser aptos para as núpcias.

Além dos requisitos que dizem respeito à validade do matrimônio, a doutrina menciona ainda os seus pressupostos, que condizem com a sua existência mesma, e que desenvolveremos quando tratarmos da teoria do casamento inexistente (*vide* nº 390, *infra*), matéria que se integra na problemática da invalidade. Por ora, cabe mencionar que os pressupostos do casamento são: a) a celebração propriamente dita, a que se costuma aditar; b) a competência *ratione materiae* do celebrante.

Caio Mário da Silva Pereira reportava-se à diversidade de sexos como um pressuposto do casamento. No entanto, a Jurisprudência vem reconhecendo a possibilidade jurídica do casamento entre pessoas do mesmo sexo, de modo que, apesar de ainda não haver previsão expressa na legislação que autorize o casamento homoafetivo, a diversidade de sexos não pode mais ser apresentada como um pressuposto de validade do matrimônio. Neste sentido, importa destacar a recente decisão da 4ª Turma do Superior Tribunal de Justiça, tendo como Relator o Ministro Luis Felipe Salomão, que assim julgou a questão: "Com efeito, se é verdade que o casamento civil é a forma pela qual o Estado melhor protege a família, e sendo múltiplos os "arranjos" familiares reconhecidos pela Carta Magna, não há de ser negada essa via a nenhuma família que por ela optar, independentemente de orientação sexual dos partícipes, uma vez que as famílias constituídas por pares homoafetivos possuem os mesmos núcleos axiológicos daquelas constituídas por casais heteroafetivos, quais sejam, a dignidade das pessoas de seus membros e o afeto. (...) Os arts. 1.514, 1.521, 1.523, 1.535 e 1.565, todos do Código Civil de 2002, não vedam expressamente o casamento entre pessoas do mesmo sexo, e não há como se enxergar uma vedação implícita ao casamento homoafetivo sem afronta a caros princípios constitucionais, como o da igualdade, o da não discriminação, o da dignidade da pessoa humana e os do pluralismo e livre planejamento familiar."[1]

---

1 STJ – 4ª Turma – REsp. 1.183.378 – RS, Min. Rel. Luis Felipe Salomão, Julg.: 25.10.2011, *DJe*: 01.02.2012

Dentro deste quadro é que se desenvolve o conceito de "habilitação matrimonial", e para a sua apuração é que tem lugar o processo respectivo. Noutros termos: cabe aos nubentes demonstrar que estão legalmente habilitados para o casamento.[2]

Em todo o Ocidente vige o conceito fundamental da família monogâmica. Requisito do casamento é, pois, a ausência de vínculo matrimonial em relação a qualquer dos contraentes, seja por nunca se terem antes casado, seja por ter cessado com a morte, seja também pela anulação de matrimônio anterior – a que se acrescentará ainda a sentença de divórcio quando devidamente homologado e com este efeito.

Repudiando o incesto, buscou-se, tradicionalmente, organizar a sociedade dentro de uma moral sexual, considerando-se "legítimas" as relações sexuais que se constituíam pelo casamento civil e "ilegítimas" aquelas que se constituíam fora do casamento. O Código Civil, na vigência anterior, estabeleceu obstáculo ao matrimônio entre parentes em linha *reta* e em grau próximo na linha colateral (art. 183, II e IV), o que foi recepcionado pelo novo Código (art. 1.521, II e IV). Embora a Constituição Federal de 1988 tenha reconhecido a proteção do Estado às pessoas de sexos diferentes que vivam em união estável, estabeleceu, também, que a lei facilitará a sua conversão em casamento (art. 226, § 3º) no que demonstrou a posição privilegiada do casamento.em face das "uniões livres".

Se antes as uniões homoafetivas eram tratadas como sociedades de fato, recentemente elas conquistaram o status de entidade familiar, tendo o STF reconhecido, no julgamento da ADI 4277 e da ADPF 132, que os pares homoafetivos possuem direitos equivalentes aos dos companheiros. Esta decisão abre precedentes para o reconhecimento do casamento por casais homoafetivos, tendo em vista que não há vedação expressa na legislação. No entanto, a doutrina e a jurisprudência ainda divergem com relação a este aspecto, demandando uma previsão legislativa mais precisa.

383. Processo de habilitação

Para os atos ordinários da vida civil, presume-se a aptidão. Via de regra, não se exige de quem emite uma declaração de vontade, ou participa de um negócio jurídico, ou celebra um contrato, ou registra um filho, ou faz um testamento, a prova de que é capaz, ou de que se acha na livre administração ou disposição de seus bens. Somente em caso de dúvida ou suspeita exige-se do interessado a comprovação, e, mesmo neste caso, em caráter particular ou sumário.

Com o casamento, o mesmo não ocorre. Os nubentes têm de evidenciar a sua aptidão para o matrimônio em um processo especial – o "processo de habilitação". Compete à autoridade judiciária do domicílio de um dos nubentes a direção do pro-

---

2   Eduardo Espínola, *A Família no Direito Civil Brasileiro*, p. 47.

cesso, que ocorre perante o Oficial do Registro Civil da respectiva circunscrição territorial.

O processo de habilitação tem por finalidade proporcionar aos nubentes evidenciar a sua aptidão para o casamento, apresentando as provas necessárias a que a autoridade judiciária lhes defira o pedido. Constituindo as formalidades preliminares à celebração, inicia-se com um requerimento, assinado por ambos os nubentes, que, em princípio, devem firmá-lo pessoalmente, ou então por quem os represente. A Lei dos Registros Públicos (Lei nº 6.015, de 31 de dezembro de 1973) desenvolve as normas procedimentais da habilitação. O requerimento deverá estar instruído com os documentos arrolados na lei. Este processo compreende quatro fases ou itens: documentação, proclamas, certidão e registro.

A) Documentação. Segundo as normas reguladoras, os interessados apresentarão ao Oficial do Registro os documentos arrolados na lei civil (Código Civil, art. 1.525) e segundo as diretrizes contidas nos arts. 67 a 69 da Lei nº 6.015/1973, com as alterações introduzidas pela Lei nº 14.382, de 2023.

A-1) Certidão de nascimento. A certidão passada pelo Oficial do Registro Civil é a prova específica da idade, e ainda elemento de comprovação do parentesco. É documento fundamental (inciso I, art. 1.525, CC). Pode acontecer, todavia, que não se logre obter por se ter perdido ou destruído o livro, por achar-se o local inacessível, ou por motivo outro. Em tal caso, supre-se a certidão do registro por prova equivalente, que, na falta de outra indicação legal ou regulamentar, poderia ser[3] qualquer das referidas no Decreto nº 773/1890, a saber: a) justificação judicial, com a audiência de duas testemunhas que deponham por conhecimento próprio sobre o fato alegado, requerida ao juiz e acompanhada pelo órgão do Ministério Público (art. 861, CPC/1973);[4] b) título de nomeação para cargo ou função pública; c) declaração do pai ou tutor; d) atestado passado por perito médico designado pelo juiz.

A esses podem-se acrescentar título de eleitor, certidão de casamento anterior dissolvido pela anulação, pela morte do outro cônjuge, ou pelo divórcio. É bem de ver que não é alternativa a prova pela certidão do assento de nascimento ou outra equivalente. Esta última somente tem cabida se ficar comprovada a falta da primeira. Foi excluído o conteúdo do parágrafo único do antigo art. 180. Assim, mesmo se um dos nubentes houver residido fora do Estado no último ano, não mais será necessária a apresentação de prova de que o deixou, sem impedimento, ou que cessou o existente.

A-2) Se algum dos contraentes for menor de idade, a autorização das pessoas, sob cuja dependência legal estiver (inciso II do art. 1.525). Considerando a regra constitucional de equiparação de direitos e deveres referentes à sociedade conjugal (art. 226, § 5º) e idênticos direitos dos pais decorrentes do poder familiar (art. 22 da

---

3   Pontes de Miranda, *Direito de Família*, § 24, Sá Pereira, *Lições de Direito de Família*, p. 85.
4   O procedimento de justificação era previsto pelo CPC/1973 como um procedimento cautelar específico. Com o novo CPC, as cautelares passam a estar compreendidas na Tutela de Urgência (arts. 300 e seguintes do Novo CPC).

Lei nº 8.069/1990), será exigida a autorização de ambos os genitores ou do representante legal. Recusada por qualquer deles, suprir-se-á judicialmente. O Código Civil assim determinou no parágrafo único do art. 1.517. Com a nova denominação para "poder familiar", determina o parágrafo único do art. 1.631 que, divergindo os genitores, é assegurado a qualquer deles recorrer ao juiz para a solução do desacordo.

A-3) Declaração de duas testemunhas maiores, que atestem conhecer os nubentes e afirmem a inexistência de impedimento entre eles. É mister que os declarantes atestem conhecê-los, não importando se são parentes ou estranhos. Esta declaração não obsta a oposição de impedimentos, na forma da lei. Este documento pode ser firmado por parente ou estranho (inciso III do art. 1.525).

A-4) Declaração do estado civil, domicílio atual, residência dos contraentes e de seus pais, se forem conhecidos. Por aí se fará constar do processo se os nubentes são solteiros ou viúvos, maiores ou menores, se ambos têm domicílio na localidade ou se um deles reside em outra, ou em Estado diverso, o que terá influência para a publicação dos proclamas (*vide* inciso IV do art. 1.525).

Na vigência do Código de 1916 e da Lei do Divórcio, ausente o cônjuge por mais de dois anos, deveria ser promovido o Divórcio Direto. Sentença transitada em julgado autorizava novas núpcias. O Código Civil de 2002, nos arts. 6º e 7º, admitiu a presunção de morte quanto aos ausentes, nos casos em que a lei autoriza a abertura da sucessão definitiva.

Diante da possibilidade de uma declaração de ausência decorrente de "morte presumida", o Código Civil, no § 1º do art. 1.571, estabelece que "o casamento válido só se dissolve pela morte de um dos cônjuges ou pelo divórcio, aplicando-se a presunção estabelecida neste Código quanto ao ausente". A declaração de morte presumida ocorre após o trânsito em julgado da sentença que concedeu a sucessão definitiva dos bens do ausente (art. 6º do Código Civil de 2002), a qual, por sua vez, tem lugar depois de 10 anos de concedida a sucessão provisória (art. 37 do Código Civil de 2002). Admite, também, o art. 7º a declaração de morte presumida, independentemente da ausência, em casos expressos nos seus incisos I e II, situações semelhantes àquelas previstas nos arts. 85 a 88 da Lei nº 6.015/1973. Portanto, naquelas hipóteses, aplica-se a presunção estabelecida em relação aos ausentes.[5]

Silvio Rodrigues[6] analisa as soluções estabelecidas nos Códigos Alemão e Italiano ao apreciarem os efeitos advindos do retorno do presumido morto, quando o viúvo tenha estabelecido novo matrimônio, do que não cuidou o Código de 2002.

Fora as hipóteses previstas no Código Civil, melhor a orientação no sentido de que deve o cônjuge promover o divórcio direto. Tal medida, de caráter excepcional, embora marcada pelas delongas próprias dos processos judiciais que exigem editais de citação e outras providências judiciais e administrativas, ainda é a solução mais segura.

---

5 Bárbara Almeida de Araújo, "A Ausência: Análise do Instituto sob a Perspectiva Civil-Constitucional", *in A Parte Geral do Novo Código Civil* (coord.: Gustavo Tepedino), pp. 71-80.
6 Silvio Rodrigues, *Direito Civil: Direito de Família*, v. VI, pp. 468-469.

A-5) Se um dos nubentes for viúvo ou tiver o seu casamento anterior anulado, ou for divorciado, a certidão de óbito do cônjuge falecido ou da sentença anulatória do matrimônio anterior, ou da certidão de casamento averbada com o divórcio (inciso V do art. 1.525). Não alude o Código Civil à prova equivalente, como faz em relação à certidão de nascimento. Se é certo que a anulação de matrimônio anterior somente se prova pela sentença, e o falecimento se demonstra pela certidão de óbito, a doutrina assenta que a falta deste se supre por prova equivalente.[7]

No que concerne às "pessoas desaparecidas em razão da participação, ou acusação de participação, em atividades políticas" indicadas na Lei nº 9.140/1995, Caio Mário a classifica como "morte fictícia".[8] Neste rumo, considerou que a morte reconhecida por lei especial gera efeitos no mundo jurídico, os quais, na maioria das vezes, são comuns às demais modalidades de morte, excluindo situações que por si só conduzem a soluções diversas. No caso do cônjuge sobrevivo, não se pode recusar o direito de contrair matrimônio. Não há que se exigir a decretação do Divórcio.

O Código de 1916 exigia, se um dos contraentes houvesse residido a maior parte do último ano em outro Estado, a apresentação de prova que o deixou sem impedimento para casar, ou de que cessou o existente. A Lei nº 6.015/1973 cuidou especificamente da habilitação nos arts. 67 a 69, tendo a Lei nº 14.382, de 2023, introduzido modificações na LRP e no Código Civil em vigor.

O Código de 2002 dispensou-a, contentando-se com a formalidade da publicação dos proclamas.

Embora o Código Civil não o mencione, é documento aceitável para a prova da habilitação legal a certidão da sentença de divórcio proferida pela Justiça do País que o admita, subordinada à sua homologação pelo Superior Tribunal de Justiça, conforme art. 105, I, *i*, CF (Emenda Constitucional nº 45/2004), ao reconhecimento desse efeito. Proferida sentença de divórcio no Brasil, a certidão respectiva integra o processo de habilitação.

O processo de habilitação corre perante o oficial do Registro Civil da residência de qualquer dos nubentes. Uma vez concluído e ouvido o Ministério Público, será homologado pelo juiz que for competente, nos termos da lei de Organização Judiciária Estadual (art. 1.526).

Esta novidade no Código de 2002 significa flagrante retrocesso nos procedimentos de habilitação para o casamento, já consolidados com a orientação do art. 67 da Lei nº 6.015/1973, onde prevê expressamente que somente na hipótese de impugnação pelo Ministério Público os autos seriam remetidos ao juiz para uma "decisão sem recurso". Portanto, na vigência do Código de 1916, o procedimento de habilitação para o casamento tinha natureza administrativa. Somente com a oposição de impedimentos matrimoniais, o processo assumia aspecto nitidamente contencioso.[9]

---

7   Espínola, *A Família no Direito Civil Brasileiro*, p. 49.
8   Caio Mário da Silva Pereira, "Pessoas desaparecidas em atividades políticas no período da repressão: os efeitos jurídicos e sociais da Lei nº 9.140/1995", *in Direito Contemporâneo: Estudos em Homenagem a Oscar Dias Corrêa*, p. 25.
9   Wilson de Souza Campos Batalha, *Comentários à Lei de Registros Públicos*, v. I, p. 185.

Respeitada a regulamentação interna dos Tribunais, a habilitação era feita perante o oficial do Registro Civil e, após a oitiva do Ministério Público, era homologada pelo juiz. Pelo sistema do Código de 2002, todo o procedimento é judicial, mesmo se não forem opostos impedimentos, devendo ser homologado por sentença, após a oitiva do Ministério Público.

B) Proclamas. Apresentados pelos pretendentes ou seu procurador os documentos exigidos e verificando o Oficial estarem em ordem, extrairá o edital, que se afixará durante 15 (quinze) dias nas circunscrições do Registro Civil de ambos os nubentes, e obrigatoriamente se publicará na imprensa local, se houver (art. 1.527).

O edital mencionará em resumo o intento matrimonial, os nomes dos nubentes, e se convocará qualquer do povo para que aponte o impedimento de que tiver ciência. Residindo os contraentes em circunscrições diferentes do Registro Civil, a publicação do edital far-se-á em ambos. Ao oficial compete verificar, tão somente, se os documentos exigidos lhe foram apresentados. Em caso afirmativo, extrairá edital, que afixará em lugar ostensivo do edifício ou do cartório. A publicação far-se-á uma só vez, mencionando o prazo de 15 dias, e sempre se faz pela imprensa local. Exigindo-se que se insira no Diário Oficial, reduz a publicação às capitais dos Estados. Seria preferível manter o que se dispunha no Código de 1916, aludindo à publicação "pela imprensa, onde houver" (art. 181), o que visivelmente facilitava a inserção em jornal local.

Prevê o parágrafo único do art. 1.527 (antigo 182, parágrafo único), a possibilidade de dispensa de publicação dos proclamas, "havendo urgência". Neste caso, a autoridade competente para o casamento dispensará a publicação, desde que lhe seja apresentada a documentação legal. A seu juízo cabe apreciar o pedido, que pode ser o estado de saúde de algum dos nubentes, a transferência de local de trabalho ordenada pelo superior, ou outra circunstância relevante, como viagem inadiável, parto iminente, processo criminal. A comprovação da urgência pode efetuar-se documentalmente ou por testemunhas, e sobre a dispensa é de ser ouvido o Ministério Público. O Juiz decidirá e determinará a anexação dos autos da habilitação.

Inovou o legislador de 2002 ao determinar no art. 1.528 que é dever do oficial do registro "esclarecer os nubentes a respeito dos fatos que podem ocasionar a invalidade do casamento, bem como sobre os diversos regimes de bens". As disposições do presente artigo não têm sentido prático, e dificilmente encontrará Oficial de Registro Civil em condições para cumpri-lo, sobretudo, no que refere a maiores detalhes técnicos.

Prevê o art. 1.529 que "tanto os impedimentos quanto as causas suspensivas serão opostos em declaração escrita e assinada, instruída com as provas do fato alegado, ou com a indicação do lugar onde possam ser obtidas". O Código dispõe, no art. 1.522, a propósito de quem pode opor os impedimentos, ao indicar que qualquer pessoa capaz tem legitimidade para argui-la. As causas suspensivas nem sempre podem ser, de pronto, demonstradas, como, por exemplo, o fato de não ter sido feito o inventário do extinto casal, ou a circunstância de não terem sido saldadas as contas da tutela ou da curatela.

O oponente deverá provar a sua qualidade e observar rigorosamente o processo da habilitação, em razão da importância social do assunto. O Oficial do registro dará aos nubentes ou seus representantes nota da oposição, indicando os fundamentos, as provas e o nome de quem a ofereceu (art. 1.530).

Os nubentes produzirão prova que iniba a arguição do impedimento ou da causa suspensiva, podendo requerer prazo razoável para fazer prova contrária (parágrafo único do art. 1.530), cabendo ao juiz decidir sobre o levantamento da oposição. Não estabelecendo o Código a natureza da prova, invocam-se os princípios gerais, cabendo a documental, a testemunhal, e até a pericial, se for o caso. Embora não se cogite de ouvir o oponente sobre as provas produzidas, o juiz poderá determiná-lo, como, também, ordenar (de ofício ou a requerimento dos interessados) o seu depoimento pessoal. Nada impede que o levantamento se efetive de plano, independentemente de processamento, quando se revelar, desde logo, irrelevante o motivo alegado.

Contra o opoente de má-fé poderão ser intentadas ações civis ou criminais. Não é o fato em si da oposição que gera as ações. A reparação dos danos (inclusive morais) e a condenação criminal somente têm cabida se provada a má-fé.[10] O ajuizamento das ações independe do prazo concedido para a produção de prova contrária. A redação do parágrafo ficou algo confusa, mas não se pode interpretar diversamente o preceito.

Confrontando o art. 191 do Código de 1916 com o art. 1.530 do Código de 2002 percebe-se que o legislador retirou a possibilidade de se opor impedimento *ex officio*, exigindo a indicação do nome da pessoa que ofereceu a oposição.

C) Certidão. Apurada a regularidade do processo de habilitação, decorrido o prazo dos proclamas (ou dispensada a sua publicação) e não aparecendo quem oponha impedimento, o Oficial (se não lhe constar algum que de ofício lhe compita declarar) passará a certidão, com o prazo de validade por noventa dias, declarando estarem os contraentes habilitados para casar. Não celebrada a boda nesse prazo, cumpre renovar-se o processo, com publicação de novos proclamas e nova certidão. Esse prazo varia nas legislações: 180 dias no BGB e no italiano; um ano nos Códigos francês, espanhol e português. O direito brasileiro restringe-o a noventa dias para conservar mais viva na memória a publicação dos editais, franquear a denúncia de impedimento, e resguardar de maiores riscos as núpcias pretendidas.

Cumpridas as formalidades dos arts. 1.526 e 1.527 e verificada a inexistência de fato obstativo, o oficial do registro extrairá o certificado de habilitação (art. 1.531). Os nubentes serão considerados habilitados para o casamento, terminado o prazo da publicação e constatada a inexistência de impedimentos. A data da cerimônia deve ficar a critério das conveniências dos interessados.

---

10 Planiol, Ripert *et* Boulanger e Jemolo, *in Traité Elementaire I*, n° 786 e segs.

O art. 1.532 indica que a certidão de habilitação tem validade por noventa dias a contar o prazo da data em que foi extraído o certificado. Neste período de tempo, os nubentes podem casar-se sem renovação do processo. Escoado que seja, a sua revalidação depende de novo requerimento, podendo-se, contudo, aproveitar a mesma prova apresentada no anterior.

Indeferida a habilitação, cabe aos interessados recorrer judicialmente, através de processo próprio, atendida a organização judicial do Estado.

No que tange à habilitação para o casamento a ser realizado no Brasil, sendo um dos nubentes divorciado no exterior, proceder-se-á à homologação da sentença estrangeira pelo Superior Tribunal de Justiça (art.105, I, *i*, CF), conforme determina o art. 483, CPC/1973 – art. 961, CPC/2015. A homologação obedecerá às disposições da Emenda Regimental n° 18/2014, que incluiu o "Título VII-A – Dos Processos Oriundos de Estados Estrangeiros" no Regimento Interno do Superior Tribunal de Justiça. Já estava consolidado no STF, quando a matéria era de sua competência exclusiva a orientação no sentido de que "é obrigatória a homologação da sentença estrangeira, já que virá a produzir efeitos no Brasil, independentemente de sua natureza". Nádia de Araújo esclarece, reportando-se à Petição Avulsa n° 11, que "o processo de homologação desempenha função essencial na outorga de eficácia a qualquer sentença estrangeira, possuindo caráter constitutivo e não podendo ser dispensado".[11]

Conclui-se, portanto, que manteve o Código de 2002, em linhas gerais, a mesma orientação do Código anterior no que tange à habilitação para o casamento. Eventual reforma deverá rever a homologação judicial da habilitação, restringindo-a apenas às hipóteses de impedimentos ou irregularidades na documentação.

---

11 Nádia de Araujo, *Direito Internacional Privado: Teoria e Prática Brasileira*, p. 363.

Capítulo LXXXVI
Celebração e Prova do Casamento

Sumário

384. Cerimônia nupcial. **385.** Suspensão da cerimônia. **386.** Assento do casamento. **387.** Casamento nuncupativo. **388.** Casamento por procuração. **389.** Prova do casamento. **389-A.** Posse de estado de casados.

Bibliografia

Antonio Cicu, *Derecho de Família*, p. 47; Arnaldo Rizzardo, *Direito de Família*, Rio de Janeiro, Forense, 2008, p. 90; Arturo Carlo Jemolo, *Il Matrimonio*, nos 53 e segs.; Cândido de Oliveira, "Direito de Família", *in Manual Lacerda*, v. V, §§ 66 e 68, pp. 133 e segs.; Clóvis Beviláqua, *Direito de Família*, §§ 17 e segs.; Clóvis Beviláqua, *Comentários ao Código Civil*, v. II, p. 46; Degni, *Diritto de Famiglia*, p. 193; De Page, *Traité Élémentaire*, v. I, nos 586 e segs.; Eduardo Espínola, *A Família no Direito Civil Brasileiro*, nos 30 e segs., pp. 102 e segs.; Engelmann, apud Espínola, *A Família no Direito Civil Brasileiro*, p. 108; Enneccerus, Kipp y Wolff, *Tratado, Derecho de Familia*, v. I, §§ 18 e 21; Francesco Degni, *Il Diritto di Famiglia*, pp. 119 e segs; Jean Carbonnier, *Droit Civil*, v. II, nº 13; Lafayette, *Direito de Família*, § 108; Luiz Edson Fachin *in Código Civil Comentado*. São Paulo: Atlas, 2003, v. XV; Maria Luiza de Lamare São Paulo, "*Do Novo Código Civil – Do Direito de Família* (coord.: Heloisa Maria Daltro Leite), Rio de Janeiro, Freitas Bastos, 2002, p. 42; Mazeaud, Mazeaud et Mazeaud, *Leçons de Droit Civil*, v. I, nos 813 e segs.; Nádia de Araújo, *Direito Internacional Privado: Teoria e Prática Brasileira*, Rio de Janeiro, Renovar, 2003; Orlando Gomes, *Direito de Família*, nos 56 e segs.; Pablo Stolze Gagliano e Rodolfo Pamplona Filho *in Novo Curso de Direito Civil: Direito de Família (as famílias em perspectivas constitucionais)*. São Paulo: Saraiva, 2012, pp. 159/160; Planiol, Ripert et

Boulanger, *Traité Élémentaire*, v. I, n°ˢ 873 e segs.; Pontes de Miranda, *Direito de Família*, §§ 25 e segs.; Rolf Madaleno, *Curso de Direito de Família*, Rio de Janeiro, Forense, 2008; Paulo Lôbo, *Direito Civil: Família*, São Paulo, Saraiva, 2008; Ruggiero e Maroi, *Istituzioni di Diritto Privato*, v. I, § 53; Sá Pereira, *Lições de Direito de Família*, pp.103 e segs.; Trabucchi, *Istituzioni*, n° 114; Wilson de Souza Campos Batalha, *Comentários à Lei de Registros Públicos*, v. I, Rio de Janeiro, Forense, 1997.

384. Cerimônia nupcial

A lei reveste a cerimônia do casamento de solenidades especiais, de publicidade ostensiva, e de gravidade notória. Quer desta sorte enfatizar a sua realização, depois de se ter dedicado às formalidades preliminares, já estudadas. Não a faz tão pomposa como as cidades antigas[1] nem tão solene quanto os rituais eclesiásticos, mas, bastante para revelar a relevância social do ato.

Embora negado por muitos, o casamento é um contrato, na sua formação. Analisado etiologicamente, nele está presente o acordo de vontades que é essencial à celebração. Difere, contudo, dos demais contratos, pelas solenidades que o revestem, e que se desenvolvem em três momentos distintos: formalidades preliminares, com o processo de habilitação, que culminam em expedir o Oficial a certidão indispensável à celebração do ato; cerimônia com a presença dos contraentes, ou de procurador revestido de poderes expressos e especiais; formalidades subsequentes, com a inscrição no Registro Civil competente, perpetuando a união matrimonial com a referência específica dos elementos que permitem aos contraentes e a terceiros, a todo tempo, conhecer o estado civil, e subsidiariamente, outros dados, como sejam a idade, a filiação, o regime de bens. Não importa se se trata de matrimônio civil ou religioso com efeitos civis. O cerimonial do casamento está ínsito na solenidade que reveste. É, desta sorte, o ato da vida civil a que a ordem jurídica atribui maior importância, porque é o ponto de partida para a constituição da família. Com maiores ou menores minúcias, todos os sistemas jurídicos assinalam a presença de formalidades, que destacam a relevância especial das bodas.

De posse da certidão de habilitação passada pelo oficial, requererão os nubentes lhes designe o juiz competente, segundo a legislação estadual, dia, hora e local da cerimônia. É prerrogativa da autoridade celebrante determiná-los por despacho, embora normalmente atenda às indicações dos interessados.

Nos núcleos urbanos mais populosos, em que são frequentes os casamentos em grande número, especialmente em certas datas que atendem às preferências dos noivos, a designação feita pelo juiz faz coincidir diversas cerimônias, simultaneamente, nada impedindo que assim se proceda.

Mediante petição dos contraentes, serão designados, local, dia e hora da celebração pela autoridade que for presidir o ato (art. 1.533).

O local é o mesmo no qual o juiz normalmente dá as suas audiências (sede do cartório). Se as partes não puderem dirigir-se àquele local público, requererão ao juiz que lhes designe outro. É mesmo frequente a realização no domicílio de um dos nubentes por mera aquiescência do celebrante e sem a prova da motivação justificativa. O local da celebração é objeto de disposição especial (art. 1.534).

---

1 Espínola, *A Família no Direito Civil Brasileiro*, p. 103.

A data conjuga-se com a publicação dos proclamas, salvo dis-pensa destes e urgência comprovada (parágrafo único do art. 1.527). O critério da "urgência" será apreciado pelo Juiz. Maria Luiza de Lamare São Paulo[2] exemplifica situações que autorizam a dispensa: parto iminente da nubente, ausência prevista em razão de serviço público, viagem imprevista e demorada de um dos cônjuges. Na hipótese de moléstia grave e iminente risco de vida de um dos nubentes, além da dispensa dos proclamas, admite-se a dispensa do celebrante oficial e das formalidades preliminares (art. 1.540).

A hora deve, normalmente, compreender-se entre o nascer e o pôr do sol e depende do expediente da autoridade. Havendo urgência comprovada (doença, viagem), poderá celebrar-se à noite, circunstância que compete ao juiz apreciar.

No momento aprazado, o local da cerimônia de portas abertas para franquear o acesso a qualquer pessoa e afastar os riscos de intimidação ou falseamento da vontade, dará o juiz início à cerimônia.

A presença dos nubentes, pessoal e simultânea, é indispensável, salvo caso de procuração. Duas testemunhas, pelo menos, assistem ao ato, não meramente instrumentárias, mas simbolizando a sociedade, parentes dos noivos, ou estranhos. Marido e mulher podem figurar como testemunhas no mesmo ato.[3]

Determina o art. 1.534, § 1º, que "quando o casamento for celebrado em edifício particular, ficará este de portas abertas durante o ato". A celebração em local diverso da sede do cartório dar-se-á por solicitação dos nubentes e com o consentimento da autoridade celebrante. A disposição tem de conciliar-se com as condições de vida moderna. Ao tempo do Código de 1916 era generalizada a habitação unifamiliar. A circunstância da moradia em edifício coletivo exige adaptação do preceito à situação do momento. O que se pode exigir é que a porta do apartamento se mantenha aberta, o que é de pouca significação, se se atentar em que o ingresso no prédio é controlado pelo serviço de portaria. Isto não obstante, celebram-se casamentos nestas circunstâncias, sem que se argua nulidade, o que converte o preceito em mera recomendação.

O art. 1.534, § 2º, indica a necessidade de quatro testemunhas na hipótese do casamento celebrado em edifício particular se algum dos contraentes não souber ou não puder escrever.

As testemunhas, em qualquer dos casos, não são meramente instrumentárias. Representam a sociedade e nenhuma suspeição existe pelo fato de serem parentes, mesmo próximos, dos contraentes. Em presença das mesmas, o juiz interroga os contraentes – cada um de *per si* – se é de sua livre e espontânea vontade que recebe o outro em casamento. Devem estar presentes a todo ato, e, em particular, no momento da declaração nupcial, nos termos do artigo art. 1.535, quando o celebrante expressa, claramente: "De acordo com a vontade que ambos acabais de

---

2 Maria Luiza de Lamare São Paulo, Do Novo Código Civil – Do Direito de Família (coord.: Heloisa Maria Daltro Leite), p. 42.
3 Planiol, Ripert *et* Boulanger, *Traité Élémentaire*, v. I, nº 904.

afirmar perante mim, de vos receberdes por marido e mulher, eu, em nome da lei, vos declaro casados".

Inábil a produzir efeito matrimonial será a troca das vontades pelos nubentes sem a presença do celebrante[4] salvo no casamento *in extremis*. Inaceitável igualmente a emissão da vontade nupcial por outra via: epistolar, telegráfica, telefônica, e bem assim a manifestação volitiva indireta por via de portador ou de outra pessoa presente.[5] A declaração matrimonial há de ser pura e simples, não se admitindo apor-se-lhe qualquer condição ou termo.[6] Os nubentes podem, contudo, manifestar a sua vontade nupcial por escrito ou sinais, se o não puderem fazer oralmente, uma vez que estejam ambos presentes.[7] O que é essencial é que estejam na presença do juiz e perante as testemunhas respondam afirmativamente e de modo inequívoco à indagação.

Posto não requeira o direito moderno se pronunciem fórmulas sacramentais, como o Romano exigia da mulher a repetição que as fontes indicam (*Ubi tu Gaius ibi ego Gaia*), reclama, todavia, a manifestação clara e escorreita de receberem um ao outro, por marido e por mulher. Se não puder o contraente falar (mudo, afásico), há de se expressar em forma escrita ou mímica. A recusa de responder equivale a uma resposta negativa,[8] o que impõe suspender-se de pronto a cerimônia.

Ao pronunciar as palavras previstas no art. 1.535, o celebrante o faz em nome da lei, como representante do Estado, e é nesta qualidade que participa do ato.

Daí uma indagação doutrinária: o matrimônio considera-se realizado no momento em que o juiz pronuncia a declaração, ou naquele em que lhe respondem os contraentes à indagação? Não é bizantina a questão, se se atentar em que pode ocorrer a morte de um dos contraentes depois de proferido o duplo consentimento e antes da declaração. E não é impossível o juiz ser atingido de mal súbito naquele momento.

Já o Romano dizia que *nuptias consensus facit:* o que faz o matrimônio é o consenso. O celebrante ouve a manifestação dos contraentes, e os declara casados. Como representante do Estado, pronuncia a declaração de estarem unidos em matrimônio aqueles que emitiram a manifestação de suas vontades neste sentido. A presença do juiz é fundamental, mas sua declaração, sem embargo de boas opiniões em contrário[9] não é indispensável à validade do casamento.[10]

Tanto assim que a lei reconhece a validade e efeitos civis do casamento celebrado perante autoridade eclesiástica (*vide* n° 376, *supra*) que, segundo a doutrina canônica, é "testemunha qualificada" da vontade dos nubentes. E vai mais longe, aceitando a plena eficácia do matrimônio *in articulo mortis*, sem a presença mesma

---

4 Jean Carbonnier, *Droit Civil*, n° 14, p. 52.
5 Engelmann, *apud* Espínola, ob. cit., p. 108.
6 Enneccerus, Kipp *y* Wolff, Tratado, *Derecho de Familia*, v. I, § 21.
7 De Page, *Traité Elementaire*, v. I, n° 630.
8 Planiol, Ripert *et* Boulanger, *Traité Élémentaire*, v. I, n° 905.
9 Orlando Gomes, *Direito de Família*, n° 58.
10 Clóvis Beviláqua, *Comentários ao Código Civil*, v. II, p. 46.

do representante do Estado (*vide* nº 388, *infra*), caso em que a declaração nupcial é recolhida apenas pelas seis testemunhas.

Ouvida a resposta, afirmativa, livre e espontânea dos nubentes, o juiz os "declara casados". A palavra do oficiante, como representante do Estado, é "declaratória", o que significa que o que constitui as núpcias é o consenso – *nuptias consensus facit* – uma vez observadas as formalidades e cumpridas as exigências legais.

385. Suspensão da cerimônia

Ato público e solene, a cerimônia nupcial flui continuadamente, desde a instalação até a assinatura do termo.

Prevê a lei, todavia, venha a suspender-se em três casos:

A) Nos estudos relativos à oposição dos impedimentos (nº 377, *supra*), se no correr do ato comparece alguém e acusa a existência de uma causa proibitiva, o celebrante verifica a plausibilidade da arguição, a idoneidade do oponente e a robustez da prova ou informação, suspendendo a cerimônia. Não procederá, assim, por mera suspeita; será prudente, cauteloso. Mas não poderá dar seguimento ao ato, em face de oposição séria.

B) Suspende, ainda, a cerimônia, nos casos de faltar a declaração escorreita da vontade nupcial, o que a lei desdobra em três considerações: "Se algum dos contraentes recusar a solene afirmação de sua vontade; declarar que esta não é livre e espontânea; manifestar-se arrependido" (art. 1.538, I, II, III). Em tais circunstâncias, não se prosseguirá a cerimônia, porque a liberdade matrimonial não comporta dúvidas e incertezas.

E aquele que deu causa à suspensão não é admitido a retratar-se no mesmo dia. Resguarda-se com isto a sua vontade contra qualquer interferência. Mesmo que não se encontre sob influência estranha, a lei lhe propicia um compasso de espera para que bem medite e, se voltar, traga o propósito seguro e a deliberação amadurecida. E, mesmo em dia subsequente, o juiz deve receber a retratação com toda cautela.

C) Uma terceira causa de suspensão da cerimônia prevê-se para a hipótese de revogação da anuência dos pais, tutor ou curador, para as núpcias do filho sob *patria potestas*, ou de nubentes sob tutela ou curatela. E, como a autorização é necessária, e se pode revogar até o momento da cerimônia, sua retirada implica que nela não se prossiga.

Na hipótese da negativa, cabe ao juiz competente, a quem o interessado peticione, proceder segundo a lei do processo: autuação do pedido, audiência do recusante, exame da prova produzida, decisão; e, conforme o caso, reapreciação na instância superior em face de recurso voluntário.

386. Assento do casamento

Completando o ciclo formal do matrimônio, que se inicia com o processo de habilitação, e prossegue com a cerimônia solene, determina a lei que desta última se lavre termo circunstanciado, de sorte a perpetuar o ato, e dele constituir prova, como adiante se verá (nº 389, *infra*).

Lavrar-se-á o assento no livro de registro, onde constarão, obrigatoriamente, os elementos constantes do art. 1.536. Deve, ainda constar, se for o caso, a autorização para casar e transcrever-se-á, integralmente, a escritura antenupcial (art. 1.537). Na hipótese de casamento por procuração, também constarão, na íntegra, os seus termos. A falta do termo, entretanto, não macula a validade do casamento, nem pesa como falha na celebração.[11]

387. CASAMENTO NUNCUPATIVO

Tratando do processo de habilitação, e explicando depois a celebração, viu-se que o ritual demanda vários dias: apresentação dos documentos; publicação dos proclamas; decurso do prazo destes; certidão de habilitação; designação de dia, hora e local; comparecimento dos contraentes e testemunhas.

Em decisão datada de 10.06.2022, a Terceira Turma do STJ, tendo como Relatora a Ministra Nancy Andrighi, em segredo de justiça, reconheceu que não cabe negar o registro de casamento nuncupativo por desrespeito ao prazo legal, admitindo-se a flexibilização da regra que fixou prazo rígido de 10 dias (art. 1.541, *caput*, do CC). Para a Relatora, "não é adequado impedir a formalização do casamento apenas por esse fundamento".

Viu-se, também, que, em caso de urgência, o juiz irá celebrá-lo onde se encontrar o impedido, mesmo à noite, perante duas testemunhas que saibam ler e escrever ou far-se-á substituir pelo seu suplente, cabendo nomear escrivão *ad hoc*, que lavre o termo próprio ou em avulso (parágrafo único do art. 1.527).

No *casamento em que um dos nubentes está acometido de moléstia grave*, autoriza o art. 1.539 do Código Civil que o celebrante se dirija ao local onde se encontre (residência, hospital etc.), mesmo em período noturno, pressupondo a total impossibilidade de locomoção ou remoção do paciente sem risco de agravamento do seu quadro, que pode levá-lo à morte em tempo breve. Neste caso, não estão dispensadas as formalidades preliminares, sendo dispensada a presença do Oficial do Registro Civil, mas não do Juiz do casamento. Não significa, necessariamente, morte eminente, que pode ter lugar a qualquer instante; sem embargo, exige-se risco efetivo de morte a qualquer instante. Se a doença do nubente vier a se prolongar por longo tempo, ou se vier a convalescer, tal fato não invalida o casamento celebrado na circunstância descrita no artigo em tela, nem exige a ulterior prática de formalidades adicionais.[12]

Na falta ou impedimento do Oficial, designará o juiz uma pessoa que o substitua, e com esta celebrará o ato. Se faltar ou for impedida a própria autoridade, seu suplente presidirá o ato.

---

11 Cândido de Oliveira, "Direito de Família", *in Manual Lacerda*, v. V, § 68, p. 143.
12 Luiz Edson Fachin *in Código Civil Comentado*. São Paulo: Atlas, 2003, v. XV.

Não se dispondo, devido à hora e ao lugar, do livro próprio, o assento matrimonial será lavrado em folha avulsa, com a assinatura do celebrante, do oficial *ad hoc* e das testemunhas. Se o nubente enfermo não puder assinar, serão necessárias quatro testemunhas, na forma do § 2º do art. 1.534.

Dentro dos cinco dias subsequentes, o termo avulso será transcrito no livro próprio, perante duas testemunhas. Tratando-se de cerimônia que se realiza em casos excepcionais, é de se considerar esta circunstância, a fim de que não se converta em abuso.

Distingue-se o "casamento em caso de moléstia grave" daquele conhecido como "casamento nuncupativo"; o pressuposto do primeiro é que tenha sido processada a habilitação e, por alguma razão, seja ele celebrado antecipadamente. A celebração poderá ser realizada fora das instalações do Cartório.

Estabelece o parágrafo único do art. 1.527 do Código Civil de 2002 que a autoridade competente, havendo urgência, poderá dispensar a publicação dos editais. Essa prerrogativa poderá ocorrer em outras hipóteses de "urgência" a serem analisadas pelo Juiz.

O *casamento nuncupativo* ou *in extremis*, previsto no art. 1.540 do Código Civil, é aquele celebrado sem que sejam cumpridas as formalidades preliminares e seja identificada a condição de iminente risco de vida, quando será dispensada a presença do celebrante e do Oficial do Registro Civil. O casamento é celebrado pelos próprios nubentes na presença de seis testemunhas que não tenham com os nubentes parentesco em linha reta, ou na colateral, até segundo grau. Estas últimas comparecerão perante a autoridade judicial mais próxima, dez dias após a realização do ato, requerendo que sejam tomadas por termo suas declarações de que foram convocadas por parte do enfermo (ou por terceiro que atenda sua vontade). As testemunhas confirmarão perante a autoridade judiciária competente o juízo perfeito do enfermo que de viva voz manifestou seu desejo e participou da celebração do casamento. Ouvido o Ministério Público e verificado que não existia impedimento, o Juiz proferirá sentença, cabendo contra essa o recurso de Apelação. O registro vai retroceder à data da celebração. Caso o enfermo convalesça e possa ratificar o casamento perante a autoridade competente, serão dispensadas as formalidades obrigatórias. Esta ratificação só será exigida se o enfermo convalescer (art. 1.541, incisos e §§ do Código Civil). Nesta hipótese, os nubentes deverão comprovar a inexistência de impedimentos.

Arnaldo Rizzardo dá exemplos: um dos nubentes é ferido por disparo de arma de fogo, ou sofre grave acidente, ou, ainda, é vítima de mal súbito, em que não há a mínima esperança de salvação e a duração da vida não poderá ir além de alguns instantes ou horas.[13]

Somente tem cabida estando um dos nubentes em iminente risco de vida, e não haja tempo ou possibilidade de comparecer o juiz ou seu suplente, para presidir à cerimônia. Independentemente da presença de um ou de outro, e de se processar

---

13 Arnaldo Rizzardo, *Direito de Família*, p. 90.

a habilitação regularmente, realiza-se mesmo assim o casamento, pronunciando os nubentes a declaração de vontade matrimonial em presença de seis testemunhas, que não sejam parentes em linha reta com os nubentes, nem irmão ou cunhado de qualquer deles.

Tendo em vista que as núpcias se efetuam pela emissão de vontade – *nupcias consensus facit* –, tem o consentimento a eficácia de matrimônio, procedendo-se à habilitação e inscrição *ex post facto,* com observância do disposto no art. 1.541.

Neste caso, apresentados os documentos, o escrivão, mediante despacho do juiz, dará certidão da habilitação, independentemente da publicação dos proclamas. Mas, se não houver tempo para a apresentação dos documentos e para a dispensa dos editais, a iminência da morte aconselha se celebre o casamento subordinado à habilitação *a posteriori.*[14]

Os próprios contraentes celebram o casamento. Mas se possível a presença do juiz de paz, e mesmo do Oficial do cartório, não perderá a natureza de casamento nuncupativo ou *in extremis* porquanto o que caracteriza é a dispensa das formalidades exigidas para o casamento comum, que dizem respeito aos documentos e providências que aparecem nos arts. 1.525, 1.526 e 1.527, isto é, da habilitação e da publicação dos proclamas.[15] Nos 10 dias subsequentes, abrir-se-á processo especial. A formalização do casamento nuncupativo pode ser requerida por alguma das testemunhas ou por qualquer interessado, perante o juiz mais próximo do local onde se achava o enfermo. Com as formalidades processuais (art. 76 da Lei nº 6.015/1973) serão tomadas por termo as declarações das testemunhas (art. 1.541) que foram convocadas pelo enfermo; que lhes parecia estar em risco de vida; que, em sua presença, livre e espontaneamente, declararam receber-se por marido e mulher. Não comparecendo todas as testemunhas, qualquer interessado poderá requerer a sua intimação.

Procederá o juiz às diligências necessárias a apurar se os contraentes podiam ter-se habilitado na forma ordinária, ouvirá os interessados que o requereram, verificará a idoneidade dos cônjuges para o casamento. Será ouvido o Ministério Público, realizando-se as diligências necessárias à verificação da inexistência de impedimentos matrimoniais.[16] Decidirá, finalmente, o Juiz competente. Passada em julgado a sentença final (de 1º ou 2º grau), a mesma será transcrita no livro de Registro dos Casamentos, valendo como assento matrimonial. O assento assim lavrado retrotrairá os seus efeitos à data da celebração em relação aos cônjuges.

Convalescendo o enfermo, serão dispensadas estas formalidades com a ratificação do casamento em presença da autoridade competente, e do oficial do Registro (§ 5º do art. 1.541, CC). Esta ratificação, ao contrário do que sustentava Beviláqua, não exige novo casamento, bastando a declaração confirmatória da vontade nupcial.[17]

---

14 Sá Pereira, ob. cit., p. 113.
15 Arnaldo Rizzardo, ob. cit., p. 90.
16 Wilson de Souza Campos Batalha, *Comentários à Lei de Registros Públicos*, Rio de Janeiro, Forense, 1997, v. I, p. 213.
17 Eduardo Espínola, ob. cit., p. 129; Sá Pereira, ob. cit., p. 114.

Sobre as formalidades relativas ao casamento nuncupativo, estendeu-se a Lei dos Registros Públicos (Lei nº 6.015, de 1973, art. 76 e seus parágrafos). Não havendo a ratificação após a convalescença, não tem valor este casamento.[18]

Verificada a idoneidade dos cônjuges por todos os meios de prova em direito admitidas, estabeleceu o § 2º do art. 1.541 que decidirá o juiz, cabendo recurso à parte para instância superior.

Deverá ser lavrado o assento no livro de Registro dos Casamentos e retrotrairão os efeitos do casamento à data da celebração (§§ 3º e 4º do art. 1.541, CC).

388. Casamento por procuração

Nem todos os sistemas jurídicos admitem o casamento por procuração. O alemão expressamente o proíbe (BGB, art. 1.317), como o francês, anteriormente à Lei de 4 de abril de 1915. O direito italiano somente o admite para os militares em tempo de guerra, ou para os residentes no estrangeiro.[19] Permite-o o brasileiro, sujeitando, no caso, os nubentes a formalismo peculiar a esta modalidade. Devem ser outorgados, por instrumento público (art. 1.542), poderes especiais ao mandatário para receber, em nome do mandante, o outro contraente, com a individuação precisa. Não vale a procuração sem esta especificação. Facultativamente, a procuração mencionará o regime de bens, prevalecendo, no seu silêncio, o da comunhão parcial, salvo se for obrigatório na espécie o da separação.[20]

Por esta via, facilita-se o matrimônio quando um dos nubentes reside em localidade diversa do outro e não pode deslocar-se, ou quando um deles se acha no estrangeiro em trabalho ou cumprimento de bolsa que não pode interromper. Descrevendo a cerimônia, o Código autoriza o contraente a constituir mandatário para receber o outro contraente em seu nome, e é óbvio que, sem a presença de um deles, o ato nupcial perde as características cerimoniais peculiares. O mandato tem validade por noventa dias. Se o matrimônio não se realizar nesse prazo, necessitará da presença do mandante, ou de outro instrumento.

Pronunciada a fórmula legal, declarando a união, lavrar-se-á o assento respectivo, de que conste a circunstância da representação, ficando arquivado em cartório, junto aos demais documentos apresentados, o instrumento de mandato. Se chegar ao conhecimento do celebrante uma declaração de vontade do mandante, contrária ao casamento, considera-se extinto o mandato especial.[21] Como todo mandato, este é revogável a qualquer tempo. Não seria o caso de se suspender apenas a cerimônia, ensejando a retratação em outra oportunidade, tanto em respeito à vontade do mandante, quanto em face da natureza revogável do mandato. Para que ocorra, então, o

---

18 Clóvis Beviláqua, ob. cit., § 17-A; Pontes de Miranda, ob. cit., § 29.
19 Trabucchi, *Istituzioni*, nº 114.
20 Pontes de Miranda, *Direito de Família*, § 28.
21 Eduardo Espínola, *A Família no Direito Civil Brasileiro*, p. 112.

matrimônio, será indispensável outra procuração, ou o comparecimento pessoal dos cônjuges, isto é: novo casamento.

Revogando o mandato, o mandante tem de fazer disso ciente o mandatário e o celebrante. No caso de se realizar a cerimônia, sem a ciência do mandatário e do outro contraente, não haveria casamento, por falta de declaração de vontade, pois a tanto equivale à enunciada por quem já não é representante. Mas o Código considera-o simplesmente anulável (art. 1.550, V). Neste caso, responde o mandante por perdas e danos.

Na forma do § 1º do art. 1.542 a revogação do mandato não precisa chegar ao conhecimento do mandatário; o Código de 2002 estabelece que o mandante responderá por perdas e danos se for celebrado o casamento sem que o mandatário ou o outro contraente não tenha ciência da revogação. Considera-se dano moral os constrangimentos e desgastes sofridos com o descumprimento da promessa de casamento.[22]

O Código de 2002, no § 2º do art. 1.542, veda o casamento por procuração do nubente que se encontra em iminente risco de vida. O casamento nuncupativo (nº 387, *infra*) exige a maior cautela, e somente deve realizar-se com os maiores cuidados. Merece aplausos esta regra, que não permite a celebração de casamento *in articulo mortis*, sem a presença de autoridade, e sem a presença do cônjuge não enfermo, afastando maiores abusos, e consequentes litígios.

Esclareça-se que o Código de 2002 estabeleceu um prazo de eficácia de 90 dias para a procuração que tem por objeto a realização de um casamento (§ 3º do art. 1.542). Inovou, ainda, ao declarar, expressamente, que "só por instrumento público se poderá revogar o mandato" (§ 4º do art. 1.542). Esta regra é totalmente dispensável, uma vez que o *caput* do mesmo artigo determinou a obrigatoriedade do instrumento público com poderes especiais.

389. Prova do casamento

Como todo ato jurídico, o casamento está sujeito à comprovação, por necessidade de demonstrarem os cônjuges o seu estado civil. E o legislador instituiu sistema de prova pré-constituída.[23] Segundo a sistemática do Código, o assento lavrado em seguida à celebração (*vide* nº 386, *supra*) constitui a evidência específica, dizendo-se, então, que "o casamento celebrado no Brasil se prova pela certidão do registro" (art. 1.543). Quem invoque a sua qualidade de cônjuge, deve apresentar a certidão de casamento.[24]

O casamento religioso prova-se, igualmente, pela inscrição no Registro Civil, uma vez observados os requisitos legais. A certidão passada pelo Oficial faz a sua prova, produzindo efeitos civis a partir do momento em que registrado.

---

22 Rolf Madaleno, *Curso de Direito de Família*, p. 103.
23 De Page, v. I, nº 685.
24 Eduardo Espínola, ob. cit., p. 131.

Pode faltar, contudo, este meio probatório, pela perda ou perecimento do livro, pela destruição do próprio cartório, ou mesmo se o oficial não tiver lavrado o termo por desleixo ou má-fé.[25] Nestes casos, é admissível outro meio qualquer, como seja o título eleitoral, o registro em repartição pública, mediante justificação requerida ao juiz competente.[26] Alguns fazem, todavia, uma distinção: quando o interessado pretende provar o casamento, reclamando em proveito próprio os seus efeitos, deve dar prova cabal do ato; mas se se trata de prová-lo para qualquer outro fim, aceitam-se todos os meios ordinários de prova,[27] a exemplo do registro em repartição pública.

O Código Civil, no parágrafo único do art. 1.543, determina que, além da certidão do registro, admita-se outra espécie de prova na falta ou perda do registro civil. A justificação poderá ser "tomada por termo" e deverá ser apreciada pela autoridade judicial.

No que concerne ao casamento de brasileiro celebrado no exterior, perante as respectivas autoridades ou os cônsules brasileiros, determina o art. 1.544 que deverá ser registrado em cento e oitenta dias, a contar da volta de um ou de ambos os cônjuges ao Brasil, no cartório do respectivo domicílio, ou, em sua falta, no 1º Ofício da Capital do Estado em que passarem a residir, não tendo o legislador estabelecido sanção para a hipótese do prazo não ser atendido.

Observam Pablo Stolze Gagliano e Rodolfo Pamplona Filho que se trata de prazo decadencial, cuja observância gerará a impossibilidade de produção dos efeitos jurídicos pretendidos, não se considerando tais pessoas como casadas pela lei brasileira. Referindo os autores à expressão "volta", esclarecem que o sentido da norma é de prestigiar uma regra de soberania nacional, com a finalidade de disciplinar as relações jurídicas entre aqueles que pretendem residir em seu território. Sugerem a interpretação da expressão "volta" como o ingresso no país com *"animus" de permanência*.[28] Conclui Nádia Araújo que "à falta de uma regra específica, usa-se a analogia com o art. 1.516, que dispõe sobre o registro do casamento religioso, também com prazo para registro a partir de sua celebração. A sanção para o não atendimento é a exigência de nova habilitação para que o registro seja deferido".[29]

389-A. POSSE DE ESTADO DE CASADOS

Além desses meios de prova, identificada como *direta*, a lei reconhece uma comprovação *indireta*, e de cunho excepcional, somente aceitável nos termos estritos em que facultada: a posse de estado. A rigor, a posse de estado não constitui

---

25 Clóvis Beviláqua, ob. cit., § 21.
26 Eduardo Espínola, loc. cit., nota 17.
27 Planiol, Riper *et* Boulanger, *Traité Élémentaire*, v. I, nº 911.
28 Pablo Stolze Gagliano e Rodolfo Pamplona Filho *in Novo Curso de Direito Civil: Direito de Família (as famílias em perspectivas constitucionais)*. São Paulo: Saraiva, 2012, pp. 159/160.
29 Nádia de Araújo, *Direito Internacional Privado: Teoria e Prática Brasileira*, Rio de Janeiro, Renovar, 2003, p. 365.

propriamente uma prova do casamento, pois que *matrimonium non praesumitur*.[30] Nunca será dado considerar existente o *status matrimonii* pelo fato de conviverem e coabitarem duas pessoas, e até de terem filhos. Vale, porém, a prova da posse de estado para sanar qualquer falha no respectivo assento. E vale, ainda, em benefício da prole. Em princípio, a posse de estado somente pode invocar como prova matrimonial em caráter de exceção. E se diz que o casamento de pessoas que faleceram ou não possam manifestar vontade na posse de estado de casados não se pode contestar em prejuízo da prole comum, salvo mediante a certidão do registro civil, que prove já serem casadas algumas delas ao tempo do casamento impugnado (art. 1.545).

Embora o § 6º do art. 227 da Constituição Federal tenha equiparado filhos independente de sua origem, a prova pela "posse de estado" tem o objetivo de beneficiar a prole comum: não dispondo os filhos de outro meio de evidenciar sua condição nas relações familiares, invocam-na, e com ela afastam a contestação à sua condição de descendentes de primeiro grau havidos da relação de casamento.

A alegação somente tem cabida após o falecimento dos pais; caso contrário, cumpriria aos filhos obter deles a informação de onde se casaram, para se utilizarem da prova regular ou direta. Devem ser equiparados para este fim a demência de ambos os cônjuges ou do sobrevivo e também a ausência declarada.[31]

O artigo é de rara infelicidade. Deforma o princípio dos efeitos da posse de estado e, na sua cláusula final, alude a um pretenso "casamento impugnado". Se houve um "casamento", que haja sido "impugnado", não há como falar em posse de estado de casados, que somente se invoca no caso de não se reconstituir um matrimônio. Demais disso, exige, como requisito para a invocação da posse de estado, a impossibilidade de manifestarem as pessoas a sua vontade, a par da morte. Torna-se necessário, portanto, reestruturar, no comentário a invocação da posse de estado. Já se admitia, na vigência do Código de 1916, o seu cabimento, se ambos os sobreviventes não estivessem em condições de prestar informações elucidativas.

Identifica-se a posse de estado de casado, quando duas pessoas tiverem vivido numa situação como se casadas fossem, e os filhos, ou netos, não tiverem meios de produzir a prova do matrimônio, nem lhes for possível obter informação sobre o casamento dos pais. Para que produzam a prova direta e regular, a posse de estado de casados poderá ser invocada para ilidir imputação de ilegitimidade, ou a contestação de sua ascendência. Contra a posse de estado, qualquer interessado pode opor a prova regular da existência de casamento válido com pessoa diversa.

Não esclarecendo a lei em que consiste a posse de estado, a doutrina estabelece um paralelo com a posse das coisas, considerando-a como a situação em que se encontram aquelas pessoas que vivam publicamente como marido e mulher.

E alinha os requisitos: a) *nomem,* a mulher usava o nome do marido; b) *tractatus,* ambos se dispensavam ostensivamente o tratamento de casados; c) *fama,* gozavam o conceito de que desfrutam as pessoas casadas, assim no ambiente doméstico

---

30 Trabucchi, *Istituzioni*, nº 112.
31 Paulo Lôbo, *Direito Civil: Família*. São Paulo, Saraiva, 2008, p. 96.

e familiar, como na sociedade.[32] Vale dizer, é a situação em que duas pessoas vivam, ou tenham vivido, no ambiente social como marido e mulher, e assim serem tidas.

Apurados esses elementos, admite-se o estado de fato como sendo um estado de direito. Mas não prospera tal prova se for exibida certidão de que qualquer deles era casado, porque, em tal caso, a união existente não passaria de um concubinato que, por mais notório e prolongado, jamais se converte em matrimônio, ainda que caracterizada a "entidade familiar".

Embora a prova resultante da posse de estado se institua essencialmente em benefício da prole (*favor legitimitatis*), admite-se invocada como elemento decisivo quando se estabeleça controvérsia em torno das provas exibidas. Na dúvida entre as provas favoráveis e contrárias (art. 1.547, CC/2002), julgar-se-á pelo casamento (*in favore matrimonii*) se os cônjuges, cujo estado se impugna, viverem ou tiverem vivido na posse de estado de casados.

Não é este o meio hábil para decidir em caso de se litigar em torno da validade do casamento. A regra *in dubio pro matrimonio*, sugerida pela posse de estado, é acolhida para dirimir a incerteza se ocorreu ou não o ato de sua celebração; mas inidônea para convalescer o vício que o invalida.[33]

Não se trata, evidentemente, de uma presunção de casamento, advinda da posse de estado, nem de prova do matrimônio por este meio. Por maior que seja o tempo em que duas pessoas coabitem, esta união não se converte em casamento. A posse de estado será, portanto, um elemento adminicular ou subsidiário, concedido ao juiz, para julgar *in favore matrimonii*, se as provas produzidas no processo forem colidentes, não o habilitando a decidir, com base nelas, pela existência ou pela inexistência do casamento.

Em qualquer caso de controvérsia judicial, a sentença que considere provado o casamento (art. 1.546) será registrada no Registro Civil produzindo todos os efeitos, quanto aos cônjuges, com efeito retro-operante à data que tiver sido proclamada, como sendo a da celebração do casamento.

Estabelece, finalmente, o art. 1.547 que, diante de provas favoráveis e contrárias, "julgar-se-á pelo casamento, se os cônjuges, cujo casamento se impugna, viverem na posse de estado de casados". Nesta hipótese se promoverá ação declaratória de rito ordinário.

Não mais se cogita, no Código Civil, da legitimação de filhos pelo casamento prevista no texto original do Código de 1916.

---

32 Lafayette, *Direito de Família*, § 108.
33 Degni, *Diritto di Famiglia*, p. 193.

Capítulo LXXXVII
Da Invalidade do Casamento

Sumário

390. Casamento inexistente. 391. Casamento nulo. 392. Casamento anulável. 393. Casamento putativo. 394. Causas suspensivas do casamento (casamento irregular).

Bibliografia

Almáquio Diniz, *Nulidades e Anulações do Casamento*, p. 16; Antônio Martins Vilas Boas, *Dos Efeitos das Nulidades em Matéria de Casamento*; Arnaldo Rizzardo, *Direito de Família*. Rio de Janeiro: Forense, 2008; Arturo Carlo Jemolo, *Il Matrimonio*, n°s 61 e segs.; Aubry *et* Rau, *Cours*, v. VII, § 460; Caio Mário da Silva Pereira, "Ideia de Boa-Fé", *in Revista Forense*, v. 72, p. 25; Clóvis Beviláqua, *Direito de Família*, §§ 22 e segs.; Cohendy, "Des Intérêts de la Distinction entre l'Inexistence et la Nullité 'Ordre Public', *in Revue Trimestrielle de Droit Civil*, 1911, p. 33; Cunha Gonçalves, *Direito de Família e Direito de Sucessões*, pp. 60 e segs.; De Page, *Traité Élémentaire*, v. I, nº 675; Eduardo Espínola, *A Família no Direito Civil Brasileiro*, nº 37, pp. 145 e segs.; Enneccerus, Kipp *y* Wolff, *Tratado, Derecho de Familia*, v. I, §§ 26 e segs.; Eduardo Nunes de Souza; Rodrigo da Guia Silva, "Influxos de uma perspectiva funcional sobre as (in)validades dos negócios jurídicos praticados por pessoas com deficiência intelectual ou psíquica", *in* Marcos Ehrhardt Jr. (Coord.), *Impactos do novo CPC e do EDP no direito civil brasileiro*, Belo Horizonte: Fórum, 2016; Euclides de Oliveira, "Do casamento", *in Direito de Família e o Novo Código Civil* (coord.: Rodrigo da Cunha Pereira e Maria Berenice Dias), Del Rey, 2002, pp. 9-33; Francesco Degni, *Il Diritto di Famiglia*, pp. 137 e segs.; Giovanni Brunelli, *Divorzio e Nullità de Matrimo-*

nio; Jean Carbonnier, *Droit Civil*, v. II, n°s 36 e segs.; João Batista de Oliveira Cândido, "Casamento", *in* Direito de *Família Contemporâneo* (coord.: Rodrigo da Cunha Pereira) Del Rey, 1997, pp. 33-78; João Medeiros Filho, *Erro Essencial de Pessoa*; José Arias, *Derecho de Familia*, pp. 241 e segs.; Luiz Edson Fachin e Carlos Eduardo Pianovski Ruzik, *Código Civil Comentado* (coord.: Álvaro Vilaça Azevedo), São Paulo, Atlas, 2004; Lúcia Mothé Glioche, *O Novo Código Civil: Do Direito de Família*, p. 99; Maria Luiza Glioche, *Do Novo Código Civil: Do Direito de Família* (coord.: Heloisa Daltro Leite), Rio de Janeiro, Freitas Bastos, 2002; Mazeaud, Mazeaud *et* Mazeaud, *Leçons de Droit Civil*, v. 1, n°s 786 e segs.; Milton Paulo de Carvalho Filho, *Código Civil Comentado* (coord.: Ministro Cezar Peluso), São Paulo: Manole, 2008; Orlando Gomes, *Direito de Família*, n°s 5 e segs.; Paulo Lins e Silva, *Direito de Família e o Novo Código Civil* (coord.: Rodrigo da Cunha Pereira e Maria Berenice Dias), p. 59; Paulo Lôbo, *Direito Civil: Famílias*, São Paulo: Saraiva, 2008; Ricardo Gallardo, *Le Rôle et les Effets de la Bonne foi dans l'Annulation du Mariage en Droit Comparé*; René David, *Le Droit Français*, v. II, n°s 76 e segs.; Rodrigo da Cunha Pereira, *Direito de Família: Uma Abordagem Psicanalítica*, Belo Horizonte, Del Rey, 1997; Rolf Madaleno, *Curso de Direito de Família*. Rio de Janeiro: Forense, 2008. Rossel *et* Mentha, *Manuel de Droit Civil Suisse*, v. 1, pp. 220 e segs.; Ruggiero e Maroi, *Istituzioni di Diritto Privato*, v. I, §§ 54 e segs.; Pacifici Mazzoni, *Istituzioni di Diritto Civile*, v. VII, p. 184; Paulo Lins e Silva, *Direito de Família e o Novo Código Civil* (coord.: Rodrigo da Cunha Pereira e Maria Berenice Dias), Belo Horizonte, Del Rey e IBDFAM, 2002; Planiol *et* Ripert, *Traité Pratique*, v. II, n°s 243 e segs.; Planiol, Ripert *et* Boulanger, *Traité Élémentaire*, v. I, n°s 969 e segs.; Pontes de Miranda, *Direito de Família*, §§ 35 e segs.; Saleilles, "La Distinction entre l'Inexistence et la Nullité du Mariage", *in Bulletin de la Société d'Études Législatives*, 1911, p. 351; Sá Pereira, *Lições de Direito de Família*, pp. 119 e segs.; Savigny, *Von Beruf unseres Zeit für Gesetzgebund und Rechtswissenchaft*, Cap. VI: cf. p. 96 da trad. argentina de Adolfo G. Posada.

390. CASAMENTO INEXISTENTE

Até agora se tratou da família e sua constituição. No capítulo presente, cogita-se do que alguns autores denominam "desagregação da família".[1] Cite-se os diversos casos de invalidade do casamento – *inexistência, nulidade, anulabilidade* –, todos eles estruturados em torno da ideia de um defeito que impeça a formação de vínculo matrimonial válido.

No capítulo seguinte, cuidar-se-á da separação que pressupõe a sociedade conjugal regularmente formada, mas insuscetível de subsistir pelo fato do comportamento ulterior de qualquer dos cônjuges.

Iniciando, pois, a exposição dogmática da ineficácia ou invalidade do matrimônio, recorde-se que, a par de requisitos legais a serem observados para a sua celebração, requer-se também certos pressupostos materiais, sem os quais não se alcança o objetivo. A inobservância dos requisitos importa na anulação, tomado este vocábulo na sua acepção abrangente de nulidade e de anulabilidade. A ausência dos pressupostos fáticos gera a inexistência. É preciso, todavia, salientar que o regime comum das nulidades não tem aplicação em matéria de casamento. Aqui vigoram regras específicas, que podem ser qualificadas como um sistema especial de nulidades.[2]

A teoria do casamento inexistente foi engendrada por Zachariae, escritor tedesco do século XIX, em Comentários ao Código Civil francês de 1804, aparecidos em 1808 na Alemanha, e traduzidos em 1839 por Aubry *et* Rau. E mais tarde desenvolvida por Saleilles, em estudo aparecido em 1911.[3]

Partindo de que o art. 146 do Código Napoleão proclama que *Il n'y a pas de mariage lorsqu'il n'y a point de consentement* – o civilista germânico raciocinou que a ausência absoluta de consentimento (não é o caso do consentimento defeituoso) obsta à formação do casamento, e, consequentemente, deve-se proclamar a sua inexistência e não a sua nulidade.

A teoria não é pacificamente aceita. Argumentam, de um lado, que a proclamação de um "ato inexistente" envolve contradição nos próprios termos (*contradictio in adiectio*), pois que, se é ato, é porque existe, e se não tem existência, não é ato, brigando entre si as palavras mesmas (*des mots qui hurlent de se trouver ensemble*); de outro lado, acrescentam que nenhuma falta faz a teoria do casamento inexistente, bastando a das nulidades para a solução das questões (Planiol *et* Ripert, De Page, Colin *et* Capitant, Sá Pereira, Irmãos Mazeaud). No particular

---

[1] René David, *Le Droit Français*, v. II, nos 76 e segs.
[2] Mazeaud, Mazeaud *et* Mazeaud, *Leçons*, v. I, nº 787.
[3] Saleilles, "La Distinction entre l'Inexistence et la Nullité du Mariage", *in Bulletin de la Société d'Études Législatives*, p. 351, 1911.

do Direito brasileiro, há quem proclame peremptoriamente não termos casamentos inexistentes.[4]

Não parece procedente a objeção, bastando ponderar que os adversários consideram, por exemplo, que a inexistência por identidade de sexo é substituída pela anulabilidade por erro essencial quanto à pessoa, e, como o escoamento do prazo de decadência convalida para sempre o matrimônio, tal aberração jurídica e moral se tornaria em casamento inatacável pela fluência do prazo prescricional.

Se houvesse necessidade, invocaríamos um argumento histórico, trazido à colação pelo grande Savigny: se faltava uma condição de validade ao matrimônio, dizia-se: *non est matrimonium,* e, em virtude de tal inexistência, era lícito a qualquer reclamar a todo tempo, independentemente de ação anulatória, e livre de prescrição.[5]

Admitindo-se a distinção entre casamento *inexistente* e *nulo*, poder-se-á fixar a diversidade de efeitos: é que a nulidade do casamento somente pode ser decretada em ação própria, ao passo que, ocorrendo algum dos casos de inexistência, poderá o juiz pronunciá-la a qualquer tempo, e sem a necessidade de se propor ação ordinária anulatória. Mais que isto, é lícito, mesmo a terceiros, desconhecer de direito e de fato o vínculo, que é meramente aparente.[6] Em resumo, o casamento inexistente não produz qualquer efeito, mesmo provisório.[7]

Não obstante as resistências prosperou a teoria do casamento inexistente (v., sobre "ato inexistente *in genere*", o que dissemos no nº 112, *supra*, v. I). E compreende duas hipóteses: falta de celebração e ausência total de consentimento, nas quais falta um pressuposto de fato (*quaestio facti*), diversamente das nulidades em que falta um pressuposto de direito (*quaesti iuris*), que induz à invalidade do vínculo.

A) *Falta de celebração*. Se duas pessoas se declaram unidas em matrimônio sem que tenha ocorrido a celebração na forma prevista em lei, não há casamento. A hipótese não é meramente bizantina: Caio Mário reporta-se à sua vida profissional, onde teve em suas mãos escritura pública de união matrimonial e instrumento particular de casamento temporário. Tais são, evidentemente, exemplos de casamento inexistente, como o é ainda o caso de o Oficial de Registro lavrar um assento matrimonial sob coação ou de má-fé, sem ter havido a cerimônia. Provado o fato, não há senão declarar a inexistência. Mas, aqui, a boa-fé dos cônjuges, ou de um deles, é de ser considerada, para se reconhecerem efeitos ao ato (casamento putativo), como adiante admitimos (nº 393) e a doutrina aprova.[8] A inexistência

---

4   Almáquio Diniz, *Nulidades e Anulações do Casamento*, p. 16.
5   Savigny, *Von Beruf unseres Zeit für Gesetzgebund und Rechtswissenchaft*, Cap. VI: cf. p. 96 da trad. argentina de Adolfo G. Posada.
6   Ruggiero e Maroi, *Istituzioni*, v. I, § 55; Cohendy, "Des Intérêts de la Distinction entre l'Inexistence et la Nullité 'Ordre Public'", *in Revue Trimestrielle de Droit Civil*, p. 33, 1911.
7   Rossel Estado Mentha, *Manual de Droit Civil*, v. I, nº 346.
8   Planiol, Ripert *et* Boulanger, *Traité Élémentaire*, v. I, nº 985.

pode ser declarada de ofício, como quando, no assento não consta a presença do juiz de casamento, ou das testemunhas, ou de alguma outra solenidade essencial. Simplesmente averba-se a inexistência do ato.[9]

B) *Ausência total de consentimento.* Não se trata de declaração de vontade defeituosa, eivada de erro ou coação, nem de pessoa incapaz de consentir, permanente ou eventualmente. Cogita-se neste caso da ausência absoluta de consentimento, como no exemplo lembrado por Espínola, de um procurador investido de poderes gerais *ad iudicia* ou *ad negotia*, sem os especiais para receber o outro em matrimônio. Ou, ainda, de cerimônia que se conclua, apesar da declaração negativa formal do nubente (no Direito francês, esta causa de inexistência desapareceu, com a Lei de 19 de fevereiro de 1933, que, sob este fundamento, instituiu caso específico de nulidade absoluta).[10]

Alguns autores apontam como de inexistência o casamento celebrado por autoridade incompetente *ex ratione materiae*, isto é, na presidência do ato uma pessoa que não tenha competência para casar, em hipótese alguma (autoridade policial, funcionário administrativo etc.). Em princípio, o caso é de anulabilidade por incompetência da autoridade (Código Civil, art. 1.550, VI) e não da inexistência, já que a lei não distingue a autoridade incompetente *ratione materiae* da que o seja *ratione loci*. Vai a hipótese abranger-se na teoria da inexistência *quando se configura como ausência de celebração*. É o exemplo lembrado por Rossel *et* Mentha e adotado por Eduardo Espínola, de cerimônia a que preside um particular qualquer.[11] Nesse caso, não se pode falar em celebração de casamento. Fora daí, não há cogitar de inexistência, mas de nulidade. A inexistência apresenta a vantagem adicional de impedir que se arguam a prescrição e a decadência do defeito.[12]

Tradicionalmente, a *identidade de sexo* era indicada como elemento determinante para a caracterização do casamento inexistente, não admitindo sequer anulação. Marianna Chaves esclarece que "a teoria do casamento inexistente, no Brasil, terminou por ser arquitetada em virtude da omissão legislativa e da recusa em se conceder validade ao casamento homossexual, não obstante a inexistência de proibição para tal ato na lei, ou de um dispositivo legislativo que indique a inexistência do matrimônio"[13]. Assim, esta visão foi perdendo força, culminando na recente decisão do STF, com o julgamento da ADI 4.277 e da ADPF 132, que equiparou os direitos dos pares homoafetivos aos dos companheiros. Parte da doutrina, então, tem defendido que, como a união homoafetiva foi equiparada à união estável, ela poderia ser convertida em casamento, de acordo com a previsão legal

---

9 Arnaldo Rizzardo, ob. cit., p. 108.
10 Planiol, Ripert *et* Boulanger, ob. cit., v. I, nº 982, nota 1.
11 Eduardo Espínola, *A Família no Direito Civil Brasileiro*, p. 149, nota 3.
12 Arnaldo Rizzardo, ob. cit., Rio de Janeiro: Forense, 2008, p. 104.
13 Marianna Chaves, "Algumas Notas sobre as Uniões Homoafetivas no Ordenamento Brasileiro após o Julgamento da ADPF 132 e da ADIn 4277 pelo STF", *in Revista Síntese: Direito de Família*, Ano XIII, nº 66, Jun.-Jul. 2011.

do art. 226, § 3º da Constituição Federal. No entanto, esta ainda é uma questão bastante controversa, tendo em vista que não há ainda previsão legal que regule o tema de forma definitiva.

391. CASAMENTO NULO

Cabe, de início, salientar que a doutrina universal por muito tempo proclamou, com caráter absoluto, não se admitirem "nulidades virtuais" em matéria de casamento, dizendo que este somente se invalida nos casos e nas condições em que a lei o define, inextensíveis, por força de entendimento ou aplicação analógica.[14] O princípio (que a doutrina francesa assentava dizendo *pas de nullité sans texte*) sofre hoje restrições com a aceitação das *nulidades implícitas*, compreendendo os casamentos cuja validade repugna ao direito, embora falte o legislador com o preceito, cominando-a.[15]

Merece atenção o fato de que não se aplicam ao casamento as regras atinentes à nulidade em geral. Já observava Sá Pereira ser necessário distinguir a lógica geral do direito e a lógica especial de cada instituto, para concluir que a teoria das nulidades em matéria de casamento obedece a normas próprias.[16]

Determinava o art. 1.548 que era nulo o casamento contraído: I – pelo enfermo mental sem o necessário discernimento para os atos da vida civil; II – por infringência de impedimento.

A primeira hipótese, aludida no artigo, de nulidade do casamento, envolvia a manifestação da vontade pronunciada pelo enfermo mental, sem discernimento para os atos da vida civil. A hipótese era prevista como de casamento anulável, por infração do impedimento do art. 183, IX, do Código de 1916.

No entanto, o Estatuto da Pessoa com Deficiência – Lei nº 13.146/2015, buscando retirar o estigma da incapacidade da pessoa com deficiência, revoga o inciso I do art. 1.548, excluindo das hipóteses de nulidade o casamento contraído pelo deficiente mental. A referida lei inclui, ainda, o § 2º ao art. 1.550, passando a determinar que "a pessoa com deficiência mental ou intelectual em idade núbia poderá contrair matrimônio, expressando sua vontade diretamente ou por meio de seu responsável ou curador".

Ressalta-se que, com a Lei nº 13.146/2015, a pessoa com deficiência passa a não ser mais considerada absolutamente incapaz, na medida em que o Estatuto confere nova redação ao art. 3º do CC/2002, estabelecendo como absolutamente incapazes apenas os menores de dezesseis anos.

---

14 Planiol, Ripert *et* Boulanger, *Traité Élémentaire*, nº 971.
15 Cf. Mazeaud, Mazeaud *et* Mazeaud, *Leçons de Droit Civil*, v. I, nº 790; De Page, *Traité*, v. I, nº 646; Planiol *et* Ripert, *Traité Pratique*, nº 245; Colin *et* Capitant, *Cours*, v. I, nº 149; Orlando Gomes, *Direito de Família*, nº 66.
16 Sá Pereira, *Lições de Direito de Família*, pp. 125 e segs.

Em seu art. 6º, incisos I e II, o Estatuto indica que a deficiência não afeta a plena capacidade civil da pessoa para casar-se e constituir união estável nem para exercer direitos sexuais e reprodutivos, acabando com a restrição generalizante e discriminatória de outrora, de modo que a nulidade passa a ser a exceção, e não mais a regra.

Eduardo Nunes de Souza e Rodrigo da Guia Silva propõem uma releitura funcional das invalidades no âmbito dos atos praticados pelas pessoas com deficiência, observando que "o fundamento último da invalidade negocial em decorrência da incapacidade do agente volta-se funcionalmente à proteção da própria vulnerabilidade da pessoa. É por tal razão que (...) o melhor interesse do incapaz pode motivar, com maior frequência do que em geral se supõe, a validade total ou parcial do ato, afastando-se as regras gerais das invalidades em decorrência de um juízo de merecimento de tutela concretamente realizado pelo intérprete. Não se vislumbra, assim, na invalidade negocial uma sanção ao incapaz ou, menos ainda, uma postura discriminatória da ordem jurídica quanto à pessoa deste".[17]

Tratando-se de "infringência de impedimento", reporte-se aos "impedimentos matrimoniais" do art. 1.521, e já objeto de comentário minucioso. Apurado que os nubentes infringiram qualquer deles, é nulo o casamento. Não importa que não tenha havido impugnação na fase do processo preliminar, ou mesmo que haja sido rejeitada. As situações, erigidas em impedimentos, condizem com a ordem pública, e, assim sendo, não se coadunam com a subsistência do matrimônio. Consequência de tal peculiaridade é que, mesmo decretada a sua nulidade, alguns efeitos podem-lhe ser reconhecidos, em relação à prole e aos cônjuges, como no lugar próprio o Código admite.

Contraído com infração dos impedimentos, é nulo o matrimônio, podendo ser intentada a ação por qualquer interessado ou pelo Ministério Público (art. 1.549).

A redação deste dispositivo, que pretende haver reproduzido o art. 222 do Código Civil de 1916, dele se afasta, suscitando dúvida que deverá ser explicitamente dirimida. A disposição do Código de 1916 era imperativa, não deixando dúvida de que a nulidade do casamento somente se decretaria em ação de procedimento ordinário. Não podendo ser pronunciada incidentemente em feito de outra natureza, somente poderia ser pleiteada por ação direta. O Código de 2002, ao dizer que "pode ser promovida" mediante ação direta, imprime ao procedimento caráter facultativo. O defeito, todavia, é de redação. A decretação da nulidade, efetivamente, há de ser promovida mediante ação direta, a qual é obrigatória. Mas não basta assim entender, pois é de toda conveniência que obedeça ao rito ordinário. Não foi recepcionada pelo Código de 2002 a obrigatoriedade de se nomear o curador ao vínculo previsto no art. 222 do Código Civil de 1916.

---

17 Eduardo Nunes de Souza; Rodrigo da Guia Silva, "Influxos de uma perspectiva funcional sobre as (in)validades dos negócios jurídicos praticados por pessoas com deficiência intelectual ou psíquica", in Marcos Ehrhardt Jr. (Coord.), *Impactos do novo CPC e do EDP no direito civil brasileiro*, Belo Horizonte: Fórum, 2016, p. 291.

Cumpre observar a diversidade existente entre a capacidade para opô-lo, e para a postulação de nulidade. Os impedimentos podem ser opostos "por qualquer pessoa capaz" (art. 1.522).

É relevante a modificação introduzida no Código de 2002 no que tange à legitimidade do Ministério Público para arguir a nulidade do casamento. Pela redação do parágrafo único do art. 208 do Código de 1916 restringia-se sua atuação, à se já houvesse falecido algum dos cônjuges. O legislador de 2002 autorizou a legitimidade ativa do *Parquet* sem restrições. Lúcia Mothé Glioche[18] justifica sua atuação em razão do interesse social, tanto que a lei penaliza com nulidade o casamento.

Para promover a ação o autor deve comprovar o seu interesse, a que o Código de Processo Civil adita a legitimidade (art. 4º, CPC/1973 – art. 19, CPC/2015). Exige, assim, um interesse, que pode ser econômico ou moral, mas tem que ser demonstrado. Intentada a ação de nulidade por iniciativa de qualquer do povo, deve ser trancada *initio litis*, por falta de *legitimatio ad causam*. Podem, pois, ajuizar a ação os próprios cônjuges, seus ascendentes, irmãos ou cunhados, os parentes colaterais sucessíveis, o primeiro cônjuge do bígamo. Embora alguns se recusem a reconhecer interesse moral nos descendentes para arguir a nulidade do casamento, é irrecusável a *legitimatio* dos filhos do primeiro leito para fazê-lo no que concerne ao segundo casamento, como ainda, a do descendente quando a subsistência do casamento atenta contra a moral social. Interesse econômico é reconhecido nos credores.[19] Caio Mário entende ser irrenunciável o direito à ação de nulidade.

Apenas o Juiz pode declará-la, quando o fato estiver indiscutivelmente provado, não podendo fundar-se em indícios ou provas testemunhais. Também não pode ser suscitada de modo incidental ou como meio de defesa em processo judicial de finalidade distinta. Somente pode ser suscitada em ação direta e originária com finalidade exclusiva de decretação judicial da nulidade do casamento, na qual seja explicitado o motivo ou motivos definidos em lei. A ação é imprescritível, podendo ser promovida a qualquer tempo, pois houve lesão à ordem pública.[20]

Reporte-se às hipóteses de impedimentos desenvolvidas anteriormente no capítulo LXXXV (v. nº 380, *supra*).

Efeitos. A sentença de nulidade produz efeitos *ex tunc*, isto é, retrotrai suas consequências à data da celebração. Nulo o casamento, não produz seus naturais efeitos. Os filhos havidos ou concebidos na sua constância pelo Código Civil eram ilegítimos, mas o vínculo desfeito fazia certa a paternidade para efeitos alimentares, como ainda de impedimento matrimonial. *De lege condenda*, para o autor não parecia justificável a ilegitimidade, como consequência da nulidade: se a falta era dos pais, só eles deviam sofrer a cominação. Caio Mário, dentre outros, sempre considerou que estendê-la aos

---

18 Lucia Mothé Glioche, *in Novo Código Civil: Do Direito de Família* (coord.: Heloísa Maria Daltro Leite), p. 76.
19 Espínola, ob. cit., p. 152.
20 Paulo Lôbo, *Direito Civil: Famílias,* p. 101.

filhos era um romanismo por demais severo.²¹ A Lei n° 6.515, de 26 de dezembro de 1977 (art. 14, parágrafo único), corrigiu a injustiça, equiparando todos, e placitando desta maneira a doutrina, no sentido de que, independentemente da boa ou má-fé, eram legítimos todos os filhos do casamento anulado (cf. n° 393, *infra*). Sua tese foi fortalecida à vista do art. 227, § 6°, da Constituição, que igualou todos os filhos, proibindo referências discriminatórias.

Nulo o casamento, retornam ao antigo proprietário os bens que se haviam comunicado pelo casamento. As doações *propter nuptias* não são de cumprir-se, ou revertem ao doador os bens doados se já efetivadas.

Constitui "causa suspensiva" para a mulher a realização do casamento até dez meses após a sentença, salvo se antes disto nascer algum filho ou, na forma do parágrafo único do art. 1.523, provar-se a "inexistência de gravidez na fluência do prazo".

O art. 1.563, sem correspondência no Código Civil de 1916, refere-se, expressamente, aos efeitos *ex tunc* da sentença que decreta a nulidade. Ela retrotrai à data da celebração, considerando-o como se não tivesse havido a cerimônia, mas respeita os direitos de terceiros de boa-fé, adquiridos por título oneroso. Não prejudica, outrossim, a aquisição de direitos "resultante de sentença transitada em julgado".

392. Casamento anulável

Destaque-se, inicialmente, que, ao contrário do Direito alemão e do suíço, não tem lugar em nosso sistema a anulação do matrimônio por dolo. Não é que se admita como princípio a regra um tanto cínica de Loysel: *en mariage, il trompe qui peut*. Explicam-no, todavia os doutores, dizendo que na fase do noivado cada um procura disfarçar seus defeitos e ocultar suas faltas. Se se autorizasse a anulação por tal motivo, multiplicar-se-iam as ações, com grave dano à estabilidade doméstica. Por outro lado, a recusa desta causa anulatória estimula a tolerância de pequenos defeitos que se poderiam erigir em graves dissensões, e se consolidam estimas por momento ameaçadas. Quando, porém, a maquinação dolosa induz a erro quanto à pessoa, o consórcio já incide nesta causa anulatória.²²

Contravindo os cônjuges as hipóteses do art. 1.550, o casamento é anulável. A lei não quer o matrimônio; e, se foi contraído, autoriza o desfazimento. Mas, não sendo estas razões tão graves que atentem contra a paz social, desclassifica a sanção para anulabilidade.

---

21 Espínola, ob. cit., p. 178; Rossel *et* Mentha, *Manuel*, comentários ao art. 133 do Código Civil Suíço.
22 Cf., sobre o dolo: Clóvis Beviláqua, *Comentários ao Código Civil*, v. II, pp. 72 e segs.; Espínola, ob. cit., p. 153; Trabucchi, *Istituzioni*, n° 114; Ruggiero e Maroi, *Istituzioni*, v. I, § 53; Jemolo, *Il Matrimonio*, pp. 175 e segs.; Enneccerus, *Derecho de Familia*, v. I, § 25; Planiol, Ripert *et* Boulanger, *Traité Élémentaire*, v. I, n° 799.

Todos os casos são de consentimento defeituoso, manifestação volitiva imperfeita ou viciada de interferência estranha. Estatuindo a lei certas restrições à postulação desta invalidade, seja quanto à *legitimatio* para ação, seja quanto ao prazo dentro do qual esta pode exercer-se, é de se entender que, em princípio, o casamento anulável é virtualmente válido, até que seja pronunciado o decreto judicial de sua invalidade. Ou, dito de outro modo, é um ato subordinado à condição resolutiva de um pronunciamento contrário (Messineo).

Diversamente do que ocorre com a nulidade, que se funda em motivo de ordem pública, a anulabilidade tem por fundamento razões que não são de interesse social, podendo prevalecer ou deixar de prevalecer o matrimônio. Sua invalidade diz respeito a interesse dos próprios cônjuges ou de certas pessoas, razão por que a lei trata diversamente uns e outros.

Desenvolveremos as hipóteses de "anulabilidade" (art. 1.550) indicando, desde já, as demais implicações que envolvem os dispositivos pertinentes.

A) *Anulabilidades relativas à idade mínima para o casamento* (art. 1.550, I e II). São fundadas na idade mínima para o casamento, a qual, como dispõe o art. 1.517, é atingida aos dezesseis anos para o homem e para a mulher.

Determina o art. 1.551 que "não se anulará, por motivo de idade, o casamento de que resultou gravidez". Reflete este artigo a conciliação de dois conceitos. De um lado, o interesse social em que não se celebre o casamento de quem não atingiu a idade núbil. De outro lado o interesse familiar em que se não desfaça o matrimônio que frutificou com o advento da prole. Encarada a situação de um ângulo biológico, a gravidez faz presumir a aptidão para a procriação.[23] Vista de um aspecto psicológico, a invalidação traumatiza os cônjuges e reflete no filho, com todos os inconvenientes resultantes. Não importa indagar se a gravidez ocorreu antes ou depois da lide instaurada, uma vez que o artigo limita-se a aludir a ela, sem quaisquer restrições. Apurada a gravidez, tranca-se a lide, ainda que a criança não venha a termo. Mas, neste caso, é necessária a comprovação rigorosa. Parece aos autores que a lei se inspira aqui em que a gravidez já faz presumir a aptidão procriadora.[24] Em qualquer caso, a anulabilidade não obsta que o filho se considere como havido ou concebido na constância do casamento.

Para a anulação do casamento dos menores de 16 anos o legislador de 2002 enumerou, no art. 1.552, os legitimados a arguir a anulabilidade do casamento: I – pelo próprio cônjuge menor; II – por seus representantes legais; III – por seus ascendentes.

Neste caso, a ação anulatória é subordinada a uma *legitimatio* restrita. Em primeiro lugar é concedida ao próprio menor de idade, que para intentá-la não necessita de vênia ou assistência, uma vez que com o casamento adquire capacidade (art. 5º, parágrafo único, II). Fica perempta se do casamento resultou gravidez, nos termos do art. 1.551. Descabe a anulação, se o adolescente, ao casar-se, obteve suprimento

---

23 Eduardo Espíndola, Planiol, Ripert *et* Boulanger.
24 Espínola, ob. cit., p. 164; Planiol, Ripert *et* Boulanger, *Traité Élémentaire*, v. I, nº 995.

judicial. Podem intentar ação o representante legal com a ressalva, entretanto, de faltar-lhe legitimidade, se houver dado autorização para o matrimônio, ou se houver assistido ao ato, sem se insurgir (art. 1.555, § 2º). A alínea III menciona os ascendentes, compreendendo os consanguíneos como os afins. Com esta referência, retirou a *legitimatio* aos irmãos e demais colaterais, que no regime de 1916 podiam postular a anulação.

Anulado o casamento por defeito de idade, nada impede venham a casar-se novamente os ex-cônjuges, ao atingirem a maioridade. Perime a ação se os contraentes atingirem a idade nupcial na pendência da lide, e ratificarem o ato.

Prevê o art. 1.553 a hipótese "do menor que não atingiu a idade núbil, depois de completá-la, confirmar seu casamento, com a autorização de seus representantes legais, se necessária, ou com suprimento judicial". Contraria este dispositivo a regra do art. 5º, II, relativo à emancipação pelo casamento.

Somente tem aptidão para confirmar o casamento, neste caso, aquele que, casando-se *ante tempus*, venha a completar a idade núbil. Sendo menor de 18 anos a confirmação depende da vênia de seus representantes. Se estes a recusarem, injustamente, poderá ser suprida pelo juiz. A confirmação do casamento retroage, nos seus efeitos, à data da primitiva celebração, posto que originariamente defeituosa.

Prevê o art. 1.554 a "subsistência do casamento celebrado por aquele que, sem possuir a competência exigida na lei, exercer publicamente as funções de juiz de casamento e, nessa qualidade, tiver registrado o ato no Registro Civil".

Trata-se de inovação do Código de 2002 que será tratada com maiores detalhes entre as hipóteses de anulação do casamento decorrente da celebração por autoridade incompetente. A redação do artigo é inexata uma vez que não é o juiz que registra o casamento.

Esclarece o art. 1.555 que "o casamento do menor em idade núbil, quando não autorizado por seu representante legal, só poderá ser anulado se a ação for proposta em cento e oitenta dias, por iniciativa do incapaz, ao deixar de sê-lo, de seus representantes legais ou de seus herdeiros necessários".

Determinou o § 1º do art. 1.555 do Código Civil de 2002 o início da contagem dos 180 dias para a propositura da ação anulatória, a saber: a – pelo próprio cônjuge menor, a partir da data em que cessou a incapacidade; b – por seus representantes legais a partir do casamento; c – por seus ascendentes a partir da morte do incapaz.

Morrendo o incapaz, poderão seus herdeiros prosseguir com a ação por ele iniciada. Se não o tiver feito, poderão ajuizá-la nos 180 dias que se seguir à morte do incapaz, se esta ocorrer durante a incapacidade. Se vier ele a falecer após tornar-se capaz, não lhes assiste o direito de ação, porque é de se presumir que não era de interesse dele intentá-la. Pode ocorrer, entretanto, que venha a falecer depois de completada a maioridade, porém antes de decorrido o prazo de 180 dias dentro do qual teria direito à ação. Neste caso, os herdeiros poderão ajuizá-la, no pressuposto de que o próprio cônjuge o faria, se sobrevivesse.

Estabeleceu o § 1º do art. 1.560 que se extingue, em cento e oitenta dias, o direito de anular o casamento dos menores de dezesseis anos, contado o prazo para o menor do dia em que perfez essa idade; e da data do casamento, para seus representantes legais ou ascendentes.

B) *Anulabilidade do casamento por vício de vontade* (art. 1.550, III). Previu o legislador de 2002, nesta hipótese, o "erro essencial quanto à pessoa do outro cônjuge" (arts. 1.556 e 1.557). O conceito de erro e suas implicações na etiologia da vontade (nº 89, *supra*, v. I), são os contidos na dogmática dos defeitos do negócio jurídico. Cumpre, todavia, salientar que a primeira condição a apurar no caso é de ter sido o erro determinante do matrimônio, isto é, sem ele a pessoa não teria consentido no casamento.[25] Esta circunstância vem acentuada no contexto do art. 1.556, quando se refere este ao erro "essencial" quanto à pessoa do outro cônjuge. Nosso direito não cogita de situações formuladas nos sistemas germânicos (BGB, Código Suíço) à vista do erro sobre o ato em si mesmo, como exemplo lembrado do nubente que razoavelmente acredita tratar-se de um ensaio teatral e não de verdadeira cerimônia de matrimônio, ou de um surdo-mudo ou estrangeiro que responda afirmativamente à pergunta do oficial, sem perceber seu verdadeiro conteúdo. Por isso não há como distinguir, entre nós, o erro que torna o consórcio anulável daquele outro que gera a nulidade. A propósito do erro "obstativo", reporte-se ao nº 89 do v. I. É igualmente irrelevante o "erro de direito", ou seja, por exemplo, o erro a respeito do regime legal do casamento.[26] Merece ressalva a recomendação do legislador de 2002 prevista no art. 1.528, ao determinar que "é dever do oficial do registro esclarecer os nubentes a respeito dos fatos que podem ocasionar a invalidade do casamento, bem como sobre os diversos regimes de bens". Não se cogita da malícia do cônjuge que induziu o outro em erro, nem da apuração se o enganado procurou indagar dos antecedentes do primeiro, a ver se as qualidades que ostentava tinham correspondência com a realidade.[27] Contrariamente à orientação do Projeto de 1965, que enunciava uma fórmula genérica para definir o erro quanto às "qualidades de outro cônjuge", o art. 1.557 reproduz o que dispunha o Código de 1916, sem ao menos corrigir as inexatidões de linguagem que continha. Na transposição dos incisos, cuidam apenas de eliminar o que aludia ao "defloramento da mulher, ignorado pelo marido", que já não encontra amparo na vida mais livre que o ambiente social propicia, a qual deixou de considerar a virgindade como atestação da honorabilidade feminina.

Não aplicando ao casamento em toda a linha a teoria do erro no negócio jurídico em geral, tem o legislador pátrio em vista situações peculiares, que limitam a sua incidência a hipóteses expressamente referidas.

O art. 1.557, I, diz respeito à *identidade do outro cônjuge, sua honra e boa fama*, sendo esse erro tal que o seu conhecimento ulterior torne insuportável a vida em comum ao cônjuge enganado. Os autores lembram que da identidade física do outro

---

25 Mazeaud, Mazeaud *et* Mazeaud, *Leçons*, v. I, nº 736; Guy Raymond, *Le Consentement des Époux au Mariage*, p. 144.
26 Rossel *et* Mentha, *Manuel du Droit Civil Suisse*, v. I, nº 355, sobre o erro que faz nulo o casamento; Enneccerus, Kipp *y* Wolff, *Tratado, Derecho de Familia*, v. I, § 25; Jemolo, ob. cit., nº 42.
27 João Medeiros Filho, *Erro Essencial de Pessoa*, p. 30.

contraente quase não há o que falar, pois não ocorre senão em enredo de opereta ou novela, ou matrimônio por procuração.[28] Na realidade da vida, é quase impossível que o nubente engane-se quanto à pessoa do outro, como no clássico exemplo bíblico de Jacob receber Lia no lugar de Raquel, não pelo fato de se enganar sobre as qualidades de uma e de outra, mas pela imposição do sogro Labão. Posto seja quase impraticável, Pothier parece sustentar que somente ele pode ser tido como causa de anulação.[29] A doutrina moderna recusa-o, ao aceitar e desenvolver a teoria de erro sobre a identidade civil e sobre as qualidades substanciais.[30]

O mesmo não se dirá quanto à "identidade civil ou social". Mulher cristã que despose o nacional de país que admite a poligamia; moça de profunda formação religiosa que é surpreendida com a notícia de ser seu esposo um sacerdote. Não será erro a falta de identidade civil em matéria secundária como as condições nobiliárquicas e de fortuna ou a nacionalidade, salvo quanto a esta a criação de situação intolerável como o estado de beligerância ou a inimizade racial.[31] Não induz a erro o ter desposado uma viúva que se dizia solteira; mas é causa de anulação se o cônjuge vem a saber que seu consorte não é solteiro, mas, ao revés, teve o casamento anulado em circunstâncias escandalosas.

O erro quanto à "identidade moral" enseja anulabilidade, como na hipótese de ter o cônjuge conhecimento de que o outro é dado a práticas homossexuais ou leva vida desregrada, ou já foi condenado à pena criminal por crime infamante no ambiente social. Nosso direito anterior considerava motivo de anulação ter um filho natural, o que as circunstâncias atuais já não justificam, salvo se daí se inferir comportamento condenável.

Na apuração desses e de outros casos de erro quanto à identidade do outro cônjuge, prepondera a sensibilidade moral do cônjuge enganado.[32] O mesmo fato, percutindo diversamente nas pessoas, poderá provocar desfechos diferentes. E, em linha de princípio, modernamente dir-se-á então que o erro sobre as qualidades do outro cônjuge somente autoriza a anulação quando se erige em erro sobre a identidade da própria pessoa.[33] É aliás, a doutrina canônica, contida no Cânon 1.083 do *Codex Iuris Canonici: error qualitatis qui redundet in errorem personae.*

O art. 1.557, II, refere-se à *ignorância de crime, anterior ao casamento, que, por sua natureza, torne insuportável a vida conjugal.* Na referência ao crime, o nosso Código adotou critério diferente do anterior que aludia a ser inafiançável. Ao novo acode ser tal, que, por sua natureza, torne insuportável a vida conjugal. Entra

---

28 Espínola, ob. cit., p. 168.
29 Pothier, Oeuvres Complètes, *Traité du Mariage*, v. VI, nº 308.
30 Planiol, Ripert *et* Boulanger, *Traité Élémentaire*, v. I, nº 804; Mazeaud, Mazeaud *et* Mazeaud, Leçons, v. I, nº 736; De Page, *Traité Élémentaire*, v. I, nº 584.
31 Planiol, Ripert *et* Boulanger, *Traité Élémentaire*, v I, nº 104; Mazeaud, Mazeaud *et* Ma-zeaud, Leçons, v. I, nº 736.
32 Sá Pereira, *Lições*, p. 207.
33 Ruggiero e Maroi, *Istituzioni*, v. I, § 53.

aqui evidente grau de subjetivismo, a ser apreciado pelo juiz. Deve-se, contudo, ter como requisito a condenação no juízo criminal, não bastando a mera acusação ou abertura de inquérito. Outrossim, o cometimento do crime deve ser anterior ao casamento, sendo ignorado pelo outro cônjuge.

O art. 1.557, III, com as alterações implementadas pela Lei nº 13.146/2015, refere-se à *ignorância, anterior ao casamento, de defeito físico irremediável que não caracterize deficiência ou de moléstia grave e transmissível, pelo contágio ou herança, capaz de pôr em risco a saúde do outro cônjuge ou de sua descendência.*

Tratando-se de "defeito físico irremediável", a doutrina reporta-se, nesse passo, à impotência. Mas acrescenta que é apenas a impotência "*coeundi*" ou "instrumental", isto é, a que inibe para o comércio sexual. Não enseja anulação a esterilidade (impotência *generandi* ou *concipiendi*) que nem constitui deformação nem preenche o requisito da anterioridade ao casamento.[34] Certo é que a procriação é uma das finalidades do matrimônio, mas não é a única, nem de tal monta que a falha justifique a invalidade. Tem-se entendido que a impotência, hábil a qualificar o erro, é aquela que se manifesta em relação ao outro cônjuge, ainda que não persista em relação a utra pessoa. Mas é necessário seja perpétua, isto é, insanável.[35] Contudo, a esterilidade voluntária, dolosamente omitida, autoriza o pedido de anulação do casamento. Entre as moléstias graves ignoradas, podem-se indicar aquelas sexualmente transmissíveis, como a Aids.[36]

Nosso direito, ao contrário do Canônico, não desce a minúcias quanto à sua prova; admite-a a jurisprudência por todos os meios, desde o indício oriundo da virgindade *post nuptias* da mulher, até o exame pericial e a prova testemunhal. Tem-se entre nós decidido, inclusive no Supremo Tribunal Federal, que à impotência se equipara a frigidez da mulher quando assume a proporção de repulsa física que a inabilita para o coito. No mesmo inciso cabe a positivação do sexo dúbio, do hermafroditismo, deformações dos órgãos genitais.[37] Quanto à *ignorância de moléstia grave e transmissível por contágio ou herança, capaz de pôr em risco a saúde do outro cônjuge ou sua descendência* é mister seja, ao mesmo tempo, grave e transmissível. Não basta a alternativa.

É ainda necessário que a moléstia preexista ao casamento, porém se torne conhecida do outro cônjuge após ele. Se já sabia dela ao casar-se, não pode reclamar. Outros sistemas aludem à incurabilidade. O nosso silenciou, prudentemente, pois que esta circunstância nem sempre é decisiva: pode a moléstia ser curável, mas de tal modo contagiante que a vida em comum se mostre insuportável.

O art. 1.557, IV, fundamentava o erro essencial na ignorância, anterior ao casamento, de doença mental grave que, por sua natureza, tornasse insuportável a vida em comum ao cônjuge enganado.

---

34 Clóvis Beviláqua, *Direito de Família*, § 23.
35 Degni, *Il Diritto di Famiglia*, p. 160.
36 Milton Paulo de Carvalho Filho, *Código Civil Comentado* (coord.: Ministro Cezar Peluso), p. 1.621.
37 Espínola, ob. cit., p. 171; Almáquio Diniz, *Nulidades e Anulações do Casamento*, p. 75.

Ressalte-se a alteração implementada pela Lei nº 13.146/2015 (Estatuto da Pessoa com Deficiência), que exclui das hipóteses de erro essencial as deficiências, buscando a não discriminação das pessoas com deficiência. Além de alterar o inciso III, o Estatuto revoga o inciso IV do art. 1.557.

Ressalta-se, ainda, que o Código faz referência à moléstia mental grave, anterior ao casamento, como causa de separação judicial, quando se tenha manifestado após o casamento, tenha a duração de dois anos, e seja reconhecida como de cura improvável (art. 1.572, § 2º).

Alerte-se para o art. 1.560, III, ao fixar o prazo de três anos para ser intentada a ação de anulação do casamento, a contar da data da celebração, na hipótese de erro essencial quanto à pessoa do outro cônjuge.

Inovou o Código de 2002 ao declarar no art. 1.558 ser anulável "o casamento em virtude de coação, quando o consentimento de um ou de ambos os cônjuges houver sido captado mediante fundado temor de mal considerável e iminente para a vida, a saúde e a honra, sua ou de seus familiares".

Trata-se, nesse passo, de um defeito da vontade, fundado em que o matrimônio, segundo a tradição romana, se origina do consentimento e não do comércio sexual: *nuptias consensus non concubitus facit*. Destarte, a ausência de vontade positiva é um obstáculo às núpcias válidas.

O coato, efetuando embora uma emissão de vontade, a ela é conduzido por força de uma insinuação que no ato substitui o seu verdadeiro querer pelo do coator. Constitui coação a violência física (*vis absoluta*), que impõe a cerimônia a quem não quer casar, e o faz sob violência atual. Numa sociedade civilizada, dificilmente pode ocorrer, embora não seja impossível. Constitui também coação, e esta mais viável e frequente, a ameaça dirigida ao agente, incutindo-lhe o temor de dano à sua pessoa, à sua família ou a seus bens, iminente e igual, pelos menos, ao receável do ato extorquido (*vis compulsiva*). A coação, que deve ser grave e atual, aprecia-se em relação às condições pessoais da vítima, mas tal não se considera o temor reverencial ou a ameaça do exercício normal de um direito (v., sobre coação, nº 91, *supra*, v. I). Embora sem a importância que lhe atribuía Pothier, a coação é ainda considerada um defeito do consentimento que propicia a anulação do matrimônio.[38]

O conceito genérico de coação é o que se define como defeito do negócio jurídico. Ao transpô-lo para a anulação do casamento, o Código altera a redação, sem atingir a substância. Adita a ameaça à saúde, que na conceituação genérica não se encontra. O que aqui se tem em vista é que a vontade nupcial, de um ou de ambos os cônjuges seja obtida mediante ameaças (*vis compulsiva*), criando o temor. Não é qualquer dano, remoto ou infundado. Somente o de um mal iminente e efetivo, ameaçando a vida, a saúde ou a honra, do declarante ou de pessoa de sua família. Não basta o temor reverencial, o receio de desagradar, o respeito à vontade alheia. É mister exista ameaça considerável, que suscite no paciente o confronto entre o

---

38 Mazeaud, Mazeaud *et* Mazeaud, *Leçons*, v. I, nº 735; Francesco Degni, *Il Diritto di Famiglia*, p. 152.

mal em perspectiva e a declaração matrimonial. Mais do que em outros casos, deve ser ponderada a relatividade da ameaça, em face das condições psíquicas, morais ou de saúde do coato, pois um mesmo fato pode agir diversamente, conforme a natureza ou o estado emocional do paciente.

O art. 1.559 determina que somente o cônjuge que incidiu em erro ou sofreu coação é parte legítima para demandar a anulação do casamento, ressalvando que a coabitação, havendo ciência do vício, valida o ato, salvo as hipóteses do inciso III do art. 1.557. Lúcia Mothé Glioche ressalva que, nas hipóteses dos incisos I e II do mesmo artigo, a continuidade na habitação, mesmo que o cônjuge tenha ciência do vício que torna o casamento anulável, é a "demonstração concreta e inequívoca que tal vício não foi suficiente para tornar insuportável a vida em comum".[39]

Na hipótese de coação, o art. 1.560, IV, fixa o prazo de quatro anos para ser intentada a ação de anulação do casamento a contar da celebração.

C) *Anulabilidade do casamento de quem seja incapaz de consentir ou manifestar de modo inequívoco o consentimento* (art. 1.550, IV).

Neste caso, parece ter o legislador se reportado às "incapacidades" que exigem representação ou assistência do representante legal. Reporte-se, especialmente, àqueles indicados no art. 1.767, com as alterações promovidas pela Lei nº 13.146/2015, que estão sujeitos à interdição: aqueles que, por causa transitória ou permanente, não puderem exprimir sua vontade, os ébrios habituais e os viciados em tóxico, e os pródigos.

No que tange à prodigalidade, Caio Mário já se manifestara contrário à sua inclusão entre os incapazes, uma vez que suas limitações se referem à vida econômica.[40] Inclusive, o Código de 2002 não o considerou incapaz de testar (art. 1.860). Portanto, deve ser vista, com reservas, a anulabilidade do casamento do pródigo, devendo ser inequívoca a sua impossibilidade de manifestar o seu livre consentimento. Eventual reforma do Código de 2002 deverá determinar o âmbito das "incapacidades" para efeito de anulação do casamento.

O art. 1.560, I, limitou a 180 dias o prazo para ser intentada a ação de anulação do casamento quando qualquer dos cônjuges estiver incluído nesta hipótese.

D) *Anulabilidade do casamento na hipótese de revogação do mandato* (art. 1.550, V). É anulável o casamento no caso de ser revogada a procuração, sem que o mandante dê ciência ao mandatário ou ao outro contraente. Se a procuração não revestir os requisitos exigidos pelo art. 1.542, poderá ser invalidada por procedimento judicial.

Celebrado o casamento por procuração, não obstante revogado o mandato, a ação anulatória extingue-se no prazo de 180 dias, da data em que o mandante tomar conhecimento da celebração (§ 2º do art. 1.560). O termo inicial deste prazo ficou muito incerto, sem que se determine um critério objetivo para a sua apuração. O

---

39 Lúcia Mothé Glioche, *O Novo Código Civil: Do Direito de Família*, p. 99.
40 Cândido de Oliveira, ob. cit., p. 75.

prazo para a anulação ficará suspenso até o pronunciamento judicial da invalidade do mandato, salvo se o autor acumular os dois pedidos, de anulação deste e de invalidade do casamento.

Não se anulará o casamento por procuração se a ele se seguir a coabitação dos cônjuges. Este convalescimento somente poderá ser entendido em havendo a convivência após conhecer o outro contraente a revogação do mandato. Caso contrário, ter-se-ia a consequência esdrúxula, de um dos contraentes revogar o mandato, e, convivendo com o outro pelo prazo decadencial da ação, convalidar o matrimônio, revelando uma contradição emocional: com a revogação do mandato, retira a declaração de vontade essencial ao matrimônio; com a convivência leva o outro contraente a participar de uma vida nupcial artificiosa. Resguardando a sensibilidade moral do cônjuge enganado, somente se compreende que a coabitação convalida o matrimônio, se o outro contraente se conforma com o procedimento desleal do mandante, que depois de anular a manifestação de vontade contida na procuração condiciona o outro cônjuge a uma vida conjugal que nasceu de um engodo.

E) *Anulabilidade do casamento por incompetência da autoridade do celebrante (art. 1.550, VI).* Inovou o legislador de 2002 ao incluir este item entre as hipóteses que autorizam a anulação do casamento. Clássico é o princípio, segundo o qual o maior defeito de um ato jurídico reside na falta de competência da autoridade que nele intervém de ofício – *nullus maior defectus quam defectus potestatis.* No regime do Código de 1916, guardando fidelidade a este conceito, considerava-se nulo o casamento, quando celebrado por autoridade incompetente. No entanto, a nulidade era sanável se não alegada dentro de dois anos. Para promover a ação, atribuía o Código revogado legitimidade ao Ministério Público, ressalvando que não poderia fazê-lo se já houvesse falecido algum dos cônjuges.

O Código de 2002 desloca esta causa de invalidação para o campo da anulabilidade. Não se pode, no entanto, afastar a competência do Ministério Público para promover a invalidação do casamento, quando incompetente a autoridade.

O parágrafo único do art. 1.550 prevê expressamente que "equipara-se à revogação a invalidade do mandato judicialmente decretada".

Reitera-se a referência ao art. 1.554, quando declara que "subsiste o casamento celebrado por aquele que, sem possuir a competência exigida na lei, exercer publicamente as funções de juiz de casamentos e, nessa qualidade, tiver inscrito o ato no Registro Civil". O Código transpôs para o Direito Civil, e especialmente para o campo da celebração do casamento, a teoria da autoridade aparente, que o Direito Administrativo reconhece, mesmo assim com sérias restrições. Contra esta disposição, já contida no Anteprojeto de 1972, Caio Mário formulou crítica, mostrando os perigos que dela podem surgir.

O preceito tem cabimento na situação especial, esta sim razoável, de um juiz de casamento cujo ato de designação seja anulado, e ainda continua realizando cerimônias nupciais. Em tal caso ou em situação análoga, a boa-fé dos cônjuges será levada em consideração, subsistindo o casamento. Luiz Edson Fachin e Carlos

Eduardo Pianovski Ruzik alertam que "não basta que se caracterize erro por parte dos nubentes; é necessário que o celebrante seja reconhecido no meio social como juiz de casamento".[41]

Lúcia Mothé Glioche[42] reporta-se à hipótese do casamento celebrado por juiz de paz, apesar de fazê-lo fora dos limites de sua competência territorial. O casamento existe, pois a hipótese, agora, é de autoridade relativamente incompetente. Para se reconhecer a sua subsistência são necessários dois requisitos: o exercício público das funções de juiz de paz, notório e de possível conhecimento de todos e o registro do ato no registro civil. Quanto ao registro, se inexistente este, igual destino terá o casamento. Tecnicamente, a redação do artigo é inexata, porque não é o juiz que registra o casamento no Registro Civil.

Na forma do art. 1.560, II, a ação deve ser intentada dentro dos dois anos, a contar da data da celebração, sob pena de decadência. Não há causas interruptivas, nem colhe arguir qualquer motivo de se ter procrastinado a instauração da instância.

O Código destaca, no art. 1.564, para melhor enfatizá-lo, as sanções impostas ao cônjuge que houver dado causa, conscientemente, à anulação do matrimônio. A primeira (art. 1.564, I) é a perda das vantagens havidas do cônjuge inocente, sejam advindas do pacto antenupcial, sejam auferidas na pendência da sociedade conjugal. Com esta finalidade, terá de restituir quanto recebeu. A segunda (art. 1.564, II) é a obrigação do culpado de cumprir as promessas contidas no contrato antenupcial. Se outras houver feito, há de executá-las também, tendo em vista que a menção no inciso II não tem caráter excludente. Significa que a ineficácia do pacto antenupcial, consequente à anulação do casamento, não é oponível ao cônjuge de má-fé. Além destes efeitos, é de se reconhecer a aplicação dos efeitos da sucumbência, e da disposição genérica definidora da responsabilidade civil decorrente do ato ilícito.

Merece referência, finalmente, o art. 1.562 ao autorizar a parte interessada a requerer a separação de corpos, antes de propor a nulidade do casamento, "comprovando sua necessidade"; a medida deverá "ser concedida pelo juiz com possível brevidade". Como Medida Cautelar, autoriza o Código que o cônjuge que pretenda intentar ação a promova visando à invalidação do casamento. Também pode fazê-lo nas hipóteses de separação judicial, divórcio direto ou dissolução da união estável. Tem caráter provisório, sendo a definitiva resultante da sentença final no processo principal. A razão moral e jurídica está em que é inconveniente, e até mesmo perigosa, a convivência dos cônjuges que litigam. No entanto, a separação de corpos não é requisito para a propositura da ação. É faculdade concedida aos interessados, que a dispensarão, seja por lhes não parecer necessário, seja por já estarem separados de fato.

Ressalte-se que, com o advento do novo Código de Processo Civil – Lei nº 13.105/2015, as ações cautelares passaram a estar abrangidas como Tutela de Urgência, sendo reguladas pelos arts. 300 e seguintes.

---

41 Luiz Edson Fachin e Carlos Eduardo Pianovski Ruzik, *Código Civil Comentado*, p. 170.
42 Lúcia Mothé Glioche, ob. cit., p. 87.

393. CASAMENTO PUTATIVO

A teoria das nulidades oferece, já temos visto, peculiaridades marcantes em matéria de casamento. Ponto em que se destaca esta observação é este, do "casamento putativo", que é o eivado de vício que o inquina de nulidade ou anulabilidade, mas que produz os efeitos de válido, em atenção à boa-fé de ambos ou de um dos contraentes. É aquele consórcio na realidade atingido de nulidade, mas que os dois cônjuges, ou um deles, acreditam válido ao contraí-lo.[43] O princípio clássico é, então, este: nulo ou anulável, produz, todavia, os efeitos civis, em relação aos cônjuges e aos filhos, se contraído de boa-fé. Seus efeitos não beneficiam o contraente de má-fé. Mas não importa indagar se a boa-fé resulta de um erro de fato ou de direito, observação esta que se vai prender às fontes históricas do instituto, e que é genericamente repetido (Aubry *et* Rau, Espínola, Sá Pereira). Exposta esta teoria tradicional, acusamos ao final a modificação legislativa.

O Direito Romano lhe deu origem num caso de espécie (*Digesto*, Livro 23, Tít. II, fr. 57, § 1º), onde se dá por válido o casamento de Flavia Testula com seu avô, de que sobressai o elemento da boa-fé. Mas a doutrina do casamento putativo propriamente dito é canônica, tendo surgido no direito ocidental com as *Decretais* de Alexandre III, no século XII.

Nasceu, pois, a ideia, como desenvolvimento de uma ficção, segundo a qual a boa-fé suprime o impedimento e faz desaparecer o vício ou causa anulatória. E fixou-se na verificação de dois pressupostos: a boa-fé e o justo motivo do erro, além da celebração propriamente dita. Estes pressupostos ainda subsistem em determinada doutrina.[44] Não é, porém, pacífica esta orientação. É contraditada e vencida pela que se contenta com a *verificação* da boa-fé. *Exclusivamente* boa-fé.[45] Assenta-se, então, que basta o reconhecimento da boa-fé (de ambos ou de um dos consortes). Não é necessário demonstrar nenhum outro elemento, nem a exclusividade do erro em que teria o nubente incorrido.[46]

A boa-fé deve entender-se aqui, em sentido jurídico, isto é, com o caráter de elemento negativo, como em sua conceituação genérica, já consiste na ausência de má-fé ou ausência de culpa na causa anulatória, sem se cogitar da acepção ética correspondente à honestidade, retidão etc.[47] Diz-se, então, que a boa-fé conceitual do matrimônio putativo é a "ignorância da causa de sua nulidade",[48] o que é matéria de fato, como seja a ignorância do casamento anterior, ou a ignorância do parentesco etc.

---

43 Aubry *et* Rau, *Cours*, v. VII, § 460.
44 Planiol, Ripert *et* Boulanger, *Traité Élémentaire*, v. I, nº 1.042.
45 De Page, *Traité Élémentaire*, v. I, nº 675.
46 Orlando Gomes, ob. cit., nº 71; Pacifici Mazzoni, *Istituzioni di Diritto Civile*, v. VII, p. 184; Aubry *et* Rau, *Cours*, v. VII, § 460; Sá Pereira, *Lições*, pp. 236 e segs.; Espínola, *A Família*, p. 179.
47 Caio Mário da Silva Pereira, "Ideia de Boa-Fé", *in Revista Forense*, v. 72, p. 25; Cunha Gonçalves, p. 87; Degni, ob. cit., p. 180.
48 Planiol, Ripert *et* Boulanger, nº 1.046; Ennecerus, § 29.

Admite-se, mesmo, que a boa-fé se presuma até prova em contrário, o que alarga o campo do casamento putativo.[49] Daí defenderem os irmãos Mazeaud duas proposições *de lege ferenda*,[50] propugnando nós pela sua aceitação em nosso direito: *a*) se ficar apurada a boa-fé dos cônjuges, o juiz declarará putativo o casamento, independentemente de postulação de qualquer deles; *b*) todo casamento produzirá sempre os efeitos de putativo em relação aos filhos, ainda que os cônjuges estejam de má-fé.

Embora não conste expressamente da disposição do Código, é de se defender, na sua interpretação, que, ao sentenciar uma ação de nulidade ou anulatória de matrimônio, o juiz o declarará putativo, sem a necessidade de que os interessados a postulem.[51] salvo se for recusado o benefício – *invito non datur beneficium*.

Tendo em linha de conta a boa-fé, a sentença anulatória declara putativo o casamento, em relação a ambos os cônjuges, ou a um deles, se somente em relação a este milita a boa-fé. Indaga-se, entretanto, se ao juiz é livre declará-lo ou não. E a resposta é uma só: uma vez reconhecida a boa-fé, o casamento é putativo, *ex vi legis*. Não cabe ao juiz conceder ou recusar o favor; compete-lhe, tão somente, apurar a boa-fé, em face das circunstâncias do caso, e, sendo a prova positiva, proclamar a putatividade.

Ainda no campo das indagações, assenta-se (salvo reforma que Caio Mário sustentou anteriormente, com apoio nos Mazeaud) que se o casamento putativo é um favor ou benefício pode o cônjuge recusá-lo, uma vez que *invito non datur beneficium*, preferindo a nulidade do matrimônio com todas as suas consequências. Por esta razão, sustenta-se de *iure condito* que o juiz não pode declarar putativo o matrimônio sem o pedido do interessado. Quer dizer: o juiz não pode declará-lo *ex officio*; mas, uma vez provada a boa-fé, não lhe é lícito recusar o pronunciamento da putatividade.[52] O que não se admite é a aceitação parcial: ou se aceita ou se rejeita, em bloco.[53] Se o casal tiver filhos, não será possível a rejeição, pois que se é livre aos cônjuges abrir mão de um favor que a lei concede, não é jurídica a renúncia em relação à prole, que o casamento putativo particularmente favorece, e tanto mais que no momento da sentença não se podem prever as implicações futuras.

A teoria do casamento putativo abrange assim o casamento celebrado com infração de impedimentos matrimoniais e quando eivado de erro essencial. E ainda aí se compreende o que foi celebrado por autoridade incompetente, uma vez provado que os consortes incorreram em erro quanto à autoridade civil que a ele presidiu.[54]

Efeitos. Nos seus efeitos, o casamento putativo comporta tríplice distinção, consagrada no art. 1.561. Se ambos os contraentes estiverem de boa-fé, o matri-

---

49 Carbonnier, *Droit Civil*, n° 37, p. 108.
50 Mazeaud, Mazeaud *et* Mazeaud, *Leçons*, v. I, n° 812.
51 Mazeaud, Mazeaud *et* Mazeaud, ob. cit., v. I, n° 812.
52 De Page, *Traité Élémentaire*, v. I, n° 677.
53 Sá Pereira, *Lições*, p. 240.
54 Clóvis Beviláqua, *Direito de Família*, § 22.

mônio produz, em relação aos cônjuges e aos filhos, todos os efeitos, inclusive comunicação de haveres e doação *propter nupcias*. Opera-se verdadeira ficção, valendo o matrimônio originariamente viciado como se não tivesse havido qualquer defeito. Nulo ou anulável, o casamento também em relação aos filhos produz todos os efeitos até a sentença anulatória (*caput* do art. 1.561).

A putatividade se concretiza se um dos cônjuges estava de boa-fé ao celebrar o casamento; só a ele aproveitando os seus efeitos civis (§ 1º do art. 1.561). Aos filhos aproveitam, excluído de benefícios e vantagens ao que estava de má-fé.

Se ambos estiverem de má-fé ao celebrar o casamento, os seus efeitos civis só aos filhos aproveitarão (§ 2º do art. 1.561). Em relação a eles, todas as consequências, assim pessoais como matrimoniais, são reconhecidas. Esta disposição constitui novidade em relação ao direito anterior, acolhendo o legislador o princípio da equiparação dos filhos e não discriminação prevista no art. 227, § 6º da Constituição Federal.

No que tange aos efeitos patrimoniais, tem-se antes de tudo em vista o regime de bens: anulado o casamento, o acervo patrimonial retorna ao *statu quo ante*, isto é, o que se comunicara volta aos antigos titulares. Sendo, porém, putativo, a comunhão prevalece, e os bens são partilhados.

No desenvolvimento do assunto, consideramos as pessoas dos cônjuges, dos filhos e de terceiro.

A) Cônjuges. Após a sentença anulatória cessam os deveres de fidelidade, vida em comum e mútua assistência. Mas a emancipação advinda dos que se consorciam menores prevalece.[55]

Se o casal não tem filhos nem ascendentes vivos, e um dos consortes morre antes da sentença anulatória, o sobrevivo herda. Mas, se o óbito se dá após o decreto, não lhe assiste direito sucessório, pois que não tinha até então senão mera expectativa de direito, que lhe não assegurava tocar a herança.[56] A doação *propter nuptias* subsiste como se não houvera anulação; mas o cônjuge de má-fé pode retê-la, quer haja sido feita pelo outro; quer por terceiro.[57] O pacto nupcial prevalece e deve ser executado em benefício do cônjuge de boa-fé.[58]

B) Filhos. Os filhos do casamento putativo são como havidos de relações conjugais, e o cônjuge de boa-fé tem sobre eles os mesmos direitos inerentes à paternidade ou maternidade. Entre uns e outros, perduram os efeitos sucessórios (Espínola). E o efeito vai se estender aos filhos e aos parentes de seus genitores.[59]

---

55 Espínola, ob. cit., p. 182.
56 Espínola, loc. cit., p. 183.
57 Sá Pereira, *Lições*, p. 239; Ruggiero e Maroi, *Istituzioni*, v. I, nº 55.
58 Planiol, Ripert *et* Boulanger, nº 1.052; Degni, p. 186. Esses autores sustentam a validade das doações *propter nupcias*, porque a sua invalidade prejudicaria os filhos, em cujo benefício resguardam-se os seus efeitos.
59 Francesco Degni, ob. cit., p. 190.

Alterando fundamentalmente a teoria do casamento putativo, a Lei n° 6.515, de 26 de dezembro de 1977, estabeleceu no parágrafo único do art. 14 que mesmo que nenhum dos cônjuges estivesse de boa-fé ao contrair o matrimônio, seus efeitos civis aproveitariam aos filhos comuns. Independentemente da boa ou má-fé dos cônjuges ao celebrá-lo, a origem do nascimento não atingiria seus efeitos. Também os filhos concebidos ou nascidos anteriormente ao casamento são favorecidos pelo princípio da boa-fé.[60] Este princípio veio a ser reforçado pela equiparação dos filhos e não discriminação prevista no art. 227, § 6°, da Constituição Federal.[61]

C) *Terceiros*. Também em relação a terceiros o casamento putativo produz efeitos, para consolidar direitos que se incorporaram ao patrimônio deles, no pressuposto da validade das núpcias. Contraditando Ricci, que os nega, Gallardo os defende, analisando as hipóteses de repercussão na hipoteca legal da mulher casada, das doações feitas pelos cônjuges a terceiros, e das doações *propter nuptias*.[62]

394. Causas suspensivas do casamento (casamento irregular)

A categoria jurídica do "casamento irregular" dentre as diversas formas de casamento perdeu o cunho de "irregularidade" ao serem introduzidas em nosso direito as "causas suspensivas" do casamento previstas no art. 1.523. Rolf Madaleno o considera uma norma de conduta, uma mera recomendação, em verdade um aconselhamento do legislador, não contendo um comando imperativo de proibição como acontece no art. 1.521 do Código Civil de 2002.[63]

Embora coincidam, na maioria com os "impedimentos impedientes" de 1916 (art. 183, XIII ao XVI), previu, expressamente, o parágrafo único do art. 1.523, as hipóteses em que o juiz poderá autorizar a celebração do casamento sem impor sanções aos nubentes.

Assim, tratando-se de confusão de patrimônios (art. 1.523, I), poderá o juiz autorizar a realização do casamento se o nubente provar a inexistência de prejuízo para ele e para os filhos. Não se aplicará a penalidade do art. 1.641, I, relativa à obrigatoriedade do regime da separação obrigatória de bens. Não impôs o Código de 2002 a perda do usufruto dos bens dos filhos menores do primeiro leito como no Código de 1916 (art. 225).

---

60 Sá Pereira, *Lições*, p. 241; Pontes de Miranda, *Direito de Família*, § 36; Planiol, Ripert *et* Boulanger, *Traité Élémentaire*, n° 1.051.
61 Merece referência a decisão do STJ (REsp. n° 69.108/PR, 3ª T,) Rel. Nilson Naves, ao apreciar um pedido de alimentos requerido pelo cônjuge de boa-fé, reconheceu-lhe o direito até o dia da sentença anulatória. Anulado ou declarado nulo o casamento, desaparece a condição de cônjuge (julg. em 16.12.1999, v.u., *DJU* de 27.03.2000) (*vide* Milton Paulo de Carvalho Filho, *Código Civil Comentado* (coord.: Ministro Cezar Peluso), p. 1.627.
62 Ricardo Gallardo, ob. cit., p. 66.
63 Rolf Madaleno, *Curso de Direito de Família*. Rio de Janeiro, Forense, 2008, p. 86.

No que concerne à confusão de sangue (art. 1.523, II), poderá a mulher requerer que não seja imposta a sanção do regime de separação de bens (art. 1.641, I) se provar o nascimento do filho ou inexistência da gravidez (parágrafo único do art. 1.523).

Na hipótese do Divórcio (art. 1.523, III) inovou o Código de 2002 ao admitir que o juiz autorize o casamento sem que tenha sido homologada ou decidida a partilha de bens do ex-casal (*vide* art. 1.581), desde que o nubente comprove a inexistência de prejuízo para ele próprio e para os filhos. Poderá ser dispensada a imposição da penalidade prevista do art. 1.641, I, relativa ao regime da total separação de bens.

Tratando-se de causa suspensiva relativa à prestação de contas pelo tutor ou curador relativa à tutela ou curatela (art. 1.523, IV), igual sanção vai atingi-los se contraírem matrimônio com o pupilo ou curatelado, antes de julgadas em juízo as contas (art. 1.641, I). Poderão, no entanto, ser autorizados a contrair matrimônio pelo Juiz provando-se a inexistência de prejuízo para o nubente e para os filhos (parágrafo único do art. 1.523). A mesma sanção será aplicada se o casamento for contraído por descendente, ascendente, irmãos, cunhados ou sobrinhos do tutor ou curador.

O art. 1.524 do Código Civil de 2002 refere-se às pessoas legitimadas para arguir as causas suspensivas estabelecendo expressamente "os parentes em linha reta consanguíneos até segundo grau", da mesma forma que "os afins na linha reta de um dos nubentes, sejam consanguíneos ou afins, e pelos colaterais em segundo grau, sejam, também, consanguíneos ou afins". Pretendeu o legislador, desta forma, controlar, de mais perto, a imposição obrigatória do regime da separação legal de bens. Através de decisão judicial poderá o Juiz autorizar o casamento por regime diverso daquele previsto no art. 1.641, I, do Código Civil de 2002.

Capítulo LXXXVIII
Da Eficácia Jurídica do Casamento

Sumário

395. Efeitos do casamento em geral. 396. Deveres de ambos os cônjuges. 397. Direitos e deveres dos cônjuges vinculados à atividade empresarial. 398. Direitos sucessórios dos cônjuges. 398-A. Usucapião familiar.

Bibliografia

Arnoldo Wald, *Comentário ao Novo Código Civil*, v. XIV (coord.: Sálvio de Figueiredo Teixeira), Rio de Janeiro, Forense, 2005; Arturo Carlo Jemolo, *Il Matrimonio*, p. 355; Benedito Silvério Ribeiro, *Mulher Casada: Aquisição e Perda do Nome*, REP-Apamaris, 1996, p. 60; Cândido de Oliveira, "Direito de Família", in *Manual Lacerda em Comentários ao art. 231*, nº III; Carbonnier, *Droit Civil*, v. II, nºs 18 e segs.; Clóvis Beviláqua, *Direito de Família*, §§ 25 e segs.; Cristiano Chaves de Farias e Nelson Rosenvald in *Curso de Direito Civil: Famílias*. Salvador: JusPODIVM, 2012, pp.292/293; De Page, *Traité Élémentaire*, v. I, nºs 696 e segs.; Douglas Phillips Freitas, "Usucapião e Direito de Família: comentários ao art. 1.240-A do Código Civil", in *Revista Síntese: Direito de Família* n. 71 (abril-maio/2012). São Paulo: Grupo IOB, 2012, p. 14; Edgard de Moura Bittencourt, *A Família*, pp. 20 e segs.; Enneccerus, Kipp y Wolff, *Tratado, Derecho de Familia*, v. I, § 31; Flavio Tartuce, "A Usucapião Especial Urbana por Abandono do Lar Conjugal", in *Revista Síntese: Direito de Família* n. 71 (abril-maio/2012). São Paulo: Grupo IOB, 2012, p. 17; Francisco Eduardo Loureiro, *Código Civil Comentado: Doutrina e Jurisprudência* (coord.: Ministro Cezar Peluso), São Paulo: Manole, 2008; Heinrich Lehmann, *Derecho de Familia*, pp. 98 e segs.; Helena de Azeredo Orselli, "Análise crítica da Usucapião Especial Urbana por Abandono", in *Revista Síntese de Direito de Família* n. 69 (Dez-Jan/2012). São Paulo: Grupo

IOB, 2012, p. 134/135; José Edwaldo Tavares Borba, *Direito Societário*, Rio de Janeiro, Renovar, 2003; Lafayette, *Direitos de Família*, §§ 37 e segs.; Maria Helena Diniz, *Curso de Direito Civil Brasileiro: Direito de Família*, São Paulo, Saraiva, 2002; Mauro Antonini in *Código Civil comentado – Doutrina e Jurisprudência*. (coord. Cezar Peluso) São Paulo: Manole, 2009, p. 2071; Mazeaud, Mazeaud *et* Mazeaud, *Leçons de Droit Civil*, v. I, n°s 1.064 e segs.; Nádia de Araújo, *Direito Internacional Privado: Teoria e Prática Brasileira*, Rio de Janeiro, Renovar, 2003; Orlando Gomes, *Direito de Família*, n°s 73 e segs.; Planiol, Ripert *et* Boulanger, *Traité Élémentaire*, v. I, n°s 1.713 e segs.; Pontes de Miranda, *Direito de Família*, §§ 45 e segs.; Priscila Maria Pereira Correa da Fonseca, "Considerações sobre o art. 1240-A. Atos normativos e novidades legislativas", *in Revista Brasileira de Direito das famílias e Sucessões*, Porto Alegre: Magister; Belo Horizonte: IBDFAM, n. 13, ago/set, p. 119; Ricardo Fiúza, *Novo Código Civil Comentado* (coord.: Ricardo Fiúza), São Paulo, Saraiva, 2002; Rolf Madaleno in *Curso de Direito de Família*. Rio de Janeiro: Forense, 2011, p.170/177; Ruggiero e Maroi, *Istituzioni di Diritto Privato*, v. I, § 56; Sá Pereira, *Lições de Direito de Família*, pp. 257 e segs.; Sergio Gischow Pereira, "Algumas Reflexões sobre a Igualdade dos Cônjuges", *in Direitos da Família e do Menor* (coord.: Sálvio de Figueiredo Teixeira), Belo Horizonte, Del Rey, 1993.

395. Efeitos do casamento em geral

O casamento irradia as suas consequências por diversas órbitas, e, encarado por qualquer ângulo, as produz como todo ato jurídico. Algumas, todavia, lhe são peculiares, como ato de direito de família puro. E isto sem cogitar-se das relações que formam a teia da vida íntima (Lafayette), as quais pertencem ao domínio da moral.[1]

Sob aspecto geral, podem-se classificar em três categorias, conforme se tenha em vista a projeção do matrimônio no ambiente social, nas relações pessoais dos nubentes, ou nos interesses econômicos que desperta. Sob tal inspiração, distribuem-se em três classes os efeitos jurídicos do casamento: *a)* sociais; *b)* pessoais; *c)* patrimoniais.

A) *Efeitos sociais*. Considerada a sua relevância, o casamento gera consequências que alcançam toda a sociedade. Sem embargo de substrato biológico e de que, independentemente da cerimônia nupcial, nascem filhos e a espécie se perpetua, é necessário convir que, como instituição jurídica, a constituição da família é o primeiro e grande efeito do casamento. Não obstante a ordem legal cogitar da prole extramatrimonial, a ordem constitucional apregoa que a família é a base da sociedade e terá direito à proteção dos Poderes Públicos (Constituição, art. 226). Assim é entre nós, como em todos os sistemas, independentemente das tendências dominantes. E assim sempre foi, desde que a história jurídica toma conhecimento dos agrupamentos sociais ordenados. A Constituição (art. 227, § 6º) aboliu a distinção entre filhos, proibindo toda designação discriminativa. Isto não obstante os filhos havidos de relações conjugais dispensam toda prova de sua vinculação aos pais.

B) *Efeitos pessoais*. Num plano mais modesto, embora sem redução de importância, das núpcias originam consequências pessoais. De início, advém do matrimônio uma condição jurídica para os cônjuges: um *status*, o estado de casados, que é um modo de ser, uma classificação, e até um fator de identificação na sociedade. Situações jurídicas nascem para os cônjuges, um em relação ao outro, que não se medem em valores pecuniários, mas nem por isto são menos significativos; fidelidade, respeito, assistência, participação nas dignidades. Relações jurídicas com a prole, independentemente de cogitações financeiras (cf. sobre *estado*, nº 48, v. I).

Ao referir-se ao casamento como a "comunhão plena com base na igualdade de direitos e deveres dos cônjuges" (art. 1.511), parece ter o legislador de 2002 priorizado as relações pessoais no que Caio Mário já definira ao identificá-lo como "a união de duas pessoas de sexo diferente, realizando uma integração fisiopsíquica permanente" (*vide* nº 373, *infra*). Para ele, neste último elemento subsiste a sua essência, elemento que sobreporá às mutações sociais e culturais.

---

1 Lafayette, *Direitos de Família*, § 37.

Complementando, o art. 1.565, *caput*, determina que "pelo casamento homem e mulher assumem mutuamente a condição de consortes, companheiros e responsáveis pelos encargos da família". Mais uma vez, o legislador priorizou as relações pessoais no casamento. Ser "consortes e companheiros" reflete a parceria de interesses e dedicação que deve envolver a vida em comum.

Inovou o legislador de 2002 ao prever no § 1º do art. 1.565 a possibilidade de que "qualquer dos nubentes, querendo, poderá acrescer ao seu o sobrenome do outro". Cabe lembrar serem habituais as expressões "apelidos", "patronímico" e "nome de família" ao se referir ao sobrenome das pessoas.

Historicamente, a adoção pela esposa dos apelidos do marido encontra fundamento na afirmação do poder marital. Fustel de Coulanges afirma que a família romana era um grupo de pessoas cujo parentesco se caracterizava pelos mesmos deuses domésticos, transmitidos apenas de varão para varão. Não bastava o laço consanguíneo, era necessário o laço do culto. A partir do casamento a mulher passava a "sacrificar aos mesmos *manes* do marido" e a mudança do nome era consequência natural do casamento. O primeiro preceito normativo conhecido foi promulgado por Henrique II, na França em 26 de março de 1555, relativo aos privilégios da nobreza e visava regular o "direito ao nome e às armas", referindo-se à adoção pela mulher do nome de família do marido.[2]

No Brasil, a primeira regulamentação deu-se com o Decreto nº 181/1890, por ocasião da Proclamação da República, ao ser instituído o casamento civil conferindo à mulher o direito de usar o nome de família do marido e gozar de todas as honras e direitos que, pela legislação brasileira, se podiam comunicar a ela.[3]

A redação original do parágrafo único do art. 240 do Código Civil de 1916 estabeleceu que, pelo casamento, a mulher assumia, "com os apelidos do marido, a condição de companheira". A Lei nº 4.121/1962 previu que a mulher, pelo casamento, assumia os apelidos do marido e a condição de companheira, consorte, colaboradora na administração do patrimônio comum.

A Lei do Divórcio (Lei nº 6.515/1977) alterou o art. 240 do Código Civil de 1916, fazendo constar, desta vez, que a mulher "podia acrescer, aos seus, os apelidos do marido". Admitia, portanto, a possibilidade de não fazê-lo.

A prerrogativa do nubente de "acrescer, ao seu, o sobrenome do outro", introduzido pelo Código de 2002, é defendida por Maria Helena Diniz,[4] em nome da equiparação de direitos prevista constitucionalmente (art. 226, § 5º, CF). Ao indicar a possibilidade de "acrescer", a autora alerta que "não é permitido tomar o patronímico do seu consorte, abandonando os próprios, uma vez que somente será autorizado a acrescentar, optativamente, ao seu, o nome de família do outro". Esclarece, ainda, que o fato de um consorte adquirir o nome do outro não importa em ficar a sua per-

---

2 Benedito Silvério Ribeiro, "Mulher Casada: Aquisição e Perda do Nome", *REP-Apamaris*, p. 60, 1996.
3 Benedito Silvério Ribeiro, ob. cit., p. 61.
4 Maria Helena Diniz, *Curso de Direito Civil Brasileiro: Direito de Família*, p. 134.

sonalidade absorvida. (...) "Deve ser compreendida como expressão da comunhão de vida (CC, art. 1.511) ou da transfusão das almas dos consortes (*Lex*, 81:211)".

Entretanto, o posicionamento do STJ acerca do assunto é que "desde que não haja prejuízo à ancestralidade, nem à sociedade, é possível a supressão de um patronímico, pelo casamento, pois o nome civil é direito da personalidade".[5] Este Tribunal tem, inclusive, ampliado o entendimento no que diz respeito ao uso do nome de família, autorizando que a mulher adote o sobrenome do marido mesmo após o momento do casamento. A 4ª Turma vem entendendo que a possibilidade de acréscimo do sobrenome do cônjuge não poderia ficar limitada à data do casamento, estendendo-se ao período de convivência do casal, enquanto perdurar o vínculo conjugal. Neste caso, o nome deve ser acrescido por meio de ação de retificação de registros públicos, observando os arts. 57 e 109 da Lei nº 6.015/1973.[6] No mesmo sentido, a 3ª Turma do STJ reconheceu a uma mulher o direito de acrescentar o sobrenome do cônjuge após sete anos de união, entendendo que a modificação do nome consubstanciaria um direito personalíssimo, mormente quando o cônjuge busca uma confirmação expressa da forma como é reconhecido socialmente.[7]

A possibilidade de alteração posterior de sobrenomes está prevista expressamente no art. 57 da Lei nº 6.015/1973, ao estabelecer que deverá ser requerida pessoalmente perante o oficial de registro civil, com a apresentação de certidões e de documentos necessários, e será averbada nos assentos de nascimento e casamento, independentemente de autorização judicial, nas hipóteses estabelecidas nos incisos I a IV do mesmo art. 57. Da mesma forma, foi autorizada aos conviventes em união estável devidamente registrada no registro civil de pessoas naturais incluir sobrenome de seu companheiro, a qualquer tempo, bem como alterar seus sobrenomes nas mesmas hipóteses previstas para as pessoas casadas (§ 2º do art. 57 da Lei nº 6.015/1973, com a redação incluída pela Lei nº 14.382/2022). O retorno ao nome de solteiro ou de solteira do companheiro ou da companheira será realizado por meio da averbação da extinção de união estável em seu registro (§ 3º-A do art. 57 da Lei nº 6.015//1973, incluído pela Lei nº 14.382/2022). Alerte-se ainda que o enteado ou a enteada, se houver motivo justificável, poderá requerer ao oficial de registro civil que, nos registros de nascimento e de casamento, seja averbado o nome de família de seu padrasto ou de sua madrasta, desde que haja expressa concordância destes, sem prejuízo de seus sobrenomes de família (§ 8º do art. 57 da Lei nº 6.015/1973, com a redação dada pela Lei nº 14.382/2022).

Ressalte-se que tal pedido deve ocorrer durante o procedimento habilitatório, conforme fundamentou o Tribunal de Justiça do Rio Grande do Sul: "Findo o procedimento habilitatório para o casamento e consequente alteração do nome da nubente com inclusão do nome do marido, descabe em ação de retificação de registro

---

5 REsp. nº 662.799/MG – 3ª Turma – Rel. Min. Castro Filho – *DJ* de 08.11.2005.
6 STJ – 4ª Turma – REsp. nº 910.094-SC – Rel. Min. Raul Araújo – Julg. em 04.09.2012.
7 STJ – 3ª Turma – REsp nº 1.648.858-SP – Rel. Min. Ricardo Villas Bôas Cueva – Julg. em 20.08.2019 – *DJe* 28.08.2019.

civil posterior, postular nova alteração no nome com a supressão do patronímico materno."⁸

Sendo facultativo o acréscimo do sobrenome do cônjuge, é unânime o entendimento de que a mulher e o homem podem igualmente trocar o seu nome original acrescentando o sobrenome do outro. Entendem Cristiano Chaves de Farias e Nelson Rosenvald ser também possível ao cônjuge que modificou o seu nome, por ensejo do matrimônio, alterá-lo, a qualquer tempo, retornando ao nome originário. Mesmo durante a convivência matrimonial, admitem os mesmos autores a possibilidade da mudança, uma vez que se trata de direito da personalidade, garantindo o direito de modificação de cada pessoa. Do mesmo modo, acrescer ou não o sobrenome é ato inerente à liberdade de cada um, não podendo sofrer restrições. Igualmente é possível alterar o nome, de acordo com a vontade do titular, após a dissolução do casamento, em vida, quando do divórcio, ou por ocasião da viuvez.⁹

No mesmo caminho entendeu o Superior Tribunal de Justiça em decisão recente. Segundo o STJ, apesar de a retificação do nome civil ser considerada como uma situação de exceção, considerando o interesse público em limitar alterações nos registros civis, há situações em que a modificação deve ser permitida, mesmo diante da inexistência de previsão legal. Isso porque o nome é um direito da personalidade e a pessoa poderá ser identificada por outros atributos, como o CPF e o RG.

No caso em tela, a mulher havia optado por alterar o seu nome em razão de seu casamento acrescentando, assim, o sobrenome de seu marido. No entanto, buscou o Poder Judiciário para retificar a alteração realizada na ocasião, alegando não ter se adaptado ao novo nome e, ainda, que sempre foi reconhecida por seu próprio nome de família, o sobrenome de seu pai.

O STJ acolheu o pedido da mulher, uma vez que considerou-se que o pedido não foi pautado em mera vaidade e, ainda, foi demonstrado que a retificação não causaria qualquer prejuízo a terceiros. Considerou o Tribunal que o nome é um direito da personalidade que merece ser preservado, em conjunto com demais direitos que estariam em discussão. Nas palavras da relatora, a Ministra Nancy Andrighi, "devem ser preservadas a intimidade, a autonomia da vontade, a vida privada, os valores e as crenças das pessoas, bem como a manutenção e a perpetuação da herança familiar."¹⁰

Considerando a tendência atual no sentido de as pessoas manterem seus próprios nomes de família após o matrimônio, alerta Rolf Madaleno: "diante dos novos paradigmas de um Direito de Família direcionado à tutela da dignidade da humana e no desenvolvimento da pessoa como integrante de uma unidade familiar, destoa

---

8 TJRS, AC 70020946117, Rel. Des. Rui Portanova, *DJ* de 29.11.2007.
9 Cristiano Chaves de Farias e Nelson Rosenvald, *Curso de Direito Civil: Famílias*. Salvador: JusPODIVM, 2012, pp.292/293.
10 Superior Tribunal de Justiça. Esposa arrependida por adotar sobrenome do marido poderá retomar nome de solteira, decide Terceira Turma. Notícia publicada em 10 de março de 2021. Disponível em https://www.stj.jus.br/sites/portalp/Paginas/Comunicacao/Noticias/10032021-Esposa-arrependida-por-adotar-sobrenome-do-marido-podera-retomar-nome-de-solteira--decide-Terceira--Turma.aspx. Acesso em 17 dez. 2021.

inverter estes valores ao atribuir qualquer importância na identificação do casal pelo sobrenome de um dos parceiros, quando cada um deles deveria preservar a sua própria identidade como atributo de sua personalidade individual".[11]

Ainda em relação ao nome, destaca-se o Provimento CNJ 73/2018, que dispõe sobre a averbação da alteração do prenome e do gênero nos assentos de nascimento e casamento de pessoa transgênero no Registro Civil das Pessoas Naturais (RCPN). Nos termos do provimento, a averbação da alteração do prenome e do gênero no registro de casamento dependerá da anuência do cônjuge.

O § 2º do art. 1.565 repetiu o princípio constitucional do art. 226, § 7º, ao reportar-se ao "planejamento familiar" como "livre decisão do casal, competindo ao Estado propiciar recursos educacionais e financeiros para o exercício desse direito, vedado qualquer tipo de coerção por parte de instituições privadas ou públicas". A Lei nº 9.263/1996, buscando regulamentar o § 7º do art. 226 da Constituição Federal, estabeleceu penalidades e deu outras providências, tendo o Ministério da Saúde, através de Portarias, estabelecido alguns procedimentos administrativos pertinentes.[12]

Relações pessoais entre cônjuges. A propósito, é bom acentuar como se têm modificado as relações pessoais entre os cônjuges, e alterado a situação jurídica da mulher. Entre os povos antigos, prevalecia o conceito da inferioridade desta, a que o romano não soube fugir, proclamando *propter sexus infirmitatem et ignorantiam rerum forensium*. Na Cidade Antiga, o casamento colocava a mulher sob a dominação do marido (*in manu mariti*), que a recebia como filha (*in loco filiae*), adquirindo sobre ela direito de vida e de morte (*ius vitae ac necis*). Se o Cristianismo conseguiu amenizar o tratamento, porque prestigia a mulher como nenhuma civilização anterior jamais o fizera, não aboliu a ideia de sujeição, que sobreviveu por milênios (*vide* nº 369, *supra*). É de assinalar, contudo, que o rigor dos textos não correspondia à consideração dispensada à esposa no lar e na sociedade, a partir do período clássico.[13]

Nosso direito pré-codificado cogitava do poder marital e do dever de "obediência da esposa"[14], embora admitisse limitações a esse poder. O Código Napoleão e a doutrina francesa, como a italiana até hoje, aludem ao poder marital que procuram justificar e defender com a ideia sobrevivente da chefia da sociedade conjugal atribuída ao marido.[15] E não é estranho aos autores que versam o direito de família ainda se estenderem em discussões extensas em torno da igualdade física e intelectual da mulher. Tudo isto deve ser relegado ao passado histórico, exclusivamente.

---

11 Rolf Madaleno, *Curso de Direito de Família*. Rio de Janeiro: Forense, 2011, p. 170.
12 Portaria nº 048, de 11 de fevereiro de 1999; Portaria nº 085, de 15 de março de 1999; Portaria nº 1.356, de 25 de julho de 2002 (Métodos Anticoncepcionais).
13 Von Ihering, *L'Esprit du Droit Romain*, v. II, p. 37.
14 Lafayette, ob. cit., § 38.
15 Cf. a respeito do dever de obediência e sobrevivência do poder marital, Planiol, Ripert *et* Boulanger, *Traité Élémentaire*, v. I, nº 1.797; Mazeaud, Mazeaud *et* Mazeaud, *Leçons*, v. I, nº 1.071; De Page, *Traité* Élémentaire, v. I, nº 711; Ruggiero e Maroi, *Istituzioni*, v. I, § 56.

Com efeito, a Lei francesa de 10 de fevereiro de 1938 suprimiu o "poder marital", posto estabelecesse que o marido permanecia como "chefe da família".[16]

O Código de 1916 omitiu o romanismo do "poder marital", como já o havia feito o BGB,[17] mas cultivou outro não menos anacrônico da "incapacidade jurídica" da mulher casada, assim considerada não em consequência de um "defeito natural", porém de uma criação da lei e em razão do casamento, que lhe roubava a faculdade de governar-se a si mesma, e a colocava sob a direção do marido.[18] É corrente que, procurando justificar o princípio da incapacidade jurídica, se tenha invocado o muito que nela existe de proteção e desvelo tutelar.[19] Mas o certo é que se proclamava o preceito, embora a consciência jurídica nacional aos poucos se insurgisse contra tais prejuízos, defendendo a emancipação dela, e sua plena equiparação ao marido.

Com a Lei nº 4.121, de 27 de agosto de 1962, foi abolida a arcaica incapacidade, e instituída a igualdade jurídica. O Projeto do Código Civil de 1965 consagrou-a em termos definitivos. E, por mais que os retrógrados lhe resistissem, dizendo-se apenas conservadores, esta última tendência tornou-se irreversível. Também no Direito francês, que proclamava a incapacidade da mulher, houve profundas modificações: o poder marital foi amenizado e afirmada a capacidade jurídica pelas Leis de 18 de fevereiro de 1938 e de 22 de setembro de 1942.

A Constituição Federal de 1988 consagrou a mais ampla igualdade entre os cônjuges quanto aos direitos e deveres referentes à sociedade conjugal (art. 226, § 5º), mantendo-se esta orientação no art. 1.511 do Código de 2002.

C) *Efeitos patrimoniais*. Noutro terreno, do casamento emanam consequências patrimoniais ou econômicas. A família moderna tem um patrimônio comum, de certo modo necessário à consecução de seus[20] fins. No Brasil o "esforço comum entre os cônjuges" tem sido uma diretriz predominante nas relações conjugais.

Num primeiro plano, assegura substrato econômico à família, criando o que já foi designado como "patrimônio familial".[21]

Analiticamente, tais relações compreendem: 1 – Assistência pecuniária de um a outro consorte; 2 – usufruto dos bens dos filhos enquanto sob poder familiar (art. 1.689, I) (*vide* nº 418, *infra*); 3 – prestação de alimentos aos filhos; 4 – direito sucessório, que desde a civilização romana já se reconhecia à mulher como aos filhos, uma vez que era ela recebida no lar conjugal *in loco filiae*, salvo nos casos de casamento *sine manu*. Mais tarde, naquele sistema, o direito pretoriano lhe reconhecia qualidade hereditária, se ao tempo da morte subsistia o casamento.[22]

---

16   René Savatier, *Le Droit, l'Amour et la Liberté*, p. 27.
17   Enneccerus, Kipp y Wolff, *Tratado, Derecho de Familia*, v. I, § 31.
18   Lafayette, ob. cit., § 41; Pontes de Miranda, *Direito de Família*, § 54.
19   Clóvis Beviláqua, *Direito de Família*, § 38.
20   Ruggiero e Maroi, *Istituzioni*, v. I, § 49.
21   Clóvis Beviláqua, ob. cit., § 34.
22   Degni, *Il Diritto di Famiglia*, § 81.

Em nosso direito, o Código de 1916 somente lhe atribuía faculdade sucessória *ab intestato* na falta de descendentes e ascendentes. O art. 1.845 do Código Civil de 2002 incluiu o cônjuge sobrevivo como herdeiro necessário.

A Lei n° 4.121, de 1962, deu ao cônjuge sobrevivente, enquanto durasse a viuvez, se o regime de bens não era o da comunhão universal, direito ao "usufruto da quarta parte" do acervo hereditário do falecido, conhecido como *usufruto vidual*, se houvesse filhos deste ou do casal, e à metade se não houvesse filhos, embora sobrevivessem ascendentes do *de cujus*, o que foi incorporado ao art. 1.611 do Código de 1916.

O usufruto assim concedido não era vitalício: prevalecia pelo tempo e sob a condição do estado de viuvez; se a mulher se remaridasse, perdia-o automaticamente. A concessão deste usufruto veio pôr termo à velha controvérsia; quando o regime era de separação obrigatória, discutiu-se se era total ou se comportava a comunhão de aquestos. A jurisprudência do Supremo Tribunal predominou no sentido de que, no regime de separação legal, comunicam-se os aquestos (*Súmula n° 377*).

Levando em conta a posição do cônjuge na ordem da vocação hereditária, o Código de 2002 aboliu o *usufruto vidual*, que, em consequência, não mais incidirá sobre as sucessões abertas a partir de 11 de janeiro de 2003 (*vide* n° 447, v. VI, *supra*).

C-1) *Direito real de habitação.* Determinava o art. 1.611 do Código Civil de 1916 que "enquanto vivessem e permanecessem viúvos ao cônjuge supérstite, casado sob o regime de comunhão universal, era-lhe assegurado o direito real de habitação relativamente ao imóvel destinado à família, desde que fosse o único bem daquela natureza a inventariar (redação que lhe deu a Lei n° 4.121/1962)".

Regulamentado nos arts. 1.414 a 1.416 do Código Civil de 2002, o referido direito real representa habitar gratuitamente casa alheia, não podendo alugar, emprestar, mas simplesmente ocupá-la com sua família (art. 1.414, CC/2002), aí compreendendo também aquela decorrente da união estável, incluindo aqueles que estão sob sua responsabilidade (interdito, por exemplo) ou sob a guarda do núcleo familiar. O Código de 2002 não condicionou o direito de habitação à condição de viuvez, do cônjuge sobrevivo como determinou o Código de 1916. São aplicáveis à habitação no que não for contrário à sua natureza, as disposições relativas ao usufruto (art. 1.416, CC/2002). Francisco Eduardo Loureiro exemplifica: os deveres de guarda, conservação, restituição do habitador, a prestação de caução e as causas de extinção do direito real. A cláusula de acrescer, no caso da habitação, deve ser expressa, tal como no usufruto. Não se estende ao direito real de habitação a cessão do exercício que se admite no usufruto.[23]

---

23 Francisco Eduardo Loureiro, *Código Civil Comentado: Doutrina e Jurisprudência* (coord.: Ministro Cezar Peluso), pp. 1.449-50. O mesmo autor, reportando-se ao STJ (REsp. n° 65.820/PR – Min. Carlos Alberto Direito, julg. em 16.09.2004) concluiu que "a renúncia ao usufruto não alcança o direito real de habitação que decorre da lei e se destina a proteger o cônjuge sobrevivente, mantendo-o no imóvel destinado à residência do casal. O direito real de habitação não exige registro imobiliário".

A Terceira Turma do Superior Tribunal de Justiça, analisou recentemente um caso de disputa entre a viúva e os demais herdeiros pelo imóvel que a viúva permaneceu ocupando. Neste caso, os herdeiros pleiteavam a extinção do condomínio e, ainda, a cobrança dos alugueis à viúva e à sua filha, irmã por parte de pai dos demais herdeiros, em razão de ocuparem um imóvel de propriedade de todos.

No acórdão, o STJ destacou que a viúva poderia permanecer no imóvel justamente em razão do direito real de habitação, que permite que o cônjuge sobrevivente mantenha a residência no imóvel, mesmo que o bem seja de propriedade dos demais herdeiros. Destacou ainda que o direito real de habitação é gratuito e, por essa razão, não há que se falar em pagamento de aluguéis em prol dos demais herdeiros, nem pela viúva nem pela filha que mora em sua companhia, considerando que este direito visa garantir a moradia e a proteção não apenas do cônjuge sobrevivente, mas de seu núcleo familiar.

À vista do pedido, portanto, de extinção do condomínio, houve a necessidade de realizar uma ponderação de valores, mitigando os direitos de propriedade para proteger a moradia, de modo que, quando há o exercício do direito real de habitação não se verifica a possibilidade de extinção do condomínio e alienação do bem comum.[24]

O Código de 2002, no art. 1.831, garantiu ao cônjuge sobrevivente o direito de habitação, ao acrescer o seu alcance a "qualquer que seja o regime de bens". Note-se que o titular é o cônjuge sobrevivo (viúvo ou viúva), e que o requisito essencial consiste em ser "imóvel destinado à residência da família desde que seja o único daquela natureza a inventariar". Não se pode deixar de observar que, do ponto de vista social, a disposição não é despida de inconvenientes, pois que assegura ao cônjuge supérstite um direito que grava imóvel partilhado com herdeiros, sem atender aos interesses destes, além de impor inevitável desvalorização ao prédio, pois ninguém se abalançaria a adquiri-lo onerado de tal gravame. Demais disso, não se atentou para as condições econômicas do sobrevivo, que pode ter recebido em partilha enorme acervo patrimonial (*vide* n° 447, *infra*, v. VI).

Diante da regra de completa igualdade de direitos e deveres entre os cônjuges (art. 226, § 5°, CF), todas as disposições do Código Civil de 1916 que representavam restrições a qualquer dos cônjuges foram revogadas. Considera a Doutrina que subsistiam, apenas, os direitos e deveres recíprocos, ou seja, aquele que o Código Civil determinava, de forma indistinta, para ambos os cônjuges.[25] Esta é a orientação adotada pelo Código de 2002.[26]

---

24 STJ – 3ª Turma – REsp. n° 1.846.167 - SP – Rel. Min. Nancy Andrighi – Julg. em 09.02.2021.
25 Sérgio Gischow Pereira, "Algumas Reflexões sobre a Igualdade dos Cônjuges", *in Direitos da Família e do Menor* (coord.: Sálvio de Figueiredo Teixeira), Belo Horizonte, Del Rey, 1993, p. 117.
26 Francisco Eduardo Loureiro, reporta-se ao STJ (REsp. n° 565.820/PR – Min. Carlos Alberto Direito, julg. em 16.09.2004) ao concluir que "a renúncia ao usufruto não alcança o direito real de habitação que decorre da lei e se destina a proteger o cônjuge sobrevivente, mantendo-o no imóvel destinado à residência do casal. O direito real de habitação não exige registro imobiliário".

396. Deveres de ambos os cônjuges

Respeitando as inovações decorrentes da igualdade de direitos e deveres entre os cônjuges e atendendo à sistemática presente no Código Civil, passamos a analisar, individualmente, os direitos e deveres recíprocos dos cônjuges.

Na forma do art. 1.566, o matrimônio traz imediatas imposições aos cônjuges: de um para com o outro, e também de ambos e de cada um deles para com a prole; fidelidade recíproca; vida em comum no domicílio conjugal; mútua assistência; sustento, guarda e educação dos filhos e respeito e consideração mútuos. Os direitos e deveres referentes à sociedade conjugal são exercidos igualmente por ambos os cônjuges (art. 226, § 5º, da Constituição).

A) *Fidelidade recíproca*. Em primeiro plano, assenta o Código o dever de fidelidade recíproca, como integrante da organização mesma da família. Assinala-se, nesta disposição, tríplice caráter: pedagógico, moral e determinante.[27] Sendo a família ocidental monogâmica por tradição e por princípio, a lei enuncia o preceito com a finalidade originária de estabelecer a fidelidade como princípio ético. Mas não lhe falta o caráter de norma cogente, porque na sua infração pode um cônjuge fundamentar contra o outro procedimento judicial de separação. A norma tem inequívoco caráter moral e educativo, ditando o procedimento do casal, e não permite mesmo os atos que induzam "suspeita de violação do dever jurídico".[28] Mas é também jurídica em todo o sentido, dotada de obrigatoriedade e revestida de sanção.

Alerte-se que o infrator não mais pode ser punido pelo crime de adultério, abolido com as reformas introduzidas pela Lei nº 11.106/2005, que o afastou como fato criminoso. Civilmente será condenado em ação de separação com as cominações impostas ao cônjuge culpado, considerando que o art. 1.573, I, incluiu, novamente, o adultério como fundamento para a separação judicial. A quebra do dever de fidelidade somente se caracteriza pela prática de relações sexuais com outra pessoa. A jurisprudência e a doutrina criaram o conceito de "infidelidade moral", a qual não é tomada em sentido estrito, senão como injúria grave[29] relativa à separação judicial contenciosa. Fala-se, hoje, em *infidelidade virtual* onde os relacionamentos extramatrimoniais dão-se no universo da informática, especificamente *via Internet,* o que não deixa de caracterizar uma atitude de efetivo desrespeito ao outro cônjuge.

Na *infidelidade virtual,* os laços eróticos e afetivos são mantidos diante da tela de um computador, sendo alimentados rotineiramente, por meio de uma fantasia que pode sair do espaço virtual e levar ao contato físico e às relações sexuais de adultério. São variáveis as causas motivadoras dos relacionamentos virtuais, alguns porque se aventuram na prática de conhecer outras pessoas, enquanto outros buscam vencer

---

27 Pontes de Miranda, Correia Telles, Clóvis Beviláqua.
28 Pontes de Miranda, ob. cit., § 46; Correia Telles, *Digesto Português*, v. II, nº 378.
29 Carbonnier, *Droit Civil*, v. II, nº 20, p. 66.

o tédio e a solidão, e existem outros que buscam uma maior gratificação em seus relacionamentos pessoais, mas sempre representado uma inegável infidelidade".[30]

B) *Vida em comum no domicílio conjugal*. O casamento sugere coabitação e esta requer comunidade de existência. É preciso deixar bem claro que a coabitação não se satisfaz com a moradia sob o mesmo teto. Requer intimidade de convivência, que se apelida de "débito conjugal", segundo terminologia advinda do Direito Canônico, para exprimir as relações sexuais.[31] Não constitui a essência do casamento, pois cogita-se das bodas de pessoas já passadas da idade de se exigirem o *debitum conjugale*. Enfermidade grave, em qualquer dos consortes, pode igualmente impedir a coabitação física. Mas a recusa "injustificada" à satisfação do "débito conjugal", como descumprimento do dever de coabitação, pode fundamentar a separação sob o qualificativo de violação dos deveres do casamento ou ruptura da vida em comum posto que não encontre na lei cominação específica.[32]

Tradicionalmente, a recusa, seguida de abandono do lar, carreava sanção direta: sendo abandonante a mulher, cessava para o marido o dever de sustentá-la. O Código de 2002 criou uma circunstância especial ao admitir no § 2º do art. 1.694 a possibilidade de alimentos "apenas indispensáveis à subsistência quando a situação de necessidade resultar de culpa de quem os pleiteia".

Desertando o marido, cabe-lhe a prestação de alimentos, podendo-se configurar no ato um comportamento injurioso ao outro cônjuge. Estendendo-se o abandono do marido ou da mulher, é fundamento para a separação na pendência da qual o cônjuge abandonante, em princípio, é obrigado a prestar os alimentos provisionais, e fundamentar a ruptura da vida conjugal.

Não falta, porém, ao dever de coabitação o cônjuge que, por sua profissão, está em constante ausência física (como no exemplo que se costuma citar do oficial de Marinha), caso em que a comunhão de vida é predominantemente espiritual.[33]

Contingências da vida moderna, sobretudo nas grandes cidades, têm exigido dos Tribunais apreciar novas situações de convivência familiar que fogem da tradicional vida em comum sob o mesmo teto. Nem por isso induzem uma ruptura da vida em comum ou descumprimento dos deveres do casamento. Há que se identificar se ainda existe a *affectio maritalis* e comunhão de interesses, apesar de temporários ou reiterados afastamentos.

Caracterizada a ruptura da vida em comum, poderá ser promovida a "separação de corpos" preparatória da "separação judicial" e identificadas situações em que estão presentes o *fumus boni iuris* e o *periculum in mora*. O art. 888, VI, do Código de Processo Civil de 1973 previa a "Medida Cautelar de Afastamento Temporário de

---

30 Rolf Madaleno, *Curso de Direito de Família*. Rio de Janeiro: Forense, 2011, p. 177.
31 Carbonnier, *Droit Civil*, nº 19, p. 63; Cunha Gonçalves, *Direito de Família e Direito de Sucessões*, p. 215; Planiol, Ripert *et* Boulanger, ob. cit., nº 1.719.
32 De Page, *Traité Élémentaire*, v. I, nº 869; Cunha Gonçalves, *Direito de Família e Direito de Sucessões*, p. 215.
33 Espínola, ob. cit., p. 208.

um dos Cônjuges da Morada do Casal", cabendo liminar nas hipóteses marcadas por violência física e psicológica, especialmente, quando envolverem filhos menores. O inciso VII do art. 888, CPC/1973, além de autorizar o juiz, como medida provisional, estabelecer a guarda e a educação dos filhos e regular o direito de visita, deixava a critério da autoridade judiciária estender esses direitos a cada um dos avós. Priorizando a convivência familiar, o texto legal convocou os avós ao exercício de direitos em relação aos netos.

Ressalte-se que, com o advento do novo Código de Processo Civil – Lei nº 13.105/2015, as ações cautelares passaram a estar abrangidas como Tutela de Urgência, sendo reguladas pelos arts. 300 e seguintes.

Devem ambos os cônjuges conviver na mesma casa, no que a lei denomina como o domicílio conjugal. Não mais prevalece a preferência do marido para fixar a residência familiar. A sanção entre nós é indireta, convertendo-se a deserção voluntária em ruptura ou qualificando-se como causa de separação, "por um ano contínuo" (art. 1.573, IV).

Sendo iguais os direitos dos cônjuges, devem escolher onde viver e trabalhar. Mas, se por capricho, ou hostilidade, muda-se para lugar inóspito, insalubre ou desconfortável, ou se, para dar meças ao seu espírito andejo, desloca-se constantemente sem pouso certo e sem assento, pode, qualquer dos cônjuges recusar-se a acompanhar o outro, sem que se lhe impute quebra de dever legal.

Uma vez que exerce atividade fora do lar, com a aprovação ou ciência do outro, presume-se a concordância para afastar-se do lar, ou deixar de seguir o consorte, no exercício de suas atribuições. Embora não se diga expressamente, legitimam-se as ausências temporárias ou fundadas em interesses relevantes. Se qualquer dos cônjuges fizer das ausências um abuso, ou praticá-las por capricho ou nomadismo, mesmo que não envolva quebra do dever de fidelidade, poderá o outro recorrer ao juiz que decidirá em face das circunstâncias. Cessa o direito de ausentar-se quando importe em desamparo da família. Reversamente justifica-se no caso de ser o cônjuge ultrajado, ou sujeito a vexames, ou vítima de acusações infundadas, como se lhe é pelo outro imputada a prática de adultério.

C) *Mútua assistência*. É um dever que o casamento gera. Não se concretiza no fornecimento apenas dos elementos materiais de alimentação e vestuário, que são óbvios. Inscrevem-se aí ainda a assistência moral, o amparo nas doenças, a solidariedade nas adversidades, como ainda o desfrute dos prazeres da vida na conformidade das posses e da educação de um e de outro.[34]

Na raiz de todos esses sentimentos, pode-se pesquisar a *affectio maritalis*, tão encarecida pelos romanistas. Em verdade formam a identidade fisiopsíquica dos cônjuges, que o Direito Canônico tão bem exprime dizendo-os uma só carne ou um só corpo – *caro una*, e que o direito moderno enaltece apresentando o matrimônio na sua configuração de unidade moral e econômica (Clóvis Beviláqua).

---

34 Jemolo, *Il Matrimonio*, p. 458; Pontes de Miranda, ob. cit., § 46.

Alguns escritores confundem os deveres de *assistência* e de socorro.[35] Outros, os distinguem, vendo na assistência um comportamento mais largo e abrangente do socorro (Clóvis Beviláqua). E outros, destacam os conceitos, qualificando o dever de assistência como obrigação de fazer ou de prestar amparo e cooperação, mais no sentido moral, e o dever de socorro como obrigação de dar que se cumpre mediante ajuda econômica.[36]

Em caso de separação judicial ou de fato, o marido ou a mulher prestará pensão alimentar (v. n° 425, *infra*). Na constância da coabitação, não se enfatiza esta obrigação, pois que a convivência sob o mesmo teto traz o necessário corolário de se assistirem os cônjuges. Nesta hipótese, a recusa do necessário à vida ou ao lar se traduzirá como ruptura justificativa da separação.[37]

Mas é óbvio que não se pode impor ao cônjuge requerer a separação. Sendo necessário, se qualquer dos cônjuges faltar ao dever de assistência, o bom-senso leva a admitir a prestação compulsória de alimentos. O juiz poderá impor o desconto em folha, consignar parte de vencimentos e salários, bloquear rendimentos.[38]

D) *Deveres para com a prole.* Sem prejuízo dos que reciprocamente se cumprem, têm ainda os cônjuges deveres para com os filhos. Cada um dos cônjuges, e ambos simultaneamente. O Código os resume em três itens. Cabe-lhes sustentar os filhos, isto é, prover a sua subsistência material, fornecer-lhes alimentação, vestuário, abrigo, medicamentos, tudo enfim que seja necessário à sobrevivência. Compete-lhes a guarda dos filhos, isto é, tê-los em sua companhia, e sobre eles exercer vigilância.[39] O Estatuto da Criança e do Adolescente (Lei n° 8.069/1990) impõe aos pais o dever de sustento, guarda e educação dos filhos menores. No que concerne à educação, esta compreende a instrução básica ou elementar e o ensino em graus subsequentes, na conformidade das condições sociais e econômicas dos pais; está incluída a orientação espiritual.[40] Ao revés, constitui quebra dos deveres assistenciais deixar o filho ao abandono, e sem os desvelos próprios à sua idade ou adequados à sua formação. A guarda do filho obriga à assistência material, moral e educacional, conferindo ao detentor o direito de opor-se a terceiros, inclusive pais. Esses deveres devem cumprir-se por ambos os ascendentes, inclusive com o fornecimento de recursos financeiros. Se ao marido, com melhores rendas, cumpre prover o lar dos meios indispensáveis, à mulher que disponha de rendas ou que as aufira de seu trabalho, cabe concorrer nas despesas.

Esclareça-se, ainda, que quando não competir aos pais, o responsável prestará compromisso em procedimento regular. Dentro da orientação imposta pelo Estatuto da Criança e do Adolescente, a guarda em âmbito externo à família, está incluída entre as formas de colocação em família substituta, juntamente com a tutela e a

---

35 Cândido de Oliveira, "Direito de Família", *in Manual Lacerda* em Comentários ao art. 231, n° III.
36 Espínola, ob. cit., p. 209; De Page, *Traité Élémentaire*, v. I, n° 707; Orlando Gomes, ob. cit., n° 76.
37 Planiol, Ripert *et* Boulanger, *Traité Élémentaire*, v. I, n° 1.740.
38 Planiol, Ripert *et* Boulanger, ob. cit., n° 1.742.
39 Espínola, ob. cit., p. 227.
40 Espínola, ob. cit., p. 229.

adoção, exigindo do guardião manter a criança ou o jovem em sua companhia, sem poder transferi-lo para a companhia de terceiros, salvo autorização judicial (art. 30 da Lei nº 8.069/1990).

E) *Respeito e consideração mútuos.* Devem-se os cônjuges respeito mútuo e considerações recíprocas, inciso que foi acrescido ao Código de 2002. Incluem-se neste dever, além da consideração social compatível com o ambiente e com a educação dos cônjuges, o dever, negativo, de não expor um ao outro a vexames e descrédito. É nesta alínea que se pode inscrever a "infidelidade moral", que não chega ao adultério por falta da concretização de relações sexuais, mas que não deixa de ser injuriosa, e de apreciada pela justiça nos processos de separação.

Deveres implícitos. Além dos legais ou explícitos, a elaboração jurisprudencial foi criando outros tantos deveres conjugais, extraídos da apreciação das espécies em ações de separação. Construiu assim a teoria dos "deveres implícitos", que se distinguem dos atos de cortesia ou de assistência moral, dentre os quais destacam-se: o dever de sinceridade, o de respeito pela honra e dignidade própria e da família, o dever de não expor o outro cônjuge a companhias degradantes, o de não conduzir a esposa a ambientes de baixa moral.[41] O grau de educação, a sensibilidade dos cônjuges, a religiosidade de um ou do outro, são alguns dos aspectos a considerar, diante das circunstâncias objetivadas nos procedimentos judiciais em que se cogite de sopesar o relacionamento conjugal. A apreciação desses casos é, contudo, delicada, e deve ter em vista as condições e o ambiente de vida do casal, e educação de cada um, e demais circunstâncias de cada caso.

Prescreve o art. 1.567 que "a direção da sociedade conjugal será exercida, em colaboração, pelo marido e pela mulher, sempre no interesse do casal e dos filhos". Tradicionalmente, e em fidelidade à concepção romana da família, o Código de 1916 conferia ao marido a "chefia" da sociedade conjugal, posto que em colaboração da mulher e no interesse dos filhos.

O Código de 2002, reafirmando o princípio constitucional da igualdade de direitos e deveres entre os cônjuges, esposou a tendência moderna que já é efetiva nos países da *Common Law*, nos sistemas escandinavos, no soviético, como no uruguaio e mexicano. Não há mais falar em poder marital. Não lhe cabe interferir nos assuntos particulares da mulher, impor-lhe ou proibir-lhe leituras e estudos, nem abrir-lhe a correspondência.[42] De tão óbvio, é dispensável dizê-lo da mulher em relação ao marido.

Discordando, deverão compor as divergências, somente recorrendo à justiça em questões que digam respeito aos interesses do casal ou dos filhos, devendo o juiz decidir "tendo em consideração aqueles interesses".

Prescreve o art. 1.568 que "os cônjuges são obrigados a concorrer, na proporção de seus bens e dos rendimentos do trabalho, para o sustento da família e a educação dos filhos, qualquer que seja o regime patrimonial".

---

41 Jemolo, *Il Matrimonio*, p. 463; Carbonnier, *Droit Civil*, nº 20, p. 67.
42 Eneccerus, Kipp *y* Wolff.

Antes, cumpria-lhe prover à mantença da família, ressalvada, contudo, a obrigação de a mulher contribuir para as despesas do casal, com os rendimentos de seus bens, salvo estipulação em contrário no contrato antenupcial (arts. 233, V, e 277 do CC/1916). Com a equiparação instituída na Carta Magna e no Código de 2002, na linha das modernas tendências do Direito de Família, marido e mulher são obrigados a contribuir para a manutenção da família e educação dos filhos, não apenas com os rendimentos de seus bens, como ainda com o produto de seu trabalho.

É também recíproca a obrigação de sustento entre os cônjuges, de acordo com suas necessidades, estado econômico e financeiro. Tal dever, se não cumprido espontaneamente, pode ser imposto judicialmente. Cabe, na efetivação dele, determinar o juiz o desconto em folha se um ou outro tiver rendimento fixo, em empresa privada ou em instituição de outra natureza. E, por medida extrema, é lícito o sequestro dos bens do marido ou da mulher, conforme o caso, e para que as rendas sejam destinadas à cobertura das despesas e encargos familiares.

No que concerne ao domicílio do casal determina o art. 1.569 que "será escolhido por ambos os cônjuges, mas um e outro podem ausentar-se do domicílio conjugal para atender a encargos públicos, ao exercício de sua profissão, ou a interesses particulares relevantes".

Prescreve o art. 1.570 que "se qualquer dos cônjuges estiver em lugar remoto ou não sabido, encarcerado por mais de cento e oitenta dias, interditado judicialmente ou privado, episodicamente, de consciência, em virtude de enfermidade ou de acidente, o outro exercerá com exclusividade a direção da família, cabendo-lhe a administração dos bens".

No regime do Código Civil de 1916, a direção do casal competia ao marido e, com ela, a administração dos bens. Excluíam-se atos que exorbitavam da administração, como sejam a alienação e oneração de bens imóveis.

Pelo Código Civil vigente, afastada a direção do casal pelo marido, e associados ambos, como companheiros, consortes e corresponsáveis pelos encargos da família, a prática dos atos de gestão competem a ambos, sendo de boa política a distribuição de funções. Tradicionalmente, cabiam ao marido os atos externos e à mulher a gerência interna da casa, o que a doutrina alemã resumia em uma palavra, dizendo que tem o "poder da chave" (*Schlüssefgervalt*) simbolizando as suas atribuições de gestão e administração, sem necessidade de autorização do marido para os compromissos respectivos, e sem que para isto se lhe reconheça um mandato tácito.[43] Na atualidade, em que as contingências da vida moderna e o desejo de realização pessoal indicam a efetiva contribuição de ambos para as despesas domésticas, conduziram a uma reformulação das responsabilidades domésticas.

No impedimento de um dos cônjuges, pelos motivos revelados no art. 1.570, ou devido à enfermidade grave, assume o outro a direção total da família, cabendo-lhe a administração dos bens. Obviamente, excluem-se os atos exorbitantes da mera

---

43   De Page, Trabucchi, Eneccerus, Lehmann.

gerência. No caso de interdição judicial, ao cônjuge cabe a curatela do outro, e a sua representação legal.

No que concerne aos efeitos pessoais do casamento em face das regras de Direito Internacional privado, reportamo-nos ao art. 7º da Lei de Introdução às normas do Direito Brasileiro, que utiliza o critério do domicílio para a determinação das questões relativas ao Direito de Família em geral. Após a equiparação dos cônjuges assumida pela Constituição Federal (§ 5º do art. 226, CF) e também no exterior, o critério do *domicílio conjugal*, tradicionalmente aplicado, facilita o estabelecimento da lei aplicável.[44]

Nádia de Araújo alerta, no entanto, para a inovação do art. 72 do Código Civil ao identificar um domicílio no local das atividades profissionais "rompendo com o dogma do domicílio único para os dois integrantes da sociedade conjugal", o qual continua sendo identificado como o local da residência com ânimo definitivo, "escolhido por ambos os cônjuges" (art. 1.569).[45] Desta forma, admite-se a possibilidade de um ou outro cônjuge vir a residir em lugar diverso do domicílio conjugal, por motivos profissionais ou pessoais relevantes, sem que se considere uma infração ao art. 1.566, II (vida em comum no domicílio conjugal).

Verifica-se, portanto, que o capítulo referente à eficácia do casamento alcança aspectos mais abrangentes, os quais devem merecer do intérprete atenção especial.

397. Direitos e deveres dos cônjuges vinculados à atividade empresarial

O Código abre o livro do "Direito da Empresa" oferecendo um conceito de empresário. Embora o oferecimento de definições não seja próprio da lei, mas da abertura, entende-se conveniente apresentar uma seção teórica, tal como fizera o Projeto de Código das Obrigações de 1965, tendo em vista que ainda reina alguma incerteza na formulação desta ideia, ora predominando a reação subjetiva à coordenação objetiva. A ideia básica reside em que o exercício efetivo de uma atividade econômica cria correspondentes qualificações jurídicas, geradoras de direitos e de deveres. Com esta conotação, ingressou o conceito de empresário no Código Civil italiano de 1942, art. 2.082, de cujos termos aproxima-se correspectivo preceito do Código Civil de 2002.

O legislador de 2002 introduziu, no capítulo relativo à capacidade do empresário, algumas regras sem correspondência em 1916 que interessam, diretamente, às relações entre os cônjuges, representando flagrante retrocesso em face das conquistas de Jurisprudência e da Doutrina anteriores.

Define-o como aquele que "exerce profissionalmente atividade econômica organizada para a produção ou a circulação de bens e serviços". Excluiu, no entanto,

---

44 Nádia de Araújo, *Direito Internacional Privado: Teoria e Prática Brasileira*, p. 375.
45 Nádia de Araújo, ob. cit, p. 376.

aqueles que exerçam profissão intelectual, de natureza científica, literária ou artística (art. 966).

Afasta-se, portanto, do conceito de empresário, aquele que exerce profissão intelectual de qualquer natureza (científica, literária ou artística), isolado ou com o concurso de auxiliares ou colaboradores. Não é empresário o advogado, o médico, o professor, no exercício de sua atividade ou profissão, ainda que se organize tendo em vista o melhor rendimento de seu trabalho. Penetra, porém, no campo empresarial (e aí é que se encontra alguma dificuldade na caracterização) o deslocamento dessas atividades de cunho intelectual no rumo da organização econômica.

O art. 977 facultou aos cônjuges a capacidade de contratar sociedade entre si e com terceiros "desde que não tenham se casado pelo regime da comunhão universal de bens (art. 1.667) ou pelo regime da separação obrigatória (art. 1.641)". Desta forma, nada obsta aos cônjuges casados pelo regime de comunhão parcial de bens ou da separação total (convencional) contrair sociedade entre eles, ou com terceiros. Aplica-se por analogia o art. 977 na união estável, autorizando os companheiros a constituírem sociedade entre si uma vez que o art. 1.725 fixou o regime da comunhão parcial, salvo contrato escrito.

A matéria era controvertida no regime do Código de 1916, embora a boa doutrina e julgados dos nossos Tribunais se inclinassem no sentido de permiti-la, desde que não importasse em contravenção ao regime de bens no casamento. O preceito consagra-a, proibindo a contratação se for de comunhão universal ou de separação obrigatória. No da comunhão universal, os bens de ambos os cônjuges já lhes pertencem em comum, não havendo lugar para o seu *apport*, na contribuição do capital social. No da separação obrigatória, a contribuição de sociedade entre cônjuges envolve comunicação proibida. A hipótese de fraude já autorizava a desconsideração da pessoa jurídica, recepcionada pelo art. 50 do Código de 2002. Se cônjuges com mais de 70 anos (Lei nº 12.344/2010) contraíram matrimônio pelo regime da separação legal e tinham constituído sociedade anteriormente, devem, em princípio, dar as providências indicadas no art. 2.035.

Ricardo Fiúza[46] justifica a restrição no que concerne ao regime da comunhão total de bens alegando que a sociedade seria "uma espécie de ficção já que a titularidade das quotas do capital de cada cônjuge na sociedade não estaria patrimonialmente separada no âmbito da sociedade conjugal, da mesma maneira que todos os demais bens não excluídos no art. 1.668, a ambos pertencentes". No que tange ao regime da separação obrigatória, o mesmo autor explica que "a vedação ocorre por disposição legal nos casos em que, sobre o casamento, possam ser levantadas dúvidas ou questionamentos acerca do cumprimento das formalidades ou pela idade avançada de qualquer dos cônjuges".

Com relação ao regime da comunhão universal, "especialmente se a participação for em sociedade anônima ou em sociedade limitada", José Edwaldo Tavares

---

46 Ricardo Fiúza, *Novo Código Civil Comentado*, p. 883.

Borba[47] convoca o esforço interpretativo da doutrina e da jurisprudência que "certamente concluirão por assentar que essa limitação apenas se aplica às sociedades de pessoas, porquanto, nas sociedades de capitais o que importa é a aglutinação de capitais, que, no caso, estaria atendida, e a pluralidade de sócios, que também, a toda evidência, estaria preenchida". Alerte-se para a regra do art. 2.031 das "Disposições Transitórias" ao fixar o prazo até 11 de janeiro de 2007 para as sociedades constituídas na forma de leis anteriores se adaptarem às novas regras do Código.[48] Questionou-se tal exigência desde a entrada em vigor do Código Civil de 2002, uma vez comprovado que as sociedades preencheram em sua constituição todos os requisitos de validade na vigência dos Códigos Civil e Comercial, o que foi reconhecido pela Doutrina dominante e pela Jurisprudência e confirmada pelo Departamento Nacional do Registro do Comércio (Parecer DNRC/Cojur n° 125/2003).[49]

Entende-se, portanto, que prevalece a regra do art. 977 do Código Civil de 2002 somente para os cônjuges casados que pretenderem constituir sociedade entre si.

Alerta Arnoldo Wald que no art. 977 do Código Civil, por ser norma que restringe direitos, não há como estender a vedação aos conviventes que entre si estabeleceram uma união estável. O autor, reportando-se ao Parecer n° 50/2003 do DNRC, que reafirma o caráter restritivo da norma, não estendeu a vedação para as sociedades com outras pessoas, somente entre cônjuges cujo regime a lei civil veda, expressamente.[50]

O art. 978 veio a confirmar entendimento consolidado em nossos Tribunais ao autorizar a venda de imóveis que integrem o patrimônio da empresa ou gravá-los de ônus real por iniciativa do empresário casado, sem outorga conjugal, qualquer que seja o regime de bens. Aqueles bens que se integram no capital da empresa, inclusive os adquiridos, poderão ser por ele alienados, livremente. Não se estendem a quaisquer outros sob o risco de romper com a estabilidade do acervo conjugal. A necessidade de outorga uxória para alienação de imóveis da empresa, numa hipótese de precaução exagerada, atentaria contra a celeridade que os negócios empresariais demandam e já no direito anterior não era exigida, embora a lei fosse omissa a respeito.[51]

O princípio previsto neste artigo deve ser analisado em consonância com as disposições estabelecidas no art. 1.642 onde o legislador estabeleceu as responsabilidades patrimoniais dos cônjuges em igualdade de condições, o que será objeto de maiores

---

47 José Edwaldo Tavares Borba, *Direito Societário*, p. 37.
48 Este prazo foi objeto de modificação pela lei.
49 O DNRC entende que a proibição contida no art. 977, CC "não atinge as sociedades entre cônjuges já constituídas quando da entrada em vigor do Código, alcançando, tão somente, as que viessem a ser constituídas posteriormente". (...) "Desse modo, não há necessidade de se promover alteração do quadro societário ou mesmo da modificação do regime de casamento dos sócios-cônjuges, em tal hipótese".
50 Arnoldo Wald, *Comentário ao Novo Código Civil* (coord.: Sálvio de Figueiredo Teixeira). Rio de Janeiro, Forense, 2005, v. XIV, p. 66.
51 Arnoldo Wald, ob. cit., p. 67.

considerações ao analisarmos as disposições gerais relativas ao regime de bens no casamento (*vide* nº 399, *infra*).

Outra novidade introduzida pelo art. 979 é a obrigatoriedade da inscrição no "Registro Público de Empresas Mercantis" dos pactos e declarações antenupciais do empresário, bem como o título de doação, herança ou legado, de bens clausulados de incomunicabilidade ou inalienabilidade.

Esclareça-se que a Lei nº 4.726/1965 já previra a obrigatoriedade de arquivamento no Registro do Comércio do pacto antenupcial, dos títulos dos bens incomunicáveis do cônjuge, bem como do título de aquisição pelo empresário de bens que não pudessem ser obrigados por dívidas. A Lei nº 8.934/1994 extinguira tal exigência, o que foi novamente previsto no Código de 2002.

Sugere Ricardo Fiúza que, "no caso dos pactos antenupciais, estes estarão sujeitos a registro perante a Junta Comercial da sede da Empresa. Já os demais bens deverão ser objeto de averbação no Registro Público de Empresas mercantis, para conhecimento e eficácia perante terceiros".[52]

Previu, ainda, o art. 980, para validade perante terceiros, a obrigatoriedade do arquivamento e averbação no Registro Público de Empresas Mercantis, da sentença que decretar ou homologar a separação judicial do empresário ou o ato de reconciliação. Omitiu-se o legislador quanto à hipótese de Divórcio Direto, o que deve merecer o mesmo tratamento.

Independente da averbação no Registro Civil das Pessoas Físicas, a exigência do registro previsto neste artigo, segundo Ricardo Fiúza, visa "dar publicidade à situação relativa à disponibilidade de bens do empresário, modificada pela alteração do seu estado civil e na consequente partilha do patrimônio anterior detido pelo casal em razão do regime do casamento". Esclarece, ainda, que "o divórcio ou a separação judicial, nos casos de comunhão de bens, total ou parcial, após a partilha, sempre implica uma redução do patrimônio do cônjuge que exerce atividade empresarial."[53]

398. Direitos sucessórios dos cônjuges

Este assunto é objeto do capítulo CII, específico do volume VI das *Instituições*, onde constam as inovações introduzidas pelo legislador de 2002.

Merece, por ora, ser destacada referência à condição de "herdeiro necessário" atribuída ao cônjuge sobrevivo, no que inovou o legislador de 2002 em relação ao Código anterior (art. 1.846). Fica mantido, no entanto, o direito de o *de cujus* ter disposto por testamento a sua parte disponível (art. 1.789).

De acordo com o art. 1.830 o chamamento do cônjuge está condicionado a que, na data do óbito, não esteja separado judicialmente de seu consorte, "nem separado de fato há mais de dois anos". Nesta última hipótese, deverá comprovar que a separa-

---

[52] Ricardo Fiúza, ob. cit., p. 885.
[53] Ricardo Fiúza, ob. cit., p. 887.

ção de fato se dera em decorrência de que "a convivência se tornara impossível sem culpa do sobrevivente". Buscando harmonizar o art. 1.830 com o § 1º do art. 1.723, ambos do Código Civil, para Mauro Antonini "é de permanecer o direito sucessório do cônjuge por dois anos se nesse prazo não houver o autor da herança constituído união estável. Se houver união estável, cessa o direito do cônjuge antes de dois anos, por rompido o vínculo afetivo que é o valor fundamental do direito familiar e por extensão do direito sucessório. A formação de união estável é a demonstração inequívoca da ruptura dos laços afetivos com o cônjuge. Surgindo direito sucessório do companheiro, é incompatível com a subsistência do direito do cônjuge".[54]

Instituiu o legislador de 2002 novas regras quanto aos direitos sucessórios do cônjuge sobrevivo, autorizando-lhe concorrer com descendentes ou ascendentes sucessíveis (arts. 1.829, I e II, 1.832 e 1.837), em situações peculiares expressamente indicadas.

Esclareça-se, desde já que, concorrendo com ascendentes, será irrelevante o regime de bens do casamento (art. 1.829, II).

Participa, no entanto, da sucessão do *de cujus,* em concorrência com os descendentes, nas hipóteses seguintes: a) se o regime de bens era da separação convencional, constante de pacto antenupcial válido (art. 1.687); b) se o regime de bens era da comunhão parcial e o *de cujus* tinha bens particulares; neste caso o cônjuge será, ao mesmo tempo, herdeiro e meeiro, incidindo a meação apenas sobre o patrimônio comum; c) se o regime de bens era da participação final nos aquestos (art. 1.672) caber-lhe-á, também, herança e meação (art. 1.685).

Destaque-se, no entanto que, em três hipóteses, a lei deixa de reconhecer-lhe direito sucessório, atribuindo a herança, em sua totalidade, aos descendentes: a) se o regime de bens do casal era da comunhão total de bens (arts. 1.567 a 1.571); b) se o regime de bens era da separação obrigatória (art. 1.641); c) se o regime de bens era o da comunhão parcial, sem que o falecido tenha deixado bens particulares.

Por orientação constitucional, a sucessão de bens de estrangeiros situados no Brasil será regulada pela lei brasileira em benefício dos cônjuges e dos filhos brasileiros, sempre que não lhes seja mais favorável a lei pessoal do *de cujus* (art. 5º, XXXI, CF).

Os demais direitos sucessórios dos cônjuges estão amplamente apreciados no v. VI destas *Instituições*, com as oportunas observações do jurista Carlos Roberto Barbosa Moreira.

398-A. Usucapião familiar

A Lei nº 12.424, de 16 de junho de 2011, introduziu o art. 1.240-A no Código Civil Brasileiro, incluindo na sistemática legislativa a "Usucapião Familiar",

---

54 Mauro Antonini, *Código Civil comentado – Doutrina e Jurisprudência.* (coord. Cezar Peluso). São Paulo: Manole, 2009, p. 2071.

também conhecida como "Usucapião pró-família" e como "Usucapião Especial por abandono do Lar". Dentro do programa de habitação federal conhecido como "Minha casa, minha vida" – PMCMV,[55] foi implementada pela União com o objetivo de "criar mecanismos de incentivo à produção e aquisição de novas unidades habitacionais ou reclassificação de imóveis urbanos e produção ou reforma de habitações rurais para famílias com renda mensal de até R$ 4.650,00 (quatro mil seiscentos e cinquenta reais)".

Estabelece o art. 1.240-A que "aquele que exercer, por 2 (dois) anos ininterruptamente e sem oposição, posse direta, com exclusividade, sobre imóvel urbano até 250m² (duzentos e cinquenta metros quadrados), cuja propriedade divida com ex-cônjuge ou ex-companheiro que abandonou o lar, utilizando-o para sua moradia ou de sua família, adquirir-lhe-á o domínio integral, desde que não seja proprietário de outro imóvel urbano ou rural". O § 1º do mesmo artigo destaca ainda que "o direito previsto no *caput* não será reconhecido ao mesmo possuidor mais de uma vez".

Neste momento em que o sistema jurídico brasileiro superou a pesquisa da "culpa" no rompimento da sociedade conjugal, através da Emenda Constitucional nº 66/2010, o abandono do lar retorna fortalecido ao Direito de Família, justificando a aquisição de imóvel urbano através de Usucapião. Se, de um lado, a retomada dessa discussão representa um retrocesso, há que se analisar esta nova forma de prescrição aquisitiva no contexto social da Lei nº 12.424/2011, ao priorizar os direitos da população de baixa renda. O abandono do lar, pela ótica dos direitos reais, é o abandono da posse, de modo que o indivíduo deixa de utilizar o imóvel dentro da finalidade social de moradia. Pelo ângulo do direito de família, abrange também a falta aos deveres conjugais e familiares, o que poderá incluir, eventualmente, a pesquisa da culpa.

Sujeito a críticas e colecionando outras dúvidas quanto à sua aplicação, indaga-se sobre a possibilidade do requerimento autônomo nos moldes tradicionais, na própria separação ou no momento da partilha de bens.

Questiona-se, também, se dois anos no exercício da posse direta, sem oposição e ininterrupta é prazo suficiente para justificar a aquisição da propriedade por usucapião, confrontando, inclusive, com a regra do art. 197 do Código Civil, ao estabelecer que não corre a prescrição entre cônjuges na constância da sociedade conjugal.

O dispositivo em questão é omisso quanto à necessidade de dissolução da sociedade conjugal para que ocorra a Usucapião entre os cônjuges. Alerta Helena de Azeredo Orselli: "é de se questionar se a separação de fato, sem a decretação do término da sociedade conjugal, permitiria que o prazo corresse em favor do cônjuge ou

---

55 O programa de habitação federal "Minha Casa, Minha Vida" foi substituído pelo programa "Casa Verde e Amarela", por meio da Lei nº 14.118/2021, cujo art. 1º foi revogado pela Lei nº 14.620/2023. Constava expressamente do art. 1º o programa tem "a finalidade de promover o direito à moradia a famílias residentes em áreas urbanas com renda mensal de até R$ 7.000,00 (sete mil reais) e a famílias residentes em áreas rurais com renda anual de até R$ 84.000,00 (oitenta e quatro mil reais), associado ao desenvolvimento econômico, à geração de trabalho e de renda e à elevação dos padrões de habitabilidade e de qualidade de vida da população urbana e rural." A Lei nº 14.118/2021 não faz menção a questões relacionadas ao instituto da usucapião.

companheiro que permaneceu no imóvel pertencente ao casal. Dito de outra forma, o fim da vida em comum, ou seja, o abandono do lar, que caracteriza a separação de fato, pode ser hipótese de término da sociedade conjugal, mesmo que não prevista no art. 1.571 do Código Civil?".[56]

A nova forma de aquisição de imóvel nada tem a ver com a culpabilidade ou não pelo fim do casamento, com o abandono do lar ter sido voluntário ou necessário; enfim, a usucapião, como instituto de direito real, tem como um dos seus requisitos, o abandono do bem a ser usucapido, e não o abandono do lar conjugal ou da família.[57]

A realidade tem mostrado ser bastante comum a ocorrência de casais que se separam, e aquele que passa a residir em endereço diverso deixa o imóvel residencial com o outro cônjuge, para o maior conforto dele e dos filhos até a definição da partilha, o que torna a discussão da culpabilidade ainda mais controversa.

Com o advento do novo Código de Processo Civil – Lei nº 13.105/2015, a ação de usucapião passa a seguir o rito ordinário, sendo regida pelas regras do procedimento comum, não havendo mais um procedimento especial como no CPC/1973.

Buscando proteger o núcleo familiar injustamente abandonado, a Lei nº 12.424/2011 não se reporta à necessidade de se investigar as razões do afastamento; quantas vezes a ausência prolongada pode decorrer do trabalho de um dos cônjuges ou companheiros impossibilitado de comunicação? Deve-se considerar, também, a hipótese de transtorno mental por longo período, deixando o parceiro ausente sem qualquer contato.

Sem pretender esgotar as inúmeras situações de fato que envolvem o afastamento do casal, cabe lembrar as medidas protetivas da "Lei Maria da Penha", a qual, visando à proteção da mulher, determina o afastamento do marido ou companheiro do lar, domicílio ou local de convivência com a ofendida (inciso II do art. 22 da Lei nº 11.340/2006).

Como medida de proteção, deve o cônjuge ou companheiro que se afastou do lar conjugal notificar o ex-consorte anualmente, a fim de demonstrar o impasse relativo ao bem, afastando o cômputo do prazo.[58]

A Usucapião Familiar, forma especial de aquisição de bens imóveis por decurso do tempo, apresenta requisitos específicos, a saber:

Tempo: 2 anos;
Continuidade: ininterrupta e sem oposição;
Modalidade de posse: direta, com exclusividade e para sua moradia ou de sua família;

---

56 Helena de Azeredo Orselli, "Análise crítica da Usucapião Especial Urbana por Abandono" *in Revista Síntese de Direito de Família* n. 69 (Dez-Jan/2012). São Paulo: Grupo IOB, 2012, p. 134.
57 Helena de Azeredo Orselli, ob. cit. p. 135.
58 Flavio Tartuce, "A Usucapião Especial Urbana por Abandono do Lar Conjugal" *in Revista Síntese: Direito de Família* n. 71 (abril-maio/2012). São Paulo: Grupo IOB, 2012, p. 17.

Objeto: imóvel urbano – terreno ou apartamento – de até 250m² (duzentos e cinquenta metros quadrados);
Condições dos cônjuges ou companheiros: separados de fato;
Condição do cotitular que perderá sua meação: ter saído do lar, não contribuir para a manutenção do bem, tampouco buscar exercer seus direitos sobre o imóvel;
Condição do cotitular que pretende usucapir o bem: possuir copropriedade (existência de meação), não possuir outro bem imóvel, não ter requerido o mesmo direito anteriormente.[59]

Somente poderá ser requerida a Usucapião Familiar quando o casamento foi realizado sob o regime da comunhão total ou parcial de bens, sendo certo que o mesmo direito não se aplica ao cônjuge que optou pela separação convencional de bens. Alerte-se também para a situação especial dos cônjuges que contraíram o matrimônio pelo regime da separação legal, nas hipóteses elencadas no art. 1.641 do Código Civil. Em nome da função social da propriedade e da proteção dos idosos, estabelecidas na Carta de 1988, devem ser analisadas as efetivas razões a justificar essa rígida separação patrimonial, sobretudo se o imóvel foi adquirido em regime de condomínio.

Em decisão pioneira sobre eventuais efeitos retroativos do instituto da Usucapião Familiar, alcançando situações pretéritas, assim entendeu o Tribunal de Justiça de São Paulo: "tendo em vista a segurança jurídica, que deve prevalecer na hipótese, o prazo de dois anos para aquisição da propriedade por usucapião previsto no art. 1.240-A somente pode ser contado a partir da entrada em vigor do diploma legal que o incluiu, ou seja, a partir de 16.06.2011. Isto porque, embora a sentença proferida em ação de usucapião seja declaratória de situação de fato já existente, o direito do ex-cônjuge ou ex-companheiro que se retirou do lar antes da vigência do novo dispositivo não pode ser vulnerado, sob pena de se comprometer a segurança jurídica e surpreender aquele a quem se impute o abandono do lar".[60]

Como o art. 1.725 do Código Civil fixou a comunhão parcial como o regime de bens na União Estável, somente será excluída a aplicação do art. 1.240-A quando for assinado entre os companheiros um pacto de separação total de bens sem exclusão expressa do referido bem.

A metragem máxima indicada no art. 1.240-A, de imóvel urbano de até 250m², dependendo do local, pode representar valor elevado, caracterizando um duro golpe

---

[59] Douglas Phillips Freitas, "Usucapião e Direito de Família: comentários ao art. 1240-A do Código Civil" *in Revista Síntese: Direito de Família* n. 71 (abril-maio/2012). São Paulo: Grupo IOB, 2012, p. 14.
[60] TJ SP – 5ª Câmara de Direito Privado – Apelação Cível nº 0052438-14.2011.8.26.0100 – Rel. Des. Christine Santini – Julg. em 12.09.2012 . Assim também entendeu o Tribunal de Justiça de Minas Gerais no sentido de que o prazo deve ser contado a partir da vigência da lei, por questões de segurança jurídica, tendo em vista que antes da edição da nova forma de aquisição da propriedade não existia esta espécie de usucapião. (12ª Câmara Cível – Comarca de Santa Vitória – Apelação Cível 1.0598.11.002678-1/001 – Rel. Des. Nilo Lacerda – Julg. em 11.04.2012 – Publ.: 23.04.2012).

para aquele que teve a sua atitude considerada "abandono do lar", apresentando, ao mesmo tempo, para o favorecido, enriquecimento indevido.[61]

Ressalte-se a decisão da 6ª Câmara de Direito Privado do Tribunal de Justiça de São Paulo no Agravo de Instrumento nº 2080583-50.2014.8.26.0000,[62] que previu a dispensabilidade da exigência de planta cartográfica com coordenadas UTM, custosa e de restrita acessibilidade, para fins de usucapião familiar. Os Desembargadores consideraram que, "como as demais formas de usucapião, também reclama observância ao procedimento próprio, e exige a citação por edital para conhecimento público, comunicação aos entes públicos, notificação dos confrontantes, e aferição de condição essencial: metragem inferior a 250m². Todavia, em relação à prova, reclama o abrandamento das formalidades".

No caso, a exigência atentaria contra o propósito da lei, pois poderia inviabilizar ou dificultar o acesso da parte ao direito garantido pelo preceito legal ou, minimamente, retardar e embaraçar a entrega do provimento jurisdicional buscado. Os Ilustres Magistrados consideraram a intenção do legislador "de criar uma solução viável para regularização célere da propriedade, de forma a atender a função social da propriedade e, ao mesmo tempo, atender problemas sociais com proteção especial à entidade familiar".

Considerando que essa forma especial de Usucapião compõe o texto legal que implementou o Programa "Minha casa, minha vida", relativo a programas habitacionais para a população de baixa renda, caberá aos intérpretes da lei identificar, de acordo com a função social do instituto, as suas implicações jurídicas, e, no caso concreto, seus impactos nas relações familiares. Aos Tribunais, resta o desafio de adaptar o novo dispositivo às situações que serão apresentadas, possibilitando o desenvolvimento de uma ideia mais clara das questões que o envolvem.

---

[61] Priscila Maria Pereira Correa da Fonseca, "Considerações sobre o art. 1240-A. Atos normativos e novidades legislativas" in *Revista Brasileira de Direito das famílias e Sucessões*, Porto Alegre: Magister; Belo Horizonte: IBDFAM, n. 13, ago/set, p. 119.
[62] TJSP, 6ª Câmara de Direito Privado, Agravo de Instrumento nº 2080583-50.2014.8.26.0000, Rel. Des. José Percival Albano Nogueira Júnior, julg. em 02.07.2014.

Capítulo LXXXIX
Regimes de Bens

Sumário

399. Disposições gerais sobre regimes de bens. 399-A. A modificação do regime de bens na constância do casamento. 400. Regime da separação obrigatória de bens. 401. Deveres e direitos patrimoniais entre os cônjuges. 402. Considerações especiais sobre bens reservados. 403. Pacto antenupcial. 403-A. Regime da comunhão parcial de bens. 403-B. Regime de comunhão universal de bens. 403-C. Regime de participação final nos aquestos. 403-D. Regime de separação de bens. 403-E. Doações antenupciais. 404. Do usufruto e administração dos bens de filhos menores.

Bibliografia

Alexandre Guedes Alcoforato Assunção, in *Novo Código Civil Comentado* (coord.: Ricardo Fiúza), São Paulo, Saraiva, 2002, p. 1.467; Antônio Carlos Mathias Coltro, "Casamento, o regime etário obrigatório e a união estável: da inconstitucionalidade à inaplicabilidade", in *Atualidades de Direito de Família e Sucessões*. São Paulo, Notadez, 2008; Arturo Carlo Jemolo, *Il Matrimonio*, pp. 441 e segs.; Bianca Mota de Moraes, in *Novo Código Civil: o Direito de Família* (coord.: Heloisa Maria Daltro Leite); Carlos Roberto Gonçalves. "Do Regime de Bens entre os Cônjuges", in *A revisão do Direito de Família: estudos jurídicos em homenagem ao centenário de Edgard de Moura Bittencourt* (coord.: Antônio Carlos Mathias Coltro) Rio de Janeiro, GZ Editora, 2009, p.185; Carvalho de Mendonça, *Contratos*, v. I, nº 23; Castelo Branco Rocha, *O Pátrio Poder*, pp. 202 e segs; Clóvis Beviláqua, *Direito de Família*, §§ 35 e segs.; Cristiano Chaves de Farias e Nelson Rosenvald, in *Curso de Direito Civil: Famílias.* Salvador: JusPODIVM, 2012, p. 379; Cunha Gonçalves, *Direito de Família e Direito de Sucessões*, pp. 113 e segs.; Débora Vanessa Caús Brandão, in *Regime de bens no novo Código Civil*, São Paulo, Saraiva, 2007, p. 210; Ennecerus, Kipp y Wolff, *Tratado, Derecho de Familia*, v. I, §§ 40 e segs; Ernest Roguin, *Droit Comparé, Le Régime Matrimonial*, p. 3; Espínola, *A Família no Direito Civil Brasileiro*, pp. 302 e segs.; Flávio Tartuce, *O novo CPC e o Direito Civil*, Rio de Janeiro, Forense; São Paulo: Método, 2015; Francesco Degni, *Il Diritto di Famiglia*, pp. 259 e segs.; Gustavo Tepedino, "Controvérsias sobre regime de bens no Código Civil", *in Novo Código Civil: cinco anos de vigência*, São Paulo, Revista do Advogado n° 28 da Associação dos Advogados de São Paulo, 2008, pp. 117; Heinrich Lehmann, *Derecho de Familia*, pp. 117 e segs.; João Baptista Villela, "Liberdade Família", *in Revista da Faculdade de Direito da UFMG*, 1980, v. 7; p. 35; Irmãos Mazeaud, *Leçons de Droit Civil*, v. I, n°s 1.101 e segs.; Jean Carbonnier, *Droit Civil*, v. II, n[os.] 34 e segs.; João Baptista Villela, "Liberdade Família", *in Revista da Faculdade de Direito da UFMG*, v. 7, 1980; Lafayette, *Direitos de Família*, §§ 50 e segs.; Leônidas Filippone Farrula Junior, *in Novo Código Civil: do Direito de Família*, Rio de Janeiro, Freitas Bastos, 2002; Maria Helena Diniz, *in Curso de Direito Civil Brasileiro: Direito de Família*, São Paulo, Saraiva, 2002; Milton Paulo de Carvalho Filho, *in Código Civil Comentado: Doutrina e Jurisprudência*, São Paulo, Manole, 2008, p. 1.751; Orlando Gomes, *Direito de Família*, n°s 99 e segs.; Pablo Stolze Gagliano e Rodolfo Pamplona Filho, *in Novo Curso de Direito Civil: Direito de Família. (As famílias em perspectiva constitucional)*, São Paulo: Saraiva, 2012, pp. 350-353; Paulo Lôbo, *Direito Civil: Família*, São Paulo, Saraiva, 2008, p. 300; Paulo Nader, *Curso de Direito de Família*, v. V, Rio de Janeiro, Forense, 2008, p. 358; Planiol, Ripert *et* Boulanger, *Traité Élémentaire*, v. III, n[os] I e segs.,VIII e IX; Pontes de Miranda, *Direito de Família*, §§ 63 e segs.; Regina Beatriz Tavares da Silva, *in Novo Código Civil Comentado* (coord.: Ricardo Fiúza), São Paulo, Saraiva, 2002, p. 1.455; Roberti, *Le Origine Romano – Cristiane della Communione dei Beni fra Coniugi*, pp. 3 e segs; Rolf Madaleno, *Curso de Direito de Família*, Rio de Janeiro, Forense, 2008, p. 552; Ruggiero e Maroi, *Istituzioni*, v. I, §§ 57 e segs.; Santoro Passarelli, *Diritto Patrimoniale del Matrimonio, passim*; Silmara Juny Chinelato, *Comentários ao Código Civil*, v. 18, Saraiva, São Paulo, 2004, p. 293; Trabucchi, *Istituzioni di Diritto Civile*, n°s 118 e segs.; Virgilio Panagiotis Stavridis, *Novo Código Civil: Do Direito de Família* (coord.: Heloisa Maria Daltro Leite), Rio de Janeiro, Freitas Bastos, 2002, pp. 341-342; Wânia Triginelli, *Manual de Direito das Famílias e das Sucessões* (coord.: Ana Carolina Brochado Teixeira e Gustavo Pereira Leite Ribeiro), Belo Horizonte, Del Rey/Mandamentos, 2008, p. 383; Washington de Barros Monteiro, *Curso de Direito Civil: Direito de Família*, São Paulo, Saraiva, 1999; Zeno Veloso, "Regimes Matrimoniais de Bens", *in Direito de Família Contemporâneo* (coord.: Rodrigo da Cunha Pereira), Belo Horizonte, Del Rey, 1997.

399. Disposições gerais sobre regimes de bens

Os efeitos jurídicos do casamento, conforme demonstrado no nº 395 *supra*, distribuem-se em dois grupos: pessoais e patrimoniais. E, destes últimos, cogitou-se sucintamente, ao se tratar dos direitos e deveres do marido e da mulher (nºs 395 a 398). Prossegue-se agora com os efeitos econômicos.

Na verdade, o matrimônio cria para os cônjuges relações patrimoniais especialmente objetivadas no direito sucessório, nos regimes matrimoniais e nas doações recíprocas.

O contrato de doação foi desenvolvido no lugar próprio (nº 231, *supra*, v. III), e as doações *propter nuptias* estão previstas no nº 404, *infra*. Os regimes matrimoniais estão desenvolvidos neste mesmo capítulo (nºs 400 a 403).

O Código de 2002 inovou ao permitir a modificação do regime de bens na constância do casamento, desde que fundamentada e requerida por ambos, e introduziu o regime de comunhão final nos aquestos. Aboliu o regime dotal.

O casamento gera efeitos de duas ordens: pessoais e matrimoniais. Os primeiros enfeixam-se primordialmente no que dispõem os arts. 1.566 a 1.570. Os efeitos patrimoniais ou econômicos, em última análise, condizem com o regime de bens adotado.

Quanto ao seu objeto, do regime de bens pode resultar a comunicação, total ou parcial dos haveres dos cônjuges, ou a sua separação, tendo o Código de 2002 introduzido o regime da participação final nos aquestos.

A essência das relações econômicas entre casados reside, efetivamente, nos regimes de bens, sobre os quais a doutrina, tanto nacional como a estrangeira, estende-se, deles cogitando igualmente as legislações. Não se pode, em verdade, conceber um casamento sem regime de bens, mesmo nos países de economia socialista, ainda que os cônjuges conservassem seus patrimônios totalmente estanques e sem encargos matrimoniais, pois a lei que o estabelecesse estaria instituindo desta maneira um regime de bens.

Os regimes de bens constituem, pois, os princípios jurídicos que disciplinam as relações econômicas entre os cônjuges, na constância do matrimônio, ou, na definição clássica de Roguin: "Um conjunto de regras determinando as relações pecuniárias que resultam do casamento".[1]

Na sua classificação, atende a dois critérios: *a*) quanto à origem; *b*) quanto ao objeto.

A) O regime de bens no casamento ora provém da convenção, ora da lei. Diz-se, então, que pode ser "convencional" ou "legal". As legislações nem sempre tratam o assunto com a liberalidade de nosso direito, pois que algumas não permitem

---

[1] Ernest Roguin, *Droit Comparé, Le Régime Matrimonial*, p. 3.

aos nubentes estipulá-lo com liberdade. Ao revés, costuma dispor a lei com exclusividade a propósito de cada um, franqueando às vezes aos interessados optar por um dos regimes legais, sem lhes permitir a estipulação de cláusula de redação própria, e nem ao menos combinar os princípios regulamentares de um e de outro.

Cumpre, entretanto, destacar na categoria legal, o que impõe aos cônjuges com caráter de obrigatoriedade. É a separação, quando determinada como medida defensiva dos interesses dos cônjuges, ou aos que se casam infringindo certos impedimentos matrimoniais. Nos casos de "separação compulsória" ou "obrigatória" (art. 1.641, CC/2002), nega-se aos nubentes a faculdade de optar, constrangidos que ficam a aceitar as regras pertinentes a esta. E, mais do que isto, considerar-se-á como não escrita qualquer estipulação ou convenção contrária aos princípios que a regem. Não se pode negar ao regime de bens o seu caráter jurídico institucional.[2]

B) Quanto ao seu objeto, as relações econômicas entre cônjuges tomam como base o fato de se comunicarem ou não os patrimônios dos cônjuges. A rigor, portanto, somente existem duas modalidades de regimes de bens: "comunhão" e "separação", pois que ou prevalece o critério da comunicação, ou o da separação patrimonial.[3] A imaginação humana, a serviço das conveniências dos cônjuges, tem trabalhado no sentido de se combinarem um e outro critério, e, desta sorte, sugere a manutenção das formas puras originais, ou a criação de outros regimes em que se comunicam alguns valores, enquanto outros se conservam destacados no patrimônio dos consortes.

É, pois, lícito aos cônjuges escolher o regime de suas preferências, combiná-los ou estipular cláusulas de sua livre escolha e redação, desde que não atentem contra os princípios da ordem pública, e não contrariem a natureza e os fins do casamento.[4] Excluem-se desta escolha as situações especiais indicadas no art. 1.641, onde é negada esta escolha aos nubentes. Considerar-se-á como não escrita qualquer convenção contrária aos princípios que a regem.

Estabeleceu o art. 1.640 (*caput*) que "não havendo convenção, ou sendo ela nula ou ineficaz, vigorará, quanto aos bens entre os cônjuges, o regime da comunhão parcial". Ressalva, no entanto, o Código Civil (parágrafo único do art. 1.640) a necessidade de pacto antenupcial por escritura pública, na escolha dos outros regimes: "comunhão universal", "participação final nos aquestos" e "separação total convencional".

Desta conjugação das noções básicas resultam, portanto, os regimes de bens que serão objeto de estudo nos parágrafos seguintes, regulamentados por seu turno no Código Civil: 1 – *comunhão universal* (arts. 1.667 a 1.671); 2 – *comunhão parcial* (arts. 1.658 a 1.666); 3 – *separação* (arts. 1.687 e 1.688); e 4 – participação final nos aquestos (arts. 1.672 a 1.686).

---

2   Planiol, Ripert *et* Boulanger, *Traité Élémentaire*, v. III, nº 4.
3   Eduardo Espínola, *A Família no Direito Civil Brasileiro*, nº 61, p. 303.
4   Lafayette, *Direitos de Família*, § 50; Ruggiero e Maroi, *Instituzioni*, v. I, § 57.

399-A. A MODIFICAÇÃO DO REGIME DE BENS NA CONSTÂNCIA DO
CASAMENTO

A imutabilidade do regime de bens, anterior a 2002, foi estabelecida visando evitar que pressões, influências e solicitações na constância do casamento pudessem conduzir um dos consortes a alterar o regime econômico do matrimônio com grave risco para seus próprios haveres e possível prejuízo para os credores e herdeiros.

E se esta característica prevalece em grande número de sistemas como o italiano, o português, o espanhol, o argentino e o uruguaio, ponderável é o sistema daqueles que admitem sua modificação e até substituição, como se dá com os Códigos da Alemanha, Áustria, Suíça, França, Suécia e Bélgica.[5]

Tendo em vista a necessidade de disciplinar a matéria, o Projeto do Código Civil de 1965 (Orosimbo Nonato, Orlando Gomes e Caio Mário) assentou a mutabilidade do regime (art. 158), mediante decisão judicial transcrita no registro próprio, e ressalvados os direitos de terceiros. No direito francês, tornou-se lícito modificar o regime de bens após dois anos de sociedade conjugal e sujeito à homologação pelo juiz.[6]

Ainda na vigência do Código de 1916, a Súmula nº 377 do Supremo Tribunal Federal estabeleceu que "no regime da separação legal de bens comunicam-se os adquiridos na constância do casamento". Esta Súmula veio abrir a possibilidade de se amenizar a imutabilidade do regime legal do casamento e permitir, inclusive, que nas relações patrimoniais decorrentes do casamento ao qual foi imposto por lei o regime da separação total sejam reconhecidos a colaboração e o esforço comum entre os cônjuges.

O Código de 2002 introduziu substancial modificação ao permitir a alteração do regime de bens na constância do casamento.

Enuncia o art. 1.639 o princípio capital da liberdade de convencionarem os nubentes o que lhes aprouver quanto aos seus bens. Obviamente, esta regra comporta exceções.

A liberdade de escolha tem essencialmente em conta a circunstância de que os próprios cônjuges são os melhores juízes na opção do modo como pretendem regular as relações econômicas a vigorarem durante o matrimônio.

O nosso direito adotou critério flexível, segundo as circunstâncias. Na falta de manifestação dos nubentes (art. 258, CC/1916), prevalecia o regime da comunhão universal de bens, sendo, contudo livre optar por outro regime, mediante escritura pública antecedente ao consórcio.

Não havia regime de bens, fora do legal, senão por pacto expresso, e revestido de forma pública. Da conjugação destes princípios, seguiu-se o caráter jurídico "institucional" do regime de bens. Veio a Lei nº 6.515, de 26 de dezembro de 1977,

---

5 Carlos Roberto Gonçalves. "Do Regime de Bens entre os Cônjuges", in *A revisão do Direito de Família: estudos jurídicos em homenagem ao centenário de Edgard de Moura Bittencourt* (coord.: Antônio Carlos Mathias Coltro), Rio de Janeiro, GZ Editora, 2009, p. 185.
6 Carbonnier, *Droit Civil*, v. II, nº 34, p. 97; Planiol, Ripert *et* Boulanger, *Traité Élémentaire*, v. III, nº 4.

e dispôs que, "não havendo convenção, ou sendo nula, vigorará quanto aos bens o regime da comunhão parcial". A mesma Lei n° 6.515/1977 admitiu como "disposição transitória" a livre convenção se o casamento se seguisse a uma comunhão de vida, já existente antes de 28 de junho de 1977, que houvesse perdurado nos dez anos consecutivos, ou da qual resultassem filhos.

O § 1° do art. 1.639 do Código Civil de 2002 (art. 230, CC/1916) estabeleceu o termo inicial do regime de bens "a partir da data do casamento". No Direito Canônico, somente tinha início com a consumação do matrimônio, obtida pela efetivação do comércio sexual dos cônjuges. Considerando-o de prova difícil e escabrosa, o nosso direito pré-codificado presumia a coabitação física e instituía o início do regime de bens a partir do dia subsequente ao da boda. Mas o Código de 1916, simplificando a espécie, estabeleceu a regra da coincidência e declarou que na mesma data do matrimônio começaria a viger.

Seguindo importante orientação doutrinária, inovou o Código de 2002 (§ 2° do art. 1.639) ao permitir a alteração do regime de bens "mediante autorização judicial em pedido motivado de ambos os cônjuges, apurada a procedência das razões invocadas e ressalvados os direitos de terceiros". Não impôs o legislador um tempo mínimo de casamento estabelecendo, no entanto, como requisito, fazê-lo em documento fundamentado, requerido por ambos os cônjuges. Não se preocupou também em estabelecer as hipóteses ou condições para os requerentes, cabendo somente à autoridade judicial – Juiz de Família ou aquele que exerça a competência jurisdicional pertinente – concedê-la por decisão judicial, considerando os argumentos apresentados pelas partes. Não se trata de decisão simplesmente homologatória, exigindo efetiva fundamentação. O Código de 2002 afastou a hipótese de requerimento unilateral.

Leônidas Filippone Farrula Junior alerta para o fato de que o controle judicial não é suficiente para elidir eventual fraude. "Afinal, estando os cônjuges em conluio, por mais precaução que venha a adotar o Magistrado, é possível que os prejuízos venham a ser causados a terceiros."[7]

O pedido deve ser formulado por ambos os cônjuges, devendo ser fundado em motivos relevantes e ressalvado os direitos de terceiros, o que significa que serão respeitados os negócios jurídicos realizados pelos cônjuges na vigência do regime anterior. Reporte-se, no entanto, ao art. 2.039, "Das Disposições Transitórias", ao determinar que "o regime de bens nos casamentos celebrados na vigência do Código Civil anterior, Lei n° 3.071, de 1° de janeiro de 1916, é o por ele estabelecido".

Em princípio, pela leitura literal desta regra legal, se o casamento for anterior ao Código de 2002, mantém-se, por exemplo, a exigência da outorga uxória para a alienação de bens prevista nos arts. 235 e 242 de 1916, apesar do art. 1.687 de 2002 dispensá-la, expressamente, nos regimes de separação convencional. Não se pode admitir a mudança do regime com o objetivo de prejudicar a legítima dos filhos. Também devem ser preservados os atos anteriores praticados e respeitados os bens particulares.

---

7   Leônidas Filippone Farrula Junior, *Novo Código Civil: do Direito de Família*, p. 314.

Merece referência especial a Decisão da 4ª Turma do STJ, tendo como Relator o Ministro Jorge Scartezzini, ao afastar o art. 2.039 do Código Civil de 2002 como óbice à aplicação de norma geral, constante do art. 1.639, § 2º, concernente à alteração incidental de regime de bens nos casamentos ocorridos sob a égide do Código Civil de 1916, desde que ressalvados os direitos de terceiros e apuradas as razões invocadas pelos cônjuges para tal pedido, não havendo que se falar em retroatividade legal, vedada nos termos do art. 5º, XXXVI, da Constituição Federal de 88, mas, ao revés, nos termos do art. 2.035 do Código Civil de 2002, em aplicação de norma geral com efeitos imediatos.

O Tribunal de Justiça de Minas Gerais, confirmando a decisão do Juízo *a quo*, considerara que, pela leitura do mencionado dispositivo legal (art. 2.039, CC/2002), se o casamento foi celebrado na vigência do 'Codex' revogado, ostentava-se inadmissível a pretensão à mudança do regime matrimonial de bens. O Ministro Relator, em seu voto, afastou a orientação "literalista" ou "textualista" de alguns doutrinadores que, no respeito ao ato jurídico perfeito (arts. 5º, XXXVI, CF/1988, e 6º, Lei de Introdução às normas do Direito Brasileiro), entendem que o § 2º do art. 1.639 não alcança os casamentos ocorridos sob a égide do Código Civil de 1916, abrangendo as regras específicas de cada um dos regimes matrimoniais de bens previstos neste Código. Considerou que o art. 1.639, § 2º, do Código Civil de 2002, constituindo-se em norma geral relativa aos direitos patrimoniais dos cônjuges, incide imediatamente, inclusive às sociedades conjugais formalizadas sob o pálio do Código Civil de 1916. Para o mesmo Relator, a possibilidade de mudança de regime de bens no curso do matrimônio aplica-se aos efeitos futuros de contratos de bens em plena vigência quando do respectivo advento, haja vista consistir em norma geral de efeito imediato, ressaltando que a nova legislação a ser imediatamente aplicada não atingirá fatos anteriores, nem, tampouco, os efeitos consumados de tais fatos; incidirá, por óbvio, nos fatos futuros à sua vigência, bem assim, com relação tão somente aos efeitos vindouros dos fatos, ainda que pretéritos, em pleno curso de execução quando de sua vigência, não se cogitando, pois, de retroatividade legal ofensiva aos ditames constitucionais, por inobservância a ato jurídico perfeito. Alertou que não se trata de retroatividade da referida norma, mas, nos termos do art. 2.035 do Código Civil de 2002, na aplicação de norma com efeitos imediatos. Concluiu, finalmente, que não entender no sentido da possibilidade de alteração incidental do regime de bens, ainda que celebrado o matrimônio sob o pálio do Código Civil de 1916, seria, a toda evidência, uma maneira de, olvidando-se a necessária interpretação legal teleológica, efetuada, nos moldes do art. 5º da Lei de Introdução às normas do Direito Brasileiro, em atenção aos "fins sociais" e às "exigências do bem comum", incentivar a concretização da fraude, na medida em que estimular-se-ia os cônjuges a, com vistas à mudança de regime, divorciarem-se, para que, em se casando novamente, pudessem contratar o regime que melhor lhes aprouvesse.[8]

---

[8] STJ – REsp. nº 730.546/MG (2005/0036263-0) – 4ª Turma – Rel. Min. Jorge Scartezzini – publ. em 03.10.2005. Neste sentido, ver também: STJ – 3ª Turma – REsp. nº 1112123/DF – Rel. Min. Sidnei Beneti – Julg. em 16.06.2009 – *DJe* 13.08.2009.

Entendeu, também, o STJ que é possível a alteração do regime de bens ao cessar a causa suspensiva que impôs a adoção do regime de separação obrigatória. Ao interpretar § 2º do art. 1.639, combinado com os arts 2.035 e 2.039 do Código Civil de 2002, aquele Egrégio Tribunal admitiu a alteração do regime de bens adotado por ocasião do matrimônio, desde que ressalvados os direitos de terceiros e apuradas as razões invocadas pelos cônjuges para tal pedido, tendo como Relatora a Ministra Nancy Andrighi.[9]

Reafirmou a III Jornada de Direito do Centro de Estudos Judiciários do Conselho da Justiça Federal ao estabelecer que "a alteração do regime de bens prevista no § 2º do art. 1.639 do Código Civil também é permitida nos casamentos realizados na vigência da legislação anterior".

O Código Civil refere-se a *pedido motivado* de ambos os cônjuges. Paulo Nader admite a prerrogativa do Juiz de certificar-se da espontaneidade das declarações, ou seja, da ausência de constrangimento entre os interessados, como também, eventual prejuízo potencial ou concreto de terceiros, afastando a necessidade de apresentação de *razões relevantes* pelo casal. O mesmo autor considera que "tal exigência não se encontra no espírito da lei, bastando a ausência de qualquer prejuízo para terceiros e a convicção da voluntariedade do pedido. Sem tais óbices, os motivos que inspiram a liberdade de escolha do regime e a sua alteração, antes do casamento, continuam a existir após a celebração".[10]

Diante de eventual rigidez na interpretação dos arts. 1.639 e 2.039 do Código Civil, sugere-se que se dê uma interpretação adaptada à realidade dos cônjuges, permitindo-se a alteração, para que o novo regime atinja, preferencialmente, os bens e negócios jurídicos que venham a ser adquiridos e contratados após a decisão judicial que autorizar a mudança. Para isto, deverá ser comprovado o patrimônio existente por ocasião da alteração do regime. A mudança do regime não poderá afastar os direitos sucessórios dos cônjuges.

---

9   O Tribunal Estadual analisara os requisitos autorizadores da alteração do regime de bens e concluíra pela sua viabilidade, tendo os cônjuges invocado como razões da mudança a cessação da incapacidade civil interligada à causa suspensiva da celebração do casamento a exigir a adoção do regime de separação obrigatória, além da necessária ressalva quanto a direitos de terceiros, a alteração para o regime de comunhão parcial é permitida. Por elementar questão de razoabilidade e justiça, o desaparecimento da causa suspensiva durante o casamento e a ausência de qualquer prejuízo ao cônjuge ou a terceiro, permite a alteração do regime de bens, antes obrigatório, para o eleito pelo casal, notadamente porque cessada a causa que exigia regime específico. Os fatos anteriores e os efeitos pretéritos do regime anterior permanecem sob a regência da lei antiga. Os fatos posteriores, todavia, serão regulados pelo CC/2002, isto é, a partir da alteração do regime de bens, passa o CC/2002 a reger a nova relação do casal. Por isso, não há se falar em retroatividade da lei, vedada pelo art. 5º, XXXVI, da CF/1988, e sim em aplicação de norma geral com efeitos imediatos. Recurso especial não conhecido (REsp. nº 821807/PR, Rel.ª Min.ª Nancy Andrighi – julg. em 19.10.2006).
10 Paulo Nader, *Curso de Direito de Família*. Rio de Janeiro, Forense, 2008, v. V, p. 358.

A 3ª Turma do STJ, no REsp nº 1.446.330,[11] reafirmou a possibilidade de alteração do regime de bens, desde que regularmente justificada e manifestada por ambos os cônjuges, observados os direitos de terceiros, sendo feita por meio de procedimento de jurisdição voluntária.

Com relação à retroatividade dos efeitos da alteração do regime de bens, o entendimento dominante é de que a modificação tem eficácia *ex nunc*, ou seja, de agora em diante. Não obstante, a jurisprudência tem entendido pela possibilidade de retroação (eficácia *ex tunc*) se o novo regime adotado amplia as garantias patrimoniais. Nesse sentido, pontua-se o decidido no julgamento do REsp 1.671.422/SP, no qual os cônjuges, nos termos do art. 1.639, § 2º, do CC, formularam pedido ao judiciário para alterar o regime de bens da separação total para a comunhão universal. Ou seja, mudança, nesse caso, seria para um regime menos restritivo e favoreceria o direito de terceiros de boa-fé.

O art. 734 do novo CPC traz a previsão do procedimento para alteração do regime de bens, que pode ser requerida de forma motivada, em petição assinada por ambos os cônjuges, sendo ressalvados os direitos de terceiros. Tartuce destaca que as razões para a alteração devem ser analisadas caso a caso, havendo, inclusive, quem entenda pela desnecessidade de motivação em tais casos, pois a intervenção do Estado feriria o princípio da não intervenção, previsto no art. 1.513 do CC/2002.[12]

Trata-se de procedimento de jurisdição voluntária, no qual, após receber a petição inicial, o juiz intimará o Ministério público e determinará a publicação de edital que divulgue a pretendida alteração de bens. Ressalte-se que o § 2º do referido dispositivo faculta que os cônjuges, na inicial, proponham ao juiz algum meio alternativo de divulgação da alteração do regime de bens, a fim de resguardar direitos de terceiros.

O magistrado somente pode decidir depois de 30 dias de tal publicação, sendo, após o trânsito em julgado da sentença, expedidos mandados de averbação aos cartórios de registro civil e de imóveis e, caso qualquer dos cônjuges seja empresário, ao Registro Público de Empresas Mercantis e Atividades Afins.

Uma vez concedida, a decisão será averbada no registro do casamento, bem como no RGI da situação dos bens envolvidos e do domicílio do casal (art. 167 da Lei nº 6.015/1973). Tal averbação deve ser feita igualmente na Junta Comercial, se for comerciante qualquer dos cônjuges.[13] Destaque-se, ainda, que, por extensão da regra do art. 979, a referida decisão também deverá ser arquivada e averbada no Registro Público das Empresas Mercantis. Deverá ser averbada, outrossim, no Registro Civil das pessoas naturais. A 3ª Turma do STJ, no REsp nº 1.263.234/TO, de relatoria da Ministra Nancy Andrighi, decidiu pela irretroatividade do regime de bens adotado posteriormente. No caso, a Turma determinou a apuração e partilha do

---

11 STJ – 3ª Turma – REsp nº 1.446.330 – Rel. Min. Moura Ribeiro – julg. em 17.03.2015.
12 TARTUCE, Flávio. *O novo CPC e o Direito Civil*. Rio de Janeiro: Forense; São Paulo: Método, 2015, p. 354-355.
13 Leônidas Filippone Farrula Junior, ob. cit., p. 317.

patrimônio amealhado no período anterior ao casamento, que foi reconhecido como de sociedade de fato, sob pena de "prorrogação da cotitularidade, antes existente, para dentro do casamento, sendo desinfluente, quanto a esse acervo, o regime de bens adotado para viger no casamento". Para a Relatora, "convolada em casamento uma união estável ou sociedade de fato, optando o casal por um regime restritivo de compartilhamento do patrimônio individual, devem liquidar o patrimônio até então construído para, após sua partilha, estabelecer novas bases de compartilhamento patrimonial".[14]

No que tange à imutabilidade do regime de bens, merecem referências especiais as contingências que envolvem os contratos entre cônjuges. Inovando o Código de 2002, estabeleceu no art. 977 que "faculta-se aos cônjuges contratar sociedade, entre si ou com terceiros, desde que não tenham casado no regime da comunhão universal de bens, ou no da separação obrigatória". Fora destas hipóteses, será lícita a contratação de sociedade, a doação, a constituição de renda etc., principalmente se a mulher exercer ou passar a exercer profissão autônoma.[15] As sociedades anteriormente contratadas entre cônjuges nas hipóteses já mencionadas, como ato jurídico perfeito, não exigirão modificações.

Tal entendimento encontra amparo no inciso XXXVI do art. 5º da Constituição Federal, que protege o direito adquirido, o ato jurídico perfeito e a coisa julgada. Além disso, o art. 2.035 enuncia que "a validade dos negócios e demais atos jurídicos constituídos antes da entrada em vigor deste Código, obedecerão ao disposto nas leis anteriores". Entretanto, o art. 2.031 do mesmo diploma legal parece contrariar esta posição doutrinária ao determinar que as associações, sociedades e fundações constituídas na forma das leis anteriores, teriam de se adaptar até 11 de janeiro de 2007 às disposições deste Código. Trata-se de norma de eficácia contida, pois não há sanção prevista para os que desrespeitarem o comando legal.

400. Regime da separação obrigatória de bens

A separação de bens pode resultar de imposição da lei, com o qualificativo de "separação obrigatória" ou "separação compulsória" ou, simplesmente, "separação legal".

O art. 1.641 apresenta as hipóteses de "separação obrigatória de bens".

I – Das pessoas que contraírem com inobservância das causas suspensivas da celebração do casamento, previstas no art. 1.523. Reforce-se, no entanto, que o parágrafo único do art. 1.523 permitiu que os nubentes requeiram ao Juiz não serem aplicadas as causas suspensivas se forem atendidas as condições ali indicadas. Defe-

---

14 STJ – 3ª Turma – REsp nº 1.263.234/TO – Rel. Min. Nancy Andrighi – Julg.: 11.06.2013 – DJe: 01.07.2013.
15 A respeito da contratação entre cônjuges, cf. Hugo E. Gatti, *Contratación entre Cónyuges*, Ed. Abeledo-Perrot, Buenos Aires.

rido judicialmente, os nubentes poderão contrair o matrimônio pelo regime que lhes aprouver.

II – Da pessoa maior de setenta anos. Atendendo aos princípios constitucionais (arts. 5º, I, e 226, § 5º) o Código de 2002, com as alterações introduzidas pela Lei nº 12.344/2010, não mais deu tratamento diferenciado entre os cônjuges como fizera o art. 258, II, do Código Civil de 1916. No entanto, esta regra não encontra justificativa econômica ou moral, pois que a desconfiança contra o casamento dessas pessoas não tem razão para subsistir. Se é certo que podem ocorrer esses matrimônios por interesse nestas faixas etárias, certo também que em todas as idades o mesmo pode existir. Trata-se de discriminação dos idosos, ferindo os princípios da dignidade humana e da igualdade.

Em dezembro de 2022, o Superior Tribunal de Justiça editou a Súmula nº 655, na qual estendeu a determinação da separação obrigatória de bens à união estável, na qual ao menos um dos companheiros seja septuagenário, comunicando-se os adquiridos na constância, quando comprovado o esforço comum.[16]

A consolidação do entendimento se deu após decisões das Cortes Superiores no sentido de equiparar os efeitos jurídicos da união estável e do casamento. Logo, careceria de coerência restringir a escolha de bens do septuagenário apenas no casamento, deixando-a livre aos companheiros na união estável.

No tocante à doação de bens, em decisão unânime o TJMG considerou válida a doação do cônjuge sexagenário à esposa desde que observada a legítima, em nome do princípio da livre disposição dos bens. Alerta a Relatora Des. Vanessa Verdolim Hudson Andrade: "alargar o sentido da norma prevista no artigo 1641, II, do Código Civil para proibir o sexagenário, maior e capaz, de dispor de seu patrimônio da maneira que melhor lhe aprouver, é um atentado contra a sua liberdade individual. A aplicação da proibição do cônjuge, já de tenra idade, fazer doação ao seu consorte jovem, deve ser aplicada com rigor naquelas hipóteses onde se evidencia no caso concreto que o nubente mais velho já não dispõe de condições para contrair matrimônio, deixando claro que este casamento tem o único objetivo de obtenção de vantagem material".[17]

João Baptista Villela[18] já considerava a regra do art. 258, parágrafo único, inc. II, do Código Civil de 1916, que "a proibição, na verdade, é bem um reflexo da postura patrimonialista do Código e constitui mais um dos ultrajes gratuitos que a nossa cultura inflige à terceira idade".

A limitação da vontade, em razão da idade, impondo regime de separação obrigatória de bens, longe de se constituir uma precaução (norma protetiva), constitui-se em verdadeira incoerência. Para Antônio Carlos Mathias Coltro, a pessoa maior de

---

16 Súmula nº 655: "Aplica-se à união estável contraída por septuagenário o regime da separação obrigatória de bens, comunicando-se os adquiridos na constância, quando comprovado o esforço comum".
17 TJMG – Ap. 1.0491.04.911594-3/001 – Rel. Vanessa Verdolim Hudson Andrade – *DJ* de 29.03.2005.
18 João Baptista Villela, "Liberdade Família", *in Revista da Faculdade de Direito da UFMG*, 1980, v. 7, p. 35.

setenta anos[19] "é considerada pelo Código Civil uma pessoa capaz de ser vítima de aventureiros, portanto justificam tal restrição como de caráter protetivo, com propósito de obstar o casamento exclusivamente com interesse econômico". (...) A imposição do regime legal às pessoas maiores de 70 anos "vai, também, de encontro aos direitos constitucionais, da *igualdade jurídica, da intimidade* e da *garantia do justo processo legal*, considerando a acepção substantiva".[20]

Rolf Madaleno também se posiciona radicalmente contra, destacando: "curiosa interdição que não impede o sexagenário de decidir sobre o destino das riquezas de outras uniões se, por exemplo, sua profissão for de um julgador, atuando como juiz, desembargador, ou ministro de corte superior, cuja profissão exerce até ser compulsoriamente aposentado aos setenta anos".[21] É em razão do evidente caráter discriminatório da norma e das incoerências presentes nesta que a imposição do regime de separação total de bens aos septuagenários é objeto de julgamento no STF com o Tema 1.236, que, inclusive, estende sua eficácia à união estável.

A jurisprudência tem se posicionado, ainda, no sentido de afastar a obrigatoriedade do regime da separação de bens nos casos em que o casamento seja precedido de longo relacionamento em união estável, iniciado quando os cônjuges não tinham restrição legal à escolha do regime de bens, "visto que não há que se falar na necessidade de proteção do idoso em relação a relacionamentos fugazes por interesse exclusivamente econômico".[22]

III – De todos os que dependerem, para casar, de suprimento judicial. Mantendo a mesma orientação do art. 258, parágrafo único, inciso III, de 1916, com finalidade protetora, mas que, na maioria das vezes converte-se em notório inconveniente. Como visto antes, a Súmula nº 377 já amenizara os efeitos desta norma. Com a redação do presente artigo, manteve-se o antigo preceito com toda severidade, porque ele enuncia exatamente o oposto, estabelecendo que no regime de separação legal, por ele estabelecido, não haverá comunhão de aquestos.

Para Rolf Madaleno trata-se de "notório retrocesso do codificador, quando simplesmente ressuscita o punitivo regime legal ou obrigatório da separação de bens, quando violado algum dos impedimentos matrimoniais, como no caso do casamento dos dependentes de suprimento matrimonial (inciso III do art. 1.641, CC)".[23]

Maior desafio se apresenta quanto à aplicabilidade da Súmula nº 377 do Supremo Tribunal Federal, de 11.5.64, segundo a qual "no regime de separação legal de bens, comunicam-se os adquiridos na constância do casamento". Orientou-se o STF

---

19 Mesmo aumentado para 70 anos pela Lei nº 12.344/2010.
20 Antônio Carlos Mathias Coltro, "Casamento, o regime etário obrigatório e a união estável: da inconstitucionalidade à inaplicabilidade", in *Atualidades de Direito de Família e Sucessões*, São Paulo, Notadez, 2008, p. 41.
21 Rolf Madaleno, *Curso de Direito de Família*. Rio de Janeiro, Forense, 2008, p. 552.
22 STJ – 4ª Turma – REsp 1.318.281/PE – Rel. Min. Maria Isabel Gallotti – Julg.: 01.12.2016 – *DJe* 07.12.2016.
23 Rolf Madaleno, *Curso de Direito de Família*. Rio de Janeiro, Forense, 2008, p. 550.

no sentido de que na hipótese de separação total de bens, decorrente de imposição legal, haveria a comunicação dos aquestos.

A Jurisprudência do Superior Tribunal de Justiça, após a vigência da Constituição Federal de 1988, não se apresentou, ao longo dos anos, uníssona quanto à aplicação da tradicional orientação da jurisprudência do Supremo Tribunal Federal fundada no enunciado da Súmula nº 377.

Debateu-se junto ao STJ sobre a necessidade ou não da prova de ocorrência de esforço comum na aquisição dos aquestos. Efetivamente, a partir da década de 90 tomou corpo o entendimento, segundo o qual somente seriam passíveis de comunicação os aquestos adquiridos como fruto do esforço comum dos cônjuges.

Merece referência, o acórdão proferido, em junho de 1992, pela Egrégia 4ª Turma do STJ, tendo como Relator o Ministro Sálvio de Figueiredo Teixeira, ao reconhecer que "em se tratando de regime de separação obrigatória (Código Civil, art. 258), comunicam-se os bens adquiridos na constância do casamento pelo esforço comum. O Enunciado nº 377 da Súmula do STF deve restringir-se aos aquestos resultantes da conjugação de esforços do casal, em exegese que se afeiçoa à evolução do pensamento jurídico e repudia o enriquecimento sem causa".[24]

Este entendimento, no entanto, ficou superado autorizando a comunhão dos aquestos, ainda que não exista prova do esforço comum. A mesma 4ª Turma do STJ, em 2003, tendo como Relator o Ministro Fernando Gonçalves considerou presumido o esforço comum, refletindo entendimento pretoriano majoritário. Naquele caso a viúva foi casada com o *de cujus* por aproximadamente 40 (quarenta) anos, pelo regime da separação de bens, por imposição do art. 258, parágrafo único, I, do Código Civil de 1916.[25]

Esclareça-se, oportunamente, que subsiste orientação minoritária no sentido de afastar a vigência da Súmula nº 377 após a entrada em vigor do Código Civil por parte de destacada Doutrina e Jurisprudência, considerando que "se o teor do art. 259 do Código Civil de 1916 não foi repetido no novo Código, parece que a Súmula 377 já não tem razão de ser".[26]

Alerte-se, no entanto, que mesmo após 2002 o STJ manteve a orientação anterior, podendo ser mencionada decisão importante, tendo como Relator o Ministro Carlos Alberto Menezes Direito, que assim esclarece: "as Turmas que compõem a Seção de Direito Privado desta Corte assentaram que para os efeitos da Súmula nº 377 do Supremo Tribunal Federal não se exige a prova do esforço comum para partilhar o patrimônio adquirido na constância da união. Na verdade, para a evolução jurisprudencial e legal, já agora com o art. 1.725 do Código Civil de 2002, o que vale é a vida em comum, não sendo significativo avaliar a contribuição financeira, mas, sim, a participação direta e indireta representada pela solidariedade que deve unir o

---

24 STJ – 4ª Turma – REsp. nº 9.938/SP – Rel. Min. Sálvio de Figueiredo Teixeira – 06/1992 – *Revista dos Tribunais*, v. 691, p. 195.
25 STJ – 4ª Turma – REsp. nº 154.896/RJ – Rel. Min. Fernando Gonçalves – 11/2003.
26 Silmara Juny Chinelato, in *Comentários ao Código Civil*, v. 18, Saraiva, São Paulo, 2004, p. 293.

casal, medida pela comunhão da vida, na presença em todos os momentos da convivência, base da família, fonte do êxito pessoal e profissional de seus membros".[27]

Pela atual intelecção do Superior Tribunal de Justiça,[28] a contribuição do cônjuge ou companheiro para construção do patrimônio pode ser direta, com a destinação de recursos para a compra dos bens, ou indireta, relacionada à participação na construção de um projeto de vida comum.

Nesse sentido, Rolf Madaleno aponta que o novo entendimento do STJ faz uma relativização da vetusta súmula do STF "para que o esforço comum, quer seja ele direto ou indireto, não viabilize o enriquecimento injusto de qualquer uma das partes (...) como tampouco desfavoreça relações fortes e estáveis, em cujos relacionamentos a companheira ou esposa contribui de diversos modos para a formação do patrimônio comum".[29]

Visto isso, destaca-se que a doutrina dominante reforça tal entendimento ao adotar a aplicabilidade da Súmula nº 377 após o Código de 2002, citando-se Gustavo Tepedino que, reportando-se a Ricardo Fiúza, esclarece que, tratando-se do regime de separação de bens, os aquestos provenientes do esforço comum, devem se comunicar, em exegese que se afeiçoa à evolução do pensamento jurídico e repudia o enriquecimento sem causa, estando sumulada pelo Supremo Tribunal Federal. E completa: "se a *ratio* da construção jurisprudencial traduz inegavelmente, preocupação com a prevalência do Princípio da Solidariedade, há que se vincular a incidência do Enunciado às hipóteses em que a imposição do regime patrimonial perdure e seja merecedora de tutela. Assim, em relação aos incisos I e III, o Enunciado deve prevalecer enquanto persistirem os impedimentos legais".[30]

No mais, conforme entendimento do STJ,[31] os cônjuges reunidos sob o regime de separação obrigatória de bens poderão afastar a aplicação do referido entendimento sumulado por meio da celebração de pacto antenupcial. No julgamento do Recurso Especial 1.922.347/PR, o Ministro Relator Luís Felipe Salomão deu provimento ao recurso de herdeira que buscava a remoção da viúva de seu genitor do inventário, em razão de pacto antenupcial válido de separação total de bens celebrado pelo casal, afastando a incidência da Súmula nº 377/STF.

Paulo Lobo ressalta que o Código Civil de 2002, ao contrário do Código de 1916, não incluiu o menor relativamente incapaz, ou mesmo o impúbere – que se casa para evitar imposição de pena criminal, ou em caso de gravidez – em nenhuma hipótese de impedimento e de causas suspensivas. E conclui: "se houver autorização

---

27 STJ – 3ª Turma – REsp. nº 736.627/PR – Rel. Min. Carlos Alberto Menezes Direito – *DJU* de 01.8.2006, p. 436.
28 EREsp 1.623.858/MG – Rel. Min. Lázaro Guimarães (Desembargador convocado do TRF 5ª Região) – 2ª Seção – j. 23.05.2018, *DJe* 30.05.2018.
29 Rolf Madaleno, *Direito de família*, Rio de Janeiro: Forense, 2023, p. 140.
30 Gustavo Tepedino. "Controvérsias sobre regime de bens no Código Civil", *in Novo Código Civil: cinco anos de vigência*. São Paulo, *Revista do Advogado* nº 28 da Associação dos Advogados de São Paulo, p. 117, 2008.
31 REsp 1.922.347/PR – Rel. Min. Luis Felipe Salomão – 4ª Turma – j. 07.12.2021, *DJe* 01.02.2022.

de ambos os pais, o menor poderá casar optando por qualquer dos regimes, não se subordinando ao regime obrigatório de separação de bens".[32]

O Projeto de Lei n° 2.285/2007, conhecido como "Estatuto das Famílias", de iniciativa do IBDFAM, em tramitação no Congresso Nacional, suprimiu o regime de separação legal obrigatória, justificando por seu "caráter discriminatório e atentatório à dignidade dos cônjuges".

Merecem, ainda, efetivos esclarecimentos pela Doutrina e Jurisprudência esta restrição legal, ao se considerar que o Código Civil estabeleceu para a União Estável o regime da comunhão parcial de bens, sem qualquer restrição aos maiores de setenta anos, o que tem imposto efetivos debates e será objeto de apreciação no capítulo próprio.

401. Deveres e direitos patrimoniais entre os cônjuges

Inovou o legislador de 2002 ao inserir no capítulo dos regimes de bens as disposições relativas aos deveres e direitos patrimoniais entre os cônjuges, atendendo à regra constitucional da igualdade entre cônjuges (art. 226, § 5°, CF).

Inicialmente, na forma do art. 1.642, reuniu em um só preceito o que a ambos os cônjuges é lícito fazer. No primeiro plano colocou a prática de todo ato de disposição e de administração, que o marido e a mulher necessitem de praticar, no exercício das respectivas profissões. Assim é que os bens móveis ligados a sua atividade, seja esta comercial, profissional ou autônoma, pode o marido quanto à mulher administrar ou alienar, independentemente da outorga do seu consorte. Ressalvam-se, contudo, os imóveis, bem como os direitos reais sobre imóveis alheios. Com exceção do regime da separação total convencional, nem o marido, nem a mulher pode dispor de bem imóvel sem a anuência do consorte, como a um e a outro é igualmente vedado gravar, onerar ou ceder direitos reais sobre imóveis alheios (incisos I e II do art. 1.647).

Na forma do inciso III do art. 1.642, no propósito de preservar o patrimônio conjugal, qualquer dos cônjuges pode desobrigar ou reivindicar os bens imóveis que tenham sido gravados ou alienados sem o seu consentimento ou sem suprimento judicial. A modificação no Código de 2002 é radical porque a proibição era dirigida ao marido, e não a um e outro cônjuges. Ressalva-se, entretanto, o caso em que a alienação ou gravame opera-se após suprimento judicial, obtido com as formalidades e cautelas legais.

Milton Paulo de Carvalho Filho destaca dois aspectos relativos ao inciso III. Este dispositivo destina-se exclusivamente aos cônjuges casados sob o regime da comunhão universal ou da comunhão parcial, ou sob o regime da participação final nos aquestos (desde que haja dispensa expressa da outorga uxória no pacto antenupcial), porquanto os arts 1.647, *caput*, e 1.687 do Código Civil, expressamente permitem às pessoas casadas sob separação de bens (legal ou convencional) que livremente

---

32 Paulo Lôbo, *Direito Civil: Família.* São Paulo, Saraiva, 2008, p. 300.

disponham de seus bens, seja gravando-os, seja alienando-os. O mesmo autor alerta, ainda, para a referência a bens *imóveis*, salientando que a economia moderna evidencia que muitos bens *móveis* são tão ou mais valiosos que os próprios bens de raiz. Considerando que o objetivo do legislador foi garantir a segurança e a harmonia da vida conjugal e a proteção do patrimônio familiar como um todo, evitando-se prejuízo irreparável para um dos consortes, talvez fosse recomendável que o dispositivo legal em análise abrangesse também os demais bens familiares que tenham grande valor econômico (ações de empresas, títulos cambiários, joias, por exemplo).[33]

O inciso IV do art. 1.642 autoriza a qualquer dos cônjuges "demandar a rescisão dos contratos de fiança ou doação realizados pelo outro cônjuge com infração do disposto nos incisos III e IV do art. 1.647". Portanto, se um dos consortes "prestar fiança ou aval ou fizer doação, não sendo remuneratória, de bens comuns, ou dos que possam integrar futura meação", não sendo o regime da absoluta separação (art. 1.687), poderá o outro mobilizar as forças cogentes do Estado para anulá-los.

Neste sentido, a 4ª Turma do STJ entendeu que o companheiro não pode doar mais da metade do patrimônio comum do casal sem anuência da outra parte, mantendo decisão judicial que anulou parcialmente doação de ações feita de um empresário a seus filhos. Para o Relator Ministro Marco Buzzi, "configurado (...) o excesso no ato de liberalidade, seja por ter extrapolado a parcela disponível, seja pelo prejuízo à meação da companheira, afigura-se acertado o provimento exarado pelas instâncias ordinárias, no sentido de se reconhecer a nulidade das doações quanto ao que excedeu a 50% do patrimônio dos autores, no momento da liberalidade, a ser aferido em liquidação de sentença".[34]

Na forma do inciso V do art. 1.642, qualquer dos cônjuges pode "reivindicar os bens comuns, móveis ou imóveis, doados ou transferidos pelo outro cônjuge ao concubino, cabendo-lhe provar que os bens não foram adquiridos pelo esforço comum destes, se o casal estiver separado de fato por mais de cinco anos". Destaque-se que o inciso não se referiu à união estável, lembrando que, o mesmo Código (§ 1º do art. 1.723) reconhece como entidade familiar a união de pessoa casada que se achar separada de fato ou judicialmente.

Não estarão abrangidos pela proteção legal aqueles bens adquiridos após a separação de fato do casal, com esforço exclusivo de um dos cônjuges, ou em conjunto com seu novo companheiro, que, segundo o entendimento pacífico da jurisprudência, não se comunicam, em razão do rompimento da sociedade conjugal.[35] Uma eventual alteração legislativa deverá excepcionar a hipótese de efetiva participação do companheiro na aquisição do bem.

---

33 Milton Paulo de Carvalho Filho, *Código Civil Comentado: Doutrina e Jurisprudência.* São Paulo, Manole, 2008, p. 1.751.
34 STJ – 4ª Turma – REsp 1.519.524/RS – Rel. Min. Marco Buzzi – Julg.: 06.09.2016 – *DJe.*: 10.10.2016.
35 Milton Paulo de Carvalho Filho, ob. cit., p. 1.752. O mesmo autor cita decisão do TJMG tendo como Relator o Des. Sergio Hugo Bengtsson, publicado em 14.08.2001 (DJMG), onde se afastou a pretensão de se partilhar bem adquirido após a separação de fato.

Questiona-se a possibilidade do cônjuge separado de fato até cinco anos reivindicar bens móveis e imóveis, doados ou transferidos pelo outro consorte ao concubino, uma vez provado que os bens não foram adquiridos pelo esforço comum destes. Para Rolf Madaleno, "é flagrante o retrocesso verificado na parte final do inciso V e o elevado risco de injustiças que poderão ocorrer se a jurisprudência não estiver atenta para corrigir as distorções que irão surgir" E acrescenta: "está pacífico pela jurisprudência brasileira que a separação fática acarreta inúmeros efeitos jurídicos, especialmente o da incomunicabilidade de bens entre os cônjuges factualmente separados, porque já ausente a coabitação e o ânimo socioafetivo, reais justificativas de qualquer regime de comunicação patrimonial. Portanto, não existe nenhum sentido lógico em manterem comunicáveis, durante longos cinco anos os bens hauridos em plena e irreversível separação de fato dos cônjuges, facilitando o risco do enriquecimento ilícito, pois o consorte, fatidicamente separado, poderá ser destinatário de uma meação composta por bens que não ajudou a adquirir".[36]

Reporte-se, finalmente, ao inciso VI do art. 1.642, ao prever a possibilidade de qualquer dos consortes "praticar todos os atos que não lhes forem vedados expressamente". Portanto, fora as hipóteses ora analisadas ou outra expressamente prevista legalmente, é dado aos cônjuges agirem, livremente.

Previu o art. 1.643 que "podem os cônjuges, independentemente de autorização um do outro: I – comprar, ainda a crédito, as coisas necessárias à economia doméstica; II – obter, por empréstimo, as quantias que a aquisição dessas coisas possa exigir". No regime de 1916, antes da Carta Magna de 1988, o Código reconhecia o marido como chefe da sociedade conjugal, cabendo-lhe a administração dos bens, e somente por exceção, e em casos especiais, reconhecia-se à mulher a autorização para a prática de certos atos, necessários à sua atividade de "dona de casa". Para estes últimos, ela se presumia autorizada pelo marido. Esta autorização preventiva não traduzia, no entanto, a realidade, pois que não se considerava que o marido pudesse, arbitrariamente, retirar a autorização. O que se entendia, e mais francamente se compreende no regime igualitário, após a Constituição de 1988 (art. 226, § 5º) e do Código vigente, é que na administração do lar a um e outro cônjuge é lícito proceder em igualdade de condições. Dispensa-se a figura do "mandato tácito", de que se costumava usar na vigência do Código revogado, para validar os atos praticados pela mulher no interesse e nas conveniências do lar. A ela se reconhece, em paridade de situação com o marido, agir *nomine suo* para os atos necessários à economia doméstica.

O direito germânico reconhece na mulher, qualquer que seja o regime de bens, o poder administrativo dos haveres domésticos, reconhecendo-lhe o que denomina "poder de chave" (*Schlüsselgervalt*), simbolizado em que normalmente tem ela as chaves dos móveis do lar. Essa faculdade é traduzida como "poder de direção" dos haveres domésticos, inclusive na realização de negócios jurídicos a isto pertinentes.[37] Consagrando explicitamente a igualdade administrativa dos cônjuges, o Código re-

---

36 Rolf Madaleno, *Curso de Direito de Família*. Rio de Janeiro, Forense, 2008, p. 556.
37 Enneccerus, Kipp *y* Wolff, Heinrich Lehmann, De Page, Trabucchi.

conhece a um e a outro o direito de comprar, ainda a crédito, as coisas necessárias à economia doméstica, sejam as que condizem com o abastecimento do lar, sejam as que se tornam necessárias à manutenção, decoração, conforto e utilização.

No mesmo sentido, e sob a mesma inspiração, qualquer dos dois, independentemente de autorização do outro, pode tomar por empréstimo as quantias que se façam mister para a aquisição das mesmas. Assim dispondo, estabelece o Código a responsabilidade do patrimônio conjugal, pelos compromissos assumidos, quer na compra, quer nos empréstimos contraídos para este fim.

Alerte-se, no entanto, para a linguagem do artigo ao instituir, em si mesmo, os limites desta liberdade de ação quando reconhece aos cônjuges o poder de agir, em relação ao que for "necessário" à economia do lar. Se qualquer dos dois transpuser os limites do necessário, comprometendo o orçamento familiar, pode o outro insurgir-se, seja preventivamente, tornando claro que não concorda com os compromissos assumidos, seja defensivamente, recusando validade aos atos, com demonstração de seu caráter abusivo.

O art. 1.644 estabelece que "as dívidas contraídas para os fins do artigo antecedente obrigam solidariamente a ambos os cônjuges". O que o presente artigo trouxe de novo foi a instituição da responsabilidade solidária. Sendo ambos os cônjuges igualmente competentes para praticar os atos referidos no artigo anterior, é corolário natural que o patrimônio comum responde pelos débitos assumidos. O Código, entretanto, vai além, estabelecendo que ambos os cônjuges são solidariamente responsáveis. Destarte, a nenhum deles será lícito invocar o benefício de ordem, pleiteando que sejam prioritariamente indicados os bens do que contraiu a obrigação. Ao credor é, portanto, livre proceder contra um ou outro, ou ambos os cônjuges, para haver o que corresponde ao valor das coisas ou o montante do empréstimo, sem distinção do fato de haver sido a operação realizada por um só deles, estando ou não o outro ausente.

Com base nessa disposição, já entendeu o STJ que a execução de título extrajudicial por inadimplemento de mensalidades escolares de filhos do casal pode ser redirecionada ao outro consorte, ainda que não esteja nominado nos instrumentos contratuais que deram origem à dívida. O redirecionamento da cobrança pode ser feito porque "Os pais, detentores do poder familiar, têm o dever de garantir o sustento e a educação dos filhos, compreendendo, aí, a manutenção do infante em ensino regular, pelo que deverão, solidariamente, responder pelas mensalidades da escola em que matriculado o filho".[38]

Reportou-se o art. 1.645 às ações fundadas nos incisos III, IV e V do art. 1.642, reservando somente ao cônjuge prejudicado e seus herdeiros o direito de promovê-las. Cabe-lhe a ação tendente a desobrigar ou reivindicar os imóveis que tenham sido alienados ou gravados, pelo outro cônjuge, sem o seu consentimento ou sem suprimento judicial; demandar a anulação das fianças e invalidar avais prestados pelo outro cônjuge sem a sua anuência, ou as doações por ele realizadas; reivindicar os bens comuns, móveis ou imóveis, doados ou transferidos por um dos cônjuges a seu coautor

---

[38] STJ – 3ª Turma – REsp nº 1.472.316/SP – Rel. Min. Paulo de Tarso Sanseverino – Julg. 05.12.2017 – *DJe* 18.12.2017.

no adultério. A ação em vida do cônjuge somente a ele compete. Aos herdeiros cabe prosseguir na que tenha sido intentada, ou após a morte do cônjuge prejudicado ajuizar procedimento tendente a algum desses fins.

Ressalvou, no entanto, o legislador de 2002, no art. 1.646, que "no caso dos incisos III e IV do art. 1.642, o terceiro prejudicado com a sentença favorável ao autor terá direito regressivo contra o cônjuge, que realizou o negócio jurídico, ou seus herdeiros".

Obtido êxito na ação para desobrigar ou reivindicar os imóveis alienados ou gravados sem outorga do outro cônjuge; ou na resolutória das fianças ou doações, o terceiro prejudicado tem ação de *in rem verso* contra o marido ou a mulher, que realizou o negócio jurídico vedado, ou contra os respectivos herdeiros, para obter o ressarcimento. O preceito está no pressuposto de que o autor do ato tenha bens próprios, com que responda pelo dano ao terceiro. Caso não possua, respondem os bens comuns.

O art. 1.647 determina que "nenhum dos cônjuges pode, sem autorização do outro, exceto no regime da separação absoluta: I – alienar ou gravar de ônus real os bens imóveis; II – pleitear, como autor ou réu, acerca desses bens ou direitos; III – prestar fiança ou aval; IV – fazer doação, não sendo remuneratória, de bens comuns, ou dos que possam integrar futura meação". Ressalva, no entanto, o disposto no art. 1.648, que admite o suprimento do Juiz na hipótese de o cônjuge denegar a outorga sem motivo justo.

O Código permite que os cônjuges, no pacto antenupcial, escolham o regime de participação final nos aquestos, e convencionem nele a livre disposição dos bens imóveis, desde que particulares. Vigorando o regime de separação absoluta de bens, cada um dos cônjuges pode proceder livremente quanto aos seus próprios. Com a ressalva destas duas hipóteses, a qualquer dos cônjuges é vedado, sem a outorga do outro, praticar os atos contemplados nas alíneas do presente artigo que ora se examina.

Os poderes de gerência, que são atribuídos por igual a ambos os cônjuges, compreendem todos os atos de administração. Excluem-se os de disposição. O inciso tem em vista os bens imóveis, que constituem a parte mais sólida do patrimônio. Sem embargo do desenvolvimento que adquire o acervo mobiliário, como o investimento em papéis de renda, em ações, em operações de mercado aberto e tantas outras modalidades rentáveis, o imóvel, posto que proporcione menores rendimentos, é revestido da segurança indispensável à estabilidade econômica. Estabelece, portanto, que a alienação e o gravame incidente sobre bens imóveis, requerem a participação de ambos os cônjuges. Ressalva-se, contudo, o suprimento judicial, quando a recusa é injusta.

Para agir como autor acerca desses bens, é mister a outorga de poderes por ambos os cônjuges. Reversamente, qualquer litígio intentado por terceiros deve iniciar-se pela citação deles. Proibiu, expressamente, que qualquer dos cônjuges preste fiança ou aval, sem a autorização do outro, exceto no regime da separação absoluta (inciso III do art. 1.647, CC).

Contudo, o STJ possui precedente no sentido de que o art. 1.647, III, do Código Civil somente se aplica para os títulos de crédito inominados ou atípicos, de modo que, no caso de títulos de crédito nominados ou típicos, é desnecessária a outorga uxória ou marital. Os Ministros da 3ª Turma entenderam que "a submissão da validade do aval à outorga do cônjuge do avalista compromete, sobremaneira, a garantia que decorre do instituto, enfraquecendo os próprios títulos de crédito, tão aptos à circulação em face de sua tranquila aceitação no mercado, tranquilidade essa a decorrer das garantias que dimanam de suas características e dos institutos cambiários que os coadjuvam, como o aval".[39]

Sendo a doação um contrato unilateral e gratuito, nenhum dos cônjuges pode fazê-la sem a anuência do outro, se tiver por objeto bens comuns, ainda que móveis. Exclui-se da proibição a doação remuneratória. Sem perder o caráter liberal, é um negócio jurídico causal, fundado num propósito de oferecer remuneração por serviço recebido, sem a exigibilidade do pagamento por parte de quem o prestou.

O Código de 1916 admitia a validade, ainda, das doações de pequeno valor, no que procedia sabiamente, pois que não se justifica a exigência da aprovação uxória ou marital, para donativos que não comprometem os haveres comuns. O argumento *a contraria*, baseado na relatividade do conceito do que seja valor pequeno já fora superado pela jurisprudência que levava em consideração o confronto com a resistência econômica do doador. Não obstante a omissão, é de se presumir que prevalecerá o critério do valor, tendo em vista a inanidade e pequeno interesse em disputar sobre coisas mínimas, como já se dizia em Roma – *de minimis non curate praetor.*

Determina expressamente o parágrafo único do art. 1.647 que "são válidas as doações nupciais feitas aos filhos quando casarem ou estabelecerem economia separada". O legislador de 2002 autorizou as doações cujo objetivo é proporcionar recursos ou bens aos filhos que vão constituir família ou se estabelecer com economia própria. Merece reparos, todavia, a infelicidade da redação. O Código de 1916 aludia, destacadamente, às "doações nupciais feitas às filhas, e aos filhos por ocasião de se casarem". O Código de 2002, na redação que adotou, incidiu neste pleonasmo deselegante, aludindo a "doações nupciais feitas aos filhos por ocasião de se casarem", sem atentar que, no contexto de doações nupciais, já se encontra indicado o requisito do casamento. A doação aos filhos, quando se estabelecem com economia própria, é dever natural para auxiliá-los em tal emergência. Alerte-se que o § 2º do art. 1.663 do Código Civil de 2002 inclui situações em que, mesmo na comunhão parcial ou universal, não pode qualquer dos cônjuges ceder o uso ou gozo de bens comuns a terceiro, a título gratuito, sem anuência do outro cônjuge. Igualmente, o § 3º do art. 1.663, diante de malversação dos bens por um dos cônjuges, possibilita ao outro pleitear judicialmente que a administração seja atribuída a apenas um dos cônjuges.

Como visto antes, o art. 1.648 estabeleceu que "cabe ao juiz, nos casos do artigo antecedente, suprir a outorga, quando um dos cônjuges a denegue sem motivo justo, ou lhe seja impossível concedê-la".

---

39 STJ – 3ª Turma – REsp 1.526.560/MG – Rel. Min. Paulo de Tarso Sanseverino – Julg.: 16.03.2017 – *DJe* 16.05.2017.

A concessão da outorga, ou a sua recusa, assentam no critério pessoal de cada cônjuge, que sopesará as razões de conveniência dos atos referidos no artigo anterior, avaliando a sua repercussão no patrimônio conjugal. Não pode, entretanto, denegá-la injustamente ou por mero capricho. Recusando-a um cônjuge, pode o outro postular suprimento judicial, cabendo ao magistrado, depois de ouvir as razões do recusante, decidir.

Pode acontecer, ainda, que ao cônjuge seja impossível dar a outorga, ou por ser portador de incapacidade, ainda que transitória, ou por motivo de ausência. Ainda nesta hipótese, caberá suprimento judicial, com designação de curador *in litem,* que no procedimento judicial represente o cônjuge, se não tiver este quem defenda, em caráter permanente, os seus direitos e interesses.

O art. 1.649 previu que "a falta de autorização, não suprida pelo juiz, quando necessária (art. 1.647), tornará anuláveis os atos praticados, podendo o outro cônjuge pleitear-lhe a anulação, até dois anos depois de terminada a sociedade conjugal". Ressalva, no entanto, o parágrafo único do art. 1.649 que "a aprovação torna válido o ato, desde que feita por instrumento público, ou particular, autenticado".

Subordinando a validade do ato à outorga do outro cônjuge, o Código não o fulmina de nulidade. Declara-o anulável, deixando a critério do interessado pleitear a invalidação. Pode ser que, mesmo prejudicado, o cônjuge prefira sofrer o dano a levar a questão a público. Sendo, então, anulável, produzirá seus efeitos, até que um provimento judicial o declare, com efeito *ex nunc,* ou seja, a partir da decisão proferida.

A *legitimatio* para a ação anulatória é do cônjuge prejudicado, mas passa aos herdeiros depois de sua morte, como se declara no artigo seguinte. O prazo para o ingresso em juízo é decadencial. Mas o preceito é infeliz, quando o estende até dois anos depois de terminada a sociedade conjugal. Assim dispondo, permite a existência de um prazo de decadência indefinido na constância da sociedade conjugal, com grave prejuízo para a estabilidade do tráfico jurídico.

Realizado o ato sem anuência do outro cônjuge, ou sem suprimento judicial, que deve preceder à sua realização, convalidar-se-á com a aprovação posterior. Não basta, porém, uma declaração verbal. A aprovação deve revestir da forma escrita, podendo ser passada por instrumento público ou particular. Neste último caso, o preceito exige autenticação sem descer a minúcia de como a quer. Na falta de especificação, bastará o reconhecimento de firma por notário.

Dispunha o Código de 1916 que a anulação dos atos de um dos cônjuges por falta de outorga indispensável do outro importava em ficar o primeiro obrigado pela importância da vantagem que do ato anulado lhe houvesse advindo, a ele, ao consorte, ou ao casal. Em se tratando de procedimento culposo do cônjuge que houvesse efetuado a alienação, por infringência de disposição proibitiva, o princípio genérico da responsabilidade civil poderia ser utilmente invocado, na ação de *in rem verso* do prejudicado pelo desfazimento do ato, salvo se da parte dele houvesse concorrência de culpa.

A decretação de invalidade dos atos praticados sem outorga, sem consentimento, ou sem suprimento do juiz, na forma do art. 1.650 "só poderá ser demandada pelo cônjuge a quem cabia concedê-la, ou por seus herdeiros".

O presente artigo é uma repetição desnecessária do que já foi dito. Se o artigo anterior declara que compete ao outro cônjuge pleitear a invalidade, não há razão para que este o reitere. O que há de novo é a extensão da legitimidade aos herdeiros. Em vida do cônjuge, a ação é privativa dele. Morrendo na pendência da lide, os herdeiros poderão com ela continuar. Falecendo sem postulá-la, os herdeiros têm a legitimidade ativa, desde que exerçam o direito até dois anos depois da morte.

Se a sociedade conjugal cessar em vida do cônjuge prejudicado, e este não ajuizar o pedido anulatório dentro de dois anos, caduca o direito. E como não se pode falar em herdeiros de pessoa viva, os que o forem não terão ação, se entre a dissolução da sociedade conjugal e a morte mediar lapso superior a dois anos. É uma incongruência do Código, que somente se corrigirá entendendo-se que o prazo é restituído aos herdeiros, a contar a partir da abertura da sucessão.

Atendendo ao princípio constitucional da igualdade entre os cônjuges, o art. 1.651 estabelece que "quando um dos cônjuges não puder exercer a administração dos bens que lhe incumbe, segundo o regime matrimonial, caberá ao outro: I – gerir os bens comuns e os do consorte; II – alienar os bens móveis comuns; III – alienar os imóveis comuns e os móveis ou imóveis do consorte, mediante autorização judicial".

Segundo Milton Paulo de Carvalho Filho, trata-se de norma de caráter geral, aplicando-se a qualquer um dos regimes de bens que regem o casamento. (...) Os atos de gestão, bem como aqueles de alienação dos bens, (comuns ou particulares), deverão ser praticados para a proteção do patrimônio familiar, e de acordo com os interesses da família e do enfermo que não participará do negócio. O cônjuge administrador fica obrigado a prestar conta se assim for requerido pelo Ministério Público ou pelos familiares do outro. Na hipótese do inciso III, relativo à alienação de imóveis comuns e dos móveis ou imóveis do consorte, a falta de autorização judicial caracterizará a nulidade do ato jurídico.[40]

O Código de 1916 transferia à mulher a direção e administração do casal, em ocorrendo impedimento do marido, se estivesse ele em lugar remoto, ou em cárcere por mais de dois anos, ou se judicialmente declarado interdito.

Concedendo a ambos os cônjuges a administração do casal, o Código de 2002 prevê a hipótese de ser impossível a um deles a administração dos bens, que lhe incumbe *ex vi* do regime matrimonial. A símile do modelo de 1916 podem-se lembrar como casos de impossibilidade aqueles mesmos, sem embargo de outras situações que eventualmente venham a ocorrer.

Em tal caso, cabe ao outro cônjuge assumir, sem a participação do impossibilitado, a administração dos bens comuns e do consorte. Quanto à alienação, o artigo faz uma distinção: os móveis comuns poderão ser alienados sem embaraço. No entanto, os móveis do outro cônjuge, os imóveis comuns e, bem assim, os bens imóveis do outro cônjuge, somente poderão ser alienados precedendo autorização judicial.

---

40 Milton Paulo de Carvalho Filho, *Código Civil Comentado: Doutrina e Jurisprudência*. São Paulo, Manole, 2008, p. 1.762.

O art. 1.652 estabelece que o cônjuge, que estiver na posse dos bens particulares do outro, será para com este e seus herdeiros responsável: I – como usufrutuário, se o rendimento for comum; II – como procurador, se tiver mandato expresso ou tácito para os administrar; III – como depositário, se não for usufrutuário, nem administrador.

Cogita-se da hipótese de se achar um cônjuge na posse de bens particulares do outro. Se isto ocorrer, será ele responsável perante o proprietário dos bens e seus herdeiros, assim pelo valor como pelos rendimentos.

A primeira alínea prevê a hipótese de serem comuns os bens, caso em que o cônjuge administrador responde como usufrutuário. Para tanto, é mister invocar a doutrina legal do usufruto, que se conceitua como direito de fruir as utilidades e frutos de uma coisa, sem alterar-lhe a substância – *usus fructus est ius alienis rebus utendi fruendi salva rerum substantia*. Por força de lei, o usufrutuário tem direito à posse, uso, administração e percepção dos frutos (art. 1.392). Se o cônjuge que estiver na posse dos bens particulares do outro encontrar-se na condição de usufrutuário, não responde pelos frutos percebidos que de direito lhe pertencerão. É, contudo, responsável pela substância dos bens e deverá, em cessando a posse, devolvê-los ao titular ou seus herdeiros, no estado em que o recebem, salvo deterioração advinda do uso normal. Aplicam-se-lhe, no que couber, os deveres do usufrutuário.

Se a posse lhe couber como procurador, cabe-lhe administrá-los nos termos do mandato expresso, ou como homem de negócios real e honesto, se se tratar de mandato tácito. Responde pela conservação da coisa e manutenção dela em estado de servir e também pelos frutos. E deve ao titular ou aos herdeiros contas de sua gestão.

Se não for usufrutuário ou administrador, responde como depositário. Tem o encargo de guardar os bens até que sejam reclamados, e sem direito à remuneração, salvo se estipulada ou acordada. Responde pela sua guarda e conservação, e se sujeita às penas de depositário infiel, se não a restituir íntegra e no momento em que for reclamada.

402. Considerações especiais sobre bens reservados

Os bens reservados constituíram importante conquista introduzida pela Lei nº 4.121, de 1962, conhecida como "Estatuto da Mulher casada", a qual deu nova redação ao art. 246 do Código Civil de 1916. Estabelecia que "a mulher que exerce profissão lucrativa distinta da do marido, terá direito de praticar todos os atos inerentes ao seu exercício e à sua defesa". O produto de seu trabalho assim auferido e os bens com ele adquiridos constituem, salvo estipulação diversa em pacto antenupcial, bens reservados, dos quais poderá dispor livremente, com observância do preceito final do art. 240 e nºs II e III do art. 242 de 1916.

Ao dispor sobre o regime da comunhão universal de bens, o Código de 1916, em seu art. 263, XII, excluía da comunhão os referidos bens, reportando-se ao mesmo art. 246 e parágrafo único.

O referido instituto consagrou-se, não obstante alguns inconvenientes, na vigência do Código Civil de 1916 a partir de 1962 até a Carta Magna de 1988, passando a ser questionada a sua sobrevivência em face da equiparação constitucional de direitos e deveres dos cônjuges (art. 226, § 5º, CF).

A lei especial, incorporada ao Código Civil, fixou requisitos específicos:

A) Regime de comunhão (universal ou parcial) no casamento. Se fosse o de separação, os acervos patrimoniais jamais se comunicariam.

B) Exercício de atividade ou profissão, pela mulher, separadamente do marido. Não importava a igual atividade exercida por ambos (*e.g.*, ambos funcionários, ambos advogados, ambos comerciantes), contanto que trabalhassem com economias separadas. Se a mulher não exercia profissão ou atividade lucrativa, os bens ou valores que possuía regiam-se pelo pacto nupcial, se houvesse, ou sujeitavam-se às regras tradicionais. Daí o interesse dos credores ou pessoas, que com ela tratavam, em caracterizar se tinha profissão independente ou se apenas cultivava as prendas do lar. Pelo pacto nupcial, igualmente, podiam os nubentes estipular em contrário a formação de bens reservados.

C) Percepção de rendimento, provento ou salário distinto do marido. Se trabalhassem com economia comum (associados na mesma atividade ou profissão), os rendimentos seriam comuns.

D) Utilização ou investimento autônomo. Se a mulher acumulava seus proventos aos do marido, ou se colocavam ambos as suas economias em negócio comum, desaparecia a autonomia do acervo uxório, e não se destacavam os bens reservados. Cumpria então distinguir e comprovar a respectiva aquisição, que se demonstrava por qualquer meio, uma vez que não criou a lei qualquer exigência especial. Isto criava dificuldades práticas; como a mulher não podia obrigar senão os bens reservados, os contratos que celebrava não prevaleciam em relação aos bens do casal; portanto, na falta de comprovação da origem, o marido podia opor-se. Daí a consequência alternativa: ou se fazia a demonstração de que os bens tinham sido adquiridos pelo trabalho da mulher ou o marido havia de intervir no ato.[41]

Constituído o acervo econômico uxório, que alguns denominavam "patrimônio separado", podia a mulher utilizá-lo livremente, gastando ou empregando os valores, sem necessidade da anuência do marido: *ius utendi, fruendi et abutendi*. A alienação de bens imóveis requeria, contudo, a autorização marital, em simetria com a regra que a ele veda alheá-los sem a outorga uxória, qualquer que seja o regime de bens.[42]

Por testamento podia a mulher dispor deles, respeitada, todavia, a restrição à liberdade de testar. E, morrendo intestada, passavam a seus herdeiros, sem se subordinarem à apuração da metade do outro cônjuge, porque não se comunicavam em vida.

Não respondiam os bens reservados pelas obrigações do marido a não ser provando-se terem sido contraídas em proveito da família. Mas, acionada a mulher por seus débitos pessoais, podiam-lhe ser penhorados, sendo lícito ao marido opor-se,

---

41 Mazeaud, Mazeaud *et* Mazeaud, *Leçons*, v. I, nº 1.088.
42 Solução idêntica no Direito Francês: Carbonnier, ob. cit., nº 31, p. 92.

neste caso, a que respondessem os bens comuns, em provando a existência dos autônomos. Respondiam os bens do acervo destacado pelo reembolso ao marido dos gastos com sua defesa e conservação.

A Jurisprudência assegurava à mulher o direito de libertar a sua meação, nas ações movidas contra o marido, desde que ela comprovasse que a dívida não fora constituída em proveito dela própria ou da família.

Após a Constituição de 1988, considerou-se a necessidade de sua subsistência tendo em vista o conteúdo social da instituição. Se por força da declaração de igualdade ficasse extinto, igualmente extinta seria a separação, tanto a convencional quanto a legal que se inspiravam em considerações peculiares. Alertamos, inclusive, que o próprio regime da comunhão parcial ficaria atingido, uma vez que previa a existência de bens com que os nubentes entravam para a sociedade conjugal. Por outro lado, se a Jurisprudência admitia a liberação da meação da mulher ou da família, pela mesma razão podia o marido defender o que adquirira com recursos próprios, advindos de seu trabalho ou de suas atividades (art. 263, XIII, CC/1916).

Diante das conquistas de espaços e direitos pela mulher nos vários âmbitos das atividades econômicas e laborais e a vigência do regime de comunhão parcial de bens, poucas seriam as situações, na constância do casamento, que exigiriam a aplicação do referido princípio.

Na vigência do Código de 1916 e mesmo após a Carta de 88, temíamos pela injustiça de hipóteses em que, exclusivamente, era da mulher o esforço para a aquisição de bens na constância do casamento, com o fruto exclusivo de seu trabalho, o que implicaria dividi-lo com o consorte, apesar de nada ter contribuído para a sua aquisição. Cabia ao magistrado promover melhor investigação em determinadas situações, mesmo na convivência do matrimônio, para averiguar a efetiva contribuição de cada um deles para a aquisição dos bens, sobretudo, se da união sobrevieram filhos. Finalmente, o país convivia, ainda, com realidades familiares as mais diversas, apesar de todas as conquistas sociais, tecnológicas e culturais.

O Código de 2002, seguindo a orientação da Jurisprudência e Doutrina majoritária, não recepcionou o princípio dos bens reservados.

403. Pacto antenupcial

É lícito aos nubentes avençar estipulações a propósito do regime de bens, mas subordinada a sua validade a dois requisitos: 1 – É indispensável adotar a forma pública do instrumento, exigida *ad substantiam*;[43] 2 – Sendo, como é, um pacto antenupcial, não tem validade se o casamento se lhe não seguir. Não se trata de condição em sentido próprio, porque decorre necessariamente do direito a que acede.

O legislador de 2002 declarou no art. 1.653 que é "nulo o pacto antenupcial se não for feito por escritura pública, e ineficaz se não lhe seguir o casamento".

---

43 Ruggiero e Maroi, ob. cit., § 57.

O requisito formal tem de ser observado estritamente. Revestindo esta forma instrumental, o regime de bens a ele se subordina, podendo ser a separação absoluta, a comunhão universal ou a participação final nos aquestos. Será ineficaz o pacto realizado pelos nubentes incursos nas hipóteses do art. 1.641.

Havendo o Código abolido o regime dotal, não cabe a opção por ele, a não ser que os nubentes, no uso da liberdade de realizar o pacto, o instituam, discriminando--o em cláusulas contratuais.

O pacto antenupcial é subordinado a uma *conditio legis* que decorre necessariamente da sua natureza e da sua finalidade: seguir-se-lhe o casamento – *si nuptiae fuerint secutae*. A convenção é válida, desde que sejam observados os requisitos legais, inclusive o da forma. Mantém-se, contudo, em estado de quiescência, até que o matrimônio seja celebrado. Conseguintemente, caducará, sem necessidade de qualquer pronunciamento judicial, se um dos nubentes vem a falecer, ou se se casa com outra pessoa – *si nuptiae non fuerint secutae*.

A natureza jurídica do pacto antenupcial é inequivocadamente contratual, e obrigatoriamente há de ser efetivado antes do casamento.

No regime do Código de 1916, como no atual, não há prazo para que o casamento se celebre. É de se indagar, contudo, a propósito do prazo dentro do qual se deve seguir o consórcio, pois não se pode exigir sejam obrigados a uma cerimônia imediata. Não há prazo para que o casamento siga a cerimônia antenupcial.[44] Na falta de termo expresso, pode qualquer dos pactuantes promover a declaração de sua nulidade após o decurso de tempo que seria o razoável para o matrimônio, induzindo-se de sua extensão demasiada o propósito contrário às núpcias.[45] Caducará o pacto, sem necessidade de qualquer pronunciamento judicial, se um dos nubentes vem a falecer ou casar com pessoa diversa, pois em tal caso terá faltado o requisito *si nuptiae fuerint secutae*, de sua perfeição.

A escritura antenupcial pode ratificar-se na hipótese de ser anulável, retrotraindo a confirmação à data do matrimônio.[46] Não há confundir, entretanto, a eficácia da escritura antenupcial, que se subordina aos dois requisitos já desenvolvidos, com outros efeitos resultantes de imposições de caráter secundário, posto relevante: *a* – para que se oponha a terceiro[47] deve transcrever-se no registro imobiliário do domicílio dos cônjuges, vale dizer: o pacto não é defeituoso, mas somente opera *erga omnes* a partir do registro; *b* – considera-se não escrita a cláusula que prejudique os direitos conjugais, ou os paternos, ou contravenha a disposição absoluta de lei. Não é o pacto que se infirma, mas apenas a cláusula ou condição, subsistindo ele na parte não viciada: *utile per inutile non vitiatur*.

Estabeleceu o art. 1.654 que "a eficácia do pacto antenupcial, realizado por menor, fica condicionada à aprovação de seu representante legal, salvo as hipóteses de regime obrigatório de separação de bens".

---

44 Eduardo Espínola, ob. cit., n° 66, nota 30, p. 310.
45 Pontes de Miranda, *Direito de Família*, § 65.
46 Pontes de Miranda, ob. cit., § 68.
47 Ennecerus, Kipp *y* Wolf, § 42; Jemolo, *Il Matrimonio*, p. 475.

A escritura antenupcial é firmada pelos nubentes, que são os interessados no regime econômico de seu matrimônio. Se se tratar de menor de idade, o Código exige a assistência de seus pais ou de quem os substitui. Na vigência do Código de 1916, Caio Mário considerava que, se o menor era autorizado para o casamento, que é o ato principal – o mais importante da vida civil – presumia-se autorizado para firmar a escritura antenupcial – *habilis ad nuptias, habilis ad pacta nuptialia*. O artigo 1.654 do Código Civil de 2002 contém duas inexatidões. A primeira, quando alude ao "representante" do menor, quando deveria falar em "assistente", pois que o menor de dezesseis anos não pode casar. A segunda, quando dispensa a aprovação do assistente, se o regime for o da separação obrigatória, pois que, neste caso, o regime é compulsório.

A partir de 2003, tratando-se de pacto realizado por menor, a concordância do ascendente responsável é condição para a validade do pacto, salvo as hipóteses de regime obrigatório de separação de bens (art. 1.641, III). Admite-se, também o comparecimento de um terceiro doador, cuja participação venha favorecer os nubentes.[48] Quando o regime é de separação obrigatória, a convenção se limita a confirmar o regime legal, o que reflete uma superfetação inútil.

O pacto antenupcial vive a sorte do casamento, como acessório deste que é. Anulando-se o matrimônio, invalida-se o pacto, mas, reversamente, se esta se anula não atinge a validade do casamento. Se os cônjuges se separarem judicialmente, resolve-se o pacto, respeitadas, porém, suas cláusulas, no que couber. Com o divórcio, não prevalecerão as convenções antenupciais, salvo no que disserem respeito à matéria que seja pertinente aos cônjuges como tais.

Enquanto subsistir o matrimônio, é irrevogável.[49] Mas a nulidade da convenção nupcial não atinge a validade do casamento.

O Código de 2002 estabelece, no art. 1.655, a "nulidade da convenção ou cláusula dela que contravenha disposição absoluta de lei".

O pacto antenupcial, embora exprima a liberdade contratual dos nubentes, está subordinado a princípios que condizem com a ordem pública, sejam aquelas de cunho patrimonial, sejam as de natureza pessoal e ainda aquelas que atentem contra os bons costumes. No regime legal ora vigente ter-se-ão por inválidas cláusulas que suprimam direitos que a lei assegura a ambos os cônjuges. O sistema do poder familiar não pode ser invalidado no pacto antenupcial, naquilo em que estabelecem normas cogentes. Os nubentes podem estabelecer o que interessa ao seu regime de bens, ou matérias outras pertinentes à sua vida conjugal. Mas não lhes é lícito derrogar no que seja objeto de lei proibitiva ou imperativa.

Se a cláusula for contrária ao que seja permitido convencionar, somente ela se anula ou se tem por não escrita, prevalecendo no mais o restante do pacto – *utile per inutile non vitiatur*. Se, porém, em vez de nulo, o pacto antenupcial por simplesmente anulável, pode ser confirmado, mesmo após o casamento.

---

48 Lafayette, *Direito de Família*, § 51.
49 Pontes de Miranda, ob. cit., § 67.

Inovou o Código de 2002, no art. 1.656, ao declarar que "no pacto antenupcial, que adotar o regime de participação final nos aquestos, poder-se-á convencionar a livre disposição dos bens imóveis, desde que particulares".

Esclarece Alexandre Guedes Alcoforado Assunção que "no regime de participação final nos aquestos o patrimônio próprio de cada cônjuge é por ele administrado com exclusividade. Mas a liberdade para a alienação de bens restringe-se aos bens móveis (art. 1.647, parágrafo único). Tratando-se de bens imóveis, é necessária a outorga do cônjuge não proprietário. Caso exista cláusula no pacto antenupcial que autorize a venda de bens imóveis, independentemente da outorga do outro cônjuge, esta é válida, na hipótese de bens do patrimônio particular do alienante".[50]

Repetindo a regra do art. 261 do Código Civil de 1916, o art. 1.657 declara que "as convenções antenupciais não terão efeito perante terceiros senão depois de transcritas, em livro especial, pelo oficial do Registro de Imóveis do domicílio dos cônjuges".

É lícito aos nubentes avençar estipulações a propósito do regime de bens, mas subordinada a sua validade a dois requisitos: a forma pública e a inscrição do pacto antenupcial no Registro de imóveis do domicílio dos cônjuges, para que tenha validade contra terceiros. O processo de inscrição é o estabelecido na Lei nº 6.015, de 31 de dezembro de 1973 (Lei dos Registros Públicos). Se não registrado o pacto não é defeituoso, mas somente opera *erga omnes* a partir do registro.

Adotada a forma pública do instrumento, a escritura antenupcial pode ratificar-se na hipótese de ser anulável, retrotraindo a confirmação à data do matrimônio.[51] Mas, se for nula, jamais se revalida e, como regime de bens, prevalece o da lei. Não há confundir, entretanto, a eficácia da escritura antenupcial, que se subordina aos dois requisitos antes desenvolvidos, com outros efeitos resultantes de imposições de caráter secundário, posto relevante, para que se oponha a terceiros.[52]

Embora o regime de comunhão parcial não dependa de estipulação, o cônjuge que trouxer para o casamento valores que pretende preservar deverá precaver-se, por via de escritura antenupcial devidamente formalizada, como instrumento probatório dos valores que não se comunicam.

403-A. Regime da comunhão parcial de bens

A comunhão universal não é admitida em todos os sistemas jurídicos. Alguns adotam a comunhão limitada, como vigente na falta de convenção dos interessados. Outros aceitam combinações mais ou menos imaginosas, em que prevalece a comunicação de alguns e a separação de outros bens. E desta simbiose resulta a "comunhão parcial".

---

50 Alexandre Guedes Alcoforado Assunção, *in Novo Código Civil Comentado* (coord.: Ricardo Fiúza), p. 1.467.
51 Pontes de Miranda, ob. cit., § 68.
52 Enneccerus, Kipp y Wolff, § 42; Jemolo, *Matrimonio*, p. 475.

No direito francês, o regime legal prevê a *communion d'acquêts*, em que se comunicam os bens móveis e os adquiridos na constância do casamento, excluídos de toda comunicação os imóveis que os nubentes já tinham antes do matrimônio e os adquiridos posteriormente a título gratuito.

O Código Italiano de 1865 admitia-o em caráter facultativo, e o de 1942 proibiu a comunhão universal, aceitando a de aquestos (art. 215).

No direito alemão, prevalece a denominada comunhão administrativa (*Werwaltungsgemeinschaft*), pela qual os bens da mulher ficam submetidos à administração usufrutuária do marido (BGB, art. 1.363), excluídos, todavia, os bens reservados (*Sondergut, Vorbehalt*), ou seja, os que se destinam ao uso pessoal da mulher, como roupas, ornamentos e instrumentos de trabalho (BGB, art. 1.366), bem como os que ela adquire por sua própria atividade e pela exploração independente de empresa lucrativa (BGB, art. 1.367).

O direito brasileiro disciplina como regime de comunhão parcial o que alguns civilistas antigos designavam como "separação" (Lafayette, Melo Freire, Coelho da Rocha) e, mais adequadamente, Teixeira de Freitas denominava "regime misto" (Consolidação, art. 88, nota 16), e que se pode simplesmente chamar de "comunhão de aquestos".

O Código Civil, tal como fizera a Lei do Divórcio (Lei nº 6.515, de 1977), considerou a comunhão parcial como regime legal (art. 1.640). Caracteriza-se este regime pela comunicação do que seja adquirido na constância do matrimônio.

Determina o art. 1.658 que, "no regime de comunhão parcial, comunicam-se os bens que sobrevierem ao casal, na constância do matrimônio, com as exceções dos artigos seguintes".

No regime do Código Civil de 1916, a comunhão parcial podia ser escolhida pelos nubentes em pacto antenupcial. Com a Lei do Divórcio (Lei nº 6.515, de 26 de dezembro de 1977), passou a ser o regime legal, e assim subsiste no Código de 2002. Na falta, portanto, de manifestação expressa dos nubentes, a comunhão parcial, prevalece no casamento (redação do art. 258 do Código revogado, *ex vi* do art. 50 da Lei nº 6.515, de 1977).

É da sua essência que os bens que cada um dos cônjuges trouxer para o casamento permaneçam como de sua propriedade exclusiva. Os que forem adquiridos na constância do casamento constituem bens comuns, isto é, formam patrimônio pertencente ao marido e à mulher, indiscriminadamente.

As regras vigentes no Código de 1916 atinentes à comunhão parcial foram parcialmente alteradas, convindo, portanto, examiná-las destacadamente, o que será feito no confronto com as atuais disposições.

O art. 1.659 menciona o que se exclui da comunhão. É de se observar que, instituindo a comunhão parcial como o que independe de opção dos nubentes, o Código segue a orientação do Italiano de 1942 e do Código Português de 1966.

Portanto, excluem-se:

I – os bens que cada cônjuge possuir ao casar, e os que lhe sobrevierem, na constância do matrimônio, por doação ou sucessão, e os sub-rogados em seu lugar;

II – os bens adquiridos com valores exclusivamente pertencentes a um dos cônjuges em sub-rogação dos bens particulares;
III – as obrigações anteriores ao casamento;
IV – as obrigações provenientes de atos ilícitos, salvo reversão em proveito do casal;
V – os bens de uso pessoal, os livros e instrumentos de profissão;
VI – os proventos do trabalho pessoal de cada cônjuge;
VII – as pensões, meios-soldos, montepios e outras rendas semelhantes.

O Código Civil de 2002 compilou no art. 1.659 os conteúdos dos arts. 269 e 270 de 1916 que enumeravam os bens que eram excluídos da comunhão parcial, não tendo recepcionado aqueles previstos nos incisos III e IV do art. 269.

O regime da comunhão parcial caracteriza-se pela comunicação de determinados bens e valores, e pela exclusão de outros. Em primeiro plano, excluem-se da comunhão os bens que cada cônjuge possuía ao casar. Constituem, portanto, bens particulares de cada um. Wânia Triginelli abrange nesta categoria a importância advinda de desapropriação, desde que visem satisfazer danos ou o valor dos bens que eram do cônjuge antes da celebração.[53]

Na mesma categoria de incomunicáveis são os bens que cada cônjuge, na constância do casamento, receber por doação ou herança, e os sub-rogados em seu lugar. Excluem-se também aqueles recebidos como legados. Esta exclusão independe de determinação do autor da herança, em cláusula testamentária. Ocorrendo a sub-rogação desses bens em outros, sem que para a aquisição dos sub-rogados concorram valores ou recursos advindos ou fornecidos pelo outro cônjuge, permanece a exclusão. Se se der a contribuição, passam os sub-rogados a integrar o acervo comum (incisos I e II do art. 1.659). Comprovado, porém, que o bem adquirido na constância do casamento foi completado com valores oriundos da vida em comum, caberá a cada um dos cônjuges na partilha 50% da diferença.

Rolf Madaleno sugere providências práticas: mandar consignar na escritura de bem imóvel sub-rogado, estar se utilizando de recursos oriundos da venda de bem próprio, ou transferindo este bem particular como parte do preço do bem sub-rogado, em contrato de permuta. Maior segurança probatória terá o interessado na prova da sub-rogação se depois de vender bem seu próprio, guardar o comprovante do depósito bancário do dinheiro recebido com a venda de bem particular; a manutenção e aplicação desse dinheiro no banco depositário, até o efetivo reemprego do numerário na compra do bem sub-rogado, observados os limites da sub-rogação.[54]

Cada um dos cônjuges responde pelas dívidas contraídas anteriormente ao casamento (inciso III do art. 1.659). Este é o ponto mais realçado pela doutrina, como favorável ao outro cônjuge, resguardando os seus haveres da ação dos credores do outro. Entende-se, todavia, que haverá comunicação dos débitos anteriores no caso de se bene-

---

53 Wânia Triginelli, in *Manual de Direito das Famílias e das Sucessões* (coord.: Ana Carolina Brochado Teixeira e Gustavo Pereira Leite Ribeiro), Belo Horizonte, Del Rey/Mandamentos, 2008, p. 383.
54 Rolf Madaleno, *Curso de Direito de Família*. Rio de Janeiro, Forense, 2008, p. 559.

ficiar o cônjuge que não os tenha, como na hipótese de dívida contraída na aquisição de bens de que lucram ambos.

Fiel ao princípio segundo o qual cada um responde por sua própria culpa – *unuscuique sua culpa nocet* – cada cônjuge suporta as obrigações provindas de ilícito por ele cometido, salvo se dele ambos tirarem proveito (inciso IV do art. 1.659). Alerta Arnaldo Rizzardo: "se o dano ocorreu no exercício da profissão ou atividade da qual depende o sustento da família, ou se proporcionou proveito ao patrimônio comum, a indenização será suportada pela totalidade dos bens".

Não se comunicam os *bens de uso pessoal*, referindo-se o inciso V do art. 1.659, exemplificativamente, a "livros e instrumentos de trabalho", o que abrange, também, roupas, joias, objetos de ornamentação. O mesmo autor inclui neste rol os aparelhos profissionais, os instrumentos de manifestação artística, como máquina de escrever e computação, pincéis, telas de escrever e pintura, materiais de gesso e pedras para esculturas, gaitas, pianos, flautas, joias, adereços, materiais de pesquisa, e toda série de bens que servem para satisfazer ou realizar as manifestações pessoais do cônjuge. Isto porque os princípios da comunhão não podem despersonalizar o ser humano, ou descaracterizar as individualidades.[55]

Na forma do inciso VI do art. 1.659, cada cônjuge pode guardar, como particulares, "os proventos do trabalho pessoal". Esclareça-se que cada um tem direito a excluí-los da comunhão, na medida em que os percebe em decorrência de qualquer atividade laborativa.

Virgilio Panagiotis Stavridis indica que o legislador corrigiu equívoco remanescente da Lei nº 4.121/1962. Segundo ele, parece que o Código de 2002 não quis deixar dúvidas quanto à não comunhão dos rendimentos decorrentes do trabalho, assalariado ou não, de cada cônjuge. Utilizou-se da expressão "proventos" que, apesar de ter, atualmente, sentido técnico-jurídico de rendimentos decorrentes da aposentadoria do empregado ou servidor público, quer exprimir, num sentido mais amplo e comum, salário, vencimentos, "qualquer verba percebida como ganhos decorrentes de atividade laborativa do cônjuge esteja excluída da comunhão, compondo apenas seu patrimônio particular".[56]

Tem sofrido flagrante alteração a interpretação deste inciso; é comum a disparidade de ganhos entre os cônjuges e ainda são frequentes casamentos em que o cônjuge-mulher permanece no lar conjugal cuidando dos filhos. Igualmente, cabe lembrar que é frequente a opção de se manterem as sobras do fruto do trabalho em investimentos financeiros. Em razão disso, Débora Vanessa Caús Brandão prefere considerar apenas incomunicável o direito ao recebimento dos proventos, porque quem trabalhou faz jus à remuneração, mas, uma vez recebida a contraprestação do labor, ela se comunica.[57]

---

55 Arnaldo Rizzardo, *Direito de Família*. Rio de Janeiro, Forense, 2008, p. 644.
56 Virgilio Panagiotis Stavridis, *Novo Código Civil: Do Direito de Família*, pp. 341-342.
57 Débora Vanessa Caús Brandão, *Regime de bens no novo Código Civil*. São Paulo, Saraiva, 2007, p. 210.

Vasta doutrina, recentemente, tem reiterado o entendimento de considerar que os bens comprados com esses valores são partilháveis, por conta da regra geral de que pertencem ao casal os bens adquiridos de forma onerosa na constância do casamento. Caso o valor do salário (ou de retribuição) seja aplicado em poupança, previdência privada, ações ou outro fundo de investimento, os rendimentos ou dividendos a partir daí gerados são, consequentemente, comunicáveis.[58]

Entendimento contrário induz a considerar os proventos como bens particulares de cada um dos cônjuges. Este é o entendimento de Arnaldo Rizzardo, reportando-se à lição de José Lamartine de Oliveira e Francisco José Ferreira Muniz: "se ganhos e salários do trabalho são bens próprios, próprios devem ser os bens adquiridos com esses proventos, em atenção ao princípio da sub-rogação real. Esses bens tomam o lugar e substituem os ganhos do trabalho no patrimônio próprio do cônjuge que os percebeu".[59]

O entendimento do STJ tem sido o de que, embora seja facultado a cada cônjuge guardar, como particulares, os proventos do seu trabalho pessoal, na forma do art. 1.659, VI, do CC/2002, uma vez recebida a contraprestação do labor de cada cônjuge, ela se comunica. A 3ª Turma assim entendeu, no julgamento do REsp. nº 1024169/RS, ampliando o conceito de participação na economia familiar, para evitar "distorções que favoreçam, em frontal desproporção, aquele cônjuge que mantém em aplicação financeira sua remuneração, em detrimento daquele que se vê obrigado a satisfazer as necessidades inerentes ao casamento, tais como aquelas decorrentes da manutenção da habitação comum, da educação dos filhos ou da conservação dos bens".

Para a Relatora Ministra Nancy Andrighi, "a interpretação harmônica dos arts. 1.659, VI, e 1.660, V, do CC/2002, permite concluir que os valores obtidos por qualquer um dos cônjuges, a título de retribuição pelo trabalho que desenvolvem, integram o patrimônio do casal tão logo percebidos. Isto é, tratando-se de percepção de salário, este ingressa mensalmente no patrimônio comum, prestigiando-se, dessa forma, o esforço comum". A Relatora alerta, ainda, que "para que o ganho salarial insira-se no monte-partível é necessário, portanto, que o cônjuge tenha exercido determinada atividade laborativa e adquirido direito de retribuição pelo trabalho desenvolvido, na constância do casamento. Se um dos cônjuges efetivamente a exerceu e, pleiteando os direitos dela decorrentes, não lhe foram reconhecidas as vantagens daí advindas, tendo que buscar a via judicial, a sentença que as reconhece é declaratória, fazendo retroagir, seus efeitos, à época em que proposta a ação".[60]

Quanto aos valores oriundos do FGTS – Fundo de Garantia por Tempo de Trabalho e de indenizações trabalhistas, houve recente mudança na interpretação pelos

---

58 Pablo Stolze Gagliano e Rodolfo Pamplona Filho, *Novo Curso de Direito Civil: Direito de Família. (As famílias em perspectiva constitucional)*, São Paulo: Saraiva, 2012, pp. 350/351.
59 Arnaldo Rizzardo, ob. cit., p. 645.
60 STJ – 3ª Turma – REsp. nº 1024169 / RS – Rel. Min. Nancy Andrighi – Julg. em 13.04.2010 – *DJe* 28.04.2010.

Tribunais, reconhecendo a comunhão de tais verbas por considerar que a causa aquisitiva perdurou pela constância do matrimônio.[61] A 3ª Turma do STJ, tendo como Relatora a Ministra Nancy Andrighi, reconheceu que as verbas indenizatórias decorrentes da rescisão de contrato de trabalho só devem ser excluídas da comunhão quando o direito trabalhista tenha nascido ou tenha sido pleiteado após a separação do casal.[62] Outrossim, como benefício de natureza pessoal, são incomunicáveis as "pensões, meio-soldos, montepios e outros rendimentos semelhantes" (inciso VII do art. 1.659). Quanto a tais valores (ex.: pensões previdenciárias, verbas recebidas por militares etc.), não se comunica o direito de percepção da verba, mas, uma vez incorporados ao patrimônio os valores recebidos, devem fazer parte da comunhão, não havendo como se falar em reserva pessoal de valores recebidos a tal título.[63]

Ainda, consoante entendimento da 2ª Seção do STJ, deve ser reconhecido o direito à meação dos valores do FGTS auferidos durante a constância do casamento, ainda que o saque daqueles valores não seja realizado imediatamente à separação do casal. Consoante entendimento do Ministro Luis Felipe Salomão, o marco temporal deve ser "a vigência da relação conjugal – ou seja, todos os proventos recebidos por um ou por outro cônjuge na vigência do casamento compõem o patrimônio comum do casal, a ser partilhado na separação".[64]

Excluem-se da comunhão as modalidades de planos de previdência denominadas PGBL (Plano Gerador de Benefício Livre) e VGBL (Vida Gerador de Benefício Livre), que constituem formas de investimento para fins previdenciários. Tais recursos estão incluídos no conceito de "outras rendas semelhantes", previsto pelo art. 1.659, VII, do Código Civil, sendo, portanto, incomunicáveis.

Também fica excluído o montante investido em previdência privada fechada por um dos cônjuges. Nesse sentido, entenderam os Ministros da 3ª Turma do STJ que "O equilíbrio financeiro e atuarial é princípio nuclear da previdência complementar fechada, motivo pelo qual permitir o resgate antecipado de renda capitalizada, o que em tese não é possível à luz das normas previdenciárias e estatutárias, em razão do regime de casamento, representaria um novo parâmetro para a realização de cálculo já extremamente complexo e desequilibraria todo o sistema, lesionando participantes e beneficiários, terceiros de boa-fé, que assinaram previamente o contrato de um fundo sem tal previsão".[65]

Atente-se para o art. 1.660 do Código Civil de 2002, ao declarar os bens que entram na comunhão:

I – os bens adquiridos na constância do casamento por título oneroso, ainda que só em nome de um dos cônjuges;

---

61 Cristiano Chaves de Farias e Nelson Rosenvald, *Curso de Direito Civil: Famílias*. Salvador: JusPODIVM, 2012, p. 379.
62 STJ – 3ª Turma – REsp. nº 646.529 – Rel.ª Min.ª Nancy Andrighi – publ. em 22.08.2008.
63 Pablo Stolze Gagliano e Rodolfo Pamplona Filho, ob. cit. p. 353.
64 STJ – 2ª Seção – REsp 1.399.199/RS – Rel. Min. Maria Isabel Gallotti – Rel. para acórdão Min. Luis Felipe Salomão – Julg.: 09.03.2016 – *DJe*.: 22.04.2016.
65 STJ – 3ª Turma – REsp 1.477.937/MG – Rel. Min. Ricardo Villas Bôas Cueva – Julg.: 27.04.2017 – *DJe* 20.06.2017.

II – os bens adquiridos por fato eventual, com ou sem o concurso de trabalho ou despesa anterior;

III – os bens adquiridos por doação, herança ou legados, em favor de ambos os cônjuges;

IV – as benfeitorias em bens particulares de cada cônjuge;

V – os frutos dos bens comuns, ou dos particulares de cada cônjuge, percebidos na constância do casamento, ou pendentes ao tempo de cessar a comunhão.

Excluiu o legislador de 2002 o conteúdo do inciso VI do art. 271 do Código Civil de 1916, que se referia "aos frutos civis do trabalho, ou indústria de cada cônjuge, ou de ambos".

Comunicam-se os bens adquiridos a título oneroso na constância do casamento, por qualquer dos cônjuges (inciso I do art. 1.660).

Atente-se para o art. 1.725 do Código Civil de 2002, que, ao tratar da União Estável, determinou a aplicação às relações patrimoniais, no que couber, do regime da comunhão parcial.

Na forma do inciso II do art. 1.660, constituem acervo comum aqueles bens que provierem de fato eventual, como prêmios, sorteios, jogo, aposta, loteria e descobrimento de tesouro. Não importa se para a aquisição houve ou não despesa do *accipiens*. Merece atenção o prêmio obtido por um dos cônjuges em razão de suas atividades culturais ou científicas, que em outros sistemas são personalíssimos, mas que por força do inciso II entram na comunhão.

O inciso III do art. 1.660, ao recepcionar o art. 271, III, anterior, indica uma situação especial no regime da comunhão parcial: os bens adquiridos por doação, herança ou legados, em favor de ambos os cônjuges, entram no acervo comum. Deve ser expresso este benefício comum.

Atente-se para a regra do art. 551 do Código Civil de 2002, ao determinar que, "salvo declaração em contrário, a doação em comum para mais de uma pessoa entende-se distribuída entre elas por igual". No entanto, excepciona o parágrafo único do mesmo artigo que "se os donatários forem marido e mulher, subsistirá na totalidade a doação para o cônjuge sobrevivo".

Igualmente, as benfeitorias em bens particulares de cada cônjuge (inciso IV do art. 1.660) incorporam-se ao patrimônio comum. As benfeitorias estão previstas no art. 96 do Código Civil de 2002, identificadas como "voluptuárias", "úteis" ou "necessárias".

O art. 97 do Código Civil de 2002, no entanto, exclui da categoria de "benfeitorias" "os melhoramentos sobrevindos à coisa sem a intervenção do proprietário possuidor ou detentor".

O inciso V do art. 1.660 estabelece, finalmente, que entram na comunhão "os frutos dos bens comuns ou dos particulares de cada cônjuge percebidos na constância do casamento, ou pendentes ao tempo de cessar a comunhão". Atente-se que o legislador condicionou o direito aos frutos à ocorrência de dois fatos: a constância do casamento, excluindo aqueles que sobrevierem à separação judicial e, ainda, os que dependam de serem percebidos após cessar a comunhão.

Virgilio Panagiotis Stavridis exemplifica com os rendimentos de um imóvel e os dividendos de ações de alguma empresa, mesmo adquiridos por um dos cônjuges antes do casamento, os quais deverão reverter para o patrimônio comum.[66]

Estes dois últimos incisos (IV e V do art. 1.660, CC/2002) refletem a essência do regime da comunhão parcial de bens, ou seja, entram no patrimônio do casal os acréscimos advindos da vida em comum.

Ressalta-se a decisão da 3ª Turma do STJ, na qual se entendeu que os lucros de sociedade empresária destinados a sua própria conta de reserva não são partilháveis entre o casal no caso de dissolução de união estável de sócio. Os ministros consideraram que a finalidade jurídica das reservas é servir de garantia e reforço do capital social, de modo que pertencem à sociedade e não ao sócio, de modo que o lucro destinado à conta de reserva pertence apenas à sociedade, não se caracterizando como fruto – à luz do art. 1.660, V, do CC – apto a integrar o rol de bens comunicáveis ante a dissolução de sociedade familiar.[67]

Recepcionando a regra do art. 272 do Código Civil de 1916, o art. 1.661 declara que "são incomunicáveis os bens cuja aquisição tiver por título uma causa anterior ao casamento".

Zeno Veloso, comentando o art. 272 do Código Civil de 1916, esclarece: "no Código, a nosso ver, a expressão está empregada como negócio que deu origem à aquisição, ato jurídico (*lato sensu*) que produz a aquisição do bem. O momento da aquisição, o fator temporal, é que sobreleva para o deslinde da questão".[68]

Afastando dúvidas e polêmicas, presumem-se adquiridos os bens móveis na constância do casamento quando não se provar com documento autêntico que o foram em data anterior (art. 1.662). Daí a necessidade de o pacto antenupcial descrever minuciosamente os bens móveis, sob pena de se reputarem comuns.[69]

Em princípio, vigora a presunção contida no artigo. Trata-se, entretanto, de *praesumptio iuris tantum*.

Cabe ao cônjuge interessado dar a prova da aquisição anterior. Se não a oferecer, os bens móveis presumem-se adquiridos posteriormente, e se comunicam.

No caso presente, o que determina a exclusão é o fato de o título aquisitivo ser anterior ao casamento, embora a aquisição se aperfeiçoe na constância do casamento, como no caso de uma promessa de compra e venda celebrada antes e somente executada depois das núpcias. Lembra-se, ainda, a venda anterior ao casamento por um dos cônjuges, realizada a crédito, operando-se o recebimento das prestações posteriormente (Clóvis Beviláqua). Incumbe ao interessado provar cumpridamente as circunstâncias de fato, e ao juiz decidir as pendências com cautela e bom-senso.

---

66 Virgilio Panagiotis Stavridis, ob. cit., p. 343.
67 STJ – 3ª Turma – REsp 1.595.775/AP – Rel. Min. Ricardo Villas Bôas Cueva – Julg.: 09.08.2016 – *DJe*.: 16.08.2016.
68 Zeno Veloso, ob. cit., p. 180.
69 Eduardo Espínola, *A Família no Direito Civil Brasileiro*, nº 77, p. 332.

No regime da comunhão parcial, o marido era administrador de todos os bens; comuns, seus próprios, e da mulher, salvo quanto a esta, o direito de reservar-se a administração de alguns determinados ou de todos que lhe pertencem (Clóvis Beviláqua, Espínola). Tal prerrogativa se extinguiu com as novas regras constitucionais.

Cessando o regime da comunhão parcial pela morte de um dos cônjuges, pela separação judicial, pelo divórcio ou pela anulação do matrimônio, os bens que não se comunicaram se atribuem a cada um, respectivamente, ou aos herdeiros, *ad instar* do que se dá no regime de separação; e os que eram patrimônio comum se distribuem segundo as regras que presidem à partilha no de comunhão universal. Na hipótese do falecimento de um dos consortes, alerte-se para as inovações introduzidas nos arts. 1.829, 1.830 e 1.831, ao estabelecerem regras específicas quanto aos direitos sucessórios do cônjuge sobrevivo.

O art. 1.663 (*caput*) determina que "a administração do patrimônio comum compete a qualquer dos cônjuges". Confere a administração a ambos, o que, na prática, pode embaraçar a gerência. Melhor será que cada um administre os bens com os quais contribuiu para o acervo comum. Caracterizada a parceria na aquisição, que vigore o bom-senso e uma efetiva relação de conjugalidade.

Ressalta-se que, de acordo com o entendimento do STJ, após a separação de fato ou de corpos, o cônjuge que estiver na posse ou na administração do patrimônio comum "terá o dever de prestar contas ao ex-consorte. Isso porque, uma vez cessada a afeição e a confiança entre os cônjuges, aquele titular de bens ou negócios administrados pelo outro tem o legítimo interesse ao pleno conhecimento da forma como são conduzidos, não se revelando necessária a demonstração de qualquer irregularidade, prejuízo ou crédito em detrimento do gestor".[70] Também vem entendendo a Corte que é cabível indenização pelo uso exclusivo de imóvel que já foi objeto de divisão na ação de divórcio, determinando que: "Na separação e no divórcio, o fato de certo bem comum ainda pertencer indistintamente aos ex-cônjuges, por não ter sido formalizada a partilha, não representa automático empecilho ao pagamento de indenização pelo uso exclusivo do bem por um deles, desde que a parte que toca a cada um tenha sido definida por qualquer meio inequívoco".[71]

O § 1º do art. 1.663 estabelece que "as dívidas contraídas no exercício da administração obrigam aos bens comuns e particulares do cônjuge que os administra, e aos do outro na razão do proveito que houver auferido". As dívidas contraídas por qualquer dos cônjuges, no exercício da administração, obrigam o patrimônio comum e os bens do administrador. Somente alcança os bens particulares do outro cônjuge na proporção do proveito que auferir. Mas, se qualquer dos cônjuges comprometer o acervo comum, poderá o juiz retirar-lhe a gerência, confiando-a exclusivamente ao outro.

Determina o § 2º do art. 1.663 que "a anuência de ambos os cônjuges é necessária para os atos, a título gratuito, que impliquem cessão do uso ou gozo dos bens

---

70 STJ – 4ª Turma – REsp 1.274.639/SP – Rel. Min. Luis Felipe Salomão – Julg.: 12.09.2017 – *DJe* 23.10.2017.
71 STJ – 2ª Seção – REsp 1.250.362/RS – Rel. Min. Raul Araújo – Julg.: 08.02.2017 – *DJe* 20.02.2017.

comuns". Os contratos de cessão onerosa de uso consideram-se compreendidos na administração normal. Exige-se a anuência de ambos os cônjuges para os atos, a título gratuito, que impliquem cessão do uso ou gozo dos bens comuns.

Esclarece, ainda, § 3º do art. 1.663, que o juiz poderá atribuir a administração a apenas um dos cônjuges no caso de malversação dos bens.

O art. 1.664, sem correspondente no Código Civil de 1916, declara que "os bens da comunhão respondem pelas obrigações contraídas pelo marido ou pela mulher para atender aos encargos da família, às despesas de administração e às decorrentes de imposição legal". As dívidas contraídas pelo marido ou pela mulher, na administração dos bens comuns, obrigam o patrimônio do casal, no pressuposto de que se destinam a atender aos encargos da família, bem como as despesas de administração e encargos legais. Havendo dúvida, o gestor que as contrair terá de dar a prova da respectiva causa, sob pena de responder com seus bens particulares.

O art. 1.665 inova ao declarar que "a administração e a disposição dos bens constitutivos do patrimônio particular competem ao cônjuge proprietário, salvo convenção diversa ao contrário".

É da natureza do regime da comunhão parcial a separação dos patrimônios. Cada um dos cônjuges tem a administração e a disposição dos bens que lhe pertencem. Ressalvam-se as disposições em contrário do pacto antenupcial, bem como as restrições estabelecidas no Código.

Da mesma forma, sem correspondente no Código Civil de 1916, o art. 1.666 indica que "as dívidas, contraídas por qualquer dos cônjuges na administração de seus bens particulares e em benefício destes, não obrigam aos bens comuns".

O artigo é o corolário do anterior: sendo os patrimônios separados, as dívidas que cada um dos cônjuges contrair na sua administração não se comunicam. Os bens comuns não respondem por elas, nem os do outro cônjuge. Há, todavia, que distinguir entre as dívidas contraídas no interesse do casal, e as que beneficiarem o acervo particular do cônjuge que as contraiu. Pelas primeiras, respondem os bens comuns; pelas outras, não. O art. 499 permite a compra e venda entre cônjuges se se tratar de bens excluídos da comunhão.

403-B. REGIME DE COMUNHÃO UNIVERSAL DE BENS

Este regime já se vulgarizava em nosso direito anterior. Aludia-se, no tempo das Ordenações do Reino, ao "casamento por carta de metade" ou casamento "segundo o costume do Reino" – o que bem atesta a sua penetração e utilização constante. O Código Civil de 1916 não teve dúvidas em adotá-lo como regime legal e normal, amparado que veio ainda pelas preferências manifestas de Clóvis Beviláqua, a que se somaram opiniões dos civilistas do tempo.[72]

---

72 Clóvis Beviláqua, *Direito de Família*, § 35.

Sua origem, contudo, é obscura e imprecisa.[73] Baldos são os esforços de vinculá-lo à comunidade do patrimônio familiar entre os povos arianos primitivos, como à organização romana. Aqueles costumes indo-europeus consagravam a pertença comum de todos os bens aos membros da família, sem que se possam aí enxergar relações econômicas entre cônjuges. Em Roma, se o casamento era *cum manu*, a mulher penetrava na família *in loco filiae*, não se lhe comunicando propriamente os bens do marido, porém participando ela de uma plena comunhão de afetos e interesses, que o culto doméstico revelava: *communionem cum eo habere omnium bonorum ac sacrorum*. Se, ao revés, celebrava-se o matrimônio *sine manu*, cada um dos cônjuges conservava o seu patrimônio, amenizada, contudo, a separação pela prática do dote, que importava na transferência definitiva dos bens ao marido – *Dotis causa perpetua est: et cum voto eius, qui dat, ita contrahitur ut semper apud maritum sit* (*Digesto*, Livro XXIII, Tít. 3, fr. 1). E desta sorte contribuía a esposa para os encargos de manutenção do lar.[74]

Não se conhece com precisão o regime de bens no antigo direito germânico.[75] Com exceção de utensílios caseiros, o marido adquiria poderes sobre os bens da mulher. Com o tempo, amenizou-se este rigor, sucessivamente pela praxe das doações mútuas e depois em razão de tocar à mulher uma parte dos bens adquiridos (*Morgengaube*), o que viria a converter-se num direito dela a uma parte dos bens sempre que não se excluísse convencionalmente essa comunicação. Se ela era proprietária, os que trouxesse passavam igualmente ao domínio do marido, com a ressalva, todavia, de ser necessária a autorização dela para a alienação, assim dos que trouxesse como ainda dos que a ele pertenciam.

A invasão visigótica generalizou na Península Ibérica estes costumes, compilados no Breviário de Alarico (*Codex Wisigothicum* ou *Lex Romana Wisigothorum*). Quando se formou a nação portuguesa, e com ela nasceu o Direito de Portugal, acolheu o regime da comunhão, que se generalizou segundo o costume do Reino.

Vem-nos, assim, do Direito Germânico, pela intermediação visigótica, a comunicação dos adquiridos (aquestos), ampliada em Portugal a todos os bens.[76] A comunhão universal teve, pois, origem consuetudinária nos primeiros tempos da nação lusitana, consagrada depois nas Ordenações Afonsinas,[77] de onde passou às Manuelinas e às Filipinas. Daí dizer que a origem próxima do regime da comunhão universal de bens é o Código Filipino.

Na vida familiar do período pré-codificado, o sistema se integrou de tal modo que, depois de 1916, a opção por outro regime considerava-se excepcional e de certo modo desairosa (Clóvis Beviláqua). Pela comunhão, fala o argumento de melhor se adequar à comunidade de interesses, de sentimentos e de vida que o casamento se

---

73 Roberti, *Le Origine Romano – Cristiane della Communione dei Beni fra Coniugi*, pp. 3 e segs.
74 Pontes de Miranda, ob. cit., § 63.
75 Enneccerus, Kipp y Wolff, *Derecho de Familia*, § 40.
76 Pontes de Miranda, ob. cit., § 64.
77 Lafayette, ob. cit., § 55.

propõe realizar. Contra ele argui-se a dependência econômica em que se coloca a mulher, vendo deslocar-se para a administração do marido tudo que traz para o acervo conjugal, sem nada receber em troca, porque também na gerência dele inscrevem-se os adquiridos.[78]

Pelo Código de 1916, a falta de estipulação ou de pacto antenupcial importava que vigorasse *ex vi legis* a comunhão universal, salvo naqueles casos em que é obrigatória a separação. No regime do BGB, ao contrário, não se instaura a comunhão de bens senão em virtude de convenção antenupcial.[79]

Embora se falasse em comunhão legal e comunhão convencional, esta, na verdade, era ociosa, porque não requeria escritura, e porque, mesmo no silêncio dos nubentes, prevalecia nas relações econômicas. Os escritores consideravam, todavia, convencional a comunhão que resulta de qualquer espécie de estipulação pela qual os nubentes mencionem a comunicação total dos bens. Em nosso direito anterior a 1916 já se reputava comunhão convencional a menção dos cônjuges, em pacto antenupcial, ao casamento segundo o "costume geral do Império" ou por "carta de a metade", ou quando se dizia quererem ser meeiros, ou usavam expressões análogas.[80]

Havia, entretanto, interesse em determinar se a comunhão era legal ou convencional, porque, existindo pacto antenupcial, a comunicação dos patrimônios dava-se com a celebração do matrimônio válido, e não o havendo somente se admitia depois de sua consumação.[81] Hoje perdeu este interesse, pois que a comunicação opera desde a data do casamento, abrangendo a totalidade dos bens presentes e futuros, salvo as exceções adiante enumeradas. São requisitos desta comunicação, apenas, o casamento válido e a convenção por escritura pública, bem como disposição especial de lei.

Muito embora defendidos os seus préstimos, desenhou-se a tendência no sentido de substituí-lo pelo da comunhão parcial, ao argumento de que a comunicação dos haveres pelo só fato do casamento envolvia uma transferência patrimonial indiscriminada, as mais das vezes prejudicial à mulher. Sua substituição esboça-se no Projeto de 1965, é perfilhada na Lei do Divórcio (Lei nº 6.515, de 26 de dezembro de 1977), e definitivamente consagrada no novo Código.

O Código Civil de 2002, perfilhando o que dispôs a Lei do Divórcio, considerou como regime legal o da Comunhão Parcial. A opção por outro regime deverá ser objeto de pacto antenupcial (art. 1.640).

Estabelece o art. 1.667 que "o regime de comunhão universal importa a comunicação de todos os bens presentes e futuros dos cônjuges e suas dívidas passivas, com as exceções do artigo seguinte".

Neste regime, comunicam-se os bens móveis e imóveis que cada um dos cônjuges traz para a sociedade conjugal e bem assim os adquiridos na constância do

---

78 Heinrich Lehmann, *Derecho de Familia*; Orlando Gomes, ob. cit., nº 107; Enneccerus, Kipp y Wolff, *Derecho de Familia*, v. I, § 41.
79 Heinrich Lehmann, *Derecho de Familia*, p. 194.
80 Lafayette, ob. cit., § 56.
81 Lafayette, ob. cit., § 57.

casamento, tornando-se os cônjuges meeiros em todos os bens do casal, mesmo que somente um deles os haja trazido e adquirido. Comunicam-se igualmente as dívidas. Mas exclui-se da comunhão o que a lei especialmente menciona, e será referido adiante.

O que caracteriza o regime da comunhão universal é a comunicação de todos os valores, móveis ou imóveis, de que cada um dos cônjuges é titular ao tempo das núpcias, e bem assim os que forem adquiridos na constância do matrimônio, posto que adquiridos por um deles apenas. Comunicam-se igualmente as dívidas, anteriores e posteriores. Além de outras exceções, legais ou convencionais, eventualmente estabelecidas, o artigo seguinte exclui de comunicação os bens e dívidas que menciona.

É vedado a um ou outro se apossar de qualquer delas, privando o consorte de sua utilização. A ambos, entretanto, compete defender a coisa possuída contra as vias de fato ou pretensões de terceiros. Somente com a cessação da sociedade conjugal, e liquidação da comunhão, é que vem a caber a cada um dos consortes (ou respectivos herdeiros) os bens que se comportam na sua meação.

Estabelece o art. 1.668 que "são excluídos da comunhão":

I – os bens doados ou herdados com a cláusula de incomunicabilidade e os sub-rogados em seu lugar;

II – os bens gravados de fideicomisso e o direito do herdeiro fideicomissário, antes de realizada a condição suspensiva;

III – as dívidas anteriores ao casamento, salvo se provierem de despesas com seus aprestos, ou reverterem em proveito comum;

IV – as doações antenupciais feitas por um dos cônjuges ao outro com a cláusula de incomunicabilidade;

V – Os bens referidos nos incisos V a VII do art. 1.659.

Alerte-se para o art. 1.668 ao reduzir a exclusão da comunhão a cinco incisos, retirando de seu conteúdo as hipóteses previstas nos incisos IV, V, VI, X, XI, XII e XIII do art. 263 do Código Civil de 1916.

Pretendeu, portanto, o legislador de 2002, valorizar a vontade das partes na hipótese de pacto antenupcial, optando pelo referido regime. Este não poderá violar as exclusões acima enumeradas.

Destaque-se, inicialmente, a redação do inciso I do art. 1.668 ao determinar que não entram no acervo comum os bens declarados como "incomunicáveis", por testamento ou por terceiros em documento de doação. Deve ser declarada, expressamente, a incomunicabilidade das rendas dos respectivos bens. O Código de 2002, tal qual o anterior, autoriza a inserção dessa cláusula, por via da qual os bens assim adquiridos constituem um acervo particular do donatário ou herdeiro, não se comunicando ao seu cônjuge, independentemente de ser a transmissão feita antes das núpcias ou na constância do casamento. Maria Helena Diniz acrescenta, ainda, duas hipóteses de incomunicabilidade: os bens doados com cláusula de reversão, ou seja, com a morte do donatário o bem doado retorna ao patrimônio do doador que lhe sobrevive não comunicando ao cônjuge do falecido (art. 547, CC/2002); também, os bens doados, legados ou herdados com cláusula de inalienabilidade, pois, "comunicação é alienação".[82]

O mesmo inciso exclui da comunhão "os bens sub-rogados em seu lugar". A incomunicabilidade, salvo disposição expressa em contrário, estende-se aos bens que forem sub-rogados no lugar daqueles primitivamente gravados.

Zeno Veloso a identifica como "sub-rogação real", ou seja, uma coisa substituída pela outra, admitindo duas hipóteses: "direta" e "indireta". A "direta" consiste na saída de um bem e a entrada de outro no patrimônio de um dos cônjuges, através de um mesmo ato jurídico, utilizando-se um único instrumento e a troca ou permuta são exemplos expressivos deste caso. A "indireta" é aquela que se verifica quando o bem adquirido por meio de um negócio jurídico deu-se com o produto da alienação de um bem próprio, por outro negócio jurídico.[83]

Os bens gravados de fideicomisso e o direito do herdeiro fideicomissário, antes de realizada a condição suspensiva (inciso II do art. 1.668), também são excluídos da comunhão. De forma restrita e resolúvel (art. 1.953), o fiduciário recebe o bem com a obrigação de transferi-lo ao fideicomissário. O implemento da condição implica cessar a resolubilidade, e, portanto, dá-se a sua entrada na comunhão.[84] Também poderá o doador vincular a transmissão da propriedade à sua morte ou ao decurso de um prazo. O testador pode determinar que certo bem seja recebido por uma pessoa (fiduciário) com o encargo de, por sua morte, a certo tempo ou sob certa condição, ser transferido a outrem. Os bens sujeitos à substituição fideicomissária, bem como o direito do herdeiro fideicomissário, não se comunicam, antes do implemento do fato determinante da entrega. É lícito ao testador estabelecer que a incomunicabilidade subsiste, mesmo após a ocorrência da substituição. Conclui-se, portanto, que se tratando de propriedade resolúvel e de expectativa de direito do fideicomissário, que poderá ou não realizar-se, os bens ainda não integram o patrimônio, não sendo possível, desde logo, a comunicação.

Na forma do inciso III do art. 1.668, não entram no acervo comum as dívidas anteriores ao casamento, salvo se provierem de despesas com seus aprestos, ou reverterem em proveito comum. Cite-se como exemplo: dívidas contraídas para a aquisição do imóvel de residência do casal, bem como os bens destinados a guarnecê-la (enxoval, móveis, eletrodomésticos), e ainda que tenham sido destinadas às despesas para a realização do casamento ou em benefício dos cônjuges.[85] Pelas dívidas que não se comunicam será demandado o devedor e, se na sua liquidação forem alcançados os bens comuns, o valor deverá imputar-se na meação do responsável, e excluído da do outro.

No que tange às doações antenupciais feitas por um dos cônjuges ao outro, não entrarão no patrimônio comum os bens recebidos com o gravame de incomunicabili-

---

82 Maria Helena Diniz, *Curso de Direito Civil brasileiro: Direito de Família*. São Paulo, Saraiva, 2002.
83 Zeno Veloso, "Regimes Matrimoniais de Bens", *in Direito de Família Contemporâneo* (coord.: Rodrigo da Cunha Pereira), p. 171.
84 Pontes de Miranda, ob. cit., § 72.
85 Milton Paulo de Carvalho Filho, ob. cit.

dade (inciso IV do art. 1.668). Não cabem doações *propter nupcias* na constância do casamento ou que envolvam fraude ao regime de separação obrigatória. Reporte-se ao art. 499 do Código Civil de 2002, que permite a compra e venda entre cônjuges, em relação aos bens excluídos da comunhão.

Na forma do inciso V do art. 1.668, também estão excluídos os bens referidos nos incisos V a VII do art. 1.659, ou seja, aqueles que no regime da comunhão parcial também não participam do acervo comum. Já tendo sido objeto de comentário o artigo 1.659, que os enumera, não se faz mister retornar ao assunto. São eles: V – os bens de uso pessoal, os livros e instrumentos de profissão; VI – os proventos do trabalho pessoal de cada cônjuge; VII – as pensões, meios-soldos, montepios e outras rendas semelhantes.

Destaque-se que o STJ tem sido unânime em reconhecer que a indenização trabalhista integra a comunhão por corresponder a direitos adquiridos durante o tempo do casamento sob o regime da comunhão universal.[86]

Merece destaque a Decisão da 4ª Turma do STJ, tendo como Relator o Ministro Marco Buzzi, ao determinar que a incomunicabilidade dos salários, proventos e outras verbas similares (referentes aos arts. 1.668, V, 1.659, VI e VII, do Código Civil) é fixada apenas durante o período em que ela ainda mantém natureza alimentar, não desprezando a devida compatibilização dessa restrição com os deveres de mútua assistência. Para o Relator, "os proventos de aposentadoria, percebidos por cônjuge casado em regime de comunhão universal e durante a vigência da sociedade conjugal, constituem patrimônio particular do consorte ao máximo enquanto mantenham caráter alimentar. Perdida essa natureza, como na hipótese de acúmulo do capital mediante depósito das verbas em aplicação financeira, o valor originado dos proventos de um dos consortes passa a integrar o patrimônio comum do casal, devendo ser partilhado quando da extinção da sociedade conjugal. Interpretação sistemática dos comandos contidos nos arts. 1.659, VI e 1.668, V, 1565, 1566, III e 1568, todos do Código Civil". Dessa forma, os proventos de aposentadoria como bem particular são excluídos da comunhão apenas enquanto mantenham um caráter alimentar em relação àquele consorte que as aufere. No entanto, suplantada a necessidade de proporcionar a subsistência imediata do titular, as verbas excedentes integram o patrimônio comum do casal e se comunicam, devendo ser incluídas entre os bens a serem meados no inventário aberto em função da morte de um dos cônjuges.[87]

Declarou o art. 1.669 que "a incomunicabilidade dos bens enumerados no artigo antecedente não se estende aos frutos, quando se percebam ou vençam durante o casamento". Igualmente, o art. 547 do Código Civil de 2002 prevê a possibilidade de o doador estipular que "os bens doados voltem ao seu patrimônio, se sobreviver

---

[86] STJ – REsp. nº 421.801 – Rel. Min. Humberto Gomes de Barros – julg. em 22.09.2004, indicado por Milton Paulo de Carvalho Filho, ob. cit., p. 1.728.
[87] STJ – 4ª Turma – REsp. nº 1.053.473/RS – Rel. Min. Marco Buzzi – Julg. em 02.10.2012 – *DJe* 10.10.2012.

ao donatário". Ressalva no parágrafo único que "não prevalece cláusula de reversão em favor de terceiro".

Enuncia o artigo o princípio geral alusivo à incomunicabilidade voluntária de bens havidos pelo cônjuge com cláusula expressa no instrumento da doação, ou no testamento. Sendo regra, no regime da comunhão universal, a comunicação dos haveres, havidos ou adquiridos, a incomunicabilidade restringe-se aos bens doados ou deixados, e não se estende aos respectivos frutos e rendimentos.

Nada impede que o doador ou testador, ao instituir o gravame, determine que competirá ao donatário ou ao herdeiro a administração desses bens, impondo que os respectivos rendimentos e frutos sejam recebidos ou percebidos pelo beneficiário, sem se comunicarem. A disposição do artigo, que se aplica no silêncio do instrumento, não constitui norma de ordem pública, comportando, portanto, derrogação pela metade do doador ou testador, que é o Juiz único das razões que a seu critério presidam a cláusula que estabeleceu. Portanto, o artigo em apreço poderá deixar de ser aplicado, caso o doador ou testador também tenha estabelecido, no próprio instrumento de doação ou testamento, a incomunicabilidade aos frutos e rendimentos dos bens transmitidos.[88]

Destaque-se ainda que o art. 1.670 declara serem as mesmas as condições relativas à administração dos bens adotadas no regime da comunhão parcial. São aqueles previstos nos arts. 1.663 a 1.666.

O art. 1.671 refere-se, expressamente, à extinção da comunhão, quando cessará a responsabilidade de cada um dos cônjuges com os credores do outro.

A comunhão de bens termina, em princípio, com a sociedade conjugal, quando se partilhará o acervo:

1º) pela *morte* de um dos cônjuges, permanecendo o supérstite na posse dos bens comuns, na qualidade de cabeça-de-casal, até que se homologue a partilha, incluídos nela os frutos, produtos e acréscimos, mas excluídos os acrescentamentos devidos à indústria, trabalho ou herança do cônjuge sobrevivo.[89]

2º) pela *anulação* do casamento, quando a sentença o considerar putativo (v. nº 393, *supra*), pois em caso contrário o decreto judicial anulatório retroage para se restituírem os cônjuges ao *status quo ante nuptias*, vale dizer: considera-se não ter havido a comunhão; reconhecida a boa-fé de ambos ou de um dos cônjuges, a sentença opera como se a sociedade conjugal se dissolvesse pela morte.[90]

3º) pela *separação* judicial, restabelecendo-se a comunhão se eles se reconciliam.

4º) pelo *divórcio*.

Extinguindo-se a comunhão por qualquer dessas causas, e partilhados os bens e os débitos, ou homologada a partilha após a liquidação do passivo, cada um dos côn-

---

88 Milton Paulo de Carvalho Filho, in *Código Civil Comentado: Doutrina e Jurisprudência*. São Paulo, Manole, 2008, p. 1.781.
89 Clóvis Beviláqua, ob. cit., § 40.
90 Espínola, ob. cit., nº 73, p. 325; Clóvis Beviláqua, loc. cit.

juges ficará responsável pelas próprias dívidas, não podendo ser chamado a solver as que forem contraídas pelo outro cônjuge.

Ressalta-se a decisão da 3ª Turma do STJ, que entendeu pela possibilidade de quebra de sigilo bancário de pessoa jurídica, formulado por ex-cônjuge, não sócia, cujo ex-cônjuge é sócio, para fins de compensações na partilha, ou mera fiscalização do patrimônio, ainda comum, representado pelas cotas sociais. Para a Ministra Nancy Andrighi, relatora do caso, "se é possível, em determinadas circunstâncias, (...) a desconsideração invertida da personalidade jurídica e toda a devassa nas contas, livros e contratos da sociedade que dela decorrem, qual a razão (...) para que não se defira o pedido singular de quebra de sigilo bancário da pessoa jurídica, por óbvio, medida muito menos gravosa para a sociedade empresarial?". Assim, reconhecendo que o fato de a ex-esposa obter o registro das transações econômicas da sociedade em nada prejudicaria o patrimônio dos sócios nem os projetos da organização, mas seria medida necessária ao resguardo do patrimônio partilhado, a Turma concedeu o pedido.[91]

Insta, também, salientar que a 3ª Turma do STJ considerou prescrito um pedido de partilha de bens entre ex-cônjuges, casados sob o regime da comunhão universal, que haviam se separado de fato há mais de 30 anos, por considerar que a separação de fato ocorrida há mais de um ano constitui causa de dissolução da sociedade conjugal, viabilizando a fluência do prazo prescricional para o pedido de partilha de bens. Para o Relator, Min. Moura Ribeiro, "não subsistindo a finalidade de preservação da entidade familiar e do respectivo patrimônio comum, não há óbice em considerar passível de término a sociedade de fato e a sociedade conjugal".[92]

Merecem, ainda, referência especial os arts. 1.829 e 1.831 ao fixarem regras específicas concernentes aos direitos sucessórios do cônjuge sobrevivo (*vide* v. VI dessas *Instituições*).

403-C. REGIME DE PARTICIPAÇÃO FINAL NOS AQUESTOS

O Código Civil introduziu o novo regime como uma opção dos nubentes, o que deverá ser objeto de pacto antenupcial. Sua aplicação carece de maior clareza, que somente com o tempo se logrará.

Pretendeu o Código de 2002 ser inovador ao instituí-lo e, à sua penetração em nosso sistema jurídico manifestamos nossas restrições, sob fundamento de não encontrar amparo em nossas tradições, e não oferecer aos cônjuges maiores vantagens do que já oferecem os clássicos regimes de comunhão parcial e de separação de bens, com as contribuições que ao longo do tempo lhes trouxe a jurisprudência. Trata-se de regime semelhante ao que na Alemanha é o legal.

---

91 STJ – 3ª Turma – REsp 1.626.493/SC – Rel. Min. Nancy Andrighi – Julg.: 22.09.2016 – *DJe*.: 04.10.2016.
92 STJ – 3ª Turma – REsp 1.660.947-TO – Rel. Min. Moura Ribeiro – Julg. em 05.11.2019 – *DJe* 07.11.2019.

Informa Zeno Veloso[93] que sua origem está no direito costumeiro húngaro, tendo sido adotado pelos países escandinavos: Suécia, Finlândia, Dinamarca e Noruega, embora com denominações diferentes. Na Suécia é o regime legal desde 1920 e é regime supletivo legal, na Alemanha, desde 1957. Foi introduzido no Código Civil francês em 1965 "a título experimental", inspirando-se no modelo alemão que, por sua vez, afastou-se, em muitos aspectos, da lei sueca. Reportando-se aos irmãos Mazeaud, o mesmo autor informa que o mencionado regime de bens "associa, ou tenta associar, as regras de dois regimes diametralmente opostos: o regime de separação de bens e o de comunhão dos adquiridos (comunhão parcial, no direito brasileiro)".[94]

Dispõe o art. 1.672 que, "no regime de participação final nos aquestos, cada cônjuge possui patrimônio próprio, consoante disposto no artigo seguinte, e lhe cabe, à época da dissolução da sociedade conjugal, direito à metade dos bens adquiridos pelo casal, a título oneroso, na constância do casamento".

A característica fundamental do regime de participação final nos aquestos consiste em que, na constância do casamento, os cônjuges vivem sob o império da separação de bens, cada um deles com o seu patrimônio separado. Ocorrendo a dissolução da sociedade conjugal (pela morte de um dos cônjuges, pela separação judicial ou pelo divórcio), reconstitui-se contabilmente uma comunhão de aquestos. Nesta reconstituição nominal (não *in natura*), levanta-se o acréscimo patrimonial de cada um dos cônjuges no período de vigência do casamento. Efetua-se uma espécie de balanço, e aquele que se houver enriquecido menos terá direito à metade do saldo encontrado.

O novo regime se configura como um misto de comunhão e de separação. A comunhão de bens não se verifica na constância do casamento, mas terá efeito meramente contábil diferido para o momento da dissolução.

Para Rolf Madaleno cuida-se, em realidade, de um regime de separação de bens, no qual cada consorte tem a livre e independente administração de seu patrimônio pessoal, dele podendo dispor quando for bem móvel e necessitando de outorga do cônjuge, se for imóvel (salvo dispensa em pacto antenupcial para os bens particulares, art.1656). Apenas na hipótese de ocorrer a dissolução da sociedade conjugal, será verificado o montante dos aquestos levantados à data de cessação da convivência (art. 1.683) e cada cônjuge participará dos ganhos obtidos pelo outro a título oneroso na constância do casamento.[95]

Na forma do art. 1.673, "integram o patrimônio os bens que cada cônjuge possuía ao casar e os por ele adquiridos, a qualquer título, na constância do casamento".

No pacto antenupcial discriminam-se minuciosamente os haveres de cada um, os quais constituem os bens particulares dos cônjuges. Além dos que já lhes pertenciam ao casar, integram o patrimônio de cada cônjuge os que vier ele a adquirir na constância do matrimônio, a título oneroso ou gratuito.

---

93 Zeno Veloso, ob. cit., p. 296.
94 Zeno Veloso, ob. cit., p. 296.
95 Rolf Madaleno, *Curso de Direito de Família*, Rio de Janeiro, Forense, 2008, p. 584.

No que concerne à administração destes bens, determina o parágrafo único do art. 1.673 que "a administração destes bens é exclusiva de cada cônjuge, que os poderá livremente alienar, se forem móveis". Cada um dos cônjuges tem a administração de seus bens particulares, bem como a disponibilidade dos móveis.

Bianca Mota de Moraes[96] considera que "a real vantagem da participação final nos aquestos seria exatamente a de conferir plena liberdade aos cônjuges na administração de seus bens particulares, sem prejudicar a apuração do que foi adquirido pelo casal, no caso de dissolução da sociedade conjugal".

Na conformidade do que dispõe o art. 1.674, sobrevindo a dissolução da sociedade conjugal (art. 1.571), apurar-se-á o montante dos aquestos, excluindo-se da soma dos patrimônios próprios: I – os bens anteriores ao casamento e os que em seu lugar se sub-rogaram; II – os que sobrevieram a cada cônjuge por sucessão ou liberalidade; III – as dívidas relativas aos bens.

Ocorrendo a dissolução da sociedade conjugal pela morte de um dos cônjuges, pela separação judicial (contenciosa ou consensual), pelo divórcio ou pela sentença anulatória, levanta-se o balanço dos bens adquiridos na vigência do casamento. O artigo oferece a linha geral das normas de apuração do montante. A exclusão compreende os que forem objeto de sub-rogação. Excluem-se igualmente os bens havidos por doação, herança ou legado. As dívidas relativas aos bens excluídos são também desconsideradas.

Subtraem-se da soma do patrimônio particular de cada cônjuge as dívidas relativas aos bens que por força daquela disposição se excluem. O presente artigo atribui a cada cônjuge as dívidas que contrair, a não ser que hajam revertido em favor do outro, na proporção do proveito que houver auferido.

Destaque-se o que prevê o parágrafo único do art. 1.674, ao estabelecer a presunção de adquiridos durante o casamento os bens móveis, salvo prova em contrário. Aquilo que qualquer dos cônjuges não puder demonstrar a aquisição anterior ou procedência exclusiva presume-se adquirido na constância do casamento, para efeito da participação do outro.

Determina o art. 1.675 que, no montante dos aquestos, "computar-se-á o valor das doações feitas por um dos cônjuges, sem a necessária autorização do outro; nesse caso, o bem poderá ser reivindicado pelo cônjuge prejudicado ou por seus herdeiros, ou declarado no monte partilhável, por valor equivalente ao da época da dissolução".

O art. 1.676 prevê a hipótese de se incorporar ao monte "o valor dos bens alienados em detrimento da meação, se não houver preferência do cônjuge lesado, ou de seus herdeiros, de os reivindicar".

Zeno Veloso considera que no novo regime "não se forma uma massa a ser partilhada; o que ocorre é um crédito em favor de um dos cônjuges, contra o outro, para igualar os acréscimos, os ganhos obtidos durante o casamento".[97]

---

[96] Bianca Mota de Moraes, in Novo Código Civil: o Direito de Família (coord.: Heloisa Maria Daltro Leite), p. 360.
[97] Zeno Veloso, ob. cit., p. 205. Rolf Madaleno reforça esta mesma opinião reportando-se à Débora Vanessa Caús Brandão e afirma categoricamente: "não haverá, em momento algum, massa comum de bens", ob. cit., p. 584.

No caso deste artigo, compete ao cônjuge lesado optar entre a reivindicação dos bens em espécie, ou a imputação do valor, prerrogativa que também se estende aos seus herdeiros.

Tais bens são aqueles que "os cônjuges sabem terem sido adquiridos com a participação de ambos, embora estejam em nome de apenas um deles", destaca Bianca Mota de Moraes.[98] Conclui a mesma autora que "o certo é que a lei possibilita a prova do esforço comum e, uma vez evidenciado este, confere o legislador a proteção contida neste artigo para efeito da apuração final".

Pelas dívidas posteriores ao casamento contraídas por um dos cônjuges, estabelece o art. 1.677 que "somente este responderá, salvo prova de terem revertido, parcial ou totalmente, em benefício do outro".

Bianca Mota de Moraes alerta para a inter-relação direta entre o art. 1.677 e os ditames dos arts. 1.643 e 1.644 incluídos nas "disposições gerais" dos regimes de bens. Diante da liberdade dos cônjuges de "comprar, ainda a crédito, as coisas necessárias à economia doméstica" e "obter, por empréstimo, as quantias que a aquisição dessas coisas possa exigir".[99]

Destaque-se, sobretudo, que o art. 1.644 estabeleceu a solidariedade entre os cônjuges nas dívidas contraídas para estes fins. Caberá ao intérprete indicar o efetivo entendimento do que sejam "coisas necessárias à economia doméstica" indicadas no art. 1.643; deverá esclarecer também sobre a inclusão dessas "coisas" eventualmente alienadas na constância do casamento. Para Milton Paulo de Carvalho Filho, "o consentimento do outro consorte é presumido, devendo operar a solidariedade do débito em relação a ambos os cônjuges, em favor do credor de boa-fé".[100]

Se um dos cônjuges solveu uma dívida do outro com bens do seu patrimônio, o valor do pagamento deve ser atualizado e imputado, na data da dissolução, à meação do outro cônjuge, na forma do art. 1.678.

Aplica-se, à solução de dívida, o princípio geral do pagamento com sub-rogação. O cônjuge que houver pago a dívida do outro, pela qual não seja responsável, com bens ou valores de seu patrimônio, pode, quando da apuração dos aquestos, imputar o respectivo valor, devidamente atualizado, na meação do outro cônjuge, reduzindo, portanto, a participação deste nos aquestos.

Tratando-se de bens adquiridos pelo trabalho conjunto, na forma do art. 1.679, "terá cada um dos cônjuges uma quota igual no condomínio ou no crédito por aquele modo estabelecido".

A redação do artigo não é feliz. Ao se referir a "trabalho conjunto", prevê situações que são de extrema raridade. O seu real entendimento impõe substituir essa expressão por esta outra: "esforço comum", que compreende a coparticipação dos cônjuges na aquisição, sem que ocorra a presença física de ambos na realização do trabalho.

---

98 Bianca Mota de Moraes, ob. cit., p. 364.
99 Bianca Mota de Moraes, ob. cit., p. 366.
100 Milton Paulo de Carvalho Filho, ob. cit., p. 1.754.

Os bens ou valores que forem adquiridos graças ao esforço comum dos cônjuges a ele serão atribuídos por igual, no levantamento do balanço dos adquiridos.

Pela redação do art. 1.680, presumem-se da propriedade exclusiva do cônjuge devedor as coisas móveis, em face de terceiros, salvo se o bem for de uso pessoal do outro. Na aquisição dos bens móveis há distinção a fazer. Em relação aos próprios cônjuges, pertencem a cada um deles os bens que adquirir na constância do casamento. Presumem-se adquiridos pelo cônjuge devedor os que forem adquiridos na constância do casamento, salvo se comprovada a aquisição pelo outro, uma vez que não se trata de presunção *iuris et de iure*. Excluem-se da presunção os bens de uso pessoal.

Em princípio estabelece o art. 1.681 que "os bens imóveis são da propriedade do cônjuge cujo nome constar do registro". Caberá ao cônjuge proprietário provar a aquisição regular dos bens, se impugnada a titularidade.

Ressalva, no entanto, o parágrafo único do art. 1.681 que, "impugnada a titularidade, caberá ao cônjuge proprietário provar a aquisição regular dos bens".

Deste artigo e seu parágrafo resultará perplexidade para o aplicador. O *caput* do artigo enuncia regra em harmonia com a disposição referente à aquisição da propriedade imóvel pela transcrição do título. Adquirindo-se a propriedade mediante a transcrição do título no Registro Imobiliário (art. 1.245), infere-se, tal como aqui enunciado, que os bens imóveis são de propriedade do cônjuge cujo nome constar do registro.

Segundo a doutrina legal brasileira, a inscrição no Registro gera a presunção da propriedade, que prevalece enquanto não se cancelar ou anular, uma vez que o registro é ato causal, e reflete o negócio jurídico subjacente. Cabe, portanto, a quem sustente pretensão contrária, promover pela via própria o cancelamento ou anulação do registro. Enquanto não cancelado, produz todos os seus efeitos legais (art. 252 da Lei nº 6.015/1973), mas o cancelamento far-se-á em cumprimento de sentença judicial transitada em julgado, salvo a anuência das partes que tenham intervindo no ato, ou requerimento do próprio interessado (art. 250 da Lei nº 6.015/1973).

O parágrafo do presente artigo do Código inverte a presunção, estabelecendo que ao cônjuge, em cujo nome está o imóvel registrado, cabe provar a aquisição. Mas ocorre que a prova, resultando da própria inscrição, ao impugnante é que deve incumbir o ônus de ilidir a presunção decorrente do registro, e na forma da Lei nº 6.015/1973 somente poderá prevalecer mediante sentença transitada em julgado. O contexto do parágrafo desafina da sistemática do registro, e não pode ser entendido isoladamente. Sua aplicação, em consonância com a dogmática da aquisição da propriedade pelo título, somente poderá fazer-se entendendo a "impugnação", a que se refere o parágrafo, como um procedimento judicial intentado contra o cônjuge cujo nome constar da inscrição do título, visando ao cancelamento do registro, cuja validade prevalece enquanto pender de decisão qualquer recurso (art. 259 da Lei nº 6.015/1973).

Na forma do art. 1.682, "o direito à meação não é renunciável, cessível ou penhorável na vigência do regime matrimonial". Estabelecido em pacto antenupcial o regime de participação final nos aquestos, nasce para os cônjuges um direito à meação no líquido dos aquestos. Este direito é indisponível na constância da sociedade conjugal. A nenhum dos cônjuges é lícito aliená-lo, onerosa ou gratuitamente, por antecipação. Igualmente, é insuscetível de penhora.

A inalienabilidade e a impenhorabilidade vigoram na vigência da sociedade conjugal. Uma vez dissolvida esta, e determinada a meação (art. 1.674), o direito é suscetível de negócio jurídico ou de execução, livremente.

Na hipótese de dissolução do regime de bens por separação judicial ou divórcio, determina o art. 1.683 que "verificar-se-á o montante dos aquestos na data em que cessou a convivência".

O que o artigo enuncia é que na apuração do montante observar-se-ão os valores em vigor na data em que cessou a convivência, abandonando, em princípio, a hipótese que a vincule à decretação ou eventual homologação.

Segundo Alexandre Guedes Alcoforato Assunção,[101] "a jurisprudência vem firmando posição no sentido de que a legitimação para a comunicabilidade dos bens é a convivência dos cônjuges. A Emenda aprovada pela Câmara adotou o entendimento ao firmar a data da cessação da convivência como o momento para a apuração dos aquestos".

Se não for possível ou conveniente a divisão de todos os bens em natureza, admite o art. 1.684 a reposição em dinheiro, calculando-se o valor de alguns ou de todos. Determina o parágrafo único do art. 1.684 que, neste caso, "serão avaliados e alienados tantos bens quantos bastarem".

A partilha dos aquestos deverá efetuar-se, tanto quanto possível, *in natura*. Como nem sempre é possível, pelo fato de os bens que os componham serem indivisíveis (material, jurídica ou econômica), a ela proceder-se-á em valor, compondo-se os cônjuges com a reposição do excedente ao que receber parte menor em bens.

Se desta forma não se efetivar, porque não possa ou não queira o cônjuge repor ao outro a diferença em dinheiro, proceder-se-á à venda de tantos bens quantos bastem para a complementação dos quinhões.

O procedimento realiza-se no mesmo processo em que se procede a apuração dos valores. Não é, contudo, obrigatória a venda judicial. Poderá realizar-se extrajudicialmente, salvo desentendimento dos interessados, ou disposição especial de lei.

Prevê o art. 1.685 que, "na hipótese em que a dissolução do casamento se der por morte, verificar-se-á a meação do cônjuge sobrevivente com base nos mesmos princípios já mencionados, deferindo-se a herança aos herdeiros na forma estabelecida no Código Civil".

A dissolução da sociedade conjugal pela morte de um dos cônjuges não altera o critério de participação nos aquestos. Apurados os valores e levantado o monte par-

---

101 Alexandre Guedes Alcoforato Assunção, *in Novo Código Civil Comentado* (coord.: Ricardo Fiúza), pp. 1.491-1.492.

tível, ao cônjuge sobrevivente tocará a respectiva meação. Aos herdeiros do falecido caberá a outra, que será objeto de inventário e partilha, descrevendo-se no respectivo processo a sua participação nos aquestos juntamente com os bens que compõem o seu patrimônio próprio. Alerte-se, para as regras relativas aos direitos sucessórios dos cônjuges nos arts. 1.829 e 1.831 desenvolvido no volume VI destas *Instituições*.

Esclarece, no entanto, o art. 1.686 que "as dívidas de um dos cônjuges, quando superiores à meação, não obrigam ao outro, ou a seus herdeiros".

A disposição deste artigo é ociosa. Na conformidade do que estabelece o art. 1.677, cada um dos cônjuges responde pelas suas dívidas, salvo se ficar provado que reverteram, parcial ou totalmente, em benefício do outro. Razão não há para que se proceda diferentemente, quando ocorrer a dissolução da sociedade conjugal. Pelos débitos do cônjuge, superiores ao valor de sua meação, não responde o outro, nem os seus herdeiros. Quanto aos herdeiros do cônjuge, sua responsabilidade obedece aos princípios gerais de direito.

Conclui Zeno Veloso que "a crítica mais constante e contundente, que este regime recebe, refere-se às dificuldades e complicações de sua liquidação, por ocasião da dissolução da sociedade conjugal".[102]

Observa Caio Mário: o legislador, ao buscar subsídios na Doutrina Estrangeira, quis trazer para o nosso Direito experiência internacional não coerente com a estrutura econômica de nosso país, onde, por mais otimistas que sejam os discursos oficiais, vivemos o fantasma da inflação, a qual será sempre o vilão das partilhas de bens neste novo regime matrimonial.

403-D. Regime de separação de bens

Com o nome e sob a epígrafe deste parágrafo, cogitamos do que a rigor constitui o regime de separação pura, pois que o da separação mitigada já foi estudado (nº 401, *supra*).

A par da comunhão parcial, que em verdade é regime de separação mitigada, o da separação absoluta, ordenada neste artigo e no seguinte, caracteriza-se pela distinção dos patrimônios dos cônjuges, que permanecem estanques, na propriedade, posse e administração de cada um.[103]

O regime de separação de bens resulta de estipulação em pacto antenupcial. Mas pode ser, ainda, imposto aos cônjuges, nos casos previstos no art. 1.641.

Determina o art. 1.687 que "estipulada a separação de bens, estes permanecerão sob a administração exclusiva de cada um dos cônjuges, que os poderá livremente alienar ou gravar de ônus real".

No regime de separação de bens, cada um dos cônjuges conserva a posse e a propriedade dos bens que trouxer para o casamento, bem como dos que forem a eles sub-

---

102 Zeno Veloso, ob. cit., p. 207.
103 Clóvis Beviláqua, Pontes de Miranda, Eduardo Espínola, Washington de Barros Monteiro, Silvio Rodrigues, Ruggiero e Maroi, Trabucchi, Enneccerus, Kipp *y* Wolf, Planiol *et* Ripert.

-rogados, e dos que cada um adquirir a qualquer título na constância do matrimônio, atendidas as condições do pacto antenupcial.

A cada um dos cônjuges é deferida a administração de seus bens, nada impedindo que um deles a confie ao outro, caso em que será responsável este nos termos do que dispõe o art. 1.652. Se assim procederem os cônjuges, considera-se contratual a administração, sendo até lícito estipular uma remuneração pela gerência. Investido de poderes expressos ou em virtude de mandato tácito, cada um deles sempre será livre para revogar a procuração. Neste caso, como no de ocorrer a administração contra a vontade destes, pode cada um ser compelido à restituição dos bens além da prestação de contas, salvo se o mandato contenha a cláusula dispensando.

Doravante, podem os cônjuges, livremente, alienar ou gravar de ônus real os seus bens, inclusive os imóveis, permanecendo sob a administração exclusiva de cada um. O art. 276 do Código Civil de 1916 somente permitia que o fizessem no tocante aos bens móveis.

Dissolvida a sociedade conjugal, a cada um dos cônjuges cabe o que era seu patrimônio separado. E, por morte de algum deles, o sobrevivente entregará de pronto aos herdeiros do outro o que em vida era dele. Caberá a sua administração ao supérstite, até a partilha.

Indaga-se sobre a aplicabilidade, por equidade, da Súmula nº 377 do Supremo Tribunal Federal ao estabelecer que "no regime da separação legal de bens comunicam-se os adquiridos na constância do casamento". Note-se que a referida Súmula se impõe no regime legal de separação para reconhecer a colaboração e o esforço comum entre os cônjuges. Diante da possibilidade de mudança de regime de bens, deve prevalecer a vontade dos cônjuges ao fixarem as regras no pacto antenupcial.

Vale, porém, conferir o julgado do Tribunal de Justiça do Rio Grande do Sul ao reconhecer que "mesmo que as partes tenham adotado o regime da separação total de bens, revela-se impositivo reconhecer à virago direito a montante correspondente a 50% do patrimônio amealhado na vigência do casamento, porquanto manifestamente comprovada sua efetiva contribuição para a aquisição dos bens, sob pena de enriquecimento ilícito de um cônjuge em detrimento do outro".[104]

Recentemente, o STJ, no REsp. nº 1.008.684-RJ, tendo como Relator o Ministro Antonio Carlos Ferreira, decidiu que "a jurisprudência desta Corte, à luz do entendimento do STF cristalizado na Súmula 377, vem decidindo que a partilha dos bens adquiridos na constância da sociedade conjugal, erigida sob a forma de separação legal de bens (...), não exige a comprovação ou demonstração de comunhão de esforços na

---

104 TJRS – 7ª CC, AC 70016610651 – Rel.ª Des.ª Maria Berenice Dias – julg. em 11.04.2007. Ementa: Regime da separação total de bens. Prova de esforço comum na aquisição do patrimônio. Necessidade de reconhecimento de direitos. Vedação do enriquecimento ilícito. No mesmo sentido o voto vencido do Min. Castro Filho: "Da leitura do aresto recorrido, percebe-se, à toda evidência, que os bens adquiridos durante o casamento foram fruto da conjugação de esforços do casal, estabelecendo uma verdadeira sociedade de fato entre os cônjuges, o que autoriza sejam esses bens partilhados meio a meio, orientação que, a meu ver, melhor se ajusta à principiologia do sistema, a qual repudia o enriquecimento sem causa" (REsp. nº 404088/RS – *DJ* de 28.05.2007).

formação desse patrimônio, a qual é presumida". Segundo o relator, "a necessidade de preservação da dignidade da pessoa humana e de outras garantias constitucionais de igual relevância vem mitigando a importância da análise estritamente financeira da contribuição de cada um dos cônjuges em ações desse jaez, a qual cede espaço à demonstração da existência de vida em comum e comunhão de esforços para o êxito pessoal e profissional dos consortes, que evidentemente terá reflexos na formação do patrimônio do casal".[105]

Já se consolidou, também, entre nós a orientação no sentido de que não constitui violação do regime de bens a aquisição de patrimônio em regime de "condomínio voluntário" (arts. 1.314-1.326).

No julgamento do REsp 1.472.945 –RJ[106], a 3ª Turma do STJ, sob relatoria do Ministro Ricardo Villas Bôas Cueva, reconheceu ao cônjuge casado sob a égide do regime de separação convencional a condição de herdeiro necessário, concorrendo com os descendentes do falecido independentemente do período de duração do casamento. Para os Ministros, o regime da separação convencional, escolhido por meio do pacto antenupcial, de acordo com a autonomia da vontade, não se confunde com o regime da separação legal ou obrigatória de bens, que é imposto pela lei e no qual não há concorrência do cônjuge com descendentes. Sendo assim, "o concurso hereditário na separação convencional impõe-se com norma de ordem pública, sendo nula qualquer convenção em sentido contrário, especialmente porque o referido regime não foi arrolado como exceção à regra da concorrência posta no art. 1829, I, do Código Civil".

O acórdão fundamentou-se no fato de que "o pacto antenupcial celebrado no regime de separação convencional somente dispõe acera da incomunicabilidade de bens e o seu modo de administração no curso do casamento, não produzindo efeitos após a morte por inexistir no ordenamento pátrio previsão de ultratividade do regime patrimonial apta a emprestar eficácia póstuma ao regime matrimonial". Foi ressaltado que, enquanto no direito sucessório o fato gerador é a morte de um dos cônjuges, no direito de família, é a vida em comum, tratando-se, portanto, de situações distintas, de modo que a intransmissibilidade patrimonial não se perpetua após a morte.

O art. 1.688, alterando o art. 277 do Código Civil de 1916, declara que ambos os cônjuges "são obrigados a contribuir para as despesas do casal na proporção dos rendimentos de seu trabalho e de seus bens, salvo estipulação em contrário no pacto antenupcial".

Separados que são os patrimônios, cada um dos cônjuges tem de contribuir para as despesas conjugais, inclusive para a criação e educação dos filhos, na proporção de seus rendimentos do trabalho respectivo, como dos frutos de seus bens. Não sendo de ordem pública a disposição, o pacto antenupcial poderá estatuir diversamente. Sendo convencional, devem ser atendidos os ditames acordados quer em relação a

---

105 STJ – REsp. nº 1.008.684-RJ, Rel. Min. Antonio Carlos Ferreira – Julg. em 24.11.2011 – *DJe* 29.11.2011.
106 STJ, 3ª Turma, REsp 1.472.945 –RJ, Rel. Min. Villas Bôas Cueva, Julg. em 23.10.2014, *DJe* 19.11.2014.

bens que eventualmente se comuniquem, quer no que respeita à administração, quer ainda em relação à quota de contribuição dos cônjuges para as despesas do casal, educação dos filhos, custeio do lar etc., ou ainda sua dispensa.

Se ficarem excluídos da comunhão todos os bens presentes e futuros, tem-se o regime de separação propriamente dito, ou de separação pura ou completa (Pontes de Miranda).

Na vigência da sociedade conjugal, será o cônjuge que estiver na posse dos bens particulares do outro, depositário dos bens, a ele confiados (Código Civil, art. 1.652, III). Incumbe-lhe, pois, em relação a eles, proceder com a diligência necessária à sua guarda e conservação, restituindo-os ao outro cônjuge quando este o exigir, ou a seus herdeiros após a morte dele, com todos os frutos e acrescidos. Se forem fungíveis, a restituição dar-se-á em coisas do mesmo gênero, qualidade e quantidade. É lícito ao cônjuge, como depositário, reembolsar-se das despesas de conservação e indenizar-se pelos prejuízos que deles lhe advierem, com a faculdade de exercer o direito de retenção até efetivo reembolso ou ressarcimento.[107] Não lhe assiste, porém, direito ao usufruto dos bens do cônjuge, ainda que sob sua administração.

Não se confunde a participação dos cônjuges para os encargos domésticos com o usufruto dos bens que um deles confie à gerência do outro. A primeira é disciplinada neste artigo, ou sê-lo-á na escritura antenupcial, mas o segundo não encontra suporte nestes princípios.

As dívidas anteriores ao casamento não se comunicam e, pelas contraídas na vigência deste, responde cada um individualmente. Em caráter excepcional, pesam sobre os bens de um e de outro os encargos: *a)* provindos de obrigações por ato ilícito em que forem coautores, ou praticado este pelos filhos do casal; *b)* mantença do lar ou da família, na proporção das quotas respectivas de contribuição; *c)* relativos aos atos que envolvam compromissos de um ou de outro, praticados com autorização e a outorga do consorte, respectivamente.[108]

Paulo Lôbo alerta para a regra do art. 1.644 ao estabelecer a solidariedade entre os cônjuges, em qualquer regime de bens, para atender às dívidas contraídas para aquisição de coisas necessárias à economia doméstica. As demais dívidas que não se enquadram nesta categoria obrigam na proporção dos rendimentos de cada cônjuge. Na dúvida, devem ser atendidas como no interesse individual do cônjuge, não obrigando o outro.[109]

403-E. DOAÇÕES ANTENUPCIAIS

Destaque-se, preliminarmente, que o Código de 2002 não recepcionou os arts. 312 a 314 relativos às "doações antenupciais".

---

107 Pontes de Miranda, ob. cit., § 89.
108 Pontes de Miranda, ob. cit., § 87.
109 Paulo Lôbo, *Direito Civil: Família*. São Paulo, Saraiva, 2008, p. 331.

As doações entre cônjuges – *donationes inter virum et uxorem* – eram recebidas com reservas pelo Direito Romano (Clóvis Beviláqua). No princípio, proibidas mesmo, uma vez que todo matrimônio era *cum manu*[110] consequência a mulher não tinha patrimônio próprio. Depois, vieram as núpcias *sine manu*, e foram toleradas aquelas liberalidades. No fim da República e bem assim no começo do Império, voltaram a ser proibidas, em razão do abuso dos divórcios.[111]

Sob inspiração romana, o nosso direito anterior a 1916 somente as tolerava *sub conditione* da revogabilidade até a morte do doador, da sua nulidade pela superveniência de filhos, e de sua redução quando desfalcava as legítimas destes, conforme apurado ao tempo da abertura da sucessão (*Ordenações*, Livro IV, Título 65). Admitiam-se, contudo, em caráter excepcional, se não fizessem o doador mais pobre, embora tornassem o donatário mais rico e *vice-versa*, como era o caso da que se destinava a reconstruir prédio arruinado por acidente, ou a que tivesse cunho alimentar.[112]

Na vigência do Código de 1916, eram lícitas as doações de um cônjuge a outro, salvo: 1º – Se o regime de bens fosse de separação obrigatória. 2º – Se fosse de comunhão universal, porque confundindo-se num acervo único os bens do marido e da mulher, não tinha cabida a propriedade exclusiva de um ou de outra sobre qualquer coisa. 3º – Não prevalecia, igualmente, a doação inoficiosa, isto é, a que prejudicava a legítima do herdeiro necessário.[113]

Entre noivos, contudo, nenhuma proibição existia, pois que esta se referia aos cônjuges.[114] Como toda disposição restritiva de direitos, há de ser interpretada restritivamente – *odiosa restringenda, favorabilia amplianda*. O casamento ulterior não invalidava, desde que o regime adotado fosse compatível com os patrimônios separados.

Nada impede que recebam os cônjuges doações de terceiros, em razão do casamento – *donatio propter nuptias*. Podem ser outorgadas no contrato antenupcial ou em instrumento à parte, anterior ao casamento. A sua eficácia depende da realização do matrimônio – *si nuptiae fuerint secutae* – invalidando-se automaticamente se este não se celebrar, mas consolidando-se, uma vez preenchido o requisito do matrimônio válido, que a põe a cavaleiro de impugnação por falta de aceitação.

Não marcando a lei tempo para a celebração do casamento, não se podia impugnar pelo fato de se lhe não seguir de pronto o consórcio. Mas, se decorresse tempo razoável sem que se realizassem as núpcias, podia a doação ser atacada[115] e perdia todo o valor, se um dos nubentes falecesse, ou se casasse com outra pessoa. Não terá cabimento a interpelação assinando prazo para o noivo ou nubente manifestar a sua

---

110 Lafayette, *Direito de Família*, § 97.
111 Pontes de Miranda, *Direito de Família*, § 112.
112 Lafayette, ob. cit., § 99.
113 Clóvis Beviláqua, *Comentários ao Código Civil*, v. II, comentário ao art. 312; Washington de Barros Monteiro, *Curso*, v. II, p. 195.
114 Pontes de Miranda, § 113.
115 Pontes de Miranda, § 111.

vontade nupcial. Tal providência é de todo incompatível com a espontaneidade da emissão volitiva matrimonial.

Prevê o art. 546 que "a doação feita em contemplação de casamento futuro com certa e determinada pessoa, quer pelos nubentes entre si, quer por terceiro a um deles, a ambos, ou aos filhos que, de futuro, houverem um do outro, não pode ser impugnada por falta de aceitação, e só ficará sem efeito se o casamento não se realizar". Destaca, ainda, o art. 564 que "as doações feitas para determinado casamento não se revogam por ingratidão". Realizado o casamento, torna-se irrevogável.

O art. 546 do Código Civil de 2002 recepcionou o art. 1.173 do Código Civil de 1916, que se refere a um tipo especial de doação condicional em contemplação de casamento futuro. Caio Mário distingue este tipo de liberalidade das doações *propter núpcias* do Direito Romano. Lá era modalidade compensatória da constituição de um dote pela mulher; aqui é um contrato sob condição suspensiva – se casarem – e não se resolve pela separação, nem comporta reivindicação pelo doador, se o donatário enviuvar ou divorciar-se e passar a novas núpcias.[116]

Merece referência a hipótese de doação aos filhos que, de futuro, os cônjuges houverem um do outro. Tratando-se de filhos adotivos, não se pode questionar tal doação em nome do princípio constitucional da equiparação dos filhos.

Indique-se, ainda, a regra do art. 1.668, IV, ao excluir da comunhão universal "as doações antenupciais feitas por um dos cônjuges ao outro com a cláusula de incomunicabilidade". Na hipótese de anulação ou nulidade, se contraído o matrimônio de boa-fé por ambos os cônjuges, em relação a estes como aos filhos, produz todos os efeitos até a data da sentença anulatória.

404. Do usufruto e administração dos bens de filhos menores

O legislador de 2002, alterando o sistema anterior, incluiu no Título II relativo aos Direitos Patrimoniais, juntamente com os regimes de bens, "o usufruto e administração dos bens dos filhos menores". Este assunto se incluía no capítulo do Pátrio Poder entre os arts. 385 e 391 do Código de 1916.

Cabe aos pais reterem os rendimentos dos bens dos filhos, sem prestação de contas. É sem dúvida uma reminiscência romana da última fase, sob influência germânica, e se conservou através das idades, sobrevivendo no direito moderno, não obstante o deslocamento conceitual do instituto.[117]

Ao primeiro surto ocular, parece contraditório que a lei estruture o instituto do poder parental no desiderato tutelar do filho, e ao mesmo tempo atribua ao pai o usufruto de sua fazenda. A contradição, contudo, é mera aparência. Duas ordens de ideias convergem para o mesmo fim. Alguns enxergam no usufruto uma compensa-

---

116 Carvalho de Mendonça, *Contratos*, v. I, nº 23.
117 Ruggiero e Maroi, *Istituzioni*, v. I, § 67; Mazeaud, *Leçons*, v. I, nº 1.156; De Page, *Traité Élémentaire*, v. I, nº 808; Francesco Degni, *Il Diritto di Famiglia*, p. 425; Heinrich Lehmann, *Derecho de Familia*, p. 321.

ção ao pai pelos encargos do poder parental.[118] O usufruto é normalmente associado à administração: o pai a tem e percebe os frutos do acervo administrado.

A inerência do usufruto no exercício do poder familiar implica a sua inseparabilidade e integração. O pai não é obrigado a consumir os créditos do filho. Poderá conservá-los acumulados ou reinvesti-los em proveito dele. Mas, consumindo-os, procede legitimamente.

O art. 1.690 reitera os princípios do art. 1.634, relativo ao poder familiar, ao estabelecer que "compete aos pais, e na falta de um deles ao outro, com exclusividade, representar os filhos menores de dezesseis anos, bem como assisti-los até completarem a maioridade ou serem emancipados". Consagrando mais uma vez a igualdade entre os genitores, inclusive na união estável, ressalvando a exclusividade de qualquer deles na falta do outro. O mesmo se dará na hipótese de suspensão ou extinção do poder familiar.

Prevê o parágrafo único do art. 1.690 a possibilidade de qualquer dos genitores, havendo divergência quanto ao exercício do poder familiar quanto às questões inclusive patrimoniais, recorrer ao juiz para a solução necessária. Este é, também, o princípio previsto no art. 1.631. Alerte-se, também, para a orientação do Estatuto da Criança e do Adolescente ao determinar no parágrafo único, letra *d*, do art. 148 (vinculado ao art. 98), a competência do Juiz da Infância e Juventude nas hipóteses de discordância paterna ou materna, em relação ao exercício do poder familiar.

O art. 1.691 veda a prática pelos pais de alguns atos de natureza patrimonial, ou seja, "não podem os pais alienar, ou gravar de ônus real os imóveis dos filhos, nem contrair, em nome deles, obrigações que ultrapassem os limites da simples administração, salvo por necessidade ou evidente interesse da prole, mediante prévia autorização do juiz".

Os poderes de administração não envolvem a disposição. Destarte, aos pais não é lícito alienar os bens de raiz pertencentes ao menor, nem contrair em nome deste, obrigações que ultrapassem a simples gerência. Todos os atos que importem em diminuição patrimonial, ônus ou compromisso lhes são vedados, como interdito lhe é ainda qualquer procedimento que implique o não acrescentamento, como seja a renúncia.

Admite o legislador de 2002 que, em casos de comprovada necessidade ou evidente interesse da prole, poderá ser requerida prévia autorização judicial. Nesta decisão deverá prevalecer, sempre, o melhor interesse da criança.

Estabelece, ainda, o parágrafo único do art. 1.691 que "a declaração de nulidade dos atos dos pais em relação aos bens dos filhos pode ser pleiteada pelos filhos, pelos herdeiros ou pelo representante legal". Não previu o legislador de 2002 o prazo prescricional específico para exercer o direito de declarar a nulidade previsto no § 6º, nºs III e IV, do art. 178 do Código de 1916.

---

118 Clóvis Beviláqua, *Comentários ao Código Civil*, v. II, ao art. 389; Colin *et* Capitant, *Cours*, v. I, p. 454; Cunha Gonçalves, *Tratado*, v. II, p. 392; Planiol, *Traité Élémentaire*, v. I, p. 546; Castelo Branco Rocha, *O Pátrio Poder*, pp. 202 e segs.

Na forma do art. 1.692, na hipótese de colisão de interesses do pai com os do filho, deve o Juiz, a requerimento daquele, ou do representante do Ministério Público, dar ao curador especial para gerir seus bens na pendência do conflito, ou para defender seus direitos em juízo. Em alguns Estados da Federação, a exemplo do Rio de Janeiro, esta atribuição é da Defensoria Pública.

Esclarece Washington de Barros Monteiro que "não é mister haja prova de que o pai pretende lesar o filho. Basta que se situem em posições aparentemente antagônicas os interesses de um e de outro para que se nomeie curador especial". O mesmo autor identifica situações em que será necessária a nomeação: *a* – para receber em nome do menor doação que lhe vai fazer o pai; *b* – para concordar com a venda que o genitor efetuará a outro descendente; *c* – para intervir na permuta entre filho menor e os pais; *d* – para levantamento da inalienabilidade que pesa sobre o bem de família.[119]

Atente-se para as hipóteses de suspensão e perda do poder familiar dos arts. 1.637 e 1.638 do Código Civil de 2002. O pedido pode ser apresentado pelo Ministério Público ou qualquer parente e, sendo acolhido, o juiz determinará a concentração do poder familiar no outro genitor e, se este faltar ou estiver impedido, caberá a nomeação de um tutor. O Estatuto da Criança e do Adolescente (Lei nº 8.069/1990) prevê procedimento próprio para a medida nos seus arts. 155 e segs., mesmo se a ação for processada na Vara de Família. Estabelece procedimento contraditório e decretação por sentença, indicando o descumprimento injustificado dos deveres e obrigações dos genitores.

O legislador de 2002 reuniu no art. 1.693 as hipóteses em que os pais são excluídos do usufruto e administração dos bens dos filhos: I – os bens adquiridos pelo filho havido fora do casamento, antes do reconhecimento; II – os valores auferidos pelo filho maior de dezesseis anos, no exercício de atividade profissional e os bens com tais recursos adquiridos; III – os bens deixados ou doados ao filho, sob a condição de não serem usufruídos, ou administrados, pelos pais; os bens que aos filhos couberem na herança, quando os pais forem excluídos da sucessão.

O Código excluiu do usufruto paterno os bens adquiridos pelo filho havido fora do casamento, antes do reconhecimento (inciso I do art. 1.693). É exclusivo da mãe o benefício; os valores auferidos pelo filho maior de dezesseis anos, no exercício de atividade profissional, e os bens com tais recursos adquiridos; se o filho exerce atividade rentável, não há razão para que os proventos sejam administrados pelos pais. Quem é apto a ganhar, apto será para gerir (inciso II do art. 1.693) os bens deixados ou doados ao filho, sob a condição de não serem usufruídos, ou administrados, pelos pais (inciso IV do art. 1.693). Se os pais são excluídos da sucessão, não tendo direito à herança que lhes caberia, não se podem beneficiar do usufruto dos bens de que foram afastados. Caso contrário, a penalidade imposta seria frustrada.

Prestação de contas. Ao que exerce a *patria postestas* corre o dever de cuidar dos bens do filho menor, administrá-los como um homem de negócios leal e honesto, defendê-los, reivindicá-los de quem injustamente os detenha. Alcançando o filho a ca-

---

119 Washington de Barros Monteiro, *Curso de Direito Civil: Direito de Família*, p. 290.

pacidade, pela emancipação ou pela maioridade, ser-lhe-ão dadas contas da gerência: ao pai pertencem os créditos, como inerentes ao poder familiar; mas ao filho deverão ser entregues os bens com seus acrescentamentos, sem que ao *pater* assista qualquer remuneração.

Nesse sentido, já se manifestou o STJ pela possibilidade do ajuizamento de ação de prestação de contas pelo filho em desfavor dos pais quando a causa de pedir estiver relacionada com suposto abuso do direito ao usufruto legal e à administração dos bens dos filhos.[120]

Afastado do instituto do Poder Familiar, este subtítulo vinculado às relações patrimoniais representou efetiva mudança em face da orientação do Código de 1916, a qual, sem dúvida, era mais apropriada.

---

120 STJ – 3ª Turma – REsp nº 1.623.098/MG – Rel. Min. Marco Aurélio Bellizze – Julg. 13.03.2018 – *DJe* 23.03.2018.

CAPÍTULO XC
DISSOLUÇÃO DA SOCIEDADE CONJUGAL E DO VÍNCULO MATRIMONIAL

Sumário

405. Do divórcio: **405-A.** Aspectos gerais. **405-B.** Do divórcio após a Emenda Constitucional n° 66 de 2010. **405-C.** A dissolução da sociedade conjugal no novo Código de Processo Civil. **406.** Os fundamentos da separação litigiosa (mencionados por razões históricas). **406-A.** Divórcio no exterior. **407.** Direito ao nome: os efeitos do divórcio. **407-A.** Lei n° 11.924, de 17.04.2009 – Acréscimo do sobrenome do padrasto. **407-B.** Proteção dos filhos na separação e no divórcio – Guarda compartilhada. **407-C.** Visita e convivência com os avós. **407-D.** Dano moral no divórcio. **407-E.** Divórcio por via extrajudicial. **407-F.** Aspectos civis da "Lei Maria da Penha" (Lei n° 11.340/2006). **407-G.** Da alienação parental.

Bibliografia

Alexandre Freitas Câmara, *Lições de Direito Processual Civil.* v. III. Rio de Janeiro: Lumen Juris, 2011, p. 291; Alexandre Freitas Câmara, *O novo Processo Civil Brasileiro*, São Paulo, Atlas, 2015; Ana Carolina Silveira Akel, *Guarda Compartilhada: um avanço para a Família*, São Paulo, Atlas, 2008, p. 107; Ana Maria Frota Velly. "A Síndrome da Alienação Parental: uma Visão Jurídica e Psicológica", *in Revista Síntese: Direito de Família*. Ano XII, n° 62, out/Nov 2010, p. 27; Aparecida Amarante, *Responsabilidade Civil por Dano à Honra*, Belo Horizonte, Del Rey, 1991, p. 206; Arnaldo Rizzardo, *Direito de Família*, Rio de Janeiro, Forense, 2004; Arnaldo Rizzardo, *Direito de Família*, Rio de Janeiro, Forense, 2008; Arnoldo Wald, *Do Desquite*; Belmiro Pedro Welter, *Separação e Divórcio*, Porto Alegre, Síntese, 2000; Bendito Silvério Ribeiro, "*Mulher Casada: Aquisição e Perda do nome*", *in REP-Apamaris*, 1996, p. 62; Caetano Lagrasta. "Parentes: Guardar ou Alienar – a Síndrome da Alienação Parental", *in Revista Brasileira de Direito de Família e Sucessões*. Ano XIII. V. 25 (dez/jan. 2012). Porto Alegre:

Magister; Belo Horizonte: IBDFAM, 2012, p. 34/37; Caio Mário da Silva Pereira, *Instituições de Direito Civil*, v. I, n° 114; Caio Mário da Silva Pereira, "Pessoas desaparecidas em atividades políticas no período da 'Repressão': os efeitos jurídicos e sociais da Lei n° 9.140/1995", *in Direito Contemporâneo: Estudos em Homenagem a Oscar Dias Corrêa*, coord.: Ives Gandra da Silva Martins, Rio de Janeiro, Forense Universitária, 2001; Caio Mário da Silva Pereira, *Responsabilidade Civil*, Rio de Janeiro, Forense, 2002, pp. 75-76; Carbonnier, *Droit Civil*, v. II, nos 42 e 55; Carlos Roberto Gonçalves, *Direito Civil Brasileiro, Direito de Família*, v. VI, São Paulo, Saraiva, 2007; Cláudia Stein Vieira, "A Lei n° 11.441, de 04 de janeiro de 2007", *in Revista Brasileira de Direito de Família* – n° 41, Porto Alegre, Síntese, abril-maio de 2007, p. 29; Clóvis Beviláqua, *Direito de Família*, §§ 58 e segs.; Christiano Cassettari, *Separação, Divórcio e Inventário por Escritura Pública*, São Paulo, Método, 2008, p. 84; Cristian Fetter Mold. "Alienação Parental – Reflexões sobre a Lei n° 12.318/2010", *in Revista Brasileira de Direito de Família e Sucessões*. Ano XIII. V. 25 (dez/jan. 2012). Porto Alegre: Magister; Belo Horizonte: IBDFAM, 2012, p. 53/54; Cunha Gonçalves, *Direito de Família e Direito de Sucessões*, pp. 91 e segs.; De Page, *Traité Élémentaire*, v I, nos 843 e segs.; Douglas Phillips Freitas. "Reflexos da Lei de Alienação Parental (Lei n° 12.318/2010)", *in Revista Síntese: Direito de Família*. Ano XII, n° 62, out/Nov 2010, p. 20; Edgard de Moura Bittencourt, *A Família*, pp. 49 e segs.; Eduardo Espínola, *A Família no Direito Civil Brasileiro*, nos 109 e segs.; Eliana Riberti Nazareth, "Guarda ou responsabilidade parental? Direito de visita ou direito à convivência? O não dito", *in A Ética da Convivência Familiar: sua efetividade no quotidiano dos Tribunais* (coords.: Tânia da Silva Pereira e Rodrigo da Cunha Pereira), Rio de Janeiro, Forense/IBDFAM, 2005, pp. 221-212; Enneccerus, Kipp *y* Wolff, *Tratado, Derecho de Familia*, v. 5, §§ 33 e segs.; Euclides Benedito de Oliveira, "Direito de visitas dos avós aos netos", *in* www.intelligentiajuridica.com.br – ano II, n° 23, outubro/2002 – acessado em 25 de maio de 2004; Flávio Tartuce, *O novo CPC e o Direito Civil*, Rio de Janeiro, Forense; São Paulo, Método, 2015; Fredie Didier Jr. e Rafael Oliveira, "Aspectos Processuais Civis da Lei Maria da Penha (violência doméstica e familiar contra a mulher)", *in Revista Brasileira de Direito das famílias e Sucessões* – n° 04 – jun./jul.-2008; Geraldo Prado, *Comentários à lei de Violência Doméstica e Familiar contra a Mulher* (org.: Adriana Ramos de Mello), Rio de Janeiro, Lumen Juris, 2007, p. 120; Giovanni Brunelli, *Divorzio e Nullità di Matrimonio negli Stati d'Europa*; Giselda Maria Fernandes Novaes

Hironaka. "A indigidade como causa de escusabilidade do dever de alimentar", in *Família e solidariedade: teoria e prática do Direito de Família* (coord. Rodrigo da Cunha Pereira), Rio de Janeiro: IBDFAM/Lumen Juris, 2008; Giselda Maria Fernandes Novaes Hironaka, "Pressuposto, elementos e limites do dever de indenizar por abandono afetivo", in *A Ética da Convivência Familiar: sua efetividade no quotidiano dos Tribunais* (coords.: Tânia da Silva Pereira e Rodrigo da Cunha Pereira), Rio de Janeiro, Forense/IBDFAM, 2005, p. 148; Glicia Barbosa de Mattos Brazil. "A reconstrução dos vínculos afetivos pelo Judiciário", *in Revista Brasileira de Direito das Famílias e Sucessões*. v. 13, dez/jan 2010. Porto Alegre: Magister; Belo Horizonte: IBDFAM, 2010, p. 47-59; Gustavo Tepedino, "O Papel da Culpa na Separação e no Divórcio", *in Temas de Direito Civil*, Rio de Janeiro, Renovar, 2004; Heinrich Lehmann, *Derecho de Familia*, pp. 230 e segs.; Heloisa Szymanski "Viver em família como experiência de cuidado mútuo: desafios de um mundo em mudança", *In Revista Serviço Social e Sociedade*. n. 71 – ANO XXIII – São Paulo: Cortez, 2002, pp. 10/11; Hugo Nigro Mazzilli e Wander Garcia, *Anotações ao Código Civil*, São Paulo, Saraiva, 2005, p. 553; Inácio de Carvalho Neto, "Reparação Civil na Separação Litigiosa Culposa", *in Temas atuais de Direito e Processo de Família* – Primeira Parte (coord.: Cristiano Chaves de Farias), Rio de Janeiro, Lumen Juris, 2004, p. 250; José Arias, *Derecho de Família*, pp. 217 e segs.; João Baptista Villela, in *Jornal Carta Forense*, de 05.10.2010. Disponível em: <http://www.cartaforense.com.br/Materia.aspx?id=6075>. Acessado em: 20.11.2010; José Luís de Mesquita, *A Família e o Divórcio*; Lafayette, *Direitos de Família*, § 34; Luiz Edson Fachin, *Elementos Críticos do Direito de Família*, p. 179; Maria Berenice Dias, *A Lei Maria da Penha na Justiça*, São Paulo, RT, 2007; Maria Berenice Dias, in *Divórcio já: comentários à Emenda Constitucional n. 66 de 13 de julho de 2010*. São Paulo, Saraiva, 2010; Maria Celina Bodin de Moraes, "Danos morais em família? Conjugalidade, parentalidade e responsabilidade civil", *in A Ética da Convivência Familiar: sua efetividade no quotidiano dos Tribunais* (coords.: Tânia da Silva Pereira e Rodrigo da Cunha Pereira), Rio de Janeiro, Forense/IBDFAM, 2005, pp. 200-201; Maria Tereza Arruda Alvim Pinto, "Entidade Familiar e Casamento Formal – Aspectos Patrimoniais", *in Direito de Família: aspectos constitucionais, civis e processuais* (coord.: Maria Tereza Arruda Alvim Pinto), São Paulo, Revista dos Tribunais, p. 84; Marcelo Lessa Bastos, "Violência Doméstica e Familiar contra a Mulher – Lei 'Maria da Penha' – Alguns Comentários", *in Estudos sobre as Novas leis de*

Violência Doméstica contra a Mulher e de Tóxicos (Leis nos 11.340/2006 e 11.343/2006), Rio de Janeiro, Lumen Juris, 2007, p. 137; Maria Berenice Dias, "As ações de família no Novo Código de Processo Civil", *in Revista IBDFAM: Famílias e Sucessões*, Belo Horizonte, IBDFAM, 2015; Milton Paulo de Carvalho Filho, in *Código Civil Comentado: doutrina e jurisprudência* (coord. Ministro Cezar Peluso). São Paulo, Manole, 2009. Nádia de Araújo, *Direito Internacional Privado: Teoria e Prática*, Rio de Janeiro, Renovar, 2003; Orlando Gomes, *Direito de Família*, nos 117 e segs.; Pablo Stolze Gagliano e Rodolfo Pamplona Filho, in *O novo divórcio*. São Paulo, Savaiva, 2010. Padre Arruda Câmara, *A Batalha do Divórcio*; Padre Leonel da Franca, *O Divórcio*; Paulo Lobo, *Direito Civil: Famílias,* São Paulo, Saraiva, 2010, p. 145; Paulo Lobo "PEC do divórcio: consequências jurídicas imediatas", in *Revista Brasileira dos Direitos das Famílias e Sucessões* n.11 (agosto-setembro-2009), Porto Alegre-Belo Horizonte: Magister IBDFAM, 2009. Patrícia Pimentel de Oliveira Chambers Ramos. *O Poder familiar e a Guarda Compartilhada sob o enfoque dos novos paradigmas do Direito de Família*, Rio de Janeiro, Lumen Juris, 2005, p. 89; Planiol, Ripert *et* Boulanger, *Traité Élémentaire*, v. I, nos 1.062 e segs.; Pontes de Miranda, *Direito de Família*, §§ 33 e segs.; Regina Beatriz Tavares da Silva, *Reparação Civil na Separação e no Divórcio*, São Paulo, Saraiva, 1999; Roberta. Tupinambá, "Os Princípios do Cuidado e da Afetividade à Luz das Famílias Recompostas", *in Cuidado e afetividade* (org.: Tânia da Silva Pereira, Guilherme de Oliveira e Antônio Carlos Mathias Coltro), São Paulo, Atlas, 2016; Roberto Senise Lisboa, "Dano Moral e os Direitos da Criança e do Adolescente", in *Revista de Informação Legislativa*, n° 118, abril/junho, Brasília, 1993; Rodrigo da Cunha Pereira "A Emenda\Constitucional n. 66-2010: semelhanças, diferenças e utilidades entre separação e divórcio – O direito intertemporal", in *Revista Brasileira de Direito das Famílias e Sucessões* n. 17 (agosto--setembro), Porto Alegre-Belo Horizonte: Magister-Ibdfam, 2010. Rodrigo da Cunha Pereira, "Separação e Divórcio: reflexões sobre a prática", *in Direito de Família: processo, teoria e prática* (coords.: Rolf Madaleno e Rodrigo da Cunha Pereira), Rio de Janeiro, Forense, 2008; Rodrigo da Cunha Pereira, in *Divórcio: teoria e prática*. Rio de Janeiro: GZ, 2010; Rogério Sanches Cunha e Ronaldo Batista Pinto, *Violência Doméstica: Lei Maria da Penha comentada*, São Paulo, Revista dos Tribunais, 2007; Rolf Madaleno, "A Infidelidade e o Mito Causal da Separação", *in Revista Brasileira de Direito de Família n° 11*, Porto Alegre, Síntese/ IBDFAM, 2001; Rolf Madaleno, *Aspectos Polêmicos em*

Direito de Família, Porto Alegre, Livraria do Advogado, 1999; Rolf Madaleno, "Autoalienação parental", *in Cuidado e afetividade* (org.: Tânia da Silva Pereira, Guilherme de Oliveira e Antônio Carlos Mathias Coltro), São Paulo, Atlas, 2016; Rolf Madaleno, *Curso de Direito de Família,* Rio de Janeiro, Forense, 2008; Rolf Madaleno, "O preço do afeto", *in A Ética da Convivência Familiar: sua efetividade no quotidiano dos Tribunais* (coords.: Tânia da Silva Pereira e Rodrigo da Cunha Pereira), Rio de Janeiro, Forense/IBDFAM, 2005, p. 168; Ruggiero e Maroi, *Istituzioni,* v. I, § 62; Sergio Cavalieri, "Responsabilidade Civil Constitucional", *in Revista de Direito,* v. 40, pp. 56 e segs.; Sergio Eduardo Nick, "A alienação parental e a autoalienação parental compreendidas sob o vértice da parentalidade", in *Coleção Direito UERJ 80 Anos. Vol. 10: Criança e Adolescente (Org.:* Rosangela Alcantara Zagaglia *et al.*), Rio de Janeiro, Freitas Bastos, 2015; Sergio Gischkow Pereira, "Calma com a separação e o divórcio", in *Jornal Zero Hora* – 20.07.2010; Tânia da Silva Pereira, "O Melhor Interesse da Criança", *in O Melhor Interesse da Criança: Um Debate Interdisciplinar* (coord.: Tânia da Silva Pereira), Rio de Janeiro, Renovar, 2000; Tânia da Silva Pereira, "Competência Exclusiva da Vara da Infância e Juventude nas hipóteses de Abuso Sexual", *in Revista Brasileira de Direito de Família,* v. 15, Porto Alegre, Síntese, 1999; Tânia da Silva Pereira e Antônio Carlos Mathias Coltro. "A socioafetividade e o cuidado: o direito de acrescer o sobrenome do padrasto", *in Direito das Famílias- contributo do IBDFAM em homenagem a Rodrigo da Cunha Pereira* (org. Maria Berenice Dias). São Paulo: RT; IBDFAM, 2009, pp. 354/355; Tânia da Silva Pereira e Carolina de Campos Melo, "Infância e Juventude: Os Direitos Fundamentais e os Princípios Constitucionais Consolidados na Constituição de 1988", *in Revista Trimestral de Direito Civil,* nº 3, Rio de Janeiro, Padma, 2000; Waldyr Grizard Filho, *in Famílias Reconstituídas nas uniões depois das separações.* São Paulo: Revista dos Tribunais, 2007, pp. 183/184; Yussef Said Cahali, *in Divórcio e Separação,* São Paulo, Revista dos Tribunais, 2000.

405. Do divórcio

405-A. Aspectos gerais

Historicamente, a indissolubilidade do casamento não é regra. Ao contrário, os povos primitivos cultivaram a noção do vínculo conjugal suscetível de rompimento, salvo algumas poucas exceções. Os monumentos que nos legaram as civilizações antigas atestam a existência do divórcio. O Velho Testamento do povo hebreu o aprovava, indo mesmo mais longe, por admitir o repúdio unilateral – *libellum repudii* – como prerrogativa marital. O Código de Hamurabi facultava o divórcio ao marido e à mulher. Na Grécia, praticou-se o divórcio e admitiu-se o repúdio da mulher estéril. Em Roma, não obstante proclamar-se (como vimos antes, n° 373) que o casamento era união por toda a vida – *consortium omnis vitae* – e o divórcio era consequência natural do fato de ser o casamento sustentado pela *affectio maritalis*: desde que esta desaparecia, tinha lugar a separação – *divortium*. Mesmo o matrimônio sacramental e solene (*confarreatio*), que a princípio se reputava indissolúvel, veio a dissolver-se por uma cerimônia contrária – *diffarreatio genus erat sacrificii quo inter virum et mulierem fiebat dissolutio*.

Nos primeiros tempos, em verdade, o divórcio não se praticava. Na República, muito pouco. No Império, e à medida que a opulência romana foi suscitando a dissolução dos costumes, generalizou-se e atingiu todas as classes.[1]

O Cristianismo combateu-o, embora se mostrasse nos primeiros tempos pouco seguro, tendo em vista passagens parcialmente divergentes dos Evangelhos. São Mateus (Cap. V, versículo 32, e XIX, versículo 9) admite-o por adultério, ao passo que São Marcos (Cap. X, versículo 2) e São Lucas (Cap. XVI, versículo 18) condenam-no de modo absoluto. São Paulo, impressionado talvez pela sua frequência na sociedade romana, que ele conhecia, revelou-se-lhe contrário (*Epístola aos Coríntios*, VII, versículo 10).

Mas, somente com o Concílio de Trento (1545 a 1553), a doutrina da Igreja se consolidou, repelindo-o em definitivo, e proclamando que o matrimônio é um sacramento com caráter de indissolubilidade. O que se permite em face da Igreja Católica é a separação de corpos, denominada *divortium quo ad thorum et habitationem*, que deixa intacto o vínculo matrimonial.[2] A *reforma* (século XVI), negando a natureza

---

[1] Sobre a dissolução do casamento entre os antigos: Clóvis Beviláqua, *Direito de Família*, § 48; Pontes de Miranda, § 37; José Arias, *Derecho de Familia*, p. 219; Rossel e Mentha, *Manuel de Droit Civil Suisse*, v. I, n° 372; Arangio Ruiz, *Istituzioni di Diritto Romano*, p. 448; Fustel de Coulanges, *La Cité Antique*, p. 52; Bonfante, *Istituzioni di Diritto Romano*, pp. 179 e segs.; Giovanni Brunelli, *Divorzio e Nullità di Matrimonio*, pp. 7 e segs.

[2] Cf., a propósito do problema religioso do divórcio: Le Picard, *Divorce et Bien Public*; C. Rolin, *La Femme devant le Divorce*; Padre Leonel da Franca, *Do Divórcio*, pp. 261 e segs.

sacramental do matrimônio, promoveu movimentos divorcistas, que se desenvolveu nos países protestantes, assumindo aspectos diversos em função das causas: adultério, abandono etc.[3]

No Direito dos povos modernos, prevalece o divórcio. Com raras exceções, os sistemas jurídicos ocidentais o aprovam. A Itália, um dos países mais resistentes, promulgou lei instituindo-o, em 1970, em clima de grande tensão. Em termos genéricos, os sistemas divorcistas dividem-se em duas correntes. O chamado *divórcio-remédio*, nele indicando o meio pelo qual os cônjuges põem termo à união conjugal, quando as circunstâncias se revelam incompatíveis com a sobrevivência do matrimônio, orientação adotada pelo Sistema Jurídico pátrio ao exigir apenas a prova do decurso do tempo de separação de fato ou judicial. Os demais, com o *divórcio-sanção*, caracterizado pela cominação imposta àquele dos esposos que contravém aos deveres fundamentais da vida conjugal – fidelidade e respeito à integridade física ou moral do outro.[4] Em qualquer hipótese, o divórcio somente poderá ser concedido quando o casamento não possa mais cumprir a missão que lhe incumbe, como célula da ordem social e estatal.[5]

Em nosso direito, ao tempo do Império, prevalecia, em matéria de casamento, a doutrina da Igreja, segundo os Cânones do Concílio Tridentino e Constituição Primeira do Arcebispado da Bahia. O casamento era indissolúvel. Com o nome de *Divórcio*, os nossos civilistas designavam a separação de corpos, que era a do direito canônico, abolidas, contudo, as causas peculiares ao direito da Igreja – apostasia e heresia.[6]

Proclamada a República, o Decreto nº 181, de 24 de janeiro de 1890, instituindo o casamento civil, manteve o critério da indissolubilidade, que sobreviveu como política legislativa na Primeira República.

Receoso o legislador, de que o divórcio viesse a surgir de voto de maioria eventual no Congresso, fez inserir na Constituição de 1934 o princípio da indissolubilidade, que constou das reformas constitucionais de 1937, 1946, 1967 e da Emenda Constitucional nº 1, de 1969. Desta sorte, o Brasil inscreveu-se entre os países antidivorcistas, com a particularidade, porém, de proclamar a indissolubilidade do casamento como preceito constitucional, integrado na sua estrutura institucional mesma.

A luta pelo divórcio no Brasil foi longa e tenaz. Autores e parlamentares divorcistas, salientando-se entre estes últimos o senador Nelson Carneiro, durante três décadas apresentaram projetos de leis neste sentido, sempre vencidos pela resistência de opositores sistemáticos, apoiados fortemente pela Igreja Católica, num combate persistente e sem transigência. A Doutrina canônica funda-se em que, para ela, o matrimônio é um sacramento que une os cônjuges indissoluvelmente. O jurista, des-

---

3   Carbonnier, *Droit Civil*, v. II, nº 40, p. 116; Heinrich Lehmann, *Derecho de Familia*, p. 231.
4   Sobre as duas espécies de divórcio – sanção e remédio – cf. Espínola, ob. cit., nº 111, p. 391, nota 6; Mazeaud, *Leçons*, v. I, nº 1.412.
5   Heinrich Lehmann, *Derecho de Familia*, p. 236.
6   Lafayette, *Direitos de Família*, § 34.

prendido de toda vinculação religiosa, deve encarar o divórcio no plano puramente civilista: ou admitia-se o "Divórcio a vínculo" ou se proclamava indissolúvel o matrimônio. Para o legislador, é uma questão de mera política legislativa.

A instituição do divórcio, ao mesmo passo que provocou adversários sinceramente convictos, e aderentes que afloram na corrente das águas novas, provocou no começo uma certa onda de procedimentos judiciais. Assim aconteceu na França, quando foi instituído com a Revolução, quando foi restabelecido com a República após a restauração monárquica, e quando foram suprimidas as restrições originárias da legislação restritivista do Governo Pétain.

O divórcio constitui, entretanto, o campo de algumas controvérsias entre os escritores. Muito frequentemente, aqui e alhures, tem sido posto no terreno confessional, o que é cientificamente inexato.[7] Um sistema jurídico deve resolvê-lo no plano exclusivamente jurídico.

Caio Mário, em várias oportunidades, manifestou sua opinião no sentido de que a instituição do divórcio não abala a estrutura essencial do casamento. A ele recorrem aqueles que não encontraram no matrimônio a harmonia que é o clima da vida conjugal. Mas o matrimônio, como pedra angular da constituição da família, há de sobreviver sem a conotação de "instituição em decadência", tal como ocorre e tem ocorrido em todos os sistemas onde, ainda, sofre algum eclipse.

Quando se discutiu o Projeto no Congresso, esboçou-se o receio de que, também no Brasil, a instituição do "Divórcio vincular" despertaria enorme onda, abarrotando a Justiça de miríades de pedidos. Contra as expectativas generalizadas, não foi o que ocorreu. É certo que nos maiores centros houve um grande número de pedidos. Não tão numerosos, contudo, que se pudessem qualificar como uma calamidade. De certo modo, pode-se mesmo salientar que as pretensões divorcistas foram quantitativamente muito menos ocorrentes do que se esperava.

O clima em que se discutiu e votou a "Lei do Divórcio" foi polêmico e, até certo ponto, apaixonado. O mesmo ocorrera com a lei italiana, que chegou a provocar movimentos multitudinários, passeatas, trocas panfletárias. Sem esses extremos, contudo, não deixou a Lei nº 6.515/1977 de armar hostes contrárias, colocando de um lado os divorcistas e de outro os antidivorcistas, amparados estes pela Igreja Católica, dogmaticamente opositora da dissolução do vínculo matrimonial.

Com a aprovação da Emenda Constitucional nº 9, de 28 de julho de 1977, foi aberta a porta ao divórcio, ao ser alterado o § 1º do art. 175 da Constituição Federal de 1969, com a redação dada pela Emenda Constitucional nº 9/1977, franqueando a dissolução do matrimônio nos casos previstos em lei. A "Lei do Divórcio" refletiu a opinião dominante no país. Numerosas "enquetes" promovidas pelos mais variados órgãos de divulgação o apontavam. A Lei nº 6.515, de 26 de dezembro de 1977, em seguida à Emenda Constitucional nº 9, de 28 de junho de 1977, representou um marco importante no Direito de Família. Admitia a redação anterior do art. 25 da Lei

---

7   De Page, *Traité Élémentaire*, v. I, nº 847.

do Divórcio que o mesmo fosse deferido desde que houvesse separação judicial por mais de três anos.

Estes prazos foram reduzidos, na redação original do art. 226, § 6°, da Constituição de 1988, o qual estabelecia caber a medida após um ano da separação judicial ou comprovada por mais de dois anos a separação de fato. Em consequência, foi editada a Lei n° 7.841, de 1989, alterando o art. 36, parágrafo único, e o art. 40 da Lei n° 6.515, de 1977, revogando ainda o art. 38 e o art. 40, § 1°, da mesma Lei.

Em suas linhas gerais, a "Lei do Divórcio" deu um passo na marcha evolutiva de nosso Direito de Família, procurando solucionar problemas a que a vida conjugal dá nascimento, e que o excessivo amor à tradição impedia de resolver.

A própria filosofia do divórcio mudou, da apuração da culpa para a contagem do tempo.

Duas modalidades de divórcio são identificadas entre as legislações. De um lado, o chamado *"divórcio-sanção"*, cuja finalidade é impor a separação definitiva do casal, quando um dos cônjuges falta com seus deveres conjugais, infringindo as normas essenciais da vida em comum. Sua finalidade é aplicar ao cônjuge culpado a dissolução do matrimônio, como penalidade em face de seu comportamento infiel.

Outros sistemas legislativos adotam o denominado *"divórcio-remédio"*, como solução apontada para os casos em que a sobrevivência da vida conjugal se torna impossível, ou ao menos traduz sacrifício para os cônjuges ou para um deles, e se recorre à dissolução do matrimônio como fórmula destinada a pôr fim a uma situação insustentável.

Na primeira hipótese – "divórcio-sanção" – é necessariamente contencioso, pois resulta de imputação de fato grave cometido por um cônjuge, com a obrigação de provar o libelo, sob pena de decair do pedido. Nos regimes em que predomina o "divórcio-remédio" podem correr paralelamente as duas modalidades: contenciosa e consensual. Pode um dos cônjuges arguir em juízo o fato que reclama a medicina extrema do Divórcio, assumindo o compromisso de prová-lo. Ou simplesmente os cônjuges pleiteiam a desvinculação matrimonial com a finalidade de fazer cessar o estado de insustentabilidade do casamento. Daí ser admissível o divórcio consensual, uma vez que, se a ambos os cônjuges parecer que o matrimônio não deve sobreviver, não há razão para a sua subsistência.

O Código Civil de 2002, seguindo a linha de orientação da Lei n° 6.515, de 26 de dezembro de 1977, abraçou a teoria do "divórcio-remédio", sem prejuízo da separação judicial pura e simples (contenciosa ou consensual), que provoca a dissolução da sociedade conjugal sem a ruptura do vínculo matrimonial. O sistema buscou exemplo no direito francês, que admite a separação de corpos e também o divórcio, e encontra apoio em diversos sistemas legislativos. E, tal qual no direito francês, o legislador brasileiro permitiu a conversão da Separação Judicial em Divórcio. Embora a Constituição de 1988 não se refira à "conversão", foi mantida na rotina forense a mesma terminologia na hipótese de Separação Judicial após um ano de Separação Judicial.

A conversão da separação judicial em divórcio, prevista no art. 1.580 do Código Civil, condicionou o decurso do prazo de um ano do trânsito em julgado da sentença que houver decretado a separação judicial, ou da decisão concessiva da medida cautelar de separação de corpos, promovida por qualquer das partes. A Emenda Constitucional n° 66/2010 manteve, ainda, a conversão na hipótese dos processos em andamento e de processos findos em separação judicial.

Cumpre, todavia, assinalar que a Lei n° 11.441/2007 autorizou a dissolução da sociedade conjugal, com ou sem subsistência do vínculo matrimonial, através de escritura pública para casais sem filho ou sendo estes maiores e capazes. Esta opção extrajudicial só admite a forma consensual.

Tendo em vista que, de acordo com a lei pátria, o casamento religioso pode ser celebrado com efeitos civis (cf. n° 376, *supra*), e como não cabe ao legislador interferir na validade ou na sobrevivência do casamento religioso, o divórcio põe termo ao casamento civil, e aos efeitos civis do matrimônio religioso (art. 24 da Lei n° 6.515/1977). Celebrado, então, o casamento perante ministro de seita religiosa, e vindo os cônjuges a se divorciar, o matrimônio religioso sobrevive, uma vez que a autoridade judiciária não tem o poder de dissolvê-lo, porém cessam os seus efeitos civis.

Por outro lado, o divórcio é uma faculdade jurídica que a lei põe à disposição dos cônjuges. Nenhum valor terá, consequentemente, a cláusula abdicativa aposta ao casamento. Será de nenhum efeito, como se não escrito, o compromisso que eventualmente assumam os cônjuges, no momento da boda ou em assento respectivo, de jamais se divorciarem.

Aptos para pedir o divórcio são os próprios cônjuges. Tratando-se de portador de moléstia grave mental, o legislador de 2002 não destacou de forma diferenciada a hipótese de um dos cônjuges promover a medida, autorizando-o, no entanto, a propor a ação ou defender-se, podendo fazê-lo por meio de curador, ascendente ou irmão (parágrafo único do art. 1.582). Nenhum outro parente tem legitimidade para fazê-lo. Como também, em nenhum caso, ao juiz caberá *de ofício* pronunciar o divórcio, ainda que em processo de outra natureza venha a tomar conhecimento de situação ou fato autorizativo.

Buscando relembrar a evolução do instituto em nosso Direito, no texto original da "Lei do Divórcio", com o receio de evitar a epidemia divorcista, e impedir que uma pessoa vivesse em constante corrida de casamento e divórcio, o legislador limitou, no art. 38, o direito de pedir divórcio a uma só vez. O pedido, em qualquer de seus casos, somente poderia ser formulado uma vez. Isto não impedia, entretanto, que o outro cônjuge, não divorciado antes, viesse a pedi-lo contra o que já o fora. Assim, se um homem divorciado casasse com mulher solteira ou viúva, ele não podia mais requerê-lo. Mas, em havendo motivo, ela teria a prerrogativa de pedi--lo, desde que ocorresse causa justificativa. Tão logo em vigor a Lei n° 6.515/1977, levantou-se a tese da inconstitucionalidade do art. 38, sob o fundamento de que a Emenda Constitucional n° 9, de 28 de junho de 1977, ao suprimir o princípio da indissolubilidade do matrimônio, não criou esta restrição, que, portanto, ofenderia a disposição da Emenda. Paralelamente, foram apresentados Projetos de Lei no Congresso, visando à suspensão do malsinado art. 38, o que veio concretizar-se com a

Constituição Federal de 1988 e reforçado, expressamente, no art. 3° da Lei n° 7.841, de 1989, que o revogou.

Manteve o legislador de 2002, quase em sua integralidade, o sistema da Lei no 6.515/1977. Em flagrante retrocesso, no entanto, ressuscitou no art. 1.573 do Código Civil as situações que justificam o pedido unilateral de separação, e reintroduziu o sistema de pesquisa da culpa.

405-B. Do divórcio após a Emenda Constitucional n° 66 de 2010

A Emenda Constitucional n° 66, em vigor a partir de 14 de julho de 2010, trouxe ao sistema jurídico brasileiro efetivas mudanças no que concerne à Separação e ao Divórcio. O § 6° do art. 226 da Constituição Federal passou a ter a seguinte redação: "O casamento civil pode ser dissolvido pelo Divórcio".

Não é unânime o entendimento no sentido de que a Emenda Constitucional n° 66/2010 tenha revogado a Separação. Foram levantados inúmeros debates sobre a manutenção ou não da separação judicial com os mais diversos argumentos, dentre eles a alegação de que a Constituição Federal não revogou expressamente a separação.

Por iniciativa do Instituto Brasileiro de Direito de Família – IBDFAM, o Projeto de Emenda Constitucional (PEC-33-2007), teve a última versão apresentada pelo Deputado Sérgio Barradas Carneiro (PT-BA).

Para Rodrigo da Cunha Pereira, a nova redação do § 6° da Constituição Federal da República, consolidando a evolução doutrinária e jurisprudencial ao eliminar a possibilidade da discussão da culpa pelo fim de um casamento, instala um novo ciclo na história do Direito de Família no Brasil e propicia a compreensão de que não é necessário fazer do fim do amor uma tragédia, ou, pelo menos, uma tragédia judicial.[8]

Na mesma linha de orientação, Paulo Lôbo se reporta à força normativa própria da Constituição; sejam as normas constitucionais regras ou princípios, elas não dependem de normas infraconstitucionais para prescreverem o que aquelas já prescrevem. Para ele a nova redação do § 6° do art. 226 da Constituição Federal qualifica-se como norma-regra, pois seu suporte fático é precisamente determinado: o casamento pode ser dissolvido pelo divórcio, sem qualquer requisito prévio, por exclusivo ato da vontade dos cônjuges. A Constituição deixou de tutelar a separação judicial. A consequência da extinção da separação judicial é que concomitantemente desaparece a dissolução da sociedade conjugal. Não sobrevive qualquer norma infraconstitucional que trate da dissolução, isoladamente, por absoluta incompatibilidade com a Constituição de acordo com a PEC do Divórcio[9] (hoje Emenda Constitucional n° 66/2010).

---

8   Rodrigo da Cunha Pereira, in *Divórcio: teoria e prática*. Rio de Janeiro: GZ, 2010, p. 52.
9   Paulo Lobo, "PEC do Divórcio: consequências jurídicas imediatas", in *Revista Brasileira dos Direitos das Famílias e Sucessões*, n° 11 (agosto-setembro/2009), p. 08, Porto Alegre-Belo Horizonte: Magister IBDFAM, 2009.

Pablo Stolze Gagliano e Rodolfo Pamplona Filho referem-se a uma mudança de paradigma onde "o Estado busca se afastar da intimidade do casal, reconhecendo a sua autonomia para extinguir, pela sua livre vontade, o vínculo conjugal, sem necessidade de requisitos temporais ou de motivação vinculante. É o reconhecimento do divórcio como o simples exercício de um direito potestativo".[10]

Para Maria Berenice Dias, a partir de agora a única modalidade de buscar o fim do casamento é o Divórcio que não mais exige a indicação da causa de pedir. Eventuais controvérsias referentes a motivos, culpa ou prazos deixam de integrar o objeto da demanda. Via de consequência, não subsiste a necessidade do decurso de um ano do casamento para a obtenção do Divórcio (art. 1.574 do CC).[11] Para a autora, "o aspecto mais significativo da mudança de paradigmas gerada pelo fim da Separação foi acabar com a injustificável interferência do Estado na vida dos cidadãos".[12]

João Baptista Villela, no entanto, considera que, "não estando mais sujeito às imposições que a Constituição lhe mandava observar, o legislador ordinário poderá, se o quiser, também dispensá-las do Código Civil ou do Código de Processo Civil, onde elas se acham ancoradas. Isto tem uma significação política enorme, mas não revoga qualquer lei. Confere o poder de revogar, mas não os revoga. Os legisladores e grupos de pressão eventualmente interessados poderiam ter encaminhado, simultaneamente com a reforma da Constituição, projeto de lei ordinária que reformasse os dispositivos do Código Civil e do Código de Processo Civil que estabelecem os prazos e condições supostamente indesejáveis. Suprimidos no nível constitucional, poderia o legislador ordinário, ato contínuo, também suprimi-los dentro de seu âmbito de determinação. A Emenda preservou a legislação ordinária pertinente; não quis mesmo modificar os Códigos. Não declarou seu repúdio aos requisitos que constavam do § 6º do art. 226 da CF. Não os proscreveu do direito brasileiro. Apenas os dispensou (na medida em que não os repetiu), o que é algo bem diferente. Uma vez que apenas os dispensou, o legislador ordinário fica livre para conservá-los ou não. E, se os conservar hoje, poderá mandá-los para o lixo amanhã. Voltar a adotá-los em futuro próximo ou remoto. E assim por diante. Tudo segundo seu próprio, livre e amplo juízo de conveniência. Concluiu João Baptista Villela: "As exigências para o divórcio no Código Civil e no Código de Processo Civil convivem perfeitamente e se dão muito bem uma com as outras."[13]

Sergio Gischkow Pereira justifica sua posição contrária à revogação ao considerar que "a Constituição Federal não tratava da separação judicial mas somente do divórcio. A separação judicial apenas foi elidida como exigência para o divórcio, mas permanece no sistema brasileiro enquanto não revogado o Código Civil".

---

10 Pablo Stolze Gagliano e Rodolfo Pamplona Filho, *in O novo Divórcio*. São Paulo, Saraiva, 2010, p. 43.
11 Maria Berenice Dias, *in Divórcio já: comentários à Emenda Constitucional nº 66 de 13 de julho de 2010*. São Paulo, Saraiva, 2010, p. 38.
12 Maria Berenice Dias, ob. cit. p. 52.
13 João Baptista Villela, *in Jornal Carta Forense*, de 05.10.2010: http://www.cartaforense.com.br/Materia.aspx?id=6075, acessado em 20.11.2010.

Alerta, finalmente: "A Constituição fala que o casamento é dissolvido pelo divórcio; ora, a Separação não dissolve o casamento mas sim a sociedade conjugal. Alguns asseveram que ela é inútil. Não é bem assim. Desde que não atrapalhe o divórcio, pode continuar no Código Civil. A verdade é que pode ser o único caminho para aqueles que a religião não admite o divórcio."[14]

Este foi o entendimento da 4ª Turma do STJ, que, por maioria, entendeu que a EC nº 66/2010 não revogou os artigos do Código Civil que tratam da separação judicial. A Relatora Ministra Maria Isabel Gallotti ressaltou que o divórcio e a separação seriam institutos diversos, com consequências e regramentos jurídicos distintos, e que, com a EC nº 66/2010, teria ocorrido a supressão de qualquer requisito referente à separação prévia para requerer o divórcio, e não a supressão do instituto em si.

Divergiu o Ministro Luis Felipe Salomão, que destacou: "diante do espírito constitucional e da racionalidade do sistema, penso que a Emenda Constitucional n. 66/2010 suprimiu o instituto da separação judicial, facilitando a dissolução do casamento, restando superado o sistema binário. Deste modo, não se sustenta mais a exigência de uma 'fase prévia' de dissolução, com imposição de prazo de 'reflexão', com excesso de formalidade e pouca efetividade, não merecendo prevalecer, *data venia*, a interpretação que privilegia o cônjuge recalcitrante quanto à dissolução que, por meio da separação, pretende apenas punir o outro, com comprometimento da paz social e da administração da Justiça, significando mais gastos financeiros, desgastes emocionais e emperramento do Judiciário, exigindo-se dois processos judiciais para o mesmo fim".[15]

Esta atualizadora se filia à corrente doutrinária que considera extinta a separação; a nova redação introduzida pelo parágrafo 6º do art. 226 da Constituição Federal apenas admite a dissolução do vínculo conjugal pelo Divórcio. A nova orientação constitucional suprimiu, também, qualquer prazo para se propor o Divórcio, seja ele judicial ou administrativo, este último introduzido no Brasil pela Lei nº 11.441, de 2007.

Este foi o entendimento da 6ª Câmara Cível do TJRJ, tendo como Relator o Des. Nagib Slaibi, ao reformar a sentença que extinguiu o feito sem resolução de mérito pela ausência do requisito temporal para decretação do Divórcio. Segundo o Relator, "felizmente este verdadeiro calvário chega ao fim. A mudança provoca uma revisão de paradigmas. Além de acabar com a separação e eliminar os prazos para a concessão do divórcio, espanca definitivamente a culpa do âmbito do Direito das Famílias. Mas, de tudo, o aspecto mais significativo da mudança talvez seja o fato de acabar a injustificável interferência do Estado na vida dos cidadãos. Enfim passou a ser respeitado o direito de todos de buscar a felicidade, que não se encontra necessariamente na mantença do casamento, mas, muitas vezes, com o seu fim" (DIAS, Maria Berenice. *Divórcio Já!*

---

14 Sergio Gischkow Pereira, "Calma com a separação e o divórcio", *in Jornal Zero Hora* – 20.07.2010.
15 STJ – 4ª Turma – REsp 1.247.098/MS – Rel. Min. Maria Isabel Gallotti – Julg.: 14.03.2017 – *DJe* 16.05.2017. A 3ª Turma também já se posicionou no sentido da manutenção do instituto da separação: STJ – 3ª Turma – REsp 1.431.370/SP – Rel. Min. Ricardo Villas Bôas Cueva – Julg.: 15.08.2017 – *DJe* 22.08.2017.

Editora Magister – Porto Alegre. Data de inserção: 09.07.2010. Disponível em: <www.editoramagister.com/doutrina_ler.php?id=769>). Provimento do recurso para homologar o acordo de divórcio.[16]

No que concerne às regras legais estabelecidas no Código Civil de 2002, outra interpretação não cabe senão a revogação dos arts. 1.571, inciso III, 1.572, 1.573, 1.574, 1.575, 1.576, 1.577 e 1.578 do Código Civil de 2002 e os demais artigos do Código Civil que mencionem "separação judicial". Da mesma forma, e pelos mesmos motivos, os artigos da Lei no 6.015/1973. Alerta Rodrigo da Cunha Pereira que outros artigos do Código Civil devem ser lidos considerando-se a expressão *Separação judicial*, à exceção daqueles que já detinham este estado civil anteriormente à Emenda Constitucional nº 66/2010, mantendo seus efeitos para os demais aspectos: inciso I do art. 10, 25, inciso I do arts. 27, 792, 793, 980, 1.562, 1.571 e § 2º do mesmo artigo, 1.580, 1.583, 1.683, 1.775 e 1.831.[17]

Por via de consequência, todos os requisitos subjetivos estabelecidos nos arts. 1.572 e 1.573 do Código Civil não podem ser alegados nos processos de Divórcio; foi revogado, também o parágrafo único do art. 1.573 do CC, que autorizava o juiz considerar outros fatos que tornem evidente a impossibilidade da vida em comum.

Tratando-se dos deveres conjugais indicados no art. 1.566 do CC, Paulo Lôbo se reporta à sua matriz ética, destacando que compõe as normas que permanecerão apesar de desprovidas de sanção jurídica.[18]

Eliminado o instituto da *separação*, várias indagações se apresentaram exigindo do intérprete e dos operadores de direito respostas coerentes numa visão ampliada dos princípios que regem o Direito de Família.

A Emenda Constitucional nº 66/2010 atingiu também a Lei no 11.441, de 2007, que autoriza a separação e o divórcio consensuais através de escritura pública, alterando a lei processual. Esta lei passou a facilitar e simplificar a dissolução do casamento, inventário e partilha de bens, introduzindo nova redação aos arts. 982, 983, 1.031 e 1.124-A do Código de Processo Civil. Aplicável somente na hipótese de consenso entre as partes e não existindo filhos menores ou incapazes, o procedimento cartorário exige a presença de um Advogado ou Defensor Público. Diante de diversidades de procedimentos, o Conselho Nacional de Justiça, através da Resolução nº 35/2007, estabeleceu novas diretrizes para a aplicação da Lei nº 11.441/2007 nas hipóteses de separação, divórcio, inventário e partilha.

Como não mais existe o instituto da separação judicial ou administrativa, vigora a Lei nº 11.441/2007 somente para o divórcio consensual onde não existem filhos menores ou incapazes. Serão necessárias adaptações considerando a revogação da

---

16 TJRJ – 6ª Câmara Cível – Ap. Cível nº 0078505-85.2009.8.19.0001, Rel. Nagib Slaibi – julg. em 04.08.2010.
17 Rodrigo da Cunha Pereira, "A Emenda Constitucional nº 66/2010: Semelhanças, Diferenças e Utilidades entre Separação e Divórcio – O Direito Intertemporal", in Revista Brasileira de Direito das Famílias e Sucessões, no 17 (agosto-setembro), p. 10, Porto Alegre-Belo Horizonte: Magister--IBDFAM, 2010.
18 Paulo Lobo, *in Direito Civil – Famílias*, 2010, p. 433.

Separação consensual. Eventuais ajustes serão determinados por lei especial ou pelo Conselho Nacional de Justiça.

A controvérsia foi superada pelo Supremo Tribunal Federal com o julgamento, em 8 de novembro de 2023, do Recurso Extraordinário 1.167.478 (Tema de Repercussão Geral 1.053), que contestava uma decisão do Tribunal de Justiça do Estado do Rio de Janeiro que manteve a sentença decretando o divórcio sem que tenha havido a separação prévia do casal. Segundo o entendimento do TJ/RJ, a EC nº 66/2010 afastou a exigência, bastando manifestar a vontade de romper o vínculo conjugal.

No recurso extraordinário, um dos cônjuges alegou que a alteração constitucional não afastava as regras do Código Civil; entretanto, o Plenário entendeu que, com a alteração do texto constitucional, a separação judicial deixou de ser uma das formas de dissolução do casamento, independentemente de as normas sobre o tema terem permanecido no Código Civil.

O Tribunal, por unanimidade, apreciando o Tema 1.053 da Repercussão Geral, negou provimento ao recurso extraordinário. Por maioria, fixou o entendimento de que, após a promulgação da EC nº 66/2010, a separação judicial não é mais requisito para o divórcio nem subsiste como figura autônoma no ordenamento jurídico brasileiro.

Prevaleceu o voto do relator, o Ministro Luiz Fux, no sentido de que a alteração constitucional simplificou o rompimento do vínculo matrimonial e eliminou as condicionantes. Com isso, passou a ser inviável exigir separação judicial prévia para efetivar o divórcio, pois essa modalidade de dissolução do casamento deixou de depender de qualquer requisito temporal ou causal. Os ministros Cristiano Zanin, Edson Fachin, Dias Toffoli, Cármen Lúcia, Gilmar Mendes e Luís Roberto Barroso (presidente) seguiram integralmente o voto. Foram vencidos, quanto à parte final, os Ministros André Mendonça, Nunes Marques e Alexandre de Moraes.

Foi fixada a seguinte Tese de Repercussão Geral para o Tema 1.053: "Após a promulgação da EC nº 66/2010, a separação judicial não é mais requisito para o divórcio nem subsiste como figura autônoma no ordenamento jurídico. Sem prejuízo, preserva-se o estado civil das pessoas que já estão separadas, por decisão judicial ou escritura pública, por se tratar de ato jurídico perfeito (art. 5º, XXXVI, da CF)".[19]

Na hipótese de eventuais fraudes e prejuízos a qualquer dos cônjuges ou a terceiros, cabe Ação Anulatória dos atos notariais pertinentes; segundo Maria Luiza Póvoa, o juízo competente deve ser o da família, considerando que o objeto de questionamento tem todos os seus atos reflexos no estado civil e na partilha de bens.[20]

---

19 Recurso extraordinário. Direito Civil. Divórcio. Exigência de prévia. Separação judicial. Necessidade. Artigo 1.580 do Código Civil. Artigo 226, § 6º, da Constituição da República. Superveniência da Emenda Constitucional 66/2010. Manifestação pela existência de repercussão geral.
20 Maria Luiza Povoa, in *Separação, Divórcio e Inventário por via administrativa*. Belo Horizonte: Del Rey, 2009, p. 15.

Permanece o *divórcio judicial consensual* para aqueles que possuam filhos menores ou incapazes, devendo constar da petição de acordo a pensão dos filhos e do cônjuge que dela necessitar, as condições da guarda dos filhos e rotinas de convivência, bem como a partilha de bens.

Questiona-se se a divisão manifestamente desproporcional e desigual do patrimônio comum do casal pode configurar vício de consentimento – por erro, dolo, coação ou lesão – capaz de autorizar a sua anulação, com base nos princípios da boa-fé e da lealdade, que devem nortear a conduta das partes nos negócios jurídicos. Nesse sentido, verifica-se que é possível que haja a anulação da partilha, seja ela judicial ou amigável, quanto à parte que se encontra em manifesta desproporção, considerando que, como constitui um negócio jurídico, deve resultar de uma vontade livre e desprovida de vícios, enfim, de uma conduta pautada pela boa-fé.

Para Cristiano Chaves de Farias e Nelson Rosenvald, a boa-fé constitui a "confiança depositada reciprocamente entre os sujeitos de uma relação jurídica", sendo, "particularmente, relevante para o desenvolvimento da personalidade e a realização pessoal daqueles que compõem a entidade familiar".[21]

Assim, verifica-se a possibilidade da invalidação parcial do acordo, sem comprometer o instrumento como um todo. O Código Civil de 2002 faz essa previsão em seu art. 184, que determina que, "respeitada a intenção das partes, a invalidade parcial de um negócio jurídico não o prejudica na parte válida, se esta for separável". Além disso, o parágrafo único do art. 848 do mesmo diploma legal estabelece que "quando a transação versar sobre diversos direitos contestados, independentes entre si, o fato de não prevalecer em relação a um não prejudicará os demais".

É perfeitamente possível, portanto, que o questionamento acerca da validade da partilha dos bens do casal não afete o acordo de divórcio quanto à guarda, ao direito de convivência, ao uso do nome e aos alimentos. Havendo, no direito brasileiro, total autonomia e dissociação entre a partilha dos bens e as demais cláusulas do divórcio, conclui-se que o divórcio pode ser decretado sem que a partilha seja finalizada, tendo em vista que esta não é pressuposto para aquele. Esse entendimento está consubstanciado na Súmula nº 197 do STJ, que prevê que "o divórcio direto pode ser concedido sem que haja prévia partilha de bens", e no art. 40, § 2º, da Lei nº 6.515/1977, que admite que a partilha de bens não ocorra no mesmo momento do divórcio. Dessa forma, a invalidação da partilha não tem o condão de afetar o divórcio e seus demais efeitos sobre os deveres autônomos do casamento.

Ressalta-se, ainda, que o STJ já se manifestou no sentido de que a coisa julgada material formada em virtude de acordo celebrado por partes maiores e capazes, versando sobre a partilha de bens imóveis privados e disponíveis e que fora homologado judicialmente por ocasião de divórcio consensual, não impede que haja um novo acordo sobre o destino dos referidos bens.[22]

---

21 Cristiano Chaves de Farias e Nelson Rosenvald, ob. cit., pp. 144-146.
22 STJ – 3ª Turma – REsp 1.623.475/PR – Rel. Min. Nancy Andrighi – Julg. 17.04.2018 – *DJe* 20.04.2018.

Tratando-se de *divórcio litigioso*, havendo discordância entre os cônjuges, o processo, que antes seguia o rito ordinário, passará a observar as regras dos arts. 693 e seguintes, sendo restritos os argumentos da contestação, uma vez que não cabe alegação de culpa ou decurso de prazo de separação de fato ou de direito. Salvo autorização expressa da organização judiciária dos Tribunais, em princípio a pensão alimentícia e a guarda dos filhos serão discutidas em ação própria. Quanto à partilha de bens, autoriza o art. 1.581 do Código Civil que esta poderá ser processada, *a posteriori*, em execução de sentença. Respeitada a Organização Judiciária dos Estados, se a partilha de bens for postergada para momento posterior à ação de Divórcio e os bens forem imóveis, valerá a regra do art. 95 do CPC/1973 (correspondente ao art. 47 do CPC/2015); o Juízo competente será aquele da situação dos bens. Se já falecido o ex-cônjuge, valerá a regra do art. 96 do CPC/1973 (correspondente ao art. 48 do CPC/2015).

Tratando-se de processo de *conversão da separação em divórcio*, já iniciados, cabe ao juiz a sua imediata decretação, sem indagar sobre o decurso do tempo transcorrido após a separação judicial. Ressalte-se que o Novo CPC acaba com o foro privilegiado da mulher, constante no art. 100, I, do CPC/1973, para determinar, em seu art. 53, I, que o foro competente para julgar as ações de divórcio, separação, anulação de casamento e reconhecimento ou dissolução de união estável é o do domicílio do guardião, quando haja filho incapaz; do último domicílio do casal, na ausência de filho incapaz; ou do domicílio do réu, se nenhuma das partes residir no antigo domicílio do casal, ou do domicílio da vítima de violência doméstica e familiar, nos termos da Lei nº 11.340, de 7 de agosto de 2006 (Lei Maria da Penha).

Nos processos de separação judicial já iniciados, o juiz indagará às partes sobre o interesse no prosseguimento do feito e determinará a emenda à inicial. Em princípio, não cabe ao Juiz *ex officio* converter o procedimento de separação judicial em divórcio. Nada impede, no entanto, que uma das partes pleiteie a referida conversão, cabendo ao Juiz apreciar as razões de uma eventual recusa da outra parte. É conveniente que os interessados investiguem as diretrizes estabelecidas pelos Tribunais estaduais ou Jurisprudência dominante.

As questões de *alimentos e visitação dos filhos* serão discutidas em ação própria, atendida a organização judiciária de cada Estado da Federação. Mantém-se em vigor o art. 1581 do Código Civil ao determinar que "o divórcio pode ser concedido sem que haja prévia partilha de bens", que poderá ser processada em execução de sentença se não for possível a homologação de acordo entre as partes.

Rodrigo da Cunha Pereira atenta para a hipótese de uma das partes falecer após a sentença e não tiverem pedido a dispensa do prazo recursal e, ainda, não decorrido o trânsito em julgado. Esclarece ele que "o cônjuge sobrevivo continuará com seu estado civil anterior, ou seja, casado. É que as sentenças de natureza desconstitutiva produzem seus efeitos do trânsito em julgado".[23]

---

23 Rodrigo da Cunha Pereira, ob. cit., p. 41.

Como a "Lei do Divórcio" (Lei nº 6.515/1977) não foi revogada expressamente, prevalece o parágrafo 2º o art. 40 das Disposições Transitórias ao determinar que o procedimento adotado para o *divórcio consensual* seria o previsto nos arts. 1.120 a 1.124 do Código de Processo Civil.[24] Existindo filhos menores ou incapazes, funcionará o Ministério Público. Com o advento do Novo CPC, tal procedimento passa a ser regulado pelos arts. 731 a 733.

Tratando-se de *divórcio litigioso*, a contestação só poderá envolver questões processuais, uma vez que cabe ao juiz decretar o fim do vínculo matrimonial, afastada a possibilidade de discutir a culpa ou eventual comportamento indigno. Proposta a Separação Judicial com tais fundamentos, o juiz poderá julgar o autor carente de ação ou a impossibilidade jurídica do pedido.

A Emenda Constitucional nº 66/2010 abriu espaço para a *Separação de Corpos* prevista no art. 1.562 do Código Civil, sendo promovida previamente ou incidentalmente, no curso do processo na forma do art. 888 do CPC 1973. Como medida cautelar, tem por finalidade a segurança (integridade física ou psicológica) e a dignidade das pessoas dos cônjuges que não mais conseguem conviver pacificamente sob o mesmo teto. Tem como pressuposto situações de risco e emergenciais.

Difere a *separação de corpos,* que tem como consequência o afastamento de um dos cônjuges da residência da família, mas tão somente a liberação do demandante do "débito conjugal" e a separação fática identificada como "afastamento de um dos cônjuges do lar conjugal", que implica, como o próprio nome indica, separação física com a saída de um dos cônjuges do imóvel onde reside a família. Nada impede, porém, que os pedidos sejam cumulados (e, salvo melhor juízo, não parece possível que se tenha separação fática sem que se tenha também a separação jurídica, embora a recíproca não seja verdadeira).[25]

Atente-se para as mudanças introduzidas pela Lei nº 12.398/2011, alterando o inciso VII do art. 888, CPC/1973, além de autorizar o juiz, como medida provisional, estabelecer a guarda e a educação dos filhos e regular o direito de visita, deixou a seu critério estender esses direitos a cada um dos avós. Desta forma, foi atendido o comando da Lei nº 12.010/2009 ao priorizar a família *extensa ou ampliada* – ou seja, aquela que "se estende para além da unidade pais e filhos ou da unidade do casal, formada por parentes próximos com os quais a criança ou adolescente convive e mantém vínculos de afinidade e afetividade".

Deve ser ressaltado que, com o advento do Novo CPC, as ações cautelares passam a estar previstas como formas de tutela provisória de urgência, de forma genérica, sendo reguladas pelos arts. 300 e seguintes.

O *comportamento indigno* do credor que acarreta a perda definitiva do direito aos alimentos (parágrafo único do art. 1.708 do Código Civil) se apresenta, também, como fundamento para a *Separação de Corpos*. Milton Paulo de Carvalho Filho se refere ao

---

24 Rodrigo da Cunha Pereira, *in Divórcio: teoria e Prática.* Rio de Janeiro: GZ, 2010, p. 40.
25 Alexandre Freitas Câmara, *Lições de Direito Processual Civil.* v. III. Rio de Janeiro: Lumen Juris, 2011, p. 291.

descumprimento de deveres morais, éticos e jurídicos em relação à pessoa do devedor. Sugere a aplicação por analogia das hipóteses dos incisos I e II do art. 1.814 do Código Civil, que abrangem atos ilícitos cometidos pelo sucessor ou familiares próximos dele.[26]

Também se identificam como *comportamento indigno* as hipóteses dos arts. 1.962 e 1.963 do Código Civil, as quais também impõem a exclusão dos herdeiros (ascendente ou descendente) por indignidade, justificando a deserdação.

Buscando uma definição para *indignidade*, Giselda Maria Fernandes Novaes Hironaka faz um paralelo com a dignidade, princípio constitucional. "Enquanto a dignidade é um valor intrínseco e imutável, a indignidade é uma prática aviltante e violenta. Logo, dignidade e indignidade não são concepções contrárias, porque não são congêneres. A indignidade é uma ofensa violenta que deliberadamente visa a destruir a relação familiar a partir da destruição do outro nesta relação. Vale dizer: onde houver interesse em destruir o outro da relação familiar, a própria relação familiar se tornará inviabilizada. Por respeito à dignidade da pessoa humana, cabe, então, evidenciar que tipo de violência é a indignidade, especialmente quando vivenciada nas relações de família."[27]

Pode-se afirmar, portanto, que o comportamento indigno pode servir de fundamento para a separação de corpos, identificada também situações emergenciais que justificam a tutela de urgência.

Conclui Rodrigo da Cunha Pereira: "Substituir o discurso da culpa pelo discurso da responsabilidade significa a possibilidade de o sujeito deparar-se consigo mesmo e entender o próprio desamparo que é natural de cada ser humano. O amor acaba, mas não precisamos materializá-lo em litígio através de processos judiciais."[28]

405-C. A DISSOLUÇÃO DA SOCIEDADE CONJUGAL NO NOVO CÓDIGO DE PROCESSO CIVIL

Uma grande novidade implementada pelo Novo Código de Processo Civil – Lei nº 13.105, de 16 de março de 2015 – foi a previsão de um capítulo inteiro destinado a regular as ações de família (Capítulo X), que, pelo CPC/1973, desembocavam no procedimento comum ordinário, exceto as ações que já possuíam um procedimento especial.

O novo CPC parte da premissa de que é preciso estabelecer um procedimento para as ações de família, que se compatibilize com as particularidades das relações envolvidas, na medida em que o litígio de família traz consigo uma necessidade de mediação, considerada a natureza especial do direito disputado. Alexandre Câmara ressalta que a mediação é o método mais adequado para os casos em que haja víncu-

---

26 Milton Paulo de Carvalho Filho, in *Código Civil Comentado: Doutrina e Jurisprudência* (coord.: Ministro Cezar Peluso). Barueri/SP: Manole, 2009, p. 1.893.
27 Giselda Maria Fernandes Novaes Hironaka, "A indignidade como causa de escusabilidade do dever de alimentar", in *Família e Solidariedade: teoria e prática do Direito de Família* (coord.: Rodrigo da Cunha Pereira), Rio de Janeiro: IBDFAM/Lumen Juris, 2008, p. 161.
28 Rodrigo da Cunha Pereira, ob. cit. p. 52.

lo intersubjetivo entre as partes, como ocorre nos conflitos de família e nos litígios societários.[29]

De acordo com o parágrafo único do art. 1º da Lei nº 13.140/2015 (Lei de Mediação), a mediação constitui "a atividade técnica exercida por terceiro imparcial sem poder decisório, que, escolhido ou aceito pelas partes, as auxilia e estimula a identificar ou desenvolver soluções consensuais para a controvérsia". A mediação é informada pelos princípios da independência, da imparcialidade, da autonomia da vontade, da confidencialidade, da oralidade, da informalidade e da decisão informada (art. 166, novo CPC). Busca-se, assim, que as partes participem da construção da solução do conflito, mediante a presença de um mediador capacitado e informal, buscando a própria efetividade no desfecho da questão.

O art. 693 determina que o novo procedimento se aplica aos processos contenciosos de divórcio, separação, reconhecimento e extinção de união estável, guarda, visitação e filiação, excetuando as ações de alimentos (regidas pela Lei nº 5.478/1968) e as ações do Estatuto da Criança e do Adolescente (regidas pela Lei nº 8.069/1990), que permanecem com seus respectivos procedimentos, aplicando-se o novo CPC de forma subsidiária. Destaca-se que a ação de interdição e as ações de separação, divórcio e dissolução de união estável consensuais e de alteração do regime de bens mereceram o procedimento de jurisdição voluntária.

Nas ações de família, a fase conciliatória vai sofrer uma modificação. No lugar da fase conciliatória instalou-se a previsão de uma fase de mediação familiar, que visa a solução efetiva do problema para médio e longo prazo. Busca-se resolver o problema subjacente ao litígio, e não somente o litígio, visando, sobretudo, a promoção de uma cultura de paz, em detrimento de uma cultura focada no litígio.

O art. 694 determina que todos os esforços devem ser empreendidos para a solução consensual da controvérsia, devendo o juiz contar com a ajuda de profissionais de outras áreas de conhecimento para a mediação e conciliação. Pode o magistrado determinar a suspensão do processo enquanto os litigantes se submetem a mediação extrajudicial ou a atendimento multidisciplinar, não havendo limitação temporal para tal suspensão.

Na audiência de mediação, as partes podem comparecer, se quiserem, com seus advogados ou defensores e a citação deve ser feita com antecedência mínima de 15 dias (art. 695, § 2º, novo CPC). Existe a possibilidade de desdobramento da audiência de mediação em tantas vezes quantas sejam necessárias para a efetiva da solução do problema, sem prejuízo da concessão de providências de urgência (art. 696, novo CPC). Não havendo mediação, utiliza-se o procedimento comum ordinário (art. 697, novo CPC).

Um aspecto importante é que o réu receberá o mandado de citação desacompanhado da cópia da petição inicial (art. 695, § 1º). A finalidade é que ele não tome conhecimento do que o autor alegou, evitando que a mediação fique, de algum modo, prejudicada.

---

29 Alexandre Câmara, *O novo Processo Civil Brasileiro*. São Paulo: Atlas, 2015, p. 118.

Nos processos de família, será possível requerer tutela provisória, tendo em vista a aplicação das regras do procedimento comum. Haverá, também, uma racionalização da intervenção do Ministério Público, que somente intervirá se houver interesse de incapaz (art. 698) e, quando não for parte, nas ações de família em que figure como parte vítima de violência doméstica e familiar (art. 698, parágrafo único, incluído pela Lei nº 13.894/2019), e passa a ser considerado fiscal da ordem jurídica (*custos juris*). Nas hipóteses em que haja intervenção do *Parquet*, haverá nulidade pela falta de intimação do Promotor de Justiça, quando constatado o prejuízo (art. 279, novo CPC).

Nessa seara, válido destacar que a Terceira Turma do Superior Tribunal de Justiça entendeu ser possível que os filhos comuns do casal poderão ser ouvidos como testemunha no processo de divórcio dos pais.[30] O tribunal entendeu não haver necessariamente uma parcialidade dos filhos para com um dos genitores, podendo estes ser ouvidos no processo.

Destaca-se que, quando houver indícios de alienação parental ou discussão sobre fato relacionado a abuso, o juiz deverá estar acompanhado por especialistas ao tomar o depoimento do incapaz (art. 699, novo CPC).

O art. 53, I, do novo CPC fixa a competência do foro do domicílio do guardião, quando haja filho incapaz; do último domicílio do casal, na ausência de filho incapaz; do domicílio do réu, se nenhuma das partes residir no antigo domicílio do casal; e do domicílio da vítima de violência doméstica e familiar, nos termos da Lei nº 11.340, de 7 de agosto de 2006 (Lei Maria da Penha), para as ações de divórcio, separação, anulação de casamento e reconhecimento ou dissolução de união estável.

Nota-se que o novo CPC traz previsões acerca do instituto da separação, que já vinha sendo afastada pela Doutrina desde o advento da EC nº 66. Pelo novo CPC, a ação de separação litigiosa segue o procedimento especial das ações de família (art. 693, novo CPC) e não há previsão de prazo, mas exige-se imputação de descumprimento dos deveres do casamento (culpa). Na separação consensual, segue-se o procedimento de jurisdição voluntária (art. 731, novo CPC) e exige-se que as partes estejam casadas há pelo menos um ano.

Resgata-se, assim, o instituto da separação, que havia sido sepultado com a EC nº 66, retomando a celeuma quanto à extinção ou não de tal instituto no ordenamento jurídico brasileiro. Maria Berenice Dias aponta que, quanto a esse aspecto, "sete dispositivos fazem referência à separação (arts. 23, III; 53, I; 189, II; 693; 731; 732 e 733), mas somente um deles fala em separação judicial (art. 23, III)". Para a autora, como todos os demais dispositivos usam somente a expressão "separação", deve-se ler tal referência como separação de fato ou separação de corpos, quando for decretada judicialmente, de modo a compatibilizar tais disposições à nova ordem constitucional pós-EC nº 66.[31] Também para Flávio Tar-

---

30 STJ – 3ª Turma – REsp 1.947.751/GO – Rel. Min. Marco Aurélio Bellizze – Julg. em 25.04.2023 – *DJe* 28.04.2023.
31 Maria Berenice Dias, "As ações de família no Novo Código de Processo Civil". In: *Revista IBDFAM: Famílias e Sucessões*. Belo Horizonte: IBDFAM, 2015, p. 22.

tuce persiste o entendimento quanto ao fim da separação judicial mesmo com o advento do Novo CPC: "No máximo, aplicando-se os princípios processuais da economia e da fungibilidade, pode o juiz da causa dar oportunidade para que as partes envolvidas adaptem o seu pedido, da separação judicial para o divórcio".[32]

Deve-se destacar a facultatividade do procedimento judicial, tendo em vista a Lei nº 11.441/2007, que admite a possibilidade de divórcio, inventário e separação em cartório. Nesse sentido, o novo CPC mantém a regra: não havendo interesse de incapaz, e estando as partes assistidas por advogado ou defensor público, a separação, o divórcio e a dissolução de união estável, consensuais, podem ser feitos diretamente no cartório, dispensadas a intervenção do Ministério Público e a homologação judicial (art. 733, novo CPC). O novo CPC inclui o interesse de nascituro como impeditivo. Assim, havendo nascituro ou incapaz, a separação, o divórcio e a dissolução de união estável, consensuais, devem ser feitos pelo meio judicial.

Por fim, a dissolução amigável de casamento ou união estável em juízo está submetida às regras do art. 731 do novo CPC, que estabelece que a homologação do divórcio e da separação pode ser requerida em petição assinada por ambos, na qual devem constar a descrição e partilha dos bens, pensão alimentícia entre os cônjuges, guarda e visitação, e pensão alimentícia para os filhos. O parágrafo único do art. 731 destaca que não é preciso que o casal divida o patrimônio comum, que pode permanecer em condomínio entre eles.

406. OS FUNDAMENTOS DA SEPARAÇÃO LITIGIOSA (MENCIONADOS POR RAZÕES HISTÓRICAS)

Cuidou esta atualizadora em manter os fundamentos da separação litigiosa considerando, especialmente, as diversas interpretações relativas à Emenda Constitucional nº 66/2010. Diante da valorização da *Separação de Corpos* prevista no art. 1.562 do Código Civil de 2002, tais elementos serão significativos na identificação de situações de violação de direitos do cônjuge e, mesmo, dos filhos menores. O legislador de 2002 previu dois conjuntos de hipóteses para a Separação Judicial Litigiosa a pedido de qualquer dos cônjuges e qualquer que seja o tempo de casamento. Com pequenas alterações, recepcionou no art. 1.572 as hipóteses do art. 5º da Lei nº 6.515/1977, ao mesmo tempo em que incluiu no art. 1.573 as situações anteriormente previstas no art. 317 do Código de 1916 que fundamentavam o "Desquite Litigioso".

A Lei de Divórcio (Lei nº 6.515/1977, art. 5º) pendera para a apreciação circunstancial das causas de separação judicial, ao subordiná-las à "insuportabilidade da vida em comum", o que o legislador de 2002 incluíra no art. 1.572 do Código Civil. Abraçara a *conduta desonrosa* como violação dos deveres matrimoniais. Assim procedendo, quisera a lei divorcista deixar patente que não era toda conduta desonrosa ou toda violação de deveres matrimoniais que gerava a separação, mas somente

---

[32] Flávio Tartuce, *O novo CPC e o Direito Civil*. Rio de Janeiro: Forense; São Paulo: Método, 2015, p. 385.

a que tornava insuportável a vida em comum. E como a insuportabilidade era uma decorrência de elementos pessoais ou psicológicos, ligados às condições individuais de cada lar, o juiz, ao considerar a causa erigida em fundamento da dissolução da sociedade conjugal, deveria ponderar se a sua ocorrência é de molde a tornar insuportável a vida em comum. Não se colocava no terreno da abstração, porém captava a percepção sensorial dos cônjuges, no seu próprio ambiente doméstico e social.

Rolf Madaleno, discorrendo sobre o assunto, pondera que "a intolerância para a vida conjugal como fator determinante da decisão pela separação ou pelo divórcio, não podendo ser identificada qualquer insuportabilidade na continuação do casamento". Cita como exemplo o caso de adultério onde o consorte traído consentia em seguir coabitando e até, por vezes, engravidava do cônjuge adúltero, demonstrando sua completa resignação pela falta causada em primário dever do casamento.[33]

O art. 1.572 do Código Civil de 2002 excluiu do *caput* a conduta desonrosa como fundamento da separação litigiosa, incluindo-a como um dos fundamentos do art. 1.573.

Ruptura da vida em comum. Na forma do § 1º do art. 1.572 (repetindo a regra do § 1º do art. 5º da Lei nº 6.515/1977), cabia ainda separação judicial contenciosa se um dos cônjuges provasse a *ruptura da vida em comum por um ano*, e a impossibilidade de sua reconstituição (Lei nº 6.515, art. 5º, § 1º, com a redação da Lei nº 8.408, de 1992). O legislador não quis referir-se ao "abandono do lar" por um ano, pois se o quisesse di-lo-ia simplesmente assim. Este fundamento, somado à impossibilidade de reconstituição da vida conjugal independentemente do fator material do abandono, em face da conduta desregrada do cônjuge, a falta de assistência ao lar, ou qualquer outro modo de conduta que implicasse o rompimento da comunidade de vida, eram objeto de apreciação do julgador com seu *arbitrium boni viri*. O que aqui está presente é a circunstância objetiva, pelo tempo estabelecido na lei. Ao juiz caberia apreciá-lo em face das evidências trazidas pelo queixoso, verificando, contudo, se efetivamente as circunstâncias permitem prever a impossibilidade de reconstituição da vida conjugal rompida. A caracterização da "ruptura" não era condicionada a algum fator material ou violência física. Podia decorrer da conduta ou procedimento do cônjuge, e provar-se por qualquer meio, inclusive por indícios convincentes.

Tratava-se de caso em que o ambiente conjugal teria deixado de existir, por uma causa conhecida somente dos cônjuges, ou destes e de terceiros, destruindo a comunidade de vida, sem que o cônjuge inocente quisesse ou pudesse intentar a ação de separação. Eram situações que a Jurisprudência enfrentara na vigência da legislação anterior, sem que pudesse remediar, na falta de suporte legislativo. Veio este sugerir a análise do inciso.

Este era encarado como resultante de dois elementos: um material e outro psíquico. O primeiro resultava da circunstância objetiva de estarem os cônjuges afastados um do outro. O segundo residia na motivação intencional. Por isso, devia-se

---

33 Rolf Madaleno, *Curso de Direito de Família*. Rio de Janeiro: Forense, 2011, p. 256.

considerar que não é qualquer afastamento que constitui a ruptura prolongada da vida em comum. Se ela se dava por uma causa estranha à vontade dos nubentes (ou de um deles), como a enfermidade, a procura de melhores condições profissionais, a obrigação de atender a exigências funcionais, a segregação em estabelecimento carcerário, não falava em ruptura da vida em comum como fato etiológico do divórcio ou da separação judicial. Entretanto, razões que se situam no plano da mera manifestação interior, como a incompatibilidade de gênios ou cessação da afinidade, podiam caracterizar a ruptura.

Por outro lado, a ruptura da vida em comum não exigia, obrigatoriamente, afastamento físico ou material. Tal seja o ambiente doméstico e os relacionamentos pessoais dos cônjuges, era lícito configurar a ruptura, não obstante permanecessem os cônjuges residindo sob o mesmo teto. Tratava-se, portanto, de matéria de prova.

Diversamente da separação de fato, que autorizava o divórcio consensual, quando prolongada por dois anos, a ruptura da vida em comum fundamentava a postulação unilateral, exigindo do requerente a comprovação judicial de dois elementos: a ruptura assentada no afastamento e a impossibilidade de reconstituição da vida conjugal. Nesta última, residia a maior dificuldade de sua determinação, cumprindo ao juiz aferi-la da situação emergente, através de evidências que o interessado exibia, e que permitia concluir pela irreversibilidade do rompimento.

O fator material da ruptura tinha por base um afastamento, ou separação, que se deveria prolongar por um ano. A linguagem da lei era peremptória, quando condicionava ao tempo de um ano e exigia o decurso continuado de todo esse período.

Diversamente da imputação de conduta desonrosa ou violação dos deveres conjugais, que eram fatos que o cônjuge inocente arrogava contra o outro, na ruptura da vida em comum, era admissível a pretensão por aquele que dera causa, pois bem podia acontecer que o outro cônjuge, por decoro, ou pela esperança de um reatamento, ou mesmo por capricho, não quisera postular a separação judicial. Daí dizer-se que a separação por este motivo tanto podia ser postulada pelo cônjuge que era vítima do afastamento como por aquele que era o responsável pelo rompimento. Descabia, portanto, a defesa fundada em que *nemo de improbitate sua consequitur actionem*, uma vez que não podia ilidir o pedido a alegação do réu, no sentido de que a ruptura teria sido causada pelo autor mesmo.

Era, porém, válida a defesa baseada em que, na pendência daquele ano, teria havido período de convivência, demonstrando que a ruptura não se dera por todo aquele tempo de maneira ininterrupta, advinda da expressão utilizada pelo legislador na utilização do vocábulo "consecutivo". Admitindo, entretanto, que o afastamento nem sempre gerava inimizade, era de se atentar em que não quebrava a consecutividade o encontro, seja eventual, seja deliberado, dos cônjuges, uma vez que as circunstâncias de fato não permitiam concluir pelo reatamento das relações ou restabelecimento, ainda que temporário, da vida em comum.

Na fundamentação da sentença, cabia ao juiz salientar a existência do afastamento pelo tempo estabelecido, aliado à impossibilidade de reconstituição da vida conjugal. Não necessitava demonstrar a culpabilidade da separação, que não fora exigida pelo legislador, como fundamento do decreto judicial.

Grave moléstia mental. Esclareça-se que por iniciativa da Organização Mundial da Saúde assumira-se, a partir de 1983, a "Classificação Internacional das Doenças", destacando aquelas identificadas como "doenças do sistema nervoso", abrangendo todas as categorias de distúrbios.[34] Embora questionado por alguns autores este fundamento na vigência da Lei de Divórcio justificava a separação judicial. O legislador de 2002 o incluíra no § 2º do art. 1.572.

Para tanto, era necessária a concorrência de quatro requisitos: que fosse "grave"; que "se manifestasse após o casamento"; que "tornasse impossível a vida em comum; e que tivesse sido reconhecida como de cura improvável após uma duração de dois anos". A Lei nº 6.515/1977 estendera este prazo para cinco anos, o que fora objeto de sérias críticas, uma vez que a Carta Magna de 1988 autorizara o divórcio após a separação de fato de dois anos.

Com tais requisitos, a existência de "moléstia grave e incurável" (§ 2º do art. 5º da Lei nº 6.515/1977) e de "enfermidade de cura improvável" (§ 2º do art. 1.572) não devia fundamentar a dissolução da sociedade conjugal. Para Caio Mário, quando as pessoas se uniam em matrimônio era para que um e outro se amparassem e prestassem recíproca solidariedade. A separação judicial era remédio civil para situações incompatíveis com o casamento. Atentava contra os compromissos assumidos e contra o mais elementar sentimento de solidariedade. Se um deles faltava aos seus deveres, rompia-se a unidade familiar; se estavam eles separados pelo ato de vontade comum ou unilateral, se dissolvia a sociedade conjugal ou se rompia o vínculo. Não assim se um deles fosse fulminado por enfermidade que lhe obscurecesse a mente. Era aceita, contudo, pelo legislador esta causa, exigindo examinar os seus extremos, como anteriormente deduzidos.

O primeiro era a "gravidade" da moléstia. Tratava-se de qualificativo um tanto amorfo e de classificação subjetiva. Na falta de um critério legal, a decisão assentava na opinião de um técnico, que teria de dar palavra convincente neste sentido. E não bastava a consideração se determinada moléstia era grave genericamente considerada; cabia indagar se *in concreto* ela podia ser assim considerada. A mesma enfermidade mental podia ser grave para um e não o ser para outro, em atenção às suas condições pessoais, à sua idade ou outro fator personalíssimo.

O segundo residia na "oportunidade de sua manifestação". Fundamentava a dissolução somente a doença mental que se manifestasse após o casamento. Se se tratasse de enfermidade já positivada antes do matrimônio, e de que o outro cônjuge vinha a tomar conhecimento na pendência deste, o caso era de anulação, fundada em erro essencial (v. nº 392, *supra*), uma vez fosse ela grave e transmissível por contágio ou herança. Também o Código de 2002 alude à moléstia mental grave, que se manifeste após o casamento. Não quis referir-se àquela já existente e de que vinha a ter conhecimento o outro cônjuge, após o matrimônio. A cláusula temporal se referia à doença e não à ciência *post nuptias*.

---

34 Disponível em: www.datasus.gov.br/cid10/webhelp/cid10.htm. Acesso em 08.11.2002.

O terceiro requisito consistia na "impossibilidade da vida em comum". Tratava-se de elemento de aferição relativa. O que certamente impressionara o legislador fora a necessidade de internação permanente do enfermo. Não se cogitava da hipótese de procriação, pois que, se esta era natural na vida dos casados, não era, entretanto, da essência do matrimônio. Mas não basta que tal situação seja insuportável ao outro cônjuge. Deve-se comprovar a impossibilidade de vida em comum. Não havia mister fosse o enfermo recolhido a estabelecimento hospitalar. Podia a impossibilidade da vida em comum ocorrer sem essa providência, desde que a moléstia em si mesma provocasse a descontinuidade da convivência.

Finalmente, o quarto requisito tratava de doença "reconhecida de cura improvável" associada ao fator temporal. Ter a moléstia como incurável era uma consideração subjetiva. Aliás, duplamente subjetiva. De um lado, depende esse juízo da opinião do perito, que pode entender cada espécie em face das condições pessoais do enfermo. De outro lado, diante de opiniões contraditórias do perito e de assistente técnico, ficava o juiz com o arbítrio de optar por uma delas, para dar ou negar a separação. Quanto ao fator temporal, era de mais fácil apuração; não era qualquer moléstia mental, mas aquela que, após dois anos de manifestação, fosse dada como de cura improvável.

O legislador do Código de 2002 tratou os casos de separação judicial por grave doença mental, com certa reserva, ao lhes atribuir consequências especiais. Determinou a reversão ao cônjuge que não pedir a separação os remanescentes dos bens que tenha levado para o casamento. Determina igualmente: "Se o regime dos bens adotado o permitir, reverte ao cônjuge enfermo a meação dos adquiridos na constância da sociedade conjugal" (art. 1.572, § 3º). Pelo regime original do Código de 1916, no art. 317, o *desquite* devia fundar-se em uma ou mais das causas seguintes alegadas e provadas pela parte que o postulava: adultério, tentativa de morte, sevícias ou injúria grave, abandono voluntário do lar por dois anos contíguos.

O Código de 2002 reduziu para um ano o tempo caracterizador do abandono do lar e acrescentou, ainda, como fundamentos a "condenação por crime infamante" e a "conduta desonrosa".

Na vigência do Código de 2002 já se considerava um retrocesso do legislador enfatizar a pesquisa da culpa para autorizar a separação judicial dos cônjuges. Assim entendeu o STJ ao declarar que, "requerida a separação judicial, o juiz pode decretá-la se detectar a insuportabilidade da vida em comum, sem a necessidade de imputação de culpa a qualquer dos cônjuges, pois toda união é sustentada pela afeição e, na ausência desse pressuposto, desimporta quem motivou a separação, mesmo porque não se pode aferir o quanto cada qual, por ação ou omissão, contribuiu para a derrocada do matrimônio, caso em que a decretação da separação não implica julgamento diverso do pedido".[35]

Esta foi também a orientação do TJRS, tendo como Relatora a Desembargadora Maria Berenice Dias, ao declarar que "já se encontra sedimentado o entendimento

---

35 STJ – 3ª Turma – Rel.ª Min.ª Nancy Andrighi – REsp. nº 466329/RS – *DJ* de 11.10.2004.

de que a caracterização da culpa na separação mostra-se descabida, porquanto seu reconhecimento não implica nenhuma sequela de ordem prática".[36]

Ainda por razões históricas, cabe retomar as explicações relativas aos fundamentos do art. 1.573 do Código Civil, no que concerne à separação litigiosa, o que justifica análise objetiva de seus incisos:

I – *Adultério*. É a quebra de fidelidade que os cônjuges reciprocamente se devem. Muito se tem discutido a sua configuração. Fazia-se em nosso antigo direito (*Ordenações*, Livro V, Títs. 25 e 28) uma distinção relativamente ao adultério do marido e o da mulher, punida esta com a pena de morte e aquele com as de degredo e multa, somente aplicadas aos "*barregueiros casados*", já que as infidelidades descontínuas e transitórias não eram puníveis.[37]

A distinção subsistiu na legislação penal do Império (Código Penal de 1830), mas cessou no direito moderno,[38] embora subsista em alguns sistemas jurídicos.[39]

A descriminalização do adultério (Lei nº 11.106, de 28 de março de 2005) não afastou a infidelidade conjugal, permanente ou duradoura, do marido ou da mulher, como fundamento para a separação no Código de 2002. É, mesmo, falta grave, tendo-se em vista a constituição da família, a legitimidade dos filhos, o regime monogâmico. Não há mister a repetição do fato para a sua caracterização; basta um só.[40]

Conceituando como quebra do dever de fidelidade, o adultério se constitui do comércio sexual propriamente dito (cópula carnal), que é o ato consumado[41] e bem assim do praticado por processo artificial ou contra a natureza.[42] Não se caracteriza como tal o encontro, o namoro, a correspondência epistolar, que poderão importar em injúria ao outro cônjuge, não assumindo as condições de adultério.

É certo que a Jurisprudência criou o conceito de *infidelidade moral*: mas esta é tratada não como hipótese de adultério, porém de injúria grave ao outro cônjuge.[43] Por outro lado, o ato sexual, mesmo consumado, não constitui adultério, se na sua determinação etiológica vem a faltar a *voluntariedade de ação*. Relações sexuais forçadas, ausência de indispensável elemento psíquico, incapacidade de discernimento retiram ao comportamento o cunho de infração de um dever jurídico. A matéria já fora entre nós objeto de preceituação legal (Decreto nº 181, de 24 de janeiro de 1890, art. 83, nº 1) e é considerada em nossa Doutrina e alheia.

Assentava o Código de 1916 que não podia ser alegado adultério (art. 319): 1º) se o cônjuge queixoso "houvesse concorrido" para que o outro cometesse, induzin-

---

36 TJRS – 7ª CC – AC 70021725817 – Rel.ª Des.ª Maria Berenice Dias – julg. em 23.04.2008.
37 Clóvis Beviláqua, *Direito de Família*, § 60.
38 Pontes de Miranda, *Direito de Família*, § 42; Orlando Gomes, *Direito de Família*, nº 122; Planiol, Ripert *et* Boulanger, *Traité Élémentaire*, v. I, nº 1.086.
39 Espínola, *A Família no Direito Civil Brasileiro*, p. 392, nota 7.
40 Cunha Gonçalves, *Direito de Família e Direito das Sucessões*, p. 94.
41 De Page, *Traité Élémentaire*, v. I, nº 859; Mazeaud, *Leçons*, v. I, nº 1.424.
42 Pontes de Miranda, ob. cit., § 42.
43 Carbonnier, *Droit Civil*, v. II, nº 20, p. 66; Clóvis Beviláqua, *Direito de Família*, § 60; Espínola, *A Família no Direito Civil Brasileiro*, nº 46.

do-o à sua prática, propiciando encontros, favorecendo-o por qualquer meio; 2°) se o cônjuge inocente houvesse perdoado o culpado, de modo expresso ou tácito. Este último é o que resultava de ter havido a coabitação dos cônjuges após o procedimento infiel, mas não basta a convivência sob o mesmo teto para presumi-lo. Somente se podia inferir na verificação de dois elementos: que tivesse havido a coabitação física, e que esta se desse após o conhecimento do adultério pelo cônjuge inocente. Essas regras não foram incorporadas, expressamente, ao Código de 2002.

O Código de 2002, como a Lei n° 6.515/1977, não alude à concorrência e ao perdão como fatos hábeis a ilidir a falta. Imputado que seja por um cônjuge ou outro, o perdão e a concorrência não podem deixar de ser considerados.

Rolf Madaleno refere-se à infidelidade virtual "quando um relacionamento erótico-afetivo é entretido através da internet, e se a comunicação permitir podem gerar encontros ortodoxos que terminem em intercurso sexual, consumando-se o adultério. Tanto um fato como o outro são relevantes ao Direito, porque podem levar à separação casual do casamento ou à dissolução da união estável".[44]

II – *Tentativa de morte.* Tem os seus extremos assentados no Direito Penal, os quais poderão ser transpostos para aqui. Bom será, contudo, ressaltar que não se exigia, para fundamentar o Desquite, houvesse condenação do agente no juízo criminal, embora fosse certo que a sua absolvição poderia ilidir a ação cível, se fundada em excludente de criminalidade, como a negação da autoria ou legítima defesa.

Comentando o art. 1.573 do Código Civil, Arnaldo Rizzardo esclarece que "basta a comprovação, nos próprios autos da separação, de uma atitude que represente o atentado à vida. Nas doenças e nos perigos contra a saúde e a vida, se o cônjuge mantém-se inerte, deixando de chamar o médico ou de acorrer ou afastar o perigo ou para dar condições de atendimento hospitalar, pode-se invocar o mesmo fundamento".[45]

III – *Sevícias e injúria grave.* Sevícias são os maus-tratos, ofensas físicas, agressão, toda espécie de atentado à integridade corporal do outro cônjuge; genericamente, pode como tal ser invocado o ensinamento de Pothier, qualificando assim todos os maus-tratos corporais.[46] Mais ostensivamente, seria a agressão física. Mas também outros atos vexatórios, os quais, em algumas comunidades, podem ter diferentes reflexos, mas podem ser considerados, inclusive, como injúria.[47] Por isso mesmo o Código Civil os coloca no mesmo inciso, como fez o Código francês com os chamados "excessos". Embora o Código de 2002 se lhes refira no plural (sevícias), basta um ato isolado de agressão ou mau tratamento. Sua prova pode fazer-se por qualquer meio, desde o exame por médico-legista até as testemunhas. Mas sua apreciação (como também no caso de injúria) tem caráter relativo, em função do ambiente social ou dos hábitos domésticos.

---

44 Rolf Madaleno. *Curso de Direito de Família.* Rio de Janeiro, Forense, 2008, pp. 149-150.
45 Arnaldo Rizzardo, *Direito de Família.* Rio de Janeiro, Forense, 2008, p. 300.
46 Pothier, *Oeuvres,* v. VI, *Traité du Mariage,* n° 509.
47 Pontes de Miranda, ob. cit., § 42.

Injúria grave. É todo ato que implique ofensa à integridade moral do cônjuge. Em termos gerais, é a ofensa à honra,[48] portanto, conduta desonrosa.

Não coincide sua conceituação com a figura criminal. Esta, obviamente, é de molde a fundamentar a dissolução da sociedade conjugal. Mas justificam-na também palavras e gestos ultrajantes; quaisquer ofensas à respeitabilidade do outro cônjuge;[49] a transmissão de moléstia venérea; a imputação caluniosa de adultério;[50] a injusta recusa das relações sexuais;[51] o ciúme infundado, gerando clima de intranquilidade (Moura Bittencourt); toda sorte, enfim, de atos que agravam a honra, a boa fama, a dignidade do cônjuge ou lhe tragam situação vexatória ou humilhante no seu meio social ou familiar.

Para o nosso direito, não há mister a reiteração do comportamento injurioso, como se exige no direito francês. Mas, por outro lado, a conveniência ou coabitação dos cônjuges não induz perdão tácito. Ao revés, as injúrias se acumulam. O que é de se considerar, no procedimento injurioso, é o caráter intolerável à sobrevivência da vida conjugal.[52] Por isso mesmo, o juiz deverá apreciá-la como circunstância de fato, que percute diversamente no ânimo do queixoso, tendo em vista o meio social em que vive, a sua educação, a sua maior ou menor sensibilidade moral, em face dos condicionamentos anteriores etc. De outro modo dito, o conceito de injúria é relativo e tem de ser apreciado com este caráter.[53] O mesmo fato que num determinado ambiente ou numa certa classe é injurioso, em condições diversas, não o é, e pode constituir mesmo um procedimento normal.

IV – *Abandono*. Pela redação original do Código Civil de 1916, para se erigir o abandono em causa do antigo desquite, era necessário o decurso de 2 anos contíguos. O Código Civil de 1916 exigia também a comprovação de que:

1 – Fosse "voluntário", deixando o cônjuge espontaneamente o lar. Se o fizesse expulso, compelido pelos maus-tratos ou comportamento irregular do outro, ou movido pelo receio de violências ou ameaças, faltaria este requisito.

Cumpria apurar as razões da deserção.

2 – Fosse "injusto", isto é, não estivesse em motivação de interesse da família. Assim, afastando-se do lar o cônjuge inspirado no propósito de obter, em outro local, melhores condições econômicas ou de saúde, ou motivado pelo desejo de proporcionar aos filhos melhores condições de educação ou de prosperidade, não se dava no abandono hábil a fundamentar pedido de desquite.[54]

É na separação livremente consentida (Cunha Gonçalves), que podia resultar de acordo expresso ou de anuência tácita, mas sem o *animus* de determinar a separação do casal. Procedendo o marido por capricho ao mudar o domicílio do casal, não o

---

48 De Page, nº 863.
49 Clóvis Beviláqua, ob. cit., § 60.
50 Pontes de Miranda, ob. cit., § 42; Moura Bittencourt, p. 99.
51 De Page, nº 869.
52 Planiol, Ripert *et* Boulanger, *Traité Élémentaire*, v. I, nº 1.097.
53 Arnoldo Wald, *Do Desquite*, p. 113.
54 Clóvis Beviláqua, ob. cit., § 60.

abandonava a mulher se se recusava a acompanhá-lo (Lei n° 4.121, de 27 de agosto de 1962, art. 1°, II), recorrendo ao juiz no caso de a deliberação prejudicá-la.

3 – Fosse "prolongado", quer dizer, não era qualquer abandono, porém o que se estendesse por prazo não inferior a dois anos contínuos, hoje entendido um tempo superior a "um ano contíguo" (art. 1.573, IV). O prazo conta-se de quando o cônjuge deixou o domicílio do casal, e um ano há de estar completo na data do ingresso em Juízo.

Sem embargo de opiniões em contrário, deve-se considerar com reserva tal fundamento quando se pretender, com ele, autorizar a separação judicial. Se se realiza qualificadamente, pode ser invocado como causa diversa (adultério ou injúria). No direito francês, onde não se menciona o abandono como causa de divórcio, é ele considerado pela Jurisprudência como injúria, independentemente do tempo decorrido.[55] Ausências intermitentes não o caracterizam, e nem é lícito somar tempos destacados de afastamento, para computar o prazo da lei. Mas, reversamente, não é de se confundir o abandono com a ausência.[56] Esta, em sentido técnico, pressupõe o desconhecimento do local onde se encontre a pessoa, aliado à falta de notícias, e pode ser causada até por determinantes incoercíveis como a guerra, o desaparecimento acidental etc. O abandono, justificativo do antigo "desquite" e para a "separação judicial", requer o elemento anímico da voluntariedade, e pode caracterizar-se mesmo que se soubesse onde se encontrava o que o pratica, e ainda que residisse na mesma localidade.

Convivendo embora no mesmo domicílio, constitui abandono sujeito à sanção legal o fato de um cônjuge relegar ao desamparo o outro cônjuge ou os filhos, deixando de ministrar o necessário ao sustento, como ainda faltando ao dever de assistência moral à família. Diversamente do "abandono" mencionado no art. 1.573 do Código Civil de 2002, que somente se caracteriza se prolongado por um ano, basta a este que se caracterize para constituir violação dos deveres conjugais.

V – *A condenação por crime infamante*. Foi incluída no art. 1.573, V, como fundamento para a separação judicial litigiosa.

O crime infamante é aquele de extrema gravidade que repercute negativamente pelos propósitos vis de quem o praticou. Vem a ser crime torpe, vil, abjeto, hediondo, odioso, desonroso, que traz má fama. Nessa visão catalogam algumas espécies mais comuns, como o estupro, o sequestro, o tráfico de entorpecentes, o crime de morte contra crianças, idosos, pais, irmãos, avós, os atos de terrorismo, os assaltos, o incêndio provocado em moradias, o envenenamento, ou seja, toda aquela gama de delitos que chama atenção pela brutalidade, ou atrocidade, pela insensibilidade, pela frieza de sentimentos humanos, pela desproporção física entre o delinquente e a vítima. A lei impõe a condenação para que sirva como motivo para a separação.[57]

Os crimes infamantes traduzem um vício de personalidade tal, por parte do agente do crime, que tornam absolutamente incompatíveis o interesse coletivo na

---

55 Planiol, Ripert *et* Boulanger, *Traité Élémentaire*, v. I, n° 1.069.
56 Cunha Gonçalves, *Direitos de Família*, p. 96; Pontes de Miranda, ob. cit., § 42.
57 Arnaldo Rizzardo, *Direito de Família*, Rio de Janeiro, Forense, 2008, p. 304.

prestação de um serviço confiável e de qualidade e o forte receio de que o interessado venha novamente a revelar o grave vício de conduta já externado.[58]

VI – *Conduta desonrosa*. Não existe um critério preordenado para a definição do que se compreende como conduta desonrosa, prevista no art. 1.573, VI. É de se considerar todo comportamento de um dos cônjuges, que implique granjear menosprezo no ambiente familiar ou no meio social em que vive o casal. Assim se devem entender os atos degradantes como o lenocínio, o vício do jogo, o uso de tóxicos, a condenação por crime doloso, especialmente que impliquem a prática de atos contra a natureza, os delitos sexuais, o vício da embriaguez. Esta referência é meramente exemplificativa. Não é possível arrolar todos os atos que possam constituir conduta desonrosa de um cônjuge. Cabe ao juiz, em cada caso, examinando as circunstâncias materiais da espécie, e tendo em vista o ambiente familiar, o grau de educação e de sensibilidade do cônjuge, e quaisquer outros elementos informativos, decidir se a imputação procede e se a conduta do cônjuge tem efetivamente o caráter desonroso.

Não é anômalo deixar à apreciação judicial a conduta desonrosa. Igual dose de subjetivismo já vem do direito tradicional, seja na apreciação do *error in persona*, como causa da anulação do casamento, ao dizer o legislador que assim se considera aquele que torne insuportável a vida em comum (novo Código Civil, art. 1.557, I), seja na determinação da injúria como causa da separação judicial que a jurisprudência desloca das palavras ofensivas ou da caracterização do delito de injúria, para abranger o comportamento do outro cônjuge ofensivo à integridade moral do injuriado.

Transportada a "conduta desonrosa" para o art. 1.573 entre os fundamentos da "Separação Judicial Litigiosa", coube também ao art. 1.572 do Código de 2002 indicar fundamentos, buscando os subsídios do *caput* do art. 5º da Lei nº 6.515/1977 e declarando expressamente: "Qualquer dos cônjuges poderá propor a ação de separação judicial, imputando ao outro qualquer ato que importe grave violação dos deveres do casamento e torne insuportável a vida em comum."

A "violação dos deveres matrimoniais", posto que elástica, é menos imprecisa. Partindo-se de que são conhecidos e definidos os deveres conjugais (fidelidade recíproca, vida em comum no domicílio conjugal, mútua assistência, sustento, guarda e educação dos filhos, previstos no art. 1.566), genericamente podem alinhar-se, como violações dos deveres matrimoniais, todos os atos que se traduzem em infração dessas obrigações que o legislador impõe aos cônjuges.

Sem precedentes em nossa legislação, o Código Civil de 2002 previu a possibilidade de o juiz "considerar outros fatos que tornem evidente a impossibilidade da vida em comum", permitindo-lhe identificar novos fundamentos para a separação judicial.

Propõe Rodrigo da Cunha Pereira que, a partir deste dispositivo, é possível alegar em Juízo que a falta de amor, carinho e afeto tornaram a vida conjugal impossível. Também se pode alegar que é impossível a vida conjugal se o desejo não está mais ali. E conclui: "... este, aliás, é o fato realmente relevante e verdadeiro de uma separação.

---

58 Manuel Duarte Corrêa, <www.centraldeconcursos.com.br/juridico/juridico.html>. Acesso em 08.11.2002.

É o desejo que une, mas também separa. Deveríamos alegar numa separação litigiosa, não que o outro é culpado, desonrou o lar etc., mas simplesmente que o amor acabou".[59]

Neste sentido decidiu a 3ª Turma do STJ, tendo como Relatora a Ministra Nancy Andrighi, ao reconhecer que "verificada a insuportabilidade da vida conjugal, em pedidos de separação com recíproca atribuição de culpa, por meio de ação e reconvenção, e diante da ausência de comprovação dos motivos apresentados conforme posto no acórdão impugnado, convém seja decretada a separação do casal, sem imputação de causa a nenhuma das partes".[60]

406-A. Divórcio no exterior

Os problemas advindos do divórcio realizado no exterior foram em parte solucionados. O que predominava como Jurisprudência do Supremo Tribunal Federal era que a sentença de divórcio não era homologada sem trânsito em julgado, nem produzia efeitos o divórcio obtido por procuração, em país de que os cônjuges não eram nacionais (Súmula nº 381/STF).

Em relação ao cônjuge brasileiro, a sentença tinha o mesmo efeito da proferida em processo de desquite, subsistindo, portanto, o impedimento matrimonial.

A Lei nº 6.515/1977 aludiu a um ponto de especial relevância, relativo ao regime de bens: o estrangeiro casado, que se naturalizar brasileiro, pode, com a anuência de seu cônjuge, requerer ao juiz, no ato de entrega do decreto de naturalização, que seja no mesmo postulada a adoção do regime de comunhão parcial de bens, respeitados os direitos de terceiros e promovido o competente registro.

O prazo de três anos para que o divórcio realizado no estrangeiro fosse reconhecido no Brasil se ambos os cônjuges fossem brasileiros perdeu importância em decorrência das mudanças relativas à redução do prazo para o divórcio direto e para a conversão, estes revogados pela Emenda Constitucional nº 66 de 2010. Quando o prazo era de três anos homologavam-se as sentenças de divórcio estrangeiras com efeito de separação judicial até que se cumprisse o lapso temporal.[61]

Na hipótese do casamento celebrado no exterior, estando o casal domiciliado no Brasil, será competente a justiça brasileira para processar o feito.

---

59 Rodrigo da Cunha Pereira, "Separação e Divórcio: reflexões sobre a prática", in *Direito de Família: processo, teoria e prática* (coords.: Rolf Madaleno e Rodrigo da Cunha Pereira), Rio de Janeiro, Forense, 2008, p. 22.
60 Completa a referida Decisão da 3ª Turma do STJ: "... ressalte-se que, após a sentença de improcedência dos pedidos de separação com culpa, as partes formularam petição conjunta pleiteando a dissolução do vínculo conjugal, com fundamento no art. 1.573 do CC/2002, e mesmo assim não alcançaram o desiderato em 2º grau de jurisdição. Dessa forma, havendo o firme propósito de dissolução do vínculo matrimonial, nada obsta que o decreto de separação-sanção seja modificado para o de separação-remédio". Recurso especial conhecido e provido (STJ – 3ª Turma – REsp. nº 783137/SP – Rel.ª Min.ª Nancy Andrighi – *DJ* de 25.09.2006).
61 Nádia de Araújo, *Direito Internacional Privado: Teoria e Prática*, p. 400.

Por orientação da Constituição Federal (art. 105, I, i), é do Superior Tribunal de Justiça a competência para a homologação de sentença estrangeira se o divórcio ocorreu no exterior. Conclama-se a aplicação pelo juiz do § 5º do art. 7º da Lei de Introdução às Normas do Direito Brasileiro relativa ao regime de bens.

Quando se tratar de divórcio consensual simples ou puro, ou seja, aquele que consiste exclusivamente na dissolução do matrimônio, a sentença estrangeira poderá ser averbada diretamente em Cartório de Registro Civil das Pessoas Naturais, sem a necessidade de homologação judicial, por força do Provimento n. 53, de 16 de maio de 2016, do Conselho Nacional de Justiça – CNJ. O referido Provimento buscou regulamentar a averbação direta de sentença estrangeira de divórcio, atendendo à redação do art. 961, § 5º, do CPC/2015, que estabelece que "a sentença estrangeira de divórcio consensual produz efeitos no Brasil, independentemente de homologação pelo Superior Tribunal de Justiça". Ressalta-se que, havendo disposição sobre guarda de filhos, alimentos e/ou partilha de bens, continua sendo necessária a prévia homologação pelo STJ.

O Código Civil não cuidou deste aspecto, mantendo-se, nesta matéria, os princípios da "Lei de Introdução às normas do Direito Brasileiro" de 1942 e as modificações introduzidas pela normativa internacional.

Cabe observar, por fim, que, consoante entendimento consubstanciado pela 4ª Turma do STJ, "Ainda que o princípio da soberania impeça qualquer ingerência do Poder Judiciário Brasileiro na efetivação de direitos relativos a bens localizados no exterior, nada impede que, em processo de dissolução de casamento em curso no País, se disponha sobre direitos patrimoniais decorrentes do regime de bens da sociedade conjugal aqui estabelecida, ainda que a decisão tenha reflexos sobre bens situados no exterior para efeitos da referida partilha".[62]

407. Direito ao nome: os efeitos do divórcio

Inicialmente, merecem destaque algumas referências legislativas, relativas ao direito da mulher de manter o nome de casada ou a obrigação de perdê-lo. Embora o casamento não crie laços de parentesco entre os cônjuges, a mulher, ao acrescer com o casamento o apelido do esposo, acolhe-o para a sua identidade civil.

No Brasil, a primeira regulamentação foi o Decreto nº 181/1890, por ocasião da Proclamação da República. Ao instituir o casamento civil, indicou como efeito "conferir à mulher o direito de usar o nome de família do marido e gozar de todas as honras e direitos que, pela legislação brasileira, se possam comunicar a ela". Destaque-se, ainda, que o Decreto nº 4.857/1939 foi o primeiro a fixar normas quanto ao assento do nascimento, alterado no mesmo ano pelo Dec. nº 5.318, que autorizou o interessado a "alterar seu nome, desde que não modificasse os apelidos de família".

---

[62] STJ – 4ª Turma – REsp 1.552.913/RJ – Rel. Min. Maria Isabel Gallotti – Julg.: 08.11.2016 – *DJe* 02.02.2017.

A redação original do parágrafo único do art. 240 do Código Civil de 1916 estabelecia que a mulher assumia pelo casamento, com os apelidos do marido, a condição de companheira. Da mesma forma, a Lei nº 4.121/1962 determinou que a mulher assume, pelo casamento, os apelidos do marido e a condição de companheira, consorte e colaboradora na administração do patrimônio comum. A Lei nº 6.515/1977 introduziu importante modificação ao declarar que "a mulher pode acrescer, aos seus, os apelidos do marido".

A Doutrina e a Jurisprudência vinham enfrentando controverso debate no que concerne ao art. 17 da lei divorcista, outorgando à mulher o direito de optar por manter o nome de casada, salvo se fosse vencida na ação de Separação Judicial (art. 5º, *caput*) ou se fosse dela própria a iniciativa da separação judicial quando fundada nos §§ 1º e 2º do mesmo art. 5º. Caio Mário sempre se pronunciou com reservas sobre a obrigação de retirar o patronímico do ex-cônjuge naquelas hipóteses. Vencedora na ação podia, a qualquer tempo, renunciar ao apelido marital (arts. 17 e 18). Não ofende a qualquer preceito legal se os cônjuges, no processo de separação, acordarem em que a mulher conserve o patronímico do marido, a benefício de seus interesses ou na preservação da identidade dos filhos. Finalmente, ao casar-se fora dado a ela a opção de acrescer aos seus os apelidos do marido.

Grandes mudanças ocorreram após a Lei nº 8.408/1992, ao incluir o parágrafo único ao art. 25 da Lei nº 6.515/1977. Declara expressamente que "a sentença de conversão determinará que a mulher volte a usar o nome que tinha antes de contrair matrimônio, só conservando o nome de família do ex-marido se a alteração prevista neste artigo acarretar: I – evidente prejuízo para a sua identificação; II – manifesta distinção entre o seu nome de família e o dos filhos havidos da união dissolvida; III – dano grave reconhecido em decisão judicial".

Naquela oportunidade, vários questionamentos se apresentaram na busca de se saber se aplicar-se-ia o mesmo princípio também no divórcio direto litigioso ou consensual; igualmente, indagava-se se aquela norma traduzia uma imposição ou uma mera faculdade para o Juiz decidir se a mulher devia voltar ou não a usar o nome de solteira.

Indaga-se, finalmente, se os apelidos adquiridos pelo casamento representam o direito da personalidade da mulher; pode ela optar por manter ou tirar ou é um direito da personalidade do homem que tem a prerrogativa de impor a exclusão do nome de sua família?

Há que se ressaltar que as exceções indicadas não refletem um princípio de ordem pública. Não se pode dizer que esta norma tem repercussão na vida coletiva, exigindo a imperatividade do comando estatal, a exemplo da obrigação de prestar alimentos a filhos menores, princípio inderrogável pela vontade das partes. Sobretudo, se o acordo de separação que determina as condições relativas ao nome é anterior à Lei nº 8.404/1992, decisão judicial posterior não poderá impor a mudança por ocasião do Divórcio, se assim não optaram os ex-cônjuges.

Gustavo Tepedino chama a atenção para o fato de que "a perda do nome de família no Código de 2002, seguindo a esteira da Lei nº 8.408/1992, desvincula-se da ideia de culpa embora pudesse ser questionada a constitucionalidade da solução legal que, em última análise, viola o direito à identidade pessoal da mulher no que concerne ao nome. Afinal, com o casamento, o nome de família integra-se à personalidade da mulher, não mais podendo ser considerado como um nome apenas do marido".[63]

Neste sentido decidiu o Tribunal de Justiça do Rio Grande do Sul: "... a manutenção ou alteração do nome de casada é uma faculdade da mulher por tratar-se de direito personalíssimo, revelando-se descabida a alteração por imposição legal."[64]

Repugna a ideia de que, se a mulher teve a iniciativa da ação de divórcio direto fundado na separação de fato, perdesse ela o direito de continuar usando o nome do ex-marido, se assim optaram, de comum acordo por ocasião do casamento.

No que concerne às hipóteses ali elencadas, há que se compreender o "evidente prejuízo à sua identificação", quando o sobrenome do marido incorporou-se ao nome da mulher por qualidades próprias.

Tratando-se de "manifesta distinção entre o seu nome de família e o dos filhos havidos da união dissolvida", admitiu o legislador situações em que representa efetiva importância para a mulher e para os filhos terem o mesmo sobrenome.

Sobre o tema, eis a decisão do STJ: "... reconhecida pela instância originária (ordinária) que ao deixar a mulher de usar o nome de casada ocorrerá manifesta distinção entre o seu nome de família e dos filhos havidos da união dissolvida, não tem força bastante o fundamento da maioridade da prole, invocado pelo acórdão para reformar a sentença, porquanto trata-se de requisito não contemplado pela lei de regência."[65]

Quanto ao "dano irreparável reconhecido por decisão judicial", Benedito Silvério Ribeiro dá como exemplo a situação em que o nome do marido foi atribuído ao estabelecimento comercial da mulher e registrado como firma comercial.[66]

Esclareça-se que tais exceções foram incluídas no Código de 2002 como decorrentes da separação judicial. Determina o art. 1.578 que "o cônjuge declarado culpado na ação de separação judicial perde o direito de usar o sobrenome do outro, desde que expressamente requerido pelo cônjuge inocente" quando lhe acarretar os constrangimentos anteriormente indicados.

Rolf Madaleno afirma que, em princípio, a mulher não pode mudar seu nome enquanto não houver sentença transitada em julgado. Considerando, no entanto, que na separação ou divórcio qualquer sentença vai decidir sobre os apelidos de casada da mulher, determinando sua manutenção ou sua supressão, nada impede que a tutela seja antecipada à mulher se se considerar que é dela a opção do retorno ao nome de

---

63 Gustavo Tepedino, "O papel da culpa na Separação e no Divórcio", in *Temas de Direito Civil*, Rio de Janeiro, Renovar, 2004, p. 426.
64 TJRS – Ap. Cível 70013545751 – Rel.ª Des.ª Maria Berenice Dias – *DJ* de 21.12.2005.
65 REsp. nº 247949/SP – 4ª Turma – Rel. Min. Fernando Gonçalves – *DJ* de 11.05.2004.
66 Benedito Silvério Ribeiro, "Mulher Casada: Aquisição e Perda do nome", in *REP-Apamaris*, p. 62, 1996.

solteira. O autor reconhece também ao marido o direito de requerer que a mulher subtraia antecipadamente o apelido de casada.[67]

No divórcio direto consensual deve ser mantido o que foi acordado entre os ex--cônjuges, salvo opção da mulher por alterá-lo.

Os Tribunais têm enfrentado outras situações relativas ao nome, sobretudo a partir da Carta de 1988, ao assegurar ao homem e à mulher a igualdade no que concerne aos direitos e deveres que resultam do casamento.

O retorno ao nome anterior tem suscitado decisões contraditórias, ora indicando o nome de solteira ou a opção pelo sobrenome do casamento anterior. Admite-se, em caráter excepcional, a possibilidade de o ex-cônjuge varão postular judicialmente o cancelamento pela ex-esposa de seu patronímico de casada mantido no divórcio, comprovado o efetivo prejuízo aos seus negócios em razão do comportamento antissocial e profissional da mesma.

Tomando por base a igualdade constitucional entre cônjuges e buscando encerrar as controvérsias que envolvem tema, o Código Civil posicionou-se de forma inovadora. Consta do § 1º do art. 1.565 que "qualquer dos nubentes, querendo, poderá acrescer ao seu o sobrenome do outro".

O § 2º do art. 1.571 destaca que, "dissolvido o casamento pelo divórcio direto ou por conversão, o cônjuge poderá manter o nome de casado, salvo, no segundo caso, dispondo em contrário a sentença de separação judicial".

Conclui Rolf Madaleno "o cônjuge culpado pela separação judicial voltará a usar o sobrenome de solteiro quando assim tenha sido requerido pelo vencedor da demanda e não se verificarem as exceções do art. 1.578 do Código Civil".[68]

Destaca-se o entendimento consubstanciado no julgamento do REsp 1.279.952-MG,[69] de relatoria do Ministro Ricardo Villas Bôas Cueva, no qual foi apontado que é direito subjetivo da pessoa retificar seu sobrenome no registro de nascimento de seus filhos após divórcio, por meio da averbação da alteração realizada após o desenlace. Nesse sentido, destaca-se o art. 57 da Lei de Registros Públicos, alterado recentemente pela Lei nº 14.382/2022, que determina que, apresentando-se os documentos necessários, a alteração de sobrenome poderá será requerida perante o oficial de registro civil, independentemente de autorização judicial. Posteriormente, esta será averbada aos registros de nascimento e casamento.

Antes da alteração realizada pela Lei nº 14.382/2022, a LERP admitia a alteração do nome civil apenas excepcionalmente e de forma motivada, com a devida apreciação judicial, ressalvado o direito de terceiros.

A 3ª Turma do STJ também já se manifestou no sentido da possibilidade de restabelecimento do nome de solteira com a morte do cônjuge, mesmo diante de pre-

---

[67] Rolf Madaleno, *Aspectos Polêmicos em Direito de Família*, Porto Alegre, Livraria do Advogado, 1999, pp. 164-165.
[68] Rolf Madaleno, *Curso de Direito de Família*, Rio de Janeiro, Forense, 2008, p. 270.
[69] STJ – REsp nº 1.279.952/MG – Rel. Min. Ricardo Villas Bôas Cueva – julg. em 03.02.2015 – *DJe* 12.02.2015.

visão legal específica. A Relatora Ministra Nancy Andrighi apontou que "Impedir a retomada do nome de solteiro na hipótese de falecimento do cônjuge implicaria em (sic) grave violação aos direitos da personalidade e à dignidade da pessoa humana após a viuvez, especialmente no momento em que a substituição do patronímico é cada vez menos relevante no âmbito social, quando a questão está, cada dia mais, no âmbito da autonomia da vontade e da liberdade e, ainda, quando a manutenção do nome pode, em tese, acarretar ao cônjuge sobrevivente abalo de natureza emocional, psicológica ou profissional, em descompasso, inclusive, com o que preveem as mais contemporâneas legislações civis".[70]

Já entendeu, ainda, a mesma Turma do STJ, que a revelia em ação de divórcio na qual se pretende também a exclusão do patronímico adotado por ocasião do casamento não significa concordância tácita com a modificação do nome civil. No caso, o marido ajuizou a ação de divórcio requerendo a exclusão do patronímico adquirido pela esposa por ocasião do casamento, não havendo contestação. Os Ministros entenderam que o fato de ex-cônjuge ter sido revel, todavia, não induz à procedência do pedido de exclusão do patronímico adotado anteriormente, sendo inadmissível deduzir que a ausência de contestação equivaleria a alguma espécie de aquiescência ou concordância tácita para com a pretensão de retorno ao nome de solteira.[71]

407-A. LEI Nº 11.924, DE 17.04.2009 – ACRÉSCIMO DO SOBRENOME DO PADRASTO

O acréscimo do sobrenome do padrasto foi autorizado pela Lei nº 11.924, de 17 de abril 2009, conhecida popularmente como "Lei Clodovil", da autoria do Deputado Clodovil Hernandes (PR-SP), falecido em 2009. Na justificativa, o autor do projeto pretendeu beneficiar as "pessoas que, estando em seu segundo ou terceiro casamento, criam os filhos de sua companheira ou companheiro como se seus próprios filhos fossem". Argumentava que os enteados, muitas vezes, "têm mais intimidade com o padrasto ou a madrasta do que com o próprio pai ou a mãe", que, em alguns casos, acabam por acompanhar a vida dos filhos a distância. Para ele, "seria natural, portanto, que surgisse, na enteada ou no enteado, o desejo de utilizar o nome da família do padrasto ou da madrasta". Também considerou desnecessário fixar prazo mínimo de convivência do casal, argumentando que tal medida já está prevista no parágrafo 3º do artigo 57: mínimo de cinco anos.

A recente Lei do Sistema Eletrônico de Registros Públicos (Lei nº 14.382/2022) alterou o § 8º do art. 57 da Lei dos Registros Públicos (Lei nº 6.105/1973), passando a permitir, ao enteado ou à enteada, havendo motivo justificável, requerer ao oficial de registro civil a averbação, nos registros de nascimento e de casamento, do nome

---

70 STJ – 3ª Turma – REsp 1.724.718/MG – Rel. Min. Nancy Andrighi – Julg. 22.05.2018 – DJe 29.05.2018.
71 STJ – 3ª Turma – REsp 1.732.807/RJ – Rel. Min. Nancy Andrighi – Julg. 14.08.2018 – DJe 17.08.2018.

de família de seu padrasto ou madrasta, "desde que haja expressa concordância destes, sem prejuízo de seus sobrenomes de família".

Anteriormente, o requerimento deveria ser feito ao juiz competente, de modo que a alteração dependia sempre de autorização judicial e só era possível se houvesse "motivo ponderável".

Ao considerar vários tipos de composição familiar, Heloisa Szymanski destaca que "as trocas afetivas na família imprimem marcas que as pessoas carregam a vida toda, definindo direções no modo de ser com os outros afetivamente, e no modo de agir com as pessoas. Esse ser com os outros, apreendidos com pessoas significativas, prolonga-se por muitos anos e frequentemente projeta-se nas famílias que se formam posteriormente".[72]

A possibilidade de incluir o sobrenome do padrasto representa um componente significativo nessa evolução do sistema jurídico brasileiro e nos reporta às famílias reconstituídas, marcadas pelo compromisso e a responsabilidade. Cabe ao julgador cuidadoso avaliar os motivos que conduziram o requerente àquela pretensão. Não só o pedido deve ser fundamentado, como devem ser claras as razões do padrasto ao consentir neste acréscimo. Finalmente, o nome civil da pessoa é seu elemento identificador na sociedade. Trata-se de direito de personalidade, assim expresso no art. 16 do Código Civil Brasileiro. Alerte-se que o direito do uso do nome do padrasto não está vinculado à perda do poder familiar do pai biológico. Pela leitura da "Lei Clodovil", é necessário que seja mantido o nome original, ao qual será "acrescido" o sobrenome do padrasto.[73]

Sugere Waldyr Grizard Filho, em manifestação anterior à nova lei, que, para o acréscimo do sobrenome do padrasto, "são pressupostos mínimos e necessários tratar-se de criança e adolescente que conviva com o genitor e seu cônjuge ou companheiro e se maior de 12 anos, preste seu consentimento, não tendo paternidade determinada ou já falecida". Diante da indagação sobre a possibilidade de cancelar este acréscimo, o mesmo autor admite, inclusive, que, alcançada a maioridade ou dissolvida a nova união, é possível ao filho afim recuperar o patronímico de origem.[74]

Destaque-se o julgado da Segunda Seção do Superior Tribunal de Justiça, em 18 de dezembro de 2008, que manteve a Decisão do Tribunal de Justiça de São Paulo, autorizando a inclusão do nome familiar do padrasto ao sobrenome de seus enteados, criados por ele desde pequenos. O desejo de uma pessoa de assumir o

---

[72] Heloisa Szymanski "Viver em família como experiência de cuidado mútuo: desafios de um mundo em mudança" in Revista Serviço Social e Sociedade. n. 71 – ANO XXIII – São Paulo: Cortez, 2002, pp. 10/11.

[73] Tânia da Silva Pereira e Antônio Carlos Mathias Coltro "A socioafetividade e o cuidado: o direito de acrescer o sobrenome do padrasto", in Direito das Famílias – contributo do IBDFAM em homenagem a Rodrigo da Cunha Pereira (org. Maria Berenice Dias). São Paulo: RT; IBDFAM, 2009, pp. 354/355.

[74] Waldyr Grizard Filho, in Famílias Reconstituídas nas uniões depois das separações. São Paulo: Revista dos Tribunais, 2007, pp. 183/184.

nome familiar do padrasto – que tenha sido por ela responsável desde criança – foi considerado motivo suficiente para a modificação do seu sobrenome. A Rel.ª Min.ª Nancy Andrighi, no Recurso Especial n° 1.069.864/DF, destacou a situação constrangedora de mãe e filha terem que portar cópia da certidão de casamento com a respectiva averbação para comprovarem a veracidade dos nomes na certidão de nascimento, bem como a inexistência de prejuízo para terceiros. Daí a solução justa e humana, sem levar em conta o rigorismo da lei registrária, para conforto dos interesses da criança, assegurados na Lei n° 8.069/1990 (ECA), em harmonia com iguais interesses manifestados por seus genitores. A parentalidade socioafetiva já é definitivamente reconhecida no direito brasileiro.[75]

407-B. Proteção dos filhos na separação e no divórcio – Guarda compartilhada

Destinou a Lei n° 10.406/2002 um capítulo especial à proteção dos filhos, embora tenha o Código Civil de 2002 recepcionado alguns princípios previstos nos arts. 9° a 13 da Lei n° 6.515/1977, indicados como diretrizes na separação judicial e no divórcio. Em face dos conflitos dos pais, há que se reconhecer a intenção do legislador em atender à proteção dos filhos em quaisquer circunstâncias, mesmo fora do processo judicial de rompimento da sociedade conjugal.

Com a entrada em vigor da Lei n° 11.698, de 13 de junho de 2008, relativa à "Guarda Compartilhada", foram alterados os arts. 1.583 e 1.584 do Código Civil.

A aprovação legislativa buscou atender ao melhor interesse dos filhos, cabendo àqueles que exercem o poder familiar tê-los em sua companhia na forma participativa e igualitária.

O art. 1.583 do Código Civil, com a nova redação, define a *guarda unilateral* como aquela que é atribuída a um só dos genitores ou a alguém que o substitua, devendo ser concedida ao genitor que revele melhores condições para exercê-la e, objetivamente, mais aptidão para propiciar aos filhos afeto nas relações com o genitor e com o grupo familiar; saúde e segurança e educação. A *guarda compartilhada* é identificada como "a responsabilização conjunta e o exercício de direitos e deveres do pai e da mãe que não vivam sob o mesmo teto, concernentes ao poder familiar dos filhos comuns" (§ 1° do art. 1.583 do CC).

A *guarda compartilhada* é identificada como "a responsabilização conjunta e o exercício de direitos e deveres do pai e da mãe que não vivam sob o mesmo teto, concernentes ao poder familiar dos filhos comuns" (§ 1° do art. 1.583 do CC).

Diminuindo de forma significante os sentimentos de culpa e frustração do genitor não guardião pela ausência de cuidados em relação aos filhos, a guarda compartilhada envolve ambos os pais nas funções formativa e educativa dos filhos menores, buscando reorganizar as relações entre todos. Para Ana Carolina

---

[75] STJ – 3ª Turma – REsp. n° 1.069.864/DF – Rel. Min. Nancy Andrighi – Julg. em 18.12.2008 – *DJe* 03.02.2009.

Silveira Akel, a guarda compartilhada confere aos pais maiores responsabilidades e garante a ambos um relacionamento melhor do que o oferecido pela guarda uniparental.[76]

Embora a criança tenha o referencial de uma residência principal, fica a critério dos pais planejar a convivência em suas rotinas quotidianas. A intervenção do magistrado se dará apenas com o objetivo de homologar as condições pactuadas, ouvido o Ministério Público. Conscientes de suas responsabilidades quanto ao desenvolvimento dos filhos, esta forma de guarda incentiva o contínuo acompanhamento de suas vidas.

Alerte-se, no entanto, que este tipo de guarda na separação exige um efetivo entendimento entre os genitores; disputas permanentes, desrespeito e desavenças devem orientar para o sistema tradicional de regulamentação da convivência, sem afastar o direito de o genitor descontínuo participar das decisões relativas aos filhos.

Nesse sentido, a Terceira Turma do STJ[77] entendeu que a guarda compartilhada não impede que a criança se mude para o exterior com apenas um de seus genitores. Entende-se que para plenitude desse regime de guarda não é necessário divisão da custódia física do menor. Mesmo porque a convivência e divisão de responsabilidades pode ser alcançada com o auxílio da tecnologia. No mais, o Tribunal entende que, observando o princípio do melhor interesse da criança, devem ser levados em consideração os efeitos positivos da alteração do domicílio na qualidade de vida e bem-estar do menor.

Seja qual for a forma de convivência dos genitores com os filhos, não se pode deixar de enfatizar a importância do pernoite com o genitor não guardião. É um direito da criança ter convívio pleno com cada um dos pais e um dever-direito de cada genitor apoiar psicologicamente seus filhos em cada um dos momentos de suas vidas, quer durante o dia, quer durante a noite. Para Eliana Riberti Nazareth, "sob essa perspectiva, pernoitar na casa do genitor não guardião é uma maneira de minimizar possíveis consequências negativas da perda inevitável de contato cotidiano que ocorre após a separação conjugal. É também um modo de assegurar que, apesar de os pais terem se separado, a criança não será deles separada e não será penalizada pela decisão dos adultos. Também a favor do pernoite deve-se levar em consideração que é durante a noite que aparecem mais intensamente as ansiedades próprias da idade e as emoções vividas pela criança em situação de separação de seus pais, o que torna de extrema importância que cada um dos pais tenha a oportunidade de compartilhar desses momentos com seus filhos".[78]

---

76 Ana Carolina Silveira Akel, *Guarda Compartilhada: um avanço para a Família*, São Paulo, Atlas, 2008, p. 107.
77 Disponível em: https://www.stj.jus.br/sites/portalp/Paginas/Comunicacao/Noticias/ 2023/07022023-Guarda-compartilhada-nao-impede-mudanca-da-crianca-para-o-exterior--define-Terceira-Turma.aspx.
78 Eliana Riberti Nazareth, "Guarda ou responsabilidade parental? Direito de visita ou direito à convivência? O não dito", in *A Ética da Convivência Familiar: sua efetividade no quotidiano dos Tribunais* (coords.: Tânia da Silva Pereira e Rodrigo da Cunha Pereira), Rio de Janeiro, Forense/IBDFAM, 2005, pp. 221-212.

Nos casos em que a prioridade é não manter os filhos na companhia dos pais (§ 5º do art. 1.584 do CC), previu o legislador a possibilidade de se deferir a guarda "à pessoa que revele compatibilidade com a natureza da medida, de preferência levando em conta o grau de parentesco e relação de afinidade e afetividade, de acordo com o disposto na lei específica", adotando o princípio estabelecido no § 2º do art. 28 da Lei nº 8.069/1990.

Euclides Benedito de Oliveira, mediante interpretação extensiva, considera que o princípio adotado pelo Código de 2002 serve de fundamento para o direito de visita dos avós, "desde que atendido o interesse do menor, objetivando sua perfeita integração dentro da comunidade familiar".[79]

A Lei nº 13.058, de 22.12.2014, estabeleceu que, mesmo diante de um desacordo entre os genitores, deve ser estabelecida a guarda compartilhada, salvo se um dos pais declarar que não deseja a guarda. Ressalta-se que a orientação inicial quanto à guarda compartilhada era que fosse determinada pelo magistrado quando houvesse consenso entre os pais, embora, na prática, se buscasse este modelo fora desses casos com base no melhor interesse da criança. É importante notar, também, a importância dos profissionais da equipe técnica interdisciplinar para identificar as peculiaridades do caso e a solução que representará maior benefício para a criança ou o adolescente.

A Lei também determina que, na guarda unilateral, o genitor que não possui a guarda pode solicitar informações e/ou prestação de contas com relação ao genitor que a detenha, de modo que aquele possa supervisionar os interesses dos filhos. Trata-se, assim, de um aperfeiçoamento legislativo que busca uma maior participação dos pais nos assuntos atinentes aos filhos, visando ao pleno exercício do poder familiar por ambos os genitores.

Em novembro de 2023, a Lei nº 14.713 alterou a redação do § 2º do art. 1.584 do Código Civil, dispondo sobre a guarda compartilhada quando existirem elementos que evidenciem a probabilidade de risco de violência doméstica ou familiar. A mesma lei acrescentou o art. 699-A ao Código de Processo Civil para estabelecer que "nas ações de guarda, antes de iniciada a excluindo audiência de mediação e conciliação de que trata o art. 695 do CPC deverá o Juiz indagar das partes e do Ministério Público se existe risco de violência doméstica ou familiar".

Merece referência a decisão da 4ª Turma do Superior Tribunal de Justiça, tendo como Relator o Ministro Aldir Passarinho Junior, ao considerar juridicamente possível a concessão da guarda compartilhada por tio e avô paternos, em situação que atendia ao melhor interesse da criança, diante de situação fática já existente. Reconheceu o V. Acórdão que "a peculiaridade da situação dos autos, que retrata a longa coabitação do menor com a avó e o tio paterno, desde os quatro meses de idade, os bons cuidados àquele dispensados, e a anuência dos genitores quanto à pretensão dos recorrentes, também endossada pelo Ministério Público Estadual, é recomendável, em benefício da criança".[80]

---

79 Euclides Benedito de Oliveira, "Direito de visitas dos avós aos netos" <www.intelligentiajuridica.com.br> – ano II, nº 23, outubro/2002. Acesso em 25 de maio de 2004.
80 STJ – 4ª Turma – REsp. nº 2009/0125640-2 – Rel. Min. Aldir Passarinho Junior – julg. em 11.05.2010 – publ. em 27.05.2010.

Neste momento em que a *Guarda Compartilhada* ganha espaço na convivência entre cônjuges separados, há que se aplicar também uma interpretação extensiva ao instituto, identificando-o como forma de acolhimento, perfeitamente inserida na noção hodierna de família, privilegiando a afinidade e afetividade e o princípio da dignidade da pessoa humana através da valorização de cada membro que a compõe.

Interessante questão tem surgido nos tribunais acerca da possibilidade de se determinar, na dissolução da sociedade conjugal, regime de visita a animal de estimação. Não obstante os animais sejam, pelo ordenamento jurídico brasileiro, ainda qualificados como coisas, a Jurisprudência vem reconhecendo a fixação de visitação em tais casos, afastando, por outro lado, qualquer reconhecimento dessa determinação como atribuição de guarda.[81]

A guarda compartilhada também mereceu atenção especial no Acórdão sob a relatoria da Ministra Nancy Andrighi no Recurso Especial nº 1.878.041/SP (2020/0021208-9)[82] proferido pela 3ª Turma do Superior Tribunal de Justiça, em 25 de maio de 2021, o qual enfrentou os questionamentos que envolvem a guarda compartilhada e, apesar de a decisão ter sido publicada em meio à pandemia, o Recurso Especial foi interposto ainda em 2019, em um contexto onde as relações familiares ainda não tinham sofrido os impactos do isolamento social, decorrente da pandemia que assolou o país desde o início do ano de 2020.

Atente-se preliminarmente que no mundo pré-pandemia era comum a dinâmica familiar do compartilhamento da guarda dos filhos com a alternância, inclusive, de residência, de modo que as semanas ou meses dos filhos eram divididos para que pudessem passar a mesma quantidade de tempo com cada um dos pais.

Com o advento da pandemia essa dinâmica foi prejudicada pelo estabelecimento de medidas restritivas à locomoção nas cidades, ou mesmo pelo propósito pessoal das famílias de diminuir a circulação do vírus.

Nesta conjuntura, o V. Acórdão do STJ buscou responder às seguintes questões: "a) a fixação da guarda compartilhada é obrigatória no sistema jurídico brasileiro; b) o fato de os genitores possuírem domicílio em cidades distintas representa óbice à fixação da guarda compartilhada; e c) a guarda compartilhada deve ser fixada mesmo quando inexistente acordo entre os genitores".

Sobre a obrigatoriedade da fixação da guarda compartilhada, o próprio ordenamento jurídico brasileiro já indicara a resposta no art. 1.584 do Código Civil quando utiliza o verbo "será" para falar sobre a fixação da guarda compartilhada quando os pais estão aptos e desejam a guarda da criança.

---

81 "Por sua vez, a guarda propriamente dita – inerente ao poder familiar – instituto, por essência, de direito de família, não pode ser simples e fielmente subvertida para definir o direito dos consortes, por meio do enquadramento de seus animais de estimação, notadamente porque é um múnus exercido no interesse tanto dos pais quanto do filho. Não se trata de uma faculdade, e sim de um direito, em que se impõe aos pais a observância dos deveres inerentes ao poder familiar". (STJ – 4ª Turma – REsp 1.713.167/SP – Rel. Min. Luis Felipe Salomão – Julg. 19.06.2018 – *DJe* 09.10.2018.)
82 STJ, 3ª Turma, REsp 1.878.041/SP, Rel. Min. Nancy Andrighi, Julgado em: 25.05.2021.

A regra é que seja instituída a guarda compartilhada, mas no caso dos autos, a corte de origem acabou por designar a guarda unilateral para a mãe sob a alegação de que a guarda compartilhada era inviável, vez que os pais residiam em cidades diferentes. Nas palavras daquela mesma decisão: "Destarte, a priori, não se vislumbra como a guarda compartilhada pretendida pode ser efetivada no plano fático, uma vez que o agravado reside a centenas de quilômetros dos menores e da genitora".[83]

Ao analisar a questão, o STJ refutou esta tese afirmando que a guarda é o exercício do poder familiar e da responsabilidade para com os filhos. Interpretando que deter a guarda é ser responsável pelo bem-estar, pela educação, pelas decisões, pela orientação e por todos os direitos e deveres atinentes aos filhos, esteja o genitor perto ou longe do menor.[84]

Ao privilegiar a guarda compartilhada em detrimento da guarda unilateral, em grande parte dos casos à mãe, o ordenamento jurídico objetivou preservar os laços entre pais e filhos. Se os pais querem e têm condições de deter a guarda dos menores, não há razão para que a guarda compartilhada não seja instituída, uma vez que ela permitiria ao genitor que não está presente fisicamente no dia a dia dos filhos, a possibilidade de participar das decisões importantes de suas vidas.

É certo que ao instituir a guarda a um dos pais, ou mesmo, a guarda compartilhada, o Poder Judiciário deve observar, além das regras existentes sobre a matéria, dois princípios que envolvem as questões relacionadas aos filhos menores: o princípio da proteção integral e o princípio do melhor interesse da criança e do adolescente, previstos tanto no Estatuto da Criança e do Adolescente quanto na Constituição da República.

Na decisão mencionada, o STJ entendeu que a guarda compartilhada é a modalidade adequada para a preservação dos interesses do menor, destacando ser um caminho válido especialmente quando não há uma relação harmoniosa entre os genitores, caindo por terra a tese, muitas vezes levantada, de que não seria possível dividir a guarda de um filho caso os pais não estivessem de acordo.

Desta forma, o STJ entendeu que o deferimento da guarda compartilhada não tem relação com estarem os pais de acordo ou não, mas na demonstração de que ambos possuem aptidão para seu exercício. Segundo o Tribunal, "tal aptidão, importa ressaltar, não se confunde com a mera disponibilidade de tempo, envolvendo, outrossim, a garantia de afetividade, saúde, segurança, educação, etc.". Assim, se os genitores estão aptos a exercerem poder familiar e desejam exercê-lo, a guarda compartilhada será a modalidade fixada.

Sendo assim, a fixação da guarda compartilhada é obrigatória, e não preferencial, e os critérios a serem observados ante sua instituição são: a aptidão e o desejo de exercê-la.

O V. Acórdão explica que "os únicos mecanismos admitidos em lei para se afastar a imposição da guarda compartilhada são a suspensão e/ou a perda do poder

---

83 STJ, 3ª Turma, REsp 1.878.041/SP, Rel. Min. Nancy Andrighi, Julgado em: 25.05.2021.
84 STJ, 3ª Turma, REsp 1.878.041/SP, Rel. Min. Nancy Andrighi, Julgado em: 25.05.2021.

familiar, situações que evidenciam a absoluta imperícia para seu exercício e exigem, pela relevância da posição jurídica atingida, prévia decretação judicial". Com este entendimento o STJ trouxe uma importante distinção entre a guarda compartilhada e a guarda alternada, ou mesmo com o regime de visitas ou de convivência.

Na prática, a guarda compartilhada, não importa a necessidade de revezamento residencial – como ocorre na modalidade de guarda alternada –, vez que ela configura-se no compartilhamento da responsabilidade pelas decisões relacionadas à vida dos filhos, sendo certo que este compartilhamento pode ser exercido por ambos os pais, mesmo que à distância.

Todavia, é importante que, nesses casos, haja uma fixação de residência dos menores, para que eles possam ter uma referência de lar, considerando seu melhor interesse e observando a localização, a disponibilidade de tempo e a rotina dos pais. A fixação de residência não impede que o outro genitor também seja responsável pelas decisões atinentes aos filhos menores.

Na guarda alternada, por outro lado, como há a mudança de residência dos menores, que ficam parte do tempo na casa de um genitor e outra parte do tempo na casa do outro, a guarda é exercida exclusivamente por aquele genitor que está na convivência com os filhos naquele momento.

Sedimentando este entendimento, o STJ ratificou que "a guarda compartilhada não demanda custódia física conjunta, tampouco tempo de convívio igualitário, sendo certo, ademais, que, dada sua flexibilidade, esta modalidade de guarda comporta as fórmulas mais diversas para sua implementação concreta, notadamente para o regime de convivência ou de visitas, a serem fixadas pelo juiz ou por acordo entre as partes em atenção às circunstâncias fáticas de cada família individualmente considerada".

Reportando-se às palavras do professor Paulo Lôbo, o STJ ainda destacou as vantagens de se determinar a guarda compartilhada: "Deve-se ter em vista, nesse contexto, que a guarda compartilhada traz uma série de vantagens que merecem ser consideradas e que justificam a sua adoção mesmo nas hipóteses em que os domicílios dos genitores não sejam próximos, a saber: a) prioriza o superior interesse da criança e do adolescente; b) prestigia o poder familiar em sua extensão e igualdade de gênero; c) garante a continuidade das relações da criança com os pais; d) respeita a família enquanto sistema, maior do que a soma das partes, que não se dissolve mas se transforma; e) diminui as disputas passionais; etc.[85]

Retornando à análise do contexto atual, o Direito de Família precisou reconstruir alguns paradigmas, entre eles o da convivência entre pais e filhos que moram em casas diferentes. Haja vista que, em muitos casos, a convivência só pôde ser exercida por intermédio da tecnologia, seja por meio de mensagens, chamadas de vídeos, redes sociais e demais formas que a tecnologia atual nos permite usufruir.

O convívio exercido de forma eletrônica pode não ser o ideal, mas permite, de certa forma, que os laços entre pais e filhos sejam estabelecidos, restabelecidos ou

---

85 LÔBO, Paulo. *Direito Civil*: Famílias. 4. ed. São Paulo: Saraiva, 2011, p. 201.

mesmo mantidos. Por mais que não se apresente como o melhor cenário, os recursos tecnológicos permitiram, de alguma forma, que os pais distantes continuassem fazendo parte do dia a dia dos filhos, diante da necessidade de isolamento social, ou mesmo diante das circunstâncias de moradia distante.

Reitere-se que o Poder Judiciário, ao se deparar com questões relacionadas à guarda e convívio dos pais com os filhos menores, precisa observar sempre o princípio do melhor interesse da criança e do adolescente.

É fato que, se o melhor interesse da criança apontar para uma mudança em seu domicílio, isso não significa que haverá uma ruptura brusca de relacionamento com os genitores que não acompanharão fisicamente o filho menor. Além do convívio por meios virtuais, que não é o ideal, mas é a ferramenta utilizada em especial nos tempos atuais de pandemia, os genitores devem se mostrar proativos em garantir que participarão da vida de seus filhos independentemente da distância física e, sempre que possível, realizar o esforço de estar fisicamente em sua companhia.

No caso concreto, é preciso adaptar às realidades, utilizar das ferramentas tecnológicas que são disponibilizadas e, de fato, estar atento às necessidades de cada filho, só assim, a distância física não será um óbice para a construção ou manutenção do relacionamento entre os genitores e os filhos que, por razões relacionadas a seu próprio interesse, moram em cidades distintas.

407-C. Visita e convivência com os avós

A Lei nº 12.398/2011, que altera os Códigos Civil e de Processo Civil, representa o fortalecimento dos idosos no núcleo familiar. Os avós são pessoas que "... percorreram vários momentos do ciclo do grupo familiar e têm uma experiência de vida a relatar". (...) "A figura dos avós surge como corolário maior do relacionamento entre pais e filhos, como colaboradores indispensáveis na proteção e criação de seus netos. Reconheceu-se, finalmente, que deste convívio depende, muitas vezes, a formação da criança, pois é inegável que a experiência de vida adquirida poderá ser passada, ajudando nesta proposta, sem esquecermos dos benefícios do fortalecimento dos vínculos e da relação afetiva entre estes." Para Myrian Lins de Barros,[86] a narração de suas histórias pessoais realça a importância não apenas da relação dual entre avô (avó) e neto(a), como também as relações familiares estabelecidas ao longo de toda a vida, as quais favorecem a socialização desses indivíduos nos papéis que atualmente desempenham na família. A Lei nº 12.398/2011 entrou em vigor em 29.03.2011.

Ressalvou o art. 1.585 que os mesmos princípios do art. 1.584 devem ser aplicados na hipótese de medida cautelar de separação de corpos no que concerne à guarda dos filhos.

---

86 BARROS, Myriam Lins de. *Autoridade e afeto: avós, filhos, netos na família brasileira*. Rio de Janeiro: Zahar, 1987.

Referindo-se à valorização do aspecto afetivo e da dignidade, Patrícia Pimentel de Oliveira Chambers Ramos identifica na Guarda Compartilhada a "repersonalização" ou "despatrimonialização", o que significa, basicamente, que as alterações havidas têm por escopo fazer com que o Direito de Família passe a girar, fundamentalmente, em torno de fenômenos humanos, ligados à esfera afetiva, espiritual e psicológica das pessoas envolvidas, e não de facetas de natureza predominantemente patrimonial.[87]

Determina, ainda, o art. 1.586 que, havendo motivos graves, poderá o juiz, em qualquer caso, a bem dos filhos, regular de maneira diferente da estabelecida nos artigos antecedentes. Em matéria de Família, a autoridade judiciária é investida dos mais amplos poderes, sendo-lhe então lícito, em qualquer caso, a bem dos filhos, regular de maneira diferente a situação deles para com os pais.

Abriu-se ao julgador, nesta hipótese, a oportunidade de aplicar o princípio do *"melhor interesse da criança"* (art. 3.1 do Decreto nº 99.710/1990). Deve prevalecer o interesse dos filhos, sobre quaisquer outras ponderações de natureza pessoal ou sentimental dos pais. É inafastável a aplicação deste princípio, considerando, especialmente, a regra do § 2º do artigo 5º da Constituição Federal, ao determinar que "os direitos e garantias expressos nesta Constituição não excluem outros decorrentes do regime e dos princípios por ela adotados, ou tratados internacionais em que a República Federativa do Brasil seja parte".

O princípio do "melhor interesse da criança" identifica-se como "Direito Fundamental" na Constituição Federal em razão da ratificação da Convenção Internacional sobre os Direitos da Criança – ONU/1989.[88]

Da mesma forma, o art. 41 da referida Convenção determina que "nada do estipulado no seu texto afetará disposições que sejam mais favoráveis para a realização dos direitos da criança". Conclui-se pela adesão definitiva deste princípio incorporado ao nosso Sistema Jurídico, dentre os indicadores que oferecem uma nova dimensão à estrutura jurídica e política de proteção à infantoadolescência.

Em face da *Doutrina Jurídica da Proteção Integral*, deve prevalecer o "reconhecimento constitucional da criança e do adolescente como titulares de Direitos Fundamentais e pessoas em condição peculiar de desenvolvimento".[89]

O direito de visita não pode ser negado, ainda que o procedimento do pai ou da mãe seja condenável, a não ser que ponha em risco a vida dos filhos (art. 1.589). O juiz deverá resguardá-los de todo abuso (agressão, sequestro, maus-tratos, abuso sexual etc.) e, em situações comprovadas e diante de flagrantes indícios, afastar o agressor.

---

[87] Patrícia Pimentel de Oliveira Chambers Ramos, *O Poder familiar e a Guarda Compartilhada sob o enfoque dos novos paradigmas do Direito de Família*, Rio de Janeiro, Lumen Juris, 2005, p. 89.
[88] Tânia da Silva Pereira, "O Melhor Interesse da Criança", In: *O Melhor Interesse da Criança: Um Debate Interdisciplinar* (coord.: Tânia da Silva Pereira), Rio de Janeiro, Renovar, 2000.
[89] Tânia da Silva Pereira e Carolina de Campos Melo, "Infância e Juventude: Os Direitos Fundamentais e os Princípios Constitucionais Consolidados na Constituição de 1988", in *Revista Trimestral de Direito Civil*, nº 3, pp. 89-109, Rio de Janeiro: Padma, 2000.

Atente-se para a Lei nº 12.398/2011, que, alterando o inciso VII do art. 888, CPC/1973, autorizou o juiz estender aos avós o direito de guarda dos netos, como medida provisional. Desta forma, foi também atendido o comando do art. 25 da Lei nº 12.010/2009, ao reconhecer aos avós a categoria de família "extensa ou ampliada", desde que "convivam e mantenham vínculos de afinidade e afetividade".

Prevê o art. 130 da Lei nº 8.069/1990 (Estatuto da Criança e do Adolescente) que, "verificada a hipótese de maus-tratos, opressão ou abuso sexual impostos pelos pais ou responsável, a autoridade judicial poderá determinar, como medida cautelar, o afastamento do agressor da moradia comum". Esta mesma regra se aplica à suspensão das visitas quando se identificar estas mesmas violações contra os filhos na hipótese de pais separados. Consolida-se, nesta hipótese, a competência do Juiz da Infância e Juventude para o procedimento cautelar, uma vez que o objeto da ação é a proteção da criança ou do jovem.[90]

Da mesma forma, buscando subsídios no art. 14 da Lei do Divórcio, o art. 1.587 estabelece que, "no caso de invalidade do casamento, havendo filhos comuns", observar-se-ão os mesmos princípios dos artigos antecedentes.

O art. 1.588 reafirma que "o pai ou a mãe que contrair novas núpcias não perde o direito de ter consigo os filhos, que só lhe poderão ser retirados por mandado judicial, provado que não são tratados convenientemente". Tal regra, com efeito, é dispensável em face dos atributos do poder familiar, enumerados no art. 1.634.

Como no art. 15 da Lei do Divórcio, o art. 1.589 CC reforçou o direito de convivência para "o pai ou a mãe, em cuja guarda não estejam os filhos, podendo visitá-los e tê-los em sua companhia, segundo o que acordar com o outro cônjuge, ou for fixado pelo juiz, bem como fiscalizar sua manutenção e educação". Tendo a Lei nº 12.398/2011 estendido aos avós o direito de visita e guarda dos netos, poderá o juiz, o seu critério, convocá-los para participar deste convívio, apoiando e ajudando na convivência e/ou acolhimento familiar.

Reporte-se às regras da Lei nº 8.069/1990 (Estatuto da Criança e do Adolescente) ao prever no art. 129 a aplicação aos pais de medidas que os convoquem às responsabilidades decorrentes da paternidade. Caberá ao Conselho Tutelar e à autoridade Judiciária a aplicação dessas medidas. Diante de situações de violência física ou psicológica ou maus-tratos a qualquer de seus membros, a efetivação da regra estatutária representa uma exceção ao princípio do art. 1.513 ao vedar a qualquer pessoa de direito público ou privado interferir na comunhão de vida instituída pela família.[91]

---

90 Tânia da Silva Pereira, "Competência Exclusiva da Vara da Infância e Juventude nas Hipóteses de Abuso Sexual", in *Revista Brasileira de Direito de Família*, v. 15.
91 Em maio de 2021 foi publicado o Decreto nº 10.701/2021, que trouxe uma ferramenta na busca de uma proteção integral à criança e ao adolescente. Este Decreto instituiu o Programa Nacional de Enfrentamento da Violência contra Crianças e Adolescentes e a Comissão Intersetorial de Enfrentamento à Violência contra Crianças e Adolescentes. De acordo com o art. 2º do Decreto, este Programa tem o intuito de "articular, consolidar e desenvolver políticas públicas voltadas para a garantia dos direitos humanos da criança e do adolescente, a fim de protegê-los de toda

Finalmente, o art. 1.590 estendeu aos filhos maiores e incapazes todas as disposições relativas à guarda e prestação de alimentos. Trata-se de proteção especial para aqueles indicados nos incisos II a IV do art. 4° do Código Civil de 2002: os ébrios habituais, os viciados em tóxicos e os que, por deficiência mental, tenham o discernimento reduzido; os excepcionais, sem desenvolvimento mental completo; os pródigos. Outras limitações físicas e psicológicas poderão abranger, por analogia, esse tipo especial de proteção.

407-D. DANO MORAL NO DIVÓRCIO

O Direito brasileiro convive com um flagrante dissenso no que tange à pesquisa da culpa na separação judicial e no divórcio. No que concerne ao divórcio, o legislador constitucional dispensou a pesquisa da culpa ao estabelecer como única condicionante para a sua efetivação o fator "tempo" para a concessão da medida: dois anos de separação de fato para o divórcio direto e um ano de separação judicial ou da decisão que decretou a separação de corpos em medida cautelar (art. 1.580 e §§).

Conforme indicado anteriormente, o legislador de 2002 preocupou-se em indicar nos arts. 1.572 e 1.573 inúmeras situações que representam a busca da culpa na separação. Igualmente, o art. 1.578 determinou a perda do direito de usar o sobrenome do outro cônjuge declarado culpado da separação judicial.

Uma análise crítica da legislação brasileira permite-nos verificar as significativas mudanças ocorridas no correr do século XX, sobrepondo a unidade formal do casamento aos interesses individuais dos cônjuges.

Destaca-se a importância da Constituição de 1988 que, na esteira do longo processo histórico de transformação da estrutura familiar, alterou radicalmente o quadro normativo. Estabeleceu a proteção da família como meio para a realização da personalidade de seus membros, estremando a entidade familiar da entidade matrimonial, esta apenas uma espécie privilegiada daquela, admitindo-se, expressamente, a união estável e as famílias monoparentais, formadas por qualquer dos pais e seus descendentes.[92]

---

forma de negligência, discriminação, exploração, violência, abuso, crueldade e opressão". O Decreto visa, portanto, uma série de iniciativas, desde capacitar, possibilitando a educação continuada dos operadores do Sistema de Garantia de Direitos da Criança e do Adolescente Vítima ou Testemunha de Violência até o estímulo a projetos que auxiliam e orientam as crianças e adolescentes vítimas de violência doméstica. Para garantir que as iniciativas sejam colocadas em prática, o mesmo Decreto instituiu a Comissão Intersetorial de Enfrentamento à Violência contra Crianças e Adolescentes, que terá a função de monitorar o Programa, além de atribuições ativas, como a criação do Plano Nacional de Enfrentamento da Violência contra Crianças e Adolescentes e a elaboração de propostas de projetos relacionados com o enfrentamento da violência contra a criança e o adolescente.

92 Gustavo Tepedino, "O Papel da Culpa na Separação e no Divórcio", in *Temas de Direito Civil*, Rio de Janeiro, Renovar, p. 436, 2004.

Cabe lembrar que o Direito brasileiro sempre estabeleceu sanções ao cônjuge culpado a exemplo da obrigação de prestar alimentos, a perda da guarda dos filhos e a perda do direito de usar o nome do cônjuge varão.

Nosso sistema jurídico vinha assistindo à flagrante tendência no sentido de se simplificar a pesquisa da culpa nas relações do casamento, mesmo na separação judicial litigiosa, uma vez que a Lei do Divórcio simplificara no art. 5º e parágrafos as hipóteses para a sua fundamentação. O Código de 2002 modificou os rumos desta orientação ao alargar, nos arts. 1.572 e 1.573, os motivos que justificam a imputação de culpa de um cônjuge ao outro e a impossibilidade de comunhão de vida. Além disso, deu ao Juiz a alternativa de considerar outros fatos que tornem evidente a impossibilidade da vida em comum (art. 1.573, parágrafo único).

Nas palavras de Luiz Edson Fachin, "a lei criou verdadeira 'reserva de mercado' em favor do inocente, habituando-o com exclusividade, para buscar a separação e obter benesses em proveito próprio, além de impor punições ao outro". Esclareça-se que o próprio texto constitucional assegura no art. 5º, item X, "serem invioláveis a vida privada, a honra, a imagem das pessoas, assegurando o direito à indenização pelo dano material ou moral decorrente de sua violação".[93]

Outrossim, o art. 186 do Código Civil de 2002 prevê, como caracterização de ato ilícito, "violar direito ou causar dano a outrem, ainda que exclusivamente moral, através de ação ou omissão voluntária, negligência ou imprudência".

A responsabilidade civil subjetiva é pressuposto do dano moral no âmbito das relações conjugais. É necessário que se comprove a culpa no comportamento do cônjuge e o efetivo descumprimento do dever conjugal. Reporte-se à ideia de culpa no sentido amplo, abrangente de "toda a espécie de comportamento contrário ao direito, seja intencional ou não, porém imputável por qualquer razão ao causador do dano".[94]

Identifica-se a culpa nas relações de casamento dentro do conceito de "erro de conduta que leva o indivíduo a lesar um direito alheio".[95] Também, no âmbito do casamento, para que se concretize a responsabilidade, é indispensável que se estabeleça uma interligação entre a ofensa ao bem jurídico e o prejuízo sofrido, de tal modo que se possa afirmar ter havido o dano porque o agente procedeu contra o Direito.

Mesmo que haja culpa e dano, não existe obrigação de reparar se entre ambos não se estabelecer a relação causal.[96] O ressarcimento por dano moral vem conquistando, gradualmente, relevante espaço jurídico e social. Não se pode afastá-lo dos atos lesivos a qualquer dos cônjuges ou companheiros.

A Doutrina e a Jurisprudência têm admitido, inclusive, o ressarcimento por dano moral aos filhos; tratando-se de criança e adolescente e diante do comportamento lesivo dos pais, deverá ser estabelecida a "presunção de sofrimento" para justificar o ressarcimento por lesões a direitos da personalidade.[97]

---

93 Luiz Edson Fachin, *Elementos Críticos do Direito de Família*, p. 179.
94 Caio Mário da Silva Pereira, *Instituições de Direito Civil*, v. I, nº 114.
95 Caio Mário da Silva Pereira, ob. cit., v. I, nº 114.
96 Caio Mário da Silva Pereira, *Responsabilidade Civil*, Rio de Janeiro, Forense, 2002, pp. 75-76.
97 Roberto Senise Lisboa, "Dano Moral e os Direitos da Criança e do Adolescente", *in Revista de Informação legislativa*, Brasília, nº 118, p. 462, abril/junho 1993.

No âmbito das relações familiares, Regina Beatriz Tavares da Silva, reportando-se ao direito estrangeiro, distingue os danos morais e materiais acarretados pelo descumprimento dos deveres conjugais e os prejuízos oriundos da ruptura do casamento. Como *dano imediato* indica o sofrimento oriundo da infidelidade, do adultério, do dever de coabitação, pelo abandono voluntário e injustificado do lar e pela recusa de satisfação do débito conjugal, entre outros. Como *dano mediato* identifica a situação da mulher que, após um casamento com duração de longos anos, no qual se dedicou exclusivamente ao lar, tendo sido vedada a sua atividade profissional, depara-se com o desfazimento do matrimônio pela culpa do marido, com consequências danosas nos planos moral e material.[98]

Diante de todas as formas culposas de separação há que se considerar que o desrespeito e a violação à dignidade humana representam o denominador comum das diversas causas que, na atualidade, autorizam a separação.

Pressupõe-se que a reação imediata do cônjuge diante de situações de violação, e diante do sofrimento e insatisfação, conduza-o a mobilizar as forças cogentes do Estado na busca de uma resposta, em nome da defesa ou proteção de seus direitos. O decurso do tempo e sua inércia, em princípio, traduzem o perdão ou a intenção de sublimar os motivos dos desentendimentos.

Aparecida Amarante destaca que "o perdão do cônjuge apaga os efeitos daquelas condutas desonrosas já que consiste em renúncia ao direito de invocar aquelas culpas".[99]

Excepcionalmente, eventuais situações de violência por parte do cônjuge ou companheiro poderão ser identificadas como causadoras de dano moral, independentes do rompimento da sociedade conjugal, e ensejarão ressarcimento através de ação própria.

Um procedimento cautelar com pedido liminar de afastamento do agressor representa medida de segurança e proteção do outro, vítima de maus-tratos e violência.

Destaque-se, ainda, que no âmbito das relações conjugais não é necessário provar previamente os danos específicos, devendo ser levada ao julgador a prova do fato que gerou a dor, sofrimento e sentimentos íntimos que o ensejam.

Dúvidas, no entanto, surgem na situação específica do § 1º do art. 5º da Lei do Divórcio, transcrita literalmente para o art. 1.572, § 1º, do Código de 2002, e onde se admite a separação judicial litigiosa na hipótese de "ruptura da vida em comum por mais de um ano e a impossibilidade de sua reconstituição". Neste caso, o tempo transcorrido, aliado à acomodação das partes, induz o desinteresse em perseguir indenização.

Alerte-se para a orientação assumida pelo legislador no que concerne ao direito à indenização nas hipóteses de injúria, difamação ou calúnia, previstas no art. 953, onde o legislador autorizou o juiz a fixar equitativamente a indenização, se o ofendido não puder provar o prejuízo material.

---

98 Regina Beatriz Tavares da Silva, *Reparação Civil na Separação e no Divórcio*, São Paulo, pp. 151-152.
99 Aparecida Amarante, *Responsabilidade Civil por Dano à Honra*, Belo Horizonte, Del Rey, 1991, p. 206.

Interessa-nos, também, a redação do art. 954 ao prever a indenização por ofensa à liberdade pessoal, conceito que se reveste de caráter amplo, embora o legislador se tenha restringido às hipóteses previstas nos respectivos incisos. Interessa-nos, dentre eles, especialmente, a situação de "cárcere privado", a qual poderá também autorizar o juiz a fixar a indenização, na forma prevista no art. 953.

Cabe identificar a competência do Juízo para a propositura da ação de ressarcimento. Atendidas as regras da organização judiciária dos Estados que determinam expressamente a competência *ratione materiae*, há que se indagar a *causa petendi* dos danos morais.

Regina Beatriz Tavares da Silva admite a cumulação dos pedidos com fundamento no art. 292 do CPC/1973 (correspondente ao art. 327 do CPC/2015), indicando a compatibilidade dos pedidos entre si, a identidade de rito ordinário para ambos. Ressalva, no entanto, o requisito da "competência", convocando à verificação das normas de organização judiciária dos Estados. Alerta para o fato de que a não cumulação acarreta a repetição dos mesmos atos processuais em dois feitos, o que contraria os princípios da celeridade e economia processual.[100]

Este entendimento atende à necessidade de imediatidade entre a dissolução do casamento e a demanda de indenização.[101]

Tratando-se de pedido decorrente de violação de direitos pessoais e identificada a culpa no âmbito das relações familiares, não deve ser afastada a competência das Varas de Família para o pedido de reparação de danos, sobretudo morais. Se recebidos separados, não pode ser afastada a conexão decorrente do inadimplemento de deveres oriundos do casamento, autorizando a distribuição por dependência na forma do art. 253 do CPC/1973 (correspondente ao art. 286 do CPC/2015).

Consolida-se, a cada dia, a orientação doutrinária e jurisprudencial no sentido de que o dano moral nada mais é do que a violação do direito à dignidade. "A dignidade nada mais é do que a base de todos os valores morais, a síntese de todos os direitos do homem." Sergio Cavalieri, na defesa ao direito subjetivo constitucional à dignidade, considera que "a honra, a imagem, o nome, a intimidade, a privacidade, ou qualquer outro direito da personalidade, todos estão englobados no direito à dignidade, verdadeiro fundamento e essência de cada preceito constitucional relativo aos direitos fundamentais".[102]

Sobre o tema, a 3ª Turma do STJ, tendo como Relatora a Ministra Nancy Andrighi, decidiu que é cabível reparação por dano moral quando houver descumprimento dos deveres de lealdade e sinceridade recíprocos, implícitos no art. 231 do Código Civil de 1916 (art. 1.566, CC/2002).[103]

---

100 Regina Beatriz Tavares da Silva, ob. cit., p. 153.
101 Inácio de Carvalho Neto, "Reparação Civil na Separação Litigiosa Culposa", *in Temas atuais de Direito e Processo de Família* (coord.: Cristiano Chaves de Farias), Rio de Janeiro, Lumen Juris, Primeira Parte, 2004, p. 250.
102 Sergio Cavalieri, "Responsabilidade Civil Constitucional", *in Revista de Direito*, v. 40, p. 60.
103 Na hipótese, configurou a responsabilidade civil extracontratual a transgressão do dever de sinceridade do cônjuge que, deliberadamente, omitiu a verdadeira paternidade biológica dos filhos

Diverge a Doutrina quanto à incidência diferenciada do dano moral nas relações conjugais e parentais. Merece referência a inovadora decisão do Tribunal de Justiça de Minas Gerais que, invocando o princípio da dignidade da pessoa humana, entendeu que a dor sofrida pelo filho, em virtude do abandono paterno que o privou do direito à convivência, ao amparo afetivo, moral e psíquico, deve ser indenizada. Destaca o acórdão que o art. 227 da Constituição Federal expressa esta concepção, ao estabelecer que é dever da família assegurar ao filho, com absoluta prioridade, o exercício de direitos fundamentais, ressalvando que não é um direito oponível apenas ao Estado, à sociedade ou a estranhos, mas a cada membro da própria família.[104]

Chama atenção a recente decisão da 3ª Turma do STJ, tendo como Relatora a Ministra Nancy Andrighi, que ressaltou a possibilidade de se pleitear compensação por danos morais em decorrência de abandono psicológico do filho pelo pai. O fundamento do acórdão consistiu no ilícito civil gerado pela omissão frente à responsabilidade de cuidado que os pais possuem em relação à prole, por força do art. 227 da Constituição Federal de 1988. A Relatora ressalta que "não se fala ou se discute o amar e, sim, a imposição biológica e legal de cuidar, que é dever jurídico, corolário da liberdade das pessoas de gerarem ou adotarem filhos". Para ela, "amar é faculdade, cuidar é dever", de modo que a falta do dever de cuidado estabelecido pelo ordenamento jurídico como obrigação legal dos pais enseja a indenização a título de dano moral.[105]

Cabe ressaltar que o entendimento da Jurisprudência tem sido no sentido de que o prazo prescricional das ações de indenização por abandono afetivo começa a correr com a maioridade do interessado. Assim, a 4ª Turma do STJ reconheceu a ocorrência de prescrição em uma ação de indenização proposta por um filho de 51 anos de idade, e a consequente inviabilização da apreciação da pretensão. O Relator Ministro Luis Felipe Salomão esclarece que "tem razão a doutrina quando alerta para a necessidade de estabilidade das relações jurídicas, visto que, no presente caso, a prescrição resultou do fato de o próprio interessado, ao reconhecer que desde a infância sabia que o réu era seu pai, ter permanecido inerte, ante a afirmada lesão ao seu alegado direito subjetivo, de modo a permitir o transcurso, ainda na vigência do Código Civil revogado, de todo o extenso lapso prescricional vintenário para o pleito de compensação por danos morais".[106]

Por ficção jurídica, segundo Roberto Senise Lisboa, supõe-se que, se o incapaz tivesse o discernimento cabível, defenderia seus direitos. Crianças e jovens deverão

---

gerados na constância do casamento, mantendo o consorte na ignorância. O desconhecimento do fato de não ser o pai biológico dos filhos gerados durante o casamento atinge a honra subjetiva do cônjuge, justificando a reparação pelos danos morais suportados. (...) REsp. nº 742137/RJ – 3ª Turma – Rel.ª Min.ª Nancy Andrighi – *DJ* de 21.08.2007.

104 TJMG – Ap. Civ. nº 408.550-5 – Julg: 01.04.2004.
105 STJ – 3ª Turma – REsp. nº 1159242/SP – Rel. Min. Nancy Andrighi – Julg. em 24.04.2012 – *DJe* 10.05.2012.
106 STJ – 4ª Turma – REsp. nº 1298576 – Rel. Min. Luis Felipe Salomão – Julg. em 21.08.2012 – *DJe* 06.09.2012.

ser indenizados sempre que sofrerem lesões a direito da personalidade. "Não caberá ao direito analisar se a vítima sofreu ou não. Deverá ser estabelecida uma presunção de sofrimento" que não pode jamais ser derrubada, precisamente por estarmos diante da proteção de interesses socialmente relevantes.[107]

Pondera Giselda Maria Fernandes Novaes Hironaka que a indenização por abandono afetivo, se bem utilizada, se configurada com parcimônia e bom-senso, se não transformada em verdadeiro altar de vaidades e vinganças ou da busca do lucro fácil, poderá se converter num instrumento de extrema relevância e importância para a configuração de um direito de família mais consentâneo com a contemporaneidade, podendo desempenhar, inclusive, um importante papel pedagógico no seio das relações familiares.[108]

Reforça, também, Rolf Madaleno ao reconhecer que o dano à dignidade humana do filho em estágio de formação deve ser passível de reparação, não apenas para que os deveres parentais deliberadamente omitidos não fiquem impunes, mas, principalmente, para que, no futuro, quaisquer inclinações ao irresponsável abandono possam ser dissuadidas pela firme posição do Judiciário ao mostrar que o afeto tem um preço muito caro na nova configuração familiar.[109]

Na pesquisa desenvolvida sobre o "cuidado" como um dos princípios norteadores do Direito de Família e uma das dimensões do princípio da dignidade da pessoa humana, impõe-se sua invocação nas hipóteses de responsabilidade civil e danos morais por parte dos pais ou responsáveis, por ato praticado pelo filho ou pupilo, como naquelas situações decorrentes do abandono afetivo somado às omissões, maus-tratos e negligência. Da mesma forma, o descuido, maus-tratos psicológicos e emocionais refletem a incapacidade de proporcionar à criança ou ao adolescente um ambiente de tranquilidade, bem-estar emocional e afetivo, o que é indispensável a um adequado crescimento, desenvolvimento. A ausência do afeto, depreciação, hostilidade verbal, ameaças e humilhações frequentes e exposição a situações de grande violência familiar são situações que repercutem no comportamento da criança, seu rendimento escolar, hábitos de sono e outras atividades.[110] Estas situações devem ser consideradas na identificação do dano moral nas relações parentais, numa análise cautelosa de caso a caso.

---

107 Roberto Senise Lisboa, "Dano Moral e os direitos da Criança e do Adolescente", in *Revista de Informação Legislativa* n° 118, abril/ junho, pp. 451-472, Brasília, p. 470, 1993.

108 Giselda Maria Fernandes Novaes Hironaka, "Pressuposto, elementos e limites do dever de indenizar por abandono afetivo", in *A Ética da Convivência Familiar: sua efetividade no quotidiano dos Tribunais* (coords.: Tânia da Silva Pereira e Rodrigo da Cunha Pereira), Rio de Janeiro, Forense/IBDFAM, 2005, p. 148.

109 Rolf Madaleno, "O preço do afeto", in *A Ética da Convivência Familiar: sua efetividade no quotidiano dos Tribunais* (coords.: Tânia da Silva Pereira e Rodrigo da Cunha Pereira), Rio de Janeiro, Forense/IBDFAM, 2005, p. 168.

110 Tânia da Silva Pereira, "Dano moral à criança e ao adolescente; responsabilidade dos pais ou responsável nas relações familiares", in *O Direito e o Tempo: embates jurídicos e utopias contemporâneas* (coords.: Gustavo Tepedino e Luiz Edson Fachin), Rio de Janeiro, Renovar, 2008, p. 991.

Maria Celina Bodin de Moraes vislumbra duas significativas diferenças entre as relações conjugais e as relações parentais. As relações conjugais se dão entre pessoas presumidamente iguais, emancipadas, aptas a exercerem autonomamente sua liberdade; a relação conjugal é dissolúvel, mediante a separação e o divórcio. Tais características, segundo ela, afastariam a possibilidade de reparação, "por não haver propriamente dano moral indenizável – nas hipóteses de infidelidade, abandono do lar, descumprimento de débito conjugal, e desassistências semelhantes, podendo-se contar apenas com a sanção específica da separação judicial ou do divórcio (...)". As relações parentais, ao revés, ocorrem entre pessoas essencialmente desiguais, uma das quais é vulnerável e dependente, sendo o vínculo existente entre as mesmas tendencialmente indissolúvel, pois o vínculo de solidariedade familiar é o mais forte que há e, por isso, ante ao princípio da integridade psicofísica das crianças e dos adolescentes, poderá dar azo ao dano moral quando tiver havido abandono completo por parte de genitor biológico e ausência de figura parental substituta (...), pelo que conclui: "... o interesse da criança, na qualidade de pessoa em desenvolvimento, protegido com prioridade pela Constituição da República, deve ser interpretado como um dos aspectos mais fundamentais das relações familiares em sua configuração contemporânea".[111]

Justifica-se eventual debate sobre a possibilidade de reparação do dano moral no âmbito das relações conjugais e familiares. Na análise de caso a caso, há que se configurar a "ofensa a um bem jurídico", ou seja, desde que se comprove ações, comportamentos e atitudes que tenham gerado dor ou sofrimento físico ou psicológico a qualquer de seus membros.[112]

407-E. Divórcio por via extrajudicial

Como antes mencionado, o advento da Lei nº 11.441/2007 introduziu a alternativa extrajudicial de separação e divórcio por mútuo consentimento por meio de escritura pública; com o advento da Emenda Constitucional nº 66/2010, somente o divórcio poderá ser processado através de escritura pública, sempre que não houver filhos menores e incapazes do casal. Esta lei faz parte de um conjunto de medidas legislativas que têm como objetivo abreviar o tempo dos procedimentos disciplinados em nosso ordenamento jurídico, tendo em vista o conteúdo do art. 5º, inciso LXXVIII, da Constituição Federal, acrescentado pela Emenda Constitucional nº 45,

---

111 Rolf Madaleno, "O preço do afeto", in *A Ética da Convivência Familiar: sua efetividade no quotidiano dos Tribunais* (coords.: Tânia da Silva Pereira e Rodrigo da Cunha Pereira), Rio de Janeiro, Forense/IBDFAM, 2005, p. 168. Maria Celina Bodin de Moraes, "Danos morais em família? Conjugalidade, parentalidade e responsabilidade civil", in *A Ética da Convivência Familiar: sua efetividade no quotidiano dos Tribunais* (coords.: Tânia da Silva Pereira e Rodrigo da Cunha Pereira), Rio de Janeiro, Forense/IBDFAM, 2005, pp. 200-201.
112 Cláudia Stein Vieira, "A Lei nº 11.441, de 04 de janeiro de 2007", *in Revista Brasileira de Direito de Família*, nº 41, Porto Alegre, Síntese, p. 29, abril-maio de 2007.

ao estabelecer como direito fundamental, tanto no âmbito judicial como no administrativo, a razoável duração do processo e os meios que garantam a celeridade de sua tramitação.

Tratando-se de ato notarial, não cabe obediência às regras de competência do art. 100 do Código de Processo Civil/73 (correspondente ao art. 53 do CPC/2015) relativas aos atos judiciais, lembrando sempre que a escritura de divórcio deve ser averbada no cartório de registro civil onde se realizou o casamento. A titularidade dos bens imóveis partilhados deverá constar da respectiva matrícula junto ao Registro de Imóveis.

Com o objetivo de uniformizar os procedimentos notariais concernentes à separação e divórcio em todo o país, o CNJ – Conselho Nacional de Justiça publicou a Resolução nº 35. Por sua vez, o Conselho Federal da OAB editou o Provimento nº 114/2007, o qual disciplina a atividade do advogado no procedimento extrajudicial. Mesmo que não haja bens a partilhar, é indispensável que as partes sejam assistidas por advogados, que pode ser somente um, representando os interesses de ambos. Na escritura pública deve constar o nome, número de inscrição da OAB e assinatura do advogado.

Cláudia Stein Vieira alerta contra a formação de grupo de advogados indicados pelos tabeliães, o que deve ser fiscalizado pela OAB e, a partir da comprovação do ato, a punição dos infratores com base na legislação aplicável.[113] A Resolução nº 35 vedou ao tabelião indicar advogado.

Já na hipótese de as partes se declararem pobres, elas deverão ser assistidas por um Defensor Público. O legislador assegurou a essas pessoas a gratuidade da separação e divórcio extrajudicial. Basta uma simples declaração: não é exigida a assinatura de declaração de pobreza.

Não é necessário o comparecimento pessoal dos cônjuges[114] à lavratura da escritura pública, desde que devidamente representados por procurador com poderes específicos, outorgados por instrumento público. No entanto, no momento da lavratura da escritura, é essencial a presença do advogado.

A Resolução nº 35 do CNJ admite a recusa do tabelião de realizar a escritura. Todavia, é imprescindível que a recusa seja fundamentada e por escrito. Caso o motivo seja injustificado, dará ensejo ao uso de Mandado de Segurança.

Ressalte-se que a Resolução do CNJ também permite a conversão da separação em divórcio pela via administrativa. Neste caso, basta a certidão da averbação da separação no assento de casamento (art. 52).

Já na hipótese de serem estipulados alimentos, Christiano Cassettari entende que a escritura pública que os fixa "é título executivo judicial, pois, para lhe dar credibilidade, há necessidade de as medidas extremas existentes na execução de sen-

---

113 Cláudia Stein Vieira, "A Lei nº 11.441, de 04 de janeiro de 2007", *in Revista Brasileira de Direito de Família*, nº 41, Porto Alegre, Síntese, p. 29, abril-maio de 2007.
114 Em razão da pandemia da Covid-19, o Conselho Nacional de Justiça (CNJ) editou o Provimento nº 100 de 26.05.2020, que passou a permitir a prática de atos notariais eletrônicos em todos os tabelionatos de notas do País, entre os atos consta a possibilidade da lavratura da escritura de divórcio.

tença serem estendidas a elas, para que se reconheça a seriedade da pensão fixada extrajudicialmente".[115]

Rolf Madaleno não exclui a possibilidade de escritura de separação de corpos consensual como "pré-estreia da separação judicial amistosa, depois de completado um ano de casamento, para evitar indesejadas demandas litigiosas e improcedentes acusações de abandono do lar conjugal e de falta de assistência material. (...) O interesse da separação de corpos amigável e extrajudicial também decorre dos efeitos previstos no art. 1.580 do Código Civil ao viabilizar o ingresso direto do divórcio, depois de decorrido um ano de separação judicial ou de separação de corpos". Alerta, também, o autor que "a partir da assinatura da escritura pública de separação de corpos igualmente cessa a presunção de paternidade do art. 1.597 do Código Civil".[116]

Importante mencionar que a escritura independe de homologação judicial e é indispensável que as partes averbem divórcio perante o Registro Civil e a partilha no Cartório de Registro de Imóveis.

407-F. Aspectos civis da "Lei Maria da Penha" (Lei n° 11.340/2006)

Com o objetivo de combater a violência doméstica contra a mulher, a "Lei Maria da Penha" foi sancionada pelo Presidente Luiz Inácio Lula da Silva em agosto de 2006, modificando principalmente o Código Penal e o Código de Processo Penal e permitindo que os agressores passassem a ser presos em flagrante ou que tivessem a prisão preventiva decretada.[117] Além disso, a referida lei acabou com as penas pecuniárias, ou seja, aquelas em que o réu é condenado a pagar, apenas, cestas básicas ou multas.[118] A lei prevê, expressamente, as "medidas protetivas de urgência", estabelecendo o art. 19 (com as modificações introduzidas pela Lei n° 14.550/2023) sua concessão pelo juiz, a requerimento do Ministério Público ou a pedido da ofendida"; seu prosseguimento deverá ser acompanhado por Advogado ou Defensor Público (art. 27). A concessão das referidas medidas protetivas, sem a audiência da parte contrária (*inaudita altera pars*), exige do Juiz a efetiva identificação de indícios de crime de violência doméstica e familiar contra a mulher; não basta a declaração da

---

115 Christiano Cassettari, *Separação, Divórcio e Inventário por Escritura Pública*, São Paulo, Método, 2008, p. 84.
116 Rolf Madaleno, ob. cit., p. 268.
117 Recentemente, em maio de 2021, foi publicada a Lei n° 14.149/2021, que instituiu o Formulário Nacional de Avaliação de Risco, uma forma de buscar a proteção da mulher. Esse formulário deverá ser aplicado preferencialmente ainda na fase policial, na delegacia, no momento do registro da ocorrência. Conforme o art. 2° da lei, em seu § 1°, "o Formulário Nacional de Avaliação de Risco tem por objetivo identificar os fatores que indicam o risco de a mulher vir a sofrer qualquer forma de violência no âmbito das relações domésticas, para subsidiar a atuação dos órgãos de segurança pública, do Ministério Público, do Poder Judiciário e dos órgãos e das entidades da rede de proteção na gestão do risco identificado, devendo ser preservado, em qualquer hipótese, o sigilo das informações".
118 Vide http://oglobo.globo.com/rio/mat/2007/11/23/327284114.asp. Acesso em 03.12.2008.

vítima. Exames periciais, condições alteradas dos filhos, informações do Conselho Tutelar, declarações de vizinhos, reiterados registros de ocorrência são alguns dos indícios que devem estar em harmonia entre si e fundamentar a conclusão de que (provavelmente) houve crime.[119]

Preocupou-se o legislador em configurar a violência doméstica e familiar contra a mulher como "qualquer ação ou omissão baseada no gênero que lhe cause morte, lesão, sofrimento físico, sexual ou psicológico e dano moral ou patrimonial" (art. 5º). Definiu no art. 7º as formas de violência. Não excluiu a possibilidade de proteção para mulheres que vivam relações domésticas homoafetivas (parágrafo único do art. 5º).

O legislador distinguiu *medidas contra o agressor* (art. 22), dentre elas, restrição ou suspensão de visitas aos dependentes menores, ouvida a equipe de atendimento multidisciplinar ou serviço similar (inciso IV) e prestação de alimentos provisionais ou provisórios (inciso V), as quais representam medidas cautelares típicas de Direito de Família de natureza satisfativa. Podem ser requeridas pela interessada pessoalmente ou através de Advogado ou Defensor.

A referida lei autoriza o Juiz, no § 4º do art. 22, à aplicação dos §§ 5º e 6º do art. 461 do CPC/1973 (correspondente ao art. 536, § 1º, CPC/2015), medidas contra o agressor, tais como imposição de multas, busca e apreensão etc., como também modificar, de ofício, o valor e periodicidade da multa, caso verifique que se tornou insuficiente ou excessiva (art. 537, § 1º, CPC/2015).

Também o art. 13 determina a aplicação das normas dos Códigos de Processo Penal e Processo Civil e da legislação específica relativa à criança, ao adolescente e ao idoso que não conflitarem com o estabelecido na Lei nº 11.340/2006.

As medidas previstas nos incisos I, II e III ("a", "b" e "c") são cautelares de natureza penal. Portanto, vinculadas à infração penal, cuja ação é de iniciativa pública, só podendo ser requeridas pelo Ministério Público, não pela ofendida, até porque são medidas que obrigam o agressor e não se destinam, simplesmente, para a proteção da ofendida. Sendo assim, não está ela legitimada para requerer tais medidas, o que só pode ser feito pelo titular da ação penal, porque não faria sentido poder ela promover a ação cautelar e não promover a ação principal.[120] Destaca-se que, com o advento do Novo CPC – Lei nº 13.105, de 16 de março de 2015, as ações cautelares de natureza extrapenal passam a estar previstas como formas de tutela provisória de urgência, sendo reguladas pelos arts. 300 e seguintes.

Pelo fato de a mulher ser objeto imediato da proteção da referida lei, muitos doutrinadores não admitem que os alimentos em favor dos filhos sejam arbitrados como medida de urgência. Rogério Sanches Cunha e Ronaldo Batista Pinto opinam

---

119 Geraldo Prado, *Comentários à lei de Violência Doméstica e Familiar contra a Mulher* (org.: Adriana Ramos de Mello), Rio de Janeiro, Lumen Juris, 2007, p. 120.
120 Marcelo Lessa Bastos, "Violência Doméstica e Familiar contra a Mulher – Lei 'Maria da Penha' – Alguns comentários", *in Estudos sobre as Novas leis de Violência Doméstica contra a Mulher e de Tóxicos* (Leis nºs 11.340/2006 e 11.343/2006), Rio de Janeiro, Lumen Juris, 2007, p. 137.

no sentido de que "restringir os alimentos provisionais e provisórios apenas à mulher acabaria por vitimá-la duas vezes: a primeira, em decorrência da violência que suportou e, a segunda, em virtude da dificuldade que experimentará para fazer frente às despesas com a manutenção dos filhos". Os autores referendam tal entendimento com o conteúdo do parágrafo 1° do art. 22 ao enunciar que "as medidas referidas neste artigo não impedem aplicação de outras previstas na legislação em vigor".[121]

Cuidou o art. 23 de *medidas em favor da ofendida*, entre as quais aquelas de cunho administrativo (incisos I e II) e aquelas que contemplam também procedimentos cautelares típicos de Direito de Família: determinar o afastamento da ofendida do lar, sem prejuízo dos direitos relativos a bens, guarda dos filhos e alimentos (inciso III); determinar a separação de corpos (inciso IV); e determinar a matrícula dos dependentes da ofendida em instituição de educação básica mais próxima do seu domicílio, ou a transferência deles para essa instituição, independentemente da existência de vaga (inciso V, incluído pela Lei n° 13.882/2022).

O art. 24 prevê *medidas de natureza patrimonial*, ou seja, restituição de bens indevidamente subtraídos pelo agressor à ofendida (inciso I); proibição temporária para a celebração de atos e contratos de compra, venda e locação de propriedade em comum, salvo expressa autorização judicial (inciso II); suspensão das procurações conferidas pela ofendida ao agressor (inciso III), prestação de caução provisória, mediante depósito judicial, por perdas e danos materiais decorrentes da prática de violência doméstica e familiar contra a ofendida (inciso IV).

Para Fredie Didier Jr. e Rafael Oliveira, a designação "Juizado de Violência Doméstica e Familiar contra a mulher" refere-se a uma "Vara Especializada". E completam: "Não há procedimento específico para as causas que tramitam neste Juízo." (...) "O art. 33 da Lei Federal n° 11.340/2006 prescreve que, enquanto não estruturados esses Juizados, caberá às Varas Criminais acumular a competência cível e criminal para conhecer e julgar as causas decorrentes da prática de violência doméstica". Além das hipóteses do art. 26, a intervenção do Ministério Público, quando não for parte, funcionará como *custos legis*.[122]

Após a apreciação do pedido liminar na Vara criminal, os autos serão encaminhados para o Juízo especializado de Família. Da redistribuição deve ser intimado o procurador da ofendida e, caso não esteja representado por advogado, deverá ser intimado o Defensor Público que atua junto à Vara. Não é necessária a intimação pessoal da vítima. Ao receber o expediente, em que houve deferimento de tutela cautelar, entendendo o magistrado que não há mais nada a fazer, determinará o arquivamento dos autos e a intimação das partes através de seus procuradores, bem como o Ministério Público. Esclarece, ainda, Maria Berenice Dias que da decisão judicial

---

[121] Rogério Sanches Cunha e Ronaldo Batista Pinto, *Violência Doméstica: Lei Maria da Penha Comentada*, São Paulo, Revista dos Tribunais, 2007, p. 94.
[122] Fredie Didier Jr. e Rafael Oliveira, "Aspectos Processuais Civis da Lei Maria da Penha (violência doméstica e familiar contra a mulher)", *in Revista Brasileira de Direito da Família e Sucessões*, n° 04, pp. 26-28, jun./jul. 2008.

– deferindo ou indeferindo ou modificando medidas protetivas – dispõem vítima e agressor da possibilidade de recorrer. Trata-se de decisões interlocutórias. Sendo de natureza criminal, cabe recurso no sentido estrito (art. 581 – CPP) a ser apreciado pelas Câmaras Criminais dos Tribunais de Justiça.[123] Deverão ser respeitadas eventuais orientações provisórias ou permanentes, introduzidas pela Organização Judiciária dos Estados.

Ressalta-se que, com as alterações promovidas pela Lei nº 13.894/2019, a "Lei Maria da Penha" passou a prever, em seu art. 14-A (incluído na modificação), a competência dos Juizados de Violência Doméstica e Familiar contra a Mulher para a ação de divórcio ou dissolução de união estável nos casos de violência contra a mulher, excluída, contudo, a pretensão relacionada à partilha de bens.

Cabe destacar que se tem reconhecido que a Lei nº 11.340/2006 não tem sua aplicação limitada às mulheres. Recentemente, o STJ reconheceu a aplicabilidade da Lei em um caso de agressão física do filho que gerou lesões corporais em seu genitor. Tem-se considerado que a Lei Maria da Penha constitui verdadeiro diploma legislativo destinado a combater a violência no âmbito doméstico, podendo englobar situações em que a vítima não seja necessariamente do sexo feminino.

Também já entendeu a 3ª Turma do STJ que a Vara Especializada da Violência Doméstica ou Familiar Contra a Mulher possui competência para o julgamento de pedido incidental de natureza civil, relacionado à autorização para viagem ao exterior e guarda unilateral do infante, na hipótese em que a causa de pedir de tal pretensão consistir na prática de violência doméstica e familiar contra a genitora.[124]

407-G. Da alienação parental

A "Síndrome da Alienação Parental", já conhecida pela Doutrina e pelos Tribunais, foi, finalmente, objeto de regulamentação pela Lei no 12.318/2010, ao introduzir no Direito de Família novas diretrizes de orientação nos conflitos dos pais nos processos na separação ou no divórcio.

A expressão "Síndrome da Alienação Parental" foi atribuída na década de 80 pelo professor de psiquiatria infantil Richard Alan Gardner, que realizou nos Estados Unidos os primeiros estudos sobre a síndrome e desenvolveu conceitos que têm auxiliado no estabelecimento de parâmetros para solucionar questões que envolvem esse tipo violência psicológica. No entanto, deve-se observar que parte da comunidade científica ainda não reconhece a existência de uma verdadeira "síndrome", defendendo a necessidade de serem realizadas novas pesquisas na área. Dessa forma, importa destacar que a Lei nº 12.318/2010 trata de Alienação Parental, e não propriamente da Síndrome, que pode ou não atingir crianças vítimas dos atos de alienação e

---

[123] Maria Berenice Dias, *A lei Maria da Penha na Justiça*, São Paulo, RT, 2007, p. 153.
[124] STJ – 3ª Turma – REsp 1.550.166/DF – Rel. Min. Marco Aurélio Bellizze – 21.11.2017 – *DJe* 18.12.2017.

envolve um "conjunto de sinais e sintomas apresentados pela criança ou adolescente programado para repudiar de alguma forma um dos genitores ou outros membros da família".[125]

Ao mesmo tempo em que assistimos à preocupação dos genitores descontínuos pleitearem nos Tribunais o direito de efetiva participação na educação e no desenvolvimento dos filhos, de outro lado, não podemos deixar de citar, sobretudo nos processos de dissolução da sociedade conjugal, uma série de atitudes do genitor guardião no sentido de desfazer a imagem do outro, num flagrante espírito de vingança.

Neste jogo de manipulações, para lograr o seu intento, o guardião dificulta as visitas e cria toda forma de empecilho para que elas não ocorram. Alega que o filho está doente ou tem outro compromisso. Leva-o a viajar nos períodos que teria que estar com o outro genitor. Impede o acesso à escola, sonega informações sobre questões de saúde e, muitas vezes, muda de cidade, de estado ou de país.[126]

Segundo Jorge Trindade, trata-se de um transtorno psicológico que se caracteriza por um conjunto de sintomas pelos quais um genitor, denominado cônjuge alienador, transforma a consciência de seus filhos, mediante diferentes formas e estratégias de atuação, com o objetivo de impedir, obstaculizar ou destruir seus vínculos com o outro genitor, denominado cônjuge alienado, sem que existam motivos reais que justifiquem essa condição. Em outras palavras, consiste num processo de programar uma criança para que odeie um dos seus genitores sem justificativa, de modo que a própria criança ingressa na trajetória de desmoralização desse mesmo genitor.[127] Buscando subsídios na psicologia, cuidou o legislador no art. 2º de estabelecer uma definição: "Considera-se ato de alienação parental a interferência na formação psicológica da criança ou do adolescente promovida ou induzida por um dos genitores, pelos avós ou pelos que tenham a criança ou adolescente sob a sua autoridade, guarda ou vigilância para que repudie genitor ou que cause prejuízo ao estabelecimento ou à manutenção de vínculos com este."

Importa diferenciar a Alienação Parental da Síndrome das Falsas Memórias, na qual há a implantação de um determinado evento, que "não acontece realmente, mas a pessoa reage como se efetivamente tivesse acontecido, pois passa a ser realmente vivido como real e verdadeiro". Na Síndrome das Falsas Memórias, implantam-se fatos falsos, fazendo com que a criança ou o adolescente pense que aquilo realmente ocorreu, como no caso da falsa acusação de abuso sexual

---

125 Cristian Fetter Mold, "Alienação Parental – Reflexões sobre a Lei nº 12.318/2010", in *Revista Brasileira de Direito de Família e Sucessões*. Ano XIII. V. 25 (dez/jan. 2012). Porto Alegre: Magister; Belo Horizonte: IBDFAM, 2012, p. 53/54.

126 Maria Berenice Dias, "Alienação Parental: um crime sem punição", in *Incesto e alienação parental: realidades que a Justiça insiste em não ver* (coord.: Maria Berenice Dias), São Paulo: RT/IBDFAM, 2010, p. 17.

127 Jorge Trindade, "Síndrome de Alienação Parental", in *Incesto e alienação parental: realidades que a Justiça insiste em não ver* (coord.: Maria Berenice Dias), São Paulo: RT/IBDFAM, 2010, pp. 22-23.

pelo alienador. Na Alienação Parental, pode haver a ocorrência de implantação de falsas memórias, mas seu objetivo consiste essencialmente na desconstrução de vínculos afetivos.[128]

Tratando-se de comportamentos de difícil identificação, o legislador indicou no parágrafo único do art. 2º da Lei nº 12.318/2010 formas exemplificativas sem afastar outras situações de alienação parental, identificadas pelo Juiz ou constatadas por perícia, praticadas diretamente por qualquer dos guardiões ou com auxílio de terceiros: I – realizar campanha de desqualificação da conduta do genitor no exercício da paternidade ou maternidade; II – dificultar o exercício da autoridade parental; III – dificultar contato de criança ou adolescente com genitor; IV – dificultar o exercício do direito regulamentado de convivência familiar; V – omitir deliberadamente a genitor informações pessoais relevantes sobre a criança ou adolescente, inclusive escolares, médicas e alterações de endereço; VI – apresentar falsa denúncia contra genitor, contra familiares deste ou contra avós, para obstar ou dificultar a convivência deles com a criança ou adolescente; VII – mudar o domicílio para local distante, sem justificativa, visando a dificultar a convivência da criança ou adolescente com o outro genitor, com familiares deste ou com avós.

Elizio Luiz Perez ressalta o caráter educativo do rol exemplificativo do art. 2º "na medida em que devolve claramente à sociedade legítima sinalização de limites éticos para o litígio entre ex-casal".[129]

Essa conduta, muitas vezes não intencional, provoca na criança distúrbios emocionais; se de um lado estimula um sentimento de cumplicidade e aceitação do comportamento do alienador, de outro suas atitudes são marcadas por manipulações e chantagens, causando na criança ou no jovem sentimentos de culpa e revolta quase sempre inconscientes. Dentre os problemas apresentados pela criança que sofre esse tipo de violência psicológica, destacam-se: a propensão a atitudes antissociais, violentas ou criminosas, depressão, suicídio e, atingida a maturidade, o remorso pelo desprezo do genitor ou parente.[130]

Alerte-se que poderão ser identificados como sujeitos ativos não só os genitores, como avós e tutores, incluindo-se também neste rol qualquer pessoa que tenha a criança ou adolescente sob sua responsabilidade, inclusive o tutor ou o responsável por programa de acolhimento institucional.

No entanto, o legislador limitou como sujeito passivo somente o genitor, quando há a possibilidade de qualquer outro membro da família – como avós, tios, irmãos

---

128 Ana Maria Frota Velly. "A Síndrome da Alienação Parental: uma Visão Jurídica e Psicológica", in *Revista Síntese: Direito de Família*. Ano XII, nº 62, out/nov 2010, p. 27.
129 Elizio Luiz Perez, "Breves comentários acerca da Lei de Alienação Parental", in *Incesto e alienação parental: realidades que a Justiça insiste em não ver* (coord.: Maria Berenice Dias), São Paulo: RT/IBDFAM, 2010, p. 70.
130 Caetano Lagrasta, "Parentes: Guardar ou Alienar – a Síndrome da Alienação Parental", in *Revista Brasileira de Direito de Família e Sucessões*. Ano XIII. V. 25 (dez/jan. 2012). Porto Alegre: Magister; Belo Horizonte: IBDFAM, 2012, p. 34.

ou padrasto – ser alienado. A doutrina e a jurisprudência vêm reconhecendo cada vez mais a importância dos vínculos socioafetivos, de modo que estes devem ser considerados no momento da caracterização da alienação parental.[131]

O art. 3º da Lei nº 12.318/2010 estabelece que o ato de alienação parental fere o direito fundamental à convivência familiar, garantia que se encontra prevista no art. 226 da Constituição Federal, bem como no art. 19 do Estatuto da Criança e do Adolescente.

A Lei nº 12.010/2010 introduziu novos parâmetros para o reconhecimento do Direito Fundamental à convivência familiar, priorizando a *família natural* (*caput* do art. 25 do ECA) e convocando também a *família extensa e ampliada*, ou seja, "aquela que se estende para além da unidade pais e filhos ou da unidade do casal, formada por parentes próximos com os quais a criança ou adolescente convive e mantém vínculos de afinidade e afetividade" (parágrafo único do art. 25 do ECA). Esses conceitos devem ser interpretados com vista ao "princípio do melhor interesse da criança". Assim, a preferência pela família extensa deve ser marcada pela afinidade e afetividade, por sólido relacionamento com a criança ou adolescente, cuidado, atenção e carinho. Estes elementos devem sobrepor-se a uma relação puramente biológica, onde não existe compromisso e responsabilidade com crianças e jovens.

Diante dos novos paradigmas, há que se admitir a possibilidade do apoio e participação dos membros da família extensa como alternativa de acolhimento ou eventual visitação assistida, minorando os efeitos psicológicos decorrentes dos conflitos. Atente-se inclusive para o inciso VII do art. 2º da Lei nº 12.318/2010 ao identificar a alienação parental em situações em que o guardião dificulta a convivência dos filhos com os familiares e avós.

A Lei da Alienação Parental autorizou procedimentos e instrumentos processuais diante de indícios de violações de direitos fundamentais, tendo em vista sua gravidade. "*A punição deve ser exemplar e de aplicação imediata*, assim que o magistrado perceber a elaboração de alienação ou o encaminhamento à respectiva síndrome".[132] Ouvido o Ministério Público e demonstrada a necessidade de uma tutela de urgência, o Juiz poderá tomar medidas de reaproximação da criança ou adolescente com o pai ou mãe que estiver dificultando a convivência e o exercício do poder familiar (art. 4º). O rol exemplificativo de medidas não afasta a possibilidade de o Juiz utilizar outros procedimentos processuais para impedir ou atenuar os efeitos dos atos alienatórios, segundo a gravidade do quadro. As medidas do art. 4º devem ser acompanhadas de uma mínima avaliação prévia de um especialista ou uma equipe interdisciplinar.

---

131 Cristian Fetter Mold, "Alienação Parental – Reflexões sobre a Lei nº 12.318/2010", in *Revista Brasileira de Direito de Família e Sucessões*. Ano XIII. V. 25 (dez/jan. 2012). Porto Alegre: Magister; Belo Horizonte: IBDFAM, 2012, p. 54.

132 Caetano Lagrasta, "Parentes: Guardar ou Alienar – a Síndrome da Alienação Parental", in *Revista Brasileira de Direito de Família e Sucessões*. Ano XIII. V. 25 (dez/jan. 2012). Porto Alegre: Magister; Belo Horizonte: IBDFAM, 2012, p. 37.

A necessidade da perícia, evidentemente, não pode ser absoluta, sob pena de retrocesso. Adverte Elizio Luiz Perez que casos de evidente ato abusivo de alienação parental já permitem imediata intervenção judicial, como, por exemplo, o deliberado desrespeito à sentença que regulamente convivência; incontroversa a possibilidade de que seja intentada, em tal hipótese, ação de execução direta, sem perícia.[133]

A providência jurisdicional deve ser no sentido de impedir o agravamento do impedimento da convivência entre pais e filhos e garantir sua integridade psíquica e moral. Essas providências possuem natureza cautelar antecipatória e satisfativa, podendo (devendo) o juiz agir, liminarmente. A perícia psicológica e biopsicossocial é prevista no art. 5º. Superada a situação de urgência, o juiz determinará perícia psicológica ou biopsicossocial, compreendendo entrevista pessoal com as partes, exame de documentos dos autos, histórico do relacionamento do casal e da separação, cronologia de incidentes, avaliação da personalidade dos envolvidos e exame da forma como a criança ou adolescente se manifesta acerca de eventual acusação contra o genitor. O laudo pericial deverá ser apresentado em 90 (noventa) dias, prazo este prorrogável exclusivamente por autorização judicial, baseada em justificativa circunstanciada (§§ 2º e 3º do art. 5º). No mais, a Lei nº 14.340/2022 promoveu alteração no referido diploma legal e incluiu o § 4º ao art. 5º, dispondo que, na ausência ou insuficiência de serventuários responsáveis pela realização do estudo exigido por lei, a autoridade judiciária poderá nomear perito para esse fim, nos termos do CPC/2015.

Os profissionais interdisciplinares devem ter experiência nas lides familiaristas. Para Douglas Phillips Freitas, a atuação do profissional especializado, de confiança do juiz, de área que foge do conhecimento desse, como relações sociais, psicológicas, médicas, entre outras, logo, por interpretação lógica, trata-se de perícia, sujeitando, assim, à atuação desses profissionais as regras da perícia trazidas no CPC, sob pena de nulidade.[134]

Destaca-se a previsão do Novo CPC contida no art. 699, que determina que, quando houver indícios de alienação parental ou discussão sobre fato relacionado a abuso, o juiz deverá estar acompanhado de especialistas ao tomar o depoimento do incapaz.

Cabe observar, também, que o art. 4º, II, *b*, da Lei nº 13.431, de 4 de abril de 2017, reconheceu expressamente a alienação parental como forma de violência psicológica, implementando um sistema de oitiva especial para os casos em que crianças e adolescentes vivenciam ou testemunham situações de violência. A referida lei, que estabeleceu o sistema de garantia de direitos da criança e do adolescente vítima ou testemunha de violência, traz como procedimentos a *escuta especializada*, definida como "o procedimento de entrevista sobre situação de violência com criança

---

133 Elizio Luiz Perez, ob. cit. p. 72.
134 Douglas Phillips Freitas, "Reflexos da Lei de Alienação Parental (Lei nº 12.318/2010)", *in Revista Síntese – Direito de Família*, nº 62 (outubro-novembro/2010), São Paulo: Síntese/IOB, p. 21, 2010.

ou adolescente perante órgão da rede de proteção" (art. 7º), e o *depoimento especial*, caracterizado como o "procedimento de oitiva de criança ou adolescente vítima ou testemunha de violência perante autoridade policial ou judiciária" (art. 8º). Buscou o legislador evitar a revitimização do infante, assegurando a proteção de seus direitos, estabelecendo-se no art. 9º da lei que a "criança ou o adolescente será resguardado de qualquer contato, ainda que visual, com o suposto autor ou acusado, ou com outra pessoa que represente ameaça, coação ou constrangimento", devendo a oitiva ser realizada "em local apropriado e acolhedor, com infraestrutura e espaço físico que garantam a privacidade da criança ou do adolescente vítima ou testemunha de violência" (art. 10).

Configurada qualquer conduta que efetivamente dificulte a convivência com um dos genitores, em ação autônoma ou incidental, cumulativamente ou não, sem prejuízo da decorrente responsabilidade civil ou criminal, a Lei nº 12.318/2010 autoriza ampla utilização de instrumentos processuais aptos a inibir ou atenuar seus efeitos, segundo a gravidade do caso. O *Juiz poderá,* independente de requerimento específico: I – declarar a ocorrência de alienação parental e advertir o alienador; II – ampliar o regime de convivência familiar em favor do genitor alienado; III – estipular multa ao alienador; V – determinar acompanhamento psicológico e/ou biopsicossocial; V – determinar a alteração da guarda para guarda compartilhada ou sua inversão; VI – determinar a fixação cautelar do domicílio da criança ou adolescente (art. 6º). Convém mencionar que o inciso VII, que previa a possibilidade de o juiz declarar a suspensão da autoridade parental, foi revogado pela Lei nº 14.340/2022.

A atenção redobrada do Juiz, bem como do representante do Ministério Público, no curso do processo envolvendo questão relacionada à alienação parental, deve viabilizar a adaptação da medida de cautela ou urgência, para preservar os interesses da criança ou adolescente, segundo a necessidade e evolução de cada caso. Alerta Elízio Luiz Perez: "A presença do genitor alvo pode se revelar antídoto à instalação da alienação; pode servir como corretora da percepção distorcida da realidade assimilada pela criança".[135]

Cuidou o legislador da situação específica de mudança abusiva de endereço, inviabilizando ou obstruindo a convivência familiar; o juiz também poderá inverter a obrigação de levar para ou retirar a criança ou adolescente da residência do genitor, por ocasião das alternâncias dos períodos de convivência familiar (art. 6º, § 1º). Ademais, a Lei nº 14.340/2022 adicionou ao referido artigo o § 2º, que prevê que o acompanhamento psicológico deverá "ser submetido a avaliações periódicas, com a emissão, pelo menos, de um laudo inicial, que contenha a avaliação do caso e o indicativo da metodologia a ser empregada, e de um laudo final, ao término do acompanhamento".

Destaca-se do texto do art. 6º que as medidas descritas na Lei nº 12.318/2010 não excluem a "responsabilidade civil", de modo que a alienação parental pode dar

---

[135] Elizio Luiz Perez, ob. cit., p. 77.

ensejo a indenização por dano moral, tanto para a criança ou o adolescente quanto para o genitor ou parente alienado.[136]

Além das determinações possíveis a partir do reconhecimento processual do ato de alienação parental, o art. 8° da Lei n° 12.318/2010 determina que a alteração de domicílio da criança ou adolescente é irrelevante para a determinação da competência relacionada às ações fundadas em direito de convivência familiar, salvo se decorrente de consenso entre os genitores ou de decisão judicial. A regra evita que a alteração da residência viabilize, por via transversa, a escolha do juízo competente, em eventual prejuízo de um dos genitores, por exemplo, a dificuldade de deslocamento, dadas as dimensões continentais do país.[137]

Em recente alteração promovida pela Lei n° 14.340/2022, adicionou-se ao referido diploma legal o art. 8°-A. Neste, previu-se que o depoimento e/ou oitiva de crianças e de adolescentes em casos de alienação parental deve observar as disposições do ECA.

Uma análise superficial da Lei n° 12.318/2010 nos conduz a um alerta: deve ser cautelosa a análise de cada caso considerando a hipótese de simulações e comportamentos abusivos por parte de qualquer dos genitores. Outras questões podem envolver eventual recusa na convivência, cujas alegações devem ser consubstanciadas.

O Estatuto da Criança e do Adolescente estabeleceu no art. 129 as medidas pertinentes aos pais ou responsáveis, como forma de atender diretamente genitores ou guardiões de criança ou adolescente que tenham seus direitos lesados ou sejam autores de ato infracional, desde que haja alguma conexão com o comportamento ou situação dos pais ou responsável. Igualmente, previu no art. 249 do ECA e identificou como "Infração Administrativa o descumprimento doloso ou culposa dos deveres inerentes ao poder familiar".

Alerte-se, mais uma vez, que a responsabilidade dos pais pelos filhos extrapola o âmbito do poder familiar do Código Civil. O Estatuto da Criança e do Adolescente ampliou as responsabilidades parentais ao estabelecer, de forma efetiva no art. 22, que cabe aos pais o dever de "sustento, guarda e educação dos filhos menores". Sem excluir as responsabilidades reafirmadas na lei civil de 2002, as responsabilidades parentais envolvem os direitos fundamentais da criança e do adolescente presentes no art. 227 da Constituição Federal, destacando, especialmente, o direito à convivência familiar e comunitária.

Para Glicia Barbosa de Mattos Brazil, a reaproximação entre pais e filhos vítimas da alienação parental constitui um dos maiores desafios do Poder Judiciário na atualidade. Para a psicóloga, há o reconhecimento da importância em se manter o vínculo afetivo, embora ainda haja dificuldade em se identificar as formas de fazê-lo, sem que apresente prejuízo para a criança ou adolescente.[138]

---

136 Douglas Phillips Freitas, "Reflexos da Lei de Alienação Parental (Lei n° 12.318/2010)", *in Revista Síntese: Direito de Família*. Ano XII, n° 62, out/nov 2010, p. 20.
137 Elizio Luiz Perez, ob. cit., p. 83.
138 Glicia Barbosa de Mattos Brazil, "A reconstrução dos vínculos afetivos pelo Judiciário", *in Revista Brasileira de Direito das Famílias e Sucessões*. Vol. 13, dez/jan 2010. Porto Alegre: Magister; Belo Horizonte: IBDFAM, 2010, p. 47-59.

As medidas previstas pela Lei nº 12.318/2010 devem ser adequadas às situações que são apresentadas no cotidiano dos Tribunais, desempenhando a equipe interdisciplinar papel de extrema importância no processo de identificação de possíveis soluções para o problema. Deve-se sempre considerar que o próprio alienador apresenta distúrbios que devem receber um tratamento especial, em prol da restauração do direito à convivência familiar da criança e do adolescente. Sempre que possível, os vínculos afetivos devem ser resguardados, para que os impactos da alienação parental sejam os menores possíveis.

Observa-se, por fim, que vem sendo reconhecida pela Doutrina a autoalienação parental, quando é o próprio genitor não detentor da guarda que cria a situação de afastamento do filho, provocando a sua autoexclusão em relação ao convívio com este, a fim de atingir o outro genitor.

Para tanto, o genitor autoalienador pode fazer uso de recursos diversos, como criar situações constrangedoras em sua casa para os filhos, determinar regras excessivas e arbitrárias, utilizar-se de chantagem emocional, de forma a afastar os filhos de seu convívio e posteriormente imputar tal distanciamento ao outro genitor.

Rolf Madaleno destaca que "O autoalienador trata seus filhos de forma inadequada ou violenta, sem respeitar a inocência e vulnerabilidade de quem ama o genitor, não compreende sua gratuita violência verbal e é incapaz de se defender de outra forma que não seja se afastando deste progenitor, por medo e não por desamor".[139]

O mesmo autor alerta ainda que a autoalienação "trata-se em verdade da dificuldade do genitor autoalienador de lidar com as perdas de sua separação, criando várias frentes de conflitos familiares, contribuindo positivamente para sua própria alienação, assumindo um papel de vítima e propagando a falsa informação de ser um pai não desejado, supostamente excluído pela intervenção dos outros, enfrentando todas essas transformações com uma angustiante e ansiosa velocidade, em cujo cenário a única vítima é a indefesa criança que apenas ama seu progenitor".[140]

Para Sergio Nick, "não é incomum que um pai deprimido tenha dificuldade de reconhecer seus sintomas depressivos, e passe a projetar no outro as razões para as dificuldades que encontra para estar com a prole".[141]

Tais situações de autoalienação devem ser reconhecidas pelos Tribunais a fim de se evitarem injustiças e medidas equivocadas.

Nestes novos contextos que envolvem as relações familiares, não se pode deixar de citar as *famílias recompostas*, ou seja, aquelas que decorrem de novas uniões depois da separação, também conhecidas como famílias "reconstruídas", "mosaico", "pluriparentais" ou "recasadas".

---

139 Rolf Madaleno em palestra proferida pela OAB/RJ, no dia 02 de julho de 2015.
140 Rolf Madaleno, "Autoalienação parental", in *Cuidado e afetividade* (org.: Tânia da Silva Pereira, Guilherme de Oliveira e Antônio Carlos Mathias Coltro), São Paulo, Atlas, 2016, p. 565.
141 NICK, Sergio Eduardo. "A alienação parental e a autoalienação parental compreendidas sob o vértice da parentalidade". In: ZAGAGLIA, Rosangela Alcantara *et al. Coleção Direito UERJ 80 Anos.* Vol. 10: Criança e Adolescente. Rio de Janeiro: Freitas Bastos, 2015, p. 154.

Para Roberta Tupinambá, reportando-se a Waldyr Grisard Filho, "estas famílias caracterizam-se pela ambiguidade. No seu processo de constituição implica reconhecer uma estrutura complexa, conformada por uma multiplicidade de vínculos e nexos, na qual alguns dos seus membros pertencem a sistemas familiares originados em uniões precedentes. As crianças podem passar a ter novos irmãos, que, sem ser irmãos o são em seu funcionamento cotidiano". A autora ressalta o clima ideológico desfavorável no qual se formam as famílias recompostas, na medida em que pressupõem a ruptura de arranjos familiares anteriores, somada à instantaneidade de sua formação, o que pode gerar problemas de adaptação para as crianças e adolescentes envolvidos nesse processo, e acarretar situações de autoalienação parental.[142]

É preciso que se compreenda a peculiaridade de tais arranjos familiares e a necessidade de adaptação dos filhos a esse contexto, muitas vezes inteiramente novo, de modo que sejam vistos como verdadeiros sujeitos do direito ao respeito e à dignidade.

Merecem referências algumas reflexões sobre a alienação parental em tempos de pandemia.

A convivência familiar é um relevante direito, garantido pelo ordenamento jurídico, em especial pela Constituição da República, às crianças e aos adolescentes. A convivência familiar é de extrema importância, pois é neste ambiente que os filhos menores poderão desenvolver a sua personalidade e a sua integridade psíquica.

Importante destacar que o direito à convivência familiar decorre da autoridade parental, de modo que os pais também têm o direito à convivência familiar com seus filhos, sinalizando como um direito/dever. Por essa razão, pode-se afirmar que o direito à convivência familiar é autônomo, o que significa que não está condicionado ao cumprimento de qualquer outra obrigação, como, por exemplo, o efetivo pagamento da prestação alimentícia, uma vez que protegem bens jurídico diferentes: a convivência familiar objetiva "fortalecer os laços afetivos e preservar a integridade psíquica da criança, além da sua educação e criação", e a pensão alimentícia visa "resguardar o sustento material do filho". Contudo, apesar de ser um direito/dever dos pais, a convivência familiar deve ser exercida de modo benéfico aos filhos, observando sempre o princípio do melhor interesse do menor, nunca de forma prejudicial.[143]

Com o advento da pandemia do coronavírus o direito à convivência familiar restou, muitas vezes, prejudicado ou, de alguma forma, sofreu interferências, isso porque foi possível notar "com frequência, pedidos de suspensão da convivência, sob o argumento de que os deslocamentos representam riscos à criança. Se algum

---

142 Roberta Tupinambá, "Os Princípios do Cuidado e da Afetividade à Luz das Famílias Recompostas", in *Cuidado e afetividade* (org.: Tânia da Silva Pereira, Guilherme de Oliveira e Antônio Carlos Mathias Coltro), São Paulo, Atlas, 2016, p. 535/536.
143 TEPEDINO, Gustavo; TEIXEIRA, Ana Carolina Brochado. *Fundamentos do direito civil*: direito de família. 2. ed. Rio de Janeiro: Forense, 2021, p. 332.

dos pais for profissional de saúde, por exemplo, ou se tiver idosos e membros de grupos de risco no núcleo familiar da criança, deve-se, de fato, ter atenção especial à situação, mas tendo em mira que essa é medida de exceção". Se foi verificado motivos para suspensão da convivência familiar pessoalmente, a recomendação é o contato por meios virtuais, como ligações de vídeo, áudio ou telefone.[144]

O desafio de manter ao máximo a convivência familiar se intensifica nas famílias que enfrentam a realidade de términos de casamento ou de união estável, onde os pais precisam orquestrar uma nova dinâmica para manter o contato e o laço com os seus filhos menores. O problema maior ocorre quando "os pais confundem o fim da conjugalidade com a parentalidade" e acabam por inserir os filhos menores em uma dinâmica que eles são "utilizados como instrumento para atingir o outro genitor, acarretando danos à integridade psíquica dos filhos menores".[145]

Com a pandemia, os filhos menores podem acabar envolvidos em situações caracterizantes de alienação parental. Nas palavras dos professores Gustavo Tepedino e Ana Carolina Brochado: "a rigor, a pandemia apenas intensifica as desigualdades e assimetrias existentes em cada núcleo familiar. A desigualdade entre os gêneros no cuidado com os filhos repercute no alijamento da figura paterna em alguns casos, o que acaba sobrecarregando a mãe e, por outro lado, permitindo a existência de ambiente que facilita práticas de alienação parental".[146]

E os autores complementam: "a Lei 12.398/2011 inseriu parágrafo único ao art. 1.589 do Código Civil, para positivar o direito de convivência dos netos com os avós, o que já vinha sendo defendido por doutrina e jurisprudência. No entanto, a regulamentação da convivência deve estar em consonância com o melhor interesse do menor, ou seja, tendo em vista que os avós podem ser sujeitos ativos de alienação parental (art. 1º da Lei 12.318/2010), elas devem significar efetivo benefício para o neto, evidenciado pelos ganhos que a convivência intergeracional pode representar".[147]

Sobre as situações de alienação parental em meio à pandemia, asseveraram Joyceane Bezerra de Menezes e Ana Mônica Anselmo de Amorim: "imagine-se uma guarda compartilhada exercida pelos pais que residem no mesmo condomínio – a suspensão da convivência para evitar o risco do deslocamento seria totalmente desarrazoada. Também não traria maior risco à criança, o deslocamento da casa de um genitor para a do outro, por meio de um veículo particular. O mesmo não se pode dizer para aqueles casos nos quais os genitores residem em municípios distintos entre os quais houve fechamento de fronteiras ou a interrupção dos serviços

---

144 TEPEDINO, Gustavo; TEIXEIRA, Ana Carolina Brochado. *Fundamentos do direito civil*: direito de família. 2. ed. Rio de Janeiro: Forense, 2021, p. 334.
145 TEPEDINO, Gustavo; TEIXEIRA, Ana Carolina Brochado. *Fundamentos do direito civil*: direito de família. 2. ed. Rio de Janeiro: Forense, 2021, p. 335.
146 TEPEDINO, Gustavo; TEIXEIRA, Ana Carolina Brochado. *Fundamentos do direito civil*: direito de família. 2. ed. Rio de Janeiro: Forense, 2021, p. 335.
147 TEPEDINO, Gustavo; TEIXEIRA, Ana Carolina Brochado. *Fundamentos do direito civil*: direito de família. 2. ed. Rio de Janeiro: Forense, 2021, p. 335.

de transporte público intermunicipal indispensável ao deslocamento. É necessário, portanto, comprovar a necessidade específica da mudança na forma de convivência e evitar a utilização da pandemia como uma desculpa para a alienação parental (...)". E concluem: "as famílias foram levadas a um convívio intenso que suscitou inúmeros conflitos, nomeadamente quanto ao exercício da convivência com os filhos pelos genitores que não residem na mesma unidade domiciliar. O fato pandêmico, em si, não justifica alteração nos termos avençados ou fixados judicialmente para o exercício dessa convivência, vez que todos estamos sob os mesmos riscos. Eventual alteração, a pautar-se nos limites do melhor interesse da criança, há que se justificar em risco adicional e específico que a convivência possa gerar para ela ou para pessoa com quem convive. Antes de suspender a convivência presencial para afastar esses riscos específicos, a alternativa da convivência virtual deverá ser excepcionalíssima. Cuide-se ainda para afastar demandas que se traduzem em práticas de alienação parental".[148]

Em artigo publicado no site do Instituto Brasileiro de Direito de Família, Roberta Alves Bello e Marcia Laino entenderam que, "com o surgimento da pandemia de Covid-19, as relações familiares sofreram sérias modificações, dentre elas destacamos a convivência virtual. Claramente se percebe que os conflitos que já existiam no convívio familiar se acentuaram, e com eles houve o aumento na incidência de práticas abusivas, dentre elas a alienação parental (...)". Assim, pondera-se que hoje convive-se com uma nova realidade, com relações pessoais restritas, nas quais o consenso deve ser fator predominante nas relações familiares. O litígio envolvendo a investigação de alienação parental não possui vencedores, ao contrário, todos perdem e principalmente a criança ou adolescente envolvidos. Tem-se a cooperação como princípio, para questões familiares nos seus múltiplos formatos, cujo direito é amparado constitucionalmente. Assim, entende-se que os filhos devem e merecem ser cuidados e protegidos por ambos os genitores e seus guardiões, onde sua convivência deve ser compartilhada em igual grau de responsabilidade, humanização e carinho.[149]

Melissa Teles Barufi e Laura Affonso da Costa Levy, em artigo intitulado "Alienação parental sob a perspectiva dos direitos da criança e do adolescente – uma análise por meio do cuidado", destacam a necessidade de observância do princípio da paternidade responsável e indicam que "quando o genitor guardião negligencia no seu dever de cuidar, obstruindo o direito da criança do convívio com o outro genitor estará ferindo o direito e garantia fundamental das crianças e dos adolescentes, descritos na Magna Carta", o objetivo da Lei 12.318/2010 é justamente tutelar e

---

[148] MENEZES, Joyceane Bezerra de; AMORIM, Ana Mônica Anselmo de. Os impactos do COVID-19 no direito de família e a fratura do diálogo e da empatia. *Civilistica.com*. Rio de Janeiro, a. 9, n. 2, 2020 (*Ahead of print*). Disponível em: http://civilistica.com/os-impactos-do-covid-19-no--direito-de-família/. Acesso em: 26 ago. 2021.

[149] Conflitos familiares na pandemia: breve análise sobre alienação parental, consequências e sanções previstas em lei. Disponível em: https://ibdfam.org.br/index.php/artigos/1543/Conflitos+familiares+na+pandemia:++bre. Acesso em: 25 ago. 2021.

coibir os atos de alienação parental e assegurar aos filhos menores "uma convivência familiar pacífica entre pais e filhos, preservando, assim, sua integridade física e psicológica, almejando sempre o melhor interesse da criança, a proteção ao desenvolvimento, ao afeto, à felicidade, e à ancestralidade, garantindo o direito a circular, permear e transitar no seio familiar".[150]

Na seara do Direito das Famílias e Direito de Filiação, temos que ter a clareza de que os princípios constitucionais, esses de caráter fundamentais, imbricaram-se nas legislações que visam à proteção e ao cuidado na infância e na adolescência.

Apesar das medidas de isolamento, estas tiveram a intenção de nos proteger do coronavírus, mas transformam as relações familiares: "as medidas de isolamento social que tiveram como objetivo a proteção contra a pandemia da Covid-19 e acarretaram mudanças nas relações familiares, principalmente no que se refere aos filhos de casais separados que convivem em guarda compartilhada. É notório que o cuidado e a proteção com os filhos se tornaram mais intensos, ao se evitar os deslocamentos desnecessários, substituindo o contato físico, das visitas, por ligações telefônicas ou por videochamadas. Assim, o convívio, ainda que virtual, está sendo mantido (...)". A medida de afastamento compulsório é (era), portanto, possível e até recomendável quando a convivência apresentasse real risco à saúde da criança. Todavia, o afastamento devia ser encerrado assim que houvesse condições para a retomada do convívio parental. O cuidado excessivo, por si só, não deve justificar o rompimento da convivência de uma criança com um de seus pais. Atitudes como "dificultar o contato de criança ou adolescente com um de seus genitores" ou "dificultar o exercício do direito regulamentado de convivência familiar" podem ser consideradas como prática de atos de alienação parental nos termos da Lei nº 12.318/2010.[151]

Para Rolf Madaleno: "diferente dos dias normais, em tempos de confinamento na pandemia, coronavírus ou Covid-19, ressaltam as palavras de ordem, que são saúde e segurança de todos que estão confinados em suas casas, para que a doença não se dissemine em assustadora e geométrica progressão letal, com cuidados especiais para os idosos que se encontram nos grupos de risco e que terminam sendo privados da sua convivência e do insubstituível contato pessoal para com seus filhos e netos, e cujos momentos serão bem mais difíceis de serem compensados.

A convivência entre pais e filhos é direito fundamental do rebento e adicional dos pais, para os quais se sobrepõe o dever que têm com respeito à formação, educação e toda a gama de cuidados que precisam ter para com a sua prole.

Portanto, o direito de convivência presencial deve ser prioritariamente preservado, salvo que ponha em risco a vida e a saúde dos filhos, dos pais ou dos avós; e

---

150 BARUFI, Melissa Teles; LEVY, Laura Affonso da Conta. Alienação Parental sob a perspectiva dos direitos da criança e do adolescente – uma análise por meio do cuidado. *Revista IBDFAM: Família e Sucessões*, Belo Horizonte: IBDFAM, v. 45, maio-jun. 2021.
151 Conflitos familiares na pandemia: breve análise sobre alienação parental, consequências e sanções previstas em lei. Disponível em: https://ibdfam.org.br/index.php/artigos/1543/Conflitos+familiares+na+pandemia:++bre. Acesso em: 25 ago. 2021.

nessas hipóteses terminará sendo temporariamente substituído pelos meios telemáticos de comunicação, imperando para a análise o bom senso e a boa-fé.

Contudo, e lamentavelmente, muitos pais que já eram alienadores também estão se tornando abusadores do direito que exercem para restringirem o contato e a convivência dos filhos em relação ao outro progenitor, criando falsos alardes e pedidos judiciais de suspensão das visitas (convivência), ou se deslocando para lugares distantes como desculpa do isolamento, mas que, em realidade, buscam isolar a presença do outro genitor; e esta atitude não deixa de ser uma nova modalidade da surrada prática da alienação parental com uma dose perversa de abuso do direito, que deveria estar sendo protegido para preservar a saúde e a vida dos filhos e de pais e avós que se encontram na faixa de idade daqueles considerados idosos e na faixa de risco.[152]

---

152 MADALENO, Rolf. *Aspectos do Direito de Família na Covid-19: Família e felicidade*. Disponível em: https://www.aasp.org.br/em-pauta/familia-e-felicidade/. Acesso em: 21 ago. 2021.

Capítulo XCI
Parentesco Decorrente do Casamento

Sumário

408. Relações de parentesco. **409.** Filiação nas relações matrimoniais. **410.** Da ação negatória da paternidade ou maternidade.

Bibliografia

A. Almeida Junior, *Paternidade*; Antonio Cicu, *La Figliazione*, trad. espanhola de Jimenez Arnau y Santacruz Teijero, sob o título *La Filiación*; Clóvis Beviláqua, *Direito de Família*, §§ 64 e segs.; Cristiano Chaves de Farias e Nelson Rosenvald, in *Curso de Direito Civil: famílias*. Salvador: Podivm, 2012, p. 591; Cunha Gonçalves, *Direito de Família e Direito de Sucessões*, pp. 275 e segs.; De Page, *Traité Élémentaire*, v. I, n°s 1.207 e segs.; Edouard Levy, *Traité Pratique de la Légitimation*; Eduardo Espínola, *A Família no Direito Civil Brasileiro*, n°s 119 e segs., pp. 407 e segs.; Enneccerus, Kipp y Wolff, *Tratado, Derecho de Familia*, v. II, §§ 74 e segs.; Eugenio Tarragato, *La Afinidad*; Francesco Degni, *Il Diritto di Famiglia*, pp. 313 e segs.; Guilherme Calmon Nogueira da Gama, *A Nova Filiação: o Biodireito e as relação parentais*, Rio de Janeiro, Renovar, 2003; Guilherme Calmon Nogueira da Gama, in *Direito Civil: Família*. São Paulo: Atlas, 2008, p. 321; Gustavo Tepedino, "A Disciplina Jurídica da Filiação na Perspectiva Civil-Constitucional", in *Temas de Direito Civil*, Rio de Janeiro, Renovar, 2004; Heinrich Lehmann, *Derecho di Familia*, pp. 273 e segs.; Heloisa Helena Barboza *A filiação em face da inseminação artificial e da fertilização "in vitro"*, Rio de Janeiro, Renovar, 1993; Ihering, *L'Esprit du Droit Romain*, v. II, p. 130; Jean Carbonnier, *Droit Civil*, v. II, n°s 62 e segs.; José Arias, *Derecho de Familia*, pp. 271 e segs.; José Carlos Barbosa Moreira, *O Novo Processo Civil Brasileiro*, Rio de Janeiro,

Forense, 1997; Julio J. Lopes Del Carril, *Legitimación de los Hijos Extramatrimoniales*; Lafayette, *Direito de Família*, §§ 103 e segs.; Lúcia Maria Teixeira Ferreira, *O Novo Código Civil: do Direito de Família*, Rio de Janeiro, Freitas Bastos, 2002; Luiz Edson Fachin, *Comentários ao Novo Código Civil*, v. XVIII (coord.: Sálvio de Figueiredo Teixeira), Rio de Janeiro, Forense, 2003; Mazeaud, Mazeaud *et* Mazeaud, *Leçons de Droit Civil*, v. I, n°s 820 e segs.; Orlando Gomes, *Direito de Família*, n°s 126 e segs.; Paulo Lôbo, *Direito Civil: Famílias*, São Paulo, Saraiva, 2008; Paulo Luiz Netto Lobo, *Código Civil Comentado XVI: Direito de Família, Relações de Parentesco, Direitos Patrimoniais* (coord.: Alvaro Villaça Azevedo), São Paulo, Atlas, 2003; Planiol, Ripert *et* Boulanger *Traité Élémentaire*, v. I, n°s 1.280 e segs.; Pontes de Miranda, *Direito de Família*, §§ 118 e segs.; Rolf Madaleno, *Curso de Direito de Família*, Rio de Janeiro, Forense, 2008; Rugenio Tarragato, *La Afinidad*, pp. 181 e segs.; Ruggiero e Maroi, *Istituzioni di Diritto Privato*, v. I, § 64; Tânia da Silva Pereira, *Direito da Criança e do Adolescente: uma Proposta Interdisciplinar*, Rio de Janeiro, Renovar, 2008; Trabucchi, *Istituzioni di Diritto Civile*, n°s 119 e segs.

408. Relações de parentesco

Dentre as variadas espécies de relações humanas, o parentesco é das mais importantes e a mais constante, seja no comércio jurídico, seja na vida social. Tendo em vista os diversos aspectos de vinculação, os parentescos se classificam diferentemente e se distribuem em classes.

No primeiro plano, coloca-se a *consanguinidade,* que se pode definir como a "relação que vincula, umas às outras, pessoas que descendem de um mesmo tronco ancestral". Esta predominância do parentesco consanguíneo – *cognatio*, cognação –, no Direito Civil moderno, não corresponde ao que vigorava no Direito Romano, onde recebia destaque a agnação – *agnatio* – que significava parentesco exclusivamente na linha masculina, conjugado à apresentação do filho ante o altar doméstico, como continuador do culto dos deuses lares.[1] Para o direito de nossos dias, o parentesco consanguíneo é o padrão, e ao seu lado duas outras ordens se desenham:

A *Afinidade*, relação que aproxima um cônjuge aos parentes do outro, e termina aí, pois que não são entre si parentes os afins de afins (*affinitas affinitatem non parit*). A afinidade, via de regra, cessa com o casamento que o fez nascer, de sorte que, extinto ele pela morte, pela anulação ou pelo divórcio cessa a afinidade; mas a regra não é absoluta, pois que em alguns casos sobrevivem os seus efeitos, o que ocorre na generalidade dos sistemas.[2]

A *Adoção*, parentesco entre adotante e filho adotivo com tratamento especial no Estatuto da Criança e do Adolescente (Lei nº 8.069, de 1990) no que concerne aos menores de 18 anos. Com a revogação expressa do art. 1.623, CC/2002 e com a nova redação do art. 1.619, CC/2002, introduzida pela Lei nº 12.010/2009, foi mantida a exigência de assistência efetiva do Poder Público e de sentença constitutiva, para a adoção de maiores de 18 anos, aplicando, no que couber, as regras da Lei nº 8.069/90. Pretendeu o legislador de 2002 unificar o sistema da adoção.[3]

Com a equiparação constitucional dos filhos (art. 227, § 6º) e a proibição de designações discriminatórias, o que foi reafirmado no art. 1.596, atribui-se aos filhos adotivos os mesmos direitos e deveres oriundos da filiação biológica. Manteve o Código Civil, no art. 1.593, a Adoção como "parentesco civil", conservando a designação de "parentesco natural" para aquele resultante da consanguinidade.

Tradicionalmente, a Doutrina se refere ao parentesco com classificações que lhe são próprias a que se refere por amor à tradição, deixando consignado neste parágrafo as alterações introduzidas pela Constituição e pelo Código Civil vigente.

---

1   Ihering, *L'Esprit du Droit Romain*, v. II, p. 130.
2   Rugenio Tarragato, *La Afinidad*, pp. 181 e segs.
3   Galdino Augusto Coelho Bordallo, *Código Civil: Do Direito de Família*, Rio de Janeiro: Freitas Bastos, 2006, p. 274.

"Legítimo" dizia-se o que provinha do casamento; e "ilegítimo", o que se originava de relações sexuais eventuais ou concubinárias. À sua vez, a ilegitimidade podia envolver a concepção de filhos de pessoas que tivessem entre si, ou não, um impedimento matrimonial, e se dizia então: "filho natural" (de pessoas que poderiam casar, mas não casaram); "filho adulterino" (de pessoas que não podiam casar, em razão de uma delas já ser casada); "filho incestuoso" (de parentes próximos). Todas essas denominações históricas perderam sua razão, à vista do disposto no art. 227, § 6º, da Constituição.

A Carta Magna de 1988 estabeleceu que os filhos havidos ou não de relações de casamento ou, por adoção, terão os mesmos direitos e qualificações, proibidas quaisquer designações discriminatórias relativas à filiação. Não haverá, portanto, distinção entre filhos legítimos, ilegítimos e adotivos, para efeito de atribuição de direitos e benefícios.

O Código Civil de 2002 manteve, com algumas modificações, as mesmas diretrizes para as relações de parentesco contidas no diploma de 1916.

Como *parentes em linha reta*, na forma do art. 1.591, são "as pessoas que estão umas para com as outras na relação de ascendentes e descendentes". São aquelas que foram procriadas uma de outra diretamente, conforme se caminha em direção ao tronco comum, ou deste se afaste.

Considerando o parentesco em linha reta, destaque-se o princípio do art. 229 da Constituição Federal ao determinar a obrigação de sustento entre pais e filhos, sobretudo, o "dever de amparar os pais na velhice, carência ou enfermidade". Da mesma forma o art. 1.694 estabelece a possibilidade de os parentes pedirem uns aos outros alimentos que necessitem para viver de modo compatível com a sua condição social. O art. 1.829 indica como sucessores legítimos os descendentes e ascendentes e os mesmos foram priorizados como herdeiros necessários no art. 1.845, outorgando-lhes, de pleno direito, (juntamente com o cônjuge) a metade dos bens da herança, constituindo a legítima (art. 1.846). Também o art. 1.521 indica que os mesmos estão impedidos para o casamento em razão das relações de consanguinidade.

Alerta Paulo Lôbo que a descendência não pode ser desfeita por ato de vontade. Pode haver modificações dos efeitos jurídicos do parentesco, mas nunca a rejeição voluntária. O pai poderá perder o poder familiar sobre o filho ou sua guarda, mas não deixará de ser pai, persistindo os demais efeitos previstos em lei, em virtude desse parentesco (por exemplo, impedimento para casar ou sucessão). O parentesco poderá ser extinto, todavia, na hipótese de adoção, pois esta desliga o adotado de qualquer vínculo com os pais e parentes consanguíneos.[4]

Atente-se, porém, ao § 1º do art. 41 do Estatuto da Criança e do Adolescente ao estabelecer que, se um dos cônjuges ou concubinos adota o filho do outro, mantêm-se os vínculos de filiação com a família do pai ou da mãe consanguíneos e demais parentes de origem; também vincula-se ao pai ou mãe adotante e seus parentes entre o adotado e o cônjuge ou concubino do adotante e os respectivos parentes. Esta é uma exceção ao princípio do rompimento com a família de origem.

---

4   Paulo Lobo, *Direito Civil: Famílias,* São Paulo, Saraiva, 2008, p. 185.

Em *linha colateral, transversal ou oblíqua* determina o art. 1.592 que é o parentesco que une os provindos do mesmo tronco ancestral, sem descenderem uns dos outros. Originar de um tronco comum significa considerar "duas linhas distintas que possuam o seu ponto de convergência no autor comum".[5] Assim, entre irmãos existem dois graus, entre primos, quatro; não existe primeiro grau nas relações de parentesco colateral.

Esclareça-se que o parentesco colateral é um dos impedimentos para o casamento (art. 1.521, IV), bem como que os parentes colaterais até o segundo grau estão obrigados a prestar alimentos (art. 1.697). No que concerne aos direitos sucessórios dos colaterais, o art. 1.839 determina que somente serão chamados a suceder os parentes até quarto grau; os mais próximos excluem os mais remotos (art. 1.840). Também, os parentes até quarto grau podem requerer a interdição do adulto incapaz (art. 1.768).

A relação de parentesco colateral interessa também ao direito processual ao estabelecer o impedimento para depor dos parentes até terceiro grau (art. 405, CPC/1973 – art. 447, CPC/2015), o impedimento do juiz quando for parente colateral da parte até 2º grau (art. 134, CPC/1973 – art. 144, CPC/2015) etc.

Algumas denominações devem ainda ser lembradas nas relações de parentesco pela frequência de sua utilização. Chamam-se irmãos "germanos ou bilaterais" os filhos dos mesmos pais; "unilaterais" os que o são por um só deles. Estabelece o art. 1.841 que, concorrendo à herança do falecido os bilaterais com irmãos unilaterais, cada um destes herdará metade do que cada um daqueles herdar. Não concorrendo à herança irmão bilateral, herdarão, em partes iguais, os unilaterais (art. 1.842). O legislador de 2002 regulamentou no art. 1.843 o direito de herdarem por representação os filhos de irmãos, estabelecendo diferenças decorrentes da unilateralidade e bilateralidade decorrentes das relações fraternas. Cabe lembrar a referência do art. 28 do Estatuto da Criança e do Adolescente ao estabelecer que na apreciação do pedido de colocação em família substituta (Guarda, Tutela e Adoção) levar-se-á em conta o grau de parentesco e a relação de afinidade ou de afetividade, a fim de evitar ou minorar as consequências decorrentes da medida.

Inovou o art. 1.593 ao dispor que "o parentesco é natural ou civil, conforme resulte de consanguinidade ou outra origem". A consanguinidade, tradicionalmente, determina a relação de parentesco "natural". A adoção estabelece o parentesco "civil". O Código de 2002 buscou uniformizar a adoção de menores e maiores de 18 anos. Com a revogação expressa do art. 1.623, CC/2002 e com a nova redação do art. 1.619, CC/2002, introduzida pela Lei n. 12.010/2009, a adoção de maiores de 18 anos dependerá de assistência do Poder Público e de sentença constitutiva.

Questão controversa se apresenta com a referência legislativa ao parentesco decorrente de "outra origem". Este acréscimo na lei civil abriu espaço para se considerar as relações de parentesco de forma mais ampla, o que tem sido interpretado, diversamente, em nossa doutrina.

---

5   Pontes de Miranda, *Tratado de Direito Privado*, t. IX, § 948.

A distinção de filhos oriundos ou não da relação de casamento, segundo Heloisa Helena Barboza, não representa tratamento discriminatório "visto que a presunção legal da paternidade é efeito jurídico do casamento, ao passo que a paternidade de filhos de pessoas não casadas decorre de um ato jurídico, de uma manifestação de vontade: o reconhecimento".[6]

Lúcia Maria Teixeira Ferreira identifica no art. 1.593 "elementos para a construção de um conceito jurídico de parentesco em sentido amplo, no qual o consentimento, o afeto e a responsabilidade terão papel relevante numa perspectiva interdisciplinar". A mesma autora inclui nesta categoria as relações parentais decorrentes da reprodução heteróloga assistida.[7]

Nova modalidade de filiação adveio, a qual se pode designar "filiação social", pela qual o marido ou companheiro admite como filho o ente gerado por inseminação artificial.

Luiz Edson Fachin entende que o Código de 2002 acolheu, no art. 1.593, a paternidade socioafetiva fundada na posse de estado de filho, reconhecendo outras formas de parentesco civil.[8] Conclui que "a verdade socioafetiva da filiação se revela na posse de estado de filho que oferece os necessários parâmetros para o reconhecimento da relação de filiação. Tal possibilidade denota assento jurídico possível em hermenêutica construtiva da nova codificação".[9]

Neste contexto, há que se abandonar a maior ênfase atribuída ao biologismo da paternidade, tão comum nos países latinos, e considerá-la no âmbito da proteção e carinho dedicados a alguém que, por opção, acolheu uma pessoa como filho. Esta relação de parentesco socioafetivo decorre da adoção e da inseminação artificial.[10] Paulo Lôbo reforça esse entendimento ao admitir dois vínculos de paternidade; um legal e socioafetivo, mais amplo, e outro biológico, mais restrito.[11] Diante de tais princípios legais, na hipótese de acolhimento e proteção de menores de 18 anos, há que ser priorizado "melhor interesse da criança", hoje identificado como princípio constitucional decorrente do § 2º do art. 5º da Constituição Federal, cumulado com art. 3º do Decreto nº 99.710/1990, o qual ratificou a Convenção Internacional sobre os Direitos da Criança – ONU/1989, como visto anteriormente.

Para Guilherme Calmon Nogueira da Gama "no Direito brasileiro, com base na noção do melhor interesse da criança, tem-se considerado a prevalência do critério socioafetivo para fins de assegurar a primazia da tutela à pessoa dos

---

6 Heloisa Helena Barboza, *A filiação em face da inseminação artificial e da fertilização "in vitro"*, Rio de Janeiro, Renovar, 1993, pp. 26-28.
7 Lúcia Maria Teixeira Ferreira, *O novo Código Civil: do Direito de Família*, p. 172.
8 Luiz Edson Fachin, *Comentários ao Novo Código Civil*, v. XVIII (coord.: Sálvio de Figueiredo Teixeira), p. 29.
9 Luiz Edson Fachin, *Comentários ao Novo Código Civil*, v. XVIII (coord.: Sálvio de Figueiredo Teixeira), p. 22.
10 Tânia da Silva Pereira, *Direito da Criança e do Adolescente: uma Proposta Interdisciplinar*, p. 188.
11 Paulo Lobo, *Direito Civil: Famílias*, São Paulo, Saraiva, 2008, p. 197.

filhos, no resguardo de seus direitos fundamentais, notadamente o direito à convivência familiar".[12]

Cristiano Chaves de Farias e Nelson Rosenvald se referem a um tríplice critério de parentalidade: a *parentalidade biológica*, a *parentalidade registral* e a *parentalidade socioafetiva*. Significa, em concreto, a possibilidade de produção de efeitos jurídicos a partir de três diferentes primas do parentesco. O *parentesco biológico* diz respeito à consanguinidade, decorrente da vinculação genética entre os parentes. Pode decorrer de uma fertilização assistida, homóloga ou heteróloga. Já o *parentesco registral* identifica no próprio acento do nascimento, em cartório do registro civil de pessoas naturais, a relação existente entre determinadas pessoas, apresentando uma presunção (relativa) para a produção de certos efeitos. E, finalmente, o *parentesco socioafetivo* que deflui de um vínculo estabelecido, não pelo sangue, mas pela relação cotidiana de carinho, respeito e solidariedade entre determinadas pessoas que se tratam, reciprocamente, como parentes. Conclui o autor: "evidentemente, o ideal é que os vínculos parentais biológicos, registral e socioafetivo coincidam. Todavia, havendo discrepância entre eles, não há um critério apriorístico prevalente, dependendo, sempre, das circunstâncias do caso concreto para que se determine qual deles merece prestígio".[13]

Recepcionando o art. 333 do Código Civil de 1916, estabelece o art. 1.594 que "contam-se, na linha reta, os graus de parentesco pelo número de gerações, e, na colateral, também pelo número delas, subindo de um dos parentes até ao ascendente comum, e descendo até encontrar o outro parente".

O grau de parentesco obtém-se pela contagem do número de gerações que separam as pessoas cujas relações estão sendo determinadas: *tot sunt gradus quot generationes*. Este cômputo, segundo o Direito Romano (*ex iure quiritium*), que o nosso direito adota, difere da contagem canônica (*ex iure canonico*), que manda se computarem as gerações até o ancestral comum por uma das linhas apenas, incluindo, porém, o ponto de partida.

Na *linha reta* contam-se subindo ou descendo, e tantos são os graus quantas as gerações: de pai a filho um grau; de avô a neto dois graus ou parentesco em segundo grau; de bisneto a bisavô três graus ou parentesco no terceiro grau etc. Na "linha colateral" conta-se o parentesco subindo por uma das linhas genealógicas até o ponto ancestral comum e descendo pela outra até a pessoa cujo parentesco se determina, cada geração correspondendo a um grau de parentesco na linha colateral: irmãos são parentes colaterais no segundo grau; tio e sobrinho são parentes em terceiro grau; primos em quarto.

A *afinidade* (art. 1.595) decorre da relação familiar oriunda do vínculo do casamento ou das relações entre companheiros decorrentes da união estável. Embora inexista tronco ancestral comum na afinidade, contam-se os graus por analogia

---

12 Guilherme Calmon Nogueira da Gama, *A Nova Filiação: o Biodireito e as relações parentais*, Rio de Janeiro, Renovar, 2003, p. 483.
13 Cristiano Chaves de Farias e Nelson Rosenvald, *in Curso de Direito Civil: famílias*. Salvador: Podivm, 2012, p. 591.

como o parentesco consanguíneo. É assim que se diz serem sogro e genro parentes afins em primeiro grau em linha reta; cunhados são afins do segundo grau na linha colateral.

O § 1º do art. 1.595 esclarece que "o parentesco por afinidade limita-se aos ascendentes, aos descendentes e aos irmãos do cônjuge ou companheiro". Portanto, sendo de natureza pessoal não há vínculo jurídico entre concunhados, permanecendo a afinidade entre sogra e nora, sogra e genro, padrasto e madrasta. Prevê, ainda, o § 2º do art. 1.595 que "na linha reta, a afinidade não se extingue com a dissolução do casamento". Portanto, rompido o vínculo matrimonial não deixa o sogro ou sogra, genro ou nora de estarem ligados pelas relações de afinidade. Da mesma forma, enteada, enteado, madrasta e padrasto, prosseguirão como parentes afins, mesmo na hipótese de dissolução do casamento ou da união estável, não podendo contrair matrimônio. Esse impedimento não existe na linha colateral, pois se extingue a afinidade. Assim, pode o viúvo ou o divorciado contrair matrimônio com a ex-cunhada ou vice-versa. O parentesco por afinidade entre os cunhados desaparece com a dissolução do casamento ou da união estável, podendo eles se casar após esse fato. Da mesma forma, os afins decorrentes do primeiro casamento não se tornam afins do cônjuge relativo ao segundo casamento.[14]

Completa Rolf Madaleno: "a separação judicial não rompe o vínculo do casamento pois este subsiste até a realização do divórcio, muito embora não impeça a constituição de uma união estável, como claramente permite o § 1º do art. 1.723 do Código Civil. Sucedendo a nulidade ou a anulação do casamento putativo, os vínculos de afinidade serão reconhecidos".[15]

As relações de parentesco hão de representar um referencial importante em consonância com os direitos fundamentais do cidadão e da população infantojuvenil, atendendo à prioridade para a convivência familiar e ao princípio da dignidade humana, estabelecendo direitos e responsabilidades.

409. Filiação nas relações matrimoniais

Das relações de parentesco, a mais importante é a que se estabelece entre pais e filhos. O Código de 2002 manteve a prioridade para a família que se constitui pelo casamento e vive em função dos filhos. Outras relações há, e ponderáveis. Mas, no centro do Direito de Família, como razão primária de toda uma disciplina, ergue-se, sobranceiramente, a ideia básica da filiação. Nos estudos que envolvem a convivência familiar sobrepõe-se o binômio filiação-paternidade ou filiação-maternidade. Especificamente considerada, a filiação é a relação jurídica que liga o filho a seus pais. Estabelecendo-se entre pessoas das quais uma descende da outra é considerada como

---

14 Guilherme Calmon Nogueira da Gama, in *Direito Civil: Família.* São Paulo: Atlas, 2008, p. 321.
15 Rolf Madaleno, *Curso de Direito de Família,* Rio de Janeiro, Forense, 2008, pp. 369-370.

"filiação propriamente dita", quando visa o lado do filho; e, reversamente, encarada pelo lado do pai se chama "paternidade" e pelo da mãe, "maternidade".[16]

O art. 1.596 recorre ao princípio da igualdade de filhos previsto no § 6º do art. 227 da Constituição Federal, equiparando e vedando quaisquer formas de discriminação entre filhos.

Equivocou-se o legislador de 2002, no que concerne à filiação, ao reportar-se sempre ao casamento, sem mencionar situações oriundas das relações de fato reconhecidas como *União Estável*, hoje entidade familiar protegida pelo Estado. Devem ser revistos, de imediato, os princípios que regem as presunções considerando também estas relações de fato geradoras de direitos e deveres.

O art. 1.597 estabelece a presunção de filho àquele "concebido na constância do casamento", estabelecendo uma série de situações equivalentes, parte em razão de elementos naturais, outras por ficção jurídica.

Não se podendo provar facilmente a paternidade, a civilização ocidental, em sua maioria, assenta a ideia de filiação num "jogo de presunções", a seu turno fundadas numa probabilidade: o casamento pressupõe as relações sexuais dos cônjuges e fidelidade da mulher; o filho que é concebido durante o matrimônio tem por pai o marido de sua mãe. E, em consequência, "presume-se filho o concebido na constância do casamento dos pais". Esta regra já vinha proclamada no Direito Romano: *pater is est quem iustae nuptiae demonstrant*. Embora todos os autores proclamem o caráter relativo desta presunção (*iuris tantum*), deve-se acentuar, contudo, que a prova contrária é limitada.[17]

Tradicionalmente, tomada a *praesumptio* em relação a terceiros, ela assumia o caráter de "absoluta", tendo-se em vista que a ninguém era lícito contestar uma filiação em face de ser privativa do pai a ação para este fim.[18] Não importava fosse o casamento anulável. Não importava fosse nulo se contraído de boa-fé (casamento putativo). Num e noutro caso, o filho se dizia igualmente "legítimo".[19] Na forma do art. 1.601 deixou de ser do marido "privativamente" (como estabelecera o art. 344 do Código Civil de 1916) o direito de contestar a paternidade do filho nascido de sua mulher.

Em princípio, o momento determinante da paternidade do filho é o da concepção.[20] Cumpre então fixar esse momento, provando-se quando a concepção teve lugar. Embora a ciência moderna disponha de meios para determinar com precisão de poucos dias de diferença a data em que se deu a concepção, o direito se vale ainda aqui de um jogo de presunções.

Por isso, já foi dito que, colocado o problema no plano social, por muito tempo vigorou como verdade que "a filiação é objeto de crença e não de ciência".[21] Admi-

---

16 Lafayette, *Direitos de Família*, § 103; Eduardo Espínola, *A Família no Direito Civil Brasileiro*, nº 122; Degni, *Il Diritto di Famiglia*, p. 316; Antonio Cicu, *La Filiación*, p. 18.
17 Trabucchi, *Istituzioni*, nº 120.
18 Carbonnier, nº 68, p. 212.
19 Pontes de Miranda, *Direito de Família* § 122.
20 Planiol, Ripert *et* Boulanger, *Traité Élémentaire*, v. I, nº 1.282.
21 De Page, *Traité Élémentaire*, v. I, nº 1.036.

tindo como filho aquele concebido na constância do matrimônio, a lei estabelece, com base na observação e nas probabilidades, os termos máximo e mínimo de uma gestação: trezentos dias e cento e oitenta dias, respectivamente.

Para o Direito, a paternidade deixa de ser objeto de investigação científica, assumindo as condições de uma aceitação. E enuncia o artigo que se presume concebido na constância do casamento o filho nascido cento e oitenta dias, pelo menos, depois de estabelecida a convivência conjugal. Não se conta o prazo da data das núpcias, porque motivos vários podem distanciar dela a convivência efetiva, como sejam: uma doença, o afastamento, uma razão qualquer que a impossibilite. Não cabe discutir se, sob o aspecto biológico, o prazo de cento e oitenta dias é bastante para uma gestação a termo. A lei o institui *in favore legitimitatis,* porque a Medicina Legal aponta casos, posto que raros, de um nascimento nesse prazo, e o que o Direito pretende é evitar discussões, às mais das vezes estéreis, em torno de assunto que mais fere a moral e o decoro doméstico do que as conveniências científicas.

Partindo de que o período normal de gravidez é de 270 dias, mas que, em casos excepcionais, pode restringir-se a seis meses, ficou estabelecido que se presume filho aquele "nascido 180 dias, pelo menos, depois de estabelecida a convivência conjugal" (inciso I do art. 1.597).

Admitindo-se, por outro lado, que não é provável um período de gestação maior de trezentos dias, a lei presume concebido na constância do casamento o filho que venha a nascer dentro deste prazo, computado a partir de quando a sociedade conjugal se dissolveu, pela morte do marido, pelo decreto anulatório, ou pela separação judicial, no pressuposto de que aí cessou a convivência (inciso II do art. 1.597).

Esta presunção institui-se a favor do filho e não contra ele: assim, se ficar cientificamente provado que a gravidez anormalmente se estendeu além de 300 dias, ou se antecipou para menos de 180, não se excluirá a paternidade.[22]

Se o casamento se contraiu por procuração, o prazo se haverá de computar a partir de quando se estabeleceu a "convivência conjugal", e não do dia em que as núpcias foram celebradas.[23]

Tendo em vista que a época da concepção se prova em relação à data do nascimento, é lícito admitir como filho nascido na constância do casamento o que dentro dele seja concebido. Tribunais franceses assim julgaram fundados no princípio da equidade, que não é de se desprezar. O interesse é limitado em saber se o filho nascido na constância do casamento é atribuível ao marido.

A respeito do tema, merece destaque a inovadora decisão da 3ª Turma do STJ, tendo como Relator o Ministro Massami Uyeda, que estendeu a presunção de concepção dos filhos na constância do casamento prevista no art. 1.597, II, do CC/2002 à união estável. A decisão foi fundamentada com base no reconhecimento da união estável como entidade familiar, que permite a interpretação sistemática do referido dispositivo, para que passe a contemplar, também, a presunção de concepção dos

---

22 Pontes de Miranda, ob. cit., § 122.
23 Pontes de Miranda, ob. cit., § 123.

filhos na constância de união estável. No caso julgado, o companheiro da mãe havia falecido 239 (duzentos e trinta e nove) dias antes ao nascimento da criança, ou seja, dentro da esfera de proteção conferida pelo inciso II do art. 1.597, do Código Civil, que presume concebidos na constância do casamento os filhos nascidos nos trezentos dias subsequentes, entre outras hipóteses, em razão de sua morte. Na decisão, o Relator chamou atenção para os requisitos para a constituição da união estável: "convivência duradoura e pública, ou seja, com notoriedade e continuidade, apoio mútuo, ou assistência mútua, intuito de constituir família, com os deveres de guarda, sustento e de educação dos filhos comuns, se houver, bem como os deveres de lealdade e respeito". Assim, configurando-se a união estável, é aplicável a presunção de concepção dos filhos na constância da relação, em consonância ao texto constitucional (art. 226, §3º) e ao Código Civil (art. 1.723), que conferiram ao instituto da união estável a natureza de entidade familiar.[24]

Previu o legislador de 2002 mais três hipóteses de presunção de filhos concebidos na constância do casamento, vinculadas à reprodução assistida.

Consideram-se filhos os havidos por fecundação artificial homóloga, mesmo que falecido o marido (inciso III do art. 1.597). Neste caso o óvulo e o sêmen pertencem ao marido e à mulher. Este procedimento pressupõe o consentimento de ambos. Deve-se admitir, no entanto, a presunção de paternidade do marido falecido, se utilizado o material genético do falecido e estando a mulher na condição de viúva, devendo haver ainda autorização escrita do marido.[25]

Questão controversa há de ser solucionada pela doutrina e jurisprudência no que concerne aos direitos sucessórios dos filhos oriundos de reprodução assistida e nascidos após a morte do marido. Na forma do art. 1.784 do Código Civil, "aberta a sucessão, a herança transmite-se, desde logo, aos herdeiros legítimos e testamentários". A transmissão se dá em consequência da morte. Dela participam "as pessoas nascidas ou já concebidas no momento da abertura da sucessão" (art. 1.798). Outrossim, da sucessão testamentária participam "os filhos não concebidos de pessoas indicadas pelo testador, desde que vivas ao abrir-se a sucessão" (inciso II do art. 1.799). Não se aplica, neste caso, o tratamento dado ao nascituro, cuja mãe (tendo o poder familiar) exerce as funções de curador até que o mesmo nasça com vida (art. 1.779). Portanto, não se pode falar em direitos sucessórios daquele que foi concebido por inseminação artificial *post mortem*; reforma legislativa deverá prever tal hipótese, até mesmo para atender ao princípio constitucional da não discriminação de filhos.

Previu o inciso IV do art. 1.597 que se presumem filhos aqueles "havidos, a qualquer tempo, quando se tratar de embriões excedentários, decorrentes de concepção artificial homóloga". Consideram-se embriões excedentários aqueles "resultan-

---

24 STJ – 3ª Turma – REsp 1.194.059/SP – Rel. Min. Massami Uyeda – Julg.: 06/11/2012 – DJe.: 14.11.2012.
25 Proposição aprovada no Superior Tribunal de Justiça na "Jornada de Direito Civil" realizada em junho de 2002, informada por Paulo Luiz Netto Lobo, in *Código Civil Comentado XVI: Direito de Família, Relações de Parentesco, Direitos Patrimoniais* (coord.: Alvaro Villaça Azevedo), p. 51.

tes de manipulação genética, mas não introduzidos no ventre da mãe, permanecendo em armazenamento próprio de entidades especializadas".[26]

Paulo Luiz Netto Lobo, reportando-se à Resolução n° 1.358/1992 do Conselho Federal de Medicina, indica que, a partir de 14 dias, "têm-se propriamente o embrião ou vida humana". A Resolução CFM n° 1.957/2010 admitia a concepção de embriões excedentários se estes derivarem de fecundação homóloga, ou seja, de gametas da mãe e do pai, sejam casados ou companheiros de união estável. O mesmo autor concluiu que ficava excluída a hipótese de utilização de embrião excedentário por homem e mulher que não fossem os pais genéticos ou por outra mulher titular de entidade monoparental.[27] A Resolução CFM n° 2013/2013, publicada em 16.04.2013, revogou expressamente a Resolução n° 1957/2010 e adotou novas "normas éticas para a utilização das técnicas de reprodução assistida", onde estabeleceu o prazo de 14 dias como tempo máximo de desenvolvimento de embriões "in vitro". (VI-3). O número total de embriões produzidos em laboratório deve ser comunicado aos pacientes, para que decidam quantos embriões serão transferidos *a fresco*, devendo os excedentes, viáveis, serem criopreservados (V.2). Os embriões criopreservados com mais de 5 (cinco) anos poderão ser descartados se esta for a vontade dos pacientes, e não apenas para pesquisas de células-tronco, conforme previsto na Lei de Biossegurança (V.4). Portanto, prossegue, ainda sem solução, o debate sobre o conceito de vida humana diante da autorização de descarte ou utilização dos embriões para pesquisa. Para aqueles que consideram que o embrião é uma vida, as duas hipóteses se equivalem, o que, finalmente, impediria a reprodução assistida. Na Resolução 2013/2013, o destino dos embriões excedentes, viáveis, fica a critério dos pacientes, os quais, por escrito, estabelecerão o destino a ser dado aos embriões criopreservados, quer em caso de divórcio, doenças graves ou falecimento de um deles ou de ambos, e quando desejam doá-los. (V.3) Finalmente, o inciso V do art. 1.597 considera a presunção de paternidade dos filhos havidos por inseminação artificial heteróloga, desde que tenha prévia autorização do marido. Identificada como inseminação artificial que se dá "quando é utilizado sêmen de outro homem, normalmente doador anônimo, e não o do marido, para a fecundação do óvulo da mulher". Não previu o legislador a forma escrita desta autorização, apenas determinou que seja "prévia".

Após a Resolução n° 2.013/2013 o Conselho Federal de Medicina publicou outras resoluções sobre o assunto revogando as anteriores. A mais recente é a Resolução n° 2.294/2021, que trouxe alguns novos pontos, alterando o entendimento apontado nas resoluções anteriores. Alerte-se que essa Resolução foi revogada pela Resolução CFM n° 2.320, de 2022.[28]

---

26 Paulo Luiz Netto Lobo, ob. cit., p. 51.
27 Paulo Luiz Netto Lobo, ob. cit., pp. 51-52.
28 Foram adotadas as normas éticas para a utilização das técnicas de reprodução assistida – sempre em defesa do aperfeiçoamento das práticas e da observância aos princípios éticos e bioéticos que ajudam a trazer maior segurança e eficácia a tratamentos e procedimentos médicos, tornando-se o

O número de embriões que poderão ser transferidos e a faixa etária das mulheres foram alterados, de modo que, conforme a Resolução atual: "a) mulheres com até 37 (trinta e sete) anos: até 2 (dois) embriões; b) mulheres com mais de 37 (trinta e sete) anos: até 3 (três) embriões; c) em caso de embriões euploides ao diagnóstico genético; até 2 (dois) embriões, independentemente da idade". É mencionado, inclusive, que, se tratarmos das situações de doação de oócitos deverá ser considerada a idade da doadora no momento de sua coleta.

Sobre a doação de gametas ou embriões, a Resolução atual também menciona, como regra, o anonimato, ou seja, os doadores não deverão conhecer a identidade dos receptores. No entanto, é possível observar uma exceção, conforme descrito no ponto 2 do item IV da Resolução, ao mencionar que a regra é o anonimato, "exceto na doação de gametas para parentesco de até 4º (quarto) grau, de um dos receptores (primeiro grau –pais/filhos; segundo grau – avós/irmãos; terceiro grau – tios/sobrinhos; quarto grau – primos), desde que não incorra em consanguinidade."

No item V, que trata sobre a criopreservação de gametas ou embriões, a novidade da Resolução atual está na limitação do número total de embriões gerados em laboratório que, segundo o ponto 2, não poderá ultrapassar de oito embriões. Neste caso, a equipe médica e os pacientes deverão decidir quantos serão transferidos a fresco e quantos serão criopreservados, momento em que os pacientes deverão ser questionados a respeito do destino que desejam dar a estes embriões criopreservados no caso de divórcio, dissolução da união estável ou falecimento. Os pacientes deverão informar, por escrito, sobre a sua decisão a respeito do destino destes embriões.

Ainda sobre os embriões criopreservados, a Resolução atual também trata a respeito de seu descarte, que é permitido desde a Resolução nº 2.013/2013. Contudo, a nova Resolução traz uma etapa a mais para que o descarte dos embriões aconteça, pois, além da vontade expressa dos pacientes nesse sentido, é requerido, também, a autorização judicial para o descarte, mantendo a possibilidade para os embriões criopreservados por três anos ou mais. O mesmo vale para os embriões considerados como "abandonados" que, caso estejam criopreservados há mais de três anos, poderão ser descartados mediante autorização judicial.

Destaca-se o entendimento consubstanciado no Enunciado nº 608 da VII Jornada de Direito Civil do CJF/STJ, que determina que "é possível o registro de nascimento dos filhos de pessoas do mesmo sexo originários de reprodução assistida, diretamente no Cartório do Registro Civil, sendo dispensável a propositura de ação judicial, nos termos da regulamentação da Corregedoria local".

Ainda dentro das presunções, previu o art. 1.598 a hipótese de conflito de presunções que se dá no caso de o filho nascer até 300 dias a contar da morte do primeiro marido, mas após 180 dias de vigência do segundo casamento. Segundo cada uma das presunções, tomadas isoladamente, seria ele tanto filho do primeiro como do segundo marido. Para impedir este conflito de presunções (turbatio sanguinis),

---

dispositivo deontológico a ser seguido pelos médicos brasileiros e revogando a Resolução CFM nº 2.168, publicada no *DOU* de 10 de novembro de 2017, Seção I, p. 73.

instituiu-se a causa suspensiva do inciso II do art. 1.523 do Código Civil de 2002 (antigo impedimento matrimonial do art. 183, XIV, do Código Civil de 1916).

Se, não obstante, vier a casar-se a viúva, ou aquela cujo casamento se desfez, recorrer-se-á à produção dos meios regulares de prova: exame de DNA, documentos, oitiva de testemunhas. Baldadas as provas, institui o artigo uma presunção, a exemplo do Código Civil Alemão (BGB, art. 1.600): o filho presume-se do primeiro marido, se nascer dentro dos trezentos dias a contar do falecimento dele, ou da anulação do casamento. Será do segundo marido, se ocorrer mais tarde. É a solução que melhor se coaduna com a ciência. O Código atribui a paternidade ao segundo marido, se o nascimento se der depois daquele prazo, porém depois de decorridos cento e oitenta dias de seu casamento. A solução é, de certo modo, arbitrária, mas não aberra das presunções instituídas em favor da legitimidade.

A prova da impotência do cônjuge para gerar, à época da concepção, ilide a presunção (art. 1.599). Sempre se entendeu que, na linha da impossibilidade física de coabitação, inscrevia-se a impotência. Mas a doutrina esclarecia que somente se admitia como tal a impotência absoluta, reputando-se como demasiado radical a exigência de se demonstrar que o marido era portador de impotência coeundi ou instrumental. O Código de 2002, destacando a impotência generandi como razão de ilidir a presunção de paternidade, aceita a prova de inaptidão para procriar, coincidente com o período legal da concepção (os primeiros 120 dias dos 300 que precederam ao nascimento). Faz-se mister, entretanto, a demonstração inequívoca de não ter sido possível, ao marido, gerar a criança, independentemente da causa, seja esta psíquica, anatômica, fisiológica ou patológica.

Com os progressos da ciência e o êxito crescente da técnica da inseminação artificial, a aferição das provas merece ainda maior cautela, tendo-se em vista que, se o marido era inapto à procriação pela via natural, poderia, todavia, provocar a gestação mediante extração de sêmen e sua inoculação na mulher.

Na mesma linha de orientação de 1916, o art. 1.600 destaca que "não basta o adultério da mulher, ainda que confessado, para ilidir a presunção legal da paternidade", elemento importante na ação investigatória, como veremos no item 412, infra.

Em qualquer caso, porém, não é aceita a prova do adultério, para ilidir a presunção de paternidade, se o marido com ela convivia. A infidelidade (provada ou confessada) não ilide a presunção, porque, não obstante, o filho pode ser do marido, e não se recusa o status baseado apenas na dúvida.[29]

O adultério da mulher somente tem valor para ilidir a presunção da paternidade do marido, quando aliado a alguma das causas referidas nos artigos antecedentes, corroborando-as. Por si só não basta uma vez que, não obstante o seu cometimento, pode manter a convivência com o marido. Provado o adultério, vale como prova complementar, sendo inidôneo para nele fundar-se a sentença excludente da paternidade.

---

29 Lafayette, ob. cit., § 105.

O art. 1.601 recepcionou, em parte, a regra do art. 344 do Código Civil de 1916, ao declarar ser do marido o direito de contestar a paternidade dos filhos nascidos de sua mulher, sendo tal ação imprescritível.

Deixou de ser do marido "privativamente" (como estabelecera o art. 344 do Código Civil de 1916) o direito de contestar a paternidade do filho nascido de sua mulher ou companheira. Cabe, portanto, também ao companheiro. Se o marido é incapaz torna-se admissível seja a ação ajuizada pelo seu representante.

Na visão de Lucia Maria Teixeira Ferreira a presunção *pater is est quem justae nupciae demonstrant* foi atenuada ao afastar a legitimidade ativa exclusiva do marido nas ações negatórias de paternidade.[30] Acrescenta Gustavo Tepedino: "não se pode deixar de afirmar que o filho tem hoje o direito à busca da paternidade".[31] Pode, também, o companheiro questionar a paternidade, uma vez comprovada a união estável.

No que concerne à contestação da paternidade pelo marido da mãe resultante da reprodução assistida, tratando-se de inseminação homóloga (art. 1.597, I e II), deverá o pai comprovar, com o exame do DNA, que o profissional ou o hospital utilizaram sêmen que não foi o seu. Paulo Luiz Netto Lôbo alerta, no entanto, que "de qualquer forma é forte a presunção da paternidade em virtude da participação voluntária do pai no processo de reprodução assistida. Tratando-se de inseminação heteróloga (art. 1.597, V) "não se admite a contestação da paternidade em razão da divergência da origem genética, porque a inseminação artificial com o sêmen de outro homem, principalmente em virtude de esterilidade do pai, foi esta autorizada".[32]

Atente-se, ainda, que haverá caso em que a presunção de paternidade é mais atentatória da moral social do que a sua destruição. Por isso foi que Caio Mário defendeu a inserção deste princípio no Projeto de Código Civil de 1965 (Orosimbo Nonato, Orlando Gomes e Caio Mário) como preceito do art. 191, § 2º. No Código italiano de 1942 vigora regra semelhante: posto que privativa do marido, a ação passa aos herdeiros se ele morre dentro do prazo de decadência, sem ter exercido o direito.[33] No direito alemão (BGB, art. 1.593), se morre o pai, sem ter perdido o direito de impugnar, a contestação da paternidade poderá ser intentada sem limitações.[34]

Determina o parágrafo único do art. 1.601 que se estende aos herdeiros o direito de prosseguir na ação. O que pretende o legislador é que, iniciada a ação e vindo o Autor a morrer na pendência da lide, os seus sucessores, legítimos ou testamentários, podem continuar, mediante o procedimento da substituição processual previsto no

---

30 Lucia Maria Teixeira Ferreira, *O novo Código Civil: do Direito de Família* (coord.: Heloisa Daltro leite e Galdino Augusto Coelho Bordallo), Rio de Janeiro, Freitas Bastos, 2006, p. 176.
31 Gustavo Tepedino, "A Disciplina jurídica da filiação na perspectiva Civil-Constitucional", *in Temas de Direito Civil*, Rio de Janeiro, Renovar, 2004, p. 458.
32 Paulo Luiz Netto Lobo, ob. cit., p. 77.
33 Trabucchi, nº 121.
34 Ruggiero e Maroi, *Istituzioni*, v. I, § 64; Enneccerus, Kipp *y* Wolff, *Tratado, Derecho de Familia*, v. II, § 75.

art. 43 do Código de Processo Civil/1973 (art. 110, CPC/2015). O pressuposto da *legitimatio* reconhecida aos herdeiros é a ação ter sido intentada.

Nossos Tribunais, no entanto, têm reconhecido o direito do filho valer-se do direito indisponível de reconhecimento do estado de filiação e das consequências imateriais daí advindas. Entendeu a 3ª Turma do STJ, sob a relatoria do Ministro Gomes de Barros, que "o filho nascido na constância do casamento tem legitimidade para propor ação para identificar seu verdadeiro ancestral. A ação negatória da paternidade atribuída privativamente ao marido não exclui a ação de investigação da paternidade proposta pelo filho contra o suposto pai ou seus sucessores".[35]

A *imprescritibilidade,* expressamente declarada no art. 1.601 do Código de 2002, é fruto de conquista doutrinária e jurisprudencial, sobretudo após a Carta Constitucional de 1988. Já declarara o art. 27 do Estatuto da Criança e do Adolescente (Lei nº 8.069/1990) que o reconhecimento do estado de filiação é um "direito pessoalíssimo, indisponível e imprescritível, podendo ser exercitado contra os pais ou seus herdeiros, sem qualquer restrição, observado o segredo de justiça".

Quanto à *imprescritibilidade,* Lucia Maria Teixeira Ferreira destaca a posição assumida pela 4ª Turma do Superior Tribunal de Justiça a partir da década de 1990, ao afastar o prazo decadencial previsto no § 3º do art. 178 do Código de 1916. A mesma autora mostra a tendência da 3ª Turma do Superior Tribunal de Justiça, ainda na vigência do Código de 1916, contrária à imprescritibilidade, também presente em alguns Tribunais Estaduais, a exemplo do Rio Grande do Sul, aplicando o prazo prescricional em nome do "melhor interesse da criança". Ressalva, ainda, a possibilidade de os herdeiros do investigado prosseguirem na ação negatória iniciada pelo Falecido, se este vier a falecer no curso da lide.[36]

Está consolidado o posicionamento do STJ ao admitir novo ajuizamento da ação de investigação de paternidade quando "a paternidade do investigado não foi expressamente afastada na primeira ação de investigação julgada improcedente por insuficiência de provas, anotado que a análise do DNA àquele tempo não se fazia disponível ou sequer havia notoriedade a seu respeito".[37]

Segundo Gustavo Tepedino "o dispositivo é informado pela Constituição Federal que, tendo como fundamento da República a dignidade humana (art. 1º, III), mol-

---

35 STJ – 3ª Turma – REsp 765.479 – Rel. Min. Gomes de Barros – Julg. 07.03.2006 – *DJe*: 24.04.2006. Da mesma forma, a mesma turma, sob a liderança da Min. Nancy Andrighi, no REsp 878.954 – Julg. em 07.05.2007 – Publ. em 28.05.2007.

36 Lúcia Maria Teixeira Ferreira, *Novo Código Civil: Do Direito de Família* (coord.: Heloisa Maria Daltro Leite), pp. 204-206.

37 REsp. nº 826698-MS – 3ª Turma – Rel.ª Min.ª Nancy Andrighi – *DJ* de 06.05.2008. Assim também entendera o Tribunal de Justiça do Estado do Acre ao declarar que "havendo impossibilidade técnica de reconstrução dos padrões genéticos do investigado falecido, tendo como consequência exame pericial não conclusivo, pode o juiz se utilizar de outros meios de prova para decidir sobre o vínculo da paternidade. Nessa hipótese, deve levar em consideração o conjunto fático probatório constante nos autos para fundamentar o seu convencimento e reconhecer a paternidade (TJAC – AC2007.001079-6 – Rel. Des. Samoel Evangelista – *DJ* de 01.10.2007).

da toda a disciplina da filiação no interesse maior da criança, perdendo fundamento de validade as restrições à busca da verdade biológica que antes se justificavam em benefício da estabilidade institucional da família".[38]

Atente-se para o destacado entendimento da 3ª Turma do STJ, tendo como Relator o Ministro Sidnei Beneti, ao afirmar que a imprescritibilidade é em prol do filho que busca o reconhecimento, e não do genitor que propôs a investigatória contra o filho registrado em nome de outrem.[39]

Mantém-se o Código de 2002 na posição de 1916 ao afirmar no art. 1.602 que "não basta a confissão materna para excluir a paternidade". Não se podem admitir as confissões fictas, resultantes da ausência de resposta. Mesmo se expressamente confessar o adultério, a sua declaração não tem validade para excluir a paternidade do filho. De um lado, é suspeita a confissão de sua própria infidelidade. De outro lado, o filho não pode ser prejudicado por posturas maternas, cuja inspiração pode bem ser devida a capricho, despeito ou animosidade em relação ao marido.

Paulo Luiz Netto Lôbo ressalva que, "se a confissão materna vier acompanhada de outras provas, como testemunhas, documentos ou resultados de exames, inclusive de DNA, ainda assim não poderá afastar a presunção de paternidade, se o marido não impugná-la". Conclui o mesmo autor que "a preservação do estado de filiação, independentemente de sua origem, e das relações familiares construídas no cotidiano de pais e filhos constitui o objeto da tutela legal".[40]

Inovou o Código de 2002 ao afirmar no art. 1.603 que "a filiação prova-se pela certidão do termo de nascimento registrada no Registro Civil".

Quando ocorre a necessidade de provar o seu *status*, a pessoa terá de valer-se do sistema que a lei criou. Por via de princípio, prova-se a paternidade com a certidão extraída do Registro de Nascimento, que evidencia tudo aquilo que o Oficial de Registro insere no Assento: data do parto, maternidade, paternidade, se a mãe é casada, sexo, lugar, data do registro, número e demais circunstâncias previstas em lei. Outras indicações não se provam pelo Assento de nascimento, como sejam, a identidade do filho, a celebração do casamento dos pais.[41]

---

38 Gustavo Tepedino, "A Disciplina jurídica da filiação na perspectiva Civil-Constitucional", in *Temas de Direito Civil*, Rio de Janeiro, Renovar, 2004, pp. 456-457.
39 REsp. nº 903613/DF – 3ª Turma – Rel. Min. Sidnei Beneti – *DJ* de 24.6.2008. "Para a propositura da ação de investigação de paternidade cumulada com anulação de registro de nascimento, é necessário que haja interesse lícito (art. 3º do CPC). Na espécie, verifica-se, na petição inicial, que o autor, ora recorrido, manifesta animosidade contra o filho pretendido, o que nulifica qualquer afirmação do propósito lícito no uso da referida ação, caracterizada pelo altruísmo e bons propósitos, quando a investigatória de paternidade é movida pelo pretenso genitor. Ademais, conforme o art. 177 do CC/1916, ocorreu a prescrição, uma vez que a ação foi proposta em prazo superior a vinte anos. A imprescritibilidade neste tipo de ação é em prol do filho que busca o reconhecimento, e não do genitor que propôs a investigatória contra o filho registrado em nome de outrem. Assim, a Turma deu provimento ao recurso e julgou extinta a ação por falta de legítimo interesse econômico ou moral e pela prescrição".
40 Paulo Luiz Netto Lôbo, ob. cit., pp. 82-83.
41 Antonio Cicu, *La Filiación*, p. 29.

Esclareça-se que foi implantado pelo Sistema Único de Saúde/SUS a obrigatoriedade de emissão do "Documento de Nascido Vivo", com o preenchimento obrigatório de formulário fornecido gratuitamente pelo Ministério da Saúde, que é utilizado pelos hospitais e maternidades públicas e privadas para o registro de informações sobre a mãe, o pré-natal, o parto e o nascido vivo. Uma das vias é utilizada obrigatoriamente pela família para o assentamento do registro de nascimento em Cartório.

Na falta do respectivo Assento, destruição do livro, inacessibilidade do lugar etc., é lícito utilizar qualquer outro meio, quando houver um começo de prova por escrito emanado dos pais: declaração formal, cartas familiares, veementes presunções oriundas de fatos já certos.

A prova da maternidade é mais simples. Ter-se-ão de comprovar a gravidez, o parto e a identidade da pessoa. Praticamente, o interessado provará: *a*) o casamento; *b*) o parto em conjugação com a vigência do casamento; *c*) a identidade da pessoa em questão com a da criança de cujo casamento foi demonstrado o nascimento.

Estabelece o art. 1.604 que "ninguém pode vindicar estado contrário ao que resulta do registro de nascimento, salvo provando-se erro ou falsidade do registro".

O registro civil gera a presunção de veracidade do estado da filiação, suplantando a paternidade biológica. O que dele consta, *pro veritate habetur*, vale como verdade em relação à data do nascimento, a menção de quem são os pais, e, por via de consequência, não pode este pretender ou ostentar estado diverso do que do registro resulta. Mencionados os nomes dos pais, ou o que mais seja, tem força probante enquanto subsistir o registro, cujo conteúdo é indivisível.[42]

Neste sentido, vale destacar a decisão da 4ª Turma do STJ, tendo como Relator o Ministro João Otávio de Noronha, que determinou que as exceções previstas no art. 1.604 só são verificadas nos casos em que se demonstrar "qualquer dos vícios de consentimento, que, porventura, teria incorrido a pessoa na declaração do assento de nascimento, em especial quando induzido a engano ao proceder o registro da criança". A Turma entendeu que "não há que se falar em erro ou falsidade se o registro de nascimento de filho não biológico efetivou-se em decorrência do reconhecimento de paternidade, via escritura pública, de forma espontânea, quando inteirado o pretenso pai de que o menor não era seu filho; porém, materializa-se sua vontade, em condições normais de discernimento, movido pelo vínculo socioafetivo e sentimento de nobreza". Assim, conclui que "o termo de nascimento fundado numa paternidade socioafetiva, sob autêntica posse de estado de filho, (...) não se mostra capaz de afetar o ato de registro da filiação, dar ensejo a sua revogação, por força do que dispõem os arts. 1.609 e 1.610 do Código Civil".[43]

No mesmo sentido, no julgamento do REsp 1.244.957/SC, a Relatora Ministra Nancy Andrighi decidiu que "em processos que lidam com o direito de filiação,

---

42 Planiol, Ripert *et* Boulanger.
43 STJ – 4ª Turma – Resp 709.608/MS – Rel. Min. João Otávio de Noronha – Julg.: 05.11.09 – *DJe*: 23.11.09. Ver também: STJ – 3ª Turma – REsp 878.941/DF – Rel. Min. Nancy Andrighi – *DJe*: 17.9.2007.

as diretrizes determinantes da validade de uma declaração de reconhecimento de paternidade devem ser fixadas com extremo zelo e cuidado, para que não haja possibilidade de uma criança ser prejudicada por um capricho de pessoa adulta que, conscientemente, reconhece paternidade da qual duvidava, e que posteriormente se rebela contra a declaração autoproduzida, colocando a menor em limbo jurídico e psicológico". A Relatora concluiu que "mesmo na ausência de ascendência genética, o registro da recorrida como filha, realizado de forma consciente, consolidou a filiação socioafetiva – relação de fato que deve ser reconhecida e amparada juridicamente. Isso porque a parentalidade que nasce de uma decisão espontânea, deve ter guarida no Direito de Família".[44]

O Código de 1916, no art. 348, enunciava como presunção absoluta, *iuris et de iure*. Foi a Lei nº 5.860/1943 que lhe alterou a redação, com o acréscimo da cláusula "salvo provando-se erro ou falsidade do registro". Esta redação, que vem, portanto, do Código anterior, e mantida no atual, significa que a presunção decorrente do registro é *iuris tantum*. Pode sucumbir diante de prova contrária, que evidencie a existência de falsidade (ideológica ou material), ou de erro cometido pelo oficial ou pelo declarante.

Para a 4ª Turma do STJ, "a anulação do registro de nascimento ajuizada com fulcro no art. 1.604 do Código Civil de 2002, em virtude de falsidade ideológica, pode ser pleiteada por todos que tenham interesse em tornar nula a falsa declaração". Os Ilustres Ministros ressaltaram que, "diferentemente da ação negatória de paternidade, a ação anulatória não tem caráter personalíssimo, podendo ser manejada por qualquer pessoa que tenha legítimo interesse em demonstrar a existência de erro ou falsidade do registro civil".[45]

Determina o art. 1.605 que "na falta, ou defeito, do termo de nascimento, poderá provar-se a filiação por qualquer modo admissível em direito: I – quando houver começo de prova por escrito, proveniente dos pais, conjunta ou separadamente; II – quando existirem veementes presunções resultantes de fatos já certos".

Os artigos anteriores estabeleceram o sistema de prova da filiação adotado pelo Código. Pode ocorrer que não tenha havido registro ou que este não se tenha encontrado, ou mesmo que se encontre em lugar inacessível; ou ainda que do registro constem declarações inexatas. Se tal ocorrer, admite o Código se prove a filiação por qualquer modo admissível em direito.

Reproduzindo o art. 349 do Código de 1916, restringiu os meios de prova às duas hipóteses. A primeira prevê a existência de escrito, proveniente dos pais (inciso I do art. 1.605). Aí vale qualquer escrito, público ou particular, carta missiva, declaração a terceiros, livro de família. O que tem relevância é dele constar, direta ou indiretamente, a menção do estado de filho. A segunda importa na presunção resultante de fatos já certos (inciso II do art. 1.605). O qualificativo das presunções, que o artigo diz "veementes" é exagerado. Se há fatos certos, e deles se pode inferir

---

44 STJ – REsp. 1.244.957/SC – Rel. Min. Nancy Andrighi – Julg.: 07.08.2012.
45 STJ, 4ª Turma, REsp 1.238.393/SP, Rel. Min. Raul Araújo, julg. em 02.09.2014, *DJe* 18.09.2014.

a presunção de legitimidade, não há por que exigir a sua "veemência". Ao juiz cabe apurar a certeza dos fatos, e se destes puder extrair a presunção de legitimidade, assim deve declará-la. Sugere-se que tal artigo seja simplificado e simplesmente conste que na falta, defeito, erro ou falsidade do termo de nascimento, poderá provar-se a filiação por qualquer modo admissível em direito.

O Código de 2002 não menciona expressamente a prova da paternidade pela "posse de estado".[46] Esta, segundo o entendimento tradicional, consiste na circunstância de trazer a pessoa o nome paterno (*nomen*), ser tida na família como filho (*tractatus*) e no meio social em que vive gozar do conceito de filho legítimo (*fama*). Não obstante o silêncio da lei civil, a prova resultante da posse de estado vinha sendo admitida pela nossa Doutrina e Jurisprudência, embora com reserva.[47]

Na doutrina estrangeira, é muito encarecido o seu préstimo,[48] uma vez que é mínima a percentagem de não corresponder efetivamente à condição real da legitimidade. Diferentemente do que se dá com a posse das coisas, a posse de estado não dispõe de tutela jurídica específica (ações possessórias) e não gera a aquisição do direito (usucapião do estado de filho), porém se invoca, supletivamente, quando falta a prova específica, e nos casos previstos.[49]

Embora não seja considerada, por si só, como prova da filiação, seria oportuno inserir-se, expressamente, no contexto do Código; vale dizer: não se prova o *status* de filho pela posse de estado, mas no procedimento judicial que tem esta finalidade, pode o juiz considerá-la como "fato certo" para daí concluir pela presunção da paternidade. E esta cautela é tanto mais necessária, quanto mais difícil muitas vezes distinguir da estima nascida da convivência ou outras causas, a afeição paterna. O art. 1.605 tem sido admitido pela Doutrina como fundamento para considerar o estado da posse de filho como integrado ao nosso sistema jurídico. Eventuais mudanças deverão incluí-la, expressamente, desde que comprovada em Juízo, como presunção da paternidade, salvo prova em contrário, incorporando, assim, a orientação de nossos Tribunais.

Para Rolf Madaleno a posse de estado de filho recebe abrigo nas reformas do direito comparado, o qual não estabelece os vínculos parentais com o nascimento, mas sim na vontade do genitor, e esse desejo é sedimentado no terreno da afetividade e põe em xeque, tanto a verdade jurídica, como a certeza científica no estabelecimento da filiação.[50]

Assim também entendeu o Tribunal de Justiça do Rio Grande do Sul, tendo como Relator o Des. Luiz Felipe Brasil Santos ao reconhecer que "a partir dos princípios constitucionais de proteção da criança (art. 227, CF), bem como da Doutrina da Integral Proteção consagrada na Lei nº 8.069/1990 (especialmente nos arts. 4º e

---

46 Clóvis Beviláqua, ob. cit., § 66.
47 Orlando Gomes, *Direito de Família*, nº 136.
48 Planiol, Ripert *et* Boulanger, nº 1.317.
49 Antonio Cicu, *La Filiación*, p. 34.
50 Rolf Madaleno, *Curso de Direito de Família,* Rio de janeiro, Forense, 2008, p. 373.

6°) é possível extrair os fundamentos que, em nosso Direito, conduzem ao reconhecimento da paternidade socioafetiva, revelada pela 'posse de estado de filho', como geradora de efeitos jurídicos capazes de definir a filiação".[51]

O art. 1.606 e seu parágrafo único recepcionaram os arts. 350 e 351, ao estabelecer a legitimidade do filho para a ação de prova da filiação, passando aos herdeiros, os quais poderão continuá-la, salvo se julgado extinto o processo.

Paulo Luiz Netto Lôbo considera que a legitimidade excepcional do Ministério Público para a ação de investigação de paternidade "não se estende à ação de prova de filiação". Resume-se na hipótese prevista no § 4° do art. 2° da Lei n° 8.560/1992.[52]

410. DA AÇÃO NEGATÓRIA DA PATERNIDADE OU MATERNIDADE

Esclareça-se, inicialmente, que o registro civil gera a presunção de veracidade do estado de filiação. O que dele consta *"pro veritate habetur"*, isto é, vale como verdade em relação à data do nascimento, à menção de quem são os pais e, por via de consequência, da legitimidade da filiação.

Como visto anteriormente, trata-se, no entanto, de presunção *iuris tantum*, ou seja, pode sucumbir diante de prova contrária, que confirme a evidência de falsidade (ideológica ou material), ou de erro cometido pelo Oficial ou pelo declarante. Para se desconstituir a relação de filiação, em princípio, podemos identificar dois tipos de ações, além da ação investigatória: a "negatória da paternidade" e a "ação de anulação do registro civil". Filiamo-nos à corrente que admite cumulação de pedidos devendo ser a ação julgada no Juízo de Família, em procedimento ordinário, fundado no art. 292 e §§ do CPC/1973 (correspondente ao art. 327 do CPC/2015).

Tratando-se de ação de estado, deve-se promover em benefício do filho de quem foi desconstituída a paternidade, os procedimentos imediatos para que possa obter, o quanto antes, o *status* de filiação definitiva. Recomenda-se, portanto, por economia processual, serem decididos os dois provimentos num mesmo processo.

A Jurisprudência é uníssona ao entender que a alteração do registro paterno é consequência lógica da ação de investigação de paternidade.[53]

---

51 TJRS – 7ª CC – AI 599296654 – Rel. Des. Luiz Felipe Brasil Santos – *DJ* de 18.08.1999.
52 Paulo Luiz Netto Lôbo, ob. cit., p. 98.
53 Neste sentido, confiram-se os seguintes julgados: "Apelação Cível. Ação de investigação de paternidade. Registro de nascimento no qual consta o nome de outro pai. (...) Exame de DNA que conclui pela paternidade do réu, excluindo a do pai que consta no registro civil. Procedência do pedido. Retificação do registro. Estado de filiação. Direito personalíssimo e imprescritível, com o cancelamento do anterior. Consequência lógica da ação de investigação de paternidade" (TJRJ – AC 2005.001.08739 – Rel. Des. Gilberto Dutra Moreira, 12ª CC, julg. em 07.02.2006); "A jurisprudência vem admitindo a extensão do pedido relativo à investigação de paternidade para que alcance também a anulação do registro quando essa não é requerida. (...) a alteração do nome constitui consequência lógica e imprescindível à negatória de paternidade cumulada com cancelamento de registro, ainda que não conste requerimento expresso nesse sentido" (TJRJ – Ag. 2007.002.20100 – Rel. Des. Elton M. C. Leme – julg. em 22.11.2007).

O mesmo deve ocorrer na ação negatória da paternidade. Pela redação original do art. 340 do Código Civil de 1916 exigia-se a prova de que "o marido se achava fisicamente impossibilitado de coabitar com a mulher nos primeiros cento e vinte e um dias, ou mais, dos trezentos que houverem precedido ao nascimento do filho e que a esse tempo estavam os cônjuges legalmente separados". Em face das novas provas vinculadas à paternidade e maternidade, optou o legislador de 2002 por não manter esta regra.

Determinava o art. 348, recepcionado pelo art. 1.604 do Código de 2002, que "ninguém pode vindicar estado contrário ao que resulta do registro de nascimento, salvo provando-se erro ou falsidade do registro". Previu, também o art. 1º da Lei nº 8.560/1992 a irrevogabilidade do reconhecimento voluntário dos filhos nascidos fora do casamento. No entanto, o art. 113 da Lei nº 6.015/1973 (Lei de Registros Públicos) previa a possibilidade de as "questões de filiação serem decididas em processo contencioso para anulação ou reforma do assento".

Assim, a ação que visa desconstituir a paternidade ou maternidade inscrita no registro ou reforma do assento de nascimento tem fundamentos próprios. Exige-se que se prove "erro ou falsidade" das declarações nele contidas, conforme determinam os arts. 1.604 e 1.608.

No que concerne à "ação anulatória do registro civil" tem-se admitido um leque maior de legitimados. Assim reconheceu o Tribunal de Justiça do Rio de Janeiro a legitimidade dos avós paternos para anulação por falsidade ideológica da paternidade.[54] Da mesma forma, reconheceu o Tribunal de Justiça do Rio Grande do Sul a legitimidade dos irmãos do Falecido, tios do menor, para promoverem a anulação do assento do nascimento do sobrinho, por alegada fraude ou simulação.[55]

Contudo, em recente decisão, a 4ª Turma do STJ entendeu que os herdeiros não são parte legítima para impugnar o reconhecimento de paternidade. No acórdão, destacou-se que a "paternidade biológica feita constar em registro civil a contar de livre manifestação emanada do próprio declarante, ainda que negada por posterior exame de DNA, não pode ser afastada em demanda proposta exclusivamente por herdeiros, mormente havendo provas dos fortes laços socioafetivos entre o pai e a filha, não tendo o primeiro, mesmo ciente do resultado do exame de pesquisa genética, portanto, ainda em vida, adotado qualquer medida desconstitutiva de liame". Assim, no caso, se entendeu que somente o pai registral teria legitimidade ativa para impugnar o ato de reconhecimento de filho, por ser ação de estado, que protege direito personalíssimo e indisponível do genitor.[56]

Confrontando a filiação havida da relação ou não de casamento, vê-se bem que o novo Código mantém a identificação da paternidade em decorrência de "presunções". Mas estas diferem. Enquanto o status legitimatis de filho contentava-se sim-

---

54 TJRJ – Segunda Câmara Cível – Apel. nº 1996.0027623 – Rel. Des. Odilon Bandeira – Revista de Direito do TJRJ, v. 33, p. 173.
55 TJRS – Sétima Câmara Cível – Apel. nº 597.019.314 – Rel. Des. Eliseu Gomes Torres, *in Nova Realidade do Direito de Família: Jurisprudência*, SC/COAD, p. 339.
56 STJ – 4ª Turma – REsp 1.131.076/PR – Rel. Min. Marco Buzzi – Julg.: 06.10.2016 – DJe 11.11.2016.

plesmente com a prova do casamento, a condição de filho permite hoje comprovar um fato certo, do qual se pode induzir a relação jurídica. Como visto, o art. 1.599 reconhece que a prova da impotência do cônjuge ilide a presunção de paternidade.

Portanto, pode-se fundar a ação negatória da paternidade com a comprovação da impotência coeundi dentro do período legal da concepção do filho.

No que concerne ao adultério da mulher, atente-se para a tendência atual no sentido de diminuir seus efeitos nas relações familiares, tendo o Código de 2002 excluído dos impedimentos (art. 1.521) o casamento do cônjuge adúltero com o seu corréu. Não tem sentido, portanto, manter-se a presunção da paternidade quando se comprovar o adultério, se não for aliado a outras provas que demonstram o efetivo desrespeito ao cônjuge.

Consolidou-se em nosso sistema jurídico a possibilidade do pai ou mãe exercerem o direito personalíssimo de negar a existência de um vínculo de filiação que se formou por força de uma presunção legal (art. 1.597, CC) ou mesmo por espontânea declaração de vontade. Nesta hipótese há o manejo da *ação negatória da paternidade*, também imprescritível. Se a pretensão é de ver reconhecida a relação vinculatória, trata-se *de ação vindicatória do estado de filho*. Todas elas, submetidas, sob o prisma processual, ao procedimento comum ordinário.[57]

Reportando-se à paternidade socioafetiva, Paulo Luiz Netto Lobo considera que o genitor biológico não tem ação contra o pai socioafetivo, marido da mãe, para impugnar a paternidade. Apenas o pai socioafetivo pode impugnar a paternidade quando a constatação da origem genética diferente da sua provocar a ruptura da relação paternidade-filiação. O mesmo autor ressalva, ainda, que a contestação da paternidade não pode ser decisão arbitrária do marido, quando declarou no registro que era seu o filho que teve com a mulher, em virtude do princípio venire contra factum proprium nulli conceditur. A contestação, neste caso, terá de estar fundada em hipótese de invalidade dos atos jurídicos, que o direito acolhe, tais como erro, dolo, coação. Na dúvida deve prevalecer a relação de filiação socioafetiva, consolidada na convivência familiar, considerada prioridade absoluta em favor da criança pelo art. 227 da Constituição Federal.[58]

Neste sentido reconheceu o TJRS, tendo com Relator o Des. Alfredo Guilherme Englert, ao julgar Ação Negatória de paternidade: "não obstante ter o exame de DNA afastado a paternidade, deve prevalecer a realidade socioafetiva sobre a biológica, diante da relação formada entre pai e filha ao longo de anos."[59]

Não se pode afastar a legitimidade do próprio filho de impugnar a paternidade provando erro ou falsidade no registro (art. 1.604).

Cabe destacar a decisão da 4ª Câmara Cível do Tribunal de Justiça do Rio de Janeiro, na Apelação Cível nº 0013343-03.2010.8.19.0004, tendo como Relator o

---

57 Cristiano Chaves de Farias e Nelson Rosenvald, *in Curso de Direito Civil: Famílias*. Salvador: JusPodiVum, 2012, p. 700.
58 Paulo Luiz Netto Lôbo, ob. cit., pp. 75-76.
59 TJRS – 8ª CC – AC 70007706799 – Rel. Des. Alfredo Guilherme Englert – *DJ* de 18.03.2004.

Desembargador Marcelo Lima Buhatem, que determinou que, não sendo reconhecida a existência de filiação socioafetiva, é "impositivo admitir a anulação do registro, mas quando este é o desejo do filho, e não a vontade exclusiva do pai". A decisão tem em vista evitar que o indivíduo que efetuou o registro sabendo que não era o pai biológico alegue a própria torpeza em detrimento dos direitos do filho.[60]

Neste sentido, a 4ª Turma do STJ, no AgRg no AREsp 678600/SP, decidiu que "a existência de relação socioafetiva com o pai registral não impede o reconhecimento dos vínculos biológicos quando a investigação de paternidade é demandada por iniciativa do próprio filho, uma vez que a pretensão deduzida fundamenta-se no direito personalíssimo, indisponível e imprescritível de conhecimento do estado biológico de filiação, consubstanciado no princípio constitucional da dignidade da pessoa humana (CF, art. 1º, III)".[61]

Também merece destaque o art. 1.608 ao determinar que "a mãe só pode contestar a maternidade, provando a falsidade do termo ou das declarações nele contidas". As limitações indicadas neste último relativas à maternidade são questionáveis se se considerar as conquistas científicas, sobretudo aquelas vinculadas à inseminação artificial.

Esclareça-se, oportunamente, que apesar da lastimável redação do art. 1.602 do *Codex* insinuar que somente a mãe poderia alegar a falsidade do registro para impugnar a maternidade, é possível o ajuizamento das ações negatórias pela genitora nos mesmos amplos e irrestritos casos em que se reconhece tal possibilidade do pai, promovendo uma interpretação conforme a Constituição, harmonizando a disposição codificada com a isonomia garantida pela Lei Maior.[62]

O "contrato de gestação" onde a mulher compromete-se a entregar o filho a quem contrata, após o nascimento, ou mesmo, as situações que envolvem a "barriga de aluguel" exigem regulamentação específica, a qual não é prevista no art. 1.608. Alerte-se que se encontra em vigor a Resolução CFM nº 2.294, de 2022, ao adotar que "os novos critérios promovem a revisão do número de embriões gerados em laboratório, esclarece a idade mínima para doação de gametas e abre possibilidade para que mulheres sem parentesco com o casal possam ceder o útero para gestação".

Diante da paternidade declarada por sentença, comprovado que seu anterior reconhecimento voluntário ou judicial poder-lhe-ia ter proporcionado oportunidade de melhores condições de vida e formação, é viável a indenização por perdas e danos, tanto morais quanto materiais, contra o pai, por atentado aos direitos fundamentais infantojuvenis, reconhecidos pelo Estatuto da Criança e do Adolescente. Para isto, estão legitimados também o Ministério Público ou quem juridicamente o represente, a exemplo do Tutor ou Curador.

---

60 TJ RJ – 4ª Câmara Cível – Apelação Cível nº 0013343-03.2010.8.19.0004 – Rel. Des. Marcelo Lima Buhatem – Julg.: 18.01.2012.
61 STJ – 4ª Turma, AgRg no AREsp nº 678600/SP –Rel. Min. Raul Araújo – Julg.: 26.05.2015.
62 Cristiano Chaves de Farias e Nelson Rosenvald, *in Curso de Direito Civil: Famílias*. Salvador: JusPodivm, 2012, p. 700.

Assim decidiu o TJRS, tendo como Relator o Des. Claudir Fidelis Faccenda, ao declarar: "A responsabilidade civil, no Direito de Família, é subjetiva. O dever de indenizar decorre do agir doloso ou culposo do agente. No caso, restando caracterizada a conduta ilícita do pai em relação ao filho, bem como o nexo de causalidade e o dano, cabe indenização por danos materiais e morais".[63]

No mesmo sentido julgou o TJMG, tendo como Relator o Des. Juiz Unias Silva ao reconhecer que "a dor sofrida pelo filho, em virtude do abandono paterno, que o privou do direito à convivência, ao amparo afetivo, moral e psíquico, deve ser indenizável, com fulcro no princípio da dignidade da pessoa humana."[64]

Pode-se, também, contestar a maternidade, provando-se que aquela pessoa não é a que nasceu da mulher (falta de identidade); ou que a mulher não teve aquele filho, ou nunca teve filho nenhum (simulação de parto); ou a falsidade do registro, ou a substituição do recém-nascido. A ação é imprescritível. A ação de contestação de maternidade não é privativa, podendo ser intentada por quem tenha ou prove ter legítimo interesse.[65]

Ao filho nascido na constância do casamento, quando lhe falta ou lhe é negada a condição peculiar ao seu *status*, é reconhecido um direito de ação, por cuja via ele vindica aquele estado.

A "ação de vindicação do estado de filiação", que é imprescritível, pode ser intentada pelo filho enquanto viver, passando aos seus herdeiros, se morre incapaz; ou cabe ainda, a estes, continuá-la, se falece na pendência da lide. São extremos desta ação: a) o casamento dos pais; b) a data do nascimento, verificada a coincidência da sua concepção com o casamento dos pais; c) a identidade da pessoa em relação à criança nascida daquele casamento. A prova desses extremos será feita com certidão do casamento dos pais, assento de nascimento do filho, outros meios que a supram: registro hospitalar, escritos da família, testemunhas, e ainda outros dados técnicos.[66]

Variante da ação de vindicação de estado é concedida à mãe, antes do parto, para ver declarada a paternidade do filho já concebido (*actio de partu agnoscendo*). Trata-se de caso especial, em que o interesse reside na determinação da gravidez, em face da separação dos cônjuges ou dissolução da sociedade conjugal. A ação encontra amparo no princípio *nasciturus pro iam nato habetur quum de commodis eius*

---

63 Completou o V. Acórdão da 8ª CC do TJRS, AC nº 70021427695, tendo como Rel. o Des. Claudir Fidelis Faccenda, "nas demandas condenatórias, a verba honorária deve incidir sobre o valor da condenação. Inteligência do art. 20, § 3º, do CPC. Recurso do autor parcialmente provido. Apelação do Requerido improvido (*DJ* de 29.11.2007).
64 TJMG – Indenização. Danos morais. Relação paterno-filial. Princípio da Dignidade da Pessoa humana. Princípio da afetividade. "A dor sofrida pelo filho, em virtude do abandono paterno, que o privou do direito à convivência, ao amparo afetivo, moral e psíquico, deve ser indenizável, com fulcro no princípio da dignidade da pessoa humana" (TAMG – 7ª CC – AC 408.550-5 – Rel. Juiz Unias Silva – DJ de 29.04.2004).
65 Planiol, Ripert *et* Boulanger, nº 1.370.
66 Lafayette, Pontes de Miranda, Planiol *et* Ripert, Trabucchi.

agitur. Compete à mãe ou a um *curador* ao ventre, especialmente designado, e pode ser proposta contra o pai ou seus herdeiros.[67]

Todas estas ações se denominam "ações de estado" (antigamente chamadas "ações prejudiciais"), porque seu objetivo é conferir ou negar ao filho um *status* (para a definição e caracterização de estado, *vide* n° 48, *supra*, v. I).

As ações de estado não podem ser encerradas por transação, que somente é admitida quanto a direitos patrimoniais de caráter privado (v. n° 164, *supra*, v. II). Mas, se o estado em si mesmo não pode ser objeto de transação, esta é lícita a propósito de seus efeitos patrimoniais.[68]

Os Tribunais têm reconhecido a legitimidade do nascituro, representado pela mãe para a propositura da ação de investigação de paternidade. Decisão pioneira da Quarta Câmara do Tribunal de Justiça de Minas Gerais admitiu o ajuizamento de ação de investigação de paternidade proposta pela mãe do nascituro, cujo nascimento com vida o investe na titularidade da pretensão material, apenas, até então uma expectativa, resguardada pela lei, "eis que a criança concebida se tem como nascida, já sempre que se trate de seu interesse e proveito".[69]

Com a disposição das provas oriundas da pesquisa do DNA, deve-se admitir como negativa da paternidade a que resulta do confronto dos grupos sanguíneos do filho e do contestante e dos elementos identificadores de seus respectivos códigos genéticos. Se a perícia excluir a paternidade, deve-se adotar o resultado conclusivo como a demonstração científica da impossibilidade física da concepção. Caio Mário distingue a "ação negatória" daquela que tem o objetivo de "impugnar a paternidade". A primeira tem por objeto negar o *status* de filho ao que goza da presunção decorrente da concepção na constância do casamento. Esta última visa negar o fato da própria concepção, ou provar a suposição de parto, e, por via de consequência, a condição de filho.[70] Esta ação não é privativa do marido, nem está sujeita a nenhum prazo decadencial. Tal procedimento pode surgir em três casos:

1 – *Falta de identidade entre a criança nascida da mulher e a pessoa que traz a condição de filho*. Seria a substituição da criança por outra, no ato do nascimento, ou outro fato análogo. Não são excepcionais os casos de "troca de crianças" em maternidades.

2 – *Simulação de parto, com a demonstração de que a pessoa portadora do status de filho não nasceu da esposa, mas foi maliciosamente introduzida na família*. A simulação de parto e a falsidade ideológica ou instrumental encontram nova configuração criminal no art. 242 do Código Penal.

3 – *Falsidade ideológica ou instrumental do assento de nascimento*, de que consta a menção da pessoa como filho do casal, sem sê-lo.

---

67 Pontes de Miranda, ob. cit., § 128.
68 Planiol, Ripert *et* Boulanger, n° 1.407.
69 4ª Câmara Cível do TJMG – Ap. Cível 71.200 de 20.02.1988, RT n° 625-172. *Vide* também, 1ª Câmara Cível do TJSP – Ap. Cível 193648-215 – Rel. Des. Remen Lotufo – julg. em 14.09.1993.
70 Clóvis Beviláqua, ob. cit.; Pontes de Miranda, ob. cit., § 125; Trabucchi, *Istituzioni*, n° 121; Antonio Cicu, *La Filiación*, p. 129.

Não se admite a impugnação da paternidade pelo genitor, se o marido, ao casar, conhecia a gravidez da mulher, e teve conhecimento do parto, sem se opor a que fosse o filho registrado como seu.

A sentença proferida nas ações de estado, sejam elas negatórias deste, sejam vindicatórias, produzem efeitos *erga omnes*. Muito se tem discutido o problema, ora levantando-se a questão em termos da oponibilidade da coisa julgada apenas *inter partes*, ora afirmada a *res iudicata* apenas quando o pleito se fere com o legítimo contraditor, ou, finalmente, sustentada a validade geral e sem restrições, sob argumento de que o *status* da pessoa não comporta relatividade, isto é, o indivíduo não pode ser filho de dadas pessoas em relação a uns e ao mesmo tempo não ser filho em relação a outros.[71]

O art. 506 do Novo CPC determina que a sentença faz coisa julgada às partes entre as quais é dada, não prejudicando terceiros. Ao atribuir-se eficácia *erga omnes* à coisa julgada nas ações de estado, afirma Humberto Theodoro Júnior:[72] "está-se asseverando, em outras palavras, que ninguém pode ignorar o *status* definido pela sentença".

Caio Mário já sugeria, a partir da Constituição de 1988, que deveria ser objeto de imediata revisão a possibilidade de incluir a união estável no regime das presunções, sem restringi-la aos filhos nascidos do casamento.

Igualmente, em nome do princípio da dignidade humana, é tempo de o direito brasileiro dar maior ênfase à posse de estado de filho que, a cada dia, consolida as relações socioafetivas como o direito fundamental constitucional à convivência familiar.

---

71 A propósito da coisa julgada nas ações de estado, cf. Caio Mário da Silva Pereira, *Efeitos de Reconhecimento de Paternidade Ilegítima*, nº 34; Josserand, *Cours de Droit Civil Positif Français*, v. I, nº 1.313; Savatier, *in* Dalloz, *Recueil Périodique*; Henri Lalou, *in* Dalloz, *Recueil Périodique*; Jorge Salomão; *Da Coisa Julgada nas Ações de Estado*, *passim*; Ruggiero e Maroi, *Istituzioni*, v. I, § 65.
72 Humberto Theodoro Júnior, *in Curso de Direito Processual Civil*, v. I, § 519.

Capítulo XCII
Filiação Fora do Casamento

Sumário

411. Reconhecimento da filiação. **411-A.** Aspectos históricos do reconhecimento voluntário. **411-B.** O reconhecimento voluntário no Código Civil. **411-C.** Efeitos do reconhecimento. **412.** Investigação de paternidade e maternidade. **412-A.** Aspectos históricos. **412-B.** Considerações gerais. **412-C.** Da posse de estado de filho e filiação socioafetiva. **412-D.** Competência para a ação de investigação de paternidade. **412-D-1.** Alimentos gravídicos. **412-D-2.** Da legitimidade ativa. **412-D-3.** Da legitimidade passiva. **412-E.** Da defesa na ação de investigação de paternidade. **412-F.** Presunção de paternidade decorrente da recusa em fazer exame de DNA. **412-G.** Do nome. **412-H.** Da investigação da maternidade. **412-I.** Autoridade da coisa julgada. **412-J.** Das provas na ação investigatória. **412-K.** O reconhecimento da filiação socioafetiva e a multiparentalidade.

Bibliografia

Alberto Trabucchi, *Istituzioni di Diritto Civile*, nº 124; Antônio Carlos Mathias Coltro e Tânia da Silva Pereira, "A socioafetividade e o cuidado: o direito de acrescer o sobrenome do padrasto", in *Direito das Famílias: Contributo do IBDFAM em homenagem a Rodrigo da Cunha Pereira* (org. Maria Berenice Dias) São Paulo: RT/IBDFAM, 2009, pp. 353/354; Arnoldo Medeiros da Fonseca, *Investigação de Paternidade, passim*; Belmiro Pedro Welter, "Igualdade entre a Filiação Biológica e Socioafetiva", in *Revista Brasileira de Direito de Família*, v. 14, p. 132; Caio Mário da Silva Pereira, *Direito Civil: Alguns Aspectos de sua Evolução*, Rio de Janeiro, Forense, 2001; Caio Mário da Silva Pereira, "Paternidade e sua prova", in *Revista da Academia Brasileira de Letras Jurídicas*, v. 8, nº 5, 1994; Caio Mário da Silva Pereira, *Reconhecimento de Paternidade e seus Efeitos*, 7. ed., Rio de Janeiro,

Forense, 2015; Clóvis Beviláqua, *Direito de Família*, §§ 67 e segs.; Cristiano Chaves de Farias, "Um Alento ao Futuro: Novo Tratamento da Coisa Julgada nas Ações Relativas à Filiação", *in Revista Brasileira do Direito de Família*, nº 13, Porto Alegre, Síntese, abril/junho/2002; Cristiano Chaves de Farias e Nelson Rosenvald, *in Curso de Direito Civil: Famílias*. Salvador: JusPodivm, 2012, p. 693-695; De Page, *Traité Élémentaire*, v. I, n. 1.112 e segs.; Edgar de Moura Bittencourt, *O Concubinato no Direito*; Eduardo de Oliveira Leite, "Exame de DNA ou o limite entre o genitor e o pai", *in Grandes Temas da Atualidade: DNA como Meio de Prova da Filiação*, Rio de Janeiro, Forense, 2000; Enneccerus, Kipp y Wolff, *Tratado, Derecho de Familia*, v. II, § 94; Fabíola Santos Albuquerque, "Ações de filiação: da investigação e negatória de paternidade e do reconhecimento dos filhos", *in Manual de Direito das Famílias e das Sucessões* (coord.: Ana Carolina Brochado Teixeira e Gustavo Pereira Leite Ribeiro), Belo Horizonte, DelRey/Mandamentos, 2008; Galeno Lacerda, *in Direito de Família: Ações de Paternidade*, Rio de Janeiro, Forense, 2000; Guilherme Calmon Nogueira da Gama, *A Nova Filiação: o Biodireito e as relações parentais*, Rio de Janeiro, Renovar, 2003; Guilherme de Oliveira, *Critério Jurídico da Paternidade*, Coimbra, Almedina, 1998; Heinrich Lehmann, *Derecho de Familia*, pp. 363 e segs.; Jaqueline Filgueras Nogueira, *A filiação que se constroi: o reconhecimento do afeto como valor jurídico*, São Paulo, Memória Jurídica, 2001; Jean Carbonnier, *Droit Civil*, v. II, n. 78 e segs.; João Batista Villela,"O modelo constitucional da filiação: verdade e superstições", *in Revista brasileira de Direito de Família*, nº 2, Porto Alegre, IBDFAM/Síntese, 1999; João Baptista Villela, "Desbiologização da Paternidade" *in Revista da Faculdade de Direito da Universidade Federal de Minas Gerais* n. 21/400-416, Belo Horizonte, 1979; João Francisco Moreira Viegas, "Reconhecimento da Paternidade – Observações à Lei nº 8.560/1992", *in Revista dos Tribunais*, nº 699, p. 14; José Carlos Barbosa Moreira, *in O Novo Processo Civil Brasileiro*, Rio de Janeiro, Forense, 1997; José Machado, *Los Hijos Ilegítimos*; Vittorio Mori, *L'Azione di Paternità Naturale*; J. M. Lopes de Oliveira, *in A Nova Lei de Investigação de Paternidade*, Rio de Janeiro, Lumen Juris, 2001; Juliane Fernandes Queiroz, *Paternidade: Aspectos Jurídicos e Técnicas de Inseminação Artificial*, Belo Horizonte, Del Rey, 1991; Julio Fabbrini Mirabete, *Código Penal Interpretado*, São Paulo, Atlas, 1999; Lafayette, *Direitos de Família*, § 225; Lúcia Maria Teixeira Ferreira, "Tutela da Filiação", *O Melhor Interesse da Criança: Um Debate Interdisciplinar* (coord.: Tânia da Silva Pereira), Rio de Janeiro, Renovar, 2000; Luiz Edson Fachin, *Comentários ao novo Código Civil* (coord.: Sávio de Figueiredo Teixeira), Rio de Janeiro, Forense, v. XVIII, 2003; Luiz Edson Fachin, *Da Paternidade: Relação Biológica e Afetiva,* Belo Horizonte, Del Rey, 1996; Marco Aurelio Sá Vianna, *Curso de Direito Civil: Direito de Família,* Belo Horizonte, Del Rey, 1998; Maria Celina Bodin de Moraes, "O direito personalíssimo à filiação e a recusa ao exame de DNA: uma hipótese de colisão de direitos fundamentais", *in Grandes Temas da Atualidade: DNA como Meio de Prova da Filiação* (coord.: Eduardo de Oliveira Leite), Rio de Janeiro, Revista Forense, 2000; Manuel Albaladejo Garcia, *El Reconocimiento de la Filiación Natural*; Mazeaud, Mazeaud et Mazeaud, *Leçons de Droit Civil,* v. I, n. 917 e segs.; Milton Paulo de Carvalho Filho, *Código Civil Comentado: Doutrina e Jurisprudência* (coord.: Ministro Cezar Peluzo) São Paulo, Manole, 2008, p. 1.706; Nelson Nery Junior e Rosa Maria de Andrade Nery, *Código de Processo Civil e Legislação Processual Extravagante em Vigor,* São Paulo, Revista dos Tribunais, 1994; Nestor Duarte, *Código Civil Comentado: Doutrina e Jurisprudência* (coord.: Ministro Cezar Peluso), São Paulo, Manole, p. 175; Orlando Gomes, *Direito de Família,* nos 148 e segs.; Osvaldo Pataro Moreira, *O Sangue e os Grupos Sanguíneos Humanos em Medicina Legal,* p. 239; Paulo Lobo, *Direito Civil: Famílias.* São Paulo, Saraiva, 2008; Planiol, Ripert et Boulanger, *Traité Élémentaire,* v. I, nos 1.408 e segs.; Pontes de Miranda, *Direito de Família,* §§ 133 e segs.; Raoul de la Grasserie, *De la Recherche et des Effets de la Paternité Naturele*; Luigi Cosattin, *Il Riconoscimento del Figlio Naturale*; Renata Braga da Silva Pereira, "DNA: Análise Biojurídica da Identidade Humana", *in Temas de Biodireito e Bioética* (orgs.: Heloisa Helena Barboza e Vicente de Paulo Barreto), Rio de Janeiro, Renovar, 2001; René Savatier, *La Recherche de la Paternité*; Roberto A. M. Teran Lomas, *Los Hijos Extramatrimoniales*; Rolf Madaleno, "A Coisa Julgada na Investigação de Paternidade", *in Grandes Temas da Atualidade: DNA como Meio de Prova da Filiação* (coord.: Eduardo de Oliveira Leite), Rio de Janeiro, Forense, 2000; Rolf Madaleno, "Filiação Sucessória", *in Revista Brasileira de Direito das Famílias e Sucessões,* nº 01, Porto Alegre, Magister/IBDFAM, 2007; Ruggiero e Maroi, *Istituzioni di Diritto Privato,* v. I, § 65; Samir José Caetano Martins, "A Recusa do Filho Natural ao Reconhecimento Voluntário de Paternidade", *in Revista do Ministério Público do Estado do Rio de Janeiro,* nº 16, julho/dezembro de 2002; Savatier, *Le Droit, l'Amour et la Liberté,* n. 162 e segs.; Sergio Danilo Pena, "Determinação da Paternidade pelo Estudo Direto do DNA; Estado da Arte no Brasil", *in Direito de Família e do Menor* (coord.: Sálvio de Figueiredo Teixeira), pp. 243-259; Sérgio Gischkow Pereira, *Estudos de Direito de Família*, Porto Alegre, Livraria do Advogado, 2004, p. 113; Waül, *Droit des Enfants Naturels Reconnus*, p. 10; Tânia da Silva Pereira e Natália Soares Franco, "O cuidado e o direito aos alimentos do nascituro e da gestante: considerações sobre a Lei n° 11.804/2008", *in Cuidado e Vulnerabilidade* (coord. Tânia da Silva Pereira e Guilherme de Oliveira). São Paulo: Atlas, 2009, p. 100; Zeno Veloso, "A Sacralização do DNA na Investigação da Paternidade", *in Grandes Temas da Atualidade: DNA como Meio de Prova da Filiação* (coord.: Eduardo de Oliveira Leite), Rio de Janeiro, Forense, 2000; Zeno Veloso, "Um caso em que a recusa ao exame de DNA não presume a paternidade", *in Revista Brasileira de Direito de Família*, n° 14, Porto Alegre, Síntese, 2002.

411. Reconhecimento da filiação

O legislador pátrio, no âmbito do Direito de Família, utiliza-se do vocábulo "paternidade" para referir-se aos atributos paternos, distinguindo-o da "maternidade", por suas características próprias. Ao mencionar a "paternidade", não pretende a mesma interpretação genérica assumida pelo legislador constitucional ao indicar a "paternidade responsável" como fundamento do planejamento familiar. A Carta Magna de 1988 utiliza-se do masculino genérico, atendendo, inclusive, ao princípio da igualdade do homem e da mulher (art. 5º, I, CF), indicando-a no art. 226, § 7º, como "livre decisão do casal".

Ao dar ênfase às relações entre os pais e o filho concebido na constância do casamento, colocou o Direito Civil em plano destacado a filiação havida das relações de casamento. Não pode, todavia, desconhecer a existência dos filhos nascidos de pais que jamais se uniram em matrimônio. Eles constituem, *prima facie*, uma realidade biológica. O nascimento de um filho (qualquer filho) cria uma relação de fato entre ele próprio e seus pais: o fato da maternidade e a relação fática e genética da paternidade.

Uma distinção, no entanto, se estabelecia, muito viva, entre a filiação "legítima" e a filiação "natural". A primeira dava origem a uma relação jurídica que é correlata à situação de fato, instituindo-se o vínculo jurídico que liga o filho ao pai e à mãe. Este vínculo defluía do casamento e só se destruía mediante uma atuação jurisdicional contrária.

Na filiação extramatrimonial não ocorria a mesma coincidência entre o fato do nascimento e a relação jurídica. Especialmente no que concerne à paternidade, o Direito moderno, buscando subsídios no Direito Romano, sempre a presumiu com base no casamento: *pater is est quem nuptiae demonstrant* (v. nº 410, *supra*). Mas, não dispondo a lei, como a ciência, de dado exato para identificar o genitor, contentava-se com uma fórmula um tanto cética: *pater semper incertus*.

Restava, pois, esta limitação que, em outra obra, Caio Mário já apontara a existência do laço de consanguinidade unindo o filho a seu pai,[1] mas a ausência correlata do vínculo jurídico. Mesmo hoje, com a prova do DNA identificando a verdade biológica, para que se estabeleça este liame entre o filho biológico e os seus autores, torna-se mister a intercorrência de outro fato, revelando ou declarando a paternidade ou a maternidade: o reconhecimento.

Pode vir de manifestação volitiva espontânea, ou de proclamação judicial coercitiva, em ação de investigação de paternidade ou maternidade. Qualquer que seja a sua forma – judicial ou voluntário –, o ato de reconhecimento é declaratório. Não cria a paternidade: apenas declara uma situação fática, de que o direito tira consequências.[2]

---

1 Caio Mário da Silva Pereira, *Efeitos do Reconhecimento de Paternidade Ilegítima*, nº 29.
2 Caio Mário da Silva Pereira, *Efeitos do Reconhecimento de Paternidade Ilegítima*, nº 29; Mazeaud, Mazeaud *et* Mazeaud, *Leçons*, v. I, nº 931.

A "maternidade" que já o romano considerava sempre certa – *mater semper certa est* – pode ser reconhecida formalmente em ato autêntico, ou no Assento de nascimento, ou por testamento. Dadas, porém, as suas certezas constantes, oriundas dos sinais externos e aparentes (gravidez, parto, aleitamento, educação), emana, em princípio, com plena regularidade.

Alerte-se para as novas situações jurídicas que surgiram em decorrência das técnicas de reprodução assistida, convocando o mundo jurídico a rever essas "verdades".

Diz-se, tradicionalmente, que, em relação ao filho, e para garantia de seus direitos, a maternidade decorre apenas da notoriedade, dispensadas outras provas ou títulos.[3] Com as conquistas científicas da concepção *"in vitro"* permitindo novos procedimentos vinculados à concepção e à gestação, também a maternidade passa a envolver outros elementos probatórios.

Nada impede, entretanto, intente o filho ação visando ao reconhecimento da maternidade (ação de investigação de maternidade), mobilizando todos os meios de prova (declaração materna, escrito formal, identificação do filho com a criança cujo nascimento é conhecido etc.).

Tratando-se da "filiação extramatrimonial", pode esta resultar do reconhecimento voluntário ou de sentença judicial (*vide* n° 412, *infra*). Um e outra, contudo, têm passado por fases diversas no curso da História. Na verdade, ora se favorecia a atribuição de *status* ao "filho", ora se lhe negava toda condição jurídico-familiar. Num outro aspecto, às vezes, o Direito ampliava os efeitos do reconhecimento de paternidade, outras vezes os restringia a tal ponto, que chega mesmo a negá-los de todo. Tanto quanto a natureza desta obra o permite, acompanharemos tais vicissitudes em resumo apertado de Caio Mario da Silva Pereira, não deixando de assinalar, desde logo, que estas variações de tratamento ao filho deram origem ao que se denominou "lei da oscilação", caracterizada na afirmativa de que o legislador, quando facilita a perfilhação, lhe restringe os efeitos e vice-versa, quando amplia estes últimos. Cuidou do "reconhecimento voluntário" no presente parágrafo, transferindo a investigação de paternidade para o seguinte (n° 412, *infra*). Nesta resenha histórica mantiveram-se as designações tradicionais, não obstante proibidas no art. 227, § 6°, da Constituição de 1988.

411-A. Aspectos históricos do reconhecimento voluntário

As civilizações antigas não aceitavam, em princípio, o reconhecimento da paternidade. O filho natural não podia ser legitimado no Direito grego.[4]

Predominando no Direito Romano a organização religiosa da família, não se podia admitir a atribuição de efeitos ao reconhecimento de paternidade, que era ali desconhecido segundo uns, embora fosse lícito efetuá-lo.[5] O filho nascido de

---

3   Clóvis Beviláqua, *Direito de Família*, § 69; Lafayette, *Direito de Família*, § 121.
4   Ludovic Beauchet, *Historie du Droit Privé de la République Athénienne*, v. I, p. 525.
5   Waül, *Droit des Enfants Naturels Reconnus*, p. 10.

uma mulher que não tinha sido associada ao culto doméstico pela cerimônia do casamento não tinha o direito de participar dos sacrifícios e solenidades ante o altar dos deuses lares, e por ele a família não se perpetuava.[6] Não havia, pois, vínculo de parentesco – *agnatio* – entre o filho natural e o pai, salvo se este, pela adoção, o introduzisse na família, submetendo-o à sua autoridade (*patria potestas*). Suas relações eram apenas com a mãe, pela lei natural, como se lê no fragmento de Ulpiano: "*Lex naturae haec est, ut qui nascitur sine legitimo matrimonio matrem sequatur, nisi lex specialis aliud inducit*" (*Digesto*, Livro I, Tít. 5, fr. 24). Somente mais tarde, já ao tempo da codificação justinianeia (*Novela* 89, Cap. XII. *De Successione omnium naturalium filiorum*), foram estatuídos princípios relativos à sua sucessão, e os *liberi naturales "stricto sensu"* passaram a ter, posto que limitado, direito à sucessão *ab intestato* do pai.

A consolidação do Cristianismo fez recrudescer a severidade no tratamento aos filhos então qualificados como naturais. A Igreja, mais forte, punia nos bastardos as relações pecaminosas dos seus autores.[7] E tal foi a ojeriza por eles que no antigo direito costumeiro francês vigorava a exclusão sumária: *bâtards ne succedent*.

Por mais de dois séculos diversificou-se, ao extremo, o tratamento aos "filhos naturais" nos vários sistemas jurídicos, predominando a tendência restritiva, ora no sentido de negar o reconhecimento, ora no de podar os seus efeitos, quando admitido.

Em nosso antigo Direito, dispunham as *Ordenações* do Livro IV, Tít. 92, que os filhos simplesmente "naturais" concorriam com os "legítimos" à sucessão do pai, se fosse este plebeu, e, na falta deles, eram herdeiros universais. Sendo o pai nobre, aos filhos "naturais" era somente reconhecido direito alimentar quando concorriam com legítimos ou com os ascendentes do pai. Mas em nenhum caso herdavam *ab intestato*.[8] Não se proibia, entretanto, a investigação de paternidade, nem havia lei que se opusesse a que os filhos "naturais" fossem instituídos herdeiros testamentários.[9]

No passado brasileiro propriamente dito, talvez devido às condições sociais da nova Nação, já se revelava tendência liberal, que se haveria de firmar. O Decreto da Regência, de 11 de agosto de 1831, franqueou aos espúrios serem instituídos herdeiros testamentários, em falta de outros descendentes. Pouco depois, a Lei n° 463, de 2 de setembro de 1847, acabou com a distinção entre filhos de nobres e de peões, equiparando uns e outros quanto aos direitos sucessórios com base nas Ordenações do Livro IV, Tít. 92, mas restringiu o campo do reconhecimento, limitando-o ao testamento e à escritura pública. Na interpretação deste diploma, os nossos civilistas divergiram.

---

6   Fustel de Coulanges, *La Cité Antique*, p. 51.
7   Waül, ob. cit., p. 22.
8   Borges Carneiro, *Direito Civil*, v. II, §§ 195 e 196; Correia Telles, *Digesto Português*, v. II, n° 69 e 116.
9   O testemunho de Melo Freire é significativo: *Nulla enim Patria Lege, quam scio, illorum institutio prohibetur – Institutiones Iuris Civilis Lusitani*, v. III, Tít. VIII, § 13.

Para Teixeira de Freitas, a filiação "natural" somente se provaria por estes meios, vedada a investigação de paternidade.[10] Nas suas águas vogaram Carlos de Carvalho e Clóvis Beviláqua. Para Lafayette, cumpria distinguir que, para efeitos sucessórios, somente prevalecia a perfilhação por escritura pública ou testamento, mas para outros efeitos valiam outras formas de reconhecimento.[11] O Decreto nº 3.069, de 17 de abril de 1863, equiparou o Assento de Nascimento à escritura pública, em relação aos acatólicos. O Decreto nº 181, de 24 de janeiro de 1890, abriu o reconhecimento dos "ilegítimos" para o Assento de Nascimento ou outro qualquer ato autêntico emanado do pai (além da escritura pública e testamento). Discutia-se, no entanto, se os efeitos seriam apenas restritos aos impedimentos matrimoniais (Clóvis Beviláqua) ou para outros efeitos.[12]

O movimento doutrinário, a partir do século XIX, verberava os preconceitos e advogava a causa dos ilegítimos, condenados pelo pecado dos pais. Laurent, no Direito belga; Cimbali, na Itália; Beviláqua, no Brasil, advogam para os filhos naturais tratamento humano.[13]

O Projeto Beviláqua franqueava o reconhecimento dos filhos "naturais" e permitia a investigação de paternidade. De sua passagem pelo Congresso, prevaleceu, em parte, a oposição levantada contra a escola liberal. Numa linha que se pode qualificar intermediária, o Código de 1916 estabeleceu as duas espécies de reconhecimento – "voluntário" e "compulsório": o filho identificado como "ilegítimo" podia ser reconhecido pelos pais, em conjunto ou separadamente.

No que concerne aos "direitos sucessórios", ao filho "ilegítimo" no texto original do Código de 1916, concorrendo com filhos havidos de relação de casamento, era assegurado o direito a um quinhão hereditário correspondente à metade do que àqueles tocaria (art. 1.605, § 1º).

A Carta Constitucional de 10 de novembro de 1937 (art. 126) representou grande avanço no reconhecimento dos direitos dos filhos naturais, concedendo-lhes igualdade de condições com os "legítimos". Em consequência, cessou a desigualdade de tratamento, passando a herdar em pé de igualdade com os filhos nascidos do casamento de seu pai (vide nº 443, infra). No que concerne aos filhos "espúrios", foi reservada a classificação de "adulterinos" e "incestuosos", a quem não era permitido gozar da declaração de estado de filiação.

Silenciando a Constituição de 1946 a respeito, bem como as subsequentes, permaneceu a dúvida. Em face dos bons princípios, com apoio na Doutrina, e sustentado pela Lei de Introdução às Normas do Direito Brasileiro, Caio Mário defendeu a sobrevivência da equiparação, por não reconhecer efeito repristinatório à lei revoga-

---

10 Teixeira de Freitas, *Consolidação*, nota ao art. 212.
11 Lafayette, ob. cit., § 112, nota XII, no fim do volume, p. 365.
12 Clóvis Beviláqua, ob. cit., p. 359, nota 7; Carlos de Carvalho, *Nova Consolidação*, art. 129; Oscar de Macedo Soares, *Casamento Civil*, p. 37; Arnoldo Medeiros da Fonseca, *Investigação de Paternidade*, p. 165.
13 Laurent, *Avant-Projet*, arts. 319, 335 e 337; Cimbali, *Nuova Fase del Diritto Civile*, pp. 104 e segs.; Clóvis Beviláqua, *Direito de Família*, 1896, p. 438.

dora, mas, ao contrário, resultar que a lei revogada não se restaura pela revogação da lei revogadora, salvo se esta dispuser expressamente.

Assim, por força do princípio da paridade, os filhos naturais reconhecidos herdavam em igualdade de condições com os seus irmãos.

O Código Civil de 1916 proibia o reconhecimento dos filhos "espúrios" (art. 358). Na sua aplicação, o primeiro problema surgido foi o referente aos filhos de desquitados, que segundo alguns eram "adulterinos", embora a maioria dos civilistas os considerasse simplesmente "naturais".

Visando a dirimir essa controvérsia, o Decreto-Lei nº 4.737/1942 deu o primeiro passo em prol dos "adulterinos". Pretendeu facilitar o reconhecimento dos filhos de desquitados. Mas, em vez de aludir aos "filhos gerados após o desquite", referiu-se aos filhos "havidos fora do matrimônio", para permitir o seu reconhecimento "após o desquite". Desta sorte, envolveu na sua abrangência todos os filhos havidos pelos cônjuges fora do matrimônio, sem restrição aos havidos de pessoas desquitadas.

Em livro pioneiro, o mesmo autor argumentou que a referência ao Desquite tivera apenas em vista a dissolução da sociedade conjugal, que pode ainda ocorrer por morte de um dos cônjuges e pela anulação do casamento, produtoras de efeitos muito mais amplos, uma vez que rompem o próprio vínculo matrimonial. E sustentou, então, que na sua aplicação o Decreto-Lei nº 4.737/1942 dever-se-ia interpretar como permissivo do reconhecimento após o Desquite, como nos demais casos de dissolução da sociedade conjugal, por morte de um dos cônjuges ou pela anulação do matrimônio.

A princípio, com alguma vacilação, a Jurisprudência afinal acatou sua Doutrina, que ficou em definitivo assentada no Supremo Tribunal Federal. E, depois, outros escritores a acolheram.

Mais tarde, foi o próprio legislador que se curvou ao entendimento do autor destas Instituições. E veio, então, a Lei nº 883, de 21 de outubro de 1949, estabelecer (art. 1º) que, dissolvida a sociedade conjugal (sem restrição ao desquite), era permitido a qualquer dos cônjuges o reconhecimento do filho havido fora do matrimônio e ao filho a ação para que se lhe declarasse a filiação. A Lei nº 6.515, de 1977, veio pôr fim às dúvidas, considerando que a separação judicial põe termo aos deveres de coabitação e fidelidade recíproca, fazendo cessar o regime matrimonial como se o casamento fosse dissolvido (art. 3º). Acrescentou ao art. 1º da Lei nº 883/1949 a autorização de o filho adulterino ser reconhecido em testamento cerrado.

Revogando o Decreto-Lei nº 4.737/1942, a Lei nº 883/1949 permitiu reconhecer os filhos "adulterinos". Não sendo possível fazê-lo na constância do casamento, era, contudo, livre após a dissolução da sociedade conjugal, qualquer que fosse a sua causa. A Lei nº 7.250/1984, alterando este mesmo diploma legal, estendeu ao cônjuge, separado de fato há mais de 5 anos, a mesma faculdade. Em relação aos "incestuosos", regra é que seu reconhecimento continuou vedado. No Direito italiano, em que o reconhecimento dos adulterinos é admissível em termos análogos ao nosso, o filho "incestuoso" pode ser reconhecido pelos pais só na hipótese de ignorarem, ao tempo da concepção daquele, a existência do vínculo de parentesco entre eles.[14]

Neste reconhecimento, como nos demais, sempre foram assegurados alimentos ao filho. Na sucessão do pai, dava direito, a título de amparo social, à metade da herança que viesse a receber o filho legítimo ou legitimado, com quem concorresse (Lei nº 883, art. 2º). A Lei nº 6.515, de 1977, no rumo da Doutrina defendida pelo autor, estabeleceu que qualquer que seja a natureza da filiação o direito à herança seria reconhecido em igualdade de condições (art. 51, nº 2). Aboliu o eufemismo do "amparo social", qualificando o direito do filho como hereditário, e pôs fim à desigualdade de tratamento.

A Lei nº 883/1949 foi revogada pela Lei nº 12.004/2009, que estabeleceu a presunção de paternidade no caso de recusa do suposto pai em submeter-se ao exame de código genético (DNA), mas foi omissa quanto aos demais aspectos tratados pela lei anterior.

Tendo a Constituição de 1988 proibido quaisquer designações discriminatórias (art. 227, § 6º), foi editada a Lei nº 7.841, de 17 de outubro de 1989, a qual, no art. 1º, revogou o art. 358 do Código Civil, que proibia o reconhecimento dos filhos "adulterinos" e "incestuosos".

Diante da indagação se qualquer filho "adulterino" podia ser reconhecido, em trabalho monográfico, Caio Mário fez a distinção doutrinária: o filho "adulterino" podia sê-lo *a patre* ou *a matre*. **A)** Adulterino *a patre* era o filho de pai casado e mãe solteira; **B)** Adulterino *a matre* era o filho de mãe casada e pai solteiro; **C)** O bilateralmente adulterino, para este efeito, era tratado na classe do *adulterino "a matre"*.

O filho *"adulterino a patre"* (filho de pai casado e mãe solteira) podia ser reconhecido, preenchidas as condições já vistas. Esta indagação perdeu o sentido e se manteve, apenas, por interesse histórico, vedada que foi a discriminação.

Quanto ao "adulterino *a matre*", filho de mãe casada, o autor adotava a orientação no sentido de não poder ser reconhecido, porque a existência de casamento válido atribuía-lhe a condição de "filho havido de relações de casamento", e, como tal, tinha pai conhecido.

Não podendo existir conflito de paternidades, prevalecia a primeira e era obstáculo a que viesse a instaurar-se a segunda pelo reconhecimento. Somente este haveria lugar, se o pai, em tempo e pela via regular, movesse com êxito a ação de contestação de paternidade (vide nº 410, *supra*). Para o autor esta era a Doutrina correta que fluía do jogo dos princípios. Excluída por sentença a filiação, podia ser ao filho atribuída nova paternidade, não mais ocorrendo obstáculo a que demandasse a declaração neste sentido.[15]

Não obstante, os Tribunais começaram a manifestar certa tendência ao admitir o reconhecimento do "adulterino *a matre*", quando notoriamente se apurava que o filho não podia ser do marido (ausência durante o período da concepção, enfermidade,

---

14 Ruggiero e Maroi, *Istituzioni*, v. I, § 65.
15 Heinrich Lehmann, *Derecho de Familia*, p. 294.

segregação etc.), e que ele, por displicência, por ignorância, ou outro obstáculo comprovado, não intentara *opportuno tempore* a ação de "contestação de legitimidade".

Esta orientação jurisprudencial, admitindo o reconhecimento de filho adulterino *a matre* e a retificação pelo mesmo de seu assento de nascimento, até mesmo quando o marido não tivesse intentado, oportunamente, a ação negatória de paternidade, é comentada por Lúcia Maria Teixeira Ferreira ao indicar a importância deste entendimento, que passou a ser aplicado aos casos em que todas as circunstâncias indicavam que o pai biológico não era o marido. Conclui, finalmente, a autora: "Esta interpretação jurisprudencial, que se contrapunha à rigidez da presunção *pater is est* estabelecida pelo Código Civil, inaugurou uma nova etapa no sentido da valorização do vínculo biológico da paternidade".[16]

Diante das diversificadas posições adotadas por nossos Tribunais e das inúmeras propostas de modificações direcionadas ao Código de 2002, no que concerne ao reconhecimento dos filhos, cabia aos operadores de Direito e aos intérpretes buscarem subsídios nos princípios constitucionais e em outras ciências no sentido de identificar no ato do reconhecimento a essência da filiação.

Em qualquer caso, trata-se de ato pessoal ou individual do pai, como o reconhecimento da maternidade o é privativo da mãe. Ninguém pode fazê-lo por um ou pela outra. Não vale, por exemplo, uma declaração do avô ou do tutor, ou ainda dos sucessores do pai ou dos herdeiros do filho.[17]

Vale, porém, o efetuado por procurador quando munido de poderes especiais e expressos, porque, nesse caso, a declaração de vontade já está contida na própria outorga de poderes, limitando-se o mandatário a formalizar o reconhecimento. É, via de regra, ato unilateral, o que não impede ao filho recusá-lo ao atingir a maioridade. Para ter validade, há de emanar de agente capaz e revestir as formas próprias, obedecendo aos requisitos de cada uma das admitidas em lei.

Caio Mário caracteriza o ato do reconhecimento voluntário como "ato declaratório por via do qual se evidencia a paternidade ou maternidade preexistente, conferindo-lhe, então, a produtividade de seus efeitos, alguns dos quais com caráter retroativo. Como ato jurídico *stricto sensu*, a declaração produz o efeito de criar a relação jurídica respectiva, constituindo a prova da paternidade".[18]

411-B. O RECONHECIMENTO VOLUNTÁRIO NO CÓDIGO CIVIL

O Código Civil de 2002, assim como o anterior, filiou-se às legislações que não fazem do reconhecimento voluntário de paternidade um ato simplesmente uni-

---

16 Lúcia Maria Teixeira Ferreira, "Tutela da Filiação", in *O Melhor Interesse da Criança: Um Debate Interdisciplinar* (coord.: Tânia da Silva Pereira), p. 299.
17 Planiol, Ripert et Boulanger nº 1.413; Mazeaud, Mazeaud *et* Mazeaud nº 930.
18 Caio Mário da Silva Pereira, *Reconhecimento de Paternidade e seus efeitos*, atualizado por Lucia Maria Teixeira Ferreira, ob. cit., p. 78.

lateral, visto que se exige o consentimento da pessoa que se pretende reconhecer, se maior de idade. No que tange à época do reconhecimento voluntário do filho, deve-se considerar que tal vontade pode ser manifestada antes do nascimento, mas não produzirá todos os efeitos diante da indispensabilidade de se aguardar o nascimento. O art. 26, parágrafo único, do Estatuto da Criança e do Adolescente, autoriza ao pai o reconhecimento antes do nascimento ou após o falecimento; neste caso, se o filho deixar descendentes.[19]

O art. 1.609 do Código de 2002 abrangeu as hipóteses de "reconhecimento voluntário da paternidade", reunindo as situações previstas no art. 357 do Código de 1916, aquelas constantes do art. 26 da Lei nº 8.069/1990, englobando, ainda, as hipóteses indicadas no art. 1º da Lei nº 8.560/1992.

Assim, o "reconhecimento voluntário" far-se-á nas seguintes modalidades:

I – no registro do nascimento; II – por escritura pública ou escrita particular, a ser arquivado em cartório; III – por testamento, ainda que incidentalmente manifestado; IV – por manifestação direta e expressa perante o juiz, ainda que o reconhecimento não haja sido o objeto único e principal do ato que o contém.

O *reconhecimento no registro do nascimento* (inciso I do art. 1.609) é a forma mais comum. Alerte-se para a regulamentação implantada pelo "Sistema Único de Saúde" – SUS, relativo à emissão do "Documento de Nascido Vivo", com as informações básicas sobre a criança e a mãe. Uma das vias do formulário oficial é utilizada, obrigatoriamente, para o assentamento do registro de nascimento em Cartório.

Merece destaque a Lei nº 8.560/1992, que prevê a possibilidade de a mãe indicar o nome do pai, o que deverá ser objeto de averiguação oficiosa, através de procedimento provocado pelo Oficial do Cartório. Este convocará o suposto pai para se manifestar sobre a informação. Se confirmada a paternidade, o oficial lavrará o termo.

Reporte-se aos estudos desenvolvidos no *Prefácio* comum a todos os volumes das *Instituições,* onde Caio Mário esclarece que não se pode falar em revogação parcial ou total destes e de outros textos legais, uma vez que não o fez o legislador de 2002 nas *Disposições Transitórias*. A Lei Complementar nº 95, de 26 de fevereiro de 1998, com as modificações introduzidas pela Lei Complementar nº 107/2001 que dispõe sobre a elaboração, a redação, a alteração e a consolidação das leis, impõe que toda cláusula de revogação mencione expressamente os dispositivos revogados. Como o legislador de 2002 não se referiu a revogação expressa da Lei nº 8.560/1992 nas *Disposições Transitórias* e considerando que não há incompatibilidade entre as regras do Código de 2002 e as disposições da referida lei, não há que afastar sua vigência. No procedimento de averiguação oficiosa de paternidade da Lei nº 8.560/1992, ocorrendo registro de nascimento apenas com a maternidade estabelecida, o Oficial do Cartório do Registro Civil indagará da mãe o nome e a qualificação do suposto pai da criança, o qual será convocado para se manifestar sobre a veraci-

---

19 Guilherme Calmon Nogueira da Gama, *A Nova Filiação: o Biodireito e as relações parentais.* Rio de Janeiro, Renovar, 2003, pp. 846-847.

dade da informação. Se confirmada a paternidade, esta será averbada, conforme o disposto no § 3º do art. 2º da Lei nº 8.560/1992. Merece, também, referência especial a Lei nº 11.804/2008 relativa aos alimentos do nascituro e de sua mãe, o que será desenvolvido no capítulo próprio.

Ressalta-se que, conforme já decidiu a 3ª Turma do STJ, o "procedimento de averiguação oficiosa de paternidade previsto na Lei nº 8.560/1992 não constitui condição para a propositura de ação judicial de investigação de paternidade por versar procedimento administrativo de jurisdição voluntária".[20] O *reconhecimento por escritura pública ou documento particular* (inciso II do art. 1.609) pode ser realizado pelo pai diretamente, ou por procurador investido de poderes especiais e expressos. A Lei facilita a concessão do *"status"* ao filho, sem a necessidade da efetivação de ato formal, ao autorizar o reconhecimento através de escrito particular a ser arquivado em Cartório. Este, no entanto, "deve conter os mesmos requisitos reclamados para a escritura pública, trazendo a qualificação do declarante, do filho, ou seja, é indispensável que seja possível aquilatar que se busca estabelecer a filiação. A perfilhação deve ser o objeto específico do escrito, a fim de se manter a segurança e estabilidade. Admiti-la de modo incidente ou acessório, como se dá com a escritura pública, é ensejar manobras".[21] Deve-se lembrar que o escrito particular já era admitido pelo art. 363 do Código Civil anterior como requisito para a ação de investigação de paternidade, para a qual não se exigia qualquer formalidade especial para sua validade como prova, dentre as demais.

O *reconhecimento por testamento* (inciso III do art. 1.609), "ainda que por incidentalmente manifestado", é ato personalíssimo e não comporta representação, devendo observar os respectivos requisitos da validade. Atente-se para a regra do art. 1.610, ao determinar que o reconhecimento não pode ser revogado, nem mesmo por outro testamento.

Cabe ao Juiz, em face da *declaração do pai em manifestação diretamente a ele dirigida* (inciso IV do art. 1.609), determinar a averbação da paternidade, desde que não haja oposição do filho se este for maior. O legislador admite a validade do reconhecimento "mesmo que não haja sido o objeto único e principal do ato que o contém". Assim, ao julgar ação de alimentos para um filho, diante da alegação de que não tem condições de contribuir com mais recursos em razão de existir outro filho, o reconhecimento da paternidade declarada perante o magistrado autoriza a extração de peças e expedição de ofício determinando o registro. O outro genitor não pode se opor ao reconhecimento assim manifestado. Mantém-se a regra do art. 3º da Lei nº 8.560/1992 ao vedar o reconhecimento do filho na ata do casamento.

Ao admitir o parágrafo único do art. 1.609 a possibilidade do reconhecimento do nascituro, há que distingui-lo do embrião que não é apto por si a desenvolver-se ou maturar-se até o nascimento.

---

20 STJ – 3ª Turma – REsp 1.376.753/SC – Rel. Min. Ricardo Villas Bôas Cueva – Julg. em 01.12.2016 – DJe 19.12.2016.
21 Marco Aurélio Sá Vianna, *Curso de Direito Civil: Direito de Família*, pp. 229-230.

Em outra obra, Caio Mário identifica o nascituro como um "ente que ainda não tem personalidade jurídica",[22] mas que existe em "estado potencial", ressalvado que seus direitos retrotraem à data da concepção. Completa o mesmo autor: "a lei admite uma 'potencialidade', como se, iniciando, embora, a personalidade a partir do nascimento, e assentando que os direitos do nascituro retrotraem à data da concepção, não seria ilógico afirmar que a personalidade se encontra em 'estado potencial', somente vindo a concretizar-se com o nascimento".[23]

Como visto acima, o art. 1.610 veda a revogação do reconhecimento inclusive quando feito em testamento. Cabe lembrar, inclusive, que o parágrafo único do art. 1.860 prevê a capacidade de testar do maior de 16 anos, como o fizera o Código de 1916 no art. 1.627. Tratando-se de ato personalíssimo, representa uma das hipóteses em que o relativamente capaz atua sem assistência.

Pontua Caio Mário, que "se a nulidade do testamento é por defeito formal, não pode produzir consequências jurídicas ligadas ao ato de última vontade. Se contém um reconhecimento, este, entretanto, é eficaz, aproveitando-se o ato naquela característica". (...) Adotando a forma pública e não vindo a prevalecer o testamento em razão de não ter sido atendido algum aspecto formal (ex. faltam testemunhas na forma da lei), considera o mesmo autor a validade deste reconhecimento "uma vez que a escritura pública, para valer como tal, não se sujeita às mesmas exigências formais necessárias à validade do testamento público".[24]

A indicação pela mãe exige as qualificações do suposto pai, na forma da Lei nº 8.560/1992. O Código de 2002 não se reporta, expressamente, à Lei nº 8.560/1992 quanto ao procedimento oficioso, bem como no que concerne à prerrogativa do *Parquet* para a ação investigatória. Eventual reforma deverá prever sua inclusão ou reportar-se à lei especial.

Tendo o Brasil assumido a "Doutrina Jurídica da Proteção Integral" no que tange à infância e juventude, a possibilidade de identificação dos pais reflete, sobretudo, uma relação de responsabilidade nas diversas fases peculiares de desenvolvimento.

Reconhecido o filho da relação extramatrimonial por uma das formas permitidas, far-se-á constar do "Registro de Nascimento", com a menção dos nomes paterno e materno, bem como os dos avós. Mas, com o fito de evitar situações vexatórias, estabelece a lei que nas certidões do Registro Civil não se mencione a circunstância de ter nascido dentro ou fora do casamento, salvo eventual determinação judicial. Coube à Lei nº 883/1949 a proibição de referência no Registro Público sobre a filiação ilegítima. A Constituição de 1988, finalmente, proibiu quaisquer designações discriminatórias.

O entendimento de que o reconhecimento do filho não teria validade se este já tivesse um pai no registro de nascimento, somente sendo lícito novo ato de

---

22 Caio Mário da Silva Pereira, *Direito Civil: alguns aspectos de sua evolução*, p. 17.
23 Caio Mário da Silva Pereira, *Direito Civil – Alguns aspectos da sua evolução*, p. 19.
24 Caio Mário da Silva Pereira, *Reconhecimento da Paternidade e seus Efeitos* (atualizado por Lucia Maria Teixeira Ferreira), Rio de Janeiro, Forense, 2006, p. 97.

perfilhação após a anulação do primeiro, por erro ou falsidade, foi superado pelo Supremo Tribunal Federal, que, no julgamento do RE 898.060/SC, em sede de repercussão geral, fixou a seguinte tese: "A paternidade socioafetiva, declarada ou não em registro público, não impede o reconhecimento do vínculo de filiação concomitante baseado na origem biológica, com os efeitos jurídicos próprios". Entenderam os Ministros, por maioria, que "A paternidade responsável, enunciada expressamente no art. 226, § 7°, da Constituição, na perspectiva da dignidade humana e da busca pela felicidade, impõe o acolhimento, no espectro legal, tanto dos vínculos de filiação construídos pela relação afetiva entre os envolvidos, quanto daqueles originados da ascendência biológica, sem que seja necessário decidir entre um ou outro vínculo quando o melhor interesse do descendente for o reconhecimento jurídico de ambos".[25]

411-C. Efeitos do reconhecimento

Em termos gerais, o reconhecimento produz boa sorte de efeitos, alguns de cunho patrimonial, outros de caráter pessoal. Não se admite qualquer restrição aos seus efeitos, ou modalidade acidental.

Genericamente, porém, pode-se afirmar que o ato de identificação da paternidade tem efeito retro-operante (*ex tunc*), vale dizer, gera suas consequências, não da data do ato, mas retroage até o dia do nascimento do filho, ou mesmo, de sua concepção, se isto condisser com seus interesses.[26]

A regra geral de retroação dos seus efeitos encontra, entretanto, um limite intransponível: o respeito às situações jurídicas definitivamente constituídas. Desta sorte, sempre que o efeito retro-operante do reconhecimento encontrar permeio, esta barreira não a poderá transpor, para alcançar os efeitos passados das situações de direito, salvo expressa decisão judicial transitada em julgado.

Na linha dos efeitos pessoais ou patrimoniais, ao filho nascido fora do casamento são atribuídos direitos, faculdades e deveres de ordem pessoal e patrimonial. Sujeita-se ao poder familiar dos genitores que o tiverem reconhecido. Mas não será admitido no lar do que o tiver reconhecido, sem a anuência do outro cônjuge (Código Civil, art. 1.611), o que atende à orientação do art. 165, I, do Estatuto da Criança e do Adolescente, ao exigir a concordância expressa do cônjuge ou companheiro nas hipóteses de colocação em Lar Substituto (Guarda, Tutela e Adoção), já que se pretende uma convivência familiar sem atritos.

A regra do art. 1.612, recepcionando o art. 360 do Código Civil de 1916, determina que "o filho reconhecido, enquanto menor, ficará sob a guarda do genitor que o reconheceu, e, se ambos o reconheceram e não houver acordo, sob a de quem melhor atender aos interesses do menor". Mais uma vez, o legislador de 2002 abre

---

25 STF – Pleno – RE 898.060/SC – Rel. Min. Luiz Fux – Julg. em 21.09.2016.
26 Caio Mário da Silva Pereira, *Efeitos do Reconhecimento de Paternidade Ilegítima*, n° 31; Planiol, Ripert *et* Boulanger, *Traité Élémentaire*, v. I, n° 1.436.

espaço para aplicação do princípio do "melhor interesse da criança" (art. 3º do Dec. nº 99.710/1990).

Em decorrência do ato de perfilhação, o filho passa a usar o nome paterno. Verificando o reconhecimento e comprovada a impossibilidade de o filho prover a própria subsistência, impõe-se aos pais o dever de alimentar (*vide* nº 427, *infra*).

Estabelece, outrossim, o art. 1.613 que são ineficazes a condição e/ou o termo aposto ao ato de reconhecimento do filho. O ato do reconhecimento há de ser puro e simples e não compadece com a temporariedade. Tratando-se de escritura pública, esta pressupõe a capacidade civil do outorgante ou a assistência pelos pais ou tutor.

O art. 1.614 envolve duas normas distintas.

A primeira impõe a obrigatoriedade do expresso consentimento do filho se o reconhecimento se der após a sua maioridade, o que já era também previsto no art. 362 do Código Civil de 1916. Debate-se na Doutrina se a ausência do consentimento acarreta a inexistência ou nulidade do reconhecimento. Caio Mário sempre considerou que a anuência é complementar ao ato e indispensável o seu consentimento. Recente orientação do Superior Tribunal de Justiça tem considerado a sua nulidade. Samir José Caetano Martins, reportando-se a inúmeros autores nacionais, considera que o consentimento do filho maior constitui condição de validade do reconhecimento, pelo que sua falta conduz à nulidade. Indica sucessivos arestos da lavra do Ministro Eduardo Ribeiro.[27]

Com exceção do reconhecimento por testamento, aplica-se, nesta hipótese, qualquer das formas indicadas no art. 1.609, ou seja, comparecerá o filho maior ao ato de reconhecimento no registro de nascimento, na escritura pública concordará expressamente, ou manifestar-se-á sobre o reconhecimento em escrito particular e deverá concordar com a afirmação, mesmo feita perante a autoridade judicial, podendo o consentimento ser expresso em ato contínuo.

A 3ª Turma do STJ, com base no disposto do art. 1.614, já entendeu que não se pode reconhecer a existência de maternidade socioafetiva post mortem sem o consentimento do filho maior, de modo que, uma vez estando o filho falecido, devem ser respeitadas a sua memória e imagem póstumas, preservando sua história, não podendo haver a alteração do registro civil.[28]

A segunda norma refere-se ao direito do filho de "impugnar o reconhecimento nos quatro anos que se seguirem à maioridade, ou à emancipação". Trata-se de uma "ação de impugnação do reconhecimento" que poderá fundar-se na falta de sinceridade do declarante, ou que emana de quem não é o verdadeiro pai, ou ainda na atribuição de falsa filiação do perfilhado; e nesta ação é admissível todo gênero de provas.[29]

---

27 Samir José Caetano Martins, "A recusa do filho natural ao reconhecimento voluntário de paternidade", *in Revista do Ministério Público do Estado do Rio de Janeiro*, nº 16, julho/dezembro de 2002, p. 169.
28 STJ – 3ª Turma – REsp 1.688.470/RJ – Rel. Min. Nancy Andrighi – Julg. em 10.04.2018 – *DJe* 13.04.2018.
29 Planiol, Ripert *et* Boulanger, nº 1.461.

A impugnação não precisa ser fundamentada na ausência de vínculo biológico. Consiste em simples direito do filho reconhecido de repudiar o reconhecimento, por rejeitar a paternidade reconhecida. Nada impede que a impugnação ou consentimento seja concomitante ao ato do reconhecimento. Sendo o filho menor de idade, é de boa cautela a anuência materna.[30]

Diferenciando o direito de rejeição e o de impugnação, Milton Paulo de Carvalho Brito explica: "no primeiro caso de impugnação pura e simples aplica-se o prazo decadencial de 04 anos. No segundo, sendo imprescritível a ação de investigação de paternidade, autoriza-se a impugnação da paternidade, anteriormente estabelecida pelo reconhecimento, a qualquer tempo". O mesmo autor se reporta ao Projeto de Lei nº 276/2007, ao prever a alteração do art. 1.614 do Código Civil acabando com o prazo de 04 anos para a impugnação do reconhecimento, de modo que poderá ser feito a qualquer tempo.[31] Faz alusão, ainda, ao arresto da 2ª Seção do STJ, tendo como Relator o Ministro Ari Pargendler, ao afirmar a inaplicabilidade do prazo prescricional do art. 178, § 9º, VI, e do art. 362 do Código Civil então vigente. Validade da ação proposta por quem, legitimado pelo casamento daqueles que, no registro de nascimento aparecem como seus genitores, quer a declaração de que o pai é outrem.[32]

Merece referência especial a Decisão da 3ª Turma do STJ, tendo como Relatora a Ministra Nancy Andrighi, ao julgar situação que envolve o reconhecimento voluntário da paternidade de uma criança em relação à qual afirma o postulante ter conhecimento de não haver vínculo biológico. A matéria consiste em definir se ao pai registral assiste o direito subjetivo de propor, posteriormente, ação de anulação de registro de nascimento levado a efeito sob alegada pressão psicológica e coação irresistível imposta pela mãe da criança. Entendeu a ilustre Relatora que o julgador deve ter em mente a salvaguarda dos interesses dos pequenos, porque a ambivalência presente nas recusas de paternidade é particularmente mutilante para a identidade das crianças, o que lhe impõe substancial desvelo no exame das peculiaridades de cada processo, no sentido de tornar, o quanto for possível, perenes os vínculos e alicerces na vida em desenvolvimento. Afinal, por meio de uma gota de sangue, não se pode destruir vínculo de filiação simplesmente dizendo a uma criança que ela não é mais nada para aquele que, um dia, declarou, perante a sociedade, em ato solene e de reconhecimento público, ser seu pai. Assim, sob a ótica indeclinável de proteção à criança, para haver efetiva possibilidade de anulação do registro de nascimento do menor, é necessária prova robusta no sentido de que o relutante pai foi de fato induzido a erro, ou ainda, que tenha sido coagido a tanto, como pretende a todo custo

---

30 Milton Paulo de Carvalho Filho, *Código Civil Comentado: Doutrina e Jurisprudência* (coord.: Ministro Cezar Peluzo), São Paulo, Manole, 2008, p. 1.706.
31 Milton Paulo de Carvalho Filho, ob cit., p. 1.707.
32 STJ – REsp. nº 237.553/RO – Julg. em 05.04.2004 *apud* Milton Paulo de Carvalho Filho, ob. cit., p. 1.708.

fazer crer o recorrido. Não há como desfazer um ato levado a efeito com perfeita demonstração da vontade, como ocorreu na hipótese dos autos.[33]

No mesmo sentido, no julgamento do REsp. 1.244.957/SC, a 3ª Turma do STJ avaliou que, mesmo na ausência de ascendência genética, o registro realizado de forma consciente e espontânea, consolida a filiação socioafetiva, que deve ter reconhecimento e amparo jurídico. A Relatora Ministra Nancy Andrighi destaca, ainda, que "em processos que lidam com o direito de filiação, as diretrizes determinantes da validade de uma declaração de reconhecimento de paternidade devem ser fixadas com extremo zelo e cuidado, para que não haja possibilidade de uma criança ser prejudicada por um capricho de pessoa adulta que, conscientemente, reconhece paternidade da qual duvidava, e que posteriormente se rebela contra a declaração autoproduzida, colocando a menor em limbo jurídico e psicológico".[34]

Mais recentemente, no entanto, a 3ª Turma do STJ, no julgamento do REsp 1.330.404-RS,[35] entendeu que, embora a simples ausência de convergência entre a paternidade declarada no assento de nascimento e a paternidade biológica, por si só, não autorize a invalidação do registro, caso o declarante demonstre ter incorrido, seriamente, em vício de consentimento, essa presunção poderá vir a ser ilidida por ele. Neste sentido, foi autorizada a desconstituição do registro, considerando que "as manifestações de afeto e carinho por parte de pessoa próxima à criança somente terão o condão de convolarem-se numa relação de filiação se, além da caracterização do estado de posse de filho, houver, por parte do indivíduo que despende o afeto, a clara e inequívoca intenção de ser concebido juridicamente como pai ou mãe da criança". No caso, o pai registral havia sido induzido a erro no momento do registro e, ao saber que não era o pai biológico da criança, por meio de exame de DNA, não mais teve qualquer contato com a criança.

Estas decisões do STJ demonstram as dicotomias que envolvem o reconhecimento voluntário da paternidade, as facilidades que as técnicas de identificação biológica, a imprescritibilidade da ação de filiação e o efetivo compromisso daquele que assume a condição de pai na vida do filho.

A valorização da convivência familiar e das relações de afetividade, que servem de base para o convívio entre seus membros, e a ênfase dada pela Constituição Federal à "paternidade responsável" e à equiparação e não discriminação de filhos já apontam na Doutrina e na Jurisprudência a prevalência destes elementos como indicadores de uma preferência para o reconhecimento da efetiva paternidade. Destaca-se, também, neste sentido, a decisão da 3ª Turma do STJ, tendo como Relatora a Ministra Nancy Andrighi, que negou provimento ao pedido feito por irmão, visando alterar o registro de nascimento de sua irmã, com mais de 60 anos de idade, para dele

---

33 STJ – 3ª Turma – REsp. nº 932.692-DF – Rel.ª Min.ª Nancy Andrighi – Julg. em 09.12.2008.
34 STJ – 3ª Turma – REsp. nº 1.244.957/SC – Rel. Min. Nancy Andrighi – Julg. em 07.08.2012 – *DJe* 27.09.2012.
35 STJ – 3ª Turma – REsp nº 1.330.404/RS – Rel. Min. Marco Aurélio Bellizze – Julg. em 05.02.2015 – *DJe* 19.02.2015.

excluir o pai comum. A ação foi ajuizada sob o argumento de que a irmã não era filha biológica – fato confirmado por exame de DNA – e que a inverídica afirmação feita pelo pai do autor, quando do registro, decorreu de pressões familiares à época em que mantinha relacionamento com a mãe da idosa. Entendeu a Ilustre Relatora que "embora não se discuta a ausência de vínculo biológico, a posse do estado de filha ocorreu, mesmo que por lapso temporal restrito, tanto assim que ensejou o registro da recorrida, (...) como se sua filha fosse. Mesmo na ausência de ascendência genética, este fato – registro da recorrida como filha –, realizado de forma consciente, consolidou a filiação socioafetiva, relação de fato que deve ser reconhecida e amparada juridicamente. Isso porque a parentalidade que nasce de uma decisão espontânea deve ter guarida no Direito de Família". Acrescentou, ainda, que "o exercício de direito potestativo daquele que estabelece uma filiação socioafetiva, pela sua própria natureza, não pode ser questionado por seu filho biológico, mesmo na hipótese de indevida declaração no assento de nascimento da recorrida".[36]

Caio Mário identifica em outra obra os atributos do reconhecimento: "irrevogabilidade, anulabilidade, validade *erga omnes*, indivisibilidade, incondicionabilidade, retroatividade".[37]

Irrevogável ou *irretratável* significa que, uma vez pronunciada a declaração volitiva da filiação, o pai não poderá revogá-la. Tratando-se de reconhecimento por procuração, esta apenas habilita o mandatário para efetuá-lo. Cessado o mandato por morte ou por revogação pura e simples, ou renúncia pelo mandatário, o instrumento não tem força perfilhante, valendo, no entanto, como escrito para instruir a ação investigatória. Distinga-se a revogação da anulação que pode ser promovida pelo testador ou seus herdeiros, sob fundamento de qualquer dos defeitos que inquinam os atos jurídicos em geral. Daí dizer-se, precedentemente, que, sem embargo de sua irrevogabilidade, é lícito atacar a sua validade como sua veracidade. Qualquer dessas hipóteses depende de pronunciamento judicial.

Cabe lembrar, inclusive, que o Código Penal, com a redação dada pela Lei nº 6.898/1981, introduziu no art. 242 crime próprio envolvendo o falso reconhecimento: "Dar parto alheio como próprio; registrar como seu filho de outrem; ocultar recém-nascido ou substituí-lo, suprimindo ou alterando direito inerente ao estado civil". Os sujeitos ativos podem ser o homem ou a mulher que pratica uma das condutas, ou seja, registro, ocultação ou substituição do recém-nascido.[38]

Ressalta-se que a 4ª Turma do STJ já se manifestou no sentido de que o reconhecimento espontâneo de paternidade, ainda que feito por piedade, é irrevogável, mesmo que haja eventual arrependimento posterior, nos casos em que houver vínculo socioafetivo entre o pai de registro e o filho registrado.[39]

---

36 STJ – 3ª Turma – REsp 1.259.460 / SP – Rel. Min. Nancy Andrighi – Julg. em 19.06.2012 – *DJe* 29.06.2012.
37 Caio Mário da Silva Pereira, *Reconhecimento de paternidade e seus efeitos,* atualizado por Lucia Maria Teixeira Ferreira, Rio de Janeiro, Forense, 2006, pp. 97-111.
38 Julio Fabbrini Mirabete, *Código Penal Interpretado*, São Paulo, Atlas, 1999, p. 1.404.
39 STJ – 4ª Turma – REsp 1.333.360/SP – Rel. Min. Luis Felipe Salomão – Julg. em 18.10.2016 – *DJe* 07.12.2016.

O mesmo tribunal já afastou também a validade de acordo extrajudicial, posteriormente homologado em juízo, por meio do qual as partes transacionaram sobre a retificação do registro civil de um menor, a fim de que fosse substituído o nome do pai registral pelo pai biológico em seu registro de nascimento. Considerou-se que "É inadmissível a homologação de acordo extrajudicial de retificação de registro civil em juízo, ainda que fundada no princípio da instrumentalidade das formas, devendo ser respeitados os requisitos e o procedimento legalmente instituídos para essa finalidade, que compreendem, dentre outros, a investigação acerca de erro ou falsidade do registro anterior, a concreta participação do Ministério Público, a realização de prova pericial consistente em exame de DNA em juízo e sob o crivo do mais amplo contraditório e a realização de estudos psicossociais que efetivamente apurem a existência de vínculos socioafetivos com o pai registral e com a sua família extensa".[40]

Diante das mudanças trazidas pela Carta de 1988, merece atenção o atributo da *renunciabilidade* reconhecido no art. 1.614, condicionado ao prazo de 4 anos que se seguirem à maioridade do filho. No que concerne à sua "validade *erga omnes*", trata-se de característica presente em qualquer tipo de reconhecimento: voluntário ou por sentença nas ações de investigação. Constando do Registro do Nascimento, vale em relação aos interessados diretos (pai e mãe) como a todas as pessoas, inclusive aos parentes. Mesmo sendo ato de cunho privado, constituído no assento do nascimento, ou ali averbado, passa a participar do conteúdo público do registro.[41]

Caio Mário pondera que, diante da efetiva valorização da convivência familiar, das relações de afetividade que servem de base para o convívio entre os seus membros e da ênfase dada pela Constituição Federal à "paternidade responsável" e à equiparação e não discriminação de filhos, já se aponta na Doutrina e na Jurisprudência a prevalência destes elementos indicadores de uma preferência para o reconhecimento da paternidade socioafetiva. Estes novos valores têm grande repercussão na reformulação e interpretação do atributo da renunciabilidade. Neste sentido, pode-se vislumbrar que a lógica formal do nosso direito, que era mais rigorosa que a do sistema francês, passou a se aproximar deste. Para o direito francês, a filiação é mais um ato da vontade do que uma relação biológica. Por isso mesmo considera o reconhecimento "ato unilateral", sem mesmo apurar-se o requisito da capacidade. A este extremo chega a jurisprudência francesa, admitindo a validade do reconhecimento feito por um menor sem a assistência paterna, ou por um alienado mental em lúcido intervalo. Chega mesmo a validar uma perfilhação, ainda demonstrando-se que no momento da concepção o pai seria menor impúbere.[42]

Na doutrina pátria, João Batista Villela afirma que o registro, em sede de filiação, não exprime, no Direito brasileiro, um arco de ocorrências biológicas. De acordo com o civilista, o registro "exprime, antes e sempre, um acontecimento jurídico. A

---

40 STJ – 3ª Turma – REsp 1.698.717/MS – Rel. Min. Nancy Andrighi – Julg. em 05.06.2018 – *DJe* 07.06.2018.
41 Caio Mário da Silva Pereira, ob. cit., p. 70.
42 Caio Mário da Silva Pereira, atualizado por Lucia Maria Teixeira Ferreira, ob. cit., p. 106.

qualificação da paternidade ou a omissão dela dependerá, de um modo ou de outro, de um fato do direito: estar ou não casada a mãe, sentença que estabeleça ou desconstitua a paternidade, reconhecimento voluntário etc. Ao registro não interessa a história natural das pessoas, senão apenas sua história jurídica. Mesmo que a história jurídica tenha sido condicionada pela história natural, o que revela o registro é aquela e não esta. Assim, quando, em mais um exemplo, o estabelecimento de uma paternidade tenha resultado da prova de derivação biológica pelo DNA, o que o oficial do registro leva aos seus livros não é o laudo pericial do geneticista, senão a sentença do juiz. E se, ao contrário, a sentença do juiz estiver manifestamente contrária à prova genética dos autos, ainda assim é a ela e não ao laudo que o oficial deve obediência.[43]

Esclarece, ainda, Samir José Caetano Martins: "cabe avaliar, na apreciação do caso concreto, numa ação de impugnação de paternidade se o reconhecimento foi tardio e, principalmente, se foi precedido ou acompanhado da efetiva assistência material e vinculação socioafetiva. Em estando ausentes esses elementos e sendo tardia a perfilhação, será legítima a impugnação independente da análise do vínculo biológico, compatibilizando-se assim o artigo 362 do Código Civil com a disciplina das relações familiares fundada pela Constituição de 1988".[44] Trata-se de uma nova orientação doutrinária, que mitiga o atributo da renunciabilidade para compatibilizá-lo com os novos paradigmas do direito de família.[45]

A *indivisibilidade* significa que não é possível fracionar-se para abranger o reconhecido como filho, senão como declaração global. Não se admite efeitos parciais ou limitados no reconhecimento da filiação, bem como não se admitirá *pro tempore*.

A *incondicionabilidade* significa que o ato do reconhecimento não comporta a oposição de uma *conditio* de qualquer espécie, resolutiva ou suspensiva. A retroatividade do reconhecimento reflete a possibilidade de efeito retro-operante do reconhecimento à data do nascimento, ou até à sua concepção. Decorre daí a natureza declaratória da sentença que reconhece ou afasta a paternidade.

Merecem referência especial as regras do arts. 1.799 e 1.800 do Código de 2002. O primeiro admite o direito à sucessão testamentária "dos filhos ainda não concebidos de pessoa indicada pelo testador desde que vivas estas ao abrir-se a sucessão". O art. 1.800 determina a nomeação pelo juiz de um curador dos bens a eles destinados. No entanto, o § 4º do mesmo artigo limitou no tempo a possibilidade de reserva de bens ao indicar que "salvo disposição em contrário do testador, os referidos bens caberão aos herdeiros legítimos, se, decorridos dois anos, após a abertura da sucessão, não for concebido o herdeiro esperado".

No que concerne à *maternidade*, deve-se ter presente a possibilidade de outras pessoas, além da mãe, poderem declarar o nascimento no registro civil. Determina o art. 52 da Lei nº 6.015/1973, com as alterações promovidas pela Lei nº 13.112, de

---

43 João Batista Villela, "O modelo constitucional da filiação: verdade e superstições", *in Revista brasileira de Direito de Família*, nº 2, Porto Alegre: IBDFAM/Síntese, 1999, p. 140.
44 Samir José Caetano Martins, ob. cit., pp. 172-173.
45 Caio Mário da Silva Pereira, atualizado por Lucia Maria Teixeira Ferreira, ob. cit., pp. 108-109.

30 de março de 2015, como obrigados a fazer declaração de nascimento: "1º) o pai ou a mãe, isoladamente ou em conjunto, observado o disposto no § 2º do art. 54; 2º) no caso de falta ou de impedimento de um dos indicados no item 1º, outro indicado, que terá o prazo para declaração prorrogado por 45 (quarenta e cinco) dias; 3º) no impedimento de ambos, o parente mais próximo, sendo maior achando-se presente; 4º) em falta ou impedimento do parente referido no número anterior os administradores de hospitais ou os médicos e parteiras, que tiverem assistido o parto; 5º) pessoa idônea da casa em que ocorrer, sendo fora da residência da mãe; 6º) finalmente, as pessoas encarregadas da guarda do menor". A referida lei buscou viabilizar que a mulher, em igualdade de condições, pudesse proceder ao registro de nascimento do filho. Este é o motivo principal que levou o legislador de 2002, no art. 1.608, recepcionando a regra do art. 356 do Código Civil de 1916, a autorizar a mãe a contestar a maternidade provando a falsidade do termo ou as declarações nele contidas.

O reconhecimento dos filhos nascidos fora do casamento por iniciativa materna também pode ser feito pelos diversos meios indicados no art. 1.609 do Código Civil. Tratando-se de "manifestação direta e expressa perante um juiz, ainda que o reconhecimento não haja sido o objeto único e principal do ato que o contém", independe do consentimento do genitor. Nesta hipótese, reduzida a termo a declaração, deverá o Juiz encaminhar ao Registro Civil para compor o documento de identificação do filho. Reconhecido o filho, não poderá a mãe (ou o pai) revogar o perfilhamento feito por qualquer dos meios indicados no art. 1.609.

Diante das novas técnicas de reprodução assistida, deverá merecer do intérprete, auxiliado pelas ciências biológicas, a identificação jurídica do "embrião", o que permitirá o melhor entendimento dos dois comandos legais. Tais estudos poderão autorizar, inclusive, um possível reconhecimento de "prole eventual" e consequentes direitos sucessórios, por determinação testamentária.

A *validade* "erga omnes" mereceu destaque do autor, na obra atualizada por Lucia Maria Teixeira Ferreira, ao referir-se à oponibilidade do reconhecimento espontâneo. Como ato de cunho privado, deveria ele prevalecer tão somente entre as partes. Uma vez, porém, constituído no assento de nascimento, ou ali averbado, passa a participar do conteúdo público do registro. E como ninguém pode ter um *status* de filho com caráter meramente relativo, o reconhecimento voluntário, uma vez conste do Registro de Nascimento, é oponível *erga omnes*, isto é, vale tanto em relação aos interessados diretos (pai e filho), como a todas as pessoas, inclusive aos parentes. Neste sentido, é que se lhe atribuem efeitos absolutos.[46] No Direito alemão, esta oponibilidade a terceiros, que era atributo do reconhecimento judicial, foi estendida ao voluntário, por força da Lei de 01.07.1970.[47]

---

46 Carbonnier *apud* Caio Mário da Silva Pereira, atualizado por Lucia Maria Teixeira Ferreira, ob. cit., p.109.
47 Cf. Michel Pedamon, "La loi allemande du 19 août 1969", *in* Revue Internationale de Droit Comparé, 1970, p. 313; Walther J. Habscheid, *La Filiation Illégitime en Droit Comparé Français et Allemand,* p. 51.

No entanto, aqui se deve atentar para uma questão importante. Embora debatido pela Doutrina, mesmo antes do Código Civil de 2002, *o direito à origem genética* teve sua efetiva apreciação pelo Superior Tribunal de Justiça em 2007, quando a Ministra Nancy Andrighi reconheceu que, tendo a investigante sido acolhida em lar "adotivo" e usufruído de uma relação socioafetiva, nada lhe retirava o direito, em havendo sua insurgência ao tomar conhecimento de sua real história, de ter acesso à sua verdade biológica que lhe foi usurpada, desde o nascimento até a idade madura. Presente o dissenso, portanto, prevalece o direito ao reconhecimento do vínculo biológico.[48]

Ao consagrar o princípio da dignidade da pessoa humana como um dos fundamentos do Estado democrático de Direito, a Constituição Federal, dentre os direitos fundamentais, incluiu o direito à identidade genética como cláusula geral de tutela de todas as manifestações essenciais da personalidade humana.

Recentemente, a Lei nº 8.069/1990, com a nova redação introduzida pela Lei nº 12.010/2010, incluiu o art. 48 do ECA, em que ficou autorizado ao filho adotivo buscar a sua origem: "o adotado tem direito de conhecer sua origem biológica, bem como de obter acesso irrestrito ao processo no qual a medida foi aplicada e seus eventuais incidentes, após completar 18 (dezoito) anos". O parágrafo único do mesmo artigo 48 do ECA permitiu o acesso ao processo ao adotado menor de 18 (dezoito) anos, a seu pedido, assegurada orientação e assistência jurídica e psicológica.

Embora o legislador estatutário tenha determinado expressamente o rompimento com a família biológica no art. 41 do ECA, com exceções expressas na lei, a nova redação do art. 48 do ECA, em consonância com o princípio da dignidade da pessoa humana e em benefício da proteção à sua integridade psíquica, autorizou ao adotado conhecer a identidade dos seus genitores. A intervenção da equipe interprofissional no processo para assessorar a Justiça da Infância e da Juventude permite aos interessados identificar os reais interesses nessa investigação.

Neste contexto, destaca-se a decisão da Terceira Turma do STJ, publicada em 15.10.2013, tendo como Relatora a Ministra Nancy Andrighi (Resp nº 1.401.719/MG) ao reconhecer que a existência de vínculo socioafetivo com pai registral não pode impedir o reconhecimento da paternidade biológica, com suas consequências de cunho patrimonial. A filha, registrada no nome do marido da mãe, buscou o reconhecimento da paternidade biológica, a alteração de seu nome e sua inclusão, como herdeira universal, no inventário do pai biológico. O colegiado, de forma unânime, seguiu o entendimento da relatora do caso, para quem o reconhecimento do estado de filiação constitui direito personalíssimo, indisponível e imprescritível, que pode ser exercitado, portanto, sem nenhuma restrição, contra os pais ou seus herdeiros. "Se é o próprio filho quem busca o reconhecimento do vínculo biológico com outrem, porque durante toda a sua vida foi induzido a acreditar em uma verdade que lhe foi imposta por aqueles que o registraram, não é razoável que se lhe imponha a

---

48 STJ – 3ª Turma – REsp nº 833712 (2006/0070609-4) – Rel. Min. Nancy Andrighi, por unanimidade, conheceu do recurso especial e deu-lhe provimento. Julg. em 17.05.2007. Publ.: 04.06.2007.

prevalência da paternidade socioafetiva, a fim de impedir sua pretensão", assinalou a Ilustre Ministra. Embora a família do pai biológico tenha sustentado a prevalência do vínculo socioafetivo em relação ao biológico, para declaração da paternidade com todas as suas consequências registrais e patrimoniais, em seu voto, com a Ministra Andrighi destacou que a prevalência da paternidade/maternidade socioafetiva frente à biológica tem como principal fundamento o interesse do próprio menor, ou seja, visa garantir direitos aos filhos face às pretensões negatórias de paternidade.[49]

Conclui-se, portanto, que os interesses patrimoniais prevaleceram, neste caso, em nome do melhor interesse da filha, sobrepondo-se à paternidade socioafetiva. Cabe, contudo, indagar se a desconstituição da paternidade registral e a simultânea investigação da paternidade biológica do ascendente genético falecido visando, especialmente, os efeitos sucessórios não estariam violando, expressamente, o parágrafo único do art. 1.609 do CC que admite a investigação *post-mortem* se o investigante deixar descendentes, o que é também previsto no parágrafo único do art. 26 do ECA. Na hipótese, é flagrante que o único intuito da investigante foi disputar a herança do pai biológico.

No mesmo sentido, a 4ª Turma do STJ, no REsp nº 1.167.993/RS, de relatoria do Ministro Luís Felipe Salomão, decidiu que a filha adotada à brasileira poderia pleitear o reconhecimento da paternidade biológica, ressaltando que "a paternidade biológica gera, necessariamente, uma responsabilidade não evanescente e que não se desfaz com a prática ilícita da chamada 'adoção à brasileira', independentemente da nobreza dos desígnios que a motivaram. E, do mesmo modo, a filiação socioafetiva desenvolvida com os pais registrais não afasta os direitos da filha resultantes da filiação biológica, não podendo, no caso, haver equiparação entre a adoção regular e a chamada "adoção à brasileira".[50]

412. Investigação de paternidade e maternidade

412-A. Aspectos históricos

A condição dos filhos "naturais" amenizou-se na sociedade romana. A princípio totalmente estranhos, e mais tarde pertencentes à família materna, foram admitidos a suceder ao pai pelas Constituições de Valentiniano e Graciano. E, afinal, a *Novela* 89, Capítulo XII (*De Successione Omnium Naturalium Filiorum*), concedeu-lhe direito, limitado, embora, à sucessão legítima e testamentária do pai.

Esta era a situação do direito leigo, já dentro da era cristã. Mas o fortalecimento da Igreja importou tratamento mais rigoroso. O Papa Leão III restringiu os direitos que lhes concedera a codificação justinianeia, a pretexto de combater o concubinato.

---

49 STJ – 3ª Turma – REsp nº 1.401.719/MG – Rel. Min. Nancy Andrighi – Julg. em 08.10.2013 – *DJe:* 15.10.2013.
50 STJ – 4ª Turma – REsp nº 1.167.993/RS – Rel. Min. Luís Felipe Salomão – Julg. em 18.12.2012 – *DJe:* 15.03.2013.

Com o tempo, entretanto, a Jurisprudência logrou contornar a severidade das *Decretais*, no anseio de assegurar alimentos ao filho "natural".[51] A tendência liberal mais e mais se afirma. E já antes da Idade Moderna do Direito, ou seja, por volta do século XVII, os juristas vieram a admitir, embora com efeitos limitados à prestação de alimentos, a prova da paternidade ilegítima por todos os meios, inclusive pelo juramento da mãe, sob dupla exigência de que o prestasse durante a gravidez, e de ser virgem até então. O princípio assim se enunciava, como um aforismo: *Creditur virgini dicenti se ab aliquo cognitam et ex eo praegnantem esse.*

No Direito francês antigo, a investigação de paternidade era livre.[52]

Não obstante o disposto no art. 227, § 6°, da Constituição de 1988, o autor manteve as designações tradicionais, na parte histórica desta exposição.

Os abusos, contudo, geraram a reação contrária. E o Direito Moderno anunciou maus presságios para os filhos "bastardos". Expressão desta tendência assinala-se na Revolução Francesa, que, pela Lei de 12 Brumário, Ano II (2 de novembro de 1793), proíbe a perquirição da paternidade.

Durante a discussão do Código Civil no *Conseil d'État*, Napoleão Bonaparte teria comentado que a sorte dos bastardos não interessa ao Estado (*"L'État n'a aucun intérêt à ce que la filiation des enfants naturels soit constatée"*, teria dito o Primeiro Cônsul). E, com efeito, o art. 340 do Código Napoleão proibiu a investigação de paternidade, salvo em caso de rapto. O Direito francês, não obstante as críticas, os efeitos negativos nos costumes e o crescimento do número de filhos naturais, por mais de um século conservou este preceito, que somente veio a ser alterado pela Lei de 16 de novembro de 1912.[53]

Em nosso Direito anterior a 1916, a investigação de paternidade não era expressamente proibida. Mas, quando a Lei n° 463/1947 estabeleceu que a paternidade natural somente se provaria por escritura pública ou testamento, interpretou-a Teixeira de Freitas no sentido de que estavam afastadas as provas judiciais, no que lhe dava apoio Clóvis Beviláqua.[54]

Lafayette admitia a investigação de paternidade, até para os "espúrios", restritos, porém, os seus efeitos ao pedido de alimentos.[55] O "Esboço de Teixeira de Freitas", no art. 1.594, não consagrava a limitação dos efeitos do reconhecimento compulsório à prestação de alimentos.

Ao redigir o seu Projeto, Beviláqua franqueou a investigação de paternidade (art. 427), suscitando cerrada controvérsia e provocando manifestações reacionárias dentro e fora do Congresso. À frente dos adversários, destacava-se o Conselheiro Andrade Figueira, em nome das tradições e em defesa da família, como do sistema

---

51 Mori, *L'Azioni di Paternità Naturale*, pp. 07 e segs.
52 Planiol, Ripert *et* Boulanger, n° 1.495.
53 René Savatier, *La Recherche de la Paternité*, n° 2, p. 4; Planiol, Ripert *et* Boulanger, n° 1.497.
54 Clóvis Beviláqua, *Direito de Família*, § 70.
55 Lafayette, *Direitos de Família*, § 126.

legal vigente no Império.[56] Contrária, igualmente, foi a Congregação da Faculdade de Direito do Rio de Janeiro.

Não obstante as oposições, vingou a tendência liberal, ficando assentada no art. 363 do Código de 1916 a franquia para que o filho simplesmente "natural" (havido *ex soluto et soluta*) propusesse ação de investigação de paternidade, fundada em qualquer destes fatos: a) concubinato da mãe com o pretenso pai, em coincidência com a concepção do filho; b) coincidência da concepção com o rapto da mãe pelo suposto pai, ou suas relações sexuais com ele; c) existência de escrito do pretendido pai, reconhecendo expressamente a paternidade.

No que concerne aos filhos "adulterinos" e "incestuosos", tal qual se dava com o reconhecimento voluntário (*vide* n° 411, *supra*), como filhos "espúrios", não podiam investigar a paternidade no regime do Código de 1916, uma vez que o art. 363 estabelecia como pressuposto da ação a circunstância de não incidir o investigante nos impedimentos matrimoniais do art. 183, I a VI.

A legislação subsequente (a mesma examinada a propósito do reconhecimento espontâneo dos filhos adulterinos), que alterou parcialmente o sistema, franqueou a ação investigatória aos "adulterinos", mantendo a proibição relativamente aos incestuosos.

De acordo com o Decreto-Lei n° 4.737, de 24 de setembro de 1942, admitiu-se que o filho "adulterino" pudesse intentar ação de pesquisa parental, após o Desquite. Na sua interpretação, Caio Mário argumentara que, além do Desquite, a sociedade conjugal também se dissolve pela morte de um dos cônjuges ou pela sentença anulatória. Indicava a necessidade de imprimir hermenêutica ampliativa ao diploma, para considerar meramente exemplificativa a alusão ao desquite, e abranger também os outros casos.[57]

Esse entendimento pioneiro do autor mereceu generalizada acolhida, que acabou por firmar-se como Jurisprudência do Supremo Tribunal Federal. Mais tarde, o legislador assim mesmo dispôs, no art. 1° da Lei n° 883, de 21 de outubro de 1949, ao enunciar a regra permissiva: dissolvida a sociedade conjugal, será permitido a qualquer dos cônjuges o reconhecimento do filho havido fora do matrimônio, e, ao filho, a ação para que se declarasse a filiação.

Foi, assim, concedida ação de investigação de paternidade ao filho "adulterino", uma vez dissolvida a sociedade conjugal (pelo desquite, pela anulação do casamento, pela morte de qualquer dos cônjuges).

Não mais se questiona a *imprescritibilidade* da ação investigatória. Como ação de estado que é, Caio Mário foi precursor desta tese ao afirmar que "a todo tempo o filho, qualquer filho, tem o direito de vindicar *in iudicio* o *status* que lhe compete Vale dizer: em nenhum caso é lícito recusar ao filho a proclamação judicial do seu *status*; os seus efeitos patrimoniais, todavia, prescrevem. A Súmula n°149 do STF

---

56 Trabalhos da Comissão Especial, que discutiu o Projeto de Código Civil, v. V, p. 199.
57 Caio Mário da Silva Pereira, *Efeitos do Reconhecimento de Paternidade Ilegítima*, n° 20.

esclareceu definitivamente o assunto ao declarar que "é imprescritível a ação de investigação de paternidade, mas não o é a de petição de herança". Igual distinção poderá fazer-se quanto à transação: descabe esta no que diz respeito ao estado de filho, porém nada impede se realize em relação aos efeitos patrimoniais, notadamente o direito à herança.[58] A imprescritibilidade da ação investigatória foi consagrada no art. 27 do Estatuto da Criança e do Adolescente (Lei n° 8.069/1990) ao reconhecer que "o estado de filiação é direito personalíssimo, indisponível e imprescritível". Inicialmente adotada apenas para aqueles que não tinham registro paterno, tem sido amparada pelo Superior Tribunal de Justiça quando a investigação implica no cancelamento do registro anterior. Concluiu a 4ª Turma que "não extingue o direito do filho investigar a paternidade e pleitear a alteração do registro, mesmo quando vencido integralmente, depois da maioridade, o prazo de 4 anos. Precedentes da Segunda Seção".[59]

O STJ tem amparado a tese da imprescritibilidade quando a ação investigatória implica em um cancelamento de registro ou anulação do registro civil do filho, mesmo quando já teria se operado o prazo decadencial para desconstituição do referido registro.[60]

O art. 1.601 do Código Civil de 2002 declara a *imprescritibilidade* da ação negatória de paternidade. Alguns doutrinadores de Direito de Família, prestigiando esta regra, consideram que os prazos prescricionais e decadenciais impedem a busca do estado de filiação biológico, sobretudo quando se conta com recursos científicos que podem efetivamente afirmá-la, como sustenta Sérgio Gischkow Pereira. Por outro lado, afirma o referido jurista que, "mesmo imprescritível a ação de estado, pode o estado de filiação ser mantido em relação a um pai que não o é biologicamente, se comprovada a ocorrência da relação socioafetiva". Acrescenta, ainda, que, nesta hipótese, deve ser permitido ao interessado pesquisar judicialmente seu verdadeiro liame biológico, por causas vinculadas ao direito de personalidade e outros relevantes fatores (doenças transmissíveis, transplante de órgãos, impedimentos matrimoniais).[61]

---

58 Caio Mário da Silva Pereira, *Efeitos do Reconhecimento de Paternidade Ilegítima*, n° 122.
59 STJ – 4ª Turma – REsp. n° 208.788/SP – Rel. Ministro Ruy Rosado de Aguiar – Julg. em 20.02.2003.
60 Neste sentido, Caio Mário da Silva Pereira, atualizado por Lucia Maria Teixeira Ferreira, ob. cit., p. 131.
"Investigação de paternidade. Decadência. Não se extingue o direito de o filho investigar a paternidade e pleitear a alteração do registro, mesmo quando vencido integralmente, depois da maioridade, o prazo de quatro anos. Precedentes da Segunda Seção. Recurso não conhecido" (STJ – 4ª Turma – REsp. n° 208.788/SP – Rel. Min. Ruy Rosado de Aguiar – julg. em 20.02.2003).
"Civil. Investigação de paternidade. Registro civil. Anulação. Prescrição. I – O direito do filho de buscar a paternidade real, com pedido de anulação retificação de registro de nascimento em caso de falsidade praticada pela mãe é imprescritível, não se aplicando o disposto no art. 178, § 9°, VI, do Código Civil. Precedentes. II – Decisão mantida, porque em sintonia com a jurisprudência mais moderna e majoritária desta Corte. III – Agravo regimental desprovido" (STJ – 3ª Turma – AGREsp. n° 440.472/RS – Rel. Min. Antônio de Pádua Ribeiro – Julg. em 01.04.2003).
61 Sérgio Gischkow Pereira, *Estudos de Direito de Família*, Porto Alegre, Livraria do Advogado, 2004, p. 113.

412-B. Considerações gerais

O reconhecimento compulsório da parentalidade é hoje universalmente admitido. "Designar as ações relativas ao estado parental de investigação de paternidade é, por certo, enxergar menos do que a ponta de um *iceberg*. Note-se que, na contemporaneidade, por conta dos avanços biotecnológicos e das técnicas de reprodução assistida, é possível investigar não somente a paternidade, mas, identicamente, a maternidade e, até mesmo, outros vínculos de parentesco, como no caso dos avós", destacam Cristiano Chaves de farias e Nelson Rosenvald.[62]

Preconceitos advindos do passado perderam consistência. E os sistemas jurídicos que o proibiam ou restringiam a sua incidência a hipóteses muito reduzidas, foram aos poucos conquistados pelas ideias liberais, de tal modo que a aceitação da medida vulgarizou-se ao extremo. De maneira global, pode-se considerar que algumas hipóteses em que a perquisição paternal é admitida repetem-se como uma constante em quase todos os sistemas jurídicos: concubinato, confissão extrajudicial, relações sexuais. Outras, menos generalizadas, encontram-se ora em uns ora em outros, como rapto, posse de estado. Outras vezes a sistemática legal apresenta alguma peculiaridade, como ocorre no direito suíço, ao fazer uma distinção, a saber: se a investigação se destina apenas à manutenção do filho (*investigação ordinária*), aceita-se com toda liberdade. Mas, se para "efeito de estado civil" (*investigação qualificada*), somente em três casos: promessa de casamento, abuso de poder ou de autoridade, ou infração penal (estupro ou rapto).[63]

O direito de investigar a parentalidade é *indisponível*. O filho não pode celebrar negócio jurídico com o pai ou com a mãe, sujeitos à investigação da paternidade ou maternidade de modo a abrir mão do reconhecimento da filiação, em troca de vantagens econômicas. O negócio é ilícito por ter objeto ilícito, não produzindo qualquer efeito jurídico.[64]

A ação não tem somente a finalidade de atribuir a paternidade ou maternidade ao genitor biológico. Este é apenas um elemento a ser levado em conta, mas deixou de ser determinante. O que se investiga é o estado de filiação que pode ou não decorrer da origem genética. Do contrário seria mais prático e rápido deixar que os peritos ditassem sentenças de filiação. Completa Paulo Lôbo: "o estado de filiação supõe a convivência familiar, considerada prioridade absoluta da criança pelo art. 227 da Constituição Federal. É, portanto, situação que se comprova com a estabilidade das relações afetivas desenvolvidas entre pais e filhos. O direito ao reconhecimento da origem genética integra o direito da personalidade de qualquer indivíduo, que não se confunde com o direito de família".[65]

---

62 Cristiano Chaves de Farias e Nelson Rosenvald, in *Curso de Direito Civil: Famílias*. Salvador: JusPodivm, 2012, p. 694.
63 Caio Mário da Silva Pereira, atualizado por Lucia Maria Teixeira Ferreira, reportando-se a Karl Spiro, *Filiation Illégitime en Droit Comparé Français et Allemand*, pp. 113-114.
64 Paulo Lôbo, *Direito Civil: Famílias*. São Paulo, Saraiva, 2008, p. 239.
65 Paulo Lôbo, ob. cit., p. 240.

A diferença entre a ação de investigação da parentalidade e a ação de investigação de ancestralidade (ascendência genética) é preconizada por Cristiano Chaves de Farias e Nelson Rosenvald. "São demandas distintas fundadas em diferentes causas de pedir e trazendo consigo diferentes pedidos, tendendo à produção de diferentes efeitos jurídicos". Reportando à Leila Donizetti, apesar de serem conceitos ainda indevidamente amalgamados, "o objeto da tutela do conhecimento da origem genética é assegurar o direito da personalidade, enquanto o objeto da tutela da determinação da paternidade é o estado de filiação".[66]

A investigação de parentalidade se caracteriza como ação de estado, relativo ao estado familiar, destinada a dirimir conflito de interesses relativo ao estado de uma pessoa natural, envolvendo discussão acerca de verdadeiro direito da personalidade. Como tal, trata-se de ação *imprescritível, irrenunciável* e *inalienável*.[67]

412-C. DA POSSE DE ESTADO DE FILHO E FILIAÇÃO SOCIOAFETIVA

O Código de 1916 não inscreveu a *posse de estado de filho* como autorizativo do reconhecimento compulsório. Não o fez porque a sua apuração é efetuada por via de prova testemunhal. Hoje, no entanto, é um caso admitido pela Doutrina e pelo Direito Comparado, e que tem os mais elevados préstimos quando criteriosamente apreciado.

A posse de estado revela uma situação análoga à posse das coisas. Da mesma forma que esta se traduz no comportamento da pessoa em relação à coisa, análogo ao procedimento do proprietário (visibilidade do domínio), assim também a posse de estado significa desfrutar o investigante de uma situação equivalente à de filho. Os escritores, para fixação de critério determinativo, costumam dizer que a posse de estado de filho compreende o nome paterno (*nomen*), o tratamento (*tractatus*) e o conceito (*fama*). Vale dizer: se o investigante traz e usa nome do investigado; dele recebe tratamento como filho, no meio doméstico e familiar; e se goza no meio social do conceito de filho seu, é tudo indício muito forte da existência da relação biológica da paternidade.[68]

É preciso, todavia, cuidar o julgador de aferir efetivamente se se trata de autêntica posse de estado, ou se a conduta do investigado para com o investigante permaneceu em nível de solidariedade humana, piedade cristã ou sentimento de amizade, que inspiraram dispensar ao investigante carinhos, cuidados e proteção por motivos outros, que não a paternidade.

Embora não seja unânime o reconhecimento da posse de estado, por si só, como prova da filiação, seria oportuno inseri-la no contexto do Código Civil ou lei especial; para Caio Mário, não se prova o *status* de filho pela posse de estado, mas, no

---

66 Cristiano Chaves de Farias e Nelson Rosenvald, *in Curso de Direito Civil: Famílias*. Salvador: JusPodivm, 2012, pp. 694/695.
67 Cristiano Chaves de Farias e Nelson Rosenvald, *in Curso de Direito Civil: Famílias*. Salvador: JusPodivm, 2012, p. 693.
68 Carbonnier, *Droit Civil*, v. II, nº 87, p. 258; Arnoldo Medeiros da Fonseca, nº 187.

procedimento judicial que tem esta finalidade; pode o juiz considerá-la como "fato certo" para daí concluir pela presunção da paternidade. E esta cautela é tanto mais necessária quanto mais difícil muitas vezes distinguir da estima nascida da convivência, ou outras causas, a afeição paterna.

Como no art. 349 do Código Civil de 1916, o atual art. 1.605 declara expressamente que "se provará a filiação por qualquer modo admissível em direito quando existirem veementes presunções resultantes de fatos já certos". Este dispositivo legal já vinha sendo admitido pela Doutrina como fundamento para considerar o estado da posse de filho como já integrado ao nosso sistema jurídico, apontando, também, como prova nos processos que envolvem o reconhecimento da paternidade socioafetiva como visto no n° 411 (supra).[69]

Eventuais mudanças deverão incluí-la, desde que comprovada em Juízo, como presunção da paternidade, salvo prova em contrário, incorporando, assim, a orientação de nossos Tribunais.

De forma mais ampla, o art. 1.605 do Código Civil menciona a "prova de filiação por qualquer modo admissível em direito", abandonando as hipóteses taxativas do passado, admitindo a referida ação: "I – quando houver começo de prova por escrito proveniente dos pais conjunta ou separadamente; II – quando existirem veementes presunções resultantes de fatos já certos".

A *paternidade socioafetiva*, sob a noção da *posse de estado de filho*, que ganha abrigo nas mais recentes reformas do direito internacional, não se funda no nascimento, mas, num ato de vontade, que se sedimenta no terreno da afetividade, coloca em xeque tanto a verdade jurídica como a certeza científica, no estabelecimento da filiação, afirma Jaqueline Filgueras Nogueira.[70]

Destaca-se o Enunciado n° 256 da V Jornada de Direito Civil do STJ, que afirma que a posse do estado de filho constitui modalidade de parentesco civil.

Quando o art. 1.603 do Código Civil afirma que a filiação prova-se pela certidão do termo de nascimento registrada no Registro Civil, completa Luiz Edson Fachin: "... é o termo de nascimento externando uma filiação socioafetiva, porque a filiação registral, verdadeira ou ideologicamente falsa, conquanto manifestada isenta de qualquer vício capaz de afetar no ato do registro da filiação, a livre intenção da pessoa, não deixa de representar a posse de estado de filho, fundada em elementos espelhados, no *nomen,* na *tractatio* e na *fama*".[71]

Rolf Madaleno lembra três passagens no Código Civil de 2002 que fazem menção indireta à filiação socioafetiva: no inciso V do art. 1.597, quando reconhece a filiação conjugal havida por inseminação artificial heteróloga, portanto, com sêmen

---

69 Juliane Fernandes Queiroz, *Paternidade: aspectos jurídicos e técnicas de inseminação artificial,* p. 148.
70 Jaqueline Filgueras Nogueira, *A filiação que se constroi: o reconhecimento do afeto como valor jurídico.* São Paulo: Memória Jurídica, 2001, p. 85.
71 Luiz Edson Fachin, *Comentários ao novo Código Civil* (coord.: Sávio de Figueiredo Teixeira), Rio de Janeiro, Forense, v. XVIII, 2003, p. 91.

de outrem, aceito expressamente pelo marido como sendo seu filho conjugal a prole gerada com material genético doado por terceiro; no art. 1.603, quando confere absoluta prevalência ao termo de nascimento como prova de filiação, tanto que pelo art. 1.604, ninguém pode vindicar estado contrário àquele resultante do registro de nascimento, salvo provando erro ou falsidade do registro e nesse sentido, a Jurisprudência vem construindo a base jurídica da paternidade socioafetiva; e por fim, o art. 1.605, quando estabelece que a filiação sem termo de nascimento ou em que ele apresente defeito, diante de veementes presunções resultantes de fatos já certos, dentre os quais, seguramente, podem ser considerados e valorizados os da *posse de estado de filiação*.[72]

O mesmo autor, em outro trabalho doutrinário, afirma, ainda, que a filiação consanguínea só existe com o vínculo afetivo, com o qual se completa a relação parental. Não há como aceitar uma relação de filiação apenas biológica, sem ser afetiva, esta externada quando o filho é acolhido pelos pais, que assumem plenamente suas funções do poder familiar, previstas pelos arts. 1.634 e 1.690 do Código Civil.[73] Fabíola Santos Albuquerque contempla três espécies de paternidade socioafetiva; além daquela decorrente da posse de estado de filiação, indica a adoção e a paternidade decorrente da técnica de reprodução assistida heteróloga. A autora conclui: "... vê-se nessa categoria de paternidade uma peculiaridade, qual seja: a dissociação entre a figura do pai e a do genitor. O cerne da relação é tão somente o vínculo de afetividade, fator que torna desafiador a chancela da paternidade com base em fatos de realidade, desconsiderando aspectos biológicos". (...) A adoção estabelece uma vinculação de parentesco plena de modo a concretizar o princípio da convivência familiar e garantindo ao adotado o direito ao seu desenvolvimento físico, mental, moral, espiritual e social em condições de liberdade e de dignidade no seio de uma família. (...) A paternidade decorrente de técnica de reprodução assistida heteróloga demarca uma situação curiosa, pois haverá uma coincidência entre a paternidade jurídica (presunções de filiação) e a socioafetiva. A paternidade biológica não tem nenhuma repercussão nessa hipótese. (...) No que concerne à posse de estado de filiação, considerando que a lei não contemplou expressamente a presunção, "é mister a realização de um trabalho criativo do legislador balizado pelos princípios constitucionais que informam as relações de filiação a fim de apreciar casuisticamente, todas as circunstâncias presentes no caso concreto".[74]

No caso da reprodução assistida heteróloga "a patre" consentida expressamente pelo companheiro, o reconhecimento de filho fruto desta técnica, havido em união estável, "representa a formalização do vínculo jurídico de paternidade-filiação, cuja

---

72 Rolf Madaleno, ob. cit., p. 374.
73 Rolf Madaleno, "Filiação Sucessória", *Revista Brasileira de Direito das Famílias e Sucessões*, nº 01, Porto Alegre: Magister/IBDFAM, 2007, p. 27.
74 Fabíola Santos Albuquerque, "Ações de filiação: da investigação e negatória de paternidade e do reconhecimento dos filhos", *in Manual de Direito das Famílias e das Sucessões* (coord.: Ana Carolina Brochado Teixeira e Gustavo Pereira Leite Ribeiro), Belo Horizonte, DelRey/Mandamentos, 2008, pp. 207-211.

constituição se deu no momento do início da gravidez da companheira" (Enunciado nº 570 da VI Jornada de Direito Civil do STJ).

Há que se considerar, também, na compreensão moderna da relação de parentalidade, além do afeto, o valor "cuidado", também identificado como princípio jurídico, representando o denominador comum no atual sistema de proteção nas relações familiares, marcado pelo compromisso e responsabilidade dos detentores da paternidade e maternidade biológica e socioafetiva.[75]

Apesar das inúmeras controvérsias, vem sendo debatida a possibilidade do reconhecimento da filiação socioafetiva sem afastar a filiação biológica. Tal situação tem sido reconhecida como a "Multiparentalidade" e tem dividido os juristas, sobretudo no que se refere à produção de efeitos desse duplo reconhecimento.

Em decisão inovadora, a Juíza de Direito Ana Maria Gonçalves Louzada, do Tribunal de Justiça do Distrito Federal, ao julgar o Processo 2013.06.1.001874-5,[76] reconheceu a possibilidade da existência da multiparentalidade. No caso, a criança havia sido adotada à brasileira e desenvolveu laços de afetividade com o pai registral, vindo, posteriormente, a conhecer o pai biológico. Para a magistrada, "nestes casos, se para o filho for importante manter vínculo com seu ascendente genético, poderá constar o nome de dois pais, com as demais consequências jurídicas daí advindas, notadamente em relação ao parentesco, nome, pensão alimentícia, convivência, guarda e direito sucessório".

Na decisão, a juíza considerou que "o direito ao reconhecimento da multiparentalidade está embasado nos direitos da personalidade, que se visualizam através da imagem que se tem, honra e também privacidade da vida, direitos estes que se revestem essenciais à própria condição humana" e que "tratar como impossibilidade jurídica do pedido sob o argumento singelo de que uma pessoa só pode ter um pai e uma mãe, não traduz e não acolhe a realidade de determinado caso concreto".

Nesse caso, a criança teria, então, com ambos os pais, o *direito ao parentesco*, tendo vínculo jurídico com os parentes de ambos, assim como impedimentos matrimoniais; o *direito ao nome*, de modo que o "nome de família materno, paterno, da madrasta, do padrasto, ou socioafetivo e o avoengo poderão ser incluídos no nome civil"; o *direito de convivência e guarda*, sendo necessária a definição de convivência e guarda, a fim de assegurar o melhor interesse da criança, podendo todos os envolvidos dialogar sobre os destinos desse filho; o *direito a alimentos*, devendo o pensionamento alimentar ser estendido a todos; o *direito ao reconhecimento genético*; e o *direito à herança*, tendo o filho direito de receber herança de tantos pais/mães quantos tiver.

O Tribunal de Justiça do Rio Grande do Sul também possui precedente admitindo a multiparentalidade, autorizando o reconhecimento de adoção com a manutenção do pai biológico diante da existência de dois vínculos paternos.[77]

---

75 Tânia da Silva Pereira. Estudos desenvolvidos na obra *Direito da Criança e do Adolescente: uma proposta interdisciplinar*, Rio de Janeiro, Renovar, 2008, pp. 48-80.
76 TJDF, Processo 2013.06.1.001874-5, Juíza de Direito Ana Maria Gonçalves Louzada, Julg. em 06.06.2014.
77 TJRS – 8ª CC – Apelação Cível 70065388175 – Rel. Des. Alzir Felippe Schmitz – 17.09.2015.

Os Tribunais têm reconhecido essa possibilidade em alguns casos, mas as consequências ainda são bastante controvertidas. É inegável que o princípio do melhor interesse deve permear a análise de cada caso, não se podendo ignorar os impactos jurídicos de tal medida.

A respeito do tema, o STF, em 2016, entendeu, no julgamento do RE 898.060, com repercussão geral reconhecida, que a paternidade socioafetiva, declarada ou não em registro público, não impede o reconhecimento do vínculo de filiação concomitante baseado na origem biológica, com os efeitos jurídicos próprios. O Tribunal, por maioria e nos termos do voto do Relator Ministro Luiz Fux, negou provimento ao recurso do pai biológico contra acórdão que estabeleceu sua paternidade, com efeitos patrimoniais, independentemente do vínculo com o pai socioafetivo. A Corte reconheceu a dupla parentalidade e manteve o acórdão de origem, que reconheceu os efeitos jurídicos de vínculo genético relativo ao nome, aos alimentos e à herança. A Ministra Cármen Lúcia, ressaltou que "amor não se impõe, mas cuidado sim e esse cuidado me parece ser do quadro de direitos que são assegurados, especialmente no caso de paternidade e maternidade responsável", destacando-se o *cuidado* como valor jurídico norteador do reconhecimento da possibilidade de coexistência entre o vínculo biológico e socioafetivo.[78] Trata-se de decisão paradigmática que contempla a possibilidade do reconhecimento da multiparentalidade no Direito Brasileiro.

O STJ, em acórdão da 3ª Turma, corroborando tal entendimento, decidiu que a existência de vínculo com o pai registral não é obstáculo ao exercício do direito de busca da origem genética ou de reconhecimento de paternidade biológica, e que o reconhecimento do vínculo biológico produz os naturais efeitos patrimoniais, como o direito à herança. Assim, é possível que o filho possua direitos sucessórios em relação tanto ao pai socioafetivo quanto ao pai biológico.[79]

Contudo, nem sempre a constituição de ambos os vínculos será a solução mais adequada, devendo-se observar o princípio da paternidade responsável e primar pela busca do melhor interesse da criança. Nesse sentido, a 3ª Turma do STJ afastou pedido da mãe que pretendia assegurar que sua filha tivesse o pai socioafetivo e o pai biológico reconhecidos concomitantemente no registro civil. No caso, o pai biológico não demonstrava nenhum interesse em formar vínculo afetivo com a menor e, por outro lado, o pai socioafetivo assistia e pretendia continuar assistindo à filha afetiva e materialmente. Ficou comprovado, ainda, que a ação foi ajuizada exclusivamente no interesse da genitora, restando afastada a hipótese de multiparentalidade.[80]

A socioafetividade adquiriu relevo, ainda, com a edição do Provimento nº 63 pelo Conselho Nacional de Justiça, que regulamentou o reconhecimento voluntário

---

78 STF – Tribunal Pleno – RE 898.060 – Rel. Min. Luiz Fux – Julg.: 21.09.2016. Disponível em: <http://www.stf.jus.br/portal/cms/verNoticiaDetalhe.asp?idConteudo=325781>. Acesso em: 22 set. 2016.
79 STJ – 3ª Turma – REsp 1.618.230/RS – Rel. Min. Ricardo Villas Bôas Cueva – Julg. em 28.03.2017 – *DJe* 10.05.2017.
80 STJ – 3ª Turma – REsp 1.674.849/RS – Rel Min. Marco Aurélio Bellizze – Julg. em 17.04.2018 – *DJe* 23.04.2018.

de paternidade ou maternidade socioafetiva em cartório. Insta salientar que, com as alterações promovidas pelo Provimento n° 83, esse registro passou a ser autorizado apenas para o reconhecimento de maiores de 12 anos de idade, podendo o requerente demonstrar a afetividade por todos os meios em direito admitidos, bem como por documentos, como: apontamento escolar como responsável ou representante do aluno; inscrição do pretenso filho em plano de saúde ou em órgão de previdência; registro oficial de que residem na mesma unidade domiciliar; vínculo de conjugalidade – casamento ou união estável – com o ascendente biológico; inscrição como dependente do requerente em entidades associativas; fotografias em celebrações relevantes; declaração de testemunhas com firma reconhecida. Caso o filho seja menor de 18 anos, deverá haver o seu consentimento para o registro.

412-D. Competência para a ação de investigação de paternidade

Atente-se, mais uma vez, para o art. 27 do Estatuto da Criança e do Adolescente ao declarar que estado de filiação é direito "personalíssimo, indisponível e imprescritível", podendo ser exercido contra os pais e seus herdeiros, sem qualquer restrição. Não se trata de impugnação do reconhecimento, mas do direito daquele, que não tendo um pai, buscá-lo, através de uma ação investigatória.

Aplica-se, em princípio, o art. 94 do CPC/1973 (correspondente ao art. 46 do CPC/2015), regra geral de competência relativa ao foro do domicílio do investigado, tratando-se de ação de direito pessoal, mesmo cumulada com alimentos. Ressalta-se que o Novo Código de Processo Civil apresenta um procedimento especial para as ações de família, incluindo-se as ações de filiação (art. 693).[81]

Diante de inúmeras controvérsias jurisprudenciais, foi definida pela Súmula n° 1 do Superior Tribunal de Justiça, que "o foro do domicílio ou residência do alimentando é o competente para a ação de investigação de paternidade quando cumulada com a de alimentos". Baseou-se no art. 100, II, CPC,[82] que a fixou no foro da residência ou domicílio do alimentando. Coube ao art. 7° da Lei n° 8.560/1992 reforçar tal entendimento ao indicar que, "sempre que na sentença de primeiro grau se reconhecer a paternidade, nela se fixarão os alimentos provisionais ou definitivos do reconhecido que deles necessite". Ressalte-se que em Ação de Investigação de Paternidade cumulada com pedido de Alimentos, o termo inicial destes é a data da citação. Assim entendeu a 3ª Turma do STJ, tendo como Relator o Ministro Sidnei Beneti, julgado em 02/2008, baseado na Súmula n° 277.[83]

---

81 Neste sentido, ver *405-C*.
82 Correspondente ao art. 53, II, do CPC/2015.
83 STJ – 3ª Turma – REsp. n° 973311/DF – Rel. Ministro Sidnei Beneti, – "Ação de Investigação de Paternidade c/c Alimentos. Qualificação Jurídica do fato no tocante à idade da Investigante. Possibilidade. Sentença. Efeitos que retroagem à data da citação. Súmula 277/STJ. *DJ* de 21.02.2008.
 I – Sendo o dia do nascimento da investigante fato incontroverso nos autos, proceder ao seu devido enquadramento no sistema normativo, a fim de obter determinada consequência jurídica, é tarefa compatível com a natureza excepcional do recurso especial, a qual não se confunde com o

A Lei nº 11.804, de 05 de novembro de 2008, trata dos alimentos gravídicos, ao estender proteção à mulher grávida, impondo ao pai biológico, na medida de suas possibilidades, contribuir para seu sustento e cuidados para mãe e para o filho antes e depois de nascer.

412-D-1. ALIMENTOS GRAVÍDICOS

A inserção dos alimentos gravídicos no ordenamento jurídico brasileiro representa um avanço legislativo e demonstra a importância de se difundirem valores fundamentais que digam respeito à proteção da vida do nascituro, ser humano indefeso e dependente do entendimento e da vontade de outros indivíduos que muitas vezes agem, consciente ou inconscientemente, de forma a prejudicá-lo em suas expectativas, cortando as oportunidades de nascimento e desenvolvimento.

Assim já entendera a 7ª Câmara Cível do Tribunal de Justiça do Rio Grande do Sul, no Agr. Int. nº 70016977936, tendo como Relator o Des. Luiz Felipe Brasil Santos (julg. em 01.11.2006), ao afirmar que "incontroversa a união estável e a paternidade do filho que a alimentanda espera, deve o agravante contribuir para o desenvolvimento do nascituro, mormente considerando que a ex-companheira não pode desempenhar com a mesma intensidade o ofício de cabeleireira, em face da dificuldade de ficar o tempo todo em pé, já que está na metade do sexto mês de gravidez" (TJRS – Agr. Int. nº 70016977936 – Rel. Des. Luiz Felipe Brasil Santos – julg. em 01.11.2006).

Com a entrada em vigor da Lei nº 11.804/2008, venceram-se entraves vinculados à concessão da medida. Se antes as disposições concernentes à concessão de alimentos exigiam prova de parentesco ou da obrigação, atualmente, com o advento da Lei nº 11.804/2008, especificamente das disposições contidas em seu art. 6º, para a concessão de alimentos gravídicos, basta a existência de indícios da paternidade.

Atente-se para Estatuto da Criança e do Adolescente (Lei nº 8.069/1990) ao assegurar à gestante o atendimento pré-natal pelo Sistema Único de Saúde (SUS) nas 40 semanas correspondentes à gravidez (art. 8º – ECA).

Além de conferir à gestante a legitimidade *ad causam* para a postulação de alimentos (art. 1º), estabeleceu a Lei nº 11.804/2008, no parágrafo único do art. 6º, que "após o nascimento com vida, os alimentos gravídicos ficam convertidos em pensão alimentícia em favor do menor (...)". Conclui-se que gestante e nascituro são os destinatários dos recursos que lhe serão propícios para garantir a sobrevivência e, portanto, ambos são titulares do direito aos alimentos.

---

reexame de prova. II – Se na data da citação a investigante era relativamente incapaz, a obrigação do investigado de prestar-lhe alimentos decorre do poder familiar e não do vínculo de parentesco pela qual não seria de se exigir da menor a comprovação de não possuir meios de prover a própria subsistência. III – Em consonância com o enunciado 277 da Súmula desta Corte, Julgada procedente a investigação de Paternidade, os alimentos são devidos a partir da citação. Recurso especial provido."

Preceitua o art. 6º que "convencido da existência de indícios da paternidade, o juiz fixará alimentos gravídicos". A lei não exige prova absoluta da paternidade; por esta razão o convencimento do juiz será constituído por elementos comprobatórios idôneos e que conduzirão ao que se denomina de indícios da paternidade. Neste caso, o ônus da prova incumbe ao autor, aplicando-se o art. 333, I, do Código de Processo Civil/1973 (correspondente ao art. 373, I, do CPC/2015).[84]

Merece referência a decisão precursora do Tribunal de Justiça do Rio Grande do Sul, tendo como Relatora a Des. Maria Berenice Dias, ao estabelecer que: "havendo indícios da paternidade, não negando o agravante contatos sexuais à época da concepção, impositiva a manutenção dos alimentos à mãe, no montante de meio salário mínimo para suprir suas necessidades e também as do infante que acaba de nascer. Não afasta tal direito o ingresso da ação de investigação de paternidade, cumulada com alimentos".[85]

O Tribunal de Justiça de Minas Gerais, tendo como Relator o Des. Dárcio Lopardi Mendes, entendeu que, "presumindo-se que a autora ainda esteja grávida, a situação é atual, pelo que a lei nova não estará retroagindo; não há, portanto, falar-se em impossibilidade jurídica do pedido, pelo o único motivo da ação ter sido ajuizada antes da vigência da Lei nº 11.804/2008. A moderna concepção de processo, sustentada pelos princípios da economia, instrumentalidade e celeridade processual, determina o aproveitamento máximo dos atos processuais, principalmente quando se trata de ação de cunho alimentar e, quando, não há prejuízo para a defesa das partes" (TJMG – 4ª CC – Ap. Cível nº 1.0702.08.501783-9/001 – julg. em 26.03.2009).

Atente-se para a hipótese do nascituro ser concebido na constância do casamento, dentro dos prazos estipulados no art. 1.597 do Código Civil de 2002; ele estará amparado pela presunção de paternidade, sendo desnecessário seu reconhecimento judicial. Dessa forma, pode postular alimentos, pleitear reserva de quinhão hereditário e outros direitos porventura decorrentes da relação de parentesco. Tratando-se de união estável, comprovada a possibilidade econômica do alimentante e a necessidade da ex-companheira gestante, será cabível a fixação de alimentos provisórios em favor dela e do nascituro, presumindo-se seja este filho das partes.[86]

Não se pode afastar a aplicação da Súmula 277 do Superior Tribunal de Justiça, de iniciativa do Ministro Antônio de Pádua Ribeiro (14.05.2003), ao determinar que, "julgada procedente a investigação de paternidade, os alimentos são devidos a partir da citação". Tratando-se da gestante e do nascituro, constitui efetiva contradição dar uma interpretação diversa.

---

[84] Tânia da Silva Pereira e Natália Soares Franco. "O cuidado e o direito aos alimentos do nascituro e da gestante: considerações sobre a Lei n. 11.804/2008", *in Cuidado e Vulnerabilidade* (coord. Tânia da Silva Pereira e Guilherme de Oliveira). São Paulo: Atlas, 2009, p. 100.
[85] TJ/RS – Agr. t. 70018406652 – Relatora Dês. Maria Berenice Dias. *DJ* 11.04.2007.
[86] TJ-RS – 7ª Câmara Cível, Agr. Instr. nº 70017520479, Relator: Sérgio Fernando de Vasconcellos Chaves, Julg. em 28.03.2007.

412-D-2. Da legitimidade ativa

Cabe ao investigante pessoalmente a iniciativa da ação investigatória ou, sendo menor de idade, por representação ou assistência da genitora. Determina o art. 1.606 do Código Civil que a ação passa aos herdeiros se o investigante morrer menor ou incapaz. Acresce o parágrafo único a possibilidade de os herdeiros prosseguirem na ação iniciada pelo filho, salvo se julgado extinto o processo. Embora não prevista expressamente na nova legislação, merece ênfase a legitimidade do nascituro para a ação investigatória, representado pela mãe, por interpretação extensiva do parágrafo único do art. 1.609 ao permitir o reconhecimento antes do nascimento. Adotada a Doutrina Jurídica da Proteção Integral, esta abraça a criança desde a concepção, devendo o Judiciário em seus julgados e o Executivo em seus projetos sociais, partir dessa premissa básica para suas decisões fundamentais.

Destacada Decisão do Superior Tribunal de Justiça reconheceu a possibilidade de os netos proporem a ação investigatória contra o avô quando já falecido o suposto pai. O Acórdão considera "válida a pretensão dos filhos, substituindo o pai, em investigar a filiação deste, junto ao avô (relação avoenga), dirigindo a lide contra os herdeiros, especialmente em face da nova Constituição e da inexistência de qualquer limitação no artigo 363 do Código Civil".[87]

Em outro caso, a 3ª Turma do STJ decidiu que os netos não teriam legitimidade para propor ação declaratória de paternidade em nome da mãe falecida, objetivando o reconhecimento de vínculo socioafetivo entre ela e seus supostos avós, quando em vida a genitora tinha plena capacidade civil, mas não requereu o reconhecimento da filiação. O Relator Ministro Marco Aurélio Bellizze observou que o caso era diferente dos precedentes da Corte, na medida em que os irmãos pediam exclusivamente o reconhecimento do vínculo socioafetivo da mãe com o casal, sem formular pretensão de igual sentido a seu favor. Dessa forma, a Turma reconheceu que os autores não teriam legitimidade processual para ingressar com a demanda, mas esclareceu que eles poderiam ingressar com outra ação, desde que em nome próprio, destacando que "o direito ao reconhecimento judicial de vínculo paternal, seja ele genético ou socioafetivo, é pessoal, podendo ser transferido entre filhos e netos apenas de forma sucessiva".[88]

É do marido a legitimidade ativa para negar a paternidade dos filhos de sua mulher (art. 1.601) e neste aspecto é imprescritível, só podendo os seus herdeiros prosseguirem na ação se efetivamente o cônjuge varão tiver contestado judicialmente a sua filiação (parágrafo único do art. 1.601, CC).[89] Ressalta-se o Enunciado nº 258 da V Jornada de Direito Civil do STJ, que determina que "não cabe a ação prevista no art. 1.601 do Código Civil se a filiação tiver origem em procriação assistida hete-

---

[87] Tânia da Silva Pereira, *Direito da criança e do adolescente: uma proposta interdisciplinar*.
[88] STJ – 3ª Turma, REsp 1.492.861/RS – Rel. Min. Marco Aurélio Bellizze – Julg. em 02.08.2016 – DJe.: 16.08.2016.
[89] Rolf Madaleno, *Curso de Direito de Família*, Rio de Janeiro, Forense, 2008, p. 439.

róloga, autorizada pelo marido nos termos do inc. V do art. 1.597, cuja paternidade configura presunção absoluta".

Reporte-se, mais uma vez, à Lei n° 8.560, de 29 de dezembro de 1992, ao atribuir ao Ministério Público nova *legitimatio ad causam,* sem prejuízo da ação que pode ser intentada por qualquer interessado. Prevê o art. 2° o "procedimento oficioso" para a hipótese do registro de nascimento de menor, apenas com a maternidade estabelecida. Autoriza o oficial a remeter ao juiz certidão integral do registro e o nome, prenome, profissão, identidade e residência do suposto pai, a fim de ser averiguada a procedência da alegação.

Em decorrência de sua atribuição extraordinária, conferida pela Lei n° 8.560/1992, o Ministério Público, no caso de o suposto pai não responder à notificação no procedimento de averiguação oficiosa, nos 30 dias, ou negar a paternidade alegada, deverá propor ação de investigação de paternidade, se encontrar elementos que lhe pareçam suficientes. Neste caso o *Parquet,* de acordo com o preceito do art. 6° do CPC/1973 (correspondente ao art. 18 do CPC/2015), propõe a ação em nome próprio em defesa de direito alheio, ou seja, do pretenso filho, convencido dos elementos suficientes para sua admissibilidade, na condição de substituto processual. Poderá, também, determinar a complementação do procedimento averiguatório para reforçar o seu convencimento, ou ainda poderá determinar o arquivamento uma vez convencido da inviabilidade da ação. Cabe alertar, no entanto, que se tratando de legitimidade concorrente, nada impede que a ação seja proposta pelo pretenso filho ou por seu representante, mesmo na hipótese de arquivamento do processo de iniciativa do Ministério Público. Uma vez arquivado, devido à insuficiência de provas, poderá o procedimento ser reaberto. Havendo novas provas, o despacho de arquivamento não se constituirá em obstáculo à reabertura do procedimento averiguatório e tampouco à propositura da ação, pois que não gera *res judicata* (coisa julgada).[90]

Opina João Francisco Moreira Viegas no sentido de que, "considerando que é de interesse público o estabelecimento dos vínculos de filiação e do registro de tais vínculos que movem a intervenção do Ministério Público, temos de concluir que, mesmo nesta hipótese, deve a ação ser intentada".[91]

Alerte-se, no entanto, que na hipótese de a mãe do investigante não se vincular ao processo como litisconsorte, na condição de seu representante legal, considerando, sobretudo, que o trânsito em julgado da decisão que declare a improcedência da ação não a impedirá de propor nova ação.

O § 1° do art. 2° da Lei n° 8.560/1992 determina que o juiz, sempre que possível, ouvirá a mãe sobre a paternidade alegada e mandará, em qualquer caso, notificar o suposto pai, independentemente do seu estado civil para que se manifeste sobre a paternidade que lhe é atribuída. Deduz-se, portanto, que a oitiva da mãe não é obrigatória e, na sua falta, prevalecerá o interesse da criança, prosseguindo o juiz no

---

90 Tânia da Silva Pereira, *Direito da Criança e do Adolescente: uma proposta interdisciplinar,* Rio de Janeiro, Renovar, 2006, pp. 335-336.
91 João Francisco Moreira Viegas, ob. cit., pp. 13-14.

procedimento. Quando entender necessário, determinará que a diligência seja realizada em segredo de justiça.

Notificado o pai, e confirmada a paternidade, será lavrado termo de reconhecimento e remetida certidão ao oficial do registro, para a devida averbação.

Se o suposto pai não atender à notificação judicial no prazo de trinta dias, ou se negar a paternidade, o juiz remeterá os autos ao representante do Ministério Público para que intente, havendo elementos suficientes, ação da investigação de paternidade.

Havendo dualidade de ações, propostas pelo Ministério Público e pelo filho, prevalecerá aquela que se tenha dado, por primeiro, a citação do réu.

Esta legitimidade, conferida ao Ministério Público para a ação investigatória, foi posta em dúvida, inicialmente, alegando-se não lhe caber a atribuição de defender interesses privados (Lei Orgânica do Ministério Público, Lei Complementar n° 75, de 20 de maio de 1993). Os que a defendiam baseavam-se no princípio da "substituição processual" (CPC/1973, arts. 6° e 81 – CPC/2015, arts. 18 e 177). É, todavia, matéria de direito positivo (Lei n° 8.560/1992, art. 2°, § 4°).

Caio Mário reconheceu-a como "legitimação extraordinária" prevista no art. 6° do CPC/1973 (correspondente ao art. 18, CPC/2015) por reportar-se a questão de estado; portanto, indisponível.[92] O art. 127 da Constituição Federal atribui ao Ministério Público a defesa dos direitos individuais indisponíveis, aqui incluído o direito de investigar a paternidade.

Esclarece, ainda, João Francisco Moreira Viegas: "... o princípio da indisponibilidade da ação deve ser compreendido com o necessário cometimento. O que não se admite é que o Ministério Público, ao identificar uma hipótese em que deva agir se recuse. Todavia, tem ampla liberdade para apreciar os elementos de convicção do procedimento oficioso, para averiguar se há ou não condições de viabilidade da ação". (...) Completa o autor: "... desistindo o filho da ação investigatória, o promotor que vinha até então atuando como simples fiscal da lei deverá assumir o patrocínio da causa dando-lhe seguimento, à semelhança do que já ocorria na ação popular".[93]

Decidiu a 3ª Turma do STJ, tendo como Relator o Ministro Ari Pargendler, que "a ação negatória da paternidade atribuída privativamente ao marido, não exclui a ação de investigação de paternidade proposta pelo filho contra o indigitado pai".[94]

Destaque-se, ainda, que a ação pode ser cumulada com pedido de alimentos e de petição de herança se o investigado já for falecido; contudo, a petição de herança

---

92 O Supremo Tribunal Federal reafirmou a legitimidade ativa conferida ao Ministério Público pela Lei n° 8.560/1992, por ser indisponível o direito ao reconhecimento do estado de filiação. Assim, tal legitimação estaria compatível com as atribuições do *Parquet*, em especial, na defesa do interesse social e individual indisponível, elencados nos artigos 1°, 5°, 6°, 226 e 227 da Constituição Federal (RE n° 248.869-SP – *Informativo* STF n° 315).
93 João Francisco Moreira Viegas, "Reconhecimento da Paternidade: Observações à Lei 8.560/1992", *in Revista dos Tribunais*, n° 699, pp. 13-14.
94 STJ – 3ª Turma – REsp. 184.151/SP – *DJ* 19.11.2001.

prescreve em 10 anos, porque a imprescritibilidade é apenas em relação à declaração do estado de filiação, não com referência aos efeitos patrimoniais, como pacífico pela Súmula n° 149 do STF.[95]

412-D-3. Da legitimidade passiva

O art. 1.615 do Código Civil de 2002, repetindo a regra do art. 365 do Código de 1916, declara que "qualquer pessoa, que justo interesse tenha, pode contestar a ação de investigação de paternidade, ou maternidade". Caio Mário, em outra obra, reporta-se à Decisão do Supremo Tribunal Federal (*Revista Forense*, v. 161, p. 193) e reconhece o legítimo interesse moral da viúva para contestar a ação.[96]

No mesmo sentido, no julgamento do REsp 1.466.423/GO, a 4ª Turma do STJ reconheceu o direito da viúva de contestar ação de investigação de paternidade, entendendo que o interesse moral da viúva do suposto pai, tendo em conta os vínculos familiares, e a defesa do casal que formou com o falecido, compreendem-se no conceito de "justo interesse" para contestar a ação. A Relatora Ministra Maria Isabel Gallotti ressaltou, todavia, que, não sendo herdeira, deve ela receber o processo no estado em que se encontrava quando requereu o ingresso no feito, uma vez que não ostenta a condição de litisconsorte passiva necessária.[97]

Não mais se questiona a legitimidade do Espólio do Falecido representado pela viúva, sem afastar a legitimidade passiva dos herdeiros. Esclareça-se, ainda, que, a partir de 2002, o cônjuge sobrevivo é herdeiro, concorrendo com os ascendentes e descendentes nas hipóteses previstas no art. 1.829 do Código Civil.

Dentre as pessoas, além do suposto pai ou suposta mãe, que necessariamente serão réus, incluem-se seus cônjuges, potenciais herdeiros concorrentes etc.[98]

O art. 1.616, ao referir-se aos efeitos do ato de identificação do filho, indica a possibilidade de o mesmo ser criado e educado fora da companhia dos pais ou daquele que lhe contestou essa qualidade. Admite-se, portanto, que, em nome do melhor interesse da criança, ele possa permanecer na companhia de quem o acolhia.

Cumpre ponderar que o fato de ser criado em outro lar não isenta o genitor de prestar ao filho reconhecido os alimentos necessários.

Reitere-se a informação de que o STJ tem se manifestado no sentido da imprescritibilidade da ação investigatória, mesmo após a ocorrência do prazo do art. 1.614 do Código Civil. Também tem entendido que a anulação do registro paterno existente constitui mera consequência do pedido investigatório.[99]

---

95 Rolf Madaleno, *Curso de Direito de Família*. Rio de Janeiro, Forense, 2008, p. 441.
96 Caio Mário da Silva Pereira, atualizado por Lucia Maria Teixeira Ferreira, ob. cit., p. 125.
97 STJ – 4ª Turma – REsp 1.466.423/GO – Rel. Min. Maria Isabel Gallotti – Julg. em 23.02.2016 – *DJe* 02.03.2016.
98 Milton Paulo de Carvalho Filho, ob. cit., p. 1.710.
99 *Vide* STJ – 3ª Turma – REsp. n° 256.171/RS – Rel. Min. Antônio de Pádua Ribeiro – julg. em 02.03.2004; *vide* também STJ – 4ª Turma – REsp. n° 216.719/CE – Rel. Min. Sálvio de Figueiredo Teixeira – Julg. em 16.09.2003.

412-E. DA DEFESA NA AÇÃO DE INVESTIGAÇÃO DE PATERNIDADE

O Direito francês distingue certas exceções que na ação de investigação de paternidade devem decidir-se prejudicialmente (*fins de non recevoir*) e as defesas de mérito. As primeiras: *a)* impossibilidade física de coabitação; *b)* conduta notória da mãe; *c)* exclusão de paternidade decorrente do exame de sangue promovido pelo pai, se provadas, trancam a lide, não se admitindo ao investigante produzir prova de sua pretensão. Proposta a ação, cabe ao réu alegar a exceção, ferindo-se a respeito do *non recevoir* o debate na fase inicial, considerando-se a ação não admissível, quando acolhido.[100]

Em nosso Direito, sem aquela distinção, existem duas espécies de defesa. Num primeiro plano arguirá o réu carência da ação, sob fundamento da existência de uma situação jurídica ou de uma condição pessoal que iniba o investigante de postular a relação de paternidade. Esta neste caso, reflete a existência de outra paternidade constante de registro válido, o estado de filho.

A condição de "incestuoso" ou "adulterino" não pode ser arguida, uma vez que está vedada qualquer designação discriminatória (Constituição, art. 227, § 6º) e haver a Lei nº 7.841, de 17 de outubro de 1989, revogado o art. 358 do Código Civil, que proibia o reconhecimento dos adulterinos e dos incestuosos. Essas alegações eram prejudiciais, levando ao julgamento de carência da ação (falta de *legitimatio ad causam*), as quais não autorizam como preliminares na defesa.

No mérito, o investigado e os seus herdeiros discutirão a inocorrência do fato básico. Não tendo o Código de 2002 recepcionado o art. 363 (concubinato, rapto, relações sexuais etc.), seus elementos poderão ser indicados, bem como a impossibilidade material da coabitação ou a falta de eventual autenticidade do escrito particular. Revendo sua orientação anterior, Caio Mário passou a admitir, para ação investigatória, além das hipóteses do art. 363 do Código Civil de 1916, as novas conquistas científicas relativas ao DNA. Passou a considerar novos fundamentos ou provas.

O art. 1.599 do Código Civil de 2002 manteve a orientação imposta pelo Código de 1916 ao declarar que a prova da impotência do cônjuge ilide a presunção de paternidade. Portanto, há que se considerar a alegação de impotência *coeundi*, bem assim, a impossibilidade de gerar filhos (impotência *generandi*) como defesa na ação investigatória, se comprovada dentro do período legal da concepção do filho.[101] Tais alegações deverão ser vistas com reserva se for feita a comprovação de que houvera efetivo consentimento para uma reprodução assistida.

A alegação da *exceptio plurium concubentium* não poderá ser afastada, não obstante o silêncio da lei. Tradicionalmente, consiste em demonstrar que no período legal da concepção do investigante (os primeiros 120 dias, dos 300 que antecederam ao nascimento, identificados no art. 1.597, II) a mãe teve relações com outro homem ou vários parceiros. Alerte-se, no entanto, para o art. 1.600 do Código Civil de 2002

---

100 Mazeaud, Mazeaud *et* Mazeaud, *Leçons*, v. I, nº 975; Savatier, ob. cit., nº 58.
101 Caio Mário da Silva Pereira, atualizado por Lucia Maria Teixeira Ferreira, ob. cit., p. 123.

ao declarar que "não basta o adultério da mulher, ainda que confessado, para ilidir a presunção legal da paternidade". Portanto, a infidelidade por si só não ilide a paternidade dos filhos nascidos na constância do casamento. Deve ser vista com reserva ou mesmo afastada a alegação da *plurium concumbentium* da mãe do investigante ao tempo da concepção se o suposto pai se recusa a se submeter ao exame do DNA.[102]

Caio Mario sempre reafirmou a natureza declaratória da sentença que reconhece a paternidade. O mesmo se dá com o art. 1.617, ao declarar que "a filiação materna ou paterna pode resultar de casamento declarado nulo, ainda mesmo sem as condições do putativo". O legislador Civil de 2002, apegado ainda ao liame que, no passado, vinculava a condição de filho ao estado civil dos pais, repetiu desnecessariamente a norma contida no art. 367 do Código Civil de 1916.

O mesmo autor passou a analisar, com reservas, a presunção de paternidade diante da recusa à realização das provas médico-legais pelo investigado. Sempre alertou no sentido de que a recusa pode ser interpretada desfavoravelmente, jamais traduzida em prova cabal, ou confissão, tendo em vista que a perícia hematológica ou demais provas científicas eram apenas provas complementares, e não o fundamento da sentença, reportando-se ao art. 231 do Código Civil de 1916.

Considerando os recursos científicos atuais colocados à disposição da Justiça e o princípio do "melhor interesse da criança", esta presunção deverá ser considerada no conjunto das provas. Não mais se pode alegar a vulnerabilidade da integridade física para a não realização do exame de DNA, uma vez que num fio de cabelo ou pedaço de unha este exame pode ser realizado, o qual não pode ser considerado prova complementar como era o simples exame hematológico.[103]

A Segunda Seção do STJ aprovou em 18.10.2004 a Súmula n° 301, tendo como Relator o Ministro Pádua Ribeiro, ao estabelecer que, "em ação investigatória, a recusa do suposto pai a submeter-se ao exame de DNA induz presunção *juris tantum* de paternidade". A mencionada Súmula n° 301 consagra, também, o entendimento jurisprudencial que atribui ao exame de DNA valor probante absoluto, superior e incontestável, tornando desnecessária a realização de outras provas.

Diante da eficiência da prova científica, não se deve permitir ao investigado recusar-se a fornecer material para o exame. Prevê o art. 130, CPC/1973 (correspondente ao art. 370 do CPC/2015), que o Juiz pode determinar as provas necessárias ao julgamento do mérito.

Neste contexto das provas, o legislador de 2002 cuidou, nos arts. 231 e 232, dentre as presunções, da recusa à realização de "exame" ou "perícia médica". Deve-se entender tais expressões de forma abrangente, aí compreendendo consultas médicas, exames laboratoriais e radiológicos que possam instruir a prova técnica.

Outrossim, o art. 332 do CPC/1973 (correspondente ao art. 369, CPC/2015) indica que todos os meios de provas legais e os moralmente legítimos são hábeis

---

102 Arnoldo Medeiros da Fonseca, *Investigação de Paternidade*, n° 223; Edgard de Moura Bittencourt, *O Concubinato e o Direito*, n° 322.
103 Caio Mário da Silva Pereira, atualizado por Lucia Maria Teixeira Ferreira, ob. cit., p. 163.

para provar a verdade, ainda que não especificados no CPC. O Magistrado não só pode determiná-lo "de ofício" como fazê-lo em qualquer fase do processo. Nesta hipótese o princípio do livre convencimento está vinculado à realização de uma prova fundamental.

As múltiplas possibilidades introduzidas pela pesquisa do DNA, através da análise de um fio de cabelo, qualquer vestígio de sangue ou sêmen e, finalmente, na simples investigação da marca digital, conduziram Caio Mário a rever tal posição, assumindo a linha daqueles que, como Maria Celina Bodin de Moraes, consideram que, "embora a integridade física configure verdadeiro direito subjetivo da personalidade, garantido constitucionalmente, torna-se abusivo se servir de escusa para eximir a comprovação, acima de qualquer dúvida, de vínculo genético, a fundamentar adequadamente as responsabilidades decorrentes da relação de paternidade".[104]

Caio Mário orientou seu entendimento no sentido de que se mantenha a presunção da paternidade diante da recusa injustificada do investigado, seja a mesma considerada relativa, cabendo ao pretenso pai fazer prova suficiente para afastá-la.

412-F. PRESUNÇÃO DE PATERNIDADE DECORRENTE DA RECUSA EM FAZER EXAME DE DNA

A Lei nº 12.004, de 29 de julho de 2009, alterando a Lei nº 8.560, de 29 de dezembro de 1992, que regula a investigação de paternidade dos filhos havidos fora do casamento, estabeleceu expressamente a *presunção de paternidade no caso de recusa do suposto pai em submeter-se ao exame de código genético – DNA*. O art. 2º-A da Lei nº 8.560, de 29 de dezembro de 1992, além de considerar "hábeis para provar a verdade dos fatos na ação de investigação de paternidade todos os meios legais, bem como os moralmente legítimos", acrescentou no parágrafo único que "a recusa do réu em se *submeter ao exame de código genético – DNA* gerará a presunção da paternidade, a ser apreciada em conjunto com o contexto probatório".

Atente-se também para a Lei nº 14.138, de 16.04.2021, que acrescentou ao § 2º do art. 2º-A da Lei nº 8.560, de 29.12.1992, a seguinte determinação: "se o suposto pai houver falecido ou não existir notícia de seu paradeiro, o juiz determinará, a expensas do autor da ação, a realização do exame de pareamento do código genético (DNA) em parentes consanguíneos, preferindo-se os de grau mais próximo aos mais distantes, importando a recusa em presunção da paternidade, a ser apreciada em conjunto com o contexto probatório".

Ressalte-se que "no sistema brasileiro o estabelecimento do vínculo de paternidade é um direito personalíssimo do filho, de modo que o comportamento sexual da

---

[104] Maria Celina Bodin de Moraes, "O direito personalíssimo à filiação e a recusa ao exame de DNA: uma hipótese de colisão de direitos fundamentais", *in Grandes temas da atualidade: DNA como meio de prova da filiação* (coord.: Eduardo de Oliveira Leite), p. 232.

mãe não deve servir de justificativa para a negativa de realização do exame de DNA pelo investigado".[105]

Reporte-se ao posicionamento do Jurista Zeno Veloso, ao afirmar que "a paternidade não pode ficar adstrita a uma simples questão biológica".[106] Comenta o mesmo autor decisão inédita do Tribunal de Justiça de Minas Gerais, em 2002, onde foi acatada a *exceptio plurium concumbentium*, num processo em que houve a recusa do investigado em se submeter à realização do exame do DNA. Da mesma forma, destaca-se a Súmula nº 301 do STJ, bem como julgados recentes do tribunal superior.[107]

O acórdão concluiu que a recusa em se submeter ao exame do DNA, naquele caso, não devia levar à conclusão da veracidade dos fatos alegados. O réu comparecera aos autos com a única prova de que a mãe da autora vivia em pensão, na zona do meretrício, sendo frequentada por fregueses, mantendo encontros sexuais com vários homens, no mesmo dia, restando cabalmente demonstrada a *exceptio*. A investigante, com mais de 40 anos ao promover a ação investigatória, apresentara somente alegações e solicitara o exame do DNA. O ilustre jurista alerta para que "a recusa do investigado só pode levar à presunção ficta da paternidade, observado o contexto do conjunto probatório. A recusa ao exame pode ser um reforço de prova, mas sozinha não deve ser considerada prova bastante para declarar a existência do vínculo da paternidade". Naquele processo, afirma o V. Acórdão, estava "fartamente comprovada a *exceptio plurim concunbentium*".[108]

Deve ser mantida, portanto, com reservas, a recusa à realização do exame do DNA como presunção da paternidade, sobretudo quando se busca identificar a relação paterno-filial fundada em elementos que vão além da verdade biológica.

Esta foi a conclusão do Tribunal de Justiça de Minas Gerais, tendo como Relator o Des. Dídimo Inocêncio de Paula: "... nas ações em que se busca a modificação de estado de pessoas naturais – direito personalíssimo e indisponível – as provas produzidas nos autos devem ser convincentes e conclusivas, permitindo ao julgador, segundo o princípio da persuasão racional, a plena convicção acerca do direito invocado pelas partes. A recusa ao exame de DNA não pode ser tomada como uma presunção absoluta de veracidade, pois ele é apenas um dentre os vários meios de prova à disposição do Juízo. O artigo 232 do Código Civil e a Súmula nº 301 do Superior Tribunal de Justiça não autorizam a conclusão de que o reconhecimento da paternidade é uma consequência lógica da recusa à submissão ao teste de DNA".[109]

---

105 Caio Mário da Silva Pereira, *Reconhecimento de Paternidade e seus Efeitos*. Atualizado por Heloísa Helena Barbosa e Lucia Maria Teixeira Ferreira. Rio de Janeiro: Forense, 2015, p. 197.
106 Zeno Veloso, "A Sacralização do DNA na Investigação da Paternidade", *in Grandes temas da Atualidade: DNA como meio de prova da filiação* (coord.: Eduardo de Oliveira Leite), p. 388.
107 STJ – 4ª Turma – AgInt no AREsp 1.501.471/PR – Rel. Min. Raul Araújo – *DJe* 01.08.2022.
108 Zeno Veloso, "Um caso em que a recusa ao exame de DNA não presume a paternidade", *in Revista Brasileira de Direito de Família*, nº 14, Porto Alegre, Síntese, v. 14, pp. 51-70.
109 TJMG, AC. 1.0672.03.121298-4/001(1), Rel. Des. Dídimo Inocêncio de Paula, *DJ* 13.09.2007.

Outrossim, prejudicada a prova pela recusa do investigado em participar do exame genético, poderá o Juiz, excepcionalmente, considerar que os demais elementos convencem da certeza da paternidade.

Destaca-se neste sentido o REsp nº 1.115.428/SP, da 4ª Turma do STJ, tendo como Relator o Ministro Luís Felipe Salomão, que considerou as circunstâncias fáticas que convergiram para a recusa da filha em se submeter ao exame de DNA para não aplicar qualquer presunção negativa como consequência de seu comportamento. O Ministro Relator destacou que "no conflito entre o interesse patrimonial do recorrente para reconhecimento da verdade biológica e a dignidade da recorrida em preservar sua personalidade – sua intimidade, identidade, seu *status* jurídico de filha –, bem como em respeito à memória e existência do falecido pai, deverá se dar primazia aos últimos". A Turma considerou que nos casos que envolvem a presunção advinda da recusa de realizar o exame de DNA, devem-se avaliar as nuances do caso concreto, havendo uma ponderação dos interesses em disputa, através da aplicação da proporcionalidade ou razoabilidade, para se chegar à solução que melhor proteja a dignidade humana.[110]

O direito aos alimentos, após a identificação voluntária ou judicial, torna-se recíproco entre pais e filhos, extensivo a todos os ascendentes, recaindo a obrigação nos mais próximos em grau, uns na falta de outros (art. 1.696).

Determina a Lei nº 8.560/1992 (art. 7º) que a sentença de 1º grau, que reconhecer a paternidade, fixará desde logo os alimentos provisionais ou definitivos, para o reconhecido que deles necessite. Sobre o assunto, também decidiu o Tribunal de Justiça do Rio Grande do Sul, tendo como Relatora a Des.ª Maria Berenice Dias: "... em ações de investigação de paternidade julgadas procedentes, a fixação de alimentos é de rigor e pode ser feita independentemente do pedido expresso na inicial, sem que isso represente julgamento *extra petita*".[111]

Em consectário lógico da equiparação de todos os filhos, abolidas todas designações discriminatórias, no registro de nascimento não se fará qualquer referência à natureza da filiação, à sua ordem em relação a outros irmãos do mesmo prenome (exceto gêmeos).[112]

Não se mencionará, também, no Assento de Nascimento, o lugar e cartório do casamento dos pais, ao estado civil destes. Das certidões de nascimento não consta-

---

110 STJ – 4ª Turma – REsp nº 1.115.428/SP – Rel. Min. Luís Felipe Salomão – Julg. em 27.08.2013 – DJe 27.09.2013.
111 TJRS – AC. 70012915062-2005 – 7ª CC, julg. em 09.11.2005. Em outra decisão da 7ª CC, tendo também como Relatora a Des.ª Maria Berenice Dias, declarou-se, por maioria: "... a filiação socioafetiva se sobrepõe à verdade presumida e à verdade biológica. Tratando-se de direito indisponível que diz com o estado de filiação, os preceitos da Constituição Federal devem se sobrepor à coisa julgada. Impositiva a desconstituição da sentença para que seja reaberta a instrução, para realização da prova de filiação socioafetiva e do exame de DNA. Sentença desconstituída" (TJRS – AC. 70011437662, julg. em 01.06.2005).
112 Caio Mário da Silva Pereira, atualizado por Lucia Maria Teixeira Ferreira, ob. cit., p. 244.

rão indícios de haver sido a concepção decorrente de relação extraconjugal (arts. 5º e 6º da Lei nº 8.560/1992).

A Lei nº 12.010/2010 (Lei Nacional de Adoção) incluiu dois novos parágrafos no art. 2º da Lei nº 8.560/1992; autorizou a dispensa do ajuizamento de ação de investigação de paternidade pelo Ministério Público se, após o não comparecimento ou a recusa do suposto pai em assumir a paternidade a ele atribuída, a criança for encaminhada para adoção (§ 5º introduzido pela Lei nº 12.010/2009). Nessa hipótese, deve correr, nos seus trâmites normais, a destituição do poder familiar da mãe. Foi mantida a regra do § 4º da mesma Lei ao determinar a remessa dos autos ao Ministério Público para que intente, havendo elementos suficientes, a ação de investigação de paternidade, se o suposto pai não atender, no prazo de trinta dias, à notificação judicial ou negar a alegada paternidade. O § 6º confirma a competência do Ministério Público para intentar a Ação de Investigação de Paternidade, não excluindo o direito de quem tenha legítimo interesse para intentar a investigação, visando a obter o pretendido reconhecimento da paternidade.

412-G. Do nome

Reitere-se a posição de Caio Mário ao considerar o nome como "direito da personalidade". Reportando-se a Spencer Vampré[113], o mesmo autor considerava o nome como "poder de individualizar-se e tem, portanto, caráter de direito pessoal, inauferível, imprescritível, inalienável e absoluto (*erga omnes*)". Reforça, ainda, a natureza pública do direito ao nome, sempre ligado a um dever. O registro civil é uma obrigação que a lei impõe a todo indivíduo; é o dever, a cargo do pai e da mãe, de fazer inscrever nele o filho recém-nascido. "Cronologicamente, portanto, o dever aparece antes do direito; a obrigação de ter um nome precede à faculdade de usá-lo. (...) Esse interesse de ordem pública preside às cautelas legais em torno do nome: o prenome, diz a lei, é imutável e, quanto ao patronímico, só excepcionalmente pode ser modificado".[114]

Além disso, as alterações do nome deverão ser requeridas a Juiz togado e só por ele poderão ser permitidas, precedendo à justificação, com Audiência do Ministério Público, mediante observância de formalidades processuais.

O Código de 2002 refere-se, no art. 16, ao direito de toda pessoa ao prenome e ao sobrenome. Diante do princípio da equiparação dos filhos e não discriminação, é dado ao filho o direito ao sobrenome dos pais, independente da origem da concepção. A Adoção autoriza a alteração do prenome e do sobrenome a pedido do adotante ou do adotado. Revogado o art. 1.627, CC/2002, pela Lei nº 12.010/2009, prevalece a regra do art. 47 do ECA que autoriza aos adotantes requerer a modificação do prenome (§ 5º). Nesta hipótese, é obrigatória a oitiva do adotando, observado o disposto nos §§ 1º e 2º do art. 28 do ECA (§ 6º com a redação da Lei nº 12.010/2009). Da

---

113 Spencer Vampré, *Do Nome Civil*, Rio de Janeiro, Briguiet & Cia., 1935, p. 54.
114 Caio Mário da Silva Pereira, atualizado por Lucia Maria Teixeira Ferreira, ob. cit., p. 244.

mesma forma, o reconhecimento do filho por sentença incluirá os apelidos dos pais, devendo ser mencionados, também, os nomes dos avós maternos e paternos. Cabe lembrar que manteve o sistema jurídico a irrevogabilidade da adoção, prevista agora no § 1º do art. 39 e no art. 48 do ECA, conforme alterações introduzidas pela Lei nº 12.010/2009.

Diante da realidade irrefutável preconizada por João Baptista Villela[115] de que "o aspecto biológico cede espaço ao comportamento", a socioafetividade passou a indicar a existência de uma filiação onde a força do sentimento acaba por superar o vínculo decorrente do sangue. A possibilidade de incluir o sobrenome do padrasto representa um componente significativo nessa evolução do sistema jurídico brasileiro e nos reporta às famílias reconstituídas, marcadas pelo compromisso e responsabilidade. A Lei nº 11.924/2009, quando autoriza tais acréscimos, retrata o vínculo psicológico e social entre o filho e o suposto pai tornando indiscutível a relação de parentalidade.

Em julgado da 2ª Seção do STJ datado de 18.12.2008 que manteve decisão do TJSP, foi autorizada a inclusão do nome familiar do padrasto ao nome dos enteados, criados por ele desde pequenos. O desejo de uma pessoa assumir o nome familiar do padrasto que tenha sido por ela responsável desde criança foi considerado motivo suficiente para a modificação do seu sobrenome. Questiona a Ilustre Relatora Ministra Nancy Andrighi no REsp nº 1.069.864-DF, julgado em 18.12.2008, que "no caso da paternidade/maternidade socioafetiva, por que não admitir a mesma conclusão, de sorte a garantir a dignidade da criança, pouco importando a inexistência de liame biológico entre ela e um ou ambos os pais? Concluiu a Relatora: "não há como negar a uma criança o direito de ter alterado o seu registro de nascimento para que dele conste o mais fiel retrato de sua identidade, sem descurar que uma das expressões concretas do princípio fundamental da dignidade da pessoa humana é justamente ter direito ao nome, nele compreendido o prenome e o patronímico".[116]

Ressalte-se que, para a 3ª Turma do STJ, "é direito subjetivo do menor acrescer ao seu nome no registro de nascimento o patronímico do genitor em decorrência de declaração posterior de paternidade", para fins de proteger os vínculos de parentesco e de ancestralidade. No entanto, "é imprescindível a caracterização de justo motivo para exclusão do sobrenome do genitor do nome registral da criança", de modo que "a alteração das regras previstas na Lei de Registros Públicos somente é admitida em caráter excepcional e em decorrência de fundamentação adequada".[117]

---

115 João Baptista Villela, "Desbiologização da Paternidade", in *Revista da Faculdade de Direito da Universidade Federal de Minas Gerais*, nº 21/400-416, Belo Horizonte, 1979.
116 O assunto mereceu estudo profundo pelo Des. Antônio Carlos Mathias Coltro e Tânia da Silva Pereira no trabalho monográfico intitulado "A socioafetividade e o cuidado: o direito de acrescer o sobrenome do padrasto", in *Direito das Famílias: Contributo do IBDFAM em homenagem a Rodrigo da Cunha Pereira* (org. Maria Berenice Dias). São Paulo: RT/IBDFAM, 2009, pp. 353/354.
117 STJ, 3ª Turma, REsp 1.104.743/RR, Rel. Min. Ricardo Villas Boas Cueva, Julg. em 22.05.2014, DJe 05.06.2014.

A mesma Turma, no REsp nº 1.304.718/SP,[118] entendeu pela possibilidade de o filho abandonado pelo pai em tenra idade, após atingir a maioridade, excluir completamente de seu nome civil os sobrenomes de seu pai, entendendo que o princípio da imutabilidade do nome não é absoluto, podendo ser flexibilizado em função do princípio da dignidade da pessoa humana.

412-H. Da investigação da maternidade

Reporte-se, mais uma vez, ao art. 1.608 do Código Civil ao referir-se à única hipótese de contestação da maternidade: quando se provar a falsidade do termo ou das declarações nele contidas. Apesar das conquistas científicas que autorizam discutir os direitos das partes na inseminação artificial a exemplo do "aluguel do útero", ainda persiste o brocardo romano *mater semper certa est*. Cite-se a hipótese da mãe ser induzida a erro a crer que aquele era seu filho, quando na verdade era outro, o que a autoriza contestar a maternidade.

Na hipótese da mãe reconhecer como próprio filho alheio, efetuando o que se denomina "adoção à brasileira", houve efetiva adoção irrevogável (§ 1º do art. 39 e art. 48, ambos do ECA), hipótese em que não poderá, posteriormente, contestar a maternidade.[119] Reitere-se que o sistema jurídico brasileiro manteve a irrevogabilidade da adoção, regida, agora, pelas alterações introduzidas pela Lei nº 12.010/2009.

Esclarece, no entanto, Arnaldo Rizzardo: "... nos registros tardios feitos pelo próprio filho, e não assinado pela mãe, não é certa a maternidade, podendo ser impugnada pelos demais filhos. Consequentemente, o suposto filho deverá ingressar com ação investigatória". Diante da igualdade de filhos independente da origem (parágrafo 6º do art. 227, CF), não mais se pode admitir a proibição do art. 357 do Código Civil de 1916 que vetava, expressamente, a investigação de maternidade para atribuir prole ilegítima à mulher casada, ou incestuosa à solteira, completa o mesmo autor.[120]

Sobretudo, há que se considerar, sempre, o princípio constitucional do melhor interesse do filho, no que concerne ao conhecimento da própria origem e do direito à convivência familiar na família natural ou substituta.

412-I. Autoridade da coisa julgada

A questão da coisa julgada nas ações de investigação de paternidade, até há poucos anos, não era objeto de atenção da Doutrina e da Jurisprudência. Prevalecia o entendimento de que as sentenças de mérito produzidas nas ações de vindicação ou de desconstituição do estado de filiação faziam coisa julgada material. Alerte-

---

118 STJ – 3ª Turma – REsp nº 1.304.718/SP – Rel. Min. Paulo de Tarso Sanseverino – Julg. em 18.12.2014 – *DJe* 05.02.2015.
119 Milton Paulo de Carvalho Filho. *Código Civil Comentado: Doutrina e Jurisprudência* (coord.: Ministro Cezar Peluzo), São Paulo, Manole, 2008, p. 1.701.
120 Arnaldo Rizzardo, *Direito de Família*. Rio de Janeiro, Forense, 2008, p. 479.

-se, no entanto, para o fato de que a não apresentação do recurso no prazo estipulado ou o exercício de todos os recursos disponíveis, esgotando as vias recursais possíveis, acarretam a preclusão e a decisão adquire o selo de imutabilidade, que leva o nome de coisa julgada. Há *coisa julgada formal* quando o processo já não comporta mais nenhum recurso, tornando-se definitiva a palavra do julgador, não mais existindo espaço processual para discutir o que já foi decidido. A *coisa julgada material* impede que a relação de direito material ferida entre as mesmas partes seja decidida no mesmo processo ou em outro processo pelo mesmo ou por outro juiz ou Tribunal.[121]

A propósito da *res iudicata*, Caio Mário já se pronunciara (n° 48, *supra*, v. I) em relação às "ações de estado" em geral. No particular da investigação de paternidade, retoma-se o assunto para fixar o mesmo conceito, da oponibilidade *erga omnes* do *status* de filiação.

Uma vez proclamada judicialmente a paternidade, o filho o é em relação aos que integraram a equação processual, como o será frente a todos, pois não é admissível ser filho de um pai e não o ser ao mesmo tempo (*simul esse et non esse non potest esse*). A sentença deverá ser levada ao Registro de Nascimento para ser averbada à margem do Assento (ou lavrado o Assento, se nunca o tiver sido).

Diante das novas provas técnicas e conquistas doutrinárias, estão em jogo dois aspectos fundamentais: o legítimo interesse do investigante de saber a verdade sobre sua paternidade e a alegação da coisa julgada onde não existiram elementos de convicção do julgador.

Manteve-se no art. 1.616 a mesma orientação do art. 366 do Código revogado, no sentido de que "a sentença que julgar procedente a ação de investigação de paternidade produzirá os mesmos efeitos do reconhecimento". Em face dos novos paradigmas que orientam as relações paternidade/filiação, não mais se pode aplicar a proibição de se propor ação investigatória contra o pai na constância do casamento, relativamente ao filho nascido fora do casamento.

Da mesma forma, contrariando nossa posição doutrinária, indica-se a orientação jurisprudencial no sentido de ser autorizado o reconhecimento voluntário e judicial do filho de mulher casada com terceiro.

Outrossim, reconhecida a paternidade de um filho nascido de um relacionamento do marido com outra mulher, não há impedimento para se promover ação de alimentos visando a prover o seu sustento. Aos filhos identificados anteriormente como "incestuosos" foi concedida a ação investigatória a partir da Lei n° 7.841/1989. Uma vez reconhecida a paternidade, ficará estabelecida plena igualdade jurídica do reconhecido, em relação aos filhos havidos de relação matrimonial (Constituição Federal, art. 227, § 6°). A declaração judicial do estado de filiação gera efeitos na esfera social e registral, com o acréscimo dos nomes do ascendente judicialmente investigado e de seus pais, os avós do investigante, cujo patronímico será averbado

---

121 Rolf Madaleno, ob. cit., p. 466.

no acento de nascimento, aperfeiçoando os vínculos faltantes de parentesco (art. 102, nº 4, da Lei nº 6.015/1973 e art. 3º da Lei nº 8.560/1992).[122]

Considerando que a investigação de paternidade envolve o estado da pessoa e que o reconhecimento da filiação é personalíssimo, impõe-se a aplicação do art. 506 do Novo CPC (art. 472 do CPC/1973), ao determinar que "a sentença faz coisa julgada às partes entre as quais é dada, não prejudicando terceiros". Ressalva João Francisco Moreira Viegas, comentando a Lei nº 8.560/1992: "... os efeitos da coisa julgada só se estenderão ao filho se este tiver sido citado para ingressar na ação, na qualidade de litisconsorte".[123]

Ressalta-se o entendimento da 4ª Turma do STJ no julgamento do REsp 1.331.815/SC, no qual se ressaltou que os efeitos da sentença transitada em julgado em ação de investigação de paternidade, que não se confundem com a coisa julgada e seus limites subjetivos, irradiam-se com eficácia *erga omnes*, atingindo mesmo aqueles que não figuraram como parte na relação jurídica processual, como é o caso do avô. Decidiram os Ministros que "reconhecida, por decisão de mérito transitada em julgado, a relação de parentesco entre pai e filho, a consecutiva relação avoenga (vínculo secundário) é efeito jurídico dessa decisão (CC/2002, art. 1.591)".[124]

Importante lembrar a evolução do nosso Direito no que concerne à possibilidade de se promover Ação Rescisória quando não foi feita, no correr do processo, a prova do DNA. A comprovação genética pelo investigante vem sendo considerada como "elemento novo capaz por si só de lhe assegurar pronunciamento favorável" (art. 485, VII, CPC/1973). Pelo Novo CPC (art. 966, VII), exige-se "prova nova cuja existência ignorava ou de que não pôde fazer uso, capaz, por si só, de lhe assegurar pronunciamento favorável". Deveria ser proposta dentro do prazo de dois anos contados do trânsito em julgado da sentença, como previa o art. 495, CPC/1973. No entanto, o Novo CPC passou a prever que o prazo de dois anos começa a correr do trânsito em julgado da última decisão proferida no processo.

Destaque-se a orientação de Galeno Lacerda ao afirmar que o dogma do respeito à coisa julgada erigido pela Constituição Federal como direito e dever fundamental (art. 5º, XXXV) não é absoluto, já que a Carta Magna cogita da ação rescisória para desconstituí-la, quando se trata de competência originária dos Tribunais Superiores (art. 102, I, *j*, e art. 105, I, *e*).

Diante da controvérsia levantada pela Doutrina à anterior existência ou não de "documento novo", Galeno Lacerda ressalva que, "se essa ação restaura a verdade real na coisa julgada e se, para tanto, admite possa ela evidenciar-se através de documento novo, então, pouco importa, para esse objetivo, a data da produção do documento, se anterior, contemporânea ou posterior à do julgamento rescindendo".[125]

---

122 Rolf Madaleno, ob. cit., pp. 462-463.
123 João Francisco Moreira Viegas, "Reconhecimento da Paternidade – Observações à Lei nº 8.560/1992", *in Revista dos Tribunais*, nº 699, p. 14.
124 STJ – 4ª Turma – REsp 1.331.815/SC – Rel. Min. Antonio Carlos Ferreira – Julg. em 16.06.2016 – *DJe*.: 01.08.2016.
125 Galeno Lacerda, Direito de Família: ações de paternidade, p. 196.

Nos estudos relativos à coisa julgada na investigação da paternidade, mesmo após vencido o prazo para ação rescisória, destaca-se importante decisão (REsp nº 225.436/PR, de 28 de junho de 2001) da 4ª Turma do Superior Tribunal de Justiça, tendo como Relator o Ministro Sálvio Figueiredo Teixeira.

Concluiu o V. Acórdão a admissibilidade do ajuizamento de ação investigatória ainda que tenha sido aforada uma anterior cuja sentença julgou improcedente o pedido, quando ainda não estava disponível o exame do DNA ou não havia notoriedade a seu respeito.

Considerou que na primeira ação investigatória não foi excluída, expressamente, a paternidade do investigado. "Ao contrário, restou registrado que não havia indícios suficientes a caracterizar tanto a paternidade como a sua negativa." A decisão limitou-se a afirmar que a prova era insuficiente e que a melhor solução era a improcedência do pedido, por não existir decisão de mérito excluindo a paternidade do investigante. Concluiu, também, que "todo o progresso da ciência jurídica está na substituição da verdade ficta pela verdade real que inspira o legislador e o jurista moderno".

Comentando o referido Acórdão, Cristiano Chaves de Farias destaca que "não se pode acobertar com o manto de coisa julgada ações nas quais não foram exauridos todos os meios de provas, inclusive científicos (como o DNA), seja por falta de condições das partes interessadas, por incúria dos advogados, por inércia do Estado-Juiz. Em outras palavras não faz coisa julgada material a decisão judicial em ações filiatórias nas quais não se produziu a pesquisa genética adequada, seja por que motivo for".[126]

Rolf Madaleno destaca que "atualmente é preciso proceder à leitura destes surrados preceitos que espraiam indistintamente a eficácia absoluta do princípio da coisa julgada, quando a ciência é capaz de fornecer métodos seguros para verificar a existência do liame biológico de filiação e resgatar os vínculos que foram juridicamente decretados pelos meios probatórios tradicionais".[127]

O tema mereceu a análise do STF por meio do Recurso Extraordinário nº 363.889/DF, de Relatoria do Ministro Dias Toffoli, que reconheceu a repercussão geral da matéria relativa à "possibilidade da repropositura de ação de investigação de paternidade, quando anterior demanda idêntica, entre as mesmas partes, foi julgada improcedente, por falta de provas, em razão da parte interessada não dispor de condições econômicas para realizar o exame de DNA e o Estado não ter custeado a produção dessa prova". O Tribunal decidiu que "deve ser relativizada a coisa julgada estabelecida em ações de investigação de paternidade em que não foi possível determinar-se a efetiva existência de vínculo genético a unir as partes, em decorrência da

---

[126] Cristiano Chaves de Farias, "Um alento ao futuro: novo tratamento da coisa julgada nas ações relativas à filiação", in Revista Brasileira do Direito de Família, nº 13, p. 95.
[127] Rolf Madaleno, "A coisa julgada na investigação de paternidade", in Grandes temas da atualidade: DNA como meio de prova da filiação (coord.: Eduardo de Oliveira Leite), Rio de Janeiro, Forense, 2000, p. 304.

não realização do exame de DNA", não devendo ser impostos "óbices de natureza processual ao exercício do direito fundamental à busca da identidade genética, como natural emanação do direito de personalidade de um ser, de forma a tornar-se igualmente efetivo o direito à igualdade entre os filhos, inclusive de qualificações, bem assim o princípio da paternidade responsável".[128]

Caio Mário, em edição anterior, demonstrou especial interesse pelos debates que envolviam a coisa julgada no reconhecimento da filiação. O princípio constitucional da dignidade da pessoa humana e do direito à identidade social, aliados às novas conquistas científicas, têm conduzido a Doutrina e a Jurisprudência a reverem os princípios da coisa julgada que norteiam a investigação da paternidade. Para ele, atentava contra a dignidade humana negar ao filho o direito de investigar a sua paternidade, invocando os limites da coisa julgada formal.

Alertava, no entanto, para os excessos que poderiam advir, pondo em risco a estabilidade na convivência familiar, sobretudo, tratando-se de criança ou jovem integrado a uma família. O autor via com reservas a legitimidade de qualquer de seus responsáveis em buscar fora da família outra paternidade.

As mudanças que ocorreram no campo da pesquisa genética, sobretudo com o teste do DNA, permitem a afirmação da paternidade com 99,99% de certeza. Essa possibilidade, no entanto, depende da realização dos exames por profissionais competentes, cujas técnicas utilizadas são componentes essenciais para um inquestionável resultado.

Destaca-se a decisão da 4ª Turma, na qual, por maioria, se decidiu que o avô não tem interesse jurídico para pleitear a realização de exame de DNA buscando desconstituir, com base em eventual resultado negativo de vínculo genético, a relação de parentesco que resulta dos efeitos de sentença proferida em ação de reconhecimento de paternidade ajuizada contra seu filho, já transitada em julgado. Ressaltou-se que "reconhecida, por decisão de mérito transitada em julgado, a relação de parentesco entre pai e filho, a consecutiva relação avoenga (vínculo secundário) é efeito jurídico dessa decisão (CC/2002, art. 1.591), afigurando-se inadequada a ação declaratória incidental para a desconstituição do vínculo primário, sob o exclusivo argumento de inexistência de liame biológico".[129]

Também já asseverou o STJ, em decisão da 3ª Turma, que a relativização da coisa julgada estabelecida em ação de investigação de paternidade não se aplica às hipóteses em que o reconhecimento do vínculo se deu, exclusivamente, pela recusa do investigado ou seus herdeiros em comparecer ao laboratório para a coleta do material biológico. Isso porque "Configura conduta manifestamente contrária à boa-fé objetiva, a ser observada também em sede processual, a reiterada negativa (...) de produzir a prova que traria certeza à controvérsia estabelecida nos autos da anterior ação de investigação de paternidade para, transitada em julgado a decisão que lhe

---

128 STF – RExt nº 363.889/DF – Rel. Min. Dias Toffoli – Julg. em 02.06.2011.
129 STJ – 4ª Turma – REsp 1.331.815/SC – Rel. Min. Antonio Carlos Ferreira – Julg. em 16.06.2016 – *DJe* 01.08.2016.

é desfavorável, ajuizar ação negatória de paternidade agora visando à realização do exame de DNA que se negara a realizar anteriormente".[130]

412-J. DAS PROVAS NA AÇÃO INVESTIGATÓRIA

DNA – *Moderna Conquista Científica*. Posto que sumariamente, como convém à natureza desta obra, cuidou o autor de postular sobre as modernas conquistas científicas, no campo da perícia hematológica, aplicável na determinação da paternidade.

Segundo Sergio Danilo Pena, a base científica do processo assenta nas descobertas de Jeffreys. Os genes são quimicamente constituídos de DNA (ácido desoxirribonucleico), expressos no código genético, à sua vez constituída de sequências de bases do DNA. O exame pode ser realizado com amostra colhida em qualquer parte do corpo (sêmen, raiz do cabelo, pele, placenta etc.). O sangue, pela maior facilidade de obtenção, é o mais utilizado. Esclareça-se que o DNA da célula branca do sangue é exatamente igual ao DNA das células da pele, dos tecidos, dos ossos, do sêmen, da saliva etc.

Nos casos em que o suposto pai está morto, nos termos do art. 2º-A, § 2º, da Lei nº 8.560/1992, o exame deve ser realizado por meio do pareamento do código genético (DNA) de parentes consanguíneos, preferindo-se os de grau mais próximo aos mais distantes. Nesse sentido, vale destacar que, em caso de falta de colaboração desses parentes, o STJ vem entendendo ser cabível a exumação do corpo do morto para colheita de outras amostras biológicas das quais seja possível extrair-se o DNA.

De posse do material, das pessoas cujo relacionamento é pesquisado, o *expert* avalia o índice do pretenso pai convertido em uma "probabilidade de paternidade" fundada nas condições específicas de cada caso. Realizados os testes do material colhido do filho, do pretenso pai e (quando possível) da mãe, o perito pode chegar à afirmação praticamente absoluta.[131]

E nesse caso poder-se-á eliminar o anátema que pesava sobre a filiação, que o romano já qualificava de mistério (*mater semper certa est, pater incertus*) e que o provérbio salomônico tratava como estranho ao conhecimento: "*Tria sunt difficilia mihi et quartum penitus ignoro: viam aquilae in coelo viam navis in medio mari et viam viri in adolescentia. Talis est et via mulieris adulterae quae comedit, et tergens os suum dicit: non sum operata malum*" (Provérbios, XXX, versículos 18, 19 e 20).

Com o advento dos modernos exames genéticos associados ao fato de não existirem duas pessoas com igual sequência de DNA em todo o mundo (à exceção dos gêmeos univitelinos possuidores do mesmo padrão de DNA) a perícia genética tem provocado verdadeira revolução nos meios jurídicos, por ser possível cientificamente alcançar nas ações de investigação ou de negativa de paternidade e filiação a

---

130 STJ – 3ª Turma – REsp 1.562.239/MS – Rel. Min. Paulo de Tarso Sanseverino – Julg. em 09.05.2017.
131 Sergio Danilo Pena. "Determinação da Paternidade pelo Estudo Direto do DNA; Estado da Arte no Brasil", in *Direito de Família e do Menor* (coord.: Sálvio de Figueiredo Teixeira), pp. 243-259.

verdade real e não mais apenas a verdade formal pelo fato das perícias genéticas atingirem, como prova de inclusão, o percentual de 99,99% e 100% no caso de exclusão da filiação.[132]

Apesar de ultrapassadas diante das novas conquistas, vale discorrer sobre o assunto diante da sua importância histórica.

Em várias manifestações profissionais e doutrinárias insistentemente Caio Mário afirmara que nem a ciência biológica nem a ciência jurídica dispunham de meios de prova absoluta da paternidade. Daí apoiar-se o Direito, para a determinação da relação jurídica da filiação, em um jogo de presunções baseadas em fatos certos. Isto não obstou, todavia, a que se ventilasse a questão das chamadas provas científicas. Ao sabor das preferências de cada época, e com fundamento na ideia da transmissão hereditária de caracteres, foram imaginados diversos sistemas com base em elementos diversos, tais como a comparação das papilas digitais (Locard), a cor dos olhos (Galton), a persistência de caracteres teratológicos, a incidência de elementos psicossomáticos etc. Ao assunto referiu-se em seu livro *Reconhecimento de Paternidade e seus Efeitos*, nº 61.

Os mais utilizados já foram o exame prosopográfico e retrato falado imaginado por Bertillon e, sobretudo, o exame hematológico. O primeiro consistia na ampliação de fotografias do investigante e do investigado, e justaposição de uma à outra, por cortes longitudinais e transversais, e a inserção de partes de uma na outra (nariz, olhos, orelha, raiz do cabelo etc.).

Como efeito psicológico, a prova impressionara, mas não mais tem préstimo científico ou jurídico, pois que a semelhança, ainda que notória, não induz relação de parentesco, que autorizasse afirmar o vínculo jurídico. Todas essas conclusões foram negadas cientificamente por Sommer.

O *exame de sangue*. Partindo do pressuposto de que o tipo sanguíneo se transmite hereditariamente, a classificação do tipo do filho e do pretenso pai, por perito judicial, poderia auxiliar a Justiça, admitindo-se com Lattes, Bernstein, Brewer que o tipo sanguíneo de um indivíduo provém dos caracteres do sangue de seus pais.

Mas, como resultado prático, esta técnica passou por várias fases. Com efeito, tendo em vista que os tipos sanguíneos (A, B, O e AB da classificação do "*Comité d'Hygiene de la Société des Nations*"), como a determinação dos caracteres M, N e MN (Levin, Landsteiner), ou ainda o fator RH (Taylor-Race, Brewer) transmitem-se hereditariamente, mas obviamente são encontrados idênticos em milhões de indivíduos, a conclusão é que a pesquisa destes elementos no investigante e no suposto pai concorria para auxiliar o juiz na prolação da sentença.

Se os mesmos caracteres estavam presentes num e noutro, não significava isto que existia entre eles a relação parental, pois é bem possível se tratasse de mera coincidência. Mas, se o resultado da perícia hematológica fosse negativo, isto é, se pela classificação dos tipos sanguíneos ficasse excluída a possibilidade da relação biológica da paternidade, o exame de sangue valia como fator excludente. Quer di-

---

[132] Rolf Madaleno, ob. cit., p. 466.

zer: não podia ser admitida a relação jurídica da paternidade em face de concluir a prova científica pela impossibilidade da filiação biológica.[133]

Considera-se, contudo, que o progresso constante da ciência conduziu à fixação do tipo sanguíneo em termos precisos. O sistema de histocompatibilidade humana (HLA – *Humam Leukocytes Antigens*) já oferecia alto grau de confiabilidade.[134] O sistema HLA, baseado na histocompatibilidade humana, levava à conclusão de ser possível provar a paternidade através de perícia hematológica.[135] Vários cientistas (Von Oungen, Hierzfelt, Moss, Snyder, Wichmann-Paal) levaram seus trabalhos ao campo sociológico, mostrando a predominância de certos tipos em tal raça, ou tal região da terra. Essas técnicas ainda são utilizadas, muitas vezes, nas ações de paternidade quando não é possível a realização do exame de DNA.[136]

A recusa em realizar o exame comprobatório da paternidade tem sido objeto de inúmeros debates, tendo resultado na aprovação da Súmula nº 301 do STJ ao estabelecer que "em ação investigatória, a recusa do suposto pai a submeter-se ao exame de DNA induz presunção *juris tantum* de paternidade".

O Código Civil de 2002, no art. 231, determina que "aquele que se nega a submeter-se a exame médico não poderá aproveitar-se de sua recusa". As partes têm o dever de colaboração no processo (art. 339, CPC/ prosopográfico 73 – art. 378, CPC/2015) e, se tratando de ônus, uma vez descumprido, não podem valer-se da própria torpeza para alegar insuficiência da prova que beneficiaria a outra parte.[137] Também o art. 232 do Código Civil de 2002 afasta a recusa na realização dos exames em proveito do investigado ao estabelecer que "a recusa à perícia médica ordenada pelo juiz poderá suprir a prova que se pretendia obter com o exame". Esclarece Nestor Duarte: "... o juiz pode ordenar à parte que se submeta à perícia médica (art. 340, II, CPC).[138] Sendo imposição à parte constitui ônus cujo cumprimento não pode ser obtido coercitivamente. Recusando-se a ela, porém, está o Juiz autorizado a interpretar que a prova favoreceria a outra parte. Não se trata, contudo, de consequência

---

133 Caio Mário da Silva Pereira, *La Preuve de la Paternité et les Progrês de la Science*, pp. 28 e segs.; Afrânio Peixoto, *Novos Rumos da Medicina Legal*, pp. 67 e segs.; Arnaldo Amado Ferreira, *Determinação Médico-Legal da Paternidade*, pp. 15 e segs.; M. Barbier, "L'Examen du Sang et le Rôle du Juge dans les Procès relatifs à la Filiation", in Revue Trimestrielle de Droit Civil, 1949, p. 345; G. L. Tatlor *et* R. R. Race, "Grupos Sanguíneos Humanos", in Boletim Médico-Britânico, 1944, p. 145; M. Hug Francis Brewer, *The Blood Groups in Blood Transfusion*, 1949.
134 Osvaldo Pataro Moreira, *O Sangue e os Grupos Sanguíneos Humanos em Medicina Legal*, p. 239. Dados da Organização Mundial de Saúde.
135 Ayush Murad Amam, "A Perícia Hematológica de Paternidade e Maternidade", in *Arquivos da Polícia Civil de São Paulo*, v. XXXVII, p. 70; Débora Regina Veig, "HLA e Paternidade", in *Revista do Instituto de Medicina Social e Criminológica de São Paulo* – IMESC – 1982, pp. 59-64; D. Salmon, "Probabilité de Paternité a Partir des Groupes Sanguins et des Marqueurs Leucetiques", in *Nouvelle Revue Française d'Hematologie*, tome 14, pp. 477-494.
136 Caio Mário da Silva Pereira, atualizado por Lucia Maria Teixeira Ferreira, ob. cit., p. 159.
137 Nestor Duarte. *Código Civil Comentado: Doutrina e Jurisprudência* (coord.: Ministro Cezar Peluso), São Paulo, Manole, p. 175.
138 Correspondente ao art. 379, II, do CPC/2015.

inexorável, porquanto a recusa há de ser injustificável e essa circunstância tem de ser examinada em função do conjunto probatório, podendo ser infirmada por outros elementos de prova".[139]

Destaca-se o § 1º, então parágrafo único, do art. 2º-A da Lei nº 8.560, de 1992, incluído pela Lei nº 12.004, de 29 de julho de 2009, que determina que a recusa do réu em se submeter ao exame de código genético (DNA) gera a presunção da paternidade, que deve ser apreciada em conjunto com o contexto probatório. A Lei nº 14.138/2021 introduziu o § 2º ao referido artigo, estabelecendo que, caso o suposto pai esteja ausente ou falecido, deverá ser determinada a realização de exame de DNA em parentes consanguíneos, "preferindo-se os de grau mais próximo aos mais distantes". Nesses casos, a recusa também gerará a presunção da paternidade, "a ser apreciada em conjunto com o contexto probatório".

Alertou Rolf Madaleno, no final da década de 1990, sobre a "sacralização do exame de DNA" destacando fatores que exigiriam maior cautela na análise deste tipo de perícia técnica. Cita como exemplos: falta de controle ou fiscalização sobre os laboratórios que se propõem a realizar esse tipo de exame e, também, os dados estatísticos sobre a nossa população não foram devidamente analisados e esse desconhecimento acarretaria um resultado inadequado nos exames.[140]

A Lei nº 11.105, de 2005, ao regulamentar os incisos II, IV e V do art. 225 da Constituição Federal estabeleceu normas de segurança e mecanismos de fiscalização de atividades que envolvam organismos geneticamente modificados – OGM e seus derivados, criou o Conselho Nacional de Biossegurança – CNBS e reestruturou a Comissão Técnica Nacional de Biossegurança e dispôs sobre a Política Nacional de Biossegurança.

Reporte-se, finalmente e por razões históricas, aos casos permissivos da investigação da paternidade previstos no art. 363 do Código de 1916, excluídos do Código Civil de 2002, apresentados por Caio Mário nas edições anteriores ao Código Civil de 2002. Tais elementos não foram afastados como fundamentos para a ação de investigação da paternidade, embora não representem *numerus clausus*. A exemplo do Código de 1916, na vigência do Código de 2002, outros fundamentos e provas poderão conduzir ao convencimento do julgador.

Assim expunha Caio Mário da Silva Pereira ao comentar os elementos constantes do art. 363 do Código Civil de 1916:

A – O *Concubinato*, já dizia Loysel na sua maneira pitoresca e versificada: *"Boire, manger, coucher ensemble, est mariage, ce me semble."*

Entre nós, e no meio de tantos, definiu-o Pontes de Miranda: a união prolongada daqueles que não se acham vinculados por matrimônio válido ou putativo.[141]

A vida em comum, sob o mesmo teto, assemelha-se ao casamento, e foi mesmo denominada *semicasamento* (*semimatrimonium*). Diz-se, então, que a vida *more*

---

139 Nestor Duarte, ob. cit., p. 176.
140 Rolf Madaleno, "A sacralização da presunção na investigação de paternidade", *in Revista dos Tribunais*, v. 766, pp. 69-87.
141 Pontes de Miranda, *Direito de Família*, § 139.

uxorio induz à presunção de paternidade. Mas os costumes mudaram. E, com eles, os conceitos: o Supremo Tribunal Federal enunciou (Súmula n° 382) que a vida *more uxorio* não é essencial ao concubinato.

Especialmente nos grandes centros, a par de situações em que os amásios levam vida em comum como se fossem marido e mulher, outros há em que a concubinagem subsiste, não obstante residirem os amantes separados, e até gozar a concubina de inteira independência econômica, seja porque possuidora de recursos de fortuna, seja pelo exercício de atividade ou profissão rendosa.

Deu-se, então, um deslocamento de conceito. Desprezando aquelas exigências relativamente à manutenção da mulher (*concubina teúda e manteúda*); dispensando a convivência sob o mesmo teto; abstraindo-se da convivência constante, a Doutrina moderna qualificou e definiu como concubinato a união na qual se provassem os elementos da continuidade e constância das relações, a sua notoriedade ou ostensividade, a unicidade da concubina, a estabilidade da convivência e a ostensiva fidelidade da mulher, que se não presumiam como no casamento, mas tinha de ser evidenciada.[142]

Mas é claro que se facilitará sensivelmente a prova pelo fato de a ligação entre os pais assentar em vínculo espiritual, e não apenas em relações precárias.

Os usos criaram uma situação de fato que se aproximava da estabilidade matrimonial, embora ficasse à meia distância entre esta e o concubinato. É o que na linguagem vulgar se costumava dizer de duas pessoas que vivessem maritalmente, para significar que passavam aos olhos de todos como se fossem casados. Não havia cogitado o Direito, ainda, de atribuir efeitos especiais a esta situação, mas a jurisprudência não deixava de apreciá-la, em evidente favorecimento, particularmente em referência à prova, que é forçosamente facilitada, desde que apurada a convivência em aparente casamento.[143]

Ex vi do disposto no art. 226, § 3°, da Constituição de 1988, a existência de "união estável" é fato preponderante na conceituação do concubinato, tanto mais que, nos termos do inciso constitucional, a lei facilitará sua conversão em casamento. Sobre o "concubinato e união estável" reporte-se aos estudos ao Anexo A desta obra. Forte tendência impera em nosso Direito, no sentido de se estabelecer uma presunção de paternidade em relação aos filhos havidos da união estável. A prova da vida em comum, em união estável, ainda representa prova importante na identificação da paternidade.

Rapto. Se a mulher honesta era tirada de seu lar por meio de violência, fraude, sedução ou emboscada, o fato constituía acontecimento escandaloso que induzia,

---

142 Caio Mário da Silva Pereira, "Concubinato, seu conceito atual", *in Revista Forense*, v. 190, p. 13; Arnoldo Medeiros da Fonseca, *Investigação de Paternidade*, n° 145 e segs.; René Savatier, *La Recherche de la Paternité*, n° 44 e segs.; Adahil Dias, *A Concubina e o Direito Brasileiro*, *passim*; Planiol, Ripert *et* Boulanger, n° 1.511; Filadelfo Azevedo, "Parecer", *in Revista Forense*, v. 81, p. 578; Mazeaud, Mazeaud *et* Mazeaud, Leçons, v. I, n° 967; Edgard de Moura Bittencourt, *O Concubinato no Direito*, n° 33 e segs.
143 Carbonnier, *Droit Civil*, v. II, n° 58, p. 183.

por si só, à presunção de que houvera comércio carnal. Coincidindo o período da concepção com o rapto, presumia-se que o filho provinha das relações com o raptor e podia ser aí fundada a sentença declaratória das relações parentais.[144] O Código de 2002 não recepcionou o preceito como fundamento para a ação investigatória.

Relações sexuais. Fundada a ação neste item, era necessário provar que ao tempo da concepção do filho houve relações sexuais entre sua mãe e o suposto pai. Levada a exigência a rigor, ter-se-ia de dar a prova direta do comércio sexual. Como é praticamente impossível, admitia-se a prova indireta ou indiciária. A tendência liberal de nossos juristas, propensos à abertura ao reconhecimento judicial da paternidade, manifestava-se na aceitação cada vez maior das facilidades de prova das relações sexuais como fundamento da sentença. Era, contudo, necessária à afirmação do congresso carnal.

Daí a recomendação de prudência ao julgador, para que a liberalidade na apreciação das provas não se convertesse em estímulo a ações que se articulassem como assaltos ousados às fortunas, como observava Afrânio Peixoto.

Tendo havido estupro, ou sedução, era lícito extrair daí um indício grave das relações, sem constituir, no entanto, uma presunção de paternidade. Em se tratando de relações sexuais fortuitas ou ocasionais, o investigante havia de dar a sua prova em coincidência com a concepção, além de evidenciar a honestidade da mulher, cabendo ao juiz apurar os fatos com redobrado rigor.[145]

Escrito. Não se tratava, aqui, de ato autêntico de reconhecimento (escritura pública, testamento, registro de nascimento). Se já existisse, não se cogitaria de investigação de paternidade. A lei referia-se, então, ao escrito que não trazia em si mesmo a validade de reconhecimento formal, porém traduzia uma confissão ou declaração equivalente. Podia ser qualquer escrito, público ou particular, correspondência epistolar, recomendação, termo de responsabilidade, qualquer documento dirigido ao filho ou endereçado a terceiro, como a menção da paternidade própria, ainda que não traduzisse confissão expressa.

Mesmo incompleto, ou imperfeito, o escrito valia como um começo de prova a ser completado por outros meios. Valia o escrito de próprio punho do pai, embora não assinado, como ainda o assinado pelo pai, posto que escrito por outrem, mas não tinha préstimo o documento emanado de outrem, ainda que se alegue havê-lo escrito por ordem do investigado.[146] O objeto do escrito não era as relações íntimas do investigado com a mãe, porém a paternidade do seu autor.[147] Mas havia de ser inequívoco e preciso na identificação do investigante, formal pela referência à relação em perspectiva, e sério como emissão volitiva.[148]

---

144 Planiol, Ripert *et* Boulanger, nº 1.504.
145 Filadelfo Azevedo, "Parecer", *in Revista Forense*, v. 81, p. 578; Arnoldo Medeiros da Fonseca, *Investigação de Paternidade*, nº 174; Orlando Gomes, *Direito de Família*, nº 152; Caio Mário da Silva Pereira, *Efeitos do Reconhecimento de Paternidade Ilegítima*, nº 16.
146 Arnoldo Medeiros da Fonseca, ob. cit., nº 141.
147 Savatier, *La Recherche de la Paternité*, nº 27.
148 Planiol, Ripert *et* Boulanger, *Traité Élémentaire*, v. I, nº 1.509; Mazeaud, Mazeuad *et* Mazeaud, *Leçons*, v. I, nº 967.

Em contraposição, o interessado podia opor quaisquer outras provas, para demonstrar a falsidade material ou ideológica, ou para evidenciar o defeito da declaração de vontade que pudesse conter.[149] Tal prova, também hoje, poderá somar às demais.

Confissão não escrita. Exigindo a lei o *escrito* daquele a quem se atribuía a paternidade, reconhecendo-a expressamente, não podia ser substituído pela confissão não escrita. A prática profissional apontava a generalização das ações em que o investigante alicerçava a sua pretensão em declarações colhidas de testemunhas, no sentido de ter o suposto pai declarado a conhecidos, amigos ou parentes, que aquele era seu filho. Tratava-se de uma deformação, que se não convalidava em preceito pelo fato de uma ou outra Corte de Justiça a ter acolhido. A confissão não escrita, ainda que reiterada, não constituía prova de paternidade.[150]

412-K. O RECONHECIMENTO DA FILIAÇÃO SOCIOAFETIVA E A MULTIPARENTALIDADE

Reiteramos o entendimento no sentido de que para que seja reconhecida a situação de filiação, é necessário observar a existência de critérios que sinalizam o vínculo de parentalidade: a verdade jurídica, a verdade biológica e a verdade afetiva, sem determinação de qualquer hierarquia entre os critérios, ou seja, não há mais que se falar em atribuir a condição de pai e mãe somente aos genitores.[151] "A intervenção positiva do julgador, que reconhece a situação de fato do filho prestigiando a sua verdade, representa a consagração dos direitos a liberdade, respeito e dignidade, concretizando o princípio do melhor interesse da criança e do adolescente".[152]

A maioria da doutrina considera a afetividade como um princípio implícito fundante do direito de família na atualidade. Como uma especialização dos princípios da solidariedade e da dignidade humana, a afetividade se entrelaçaria com os demais princípios de direito de família ressaltando o viés cultural e não mais exclusivamente

---

149 Pontes de Miranda, ob. cit., § 139.
150 Josserand, *Cours de Droit Civil Positif Français*, v. I, p. 615; Filadelfo Azevedo, "Parecer", *in Revista Forense*, v. 81, p. 579.
151 Essa superação, por si só, não é grande novidade, uma vez que a parentalidade por pessoas que não os ascendentes consanguíneos é juridicamente reconhecida há muito tempo no instituto da adoção. Hoje, porém, diferentemente da adoção, em que há o desligamento dos vínculos com a família biológica e o início de uma nova relação com a família adotiva, a tendência que se consagra nas relações familiares é a relativização da verdade biológica somente após a verificação da existência de relação socioafetiva." MULTEDO, Renata Vilela. OLIVIERI, Isabella. *A heteronomia estatal judicial no exercício da autoridade parental por meio do reconhecimento da parentalidade socioafetiva. In* TEIXEIRA, Ana Carolina Brochado. DADALTO, Luciana (Coord.). *Autoridade Parental: dilemas e desafios contemporâneos.* Indaiatuba: Editora Foco, 2021, p. 01-20.
152 MULTEDO, Renata Vilela. OLIVIERI, Isabella. *A heteronomia estatal judicial no exercício da autoridade parental por meio do reconhecimento da parentalidade socioafetiva. In* TEIXEIRA, Ana Carolina Brochado. DADALTO, Luciana (Coord.). *Autoridade Parental: dilemas e desafios contemporâneos.* Indaiatuba: Editora Foco, 2021, p. 01-20.

biológico do parentesco. Ocorre que podem ser conferidas duas faces à afetividade. A primeira é subjetiva, a do sentimento propriamente dito, a qual não é aferível e, portanto, inexigível pelo direito. O segundo viés é objetivo como fundador de deveres legais e constitucionais.[153]

A filiação socioafetiva[154] pode ser reconhecida, portanto, quando há a chamada "posse do estado de filho", que se verifica a partir dos critérios: *tractatus, nomen* e *fama*.[155] A posse do estado de filho, portanto, demonstra que, apesar da inexistência de consanguinidade, há naquele contexto familiar uma relação de filiação. O *tractatus* pode ser verificado a partir de um "comportamento ostensivo dos envolvidos como se parentes fossem"; com o *nomen* há a indicação de que o filho porte o nome da família e, por fim, a *fama* pode ser compreendida como o "reconhecimento daquela relação pela comunidade como uma relação de parentesco".[156]

---

153 MULTEDO, Renata Vilela. OLIVIERI, Isabella. *A heteronomia estatal judicial no exercício da autoridade parental por meio do reconhecimento da parentalidade socioafetiva*. In TEIXEIRA, Ana Carolina Brochado. DADALTO, Luciana (Coord.). *Autoridade Parental: Dilemas e desafios contemporâneos*. Indaiatuba: Editora Foco, 2021, p. 01-20.

154 "Ao menos em três passagens, o Código Civil em vigor faz menção indireta à filiação socioafetiva, a começar pelo inciso V do artigo 1.597, quando reconhece a filiação conjugal havida por inseminação artificial heteróloga, portanto, com sêmen de outrem, aceito expressamente pelo marido como sendo seu filho conjugal a prole gerada com material genético doado por terceiro, devendo o esposo consentir inequivocamente para a fertilização de sua esposa por meio de doação de sêmen, sendo o consorte reconhecido como pai, e não aquele que forneceu anonimamente seu espermatozoide para a fertilização; no artigo 1.603, quando confere absoluta prevalência ao termo de nascimento como prova de filiação, tanto que pelo artigo 1.604 ninguém pode vindicar estado contrário àquele resultante do registro de nascimento, salvo provando erro ou falsidade do registro, e nesse sentido a jurisprudência vem construindo a base jurídica da filiação socioafetiva, ao negar a desconstituição das adoções à brasileira; e, por fim, no inciso II do artigo 1.605, quando estabelece que a filiação sem termo de nascimento ou em que ele apresente defeito poderá ser demonstrada pela existência de veementes presunções resultantes de fatos já certos, dentre os quais, seguramente, podem ser considerados e valorizados os da posse de estado de filiação. Em singular julgamento do Desembargador Jorge Luís Costa Beber, da Quarta Câmara de Direito Civil do Tribunal de Justiça de Santa Catarina, na Apelação Cível n. 2011.034517-3, em voto datado de 18 de outubro de 2012, por unanimidade foi julgada procedente ação declaratória de estado familiar decorrente da posse de estado de filiação da autora que propugnava sua condição igualitária de coerdeira como filha socioafetiva do de cujus." MADALENO, Rolf. Direito de Família. 11. ed. Rio de Janeiro: Forense, 2021, p. 544.

155 "O nome refere-se à utilização do nome de família pelo filho, de forma a traduzir sua identidade familiar. Não obstante indicativo da posse de estado de filho, o nome não tem peso significativo na valoração das provas, pois pressupõe a sua inserção, não necessariamente verificada, no registro de nascimento de filho, além das hipóteses de adoção informal do sobrenome de família. João Baptista Villela – o primeiro a entender a afetividade como elemento apto a gerar fatos jurídicos – ressaltou a relevância do trato, ao dizer que o que caracteriza a figura do pai é o 'amor, o desvelo e o serviço que alguém se entrega ao bem da criança', ou seja, o exercício do papel de pai que nasce de uma atitude espontânea, e não da consanguinidade. A *fama* ou *reputatio* é a projeção social do tratamento, ou seja, o reconhecimento da comunidade em que a família está inserida de que houve o desempenho de papéis de pai e filho." TEPEDINO, Gustavo. TEIXEIRA, Ana Carolina Brochado. *Fundamentos do direito civil: direito de família*. 2. ed. Rio de Janeiro: Forense, 2021, p. 238.

156 MULTEDO, Renata Vilela. OLIVIERI, Isabella. *A heteronomia estatal judicial no exercício da autoridade parental por meio do reconhecimento da parentalidade socioafetiva*. In TEIXEIRA,

É preciso notar que a filiação socioafetiva deve ser encarada com seriedade, de modo que, uma vez reconhecida, não há que se falar em revogação. Recentemente, em julho de 2021, o TJSP decidiu que "o mero arrependimento não é suficiente para a anulação da paternidade socioafetiva". No caso em questão, o autor reconheceu a filha de sua noiva como sua filha, ratificando o vínculo socioafetivo que possuía com a criança que passou a utilizar o sobrenome do autor. Diante da dissolução da união, por meio de um divórcio litigioso, o autor requereu a revogação do ato, alegando que só reconheceu o vínculo socioafetivo para agradar a futura esposa. No entanto, para o desembargador Mathias Coltro, relator do recurso, "o reconhecimento é irrevogável, não sendo o mero arrependimento motivo válido para a desistência ou revogação", o ato só seria desfeito, portanto, diante da ocorrência de vício que maculou a vontade, fraude ou simulação. No caso, o vínculo foi reconhecido voluntariamente, observando a sua livre manifestação de vontade.[157]

Com a possibilidade de reconhecimento de filiação socioafetiva, é possível verificar a existência da multiparentalidade.[158] O reconhecimento de mais de uma paternidade ou maternidade, a depender do critério, – seja biológico ou socioafetivo –, afasta a discussão acerca de uma possível superioridade de um critério em detrimento do outro, em outras palavras, se a filiação biológica ou a socioafetiva deveria prevalecer em detrimento da outra. O reconhecimento da multiparentalidade,[159] permite a coexistência da filiação biológica e a socioafetiva no registro de nascimento do filho.

Com vistas a facilitar o reconhecimento da filiação socioafetiva extrajudicialmente, o Conselho Nacional de Justiça publicou, em 2017, o Provimento nº 63 que

---

Ana Carolina Brochado. DADALTO, Luciana (Coord.). *Autoridade Parental: Dilemas e desafios contemporâneos*. Indaiatuba: Editora Foco, 2021, p. 01-20.

157 Mero arrependimento não é suficiente para anular paternidade socioafetiva. Disponível em https://www.conjur.com.br/2021-jul-18/arrependimento-nao-suficiente-anular-paternidade-socioafetiva. Acesso em: 29.07.21.

158 "Define-se multiparentalidade (ou pluriparentalidade) como a possibilidade de concomitância na determinação da filiação de uma pessoa, que – na acepção mais aceita tanto em doutrina como em jurisprudência – decorre do acúmulo de diferentes critérios de filiação. Afirma-se que, estando presentes os requisitos para a paternidade socioafetiva e existindo uma parentalidade biológica, ambas modalidades de paternidade podem coexistir." MULTEDO, Renata Vilela. OLIVIERI, Isabella. *A heteronomia estatal judicial no exercício da autoridade parental por meio do reconhecimento da parentalidade socioafetiva*. In TEIXEIRA, Ana Carolina Brochado. DADALTO, Luciana (Coord.). *Autoridade Parental: Dilemas e desafios contemporâneos*. Indaiatuba: Editora Foco, 2021, p. 01-20.

159 "A ideia central da multiparentalidade é exatamente a possibilidade de coexistência de pelo menos três pessoas na linha reta ascendente de primeiro grau. A multiparentalidade não é castradora, muito pelo contrário. Ela permite ao filho conviver com o pai socioafetivo, bem como com o pai biológico, sem a necessidade de ter que escolher um ou outro. E o mais importante: essa duplicidade de vínculos gera efeitos para todos os envolvidos, pais e filhos, inclusive no que afeta ao exercício da autoridade parental." VALADARES, Maria Goreth Macedo. COELHO, Thais Câmara Maia Fernandes. *Autoridade parental na multiparentalidade*. In TEIXEIRA, Ana Carolina Brochado. DADALTO, Luciana (Coord.). *Autoridade Parental: Dilemas e desafios contemporâneos*. Indaiatuba: Editora Foco, 2021, p. 51-64.

dispôs, dentre outras coisas, sobre o reconhecimento voluntário e a averbação da paternidade e maternidade socioafetiva. Em seu artigo 14, vislumbrou-se que não houve vedação à multiparentalidade, haja vista que trouxe como limite dois pais e duas mães perante o assento de nascimento do filho.

Em 2019, o Conselho Nacional de Justiça emitiu o Provimento n° 83/2019, alterando o Provimento n° 63, e determinou que "o reconhecimento voluntário da paternidade ou maternidade socioafetiva de pessoas acima de 12 anos será autorizado perante os oficiais de registro civil." No Provimento anterior continha a mesma determinação, mencionando que o reconhecimento poderia ser de pessoas de qualquer idade. Além da alteração no artigo 10, o Provimento n° 83/2019 também adicionou o artigo 10-A, com uma série de determinações e documentos para que a filiação socioafetiva possa ser reconhecida diretamente no registro civil de pessoas naturais. Caso os interessados não possuam os documentos indicados não será impossibilitado o reconhecimento; contudo, o registrador deverá justificar como apurou o vínculo socioafetivo.

O reconhecimento de filhos socioafetivos em cartório de registro civil das pessoas naturais também é irrevogável e só pode ser desconstituído pela via judicial. A normativa sugere alguns documentos que deverão ser apresentados ao oficial registrador e deverão ser arquivados junto com o requerimento, tais como: "apontamento escolar como responsável ou representante do aluno; inscrição do pretenso filho em plano de saúde ou em órgão de previdência; registro oficial de que residem na mesma unidade domiciliar; vínculo de conjugalidade – casamento ou união estável – com o ascendente biológico; inscrição como dependente do requerente em unidades associativas; fotografia em celebrações relevantes; declaração de testemunhas com firma reconhecida." A ausência de tais documentos não ilide o reconhecimento, desde que justificado e que o registrador ateste que apurou o vínculo socioafetivo. O expediente deverá ser enviado para o Ministério Público, para elaboração de parecer e, apenas se esse for favorável, o oficial procederá ao registro.[160]

Com relação ao reconhecimento da multiparentalidade de forma extrajudicial, o Provimento n° 83/2019 incluiu dois parágrafos ao artigo 14 do Provimento n° 63/2017, indicando que, perante o cartório, só poderá ser incluído um ascendente socioafetivo, ou seja, na hipótese de uma pluriparentalidade socioafetiva, os interessados deverão encaminhar o pedido ao Juiz. Por outro lado, não houve alteração no sentido de não permitir a inclusão de filiação socioafetiva caso no registro já conste a filiação biológica, o que nos permite concluir que é possível o reconhecimento da multiparentalidade extrajudicial, desde que a filiação seja derivada de critérios diferentes, biológico e socioafetivo.

Diante da possibilidade, do reconhecimento da multiparentalidade, seja pela via judicial ou extrajudicial, surge o questionamento a respeito do exercício da autoridade parental.

---

160 TEPEDINO, Gustavo. TEIXEIRA, Ana Carolina Brochado. *Fundamentos do Direito Civil: direito de família*. 2. ed. Rio de Janeiro: Forense, 2021, p. 251.

Contudo, se não há hierarquização quanto a origem da filiação, por certo não deverá existir limitações ao exercício da autoridade parental aos pais socioafetivos.

A única consideração a ser feita é que a autoridade parental "deverá ser exercida por todos os envolvidos, sempre levando em conta os Princípios da Paternidade Responsável e do Melhor Interesse do Menor."[161]

Ademais, as relações de biparentalidade possibilitam o exercício do direito-dever da autoridade parental por mais de um responsável por aquele filho menor, devendo ser exercida com base no melhor interesse do menor, e não na vontade individual dos pais.[162]

A edição especial nº 3 do Informativo de Jurisprudência do STJ, publicada em 31.01.2022, destacou a seguinte tese: "Na multiparentalidade deve ser reconhecida a equivalência de tratamento e de efeitos jurídicos entre as paternidades biológica e socioafetiva". Esse entendimento foi consolidado, por unanimidade, no REsp 1.487.596/MG, julgado em 28.09.2021.

Em termos práticos, a multiparentalidade consiste na possibilidade de uma pessoa ter mais de um pai ou mais de uma mãe em seu registro de nascimento. Isso significa que, além dos pais biológicos, poderão constar na certidão de nascimento e/ou casamento os pais socioafetivos, ou seja, aqueles que possuem vínculos de filiação construídos pela relação de afeto e cuidado entre os envolvidos. Isso faz com que tanto os pais biológicos como os pais socioafetivos tenham os mesmos direitos e obrigações, sendo certo que é estendido à relação com os avós.

Isso significa também que os arranjos familiares podem ser diversos e, apesar de a lei não tratar explicitamente de todos os tipos de família, todos merecem igual proteção. Esse tratamento igualitário vai de encontro ao princípio constitucional da igualdade dos filhos, uma vez que a Constituição Federal proíbe qualquer tipo de discriminação e, portanto, de hierarquia entre eles.

O reconhecimento da filiação socioafetiva faz com que os pais biológicos e socioafetivos tenham os mesmos direitos e obrigações, a exemplo dos efeitos patrimoniais e extrapatrimoniais próprios à qualidade de filho, tais como o direito ao patronímico, aos alimentos e direitos sucessórios, mesmo quando se tratar da multiparentalidade.

---

161 "Os pais devem buscar o que for melhor para os filhos, reunindo esforços para que o exercício conjunto da autoridade parental seja o mais ameno possível, respeitando os interesses do filho fruto de uma relação pluriparental." VALADARES, Maria Goreth Macedo. COELHO, Thais Câmara Maia Fernandes. *Autoridade parental na multiparentalidade*. In TEIXEIRA, Ana Carolina Brochado. DADALTO, Luciana (Coord.). *Autoridade Parental: Dilemas e desafios contemporâneos*. Indaiatuba: Editora Foco, 2021, p. 51-64.

162 "Uma vez identificado um ponto de controvérsia entre os pais multiparentais, a discussão deve ser levada à juízo, tal como ocorre nos litígios biparentais, devendo o aplicador do Direito se pautar pelo Princípio do Melhor Interesse de Criança e do Adolescente e da Paternidade Responsável, levando em consideração a afetividade e afinidade de cada um na vida do filho. VALADARES, Maria Goreth Macedo. COELHO, Thais Câmara Maia Fernandes. *Autoridade parental na multiparentalidade*. In TEIXEIRA, Ana Carolina Brochado. DADALTO, Luciana (Coord.). *Autoridade Parental: Dilemas e desafios contemporâneos*. Indaiatuba: Editora Foco, 2021, p. 51-64.

Da mesma forma que filhos biológicos, socioafetivos ou adotivos têm o direito ao recebimento de pensão alimentícia quando ocorre o divórcio dos pais. Uma vez que a Constituição Federal veda a distinção entre filhos, o filho socioafetivo terá também o direito garantido na sucessão legítima. Vale ressaltar que serão aplicáveis aos filhos socioafetivos os mesmos atributos decorrentes do reconhecimento da filiação, tais como a irrevogabilidade, a anulabilidade, a validade erga omnes, a indivisibilidade, a inconstitucionalidade e a retroatividade.[163]

412-L. Da Reprodução Assistida

O Conselho Federal de Medicina, em 20.09.2022, ao revogar a Resolução nº 2204/2021, aprovou a Resolução CFM nº 2.320/2022[164], que trouxe novo marco regulatório para a reprodução humana assistida ao prever algumas novidades: a revisão do número de embriões gerados em laboratório, a maioridade necessária para a doação de gametas, a consonância com a Lei de Biossegurança e alternativas à relação com cedentes temporárias de útero.

Como destacam Maria de Fátima Freire de Sá e Bruno Torquato de Oliveira Naves, "trata-se da sétima norma deontológica emitida pelo Conselho Federal de Medicina sobre o tema, contudo alguns pontos permaneceram controvertidos sob o prisma do Direito, como a determinação de idade máxima das candidatas às técnicas de reprodução assistida; o anonimato dos doadores de gametas e de embriões; a doação compartilhada de oócitos; a possibilidade de descarte de embriões; a doação temporária de útero e a reprodução assistida post mortem."[165]

A mencionada resolução previu a criopreservação, ou seja, o número total de embriões gerados em laboratório não é mais limitado, devendo os pacientes decidir sobre quantos serão transferidos a fresco. Os excedentes viáveis devem ser criopreservados. Antes da geração dos embriões, os pacientes devem informar por escrito o destino a ser dado aos criopreservados em caso de divórcio, dissolução de união estável, falecimento de uma das partes ou de ambas, sendo a doação uma possibilidade. Estabeleceu, também, que na impossibilidade de atender à relação de parentesco, prevista na regra, uma autorização de excepcionalidade pode ser solicitada ao Conselho Regional de Medicina (CRM) da jurisdição. Para que a gestação de substituição ocorra, é necessário que relatório médico atestando a adequação da saúde física

---

163 Tânia Silva Pereira. Publicados no Instagram em 08.02.2022 e 10.02.2022. Acesso em: 03.07.2023.
164 Ver panorama legislativo sobre o tema e suas alterações descrevendo a evolução da reprodução humana assistida e aspectos gerais da Lei de Biossegurança, incluindo "a problemática da fertilização *in vitro* no Brasil, a "inconstitucionalidade parcial" do artigo 5º da Lei nº 11.105/2005 e o ADI 3.510 nos Capítulos 6 e 7 da obra *Bioética e biodireito*, dos juristas Maria de Fátima Freire de Sá e Bruno Torquato de Oliveira Naves. (SÁ, Maria de Fátima Freire. NAVES, Bruno Torquato de Oliveira. *Bioética e biodireito*. 6. ed. Indaiatuba/SP: Foco, 2023, p. 117.
165 SÁ, Maria de Fátima Freire. NAVES, Bruno Torquato de Oliveira. *Bioética e biodireito*. 6. ed. Indaiatuba/SP: Foco, 2023, p. 7.

e mental de todos os envolvidos componha o prontuário da paciente no serviço de reprodução assistida. A resolução explicita que a doação de gametas somente pode ser realizada a partir da maioridade civil, permanecendo o limite de 37 anos para mulheres e de 45 anos para homens. A cedente temporária do útero não pode ser a doadora dos óvulos ou embriões.

Exceções ao limite da idade feminina são possíveis nos casos de doação de oócitos e embriões previamente congelados ou em caso de doação familiar de parente até quarto grau, desde que a(os) receptora(es) seja(m) devidamente esclarecida(os) sobre os riscos que envolvem a prole. Destacou o conselheiro Ricardo Scandian: "considerando o número significativo de decisões judiciais favoráveis à doação de gametas entre irmãs, o CFM mantém a determinação de anonimato entre doador e receptor, mas abre exceção à doação de gametas ou embriões por parente de um dos parceiros de até quarto grau, desde que não incorra em consanguinidade. Na utilização de bancos, a seleção de gametas ou embriões é de responsabilidade do usuário, em respeito à autonomia para formação da sua família". O CFM manteve a delimitação do número de embriões a serem transferidos de acordo com a idade da receptora e com as características cromossômicas do embrião. Mulheres de até 37 anos podem implantar até dois embriões. Acima dessa idade, cada uma poderá transferir até três. Em caso de embriões euplóides (com 46 cromossomos), a resolução delimita a implantação em até dois embriões, independentemente da idade. A resolução manteve a idade máxima das candidatas à gestação por RA em 50 anos, permitidas exceções com base em critérios fundamentados pelo médico responsável relacionados à ausência de comorbidades não relacionadas a infertilidade.

O descarte condicionado de embriões criopreservados deixa de compor o texto da norma, que destaca a Lei de Biossegurança (Lei nº 11.105, de 24 de março de 2005) como marco norteador do tema.

Capítulo XCIII
A Adoção como Parentesco Civil e como Família Substituta

Sumário

413. Considerações gerais sobre a adoção. **413-A.** Conceito. **413-B.** Efeitos da adoção. **413-C.** Licença-maternidade na adoção. **413-D.** Aspectos criminais. **414.** Adoção no Código Civil e a correlação com o Estatuto da Criança e do Adolescente modificado pela Lei nº 12.010, de 2009. **414-A.** Adoção internacional. **414-B.** O direito ao nome afetivo.

Bibliografia

Alberto Trabucchi, *Istituzioni di Dirito Civile*, nº 127; Antônio Chaves, *Adoção e Legitimação Adotiva*, passim; Antônio Fernando do Amaral e Silva, *Estatuto da Criança e do Adolescente comentado* (coord.: Munir Cury), São Paulo: Malheiros, 2005, p. 490; Artur Marques da Silva Filho, in *Adoção: regime jurídico – requisitos – efeitos – inexistência – anulação*. São Paulo: Revista dos Tribunais, 2009; Bonfante, *Istituzioni di Diritto Romano*, § 48; Caio Mário da Silva Pereira, *Instituições de Direito Civil*, v. I (Parte Geral), atualizado por Maria Celina Bodin de Morais, Rio de Janeiro, Forense, 2007, nº 63; Cláudio Viana de Lima, *Legitimação Adotiva*, passim; Clóvis Beviláqua, *Direito de Família*, §§ 71 e segs.; Degni, *Il Diritto di Famiglia*, § 128; De Page, *Traité Élémentaire*, v. I, nos 1.246 e segs.; Edgard de Moura Bittencourt, *A Família*, pp. 193 e segs.; Edgard de Moura Bittencourt, apud Artur Marques da Silva Filho, *A revisão do Direito de família: estudos jurídicos em homenagem ao centenário de Edgard de Moura Bittencourt* (coord.: Des. Antonio Carlos Mathias Coltro), Rio de Janeiro, GZ, 2009, p. 63; Eduardo Espínola, *A Família no Direito Civil Brasileiro*, nºˢ 235 e segs.; Enneccerus, Kipp y Wolff, *Tratado, Derecho de Familia*, v. I, § 91; Estevão de Almeida, *Manual Lacerda*, v. VI, p. 181; Francesco Degni, *Il Diritto di Famiglia*, pp. 377 e segs.; Fustel de Coulanges, *La Cité Antique*, pp. 55 e segs.; Galdino Augusto Coelho Bordallo. *Código Civil: Do Direito de Família*, Rio de

Janeiro, Freitas Bastos, 2006, p. 274; Heinrich Lehmann, *Derecho de Familia*, pp. 352 e segs.; Heloisa Helena Barboza, "O Consentimento na Adoção de Criança e Adolescente", *in Revista Forense*, v. 341, p. 75; Hermenegildo de Barros, *Manual Lacerda*, v. XVIII, p. 456; Jean Carbonnier, *Droit Civil*, v. II, nos 98 e segs.; José Luiz Mônaco da Silva, *apud* Valter Kenji Ishida, *Estatuto da criança e do Adolescente: Doutrina e Jurisprudência*, São Paulo, Atlas, 2006, p. 231; Júlio Fabbrini Mirabete, *Código Penal Interpretado* (atualizado por Renato N. Fabbrini), São Paulo, Atlas, 2005, p. 1.961; Lafayette, *Direitos de Família*, § 130; Levi Carneiro, *Revista Brasileira de Legislação e Jurisprudência*, v. II, p. 39; Lúcia Maria de Paula Freitas, "Adoção – Quem em nós quer um filho?", *in Revista Brasileira de Direito de Família*, Porto Alegre, Síntese, v. 10, 2001; Ludovic Beauchet, *Histoire du Droit Privé de La République Athénienne*, v. II, p. 5; Maria Antonieta Pizano Motta, *101 Perguntas e respostas sobre Abandono e Institucionalização*, São Paulo, Cecif, 2002, p. 60; Maria Antonieta Pisano Motta, *Mães Abandonadas: a entrega de um filho em Adoção*. São Paulo, Cortez, 2001, pp. 41-42; Marty et Raynaud, *Droit Civil*, n°s 462 e segs.; Mazeaud, Mazeaud et Mazeaud, *Leçons de Droit Civil*, v. I, n°s 1.022 e segs.; Orlando Gomes, *Direito de Família*, n°s 163 e segs.; Planiol, Ripert et Boulanger, *Traité Élémentaire de Droit Civil*, v. I, n°s 1.581 e segs.; Pontes de Miranda, *Direito de Família*, §§ 158 e ss.; Raphael Veliounsky, *La Légitimation Adoptive*, 1954, *passim*; Raymond Monier, *Droit Romain*, v. I, n° 197 e segs.; Roberta Tupinambá, "A oitiva informal da criança como meio de prova no âmbito do Direito de Família: limites e interdisciplinaridade", *in Cuidado e Vulnerabilidade*. São Paulo: Atlas, 2009. Roberto João Elias, *Comentários ao Estatuto da Criança e do Adolescente*, São Paulo, Saraiva, 2004, p. 177; Ruggiero e Maroi, *Istituzioni di Diritto Privato*, v. I, § 66; Silvio Rodrigues, *Direito Civil: Direito de Família*, São Paulo, Saraiva, 2002; Tânia da Silva Pereira, *Direito da Criança e do Adolescente: um Debate Interdisciplinar*, Rio de Janeiro, Renovar, 2008; Tânia da Silva Pereira, "O Melhor Interesse da criança", *in O Melhor Interesse da Criança: um Debate Interdisciplinar* (coord.: Tânia da Silva Pereira), Rio de Janeiro, Renovar, 2000; Tânia da Silva Pereira e Lúcia Cristina Guimarães Deccache, "O Melhor Interesse da Criança e do Adolescente como critério de fixação de competência", *in Revista da Emerj*, v. 11, n° 42, 2008, pp. 142-159; Tarcísio José Martins Costa, *Adoção Transnacional*, Belo Horizonte, Del Rey, 1998; Vandick L. da Nóbrega, *Compêndio de Direito Romano*, v. II, p. 417; Washington de Barros Monteiro, *Curso de Direito de Família*, p. 269; Wilson Donizeti Liberati, *Comentários ao*

Estatuto da Criança e do Adolescente, São Paulo, Malheiros, 2005, p. 256. Tânia da Silva Pereira, "O acolhimento e o Melhor Interesse da Criança como princípios norteadores da proteção da infância e juventude", *in Aspectos Psicológicos na prática jurídica* (coord.: David Zimerman e Antônio Carlos Mathias Coltro), Campinas/SP, Millennium, 2010. Luiz Carlos de Barros Figueiredo, *in Comentários à Nova Lei Nacional da Adoção – Lei 12.010 de 2009*. Curitiba, Juruá, 2010; Tânia da Silva Pereira, Antônio Carlos Mathias Coltro, Sofia Miranda Rabelo e Livia Teixeira Leal, *Avosidade: relação jurídica entre avós e netos*, Indaiatuba, Foco, 2021.

413. Considerações gerais sobre a adoção

A necessidade de propiciar os deuses familiares levou os povos antigos a criar situações jurídicas especiais destinadas a assegurar um continuador do culto doméstico, a quem não tivesse descendente. Um dos mais difundidos foi a *adoção*, que funcionava como uma *fictio iuris*, pela qual "uma pessoa recebia na família um estranho na qualidade de filho".[1]

Utilizada entre povos orientais, como dão notícia o Código de Manu e o Código de Hamurabi, teve frequente uso na Grécia, ali exercendo relevante função social e política.[2] Onde, porém, se expandiu de maneira notória e encontrou disciplina sistemática e ordenamento maior foi no Direito Romano.[3]

Embora não seja despiciendo o seu estudo nos demais sistemas jurídicos, basta-nos uma visada sobre a sua configuração romana, que fundamenta o desenvolvimento do instituto em nosso direito, muito embora haja desaparecido aquela inspiração religiosa, substituída pela necessidade de satisfazer o instinto paternal, ou de cumprir as exigências do sentimento de solidariedade humana.

O Direito Romano conheceu três tipos de adoção: 1º) Como ato de última vontade – *adoptio per testamentum* – destinava-se a produzir efeitos *post mortem* do testador, condicionada, todavia, à confirmação da cúria (*oblatio curiae*). Ato complexo e solene, não se utilizava com frequência, embora tenha sido empregado em condições de profunda repercussão política, como se deu com a adoção de Otávio Augusto, que mais tarde seria Imperador, efetuada por Júlio César. 2º) A adoção diretamente realizada entre os interessados com a denominação especial de *ad rogatio*, pela qual o adotado capaz (*sui iuris*) se desligava de sua família e se tornava um herdeiro de culto (*heres sacrorum*) do adotante. Este ato fundava-se na dupla emissão volitiva, do adotante e do adotado, e se completava pela formalidade de aprovação na abertura dos comícios. 3º) A entrega de um incapaz (*alieni iuris*) em adoção – *datio in adoptionem* –, em virtude da qual o adotante o recebia por vontade própria e anuência do representante do adotado, iniciando-o desde cedo nas práticas propiciatórias dos deuses domésticos, efetuava-se mediante a emancipação que por três vezes o pai lhe concedia em presença do adotante, que simultaneamente o recebia *in potestate*.[4] A princípio, somente o varão tinha a faculdade de adotar.

---

1 Clóvis Beviláqua, *Direito de Família*, § 71.
2 Ludovic Beauchet, *Histoire du Droit Privé de La République Athénienne*, v. II, p. 5.
3 Fustel de Coulanges, *La Cité Antique*, pp. 55 e segs.; Bonfante, *Istituzioni di Diritto Romano*, § 48; Arangio Ruiz, *Istituzioni di Diritto Romano*, pp. 465 e segs.; Raymond Monier, *Droit Romain*, v. I, nos 197 e segs.
4 Clóvis Beviláqua, ob. cit.; Pontes de Miranda, *Direito de Família*, § 158; Enneccerus, Kipp y Wolff, *Tratado, Derecho de Familia*, v. II, § 91; Vandick L. da Nóbrega, *Compêndio de Direito Romano*, v. II, p. 417.

Mas, à medida que se enfraquecia o fundamento religioso, foi-se abalando esta exclusividade, até que, já no século VI, o direito justinianeu franqueou-o à mulher que houvesse perdido os filhos – *ad solatium liberorum amissorum* – como uma razão de consolo (Justiniano, *Institutas*, Liv. I, Tít. XI, § 10: *feminae quoque adoptare non possunt, quia, nec naturales liberos in sua potestate habent; sed ex indulgentia Principis, ad solatium liberorum amissorum, adoptare possunt*).

Com a invasão dos bárbaros, não se deixou de praticar a adoção, posto que por motivação diversa, em que prevalecia o desejo de perpetuar num guerreiro valente os feitos d'armas do adotante.

No direito germânico tinha o escopo precípuo de suprir a falta de testamento.[5] Na Idade Média caiu em desuso, até que desapareceu completamente.[6] O direito canônico ignorou-a, tendo em vista que a família cristã repousa no sacramento do matrimônio.[7]

Quando se codificou o direito português, o instituto da adoção foi objeto das *Ordenações* do Livro II, Tít. 35, § 12; Livro II, Tít. 56, pr.; Livro III, Tít. 9, § 2º; Livro III, Tít. 59, § 11; Livro III, Tít. 85, § 2º.

Com o tempo, entrou em desuso, como em nosso direito já observavam os civilistas[8] e noutros sistemas é igualmente referido.[9] Mas adquiriu prestígio no direito moderno[10] e entre nós reestruturou-a o Código de 1916, à moda romana, posto que abolindo aquelas distinções especiosas. A experiência, contudo, mostrou que as exigências legais muito severas e a continuação dos vínculos do adotado com a sua família de origem desestimularam a sua prática. Durante o século passado convivemos com formas distintas do parentesco civil: a adoção propriamente dita e a "legitimação adotiva", introduzida pela Lei nº 4.655, de 02 de junho de 1965. Este instituto nos reporta a relevantes incursões históricas.

Na Cidade Antiga predominavam razões de ordem religiosa, no objetivo de perpetuar o culto doméstico. É bem significativo o episódio narrado por Fustel de Coulanges[11] a propósito de um processo aberto em Atenas, no qual era contestada uma adoção realizada por Mênecles. O filho adotivo defendia a legitimidade do ato, mostrando ao Tribunal o que aconteceria, não a ele mesmo, mas ao adotante, e argumenta que, tendo morrido este sem descendência, a nulidade do ato implicaria ser o adotante condenado a não ter quem fizesse os sacrifícios fúnebres em sua honra. E acrescenta, incisivamente, que Mênecles ficaria sem culto. Mais tarde, associaram-se razões sentimentais, para tornar a adoção veículo de proporcionar filho a quem hou-

---

5   Degni, *Il Diritto di Famiglia*, § 128.
6   Henri de Page, *Traité Élémentaire de Droit Civil*, v. 1, nº 1.023.
7   Mazeaud, Mazeaud *et* Mazeaud, *Leçons de Droit Civil*, v. I, nº 1.023.
8   Lafayette, *Direitos de Família*, § 130; Teixeira de Freitas, *Consolidação das Leis Civis*, art. 217 e nota.
9   Henri de Page, *Traité Élémentaire de Droit Civil*, v. 1, nº 1.246.
10   Espínola, *A Família no Direito Civil Brasileiro*, nº 235.
11   Fustel de Coulanges, *La Cité Antique*, p. 55.

vesse perdido os seus. Ou razões outras a que não seria estranha também a vaidade, permitindo a um guerreiro ilustre adotar um filho que lhe perpetuasse as façanhas.

Na vida moderna, ocorrem motivações diferentes, predominando a ideia de ensejar aos que não têm filhos, particularmente aos casais sem prole, empregar num estranho a sua carga afetiva. Acresce ainda um interesse público em propiciar à infância desvalida e infeliz a obtenção de lar e assistência.

Revelou-se, todavia, pouco satisfatório o instituto tradicional da adoção, principalmente porque os adotantes se viam frequentemente na contingência de partilharem o filho adotivo com a família biológica.[12] Era, então, muito frequente o recurso a um simulacro de legitimação, pelo qual os pais (mais comumente a mãe), recebendo uma criança, faziam constar de seu Assento de nascimento a declaração de que era seu filho biológico. Não foram poucos os casos desta natureza, levados à barra da Justiça Criminal, sob denúncia de falsidade ideológica, de que o agente às vezes escapava sob o fundamento da *pia causa*. Mas os traumatismos resultantes não faltavam, como a insegurança em que vivia o casal, em relação ao filho. Por toda parte, e especialmente entre nós, clamava-se por um sistema que viesse suprir o parentesco civil dos meios hábeis a realizar efetivamente a integração do adotado no meio familiar que o recebia. Foi o que se fez pela "legitimação adotiva".

A designação desse instituto não se mostrou imune às críticas, acusada de infeliz,[13] sob o argumento de que é próprio da legitimação atribuir legitimidade aos filhos do casal, nascidos antes do matrimônio, e isto não ocorre no novo instituto. A crítica era, porém, especiosa, pois que a polivalência da terminologia jurídica não é incompatível com um sentido novo para o vocábulo "legitimação". Qualificada desta forma, seria uma ficção jurídica pela qual se atribuía ao filho recebido por adoção uma condição análoga à legitimidade.[14] Onde a crítica procede é na designação que lhe deu o legislador brasileiro – legitimação adotiva –, uma vez que legitimidade era o *status* do filho concebido na constância do casamento, sem o recurso a qualquer ficção jurídica.

Prevaleceu já uma tendência no sentido de alterar a denominação do novo instituto, que se designaria como adoção, mas distinguindo-se com o qualificativo de "adoção simples" a tradicional, e com o nome de "adoção plena" a legitimação adotiva com as modificações introduzidas pelo Código de Menores de 1979 e, posteriormente, pelo Estatuto da Criança e do Adolescente.

Foi o que ocorreu na França depois da Lei de 1966, em Portugal, com o Código Civil de 1967, que as denomina, respectivamente, "adoção restrita" e "adoção plena". É o que ocorreu no Brasil, com os Projetos de Código Civil de 1965 e de 1975 e foi assumida no Código de Menores (Lei nº 6.697/1979).

O instituto da "adoção plena" é uma criação do direito moderno, embora de reminiscências bizantinas (*affiliatio*), mediante a utilização de um processo mais

---

12 Raphael Veliounsky, *La Légitimation Adoptive*, p. 10.
13 Planiol, Ripert *et* Boulanger, irmãos Mazeaud, Veliounsky.
14 Cláudio Vianna de Lima, *Legitimação Adotiva*, nº 5.

complexo do que a "adoção simples", porém revestido do alto mérito de proporcionar a integração da criança ou do jovem à família adotiva.

No direito francês, o sistema foi introduzido pela Lei de 29 de julho de 1939, e reestruturado pela Lei de 11 de julho de 1966, encontrando incontestável êxito.[15] No Uruguai, foi regulamentado pela Lei de 20 de novembro de 1945. Na Itália, o Código de 1942 (art. 404), disciplinando o instituto da *affiliazione*, acentua antes o caráter assistencial aos órfãos e abandonados. Em Portugal, com o Código Civil de 1966, em vigor a partir de 1967.

A legitimação adotiva introduzida entre nós pela Lei nº 4.655/1965 foi revogada expressamente pelo Código de Menores – Lei nº 6.697/1979, que passou a discipliná-la nos arts. 29 a 37.

Esclareça-se que, além da Adoção pelo Código Civil, sobreviveram no sistema jurídico nacional duas modalidades de adoção na vigência do Código de Menores: a "simples", prevista no art. 27, relativa ao "menor em situação irregular", a qual dependia de autorização judicial, e a "adoção plena", regulada pelo mesmo "Código", nos arts. 29-37 e 107-109. Em edições anteriores desta obra, por fundados motivos, Caio Mário se deteve na análise detalhada do instituto da legitimação adotiva, em razão do grande avanço que representou dentro do sistema jurídico.

Com a entrada em vigor do Estatuto da Criança e do Adolescente (Lei nº 8.069/1990), nova regulamentação se deu para a adoção no Brasil. Prevaleceu, ainda, por destacado período a ideia da adoção como meio jurídico para assegurar descendência para aqueles que não a tinham de seu próprio sangue. A partir da década de 1990 novo paradigma passou a orientar a adoção: a busca de uma família para aqueles que não tinham a possibilidade de permanecer na família biológica, prevalecendo, assim, o melhor interesse da criança e do adolescente como orientação jurídica.

Não se pode deixar de ressaltar, ainda, as alterações promovidas no Estatuto pela Lei nº 12.010/09, conhecida como "Nova Lei de Adoção", no que se refere ao direito à Convivência Familiar e Comunitária. Este diploma legal estabeleceu tempo máximo para o acolhimento institucional de 2 (dois) anos e a obrigatoriedade de justificar a extensão deste prazo, agilizando o procedimento de reintegração da criança ou do adolescente no seio de sua família natural ou de colocação em família substituta, possibilitando o processo de adoção. Outros pontos destacados pela Lei foram: a importância da oitiva da criança no processo de colocação em família substituta, a necessidade de manter os irmãos unidos, e o estabelecimento dos vínculos de afinidade e de afetividade como fatores relevantes. É importante observar, também, que foi priorizada a família natural, devendo a criança ou o adolescente ser encaminhado para Adoção somente quando esgotadas as possibilidades de permanência em sua família biológica.[16] Com o advento da Lei nº 13.509/2017, o tempo máximo para

---

15 Planiol, Ripert *et* Boulanger, nº 1.638.
16 Nesse sentido, em ação com trâmite em segredo de justiça, a 3ª Turma do STJ revogou tutela de urgência concedida para destituição do poder familiar de mãe que, inicialmente, entregaria o filho para adoção à prima. O Tribunal entendeu que deve ser privilegiada a família natural. Disponível

o acolhimento institucional passou a ser de 18 meses, por força do art. 19, § 2º, do ECA, salvo comprovada necessidade que atenda ao seu superior interesse.

Em suma, a Lei nº 12.010/09 estabeleceu novos parâmetros para a colocação da criança ou do adolescente em família substituta, inaugurando um novo paradigma no âmbito do processo de Adoção. As principais alterações legislativas promovidas pela Lei e suas repercussões no ordenamento jurídico serão estudadas ao longo deste capítulo.

413-A. Conceito

"A Adoção é, pois, o ato jurídico pelo qual uma pessoa recebe outra como filho, independentemente de existir entre elas qualquer relação de parentesco consanguíneo ou afim". Todos os autores lhe reconhecem o caráter de uma *fictio iuris*.

O Código Civil de 1916 deu nascimento a uma relação jurídica de parentesco meramente civil entre adotante e adotado, com a finalidade de proporcionar filiação a quem não a tivesse de seu próprio sangue. Estabelecia, como pressuposto, a ausência de filhos, legítimos ou legitimados, mas a Lei nº 3.133, de 1957, dispensou-o. Requeria a adoção certo amadurecimento do adotante, para que mais tarde se não viesse a arrepender, suscitando conflitos psicológicos irreversíveis. Previa a lei que só o maior de 30 anos podia adotar. Sendo casado o adotante, somente podia fazê-lo depois de decorridos cinco anos após o matrimônio.

No passado, levantou-se entre nós, como alhures, a questão se o filho natural podia ser adotado. E a doutrina respondeu pela afirmativa, manifestando-se os nossos civilistas, como os estrangeiros, no sentido de que não se excluíam mesmo os incestuosos e adulterinos,[17] denominações discriminatórias que desapareceram com o art. 227, § 6º, da Constituição de 1988.

Tal como ocorria no Direito Romano, a adoção na vigência do Código de 1916 caracterizava-se por um ato de vontade. Requeria o consentimento das duas partes. Se o adotado era maior e capaz, comparecia em pessoa; se incapaz, era representado pelo pai, ou tutor, ou curador.[18]

A partir da Constituição de 1988 passou a constituir-se por ato complexo e exigir a sentença judicial, prevendo-o expressamente o art. 47 do ECA para os menores de 18 anos.

---

em: https://www.stj.jus.br/sites/portalp/Paginas/Comunicacao/Noticias/2023/13022023-Terceira--Turma-reverte-decisao-de-juiz-que-mandou-afastar-bebe-da-mae-ainda-na-maternidade.aspx. Acesso em: 23 mar. 2023.

17 Clóvis Beviláqua, *Comentários ao Código Civil*, v. II, art. 368; Washington de Barros Monteiro, *Curso de Direito de Família*, p. 269; Eduardo Espínola, *A Família no Direito Civil Brasileiro*, p. 537, nota 1; Estevão de Almeida, *Manual Lacerda*, v. VI, p. 181; Hermenegildo de Barros, *Manual Lacerda*, v. XVIII, p. 456; Orlando Gomes, *Direito de Família*, nº 163; Levi Carneiro, *Revista Brasileira de Legislação e Jurisprudência*, v. II, p. 39; Antônio Chaves, *Adoção e Legitimação Adotiva*, p. 143; Planiol, Ripert *et* Boulanger, *Traité Élémentaire*, v. I, nº 1.597.

18 Antônio Chaves, *Adoção e Legitimação Adotiva*, nº 85.

A bilateralidade na adoção foi considerada por muitos como um "contrato".[19] Não obstante a presença do *consensus*, não se pode dizê-la um contrato, se se tiver em consideração a figura contratual típica do direito das obrigações. Alguns a qualificam simplesmente como ato solene.[20] Outros, como instituto de ordem pública, produzindo efeitos em cada caso particular na dependência de um ato jurídico individual.[21] Invocando-se o símile do casamento, na adoção podem ser observados os dois aspectos: de sua formação e do *status* que gera.

No primeiro, dar-se-á um ato de vontade submetido aos requisitos peculiares. No segundo, está presente a sua natureza institucional, que lhe empresta solenidade e estrutura,[22] para o qual o Código Civil alemão exige o consentimento do cônjuge do adotante (BGB, art. 1.746). A matéria é controvertida, apontando-se escritores num e noutro campos.[23] O inciso I do art. 165 do Estatuto da Criança e do Adolescente indica tal exigência entre os requisitos para a concessão da medida para os menores de 18 anos.

Na vigência do Código de 1916, a adoção de maiores de idade ou emancipados, nunca sob condição ou termo, processava-se através de escritura pública.[24] Ouvido o Ministério Público, o instrumento público era averbado à margem do Assento de nascimento.

Outrossim, a adoção não rompia os vínculos com a família biológica, ao contrário do Direito Romano, em que a adoção operava a passagem do adotado à família do adotante.[25] Quanto aos direitos sucessórios, no regime de 1916, se o adotado concorresse com legítimos supervenientes à adoção, tocava somente metade da legítima cabível a cada um destes (Código Civil, art. 1.605, § 2°).

Quando o adotante tinha filhos legítimos, legitimados ou reconhecidos, a relação de adoção não envolvia a sucessão hereditária (Código Civil, art. 377, na redação advinda da Lei n° 3.133, de 08 de maio de 1957). Daí resultava esta situação: com filhos supervenientes à adoção, sucedia o adotado na forma do art. 1.605, § 2°. Não tinha direito sucessório se à sucessão do adotante se habilitassem filhos legítimos, legitimados ou naturais reconhecidos, já existentes quando se efetuou a adoção.[26]

Reversamente, o adotado tinha de prestar alimentos ao adotante, na condição de filho, e segundo os princípios gerais pertinentes.[27] Se falecesse o adotado sem descendência, e lhe sobrevivessem os pais e o adotante, a herança ia por inteiro aos primeiros, mas na sua falta passava aos pais adotivos, embora existissem colaterais.[28]

---

19 Espínola, Colin *et* Capitant, Laurent, Josserand, Planiol, Surville, Huc, irmãos Mazeaud, *et* Marty.
20 Clóvis Beviláqua, Pontes de Miranda.
21 Ruggiero e Maroi, Antônio Chaves.
22 Planiol *et* Ripert.
23 Antônio Chaves, ob. cit., n° 19.
24 Antônio Chaves, ob. cit., n° 56.
25 Ruggiero e Maroi, *Istituzioni*, v. I, § 66; Enneccerus, v. II, § 92.
26 Washington de Barros Monteiro, *Curso de Direito Civil*, v. II, p. 247; Silvio Rodrigues, *Direito Civil*, v. VI, p. 296; Antônio Chaves, *Adoção e Legitimação Adotiva*, p. 280.
27 Enneccerus, Kipp *y* Wolff, v. II, § 92; Lehmann, ob. cit., p. 360.
28 Pontes de Miranda, § 160.

Pelo art. 227, § 6°, da Constituição, vigora plena igualdade de direitos entre todos os filhos, desaparecendo, portanto, a disparidade de tratamento entre os filhos adotivos e os havidos de relações biológicas.

O adotado tinha direito a usar os apelidos do adotante,[29] sós ou em combinação com os dos pais naturais, se não preferisse conservar estes últimos.

A adoção cessava no Código Civil de 1916:

a) Pela resilição unilateral por parte do adotado, em se tratando de maior de 18 anos; ou

b) pela resolução bilateral, em qualquer tempo, sendo o adotado capaz. É uma consequência da natureza contratual do ato constitutivo da adoção pelo Código Civil. As mesmas vontades geradoras, aptas para a convenção liberatória, deveriam observar a mesma forma usada para a sua criação.[30] Pelo sistema francês, não tinha lugar a resolução por mútuo consentimento; podiam os interessados valer-se da revogação, por via judicial, mas somente cabível por motivos graves;[31]

c) revogação judicial, nos casos em que era admitida a deserdação, isto é, se o adotado praticasse qualquer ato que a justificasse: ofensas físicas ou injúria grave contra o adotante; desonestidade da filha que vive na casa do pai adotivo; relações ilícitas com o cônjuge do adotante; desamparo deste em alienação mental ou grave enfermidade;

d) morte do adotante ou do adotado, com a subsistência, porém, daqueles efeitos que lhe sobrevivessem, conforme já vistos.

O Código de 1916 não impunha como requisito de validade o consentimento do cônjuge na hipótese de adoção individual, embora fosse aconselhável, evitando desentendimentos domésticos, que percutissem no adotado. Obviamente, se o adotado estava sob tutela, rompia-se esta, cumprindo ao tutor fazer desde logo a sua prestação de contas.[32] Tinha o adotado direito aos alimentos, atendidos os princípios básicos deste instituto.

Como fenômeno social, o instituto da adoção tem passado por numerosas vicissitudes, desde a antiguidade, e recebido o influxo de ideias predominantes em vários períodos históricos, daí resultando a modelagem jurídica que, no seu conjunto, representa um complexo de princípios diversificados, e, sob certo aspecto, contraditórios.

A Constituição Federal de 1988, no art. 227, § 5°, enunciou preceituação genérica, revelando que a matéria escapa dos contornos de simples apreciação juscivilista ao

---

29 Lehmann e Serpa Lopes.
30 Clóvis Beviláqua, Pontes de Miranda, Estevão de Almeida, Dolor Barreira, Antônio Chaves, Bulhões de Carvalho.
31 Planiol, Ripert *et* Boulanger, ob. cit., n° 1.617; Mazeaud, Mazeaud *et* Mazeaud, ob. cit., n° 1.045; Carbonnier, v. II, n° 100, p. 301. A revogação voluntária, em nosso direito, desapareceu após a Constituição de 1988.
32 Antônio Chaves, n° 65.

determinar que "a adoção será assistida pelo Poder Público, na forma da lei, que estabelecerá casos e condições de sua efetivação por parte de estrangeiros".

Neste simples enunciado, destacam-se desde logo três aspectos predominantes no instituto. O primeiro é que a adoção não mais comporta o caráter contratualista que foi assinalado anteriormente, como ato praticado entre o adotante e o adotado. Em consonância com o preceito constitucional, com caráter impositivo, deve ser assistida pelo Poder Público, na forma da lei, isto é, o legislador ordinário deve ditar as regras segundo as quais o Poder Público dará assistência aos atos de adoção.

O segundo aspecto a considerar é que, resultando da adoção a filiação civil, o preceito contido no § 5º do art. 227 não se dissocia do princípio amplo do § 6º do mesmo artigo, segundo o qual "os filhos, havidos ou não da relação de casamento, ou por adoção, terão os mesmos direitos e qualificações, proibidas quaisquer designações discriminatórias relativas à filiação". O terceiro é o contexto do art. 227, segundo o qual é dever da família, da sociedade e do Estado assegurar à criança e ao adolescente prioridade absoluta relativamente ao amparo, ao sustento, à proteção e à dignidade humana.

No que concerne à *adoção por parte de estrangeiros e brasileiros residentes no exterior*, mereceu atenção especial dos Poderes Públicos, reclamando normas específicas que foram atendidas com a ratificação da Convenção relativa à Proteção e Cooperação Internacional em Matéria de Adoção Internacional, por meio do Decreto nº 3.087/1999, impondo-se, portanto, a orientação da Secretaria Especial de Direitos Humanos da Presidência da República, que passou a exercer as funções da Autoridade Central indicada no Documento Internacional.

Outros aspectos devem ainda merecer a atenção dos operadores do direito e dos doutrinadores.

413-B. Efeitos da adoção

A adoção produz efeitos pessoais e patrimoniais. Em termos genéricos, dá nascimento a relações de parentesco. Ressalvam-se, contudo, os impedimentos matrimoniais, que, por motivos de caráter moral, vigoram entre adotante e adotado, entre o adotante e o cônjuge do adotado, entre o adotado e o cônjuge do adotante, e entre o adotado e o filho do adotante.

Associado o disposto no art. 227, § 5º, ao que se contém no § 6º do mesmo artigo da Constituição Federal, segue-se que o filho adotivo goza dos mesmos direitos que os filhos havidos de relação de casamento.

Diversamente do que ocorria com a adoção do Código Civil de 1916, o filho adotivo concorre na sucessão aberta do pai sem qualquer restrição. É herdeiro necessário, e em partilha receberá o mesmo que aqueles. No mesmo teor, está em condições iguais no tocante ao princípio estabelecido no art. 229 da Constituição, o qual impõe aos pais o dever de assistir, criar e educar os filhos menores; reversamente, vigora o mesmo dever de ajudar e amparar os adotantes na velhice, carência ou enfermidade.

A irrevogabilidade da adoção após o trânsito em julgado da sentença, estabelecida expressamente no art. 48 do Estatuto da Criança e do Adolescente, pressupõe ato jurídico perfeito e fundamenta-se na equiparação estabelecida no § 6º do art. 226 da Constituição Federal e mantida também no § 1º do art. 39, ECA, com as alterações introduzidas pela Lei nº 12.010/2009. Não está afastada a possibilidade de ação rescisória (art. 485, CPC/1973 – art. 966, CPC/2015), desde que identificadas quaisquer das hipóteses indicadas na Lei processual.[33] Deve-se observar que a Lei nº 13.509/2017 incluiu o § 3º ao art. 39 do ECA, estabelecendo que, em caso de conflito entre direitos e interesses do adotando e de outras pessoas, inclusive seus pais biológicos, devem prevalecer os direitos e os interesses do adotando.

Ressalta-se que, conforme já decidiu o Supremo Tribunal Federal no julgamento do RE 778.889, com repercussão geral reconhecida (Tema 782), os prazos da licença adotante e suas respectivas prorrogações não podem ser inferiores aos prazos da licença gestante e que, em relação à licença adotante, não é possível fixar prazos diversos em função da idade da criança adotada.[34] O Plenário do Supremo Tribunal Federal (STF) decidiu que não pode haver diferença na licença-maternidade concedida à mãe biológica e à mãe adotante: ambas têm direito a, no mínimo, 120 dias. A decisão foi tomada em março de 2016. A maioria do colegiado acompanhou o voto do relator, Ministro Luís Roberto Barroso.

Alerte-se ainda que a irrevogabilidade da adoção pode ser flexibilizada em prol do melhor interesse do adotando. No caso analisado, que versava sobre hipótese de adoção unilateral, entendeu-se que "a desvinculação legal entre o adotado e o ramo familiar de seu pai biológico, não teve o condão de romper os laços familiares preexistentes, colocando o adotado em um limbo familiar, no qual convivia intimamente com os parentes de seu pai biológico, mas estava atado, legalmente, ao núcleo familiar de seu pai adotivo. (...) Nessas circunstâncias, e em outras correlatas, deve preponderar o melhor interesse da criança e do adolescente, que tem o peso principiológico necessário para impedir a aplicação de regramento claramente desfavorável ao adotado – *in casu*, a vedação da revogação da adoção – cancelando-se, assim, a adoção unilateral anteriormente estabelecida".[35]

413-C. LICENÇA-MATERNIDADE NA ADOÇÃO

Ao ser promulgada a Lei nº 10.421, de 15 de abril de 2002 (*DO* de 16.04.2002), assumiu-se também na adoção um período de tempo em que os adotantes possam estreitar uma maior afinidade com a criança. A referida Lei acrescentara à CLT o

---

33 No sentido do cabimento da ação rescisória, há o julgado da 3ª Turma do STJ – REsp 1616050/MS – Rel. Min. Paulo de Tarso Sanseverino – Julg. 15.05.2018 – *DJe* 18.05.2018.
34 STF – Tribunal Pleno – RE 778.889 – Rel. Min. Roberto Barroso – Julg. 10.03.2016.
35 STJ – 3ª Turma – REsp 1.545.959/SC – Rel. Min. Ricardo Villas Bôas Cueva – Rel. p/ acórdão Min. Nancy Andrighi – Julg.: 06.06.2017 – *DJe* 01.08.2017.

art. 392-A relativo à *empregada gestante*, ao permitir às mães adotivas a licença--maternidade, de acordo com a idade do adotando. A Lei n° 12.010/2009 revogou os parágrafos 1° a 3° do art. 392-A da CLT. Entretanto, é oportuno recordar que a nova lei sobre adoção não revogou o artigo 71-A da Lei de Benefícios da Previdência Social (Lei n° 8.213/1991) que trata exatamente da mesma matéria no texto da CLT; portanto, pela lei previdenciária, à assegurada que, ao adotar ou obter a guarda judicial para fins de adoção de criança, é devido salário-maternidade pelo período de 120 (cento e vinte) dias, se a criança tiver até 1 (um) ano de idade, de 60 (sessenta) dias, se a criança tiver entre 1 (um) e 4 (quatro) anos de idade, e de 30 (trinta) dias, se a criança tiver de 4 (quatro) a 8 (oito) anos de idade. Considerou-se, portanto, a idade da criança, fixando prazos diversos para o afastamento da mãe adotiva ou da detentora da guarda provisória. Exige-se para isso a apresentação do termo judicial de guarda à adotante ou guardiã.

Destaca-se também a Lei n° 13.257/2016, conhecida como Marco da Primeira Infância, que alterou a Lei n° 11.770/2008, assegurando também aos adotantes a prorrogação da licença-maternidade, por 60 dias, e da licença paternidade, por 15 dias, no âmbito do Programa Empresa Cidadã. É importante destacar que, no período de prorrogação, a empregada e o empregado terão direito à remuneração integral, não podendo, contudo, exercer nenhuma atividade remunerada, sob pena de perda do referido direito, de modo que a criança seja mantida sob seus cuidados.

413-D. Aspectos criminais

O Estatuto da Criança e do Adolescente estabelece a configuração específica de figuras delituais, relativas aos pais e àqueles que detêm a guarda, abrangendo, direta e indiretamente, a adoção.

Constitui crime "subtrair criança ou adolescente ao poder de quem o tem sob sua guarda, em virtude de lei ou ordem judicial, com o fim de colocar em lar substituto" (art. 237, ECA). Visa à colocação em guarda, tutela ou adoção, e o crime se configura na efetiva intenção de colocação familiar. Não se aplica na hipótese de conflito entre os pais separados, onde um deles detém a guarda.

Não fica desfigurado o crime pelo fato de estar a criança ou adolescente aos cuidados de uma instituição particular ou oficial. O sujeito ativo pode ser qualquer pessoa, inclusive os pais, privados da guarda em virtude de lei ou ordem judicial, definitiva ou temporariamente. São sujeitos passivos do crime pais, tutores, curadores e guardiões (a guarda deve ser legal, autorizada pelo juiz, e não simplesmente de fato).[36]

Configura-se também como delito "prometer ou efetivar a entrega de filho ou pupilo a terceiro mediante paga ou recompensa" (art. 238, ECA), tendo o legislador estabelecido a pena de reclusão de um a quatro anos, podendo o juiz fixar uma multa.

---

36 Tânia da Silva Pereira, *Direito da Criança e do Adolescente: uma proposta interdisciplinar*, Rio de Janeiro, Renovar, 2008, p. 896.

O parágrafo único do mesmo artigo pune com pena de reclusão de um a quatro anos quem prometer ou efetivar a entrega de filho ou pupilo a terceiro mediante paga ou recompensa, incidindo na mesma pena quem oferece ou efetiva a paga ou recompensa. Estarão incursos nesta figura criminal, como sujeitos ativos, o pai ou mãe, tutor (e excepcionalmente o curador) da criança ou adolescente ou interdito que o entregar ou prometer a terceiro. Para Wilson Donizeti Liberati, o crime prevê dois núcleos distintos: "prometer" a entrega de filho ou pupilo ou "efetivar" a entrega. As ações mencionadas vêm acompanhadas do elemento determinante do injusto: mediante paga ou recompensa.[37]

Com o fito de coibir os abusos na adoção por estrangeiro ou brasileiro residente fora do país, o Estatuto pune "quem promover ou auxiliar a efetivação de ato destinado ao envio de criança ou adolescente para o exterior, com inobservância das formalidades legais ou com fito de obter lucro" (art. 239, ECA), incorrendo o agente na pena de reclusão de 4 a 6 anos (além de multa).

Diante dos inúmeros problemas vinculados ao tráfico de crianças, existe uma cadeia de pessoas envolvidas: hospitais, funcionários públicos, membros do Judiciário, sem afastar a atuação dos profissionais liberais inescrupulosos, participantes deste sistema milionário de comércio de crianças.[38]

Caracteriza o delito qualquer ato que tenha por objetivo desobedecer às formalidades legais previstas para a adoção. Tendo o Brasil ratificado a "Convenção Interamericana sobre tráfico Internacional de Menores" (Decreto nº 2.740/1998), configura-se como tráfico internacional de menores "a subtração, transferência ou retenção, ou a tentativa de subtração, transferência ou retenção de um menor, com propósitos ou por meios ilícitos". Nesta hipótese, trata-se da competência da Justiça Federal.

Neste crime, dois elementos devem ser considerados: o tráfico caracterizado na transferência de criança e de adolescente para país estrangeiro, com ou sem lucro do agente, e o lucro, configurado como vantagem econômica visada por alguém que coopera na operação de transferência, sem que seja no exercício regular de uma profissão. Trata-se de crime da competência da Justiça Federal na forma do art. 109, inciso V, da Constituição Federal, por se tratar de crime cuja execução seja iniciada no país, mas cujo resultado tenha ou deva ter ocorrência no estrangeiro.[39]

O Código Penal faz ainda referência à figura criminal conhecida anteriormente como "falsidade ideológica". Pela Lei nº 6.898, de 30 de março de 1981, foi objeto de definição legal "dar parto alheio como próprio, registrar como seu filho de outrem" (art. 242, CP).

O referido crime é de ação múltipla, apresentando, portanto, diversas figuras típicas. A primeira figura típica – *dar parto alheio como próprio* – é a mulher que apresenta filho de outrem como sendo seu, nada impedindo a participação crimi-

---

37 Wilson Donizeti Liberati, *Comentários ao Estatuto da Criança e do Adolescente*, São Paulo, Malheiros, 2005, p. 256.
38 Tânia da Silva Pereira, ob. cit., p. 986.
39 Tânia da Silva Pereira, ob. cit., p. 987.

nosa. Nos demais casos, é o homem ou a mulher que pratica uma das condutas (registro, ocultação ou substituição do recém-nascido). Comete crime também aquele que *inscreve no registro civil como sendo seu filho de outra pessoa*, nada impedindo a participação criminosa. Tem-se apurado que o crime é por vezes praticado para o envio do menor ao exterior em adoção (art. 245, § 2º, CP e art. 239, ECA).[40]

Quando o crime é praticado por motivo de reconhecida nobreza, configura-se a forma privilegiada em que a pena é de um a dois anos de detenção. Reconhecendo-se a motivação nobre, é necessário que o juiz a leve em consideração na aplicação da pena. (...) Prevê também a lei a possibilidade de perdão judicial para a hipótese de ter sido o crime praticado por motivo de reconhecida nobreza. Não exclui o delito, porém, o fato de não ter sido causado prejuízo ao recém-nascido abandonado e a nobreza do motivo, embora já se tenha decidido o contrário.[41]

Alerte-se para o art. 10, II, do Estatuto da Criança e do Adolescente ao determinar que os hospitais e demais estabelecimentos de atenção à saúde de gestantes, públicos e particulares, são obrigados a identificar o recém-nascido mediante o registro de sua impressão plantar e digital e da impressão digital da mãe, sem prejuízo de outras formas normatizadas pela autoridade administrativa competente. Estabelece o art. 229 do Estatuto da Criança e do Adolescente que incorre em crime o médico, enfermeiro ou dirigente de estabelecimento de atenção à saúde de gestante que deixar de identificar corretamente o neonato e a parturiente, por ocasião do parto, bem como deixar de proceder aos exames referidos no art. 10 do Estatuto da Criança e do Adolescente.

A conhecida *Adoção à brasileira* ocorre com frequência quando a adotante registra a criança, tida por terceiro, como filho, usando declarações falsas das maternidades ou hospitais, ou mesmo usando o artifício de a mulher comparecer ao cartório, acompanhada de duas testemunhas e declarar que teve o filho em casa.

414. Adoção no Código Civil e a correlação com o Estatuto da Criança e do Adolescente modificado pela Lei nº 12.010, de 2009

O Estatuto da Criança e do Adolescente (Lei nº 8.069/1990) estabeleceu rigoroso sistema para a adoção de menores de 18 anos, cujos requisitos foram recepcionados, em grande parte, pela Lei Civil de 2002. A Lei nº 12.010, de 2009, conhecida como "Lei Nacional de Adoção", fez alterações significativas no "Estatuto" e revogou alguns artigos do Código Civil, visando, especialmente, a criar incentivos para que crianças e adolescentes retornem ao convívio familiar ou encontrem um lar adotivo, evitando que permaneçam, de forma permanente, em "programas de acolhimento institucionais".

---

40 Júlio Fabbrini Mirabete, *Código Penal Interpretado* (atualizado por Renato N. Fabbrini), São Paulo, Atlas, 2005, p. 1.961.
41 Júlio Fabbrini Mirabete (atualizado por Renato N. Fabbrini), ob. cit., p. 1.963.

O Estatuto, com as alterações da nova lei, prevê medidas identificadas como "Programas de acolhimento institucional" ou "Programas de acolhimento familiar". Um novo conceito de "acolhimento" passa a exigir do intérprete um posicionamento coerente com os ditames legais e constitucionais, complementado por subsídios interdisciplinares que permitam nova exegese do Direito Fundamental à convivência familiar e comunitária, estabelecido no art. 227 da Constituição Federal e regulamentado pelo Estatuto. *Acolher* é assumir compromisso e responsabilidade, é dar atenção, carinho, aconchego; é ajudar a criança e o adolescente a serem capazes de satisfazer as próprias necessidades, tornando-se responsáveis por sua própria vida. Para aquele que acolhe é, sobretudo, dar atenção integral, amparar e aceitar o outro de maneira absoluta; é ouvir, sem julgamento, mesmo que discorde; enfim é estar presente para o outro, com generosidade e compreensão.[42]

O acolhimento familiar na legislação modificada prioriza a *família natural* (*caput* do art. 25 do ECA), convocando também a *família extensa e ampliada*, ou seja, "aquela que se estende para além da unidade pais e filhos ou da unidade do casal, formada por parentes próximos, com os quais a criança ou adolescente convive e mantém vínculos de afinidade e afetividade" (§ 1º do art. 25 do ECA com a nova redação da Lei nº 12.010/2009). Esses conceitos devem ser interpretados com vista ao "princípio do melhor interesse da criança". Assim, a preferência pela família extensa deve ser marcada pela afinidade e afetividade, por sólido relacionamento com a criança ou adolescente, cuidado, atenção e carinho. Estes elementos devem sobrepor-se a uma relação puramente biológica, onde não existe compromisso e responsabilidade com crianças e jovens.

É importante notar que a preferência conferida à família natural é observada na Jurisprudência pátria, tendo a 3ª Turma do STJ, no AgRg na Medida Cautelar nº 18.329/SC, decidido que "salvo no caso de evidente risco físico ou psíquico ao menor, não se pode conceber que o acolhimento institucional ou acolhimento familiar temporário, em detrimento da manutenção da criança no lar que tem como seu, traduza-se como o melhor interesse do infante". Para os julgadores, nos casos em que haja disputa pela custódia física de criança ou adolescente, devem ser evitadas alterações de guarda e de residência, com o intuito de preservá-los dos "fluxos e refluxos processuais".[43]

---

42 Tânia da Silva Pereira, "O acolhimento e o Melhor Interesse da Criança como princípios norteadores da proteção da infância e juventude", in *Aspectos Psicológicos na prática jurídica* (coord.: David Zimerman e Antônio Carlos Mathias Coltro), p. 571.

43 STJ – 3ª Turma – AgRg na Medida Cautelar nº 18.329/SC – Rel. Min. Paulo de Tarso Sanseverino – Julg.: 20.09.2011 – *DJe* 28.11.2011. Vide, também: STJ – 3ª Turma – *Habeas Corpus* nº 221.594/SC – Rel. Min. Nancy Andrighi – Julg.: 13.03.2012 – *DJe*: 21.03.2012. No mesmo sentido: "(...) De fato, quando se discute a guarda de menor, não são os direitos dos pais ou de terceiros, no sentido de terem para si a criança, que devem ser observados. É a criança, como sujeito – e não objeto – de direitos, que deve ter assegurada a garantia de ser cuidada pelos pais ou, quando esses não oferecem condições para tanto, por parentes próximos, com os quais conviva e mantenha vínculos de afinidade e afetividade. E, em regra, apenas na impossibilidade de manutenção do infante no seio de sua família, natural ou ampliada, é que será cogitada a colocação em família substituta, ou, em

Prevalece nos Tribunais a orientação no sentido de que "o alicerce do pedido de adoção reside no estabelecimento de relação afetiva". Esta foi a orientação adotada pela 3ª Turma do STJ, tendo como Relatora a Ministra Nancy Andrighi, ao julgar o REsp nº 1.106.637/SP, onde se discutia a legitimidade ativa do padrasto mantida entre o padrasto e a criança, em decorrência de ter formado verdadeira entidade familiar com a mulher e a adotanda, atualmente composta também por filha comum do casal. "Desse arranjo familiar, sobressai o 'cuidado' inerente aos cônjuges, em reciprocidade e em relação aos filhos, seja a prole comum, seja ela oriunda de relacionamentos anteriores de cada consorte, considerando a família como espaço para dar e receber cuidado (...) Por tudo isso – consideradas as peculiaridades do processo –, é que deve ser concedido ao padrasto – legitimado ativamente e detentor de interesse de agir – o direito de postular em juízo a destituição do poder familiar – pressuposto lógico da medida principal de adoção por ele requerida – em face do pai biológico, em procedimento contraditório, consonante o que prevê o art. 169 do ECA".[44]

Atendendo à regra do art. 5º do Código Civil, que reduziu a capacidade civil para 18 anos, o art. 1.618 do Código Civil manteve a orientação estatutária do art. 40 do ECA, no sentido de que pode adotar qualquer pessoa que atinja a maioridade.

Estabelece o art. 1.618 do Código Civil, com a nova redação atribuída pela Lei Nacional de Adoção, que a medida "será deferida na forma da Lei nº 8.069/1990", sem afastar, no entanto, a vigência do art. 41 do ECA. Foi reafirmada a possibilidade da adoção também na união estável, comprovada a estabilidade familiar para fins de concessão da medida (art. 42, § 2º, da Lei nº 8.069/1990. Cabe ao juiz apurar se a medida é conveniente ao adotando. Por orientação de documentos internacionais de proteção à infância, deve predominar o princípio do "melhor interesse da criança" como norteador na adoção. Em face da Doutrina Jurídica da Proteção Integral, deve prevalecer o reconhecimento constitucional da criança e do adolescente como titulares de Direitos Fundamentais e pessoas em condição peculiar de desenvolvimento".[45]

O art. 1.619 do Código Civil, com a nova redação dada pelo art. 4º da Lei nº 12.010/2009, estabeleceu expressamente que a adoção de maiores de 18 anos dependerá de assistência efetiva do Poder Público e de sentença constitutiva, aplicando, no que couber, as regras do Estatuto da Criança e do Adolescente.

Destaca-se o entendimento da 4ª turma do STJ, que reconheceu a possibilidade de aplicação, por analogia, do ECA a um caso de adoção de maiores de idade, cujo pedido foi formulado ainda na vigência do Código Civil de 1916 e que teve a tramitação interrompida após o falecimento do adotante. Tanto o Juízo de 1º grau quanto o Tribunal haviam afastado o pedido de adoção, sob o argumento de que, por se tratar de adoção de maiores, deveria ser aplicado o Código Civil, e não o ECA. Para o Ministro Relator

---

última análise, em programa de acolhimento institucional". (STJ – 3ª Turma – REsp nº 1356981/ SC – Rel. Min. Nancy Andrighi – Julg.: 05.11.2013 – DJe 08.11.2013)

44 STJ – 3ª Turma – REsp nº 1.106.637/SP – Rel.ª Min.ª Nancy Andrighi – julg.: 01.06.2010.

45 Tânia da Silva Pereira, "O melhor interesse da criança", in *O Melhor Interesse da Criança: um debate interdisciplinar* (coord.: Tânia da Silva Pereira), Rio de Janeiro, Renovar, 2000.

Antonio Carlos Ferreira, na época em que o pedido foi formulado (1999), a adoção de maiores era regida pelo CC/2016, que não previa a adoção *post mortem*, mas seria possível aplicar a sistemática prevista no ECA no caso. Segundo ele, "Diante da omissão legislativa no período compreendido entre a vigência do ECA e a publicação da lei nacional da adoção (Lei 12.010/09) – na qual se previu expressamente a utilização do Estatuto também para os maiores de 18 anos –, deve-se lançar mão da analogia, para dirimir eventuais controvérsias que se refiram à possibilidade de adoção póstuma de adultos, desde que, nos termos do artigo 42, parágrafo 6º, da Lei 8.069/90, haja inequívoca manifestação de vontade do adotante". A Turma, por unanimidade, deu provimento ao recurso, para determinar às instâncias ordinárias o exame do pedido de adoção, aplicando, por analogia, as disposições da Lei Nacional da Adoção (Lei 12.010/2009), que possibilita a utilização das normas do ECA para a adoção de maiores.[46]

Permanece a mesma orientação estatutária do § 3º do art. 42 do ECA, e do diploma civil anterior, ao exigir a diferença de 16 anos entre adotante e adotado, imitando a filiação biológica, e propiciando autoridade e respeito. Esta diferença etária existe no pressuposto de certo condicionamento hierárquico entre adotante e adotado, no que, aliás, usa-se por parâmetro a circunstância de que a idade núbil é também de dezesseis anos, e, assim, assemelha-se o parentesco civil à relação de paternidade biológica.

Contudo, insta salientar que a 3ª Turma do STJ já permitiu a adoção em hipótese excepcionalíssima na qual não havia sido plenamente cumprido o requisito legal de diferença de idade. No caso analisado, o requerente pretendia a alteração do registro civil para excluir o nome do pai biológico da adotanda, a fim de substituí-lo pelo seu patronímico. Considerando que a diferença de idade só não teria sido cumprida por alguns meses, o colegiado viabilizou o reconhecimento da relação socioafetiva.[47]

Nada impede que se adotem vários filhos simultânea ou sucessivamente.

Revogado o art. 1.620 do Código Civil, foi mantida a orientação estatutária ao reconhecer ao tutor e curador o direito de adotar o pupilo desde que aprovadas as respectivas contas e saldado o alcance, se houver. O princípio está reproduzido no art. 44 do ECA. O preceito tem objetivo de proteger os interesses do tutelado, ou dos filhos do interditado. Esta regra, portanto, visa a resguardar possíveis irregularidades em sua conduta. Decorre daí a proibição daquele que, ao administrar os bens do tutelado, busca a concessão da medida para escapar ao seu dever de prestar contas, acobertando irregularidades para livrar-se dos débitos de sua gestão. Deverá ser homologada a prestação de contas pela autoridade judiciária (art. 44 do ECA).

Em nome da celeridade nos procedimentos que envolvem os interesses de crianças e adolescentes órfãos, a Lei nº 12.010, de 2009, com nova redação ao art.

---

[46] STJ – 4ª Turma – REsp 656.952/DF – Rel. Min. Antonio Carlos Ferreira – Julg.: 02.06.2016 – *DJe*.: 23.06.2016.

[47] STJ – 3ª Turma – REsp 1.785.754-RS – Rel. Min. Ricardo Villas Bôas Cueva – Julg. em 08.10.2019 – *DJe* 11.10.2019.

37 do ECA, estabelece que o tutor nomeado por testamento ou qualquer documento autêntico, conforme previsto no parágrafo único do art. 1.729 da Lei n° 10.406, de 10 de janeiro de 2002 – Código Civil, deverá, no prazo de 30 (trinta) dias após a abertura da sucessão, ingressar com pedido destinado ao controle judicial do ato, observando o procedimento previsto nos arts. 165 a 170 do Estatuto. Alterando, expressivamente, o parágrafo único do mesmo art. 37 do ECA, o legislador da nova lei se reporta aos requisitos previstos nos arts. 28 e 29 do ECA, ao destacar que somente será deferida a tutela à pessoa indicada na disposição de última vontade se restar comprovado que a medida é vantajosa ao tutelando e que não existe outra pessoa em melhores condições de assumi-la. Não mais se cogita da garantia estabelecida na redação anterior do Estatuto de fazer constar de instrumento público a relação dos bens móveis do tutelado e inscrito no registro de imóveis.

Revogado o art. 1.621 do Código Civil, foram mantidos seus princípios no art. 45 e parágrafos do ECA, ao exigir o consentimento dos pais ou representante legal do adotando, menor de 18 anos, salvo se forem os pais desconhecidos ou tenham sido destituídos do poder familiar através de procedimento próprio previsto nos arts. 155 a 163 do ECA.

A nova redação do art. 28 do ECA prevê que na oitiva da criança ou do adolescente será "respeitado seu estágio de desenvolvimento e grau de compreensão sobre as implicações de qualquer medida" e terá sua opinião devidamente considerada, devendo ser previamente ouvido por equipe interprofissional (§ 1° do art. 28 do ECA). Deverá merecer a devida cautela a forma como é manifestada a concordância do adolescente, muitas vezes motivado por outros interesses. Manteve-se a orientação anterior no sentido de que, tratando-se de adoção de maior de 12 (doze) anos de idade, será necessário seu consentimento, colhido em audiência (§ 2° do art. 28 do ECA).

Destaque-se que a oitiva em juízo de criança ou adolescente deve ser sempre formal, com a presença do Ministério Público e do Advogado. A oitiva informal é meio de prova atípico e não propicia às partes nenhuma segurança quanto à sua habilidade de provar a verdade dos fatos, da forma mais próxima possível da verdade real, em que se funda a ação ou a defesa; com raras exceções, não tem o juiz o preparo técnico necessário para decifrar as palavras da criança e traduzir a verdade. No momento em que o juiz e o membro do Ministério Público ouvem diretamente a criança, dispensando a presença de perito da área de psicologia e estando a criança desacompanhada de Advogado ou Assistente Técnico, viola-se frontalmente o princípio da ampla defesa, assegurado em sede constitucional. Ao não levar a termo o depoimento/testemunho da criança, e por não estarem presentes os Advogados ou Assistentes técnicos, prejudica-se o contraditório, cujo princípio também é assegurado em sede constitucional (art. 5°, LV, CRFB). Tudo isso torna a legalidade da oitiva informal da criança duvidosa, quiçá inexistente, não se adequando tampouco aos requisitos de idoneidade e moralidade, podendo colocar a criança ou o adolescente em risco de sofrer danos psicológicos de graves proporções e consequências.[48]

---

48 Sobre o tema, ver "A oitiva informal da criança como meio de prova no âmbito do Direito de Família: limites e interdisciplinaridade", Roberta Tupinambá, *in Cuidado e Vulnerabilidade*. São Paulo, Atlas, 2009, p. 378-379.

Há que se considerar, também com reservas, a concordância, por parte de pais adolescentes, sujeitos, estes últimos, ao poder familiar. Heloisa Helena Barboza questiona este consentimento por tratar-se de pessoas que ainda não têm aptidão de fato para reger sua própria pessoa e bens. Para ela, não se deve admitir a adoção de criança ou adolescente, filho de pessoa que não tenha atingido a maioridade civil. Sugere, nesta hipótese, a suspensão ou perda do poder familiar, uma vez verificados os seus pressupostos. Considera não ser razoável excepcionar tal entendimento no caso de pais relativamente incapazes, "a quem a lei civil confere certo poder de decisão, desde que assistidos, na medida em que se devem proteger seus interesses na fase da vida de notória turbulência psicológica".[49]

Além da oitiva do adotando, a apreciação do pedido levará em conta o grau de parentesco e a relação de afinidade ou de afetividade, a fim de evitar ou minorar as consequências decorrentes da medida (§ 3º do art. 28 do ECA, com as alterações introduzidas pela Lei Nacional de Adoção). A *afinidade*, no caso, não se traduz pelo conceito do art. 1.595 do Código Civil como parentesco civil decorrente do casamento e da união estável. O referido texto legal traduz como identificação e estabilidade afetiva no relacionamento com a criança ou adolescente, bem como compromisso e responsabilidade na convivência familiar. Identifica também a *afetividade* como um liame de ordem civil que pode ser presumido, mesmo quando este faltar na realidade das relações. Para Paulo Lôbo "a afetividade é dever imposto aos pais em relação aos filhos e destes em relação àqueles, ainda que haja desamor ou desafeição entre eles". Para o autor, "o princípio da afetividade apenas deixa de incidir com o falecimento de um dos sujeitos ou se houver perda do poder familiar".[50]

A Lei nº 12.010/2009 determinou, no § 4º do art. 28 do ECA, que os grupos de irmãos serão acolhidos sob adoção (tutela ou guarda), ressalvando, no entanto, a possibilidade de separá-los, "comprovada existência de risco de abuso ou outra situação que justifique plenamente a excepcionalidade de solução diversa, procurando-se, em qualquer caso, evitar o rompimento definitivo dos vínculos fraternais". Considera Luiz Carlos de Barros Figueiredo que o legislador foi feliz em excepcionar circunstâncias impeditivas para que fiquem todos os irmãos em uma mesma família, seja obrigando a justificação da excepcionalidade, seja recomendando que se evite o rompimento total dos laços fraternais (por exemplo, obrigando contato entre as famílias para onde os irmãos foram encaminhados, buscando que residam no mesmo bairro, cidade, país etc.).[51]

Tornou-se obrigatório o procedimento de "Habilitação para a Adoção" (art. 50 do ECA): "A inscrição de postulantes à adoção será precedida de um período de preparação psicossocial e jurídica, orientado pela equipe técnica da Justiça da Infância e da Juventude, preferencialmente com apoio dos técnicos responsáveis

---

49 Heloisa Helena Barboza, *O Consentimento na Adoção de Criança e Adolescente*, p. 75.
50 Paulo Lôbo, *in Direito Civil: Famílias.* São Paulo, Saraiva, 2008, p. 48.
51 Luiz Carlos de Barros Figueiredo, in *Comentários à Nova Lei Nacional da Adoção – Lei 12.010 de 2009.* Curitiba, Juruá, 2010, p. 24.

pela execução da política municipal de garantia do direito à convivência familiar" (§ 3º do art. 50 do ECA). Recomendou, igualmente, o contato com crianças e adolescentes em acolhimento familiar ou institucional em condições de serem adotados, a ser realizado sob a orientação, supervisão e avaliação da equipe técnica da Justiça da Infância e da Juventude, com apoio dos técnicos responsáveis pelo programa de acolhimento e pela execução da política municipal de garantia do direito à convivência familiar (§ 4º do art. 50 do ECA). Determinou a criação e implementação dos cadastros estaduais e nacional de crianças e adolescentes em condições de serem adotados e de pessoas ou casais habilitados à adoção (§ 5º do art. 50 do ECA).

O legislador de 2009 dispensou a habilitação e a inclusão do adotante no cadastro em três hipóteses: I – se tratar de pedido de adoção unilateral; II – se for formulada por parente com o qual a criança ou o adolescente mantenha vínculos de afinidade e afetividade; III – quando oriundo o pedido de quem detém a tutela ou guarda legal de criança maior de 3 (três) anos ou adolescente, desde que o lapso de tempo de convivência comprove a fixação de laços de afinidade e afetividade, e não seja constatada a ocorrência de má-fé ou qualquer das situações previstas nos arts. 237 ou 238 do ECA (§ 13 do art. 50 do ECA).

Não se pode excluir do novo sistema a "adoção consentida" ou "adoção *intuito personae*", embora seja um tema controvertido na Doutrina e Jurisprudência. Embora tenha como denominador a concordância do(s) genitor(res), esta hipótese não se confunde com as situações indicadas no § 13 do art. 50 do ECA, onde o foco é a dispensa do procedimento de habilitação.

Embora a adoção tenha assumido a natureza de instituto de ordem pública, não afastou o *consenso* de sua estrutura jurídica. A Lei nº 12.010/2009 não revogou a regra do art. 45 do ECA ao afirmar que "a adoção depende do consentimento dos pais ou do representante legal do adotando", o qual será dispensado em relação à criança ou adolescente cujos pais sejam desconhecidos ou tenham sido destituídos do poder familiar" (parágrafos 1º e 2º do art. 45 do ECA). O inciso I do art. 165 do Estatuto da Criança e do Adolescente mantém a concordância do cônjuge ou companheiro do adotante para a concessão da medida, tratando-se de menores de 18 anos. Podemos afirmar que o art. 166 do ECA, com a nova redação da Lei nº 13.509/2017, regulamentou a adoção consentida; esclarece o § 1º que, na hipótese de concordância dos pais, o juiz na presença do Ministério Público, ouvirá as partes, devidamente assistidas por advogado ou por defensor público, para verificar sua concordância com a adoção, no prazo máximo de 10 dias, contado da data do protocolo da petição ou da entrega da criança em juízo, tomando por termo as declarações; e declarará a extinção do poder familiar. O legislador determinou que "o consentimento dos titulares do poder familiar será precedido de orientações e esclarecimentos prestados pela equipe interprofissional da Justiça da Infância e da Juventude, em especial, no caso de adoção, sobre a irrevogabilidade da medida" (§ 2º do art. 166 do ECA). Este consentimento deve ser colhido pela autoridade judiciária competente em audiência, presente o Ministério Público, garantida a livre manifestação de vontade e esgotados os esforços para manutenção da criança ou do adolescente na família natural ou extensa (§ 3º do art. 166 do ECA). É exigido o consentimento prestado por escrito, que não terá validade se não for ratificado na audiência (§ 4º do art. 166 do ECA). Este consentimento é retratável até a data da publicação da sentença constitutiva da adoção (§ 5º do art. 166 do ECA); os pais podem exercer o arrependimento no prazo de 10 dias, contado da data de prolação da sentença de extinção do poder familiar, e só terá valor se for dado após o nascimento da criança (§ 6º do art. 166 do ECA). Esta condição afasta o consentimento anterior ao nascimento.[52] Destaca finalmente o § 7º do art. 166 do ECA a necessidade de a família substituta receber a devida orientação por intermédio de equipe técnica interprofissional a serviço do Poder Judiciário, preferencialmente com apoio dos técnicos responsáveis pela execução da política municipal de garantia do direito à convivência familiar.

Ressalta-se que a Lei nº 13.509/2017 incluiu o art. 19-A ao ECA, prevendo o procedimento para a gestante ou mãe que manifeste interesse em entregar seu filho para adoção, antes ou logo após o nascimento. Nesses casos, a gestante ou mãe será encaminhada à Justiça da Infância e da Juventude, sendo ouvida pela equipe interprofissional, que deve considerar os eventuais efeitos do estado gestacional e puerperal. É garantido o direito ao sigilo sobre o nascimento e sobre a entrega, resguardado o direito do adotado de conhecer a sua origem biológica.

Como forma de conferir maior celeridade, a busca à família extensa deve respeitar o prazo máximo de 90 dias, prorrogável por igual período. Não havendo a indicação do genitor e não existindo outro representante da família extensa apto a receber a guarda, a autoridade judiciária competente deverá decretar a extinção do poder familiar e determinar a colocação da criança sob a guarda provisória de quem estiver habilitado a adotá-la ou de entidade que desenvolva programa de acolhimento familiar ou institucional. Os detentores da guarda possuirão, então, o prazo de 15 dias para propor a ação de adoção, contado do dia seguinte à data do término do estágio de convivência.

Na hipótese de desistência pelos genitores – manifestada em audiência ou perante a equipe interprofissional – da entrega da criança após o nascimento, a criança será mantida com os genitores, e será determinado pela Justiça da Infância e da Juventude o acompanhamento familiar pelo prazo de 180 dias.

Não se pode confundir as hipóteses de dispensa da habilitação (§ 13 do art. 50 do ECA) que também envolvem a concordância dos genitores, mas cujo fundamento é a dispensa da formalidade da prévia habilitação. Alerte se que a nova lei, inclusive, exige que "as gestantes ou mães que manifestem interesse em entregar seus filhos para adoção serão obrigatoriamente encaminhadas à Justiça da Infância e da Juventude".

Esclareça-se, oportunamente, que a lei não proíbe a adoção consentida; pretende que esse procedimento seja acompanhado de cuidados especiais, evitando equívocos, irregularidades e arrependimentos. Embora varie a orientação jurispruden-

---

52 Luiz Carlos de Barros Figueiredo, ob. cit. p. 103.

cial, não se previu na legislação vigente a proibição da adoção consentida, ou seja, não existe qualquer óbice aos pais biológicos poderem entregar seu filho à adoção a quem eles acharem que possui melhores condições de exercer o poder familiar, de forma a tutelar a proteção integral da criança. Assim entendeu o TJRS na Apelação Cível 70006597223, 7ª Câm. Cível, tendo como Relator o Des. Luiz Felipe Brasil Santos, julgado em 12.08.2003. Previu o v. acórdão que, "tendo a genitora da menor entregue sua filha em adoção a um casal determinado (adoção intuitu personae), não se pode desconsiderar tal vontade, em razão da existência de listagem de casais cadastrados para adotar. A lista serve para organizar a ordem de preferência na adoção de crianças e adolescentes, não podendo ser mais importante que o ato de adoção em si. Desproveram. Unânime (segredo de justiça)".[53]

Atente-se que o "Estatuto", com as recentes modificações, não expressa qualquer impedimento para a adoção consentida. Estabelece o art. 166 do ECA, com as alterações da Lei nº 13.509/2017, que o consentimento dos pais para a entrega da criança será perante a autoridade judicial, na presença do Ministério Público, sendo as partes assistidas por Advogado ou Defensor Público. "Se não se pode negar a possibilidade, da ocorrência da adoção intuito personae, é inegável também que ao Judiciário cumpra o dever de assisti-la, não passivamente, mas nela interferindo até mesmo obstá-la, de modo a resguardar, em sua inteireza, os superiores interesses do perfilhado. (...) No Recurso Especial n. 1.172.067/MG,[54] de relatoria do ilustre Ministro Massami Yueda, da 3ª Turma do Superior Tribunal de Justiça, julgado em 18 de março de 2010, foi mantida a criança com o casal de adotantes não cadastrados, que durante os oito primeiros meses de vida estavam na posse da criança, sob o lúcido argumento de que a escolha cronológica dos candidatos inscritos em cadastro oficial nem sempre atende ao princípio dos melhores interesses da criança, quando se estabelece relevante vínculo socioafetivo.

Ressalte-se que a Lei nº 13.257/2016 estendeu de forma expressa o dever do Poder Público de prestar assistência psicológica às gestantes e mães que manifestem interesse em entregar seus filhos para adoção ou que se encontrem em situação de privação de liberdade. O legislador incluiu, ainda, um parágrafo no art. 13 da Lei nº 8.069/1990, para conferir máxima prioridade ao atendimento das crianças na faixa etária da primeira infância com suspeita ou confirmação de violência de qualquer

---

53 TJPR – Recurso de Apelação 96629-6 – Rolândia – Rel. Juiz Convocado Milani de Oliveira – AC. 1300 – 1ª Cam. Crim. – Estatuto da Criança e do Adolescente. Adoção intuito personae – Julg. em 02.02.2001.

54 STJ – 3ª Turma – REsp 1.172.067 – Rel. Min. Massami Uyeda – julg. em 18.03.2010. Ainda nesse sentido, vide julgados do STJ – 3ª Turma – REsp 1.347.228/SC – Rel. Min. Sidnei Beneti – julg. em 06.11.2012; STJ – REsp 1.259.435 – Rel. Min. Sidnei Beneti – julg. em 27.09.2011; TJMG – 5ª Câmara Cível – Rel.ª Des.ª Maria Eliza – Agravo de Instrumento 1.0090.10.000869-8/001 – julg. em 15.07.2010; TJMG – 3ª Câmara Cível – Ap. Cível 1.0702.08.472089-6/001 – Rel. Des. Manuel Saramago – julg. em 20.11.2009; TJRS – 7ª Câmara Cível – Ap. Cível 70033056383 – Rel. Des. Ricardo Raupp Ruschel – julg. em 02.12.2009; TJRJ – 6ª Câmara Cível – Ap. Cível 0006371-74.2009.8.19.0061 – Rel. Des. Nagib Slaibi – julg. em 05.05.2010.

natureza, mantendo a previsão de encaminhamento das gestantes ou mães que manifestem interesse em entregar seus filhos para adoção.

Artur Marques da Silva Filho sugere que "no caso de *adoções intuito personae* o prévio cadastro dos interessados pode ser dispensado, mas não a avaliação por uma equipe interprofissional. É levada em consideração a vontade dos genitores que, ouvidos perante o Promotor de Justiça, consentirão com a adoção".[55]

A habilitação concomitante dos adotantes, já tendo os mesmos a "guarda judicial" da criança e atendidos os procedimentos da avaliação psicossocial do núcleo familiar atende às exigências do Estatuto da Criança e do Adolescente.

Não se pode falar em "destituição" e, sim, em simples "extinção" do poder familiar na "Adoção Consentida". A concordância dos pais, relativamente ao encaminhamento do filho à família substituta, nunca estará no mesmo grau da pena de destituição. Uma coisa repele a outra. Depois de colhidas as declarações dos pais, o juiz deverá cumprir as demais exigências previstas no Estatuto da Criança e do Adolescente até chegar à fase final do procedimento, com a sentença de adoção.

O magistrado deverá recorrer ao apoio de uma equipe interprofissional para avaliar a convivência familiar. Admite-se a dispensa do consentimento na hipótese de os pais serem desconhecidos ou tenham sido destituídos do poder familiar. O juiz poderá suprir este consentimento.

A Lei nº 12.010/2009 estabeleceu o prazo de 6 (seis) meses para reavaliação periódica de toda criança ou adolescente que estiver inserido em programa de acolhimento familiar ou institucional, devendo a autoridade judiciária competente, com base em relatório elaborado por equipe interprofissional ou multidisciplinar, decidir de forma fundamentada pela possibilidade de reintegração familiar ou colocação em família substituta, em quaisquer das modalidades previstas no art. 28 do ECA (§ 1º do art. 19 do ECA). Determinou, também, que "a permanência da criança e do adolescente em programa de acolhimento institucional não se prolongará por mais de 18 meses, salvo comprovada necessidade que atenda ao seu superior interesse, devidamente fundamentada pela autoridade judiciária" (§ 2º do art. 19 do ECA). Determinou, expressamente, que a "manutenção ou reintegração de criança ou adolescente à sua família terá preferência em relação a qualquer outra providência, caso em que será esta incluída em programas de orientação e auxílio", nos termos do parágrafo único do art. 23, dos incisos I e IV do *caput* do art. 101 e dos incisos I a IV do *caput* do art. 129 do ECA (§ 3º do art. 19 do ECA). Ressalta-se que a Lei nº 13.509/2017 acrescentou os §§ 5º e 6º ao mesmo dispositivo, estabelecendo a garantia de convivência integral da criança com a mãe adolescente que estiver em acolhimento institucional, e a assistência da mãe adolescente por equipe especializada multidisciplinar.

Tratando-se de destituição do poder familiar, deverão ser seguidos os procedimentos previstos nos arts. 155 a 166 do ECA e atendidas as regras do art. 1.638 do

---

55 Artur Marques da Silva Filho, in *Adoção: Regime jurídico – requisitos – efeitos – inexistência – anulação.* São Paulo, Revista dos Tribunais, 2009, pp. 138-139.

Código Civil. Poderá ser processada cumulativamente com o processo de adoção (art. 169 do ECA).

A Lei nº 12.010/2009 revogou o art. 1.622 do Código Civil e modificou o art. 42 do ECA, autorizando, além dos divorciados e judicialmente separados, os ex-companheiros a adotar conjuntamente, contanto que acordem sobre a guarda e o regime de visitas e desde que o estágio de convivência tenha sido iniciado na constância do período de convivência, e que seja comprovada a existência de vínculos de afinidade e afetividade com aquele não detentor da guarda (§ 4º do art. 42 do ECA). Ressalvou, no entanto, que esta última possibilidade deve representar efetivo benefício ao adotando. Assegurou, inclusive, a possibilidade de guarda compartilhada no regime de convivência (§ 5º do art. 42 do ECA).

Destaca-se a decisão da 3ª Turma do STJ, que entendeu que, se, no curso da ação de adoção conjunta, um dos cônjuges desistir do pedido e outro vier a falecer sem ter manifestado inequívoca intenção de adotar unilateralmente, não poderá ser deferido ao interessado falecido o pedido de adoção unilateral *post mortem*. Assim, "se um dos interessados (candidatos a pai/mãe) desiste da ação, a adoção deve ser indeferida, mormente se o outro vem a morrer antes de manifestar-se sobre a desistência". Isso porque a manifestação da vontade apresentar-se-á viciada quando o *de cujus* houver expressado a intenção de adotar em conjunto, e não isoladamente.[56]

A 3ª Turma do STJ negou provimento a Recurso Especial interposto pela União que pretendia a anulação de Adoção realizada por uma mulher juntamente com seu irmão falecido, entendendo que as hipóteses de adoção conjunta previstas no artigo 42 do Estatuto da Criança e do Adolescente não são as únicas que possibilitam a inserção da criança ou do adolescente em um núcleo familiar estável, que constitui o fim colimado pela norma legal. Para a Relatora Ministra Nancy Andrighi, "o conceito de núcleo familiar estável não pode ficar restrito às fórmulas clássicas de família, mas pode, e deve, ser ampliado para abarcar uma noção plena de família, apreendida nas suas bases sociológicas". A Relatora acrescenta que o artigo 42, parágrafo 6º, da Lei nº 8.069 (ECA), possibilita que a adoção póstuma seja requerida caso o adotante tenha morrido no curso do procedimento de adoção e seja comprovado que este manifestou em vida seu desejo de adotar, de forma inequívoca, aplicando-se "as mesmas regras que comprovam a filiação socioafetiva: o tratamento do menor como se filho fosse e o conhecimento público dessa condição".

A Ministra Nancy Andrighi conclui, ainda, que "Restringindo a lei, porém, a adoção conjunta aos que, casados civilmente ou que mantenham união estável, comprovem estabilidade na família, incorre em manifesto descompasso com o fim perseguido pela própria norma, ficando teleologicamente órfã. Fato que ofende o senso comum e reclama atuação do interprete para flexibilizá-la e adequá-la às transformações sociais que dão vulto ao anacronismo do texto de lei. (...) O primado da família socioafetiva tem que romper os ainda existentes liames que atrelam o grupo familiar

---

56 STJ – 3ª Turma – REsp 1.421.409/DF – Rel. Min. João Otávio de Noronha – Julg.: 18.08.2016 – *DJe*.: 25.08.2016.

a uma diversidade de gênero e fins reprodutivos, não em um processo de extrusão, mas sim de evolução, onde as novas situações se acomodam ao lado de tantas outras, já existentes, como possibilidades de grupos familiares".[57]

Sem qualquer restrição legal específica, admite-se a adoção por pares homoafetivos, individualmente, após estudo psicossocial por uma equipe interdisciplinar que possa identificar na relação o melhor interesse do adotando. Ressalta-se que descabe imposição de limite mínimo de idade do adotando para que pessoa homoafetiva se habilite à adoção, conforme já decidiu o STJ.[58]

Decisão pioneira do Estado do Rio de Janeiro, em 1997, do Juiz Siro Darlan de Oliveira, ainda Titular da Primeira Vara da Infância e Juventude da Comarca do Rio de Janeiro, onde deferiu a adoção a uma homossexual feminina. A criança lhe havia sido entregue com poucos dias de vida e com graves problemas de saúde. Na sentença, o ilustre magistrado destacou a importância de um ambiente familiar e acolhedor para a criança, em detrimento da impessoalidade de uma instituição.[59]

A adoção conjunta por duas pessoas do mesmo sexo foi objeto de reconhecimento pelo Tribunal de Justiça do Rio Grande do Sul, tendo como Relator o Desembargador Luis Felipe Brasil Santos. A 7ª Câmara Cível, por unanimidade, confirmou a sentença de primeira instância proferida pelo Juiz Julio César Spoladore Domingos, da Comarca de Bagé, concedendo a adoção de dois irmãos à companheira da mãe biológica. A decisão reconheceu como entidade familiar, merecedora da proteção estatal, a união formada por pessoas do mesmo sexo, com características de duração, publicidade, continuidade e intenção de constituir família, sendo decorrência inafastável a possibilidade de que seus componentes possam adotar. Não identificando os estudos especializados qualquer inconveniente para que as crianças fossem adotadas, e comprovado o saudável vínculo de afeto existente entre as crianças e as adotantes, destacou o ilustre Relator: "É hora de abandonar de vez preconceitos e atitudes hipócritas desprovidas de base científica, adotando-se uma postura de firme defesa da absoluta prioridade que constitucionalmente é assegurada aos direitos das crianças e dos adolescentes (art. 227 da CF)."[60]

Não se pode usar como argumento contrário à adoção por casal homoafetivo a impossibilidade do registro do filho. O art. 54 da Lei nº 6.015, de 1973, conhecida como Lei de Registros Públicos, dentre os elementos de identificação, indica os nomes e prenomes dos pais e os nomes e prenomes dos avós paternos e maternos. Nada impede a simples menção dos "pais", atendida a ordem alfabética e a respectiva filiação biológica (avós). A mesma orientação deve ser utilizada nos demais docu-

---

57 STJ – 3ª Turma – REsp. nº 1.217.415/RS – Rel. Min. Nancy Andrighi – Julg.: 19.06.2012 – DJe: 28.06.2012.
58 STJ – 4ª Turma – REsp 1.525.714/PR – Rel. Min. Raul Araújo – Julg.: 16.03.2017 – DJe 04.05.2017.
59 TJRJ – Processo nº 1996.001.001547-2 – Comarca do Rio de Janeiro – 1ª Vara da Infância, da Juventude e do Idoso – julg. em 26.03.1997.
60 TJRS – Ap. Cível nº 70013801592 – julg. em 05.04.2006. Confira-se, ainda, a histórica decisão em que o STF reconheceu a união estável homoafetiva: ADI 4.277/DF e ADPF 132, Rel. Min. Ayres Britto, 04 e 05.05.2011.

mentos que possuem fé pública nacional. Um sistema de informática programado adequadamente deverá atender a situações diferenciadas.[61]

Embora a Lei Nacional de Adoção não tenha mencionado a adoção homoafetiva, os julgados em diversos Estados apontam para seu definitivo reconhecimento.

Merece referência a decisão unânime da 4ª Turma do STJ, tendo como Relator o Ministro Luis Felipe Salomão; em nome do melhor interesse da criança, a Turma admitiu a possibilidade de uma pessoa que mantém união homoafetiva adotar duas crianças (irmãos biológicos) já perfilhadas por sua companheira. Destacou-se não haver qualquer inconveniente na adoção por companheiros em união homoafetiva, pois o que realmente importa é a qualidade do vínculo e do afeto presente no meio familiar que ligam as crianças a seus cuidadores. E concluiu: "Mediante o deferimento da adoção, ficam consolidados os direitos relativos a alimentos, sucessão, convívio com a requerente em caso de separação ou falecimento da companheira e a inclusão dos menores em convênios de saúde, no ensino básico e superior, em razão da qualificação da requerente, professora universitária. (...) Por qualquer ângulo que se analise a questão, chega-se à conclusão de que, na hipótese, a adoção proporciona mais do que vantagens aos menores (art. 43 do ECA) e seu indeferimento resultaria verdadeiro prejuízo a eles".[62]

Mais recentemente, a 3ª Turma do STJ decidiu pela manutenção da guarda de um bebê de dez meses abandonado quando tinha apenas 17 dias em favor de um casal que convivia em união homoafetiva. Observou-se que os companheiros reuniam as condições necessárias para cuidar da criança até que fosse finalizado o processo regular de adoção e que a institucionalização do bebê poderia lhe trazer prejuízos físicos e psicológicos.[63]

O "estágio de convivência" é condição indispensável para a concessão da adoção. Para Edgard Moura Bittencourt, trata-se de "um tempo razoável, nem muito extenso, de modo a desanimar os candidatos à adoção plena do propósito de tomar a criança como filho, nem muito curto, de forma a não satisfazer sua finalidade sentimental e psicológica".[64]

O juiz fixará este período de convivência pelo prazo que julgar conveniente, atendendo às circunstâncias (inclusive as de caráter pessoal dos adotantes) e às peculiaridades de cada caso. O Código de 2002 não regulamentou o estágio de convivência. O art. 46 do ECA, com a nova redação da Lei nº 12.010/2009, dispensa o estágio de convivência se o adotando já estiver sob a tutela ou guarda legal do adotante durante tempo suficiente para que seja possível avaliar a conveniência da constituição do vínculo. Alerta, no entanto, que a simples guarda de fato não autoriza, por si só, a dispensa da realização do estágio de convivência (§ 2º do art. 46 do ECA). Esclarece, ainda,

---

61 Tânia da Silva Pereira, ob. cit., pp. 432-433.
62 STJ – 4ª Turma – REsp. nº 889.852/RS, Rel. Min. Luis Felipe Salomão – julg. em 27.04.2010.
63 STJ – 3ª Turma – HC 404.545/CE – Rel. Min. Ricardo Villas Bôas Cueva – Julg.: 22.08.2017 – DJe 29.08.2017.
64 Edgard Moura Bittencourt *apud* Artur Marques da Silva Filho, in *A Revisão do Direito de Família: Estudos Jurídicos em Homenagem ao Centenário de Edgard de Moura Bittencourt* (coord.: Des. Antonio Carlos Mathias Coltro). Rio de Janeiro, GZ, 2009, p. 63.

o § 4º do art. 46 do ECA: "O estágio de convivência será acompanhado pela equipe interprofissional a serviço da Justiça da Infância e da Juventude, preferencialmente com apoio dos técnicos responsáveis pela execução da política de garantia do direito à convivência familiar, que apresentarão relatório minucioso acerca da conveniência do deferimento da medida."

A Lei nº 13.509/2017 alterou o art. 46 do ECA, prevendo o prazo máximo de 90 dias para o estágio de convivência, prorrogável por igual período. Nos casos de adoção por pessoa ou casal residente ou domiciliado fora do País, o estágio de convivência será de, no mínimo, 30 dias e, no máximo, 45 dias, prorrogável por até igual período, uma única vez, mediante decisão fundamentada da autoridade judiciária. Findo o prazo, deve ser apresentado laudo pela equipe interprofissional, recomendando ou não o deferimento da adoção. Incluiu, ainda, o § 5º, passando a prever que o estágio de convivência deverá ser cumprido no território nacional, preferencialmente na comarca de residência da criança ou adolescente, ou, a critério do juiz, em cidade limítrofe, respeitada, em qualquer hipótese, a competência do juízo da comarca de residência da criança. Mantém-se a previsão de que a simples guarda de fato não autoriza, por si só, a dispensa da realização do estágio de convivência.

Diante da revogação expressa do art. 1.623 do Código Civil, e com a nova redação do art. 1.619 do Código Civil introduzida pela Lei nº 12.010/2009, foi mantida a exigência de assistência efetiva do Poder Público e de sentença constitutiva para a adoção de maiores de 18 anos, aplicando, no que couber, as regras da Lei nº 8.069/1990 – Estatuto da Criança e do Adolescente. Pretendeu o legislador de 2002 unificar o sistema da adoção. Tratando-se de maiores de 18 anos, é deixada à livre-iniciativa dos interessados, sem a interferência do Estado quanto à manifestação da vontade. Respeitada a organização judiciária do Tribunal de Justiça de cada Estado da Federação, cabe, em princípio, ao Juízo de Família o julgamento do feito. Os procedimentos devem considerar a condição da capacidade civil dos Requerentes. Excepcionalmente, o Juiz pode recorrer do apoio de uma equipe interprofissional para completar o seu convencimento quanto à oportunidade da medida. Dúvida permanece quanto à necessidade de se colocar no polo passivo os genitores do adotando. Admitindo a necessidade da inclusão, alerta Galdino Augusto Coelho Bordallo que, "com relação ao conteúdo da contestação, esse será restrito, pois apesar de os pais biológicos discordarem de que seu filho, maior de idade, se torne filho de outrem, poucos argumentos poderão invocar, diante da cessação do poder familiar". E completa: "Em muitas situações os pais biológicos são amparados emocional e financeiramente por seus filhos, ou apenas financeiramente em muitas situações. Com a adoção, a relação obrigacional de alimentos decorrente do vínculo de parentesco – arts. 1.694 e segs. do CC – terá fim, eis que o vínculo de parentesco será rompido pela adoção. Se não tiverem ciência de que seu filho está sendo adotado, muitos pais biológicos poderão ficar sem qualquer auxílio para proverem sua subsistência na velhice."[65]

---

65 Galdino Augusto Coelho Bordallo, in *Código Civil: Do Direito de Família*. Rio de Janeiro, Freitas Bastos, 2006, p. 274.

O Estatuto prevê procedimentos próprios para a adoção de menores de 18 anos (arts. 165/170 do ECA), sempre sob a competência do Juiz da Infância e Juventude (art. 148, III, ECA).

São previstos procedimentos específicos para a colocação em lar substituto, incluindo, portanto, a adoção. A família substituta deve refletir uma linha de continuidade do grupo social ao qual ela pertence, refletindo o direito à convivência familiar e comunitária, fundamental ao desenvolvimento da criança e do adolescente.

Dentre as inovações estatutárias, destaque-se, ainda, o art. 153 do ECA, ao conceder ao magistrado liberdade de investigar fatos e ordenar de ofício as providências necessárias, ouvido o Ministério Público, se a medida judicial não corresponde a procedimento previsto no ECA ou em outra lei. Estas faculdades estão presentes no art. 130 do CPC/1973 (correspondente ao art. 370 do CPC/2015), quando autoriza o juiz a determinar as provas necessárias ao julgamento do mérito. Roberto João Elias pondera que "a faculdade concedida deve sempre ser utilizada em favor da criança ou do adolescente, não podendo, de forma alguma, se transformar em atitude arbitrária, que contrarie a finalidade primordial da lei, que é a proteção". O autor considera, ainda, em casos urgentes, em que o juiz age com intuito de assegurar às crianças e aos adolescentes os seus direitos, poder haver dispensa da oitiva preliminar do Ministério Público.[66]

A adoção de menores de 18 anos será sempre da competência absoluta do Juiz da Infância e da Juventude (art. 148, *caput*, III, ECA), independe das condições jurídicas da criança e do adolescente e não admite exceções. Ao referir-se à "adoção e seus incidentes", quis o legislador indicar a destituição do Poder Familiar, pedido de guarda, algum procedimento cautelar, pedido de assistência simples do art. 50 do CPC/1973 (correspondente ao art. 119, CPC/2015).

Como já mencionado, o art. 165, I, do ECA exige a anuência do cônjuge ou companheiro, o que não foi recepcionado pelo Código Civil.

Na audiência de instrução e julgamento, adotando o mesmo procedimento previsto para a destituição ou suspensão do Poder Familiar previsto no art. 162, § 2°, do ECA, comparecerão as partes, seus advogados, o representante do Ministério Público e o Curador Especial.

As provas serão produzidas na forma do art. 452 do CPC/1973 (correspondente ao art. 361, CPC/2015), e a sentença será proferida na audiência, podendo o juiz designar outra, no prazo de cinco dias para sua leitura (art. 162, § 2°, ECA).

A decisão estabelece o vínculo da adoção e será inscrita no registro civil mediante mandado, de que constarão os nomes dos adotantes como pais, bem como dos seus ascendentes. O mandato judicial (de que se não fornecerá certidão) será arquivado, cancelando-se o registro original do adotado. Nenhuma observação poderá constar sobre a origem do ato.

Destaque-se a Lei n° 12.955, de 5 de fevereiro de 2014, que acrescentou o § 9.° ao art. 47 do Estatuto da Criança e do Adolescente, para estabelecer prioridade de

---

66 Roberto João Elias, *in Comentários ao Estatuto da Criança e do Adolescente*. São Paulo, Saraiva, 2004, p. 177.

tramitação aos processos de adoção em que o adotando for criança ou adolescente com deficiência ou com doença crônica. Além disso, a Lei n° 13.509/2017 incluiu o § 10 ao art. 47 do ECA, para estabelecer o prazo máximo de 120 dias para conclusão da ação de adoção, prorrogável uma única vez por igual período.

Dentro da orientação da Lei n° 12.010/2009 (art. 50 do ECA), a adoção será deferida às pessoas previamente habilitadas na comarca de sua residência, devendo seu nome ser incluído no cadastro de pessoas nacionais habilitadas em sua Comarca. Cabe especial referência à criação, pelo Conselho Nacional de Justiça, em 29 de abril de 2008, através da Resolução n° 54, do Cadastro Nacional de Adoção, com o objetivo de implantar um sistema informatizado que permite ao Sistema de Justiça o acesso aos pretendentes à adoção e suas preferências em relação às características das crianças que pretendem adotar, unificando os dados no âmbito nacional. Em relação às crianças e aos adolescentes em condições de adoção, aumentam-se as possibilidades de encontro de famílias substitutas, pois, se antes a pesquisa era realizada apenas entre os pretendentes habilitados na Comarca de sua residência, agora a consulta pode ser ampliada para cerca de três mil Varas da Infância e Juventude do país.[67]

A Resolução acima mencionada foi revogada por uma nova Resolução do Conselho Nacional de Justiça, de n° 289, publicada em 14 de agosto de 2019. Esta Resolução, com o intuito de "racionalizar e aprimorar os bancos de dados, os cadastros e os sistemas do Conselho Nacional de Justiça que versam sobre acolhimento e adoção de crianças e adolescentes" dispõe sobre a implantação, pelo Conselho Nacional de Justiça, do chamado "Sistema Nacional de Adoção e de Acolhimento – SNA".

Este Sistema – o SNA – tem o intuito de consolidar informações sobre: a adoção, incluindo a modalidade intuitu personae, o acolhimento institucional e familiar, as demais formas de encaminhamento à famílias substitutas e também os dados sobre os pretendentes, brasileiros e estrangeiros, habilitados para adotar. Esses dados serão fornecidos pelos Tribunais de Justiça.

O Cadastro Nacional de Adoção e o Cadastro Nacional de Crianças e Adolescentes Acolhidos foram, portanto, substituídos pelo Sistema Nacional de Adoção e Acolhimento, o SNA.

O art. 50 do ECA determina que a inscrição de postulantes à adoção será precedida de um período de preparação psicossocial e jurídica, orientado pela equipe técnica da Justiça da Infância e da Juventude, preferencialmente com apoio dos técnicos responsáveis pela execução da política municipal de garantia do direito à convivência familiar. A Lei no 12.010/1990 recomenda o contato com crianças e adolescentes em acolhimento familiar ou institucional em condições de serem adotados, a ser realizado sob a orientação, supervisão e avaliação da equipe técnica da Justiça da Infância e da Juventude, com apoio dos técnicos responsáveis pelo programa de acolhimento e pela execução da política municipal de garantia do direito à convivência familiar. Determina também a criação e implementação dos cadastros estaduais e nacional de crianças e adolescentes em condições de se-

---

67 *Vide* <http://ultimosegundo.ig.com.br/brasil/2008/04/29/1290478.html>. Acessado em 07.01.2009.

rem adotados e de pessoas ou casais habilitados à adoção, devendo ser criados cadastros distintos para pessoas ou casais residentes fora do país, que somente serão consultados na inexistência de postulantes nacionais habilitados. Ressalta-se que a Lei nº 13.509/2017 conferiu nova redação ao § 10 do art. 50 do ECA, que passou a prever que "Consultados os cadastros e verificada a ausência de pretendentes habilitados residentes no País com perfil compatível e interesse manifesto pela adoção de criança ou adolescente inscrito nos cadastros existentes, será realizado o encaminhamento da criança ou adolescente à adoção internacional". Incluiu, ainda, o § 15 no mesmo dispositivo, assegurando a prioridade no cadastro a pessoas interessadas em adotar criança ou adolescente com deficiência, com doença crônica ou com necessidades específicas de saúde, além de grupo de irmãos.

O consentimento dos pais ou representante legal para adoção é condição fundamental à concessão da medida. Revogado o art. 1.624 do Código Civil, permanece o parágrafo 1º do art. 45 do ECA, ao dispensar o consentimento na hipótese de serem desconhecidos os pais ou terem eles sido destituídos do poder familiar. Tratando-se de adotando com mais de 12 anos de idade, também será necessário o seu consentimento.

No entanto, a Jurisprudência tem entendido que a existência de vício no consentimento dos pais, por si só, não nulifica a adoção já realizada, sendo constatada boa-fé dos adotantes. No REsp nº 1.199.465/DF, de relatoria da Ministra Nancy Andrighi, a 3ª Turma do STJ considerou as circunstâncias fáticas, que apontavam para uma melhor qualidade de vida no lar adotivo, e a convivência da adotanda por lapso temporal significativo, de 09 anos, junto à família adotante, para decidir pela manutenção do núcleo familiar já existente. Para a Ilustre Relatora, "o alçar do direito materno, em relação à sua prole, à condição de prevalência sobre tudo e todos, dando-se a coacta manifestação da mãe-adolescente a capacidade de apagar anos de convivência familiar, estabelecida sobre os auspícios do Estado, entre o casal adotante, seus filhos naturais e a adotanda, no único lar que essa sempre teve, importa em ignorar o direito primário da infante, vista mais como objeto litigioso e menos, ou quase nada, como indivíduo, detentora, ela própria, de direitos, que, no particular, se sobrepõe aos brandidos pelas partes".[68] Destaca-se também o Enunciado 259 da III Jornada de Direito Civil do STJ, que determina que "a revogação do consentimento não impede, por si só, a adoção, observado o melhor interesse do adotando".

Também já entendeu o STJ que "a retratação ao consentimento de entrega de filho para adoção, mesmo que feito antes da publicação da sentença constitutiva da adoção, não gera direito potestativo aos pais biológicos de recuperarem o infante, mas será sopesado com outros elementos para se definir o melhor interesse do menor".[69]

---

68 STJ – 3ª Turma – REsp nº 1.199.465/DF – Rel. Min. Nancy Andrighi – Julg.: 14.06.2011 – DJe: 21.06.2011.
69 STJ – 3ª Turma – REsp 1.578.913/MG – Rel. Min. Nancy Andrighi – Julg.: 16.02.2017 – *DJe* 24.02.2017.

A destituição do poder familiar requer certas cautelas. Pode ocorrer em procedimento contraditório (art. 24 do ECA) ou na forma prevista no art. 1.638 do Código Civil. Em se tratando de mãe que abandona o filho, recém-nascido ou não, deixando-o em total desamparo, e sendo desconhecido o pai, o processo de adoção deve ser precedido, obrigatoriamente, da destituição, caso em que se envidarão todos os esforços para localizar os progenitores, inclusive mediante citação por edital com as formalidades processuais.

Atendidos todos os trâmites e decretada a destituição por sentença passada em julgado, a autoridade judiciária, ao deferir a adoção, suprirá o consentimento paterno.

Recomendável será a inclusão em programas de acolhimento familiar ou guarda provisória por adotantes que demonstrem efetivas afinidades com a criança. A institucionalização deve ser a última alternativa.

A permanência da criança com a família biológica deve refletir seu melhor interesse. Até os doze anos é dispensada a anuência do adotando, mas este deverá ser ouvido sempre que possível. Após essa idade, será necessária sua expressa concordância (art. 45, § 2º, ECA).

O Juízo competente para o pedido de adoção é regulado pelo art. 147 do ECA. A regra do inciso I do art. 147 do ECA fixa a competência no domicílio dos pais ou responsável, guardando coerência com o § 7º do art. 7º da Lei de Introdução às normas do Direito Brasileiro, ao estabelecer que: "Salvo o caso de abandono, o domicílio do chefe de família estende-se ao outro cônjuge e aos filhos não emancipados, e o do tutor ou curador, aos incapazes sob sua guarda. Se os pais estão apenas ausentes, mas tinham domicílio certo, neste se fixará o juízo competente."[70]

O domicílio da pessoa é identificado como "o lugar onde ela estabelece a sua residência com ânimo definitivo" (art. 70 do CC), fixando o art. 73 do Código Civil, como critério básico, a "residência habitual". A ideia de permanência é essencial para a caracterização do domicílio da pessoa natural.

Ensina Caio Mário da Silva Pereira que devem ser conjugados dois elementos: um material externo (a residência) e outro psíquico interno (a intenção de permanecer), levando à conclusão de que "não é qualquer residência que faz o domicílio, porém a residência definitiva, cabendo à análise das circunstâncias dirimir eventuais dúvidas, pois "a importância da intenção está nas suas repercussões exteriores".[71] Conclui o mesmo autor: "No terreno puramente civilístico, diz-se que o domicílio é o lugar de exercício dos direitos e cumprimento das obrigações, no sentido da exigibilidade."[72]

---

[70] Antônio Fernando do Amaral e Silva, in *Estatuto da Criança e do Adolescente Comentado* (coord.: Munir Cury). São Paulo, Malheiros, 2005, p. 490.
[71] Caio Mário da Silva Pereira, in *Instituições de Direito Civil* – (Parte Geral), atualizado por Maria Celina Bodin de Morais. Rio de Janeiro, Forense, 2007, v. I, nº 63.
[72] Caio Mário da Silva Pereira, ob. cit., nº 63.

Tratando-se de incapaz, o domicílio é "necessário", vinculado sempre ao representante ou assistente (parágrafo único do art. 76 do Código Civil). O conceito de domicílio necessário se vincula à ideia de dependência e obrigatoriedade.

Este foi, também, o entendimento do STJ ao julgar, em 27 de fevereiro de 2008, o Conflito Positivo de Competência (CC-78806-GO) "para a solução de controvérsia estabelecida sobre a guarda de menor, uma vez ter sido ajuizada pela mãe, em seu domicílio, ação de modificação de guarda, enquanto o genitor propõe ação de busca e apreensão da filha na comarca onde reside e exerce a guarda". A Seção reiterou entendimento no sentido de que, em se tratando de menor, compete ao juízo do domicílio de quem já exerce a guarda a solução da demanda, segundo o disposto no art. 147, I, do ECA. No caso, havendo objeto comum entre as duas lides, "devem ser as ações reunidas e julgadas pelo juízo suscitado, o qual, além de prevento, localiza-se onde reside o genitor que detém a guarda", destacou o Ministro Fernando Gonçalves.[73]

À falta dos pais ou responsável, o inciso II do art. 147 do ECA determina que a competência seja do "lugar onde se encontre a criança ou adolescente", ou seja, a competência territorial especial será do juiz do local onde se encontra o abrigo. Se os pais ou responsáveis não puderem ou não quiserem ter os filhos em sua companhia, e não coincidir a jurisdição do abrigo com o dos responsáveis, é soberana a competência territorial do local onde se encontra a instituição onde houve o acolhimento.

Reporte-se, mais uma vez, à Lei de Introdução às normas do Direito Brasileiro, ao determinar, no § 8º do art. 7º, que, "quando a pessoa não tiver domicílio, considerar-se-á domiciliada no lugar da sua residência ou naquele em que se encontre". Também o art. 73 do Código Civil considera que, na falta da residência habitual, o domicílio da pessoa natural é o do lugar em que for encontrada. A lei processual corrobora tal entendimento ao afirmar, no § 2º do art. 94 do CPC/1973 (correspondente ao art. 46, § 2º, CPC/2015), que, "sendo incerto ou desconhecido o domicílio do réu, ele será demandado onde for encontrado". Este é o entendimento com o qual se compatibiliza o ordenamento jurídico de proteção à infância e juventude.

Em conformidade com a lei civil, a residência da criança ou do adolescente, mesmo que temporária, é a instituição de acolhimento, ou seja, em programa de acolhimento familiar ou de acolhimento institucional. Cabe ao juiz daquela jurisdição, em nome do "melhor interesse da criança e do adolescente", com o apoio de sua equipe técnica e do Conselho Tutelar, acompanhar os procedimentos de reintegração à família, o atendimento especial aos problemas de saúde, a escolaridade, a rotina da criança no abrigo e o encaminhamento para adoção.

---

73 Ressaltou o Relator que, em destacada decisão (CC nº 72.871/MS, *DJ* de 1º.08.2007), a 2ª Seção deste Superior Tribunal entendeu que a regra de competência insculpida no art. 147, I, do ECA, que visa a proteger o interesse da criança, é absoluta, ou seja, deve ser declarada de ofício, sendo inadmissível sua prorrogação. Precedentes citados: CC nº 53.517/DF, *DJ* de 22.03.2006; CC nº 62.027/PR, *DJ* de 09.10.2006; CC nº 54.084/PR, *DJ* de 06.11.2006; CC nº 43.322/MG, *DJ* de 09.05.2005; CC nº 78.806 (2007/0001611-7-05.03.2008), julg. em 27.02.2008.

Este tem sido o entendimento do STJ, a exemplo da decisão da 2ª Seção, ao julgar o Conflito de Competência nº 108.442/SC (2009/0194206-4), tendo como Relatora a Ministra Nancy Andrighi. Trata-se de decisão que envolve o conflito positivo de competência decorrente de uma guarda provisória concedida pelo juízo suscitante e questionada em um pedido de providências deduzido pelo Conselho Tutelar perante o Juízo suscitado. Concluiu a 2ª Seção: "Por isso, com base no melhor interesse da criança, considerando que os autores são os detentores da guarda provisória do menor, bem como atenta às peculiaridades da lide, em que os genitores não demonstram ostentar condições para cuidar do infante, e, sobretudo, considerando os princípios da dignidade da pessoa humana, da solidariedade e da busca da felicidade, deve ser fixada a competência do Juízo suscitante, para o julgamento das ações que envolvem os interesses do menor, o qual deve ser imediatamente entregue ao casal detentor da guarda."[74]

Buscando uniformizar entendimentos, o Superior Tribunal de Justiça editou a Súmula nº 383, de 03.06.2009, concernente à competência para processar e julgar ações conexas de interesse da população infantojuvenil uniformizadas pela 2ª Seção do Superior Tribunal de Justiça, tendo como Relator o Ministro Fernando Gonçalves. Declarou a Súmula nº 383 que "a competência para processar e julgar ações conexas de interesse de menor é, em princípio, do foro do domicílio do detentor de sua guarda". Consagrou-se o entendimento de que, em respeito ao princípio do melhor interesse da criança e do adolescente, o Juízo competente para apreciar os conflitos envolvendo os interesses daqueles que estão acolhidos em programas institucionais (abrigos) ou na companhia de terceiros é do local onde eles se encontram (art. 146, II, do ECA).

Mais uma vez a 3ª Turma do STJ, tendo como Relatora a Ministra Nancy, ao "garantir a primazia do melhor interesse da criança, mesmo que isso implique flexibilização de outras normas", priorizou o *princípio do juízo imediato* ao estabelecer que a competência para apreciar e julgar medidas, ações e procedimentos que tutelam interesses, direitos e garantias positivados no ECA é determinada pelo lugar onde a criança ou o adolescente exerce, com regularidade, seu direito à convivência familiar e comunitária. Embora seja compreendido como regra de competência territorial, o art. 147, I e II, do ECA apresenta natureza de competência absoluta. Isso porque a necessidade de assegurar ao infante a convivência familiar e comunitária, bem como de lhe ofertar a prestação jurisdicional de forma prioritária, conferem caráter imperativo à determinação da competência. O princípio do juízo imediato, previsto no art. 147, I e II, do ECA, desde que firmemente atrelado ao princípio do melhor interesse da criança e do adolescente, sobrepõe-se às regras gerais de competência do CPC. Esclarece a decisão: "A regra da *perpetuatio jurisdictionis*, estabelecida no art. 87 do CPC[75], cede

---

74   STJ – 2ª Seção – Rel.ª Min.ª Nancy Andrighi – CC nº 108.442/SC (2009/0194206-4) – julg. em 10.03.2010.
75   Correspondente ao art. 43 do CPC/2015: "Determina-se a competência no momento do registro ou da distribuição da petição inicial, sendo irrelevantes as modificações do estado de fato ou de direito

lugar à solução que oferece tutela jurisdicional mais ágil, eficaz e segura ao infante, permitindo, desse modo, a modificação da competência no curso do processo, sempre consideradas as peculiaridades da lide." E concluiu: "A aplicação do art. 87 do CPC, em contraposição ao art. 147, I e II, do ECA, somente é possível se – consideradas as especificidades de cada lide e sempre tendo como baliza o princípio do melhor interesse da criança – ocorrer mudança de domicílio da criança e de seus responsáveis depois de iniciada a ação e consequentemente configurada a relação processual."[76]

Revogado o art. 1.625 do Código Civil, permanece em vigor o art. 43 do ECA ao determinar que a medida deve representar "reais vantagens para o adotando", devendo fundar-se em "motivos legítimos". O princípio do melhor interesse da criança deve ter a sua plena aplicação na adoção, onde se busca, com primazia, uma família para uma criança.

A criança e o adolescente indígena ou proveniente de comunidade remanescente de quilombo tiveram atenção especial do legislador de 2009, ao estabelecer, no § 6º do art. 25 do ECA, regras especiais, a saber: I – que sejam consideradas e respeitadas sua identidade social e cultural, os seus costumes e tradições, bem como suas instituições, desde que não sejam incompatíveis com os direitos fundamentais reconhecidos por esta Lei e pela Constituição Federal; II – que a colocação familiar ocorra prioritariamente no seio de sua comunidade ou junto a membros da mesma etnia; III – a intervenção e oitiva de representantes do órgão federal (§ 6º do art. 28 do ECA).

Prevalece a regra do art. 41 do ECA, uma vez revogado o art. 1.626 do Código Civil concernente ao desligamento do adotado de qualquer vínculo com os pais e parentes consanguíneos, com a exceção dos impedimentos matrimoniais. Não obstante o sigilo de que se reveste o processo da adoção, o juiz autorizará o fornecimento de certidão, e a oposição do impedimento se processará em segredo de justiça.

Mantêm-se também os vínculos de filiação entre o adotado e o cônjuge ou companheiro do adotante e os respectivos parentes, se um dos cônjuges ou companheiro adota o filho do outro. Neste caso expressamente indicado no § 1º do art. 41 do ECA, o Direito brasileiro optou pelo não rompimento total dos vínculos com os pais e parentes consanguíneos.

Inovou a Lei nº 12.010/2009, ao conceder ao adotado o direito de conhecer sua origem biológica, bem como de obter acesso irrestrito ao processo no qual a medida foi aplicada e seus eventuais incidentes, após completar 18 (dezoito) anos (art. 48 do ECA). Admitiu, igualmente, o acesso ao processo de adoção ao adotado menor de 18 (dezoito) anos, a seu pedido, assegurada orientação e assistência jurídica e psicológica" (parágrafo único do art. 48 do ECA).

Neste sentido, o STJ, no REsp. nº 1.202.852, tendo como Relator o Ministro Massami Uyeda, determinou que "ao adotado (...) assiste o direito de, a qualquer

---

ocorridas posteriormente, salvo quando suprimirem órgão judiciário ou alterarem a competência absoluta".
76 STJ – 3ª Turma – CC nº 111.130/SC (2010/0050164-8) – Rel. Min. Nancy Andrighi – julg. em 08.09.2010.

tempo, vindicar judicialmente a nulidade do registro em vista à obtenção do estabelecimento da verdade real, ou seja, da paternidade biológica"[77]. Ressalta-se, também, a decisão da 4ª Turma do STJ, tendo como Relator o Ministro Fernando Gonçalves, que determinou que "as disposições constantes dos arts. 41 e 18 do ECA – relativas à irrevogabilidade da adoção e ao desligamento do adotado de qualquer vínculo com pais e parentes – não podem determinar restrição ao mencionado direito de reconhecimento de estado de filiação"[78].

Revogado o art. 1.627 do Código Civil, prevalece o art. 47 do ECA, que autorizou aos adotantes requerer a modificação do prenome (§ 5º). Nesta hipótese, é obrigatória a oitiva do adotando, observado o disposto nos §§ 1º e 2º do art. 28 do ECA (§ 6º), com a redação introduzida pela Lei nº 12.010/2009.

Como consequência da ruptura com a família biológica, a adoção põe termo a todos os direitos e obrigações dela decorrentes. A substituição assenta em que o adotado ingressa no lar do adotante na condição de filho, e, por conseguinte, opera-se em substituição no campo do poder familiar, da prestação de alimentos, dos direitos da personalidade e no direito sucessório. Portanto, o adotante poderá ser herdeiro do adotado, assim como, na forma do art. 1.839, o adotado poderá ser herdeiro dos parentes do adotante. Mantém-se a orientação estatutária do art. 41 do ECA, que atribui a condição de filho ao adotado, desligando-o de qualquer vínculo com pais e parentes, salvo os impedimentos matrimoniais. Foi revogado expressamente o art. 1.628 do Código Civil.

Os efeitos da adoção começam a partir do trânsito em julgado da sentença, exceto se o adotante vier a falecer no curso do procedimento, caso em que terá força retroativa à data do óbito. Admite-se, portanto, a adoção *post mortem* na forma do art. 42, § 6º, ECA, com nova redação da Lei nº 12.010/2009, o qual fixou-se como condição a "inequívoca manifestação" do adotante se o seu falecimento ocorrer no curso do procedimento, antes de prolatada a sentença".

Merece destaque a decisão da 9ª Câmara Cível do Tribunal de Justiça do Rio de Janeiro, na Apelação Cível nº 0000272-85.2007.8.19.0020, tendo como Relator o Desembargador Marco Aurélio Froes, que ressaltou que "a superveniência da morte por si só não apaga o amor que havia entre o apelante e o autor, inquestionavelmente materializado na presente ação, pois, *a contrario senso*, se vínculos biológicos de paternidade existissem entre o autor e o apelante, a despeito da idade e das condições de saúde do autor, estes não seriam rompidos ou desqualificados pelo óbito".

No mesmo sentido, a 3ª Turma do STJ decidiu pela possibilidade de reconhecimento da paternidade socioafetiva após a morte de quem se pretende reconhecer como pai, entendendo que a paternidade socioafetiva realiza a própria dignidade da pessoa humana, por permitir que um indivíduo tenha reconhecido seu histórico de

---

[77] STJ – REsp. nº 1.202.852/SP – Rel. Min. Massamo Uyeda – Julg.: 19.08.2011.
[78] STJ – REsp. nº 220.623/SP – Rel. Min. Fernando Gonçalves – Julg.: 03.09.2009.

vida e a condição social ostentada, valorizando, além dos aspectos formais, como a regular adoção, a verdade real dos fatos.[79]

A Jurisprudência tem ampliado os casos de adoção póstuma para abranger situações não previstas pela Lei. Em Santa Catarina, o juiz Ademir Wolff, titular da Vara da Infância e Juventude da Comarca de Itajaí, baseando-se no princípio da razoabilidade, deferiu um pedido de adoção *post mortem* formulado por uma pedagoga, tendo a criança sob sua guarda falecido antes da conclusão do processo. Para o magistrado, trata-se de um caso *sui generis*, cabendo ao Judiciário reconhecer o esforço desta mãe, que se candidatou à adoção e obteve a guarda provisória da criança, que foi abandonada pelos pais após o nascimento e apresentava estado de saúde preocupante, tendo estado 11 dos seus 16 meses de vida com a mãe adotiva. Ademir Wolff concluiu, ainda: "Reconheça-se então este amor da adotante, dando-lhe o alento que lhe resta, a saudade de uma filha que era, sim, sua, e uma história que deve ser lembrada como um verdadeiro exemplo de adoção incondicional, nem que seja nesta sentença".[80]

Em decisão inovadora, a 3ª Turma do STJ permitiu a adoção *post mortem* ainda que o processo não tivesse sido iniciado com o adotante vivo. A Relatora Ministra Nancy Andrighi reconheceu que o artigo 42 do Estatuto da Criança e do Adolescente não limita a adoção póstuma aos casos em que o desejo de adotar é manifestado ainda em vida. Para ela, a adoção póstuma assemelha-se ao reconhecimento de uma filiação socioafetiva preexistente, portanto, "devem-se admitir, para comprovação da inequívoca vontade do adotante em adotar, as mesmas regras que comprovam a filiação socioafetiva: o tratamento do adotado como se filho fosse e o conhecimento público dessa condição".[81]

Ressalta-se, ainda, a decisão da 1ª Câmara de Direito Civil do TJSC, que deu provimento ao recurso de um casal que pleiteava a adoção de um jovem já falecido em acidente de carro pretendendo, posteriormente, receber o seguro DPVAT. A Desembargadora Relatora Denise de Souza Luiz Francoski considerou no desejo de adotar do casal, com o ingresso da demanda de adoção, a existência de relação socioafetiva, diante de fotos, comprovantes de matrícula em escola, certidão de batismo em nome dos apelantes, e a anuência da mãe biológica, que não se opôs e o interesse do adotando. Para ela, "mostra-se atentatório aos ditames legais, pactuar com as adoções irregulares. Contudo, é basilar esclarecer que ao aplicar os princípios regentes da política jurídica, na qual o direito deve se emoldurar de acordo com os interesses da sociedade, é necessário flexibilizar a norma e alongar os princípios jurídicos para que atendam aos anseios sociais. Na hipótese dos autos, observam-se

---

79 STJ – 3ª Turma – REsp 1.500.999/RJ – Rel. Min. Ricardo Villas Bôas Cueva – Julg.: 12.04.2016 – *DJe*.: 19.04.2016.

80 Disponível em: <http://app.tjsc.jus.br/noticias/listanoticia!viewNoticia.action;jsessionid=22D8B B740FA6292C1E260 A54CC780254?cdnoticia=27873>. Acesso em 11 nov. 2013.

81 STJ – 3ª Turma – REsp 1663137/MG – Rel. Min. Nancy Andrighi – Julg. 15.08.2017 – *DJe* 22.08.2017. No mesmo sentido: STJ – 3ª Turma – AgInt no REsp 1.520.454/RS – Rel. Lázaro Guimarães (Des. convocado do TRF 5ª Região) – Julg. 22.03.2018 – *DJe* 16.04.2018.

peculiaridades que dão ao processo seu caráter excepcional. Isso porque, em suma, o adotando falecido era maior de idade no momento de seu óbito; a sua genitora, muito embora devidamente citada, em momento algum buscou manifestar seu interesse na improcedência da adoção e, por fim, os documentos carreados aos autos são contundentes em demonstrar que os apelantes sempre exerceram o poder familiar, como se pais do adotando fossem".[82]

Nos casos, contudo, em que não se constatar a presença de inequívoca vontade de adotar, não há que se deferir a adoção póstuma. Com base nesse entendimento, a 3ª Turma do STJ manteve decisão do Tribunal de Justiça do Rio de Janeiro que havia indeferido o pedido de reconhecimento de relação socioafetiva com a guardiã que havia falecido. Diferenciando os institutos da guarda e da adoção, os ministros entenderam que "o bom exercício do *munus* assumido em decorrência da guarda de uma criança, devidamente assistida material, moral e educacionalmente, não se confunde com a assunção da plena filiação, objeto de procedimento próprio de adoção, sob pena de não se justificar a existência do instituto autônomo". No caso, considerou-se que a guarda não havia sido aplicada como medida de preparação para eventual futura adoção, não havendo manifestação de vontade da falecida no sentido de destituir o poder familiar do pai biológico, com quem o autor manteve contato mesmo após o estabelecimento da guarda.[83]

A adoção por avôs e irmãos constitui vedação de natureza constitucional fundada no § 6º do art. 227, segundo o qual "os filhos, havidos ou não da relação de casamento, ou por adoção, terão os mesmos direitos e qualificações, proibidas quaisquer designações discriminatórias relativas à filiação". Este princípio vedatório foi confirmado no § 1º do art. 42 do ECA (Lei nº 8.069/1990), visando a preservar a moralidade nas relações familiares. Versando sobre o referido impedimento, Galdino Augusto Coelho Bordallo esclarece que, "caso fosse permitida a adoção por estes parentes, haveria um verdadeiro tumulto nas relações familiares, em decorrência da alteração dos graus de parentesco. Em sendo a adoção realizada pelos avós, a criança passaria a ser filho destes, irmão de um de seus pais e de seus tios e tio de seus irmãos e primos. (...) Como se vê, haveria alteração de todos os graus de parentesco, o que tumultuaria, demasiadamente, as relações familiares. Foi, certamente, pensando neste tumulto, entre outras coisas, que o legislador criou o impedimento".[84]

Deve ser, portanto, a princípio, considerada nula de pleno direito o ato constitutivo da adoção por ascendente ou irmão. Não se pode olvidar que este tipo de adoção configura uma forma de burlar a legislação, sobretudo previdenciária, propiciando

---

82 TJSC – 1ª Câmara de Direito Civil – Apelação Cível n. 2013.047022-1 – Rel. Des. Denise de Souza Luiz Francoski – Julg.: 03.12.2013.
83 STJ – 3ª Turma – REsp 1.593.656/RJ – Rel. Min. Ricardo Villas Bôas Cueva – Julg.: 09.08.2016 – *DJe*.: 16.08.2016.
84 "Curso de Direito da Criança e do Adolescente: aspectos teóricos e práticos" (coord.: Kátia Regina Ferreira Lobo Andrade Maciel), *in Curso de Direito da Criança e do Adolescente: Aspectos Teóricos e Práticos*. Rio de Janeiro, Lumen Juris, 2007, p. 183.

aos interessados a obtenção de direitos que lhes são vedados pela legislação ordinária pertinente.

Contudo, o STJ possui precedentes excepcionalíssimos em que reconheceu a possibilidade de adoção pelos avós. Em alguns casos, os avós criaram efetivamente os netos como filhos,[85] por impossibilidades psicológicas das mães biológicas, vítimas de abuso sexual. Os Ministros consideraram o exercício das funções parentais pelos avós na prática e o melhor interesse das crianças envolvidas como fundamentos para o deferimento do pedido e o reconhecimento da filiação pautada sobretudo na socioafetividade.[86]

No mais, pondera que, nos casos em questão, houve o reconhecimento da paternidade socioafetiva exercida pelos avós, uma vez que, "apesar de um enquadramento inicial das partes como avô/avó e neto/neta, a relação de avosidade propriamente dita não se configurou na prática, já que constituída uma relação parental, viabilizando-se o reconhecimento da relação de filiação, estabelecida por meio dos vínculos socioafetivos".

Tem-se discutido a possibilidade de condenação dos postulantes que já possuem a guarda da criança ou do adolescente pela desistência do processo. O entendimento da 2ª Câmara Cível do Tribunal de Justiça de Minas Gerais, no julgamento da Apelação Cível nº 1.0481.12.000289-6/002,[87] foi no sentido de que, inexistindo vedação legal para que os futuros pais desistam da adoção quando estiverem com a guarda da criança, e prevendo a própria lei a possibilidade de desistência, no decorrer do processo, ao criar a figura do estágio de convivência, não caberia a indenização se se verificar a inexistência de prejuízo à integridade psicológica do indivíduo, que interfira intensamente no seu comportamento psicológico, causando aflição e desequilíbrio em seu bem-estar.

No entanto, percebe-se que a questão é bastante controvertida. Em voto vencido, o Desembargador Marcelo Rodrigues diferenciou duas situações: uma em que ocorre a devolução do adotando porque não houve adaptação, o que seria comum, sendo aceitável a devolução quando o estágio de convivência ainda se encontrar em seu momento inicial; e outra quando o período de convivência é longo e a devolução do adotando se dá sem motivo ou por algum motivo fútil ou por situação de violência – caso em que se teria a prática de ato ilícito por parte dos adotantes, na forma do art. 187 do Código Civil, tendo em vista que teriam excedido os limites do direito a que tinham.

---

85 A temática é abordada em Avosidade & Avoternidade: a coparticipação parental dos avós no direito brasileiro (Sofia Miranda Rabelo e Ana Carolina Brochado Teixeira, in: Tânia da Silva Pereira, Antonio Carlos Mathias Coltro, Sofia Miranda Rabelo e Livia Teixeira Leal, Avosidade: relação jurídica entre avós e netos, Indaiatuba: Foco, 2021, p. 43-96).

86 STJ, 3ª Turma, REsp 1448969/SC, Rel. Min. Moura Ribeiro, julg. 21.10.2014, *DJe* 03.11.2014 e STJ, 3ª Turma, REsp 1635649/SP, Rel. Min. Nancy Andrighi, julg. 27.02.2018, *DJe* 02.03.2018.

87 TJMG, 2ª Câmara Cível, Apelação Cível nº 1.0481.12.000289-6/002, Rel. Des. Hilda Teixeira da Costa, julg. em 12.08.2014, publ. 25.08.2014.

Na Apelação Cível n° 0006658-72.2010.8.26.0266,[88] a 9ª Câmara de Direito Privado do Tribunal de Justiça de São Paulo reconheceu o direito à indenização por danos morais a absolutamente incapaz em virtude de ter sido devolvido à mãe biológica pelos pais adotivos, com quem conviveu desde um ano de idade. No caso, foi constatado que os réus "se aproveitaram da aproximação entre o autor e sua mãe biológica, para se livrarem do menor, que estava apresentando problemas comportamentais durante a adolescência", o que gerou grave abalo psicológico ao adotado, constatado por laudos psicológicos e psicossociais.

Para o Relator Desembargador Alexandre Lazzarini, o ilícito que justificaria a indenização não estaria no fato de o menor voltar para sua família biológica, "e sim no abandono praticado pelos réus, que simplesmente o devolveram à família biológica diante de um contexto de grande instabilidade emocional e psicológico".

A Câmara afastou, contudo, o pedido de pensão alimentícia, entendendo que houve a extinção do poder familiar e, consequentemente, do vínculo de parentesco, de modo que ausente o dever de sustento.

414-A. ADOÇÃO INTERNACIONAL

A adoção internacional foi regulamentada pela Lei n° 12.010/2009 ao revogar, expressamente, o art. 1.629 do Código Civil, aplicando-se, também, os princípios do Decreto n° 3.087/1999, que ratificou a Convenção relativa à Proteção e Cooperação Internacional em Matéria de Adoção Internacional, aprovada em Haia na 17ª Seção da Conferência de Leis Privadas Internacionais de maio de 1993. Com tais fundamentos, considera-se adoção internacional "aquela na qual o pretendente possui residência habitual em país-parte da Convenção de Haia, de 29 de maio de 1993, Relativa à Proteção das Crianças e à Cooperação em Matéria de Adoção Internacional, promulgada pelo Decreto n° 3.087, de 21 junho de 1999, e deseja adotar criança em outro país-parte da Convenção" (art. 51 do ECA e Lei Nacional de Adoção, conforme alterações promovidas pela Lei n° 13.509/2017). A Secretaria Especial de Direitos Humanos exerce as funções da Autoridade Central indicada no Documento Internacional.

A Lei Nacional de Adoção incluiu substanciais modificações nos arts. 50 a 52 do Estatuto no que concerne à adoção por brasileiros e estrangeiros residentes no exterior.

A adoção internacional desperta inúmeras polêmicas, havendo aqueles que se manifestam contra a concessão da medida com o argumento de que se deve estimular para que brasileiros que desejam adotar possam fazê-lo, e crianças e adolescentes necessitados de amparo encontrem, no próprio país, ambiente familiar adequado. Reportam-se aos riscos de "adoções irregulares", ao tráfico de crianças e, sobretudo, defendem a tese de que a adoção internacional representa a

---

88 TJSP, 9ª Câmara de Direito Privado, Apelação Cível n° 0006658-72.2010.8.26.0266, Rel. Des. Alexandre Lazzarini, julg. em 08.04.2014.

violação do direito à identidade da criança, a exemplo de nacionalidade, nome e relações familiares.

No campo oposto, estão aqueles que, enxergando a questão sob um outro prisma, consideram que não se deve opor obstáculo e favorecer a perfilhação. Priorizam a situação de estrangeiros desejosos de adotar que podem proporcionar afeição, carinho, assistência e amparo a crianças e adolescentes necessitados.

Em face desta controvérsia, a Constituição Federal, ao estatuir que a adoção será assistida pelo Poder Público, refere-se por expresso à sua efetivação por estrangeiros (art. 227, § 5º). Dando executoriedade à norma constitucional, o Estatuto da Criança e do Adolescente cuidou em minúcia do assunto. A colocação em família substituta estrangeira constitui medida excepcional e somente se permite por via de adoção (art. 31 do ECA).

A Lei nº 12.010/2009 adaptou os princípios "estatutários" ao ordenamento internacional em vigor. Na forma do art. 51 do ECA com a nova redação da Lei nº 12.010/2009, considera-se adoção internacional aquela na qual a pessoa ou casal postulante é residente ou domiciliado fora do Brasil, conforme previsto no art. 2º da Convenção de Haia, de 29 de maio de 1993, promulgada no Brasil pelo Decreto nº 3.087, de 21 de junho de 1999.

Inovou a Lei nº 12.010/2009 ao afirmar que "os brasileiros residentes no exterior terão preferência aos estrangeiros, nos casos de adoção internacional de criança ou adolescente brasileiro" (§ 2º do art. 51 do ECA).

É obrigatória a intervenção das Autoridades Centrais Estaduais e Federal em matéria de adoção internacional (§ 3º do art. 51 do ECA), importando ressaltar que o Decreto nº 10.064/2019 instituiu o Conselho das Autoridades Centrais Brasileiras para Adoção Internacional com a finalidade de elaborar políticas e pautar linhas de ação comuns para dar cumprimento às responsabilidades assumidas na Convenção Relativa à Proteção das Crianças e à Cooperação em Matéria de Adoção Internacional, promulgada pelo Decreto nº 3.087/1999, e garantir o atendimento ao interesse das crianças e dos adolescentes residentes no Brasil quanto à sua adotabilidade internacional, observado o disposto no art. 227 da CRFB.

A distinção entre adoção "nacional" ou "internacional" se reporta, inicialmente, ao princípio da isonomia que obteve tratamento constitucional no que concerne aos estrangeiros residentes e domiciliados no Brasil. O mesmo critério deve ser aplicado em relação à colocação familiar nesta modalidade. Contudo, vivemos um novo contexto no que concerne às adoções internacionais após a ratificação pelo Brasil da Convenção relativa à Proteção e Cooperação Internacional em Matéria de Adoção Internacional. O entendimento consolidado tem sido no sentido de que estrangeiros e brasileiros residentes fora do país devem submeter os documentos para adoção à Comissão Estadual Judiciária de Adoção – CEJA. Aqueles que residem em território nacional, comprovado o ânimo de permanência, serão tratados como os nacionais, devendo ser aplicados aos procedimentos próprios da Justiça da Infância e Juventude. Pretende-se priorizar a permanência do adotando no Brasil, convivendo, ainda, com sua cultura e permitindo um desligamento mais lento de seus elementos culturais.

A adoção por estrangeiro residente no território brasileiro permite que a criança adquira paulatinamente os elementos naturais do país do adotante, sem rompimento marcado por bruscas mudanças. Essas pessoas serão avaliadas em seu cotidiano pela equipe interprofissional do Juizado da Infância e Juventude, o que permitirá uma melhor identificação de suas reais pretensões como adotantes.

É obrigatório o Estágio de Convivência, cumprido no território nacional, no prazo mínimo de 30 dias – art. 46, § 3º, do ECA.

Serão mantidos um registro estadual centralizado de interessados residentes no exterior e um registro de crianças a serem adotadas, o que facilitará a concessão da medida.

Esclareça-se, ainda, que, tratando-se de adoção internacional, estabelece o art. 199-A do ECA, incluído pela Lei nº 12.010/2009, que a apelação será recebida em seus efeitos devolutivo e suspensivo. Questiona-se a possibilidade de o estrangeiro residente no Brasil comparecer à agência especializada de seu país de origem para atender a tais exigências.

Expondo sobre o tema, Tarcísio José Martins Costa[89] esclarece que "importa, mais uma vez, destacar que a conexão 'residência habitual', por se constituir em solução mais adequada à proteção dos interesses da criança do que os tradicionais e superados 'nacionalidade e domicílio legal', vem recebendo as preferências da mais moderna doutrina na matéria, sendo majoritariamente adotada pelas recentes Convenções Internacionais". O ilustre magistrado indica, ainda, os Documentos Internacionais que aderiram a este princípio, incluindo entre eles a Convenção de Haia/1993, ratificada pelo Brasil em 1999.

Considerando a complexidade dos procedimentos para Adoção Internacional, após a ratificação da Convenção mencionada, há que se priorizar uma definição legal de quais os estrangeiros residentes que poderão ser equiparados aos nacionais para efeito dos procedimentos para a adoção nacional.

Prevê, o art. 14, da Lei nº 13.445/2017 a concessão de "visto temporário" para "imigrante que venha ao Brasil com o intuito de estabelecer residência por tempo determinado", desde que se enquadre em uma das hipóteses previstas no inciso I, também do artigo 14, onde há a previsão de, pelo menos, dez finalidades de permanência temporária, dentre elas: trabalho, estudo, acolhida humanitária, pesquisa, ensino ou extensão acadêmica, reunião familiar, dentre outras".

A Resolução Normativa nº 43, de setembro de 1999, expedida pelo Conselho Nacional de Imigração, prevê a concessão de visto ao "estrangeiro que venha ao Brasil, ao abrigo de Acordo de Cooperação Internacional, na qualidade de prestador de serviços junto a entidades privadas, estando vinculados à celebração de um contrato". São feitas algumas exigências quanto ao Contrato de Trabalho, devendo o mesmo ser submetido ao Registro no Ministério competente.

Respeitadas as limitações vinculadas à excepcionalidade prevista no art. 31 do ECA, a adoção por estrangeiros residentes no Brasil permite um maior

---

89 Tarcísio José Martins Costa, in *Adoção Transnacional*, Belo Horizonte, Del Rey, 1998, p. 243.

controle posterior à concessão da medida, o que não acontece com os adotantes residentes no exterior.

Sendo o país prioritariamente de "adotandos", temos que destacar as iniciativas daqueles que para aqui transferem sua residência habitual, juntamente com seus familiares, demonstrando uma efetiva intenção de permanecer por um período razoável de tempo que permita, inclusive, um controle posterior à adoção, exercido pelo Juizado da Infância e Juventude.

Tratando-se de brasileiro ou estrangeiro residente ou domiciliado fora do país, as cautelas começam na formulação do pedido, após serem atendidas todas as exigências da Comissão Estadual Judiciária de Adoção – CEJA. O candidato deverá apresentar documento expedido pela autoridade competente de seu domicílio, provando estar habilitado a adotar, consoante a legislação local. Além disso, apresentará estudo psicossocial elaborado por agência especializada e credenciada no país de origem.

Na forma do § 2º do art. 51 do ECA, com as modificações introduzidas pela Lei nº 12.010/2009, "os brasileiros residentes no exterior terão preferência aos estrangeiros, nos casos de adoção internacional de criança ou adolescente brasileiro".

Será exigida prova de legislação pertinente e permissiva, tudo devidamente traduzido e autenticado, comprovando-se ainda estar vigente por ocasião do pedido. Processado o pedido, o juiz determinará o estágio de convivência, ficando, todavia, estabelecido que não será permitida a saída do adotando do território nacional antes do trânsito em julgado da sentença. Caberá à equipe técnica da CEJA a análise do laudo de habilitação para instruir o processo competente. Essa Comissão manterá registro centralizado de interessados estrangeiros em adoção. Atendendo aos mesmos procedimentos relativos aos nacionais e estrangeiros residentes no território nacional, o vínculo da adoção constitui-se por sentença judicial (art. 1.623 do Código Civil e art. 47 do ECA) e a sua irrevogabilidade prevista no art. 48 do ECA dá à adoção o seu caráter definitivo. Tanto assim que o art. 24 da Convenção de Haia/1993 determina que "uma adoção só poderá ser recusada em um Estado Contratante se for manifestamente contrária à ordem pública". Com a revogação expressa do art. 1.623, CC/2002 e com a nova redação do art. 1.619, CC/2002, introduzida pela Lei nº 12.010/2009, foram mantidas a assistência efetiva do Poder Público e a exigência de sentença constitutiva para a adoção de maiores de 18 anos "aplicando-se, no que couber, as regras da Lei nº 8.069/90".

Mesmo após a ratificação da Convenção não se pode falar em conflito de atribuições entre a CEJA e o Juiz da Infância e Juventude no que concerne à concessão da medida; aquele órgão exerce atividades subsidiárias à atividade jurisdicional exercida pelo Juiz da Infância e Juventude.

Há de se reconhecer a efetiva oportunidade da Adoção Internacional, apesar dos permanentes conflitos de cultura e idioma. A regulamentação através da Convenção de Haia de 1993 representou grande conquista, principalmente nos países ratificantes.

Em tempos da pandemia de Covid-19, quando foram frequentes os problemas de inadaptação dos adotandos e a desistência da adoção ou da guarda provisória, um novo problema se apresenta quanto às consequências desse comportamento dos adotantes, seja no período da Guarda Provisória e/ou após a sentença da Adoção. Indaga-se quais seriam as consequências da desistência dos pais adotantes. Nesse período de quase três anos foram inúmeros os casos de desistência nas habilitações, como também as devoluções de crianças e adolescentes em Guarda Provisória.

Grande número deles já tinha sido objeto de abandono e/ou duplo abandono. A desistência do pedido, sobretudo quando já teria sido concedida a Guarda Provisória em processo de Adoção, enfrenta uma premissa jurídica relativa ao direito aos alimentos que decorrem da relação de parentalidade.

Recentes decisões consideram tratar-se de uma responsabilidade subjetiva decorrente do abandono afetivo na Adoção e nas relações familiares.

Na obra *Abandono dos filhos adotivos sob o olhar da doutrina da proteção integral e da responsabilidade civil*,[90] o dever do cuidado compõe a essência do ato ilícito, que autoriza a indenização nas hipóteses de dano afetivo nas adoções e nas relações familiares.

O abandono nos remete à ideia de desamparo, mesmo daquelas crianças e jovens que já estavam inseridos em entidades de acolhimento. A mesma obra menciona o "Reabandono", ou seja, a devolução por inadaptação, o que acarreta dano ao direito ao livre desenvolvimento da personalidade, suprimindo opções. A ruptura dos vínculos afetivos nas relações familiares gera traumas e danos existenciais.

Não raro surgem dificuldades de uma nova colocação familiar decorrente do trauma sofrido ou em razão de já ter atingido uma idade que dificilmente permitirá a recolocação em adoção.

O *reabandono* é identificado como dano material e moral sintetizados no art. 927 do CC: o dano material decorre das significativas perdas na qualidade de vida resultante da nova institucionalização da criança; o dano moral diz respeito ao sofrimento de ordem emocional, psicológica, sentimental, que atingiram a criança diante da rejeição de seus pais, frustrando-a, inclusive, quanto à possibilidade de criar novos laços familiares.

Concluindo, destaque-se que, nacional ou internacional, a adoção reflete a essência da paternidade socioafetiva que "se funda na construção e aprofundamento dos vínculos afetivos entre o pai e o filho, entendendo-se que a real legitimação dessa relação se dá não pelo biológico, nem pelo jurídico: dá-se pelo amor vivido e construído por pais e filhos".[91]

414-B. O DIREITO AO NOME AFETIVO

É sabido que o processo de adoção pode se estender por um longo período. Contudo, durante a guarda provisória já deve ser assegurado o direito ao uso do

---

90 Josiane Rose Petry Veronese e Marcelo de Mello Vieira, *Abandono dos filhos adotivos sob o olhar da doutrina da proteção integral e da responsabilidade civil*, São Paulo: Dialética, 2022, p. 143.
91 Lúcia Maria de Paula Freitas, "Adoção – Quem em nós quer um filho?", in Revista Brasileira de Direito de Família, Porto Alegre, Síntese, IBDFAM, v. 10, p. 154.

nome afetivo aos adotados, pois já são reconhecidos como dependentes, para todos os fins e efeitos de direito, inclusive previdenciários.

Além disso, desde a guarda provisória, a criança ou adolescente possivelmente será incluída num plano de saúde, passará a frequentar uma escola nova e lugares de recreação com a família que lhe detém a guarda.

Sendo necessário possibilitar a construção de uma nova história, que passe a identificar essa criança ou adolescente com a sua família atual, há especialistas que afirmam ser importante a mudança do nome, para a própria construção do vínculo entre as partes dessa família que está se formando.

Entretanto, a situação ainda não foi regulamentada no âmbito nacional. Mas alguns estados têm saído na frente ao promulgar leis que possibilitam a adoção do nome afetivo de forma simplificada.

Como exemplo, temos os Estados vanguardistas Rio de Janeiro e Mato Grosso do Sul, os primeiros a autorizar o uso de nome afetivo de crianças e adolescentes que ainda estão em processo de adoção, por meio das Leis nº 7.930/2018 e nº 5.210/2018, respectivamente.

Na mesma direção, temos: São Paulo (Lei nº 16.785/2018); Paraná (Lei nº 19.746/2018); Sergipe (Lei nº 8.508/2019); Espírito Santo (Lei nº 11.061/2019); Pernambuco (Lei nº 16.674/2019); Rio Grande do Sul (Lei nº 15.617/2021) e Alagoas (Lei nº 8.448/2021), totalizando nove estados até o momento.

A despeito da iniciativa dos estados, faz-se necessário um posicionamento do Poder Legislativo com vistas a uniformizar o entendimento acerca desse assunto. Até porque não há como falar em regulamentação nacional sem alterar o Estatuto da Criança e do Adolescente.

Capítulo XCIV
Poder Familiar

Sumário

415. Evolução e conceito de poder familiar. **416.** Poder familiar quanto à pessoa do filho. **417.** Poder familiar quanto aos bens do filho. **418.** Da cessação, suspensão e extinção do poder familiar. **418-A.** Guarda compartilhada. **418-B.** Poder familiar e autoridade parental na contemporaneidade. **418-C.** Autoridade parental e os direitos existenciais das crianças e dos adolescentes. **418-D.** A autoridade parental, o tratamento dos dados pessoais de crianças e adolescentes e a internet das coisas. **418-E.** Autoridade parental e direitos patrimoniais.

Bibliografia

Alexandre Guedes Alcoforado Assunção, *in Novo Código Civil Comentado* (coord.: Ricardo Fiúza), São Paulo, Saraiva, 2002, p.1.499; Ana Carolina Brochado Teixeira, "Autoridade Parental", *in Manual de Direito das famílias e das Sucessões* (coord.: Ana Carolina Brochado Teixeira e Gustavo Pereira Leite Ribeiro), Belo Horizonte Del Rey/Mandamentos, 2008, p. 252; Ana Carolina Brochado Teixeira, *Família, Guarda e Autoridade parental,* Rio de Janeiro, Renovar, 2005, p. 111; Caio Mário da Silva Pereira, *Responsabilidade Civil*, Rio de Janeiro, Forense, 2002, p. 80; Clóvis Beviláqua, *Direito de Família,* §§ 73 e segs.; Cunha Gonçalves, *Direito de Família e Direito de Sucessões,* pp. 307 e segs.; De Page, *Traité Élémentaire,* v. I, nos 753 e segs.; Denise Duarte Bruno. "A Guarda Compartilhada na Prática e as responsabilidades dos Pais", *in Família e Responsabilidade: Teoria e Prática do Direito de Família* (Coord. Rodrigo da Cunha Pereira). Porto Alegre: Magister/IBDFAM, 2010, p. 226/230; Eduardo Espínola, *A Família no Direito Civil Brasileiro,* nos 245 e segs.; Enneccerus, Kipp y Wolff, *Tratado, Derecho de Familia,* v. II, §§ 78 e segs.; Francesco Degni, *Il Diritto di Famiglia,* pp. 409 e segs.; Gaius, *Institutiones*, Livro

I; Heinrich Lehmann, *Derecho de Familia,* pp. 295 e segs.; Heloisa Helena Barboza, "O Consentimento na Adoção de Criança e Adolescente", *in Revista Forense,* n. 341, p. 75; Jean Carbonnier, *Droit Civil,* v. II, n° 128; João Teodoro da Silva, "A Emancipação do Menor pelos pais e o art. 1.631 do Código Civil", *in Revista Brasileira de Direito de família,* v. *26* – Porto Alegre, Síntese/IBDFAM, 2004, p. 154; José Aguiar Dias, *Responsabilidade Civil* (atualizado por Ruy Belford Dias), Rio de Janeiro, Renovar, 2006, p. 751; José Castelo Branco Rocha, *O Pátrio Poder*; Kátia Regina Ferreira Lobo Andrade Maciel, *Novo Código Civil: Do Direito de Família* (coord.: Heloisa Maria Daltro Leite), Rio de Janeiro, Freitas Bastos, 2002; Lafayette, *Direitos de Família,* §§ 112 e segs.; Kátia Regina Ferreira Lobo Andrade Maciel in Curso de Direito da criança e do Adolescente: aspectos teóricos e práticos (Coord. Kátia Regina Ferreira Lobo Andrade Maciel). Rio de Janeiro: Lumen Juris, 2010, pp.145/146; Livia Teixeira Leal, "O cuidado na era digital: as novas facetas da afetividade no mundo tecnológico e seus impactos jurídicos", *in Cuidado e afetividade* (orgs.: Tânia da Silva Pereira, Guilherme de Oliveira e Antônio Carlos Mathias Coltro), São Paulo, Atlas, 2016; Martinez, *Nuovo Digesto Italiano, Patria Potestà*; Maurice Travers, *De la Puissance Paternelle et de la Tutelle*; Mazeaud, Mazeaud et Mazeaud, *Leçons,* v. I, nos 1.133 e segs.; Ollier, *La Responsabilitá Civile dês Pére et Mére,* pp. 133 e segs.; Orlando Gomes, *Direito de Família,* nos 178 e segs.; Rudolf von Ihering, *L'Esprit du Droit Romain,* v. II, seç. III; Ruggiero e Maroi, *Istituzioni,* v. I, § 67; Paulo Antônio Begalli, *Responsabilidade Civil dos pais por atos dos filhos menores,* Rio de Janeiro, Forense, 2005, p.151; Paulo Luiz Netto Lôbo in *Código Civil Comentado.* São Paulo: Atlas, 2003, v. XVI, p. 197; Planiol, Ripert *et* Boulanger, *Traité Élémentaire,* v. I, nos 1.859 e segs.; Pontes de Miranda, *Direito de Família,* §§ 144 e segs.; Pontes de Miranda, "Sentença", *in Revista Forense,* v. 44, p. 81; Waldyr Grisard Filho, *Guarda Compartilhada: um novo modelo de responsabilidade parental,* São Paulo, Revista dos Tribunais, 2002, p. 79; Tânia da Silva Pereira, Antônio Carlos Mathias Coltro, Sofia Miranda Rabelo e Livia Teixeira Leal, *Avosidade: relação jurídica entre avós e netos,* Indaiatuba, Foco, 2021.

415. Evolução e conceito de poder familiar

Considerações gerais. No direito antigo, a estrutura autocrática da família, alicerçada no princípio da autoridade, constitui a noção de pátrio poder em termos rígidos e severos. Não lhe faltou a influência religiosa tendo-se em vista que o chefe da família – *pater* – era, ao mesmo tempo, o sacerdote do culto doméstico. Na Grécia era assim, não obstante os monumentos históricos admitirem o deslocamento da autoridade do pai, atingido pela senectude, ao filho mais hábil, como dá exemplo a descrição de Homero, no caso de Ulisses astuto em face do pai Laertes.[1]

No Direito Romano, os textos são o testemunho da severidade dos costumes, atribuindo ao *pater familias* a autoridade suprema no grupo, concedendo-lhe um direito de vida e morte sobre o filho (*ius vitae ac necis*). Nem a evolução dos costumes, nem o direito da Cidade pôde abrandar o rigor deste poder soberano. A partir da República, houve ligeiro decréscimo. Mas, somente a partir do século II, é que se vislumbrou substituir na *potestas* a atrocidade pela piedade: *nam patria potestas in pietate debet, non atrocitate consistere*.

Politicamente, o *filius familias* gozava de relativa autonomia, porque, como cidadão (*ut civis*), era reclamado pelo Estado para o exercício de funções públicas (*ius honorum*), como para a participação nos comícios (*ius suffragii*). Mas, no que respeita aos direitos civis, a comunidade de existência entre pai e filho impunha a este o poder absoluto daquele.[2] Essa submissão era destinada a durar sempre, salvo a cessação por morte ou *capitis deminutio* do *pater*, elevação do filho a certas dignidades maiores, ou emancipação voluntária, o que autoriza dizer que a *patria potestas* era vitalícia.[3]

Rudolf Von Ihering procura demonstrar que o fundamento ético da família romana era o amor, vivendo a mulher numa atmosfera de respeito e afeição e os filhos num ambiente de proteção e estima.[4] É possível que no interior do lar assim se passassem as relações entre o *pater* e os seus dirigidos. A cogitar, porém, do que os documentos jurídicos atestam, a *patria potestas* conservou toda a rigidez que trouxe dos primeiros tempos, atravessou a República e o Império, e nem o Cristianismo logrou amenizá-la, pois que, se uma Constituição de Maximiliano e Diocleciano negou validade a qualquer ato de disposição dos filhos (venda, doação, penhor), é porque ainda no século IV era praticada (*Código*, Liv. IV, Tít. 43, fr. 1: "*liberos a parentibus, neque venditionis, neque donationis titulo, neque pignoris iure, aut alio*

---

1   Ludovic Beauchet, *Histoire du Droit Privé de la République Athénienne*, v. II, pp. 79 e segs.; Courcelle Seneuil, *L'Ancien Droit*, p. 129; Clóvis Beviláqua, *Direito de Família*, § 73.
2   Mommsen et Marquardt, *Manuel des Antiquités Romaines*, v. XIV, *La Vie Privée des Romains*, p. 3.
3   Gaius, *Institutiones*, Livro I.
4   Rudolf von Ihering, *L'Esprit du Droit Romain*, v. II, seç. III.

qualibet modo, nec sub pretextu ignorantiae accipientis in alium transferri posse, manifestissimi iuris est").

Esta sobrevivência da rigidez e severidade da *potestas* em Roma, diversamente do que ocorreu na Grécia, onde mais cedo se abrandou, deve-se ao fato de Roma ter conservado economia agrária, ao contrário do povo helênico, que foi sobretudo comerciante e marítimo.[5]

Posteriormente, entretanto, no tempo do imperador cristão Constantino, deu-se aprovação à venda de filho recém-nascido, motivada pela extrema pobreza dos pais, posto que ressalvada a restituição dele à antiga condição, por iniciativa do pai ou do próprio filho, mediante a oferta do preço que valesse (*Código*, Liv. IV, Tít. 43, fr. 2: "*si quis propter nimiam paupertatem egestatemque victus causa filium filiamve sanguinoletos vendiderit, venditione in hoc tantummodo casu valente, emptor obtinendi eius servitii habeat facultatem: liceat autem ipsi qui vendidit, vel qui alienatus est aut cuilibet alii ad ingenuitatem eum propriam repetere: modo si aut pretium offerat, quod potest valere, aut mancipium pro eiusmodi praestet"*).

No século VI, a codificação Justinianeia reflete a instituição do pátrio poder ainda severa, mas despida daquela violência da era republicana.[6]

No direito germânico, o poder paterno – *munt, mundiu* – não foi tão severo quanto a *patria postestas romana*. Originariamente, não foi estranha a faculdade de expor e vender o filho. Mas o que se revela fundamentalmente diverso, e que viria a contribuir sobremodo na evolução do instituto, é que as relações dele oriundas eram dúplices, no sentido de que geravam o dever de o pai e a mãe criarem e educarem o filho. Demais disso, a autoridade paterna cessava com a capacidade do filho.[7]

No direito das Ordenações, predominou a sistemática romana, com o poder conferido ao pai (exclusivamente ao pai), de dirigir a educação do filho, fixar a sua condição, administrar o seu patrimônio. A maioridade não emancipava o filho, que somente se liberava da sujeição paterna quando cessasse o pátrio poder pelas formas então previstas.[8] Em Teixeira de Freitas, já se sente abertura liberal no pátrio poder. E o próprio Lafayette, que interpreta os textos literalmente, critica o atraso do nosso direito.[9]

A Resolução de 31 de outubro de 1831 fixou aos 21 anos o termo da menoridade e aquisição da capacidade civil. O Decreto nº 181, de 24 de janeiro de 1890, concedeu à viúva o pátrio poder sobre os filhos do casal extinto, cessando, porém, se convolava a novas núpcias.

O Código de 1916, no seu texto original, ficou mais na linha de nossas tradições atribuindo o pátrio poder ao marido, e em sua falta à mulher (art. 380). A mulher bínuba perdia-o quanto aos filhos do primeiro leito, a quem seria dado tutor (art. 393).

---

5 Ludovic Beauchet, ob cit., v. II, p. 80.
6 Contardo Ferrini, *Pandette*, nº 701.
7 José Arias, *Derecho de Família*, p. 298. Clóvis Beviláqua, ob. cit., § 73; Enneccerus, Kipp *y* Wolff, *Derecho de Família*, v. II, § 78.
8 Lafayette, *Direitos de Família*, § 112; Clóvis Beviláqua, loc. cit.
9 Lafayette, ob. cit., nota 1, p. 206.

O filho natural ficava sob o poder do pai ou da mãe que o reconhecesse, e se o fizessem ambos, do pai, salvo se o juiz decidisse diversamente, no interesse do menor (Decreto-Lei nº 5.213, de janeiro de 1943). Mas somente podia residir no lar conjugal, se o outro cônjuge anuísse (art. 359). O filho adotivo saía do poder do pai natural e incidia no do adotante.

O direito tem, contudo, passado por enorme transformação a esse propósito. A ideia predominante é que a *potestas* deixou de ser uma prerrogativa do pai, para se afirmar como a fixação jurídica dos interesses do filho, visando protegê-lo e não beneficiar quem o exerce. A doutrina, há muito, aconselhava a mudança da designação de "pátrio poder" para "pátrio dever".

Por outro lado, abandonou-se a sua atribuição ao marido. Ao revés, é confiado aos pais, como expressão da igualdade jurídica dos cônjuges. E por isto, não faltou quem propusesse substituir a velha nomenclatura por estas outras: "poder parental" (Cunha Gonçalves), ou autoridade parental *(elterliche Gewalt* do BGB) adotada por muitos escritores (Colin *et* Capitant e Planiol *et* Ripert) ou "poder-dever" (Messineo), todas revelando este deslocamento conceitual.[10]

O direito positivo brasileiro deu um passo importante em sua linha evolutiva ao reconhecer na Lei nº 4.121/1962 (Estatuto da Mulher Casada), como um corolário da igualdade jurídica da mulher, que o pátrio poder competia ao pai, que deveria exercê-lo com a colaboração de sua mulher. A mãe bínuba não mais perdeu o pátrio poder quanto aos filhos do leito anterior, exercendo-o sem qualquer interferência do marido.

No Projeto do Código Civil de 1965 (Orosimbo Nonato, Orlando Gomes, Caio Mário), foi dado um passo ainda mais avançado, estabelecendo-se que o pátrio poder será exercido em comum pelos pais (art. 239), no que acompanhou a orientação do BGB, do Código Civil suíço, do português de 1967 e do soviético. Enorme, contudo, foi a celeuma levantada a respeito, acusando o Projeto de atentatório à estabilidade da família. Os opositores, no entanto, ignoram que já Lafayette, cuja obra é clássica, sustentava literalmente que, do ponto de vista filosófico, o pátrio poder compete tanto ao pai quanto à mãe.[11]

Por mais que o espírito reacionário e as reminiscências afonsinas e filipinas tenham influenciado, a tendência inevitável foi forçosamente a consagração do princípio da bilateralidade nas relações pai-filho, a atribuição do poder parental a ambos os pais, e a predominância dos deveres e do sentido de proteção e defesa dos interesses do menor sobre toda ideia de prerrogativa paterna ou de direito dos pais sobre os filhos.

---

10 Cunha Gonçalves, *Tratado de Direito Civil*, v. II, p. 349; Colin *et* Capitant, *Cours de Droit Civil*, v. I, p. 439; Planiol *et* Ripert, *Traité Pratique*, v. I, p. 299; Chironi, *Istituzioni di Diritto Civile Italiano*, v. II, p. 347; José Arias, *Derecho de Familia*, p. 300; Ruggiero e Maroi, *Istituzioni di Diritto Privato*, v. I, § 67; Messineo, *Manuale di Diritto Civile*, v. I, nº 10; De Page, *Traité Élémentaire*, v. I, nº 755; Alvino Lima, in *Revista Forense*, v. 96, p. 285; Cunha Gonçalves, *Direito de Família e Direito de Sucessões*, p. 307.

11 Lafayette, *Direitos de Família*, § 112. A propósito da participação materna no pátrio poder, considerada acessória ou substitutiva, cf. Heinrich Lehmann, *Derecho de Familia*, p. 306.

Por isso mesmo, as definições tradicionais se desprestigiam, por acentuarem um lado apenas da relação jurídica. Assim, Caio Mário conceituou este instituto após a Carta de 1988: "... complexo de direitos e deveres quanto à pessoa e bens do filho, exercidos pelos pais na mais estreita colaboração, e em igualdade de condições", segundo o art. 226, § 5°, da Constituição Federal de 1988.

Como desdobramento do princípio da isonomia estabelecido no art. 226, § 5°, da Constituição, o art. 21 do Estatuto da Criança e do Adolescente (Lei n° 8.069, de 1990) estabelece o seu exercício em igualdade de condições pelo pai e pela mãe.

Ademais, cumpre observar que tais textos legislativos refletem o dinamismo da atual sociedade, a qual impõe que ambos os genitores tenham condições de gerir a vida de seus filhos, em igualdade de condições, em face da inserção das mulheres no mercado de trabalho, bem como da intervenção masculina na administração dos lares, ambiente outrora restrito ao domínio feminino, o que torna o exercício do poder familiar comum aos genitores.

Concomitante à participação masculina em ambiente privado, o que se verifica é o desenvolvimento de estrutura que suplanta a anterior concepção como subordinação dos filhos ao pai; ao contrário, desenvolve-se o domínio da fixação jurídica dos interesses dos filhos.

A referida estrutura consagra, definitivamente, a "doutrina jurídica da proteção integral", ao indicar que os interesses dos pais não se impõem aos dos filhos, reconhecendo-se a condição de sujeitos de direitos que a lei lhes atribui. Estamos diante de uma nova estrutura familiar marcada essencialmente pelas responsabilidades dos pais pelos filhos, pessoas em condições peculiares de desenvolvimento.

Verifica-se que há muito se tem debatido acerca dos reais matizes apresentados pela expressão "pátrio poder", sendo certo que a alteração nominal para "poder familiar", ocorrida com a publicação da Lei n° 10.406/2002, não importou modificação profunda no referido Instituto, cujos contornos já se delineavam, conforme anterior observância da correspondência entre poder e responsabilidade.

Tem sido frequente a nomenclatura "autoridade parental" por melhor refletir o conteúdo democrático da relação, além de traduzir preponderantemente uma carga maior de deveres do que de poderes para que o filho, pessoa em desenvolvimento, tenha uma estruturação psíquica adequada. Completa Ana Carolina Brochado Teixeira: "... o vocábulo autoridade é mais condizente com a concepção atual das relações parentais, por melhor traduzir a ideia de função, e ignorar a noção do poder. Já o termo parental traduz melhor a relação de parentesco por excelência presente na relação entre pais e filhos, de onde advém a legitimidade apta a embasar a autoridade".[12] No caso da criança e do adolescente, detentores de direitos fundamentais, a autoridade parental exerce um papel essencial para a realização do projeto constitucional, pois que a Constituição entendeu serem eles merecedores de tutela especial, o que foi

---

12 Ana Carolina Brochado Teixeira. "Autoridade Parental", *in Manual de Direito das famílias e das Sucessões* (coord.: Ana Carolina Brochado Teixeira e Gustavo Pereira Leite Ribeiro), Belo Horizonte, Del Rey/Mandamentos, 2008, p. 252.

corroborado, também, pelo art. 6° do ECA. Seu melhor interesse, nesse sentido, deve ser promovido e potencializado.[13]

Responsabilidade civil dos pais. Os pais são civilmente responsáveis pelos atos dos filhos menores que estejam em sua companhia e sob sua guarda. É uma das hipóteses de responsabilidade civil por fato de terceiro. O Código de 2002, ao contrário do Código de 1916, que simplesmente presumia a culpa dos pais, deduzindo-a do dever de vigilância, instituiu, expressamente, a sua responsabilidade objetiva (art. 933). Não cabe a defesa de que tomaram as cautelas normais e que o filho traiu a sua vigilância para que se exima do dever legal. Sua obrigação é ressarcir o dano causado pela culpa do filho menor. E somente se livram comprovando a juridicidade do comportamento do filho[14] (*vide* nº 281, v. III).

Sendo absolutamente incapaz, o filho é pessoalmente irresponsável, cabendo exclusivamente aos pais a reparação. Os bens do pai e da mãe suportam o ônus de ressarcir o dano causado. Na forma do art. 928 do Código Civil de 2002, transfere-se a responsabilidade pelos prejuízos para o próprio incapaz, se as pessoas por eles responsáveis não tiverem a obrigação de fazê-lo ou não dispuserem de meios suficientes. Ressalva, no entanto, o parágrafo único do art. 928 que a indenização deve ser equitativa e não terá lugar se privar o incapaz e aqueles que dele dependem, do necessário para viver.

Caio Mário destaca, ainda, a responsabilidade dos genitores se o filho estiver residindo fora ou "vagabundando" sem que ocorra uma razão jurídica que elimine a guarda dos pais. Estando o filho juridicamente na companhia de outrem, não obriga o pai a responder pelos danos que causa. "Não prevalecerá, portanto, a responsabilidade se o filho estiver confiado a um terceiro, por medida de assistência educativa, ou em férias com os avós. Se o filho está internado em estabelecimento de ensino, vigora a responsabilidade do educandário (*vide* art. 932, IV, CC)". Em relação à Tutela e à Curatela, o mesmo autor apresenta algumas ponderações significativas. Sendo a Tutela temporária, a apuração da responsabilidade depende da verificação se o fato danoso ocorreu durante o período da Tutela. Igualmente se verifica em relação à Curatela, que tem seu início demarcado por uma decisão judicial e por um termo de compromisso. Sugere inclusive que o juiz deva examinar com mais benignidade a responsabilidade do tutor e do curador pelos ilícitos do pupilo ou curatelado, bem como a sua extensão. Alerta, outrossim, quanto ao sistema jurídico brasileiro, no qual os dois institutos estão sujeitos ao controle judicial e à vigilância do Ministério Público.[15]

A *culpa in vigilando*, que fundamenta a maioria das situações que envolvem os atos praticados pelos filhos, não exime os pais da responsabilidade se a outra pessoa encarregada de cuidar dos mesmos atendeu às cautelas e recomendações pertinentes. Entretanto, é inarredável a responsabilidade dos pais (responsabilidade que seria

---

13 Ana Carolina Brochado Teixeira, ob. cit., p. 254.
14 Ollier, *La Responsabilitá Civile dês Pére et Mére*, pp. 133 e segs.
15 Caio Mário da Silva Pereira, *Responsabilidade Civil*. Rio de Janeiro, Forense, 2002, p. 80.

por ato próprio) no que concerne aos atos danosos praticados pelos menores de sete anos. Begalli considera que "o primitivismo do comportamento infantil exige uma fiscalização constante. Acima desta idade, a incidência da presunção vai passando, progressivamente, da culpa *in vigila*ndo para a culpa *in educando*". (...) "Em face das circunstâncias da vida contemporânea, os pais passam a dividir a responsabilidade da educação do menor com o Estado, com os educadores profissionais e com os próprios meios de comunicação; com o aumento da idade do menor, crescem mais a mais, na sua formação, as influências extrafamiliares".[16]

O art. 934 do Código Civil proíbe que o pai exerça ação regressiva contra o filho. Em contrapartida, José Aguiar Dias, reportando-se a Pontes de Miranda, admite que "pode ir à colação, interpretação conjugada dos arts. 934 e 2.010 (arts. 1.524 e 1.793 do Código Civil de 1916) e que se não pode deixar de aceitar, sob pena de enfrentar inconciliável contradição entre os dispositivos".[17] Este entendimento, diga-se, não é uniforme. Alegam alguns autores que admitir que deveria ser levada à colação para equiparar legítima dos herdeiros "seria sustentar que o pai não responde por culpa própria quando sabido que, em face da lei, responde por infração do dever de vigilância que, em relação a ele, assume características próprias e pode ser exercido em condições especiais, dada a natureza do vínculo familiar".[18]

O Código Civil de 2002 não recepcionou a regra do art. 156 do Código Civil de 1916, que equiparava aos adultos os menores entre dezesseis e vinte e um anos que praticassem ato ilícito. No que tange aos filhos emancipados aos dezesseis anos, merece referência a regra do art. 932 do Código Civil de 2002, que estabelece a responsabilidade dos pais pelos danos causados pelos filhos menores que estiverem sob seu poder, não fazendo distinção se emancipados ou não.

Indisponibilidade. A *patria potestas,* como direito de família puro, é "indisponível", no sentido de que o pai não pode abrir mão dele; é "inalienável", quer dizer, não pode ser transferido; é "irrenunciável", e incompatível com a transação; é "imprescritível", vale dizer, dele não decai o genitor pelo fato de deixar de exercitá-lo. Somente pode perdê-lo o pai na forma da lei (*vide* nº 418, *infra*).

O Código Civil de 2002, ao introduzir uma nova terminologia no que tange ao Pátrio Poder, identificando-o como "poder familiar", não abandonou a natureza de "poder" do instituto, marcado modernamente por obrigações e responsabilidades decorrentes da necessidade de proteção dos filhos, como pessoas em peculiar condição de desenvolvimento.

No regime do Código Civil de 1916, em que predominava o conceito de chefia da família, atribuído ao marido, a *patria potestas* era conferida a este. O Código Civil de 2002, seguindo os princípios constitucionais, desvencilhou-se daquela

---

16 Paulo Antônio Begalli, *Responsabilidade Civil dos pais por atos dos filhos menores*. Rio de Janeiro, Forense, 2005, p.151.
17 José Aguiar Dias, *Responsabilidade Civil* (atualizado por Ruy Belford Dias), Rio de Janeiro, Renovar, 2006, p. 751.
18 Paulo Antônio Begalli, ob. cit., pp. 181-182.

ideia, e agora o poder familiar é exercido pelos pais conjuntamente. Entre um e outro são distribuídas, harmonicamente, as atribuições concernentes à guarda, à educação, à orientação e à assistência aos filhos *in potestate*, bem como à administração de seus bens.

Reporte-se, mais uma vez, ao art. 5º do Código Civil de 2002, ao indicar o fim da incapacidade aos 18 anos completos, quando o jovem fica habilitado à prática de todos os atos da vida civil. Extingue-se, portanto, o poder familiar, nesta idade ou circunstâncias, o que representa mudança substancial na legislação civil e processual. Indica o parágrafo único do mesmo art. 5º as situações que objetivamente induzem à maioridade a partir dos 16 anos.

Há um grande equívoco na redação do art. 1.631 do Código Civil de 2002, ao declarar que "durante o casamento e a união estável compete aos pais o poder familiar". Decorre, sim, do reconhecimento dos filhos por seus genitores, independente da origem do seu nascimento. Com a morte de um dos pais ou a perda de suas prerrogativas paternas, ou ainda, ocorrendo motivo que o impeça de exercer o poder familiar, a exemplo da interdição, ao outro passam exclusivamente as respectivas funções.

Os cônjuges devem sempre procurar resolver as divergências inspirados no interesse dos filhos, sem que um excesso de zelo ou falsa manifestação de afeto os levem a armar litígio quanto ao exercício do poder familiar. A regra contida no parágrafo único do art. 1.631, relativa à possibilidade de se recorrer ao Juiz diante da divergência entre os pais no exercício do poder familiar, pode estimular a instauração de litígios, os quais atingem os próprios filhos.

Dispensável, portanto, a regra do art. 1.632 do Código Civil de 2002, ao declarar que "a separação judicial não altera as relações entre pais e filhos senão quanto ao direito, que aos primeiros cabe, de terem em sua companhia os segundos".

A convivência dos pais entre si não é requisito para a titularidade do poder familiar, que apenas se suspende ou se perde, por decisão judicial, nos casos previstos em lei. Do mesmo modo, a convivência dos pais com os filhos.[19]

A separação judicial e o divórcio não implicam alteração no poder familiar, que, num como no outro caso, continua a ser exercido por ambos os genitores. No interesse do filho, para sua melhor assistência e educação, pode ser acordado entre os pais, ou determinado pelo juiz, que a um ou a outro seja atribuída a guarda do filho. Mesmo no caso de este ser confiado a terceiros subsiste o poder familiar, de que somente decairá qualquer deles por decisão judicial devidamente fundamentada.

Destaque-se que o Código de 2002 introduziu um novo capítulo identificado como "Da proteção da pessoa dos filhos" tendo regulamentado regras relativas à convivência familiar dos pais com os filhos nas hipóteses de dissolução da sociedade conjugal.

Ao discorrer sobre a matéria (*vide* nº 407-A, *supra*), Caio Mario indicou a prioridade no sentido da aplicação do princípio do "melhor interesse da criança" (art.

---

19 Paulo Luiz Netto Lôbo, *Código Civil Comentado*. São Paulo: Atlas, 2003, v. XVI, p. 197.

3, item 1, do Decreto nº 99.710/1990/ratificador da Convenção Internacional sobre os Direitos da Criança), devendo prevalecer, sempre, os interesses dos filhos, sobre quaisquer outros de natureza pessoal ou patrimonial dos pais.

Cumpre reconhecer, como prioridade, a permanência do filho com a mãe se o filho não for reconhecido pelo pai (art. 1.633), o que está em perfeita consonância com o conceito atual de família monoparental do art. 226, § 4º, da Constituição.[20] Se a mãe for incapaz ou desconhecida, dar-se-á tutor à criança ou ao adolescente, até que atinja a maioridade ou seja emancipado por sentença judicial.

Como a maternidade, em princípio, é sempre identificada – *mater semper certa est* –, o filho não reconhecido pelo pai, fica sob o poder familiar materno, desde que inscrito no registro civil ou através de outro documento formal ou judicial. Considera-se que a emissão do "Documento de Nascido Vivo" (SUS) com as informações básicas sobre a criança e a mãe no nascimento justificam a aplicação desta regra, sendo obrigatório o assentamento no registro de nascimento (*vide* nº 411, *infra*).

416. PODER FAMILIAR QUANTO À PESSOA DO FILHO

O filho deve permanecer na família, e ligado aos pais.[21] O Estatuto da Criança e do Adolescente (Lei nº 8.069/1990) determinou, definitivamente, a preferência pela família biológica, autorizando, excepcionalmente, a colocação em lar substituto (art. 19, ECA).

Constitui princípio constitucional (art. 229) o dever genérico imposto aos pais de assistir, criar e educar os filhos menores, e em contrapartida o dever dos filhos de ajudar e amparar os pais na velhice, carência e enfermidade.

Atente-se ao Estatuto da Criança e do Adolescente ao estabelecer no art. 22 que "aos pais incumbe o dever de sustento, guarda e educação dos filhos menores, cabendo-lhes ainda, no interesse destes a obrigação de cumprir e fazer cumprir as determinações judiciais".

Sem excluir as responsabilidades reafirmadas na lei civil de 2002, as responsabilidades parentais envolvem os direitos fundamentais da criança e do adolescente presentes no art. 227 da Constituição Federal, destacando, especialmente, o direito à convivência familiar e comunitária.

A 3ª Turma do STJ, em decisão inovadora, decidiu pela possibilidade da condenação dos pais ao pagamento de dano moral em decorrência do abandono afetivo do filho. O fundamento do Acórdão baseou-se no dever de cuidado decorrente do disposto no art. 227 da CF/88 e na ocorrência de uma ilicitude civil sob a forma de

---

20 Kátia Regina Ferreira Lobo Andrade Maciel, *Novo Código Civil: Do Direito de Família* (coord.: Heloisa Maria Daltro Leite), p. 290.
21 Não vingou a experiência alemã, no Estado nacional-socialista, ao estabelecer em 1936 que a juventude deveria ser educada fora do ambiente doméstico e integrada na Organização das Juventudes Hitleristas (Lehmann, p. 284).

omissão, tendo em vista que o *non facere,* que atinge bem juridicamente tutelado – o necessário dever de criação, educação e companhia – importa em vulneração da imposição legal, fazendo com que haja a possibilidade de se pleitear compensação por danos morais por abandono psicológico. A Relatora Ministra Nancy Andrighi esclarece que é "indiscutível o vínculo não apenas afetivo, mas também legal que une pais e filhos, sendo monótono o entendimento doutrinário de que, entre os deveres inerentes ao poder familiar, destacam-se o dever de convívio, de cuidado, de criação e educação dos filhos, vetores que, por óbvio, envolvem a necessária transmissão de atenção e o acompanhamento do desenvolvimento sociopsicológico da criança. E é esse vínculo que deve ser buscado e mensurado, para garantir a proteção do filho quando o sentimento for tão tênue a ponto de não sustentarem, por si só, a manutenção física e psíquica do filho, por seus pais – biológicos ou não".[22]

Também privilegiando o direito à convivência familiar da criança, já entendeu o STJ pela aplicação de astreintes em hipótese de descumprimento do regime de visitas por parte do genitor, destacando-se que "A cláusula geral do melhor interesse da criança e do adolescente, decorrente do princípio da dignidade da pessoa humana, recomenda que o Poder Judiciário cumpra o dever de protegê-las, valendo-se dos mecanismos processuais existentes, de modo a garantir e facilitar a convivência da filha com o visitante nos dias e na forma previamente ajustadas, e coibir a guardiã de criar obstáculos para o cumprimento do acordo firmado com a chancela judicial".[23]

Estão presentes os deveres fundamentais que compõem o poder familiar:

1) A *manutenção dos filhos menores,* proporcionando-lhes os alimentos, em todos os sentidos, tais como discriminadamente mencionamos (*vide* nº 425, *infra*).

2) Articulada com o poder familiar, *a guarda, tem caráter dúplice*: é um dever atribuído aos pais, e ao mesmo tempo um direito. Em princípio, na Separação ou no Divórcio será atribuída a um dos genitores, ressalvando ao outro o direito de visita.

3) *O poder familiar não constitui um complexo absoluto de atributos de que a lei investe os pais.* Às autoridades cabe supervisionar o comportamento e controlar o exercício. Cabe cumprir e fazer cumprir as determinações judiciais.

Como instituto de proteção e defesa da pessoa e bens do filho e da família, as relações oriundas do poder familiar sistematicamente se desdobram em duas ordens de princípios: os relativos à pessoa do filho e, os outros, de cunho patrimonial.

Os primeiros se desenvolvem na forma do art. 1.634 do Código Civil de 2002:

I – *Cumpre aos pais dirigir a criação e educação do filho* (inciso I), escolhendo o estabelecimento de ensino que frequentará, imprimindo a direção espiritual que lhe

---

[22] STJ – 3ª Turma – REsp. nº 1.159.242/SP – Rel. Min. Nancy Andrighi – Julg. em 24.04.2012 – *DJe* 10.05.2012. Esse entendimento foi posteriormente corroborado pelo STJ: "Estabelecida a correlação entre a omissão voluntária e injustificada do pai quanto ao amparo material e os danos morais ao filho dali decorrentes, é possível a condenação ao pagamento de reparação por danos morais, com fulcro também no princípio constitucional da dignidade da pessoa humana" (STJ – 4ª Turma – REsp 1.087.561/RS – Rel. Min. Raul Araújo – Julg.: 13.06.2017 – *DJe* 18.08.2017).

[23] STJ – 3ª Turma – REsp 1.481.531/SP – Rel. Min. Moura Ribeiro – Julg.: 16.02.2017 – *DJe* 07.03.2017.

pareça conveniente, estabelecendo o grau de instrução que receberá, orientando-o a eleger a profissão que deverá seguir. Não define a lei em que consiste essa criação e educação, o que confere maior elasticidade ao preceito, interpretado em consonância com o *status* econômico e social da família.

Dentre os direitos fundamentais da criança e do adolescente, identifica-se no art. 227 da Constituição Federal o direito à educação e à cultura. O Estatuto da Criança e do Adolescente (Lei nº 8.069/1990), reforçando os princípios constitucionais, autoriza procedimentos práticos para o exercício deste direito.

A Lei de Diretrizes e Bases (Lei nº 9.394/1996) é a sistematização e uma efetiva implementação deste Direito.[24] A obrigatoriedade dos pais ou responsável de matricular o filho ou pupilo na rede regular de ensino é indicada no art. 55 do ECA. Em qualquer caso, é dever inerente ao poder familiar a direção moral do filho, compreendendo os conselhos, a vigilância etc.[25] Na falta de um critério preordenado, entende-se que aos pais cumpre preparar o filho para a vida, proporcionando-lhe obrigatoriamente a instrução primária.

Alerte-se para o art. 246 do Código Penal ao prever o crime de "abandono intelectual" na hipótese de os pais deixarem, sem justa causa, de prover a instrução primária do filho em idade escolar.

II – *Cabe aos pais ter o filho em sua companhia e sob sua guarda*[26] (inciso II). É um corolário do direito-dever de criação e educação, e associa-se ao poder reconhecido a ambos de fixar o domicílio deste. É uma questão de conveniência, deixada à discrição dos genitores. Na divergência entre eles, atribui-se ao juiz a prerrogativa de decidir, reprimindo as interferências por capricho, e inspirando-se no interesse do filho. As dificuldades se levantam quando há separação dos cônjuges.

O art. 21 do Estatuto da Criança e do Adolescente é expresso ao proclamar que o poder familiar será exercido em igualdade de condições, pelo pai e pela mãe, sendo certo, ainda, ao reconhecer como direito fundamental "afastar toda forma de negligência, discriminação, exploração, violência, crueldade e opressão contra criança e adolescente". A legislação civil garante àquele que não detenha a guarda do filho, poder visitá-lo e tê-lo em sua companhia (art. 1.589, CC/2002). Tendo a Lei nº 12.398/2011 autorizado o juiz a estender aos avós o direito de guarda dos netos, a visita dos genitores aos filhos (que estejam na companhia dos avós) deve atender

---

24 O Relatório para a UNESCO apresentado pela *Comissão Internacional sobre Educação para o Século XXI*, intitulado EDUCAÇÃO: um tesouro a descobrir (coord.: Jacques DELORS, Lisboa, ASA, 1996, editado com apoio da UNESCO), indica com propriedade, as quatro aprendizagens fundamentais que, ao longo de toda vida, serão os pilares do conhecimento, os quais se aplicam, também, na proposta da Educação como Direito Fundamental: *aprender a conhecer, aprender a fazer, aprender a viver juntos, aprender a ser.*
25 Planiol, Ripert *et* Boulanger, *Traité Elémentaire*, v. I, nº 1.899; Enneccerus Kipp *y* Wolp, *Derecho de Família*, v. II, § 79.
26 De Page, *Traité Élémentaire*, nos 787 e 788, faz uma distinção entre o "direito de guarda *stricto sensu* ou *guarda material*" e o que ele denomina "direito de *guarda jurídica*", para aí compreender tudo que concerne à direção intelectual e moral do menor.

ao melhor interesse destes, não permitindo, neste convívio, exposição a situações de risco, perigo ou violência física ou psicológica.

Diante da indagação relativa ao exercício do poder familiar do adolescente relativamente incapaz, reporte-se ao Código Civil ao indicar expressamente as situações em que o adolescente maior de 16 anos pode praticar atos jurídicos sem a assistência dos genitores, citando-se expressamente o art. 666, que o autoriza a aceitar mandato, o art. 1.860, que lhe permite fazer testamento, e o art. 228, que também o autoriza a ser testemunha em atos jurídicos. Pode ele, ainda, assinar contrato de trabalho, desde que não impeçam seus pais, tutor ou responsável, ressalvadas as normas de proteção relativas a horários de trabalho e à natureza insalubre da atividade.[27] Portanto, embora detentor do poder familiar, uma vez que promoveu o registro do filho assistido por seu genitor, no seu exercício, o adolescente será sempre assistido por seus pais, prevalecendo sempre o "melhor interesse" da criança.

Alerte-se, inclusive, para a hipótese de consentimento para adoção a ser expressa pela genitora relativamente incapaz. Reporte-se, mais uma vez a Heloisa Helena Barboza ao questionar este consentimento. Para ela, não se deve admitir a adoção de criança ou adolescente, filho de pessoa que não tenha atingido a maioridade civil. Sugere, nesta hipótese, a suspensão ou perda do poder familiar, uma vez verificados os seus pressupostos. Considera não ser razoável excepcionar tal entendimento no caso de pais relativamente incapazes, "a quem a lei civil confere certo poder de decisão, desde que assistidos, na medida em que se devem proteger seus interesses na fase da vida de notória turbulência psicológica".[28]

Há de se destacar que o exercício do poder familiar não se altera com a separação, o divórcio ou a dissolução da união estável dos pais (art. 1.632, CC/2002). O regime de visitas, mesmo diminuindo o convívio entre os genitores, não pode restringir os direitos e deveres inerentes ao poder familiar que representam, antes de tudo, um conjunto de responsabilidades, sem afastar os direitos pertinentes. Assim é que, atender o melhor interesse dos filhos está muito além dos ditames legais quanto ao estrito exercício do poder familiar.

O direito de correção dos filhos pelos pais visando à educação é aceito com reservas, devendo ser utilizado com a devida adequação. Se o exercício deste direito der origem a lesões corporais, o mesmo passa também a ser considerado abuso, e como tal é ilegal, podendo ocasionar a destituição ou a suspensão do poder familiar e demais consequências criminais.

Um levantamento realizado com dados do Sistema de Informações para a Infância e Juventude, do Governo Federal, revelou que pais e mães são responsáveis por metade dos casos de violações aos direitos de crianças e adolescentes, envolvendo maus-tratos, agressões, abandono e negligência. Os dados demonstraram que,

---

27 Caio Mário da Silva Pereira, *Instituições de Direito Civil* – v. I (atualizado por Maria Celina Bodin de Moraes), n°51, fls. 239, 2013.
28 Heloisa Helena Barboza, "O Consentimento na Adoção de Criança e Adolescente", *in Revista Forense*, n. 341, p. 75.

em 119.002 dos 229.508 casos registrados desde 2009, os autores foram os próprios pais (45.610) e mães (73.392). "O levantamento, baseado em informações de 83% dos conselhos tutelares brasileiros, mostra também que os responsáveis legais foram autores de 4.403 casos. Padrastos tiveram autoria em 5.224 casos e madrastas foram responsáveis em 991".[29]

Nesse sentido, importa ressaltar a promulgação da Lei nº 13.010, de 26 de junho de 2014, conhecida como "Lei Menino Bernardo", que alterou o Estatuto da Criança e do Adolescente, para estabelecer o direito da criança e do adolescente de serem educados e cuidados sem o uso de castigos físicos ou de tratamento cruel ou degradante, como formas de correção, disciplina, educação ou qualquer outro pretexto, pelos pais, pelos integrantes da família ampliada, pelos responsáveis, pelos agentes públicos executores de medidas socioeducativas ou por qualquer pessoa encarregada de cuidar deles, tratá-los, educá-los ou protegê-los.

Inicialmente, o projeto ficou conhecido como "Lei da Palmada" e, infelizmente, só obteve êxito em sua aprovação após o falecimento de Bernardo Boldrini, que, aos 11 anos, órfão de mãe e vítima de violência física e psicológica empreendida pelo pai e pela madrasta, foi pessoalmente procurar auxílio no Fórum da Comarca de Três Passos, no estado do Rio Grande do Sul, e que inspirou a nova designação.

A referida lei incluiu o art. 18-A ao ECA, que definiu "castigo físico" como uma ação de natureza disciplinar ou punitiva aplicada com o uso da força física sobre a criança ou o adolescente que resulte em sofrimento físico ou lesão, e "tratamento cruel ou degradante" como a conduta ou forma cruel de tratamento em relação à criança ou ao adolescente que humilhe, ameace gravemente ou ridicularize.

Os agressores podem ser "os pais, os integrantes da família ampliada, os responsáveis, os agentes públicos executores de medidas socioeducativas ou qualquer pessoa encarregada de cuidar de crianças e de adolescentes, tratá-los, educá-los ou protegê-los", e ficam sujeitos às sanções cominadas pelo art. 18-B, quais sejam: (i) encaminhamento a programa oficial ou comunitário de proteção à família; (ii) encaminhamento a tratamento psicológico ou psiquiátrico; (iii) encaminhamento a cursos ou programas de orientação; (iv) obrigação de encaminhar a criança a tratamento especializado; (v) advertência.

Em 2022, a Lei nº 14.344, cognominada "Lei Henry Borel", criou mecanismos para a prevenção e o enfrentamento da violência doméstica e familiar contra criança e adolescente.

Indubitavelmente, a referida lei é permeada de semelhanças com as demais leis de proteção à vítima e testemunha, especialmente a Lei Maria da Penha (Lei Federal nº 11.340/2006), entretanto, verifica-se que a finalidade do legislador foi criar uma rede de proteção às crianças e aos adolescentes, fazendo com que toda a sociedade colabore com a repressão desse tipo de violência doméstica ou familiar, o que é evi-

---

29 IBDFAM. *Pesquisa revela que maioria dos agressores de crianças são os pais*. Disponível em: http://www.ibdfam.org.br/noticias/5286/Pesquisa+revela+que+maioria+dos+agressores+de+-crian%C3%A7as+s%C3%A3o+os+pais. Acesso em: 20 out. 2014.

denciado pelo artigo 23 da Lei, que dispõe ser dever de qualquer pessoa que tenha ciência de ação ou omissão que caracterize violência doméstica, comunicar o fato, imediatamente, às autoridades competentes.

A competência para apreciar as medidas protetivas de urgência, decorrentes da Lei Henry Borel, será da Vara Especializada em Violência Doméstica contra a Mulher, na hipótese em que haja violência doméstica contra criança e adolescente com vista à subjugação da vítima, pertencente ao gênero feminino, no âmbito da unidade doméstica e da família, conforme previsto pelo art. 5º, I e II, da Lei nº 11.340/2006 ou das causas decorrentes da prática de ato de violência doméstica e familiar dirigido contra criança e adolescente em que haja conexão e/ou resulte de violência doméstica e familiar contra a mulher.

A competência para a aplicação dessas sanções era do Conselho Tutelar, previsão que já sofria uma série de críticas. Para Maria Berenice Dias, "de forma surpreendente é atribuído ao Conselho Tutelar a imposição das medidas previstas na Lei, apesar de todos saberem que a forma eletiva de escolha dos conselheiros tutelares, sem a exigência de qualquer qualificação, tem comprometido, em muito, as atividades que deveriam desenvolver. Ao depois, as medidas aplicadas pelos conselheiros tutelares certamente serão questionadas judicialmente, por ausência de um procedimento sujeito ao contraditório".[30]

A Lei Menino Bernardo acrescentou, ainda, o art. 70-A, prevendo que as esferas federal, estadual e municipal devem atuar em conjunto para coibir o uso de castigo físico ou de tratamento cruel ou degradante e difundir formas não violentas de educação de crianças e de adolescentes, considerando a prioridade de atendimento das famílias com crianças e adolescentes com deficiência.

Para isso, devem observar algumas medidas, tais como: a promoção de campanhas educativas; a integração com os órgãos que atuam na promoção, proteção e defesa dos direitos da criança e do adolescente; a formação continuada e a capacitação dos profissionais que atuam na prevenção, na identificação de evidências, no diagnóstico e no enfrentamento de todas as formas de violência contra a criança e o adolescente; o apoio e o incentivo às práticas de resolução pacífica de conflitos; a inclusão, nas políticas públicas, de atividades junto aos pais e responsáveis com o objetivo de promover a informação, a reflexão, o debate e a orientação sobre alternativas ao uso de castigo físico ou de tratamento cruel ou degradante no processo educativo; e a promoção de espaços intersetoriais locais para a articulação de ações e a elaboração de planos de atuação conjunta focados nas famílias em situação de violência.

Nesse sentido, ressalta-se o acréscimo do § 9º ao art. 26 da Lei nº 9.394, de 20 de dezembro de 1996 (Lei de Diretrizes e Bases da Educação Nacional), que prevê a inclusão de conteúdos relativos aos direitos humanos e à prevenção de todas as formas de violência contra a criança e o adolescente nos currículos escolares.

---

30 DIAS, Maria Berenice. *Lei da Palmada? Lei Menino Bernardo?* Disponível em: http://www.mariaberenice.com.br/uploads/lei_da_palmada.pdf. Acesso em: 20 out. 2014.

A Lei nº 13.010/2014 alterou, ainda, o art. 13 do Estatuto, que passou a prever que "os casos de suspeita ou confirmação de castigo físico, de tratamento cruel ou degradante e de maus-tratos contra criança ou adolescente serão obrigatoriamente comunicados ao Conselho Tutelar da respectiva localidade, sem prejuízo de outras providências legais".

Um dos equívocos normalmente associados à nova lei é o de que ela teria criminalizado os castigos físicos, o que não ocorreu. A lei não apresenta nenhum tipo penal novo, tampouco prevê qualquer tipo de pena ao agente. Se sobressai o caráter programático e conscientizador das normas previstas pelo legislador, indicando uma nova orientação direcionada aos pais, educadores, profissionais empenhados na proteção dos direitos da população infantojuvenil e à sociedade como um todo, indicando que há formas de se educar sem inferiorizar ou negligenciar a criança e o adolescente.

Trata-se de um indicativo de que, cada vez mais, a criança e o adolescente põem as vestes de sujeitos de direitos na ordem jurídica e social, priorizando-se seu melhor interesse com absoluta prioridade, o que também pode ser observado pelo entendimento assinalado pelo STJ de que, no caso de agressão a criança, o dano moral é presumido.[31]

III – *Aos pais compete dar ou negar seu consentimento para que o filho se case* (inciso III). Pressupondo que ninguém poderá manifestar maior interesse pelo filho do que os seus pais, a estes cabe tal prerrogativa.

Outrora, na falta de acordo, prevalecia a opinião paterna. Atualmente, a igualdade entre os genitores determina que os mesmos decidam em paridade de condições. Contudo, prevê que, sobrevindo recusa injustificada, o juiz possa suprir o consentimento (*vide* nº 378, *supra*).

Considerando a regra constitucional de equiparação de direitos e deveres referentes à sociedade conjugal (art. 226, § 5°) e idênticos direitos dos pais decorrentes do poder familiar (art. 22 da Lei nº 8.069/1990), será exigida a autorização de ambos os genitores ou do representante legal. Recusada por qualquer deles, suprir-se-á judicialmente. Assim determina o parágrafo único do art. 1.517. Da mesma forma o parágrafo único do art. 1.631 estabelece que, divergindo os genitores, é assegurado a qualquer deles recorrer ao juiz para a solução do desacordo.

IV – *Aos pais incumbe nomear tutor por testamento ou documento autêntico* (inciso IV). Na forma do art. 1.729 do Código Civil de 2002, é atribuição exclusiva dos pais, em conjunto, a nomeação de tutor. Nada impede que a indicação recaia em mais de uma pessoa, desde que os pais indiquem a ordem de preferência, lembrando que a tutela é um *munus* público individual.

V – *Aos pais incumbe a representação do filho até os 16 anos e assisti-lo após essa idade, nos atos em que forem partes, suprindo-lhes o consentimento* (inciso V).

---

31 STJ – 3ª Turma – REsp 1.642.318/MS – Rel. Min. Nancy Andrighi – Julg.: 07.02.2017 – *DJe* 13.02.2017.

Se normalmente a representação se refere ao filho nascido, vai, contudo, alcançá-lo na fase da concepção (*nasciturus pro iam nato habetur quum de eius commodis agitur*), não obstante faltar ainda ao filho personalidade.[32]

Manteve o art. 2° do Código Civil de 2002 o critério anterior do início da personalidade com o nascimento com vida, pondo a salvo os interesses do nascituro desde a concepção. A representação propriamente dita compreende os filhos até 16 anos e, depois dessa idade até os 18, configura-se a assistência ou autorização para certos atos.[33]

O parágrafo único do art. 142 do Estatuto da Criança e do Adolescente (Lei n° 8.069/1990), ressalva à criança e ao adolescente o direito de defender seus direitos através de curador especial (art. 9°, CPC/1973 – art. 72, CPC/2015), "sempre que os interesses destes colidam com os de seus pais ou responsável, ou quando carecer de representação ou assistência legal, ainda que eventual". Esta mesma regra é prevista no art. 1.692 do Código Civil de 2002. A nomeação do curador especial não exclui o poder familiar dos pais, na forma do art. 1.634 do Código Civil de 2002.

Com a morte do pai, a *patria potestas* caberá à mãe exclusivamente, mesmo que venha a remaridar-se. Se esta é incapaz de exercer o poder familiar ou também vier a falecer, a representação ou assistência caberá ao tutor nomeado pelos genitores, por testamento ou documento autêntico. Senão, o Juiz fá-lo-á considerando o melhor interesse da criança. Atente-se para o art. 1.778 quanto à representação dos filhos do curatelado pelo curador.

VI – *Aos pais compete reclamá-los de quem ilegalmente os detenha* (inciso VI). Consequência do direito de guarda, a lei outorga aos pais o poder de reclamar o filho, de quem ilegalmente o detenha. É preciso entender este inciso num sentido humano e harmônico, para que não exprima uma reminiscência romana que o Projeto Beviláqua ainda mais acentuava, usando o vocábulo "reivindicar".

A ação hábil, *in casu*, é a medida cautelar de busca e apreensão. Tudo isto se encontra no limiar de uma zona de total propinquidade com a posse das coisas.

Não se deve, todavia, pensar assim. O que a lei quer é munir os pais da faculdade de fazer que retorne ao domicílio familiar, o filho dali retirado ilegalmente, recorrendo, no exercício deste direito, à via judicial competente, de modo a torná-lo efetivo sem prejuízo da ação penal competente, para o caso de se definir um delito. Na medida da prudência, deve-se considerar lícito o procedimento dos pais que pessoalmente impedem a retirada do filho de sua companhia, efetivem o seu retorno, ou se valem de medida judicial preventiva.

Ocorrendo separação, o acordo ou a sentença destacará do poder familiar a guarda do filho. Nesse caso, qualquer dos genitores, sem embargo de o filho estar "legalmente" na companhia do outro, ou de algum parente, ou mesmo de um estranho, terá direito à visitação e à convivência, atendidas as condições previamente estabelecidas em Juízo.

---

32 Ruggiero e Maroi, *Istituzioni*, v. I, § 67.
33 Cunha Gonçalves, *Direitos de família e Direitos de Sucessões*, p. 312.

VII – *Exigir que lhes prestem obediência, respeito e os serviços próprios de sua idade e condição* (inciso VII). Estes, sem prejuízo da formação do filho.[34] Como sanção do dever educacional, alguns sistemas jurídicos aludem ao "direito de correção", que vai às vezes a ponto de permitir o encarceramento do filho por tempo limitado.[35] Se for excessivo ou demasiado severo, transpõe o limite da tolerância, e sujeita o genitor às penalidades de suspensão ou até de extinção do poder familiar (*vide* n° 418, *infra*). Considera-se, então, o direito de correção como acessório da guarda.[36]

Quanto aos serviços exigidos, a ideia predominante é a participação. O filho coopera com o pai na medida de suas forças e aptidões, devendo ser observadas as normas constitucionais proibitivas no que se refere ao trabalho infantil, salvo na condição de aprendiz (Emenda Constitucional n° 20/1998).

O filho tem direito ao nome paterno, muito embora o art. 1.634 não tenha previsto tal direito. Tal conceito, proclamado em doutrina, resulta do aspecto público do "direito ao nome" (n° 47, *supra*, v. I), com inscrição obrigatória no Assento de Nascimento.

Merece destaque a Lei n° 12.962, de 8 de abril de 2014, que alterou o Estatuto da Criança e do Adolescente para assegurar a convivência da criança e do adolescente com os pais privados de liberdade. A lei incluiu o § 4° ao art. 19 do ECA, prevendo a garantia de visitas periódicas promovidas pelo responsável ou, nas hipóteses de acolhimento institucional, pela entidade responsável, independentemente de autorização judicial nos casos em que a criança ou o adolescente possui pai ou mãe que esteja cumprindo pena restritiva de liberdade. Incluiu, também, o § 2° ao art. 23, estabelecendo que "a condenação criminal do pai ou da mãe não implicará a destituição do poder familiar, exceto na hipótese de condenação por crime doloso sujeito à pena de reclusão contra outrem igualmente titular do mesmo poder familiar ou contra filho, filha ou outro descendente".

O referido diploma legal promoveu, ainda, alterações no procedimento de perda ou suspensão do poder familiar. O art. 158 do ECA passa a prever, em seu § 2°, a citação pessoal do pai ou mãe privado de liberdade que seja réu na ação, devendo o oficial de justiça perguntar, no momento da citação pessoal, se deseja que lhe seja nomeado defensor (parágrafo único do art. 159). A oitiva dos pais, que já havia tido sua importância ressaltada pela Lei n° 12.010/2009, é ampliada de forma inquestionável ao pai ou mãe privado de liberdade, devendo a autoridade judicial requisitar sua apresentação para a oitiva (art. 161, § 5°, do ECA).

Nesse sentido, destaca-se o entendimento da 1ª Câmara de Direito Criminal do Tribunal de Justiça de São Paulo, que julgou favoravelmente à visitação do padrasto preso pela enteada.[37] O pedido de autorização para visitação havia sido indeferido

---

34 Heinrich Lehmann, *Derecho de Família*, p. 298.
35 Planiol *et* Ripert, *Traité Pratique*, v. I, n° 342; Colin *et* Capitant, *Cours*, v. I, n° 495.
36 Mazeaud, Mazeaud *et* Mazeaud, *Leçons*, v. I, n° 1.149.
37 TJSP, 1ª Câmara de Direito Criminal, Mandado de Segurança n° 2033064-79.2014.8.26.0000, Rel. Des. Ivo de Almeida, julg. em 02.06.2014.

sob o argumento de ausência de vínculo de parentesco. O padrasto impetrou, então, mandado de segurança alegando que a decisão ofendia seu direito líquido e certo de receber visita de sua enteada, com três anos e oito meses de vida, havendo vínculo de filiação gerado por meio de convivência e afeto desde seu nascimento.

A Câmara considerou o direito do preso em receber visitas, assegurado pelo art. 41, X, da Lei de Execuções Penais, que se trata de importante elemento para sua ressocialização, e a Lei nº 11.924, de 17 de abril de 2009, que previu que o enteado ou a enteada pode requerer ao juiz competente que, no registro de nascimento, seja averbado o nome de família de seu padrasto ou de sua madrasta. Considerando a socioafetividade, o Relator Desembargador Ivo de Almeida entendeu no sentido de que não haveria motivo "para impedir a enteada de visitar o padrasto que se encontra encarcerado". Para o Ilustre Magistrado, negar-lhe direito de visita seria violar preceito estabelecido no art. 227, § 6º, da Constituição Federal de 1988.

Cabe ressaltar a decisão da 2ª Turma do STF, na qual se concedeu *habeas corpus* para a mãe de uma menina de três meses condenada por tráfico de drogas. A decisão teve como base o Marco Legal da Primeira Infância, que permitiu a substituição da prisão preventiva por domiciliar para gestantes e mães de menores de 12 anos. O Relator Ministro Gilmar Mendes ressaltou que, com a Lei nº 13.257/2016, o art. 318 do Código de Processo Penal passou a prever que o juiz pode realizar a substituição em tais casos.[38]

417. PODER FAMILIAR QUANTO AOS BENS DO FILHO

No Direito Romano, o filho *in potestate* nada tinha de seu. Não valia a doação feita pelo pai, porque seria como doar a si mesmo. De estranhos não podia adquirir por qualquer forma que fosse, por lhe ser vedado constituir patrimônio próprio.

Mais tarde, o rigor quiritário foi amenizado com a "Teoria dos Pecúlios", de que nosso direito pré-codificado guardou reminiscência. O Direito Romano, e na sua trilha o nosso Direito pré-codificado, entendia que o menor, posto que *in potestate*, poderia adquirir certos bens, que constituíam *pecúlios* próprios, colocados fora da administração paterna, e de que o pai, por isto mesmo, não tinha o usufruto: 1º) *pecúlio castrense*, constituído pelos bens adquiridos no serviço militar ou a propósito dele; 2º) *pecúlio quase castrense*, obtido no exercício de suas letras, na prática de artes liberais, ou como funcionário público; 3º) *pecúlio profectício*, formado de bens que o pai separava do acervo de seus haveres, entregando-os à administração do filho; 4º) *pecúlio adventício*, composto dos bens adquiridos pelo filho, fora das classes anteriores.

Nosso direito abandonou esta teoria, determinando como regra geral no art. 1.689 que "o pai e a mãe, enquanto no exercício do poder familiar, são usufrutuários dos bens dos filhos e têm a administração dos bens dos filhos menores sob sua auto-

---

38 STF – 2ª Turma – HC 134.069 – Rel. Min. Gilmar Mendes – Julg.: 21.06.2016.

ridade". Esta era também a orientação do Código de 1916, ressalvando que não mais vigora a penalidade prevista no art. 225 do Código Civil de 1916 relativa à perda do referido usufruto se "o viúvo ou viúva, com filhos do cônjuge falecido, se casar antes de fazer inventário e der partilha aos herdeiros". Reitera o legislador os princípios da "representação" e da "assistência" dos filhos abrangidos pelos arts. 3º, 4º e 5º do mesmo Código.

Merece destaque a recente decisão da 3ª Turma do STJ, tendo como Relatora a Ministra Nancy Andrighi, que decidiu que o ex-cônjuge que ocupa imóvel doado aos filhos deve pagar o equivalente a 50% do valor de locação do imóvel, pelo usufruto, em caráter exclusivo, do bem pertencente à prole. Isso se justifica pelo fato de que, embora o exercício do direito real de usufruto de imóvel de filho, com base no poder familiar, seja atribuído aos pais conjuntamente, nos termos do art. 1.689, I, do CC, a aplicação direta dessa norma apenas é possível na constância do relacionamento, "pois, findo o casamento, ou a união estável, no mais das vezes, ocorre a separação física do casal, fato que torna inviável o exercício do usufruto de forma conjunta. (...) Nessa hipótese, é factível cobrança do equivalente à metade da locação do imóvel, pois a simples ocupação do bem por um dos ex-consortes representa impedimento de cunho concreto, ou mesmo psicológico, à utilização simultânea pelo outro usufrutuário".[39]

No que concerne ao poder familiar quanto aos bens do filho, a regra geral é que, enquanto menor, seu patrimônio é administrado pelos pais (art. 1.689, II, CC). Os poderes de administração não envolvem, porém, a disposição. Não podem os pais, portanto, alienar, gravar de ônus reais os bens imóveis dos filhos menores, nem contrair obrigações que ultrapassem os limites da mera administração. Os legitimados para pleitear a declaração de nulidade dos atos praticados em desacordo com o referido no *caput* do mesmo dispositivo legal são: os filhos, os herdeiros ou o representante legal (parágrafo único do art. 1.691, CC).[40]

Determina o § 2º do art. 1.733 a possibilidade de o instituidor de herança ou legado a um menor nomear-lhe um curador especial para os bens deixados. Este tem o dever de defender os interesses do beneficiário, representando-o, apenas, nos atos administrativos em conflito. Os pais permanecem exercendo o poder familiar nos moldes do art. 1.634 do Código Civil de 2002.[41]

O art. 1.693 do Código Civil de 2002 exclui, expressamente, do usufruto e da administração dos pais os bens deixados ou doados ao filho. Além desta hipótese, há três outras que excluem os pais da administração e usufruto dos filhos: I) relativamente aos bens e valores dos quais o menor já era titular quando foi reconhecido, judicialmente ou voluntariamente, por um dos pais, de modo a evitar que o reco-

---

39 STJ – 3ª Turma – REsp. nº 1.098.864/RN – Rel. Ministra Nancy Andrighi – Julg. em 04.09.2012 – *DJe* 21.09.2012.
40 Alexandre Guedes Alcoforado Assunção, *Novo Código Civil Comentado* (coord.: Ricardo Fiúza), São Paulo: Saraiva, 2002, p. 1.499.
41 Alexandre Guedes Alcoforado Assunção, ob. cit., p. 1.500.

nhecimento se opere por razões patrimoniais; II) sobre os bens que o filho tenha recebido por herança ou doação, com cláusula de impedimento para usufruto e administração dos pais, reservando este direito para outrem, incluindo, nesta hipótese, a necessidade de designação de um curador especial para tal fim; III) no que tange aos bens que o filho herdou, herança esta da qual um dos pais foi excluído, seja por deserdação ou indignidade.[42]

O usufruto dos bens dos filhos decorrente do poder familiar foi transferido para o Título II relativo aos direitos patrimoniais, abrangendo os arts. 1.689 a 1.693 (vide nº 404 infra).

418. DA CESSAÇÃO, SUSPENSÃO E EXTINÇÃO DO PODER FAMILIAR

Em princípio, a lei institui o poder familiar como sistema de proteção e defesa do filho-família. Por esse motivo, deve durar por todo o tempo da sua menoridade, ininterruptamente. Mas o legislador prevê situações em que se antecipa o seu termo, cabendo ao propósito distinguir a sua cessação em virtude de causa ou acontecimento natural, e a suspensão ou a extinção do poder familiar, que provém de ato jurisdicional.

No que concerne à extinção do poder familiar, indica o Código de 2002 (art. 1.635), alguns fatos causadores:

I – *A morte do filho ou dos pais* (inciso I do art. 1.635). Falecendo o pai, não cessa o poder familiar, que se concentra na mãe e, com esta continua. A morte de ambos os pais o extingue. No regime original do Código de 1916, operava-se a transferência da *patria potestas* do pai para a mãe. No do Código atual, em que a autoridade parental é dos pais, a morte de um deles importa na sua subsistência na pessoa do outro.

A morte do filho, pela razão óbvia e absoluta, extingue a relação jurídico-vinculativa com o desaparecimento do vinculado.

II – *A emancipação do filho,* nos termos do parágrafo único do art. 5º (inciso II do art. 1.635), cuja eficácia depende de registro no Ofício de Registro Civil das Pessoas Naturais e complementada com a anotação no respectivo assento de nascimento.

Cessa, portanto, a incapacidade, importando em atribuir a plenitude dos direitos civis, sem a dependência dos pais. Sendo o poder familiar instituído em razão da incapacidade, a emancipação do menor de idade implica que vem a cessar, no momento em que ocorra a emancipação. Na forma do parágrafo único do art. 5º do Código Civil de 2002, dá-se a emancipação por concessão dos pais, homologada pelo juiz, se o menor contar dezesseis anos. A emancipação é irrevogável por parte do cedente e, de outro lado, irrenunciável pelo querer do beneficiário, uma vez que, obtida a antecipação da capacidade plena, cria-se uma situação jurí-

---

42 Ana Carolina Brochado Teixeira, ob. cit., p. 254.

dica por sua própria natureza irretratável, mais ainda, irreversível no sistema jurídico brasileiro, que somente a admite sem restrições. Poderá, entretanto, ser, mediante sentença judicial, declarada nula em razão de vício insanável, ou anulada por algum dos defeitos do negócio jurídico em geral, ou ainda ser desconstituída se feita em prejuízo do menor, ao invés de em seu benefício, em desvirtuamento de finalidade.[43]

III – *A maioridade faz cessar inteiramente a subordinação aos pais* (inciso III do art. 1.635). Em nosso direito anterior a 1916, o filho não era automaticamente desligado de toda sujeição. Ainda se conservava dependente até emancipar-se por outra causa externa.[44] Com a Resolução de 31 de outubro de 1831, fixou-se o termo da menoridade aos 21 anos e concedeu-se, a partir de então, a capacidade civil.[45]

Cessa também a *patria potestas* se o filho adquire a capacidade em decorrência das situações indicadas no parágrafo único do art. 5º, sem o vínculo obrigatório à idade.

IV – *A Adoção* retira o filho do poder familiar dos pais biológicos, mas submete-o ao do adotante (inciso IV do art. 1.635). Desta sorte, o parentesco civil opera como causa translatícia antes que extintiva, pois, examinada a relação pelo lado da criança ou do jovem, ele não se acha em nenhum momento fora do poder parental.

V – *Extingue-se, o poder familiar por decisão judicial* na forma do art. 1.638 (inciso V do art. 1.635). São os casos de castigos imoderados, abandono, prática de atos contrários à moral e aos bons costumes, incidindo quaisquer dos genitores reiteradamente nos casos do art. 1.637 (suspensão do poder familiar).

Cabe sempre lembrar que a destituição deve ser através de procedimento contraditório (art. 24, ECA) atendendo os trâmites pertinentes indicados nos arts. 155 a 163 do Estatuto da Criança e do Adolescente.

O art. 1.636 do Código Civil estabelece que na hipótese de casamento ou união estável contraído por qualquer dos pais, não perde ele os direitos ao poder familiar, quanto aos filhos do relacionamento anterior, exercendo-os sem qualquer interferência do novo cônjuge ou companheiro. Não se justifica a alusão aos "direitos ao poder familiar", quando deveria dizer simplesmente que aquele dos pais, que convola novas núpcias, não perde o poder familiar sobre os filhos do leito anterior.

A alusão a pai ou mãe solteira surge como novidade (parágrafo único do art. 1.636), já que nunca se pôs em dúvida a subsistência do poder familiar, se vem ela a casar. Seu marido não tem, e não pode ter, de direito, qualquer autoridade sobre os filhos que dela nasceram anteriormente.

Dá-se a *suspensão do poder familiar* por ato de autoridade, após a apuração devida, se o pai ou a mãe abusar de seu poder, faltando aos seus deveres ou arruinando os bens do filho. A imposição da pena de suspensão é deixada ao prudente arbítrio do

---

43 João Teodoro da Silva. "A Emancipação do Menor pelos pais e o art. 1.631 do Código Civil", *in Revista Brasileira de Direito de família*, Porto Alegre, Síntese/IBDFAM, v. 26, p. 154. 2004.
44 Lafayette, *Direitos de Família*, § 113.
45 Clóvis Beviláqua, *Direito de Família*, § 73.

juiz, que tem a liberdade de não a aplicar, posto que provado o fato determinante, se for prestada caução idônea de que o filho receberá do pai (ou da mãe) o tratamento conveniente.[46] Como a expressão legal sugere, a suspensão das prerrogativas maternas e paternas dá-se *pro tempore*.

Destaca-se que o art. 249 do ECA prevê multa de três a vinte salários de referência para o descumprimento, doloso ou culposo, dos deveres inerentes ao poder familiar, decorrente de tutela ou guarda, ou de determinação da autoridade judiciária ou Conselho Tutelar.

O juiz, *ex officio*, ou a requerimento de algum parente, ou mediante representação do Ministério Público, suspende o exercício do poder familiar. A lei não estatui o limite de tempo. Mas este será dado pelo que, ao ver do julgador, seja conveniente aos interesses do menor. Terminado o prazo, restaura-se aquele exercício, tal como antes. A suspensão poderá ser revogada, também a critério dele.[47]

As causas de suspensão vêm mencionadas um tanto genericamente no Código Civil (art. 1.637) para que se veja o juiz munido de certa dose de arbítrio, que não pode ser usado a seu capricho, porém sob a inspiração do melhor interesse da criança.

Apontando o preceito como causa da suspensão o comportamento dos pais ruinoso aos haveres do filho não significa que se aguarde a perda, para somente então impor a medida. Sendo predominante a ideia de proteção, salvaguarda e defesa dos interesses do filho, admissível será autorizá-la, em se comprovando que a omissão ou retardamento pode torná-la infrutífera.

O parágrafo único do art. 1.637 refere-se, ainda, à suspensão do poder familiar, se o pai ou a mãe for condenado por sentença irrecorrível em crime cuja pena exceda a dois anos de prisão. Tal não se justifica, salvo se a condenação se referir a crimes relativos à violência entre eles ou relativos à assistência familiar. A condenação em pena criminal excedente a dois anos, por sentença irrecorrível, importa em suspensão automática da autoridade paterna, que se restaura uma vez haja-se cumprido o convicto.

A *perda do poder familiar* é a mais grave sanção imposta ao que faltar aos seus deveres para com o filho, ou falhar em relação à sua condição paterna ou materna. O abuso da autoridade e a falta aos deveres inerentes à autoridade parental autorizam o Juiz a adotar medida que lhe pareça reclamada pela segurança do filho e seus haveres, podendo inclusive suspender suas prerrogativas. Na Adoção,[48] esses direitos

---

46 Espínola, *A Família no Direito Civil Brasileiro*, n° 247, nota 30.
47 Planiol, Ripert *et* Boulanger e Irmãos Mazeaud.
48 A Terceira Turma do Superior Tribunal de Justiça entendeu que seria caso de indenização à adotada, a desistência dos adotantes em prosseguir com o processo de adoção. No caso em questão, a adoção se iniciou quando a adotada estava com 9 anos de idade e o casal decidiu não prosseguir quando a adotanda já contava com 14 anos de idade, após a perda do poder familiar, resultando em seu retorno ao acolhimento institucional. Para o STJ a adoção já dava sinais de que poderia ser rodeada de maiores riscos, considerando o histórico da adotanda, com 9 anos e problemas familiares anteriores e a idade já avançada dos adotantes, com 55 e 85 anos. A Ministra Nancy Andrighi destacou que o casal, durante o processo de adoção, já demonstrava a inaptidão e que, caso não ti-

e obrigações se apresentam sem quaisquer outras distinções, uma vez que a Constituição Federal equiparou filhos e proibiu quaisquer designações discriminatórias relativas à filiação.

O Código Civil estabelece as hipóteses em que perderá o poder familiar o pai ou a mãe ou ambos, se comprovados a falta, omissão ou abuso em relação aos filhos.

Na forma do art. 1.638, será destituído do poder familiar aquele que:

I – *Castigar imoderadamente o filho* (inciso I do art. 1.638): o castigo, sem excessos, é lícito; a lei pune o exagero, na intensidade dele, ou na sua qualidade. Mais severa será a pena a ser imposta pelo juiz, em se apurando falta mais grave. Se é certo que os pais podem, e devem mesmo, castigar os filhos nos seus erros de conduta, certo é também que não podem abusar. Se o castigo exceder a moderação, pode o juiz destituir o pai ou mãe, de seu poder. São, todavia, todos estes, conceitos genéricos, que o juiz apreciará à vista das circunstâncias, somente aplicando a pena máxima, se tal convier aos interesses do filho. Neste sentido, ressalte-se a promulgação da Lei nº 13.010, de 26 de junho de 2014, que estabeleceu o direito da criança e do adolescente de serem educados e cuidados sem o uso de castigos físicos ou de tratamento cruel ou degradante.

II – *Deixar o filho em abandono* (inciso II do art. 1.638). Atendendo a prioridade constitucional de que toda criança e adolescente deve ter direito à convivência familiar e comunitária (art. 227), atente-se para o art. 45, ECA, ao determinar que a adoção depende do consentimento dos pais ou do representante legal do adotando, esclarecendo que foi revogado expressamente o art. 1.624, CC, pela Lei nº 12.010/2009. Este consentimento, na forma do § 1º do art. 45, ECA, poderá também ser dispensado na hipótese de os pais serem desconhecidos ou destituídos do poder familiar. Embora seja necessário o processo de destituição do poder familiar, será dispensado o consentimento dos pais, devendo ser citados por edital, na forma do art. 231, I, do CPC/1973 – art. 256, I, CPC/2015.

Alerte-se, mais uma vez, para as determinações legais do Código Penal ao identificar figuras criminais que se referem à assistência direta à criança e ao jovem de quem se tenha a guarda e responsabilidade em decorrência da representação legal ou judicial. Entre eles podemos citar: "abandono material" (art. 244, CP), "abandono intelectual" (art. 246, CP), "abandono moral" (art. 247, CP), "abandono de incapaz" (art. 133, CP), "abandono de recém-nascido" (art. 134).

Ressalta-se o entendimento da 3ª Turma do STJ, que manteve o poder familiar de um casal sobre seus filhos, mas determinou a continuidade do acolhimento dos menores em abrigo enquanto se tentasse reconstruir o convívio familiar. No caso, o

---

-vessem ocorrido falhas estatais a criança não teria sido encaminhada para uma família que não estava preparada para recebê-la. Por essa razão, apesar de reconhecer a possibilidade de indenização, esta foi reduzida de R$ 20.000,00 (vinte mil reais) para R$ 5.000,00 (cinco mil reais). Disponível em https://www.stj.jus.br/sites/portalp/Paginas/Comunicacao/Noticias/19052021-Apos-perda-do--poder-familiar--casal-tera-de-indenizar-adotada-por-atos-que-inviabilizaram-a-manutencao-da--adocao.aspx. Acesso em 19 dez 2021.

pedido de destituição havia sido fundado exclusivamente no art. 1.638, II (abandono), "nada se referindo a castigos imoderados, práticas atentatórias à moral ou abuso de autoridade", e a Turma entendeu que a destituição do poder familiar, em razão de abandono decorrente de miséria da família e alcoolismo materno, já não fazia mais sentido, porque os filhos, adolescentes, haviam se tornado menos dependentes dos pais (contando com 13, 15 e 16 anos, e tendo um deles já completado a maioridade), e também porque não pairava sobre o pai nenhum questionamento quanto ao convívio com os filhos, salvo o fato de constantemente viajar a trabalho. A Relatora Ministra Nancy Andrighi ressaltou a inviabilidade de uma adoção nessa situação, pautando-se no melhor interesse da criança no caso.[49]

III – *Praticar atos contrários à moral ou aos bons costumes* (inciso III do art. 1.638). Questão controversa tem se apresentado no que concerne à competência jurisdicional para processar o procedimento cautelar pertinente.

Esclareça-se que são da competência da Justiça da Infância e Juventude, e previstas no art. 98, II, do Estatuto da Criança e do Adolescente, as situações que envolvem a "falta, omissão ou abuso dos pais". Abrangem vasta Doutrina as situações de abuso de caráter sexual e, na forma do parágrafo único, letra *d,* do art. 148 do ECA, é competente o Juiz da Infância e Juventude para "conhecer de pedidos baseados em discordância paterna ou materna, em relação ao exercício do poder familiar".

A "divergência entre os pais no exercício do poder familiar", indicada no art. 148, parágrafo único, letra *d,* do Estatuto da Criança e do Adolescente, aliada às situações de violência intrafamiliar, autoriza, também, a atuação do Juiz da Infância e Juventude, pois a denúncia de situações de maus-tratos, opressão e abuso sexual que tenham como agente um dos genitores traz ínsita a existência de atritos entre eles acabando por caracterizar a "divergência no exercício do Poder Familiar".

Já se tem discutido, no pretório, se é possível a ação preventiva do juiz, suspendendo ou cassando o poder familiar. Em sentença que debate o problema, Pontes de Miranda sustenta não estar o juiz obrigado a esperar que o pai, ou a mãe, falte aos seus deveres ou arruíne o filho, para só então agir.[50]

Tendo o Estatuto da Criança e do Adolescente determinado no art. 70 que é dever de todos prevenir a ocorrência de ameaça ou violação dos direitos da criança e do adolescente, não se pode afastar a atuação jurisdicional diante de indícios ou situações de fato de natureza pessoal ou patrimonial que indicam ameaças, maus-tratos e outras formas de violência.

Na hipótese de violência intrafamiliar, impõem-se providências jurisdicionais visando proteger a criança, ficando em segundo plano o conflito entre os pais. Portanto, é competente o Juiz da Infância e Juventude para atender à regra do art. 130 do Estatuto da Criança e do Adolescente ao determinar, como medida cautelar, o

---

49 STJ – 3ª Turma – REsp 1.627.609/MS – Rel. Min. Nancy Andrighi – Julg.: 04.10.2016 – *DJe.*: 14.10.2016.
50 Pontes de Miranda, "Sentença", *in Revista Forense*, v. 44, p. 81.

afastamento do agressor da moradia comum, na hipótese de maus-tratos, opressão ou abuso sexual impostos pelos pais ou responsável. Esta medida também poderá ser processada, cumulativamente, com a suspensão do poder familiar.

O Código de Organização Judiciária dos Tribunais de Justiça dos Estados estabelecerá o critério de competência para a referida medida, sendo certo que os incisos "b" e "d" do parágrafo único do art. 148-ECA estabelecem claramente que "também é competente a Justiça da Infância e Juventude quando se tratar de criança e adolescente nas hipóteses do art. 98-ECA". Tratando-se de discordância entre os pais em razão do exercício do poder familiar, não havendo qualquer ameaça ou violação de direitos dos filhos, será competente a Vara de Família. A simples confrontação entre o direito dos filhos e o direito dos seus pais não autoriza a competência da Justiça da Infância e Juventude.

Não se pode, todavia, perder de vista que a ideia predominante em matéria de assistência, proteção, salvaguarda e defesa dos menores é o interesse destes. Daí ficar bem assentado o caráter revogável de todas as medidas que se tomem, para suspensão ou perda do poder familiar, para fixação da guarda ou internamento de filho, para determinação de visitas pelos pais judicialmente separados, tudo em função da idade, das condições econômicas e sociais, ou ainda do grau de desentendimento entre os pais.[51]

A filosofia do Estatuto deixa bem claro que o que a ordem legal considera mais importante é a manutenção da criança ou adolescente na sua família de origem, da qual somente deve ser afastada em havendo motivo ponderável (§ 1º do art. 23, ECA), sendo certo que a falta ou carência de recursos materiais não constitui motivo suficiente para a perda ou suspensão do poder familiar (art. 23, *caput*, ECA).

Neste sentido, ressalta-se o entendimento da 3ª Turma do STJ, no REsp nº 1.523.283,[52] conferindo a prevalência da permanência da criança com a família natural, não obstante a criança tenha residido por longo período com parentes próximos, tais como tios ou avós. Para a Corte, tal convívio "não serve, por si só, para obstaculizar que os genitores biológicos passem a exercer plenamente o poder familiar", devendo haver a "comprovação categórica de elementos desabonadores da conduta do genitor preterido, do abandono da prole ou do desinteresse dos integrantes da família natural" para impedir os pais de terem a guarda dos filhos.

A 3ª Turma do STJ, pautando-se nos princípios da proteção integral e do melhor interesse da criança, decidiu que "melhores condições para o exercício da guarda de menor, na acepção jurídica do termo, evidencia não só o aparelhamento econômico daquele que se pretende guardião do menor, mas, acima de tudo, o atendimento ao melhor interesse da criança, no sentido mais completo alcançável". A Relatora Ministra Nancy Andrighi destacou que, nos casos em que o litígio gira em torno da guarda de criança ou adolescente, deve-se verificar, primordialmente, o direito

---

51 Planiol, Ripert *et* Boulanger, *Traité Élémentaire*, v. I, nº 1.884; Mazeaud, Mazeaud *et* Mazeaud, *Leçons*, v. I, nº 1.172.
52 STJ – 3ª Turma – REsp nº 1.523.283 – Rel. Min. Ricardo Villas Bôas Cueva – Julg.: 16.06.2015.

destes a uma estrutura familiar que lhe confira segurança e todos os elementos necessários a um crescimento equilibrado.[53]

Nesse sentido, a mesma Turma do STJ decidiu, no julgamento do REsp. n° 964.836/BA, que "não há (...) tutela de interesses de uma ou de outra parte em processos deste jaez; há, tão somente, a salvaguarda do direito da criança e do adolescente, de ter, para si prestada, assistência material, moral e educacional, nos termos do art. 33 do ECA". Para a Relatora Ministra Nancy Andrighi, tendo em vista o princípio do melhor interesse, a guarda deve ser atribuída ao genitor que "revele melhores condições para exercê-la e, objetivamente, maior aptidão para propiciar ao filho afeto – não só no universo genitor-filho como também no do grupo familiar e social em que está a criança ou o adolescente inserido –, saúde, segurança e educação". Conclui a Relatora: "Aquele que apenas apresenta melhores condições econômicas, sem, contudo, ostentar equilíbrio emocional tampouco capacidade afetiva para oferecer à criança e ao adolescente toda a bagagem necessária para o seu desenvolvimento completo, como amor, carinho, educação, comportamento moral e ético adequado, urbanidade e civilidade, não deve, em absoluto, subsistir à testa da criação de seus filhos, sob pena de causar-lhes irrecuperáveis prejuízos, com sequelas que certamente serão carregadas para toda a vida adulta".[54]

IV – *Incidir, reiteradamente, nas faltas previstas no artigo antecedente* (inciso IV do art. 1.638).

V – *Entregar de forma irregular o filho a terceiros para fins de adoção* (inciso V do art. 1.638).

Com o advento da Lei n° 13.509/2017 foi inserida no Código Civil nova hipótese de perda do poder familiar, consubstanciada na entrega irregular de filho para adoção. A mencionada lei incluiu, no ECA, procedimento para a entrega regular no art. 19-A, buscando o legislador coibir, por outro lado, que essa entrega seja realizada de forma alheia ao sistema de proteção.

Antes da entrada em vigor da Lei n° 13.509/2017, contudo, na hipótese em que o reconhecimento de "adoção à brasileira" for fator preponderante para a destituição do poder familiar, a realização da perícia se mostra imprescindível para aferição da presença de causa para a excepcional medida de destituição e para constatação de existência de uma situação de risco para o filho.[55]

Com o advento da Lei n° 13.715/2018, foram ainda, incluídas outras causas de perda do poder familiar no Código Civil. O legislador inseriu um parágrafo único no art. 1.638, com a seguinte redação:

---

53 STJ – 3ª Turma – Resp. n° 916.350/RN – Rel. Min. Nancy Andrighi – Julg. em 11.03.2008 – *DJe* 26.03.2008.
54 STJ – 3ª Turma – Resp. n° 964.836/BA – Rel. Min. Nancy Andrighi – Julg. em 02.04.2009 – *DJe* 04.08.2009.
55 STJ – 3ª Turma – REsp 1.674.207-PR – Rel. Min. Moura Ribeiro – Julg. 17.04.2018 – *DJe* 24.04.2018.

"Parágrafo único. Perderá também por ato judicial o poder familiar aquele que: I – praticar contra outrem igualmente titular do mesmo poder familiar: a) homicídio, feminicídio ou lesão corporal de natureza grave ou seguida de morte, quando se tratar de crime doloso envolvendo violência doméstica e familiar ou menosprezo ou discriminação à condição de mulher; b) estupro ou outro crime contra a dignidade sexual sujeito à pena de reclusão;

II – praticar contra filho, filha ou outro descendente: a) homicídio, feminicídio ou lesão corporal de natureza grave ou seguida de morte, quando se tratar de crime doloso envolvendo violência doméstica e familiar ou menosprezo ou discriminação à condição de mulher; b) estupro, estupro de vulnerável ou outro crime contra a dignidade sexual sujeito à pena de reclusão."

O "Estatuto" destina uma seção aos procedimentos de perda ou suspensão do poder familiar (arts. 155 a 163), fundados nos seus arts. 22 a 24 e reportando-se ao Código Civil (arts. 1.635 e 1.638).

Inserindo normas processuais em complemento às disposições aqui referidas, o "Estatuto" oferece em minúcia o procedimento para a perda ou suspensão, instituindo a *legitimatio* do Ministério Público para sua iniciativa, bem como reconhecendo-a a quem tenha legítimo interesse (art. 155, ECA). O pedido indicará a autoridade à quem é dirigido (art. 156, ECA), a identificação do requerente e do requerido, a exposição sumária dos fatos, e as provas a serem produzidas (documentos e testemunhas, estas desde logo arroladas). Havendo motivo grave, a autoridade judicial decretará a suspensão liminar ou incidental, ficando a criança ou o adolescente confiado à pessoa idônea, mediante termo de responsabilidade (art. 157).

Analiticamente, envolve a verificação de fatos ou omissões reveladores de deficiências incompatíveis com o exercício da autoridade paternal, como deixar o filho em estado de vadiagem, mendicidade, libertinagem ou criminalidade; excitar ou propiciar esses estados ou concorrer para a perversão; infligir à criança ou ao jovem maus-tratos ou privá-lo de alimentos ou cuidados; empregar o filho em ocupação proibida, ou manifestamente contrária à moral ou aos bons costumes; pôr em risco a vida, a saúde ou a moralidade do filho; faltar aos deveres paternos por abuso de autoridade, negligência, incapacidade, impossibilidade de exercer o poder familiar.

Correndo o processo com citação pessoal do requerido (quando possível) e assegurando a este, um Defensor Público ou advogado dativo, se não puder arcar com os encargos de constituição de um particular (art. 159), e promovida a instrução do processo, inclusive em estudo social ou perícia por equipe interprofissional (art. 162), o juiz emitirá provimento decretando a perda ou suspensão do poder familiar, a qual será averbada à margem do registro de nascimento da criança ou adolescente (art. 163).

O restabelecimento do poder familiar não tem sido enfrentado pela Doutrina e Jurisprudência, sendo certo que um eventual restabelecimento deste direito pressupõe o afastamento das razões que geraram sua perda ou suspensão. Kátia Regina Ferreira Lobo Andrade Maciel cita o art. 308 do Código Civil Argentino ao admitir o restabelecimento do poder familiar se os pais demonstrarem que, por circunstâncias novas, a restituição se justifica em benefício do interesse dos filhos. Algumas legislações civis europeias, de igual maneira, preveem a restauração de maneira expressa, como a francesa e a italiana. A mesma autora alerta, no entanto, para as duas vertentes do restabelecimento: a primeira concretiza-se na perda da autoridade parental com a transferência do poder familiar aos pais adotivos, hipótese na qual a lei expressamente estabelece o término definitivo do vínculo com os pais biológicos, porque extinto também o parentesco; na segunda circunstância, os pais destituídos e o filho permanecem parentes consanguíneos em 1º grau em linha reta, apesar da perda do poder familiar. Dessa forma, sendo a relação jurídica entre pais/filho de natureza continuativa poderá a Decisão ser alterada se sobrevier modificação no estado de fato e de direito (art. 471, I, CPC/1973 – art. 505, I, CPC/2015). Por evidente, se a decisão judicial foi pela perda do poder familiar, somente através de outro pronunciamento judicial de natureza revisional será possível restabelecê-lo. Para tanto, é fundamental que os motivos determinantes da destituição tenham findado e que o filho expresse inequívoca aceitação ao retorno para o convívio dos pais biológicos.[56]

Destaque-se, finalmente, que o Estatuto estabeleceu no art. 129 as "medidas aplicáveis aos pais ou ao responsável", convocando-os a estabelecer uma convivência familiar coerente com os princípios básicos constitucionais do art. 227 da Constituição Federal. Neste contexto exerce papel fundamental o Conselho Tutelar, que no Município é responsável pela aplicação de quase todas as medidas previstas. Identifica o art. 245 do Estatuto da Criança e do Adolescente como infração administrativa a conduta omissiva dos professores ou responsáveis pelo ensino fundamental, pré-escola ou creche, bem como dos médicos ou demais atendentes nos estabelecimentos de atenção à saúde deixarem de comunicar à autoridade competente os casos de que tenham conhecimento, envolvendo suspeita ou confirmação de maus-tratos contra criança ou adolescente. Deverão ser promovidas pela autoridade judicial as medidas de suspensão e perda do poder familiar através de procedimento contraditório. Deverá ser convocada a autoridade judicial nas hipóteses de perda da guarda e suspensão e perda do poder familiar. Reafirme-se, finalmente que em todos os procedimentos que envolvem menores de 18 anos há que prevalecer o *melhor interesse da criança*, reconhecido como princípio constitucional decorrente do parágrafo 2º do art. 5º da Constituição Federal.

418-A. GUARDA COMPARTILHADA

No universo de direitos e deveres, não se pode afastar as responsabilidades dos pais, admitindo-se entre eles um amplo acordo como solução oportuna e coerente no convívio com os filhos na Separação e no Divórcio. Apresenta-se como uma solução

---

56 Kátia Regina Ferreira Lobo Andrade Maciel. *Curso de Direito da criança e do Adolescente: aspectos teóricos e práticos* (Coord. Kátia Regina Ferreira Lobo Andrade Maciel). Rio de Janeiro: Lumen Juris, 2010, pp. 145/146.

viável e possível; embora os filhos tenham uma residência principal, fica a critério dos genitores planejar a convivência em suas rotinas quotidianas.

A Guarda Compartilhada foi instituída pela Lei nº 11.698, de 13 de junho de 2008. Mantida a residência fixa de comum acordo com qualquer deles ou com terceiros, nesta modalidade de guarda os filhos permanecem assistidos por ambos os pais, dividindo responsabilidades, sem a necessidade de fixação prévia e rigorosa dos períodos de convivência, cabendo-lhes as principais decisões relativas à educação, instrução, religiosidade, saúde, lazer etc.

Posteriormente, a Lei nº 13.058, de 22 de dezembro de 2014, buscou conceituar e regulamentar a guarda compartilhada, alterando os arts. 1.583, 1.584, 1.585 e 1.634 do Código Civil. De acordo com a lei, "na guarda compartilhada, o tempo de convívio com os filhos deve ser dividido de forma equilibrada com a mãe e com o pai", devendo-se sempre considerar as circunstâncias fáticas e o melhor interesse dos filhos.

A referida lei estabeleceu que, mesmo quando não houver acordo entre os genitores, deve ser estabelecida a guarda compartilhada, salvo se um dos pais declarar que não deseja a guarda (art. 1.584, § 2º).

Insta observar que, para a 3ª Turma do STJ, a revelia em ação que envolve guarda de filho, por si só, não implica renúncia tácita do pai ou da mãe em relação à guarda compartilhada, por se tratar de direito indisponível.[57] Ressalta-se que a orientação inicial quanto à guarda compartilhada era que fosse determinada pelo magistrado quando houvesse consenso entre os pais, embora, na prática, se buscasse esse modelo fora desses casos com base no melhor interesse da criança. É importante notar, também, a importância dos profissionais da equipe técnica interdisciplinar para identificar as peculiaridades do caso e a solução que representará maior benefício para a criança ou o adolescente.

Destaca-se a significativa alteração promovida pela Lei nº 14.713, de 30.11.2023, que acrescentou o § 2º ao art. 1.584 do Código Civil, dispondo sobre a guarda compartilhada quando existirem elementos que evidenciem a probabilidade de risco de violência doméstica ou familiar. A mesma lei acrescentou o art. 699-A ao Código de Processo Civil para estabelecer que "nas ações de guarda, antes de iniciada a excluindo audiência de mediação e conciliação de que trata o art. 695 do CPC deverá o Juiz indagar das partes e do Ministério Público se existe "risco de violência doméstica ou familiar". Deverá o magistrado conceder o prazo de cinco dias para serem apresentadas provas ou indícios pertinentes. Se houver risco, será concedida a guarda unilateral ao genitor que não é responsável pela violência ou pela situação de risco. Trata-se de alteração recente que impactará na definição do modelo de guarda a ser definido pela autoridade judicial.

Pela redação conferida pela Lei nº 11.698/2008 ao § 4º do art. 1.584, a alteração não autorizada ou o descumprimento imotivado de cláusula de guarda, unilateral ou

---

57 STJ – 3ª Turma – REsp 1.773.290-MT – Rel. Min. Marco Aurélio Belizze – Julg. em 21.05.2019 – *DJe* 24.05.2019.

compartilhada, poderia implicar a redução de prerrogativas atribuídas ao seu detentor, "inclusive quanto ao número de horas de convivência com o filho". No entanto, a Lei nº 13.058/2014 retira essa possibilidade de redução do tempo de convívio como sanção pelo descumprimento de cláusulas relacionadas à guarda, na medida em que o prejudicado, na verdade, acabava sendo o próprio filho, de modo que deve ser privilegiada a convivência deste com ambos os pais.

Determina-se, ainda, que, na guarda unilateral, o genitor que não possui a guarda pode solicitar informações e/ou prestação de contas com relação ao genitor que a detenha, de modo que aquele possa supervisionar os interesses dos filhos (art. 1.583, § 5º). Com isso, busca-se uma maior participação dos pais nos assuntos atinentes aos filhos, visando ao pleno exercício do poder familiar por ambos os genitores.

Neste âmbito, destaca-se a divergência existente em relação à viabilidade jurídica do ajuizamento de ação de prestação de contas de alimentos.

A 3ª Turma do STJ possuía o entendimento de que "o alimentante não detém interesse de agir quanto a pedido de prestação de contas formulado em face da mãe do alimentando, filho de ambos, sendo irrelevante, a esse fim, que a ação tenha sido proposta com base no art. 1.589 do Código Civil, uma vez que esse dispositivo autoriza a possibilidade de o genitor que não detém a guarda do filho fiscalizar a sua manutenção e educação, sem, contudo, permitir a sua ingerência na forma como os alimentos prestados são administrados pela genitora".[58] Assim, a jurisprudência afastava a possibilidade de tal ação, sobretudo em razão da falta de interesse de agir ou por ilegitimidade ativa.

No entanto, com o advento da Lei nº 13.058/2014, e a previsão do art. 1.583, § 5º, tudo indica pela possibilidade jurídica da ação de prestação de contas em sede de alimentos familiares, já que a lei prevê expressamente que o genitor não detentor da guarda pode solicitar prestação de contas com relação ao guardião.

Na VII Jornada de Direito Civil do CJF/STJ, foram aprovados os Enunciados nº 603, nº 604 e nº 606, buscando estabelecer parâmetros em relação à ideia de divisão equilibrada do tempo de convívio dos filhos com a mãe e com o pai, imposta pela guarda compartilhada.

Assim, a distribuição do tempo de convívio na guarda compartilhada deve atender precipuamente ao melhor interesse dos filhos, não devendo a divisão de forma equilibrada representar convivência livre ou, ao contrário, repartição de tempo matematicamente igualitária entre os pais (Enunciado nº 603). Também "não deve ser confundida com a imposição do tempo previsto pelo instituto da guarda alternada, pois esta não implica apenas a divisão do tempo de permanência dos filhos com os pais, mas também o exercício exclusivo da guarda pelo genitor que se encontra na companhia do filho" (Enunciado nº 604). Deve, sim, haver, uma "divisão proporcional de tempo, da forma que cada genitor possa se ocupar dos cuidados pertinentes ao filho, em razão das peculiaridades da vida privada de cada um" (Enunciado nº 606).

---

58 STJ – 3ª Turma – AgRg no REsp nº 1.378.928/PR – Rel. Min. Sidnei Beneti – Julg: 13.08.2013 – DJe 06.09.2013.

Ressalte-se que a guarda compartilhada não exclui a fixação do regime de convivência (Enunciado n° 605) e não implica ausência de pagamento de pensão alimentícia (Enunciado n° 607).

Cabe ressaltar que a este tipo de concessão da guarda concretiza o disposto no art. 9°, 3, da Convenção Sobre os Direitos da Criança, que determina que "Os Estados-Partes respeitarão o direito da criança que esteja separada de um ou de ambos os pais de manter regularmente relações pessoais e contato direto com ambos, a menos que isso seja contrário ao interesse maior da criança".

Os genitores, do ponto de vista legal, são "iguais detentores da autoridade parental para tomar todas as decisões que afetem os filhos".[59]

Apesar das dificuldades no que tange à sua implantação no sistema jurídico brasileiro, Ana Carolina Brochado Teixeira esclarece que a guarda compartilhada vem ao encontro do novo conceito de paternidade. A discussão em torno do assunto tem feito com que os pais busquem a implantação do modelo. Quando efetivada, porém, seus efeitos abrangem a experiência do pleno exercício da autoridade parental, nos exatos moldes do art. 1.632 do CCB/2002.[60]

O parágrafo 5° do art. 1.584 do Código Civil, autoriza a transferência da guarda para "pessoa que revele compatibilidade com a natureza da medida, de preferência levando em conta o grau de parentesco e relação de afinidade e afetividade"; não se pode afastar a possibilidade da guarda compartilhada de um dos pais com quem efetivamente exerça as funções inerentes ao desenvolvimento e educação da criança.

Tendo o art. 19 do Estatuto da Criança e do Adolescente priorizado o direito da criança e do adolescente de ser criado e educado no seio da sua família, novas alternativas devem ser implementadas para atender situações em que o próprio núcleo familiar necessita de proteção e assistência para bem desempenhar suas funções. Um "acolhimento compartilhado" como alternativa de proteção pode abranger outras relações familiares. Assim é que a 4ª Turma do STJ, no REsp. n° 1147138/SP, com base no princípio do melhor interesse da criança, decidiu pela concessão da guarda compartilhada a avó e tio paternos, considerando a convivência da criança com estes, os cuidados dispensados e a anuência dos genitores, também endossada pelo Ministério Público Estadual.[61]

"A maior dificuldade a ser enfrentada pelos adultos (...) é a resistência em mudar a perspectiva do desempenho do papel parental, desvinculando-o da noção de família conjugal e aproximando-o da concepção de família enquanto grupo de afeto e solidariedade." Assim, a *Guarda Compartilhada* é conveniente quando os pais revelam maturidade e possibilidades funcionais de compartilhar as rotinas dos filhos de maneira harmônica, respeitados seus horários e suas atividades escolares e

---

59 Waldyr Grisard Filho. *Guarda Compartilhada: um novo modelo de responsabilidade parental*, São Paulo, Revista dos Tribunais, 2002, p. 79.
60 Ana Carolina Brochado Teixeira, *Família, Guarda e Autoridade parental*, Rio de Janeiro, Renovar, 2005, p. 111.
61 STJ – 4ª Turma – REsp. n° 1147138/SP – Rel. Min. Aldir Passarinho Júnior – Julg. em 11.05.2010 – *DJe* 27.05.2010.

extracurriculares. "É preciso ter claro que ser pai e ser mãe é algo vinculado à personalidade de cada pessoa, e não à sua condição de parceiro amoroso ou sua posição conjugal".[62]

A intervenção do Juiz, na maioria das vezes, tem como objetivo homologar as condições pactuadas, ouvido o Ministério Público. Conscientes os pais de suas responsabilidades quanto ao desenvolvimento dos filhos, esta forma de guarda incentiva o contínuo acompanhamento de suas vidas. O fator determinante para se garantir a guarda aos genitores deve estar na habilidade de se colocar o interesse da criança acima dos próprios objetivos pessoais.

A Jurisprudência já vinha considerando que a guarda compartilhada deve ser tida como regra e ideal a ser buscado no exercício do poder familiar, e a custódia física conjunta – sempre que possível – como sua efetiva expressão. No julgamento do REsp nº 1.251.000/MG, a 3ª Turma do STJ, tendo como Relatora a Ministra Nancy Andrighi, considerou que, ainda que não haja consenso, a guarda compartilhada deve ser buscada como regra para os pais, com base no princípio do melhor interesse, "mesmo que demandem deles reestruturações, concessões e adequações diversas, para que seus filhos possam usufruir, durante sua formação, do ideal psicológico de duplo referencial". A Ilustre Relatora esclarece que "a inviabilidade da guarda compartilhada, por ausência de consenso, faria prevalecer o exercício de uma potestade inexistente por um dos pais. E diz inexistente, porque contrária ao escopo do Poder Familiar que existe para a proteção da prole". Assim, "a imposição judicial das atribuições de cada um dos pais, e o período de convivência da criança sob guarda compartilhada, quando não houver consenso, é medida extrema, porém necessária à implementação dessa nova visão, para que não se faça do texto legal letra morta".[63]

Mais recentemente, a mesma Turma apontou que, sem a demonstração cabal de que um dos ex-cônjuges não está apto a exercer o poder familiar, o julgador não pode indeferir pedido de guarda compartilhada.[64]

Cabe ressaltar como o exercício da guarda pode ser remodelado pelas novas tecnologias, que inegavelmente geram impactos relevantes sobre as relações entre pais e filhos. Nesse sentido, a pandemia contribuiu para a implementação dessas tecnologias, haja vista a necessidade de proteger os pais e as crianças de uma possível contaminação.

Reforçando este entendimento a 3ª Turma do STJ analisou o Recurso Especial nº 1.878.041-SP[65] e trouxe a seguinte tese: "É admissível a fixação da guarda com-

---

62 Denise Duarte Bruno. "A Guarda Compartilhada na Prática e as responsabilidades dos Pais", *Família e Responsabilidade: Teoria e Prática do Direito de Família* (Coord. Rodrigo da Cunha Pereira). Porto Alegre: Magister/IBDFAM, 2010, p. 226/230.
63 STJ – 3ª Turma – REsp nº 1.251.000/MG – Rel. Min. Nancy Andrighi – Julg.: 23.08.2011 – *DJe* 31.08.2011.
64 STJ – 3ª Turma – REsp 1.626.495/SP – Rel. Min. Nancy Andrighi – Julg.: 15.09.2016 – *DJe* 30.09.2016.
65 STJ, 3ª Turma – REsp nº 1.878.041/SP, Rel. Min. Nancy Andrighi – Julg.: 25.05.2021 – *DJe* 31.05.2021.

partilhada na hipótese em que os genitores residem em cidades, estados, ou, até mesmo, países diferentes, máxime tendo em vista que, com o avanço tecnológico, é plenamente possível que, à distância, os pais compartilhem a responsabilidade sobre a prole, participando ativamente das decisões acerca da vida dos filhos."

Fica demonstrado que os limites geográficos não podem constituir impedimento insuperável ao exercício da guarda compartilhada.[66]

A autora Livia Teixeira Leal reforça este posicionamento ao sustentar ser "pertinente o questionamento direcionado à possibilidade do exercício de direito e deveres inerentes ao poder familiar à distância". De acordo com a autora, "A princípio, o dever de guarda encontra-se, inegavelmente, atrelado a um convívio físico, que envolve cuidados básicos com a saúde, higiene, acompanhamento da educação, vigilância da criança ou do adolescente. No entanto, diante de uma realidade que se torna tão comum de pais que permanecem em outros estados ou em outro país por anos, mas que se comunicam diariamente com os filhos, que participam efetivamente das escolhas referentes às suas vidas, que os orientam, e se fazem 'presentes', ainda que distantes fisicamente, parece que a inviabilidade de exercício da guarda à distância vai perdendo força."[67]

Com efeito, a própria concepção de convivência vem sendo ressignificada no mundo digital, permitindo uma reflexão a respeito das mudanças que podem ocorrer na leitura dos diversos institutos jurídicos.

418-B. PODER FAMILIAR E AUTORIDADE PARENTAL NA CONTEMPORANEIDADE

Diante da vulnerabilidade, reconhecida pelo ordenamento jurídico, das crianças e dos adolescentes e, a fim de fomentar que o princípio do seu melhor interesse seja observado, é possível identificar um instrumento que nasceu para zelar pelo bem-estar dos filhos: a autoridade parental.

Nas palavras da Professora Ana Carolina Brochado Teixeira: "um dos instrumentos para zelar pelo bem-estar dos filhos é a autoridade parental, exercida por meio do processo educacional, de modo a conduzir a criança e o adolescente ao alcance da autonomia, mediante aquisição de discernimento, condição essencial para o exercício responsável de seus direitos fundamentais, de modo a lhes possibilitar o gozo de suas liberdades existenciais. Pode-se afirmar ser esta função da autoridade parental, no contexto de tutela da pessoa humana – principalmente da menor de idade.[68]

---

66 STJ – 3ª Turma – REsp 1.605.477/RS – Rel. Min. Ricardo Villas Bôas Cueva – Julg.: 21.06.2016, DJe 27.06.2016.
67 Livia Teixeira Leal, "O cuidado na era digital: as novas facetas da afetividade no mundo tecnológico e seus impactos jurídicos", in *Cuidado e afetividade* (org.: Tânia da Silva Pereira, Guilherme de Oliveira e Antônio Carlos Mathias Coltro), São Paulo, Atlas, 2016, p. 279.
68 TEIXEIRA. Ana Carolina Brochado. *A (des)necessidade da guarda compartilhada ante ao conteúdo da autoridade parental. In* COLTRO, Antônio Carlos Mathias. DELGADO, Mario Luiz (Coord.) *Guarda Compartilhada*. 3. ed. rev., atual. e ampl. Rio de Janeiro: Forense, 2018, p. 19-40.

No entanto, nem sempre essa autoridade dos pais sobre os filhos foi vista sob a ótica do desenvolvimento da autonomia da criança e do adolescente.

No modelo de família patriarcal havia uma hierarquia: cônjuge e filhos sujeitavam-se ao império inquestionável das deliberações do pater famílias. Com a promulgação da Constituição Federal de 1988, fissuras nas bases do paradigma patriarcal foram abertas, eis que, dignidade humana, igualdade e liberdade permearam o ordenamento jurídico como um todo e não pouparam o direito de família. Logo se consolidou a família democrática, revolucionada pela igualdade entre os cônjuges, pelo pluralismo das modalidades de famílias e pela consagração da dignidade das crianças e adolescentes na condição de pessoas em desenvolvimento.[69]

Com a ressignificação do conceito de família, a figura do pater famílias e do pátrio poder abriu espaço para um novo perfil sociológico, um perfil atual e solidarista. Por essa razão, o estudo da autoridade parental sob as lentes do direito civil-constitucional deve permear os deveres de cuidado dos pais com os seus filhos menores, que envolvem o dever de assistir,[70] criar[71] e educar.[72] Nas palavras da Pro-

---

69 "Acompanhando a profunda ressignificação da família, segundo a metodologia civil-constitucional, também a linguagem foi compatibilizada com os valores emergentes do novo contexto sociocultural das relações familiares. O "pátrio poder", expressão tradicionalmente adotada no Código Civil de 1916, foi substituído por "poder familiar", indicando a desconstrução da assimetria das relações conjugais, base do sistema patriarcal e, por via de consequência, enaltecendo o caráter democrático da família constitucionalizada. XAVIER, Marília Pedroso. COLOMBO, Maici Barboza dos Santos. *Guarda e autoridade parental: por um regime diferenciador.* In TEIXEIRA, Ana Carolina Brochado. DADALTO, Luciana (Coord.). *Autoridade Parental: dilemas e desafios contemporâneos*. Indaiatuba: Editora Foco, 2021, p. 37-50.

70 "Está embutido no dever de assistência o dever de sustento, sendo este, portanto, inerente ao poder familiar. É tal a relevância do dever de sustento, que constitui crime de abandono material deixar, sem justa causa, de prover a subsistência de filho menor de 18 anos, não lhe proporcionando recursos necessários ou faltando ao pagamento de pensão alimentícia fixada judicialmente, conforme prevê o art. 244 do Código Penal." TEIXEIRA. Ana Carolina Brochado. *A (des) necessidade da guarda compartilhada ante ao conteúdo da autoridade parental.* In COLTRO, Antônio Carlos Mathias. DELGADO, Mario Luiz (coord.) *Guarda Compartilhada*. 3. ed. rev., atual. e ampl. Rio de Janeiro: Forense, 2018, p. 19-40.

71 "O dever de criar tem sua gênese no início da existência da criança. A partir daí, dura enquanto obrigação jurídica até que o filho alcance a maioridade. A criação está diretamente atrelada ao suprimento das necessidades biopsíquicas do menor, portanto, à satisfação das necessidades básicas, tais como cuidados na enfermidade, orientação moral, apoio psicológico, manifestações de afeto, o vestir, o abrigar, o alimentar, o acompanhar física e espiritualmente." TEIXEIRA. Ana Carolina Brochado. *A (des) necessidade da guarda compartilhada ante ao conteúdo da autoridade parental.* In COLTRO, Antônio Carlos Mathias. DELGADO, Mario Luiz (coord.) *Guarda Compartilhada*. 3. ed. rev., atual. e ampl. Rio de Janeiro: Forense, 2018, p. 19-40.

72 "No dever de educar está implícita a obrigação de promover no filho o desenvolvimento pleno de todos os aspectos da sua personalidade, de modo a prepará-lo para o exercício da cidadania e qualificá-lo para o trabalho, mediante a educação formal e informal, o que atende aos arts. 3º e 53 do ECA." TEIXEIRA. Ana Carolina Brochado. *A (des) necessidade da guarda compartilhada ante ao conteúdo da autoridade parental.* In COLTRO, Antônio Carlos Mathias. DELGADO, Mario Luiz (coord.) *Guarda Compartilhada*. 3. ed. rev., atual. e ampl. Rio de Janeiro: Forense, 2018, p. 19-40.

fessora Ana Carolina Brochado Teixeira, "educar um menor, dando-lhe condições de desenvolver sua personalidade, para que ele tenha personalidade própria, revela-se um processo dialógico permanente, por meio do qual quem educa é também educado, construindo-se mutuamente a dignidade dos envolvidos."[73]

Na verdade, assistência, criação e educação constituem um tripé diretamente funcionalizado à formação da personalidade do menor, bem como ao escopo de realizar os direitos fundamentais dos filhos, seja em que seara for. O direito à educação, além deste aspecto geral, também se reporta ao incentivo intelectual, para que a criança e o adolescente tenham condições de alcançar sua autonomia, pessoal e profissional.[74]

De todo modo, o dever de criar, educar e assistir os filhos menores de idade, advém, principalmente, do princípio do melhor interesse da criança e do adolescente, que deve ser observado em razão da vulnerabilidade inerente aos menores de idade, que estão em fase de desenvolvimento das suas personalidades. O princípio do melhor interesse da criança e do adolescente, que deve ser definido caso a caso, em observância da situação concreta, foi consagrado pela doutrina da proteção integral[75] da pessoa humana, em especial da criança e do adolescente, que versa a Constituição da República de 1988 e o Estatuto da Criança e do Adolescente.[76]

Razoável, por conseguinte, afirmar que a doutrina da proteção integral, de maior abrangência, não só ratificou o princípio do melhor interesse da criança como critério hermenêutico como também lhe conferiu natureza constitucional, como cláusula genérica que em parte traduz-se através dos direitos fundamentais da criança e do adolescente expressos no texto da Constituição Federal.[77]

---

73 TEIXEIRA. Ana Carolina Brochado. *A (des) necessidade da guarda compartilhada ante ao conteúdo da autoridade parental. In* COLTRO, Antônio Carlos Mathias. DELGADO, Mario Luiz (coord.) *Guarda Compartilhada*. 3. ed. rev., atual. e ampl. Rio de Janeiro: Forense, 2018, p. 19-40.

74 TEIXEIRA. Ana Carolina Brochado. *A (des) necessidade da guarda compartilhada ante ao conteúdo da autoridade parental. In* COLTRO, Antônio Carlos Mathias. DELGADO, Mario Luiz (coord.) *Guarda Compartilhada*. 3. ed. rev., atual. e ampl. Rio de Janeiro: Forense, 2018, p. 19-40.

75 "Tal doutrina prega que a criança e o adolescente, bem como seus direitos, devem ser protegidos de forma especial, além de garantir-lhes as mesmas prerrogativas que cabem ais adultos. O dever de proteção não se limita ao Estado, mas estende-se à sociedade e à família, conforme determina o art. 227 do Texto Constitucional. Sua condição prioritária deve-se ao fato de serem pessoas em desenvolvimento, cuja personalidade deve ser protegida e promovida, mediante o exercício dos direitos fundamentais." TEIXEIRA, Ana Carolina Brochado. RETTORE, Anna Cristina de Carvalho. *A autoridade parental e o tratamento de dados pessoais de crianças e adolescentes. In* TEPEDINO, Gustavo; FRAZÃO, Ana; OLIVA, Milena Donato (Coord.). *Lei Geral de Proteção de Dados e suas repercussões no Direito Brasileiro*. São Paulo: Thomson Reuters Brasil, 2019, p. 499-524.

76 "A adoção, em sede constitucional, da doutrina da proteção integral veio reafirmar o princípio do melhor interesse da criança, já existente em nossa legislação e que encontra suas raízes na Declaração Universal dos Direitos da Criança, adotada pela ONU em 20 de novembro de 1959." BARBOZA, Heloisa Helena. *O Princípio do Melhor Interesse da Criança e do Adolescente. In* Anais do II Congresso Brasileiro de Direito de Família. PEREIRA, Rodrigo da Cunha. (Coord.). *Família na Travessia do Milénio*. Belo Horizonte: Del Rey, 2000, p. 201-2013.

77 BARBOZA, Heloisa Helena. *O Princípio do Melhor Interesse da Criança e do Adolescente. In* Anais do II Congresso Brasileiro de Direito de Família. PEREIRA, Rodrigo da Cunha. (Coord.).

Poder familiar não é a expressão mais apropriada. A palavra poder não expressa a verdadeira intenção de atender ao princípio do melhor interesse da criança e do adolescente, mas sim o sentido de posse. Familiar remeteria também à ideia de que os avós e irmãos estariam revestidos dessa função. A expressão mais adequada para a família atual, que é fundada na igualdade de gêneros e é democrática, seria autoridade parental, a qual exterioriza a ideia de compromisso de ambos os pais com as necessidades dos filhos, de cuidar, proteger, educar, dar assistência e colocar limites.[78]

Para conceitualizar, portanto, a autoridade parental,[79] é preciso vislumbrar a relação familiar, em especial dos pais com os filhos, com o objetivo de construir um ambiente familiar que permita o desenvolvimento da personalidade dos filhos menores, com o exercício de sua autonomia.[80] A relação dos pais com os filhos menores pautada no poder está sendo substituída pela relação pautada na proteção integral.

A doutrina já conceituou a autoridade parental de modos diversos. Entre diversas definições, figura o entendimento da autoridade parental: como direito subjetivo dos pais exercido no interesse destes e dos filhos; como um poder jurídico exercido em benefício do outro sujeito da relação jurídica; e como um múnus privado controlado pelo Estado. Fato é que a autoridade parental vista como relação de poder-sujeição está em crise. O que têm em comum todas essas definições do instituto denominado pelo legislador infraconstitucional de poder familiar é que esse deve ser exercido no interesse dos filhos.[81]

Família na Travessia do Milénio. Belo Horizonte: Del Rey, 2000, p. 201-2013.
78 PEREIRA, Rodrigo da Cunha. *Direito das Famílias*. 2. ed. – Rio de Janeiro: Forense, 2021, p.394.
79 "A expressão autoridade parental, diferente do pátrio poder e do poder familiar, incorpora muito mais o espírito e princípios constitucionais (Arts. 226, § 7º e 227, CR) e do Estatuto da Criança e do Adolescente (Lei nº 8.069/90), em que os filhos receberam um lugar de sujeitos de direitos. A expressão poder familiar foi introduzida pelo CCB de 2002 em substituição à expressão pátrio poder, utilizada pelo CCB de 1916. É o conjunto de deveres/direitos dos pais em relação aos seus filhos menores. É uma atribuição natural a ambos os pais, independentemente de relação conjugal, para criar, educar, proteger, cuidar, colocar limites, enfim, dar-lhes o suporte necessário para sua formação moral, psíquica para que adquiram responsabilidade e autonomia." PEREIRA, Rodrigo da Cunha. *Direito das Famílias*. 2. ed. Rio de Janeiro: Forense, 2021, p. 393.
80 "Assim, na 'concepção contemporânea, a autoridade parental não pode ser reduzida nem a uma preensão juridicamente exigível em favor dos seus titulares nem a um instrumento jurídico de sujeição (dos filhos à vontade dos pais)'. Ela tem a finalidade precípua de promover o desenvolvimento da personalidade dos filhos, respeitando sua dignidade pessoal. Ao assumir essa função, a autoridade parental não significa mais somente o cerceamento de liberdade ou, na expressão popular a 'impor limites', mas, principalmente, a promoção dos filhos em direção à emancipação. A estes devem ser conferidas as escolhas existenciais personalíssimas para as quais eles demonstrem o amadurecimento e a competência necessários. O desafio está justamente em encontrar a medida entre cuidar e emancipar." MULTEDO, Renata Vilela. OLIVIERI, Isabella. *A heteronomia estatal judicial no exercício da autoridade parental por meio do reconhecimento da parentalidade socioafetiva. In* TEIXEIRA, Ana Carolina Brochado. DADALTO, Luciana (Coord.). *Autoridade Parental: Dilemas e desafios contemporâneos*. Indaiatuba: Editora Foco, 2021, p. 01-20.
81 MULTEDO, Renata Vilela. OLIVIERI, Isabella. *A heteronomia estatal judicial no exercício da autoridade parental por meio do reconhecimento da parentalidade socioafetiva. In* TEIXEIRA,

O conceito de autoridade parental é, deste modo, "um conjunto de responsabilidades e incumbências de natureza patrimonial e existencial, atribuindo conjuntamente aos pais, independentemente de situação conjugal, em relação aos filhos absoluta ou relativamente incapazes." A relação estabelecida pela autoridade parental é complexa, configurando o que Pietro Perlingieri denominou de potestà".[82]

Neste raciocínio, de que a autoridade parental deve ser exercida com base no melhor interesse da criança e do adolescente e que deve ser pautada em atos de respeito à individualidade e à autonomia dos filhos menores, é possível observar um movimento de sua funcionalização, de modo a enxergá-la, de fato, como um instrumento de apoio ao desenvolvimento da personalidade de cada filho, colocando-os como protagonistas de suas histórias.

Diante das diretrizes constitucionais e estatutárias que ressaltam a função promocional do Direito, o relacionamento entre genitores e filhos passou a ter como objetivo maior tutelar o desenvolvimento da personalidade destes e, portanto, o exercício de seus direitos fundamentais, para que possa, neste contexto, edificar sua dignidade enquanto sujeito. Nisso consiste o processo de educar, decorrente dos princípios da paternidade/maternidade responsável e da doutrina de proteção integral, ambos com sede constitucional, que lhes garante prioridade absoluta.[83]

418-C. Autoridade parental e os direitos existenciais das crianças e dos adolescentes

O exercício da autoridade parental está diretamente ligado à proteção da criança e do adolescente, de modo a criar um ambiente familiar propício para o desenvolvimento da personalidade e o exercício de seus direitos existenciais.

Durante o exercício da autoridade parental pelos pais, é possível deparar-se com situações que, a princípio, podem parecer estar entrando em choque com os direitos

---

Ana Carolina Brochado. DADALTO, Luciana (Coord.). *Autoridade Parental: Dilemas e desafios contemporâneos*. Indaiatuba: Editora Foco, 2021, p. 01-20

82 "Essa constitui um verdadeiro ofício, uma situação de direito-dever: como fundamento da atribuição dos poderes existe o direito de exercê-los. O exercício da potestà não é livre, arbitrário, mas necessário no interesse de outrem ou, mais especificamente, no interesse de um terceiro oi coletividade. Assim o tutor pe titular de uma situação composta de poderes – administrar os bens, cuidar e representar o menor (art. 357 Cód. Civ.) – e de todos os deveres que àqueles poderes se relacionam (arts. 362 ss., 367 ss., 377 ss. Cód. Civ.), a cuja observância é obrigado no interesse do menor e, mais genericamente, da coletividade que identifica na tutela do menor um próprio interesse. Portanto, o ofício deve ser realizado de acordo com as regras da diligência (art. 382 Cód. Civ.), da lealdade, da boa-fé. A potestà é, portanto, uma situação complexa, que atribui não simplesmente poderes, mas deveres que não devem ser exercidos no interesse do titular da potestà, o tutor, mas naquele do representado." (As menções à artigos de lei são do Código Civil italiano). PERLINGIERI, Pietro. *O direito civil na legalidade constitucional*. Rio de Janeiro: Renovar, 2008, p. 700.

83 TEIXEIRA. Ana Carolina Brochado. *A (des) necessidade da guarda compartilhada ante ao conteúdo da autoridade parental*. In COLTRO, Antônio Carlos Mathias. DELGADO, Mario Luiz (coord.) *Guarda Compartilhada*. 3. ed. rev., atual. e ampl. Rio de Janeiro: Forense, 2018, p. 19-40.

existenciais dos filhos menores. Podem os pais, sob a autoridade parental, controlar o que os filhos acessam em seus celulares e computadores ou isso estaria infringindo o direito do adolescente à privacidade? Podem os pais postar diversas fotos de seus filhos em suas próprias redes sociais ou essa prática estaria ferindo um direito à imagem, ou mesmo um direito à intimidade dos filhos menores? Podem os pais obrigar os filhos a se submeterem a um tratamento de saúde específico contra a sua vontade?

Entendemos que não há uma resposta direta a essas perguntas fora da análise do caso concreto, considerando que, muitas dessas práticas podem ser atribuídas aos pais justamente no exercício da autoridade parental como, por exemplo, o dever de vigilância às tecnologias que seus filhos estão sendo expostos, de modo a evitar qualquer tipo de omissão pelos pais e o chamado "abandono digital", que será visto mais adiante.

Não é incomum nos depararmos com postagens e mais postagens em redes sociais e canais no YouTube mostrando o dia a dia de crianças por seus próprios pais: fotos e vídeos do primeiro dia na escola, introdução alimentar, desfralde e outras fases de desenvolvimento das crianças que os pais sentem a necessidade de compartilhar com outras pessoas por meio das redes sociais, além de postagens com fotos de ultrassons e exames, expondo informações dos filhos antes mesmo do seu nascimento. Os pais podem, muitas vezes, se perguntar onde estaria o problema em compartilhar informações aparentemente inofensivas sobre os seus filhos.

Em 2019 o jornal *The New York Times*[84] divulgou uma denúncia de utilização, por dezenas de empresas, de fotos de crianças e adolescentes que os próprios pais postaram em um site de compartilhamento. Essas fotos foram colacionadas em um banco de dados de reconhecimento facial MegaFace, "um *dataset* que contém as imagens de quase 700 mil pessoas – com a idade média de cerca de 16 anos – e que já foi baixado por dezenas de empresas para treinar uma nova geração de algoritmos de reconhecimento facial que são utilizados para vigiar terroristas, detectar eventuais clientes problemáticos, rastrear manifestantes e espionar as pessoas em geral."[85] Tudo isso a partir de um simples ato dos pais de carregar imagens dos filhos pequenos.

O chamado *Sharenting* é a "expressão que vem da língua ingle-sa e representa a combinação das palavras "share" (compartilhar) e "parenting" (que significa a parentalidade; a atividade de os pais cuidarem e serem responsáveis pelos seus filhos; o poder familiar)." Essa prática pode trazer sérios riscos aos filhos menores, uma vez que, constantemente, os pais publicam fotos de seus filhos de uniformes escolares, ou com outros amigos, no parque que frequentam e em atividades que qualquer pessoa poderia facilmente identificar trechos do dia a dia da criança, o que coloca em risco a sua integridade física e psicológica, além de ferir o seu direito à imagem e à

---

84 Disponível em: https://www.nytimes.com/interactive/2019/10/11/technology/flickr-facial-recognition.html. Acesso em: 31.07.21.
85 FERREIRA, Lucia Maria Teixeira. A superexposição dos dados e da imagem de crianças e adolescentes na Internet e a prática de *Sharenting*: reflexões iniciais. Revista do Ministério Público do Estado do Rio de Janeiro nº 78, out./dez. 2020. Disponível em http://www.mprj.mp.br/documents/20184/2026467/Lucia_Maria_Teixeira_Ferreira.pdf. Acesso em: 31.07.21.

privacidade. Desta forma, segundo a autora Lucia Ferreira, "entendemos que todas as publicações online de crianças e adolescentes (resultantes das atividades online dos pais ou responsáveis) que têm um caráter excessivo, constrangedor e uma exposição a perigos – incluindo aquelas postagens dos pais que podem gerar potenciais danos para os infantes e jovens – têm características que podem ser reconhecidas como *Sharenting*.[86]

Os importantes e pioneiros estudos acadêmicos sobre privaciade infantil de Benjamin Shmueli e Ayelet Blecher-Prigat abordaram as dificuldades em se reconhecer os problemas relativos à privacidade das crianças no seio das famílias, especialmente devido à natureza do relacionamento paterno-filial. As tensões entre as opções e escolhas dos pais como detentores do poder familiar e as questões atinentes aos direitos individuais dos filhos menores – como pessoas que são sujeitos de direitos– podem criar conflitos de interesse. Segundo Shmueli e Blecher-Prigat, as crianças das primeiras décadas do século XXI são as mais vigiadas de todos os tempos, o que provoca variados conflitos intergeracionais. Um exemplo desta constante tensão é a vigilância e o monitoramento que alguns pais exercem sobre os filhos menores – que, muitas vezes, se sentem vítimas de invasão de privacidade por parte de "helicopterparents"[87]

Os pais, antes de qualquer postagem, devem observar não o seu próprio interesse, mas o exercício da autoridade parental e a necessidade de proteção e de priorizar o melhor interesse do menor, de modo que, a cada postagem, os pais devem refletir se estariam, de alguma forma, expondo certa vulnerabilidade de seu filho ou algo que possa constrangê-lo futuramente.

Um caso brasileiro altamente debatido no último ano refere-se à menina Bel, do canal "Bel Para Meninas". Hoje adolescente, Bel teve sua vida exposta desde a infância em seu canal do YouTube por sua mãe, que participava de grande parte dos seus vídeos. Contudo, muitas imagens vexatórias de Bel foram compartilhadas nos vídeos, o que chamou a atenção para uma maior investigação sobre o caso. "Há cenas em que 'a mãe faz a filha lamber uma mistura de leite com bacalhau, comer um sabonete como se fosse picolé e quebra um ovo na cabeça da menina.' Em uma delas, Bel começa a vomitar e a mãe parece obrigá-la a continuar a gravação." O assunto gerou a hashtag #SalveBelparaMeninas e o caso chegou ao Poder Judiciário.[88]

---

86 FERREIRA, Lucia Maria Teixeira. A superexposição dos dados e da imagem de cri-anças e adolescentes na Internet e a prática de Sharenting: reflexões iniciais. Revista do Ministério Público do Estado do Rio de Janeiro nº 78, out./dez. 2020. Disponível em http://www.mprj.mp.br/documents/20184/2026467/Lucia_Maria_Teixeira_Ferreira.pdf. Acesso em 31.07.21.

87 FERREIRA, Lucia Maria Teixeira. A superexposição dos dados e da imagem de cri-anças e adolescentes na Internet e a prática de Sharenting: reflexões iniciais. Revista do Ministério Público do Estado do Rio de Janeiro nº 78, out./dez. 2020. Disponível em http://www.mprj.mp.br/documents/20184/2026467/Lucia_Maria_Teixeira_Ferreira.pdf. Acesso em 31.07.21.

88 MEDON, Filipe. (Over) *Sharenting*: A superexposição da imagem e dos dados da criança na internet. *In* TEIXEIRA, Ana Carolina Brochado. DADALTO, Luciana (Coord.). *Autoridade Parental: Dilemas e desafios contemporâneos*. Indaiatuba: Editora Foco, 2021, p. 351-375.

Os riscos da exposição dos dados e imagens das crianças justificam a importância de tutela mais intensa e de atuação mais atenta por parte dos juristas. Algoritmos preditivos, que funcionam a partir de tecnologias de Inteligência Artificial, acabam se valendo de dados aparentemente irrelevantes, como o número de "curtidas" numa rede social e as preferências de navegação, para gerar um novo dado: a predição sobre aquele indivíduo, que servirá de *input* para processos decisórios que, por sua vez, também serão automatizados.[89]

Sem contar as próprias crianças e adolescentes que já têm, mesmo não tendo atingido a idade mínima necessária, perfis nas redes sociais e canais no YouTube nos quais, muitas vezes, postam informações sem o mínimo controle ou filtro dos genitores.

Os riscos, portanto, são muitos: exposição de dados pessoais, de informações, inobservância dos direitos à privacidade, à intimidade e à imagem, superexposição, que resulta em transformar os filhos em "celebridades" contra sua vontade, possibilidade de colocar a criança ou adolescente em situações de *bullying* ou *cyberbullying*[90] em razão dos vídeos postados pelos pais, riscos à segurança dos menores.[91] Do outro lado estão os pais no exercício da autoridade parental e a liberdade de expressão, direitos e deveres que devem ser exercidos tendo como norte o melhor interesse da criança e/ou do adolescente.

Ponderando a autoridade parental, conjugada à liberdade de expressão dos genitores e o arcabouço protetivo da criança e do adolescente na complexidade do ordenamento, aquela liberdade "nunca será justificativa para a prática de *sharenting*, pois este direito constitucional, é individual e exclusivo de cada um, não sendo possível haver a extensão dos efeitos dessa liberdade para abranger os demais membros da família. Urge, assim, refletir e considerar que a autoridade parental, marcada pela responsabilidade, pelo cuidado e pelo afeto no mundo físico, deve também ser transposta para o mundo virtual, diante dos riscos intensos de danos às pessoas dos filhos, que ainda estão em desenvolvimento e, por isso, apresentam ínsita vulnerabilidade.

---

89 MEDON, Filipe. (Over) *Sharenting*: A superexposição da imagem e dos dados da criança na internet. *In* TEIXEIRA, Ana Carolina Brochado. DADALTO, Luciana (Coord.). *Autoridade Parental: Dilemas e desafios contemporâneos*. Indaiatuba: Editora Foco, 2021, p. 351-375.

90 "Está-se, pois, diante de um sistema de responsabilidade civil que, calcado no princípio constitucional da solidariedade, no primado da dignidade humana e na necessidade primordial de socorrer a vítima e evitar que ela sofra em desamparo, termina por atribuir o dever de reparar os danos derivados do cyberbullying aos pais, às instituições de ensino e, em última instância, aos próprios ofensores, ainda que incapazes. Em sendo possível impedir que as ofensas ocorram – o que corresponde à medida ideal, capaz de evitar a consumação dos danos – restará, ao menos, recorrer às regras civis da responsabilidade civil, com o fito de satisfatoriamente, repará-los." GODINHO, Adriano Marteleto. DRUMOND, Marcela Maia de Andrade. *Autoridade Parental e Cyberbullying*. *In* TEIXEIRA, Ana Carolina Brochado. DADALTO, Luciana (Coord.). *Autoridade Parental: Dilemas e desafios contemporâneos*. Indaiatuba: Editora Foco, 2021, p. 173-189.

91 MEDON, Filipe. (Over) *Sharenting*: A superexposição da imagem e dos dados da criança na internet. *In* TEIXEIRA, Ana Carolina Brochado. DADALTO, Luciana (Coord.). *Autoridade Parental: Dilemas e desafios contemporâneos*. Indaiatuba: Editora Foco, 2021, p. 351-375.

Ainda falando sobre direitos existenciais dos filhos menores em conflito com o exercício da autoridade parental pelos genitores, pode-se destacar o direito aos próprio corpo ou o controle sobre os corpos dos filhos menores.

O Conselho Federal de Medicina, ao tratar de questões sobre o consentimento em consulta médica ou submissão a determinado procedimento, ou seja, tomada de decisões relacionadas à saúde, segue o padrão normativo do ordenamento jurídico brasileiro, qual seja: a exigência do consentimento dos pais ou representantes legais e o assentimento do adolescente.[92] Taysa Schiocchet e Amanda Barboza concluem que, a partir da ótica foucaultiana, percebeu-se a teoria das incapacidades enquanto engrenagem do biopoder. Retirar a própria capacidade decisória de si e conferi-la a outrem é dispositivo que se coaduna com a dinâmica das duas tomadas de poder sobre os corpos descritas por Michel Foucault em sua fase genealógica. O nivelamento do adolescente como pessoa, necessariamente incapaz de tomada de decisões, incorre numa generalização que favorece os mecanismos de controle e, por outro lado, esmaece a sua identidade.[93]

Para as autoras, é necessário rever os critérios para a aferição da capacidade decisória de questões existenciais, em especial questões envolvendo a própria saúde, de modo que generalizar o critério é não alcançar a complexidade dos fatos, resultando em desproteção.[94]

A Declaração de Mônaco, de 2000, redigida em um simpósio sobre bioética e direitos da criança, indica que "as crianças devem tomar parte na tomada de decisão sobre sua saúde, de maneira crescente, conforme o desenvolvimento de sua autonomia." O documento *Strategic Action Plan on Human Rights and Technologies in Biomedicine* (2020-2025) reconheceu que as crianças deverão ser envolvidas na tomada de decisões médicas.

A doutrina e a jurisprudência indicam, por exemplo, que em caso de recusa em receber transfusão de sangue por pacientes que professam a fé Testemunha de Jeová, quando é feita por uma pessoa menor de idade, o direito à vida deverá pesar

---

92 "Tal diretriz pode ser conferida, a título exemplificativo, nas resoluções sobre recusa terapêutica, tratamento cirúrgico de obesidade mórbida, uso compassivo do canabidiol para o tratamento de epilepsias da criança e do adolescente refratárias aos tratamentos convencionais, cuidado específico à pessoa com incongruência de gênero ou transgênero e na recomendação sobre consentimento livre e esclarecido. SCHIOCCHET, Taysa. BARBOZA, Amanda Souza. *Tutela do Direito à intimidade de adolescentes nas consultas médicas. In* TEIXEIRA, Ana Carolina Brochado. DADALTO, Luciana (Coord.). *Autoridade Parental: Dilemas e desafios contemporâneos*. Indaiatuba: Editora Foco, 2021, p. 207-232.

93 SCHIOCCHET, Taysa. BARBOZA, Amanda Souza. *Tutela do Direito à intimidade de adolescentes nas consultas médicas. In* TEIXEIRA, Ana Carolina Brochado. DADALTO, Luciana (Coord.). *Autoridade Parental: Dilemas e desafios contemporâneos*. Indaiatuba: Editora Foco, 2021, p. 207-232.

94 SCHIOCCHET, Taysa. BARBOZA, Amanda Souza. *Tutela do Direito à intimidade de adolescentes nas consultas médicas. In* TEIXEIRA, Ana Carolina Brochado. DADALTO, Luciana (Coord.). *Autoridade Parental: Dilemas e desafios contemporâneos*. Indaiatuba: Editora Foco, 2021, p. 207-232.

mais do que a liberdade religiosa, de modo que a transfusão deve ser realizada para salvar a vida do paciente, considerando que "a escolha religiosa do menor está, na maior parte das vezes, ligada à escolha religiosa dos pais". No HC 268.459/SP o STJ determinou a soltura dos médicos que descumpriram a vontade dos pais e realizaram a transfusão de sangue no paciente adolescente.[95]

Do mesmo modo, sobre casos de amputação em menores, o Conselho Regional de Medicina do Ceará, no Parecer nº 16, reconheceu "a primazia da vontade da paciente adolescente no que tange à recusa de amputação do membro, frente à vontade dos seus genitores". A paciente de 17 anos necessitava da amputação de um membro inferior esquerdo e seus pais consentiram o procedimento. No entanto, a própria paciente se opôs à cirurgia, o que resultou na consulta ao CREMEC que reconheceu que, apesar de menor de idade, a paciente estava "em pleno gozo de suas faculdades mentais, razão pela qual a sua vontade deveria ser respeitada",[96] em detrimento do consentimento dado por seus pais.

As questões relacionadas ao fim da vida também geram debates sobre o exercício da autoridade parental na tomada de decisão. É comum que a decisão sobre o prolongamento da vida biológica recaia sobre os pais, pois, "a ideia de que o Estado – personificado no Poder Judiciário – possa decidir melhor do que os pais parece inverter a lógica da autoridade parental (...)."[97]

Conforme nos explica Luciana Dadalto e Willian Pimentel, é possível falar, então, em uma zona de discricionariedade parental como uma solução bioética.

Nesse cenário, o conceito de zona de discricionariedade parental (ZPD) aparece como um importante auxílio na solução do dilema. Segundo Kcrickel *et al* há uma decisão ótima, em que o melhor interesse do menor é alcançado com o consenso entre pais e profissionais da saúde, há uma decisão danosa, em que a vontade dos pais de obstinar a terapêutica é contraria à dos profissionais, mas prevalece porque os pais são tidos como responsáveis pela tomada de decisão e há uma zona de discricionariedade em que os profissionais da saúde podem ceder um pouco para respeitar os valores dos pais, mesmo quando forem contrários aos valores da medicina, desde que – e isso é importante – os valores dos pais não inflijam danos à criança.[98]

---

95 DADALTO, Luciana. PRIMENTEL, Willian. *Tomada de decisão médica em fim de vida do menor. In* TEIXEIRA, Ana Carolina Brochado. DADALTO, Luciana (Coord.). *Autoridade Parental: Dilemas e desafios contemporâneos*. Indaiatuba: Editora Foco, 2021, p. 285-300.

96 DADALTO, Luciana. PRIMENTEL, Willian. *Tomada de decisão médica em fim de vida do menor. In* TEIXEIRA, Ana Carolina Brochado. DADALTO, Luciana (Coord.). *Autoridade Parental: Dilemas e desafios contemporâneos*. Indaiatuba: Editora Foco, 2021, p. 285-300.

97 DADALTO, Luciana. PRIMENTEL, Willian. *Tomada de decisão médica em fim de vida do menor. In* TEIXEIRA, Ana Carolina Brochado. DADALTO, Luciana (Coord.). *Autoridade Parental: Dilemas e desafios contemporâneos*. Indaiatuba: Editora Foco, 2021, p. 285-300.

98 DADALTO, Luciana. PRIMENTEL, Willian. *Tomada de decisão médica em fim de vida do menor. In* TEIXEIRA, Ana Carolina Brochado. DADALTO, Luciana (Coord.). *Autoridade Parental: Dilemas e desafios contemporâneos*. Indaiatuba: Editora Foco, 2021, p. 285-300.

Dessa forma, os pais podem exercer, até certo ponto, a sua autoridade parental, de modo que o ideal seria um cenário no qual existe consenso entre genitores e equipe médica. No entanto, nas situações em que não há consenso e o dano ao menor for claro "cabe aos profissionais da saúde tomar a decisão sempre em benefício do menor." Essa posição já está sendo acolhida por Tribunais Internacionais, mas ainda não foi verificada nos Tribunais brasileiros.[99]

Quando se trata, portanto, dos direitos existenciais dos filhos menores, sempre que possível os filhos devem ser ouvidos em relação à sua vontade e autonomia, em especial ao se tratar de questões relacionadas ao próprio corpo. No exercício da autoridade parental, os pais devem sempre visar o melhor interesse dos filhos e atentar para que as suas práticas, mesmo que pareçam, a princípio, inofensivas, não ultrapassem a barreira do cuidado e da vigilância para um possível ferir de direitos existenciais, em especial a privacidade, a intimidade e a imagem.

418-D. A AUTORIDADE PARENTAL, O TRATAMENTO DOS DADOS PESSOAIS DE CRIANÇAS E ADOLESCENTES E A INTERNET DAS COISAS

A Internet das Coisas foi debatida em 2005 na *International Telecommunication Union* (ITU) como um ecossistema novo e interativo. Esse ecossistema propõe uma maior interconexão e, com isso, resultou em maiores impactos. "Isso porque apesar da sensação de controle e eficiência transmitida pela possibilidade de gerenciar objetos diversos por meio de um simples dispositivo, a confiabilidade da Internet das Coisas vem sendo questionada em relação aspectos de privacidade e segurança, sobretudo em relação à coleta de dados pessoais dos usuários."[100]

A Emenda Constitucional nº 115, de 2022, alterou a Constituição Federal para incluir a proteção de dados pessoais entre os direitos e garantias fundamentais e para fixar a competência privativa da União para legislar sobre proteção e tratamento de dados pessoais.

É possível observar, dificuldade quanto ao tratamento jurídico a ser previsto para a regulamentação da Internet das Coisas, isto porque esta tecnologia tem um caráter global, o que "desafia os limites territoriais da aplicação das normas jurídicas, sendo necessário um diálogo entre os diversos ordenamentos para que sejam estabelecidas diretrizes comuns."[101]

---

99 DADALTO, Luciana. PRIMENTEL, Willian. *Tomada de decisão médica em fim de vida do menor. In* TEIXEIRA, Ana Carolina Brochado. DADALTO, Luciana (Coord.). *Autoridade Parental: Dilemas e desafios contemporâneos.* Indaiatuba: Editora Foco, 2021, p. 285-300.

100 LEAL, Livia Teixeira. *Internet of Toys: Os brinquedos conectados à internet. In* TEIXEIRA, Ana Carolina Brochado. DADALTO, Luciana (Coord.). *Autoridade Parental: Dilemas e desafios contemporâneos.* Indaiatuba: Editora Foco, 2021, p. 160-172.

101 LEAL, Livia Teixeira. *Internet of Toys: Os brinquedos conectados à internet. In* TEIXEIRA, Ana Carolina Brochado. DADALTO, Luciana (Coord.). *Autoridade Parental: Dilemas e desafios contemporâneos.* Indaiatuba: Editora Foco, 2021, p. 160-172.

A preocupação é ainda maior quando nos deparamos com usuários vulneráveis, como as crianças e os adolescentes, "reconhecida sua hipervulnerabilidade, decorrente de sua condição peculiar de pessoa em desenvolvimento."[102]

O Enunciado CD/ANPD nº 1, de 22 de maio de 2023, do Conselho Diretor da Autoridade Nacional de Proteção de Dados, determinou que "O tratamento de dados pessoais de crianças e adolescentes poderá ser realizado com base nas hipóteses legais previstas no art. 7º ou no art. 11 da Lei Geral de Proteção de Dados Pessoais (LGPD), desde que observado e prevalecente o seu melhor interesse, a ser avaliado no caso concreto, nos termos do art. 14 da Lei".[103]

A regulamentação no tratamento de dados avança na proteção das crianças e adolescentes e merece atenção, considerando a velocidade das mudanças tecnológicas e o impacto que poderão causar.

É comum nos depararmos, na atualidade, com brinquedos cada vez mais "inteligentes", que têm mil e uma funções, interconectados via *wi-fi* ou *bluetooth* com outros aparelhos. O avanço da tecnologia permite que muitos brinquedos atuais sejam capazes de interagir com a criança de forma individualizada e muito mais avançada do que as frases repetidas que os brinquedos do passado enunciavam. Com essa interação, realizada por meio de sistemas de microfones e reconhecimento de voz, é possível coletar os mais diversos tipos de informação da criança e do adolescente que interage com o objeto.[104] O brinquedo acaba tendo acesso a um perfil detalhado da criança, o que resulta nos questionamentos: "onde esse perfil fica armazenado? Quem pode acessá-lo? Como esses dados se relacionam com os outros? Eles podem ser deletados?[105]

---

102 LEAL, Livia Teixeira. *Internet of Toys: Os brinquedos conectados à internet. In* TEIXEIRA, Ana Carolina Brochado. DADALTO, Luciana (Coord.). *Autoridade Parental: Dilemas e desafios contemporâneos*. Indaiatuba: Editora Foco, 2021, p. 160-172.

103 Disponível em: https://www.gov.br/anpd/pt-br/assuntos/noticias/anpd-divulga-enunciado-sobre-o-tratamento-de-dados-pessoais-de-criancas-e-adolescentes/Enunciado1ANPD.pdf. Acesso em: 4 jun. 2023.

104 "Buscando regular de forma mais eficiente a coleta de dados de crianças menores de 13 anos, a Federal Trade Commission, agência de defesa do consumidor dos Estados Unidos, promoveu, em 2013, uma atualização da lei americana de proteção de dados das crianças na internet, conhecida como COPPA – Children's Online Privacy Protection Act. As alterações tiveram por finalidade aprimorar a transparência, a segurança e o consentimento na coleta e no tratamento dos dados, evitando que esses fossem repassados a terceiros e alertando os pais diretamente a respeito da obtenção dessas informações, de modo a permitir que eles solicitem a exclusão desses dados a qualquer tempo. LEAL, Livia Teixeira. *Internet of Toys: Os brinquedos conectados à internet. In* TEIXEIRA, Ana Carolina Brochado. DADALTO, Luciana (Coord.). *Autoridade Parental: Dilemas e desafios contemporâneos*. Indaiatuba: Editora Foco, 2021, p. 160-172.

105 "Os brinquedos conectados à Internet vêm prometendo uma experiência única e uma verdadeira inovação para os produtos direcionados às crianças. Trata-se de uma variedade de produtos capazes de interagir com o usuário infante de forma inteligente – não apenas por meio de repetição simples de frases ou músicas em uma gravação, como os produtos tradicionais, mas sim de forma interativa. Assim, pode-se pensar em bonecas e ursinhos que respondem ao que é falado pela criança, reproduzindo uma resposta individualizada, por meio de microfones e sistemas de reconhecimento de voz." LEAL, Livia Teixeira. Internet of Toys: Os brinquedos conectados à internet. *In:*

Diante dessa possibilidade de acesso a tantos dados das crianças e dos adolescentes, os pais e responsáveis devem assumir um papel ativo em obter maiores informações a respeito dos brinquedos a que seus filhos têm acesso, quais tecnologias os brinquedos apresentam e a que risco os menores estão sendo expostos quando interagem com o brinquedo.

O ordenamento jurídico brasileiro apresenta alguns instrumentos de proteção a esses pais que visam compreender os riscos a que seus filhos são expostos. Tanto a Constituição da República (art. 227) quanto o Estatuto da Criança e do Adolescente (art. 4º) "estabelecem uma corresponsabilidade do Estado, da família e da sociedade em relação à garantia dos direitos fundamentais das crianças e dos adolescentes", uma vez que "aos infantes é conferida uma proteção integral e prioridade absoluta, buscando-se contemplar seu melhor interesse nas situações concretas que lhe dizem respeito", completa a autora Livia Leal.

É nesse contexto jurídico que deve ser pensada a relação das novas tecnologias com o universo infantil.

Ressalvados os casos extremos de invasão do espaço privado dos filhos menores, cabe aos pais o dever de vigilância e de cuidado, verificando a quais tecnologias e conteúdos os filhos menores estão sendo expostos diariamente. O não exercício pelos pais desse dever de cuidado pode resultar no que a autora Patrícia Peck Pinheiro denominou de "abandono digital", expressão que utiliza para "referir-se à omissão dos pais quanto ao dever de vigilância no âmbito de utilização da rede. Deste modo, exercer a paternidade responsável é, também, proteger os filhos menores dos males que as novas tecnologias podem causar.

Visando à proteção dos dados de seus titulares, inclusive crianças e dos adolescentes, foi publicada em agosto de 2018 a Lei Geral de Proteção de Dados (LGPD).

Ante os grandes desafios interpretativos que a LGPD apresenta, faz-se necessária a assessoria de Lucia Maria Teixeira Ferreira,[106] especialista em privacidade e proteção de dados pessoais e doutoranda do Instituto Brasileiro de Ensino, Desenvolvimento e Pesquisa (IDP), que já participara, em 2015, da atualização da obra *Reconhecimento da Paternidade e seus Efeitos*, do Professor Caio Mário da Silva Pereira, juntamente com Heloisa Helena Barbosa, publicada pela Editora Forense.

Lucia Maria Teixeira Ferreira destaca o art. 14 da LGPD, que dispõe de forma específica acerca do tratamento de dados pessoais de crianças e adolescentes, abrangendo a questão do consentimento.

Em seu § 1º, dispõe de forma expressa que "o tratamento de dados pessoais de crianças deverá ser realizado com o consentimento específico e em destaque dado por pelo menos um dos pais ou pelo responsável legal". Todavia, o dispositivo mostra-se silente quanto aos adolescentes.

Autoridade Parental: Dilemas e desafios contemporâneos. TEIXEIRA, Ana Carolina Brochado. DADALTO, Luciana (Coord.). Indaiatuba: Editora Foco, 2021, p. 160-172.

[106] Registramos nosso agradecimento a Lucia Maria Teixeira Ferreira, pela contribuição esclarecimentos acerca da privacidade e proteção de dados de crianças e adolescentes.

Neste ponto, Lucia Maria Teixeira Ferreira, informa que a despeito do silêncio legislativo, o princípio do melhor interesse da criança e do adolescente é "a chave mestra para qualquer tratamento de dados de crianças ou adolescentes". O princípio "age como verdadeiro filtro em relação àquilo que estaria ou não adequado a esse sistema de proteção."[107]

Contudo, permanece a dúvida, neste caso, "o consentimento manifestado pelo adolescente sem assistência (se relativamente incapaz) ou representação (se absolutamente incapaz) deveria ser considerado válido, como hipótese de capacidade especial para este fim, ou se o legislador teria optado por não tratar do tema, por já existir legislação geral sobre a matéria no Código Civil (arts. 3º, 4º e 1.634, VII, por exemplo)?"[108]

Dito isso, Lucia Maria Teixeira Ferreira chama a atenção para a necessidade de edição de atos normativos complementares pela Autoridade Nacional de Proteção de Dados (ANPD), com a participação de entidades da rede de proteção infantojuvenil, como o Conselho Nacional de Direitos da Criança e do Adolescente (CONANDA), além de órgãos de proteção do consumidor. Isso porque, quando se trata de crianças e adolescentes, é necessário um agir integrativo, em observância às normas protetivas já existentes.

Isto posto, a especialista informa que o lapso legislativo pode ser suprimido em virtude da educação digital.

Sendo que a educação digital desponta como um novo dever decorrente da autoridade parental, especialmente diante da ampliação da digitalização na vida cotidiana das crianças e adolescentes.

Até porque, o "crescente acesso de crianças e adolescentes a novas tecnologias da informação e da comunicação não significa que sejam eles proficientes e competentes usuários. Assim, a ideia de que crianças e adolescentes seriam 'nativos digitais', já nascidos com certa qualificação para dominarem a complexidade do universo digital, é um exagero".[109]

É sempre oportuno lembrar que, nos termos do art. 227 da Constituição Federal e do art. 70 do ECA, "é dever de todos prevenir a ocorrência de ameaça ou violação dos direitos da criança e do adolescente".

---

107 FERNANDES, Elora Raad. *Crianças e adolescentes na LGPD: Bases legais aplicáveis*. Migalhas, out. 2020. Disponível em: https://www.migalhas.com.br/depeso/335550/criancas-e-adolescentes--na-lgpd--bases-legais-aplicaveis. Acesso em 30.07.21.

108 TEPEDINO, Gustavo; OLIVA, Milena Donato. *Tratamento de dados de crianças e adolescentes na LGPD e o sistema de incapacidades do Código Civil*. In: LATERÇA, Priscilla Silva; FERNANDES, Elora; TEFFÉ, Chiara Spadaccini de; BRANCO, Sérgio (Coords.). *Privacidade e proteção de dados de crianças e adolescentes*. Rio de Janeiro: Instituto de Tecnologia e Sociedade do Rio de Janeiro; Obliq, 2021. *E-book*, p. 291.

109 HARTUNG, Pedro; HENRIQUES, Isabella; PITA, Marina. *A proteção de dados pessoais de crianças e adolescentes*. In DONEDA, Danilo; MENDES, Laura Schertel; SARLET, Ingo Wolfgang; RODRIGUES JR., Otavio Luiz (coord.). BIONI, Bruno (coord. executivo). *Tratado de Proteção de Dados Pessoais*. Rio de Janeiro: Forense, 2021, p. 203.

Neste sentido, ganha relevo como critério interpretativo para a análise das questões jurídicas atinentes à privacidade e à proteção de dados de crianças e adolescentes o *princípio do cuidado*,[110] a fim de que se construam soluções efetivas para que crianças e adolescentes tenham o direito de controlar as próprias pegadas digitais, na acepção da autodeterminação informacional.[111]

Trazendo a questão aos brinquedos interativos, em qual mo-mento poderia ser considerado que os pais consentiram com a coleta dos dados de seus filhos? "O pai ou a mãe, ao adquirir o brinquedo na loja, já estaria automaticamente autorizando a coleta de dados por meio da plataforma? Haveria necessidade de alguma manifestação posterior mediante alertas e informações quanto à coleta, armazenamento e tratamento dos dados?"[112]

É preciso, portanto, que os pais fiquem atentos às tecnologias que os seus filhos menores estão sendo expostos, de modo que não permaneçam omissos aos males que possam ser a eles causados como, por exemplo, a coleta de áudios, dados, vídeos, sons ou qualquer outra informação indesejada durante a interação das crianças e adolescentes com as tecnologias, exercendo, assim, a sua autoridade parental e não destinando seus filhos menores a um abandono digital.

418-E. Autoridade parental e direitos patrimoniais

Em uma perspectiva de família democrática que mudou o entendimento sobre o antigo pátrio poder, colocando os filhos menores como protagonistas das próprias histórias, de modo que a autoridade parental deva ser exercida para protegê-los integralmente, este mesmo raciocínio também é utilizado para tratar das questões envolvendo o patrimônio dos filhos menores.

Encontramos no Código Civil, nos artigos 1.689 a 1.693, regras a respeito do usufruto e da administração dos bens dos filhos menores, na constância do exercício da autoridade parental. "Trata-se de usufruto que, em vista de sua origem, constitui um di-

---

110 Destacamos a doutrina de Heloísa Helena Barboza: ao identificar graus específicos de vulnerabilidade e adotar as práticas de cuidar adequadas a cada caso, o direito brasileiro oferece proteção, senão de todo satisfatória, bastante razoável, de dois modos: a) através da cláusula geral de tutela abstrata da pessoa humana em sua vulnerabilidade inerente, em todas as suas relações existenciais e patrimoniais (consumidores); b) pela tutela específica e concreta daqueles que se encontrem em situação de desigualdade. (BARBOZA, Heloisa Helena. *Perfil Jurídico do Cuidado e da Afetividade nas Relações Familiares. In* PEREIRA, Tania da Silva; OLIVEIRA, Guilherme de; COLTRO, Antônio Carlos Mathias (org.). *Cuidado e Afetividade*. São Paulo: Editora Atlas, 2017. pp. 181-182).

111 FERREIRA, Lucia Maria Teixeira. A superexposição dos dados e da imagem de crianças e adolescentes na Internet e a prática de Sharenting: reflexões iniciais. *Revista do Ministério Público do Estado do Rio de Janeiro*, nº 78, out./dez. 2020, pp. 165/183. Disponível em: http://www.mprj.mp.br/servicos/revista-do-mp/revista-78/artigo-das-pags-165-183. Acesso em: 30 nov. 2021.

112 LEAL, Livia Teixeira. *Internet of Toys: Os brinquedos conectados à internet. In* TEIXEIRA, Ana Carolina Brochado. DADALTO, Luciana (Coord.). *Autoridade Parental: Dilemas e desafios contemporâneos*. Indaiatuba: Editora Foco, 2021, p. 160-172.

reito de família, e não um direito real; além disso, uma vez que decorre da lei, diferencia-se do direito real também por independer de registro para a sua configuração."[113]

Diante dessa nova interpretação de autoridade parental, é preciso questionar "para que serve o usufruto legal concedido àqueles que detêm a autoridade parental" e, ainda, "investigar se a análise funcionalizada e sistemática desse instituto conduziria à mesma conclusão a que se chegou no período precedente ou, dito de outra forma, se os contornos atuais da autoridade parental admitiriam a fruição dos bens dos filhos pelos pais de forma descomprometida com o melhor interesse dos primeiros.[114]

Como houve uma ressignificação do poder dos pais em relação a seus filhos menores, é possível observar e concluir que o usufruto aos pais se justifica apenas em razão da manutenção, promoção e resguardos dos interesses dos filhos.

Há de se notar que o usufruto, encarado de uma forma funcionalizada aos novos contornos da autoridade parental, guarda relação de extrema proximidade com o uso, que é um direito real mais restrito disciplinado pelos arts. 1.412 e seguintes do Código Civil, pois esse diz expressamente da possibilidade de utilização da coisa e percepção dos frutos, sob a ressalva de que isto acontecerá quanto o exigirem as necessidades suas [do usuário] e de sua família. Ou seja, a extensão do uso justifica-se à medida das necessidades do usuário e de sua família, que é precisamente o que se busca dentro dessa nova roupagem do usufruto conferido aos detentores da autoridade parental.[115]

Desta forma, os pais, no exercício da autoridade parental, podem utilizar dos frutos do patrimônio de seus filhos menores se assim necessitar a família, no entanto, sempre observando o seu melhor interesse, os genitores não poderiam utilizar dos frutos em sua totalidade, como podiam no passado, à época do pátrio poder, mas primar pela manutenção do patrimônio do menor, para que, quando atingir a maioridade, este possa assumir a administração dos seus bens.[116]

Utilizar dos bens dos filhos menores em desvio das necessidades configurará como abuso de direito por parte do genitor. Assim, apesar de o Código Civil conferir

---

113 RETTORE, Anna Cristina de Carvalho. SILVA, Beatriz de Almeida Borges. *Usufruto legal previsto pelo art. 1.689, I do CC. In* TEIXEIRA, Ana Carolina Brochado. DADALTO, Luciana (Coord.). *Autoridade Parental: Dilemas e desafios contemporâneos.* Indaiatuba: Editora Foco, 2021, p. 301-316.

114 RETTORE, Anna Cristina de Carvalho. SILVA, Beatriz de Almeida Borges. *Usufruto legal previsto pelo art. 1.689, I do CC. In* TEIXEIRA, Ana Carolina Brochado. DADALTO, Luciana (Coord.). *Autoridade Parental: Dilemas e desafios contemporâneos.* Indaiatuba: Editora Foco, 2021, p. 301-316.

115 RETTORE, Anna Cristina de Carvalho. SILVA, Beatriz de Almeida Borges. *Usufruto legal previsto pelo art. 1.689, I do CC. In* TEIXEIRA, Ana Carolina Brochado. DADALTO, Luciana (Coord.). *Autoridade Parental: Dilemas e desafios contemporâneos.* Indaiatuba: Editora Foco, 2021, p. 301-316.

116 RETTORE, Anna Cristina de Carvalho. SILVA, Beatriz de Almeida Borges. *Usufruto legal previsto pelo art. 1.689, I do CC. In* TEIXEIRA, Ana Carolina Brochado. DADALTO, Luciana (Coord.). *Autoridade Parental: Dilemas e desafios contemporâneos.* Indaiatuba: Editora Foco, 2021, p. 301-316.

aos pais o "direito de uso e gozo dos frutos dos bens dos filhos, estes frutos não lhes pertencem da mesma forma que pertenceriam se fosse outro tipo de usufruto, por possuírem uma finalidade de uso específica e pré-determinada: deverão ser utilizados para manutenção da família e no interesse dos filhos proprietários dos bens, e não em qualquer sentido que aprouver os pais."[117]

---

117 RETTORE, Anna Cristina de Carvalho. SILVA, Beatriz de Almeida Borges. *Usufruto legal previsto pelo art. 1.689, I do CC.* In TEIXEIRA, Ana Carolina Brochado. DADALTO, Luciana (Coord.). *Autoridade Parental: Dilemas e desafios contemporâneos.* Indaiatuba: Editora Foco, 2021, p. 301-316.

Capítulo XCV
Colocação na Família Substituta: Tutela. Guarda

Sumário

419. Conceito e espécies de tutela. **420.** Incapacidade e escusas. **421.** Exercício de tutela. Garantia. Bens de órfãos. **422.** Prestação de contas. Cessação da tutela. **422-A.** Guarda, na Lei nº 8.069, de 1990. Guarda provisória e definitiva no Estatuto da Criança e do Adolescente. **422-B.** Súmula 383 do STJ.

Bibliografia

Antônio Carlos Mathias Coltro, "A guarda (*rectius* cuidado) com os filhos", in *A revisão do Direito de família: estudos jurídicos em homenagem a Edgard de Moura Bittencourt*, Rio de Janeiro, GZ, 2008; Antônio Carlos Mathias Coltro, "Da Tutela e da Curatela", in *Manual de Direito das Famílias e das Sucessões*, Belo Horizonte, Del Rey/Mandamentos, 2008; Clóvis Beviláqua, *Direito de Família*, §§ 80 e segs.; Cunha Gonçalves, *Direito de Família e Direito de Sucessões*, pp. 307 e segs.; Eduardo Espínola, *A Família no Direito Civil Brasileiro*, nºs 255 e segs.; Enneccerus, Kipp *y* Wolff, *Tratado, Derecho de Familia*, v. II, § 100; Flávio Tartuce, *O novo CPC e o Direito Civil*, Rio de Janeiro, Forense; São Paulo, Método, 2015; Francesco Degni, *Il Diritto di Famiglia*, nºs 431 e segs.; Heinrich Lehmann, *Derecho de Familia*, pp. 403 e segs.; Heloisa Maria Daltro Leite (coord.), *O Novo Código Civil: Direito de Família*, Rio de Janeiro, Freitas Bastos, 2006; Jean Carbonnier, *Droit* Civil, v. II, nºs 135 e segs.; José Luiz Mônaco da Silva, *A Família Substituta no Estatuto da Criança e do Adolescente*, São Paulo, RT, 1994; J. M. de Carvalho Santos, *Código Civil Brasileiro Interpretado*, Rio de Janeiro, Freitas Bastos, v. VI, 1956; Kátia Regina Ferreira Lobo Andrade Maciel, *Curso de Direito da Criança e do Adolescente: aspectos teóricos e práticos*, Rio de Janeiro, Freitas Bastos, 2008; Lafayette, *Direito de Família*, §§ 144 e segs.; Mazeaud, Mazeaud *et* Mazeaud, *Leçons*, v. I, nºs 1.251 e segs.; Maria Josefina Becker, *Estatuto da Criança e do Adolescente Comentado* (coord.: Cury, Amaral e Silva, Mendez),

São Paulo, Malheiros, 2005; Milton Paulo de Carvalho Filho, *in Código Civil Comentado: Doutrina e Jurisprudência* (coord.: Ministro Cezar Peluso), São Paulo, Manole, 2008; Orlando Gomes, *Direito de Família,* n°s 185 e segs.; Planiol, Ripert *et* Boulanger, *Traité Élémentaire,* v. I, n°s 1.974 e segs.; Pontes de Miranda, *Direito de Família,* §§ 174 e segs.; Ruggiero e Maroi, *Istituzioni di Diritto Privatto,* v. I, §§ 68 e segs.; Silvio Rodrigues, *Direito Civil: Direito de Família,* São Paulo, Saraiva, 2002; Tânia da Siva Pereira "Abrigo e alternativas de acolhimento", *in O cuidado como valor jurídico* (coord.: Tânia da Silva Pereira e Guilherme de Oliveira, Rio de Janeiro, Forense, 2008; Tânia da Silva Pereira, *Direito da criança e do Adolescente: uma proposta interdisciplinar.* Rio de Janeiro, Renovar, 2008; Válter Kenji Ishida, *Estatuto da Criança e do Adolescente: Doutrina e Jurisprudência,* São Paulo, Atlas, 2006.

419. Conceito e espécies de tutela

O sistema legal de proteção aos incapazes desenvolve-se através de três vias, as quais não se confundem, considerando a condição deles. A uns e a outros nos referimos na extensão compatível com a natureza desta obra: *poder familiar* (n°s 416 a 419), *tutela* (n°s 420 a 423) e *curatela* (n°s 424 e 425).

O direito moderno, diversamente do que ocorria antes, diferencia os três institutos na sua estrutura, no seu mecanismo e nos seus efeitos. Outros sistemas jurídicos, posto distingam a tutela da curatela, referem-se, todavia, à tutela dos maiores.[1] No direito brasileiro, a tutela refere-se sempre aos menores.

A tutela consiste no encargo ou *munus* conferido a alguém para que dirija pessoa e administre os bens de menores de idade e que não incide no poder familiar do pai ou da mãe. Este, normalmente, incorre na tutela, quando os pais são falecidos ou ausentes, ou decaíram da *patria potestas* (art. 1.728, CC/2002).

Falecendo um dos pais, o poder parental concentra-se no outro, ainda que este venha a contrair novas núpcias. Falecendo ambos, ou sendo declarados ausentes, os filhos menores são postos em tutela. Igualmente incide na tutela o filho que não atingiu a maioridade, se os pais decaírem do poder familiar.

O maior, incapaz, é submetido à curatela. Não se cogita, em nosso direito, de tutela de maiores, que em outros sistemas encontram abrigo.[2]

Em alguns países, observa-se tendência no sentido da criação de modalidade de *"tutela oficial"*, pela qual os menores em certas condições ficam sob proteção, guarda e cuidados diretos do próprio Estado. Assim ocorreu na Alemanha com a Lei de Proteção à Juventude de 1924.[3] Assim ocorre na Itália, em relação a menores privados da família, ou aos que a têm, mas em certos casos são postas sob assistência do Estado, numa espécie de desaprovação dos poderes familiares. No direito francês, as Leis de 27 de julho de 1917 declaravam que a França adotava os órfãos de guerra, sob a denominação de "pupilos da Nação".[4] A doutrina, porém, informa que não se trata de verdadeira adoção.

No direito atual, no Brasil, a tutela se apresenta como uma das formas de "Família Substituta", devendo ser atendidas as "disposições gerais" previstas nos arts. 28 a 32 do Estatuto da Criança e do Adolescente (Lei nº 8.069/1990).

O art. 36 do Estatuto da Criança e do Adolescente sofreu modificação pela Lei nº 12.010/2009, estabelecendo que "a tutela será deferida, nos termos da lei civil, à pessoa de até 18 anos incompletos". Reduzida a idade da capacidade civil, o tutelado assumirá

---

1 Ruggiero e Maroi, *Istituzioni*, v. I, § 69.
2 Ruggiero e Maroi.
3 Lehmann, *Derecho de Familia*, p. 408.
4 Mazeaud, Mazeaud *et* Mazeaud, *Leçons*, v. I, nº 1.187; Planiol, Ripert *et* Boulanger, v. I, nº 1.582.

aos 18 anos suas responsabilidades pessoais e patrimoniais, podendo, inclusive, promover a ação de prestação de contas contra o tutor se o mesmo não apresentá-la espontaneamente. Tendo sido reduzida a capacidade civil para 18 anos, o tutelado assumirá suas responsabilidades pessoais e patrimoniais mais cedo, sendo extinta a tutela.

Tendo em vista o modo de designação, diz-se tutela *testamentária*, *dativa* e *legítima*, as quais serão objeto de considerações próprias.

Tutela testamentária. A nomeação do tutor é uma prerrogativa dos pais, mas não é arbitrário o seu exercício. Faz-se em testamento, codicilo ou outro documento autêntico. Quando se realiza pelo pai ou pela mãe, é mister esteja um ou outro no exercício do poder familiar ao tempo de sua morte. Nula, ainda, a nomeação se o testamento não prevalecer.[5]

O Código de 1916 atribuía o direito de nomear tutor ao *pai*, à *mãe*, ao *avô paterno*, ao *avô materno*, sucessivamente, na falta ou incapacidade dos que lhes sucederem. A experiência demonstrou ser inconveniente este sistema. O Projeto de 1965 simplificou-o, em bases mais realistas, no que foi seguido pelo Projeto de 1975, e subsiste no Código atual. Aboliu, definitivamente, a extensão do poder de designar aos avós, que era um romanismo sem resultado prático.

Portanto, o legislador do Código de 2002 agiu corretamente ao determinar, no art. 1.729, que "o direito de nomear tutor compete aos pais". Qualquer deles pode fazê-lo, mas somente prevalecerá a designação se ao tempo de sua morte já for falecido ou incapaz o outro, uma vez que a morte de um deles importa em que a *patria potestas* concentra-se no outro.

Sendo o testamento ato personalíssimo, é imprópria a indicação do art. 1.729 ao estabelecer que compete aos pais nomear "em conjunto". A nomeação pode ser feita também em outro documento autêntico. Nada impede, no entanto, que ambos os pais façam a designação em um mesmo instrumento, sem que implique abdicação do poder familiar. Lícita é a designação de mais de um tutor, mas neste caso, servirão na ordem das nomeações, e na falta ou impedimento um de outro. Feita a nomeação por uma das pessoas mencionadas no art. 1.729 (pai, mãe), independe de confirmação ou aprovação judicial.[6] E prevalece nos termos da nomeação: por tempo certo, sob condição, até que o menor atinja certa idade ou a partir de determinada idade.[7]

O que importa é a vontade do que a faz, como ensinava Justiniano: "... *ad certun tempus, seu ex certo tempore, vel sub conditione, vel ante heredis institutionem posse dari tutorem, non dubitatur*" (*Institutas*, Liv. I, Tít. XIV, § 3º). O *munus* da tutela repousa na confiança do designante, e pode recair em parente ou estranho, de ambos os sexos. Independe de confirmação judicial[8] e pode subordinar-se a termo ou condição,[9] como em Direito Romano se permitia: *ad certum tempus, ex certo tempore, sub conditione*.

---

5 Pontes de Miranda, *Direito de Família*, § 177.
6 Clóvis Beviláqua, *Direito de Família*, § 80.
7 Pontes de Miranda, loc. cit., § 178.
8 Clóvis Beviláqua.
9 Pontes de Miranda.

Confirmado que é atributo do poder familiar nomear tutor para os filhos menores (art. 1.634, IV), ressalva o Código Civil que "é nula a nomeação de tutor pelo pai ou pela mãe que, ao tempo de sua morte, não tinha o poder familiar" (art. 1.730). A nomeação é ineficaz se ao fazer a designação exercia a autoridade parental, mas veio depois a perdê-la, não a tendo na data da morte.

Não prevalece a nomeação, ainda que a pudesse fazer qualquer dos pais, se o outro genitor lhe sobreviver, e for apto a exercer a *patria potestas*.

No que concerne ao exercício da tutela, Antônio Carlos Mathias Coltro sugere que "dever-se-á seguir, em tal caso, o princípio do cuidado em relação ao tutelado, mediante o qual e ainda conforme a cláusula do superior interesse da criança, buscar-se-á, atentando para a circunstância da socioafetividade, eleger aquele que tenha melhor condição para o exercício do múnus que a tutela acarreta".[10]

A perda e a suspensão do poder familiar serão decretadas mediante sentença judicial, em procedimento contraditório, no qual serão apreciados os reais motivos (art. 24, ECA). Nula, igualmente, se feita por testamento e este não prevalecer. Sendo um *munus* público individual, é necessária a anuência do cônjuge ou companheiro (art.165, I, ECA).

Tutela legítima. Não havendo tutor nomeado pelos pais, incumbe a tutela aos parentes *consanguíneos do menor*, na ordem prevista no art. 1.731, a saber:

I – *Aos ascendentes, preferindo o de grau mais próximo ao mais remoto* (inciso I do art. 1.731) – não é feliz este critério, porque, na hipótese de recair em bisavô ou bisavó, já encontra pessoas que normalmente não estão mais em idade de suportar o encargo. A impropriedade do inciso vai mais longe porque podem os ascendentes ser do mesmo grau (avós paternos e avós maternos); como frequentemente disputam a tutela, falta um critério legal para a decisão, ao contrário do Código revogado que era mais minucioso na gradação: avô paterno, avô materno, avó paterna, avó materna, sempre um na falta do outro. É certo que o juiz pode alterar a ordem, inspirado no melhor interesse do tutelando. Mais conveniente seria, entretanto, que lhe fosse de pronto oferecido um esquema legal, para que decida com mais segurança. Tal como ficam, pode vir a prevalecer a simpatia pessoal, ou a produção de provas que nestes casos são terrivelmente emocionais. Excluiu, portanto, a nomeação de parentes afins. Deverá prevalecer na decisão do juiz, também nesta hipótese, o melhor interesse do tutelando.

Ressalta-se o entendimento da 4ª Turma do STJ, no julgamento do REsp 1.449.560/RJ,[11] ao analisar caso de disputa judicial entre avós paternas e maternas, residentes em países diversos, pela tutela de neto, que possuía dupla nacionalidade e se tornara órfão em razão de acidente de trânsito ocorrido no Brasil, no qual os pais restaram fatalmente vitimados.

A tutela havia sido, originariamente, atribuída ao tio materno residente no Brasil. No entanto, por problemas de saúde, houve pedido de escusa do encargo pelo tio, o

---

10 Antônio Carlos Mathias Coltro, "Da Tutela e da Curatela", in *Manual de Direito das Famílias e das Sucessões*, Belo Horizonte: DelRey/Mandamentos, 2008, pp. 351-352.
11 STJ, 4ª Turma, REsp 1.449.560/RJ, Rel. Min. Marco Buzzi, julg. em 19.08.2014, *DJe* 14.10.2014.

que ocasionou a disputa pela tutela entre a avó materna, brasileira, e a avó paterna, francesa. Inicialmente, foi proferida decisão no sentido do compartilhamento da tutela entre as avós, mantendo-se a criança no Brasil, mas a avó paterna interpôs apelação, que foi provida pelo Tribunal de Justiça, com a determinação de repatriamento imediato da criança, com fundamento na Convenção de Haia. A avó materna interpôs, então, recurso especial, buscando a manutenção da criança no Brasil.

Os ministros reconheceram a inaplicabilidade da Convenção de Haia, no caso, porque não haviam sido preenchidos os requisitos de seu art. 3º, não havendo violação de guarda, que era exercida plenamente por ambos os pais na época da chegada da criança ao Brasil, e nem direito de guarda em favor da avó paterna. Considerando que o objeto da demanda não era o cumprimento de obrigação fundada em tratado internacional, não haveria que se falar em pedido de busca e apreensão promovido pela União, com fundamento na Convenção de Haia, já que o que se discutia era a tutela da criança.

A Turma, com base no princípio do melhor interesse da criança e no parecer psicossocial e em laudos médicos, que recomendaram a manutenção da criança no Brasil, sob pena do risco de regresso em seu tratamento, ante a possível ruptura da recuperação não apenas física mas também emocional, caso interrompido o tratamento do paciente e se rompidos, outra vez, os relacionamentos já estruturados, decidiu pela manutenção da criança no Brasil, aos cuidados da avó materna, a quem foi concedida a tutela.

II – Aos colaterais até terceiro grau, preferindo os mais próximos aos mais remotos, e, no mesmo grau, os mais velhos aos mais moços; em qualquer dos casos, o juiz escolherá entre eles o mais apto a exercer a tutela em benefício do menor (inciso II do art. 1.731).

O Código do 2002 alterou, substancialmente, o critério de preferência para o exercício da tutela entre parentes consanguíneos. Também aqui faltou a boa orientação, pois é mais conveniente recair a tutela, preferencialmente, em irmão bilateral sobre unilateral. Na omissão do Código, a competição acirra-se, e o prejudicado é a criança ou o adolescente. A seriação anterior consagrada em lei, segundo velha tradição que era encarecida pelos civilistas, esclarecendo-a inspirada na expectativa da sucessão (*propter spem succedendi*), para os que buscavam apoio na *Novela* 118, Capítulo 5 – *secundum gradum et ordinem quo ad hereditatem vocatur.*[12] A cláusula final do inciso II do art. 1.731 permite ao juiz escolher "o mais apto a exercer a tutela". Prevalecendo o interesse do tutelando, pode o juiz escolher aquele que demonstre maior afinidade e afetividade com a criança ou adolescente, como prevê § 2º do art. 28 do Estatuto da Criança e do Adolescente.

Tutela dativa. Na forma do art. 1.732, compete ao juiz a nomeação de tutor: I – na falta de tutor testamentário ou legítimo; II – quando estes forem excluídos ou escusados da tutela; III – quando removidos por não idôneos o tutor legítimo e o testamentário.

---

12 Lafayette, *Direitos de Família*, § 146; Lobão, *Notas a Mello*, Livro II, Tít. XI, § 12.

Em qualquer desses casos, cabe ao juiz nomear tutor pessoa idônea, e residente no domicílio do menor de idade. Devem ser atendidas também as "disposições gerais" para colocação em família substituta previstas nos arts. 28 a 32 do Estatuto da Criança e do Adolescente. A tutela dativa terá, ainda, cabimento, se o juiz, em face da competição entre os parentes consanguíneos referidos no artigo anterior, convencer-se de que os interesses do tutelado serão mais bem acautelados se forem confiados a um estranho, com as qualidades aqui referidas.

Pode o Juiz, temporariamente, conceder a guarda com representação legal (§ 2º do art. 33, ECA), atendidas as disposições do art. 28 do Estatuto da Criança e do Adolescente até que ocorra a nomeação de tutor definitivo.

Na forma do art. 1.733, aos irmãos órfãos dar-se-á um só tutor. Mas, no caso de mais de um serem nomeados, entende-se que deverão servir na ordem da designação. Dentro do critério estabelecido no § 1º, entende-se que a tutela foi cometida ao primeiro, e que os outros lhe sucederão pela ordem de nomeação, se ocorrer morte, incapacidade, escusa ou qualquer outro impedimento. Aplica-se esta regra apenas à tutela testamentária. Alerte-se para o art. 1.778 do Código ao estabelecer que a autoridade do curador estende-se à pessoa e aos bens dos filhos do curatelado. Isto significa que o curador estará exercendo as atribuições do tutor, enquanto estes forem menores. Sendo a tutela uma das formas de família substituta, admitir-se-á excepcionalmente, a nomeação de mais de um tutor entre irmãos, atendidas as conveniências ou preferências familiares, prevalecendo o interesse dos mesmos.

Prevê o § 2º do art. 1.733 que aquele que instituir um menor herdeiro, ou legatário seu, poderá nomear-lhe *curador especial* para os bens deixados, ainda que o beneficiário se encontre sob o poder familiar, ou tutela. Não se trata do curador especial do art. 72 do Novo CPC (art. 9º do Código de Processo Civil de 1973) ou do art. 1.692 do Código Civil de 2002; convive com o poder familiar e com a tutela. É lícito ao instituidor designar administrador dos bens deixados, a quem caberá, tão somente, a administração dos bens, respeitados, quanto ao mais, os poderes e atribuições do pai ou mãe, e do tutor já existente.

A Lei nº 12.010/2009 alterou o art. 1.734 do Código Civil de 2002, que passou a vigorar com a seguinte redação: "As crianças e os adolescentes cujos pais forem desconhecidos, falecidos ou que tiverem sido suspensos ou destituídos do poder familiar terão tutores nomeados pelo Juiz ou serão incluídos em programa de colocação familiar, na forma prevista pela Lei nº 8.069, de 13 de julho de 1990". O Estatuto da Criança e do Adolescente regulamentou a colocação da criança e do adolescente em programas de acolhimento familiar, tendo a Lei nº 12.010/2009 também alterado o art. 101 para regular de forma mais ampla a medida.

O Estatuto caracteriza o acolhimento institucional e o acolhimento familiar como medidas provisórias e excepcionais, utilizáveis como forma de transição para reintegração familiar ou, não sendo esta possível, para colocação em família substituta, não implicando privação de liberdade (art. 101, § 1º). A competência para o afastamento da criança ou adolescente do convívio familiar é exclusiva da autoridade judiciária e importará na deflagração, a pedido do Ministério Público ou de quem tenha legítimo interesse, de procedimento judicial contencioso, no qual se garanta aos pais ou ao responsável legal o exercício do contraditório e da ampla defesa, sem prejuízo da tomada de medidas emergenciais para proteção de vítimas de violência ou abuso sexual e das providências a que alude o art. 130 (art. 101, § 2º).

A entidade responsável pelo programa de acolhimento institucional ou familiar, imediatamente após o acolhimento da criança ou do adolescente, deverá elaborar um plano individual de atendimento, visando à reintegração familiar, ressalvada a existência de ordem escrita e fundamentada em contrário de autoridade judiciária competente, caso em que também deverá contemplar sua colocação em família substituta (art. 101, § 4º). Este plano será elaborado sob a responsabilidade da equipe técnica do respectivo programa de atendimento e deverá levar em consideração a opinião da criança ou do adolescente e a oitiva dos pais ou do responsável (art. 101, § 5º).

O acolhimento familiar ou institucional deverá ocorrer no local mais próximo à residência dos pais ou do responsável e, como parte do processo de reintegração familiar, sempre que identificada a necessidade, a família de origem será incluída em programas oficiais de orientação, de apoio e de promoção social, sendo facilitado e estimulado o contato com a criança ou com o adolescente acolhido (art. 101, § 7º). Verificada a possibilidade de reintegração familiar, o responsável pelo programa de acolhimento familiar ou institucional fará imediata comunicação à autoridade judiciária, que dará vista ao Ministério Público, pelo prazo de cinco dias, decidindo em igual prazo (art. 101, § 8º). Ressalta-se que a Lei nº 13.509/2017 alterou o § 10 do art. 101 do ECA para prever o prazo de 15 dias (anteriormente de 30 dias) para o Ministério Público ingressar com a ação de destituição do poder familiar, salvo se entender necessária a realização de estudos complementares ou de outras providências indispensáveis ao ajuizamento da demanda.

A autoridade judiciária deverá manter, em cada comarca ou foro regional, um cadastro contendo informações atualizadas sobre as crianças e adolescentes em regime de acolhimento familiar e institucional sob sua responsabilidade, com informações pormenorizadas sobre a situação jurídica de cada um, bem como as providências tomadas para sua reintegração familiar ou colocação em família substituta (art. 101, § 11).

A proposta estatutária é direcionada para a excepcionalidade e para a brevidade/temporalidade da permanência de criança e adolescente nos programas de acolhimento, devendo sua situação ser avaliada, no máximo, a cada seis meses (art. 19, § 1º, do ECA). A permanência da criança e do adolescente em programa de acolhimento institucional não deve se prolongar por mais de 18 meses, salvo comprovada necessidade que atenda ao seu superior interesse, devidamente fundamentada pela autoridade judiciária, conforme redação dada ao art. 19, § 2º, pela Lei nº 13.509, de 22 de novembro de 2017. As nomenclaturas "recolhimento" e "abrigo" foram substituídas pela ideia de "acolhimento", ressaltando-se o novo propósito a que se direcionam os programas de acolhimento familiar e institucional de atender ao melhor interesse da criança e do adolescente. O objetivo é reduzir o número de crianças e adolescentes afastados do convívio familiar e abreviar o período de permanência em programa de acolhimento.

Com a adoção da Doutrina Jurídica da Proteção Integral e diante dos novos paradigmas adotados após a Constituição de 1988, "acolhem-se" crianças e adolescentes em situação de risco. Tratando-se de "pessoa que voluntária e gratuitamente acolha e se encarregue da criação" de uma criança ou de um jovem, ficará ela sujeita aos princípios e procedimentos do "Estatuto". O ideal é que essa tutela complete-se com a adoção.

A tutela do art. 1.734 também pressupõe a morte dos pais ou a perda ou suspensão do poder familiar dos mesmos. Dar-se-á na hipótese de falta ou omissão dos pais (art. 98, II, ECA), inclusive, quando os pais deixam o filho a ermo, carente de cuidados e atenções.[13]

Desapareceu de nosso direito a tutela chamada *"precária"*, que era dada aos filhos de mãe bínuba. Hoje permanecem eles sob o poder familiar da mãe (*vide* nº 416, *supra*).

A Organização e Divisão Judiciária dos Estados determina a competência do Juízo para a Tutela vinculado às hipóteses do art. 98 do Estatuto da Criança e do Adolescente.[14]

420. INCAPACIDADE E ESCUSAS

Em princípio, a lei não estabelece exigências especiais para a investidura na tutela. O nosso direito anterior ao Código de 1916 afastava as mulheres de modo geral (salvo a avó, quando viúva honesta), bem como os doutores em direito ou medicina.[15] Hoje, não pode ser deferida a quem não tenha condições para o seu exercício (art. 1.735), o que o Código define como "incapacidade" para a tutela, embora mais rigorosamente se deva dizer "impedimento".

Excluem-se, portanto:

I – Os *que não tiverem o livre exercício de seus bens* (inciso I do art. 1.735). Faltando-lhes este, não seria razoável se lhes defira a administração dos bens de um menor. Exemplo clássico é o do menor de idade, que, não tendo a administração de seus próprios bens, não pode ser nomeado tutor.[16]

II – *Aqueles que, no momento de lhes ser deferida a tutela, se acharem constituídos em obrigação para com o menor, ou tiverem que fazer valer direitos contra este, e aqueles cujos pais, filhos ou cônjuges tiverem demanda contra o menor* (inciso II do art. 1.735).

Isto significa que os que tiverem qualquer conflito de interesses com aquele que pretende acolher como tutelado, seja por se acharem constituídos em obrigação para

---

13 Pontes de Miranda, *Direito de Família*, § 180.
14 *Vide* os comentários do artigo 1.734 da obra coletiva *O Novo Código Civil: Direito de Família*, coordenada por Heloisa Maria Daltro Leite, Rio de Janeiro, Freitas Bastos, 2002, pp. 464-468.
15 Clóvis Beviláqua, *Direito de Família*, § 81.
16 Planiol, Ripert *et* Boulanger, *Traité Élémentaire*, nº 2.052.

com este, ou tiverem de fazer valer direitos contra ele; seja por o estarem demandando seus pais, filhos ou cônjuge, estão excluídos da tutela. No curso da tutoria, é vedado ao tutor constituir-se cessionário de crédito, ou de direito, contra o pupilo. A consequência de transgressão dos preceitos será a sua inaptidão para exercer ou continuar exercendo o encargo. Pode ocorrer que o tutor, antes de assumir o munus, fosse credor do pretenso tutelado (art. 1.751). Fica, aqui, ressalvado que, no caso de ter crédito contra ele, é obrigado a declará-lo, cabendo ao juiz decidir se lhe defere ou não o compromisso.

III – *Os inimigos do menor, ou de seus pais, ou que tiverem sido por estes expressamente excluídos da tutela* (inciso III do art. 1.735). Concretas animosidades familiares devem ser comunicadas ao Juiz para serem avaliadas como impeditivos para o exercício da tutela.

IV – *Os condenados por crime de furto, roubo, estelionato, falsidade, contra a família ou os costumes, tenham ou não cumprido pena* (inciso IV do art. 1.735). O art. 99, II, do Código Penal estabelece, como efeito da condenação, a declaração na sentença da incapacidade do condenado para o exercício da tutela se um dos crimes ali previstos for cometido contra o tutelado.

V – *As pessoas de mau procedimento ou falhas em probidade e as culpadas de abuso em tutorias anteriores* (inciso V do art. 1.735).

Os incisos acima preveem hipóteses que envolvem potenciais conflitos de interesses, devendo ser indicados como situações de "impedimento" para o exercício da tutela. Caso se objetivem ou se tome conhecimento após a nomeação do tutor, deverão ser alegadas como fundamento para a destituição, sempre em procedimento contraditório, como determina o art. 38 do Estatuto da Criança e do Adolescente.

Cabe, no entanto, a suspensão do exercício da tutela em procedimento de urgência. Admite-se a nomeação de um "*curador especial*", na forma do art. 1.692, a requerimento do tutelado ou do Ministério Público.

VI – *Aqueles que exercerem função pública incompatível com a boa administração da tutela* (inciso VI do art. 1.735). A escusa se justifica quando em razão de suas atribuições a pessoa não dispuser de tempo para atender àquela criança ou jovem, bem como cuidar de seus interesses. O art. 30 do Estatuto da Criança e do Adolescente determina, inclusive, que o tutelado deverá ficar sob a guarda do tutor, não podendo ser transferido para a companhia de terceiros ou para entidades governamentais ou não governamentais, salvo autorização judicial.

Os impedimentos, arrolados no artigo e que compreendem todas as espécies – tutor testamentário, legal e dativo – inspiram-se em razões de ordem pessoal, de natureza econômica e por incompatibilidade real ou presumida. Cabe ao juiz, de ofício ou por provocação de quem se lhe apresente credenciado, examinar a ocorrência de incapacidade, ouvindo o tutor, se for o caso, e recusar a tutoria ou destituir o que já a exerça. O próprio nomeado pode, e deve, acusar o impedimento. Tratando-se de norma definidora de incapacidade, deve ser interpretada restritivamente – *odiosa restringenda*. Em cada caso, devem ser ponderadas as circunstâncias.

Escusas. A tutoria é múnus público.[17] Seja decorrente de nomeação em testamento, seja deferida pela autoridade judiciária, é sempre exercida por delegação do Estado, que assim encarrega alguém de guardar e defender o órfão.[18]

Não se podem furtar a exercê-la aqueles aos quais não faltem as condições de nomeação e investidura, ou que não incidam nos impedimentos já discriminados. Nosso direito anterior punia o que a recusasse sem justa causa com a perda do direito de suceder ao menor se falecesse este em idade pupilar (*Ordenações*, Livro IV, Tít. 102, § 6º).

O direito codificado não manteve a sanção, limitando, porém, os casos de escusa aos que especialmente menciona no art. 1.736.

Cabe ao convocado alegar a escusa, o que é uma faculdade, a ser exercitada por ele, exclusivamente, não sendo lícita, nem aceitável, a solicitação de outrem, ainda que a pessoa designada se inclua entre as que o artigo menciona.

Poderão, pois, escusar-se:

I – *As mulheres casadas* (inciso I do art. 1.736). No Direito Romano, e no nosso antigo, as mulheres não podiam ter a tutela. Desapareceu a proibição, mas restou a escusa (art. 414, I, CC/1916). Este inciso não mais se justifica considerando o princípio constitucional da igualdade entre o homem e a mulher (art. 5º, I, CF) e entre os cônjuges (art. 226, § 5º, CF). O art. 1.736 do Código Civil inovou ao declarar as mulheres "casadas", sem qualquer menção àquela que vive em união estável.

II – *Os maiores de 60 anos* (inciso II do art. 1.736). Vários Códigos entendem que após essa idade não é razoável exercer impositivamente os ônus da tutoria.

III – *Os que tiverem em seu poder mais de três filhos* (inciso III do art. 1.736). A escusa terá cabimento ainda que este número abranja filhos fora do casamento ou adotivos. Ressalte-se que este número foi reduzido de 5 para 3 pelo novo Código Civil.

IV – *Os impossibilitados por enfermidade* (inciso IV do art. 1.736). Deverá o convocado comprovar que sua moléstia é incompatível com o exercício da tutela.

V – *Os que habitam longe do lugar onde se haja de exercer a tutela* (inciso V do art. 1.736). Sendo a tutela uma das modalidades de família substituta, deverá ter preferência aquele que tiver com o tutelando maiores afinidades e afetividades (§ 2º do art. 28, ECA). Residindo em lugares diversos, tutelando e tutelado terão maiores dificuldades de adaptação na convivência familiar.

VI – *Os que já estiverem no exercício de tutela ou curatela*. A cumulação de atribuições justifica a escusa (inciso VI do art. 1.736).

VII – *Os militares em serviço* (inciso VII do art. 1.736). As periódicas transferências levaram o legislador de 1916 a incluir a escusa dos militares em serviço, hoje abrangendo homens e mulheres. A nomeação recaindo em quem não seja parente da

---

17 Clóvis Beviláqua, ob. cit., § 82.
18 Lafayette, *Direito de Família*, § 144; Mello Freire, *Institutiones Iuris Civilis Lusitani*, Livro II, Título XI, § 15.

criança ou do adolescente, poderá recusar o *munus,* se no lugar houver parente idôneo, consanguíneo ou afim, em condições de exercê-la, como prevê o art. 1.737. O conceito de idoneidade deve abranger, inclusive, as "incapacidades" arroladas nos incisos II a V do art. 1.735. A referência aos afins é uma incongruência do Código, já vinda do Código anterior. Se pelo art. 1.731 apenas os parentes consanguíneos são tutores "legítimos", não se justifica sejam os parentes afins obrigados a aceitar, em substituição ao que for nomeado. A escusa fundada neste artigo é *ratione loci.* Não basta a existência de parente em condições de exercer a tutoria. É mister resida no lugar.

O Código incide na mesma falha anterior. O prazo de dez dias conta-se, não da designação, porém do dia em que for intimado dela. O nomeado tem o dever de apresentar a escusa, no decêndio da lei. Não o fazendo, incorre no que dispõe o art. 1.739. O juiz apreciará a alegação, e da sentença que a julgar improcedente caberá recurso, com efeito somente devolutivo, cumprindo então ao nomeado exercer a tutela enquanto não for provido o seu apelo à instância superior.[19]

Ressalta-se que o art. 760 do CPC/2015, na esteira do art. 1.192 do CPC/1973, prevê um prazo de cinco dias para a apresentação da escusa, diferentemente do que é estabelecido pelo Código Civil. Neste sentido, Tartuce sustenta que, como o Novo CPC é norma posterior e mais especial que o Código Civil, "parece que sobre ela prevalece, havendo uma revogação tácita, nos termos do art. 2º da Lei de Introdução, notadamente por tratar inteiramente da mesma matéria".[20]

A nomeação do tutor impõe-lhe os deveres do cargo desde o momento em que é intimado. Conforme estabelecido no art. 1.739, fica responsável por qualquer dano que o pupilo venha sofrer. Assim será, se aceitar o *munus.* E assim também será se, escusando-se, o juiz não acolher a sua alegação, e até que, em instância superior, seja provido o recurso que manifestar, o qual não tem efeito suspensivo. A disposição é rigorosa, porém justifica-se pelo fato de não poderem os direitos e interesses do menor ficar ao desamparo, na pendência de uma decisão judicial.

421. Exercício de tutela. Garantia. Bens de órfãos

A função tutelar assemelha-se à *patria potestas,* mas não se identifica com ela. Acusa mesmo, em alguns aspectos, sensíveis diferenças.

Na sua visão panorâmica, a ideia de tutela se prende à de alguém que, não sendo pai do menor, assume-lhe as vezes, e desde o Direito Romano se salientavam as incumbências de guarda, protetor e defensor dele (*Digesto,* Livro 26, Tít. I, § 1º): "*tutores autem sunt, qui eam vim ac potestatem habent: exque re ipsa nomem ceperunt itaque appelantur tuttores, quasi 'tutores', atque 'defensores'*").

Não recepcionou o Código de 2002 a regra do art. 422 do Código de 1916 ao determinar que *incumbia ao tutor, sob a inspeção do juiz, reger a pessoa do menor*

---

19 Cf., sobre incapacidade e escusas: Mazeaud, Mazeaud *et* Mazeaud, *Leçons,* v. I, nº 1.278.
20 TARTUCE, Flávio. *O novo CPC e o Direito Civil.* Rio de Janeiro: Forense; São Paulo: Método, 2015, p. 450.

e velar por ele e administrar-lhe os bens. O tutor recebe o tutelado *in foco filii.* E é como se fosse filho que o pupilo deve ser tratado. O primeiro dever – reger a vida e zelar por ele – está implícito no exercício da tutela. Cabe-lhe zelar pelo pupilo, aplicando na administração do patrimônio dele, todos os cuidados de um homem de negócios leal e honesto. Embora a tutoria imite o poder familiar, distancia-se deste em muitos pontos.

O art. 1.740 indicou as atribuições relativas à pessoa do tutelado.

I – *Dirigir-lhe a educação, defendê-lo e prestar-lhe alimentos, conforme os seus haveres e condição* (inciso I do art. 1.740). Como no poder familiar, cabe ao tutor a direção pessoal do tutelado, sua educação e defesa, prestação de alimentos. A doutrina salienta que a obrigação mais importante da tutela é a assistência, a educação, a direção moral do pupilo.[21] É seu dever proporcionar-lhe o ensino fundamental, matriculando-o, obrigatoriamente, na rede regular de ensino (art. 55, ECA) e capacitá-lo para desenvolver aptidões para a vida produtiva através da formação profissional (art. 39 da Lei nº 9.394/1996). A instrução de ensino médio e superior depende de suas condições econômicas e sociais. Como o titular da guarda, o tutor obriga-se, também, à prestação de assistência material e moral, podendo opor-se a terceiros, inclusive aos pais, quando suspenso ou extinto o poder familiar (art. 33, ECA).

II – *Reclamar do juiz que providencie, como houver por bem, quando o menor haja mister correção* (inciso II do art. 1.740).

O tutor não pode aplicar castigos físicos ao pupilo, devendo circunscrever-se a punições de caráter moral.[22] Alerte-se para a hipótese de *correção,* mesmo autorizada pelo juiz. Não se admitirão maus-tratos, o que poderá ser denunciado por qualquer pessoa ao Conselho Tutelar e ao Ministério Público, devendo ser imediatamente afastado o tutor de suas funções (art. 130, ECA).

III – *Adimplir os demais deveres que normalmente cabem aos pais, ouvida a opinião do menor, se este já contar doze anos de idade* (inciso III do art. 1.740).

Como o titular do *patria potestas,* guardadas as necessárias ressalvas, cumpre ao tutor o que fazem os pais, admitindo-se ouvir a opinião do pupilo que seja maior de doze anos. Adotou o legislador civil a orientação do "Estatuto" no sentido de permitir que o pupilo opine sobre seus interesses na tutela.

Diversamente do poder parental, o seu exercício efetua-se sob inspeção judicial (art. 1.741), em relação à administração do patrimônio e aos demais aspectos desta representação e assistência, bem como no que concerne às medidas corretivas necessárias.

Outra diferença conceitual: embora possa prolongar-se a tutoria por mais tempo, e até por toda a menoridade do pupilo, a tutela é temporária; o tutor é obrigado a servir por espaço de dois anos. Demais disso, envolve encargos e deveres para o tutor, que não é obrigado a manter-se indefinidamente nessa situação. Entende-se que o tutor é sempre nomeado a termo, que o presente artigo, repro-

---

21 Clóvis Beviláqua, *Direito de Família,* § 84; Pontes de Miranda, *Direito de Família,* § 174.
22 Silvio Rodrigues, *Direito Civil: Direito de Família,* São Paulo, Saraiva, 2002, p. 443.

duzindo congênere do Código revogado, estabelece em dois anos, findos os quais termina a função tutelar. Não é obrigado a continuar, é lícito ao tutor permanecer no exercício da tutela, se assim quiser. Neste caso, o juiz o manterá, se lhe parecer conveniente ao tutelado.

O art. 1.741 do Código Civil de 2002 refere-se aos deveres de zelo e boa-fé por parte do tutor na administração do patrimônio do tutelado, sempre sob a inspeção do juiz. Zelo e boa-fé são sinônimos de dedicação e proteção, seriedade e dignidade, requisitos pata o tutor desenvolver seu múnus público da mesma forma como um pai exerce o seu poder familiar.[23]

O Código de 2002 também inovou ao prever no art. 1.742 a possibilidade de o juiz nomear um "protutor" para exercer fiscalização dos atos do tutor. O "protutor" tem direito, inclusive, a uma gratificação módica (§ 1º do art. 1.752). Para fiscalizar os atos do tutor, buscou o legislador civil a experiência do direito português, incluindo regra semelhante.

O Código Civil não estabeleceu o âmbito de sua competência, deduzindo-se que terá a responsabilidade de informar ao juiz eventuais irregularidades na administração dos bens do tutelado, bem como outras situações que revelem dificuldades na convivência do tutor com o pupilo.

A figura do "protutor" não merece ser aplaudida. Em outros sistemas jurídicos, como o francês, existe o cotutor, que exerce funções ao lado do tutor, ou conjuntamente com ele.[24] No Direito Italiano, que conhece o "protutor", não é este nem substituto, nem um vigilante do tutor.[25] É chamado a intervir quando surge um conflito entre os interesses do tutor e do tutelado, ou quando ocorra a vacância da tutoria.

Alerte-se, no entanto, para o fato de que ao criar a função de fiscalizar os atos do tutor, poderá em verdade, engendrar conflitos que percutem inevitavelmente sobre o pupilo, reclamando a presença do juiz para dirimir desentendimentos.

Ao protutor incumbe a função precípua de fiscalizar os atos praticados pelo tutor, fornecendo ao menor e aos seus bens mais garantias e proteção. Este trabalho deverá ser exercido em conjunto com o de supervisão do próprio juiz. A nomeação do protutor ocorrerá a critério do juiz, quando convier aos interesses maiores do menor, sendo destarte, facultativo. A atuação do protutor se limita à inspeção do trabalho desenvolvido pelo tutor, não lhe autorizando auxiliá-lo no desempenho do múnus público atribuído com exclusividade a este último. O protutor será escolhido da mesma maneira como é selecionado o tutor e poderá receber remuneração por seu trabalho na forma do que dispõe o parágrafo 2º do art. 1.572 do Código Civil de 2002.[26]

---

23 Milton Paulo de Carvalho Filho, *Código Civil Comentado: Doutrina e Jurisprudência* (coord.: Ministro Cezar Peluso), São Paulo, Manole, 2008, p. 1.890.
24 Planiol, Ripert *et* Boulanger, Mazeaud.
25 Trabucchi, Ruggiero e Maroi, Barassi.
26 Milton Paulo de Carvalho Filho, ob. cit., p. 1.891.

Ressalta-se que, não obstante a existência da figura do protutor, a doutrina vem se inclinando a admitir o exercício compartilhado da tutela. Nesse sentido, observa Rolf Madaleno: "Veja-se que o próprio Código Civil brasileiro admite a administração por uma terceira pessoa de certos bens dos filhos que seguem sob o poder familiar (CC, art. 1.693), havendo, em tese, a conveniência da aplicação de uma tutela conjunta não somente nessas hipóteses referidas no artigo 1.693 do Código Civil, mas, também, sempre que o juiz não encontrasse no tutor unipessoal as características necessárias para a administração dos bens do pupilo, (...) podendo, na atualidade, ser aplicado por analogia à curatela o artigo 1.775-A do Código Civil, acrescido ao sistema jurídico brasileiro pelo Estatuto da Pessoa com Deficiência".[27] Sendo a tutela considerada "família substituta" no ECA, é oportuno poder atribuir a tutela a casais (cônjuges ou companheiros) atendidos os ditames do parágrafo único do art. 25 do Estatuto, que determina que o acolhimento à família extensa deve priorizar as pessoas com quem a criança e o adolescente mantêm vínculos de afinidade e afetividade, certo também que deverá ser atendida a ordem do art. 1.731 do CC.

O exercício da tutela exige a permanente manifestação do Ministério Público.

A experiência demonstrará os inconvenientes desta inovação, cabendo ao juiz reduzir ao mínimo o poder que lhe confere o Código de 2002. Declarou, ainda, o art. 1.743 que "se os bens e interesses administrativos exigirem conhecimentos técnicos, forem complexos, ou se se realizarem em lugares distantes do domicílio do tutor, poderá este, mediante aprovação judicial, delegar a outras pessoas físicas ou jurídicas o exercício parcial da tutela".

Esta regra constitui inovação na dogmática civil, ao autorizar a delegação parcial da tutela, diante da complexidade da administração, a distância ou outros fatores em virtude dos quais torne difícil o exercício do encargo, ou lhe imponha sacrifícios exagerados. Em assim ocorrendo, poderá o tutor, com aprovação judicial, contratar um técnico ou solicitar a cooperação de pessoa física ou jurídica, às expensas dos rendimentos do pupilo.

O Código Civil sistematizou de forma diferenciada a responsabilidade do juiz na tutela, estabelecendo no art. 1.744 sua obrigação direta e pessoal se não nomear o tutor ou não o fizer oportunamente; sua responsabilidade será subsidiária, quando não tiver exigido garantia legal do tutor, nem o remover tão logo se apresentem elementos indicativos de sua suspeição.

Aplicam-se as regras genéricas do art. 143 do Novo CPC (art. 133 do Código de Processo Civil de 1973) relativas à responsabilidade do juiz. Carvalho Santos indica a negligência do juiz ou sua indiferença ante um tutor desidioso, prevaricador ou a se revelar inepto, casos que obrigam a remoção imediata do tutor.[28]

É um dever impostergável do juiz nomear tutor nos casos previstos. Se não cumpre o seu dever, ou por deixar de nomeá-lo, ou por retardar o ato designativo, comete falta funcional pela qual responde direta e pessoalmente. Se chega ao seu co-

---

27 Rolf Madaleno, *Direito de Família* 7. ed. Rio de Janeiro: Forense, 2017, p. 1217.
28 J. M. de Carvalho Santos, *Código Civil Brasileiro Interpretado*, pp. 276-277.

nhecimento que o tutor nomeado (não importa se testamentário, legítimo ou dativo) descumpre as suas obrigações, na administração da pessoa ou dos bens do tutelado, e não o remove de pronto, responde subsidiariamente pelos danos consequentes. A legitimidade para promover os procedimentos pertinentes além do Ministério Público cabe a quem demonstre legítimo interesse, nos termos da lei processual.

Ao entrar em exercício, mediante compromisso de bem gerir a tutela,[29] prestado perante o juiz, lavra-se um termo especificado dos bens e valores do menor, ainda que os pais o tenham dispensado (art. 1.745). Este será o "título" para o tutor que tenha, nas relações com terceiros, de provar a sua qualidade.

O tutor assume a responsabilidade pelo patrimônio do pupilo, por tempo que pode ser longo, e, consequentemente, tem o dever de assegurar-lhe uma garantia, bem como separar muito nitidamente o patrimônio próprio dos bens do tutelado. Ao assumir o encargo, receberá os bens do pupilo minuciosamente descritos e avaliados, mediante termo que o especificará. Sendo princípio de ordem pública, não pode ser dispensada a providência, nem pelo juiz, nem pelos pais, se tiverem feito estes a nomeação.[30]

Cabe ao juiz determinar o levantamento discriminativo dos bens do tutelado, lavrando-se termo, que compreenderá a referência dos imóveis pelo título e pela descrição com todos os elementos identificadores, e dos valores mobiliários individualmente. O termo assinado é o elemento básico de sua responsabilidade, sem embargo dos acrescidos que advierem no curso da tutela. Se possuir bens, o tutelado será mantido às suas próprias expensas, arbitrando o juiz a soma necessária, segundo as suas posses, se o pai ou a mãe não a houver taxado.

Destaque-se que o Código Civil de 2002 não se refere à especialização de hipoteca legal, ao condicionar o exercício da tutela à *prestação de caução*. O art. 1.745 admite a dispensa da garantia se o tutor for de reconhecida idoneidade. O Estatuto da Criança e do Adolescente, buscando priorizar a proteção dos menores de 18 anos e considerando que a grande maioria das tutelas no Brasil envolve a população de baixa renda para quem, na maioria das vezes, resta buscar minguadas pensões previdenciárias, introduziu inovado sistema de garantia para a tutela.

O art. 37 do Estatuto da Criança e do Adolescente, com a nova redação estabelecida pela Lei nº 12.010/2009, dispensou a mencionada garantia. Reportando-se ao parágrafo único do art. 1.729 do Código Civil, o legislador de 2009 determinou que o tutor, nomeado por testamento ou qualquer documento autêntico, deverá, no

---

29 Francesco Degni, *Il Diritto di Famiglia*, p. 432.
30 Neste sentido: Art. 759, CPC/2015: *"O tutor ou o curador será intimado a prestar compromisso no prazo de 5 (cinco) dias contado da:*
I – nomeação feita em conformidade com a lei;
II – intimação do despacho que mandar cumprir o testamento ou o instrumento público que o houver instituído.
§ 1º O tutor ou o curador prestará o compromisso por termo em livro rubricado pelo juiz.
§ 2º Prestado o compromisso, o tutor ou o curador assume a administração dos bens do tutelado ou do interditado".

prazo de 30 (trinta) dias após a abertura da sucessão, ingressar com pedido destinado ao controle judicial do ato, observando o procedimento previsto nos arts. 165 a 170, ECA. Estabelece, ainda, o parágrafo único do art. 37, ECA (com a nova redação estabelecida pela Lei nº 12.010/2009), que "na apreciação do pedido serão observados os requisitos previstos nos arts. 28 e 29, ECA, e que somente será deferida a tutela à pessoa indicada na disposição de última vontade, se restar comprovado que a medida é vantajosa ao tutelando e que não existe outra pessoa em melhores condições de assumi-la".

Estabelece o art. 1.746 que, "se o tutelado possuir bens, será mantido às suas próprias expensas, arbitrando o juiz a soma necessária, segundo as suas posses, se o pai ou a mãe não a houver taxado". Se forem rentáveis, sua educação e criação serão custeadas a expensas de seu patrimônio, mediante autorização do juiz, e fixação da quantia a isto destinada. A taxação variará proporcionalmente às necessidades, sendo lícito aos pais estipulá-la, desde logo, no instrumento da designação, ou competindo ao juiz se não o tiverem feito.

Se o pupilo possuir bens não rentáveis, poderá o juiz autorizar a venda de quantos bastem para, com o investimento do produto, custear o tutor a criação e educação do tutelado. Não possuindo bens próprios, poderá o juiz obter para o tutelado, alimentos fornecidos por parentes aos quais caiba este dever.

A Lei nº 9.528/1997 autoriza o tutelado a ser incluído como dependente na Previdência Social, apresentando àquele órgão a certidão da tutela ou, pelo menos demonstrando que já deu início ao procedimento, devendo ser respeitadas as situações contratuais das previdências privadas.

Ao fixar a competência do tutor, o Código Civil, seguindo basicamente a orientação anterior, distinguiu as responsabilidades de natureza pessoal, daquelas que priorizam os interesses materiais do tutelado.

Na forma do art. 1.747, cabe ao tutor:

I – *Representar o pupilo até os 16 anos e assisti-lo a partir dessa idade até os 18 anos, quando atinge a maioridade civil*. O *munus* tutelar procura imitar as relações inerentes ao poder familiar com as ressalvas, restrições e cautelas, peculiares à situação. Não é sem razão que o Direito Romano, em alusão aos poderes que lhe assistiam, qualificava os tutores de "defensores".

II – *Receber as rendas e pensões do menor, e as quantias a ele devidas*.

III – *Fazer-lhe as despesas de subsistência e educação, bem como as de administração, conservação e melhoramentos de seus bens*. Nesses atos coloca a lei o que se poderá designar como administração ordinária. É o que os romanos resumiam nas ideias de autoridade sobre a pessoa e gerência dos bens (*auctorias et gestio*). Mas a gestão moderna da fazenda do menor acha-se permanentemente sob vigilância judicial.[31] Cabe ao tutor receber as quantias que a qualquer título lhe sejam devidas e com elas prover à criação e educação do pupilo, dentro dos limites do que for taxado

---

31 Francesco Degni, *Il Diritto di Famiglia*, p. 432.

pelos pais ou pelo juiz, e na proporção e medida da situação econômica e social do tutelado. Com recursos deste, deve custear a administração, conservação e melhoramentos do patrimônio.

IV – *Alienar os bens do menor destinados à venda.* Nesta hipótese, a disponibilidade de bens não está sujeita à expressa autorização judicial. Tratando-se de bens que por sua natureza se destinam à alienação, como os produtos de propriedade agrícola ou pecuária, cabe ao tutor promovê-la independentemente de prévia autorização judicial. Nessas condições acham-se os bens que os pais, no instrumento de nomeação, ou em outras disposições testamentárias, houverem determinado sejam vendidos e todos os bens de consumo. Situação diversa do usufruto decorrente do poder familiar, previsto no art. 1.689, onde se presume que os pais estão utilizando os bens e recursos dos filhos em benefício deles, o tutor deve incluir em sua prestação de contas o resultado da venda dos bens anteriormente indicados.

V – *Promover-lhe, mediante preço conveniente, o arrendamento de bens de raiz.* O tutor pode promovê-lo, independentemente de autorização especial. O Código de 1916, num excesso de cautela, exigia hasta pública (art. 427, V), embaraçando sobremaneira a administração, e onerando-a de tal modo que o aluguel se tornava, muitas vezes, ruinoso. Cabe ao tutor apreciar a conveniência do valor das locações, sob sua responsabilidade, e subordinado às consequências de eventual má administração. O resultado financeiro deverá ser utilizado pelo tutor em benefício do pupilo e será objeto de prestação de contas.

Fora desses atos, necessita de autorização do juiz (art. 1.748) para:

I – *Pagar as dívidas do menor.* O pagamento das dívidas contraídas pelo tutelado envolve o controle do tutor, para evitar seja explorada a sua inexperiência e falta de amadurecimento. Não se incluem nesta alínea as despesas de subsistência e educação, ou a elas correlatas.

II – *Aceitar por ele heranças, legados ou doações, ainda que com encargos.*

A aceitação de herança ou legado, bem como as doações puras deveriam dispensar outorga judicial, porque não trazem risco de comprometimento do patrimônio, porém apenas benefícios. A norma, entretanto, mantém-se mais por amor à tradição. Quanto às doações com encargo, efetivamente, cabe ao juiz decidir se convém sejam recebidas.

III – *Transigir.* Toda transação envolve concessões recíprocas, não podendo o tutor efetuá-la sem autorização do juiz.

IV – *Vender-lhe os bens móveis, cuja conservação não convier, e os imóveis nos casos em que for permitido.* A venda de bens móveis que não sejam os de consumo ou destinados à alienação requer a prévia outorga do juiz. No regime do Código revogado, a alienação dos móveis, como dos imóveis, somente se fazia em praça. O Código de 2002 dispensa este requisito formal, o que para os imóveis não deve ser dispensado, como forma de melhor acautelar o patrimônio do tutelado. Nos termos do inciso IV, o tutor que pretenda vender imóvel do pupilo requerê-lo-á ao juiz, demonstrando a conveniência. Apurado que ocorre manifesta vantagem, o juiz determinará sua avaliação, e por preço não inferior a esta, autoriza a venda.

A vantagem da alienação será objeto de apreciação do juiz, apontando a doutrina, exemplificativamente, algumas hipóteses: necessidade de prover a subsistência e educação do menor, quando não houver disponibilidade de renda; pagamento de dívida; deterioração do imóvel; pouca ou nenhuma rentabilidade dele, contraposta a seus encargos tributários ou condominiais: extinção de condomínio inconveniente; determinação do doador ou testador; ou outra razão que ostensivamente o justifique.[32] A proibição para venda estende-se à permuta, que estará sujeita às mesmas exigências, acrescidas de que a avaliação deve compreender os bens do tutelado e os que por ele serão trocados.

V – *Propor em juízo as ações, ou nelas assistir o menor, e promover todas as diligências a bem deste, assim como defendê-lo nos pleitos contra ele movidos*. O tutor deve propor as ações e medidas judiciais, e ainda defender o tutelado naquelas em que seja réu. Se o menor passar a outro tutor, tem este qualidade para tomar esta iniciativa, como representante.

A propositura da ação ou medida cautelar nem sempre pode subordinar-se à prévia aprovação. Não sendo de caráter urgente, o artigo a exige. A exigência de outorga do juiz, para defender o menor nas ações para as quais seja citado, é um luxo descabido, pois que ao autor, no cumprimento do seu dever genérico de proteção e defesa, incumbe sempre resguardar o pupilo dos riscos da condenação. A cautela é tanto mais descabida que, se a anuência do juiz for um requisito para a defesa, haveria mister discutir a conveniência de apresentá-la, com evidente risco. Praticando o tutor qualquer desses atos sem prévia autorização do juiz, poderá esta supri-la *a posteriori*. Na falta de autorização, a eficácia de ato do tutor depende da aprovação ulterior do juiz. Conforme determina o parágrafo único do art. 1.748.

Mesmo com autorização judicial (art. 1.749), não pode o tutor, sob pena de nulidade:

I – *Adquirir por si, ou por interposta pessoa, mediante contrato particular, bens móveis ou imóveis pertencentes ao menor*. Obviamente, não pode o tutor adquirir, direta ou indiretamente, bens do pupilo, ainda quando autorizado pelo juiz;[33] nem dispor de seus bens gratuitamente, fazendo doações ou renunciando direitos. Esta proibição representa uma patente abertura para abusos e malversações dos bens do pupilo. O Código de 1916, como o projeto de 1965, proibiam o tutor adquirir quaisquer bens do menor, mesmo em hasta pública. Eliminando esta cautela, o Código de 2002 proíbe a aquisição de bens, móveis ou imóveis, pertencentes ao menor, por contrato particular. Isto leva, num raciocínio a contrário, a admitir aquisição por forma diversa do instrumento particular. A aquisição de bens do tutelado deve ser proibida sempre, pelo tutor, por si, ou por interposta pessoa. Não pode, também o tutor adquirir créditos contra o tutelado, cumprindo-lhe ainda declarar, ao assumir a tutela, o que este lhe deve, sob pena de somente cobrar o débito depois de finda a tutoria, salvo provando que desconhecia o débito quando

---

32 Clóvis Beviláqua, Pontes de Miranda, Carvalho Santos.
33 Espínola, *A Família no Direito Civil Brasileiro*, nº 270.

a assumiu. O tutor tem de empregar no exercício da tutela toda a sua diligência, respondendo pelos prejuízos que causar por negligência, culpa ou dolo. Perante terceiros, responde civilmente pelos atos do tutelado, subordinado, contudo, a se achar em sua guarda e companhia (art. 932, CC/2002). O fundamento desta responsabilidade é a culpa *in vigilando*.[34]

II – *Dispor dos bens do menor a título gratuito; a disposição de bens, onerosa, pode fazer-se com prévia autorização judicial*. Mas sem esta, é vedada qualquer liberalidade às custas do patrimônio do tutelado.

III – *Constituir-se cessionário de crédito ou de direito, contra o menor*. A cessão de crédito contra o tutelado cria para o tutor um conflito incompatível com a tutela.

Na sistemática do Código Civil (art. 1.750) não mais se exige a venda em hasta pública dos imóveis pertencentes ao tutelado. O legislador condicionou a "manifesta vantagem" do tutelado à "prévia avaliação judicial" e deverá ser "aprovada pelo juiz". Caberá ao Ministério Público manifestar-se sobre todas essas condições para liberar a venda, cabendo ao tutor prestar as respectivas contas.

Determina o art. 1.751 que, "antes de assumir a tutela, o tutor declarará tudo o que o menor lhe deva, sob pena de não lhe poder cobrar, enquanto exerça a tutoria, salvo provando que não conhecia o débito quando a assumiu". Este artigo parece confrontar-se com a norma do art. 1.735, II, do mesmo Código ao determinar o expresso impedimento para o exercício da tutela aqueles que "tiverem que fazer valer direitos contra este, cujos pais, filhos e cônjuges tiverem demanda contra o menor". Deixando de acusar a existência do crédito, ou débito, é inibido de cobrar ou fazer valer, até que cesse a tutela. Ressalva-se a hipótese de desconhecer o tutor a existência do crédito, ao assumir a tutela, como no caso de vir, pendente esta, a recebê-lo por herança.

Como solução, sugere-se preliminarmente, que os referidos bens sejam declarados previamente. "Se cobrar o crédito durante a tutela, deverá o Ministério Público ou outro legitimado ajuizar pedido de remoção fundado no inciso II do art. 1.735 do novo Código".[35] Revogado o art. 1.620, CC, pela Lei n. 12.010/2009, foi mantida a orientação do art. 44, ECA, estabelecer que, "enquanto não der conta de sua administração e saldar o seu alcance, não pode o tutor ou o curador adotar o pupilo ou o curatelado". Procurou o legislador estatutário resguardar o tutelado de eventuais irregularidades por parte dos tutores. Decorre daí a proibição daquele que, ao administrar os bens do tutelado, busca a concessão da medida para escapar ao seu dever de prestar contas, acobertando irregularidades para livrar-se dos débitos de sua gestão. Deverá ser homologada a prestação de contas pela competente autoridade judiciária.

Bens de órfãos. A lei trata com zelos especiais os bens do tutelado. Sob certo aspecto, leva demasiado longe aqueles cuidados, criando mesmo situações que não os justificam. O legislador se mantém aferrado a tradições em parte anacrônicas, relativamente a algumas formas de tratar os bens existentes ao tempo da tutoria.

---

34 Pontes de Miranda, *Direito de Família*, § 176.
35 *Vide* os comentários do artigo 1.734 da obra coletiva *O Novo Código Civil: Direito de Família*, coordenada por Heloisa Maria Daltro Leite, p. 471.

O tutor responde pelos prejuízos que, por culpa, ou dolo, causar ao tutelado (art. 1.752); mas tem direito a ser pago pelo que realmente despender no exercício da tutela e a perceber remuneração proporcional à importância dos bens administrados. Ressalva a hipótese do art. 1.734, com as alterações promovidas pela Lei nº 12.010/2009, que as crianças e os adolescentes cujos pais forem desconhecidos, falecidos ou que tiverem sido suspensos ou destituídos do poder familiar terão tutores nomeados pelo juiz ou serão incluídos em programas de colocação familiar, na forma prevista pelo Estatuto.

Não cabe ao tutor o usufruto dos bens do tutelado, mas tem ele direito ao reembolso do que despender no exercício de seu *munus*, e ainda a uma gratificação, segundo estiver fixado pelos pais do menor, ou pelo juiz, se eles não o houveram feito. Costuma-se dizer que a tutoria é gratuita, não cabendo ao tutor "remuneração", porém gratificação.[36] São distinções um tanto especiosas, porque o tutor tem direito à sua percepção, e debita-a ao pupilo na sua prestação de contas (*vide* nº 423, *infra*).

Determina o § 1º do mesmo artigo que "ao protutor será arbitrada uma gratificação módica pela fiscalização efetuada". O § 2º do art. 1.752 indica nova hipótese de responsabilidade solidária entre os responsáveis "pelos prejuízos as pessoas às quais competia fiscalizar a atividade do tutor, e as que concorreram para o dano".

O mesmo artigo alterou a orientação do Código anterior, onde a remuneração do tutor poderia ser arbitrada em até 10%, no máximo, da renda líquida anual dos bens administrados pelo tutor, preferindo determinar que esta seja "proporcional à importância dos bens administrados".

Os tutores não podem conservar em seu poder dinheiro dos tutelados, além do necessário para as despesas ordinárias com o seu sustento, a sua educação e a administração de seus bens (art. 1.753).

O mesmo artigo manteve, em parte, a orientação anterior, ao estipular no § 1º que "se houver necessidade, os objetos de ouro e prata, pedras preciosas e móveis serão avaliados por pessoa idônea e, após autorização judicial, finalmente alienados, e o seu produto convertido em títulos, obrigações e letras de responsabilidade direta ou indireta da União ou dos Estados, atendendo-se preferencialmente à rentabilidade, e recolhidos ao 'estabelecimento bancário oficial' ou aplicado na aquisição de imóveis, conforme for determinado pelo juiz".

O Código Civil abriu espaço que visa a facilitar a administração dos bens do tutelado. Assim, tal providência somente será dada se for necessária. O § 2º deu o mesmo destino previsto no parágrafo antecedente ao dinheiro proveniente de qualquer outra procedência.

Ao determinar que se atenda preferencialmente à rentabilidade, deve-se dar preferência pelos de maior rendimento. Devem ser evitadas ações em razão da oscilação dos valores em Bolsa. Devem ser evitados investimentos em títulos de entidade privada, ainda que da melhor reputação e conceito. Os papéis adquiridos devem ser custodiados e somente podem ser retirados por necessidade e nos termos do artigo seguinte.

---

36 Orlando Gomes, *Direito Civil*, nº 180.

O § 3º do mesmo art. 1.753 fixou a responsabilidade dos tutores quando demorarem na aplicação dos valores já referidos, determinando o pagamento de juros legais "desde o dia em que deveriam dar esse destino, o que não os exime da obrigação, que o juiz fará efetiva, da referida aplicação".

O que predomina no tocante aos bens dos tutelados é o zelo que a disposição deste artigo e do subsequente demonstre. Sob certo aspecto, às vezes, o legislador se mostra demasiadamente cauteloso. Mas é preferencial manter esta orientação, em prol da segurança, a mostrar-se mais liberal, com aumento de risco.

O Código de 1916 determinava que os recursos financeiros fossem recolhidos na Caixa Econômica Federal. O art. 1.754 completa o anterior. Ao mencionar expressamente "estabelecimento bancário oficial", excluiu qualquer outra instituição financeira privada e, bem assim, os Bancos do Estado, posto que se trate de estabelecimentos oficiais ou oficiosos. Os recursos só poderão ser retirados nas hipóteses enumeradas nos incisos do mesmo artigo e sempre por ordem judicial: "I – para as despesas com o sustento e educação do tutelado, ou a administração de seus bens; II – para se comprarem bens imóveis e títulos, obrigações ou letras, nas condições previstas no § 1º do artigo antecedente; III – para se empregarem em conformidade com o disposto por quem os houver doado, ou deixado; IV – para se entregarem aos órfãos, quando emancipados, ou maiores, ou, mortos eles, aos seus herdeiros".

Estabelece o § 2º do art. 1.733 a possibilidade de o instituidor de herança ou legado a um menor nomear-lhe um curador especial para administrar o bem objeto da decisão.

Esclareça-se que, tratando-se de tutela testamentária, o emprego dos recursos deverá obedecer ao que dispuser o testador. Com a maioridade ou emancipação, os depósitos e demais valores serão entregues ao seu dono.

422. Prestação de contas. Cessação da tutela

Como todo administrador de bens alheios, o tutor está sujeito à prestação de contas. A competência para o julgamento das contas é definida na Lei de Organização Judiciária Estadual, e o procedimento respectivo é o que prescreve o Código de Processo Civil. Não as apresentando o tutor, por iniciativa própria, podem lhe ser exigidas por ação intentada por quem tenha legitimidade.

O art. 1.755 determina que, mesmo dispensados pelos pais do tutelado, os tutores são obrigados a prestar contas da sua administração. Em qualquer caso, serão prestadas em juízo, com audiência do Ministério Público. Mesmo no caso de cessação da tutela pela emancipação ou maioridade, não vale a quitação dada pelo tutelado (ou ex-tutelado), sem aprovação judicial. A lei assim o quer, para evitar que o tutor abuse da sua influência, ou da inexperiência do pupilo.[37]

---

37 Espínola, *A Família no Direito Civil Brasileiro*, nº 272.

No fim de cada ano de administração, o tutor apresentará ao juiz o *balanço* que, depois de aprovado, será anexado aos autos do inventário elaborado por ocasião do início de exercício (art. 1.756). Alguns o denominam "prestação de contas preparatórias".[38]

Esta designação dá ideia inexata do ato. Não é, a rigor, uma prestação de contas, mas um relacionamento dos bens e valores do pupilo, ou a apresentação do estado de seus haveres. As contas têm rito próprio, e forma própria. De dois em dois anos, haverá "prestação de contas" (art. 1.757). Esta, sim, é efetivamente feita, mencionando o tutor as partidas de receita e despesa do órfão. Sempre que o entender conveniente, poderá o juiz fazer intimar o tutor para que as apresente.

Determina, ainda, o parágrafo único do mesmo artigo que "as contas serão prestadas em juízo, e julgadas depois da audiência dos interessados, recolhendo o tutor imediatamente a estabelecimento bancário oficial os saldos, ou adquirindo bens imóveis, ou títulos, obrigações ou letras, na forma do § 1º do art. 1.753".

Ao findar a tutela pela emancipação ou maioridade do tutelado, e tornando-se o tutelado *sui iuris*, os atos que pratica têm total validade, como de toda pessoa que está na plenitude de sua capacidade civil e na livre administração de seus bens. Não assim no que diz respeito à quitação que dê ao tutor.

Determinou o legislador de 2002 que a quitação do tutelado, atingindo a maioridade, não produzirá efeito antes de aprovadas as contas pelo juiz, subsistindo inteira, até então, a responsabilidade do tutor (art. 1.758). Sendo, como é, ato formal, somente terá eficácia após a aprovação judicial de contas. Até então, o tutor é responsável, podendo ser convocado pelos herdeiros do tutelado, ou por este mesmo, não obstante a quitação dada. A técnica da prestação de contas deve obedecer à forma contábil, inventariando os bens, seus frutos e rendimentos, e alinhando as receitas e despesas com o pupilo.

Caberão aos herdeiros ou representantes do tutor as mesmas responsabilidades, nos casos de morte, ausência ou interdição do tutor (art. 1.759). Inscrevem-se a débito do tutor as rendas e bens do pupilo, ou quaisquer outros recursos ou valores que eventualmente lhe advenham. A crédito do mesmo as despesas com a criação, educação, assistência médica ou odontológica do tutelado. Comprovadas essas, ou outras despesas que o juiz considerar proveitosas ao órfão, serão admitidas na coluna dos créditos do tutor, as, nesta qualidade, aprovadas. As despesas que não tiverem a devida justificação e não forem documentalmente comprovadas serão pelo juiz glosadas, para efeito de suportá-las o tutor.

É lícito debitar ao tutelado as despesas justificadas e reconhecidamente proveitosas, os gastos com a sua criação e educação, as necessárias à prestação mesma das contas, inclusive custas e honorários. Em linha de débito, descrever-se-á ainda a gratificação autorizada ou aprovada para o tutor, e as despesas legais com o exercício da tutoria.

Enfim, "serão levadas a crédito do tutor todas as despesas justificadas e reconhecidamente proveitosas ao tutelado" (art.1.760). Outrossim, "as despesas com a prestação das contas serão pagas pelo tutelado".

---

38 Pontes de Miranda, *Direito de Família*; Orlando Gomes, *Direito de Família*, nº 196.

O art. 1.761 inscreve, com clareza, que, embora a prestação de contas seja um dever imposto ao tutor, as despesas respectivas correm a débito do tutelado, e as da prestação final da gerência serão por ele pagas. Não se tratando de procedimento contencioso, não há falar em sucumbência. Se, porém, houver litígio, em decorrência do exercício da tutela ou das contas prestadas ou não, a sentença decidirá sobre os ônus respectivos.

A crédito do pupilo inscrevem-se as rendas dos seus bens, as quantias a ele pertencentes, que o tutor possa levantar ou receber com autorização judicial, as receitas de outra procedência (pensão alimentar, donativos, presentes, salários ou soldadas percebidas etc.). Caberá também na coluna do ativo o ressarcimento dos prejuízos causados ao órfão por dolo, culpa ou negligência do tutor. Aprovadas as contas, o alcance do tutor ou o saldo contra o tutelado vence juros desde o julgamento definitivo. O tutor em alcance terá de recolher o saldo e seus juros, entregando-os ao menor ou ao novo representante deste ou a seus herdeiros. A cobrança será feita pela via executiva.

A responsabilidade do tutor não se limita, obviamente, ao resultado contábil de sua prestação de contas. Se da sua gestão resultar prejuízo ao tutelado, incumbe-lhe o dever de ressarci-lo, segundo as regras que presidem à composição do princípio da responsabilidade civil: procedimento culposo do tutor, dolo causado, relação de causalidade entre um e outro.[39]

Como determina o art. 1.762, "o alcance do tutor, bem como o saldo contra o tutelado, são dívidas de valor e vencem juros desde o julgamento definitivo das contas". Como dívidas de valor, estão sujeitas à correção monetária, com aplicação dos índices que oficialmente prevaleçam na ocasião. Estende-se, ainda, a qualquer prejuízo que causar ao pupilo, com aplicação dos princípios do direito comum, e as normas definidoras da responsabilidade civil. Se a tutela cessar por morte, interdição ou ausência do tutor, as contas serão prestadas por seus herdeiros ou representantes.

Da cessação da tutela. A tutela, como instituto de proteção, destina-se à vigência temporária. Pode terminar por uma causa natural ou jurisdicional. E a sua cessação poderá dar-se em relação ao pupilo (*ex parte minoris*), como ao próprio tutor (*ex parte tutoris*).

Pelo art. 1.763, assim é que termina e*m relação ao tutelado*: "com a maioridade ou a emancipação do menor". Sem a ocorrência de qualquer fato externo, aos 18 anos cessa a menoridade. Na forma do art. 5º do Código Civil, a menoridade cessa aos dezoito anos completos, quando a pessoa fica habilitada à prática de todos os atos da vida civil. Autoriza, ainda, o parágrafo único do mesmo artigo, a cessação da incapacidade: "I – pela concessão dos pais, ou de um deles na falta do outro, mediante instrumento público, independentemente de homologação judicial, ou por sentença do juiz, ouvido o tutor, se o menor tiver dezesseis anos completos; II – pelo casamento; III – pelo exercício de emprego público efetivo; IV – pela colação de grau em curso de ensino superior; V – pelo estabelecimento civil ou comercial, ou pela existência de

---

39 Carbonnier, *Droit Civil*, v. II, nº 145, p. 441.

relação de emprego, desde que, em função deles, o menor com dezesseis anos completos tenha economia própria".

Com a morte do tutelado extingue-se a tutela. Prevê, ainda, o inciso II do art. 1.763 que serão extintas as funções do tutor se for reconhecida a terceiros a paternidade e/ou maternidade, ou no caso de adoção (art. 1.620). Admite-se ainda a hipótese de extinção da tutela se os pais retomarem por decisão judicial o poder familiar temporariamente suspenso.

Em relação ao tutor cessam suas funções: "I – ao expirar o termo, em que era obrigado a servir; II – ao sobrevir escusa legítima; III – ao ser removido" (art. 1.764). O tutor é obrigado a servir por espaço de dois anos (art. 1.765).

Nada impede, no entanto, que possa prosseguir no exercício da tutela, se o quiser e o juiz julgar conveniente ao tutelado. O fundamento é que a tutoria é um *munus*, gerador de encargos e incômodos. Se é certo que a lei impõe o dever de aceitá-lo (salvo escusa legal), também é que o tutor, depois de cumpridos dois anos, é livre para requerer a sua dispensa. Mas poderá continuar, se quiser, e o juiz o tiver por conveniente, caso em que será o tutor reconduzido. Se o juiz encontrar motivos que o justifiquem, poderá remover o tutor, com base em malversação dos bens do pupilo, suspeita de negligência, desleixo ou má conduta, como incapacidade.[40]

Poderá ainda decretar a remoção se verificar o juiz que ocorre qualquer dos casos pelos quais se dê a suspensão ou destituição do poder familiar. Trata-se de situação de cunho excepcional. Ocorrendo uma destas hipóteses, o menor incide no poder familiar dos pais ou do adotante, e *ipso facto* termina a função tutelar.

Estando sob tutela, naquelas hipóteses em que a emancipação pode ser conferida em vida dos pais, entendemos que nem o pai nem a mãe podem emancipar o filho, quando lhes falta a autoridade emanada do poder familiar. Finalmente, o tutor será destituído quando negligente, prevaricador ou incurso em incapacidade (art. 1.766). A Lei nº 9.528/1997 manteve o tutelado como dependente junto à Previdência Social, comprovada a dependência econômica.

Pelo art. 761 do Novo CPC, "incumbe ao Ministério Público ou a quem tenha legítimo interesse requerer, nos casos previstos em lei, a remoção do tutor ou do curador", que será citado para contestar a arguição no prazo de cinco dias. Em casos graves, pode o magistrado suspender o tutor do exercício de suas funções, nomeando substituto interino (art. 762, CPC/2015, na linha do que já enunciava o art. 1.197 do CPC/1973).

Nos termos do art. 763, cessando as funções do tutor pelo decurso do prazo, ele poderá requerer a exoneração do encargo. Caso não requeira dentro de dez dias seguintes à expiração do termo, entender-se-á reconduzido, salvo se o juiz o dispensar, sendo certo que é indispensável a prestação de contas.

Tratando-se de "Família Substituta" prevista no Estatuto da Criança e do Adolescente, devem ser atendidas as "disposições gerais" previstas nos arts. 28 a 31. Destaque-se, especialmente, a proibição relativa à transferência do pupilo a terceiros

---

[40] Clóvis Beviláqua, *Direito de Família*, § 86.

ou entidades governamentais ou não governamentais, salvo autorização judicial (art. 30 do Estatuto). Em caráter excepcional e de urgência, poderão as entidades que mantenham programa de acolhimento institucional acolher o tutelado sem prévia determinação da autoridade competente, fazendo comunicação do fato em até 24 horas ao Juiz da Infância e da Juventude, sob pena de responsabilidade (art. 93 do Estatuto, alterado pela Lei nº 12.010/09).

Em eventuais modificações no instituto da tutela no Código Civil deverão ser respeitados os princípios estatutários, atendido, sempre, o melhor interesse da criança e do adolescente.

422-A. Guarda, na Lei nº 8.069, de 1990. Guarda provisória e definitiva no Estatuto da Criança e do Adolescente

Em linha de princípio, a criança e o adolescente devem ser criados no seio de sua família natural, que é a comunidade formada pelos pais, ou qualquer deles e seus descendentes. Neste propósito, estabelece a Constituição Federal (art. 227) e a Lei nº 8.069/1990 que a todos deve ser assegurada convivência familiar e comunitária. Em não sendo possível a permanência na família natural, o Estatuto da Criança e do Adolescente estabelece princípios através dos quais a criança e o adolescente são colocados em "família substituta".

As modalidades legalmente previstas de colocação em família substituta são: a guarda, a tutela e a adoção. Desta última já se cogitou, dada sua grande importância, no Capítulo nº XCIII, tendo merecido destaque especial a Guarda Compartilhada.

A *"guarda"* destina-se a regularizar a posse de fato, e pode ser concedida em caráter liminar ou incidental, nos procedimentos de adoção e tutela (§ 1º do art. 33, ECA), vedada, contudo, no de adoção por estrangeiro (art. 31, ECA). Sugere o legislador, quando possível, a oitiva daquele que vai ser acolhido e atendendo a que se lhe propicie ambiente adequado, repelindo-se toda eventual incompatibilidade ou ambiente que se revele, no momento do pedido, inconveniente. A colocação em família substituta não exclui a hipótese de se efetuar em família estrangeira, mas somente por via de adoção (art. 31, ECA). Traduz, em princípio, uma situação provisória, podendo, excepcionalmente, ter caráter permanente, como na hipótese do § 2º do art. 33 do Estatuto da Criança e do Adolescente, para "atender a situações peculiares ou suprir a falta eventual dos pais ou responsável podendo ser deferido o direito de representação para a prática de atos determinados".

Estabelecida a guarda, é obrigação do seu titular a prestação de assistência material, moral e educacional, conferindo-se ao guardião o direito de se opor a terceiros, inclusive aos pais (art. 33, ECA). Gera como imediata consequência, permanecer a criança ou adolescente na companhia e sob a responsabilidade do detentor, para todos os fins e efeitos legais.

A guarda estatutária pode ser exercida por uma pessoa ou por um casal, admitindo-se a iniciativa por companheiros que convivem em união estável.

Anote-se que, mesmo consensual a transferência da guarda dos pais para o guardião, os detentores do poder familiar não podem retirar, sem ordem judicial, o filho da companhia daquele(s) que exerce(m) este múnus. Em contrapartida, o guardião passará a ter legitimidade para postular a busca e apreensão da criança sob os seus cuidados, contra quem ilegalmente a detenha, mesmo que sejam os titulares da autoridade parental.[41]

A fim de atender situações especiais ou de emergência, o art. 34, ECA, estabelece que o Poder Público estimulará, através de assistência jurídica, incentivos fiscais e subsídios, o acolhimento, sob a forma de guarda, de criança ou adolescente afastado do convívio familiar. Alerta, no entanto, que a inclusão da criança ou adolescente em programas de acolhimento familiar terá preferência a seu acolhimento institucional, observado, em qualquer caso, o caráter temporário e excepcional da medida, nos termos do "Estatuto" (§ 1º do art. 34, ECA). Ressalva, ainda, a nova orientação estatutária que "a pessoa ou casal cadastrado no programa de acolhimento familiar poderá receber a criança ou adolescente mediante guarda, observado o disposto nos arts. 28 a 33, ECA" (§ 2º do art. 34, ECA).

Alerte-se que o "cuidado" compõe a responsabilidade do detentor da Guarda no âmbito da família natural, da família substituta e em entidades de acolhimento. Mesmo diante de uma maternagem exemplar, o cuidado inclui ainda o aconchego, o carinho, a delicadeza, o afeto. No processo educacional, a ideia do cuidado deve envolver, ainda, o desenvolvimento integral de crianças e jovens, respeito e efetivo conhecimento das dificuldades próprias e alheias e a consciência dos direitos e deveres que envolvem a vida em sociedade.[42]

No mesmo sentido, Antônio Carlos Mathias Coltro, expondo sobre a guarda nas relações familiares, reporta-se aos estudos do "cuidado como valor jurídico", entrosando-o intimamente com o fundamento constitucional da dignidade da pessoa humana e que, além de constituir em direito e dever dos pais, acaba por envolver o dever dos pais, acaba por envolver o cuidado, utilizando-se, aqui, a expressão de Leonardo Boff, "uma atitude de ocupação, preocupação, de responsabilização e envolvimento afetivo com o outro".[43] Esses atributos estão presentes em qualquer das formas de colocação familiar, inserindo-se o cuidado como verdadeira instituição jurídica, suscetível do necessário e importante relevo.[44]

---

41 Kátia Regina Ferreira Lobo Andrade Maciel, *Curso de Direito da Criança e do Adolescente: aspectos teóricos e práticos,* Rio de Janeiro, Freitas Bastos, 2008, p. 136. Observa-se que o Novo CPC não traz previsão correspondente aos arts. 839 a 843 do CPC/1973, não se referindo expressamente acerca do procedimento cautelar especial de busca e apreensão, que passa a estar compreendido na Tutela de Urgência (arts. 300 e seguintes do Novo CPC).
42 Tânia da Siva Pereira, "Abrigo e alternativas de acolhimento", *in O cuidado como valor jurídico* (coord.: Tânia da Silva Pereira e Guilherme de Oliveira), Rio de Janeiro, Forense, 2008, p. 327.
43 Antônio Carlos Mathias Coltro, "A guarda (*rectius* cuidado) com os filhos", *in A revisão do Direito de família: estudos jurídicos em homenagem a Edgard de Moura Bittencourt,* Rio de janeiro, GZ, 2008, p. 20.
44 Antônio Carlos Mathias Coltro, ob. cit., p. 21.

Tendo em vista o caráter provisório da guarda, poderá ser revogada a qualquer tempo, mediante ato judicial fundamentado, ouvido o Ministério Público (art. 35, ECA).

A Guarda no Estatuto se mostra sob formas distintas, apresentadas por Tânia da Silva Pereira,[45] a saber:

a) Para regularizar a posse de fato (art. 33, § 1º, ECA) – Trata-se de medida transitória aplicável no caso de a criança ou adolescente se encontrar em companhia de alguém que cuide de sua pessoa, bens e interesses, na ausência dos pais ou tutor, oficiosamente, ou a pedido de um ou de outro. Caracteriza-se como "guarda de fato" que passa a ser identificada no universo jurídico como "família substituta", com todas as obrigações e direitos pertinentes.

b) Como medida liminar ou incidental nos processos de Tutela e Adoção (art. 33, § 1º, ECA) – Embora este tipo de Guarda reflita a temporariedade da medida, o seu titular tem todas as responsabilidades de "assistência material, moral e educacional". Este tipo de Guarda, de natureza provisória, não será concedida na Adoção por estrangeiro e brasileiro residente no exterior. Neste caso será deferido o Estágio de Convivência sem concessão da Guarda. Nestas circunstâncias, é comum para os estrangeiros a concessão de um "termo de responsabilidade", enquanto detêm a custódia da criança ou do jovem.

c) Como medida excepcional, fora dos casos de Tutela e Adoção, para atender a situações peculiares ou suprir a falta eventual dos pais ou responsável (art. 33, § 2º, ECA) – representa uma medida ideal para amparo de crianças ou adolescentes quando existem razões pessoais ou impedimento legal para transformá-los em filhos próprios através da adoção.

Ela envolve duas situações diversas: em primeiro lugar, quando o legislador se refere ao objetivo de "atender a situações peculiares na falta dos pais ou responsável", o que é explicado por Maria Josefina Becker: "A excepcionalidade a que se refere o parágrafo 2º do art. 33, para atender a situações peculiares, será tanto mais frequente quanto menos se organizarem e implementarem programas de assistência à família de baixa renda (v. art. 23). Na prática, a situação econômica precária, embora não seja causa para a perda ou suspensão do pátrio poder, impede, muitas vezes, pelo menos eventualmente, o exercício efetivo da guarda dos filhos de pais que trabalham todo dia e não contam com equipamentos comunitários ou públicos, como creches e pré-escolas. Nos casos de desemprego ou subemprego, acresce-se a falta concreta de alimentos e até mesmo de habitação. Não é demais sublinhar que, nesses casos extremos, deve ser dada preferência à guarda por pessoas do grupo familiar ampliado ou do mesmo ambiente cultural e social da família natural, para que se preservem a identidade da criança ou do adolescente bem como seus vínculos com os pais biológicos".[46]

---

45 Tânia da Silva Pereira, *Direito da criança e do Adolescente: uma proposta interdisciplinar*, Rio de Janeiro, Renovar, 2008, pp. 405-407.
46 Maria Josefina Becker, *Estatuto da Criança e do Adolescente Comentado* (coord.: Cury, Amaral e Silva, Mendez), São Paulo, Malheiros, 2005, p. 148.

Este tipo de Guarda é compatível com a proposta do art. 34 do Estatuto da Criança e do Adolescente, que autoriza a criação de incentivos fiscais e subsídios no caso de acolhimento, sob a forma de Guarda, de crianças e adolescentes afastados do convívio familiar. Esta medida permitirá a efetivação de um referencial afetivo, diferente da relação impessoal dos funcionários de entidades de abrigo. Neste caso deverá ser atendido o princípio previsto no art. 28, § 3º, do Estatuto da Criança e do Adolescente, que sugere concessão da medida a pessoas do grupo familiar da criança ou adolescente ou a pessoas a ela ligada por afinidade ou afetividade, preferindo-as à convivência pessoal dos funcionários de entidades de programas de acolhimento familiar ou institucional.

Em segundo lugar reporte-se à possibilidade do "deferimento da representação legal para prática de determinados atos" o que não se aplica nos casos de Tutela, pois esta prerrogativa já é inerente à medida. Se concedida, liminarmente, no processo de adoção, poderá o juiz conceder ao adotante, como guardião provisório, a representação para a prática de determinados atos, no interesse da criança ou adolescente. Em situações especiais, como na hipótese dos genitores terem de se ausentar temporariamente, é possível a concessão da guarda para familiares ou para terceiros para os atos que exijam representação e que para os quais não são suficientes meras outorgas de poderes.

d) A guarda como medida judicial que estabelece a obrigatoriedade da medida no caso de o adolescente ser trazido de outra Comarca para prestar serviços domésticos (art. 248, ECA). O art. 248 do ECA prevê multa para aquele que deixar de apresentar à autoridade judiciária adolescente trazido de outra comarca para a prestação de serviço doméstico, com o fim de regularizar a guarda. No entanto, ressalta-se que essa guarda para fins de trabalho doméstico foi revogada pelo Decreto Presidencial nº 6.481/2008, que regulamentou a Convenção nº 182 da Organização Internacional do Trabalho (OIT). O decreto atualizou a lista de atividades econômicas consideradas insalubres e perigosas e incluiu o trabalho doméstico no Item 76. Portanto, é proibido qualquer trabalho doméstico antes dos 18 anos, não se podendo identificar o trabalho doméstico como Programa de Trabalho Educativo permitido a partir dos 16 anos. Ressalta-se que a Lei nº 13.431, de 4 de abril de 2017, que estabelece o sistema de garantia de direitos da criança e do adolescente vítima ou testemunha de violência, revogou expressamente o art. 248.

Um estudo social cuidadoso feito pela equipe interprofissional demonstrará as reais intenções dos interessados e a efetiva conveniência de concessão da Tutela até que se atinja a maioridade. Em casos especiais, e expressamente autorizados pelo Juiz, deve ser aberta exceção, quanto à proibição da medida para parentes estrangeiros ou brasileiros residentes no exterior, ou mesmo, diante da necessidade de um tratamento médico no exterior. A Guarda pode ser objeto de modificação ou revogação mediante ato judicial fundamentado, ouvido o Ministério Público (art. 35, ECA).

A revogação da Guarda será sempre por ato judicial fundamentado. Quando postulado pelo próprio guardião, a decisão judicial será simples. Tratando-se de ato culposo ou doloso, sugere José Luis Mônaco da Silva a adoção do procedimento contraditório, admitindo inclusive, a revogação da Guarda como medida cautelar, "devendo a autoridade judiciária confiar a criança ou adolescente aos cuidados de pessoa preferencialmente cadastrada na Vara de Infância ou Juventude a teor do art. 50 do Estatuto da Criança e do Adolescente, sem prejuízo da continuidade do procedimento até o julgamento final".[47]

Finalmente, cabe salientar a necessidade de *implantação de políticas públicas que estimulem a colocação familiar sob o regime de guarda* subsidiada ou mesmo programas de lares remunerados, o que representaria um passo importante no resgate da cidadania da população infantojuvenil em nosso país, já prevista no art. 34 do Estatuto da Criança e do Adolescente. No Município, lei de iniciativa do Legislativo poderá permitir redução de alíquota ou isenção de imposto predial e territorial, autorizada pelo art. 150, § 6°, da Constituição Federal, com a nova redação dada pela Emenda Constitucional n° 3, de 1993.

Há que se distinguir as iniciativas que traduzem a colocação familiar em regime de Guarda, que podem ser permanentes, onde os guardiões podem, inclusive, requerer a Adoção, e os demais programas de acolhimento e convivência familiar de caráter provisório, onde a criança ou adolescente mantêm os vínculos com a família de origem.

A Lei n° 9.528/1997 alterou o art. 16, § 2°, da Lei n° 8.213/1993 e passou a não considerar expressamente o menor sob guarda como equiparado a filho para fins previdenciários, mas apenas o enteado e o menor tutelado. A partir dessa alteração, dúvidas surgiram a respeito da manutenção da guarda previdenciária no ordenamento jurídico brasileiro, tendo a 1ª Seção do STJ pacificado a questão em 2017, sob o rito dos recursos repetitivos, fixando a seguinte tese: "O menor sob guarda tem direito à concessão do benefício de pensão por morte do seu mantenedor, comprovada a sua dependência econômica, nos termos do art. 33, § 3°, do Estatuto da Criança e do Adolescente, ainda que o óbito do instituidor da pensão seja posterior à vigência da Medida Provisória 1.523/96, reeditada e convertida na Lei n° 9.528/97. Funda-se essa conclusão na qualidade de lei especial do Estatuto da Criança e do Adolescente (8.069/90), frente à legislação previdenciária".[48]

Na mesma linha, a 4ª Turma do STJ já deferiu pedido de "guarda póstuma", considerando que a criança recebia afeto desde o nascimento e que a avó promovia a concretização de todos os cuidados básicos à sua existência. No caso, a criança com deficiência e sua mãe dependiam financeiramente da avó da menina, que recebia pensão por morte de seu marido. Buscando que a neta pudesse usufruir da pensão quando viesse a falecer, a avó requereu a guarda da menor. Contudo, a avó faleceu antes da conclusão do processo, tendo o STJ reconhecido a guarda, nesse caso, com efeitos previdenciários.[49]

O Código Civil não se manifestou quanto à guarda como Família Substituta. No que concerne à guarda e Proteção dos Filhos na dissolução da sociedade conjugal e no Divórcio, Caio Mário se reporta ao n° 407-A.

---

[47] José Luiz Mônaco da Silva, *A Família Substituta no Estatuto da Criança e do Adolescente*, São Paulo, RT, 1994, p. 65.
[48] STJ – 1ª Seção – REsp 1.411.258/RS – Rel. Min. Napoleão Nunes Maia Filho – Julg. 11.10.2017 – *DJe* 21.02.2018.
[49] STJ – 4ª Turma – REsp 1.677.903/SP – Rel. Min. Luis Felipe Salomão – Julg. 28.11.2017 – *DJe* 07.03.2018

422-B. Súmula 383 do STJ

Alerte-se, finalmente, para o posicionamento do Superior Tribunal de Justiça através da Súmula 383, de 03.06.2009, relativa à competência para processar e julgar ações conexas de interesse da população infantojuvenil uniformizadas pela 2ª Seção do Superior Tribunal de Justiça, tendo como Relator o Ministro Fernando Gonçalves. Declarou a Súmula 383 que "a competência para processar e julgar ações conexas de interesse de menor é, em princípio, do foro do domicílio do detentor de sua guarda".

Nota-se, contudo, que, embora a competência para dirimir as questões referentes à guarda e situação de criança ou adolescente seja, em princípio, do Juízo do foro do domicílio de quem já a exerce legalmente, nos termos Súmula nº 383 do STJ, tal regramento pode ser afastado em razão das peculiaridades do caso concreto e do princípio do melhor interesse da criança. Neste sentido, a 2ª Seção do STJ, no julgamento do Conflito de Competência nº 128.698/MT,[50] afastou a regra do enunciado sumular, para aplicar o art. 147, I, do ECA, que define a competência "pelo domicílio dos pais ou responsável", considerando competente o Juízo do domicílio dos avós da criança, que pleiteavam sua guarda. Os Ministros consideraram que, "estando mortos os pais, e considerando que há fortes argumentos para afirmar que a criança não deveria estar sob a guarda de família substituta, deve-se reconhecer que os responsáveis pelo menor são os membros de sua própria família natural estendida, isto é, os seus avós".

Consagrou-se o entendimento de que, em respeito ao princípio do melhor interesse da criança e do adolescente, o Juízo competente para apreciar os conflitos envolvendo os interesses daqueles que estão acolhidos em programas de acolhimento institucional ou na companhia de terceiros é do local onde eles se encontram (art.146, II, do ECA). Prioriza-se cuidar do ser em formação desprotegido pelas circunstâncias da vida, visando garantir o exercício dos direitos constitucionais elencados no art. 227 da CF, pelo qual o constituinte ordenou o tratamento com prioridade absoluta.

A falta de condições para criar os filhos no seio da família, seja material ou moral, não justifica que a criança passe sua infância institucionalizada. Cabe ao Ministério Público atuante na jurisdição pertinente fiscalizar a perpetuação das visitas e estabelecer um limite para que a criança possa ser colocada em família substituta, e assim exercer seu direito à convivência familiar e comunitária. Se houver possibilidade de resgatar o cuidado e o afeto da família de origem e reintegrar a criança ou o adolescente, mesmo que em Comarcas distintas, deve haver uma integração entre os órgãos de proteção do local do domicílio dos pais, assim como do local da instituição de acolhimento, para juntos efetivarem o direito à convivência familiar da criança.

---

[50] STJ – 2ª Seção – CC nº 128.698/MT – Rel. Min. Raul Araújo – Julg.: 12.11.2014 – *DJe* 19.12.2014.

Capítulo XCVI
CURATELA

Sumário

423. Conceito e espécies de curatela. **423-A.** A curatela no Código Civil. **423-B.** A curatela do nascituro. **423-C.** A curatela do enfermo e do deficiente físico. **423-D.** O exercício da curatela. **423-E.** Curatela do pródigo. **424.** Cessação da curatela.

Bibliografia

Ana Carolina Brochado Teixeira, "Deficiência Psíquica e Curatela: reflexões sob o viés da Autonomia Privada", *in Revista Brasileira de Direito das Famílias e Sucessões,* Porto Alegre, Magister/IBDFAM, 2009, pp. 70-71; Camila Freire Macedo, "A evolução das políticas de saúde mental e da legislação psiquiátrica no Brasil", *in* http://jus2.uol.com.br/doutrina/texto.asp?id=8246, acessado em 20.01.2009; Clóvis Beliváqua, *Direito de Família,* § 88 e segs.; Conceição Mousnier. "A Curatela Administrativa, instituto inovador no Código Civil" *in Cuidado e Vulnerabilidade* (coord. Tânia da Silva Pereira e Guilherme de Oliveira). São Paulo: Atlas, 2009, pp.67/68; Cristiano Chaves de Farias e Nelson Rosenvald *in Curso de Direito Civil: Famílias.* Salvador: JusPODIVM, 2012, pp.1005-1008; Enneccerus, Kipp y Wolff, *Tratado, Derecho de Familia,* v. II, § 128; Pontes de Miranda, *Direito de Família,* §§ 193 e segs.; Eduardo Espínola, *A Família no Direito Civil Brasileiro,* n°s 274 e segs.; Eduardo Espínola Filho, "Curatelia", *in Dicionário Enciclopédico de Direito Brasileiro,* v. XIV, p 128; Flávio Tartuce, *O novo CPC e o Direito Civil,* Rio de Janeiro, Forense; São Paulo, Método, 2015; Heinrich Lehmann, *Derecho de Familia,* pp. 480 e segs.; Heloisa Helena Barboza, "O Melhor Interesse do Idoso", *in O cuidado como valor jurídico,* (coord.: Tânia da Silva Pereira e Guilherme de Oliveira), Rio de Janeiro, Forense, 2008, p. 66-70; Heloisa Helena Barboza e Vitor Almeida, 'A capacidade civil à luz do Estatuto da Pessoa com Deficiência", *in Direito das pessoas com deficiência psíquica e intelectual nas relações privadas* (org.: Joyceane Bezerra de Menezes), Rio de Janeiro, Processo, 2016; Heloisa Helena Barboza; Vitor de Azevedo Almeida Júnior, "A (in)capacidade da pessoa com deficiência mental ou intelectual e o regime das invalidades: primeiras reflexões", *in* Marcos Ehrhardt Júnior (coord.), *Impactos do novo CPC e do EDP no Direito Civil Brasileiro*, Belo Horizonte: Fórum, 2016; Joyceane Bezerra de Menezes, O direito protetivo no Brasil após a convenção sobre a proteção da pessoa com deficiência: impactos do novo CPC e do estatuto da pessoa com deficiência. *Civilistica.com*, Rio de Janeiro, a. 4, n. 1, jan.-jun. 2015. Disponível em: <http://civilistica.com/o-direito-protetivo-no-brasil/>. Acesso em: 27 jun. 2017; Mazeaud, Mazeaud *et* Mazeaud, v. I, n°s 1.358 e segs.; Myriam Lins de Barros, *Autoridade e Afeto: avós, filhos, netos na família brasileira*, Rio de Janeiro, Zahar, 1987, p. 74; Orlando Gomes, *Direito de Família*, n°s 199 e segs.; Planiol, Ripert *et* Boulanger, *Traité Élémentaire*, v. I, n°s 2.396 e segs.; Pedro Gabriel Delgado, *As Razões da Tutela: Psiquiatria, Justiça e Cidadania do Louco no Brasil*, Rio de Janeiro, TeCora, 1992; Regina Ghiaroni, *in O Novo Código Civil; Direito de Família* (coord.: Heloisa Maria Daltro Leite), Rio de Janeiro, Freitas Bastos, 2006; ROSENVALD, Nelson. "A tomada de decisão apoiada – Primeiras linhas sobre um novo modelo jurídico promocional da pessoa com deficiência", *in Revista IBDFAM: Famílias e Sucessões*, Belo Horizonte, IBDFAM, 2015; Ruggiero e Maroi, *Istituzioni di Diritto Privato*, v. I, §§ 72 e segs.

423. Conceito e espécies de curatela

Com o instituto da curatela completa o Código, o sistema assistencial dos que não podem, por si mesmos, reger sua pessoa e administrar seus bens. O primeiro é o poder familiar, em que incorrem os menores sob direção e autoridade do pai e da mãe; o segundo é a tutela, concedida aos órfãos e àqueles cujos pais foram destituídos do poder familiar; o terceiro é a curatela, "encargo cometido a alguém, para dirigir a pessoa e administrar os bens de maiores incapazes".[1] A definição, todavia, não abrange todas as espécies de curatela, algumas das quais, pela natureza e efeitos específicos, mais tecnicamente se denominam curadorias,[2] e desbordam da proteção aos maiores incapazes, para, às vezes, alcançarem menores, e até nascituros.

A origem da curatela implanta-se no Direito Romano, onde não se definiram, contudo, os princípios, admitindo-se que fosse deferida a maiores não sujeitos à *patria potestas*, a menores púberes, protegendo-os na sua inexperiência, e até mesmo ao maior de 25 anos, a pedido do próprio interessado.[3] Consequência foi, em nosso direito anterior a 1916, certa insegurança conceitual que se reflete na obra de nossos grandes civilistas, como Lafayette, Borges Carneiro, Mello Freire, Teixeira de Freitas. Coube ao Código Civil de 1916 conceder ao instituto mais segura sistematização.

O sistema anterior sujeitava à curatela os loucos de todo o gênero, os surdos e mudos que não tivessem recebido educação adequada e os pródigos. O Projeto de Código Civil de 1965 mencionava, genericamente, "os incapazes por insanidade mental". O novo Código preferiu enunciação casuística.

O legislador de 2002 sistematizou o instituto de forma diferenciada, ao manter no Título II do Capítulo IV do Livro de Família somente aqueles que não se acham em condições de poder tomar conta de sua pessoa e de seus bens ou somente destes.[4] Com exceção do nascituro, a Curatela abrange, de forma geral, pessoas maiores de idade. Aos menores, como vimos, cuidou o instituto da Tutela. À proteção do nascituro e do enfermo ou portador de deficiência física deu o novo Código tratamento diferenciado (arts. 1.779 e 1.780).

Integrando o Ministério Público, criam-se as "Curadorias Oficiais", cujas atribuições são definidas e discriminadas em lei (Lei Orgânica do Ministério Público, Leis de Organização Judiciária). Estas Curadorias variam de Estado a Estado, podendo citar-se, guardada a diversificação onomástica: Curador de Órfãos, Curador de Menores, Curador de Incapazes e Ausentes, Curador de Massas Falidas, Curador de Heranças Jacentes, Curador de Resíduos etc.

---

1 Espínola, *A Família no Direito Civil Brasileiro*, nº 274.
2 Ruggiero e Maroi, *Istituzioni*, v. I, § 72.
3 Clóvis Beviláqua, *Direito de Família*, § 88.
4 Eduardo Espínola, *A Família no Direito Civil Brasileiro*, nº 274.

Posteriormente ao Código de 1916, a dogmática do instituto foi complementada por outros diplomas, destacando-se o Decreto-Lei n° 2.410, de 15 de julho de 1940, sobre a defesa dos interesses de menores e incapazes, ou doentes mentais, pelos Institutos de Previdência; o Decreto n° 24.559, de 3 de julho de 1934, especialmente, referente à assistência e proteção aos psicopatas; o Decreto-Lei n° 891/1938, referente aos toxicômanos.

O Código de Processo Civil de 1973 abandonou a expressão "loucos de todo gênero" e, ao abordar a Curatela, introduziu a nomenclatura "portadores de anomalia psíquica" (art. 1.178, I, CPC/1973). A Organização Mundial de Saúde classificou as diversas categorias de "doenças mentais", identificadas por códigos de reconhecimento internacional.

Com o advento do CPC/2015, tal regramento passou a ser previsto pelo art. 748, cujo *caput* determina que "o Ministério Público só promoverá a interdição no caso de doença mental grave".

Incidiam na curatela todos aqueles que, por motivos de ordem patológica ou acidental, congênita ou adquirida, não estavam em condições de dirigir a sua pessoa ou administrar os seus bens, posto que maiores de idade. A curatela é, em sua gênese, um instituto de proteção ao incapaz, àquele que não tem condições de cuidar de si, principalmente, e de seu patrimônio. Por isso é nomeado alguém que o auxilie neste intento. Em todas as situações, a proteção deve ocorrer na exata medida de ausência de discernimento, para que não haja supressão da autonomia dos espaços de liberdade. Similar ao Princípio do Melhor Interesse da Criança, e do Adolescente, deve-se atribuir normatividade ao Princípio do Melhor Interesse do Paciente, pois atualmente, na relação médico-paciente, o paciente é protagonista do seu tratamento, decidindo com o médico – ou mesmo contra a vontade dele – os rumos do seu tratamento, preservando seus espaços de autonomia, quando existe discernimento.[5]

Como a criança e o adolescente, o idoso se encontra em situação peculiar, na qual a vulnerabilidade é potencializada. A vulnerabilidade do idoso tem características próprias. O que se constata, porém, é que a denominada vulnerabilidade *jurídica* exige ainda melhor compreensão. Em seus estudos sobre vulnerabilidade, Heloisa Helena Barboza destaca, especialmente, a diferença entre vulnerabilidade e hipossuficiência. O conceito de vulnerabilidade (do latim *vulnerabilis,* "que pode ser ferido", de *vulnerare,* "ferir", de *vulnus,* "ferida") refere-se a qualquer ser vivo, sem distinção, que pode, eventualmente, ser "vulnerado" em situações contingenciais. Trata-se, portanto, de característica ontológica de todos os seres vivos.[6]

Segundo a mesma autora, para os fins do Direito, se todas as pessoas são vulneráveis, é preciso estar atento a "situações substanciais específicas", para que seja

---

5 Ana Carolina Brochado Teixeira, "Deficiência Psíquica e Curatela: reflexões sob o viés da Autonomia Privada", *in Revista Brasileira de Direito das Famílias e Sucessões,* Porto Alegre, Magister/IBDFAM, 2009, pp. 70-71.
6 Heloisa Helena Barboza, "O Melhor Interesse do Idoso", *in O cuidado como valor jurídico* (coord.: Tânia da Silva Pereira e Guilherme de Oliveira), Rio de Janeiro, Forense, 2008, p. 66.

dado o tratamento adequado a cada uma delas. Não basta, portanto, afirmar a vulnerabilidade que têm, por conceito, todas as pessoas humanas e que se encontram protegidas pela cláusula geral de tutela implícita na Constituição da República. É indispensável verificar as peculiaridades das diferentes situações de cada grupo, como vem sendo feito com as crianças e adolescentes, com os consumidores, e, a partir de 2003, com o idoso. (...) Referindo-se a "situações substanciais específicas", a autora esclarece que o idoso se encontra no grupo dos que têm sua vulnerabilidade potencializada, inscrevendo-se, para fins de elaboração e aplicação das leis, na categoria dos vulnerados, ou seja, daqueles que já se encontram, por força de contingências, em situação de desigualdade, devendo ser "discriminado positivamente", para resguardo de sua dignidade. A tutela jurídica, para ser efetiva, deve dedicar aos que têm vulnerabilidade potencializada (vulnerados) proteção específica, que possa ser efetiva mesmo em face dos já reconhecidos como vulneráveis, como se verificou no caso dos consumidores idosos, devendo ser utilizada a técnica de ponderação de interesses, nas hipóteses de conflito.[7]

A Constituição de 1988 enunciou programa de proteção ampla aos idosos e impôs aos filhos o dever de amparar os pais na velhice, carência ou enfermidade, impondo ao Estado e à comunidade defender sua vida e garantir sua dignidade (arts. 229 e 230), assegurando a esta parcela da população, com absoluta prioridade, o exercício de Direitos Fundamentais. O coroamento deste processo de conquistas se concretizou na Lei nº 10.741, de 1º de outubro de 2003, conhecida como "Estatuto da Pessoa Idosa". Sua vigência teve início em janeiro de 2004. O referido diploma legal, dentre outras prioridades, reforçou a responsabilidade do atendimento pela própria família em detrimento do atendimento asilar e o direito aos alimentos como obrigação solidária dos familiares. A identificação de novos crimes e infrações administrativas para as hipóteses de violações representam conquistas importantes a serem consolidadas. Diante de elevados argumentos não se pode deixar de concluir que a idade avançada, por si só, não induz a incapacidade.

Conclui Heloisa Helena Barboza: "tanto ou mais importante que a solidariedade, o *cuidado* emerge como valor que se assegura, em toda a sua dimensão, o livre direito ao envelhecimento. (...) Representa o rompimento com a tradição assistencialista ao idoso, orientada pela e para a doença e que não atende toda a extensão das complexas e diversificadas necessidades, ajustando-se por natureza à função de "facilitador" da qualidade de vida do idoso".

A presença dos idosos representa a expansão do universo familiar. Toda a família tem um passado, vive um presente com suas complexidades e contradições, e tem regras que provavelmente passarão para o futuro. Este modelo, que tenderá a se repetir nas gerações subsequentes, é ponto de interesse também para uma análise da afetividade nas relações familiares, o que terá um reflexo considerável na tutela jurídica da convivência familiar e comunitária. Neste contexto, os avós são pessoas que "percorreram vários momentos do ciclo do grupo familiar e têm uma experiência

---

7 Heloisa Helena Barboza, ob. cit., pp. 67-68.

de vida a relatar".[8] Dentre as conquistas da Lei nº 10.741, de 1º de outubro de 2003, destaque-se o efetivo enfrentamento às contradições vigentes relativas à atribuição da incapacidade intelectual dos idosos.

Buscando subsídios em Pietro Perlingieri, conclui Ana Carolina Brochado Teixeira: "a manutenção do regime das incapacidades para a prática de todas as categorias dos atos da vida civil, é um reforço à concepção patrimonialista do sistema jurídico. Já está superado o entendimento da prevalência das situações jurídicas patrimoniais sobre as existenciais. O que se busca é que mesmo as situações jurídicas patrimoniais tenham sua justificativa institucional no fomento ao livre desenvolvimento da pessoa".[9]

Foi assim que, em 06 de julho de 2015, foi promulgada a Lei nº 13.146, que instituiu o Estatuto da Pessoa com Deficiência, constituindo-se uma verdadeira Lei de Inclusão da Pessoa com Deficiência e alterando substancialmente o regime das incapacidades no Direito brasileiro.

A referida lei veio, enfim, regulamentar a Convenção sobre os Direitos das Pessoas com Deficiência, internalizada pelo Brasil por meio do Decreto nº 6.949/2009, que trazia como princípios fundamentais a autonomia da pessoa com deficiência, a não discriminação, a sua plena e efetiva participação e inclusão na sociedade, o respeito pela diferença, a igualdade de oportunidades e a acessibilidade (artigo 3º da Convenção).

Em seu art. 1º, o Estatuto aponta a sua finalidade principal: "assegurar e promover, em condições de igualdade, o exercício dos direitos e das liberdades fundamentais por pessoa com deficiência, *visando à sua inclusão social e cidadania*".

A lei define *pessoa com deficiência* aquela que possui impedimento de longo prazo de natureza física, mental, intelectual ou sensorial, capaz de obstruir sua participação plena e efetiva na sociedade em igualdade de condições com as demais pessoas (art. 2º). A avaliação dessa restrição deve ser feita por uma equipe multiprofissional e interdisciplinar, que analisará os impedimentos nas funções e nas estruturas do corpo; os fatores socioambientais, psicológicos e pessoais; a limitação no desempenho de atividades; e a restrição de participação.

O legislador preocupou-se, também, em apresentar alguns conceitos importantes, como:

• *Acessibilidade*: "possibilidade e condição de alcance para utilização, com segurança e autonomia, de espaços, mobiliários, equipamentos urbanos, edificações, transportes, informação e comunicação, inclusive seus sistemas e tecnologias, bem como de outros serviços e instalações abertos ao público, de uso público ou privados de uso coletivo, tanto na zona urbana como na rural, por pessoa com deficiência ou com mobilidade reduzida" (art. 3º, I).

---

8   Myriam Lins de Barros, *Autoridade e Afeto: avós, filhos, netos na família brasileira*, Rio de Janeiro, Zahar, 1987, p. 74.
9   Ana Carolina Brochado Teixeira, ob. cit., p. 70.

• *Barreiras*: "qualquer entrave, obstáculo, atitude ou comportamento que limite ou impeça a participação social da pessoa, bem como o gozo, a fruição e o exercício de seus direitos à acessibilidade, à liberdade de movimento e de expressão, à comunicação, ao acesso à informação, à compreensão, à circulação com segurança, entre outros" (art. 3º, IV).

• *Adaptações razoáveis*: "adaptações, modificações e ajustes necessários e adequados que não acarretem ônus desproporcional e indevido, quando requeridos em cada caso, a fim de assegurar que a pessoa com deficiência possa gozar ou exercer, em igualdade de condições e oportunidades com as demais pessoas, todos os direitos e liberdades fundamentais" (art. 3º, VI).

• *Pessoa com mobilidade reduzida*: "aquela que tenha, por qualquer motivo, dificuldade de movimentação, permanente ou temporária, gerando redução efetiva da mobilidade, da flexibilidade, da coordenação motora ou da percepção, incluindo idoso, gestante, lactante, pessoa com criança de colo e obeso" (art. 3º, IX).

• *Atendente pessoal*: "pessoa, membro ou não da família, que, com ou sem remuneração, assiste ou presta cuidados básicos e essenciais à pessoa com deficiência no exercício de suas atividades diárias, excluídas as técnicas ou os procedimentos identificados com profissões legalmente estabelecidas" (art. 3º, XII).

• *Profissional de apoio escolar*: "pessoa que exerce atividades de alimentação, higiene e locomoção do estudante com deficiência e atua em todas as atividades escolares nas quais se fizer necessária, em todos os níveis e modalidades de ensino, em instituições públicas e privadas, excluídas as técnicas ou os procedimentos identificados com profissões legalmente estabelecidas" (art. 3º, XIII).

• *Acompanhante*: "aquele que acompanha a pessoa com deficiência, podendo ou não desempenhar as funções de atendente pessoal" (art. 3º, XIV).

O art. 8º prevê a corresponsabilização da família, do Estado e da sociedade em assegurar os direitos fundamentais à pessoa com deficiência, incluindo-se os direitos decorrentes da Constituição Federal, da Convenção sobre os Direitos das Pessoas com Deficiência e seu Protocolo Facultativo e das leis e de outras normas que garantam seu bem-estar pessoal, social e econômico. A comunicação à autoridade competente a respeito de qualquer forma de ameaça ou de violação a esses direitos é dever de todos (art. 7º), e os casos de suspeita ou de confirmação de violência praticada contra a pessoa com deficiência devem ser objeto de notificação compulsória pelos serviços de saúde públicos e privados à autoridade policial e ao Ministério Público, além dos Conselhos dos Direitos da Pessoa com Deficiência (art. 26).

A lei também prevê a proteção da pessoa com deficiência contra toda forma de negligência, discriminação, exploração, violência, tortura, crueldade, opressão e tratamento desumano ou degradante, sendo considerados especialmente vulneráveis a criança, o adolescente, a mulher e o idoso, com deficiência (art. 5º).

Previu o legislador, ainda, a criação do Cadastro Nacional de Inclusão da Pessoa com Deficiência (Cadastro-Inclusão), que constituiu um "registro público eletrônico com a finalidade de coletar, processar, sistematizar e disseminar informações georreferenciadas que permitam a identificação e a caracterização socioeconômica da pessoa com deficiência, bem como das barreiras que impedem a realização de seus direitos" (art. 92).

É garantido à pessoa com deficiência o atendimento prioritário, que envolve, sobretudo: "I – proteção e socorro em quaisquer circunstâncias; II – atendimento em todas as instituições e serviços de atendimento ao público; III – disponibilização de recursos, tanto humanos quanto tecnológicos, que garantam atendimento em igualdade de condições com as demais pessoas; IV – disponibilização de pontos de parada, estações e terminais acessíveis de transporte coletivo de passageiros e garantia de segurança no embarque e no desembarque; V – acesso a informações e disponibilização de recursos de comunicação acessíveis; VI – recebimento de restituição de imposto de renda; VII – tramitação processual e procedimentos judiciais e administrativos em que for parte ou interessada, em todos os atos e diligências" (art. 9º).

Fica vedada qualquer forma de discriminação contra a pessoa com deficiência, inclusive por meio de cobrança de valores diferenciados por planos e seguros privados de saúde, em razão de sua condição (art. 23). Além disso, assegura-se à pessoa com deficiência o direito à moradia digna (art. 31), o direito ao trabalho de sua livre escolha e aceitação, em ambiente acessível e inclusivo, em igualdade de oportunidades com as demais pessoas (art. 34), o direito à acessibilidade (art. 53), os direitos políticos, envolvendo o direito de votar e de ser votada (art. 76) e o acesso a produtos, recursos, estratégias, práticas, processos, métodos e serviços de tecnologia assistiva que maximizem sua autonomia, mobilidade pessoal e qualidade de vida (art. 74).

Buscando dar concretude a tais previsões, o Plenário do STF julgou improcedente pleito em que se defendia a inconstitucionalidade do § 1º do art. 28 e do *caput* do art. 30 da Lei nº 13.146/2015, que tratam da obrigatoriedade das escolas privadas de oferecer atendimento educacional adequado e inclusivo às pessoas com deficiência. Para os Ministros, se é certo que se prevê como dever do Estado facilitar às pessoas com deficiência sua plena e igual participação no sistema de ensino e na vida em comunidade, bem como, de outro lado, a necessária disponibilização do ensino primário gratuito e compulsório, é igualmente certo inexistir qualquer limitação da educação das pessoas com deficiência somente a estabelecimentos públicos ou privados que prestem o serviço público educacional. Assim, a previsão acerca da obrigatoriedade de as escolas privadas promoverem a inserção das pessoas com deficiência no ensino regular e prover as medidas de adaptação necessárias sem que o ônus financeiro seja repassado às mensalidades, anuidades e matrículas, é constitucional.[10]

Visando contribuir para a conquista de autonomia e a participação da pessoa com deficiência em igualdade de condições e oportunidades com as demais pessoas, é previsto o processo de habilitação e de reabilitação, tendo por objetivo o "desenvolvimento de potencialidades, talentos, habilidades e aptidões físicas, cognitivas, sensoriais, psicossociais, atitudinais, profissionais e artísticas" (art. 14).

No que se refere ao direito à vida e à saúde, a lei resguarda a autonomia da pessoa com deficiência, que não poderá ser obrigada a se submeter a intervenção

---

10 STF – ADI 5.357 MC-Referendo/DF – Rel. Min. Edson Fachin – Julg.: 09.06.2016.

clínica ou cirúrgica, a tratamento ou a institucionalização forçada (art. 11), sendo seu consentimento prévio, livre e esclarecido indispensável para a realização de qualquer tratamento, procedimento, hospitalização e pesquisa científica (art. 12). Nos casos de risco de morte e de emergência em saúde, esse consentimento poderá ser dispensado, resguardando-se, contudo, o superior interesse da pessoa com deficiência e devendo ser adotadas as salvaguardas legais cabíveis (art. 13). No caso da pessoa sujeita à curatela, o consentimento pode ser suprido excepcionalmente, mas deve ser assegurada sua participação, no maior grau possível, para a obtenção do consentimento.

Em seu art. 84, a lei prevê a curatela para os portadores de deficiência como medida protetiva extraordinária, que deve ser proporcional às necessidades e às circunstâncias de cada caso, durante o menor tempo possível. Assim, é afirmado o caráter excepcional da medida, restrita aos casos realmente necessários, tendo a pessoa com deficiência assegurado o direito ao exercício de sua capacidade legal em igualdade de condições com as demais pessoas. Além disso, "a escolha do curador deve levar em consideração a vontade e preferências do interditando, além da aptidão do escolhido para promover a sua inserção familiar, social e profissional".[11]

Nota-se, ainda, que a Lei, em seu art. 85, ressalta que a curatela afeta apenas os atos relacionados aos direitos de natureza patrimonial e negocial, de modo que o curatelado mantém o exercício de direitos de cunho existencial, como o direito ao próprio corpo, à sexualidade, ao matrimônio, à privacidade, à educação, à saúde, ao trabalho e ao voto.

Note-se, a título de exemplo, o § 2°, acrescido ao art. 1.550-CC pelo Estatuto, de acordo com o qual "a pessoa com deficiência mental ou intelectual em idade núbil poderá contrair matrimônio, expressando sua vontade diretamente ou por meio de seu responsável ou curador", e a revogação do inciso I do art. 1.548, que previa a nulidade do casamento contraído pelo enfermo mental.

Não obstante a regra, os Tribunais brasileiros vêm entendendo ser possível a extensão da curatela para atos existenciais nos casos em que tal medida seja a que melhor contemple a proteção da pessoa vulnerável. É nesse sentido que a 5ª Turma Cível do TJDFT já decidiu que, "uma vez que a perícia conclua que o interditado está em estado de 'comprometimento do pensamento, do afeto, do juízo de realidade, da memória recente e tardia, da atenção, da concentração e do pragmatismo', é necessária a ampliação dos efeitos da curatela para, além do encargo à prática de atos de natureza patrimonial e negocial, a curadora nomeada também fique responsável por orientar e acompanhar o interditado em seu tratamento médico, além de prover a sua saúde, de acordo com as necessidades do filho".[12] Também o TJMG possui precedente reconhecendo que, no caso concreto, a "ampliação dos limites da curatela, para

---

11 TJDF – 4ª Turma Cível – Apelação Cível 20150610001800 – Rel. Des. James Eduardo – Julg.: 15.03.2017.
12 TJDF – 5ª Turma Cível – Apelação Cível 20140310159903 – Rel. Des. Robson Barbosa de Azevedo – Julg.: 19.04.2017 – *DJ* 09.05.2017.

além dos atos patrimoniais e negociais, não é medida extraordinária, mas sim real, diante da incapacidade da parte".[13]

A doutrina também vem se manifestando de acordo com essa orientação. Como observa Joyceane Bezerra de Menezes, "Se houver necessidade de proteger o interdito no âmbito dessas questões não patrimoniais, a curatela deverá recair também sobre tais interesses, respeitadas as salvaguardas importantes à efetivação dos direitos humanos".[14] No mesmo sentido, é o entendimento de Heloisa Helena Barboza e Vitor Almeida: "É de se ressaltar ainda que, nos termos do art. 4º, III, do Código Civil, é considerada relativamente incapaz a pessoa que não possa exprimir sua vontade, temporária ou permanentemente, de forma consciente e autônoma, relativa a determinados atos patrimoniais/negociais, mas que, eventualmente, podem atingir os existenciais, desde que como salvaguarda para prevenir abusos e impedir que direitos sejam frustrados".[15]

423-A. A CURATELA NO CÓDIGO CIVIL

Pela redação original do art. 1.767, estavam sujeitos à curatela: I – aqueles que, por enfermidade ou deficiência mental, não tivessem o necessário discernimento para os atos da vida civil; II – aqueles que, por outra causa duradoura, não pudessem exprimir a sua vontade; III – os deficientes mentais, os ébrios habituais e os viciados em tóxicos; IV – os excepcionais sem completo desenvolvimento mental; V – os pródigos.

Estavam sujeitas à curatela, no diploma de 2002, além do nascituro, pessoas que, por situações congênitas ou adquiridas, não se acham habilitadas para a administração de sua pessoa e seus bens, ainda que se trate de fenomenologia temporária.

No entanto, a Lei nº 13.146/2015 – Estatuto da Pessoa com Deficiência alterou de forma substancial o regime das incapacidades do Código Civil, restando revogados os incisos II e IV do art. 1.767, que passou a estabelecer que ficam sujeitos à curatela: aqueles que, por causa transitória ou permanente, não puderem exprimir sua vontade (I); os ébrios habituais e os viciados em tóxico (III); e os pródigos (V).

A deficiência deixa de ser, portanto, causa originária de sujeição à curatela, de modo que, apenas excepcionalmente, as pessoas com deficiência podem estar submetidas à curatela, que passa a ter um caráter muito mais protetivo do que restritivo de direitos.

---

13 TJMG – 7ª CC – Apelação Cível 1.0245.13.011494-6/001 – Rel. Des. Alice Birchal – Julg.: 14.02.2017 – *DJ* 21.02.2017.
14 Joyceane Bezerra de Menezes, O direito protetivo no Brasil após a convenção sobre a proteção da pessoa com deficiência: impactos do novo CPC e do estatuto da pessoa com deficiência. *Civilistica.com*, Rio de Janeiro, a. 4, n. 1, jan.-jun. 2015. Disponível em: <http://civilistica.com/o-direito--protetivo-no-brasil/>. Acesso em: 27 jun. 2017.
15 Heloisa Helena Barboza; Vitor de Azevedo Almeida Júnior, "A (in)capacidade da pessoa com deficiência mental ou intelectual e o regime das invalidades: primeiras reflexões", *in* Marcos Ehrhardt Júnior (coord.), *Impactos do novo CPC e do EDP no Direito Civil Brasileiro*, Belo Horizonte: Fórum, 2016, p. 219-220.

Destaca-se o art. 6° da lei, que determina que "a deficiência não afeta a plena capacidade civil da pessoa", inclusive para casar-se e constituir união estável; exercer direitos sexuais e reprodutivos; exercer o direito ao planejamento familiar; conservar sua fertilidade, sendo vedada a esterilização compulsória; exercer o direito à família e à convivência familiar e comunitária; e exercer o direito à guarda, à tutela, à curatela e à adoção, em igualdade de oportunidades com as demais pessoas.

Assim, a pessoa com deficiência passa a não ser mais considerada absolutamente incapaz, de modo que o Estatuto confere nova redação ao art. 3° do Código Civil, estabelecendo como absolutamente incapazes apenas os menores de dezesseis anos. Foram excluídas do rol da incapacidade absoluta as pessoas que, por enfermidade ou deficiência mental, não tenham o necessário discernimento para a prática dos atos civis e passaram a ser relativamente incapazes aqueles que, por causa transitória ou permanente, não puderem exprimir sua vontade. O pressuposto fático da curatela é a incapacidade: o pressuposto jurídico, uma decisão judicial. Não pode haver curatela senão deferida pelo juiz, no que, aliás, este instituto difere do poder familiar, que é de origem sempre legal, e da tutela, que pode provir da nomeação dos pais. Mesmo os portadores de estado psicossomático caracterizado por descargas frequentes ou ininterruptas de agressividade (*furiosi*) não podem receber um curador senão através de processo judicial. A Lei n° 10.406/2002 distingue, no art. 4° do Código Civil de 2002, ébrios habituais (alcoólatras) e os "viciados em tóxicos" (toxicomaníacos) entre os relativamente incapazes, como consequência da realidade psicossomática que essas pessoas vivem.

O Código reconhecia, também, a relativa capacidade daqueles que tivessem deficiência mental que lhes reduzisse o discernimento e dos "excepcionais sem desenvolvimento mental completo". Contudo, a Lei n° 13.146/2015 excluiu tais hipóteses, mantendo como relativamente incapazes, no art. 4° somente: I – os maiores de dezesseis e menores de dezoito anos; II – os ébrios habituais e os viciados em tóxico; III – aqueles que, por causa transitória ou permanente, não puderem exprimir sua vontade; e IV – os pródigos.

A 3ª Turma do STJ, no REsp 1.306.687/MT,[16] de Relatoria da Ministra Nancy Andrighi, decidiu no sentido de que se encontra sujeita à curatela pessoa que praticou atos infracionais equivalentes aos crimes de homicídios triplamente qualificados, dos quais foram vítimas o padrasto, a mãe de criação e seu irmão de 3 anos de idade, e que ostenta condição psiquiátrica descrita como transtorno não especificado da personalidade (CID 10 F 60.9). O processo de interdição foi promovido pelo Ministério Público Estadual, e a Ilustre Relatora considerou que "a possibilidade de interdição de sociopatas que já cometeram crimes violentos deve ser analisada sob o mesmo enfoque que a legislação dá à possibilidade de interdição – ainda que parcial – dos deficientes mentais, ébrios habituais e os viciados em tóxicos".

---

16 STJ – 3ª Turma – REsp 1.306.687/MT – Rel. Min. Nancy Andrighi – Julg.: 18.03.2014 – *DJe*.: 22.04.2014.

Aludindo aos ébrios habituais e aos toxicômanos (inciso III do art. 1.767), o Código tem em consideração pessoas que poderiam, em outras circunstâncias, gozar da plenitude nos exercícios de seus direitos civis, mas que a perdem, devido a estas influências. A curatela, nesses casos, é estabelecida *sub conditione* da subsistência da causa geradora do desequilíbrio psíquico. Consequentemente será levantada, tão logo se encontre o paciente livre da razão determinante.

O Decreto nº 4.294, de 6 de julho de 1921, equiparava os toxicômanos e intoxicados habituais e psicopatas dispondo sobre estabelecimentos especiais de tratamento e de terapêutica ocupacional. Posteriormente, a assistência e proteção à pessoa e bens dos psicopatas constituíram matéria disciplinada pelo Decreto nº 24.559, de 3 de julho de 1934, que tratava, em especial, da internação dos alienados mentais em estabelecimento adequado ao seu tratamento.

O Brasil vivenciou o processo da Reforma Psiquiátrica a partir da década de 1970, com crescentes manifestações de vários setores da sociedade no sentido de reduzir o cerceamento da liberdade individual na forma de manicômios. Além disto, buscou-se um novo enfoque no modelo assistencial, através da promoção da saúde mental, ao invés de direcionar a ação apenas ao desequilíbrio psíquico já instalado.

Tomando por modelo a "Lei Basaglia" (italiana), foi promulgada no Brasil, em 6 de abril de 2001, a Lei nº 10.216, a qual "Dispõe sobre a proteção e os direitos das pessoas portadoras de transtornos mentais e redireciona o modelo assistencial em saúde mental", catorze anos depois de seu projeto original ter sido proposto pelo deputado Paulo Delgado. O doente mental passou a ter direito ao melhor tratamento, realizado com humanidade e respeito, tendo assegurados a proteção contra qualquer forma de exploração e o direito a receber informações a respeito de sua doença. O tratamento deveria ser feito, de preferência, em serviços comunitários de saúde mental, nos moldes do hospital-dia, tais como o CAPS (Centro de Atenção Psicossocial). Estes são proporcionados pelo setor público, retirando o monopólio que durante quase todo o século XX, fora exercido pela iniciativa privada, na forma de hospitais psiquiátricos particulares, os quais, não raro, negligenciavam o tratamento adequado a fim de receber mais recursos vindos do Estado, inclusive na forma de internamentos desnecessários.

A atual lei psiquiátrica constitui um avanço, mas não basta por si mesma, fazendo-se necessária a fiscalização efetiva por parte do Ministério Público, das comissões de defesa dos direitos humanos e da sociedade como um todo, no que tange à regulação das internações involuntárias e da implantação de uma assistência coerente com os parâmetros atuais, em que se privilegia o atendimento extra-hospitalar ao máximo possível. Desta forma, pode-se iniciar uma tentativa de resgatar uma dívida histórica que a sociedade moderna contraiu em relação ao portador de transtorno mental.

A Lei nº 5.726, de 29 de outubro de 1971, dispôs sobre medidas preventivas e repressivas do tráfico e uso de entorpecentes e sobre a assistência e recuperação dos viciados.

Tendo o Código de 2002 conservado a incapacidade por "prodigalidade" (inciso V do art. 1.767), a consequência é a subordinação à curatela. Melhor seria suprimir este caso de incapacidade. Mantida que foi, é restrita aos atos e negócios jurídicos que possam comprometer o patrimônio. Dela cuidou o art. 1.782, o qual será objeto de maiores considerações.

A iniciativa do processo que define os termos da curatela – art. 1.768 – cabe aos pais, ou tutores, ao cônjuge, ou a qualquer parente. Ressalte-se que a Lei nº 13.146/2015 incluiu o inciso IV no rol do art. 1.768, prevendo a possibilidade de a própria pessoa requerer sua curatela. No caso de não existir qualquer desses, ou de se omitirem; ou se existindo, serem menores ou incapazes; ou ainda nos casos de deficiência mental ou intelectual, poderá o representante do Ministério Público provocar o processo, nos termos do art. 1.769, com as alterações do Estatuto da Pessoa com Deficiência. Não obstante as referidas alterações, é de ressaltar que, com a promulgação do Novo CPC – Lei nº 13.105, em 16 de março de 2015, os dispositivos do Código Civil referentes ao processo judicial de curatela restariam revogados (arts. 1.768 a 1.773), sendo tal procedimento regulado pelo Novo Código Processual. O Estatuto, por sua vez, altera os arts. 1.767, 1.768, 1.769, 1.771, 1.772, 1.777, que haviam sido revogados pelo novo CPC, dando-lhes nova redação. Surge, então, a celeuma: qual dos dois diplomas deve prevalecer nesse caso?

Embora a promulgação do Estatuto tenha ocorrido em momento posterior à do novo CPC, a sua entrada em vigor ocorreu antes: o Estatuto entrou em vigor em janeiro de 2016 (*vacatio legis* de 180 dias) e o novo CPC, no dia 17 de março de 2016 (*vacatio legis* de 1 ano). Dessa forma, os artigos relativos à curatela têm nova redação pelo Estatuto, mas apenas produziram efeitos até a entrada em vigor do Novo CPC.

Trata-se de um descuido legislativo que terá de ser compatibilizado, sob pena de serem afastadas importantes inovações trazidas pelo Estatuto da Pessoa com Deficiência. Com efeito, tendo ambas as leis igual hierarquia, conclui-se pela derrogação dos dispositivos do Estatuto da Pessoa com Deficiência pelo CPC, lei posterior, no que forem incompatíveis, por força do art. 2º, § 1º, da Lei de Introdução às Normas do Direito Brasileiro (Decreto-lei nº 4.657/1942).

No entanto, embora o Novo CPC traga uma regulamentação inovadora, não se podem ignorar os avanços previstos pelo Estatuto, de modo que a saída parece ser uma solução que integre ambas as previsões de forma a manter o procedimento no corpo do Código Processual, mas com o olhar desestigmatizador da Lei nº 13.146/2015.

A respeito da legitimidade, o art. 747 do novo CPC prevê que a ação de curatela pode ser promovida: I – pelo cônjuge ou companheiro; II – pelos parentes ou tutores; III – pelo representante da entidade em que se encontra abrigado o interditando; IV – pelo Ministério Público, devendo a legitimidade ser comprovada por documentação que acompanhe a petição inicial.

No entanto, apesar de o art. 747 não prever a possibilidade de a própria pessoa requerer sua curatela – previsão esta feita pelo Estatuto –, não se pode negar tal iniciativa, em razão da própria lógica de autodeterminação trazida pelo Estatuto da Pessoa com Deficiência. Assim, não obstante a revogação do art. 1.780, que previa a curatela-mandato, a possibilidade de requerimento da curatela pela própria pessoa se mantém com a inclusão do inciso IV no art. 1.768 do CC pelo Estatuto, ainda que o novo CPC não traga tal previsão.

Pelo art. 748 do Novo CPC, o Ministério Público só poderá promover a ação em caso de doença mental grave: I – se as pessoas designadas nos incisos I, II e III do art. 747 não existirem ou não promoverem a interdição; ou II – se, existindo, forem incapazes as pessoas mencionadas nos incisos I e II do art. 747. Trata-se, portanto, de legitimidade subsidiária e extraordinária.

Justifica-se a fixação da competência no domicílio ou residência do curatelado por motivos diversos, dentre os quais a natureza protetiva da curatela, sendo recomendável que o processo tramite no lugar onde reside o próprio curatelado, inclusive para facilitar a colheita de provas, a realização de sua entrevista e a realização da própria perícia médica. (...) No plano de divisão interna de competência, caberá às leis de organização judiciária fixar a competência do juízo. Em alguns Estados da federação, a competência é da Vara de Família e, noutros, é da Vara de Órfãos e Sucessões.[17]

No caso dos pais, pode ter a lei em vista o fato de que, ao atingir a maioridade, o filho *in patertati* continue por ele representado. No de filho maior, o pedido de interdição justifica-se com a necessidade de protegê-lo. O tutor, reconhecendo o déficit psíquico permanente ou transitório do pupilo, inicia o processo e, por meio de sentença, passará ele à condição de curatelado (inciso I do art. 1.768).

Ao cônjuge, ao filho, ao irmão, ou outro qualquer parente cabe promover o procedimento em que se verificará a necessidade da curatela (inciso II do art. 1.768). Omitiu o legislador de 2002 a possibilidade de o companheiro na união estável exercer esta prerrogativa. Por analogia, não há por que afastá-los, atendendo uma "interpretação construtiva sustentada na ótica civil-constitucional".[18]

Tem o Ministério Público legitimidade para promover a interdição nos casos do art. 1.769 (inciso III do art. 1.768). Prevê o art. 1.769, expressamente, as únicas hipóteses em que será do Ministério Público a iniciativa da interdição: I – em caso de doença mental grave; II – se não existir ou não promover interdição alguma das pessoas designadas nos incisos I e II do artigo antecedente; III – se, existindo, forem incapazes as pessoas mencionadas no inciso antecedente.

Incorporou a lei civil a situação especial prevista no art. 1.178 do CPC/1973, desta feita, substituindo a expressão "anomalia psíquica" por "doença mental grave". Ressalte-se que o CPC de 2015, em seu art. 748, *caput*, também traz a ideia de "doença mental grave", na esteira da redação original do Código Civil. No entanto, o Estatuto da Pessoa com Deficiência substitui tal expressão por "deficiência mental ou intelectual" no art. 1.769, I do CC. De qualquer modo, incluem-se neste âmbito, entre outros, os portadores de estado psicossomático caracterizado por descargas, contínuas ou intermitentes, de agressividade (*furiosi*). Pondo em risco as pesso-

---

17 Cristiano Chaves de Farias e Nelson Rosenvald, *Curso de Direito Civil: Famílias.* Salvador: JusPodivm, 2012, pp.1007/1008.
18 Cristiano Chaves de Farias e Nelson Rosenvald, ob. cit. p. 1005.

as mais próximas, ou constituindo um perigo social, cabe ao Ministério Público a iniciativa do processo, sem outras considerações senão as inspiradas no potencial agressivo do curatelado.

Poderá agir mediante representação a ele dirigida, ou tomando conhecimento das condições daquele. Nos demais casos, a atuação do Ministério Público é supletiva. Inicia o procedimento judicial somente quando faltarem as pessoas designadas no artigo anterior, ou forem omissas ou incapazes.

Não se justifica limitar as situações de legitimidade processual diante da ampla competência do *Parquet* após a Constituição de 1988. Deveria o Código Civil autorizar o Ministério Público a promover os procedimentos cabíveis diante da inércia daqueles a quem a lei faculta a prerrogativa de fazê-lo. Esclareça-se que somente o juiz pode decretá-la, mediante a prolação de sentença, com observância dos trâmites processuais (arts. 1.177 e segs., CPC/1973 – arts. 747 e segs., CPC/2015). Ao decidir o processo, nomeará, desde logo, curador, assumindo este, independentemente do recurso interposto da decisão, a administração da pessoa e bens do curatelado com as formalidades processuais pertinentes.

Pelo art. 749 do Novo CPC, o autor da ação de promoção da curatela deve, na petição inicial, "especificar os fatos que demonstram a incapacidade do interditando para administrar seus bens e, se for o caso, para praticar atos da vida civil, bem como o momento em que a incapacidade se revelou", podendo o juiz nomear curador provisório ao interditando para a prática de determinados atos. Previa o art. 1.770 que, nos casos em que a interdição fosse promovida pelo Ministério Público, o juiz nomearia defensor ao suposto incapaz; e, nos demais casos, o Ministério Público seria o defensor.

Em qualquer caso, o curatelado terá defensor no processo que visa à curatela. O defensor nato é o Ministério Público. Quando, porém, for o processo iniciado por sua iniciativa, o juiz designará defensor *ad hoc*. A legitimidade ministerial permite, também, que, no caso de desistência ou abandono do procedimento, o Promotor de Justiça venha a assumir o polo ativo da relação, dando continuidade ao feito.[19]

Pelo art. 752 do Novo CPC, quando o interditando não constituir advogado, deve ser nomeado curador especial, que atuará em favor dos interesses do interditando (§ 2º), sendo certo que o Ministério Público deve intervir no feito como fiscal da ordem jurídica (§ 1º) e que o cônjuge, companheiro ou qualquer parente sucessível poderá intervir como assistente (§ 3º).

Determinava o art. 1.771 que, antes de pronunciar-se acerca da interdição, o juiz, assistido por especialistas, examinaria pessoalmente o arguido de incapacidade. Com a nova redação, o referido dispositivo passou a estabelecer que, "antes de se pronunciar acerca dos termos da curatela, o juiz, que deverá ser assistido por equipe multidisciplinar, entrevistará pessoalmente o interditando".

Nota-se que a disposição é de natureza processual. Os arts. 1.181 e 1.182 do CPC/1973 disciplinavam especificamente a espécie, determinando que era indispensável a oitiva do interditando, quer em audiência de impressão pessoal na sede do

---

19 Cristiano Chaves de Farias e Nelson Rosenvald, ob. cit. p. 1006.

Juízo ou no local onde se encontrasse acolhido, podendo, se desejar, apresentar sua defesa em 5 dias, inclusive por advogado constituído por parente sucessível, e realização de perícia médica.

De acordo com o regramento conferido pelo Novo CPC, após o despacho do juiz, chega-se ao momento da entrevista (denominada de interrogatório no CPC/1973), sendo o curatelado citado "para, em dia designado, comparecer perante o juiz, que o entrevistará minuciosamente acerca de sua vida, negócios, bens, vontades, preferências e laços familiares e afetivos e sobre o que mais lhe parecer necessário para convencimento quanto à sua capacidade para praticar atos da vida civil, devendo ser reduzidas a termo as perguntas e respostas" (art. 751, Novo CPC).

Ressalte-se que, na impossibilidade de deslocamento por parte do curatelado, o juiz o ouvirá no local onde estiver (§ 1º), podendo a entrevista ser acompanhada por especialista e contar com o emprego de recursos tecnológicos capazes de permitir ou de auxiliar o interditando a expressar suas vontades e preferências e a responder às perguntas formuladas (§§ 2º e 3º). Pode, ainda, ser requisitada a oitiva de parentes e de pessoas próximas (§ 4º). O prazo para impugnação passa a ser de 15 dias (art. 752, Novo CPC).

Determinava o art. 1.772 que, "pronunciada a interdição das pessoas a que se referem os incisos III e IV do art. 1.767, o juiz assinará, segundo o estado ou o desenvolvimento mental do interdito, os limites da curatela, que poderão circunscrever-se às restrições constantes do art. 1.782". Cabe ressaltar que, de acordo com o Enunciado 574 da VI Jornada do STJ, "a decisão judicial de interdição deverá fixar os limites da curatela para todas as pessoas a ela sujeitas, sem distinção, a fim de resguardar os direitos fundamentais e a dignidade do interdito".

Com as alterações do Estatuto da Pessoa com Deficiência, tal dispositivo passou a estabelecer que "o juiz determinará, segundo as potencialidades da pessoa, os limites da curatela, circunscritos às restrições constantes do art. 1.782, e indicará curador", devendo levar em conta "a vontade e as preferências do interditando, a ausência de conflito de interesses e de influência indevida, a proporcionalidade e a adequação às circunstâncias da pessoa".

O juiz deve se informar das condições psíquicas do curatelado, e declarar os atos que pode praticar pessoalmente, e aqueles que não prescindam da presença do curador.

Assim, pelo Novo CPC, após o prazo para a impugnação, o juiz deve determinar a produção de prova pericial, a fim de avaliar a capacidade do curatelado para a prática dos atos da vida civil, contando com o apoio de equipe composta por expertos com formação multidisciplinar. O laudo deve indicar de forma especificada os atos sobre os quais recairá a curatela (art. 753, Novo CPC), devendo-se manter a capacidade do curatelado para os demais atos.

Nos termos do art. 755 do Novo CPC, na sentença que decretar a interdição, o magistrado deve nomear curador, que poderá ser o requerente da interdição, e fixar os limites da curatela, segundo o estado e o desenvolvimento mental do interdito, considerando as características pessoais do interdito, observando suas potencialidades, habilidades, vontades e preferências. Ressalte-se que a curatela deve ser deferida a quem melhor atenda aos interesses do curatelado.

Pelo § 3º do art. 755, a sentença de interdição deverá ser "inscrita no Registro de Pessoas Naturais e imediatamente publicada na rede mundial de computadores, no sítio do Tribunal a que estiver vinculado o juízo e na plataforma de editais do Conselho Nacional de Justiça, onde permanecerá por 6 (seis) meses, na imprensa local, 1 (uma) vez, e no órgão oficial, por 3 (três) vezes, com intervalo de 10 (dez) dias, constando do edital os nomes do interdito e do curador, a causa da interdição, os limites da curatela e, não sendo total a interdição, os atos que o interdito poderá praticar autonomamente".

Nomeado curador, terá ele o encargo de representar o curatelado e administrar seus bens.

Uma vez decretada a interdição, o ato praticado pelo incapaz é nulo. Mas, sendo a sentença de natureza declaratória, daí resulta que poderão os interessados postular a anulabilidade dos que tiverem sido realizados antes dela, sujeitando-se, todavia, ao ônus de provar que se efetuaram numa fase em que já se definia a insanidade mental, embora não proclamada *in iudicio*. Nisto difere em relação aos atos praticados depois da sentença, que são nulos.

A sentença não cria o estado de incapacidade. Esta nasce da deficiência, que é uma *quaestio facti*, à sua vez geradora da inaptidão para a vida civil. A importância do processo interditório é, assim, dupla: 1 – sem ele, os interessados na ineficácia do ato têm de provar a incapacidade; com ele o ato praticado nulo é *pleno iure*, bastando a demonstrar o que se praticou após a sentença; 2 – o julgado, nomeando curador, põe a pessoa e os bens do curatelado sob a direção e a gerência de pessoa idônea, que por eles velará, defendendo-os sempre.

A sentença implica ser o curatelado incapaz. Salvo nos casos em que o juiz assine os seus limites, está ele sujeito à representação pelo curador, e inabilitado para todos os atos da vida civil especificados na sentença. Aqueles que houver praticado antes de pronunciada a interdição poderão ser anulados, provando o interessado a deficiência mental ou psíquica do agente. Uma vez proferida a sentença declaratória da interdição, os atos praticados são nulos, dispensando-se o interessado de demonstrar o estado psicossomático. Basta a sentença, para gerar o efeito anulatório.

Deve-se observar que o Estatuto da Pessoa com Deficiência traz uma nova sistemática a respeito do tema, como já apontado.

O Novo CPC prevê a extensão dos efeitos subjetivos da curatela, ao estabelecer que, se o interditado representava o incapaz, que se encontrava sob a guarda e a responsabilidade do curatelado ao tempo da interdição, este passará a ser representado pelo mesmo curador (art. 757). Isso significa que o curador agirá como tutor dos filhos menores do interdito até que estes completem a maioridade. O parágrafo único do art. 723 do novo CPC permite ao juiz "adotar em cada caso a solução que considerar mais conveniente ou oportuna".

Ressalte-se que o legislador de 2015 preocupou-se também com o desenvolvimento do interdito, determinando no art. 758 que o curador deve buscar tratamento e apoio apropriados à conquista da autonomia pelo interdito. O curador deve, então, contribuir para que o curatelado desenvolva as suas potencialidades e adquira independência, devendo o exercício do múnus ser norteado por essa ideia.

O Código de Processo Civil de 1973 previa, em seu art. 1.186, o levantamento da curatela, caso cessasse a causa que a determinara, o que é seguido pela nova sistemática processual (art. 756, Novo CPC). O pedido de levantamento da curatela poderá ser feito pelo curatelado, pelo curador ou pelo Ministério Público e será apensado aos autos do processo que define os termos da curatela, devendo ser feito exame no curatelado, seguido de audiência de instrução e julgamento. Insta salientar que o rol de legitimados do art. 756, § 1º, do CPC/2015, para a ação de levantamento de curatela, não é taxativo.[20] É possível que haja o levantamento parcial da medida, nos casos em que seja observada a capacidade do curatelado para praticar alguns atos da vida civil. O levantamento da curatela é importante, pois só se devem restringir os atos realmente necessários, que realmente não podem ser exercidos pelo curatelado.

Diante da complexidade dos negócios e do patrimônio do curatelado, poderá o Juiz, mediante aprovação judicial, delegar a outras pessoas físicas ou jurídicas o exercício parcial da curatela, "se os bens e interesses administrativos exigirem conhecimentos técnicos, forem complexos, ou se se realizarem em lugares distantes do domicílio do curador" (art. 1.743).

Consta do art. 1.774 a possibilidade de aplicação à curatela das disposições concernentes à tutela. Assim, autorizou-se a nomeação de uma pessoa da confiança do magistrado para fiscalizar os atos do curador, como o fez o art. 1.742 ao estabelecer tais atribuições ao protutor nos casos de tutela.

Estabelece o art. 1.775 o critério de preferência para a iniciativa do requerimento da curatela, determinando ser o cônjuge, não separado judicialmente ou de fato, de direito, curador do outro, quando interdito.

Reconhecendo a igualdade constitucional entre homens e mulheres, eliminou-se o critério discriminativo previsto no art. 454 do Código Civil de 1916, onde predominava o direito dos familiares do sexo masculino; na falta do cônjuge, indicava o pai, na falta deste, a mãe; dentre os descendentes priorizava "os varões às mulheres".

O Código menciona a ordem preferencial para designação de curador ao interdito, atendendo aos critérios de interesse presumido, da habilitação, e, tanto quanto possível, da manutenção do encargo no círculo familiar. O curador é sempre nomeado pelo juiz na sentença, diversamente do que ocorre com a tutela que pode ser testamentária.

Determina o § 1º do art. 1.775 que "na falta do cônjuge ou do companheiro, é curador legítimo o pai ou a mãe; na falta destes, o descendente que se demonstrar mais apto". Entre os descendentes, os mais próximos precedem aos mais remotos (§ 2º do art. 1.775). Na falta de curador legal, cuja designação obedece à ordem men-

---

20 STJ – 3ª Turma – REsp 1.735.668-MT – Rel. Min. Nancy Andrighi – Julg. em 11.12.2018 – *DJe* 14.12.2018.

cionada no artigo, cabe a nomeação de "curador dativo", a critério do juiz (§ 3º do art. 1.775).

O juiz não é obrigado a seguir a ordem de procedência aqui mencionada. Tem a faculdade de invertê-la se assim entender mais conveniente ao interdito, ou mesmo dispensá-la, se se convencer de que as funções de curador serão mais bem desempenhadas por pessoa de sua escolha.

Se o "doente mental" e o "excepcional" padecessem de deficiência suscetível de eliminação, mediante processo educacional adequado, ao curador, nesses casos, se reservava a iniciativa de procurar tratamento apropriado ao interdito em instituição especializada, ou assistência domiciliar (art. 1.776). No entanto, tal dispositivo foi revogado pelo Estatuto da Pessoa com Deficiência.

Autorizava o art. 1.777, inclusive, o recolhimento a estabelecimento adequado, quando o curatelado não se adaptasse ao convívio doméstico. Se o interdito se revelasse inconveniente para conservá-lo em casa, ou exigisse tratamento especial, seria recolhido a um estabelecimento adequado, de cunho particular ou público, conforme a sua condição social e econômica.[21] O mesmo se dava com ébrios habituais e viciados em tóxicos e com os excepcionais sem completo desenvolvimento mental, devendo o curador promover a internação, comunicando à autoridade judicial com fundamentado laudo técnico.

No entanto, pela nova redação dada pelo Estatuto da Pessoa com Deficiência, o art. 1.777 passou a estabelecer que aqueles que, por causa transitória ou permanente, não puderem exprimir sua vontade "receberão todo o apoio necessário para ter preservado o direito à convivência familiar e comunitária, sendo evitado o seu recolhimento em estabelecimento que os afaste desse convívio".

Retiram-se, assim, a segregação e a imagem estigmatizada do curatelado, que deve ter, hoje, garantida a sua integração social e familiar. Ao curador compete dirigir a pessoa do incapaz, administrar-lhe os bens, representá-lo nos atos da vida civil. Mas não lhe cabe praticar senão os de administração, dependendo de autorização judicial os que a esta ultrapassarem. O art. 1.778 estendeu à pessoa e aos bens dos filhos do curatelado, a autoridade do curador, observado o art. 5º. Se o curatelado não tem aptidão para reger sua pessoa e seus bens, pela mesma razão não pode ter a seu cargo as de seus filhos menores. Com o propósito de manter unidade na administração, cabe ao curador autoridade ostensiva aos filhos menores e nascituros, do interdito. A disposição não pode, no entanto, importar em privar o outro cônjuge do poder familiar.

Portanto, a autoridade do curador relativa à pessoa e aos bens dos filhos do curatelado cessa no momento em que os mesmos completam a maioridade. Aplica-se, também, o parágrafo único do mesmo art. 5º, ou seja, situações em que, por sentença judicial ou em decorrência das situações ali elencadas, cessa a incapacidade

---

21 A propósito da internação dos alienados: Wouteres *et* Pol, *Du Régime des Malades Mentaux en Belgique*; Planiol, Ripert *et* Boulanger, *Traité Élémentaire*, v. I, nº 2.453; Planiol *et* Ripert, *Traité Pratique*, v. I, nºˢ 659 e segs.; Mazeaud, Mazeaud *et* Mazeaud, *Leçons*, v. I, nºˢ 1.378 e segs.

dos filhos do interdito. Se a curatela não couber ao cônjuge, e não houver motivo para lhe ser retirado o poder parental, os filhos menores permanecerão *in potestate* de seu pai ou mãe, não se justificando a aplicação cega do preceito do presente artigo. Revogado o art. 1.620, CC, pela Lei nº 12.010/2009, foi mantida a orientação do art. 44, ECA, ao estabelecer que, "enquanto não der conta de sua administração e saldar o seu alcance, não pode o tutor ou o curador adotar o pupilo ou o curatelado", resguardando o tutelado de eventuais irregularidades por parte destes.

423-B. A CURATELA DO NASCITURO

Recepcionando o art. 462 de 1916, o art. 1.779 refere-se à curatela do nascituro "se o pai falecer estando grávida a mulher e não tendo o poder familiar". Determina o parágrafo único do art. 1.779 que "se a mulher estiver interdita, seu curador será o do nascituro".

Mantém a mesma orientação do Código Civil de 1916 quanto à curatela do nascituro, condicionando-a ao falecimento do pai e à gravidez da mulher. Sendo a mãe incapaz por deficiência mental ou lhe sendo retirada a *patria potestas* por sentença, já que a morte do marido importa na permanência do poder parental com a mãe, o mesmo curador dela sê-lo-á do nascituro. Nesta hipótese, a unidade da representação e defesa compete ao curador que a ela tenha sido designado.

O Código de Processo Civil de 1973 previa, dentre as medidas cautelares (arts. 877 e 878), a "posse em nome do nascituro", legitimando a mãe para promover a tutela de urgência, comprovada a gravidez. Estabelecia, no entanto, o parágrafo único do art. 878 que seria nomeado um curador ao nascituro "se à mãe não couber o exercício do pátrio poder" (hoje, poder familiar).

Ressalte-se que o Novo CPC não traz previsão correspondente às cautelares especiais do CPC/1973, que passam a estar compreendidas na Tutela de Urgência (arts. 300 e seguintes do Novo CPC).

Regina Ghiaron indica algumas situações em que deverá ser também nomeado curador ao nascituro: 1) pai desconhecido e mãe interdita ou fora do poder familiar; 2) pai e mãe interditos; 3) pai e mãe fora do poder familiar (menores ou por decisão judicial, na forma do art. 1.638).[22]

Reporte-se ao nº 427, *infra*, concernente aos alimentos do nascituro ao ser enfatizado o direito da mãe de pleiteá-los para atender à sobrevivência do ente em formação em seu ventre.

Dentro da orientação adotada pelo Estatuo da Criança e do Adolescente (Lei nº 8.069/1990), assegura o art. 8º o acesso das mulheres e gestantes aos programas de saúde de atenção à gravidez, ao parto e ao puerpério, por meio de atendimento pré e pós-natal. Outrossim, será garantida a vinculação da gestante no último trimestre de

---

22 Regina Ghiaroni, *in O Novo Código Civil: Direito de Família* (coord.: Heloisa Maria Daltro Leite), p. 558.

gravidez ao estabelecimento hospitalar no qual será realizado o parto (§ 2º do art. 8º do ECA). Com a nova redação da Lei nº 12.010/2009, foi determinada a assistência psicológica à gestante e à mãe, no período pré e pós-natal, como forma de prevenir ou minorar as consequências do estado puerperal (§ 4º do art. 8º do ECA). De forma geral, busca-se garantir à mulher gestante ou em puerpério o maior conforto e saúde, por exemplo, assegurando-lhe o direito a um acompanhante de sua preferência (§ 6º do art. 8º do ECA).

Na hipótese de reconhecimento pelo pai, anterior ao nascimento, autoriza o parágrafo único do art. 1.609 do Código Civil a legitimidade do nascituro, representado pelo curador da mãe interdita, para a ação de alimentos.

Nesse sentido, merece destaque a Lei nº 11.804, de 5 de novembro de 2008, que disciplina o direito de alimentos da mulher gestante – denominados *alimentos gravídicos* – a serem custeados pelo futuro pai. De acordo com o diploma legislativo, os alimentos gravídicos compreendem "os valores suficientes para cobrir as despesas adicionais do período de gravidez e que sejam dela decorrentes, da concepção ao parto, inclusive as referentes a alimentação especial, assistência médica e psicológica, exames complementares, internações, parto, medicamentos e demais prescrições preventivas e terapêuticas indispensáveis, a juízo do médico, além de outras que o juiz considere pertinentes" (art. 2º da Lei nº 11.804/2008).

Diante da existência de indícios da paternidade, o juiz deverá fixar os alimentos gravídicos, que perdurarão até o nascimento da criança, sopesando as necessidades da mãe e as possibilidades do pai. Após o nascimento com vida, há a conversão em pensão alimentícia em favor da criança até que uma das partes solicite a sua revisão (art. 6º da Lei nº 11.804/2008).

423-C. A CURATELA DO ENFERMO E DO DEFICIENTE FÍSICO

Inovando o Código de 2002, determinou no art. 1.780 que "a requerimento do enfermo ou portador de deficiência física, ou, na impossibilidade de fazê-lo, de qualquer das pessoas a que se refere o art. 1.768, dar-se-lhe-á curador para cuidar de todos ou alguns de seus negócios ou bens".

Assim, o próprio interessado poderia requerer a nomeação de um curador para os fins enunciados. Tratava-se de uma curatela de natureza administrativa. Segundo Antônio Carlos Mathias Coltro, reportando-se a Paulo Nader, "o permissivo legal deve beneficiar, ainda, as pessoas idosas que não disponham de condições físicas, senão com muito sacrifício, de se locomoverem, a fim de gerirem seus bens".[23] O mesmo autor reporta-se à decisão do Tribunal de Justiça de São Paulo, onde uma pessoa, portadora de epilepsia, comprovou, através de perícia técnica, plena capacidade para a prática dos atos da vida civil, inobstante incapacidade prática para atividades cor-

---

23 Antônio Carlos Mathias Coltro, "Da Tutela e da Curatela", in *Manual de Direito das Famílias e das Sucessões*, Belo Horizonte, Del Rey/ Mandamentos, 2008, p. 349.

riqueiras e para cuidar da própria pessoa. O Tribunal de Justiça concordou com a concessão de curatela especial prevista no art. 1.780 do Código Civil de 2002 com poderes restritos à representação legal da curatelada, junto ao INSS. Dispensou, na oportunidade a prestação de contas, tendo em vista que o benefício pago pelo INSS, recebido pela genitora, era consumido com a manutenção da curatelada.[24]

No mesmo sentido, a 2ª Câmara de Direito Privado do TJSP, tendo como Relator o Desembargador Morato de Andrade, no julgamento da Apelação Cível com Revisão nº 631.205-4/7-00, concedeu curatela especial a uma senhora de 92 anos, que apresentava problemas de saúde, necessitando de auxílio para o exercício de atividades corriqueiras. Na decisão, ressaltou-se que "não resta qualquer dúvida de que a requerida é pessoal lúcida e que tem condições de manifestar sua vontade, o que impede o deferimento da interdição para todos os atos da vida civil. Mas, para que possa cuidar de seus negócios e bens que não importem em transferência ou renúncia de direitos, e principalmente para receber aposentadoria e benefício previdenciário, o pedido da autora deve ser acolhido".[25]

Conceição Mousnier, referindo-se à "Curatela administrativa consentida", esclarece que as restrições são de ordem física, em razão de enfermidade ou deficiência, nunca mental. Este tipo de curatela prescinde do processo de interdição, pois o curatelado se autodetermina, e estando hígida a sua capacidade, ele próprio indica, nomeia a pessoa sobre a qual recairá a função de curador.

A mecânica da curatela administrativa é semelhante a um mandato, transferindo ao curatelado poderes para que o curador administre de forma total ou parcial os seus negócios e patrimônio.[26]

Legislação ordinária cuidou de regulamentar a proteção do deficiente físico destacando-se a Lei nº 7.853, de 24 de outubro de 1989, ao dispor sobre o apoio às pessoas portadoras de deficiência, sua integração social, sobre a Coordenadoria Nacional para Integração da Pessoa Portadora de Deficiência – Corde. Instituiu a tutela jurisdicional de interesses coletivos ou difusos dessas pessoas, disciplinou a atuação do Ministério Público, definiu crimes, e deu outras providências.

Com o advento da Lei nº 13.146/2015 – Estatuto da Pessoa com Deficiência, é inserido, no Título IV do Livro IV da Parte Especial do Código Civil, o Capítulo III, que passa a prever o procedimento da tomada de decisão apoiada, regulado pelo art. 1.783-A.

A tomada de decisão apoiada é definida como o processo pelo qual a própria pessoa com deficiência "elege pelo menos 2 (duas) pessoas idôneas, com as quais mantenha vínculos e que gozem de sua confiança, para prestar-lhe apoio na tomada

---

24 TJSP – AC. 523.006.4/6.00 – 4ª CDP – Rel. Des. Francisco Loureiro – Julg. em 13.12.2007.
25 TJSP – 2ª Câmara de Direito Privado – Apelação Cível com Revisão nº 631.205-4/7-00 – Rel. Des. Morato de Andrade – Julg.: 14.07.2009.
26 Conceição Mousnier, "A Curatela Administrativa, instituto inovador no Código Civil". *Cuidado e Vulnerabilidade* (coord. Tânia da Silva Pereira e Guilherme de Oliveira). São Paulo: Atlas, 2009, p. 67.

de decisão sobre atos da vida civil, fornecendo-lhes os elementos e informações necessários para que possa exercer sua capacidade".

Nesses casos, deve ser apresentado um termo, que defina os limites do apoio a ser oferecido, os compromissos dos apoiadores, o prazo de vigência do acordo e o respeito à vontade, aos direitos e aos interesses da pessoa que devem apoiar (§ 1º). As medidas terão validade e efeitos sobre terceiros, desde que estejam inseridas nos limites do apoio acordado (§ 4º).

Nelson Rosenvald destaca que tal figura vem concretizar o art. 12.3 do Decreto nº 6.949/2009, que promulgou a Convenção das Nações Unidas sobre os Direitos das Pessoas com Deficiência. Tal dispositivo prevê que os Estados-Partes devem adotar medidas para promover o apoio necessário às pessoas com deficiência no exercício de sua capacidade legal. Para o mesmo autor, a tomada de decisão apoiada "não se trata de um modelo limitador da capacidade de agir, mas de um remédio personalizado para as necessidades existenciais da pessoa, no qual as medidas de cunho patrimonial surgem em caráter acessório, prevalecendo o cuidado assistencial e vital ao ser humano".[27]

Ressalte-se que os apoiadores não podem realizar atos existenciais privativos do beneficiário, somente em situações excepcionais, desde que se promova a dignidade da pessoa com deficiência, "não se convertendo em uma renúncia a direitos fundamentais, pela faculdade da pessoa apoiada revogar os poderes dos apoiadores a qualquer tempo".[28]

O magistrado deve estar assistido por equipe multidisciplinar para se manifestar sobre o pedido de tomada de decisão apoiada, ouvindo pessoalmente o requerente e as pessoas que lhe prestarão apoio, após oitiva do Ministério Público (§ 3º). No caso de divergência de opiniões entre a pessoa apoiada e um dos apoiadores, quando o negócio jurídico possa trazer risco ou prejuízo relevante, o juiz decidirá sobre a questão (§ 6º).

É importante ressaltar que os apoiadores devem agir com zelo, cautela e responsabilidade no apoio, podendo a pessoa apoiada denunciá-lo ao Ministério Público ou ao juiz no caso de negligência, pressão indevida ou inadimplemento das obrigações assumidas (§ 7º). Também possuem o dever de prestar contas, aplicando-se, no que couber, as disposições referentes à prestação de contas na curatela (§ 11).

O término do acordo pode ser feito pela pessoa apoiada, a qualquer tempo (§ 9º), e o apoiador pode se desligar, mediante autorização judicial, da participação do processo de tomada de decisão apoiada (§ 10).

Ressalte-se a viabilidade do levantamento da curatela e a substituição desta pelo modelo da tomada de decisão apoiada e da possibilidade da conversão em sen-

---

27 ROSENVALD, Nelson. "A tomada de decisão apoiada – Primeiras linhas sobre um novo modelo jurídico promocional da pessoa com deficiência". In: *Revista IBDFAM: Famílias e Sucessões*. Belo Horizonte: IBDFAM, 2015, p. 11.
28 ROSENVALD, Nelson. Ob. cit., p. 14.

tido oposto (da tomada de decisão apoiada para a curatela), quando as condições da pessoa apoiada observarem um agravamento.[29]

Com efeito, "os processos de interdição em trâmite podem ser convertidos para tomada de decisão apoiada".[30] Contudo, a tomada de decisão apoiada não pode ser aplicada de ofício pelo juiz, devendo o pedido ser formulado pela pessoa a ser apoiada, com a nomeação daqueles que pretende eleger como apoiadores.[31]

Paulo Lôbo distingue a curatela compartilhada da tomada de decisão apoiada: "Pela primeira, a pessoa com deficiência poderá contar com mais de um curador, para incumbências específicas; pela segunda, a pessoa com deficiência poderá escolher pelo menos duas pessoas para apoiá-lo no exercício de sua capacidade. A segunda, dependente de decisão judicial, não se confunde com a curatela e tem por objetivo, principalmente, o apoio para celebração de determinados negócios jurídicos".[32]

Da mesma forma, deve-se diferenciar tal instituto da representação voluntária, no qual o outorgante da procuração fica sujeito ao risco do mau cumprimento das determinações pelo representante/procurador e este possui discricionariedade para deliberar e decidir, nos termos do art. 116 do CC/2002. Na tomada de decisão apoiada, é prevista a responsabilidade dos apoiadores, havendo uma fiscalização judicial e do Ministério Público, buscando garantir que os atos dos apoiadores estejam de acordo com o melhor interesse e as finalidades eleitas pela pessoa com deficiência.[33]

Ressalta-se que, como já apontado, o Estatuto prevê, em seu art. 84, a curatela para os portadores de deficiência como medida protetiva extraordinária, que deve ser proporcional às necessidades e às circunstâncias de cada caso, durando o menor tempo possível.

Para Rosenvald, passa-se a haver "uma gradação tripartite de intervenção na autonomia: a) pessoas sem deficiência terão capacidade plena; b) pessoas com deficiência se servirão da tomada de decisão apoiada, a fim de que exerçam a sua capacidade de exercício em condição de igualdade com os demais; c) pessoas com deficiência qualificada pela curatela em razão da impossibilidade de autogoverno serão interditadas".[34]

Heloisa Helena Barboza e Vitor Almeida destacam que a tomada de decisão apoiada funciona "para apoiar as pessoas com deficiência na conservação de sua plena capacidade de fato", buscando promover sua autonomia e dignidade. Nesse contexto, "os apoiadores funcionam como coadjuvantes do processo de tomada de

---

29 ROSENVALD, Nelson. Ob. cit., p. 16.
30 TJRO – 2ª Câmara Cível – Apelação Cível 0001370-73.2015.822.0010 – Rel. Des. Alexandre Miguel – Julg.: 28.04.2016.
31 Nesse sentido: TJSC – Apelação Cível 0001812-05.2004.8.24.0031 – Rel. Des. Maria do Rocio Luz Santa Ritta – Julg.: 23.05.2017.
32 LÔBO, Paulo. *Com avanços legais, pessoas com deficiência mental não são mais incapazes.* Disponível em: <http://www.conjur.com.br/2015-ago-16/processo-familiar-avancos-pessoas-deficiencia-mental-nao-sao-incapazes>. Acesso em: 08 out. 2015.
33 ROSENVALD, Nelson. Ob. cit., p. 19.
34 ROSENVALD, Nelson. Ob. cit., p. 13.

decisões a respeito das escolhas de vida da pessoa com deficiência, e não o contrário, como na hipótese de curatela, quando se eclipsa a vontade da pessoa curatelada, num verdadeiro processo de substituição". Eles atuam ao lado da pessoa com deficiência, e não como seus substitutos.[35] Atente-se para o Decreto nº 9.522/2018, que promulgou o Tratado de Marraqueche, incorporado ao Direito brasileiro com *status* de norma constitucional e assinado pelo Brasil em 27 de junho de 2013, na cidade de Marraqueche. O objetivo do tratado foi o de facilitar o acesso a obras publicadas às pessoas cegas, com deficiência visual ou com outras dificuldades para ter acesso ao texto impresso.

A Constituição Federal estabeleceu, no art. 230, para a família, a sociedade e o Estado, o dever de amparar as pessoas idosas e assegurar a sua participação na comunidade, defendendo sua dignidade e bem-estar e garantindo-lhes o direito à vida. O "Estatuto da Pessoa Idosa" (Lei nº 10.741/2003) passou a concretizar no mundo jurídico os direitos dos maiores de 60 anos, ao estabelecer no art. 8º o envelhecimento como um direito personalíssimo. Leis especiais cuidam do idoso, a exemplo da Lei nº 8.842, de 4 de janeiro de 1994, que dispôs sobre a Política Nacional do Idoso, tendo criado o Conselho Nacional do Idoso e dado outras providências. O Decreto nº 1.948, de 3 de julho de 1996, regulamentou a Lei nº 8.842, de 4 de janeiro de 1994, dispondo sobre a Política Nacional do Idoso, e outras providências.

Novos valores e princípios orientam a proteção desta parcela da população, tendo o IBGE constatado no Censo de 2010 que 7,4% da população brasileira possui 65 anos ou mais.

A *solidariedade*, hoje princípio jurídico, possibilita e assegura a realização das mudanças que conferem ao idoso *qualidade de vida*, sem a qual fica comprometida sua dignidade. Buscando um melhor entendimento de *qualidade de vida*, Heloisa Helena Barboza reporta-se à sua capacidade de manter autonomia e independência. A mesma autora atribui efetivo destaque ao *cuidado* como valor "tanto ou mais importante que a solidariedade", o qual assegura, em toda a sua dimensão, o livre exercício do envelhecimento.[36]

Afastada a ideia equivocada de que a idade madura pressupõe "incapacidade", não se pode afastar a "curatela consentida" para os idosos cujas dificuldades físicas ou motoras os impedem de exercer com plenitude seu cotidiano, sobretudo nas grandes cidades. Indicando um familiar ou terceiro de sua confiança, nesta hipótese a Curatela terá âmbito limitado e os poderes serão vinculados às condições pessoais do idoso, cabendo ao Juiz decidir sobre eventual prestação de contas, considerando as necessidades do idoso.

---

35 Heloisa Helena Barboza e Vitor Almeida, "A capacidade civil à luz do Estatuto da Pessoa com Deficiência", in *Direito das pessoas com deficiência psíquica e intelectual nas relações privadas* (org.: Joyceane Bezerra de Menezes), Rio de Janeiro, Processo, 2016, p. 269.

36 Heloisa Helena Barboza. "O Princípio do melhor interesse do Idoso". *O cuidado como valor jurídico.* (coord. Tânia da Silva Pereira e Guilherme de Oliveira). Rio de Janeiro: Forense, 2008, pp. 69/70.

423-D. O EXERCÍCIO DA CURATELA

O art. 1.781 reporta-se às regras da tutela que se aplicam à curatela no que concerne ao exercício pelo curador. Este, portanto, como o tutor, é obrigado à apresentação de balanços anuais e prestação de contas.

Indagava-se se prevaleceria a exigência de hipoteca legal na curatela, uma vez que não havia qualquer referência à revogação do art. 1.188 do Código de Processo Civil, que determinava, expressamente, por parte do tutor e curador, esta forma especial de garantia envolvendo os imóveis necessários para acautelar os bens que lhes serão confiados à administração. No entanto, o novo CPC não traz previsão acerca dessa hipoteca, que foi, na verdade, substituída pela caução constante no art. 1.745, parágrafo único, do CC/2002.[37]

O parágrafo único do art. 1.745 do Código Civil, na hipótese de o patrimônio do tutelado ser de valor considerável, autoriza o juiz a condicionar o exercício da tutela à prestação de caução. Admite, porém, dispensá-la se o tutor for de reconhecida idoneidade. Conclui-se, portanto, que ficará a critério do Juiz, ouvido o Ministério Público, exigir tal garantia, também na Curatela.

Quando o curador for o cônjuge, sendo o regime da comunhão universal de bens, fica o mesmo dispensado da prestação de contas, salvo se o juiz expressamente o exigir (art. 1.783). Em princípio, tendo em vista a comunidade de interesses vigorante entre os cônjuges e sendo comum o patrimônio, ficam dispensadas essas medidas. Se, no entanto, o juiz entender conveniente, determinará que o faça.

Nota-se que, tratando-se de administração dos bens do curatelado, deve-se atentar, sobretudo, para os melhores interesses deste. Neste sentido, a 9ª Câmara Cível do Tribunal de Justiça do Rio de Janeiro, no Agravo de Instrumento nº 0010536-17.2013.8.19.0000,[38] sob relatoria do Desembargador Rogério de Oliveira Souza, afastou decisão de 1º grau que havia indeferido o levantamento de valores e determinado que o recebimento a favor do curatelado fosse realizado pelo curador, ficando à disposição do Juízo.

Para a 9ª Câmara Cível, impor que os valores mobiliários fossem recebidos pelo curador, mas ficassem à disposição do Juízo, representaria imenso prejuízo ao interdito, pois as ações seriam vendidas para aplicação em depósito judicial com remuneração sabidamente baixa – mais baixa, inclusive, que a poupança comum. Considerou-se que "é certo que a administração a ser realizada em patrimônio alheio recomenda uma maior cautela nos investimentos, mormente quando se trata de incapaz. No entanto, isso não acarreta a imposição de que o numerário permaneça sempre em depósito judicial, pois a aplicação dos recursos financeiros deve ser realizada de acordo com situação patrimonial da pessoa, analisando-se sua

---

37 TARTUCE, Flávio. *O novo CPC e o Direito Civil*. Rio de Janeiro: Forense; São Paulo: Método, 2015, p. 451.
38 TJRJ – 9ª Câmara Cível – Agravo de Instrumento nº 0010536-17.2013.8.19.0000 – Rel. Des. Rogério de Oliveira Souza – Julg.: 29.08.2013.

composição, e considerando a econômica do país". Assim, determinou-se o levantamento dos valores de titularidade do incapaz, reconhecendo-se a prestação de contas como o meio hábil para aferir a lisura do exercício da curatela.

Verifica-se a possibilidade jurídica do exercício da curatela de forma compartilhada quando a medida for mais benéfica para o curatelado. Assim, com base no melhor interesse do indivíduo sujeito à curatela, pode ser feita uma divisão de responsabilidades entre curadores, que possibilite um atendimento mais eficaz e integrado ao incapaz. Ressalta-se que os curadores devem apresentar todos os documentos necessários às suas respectivas gestões, para permitir a fiscalização recíproca das despesas, viabilizar a prestação de contas nos autos do processo de interdição ou eventuais demandas judiciais e atender ao melhor interesse do curatelado.

O Estatuto da Pessoa com Deficiência inclui o art. 1.775-A no Código Civil, prevendo expressamente a possibilidade de se estabelecer a curatela compartilhada.

Nota-se que a curatela compartilhada já vinha sendo amplamente admitida pela jurisprudência pátria. No Agravo de Instrumento nº 0024752-85.2010.8.19.0000, a 15ª Câmara do TJRJ autorizou que os pais atuassem conjuntamente como curadores da filha, frente à inexistência de vedação legal e à situação fática existente desde o nascimento da pessoa juridicamente incapaz.[39]

No Agravo de Instrumento nº 0089340-38.2012.8.26.0000, a 1ª Câmara de Direito Privado do TJSP também decidiu favoravelmente ao pedido de curatela compartilhada, a ser exercida pelos genitores e, eventualmente, pelos irmãos. Na decisão, o Desembargador Relator Alcides Leopoldo e Silva Júnior ressaltou que "divergências podem surgir, como, também, ocorrem no exercício do poder familiar e da guarda compartilhada, e se for necessário, caberá ao juiz dirimir a questão".[40]

No mesmo sentido, a 8ª Câmara Cível do TJMG, no Agravo de Instrumento nº 1.0024.09.450844-7/001, com base no melhor interesse do curatelado, autorizou a curatela compartilhada entre a esposa e a irmã do incapaz.[41] Mais recentemente, ainda, a 8ª Câmara Cível do TJRS, na Apelação Cível nº 70054313796, afirmou que, sendo a curatela um múnus público a ser exercido na proteção dos interesses do curatelado e de seus bens, "revela-se possível o exercício da curatela compartilhada, conforme postulado pelos autores, que são pais do interdito, considerando que, embora não haja regra expressa que a autorize, igualmente não há vedação à pretensão. Em situações como a dos autos, em que expressamente requerido o exercício da curatela compartilhada e que não há, sob qualquer perspectiva, conflito entre os postulantes, nada obsta que seja ela concedida, notadamente por se tornar, na espécie,

---

39 TJRJ – 15ª Câmara Cível – Agravo de Instrumento nº 0024752-85.2010.8.19.0000 – Rel. Des. Claudio Brandão – Julg.: 17.08.2010.
40 TJSP – 1ª Câmara de Direito Privado – Agravo de Instrumento nº 0089340-38.2012.8.26.0000 – Rel. Des. Alcides Leopoldo e Silva Júnior – Julg.: 02.10.2012.
41 TJMG – 8ª Câmara Cível – Agravo de Instrumento nº 1.0024.09.450844-7/001 – Rel. Des. Edgard Penna Amorim – Julg.: 06.10.2011.

uma verdadeira extensão do poder familiar e da guarda – que, como sabido, pode ser compartilhada".[42]

423-E. Curatela do pródigo

Cuidou o legislador de 2002 da prodigalidade ao estabelecer no art. 1.782 que "a interdição do pródigo só o privará de, sem curador, emprestar, transigir, dar quitação, alienar, hipotecar, demandar ou ser demandado, e praticar, em geral, os atos que não sejam de mera administração".

No nosso direito, considera-se o pródigo um incapaz. Em doutrina, como nas legislações, lavra controvérsia se se deve manter a interdição por prodigalidade (vide nº 51, *supra*, v. I). O que mais modernamente predomina é que, se a prodigalidade vem associada a um processo de patogenia mental, criando efetivamente uma síndrome degenerativa ou distúrbios psíquicos, comporta interdição. Mas, se o pródigo mostra apenas tendências aos gastos imoderados, não deverá ser caso de se lhe retirar o poder de ação no mundo civil, reduzindo-o a uma situação próxima à psicopatia.

Dentro do direito positivo brasileiro, o problema veio tratado no Código Civil de 1916. Em face dos princípios deste, o pródigo somente pode praticar, por si, os atos de mera administração.

O legislador de 2002, diverso da orientação do Código de 1916, não sistematizou a interdição do pródigo; indicou, no art. 1.780, a possibilidade de se cuidar dos seus bens e negócios e determinou, no art. 1.782, os atos que envolvam o comprometimento do seu patrimônio, necessitando, assim, da chancela do curador que o juiz lhe nomeie.

Tem o pródigo direito de conduzir a sua vida civil como bem lhe apraza, dentro dos rendimentos que lhe forem arbitrados.[43] Se, entretanto, a prodigalidade é sintoma de grave estado psiquiátrico, a interdição não se restringe às responsabilidades patrimoniais, porém, converte-se em curatela ampla *cura personae et rei* tal como a dos amentais.[44]

A interdição por prodigalidade visa a defender o patrimônio familiar de dilapidações provocadas pela imoderação dos gastos e é sob tal fundamento que ainda hoje se procura defender a sua sobrevivência.[45]

São anuláveis os atos praticados pelo pródigo dentro de sua proibição; mas somente por iniciativa dele próprio, de seus cônjuges, ascendentes ou descendentes.[46] Em qualquer caso, o juiz deverá ponderar sobre o alcance dos atos arguidos, em confronto com o acervo patrimonial do interditado por prodigalidade.

---

42 TJRS – 8ª Câmara Cível – Apelação Cível nº 70054313796 – Rel Des. Luiz Felipe Brasil Santos – Julg.: 01.08.2013.
43 Clóvis Beviláqua, ob. cit., § 91.
44 Pontes de Miranda, ob. cit., § 196.
45 Mazeaud, Mazeaud *et* Mazeaud, *Leçons*, v. I, nº 1.390.
46 Planiol, Ripert *et* Boulanger, *Traité Élémentaire*, v. I, nos 2.467 e segs.; Clément, *Le Probléme de la Prodigalité et son Évolution en Jurisprudence*.

424. CESSAÇÃO DA CURATELA

Destinando-se à proteção do incapaz, cessa a curatela em recobrando ele a sua integridade mental, segundo o que se apurar em processo judicial de levantamento da interdição. Previa o art. 1.198 do Código de Processo Civil de 1973 a hipótese de pedido de exoneração pelo curador ou cessação do encargo pelo decurso do prazo em que era obrigado a servir. Nesta última hipótese, entender-se-ia reconduzido, se dentro de dez dias seguintes à expiração do termo não se manifestar expressamente, requerendo a dispensa.

O art. 763, Novo CPC, traz a mesma previsão, reproduzindo o texto anterior, destacando, em seu § 2º que, cessada a curatela, é indispensável a prestação de contas pelo curador, na forma da lei civil.

No caso do pródigo, levantar-se-á esta, afora a cessação da incapacidade que a determinou, se não mais existirem cônjuges, ou ascendentes ou descendentes dele.

O art. 1.194 do Código de Processo Civil de 1973 referia-se à remoção do curador, por iniciativa do Ministério Público ou de quem tenha legítimo interesse, condicionando aos casos da lei civil. O art. 761 do Novo CPC manteve tal regramento determinando que "o curador será citado para contestar a arguição no prazo de 5 (cinco) dias, findo o qual observar-se-á o procedimento comum".

Esclareça-se, finalmente, que o Código de 2002 retirou do Livro de Família a proteção dos bens do ausente, transferindo-a para a Parte Geral, no Livro I, na Seção identificada como "Da Curadoria dos bens do ausente" (arts. 22 a 25). A "Curadoria da Herança Jacente" localiza-se no Livro V concernente às Sucessões (arts. 1.819 a 1.823).

Capítulo XCVII
ALIMENTOS

Sumário

425. Alimentos: conceito, natureza, caracteres. 426. Os alimentos no Código Civil. 426-A. Revisão dos alimentos. 427. Casos especiais de alimentos. 427-A. Alimentos decorrentes de ato ilícito. 427-B. Alimentos gravídicos. 427-C. Alimentos no Estatuto da Criança e do Adolescente. 427-D. Alimentos decorrentes de relações não biológicas. 427-E. Legado de alimentos. 428. Ação de alimentos. 428-A. A execução de alimentos no novo Código de Processo Civil. 428-B. Alimentos ao companheiro. 428-C. Alimentos durante a pandemia. 428-D. Alimentos compensatórios.

Bibliografia

Alexandre Freitas Câmara, *O Novo Processo Civil Brasileiro*, São Paulo, Atlas, 2015; Antônio Carlos Mathias Coltro, "Alimentos e maioridade: a Súmula do STJ nº 358", in *Revista de Direitos das Famílias e Sucessões nº 06*, Porto Alegre, Magister/IBDFAM, 2007, p. 104; Antônio Carlos Mathias Coltro, "Alimentos e maioridade: a Súmula do STJ nº 358", *in Revista de Direitos das Famílias e Sucessões nº 06*, Porto Alegre, Magister/IBDFAM, 2007, p. 104; Clóvis Beviláqua, *Direito de Família*, §§ 78 e segs.; Cristiano Chaves de Farias, "A legitimidade do Ministério Público para a Ação de Alimentos: uma questão constitucional", in *Revista Brasileira de Direito de Família*, nº 8, Porto Alegre, Síntese, 2001, p. 48; Cristiano Chaves de Faria, *Curso de Direito Civil: Famílias*. 4ª ed. Salvador: Editora Juspodivm, 2012; De Page, *Traité Élémentaire*, v. I, nos 543 e segs.; Eduardo Espínola, *A Família no Direito Civil Brasileiro*, nos 250 e segs.; Ennecerus, Kipp y Wolff, *Tratado, Derecho de Familia*, v. II, § 97; Fabiana Marion Spengler, *Alimentos: da Ação à Execução*, Porto Alegre, Livraria do Advogado, 2002; Fabiana Marion Spengler, "Coisa Julgada, Revisão e Exoneração de Alimentos", in *Revista Brasileira de Direito de Família*, v. 16, Porto Alegre, Síntese, 2003; Fabiana Marion Spengler e Theobaldo Splender Neto, "Exceção de Pré-Executividade no Débito Alimentar", in *Revista Brasileira de Direito de família*, Porto

Alegre, Síntese/IBDFAM, outubro-novembro de 2003, v. 20, pp. 23-25; Flávio Tartuce, *O Novo CPC e o Direito Civil*, Rio de Janeiro, Forense, São Paulo, Método, 2015; Francisco José Cahali, "Dos Alimentos", *Direito de Família e o Novo Código Civil*, Belo Horizonte, Del Rey, 2002; Guilherme Calmon Nogueira da Gama, *O Companheirismo: uma Espécie de Família*, São Paulo, Revista dos Tribunais, 2001; Jean Carbonnier, *Droit Civil*, v. II, nos 113 e segs.; João Cândido de Oliveira e Cruz, *Dos Alimentos no Direito de Família*, p. 79; João Claudino de Oliveira e Cruz, *Dos Alimentos no Direito de Família*; Joel Dias Figueira Junior, *Comentários à Novíssima Reforma do CPC: Lei 10.444, de 07 de maio de 2002*, Rio de Janeiro, Forense, 2002; José Arias, *Derecho de Família*, pp. 51 e segs.; Lafayette, *Direito de Família*, §§ 131 e segs.; Leonardo Boff, *Saber cuidar: ética do humano, compaixão pela terra*. Petrópolis: Vozes, 2003, pp. 11/12; Leonardo Greco, *Processo de Execução*, Rio de Janeiro, Renovar, 2001, v. 04, p. 627; Luiz Felipe Brasil Santos, "Os Alimentos no Novo Código Civil", *in Revista brasileira de Direito de Família*, nº 16, Porto Alegre, Síntese, 2003; Maria Berenice Dias, "Alimentos Gravídicos", *in Jus Navigandi* nº 1853, inserido em 28.7.2008, *in* http://jus2.uol.com.br/doutrina/texto.asp?id=11540, acessado em 29.01.2009; Maria Berenice Dias, *Manual de Direito das Famílias*. 8ª ed. São Paulo: Revista dos Tribunais, 2011, pp. 527-561; Marina Alice de Souza Santos, "Da Titularidade dos Alimentos Gravídicos: uma (Re)visão das Teorias do Início da Personalidade", *in Revista Brasileira de Direito de Família e Sucessões*. v. 17. Ago/Set. Porto Alegre: Magister; Belo Horizonte: IBDFAM, 2010, p. 97; Mazeaud, Mazeaud *et* Mazeaud, *Leçons*, v. I, nos 1.191 e segs.; Mauro Antonini, *Código Civil Comentado: Doutrina e Jurisprudência*, São Paulo, Manole, 2008, pp. 2.053-4; Milton Paulo de Carvalho Filho, *Código Civil Comentado: Doutrina e Jurisprudência*, São Paulo, Manole, 2008, p. 1.840; Nelcy Pereira Lessa, *in O Novo Código Civil: Do Direito de Família* (coord.: Heloisa Daltro Leite), Rio de Janeiro, Freitas Bastos, 2006; Nilton Teixeira de Carvalho, "Extinção de Alimentos e Desemprego", *in Revista Brasileira de Direito de Família*, v. 10, Porto Alegre, Síntese, 2002; Orlando Gomes, *Direito de Família*, nos 206 e segs.; Paulo Lúcio Nogueira, *Estatuto da Criança e do Adolescente comentado*, São Paulo, Saraiva, 1996, pp. 233-234; Planiol, Ripert *et* Boulanger, *Traité Élémentaire*, v. I, nos 1.668 e segs.; Pontes de Miranda, *Direito de Família*, §§ 163 e segs.; Pontes de Miranda, *Tratado de Direito Privado*, *Parte Especial*, t. IX – Direito de Família, Rio de Janeiro, pp. 215-16; Quartarone, *Il Diritto agli Alimenti*, p. 63; Roberto Senise Lisboa, "O Dano Moral e os Direitos da Criança e do Adolescente", in *Revista de Informação Legislativa* nº 118, abril/junho, 1993, pp 451-472; Regina Beatriz Tavares da Silva, in *Novo Código Civil Comentado* (coord.: Ricardo Fiúza), São Paulo, Saraiva, 2002; Rita Dias Nolasco, *Exceção de Pré-executividade*, São Paulo, Método, 2004, p. 210; Rolf Madaleno, "Alimentos e sua configuração atual", in *Manual de Direito das famílias e das Sucessões* (coord. Ana Carolina Brochado Teixeira e Gustavo Pereira Leite Ribeiro). Belo Horizonte: Del Rey / Mandamentos, 2008, pp. 444/446; Rolf Madaleno, *Curso de Direito de Família*, Rio de Janeiro, Forense, 2008, pp. 714-715; Rolf Madaleno, *Curso de Direito de Família*, Rio de Janeiro, Forense, 2008, pp. 714-715; Rolf Madaleno, "Responsabilidade Civil na Conjugalidade e Alimentos Compensatórios", in *Família e Responsabilidade: teoria e prática do Direito de Família* (coord. Rodrigo da Cunha Pereira). Porto Alegre: Magister/Ibdfam, 2010, p. 489; Ruggiero e Maroi, *Istituzioni di Diritto Privatto*, v. I, § 50; Sergio Bermudes, "Transação e Exceção de Coisa Julgada", in *Estudos Jurídicos em Homenagem ao Professor Caio Mário da Silva Pereira*, Rio de Janeiro, 1984; Silmara J. de Abreu Chinelato e Almeida, "O Nascituro no Código Civil e no Direito Constituendo do Brasil", in *Revista de Informação Legislativa*, Brasília, nº 97, 1988; Tânia da Silva Pereira e Natália Soares Franco, "O *cuidado* e o *direito aos alimentos* do nascituro e da gestante: considerações sobre a Lei nº 11.804/2008", in *Cuidado e Vulnerabilidade* (Coord. Tânia da Silva Pereira e Guilherme de Oliveira). São Paulo: Atlas, 2009, PP. 99/100; Trabucchi, *Istituzioni di Diritto Civile*, nº 106; Yussef Said Cahali, *Alimentos*, São Paulo, Revista dos Tribunais, 1999, nº 7.3; Zeno Veloso, *Código Civil Comentado.* v. XVII, São Paulo: Atlas, 2003, p. 23; Tânia da Silva Pereira, Antônio Carlos Mathias Coltro, Sofia Miranda Rabelo e Livia Teixeira Leal, *Avosidade: relação jurídica entre avós e netos*, São Paulo: Foco, 2021; Rosa Maria de Andrade Nery, *Alimentos*, 3. ed., São Paulo: Thomson Reuters Brasil, 2022.

425. ALIMENTOS: CONCEITO, NATUREZA, CARACTERES

Há diversidade entre a conceituação jurídica e noção vulgar de "alimentos". Compreendendo-os em sentido amplo, o direito insere no valor semântico do vocábulo uma abrangência maior, para estendê-lo, além de acepção fisiológica, a tudo mais necessário à manutenção individual: sustento, habitação, vestuário, tratamento.[1] Assim já se entendia nas *Ordenações* (Livro I, Tít. 88, § 15) e, assim, é em direito comparado.

Todo indivíduo tem direito à subsistência. Primordialmente, pelo trabalho, cujo exercício livre é assegurado constitucionalmente (Constituição de 1988, art. 5°, XIII), integra o desenvolvimento nacional segundo o princípio de sua valorização como um direito social (Constituição, arts. 6° e 9°).

Quem não pode prover a sua subsistência, nem por isto é deixado à própria sorte. A sociedade há de propiciar-lhe sobrevivência, através de meios e órgãos estatais ou entidades particulares. Ao Poder Público compete desenvolver a assistência social, estimular o seguro, tomar medidas defensivas adequadas. E no mundo moderno tem-no feito com intensidade.

Mas o direito não descura o fato da vinculação da pessoa ao seu próprio organismo familiar. E impõe, então, aos parentes do necessitado, ou pessoa a ele ligada por um elo civil, o dever de proporcionar-lhe as condições mínimas de sobrevivência, não como favor ou generosidade, mas como obrigação judicialmente exigível.

São os alimentos, tanto os chamados "alimentos naturais" (alimentação, vestuário, habitação) quanto os "civis", que, sob outro aspecto, designam-se como "côngruos" – educação, instrução, assistência.[2] Esclareça-se que o conceito de alimentos no art. 1.694 do Código Civil de 2002 compreende os alimentos "naturais ou necessários" indispensáveis à subsistência e os "civis ou côngruos" destinados a manter a qualidade de vida do credor, de acordo com as condições sociais dos envolvidos.[3]

Quanto ao aspecto causal, os alimentos se dizem, ainda, "legítimos" (os que são devidos por força de lei), "testamentários" (instituídos por disposição de última vontade), "convencionais" (oriundos de estipulação negocial *inter vivos*), "ressarcitórios" (destinados a indenizar a vítima de ato ilícito), "judiciais" (estabelecidos por provimento judicial).

No presente parágrafo, serão objeto de estudo apenas os primeiros; nos demais, trataremos de aspectos peculiares relativos aos alimentos.

---

1 Clóvis Beviláqua, *Direito de Família*, § 78; Pontes de Miranda, *Direito de Família*, § 163; Trabucchi, *Istituzioni*, n° 106; Carbonnier, *Droit Civil*, v. II, n° 113, p. 331; João Claudino de Oliveira e Cruz, *Dos Alimentos no Direito de Família*, n° 3.
2 Lafayette, *Direito de Família*, § 133.
3 Francisco José Cahali, "Dos Alimentos", in *Direito de Família e o Novo Código Civil*, p. 227.

O fundamento originário desta obrigação é o vínculo da "solidariedade familiar[4] ou de sangue,[5] ou, ainda, a lei natural.[6] Os antigos, com exagero certamente, assemelhavam a recusa de alimentos ao homicídio: *necare videtur qui alimonia denegat*. Modernamente, não se equiparam ao ato de matar alguém (*necare*), mas trata-se a obrigação alimentar como naturalmente nascente da solidariedade social que, no primeiro plano, grava as pessoas vinculadas pelas relações de família, sancionando a sua falta com aplicação de medidas coercitivas.[7]

Sua linha evolutiva caracteriza-se por ampliação crescente.

No Direito Romano, Ulpiano já dizia que os ascendentes os deviam aos descendentes, e vice-versa, quer no ramo paterno, quer no materno (*Digesto*, Livro XXV, Tít. III, fr. 5). As *Ordenações* (Livro I, Tít. 88, e Livro IV, Tít. 99) guardaram fidelidade à preceituação romana, havendo, porém, o Assento de 9 de abril de 1772 ampliado o seu campo. Mais tarde, o Projeto Beviláqua se reporta à linha ampliativa, que encontrou guarida no Código Civil de 1916.

A Constituição de 1988 determinou em seu art. 229 que "os pais têm o dever de assistir, criar e educar os filhos menores, e os filhos maiores têm o dever de ajudar e amparar os pais na velhice, carência ou enfermidade". Questionou-se, inicialmente, se teria sido extinta a obrigação alimentar entre colaterais. A Doutrina é unânime ao manter intacta a regra do art. 398, recepcionado pelo art. 1.697 do Código Civil de 2002, ao determinar que "na falta de ascendentes ou descendentes, estende-se aos irmãos, assim germanos, como unilaterais". Consagra, assim, a reciprocidade alimentar como um direito essencial à vida e à subsistência em todas as idades.

Requisitos. Numa visão metodológica, o direito aos alimentos, na ordem familiar, obedece a certos requisitos, que se erigem mesmo em *pressupostos* materiais de sua concessão ou reconhecimento. São requisitos do direito a alimentos a necessidade, a possibilidade, a proporcionalidade e a reciprocidade.

1 – *Necessidade*. São devidos os alimentos quando o parente que os pretende não tem bens suficientes, nem pode prover, pelo trabalho, à própria mantença. Não importa a causa da incapacidade, seja ela devida à menoridade, ao fortuito, ao desperdício, aos maus negócios, à prodigalidade.[8] Posto que sem assento na lei, manifesta-se certa tendência a revestir o requisito da necessidade de uma particular qualificação, dizendo-se que a mesma deve ser "involuntária", com o argumento de não se conciliar com a justiça imanente à obrigação de alimentar uma pessoa que ficou reduzida ao estado de atual necessidade pela imoderação nos seus gastos.[9] Ao argumento falta, contudo, sustentação legal.

---

4   Ruggiero, De Page, Planiol *et* Ripert, Irmãos Mazeaud.
5   Quartarone, *Il Diritto agli Alimenti*, p. 63.
6   Cunha Gonçalves, Josserand, Pontes de Miranda.
7   Trabucchi, *Istituzioni*, nº 106.
8   Pontes de Miranda, ob. cit., § 164.
9   De Page, *Traité*, v. I, nº 550-*bis*.

Não importa, igualmente, a causa da falta de trabalho, seja ela social (desemprego), seja física (enfermidade, velhice, invalidez), seja moral (ausência de ocupação na categoria do necessitado) ou outra qualquer, desde que efetivamente coloque o indivíduo em situação de não poder prover à própria subsistência.[10] Daí dizer-se que não tem cabimento para assegurar a uma pessoa sua posição social, revestindo, pois, o aspecto de garantia contra a miséria, mas não contra as simples dificuldades.[11]

2 – *Possibilidade*. Os alimentos devem ser prestados por aquele que os forneça sem desfalque do necessário ao próprio sustento. O alimentante os prestará sem desfalque do necessário ao próprio sustento. Não encontra amparo legal que a prestação de alimentos vá reduzi-lo a condições precárias, ou lhe imponha sacrifício para a sua condição social. Daí dizer-se que tanto se exime de prestá-los aquele que não o pode fazer sem sacrifício de sua própria subsistência, quanto aquele que se porá em risco de sacrificá-la se vier a dá-los.[12] Destaca-se o Enunciado 573 da VI Jornada de Direito Civil do STJ, que determina que devem ser observados os sinais exteriores de riqueza na apuração da possibilidade do alimentante, nas hipóteses de ausência ou insuficiência de prova específica dos rendimentos reais do alimentante. A lógica é: os sinais exteriorizados do padrão de vida do devedor de alimentos revelam seu real poder aquisitivo, muitas vezes diverso da renda declarada.

Se o alimentante não os puder fornecer na razão de seu próprio sustento, prestá-los-á dentro daqueles limites, cumprindo ao alimentando reclamar de outro parente a complementação.[13]

3 – *Proporcionalidade*. Os alimentos hão de ter, na devida conta, as condições pessoais e sociais do alimentante e do alimentado. Vale dizer: serão fixados na proporção das necessidades do reclamante e dos recursos da pessoa obrigada. Não tem cabida exigi-los além do que o credor precisa, pelo fato de ser o devedor dotado de altas posses; nem pode ser este compelido a prestá-los com sacrifício próprio ou da sua família, pelo fato de o reclamante os estimar muito alto, ou revelar necessidades maiores (§ 1º do art. 1.694).

4 – *Reciprocidade*. Além de condicional e variável, porque dependente dos pressupostos vistos, a obrigação alimentar, entre parentes, é recíproca, no sentido de que, na mesma relação jurídico-familiar, o parente que em princípio seja devedor poderá reclamá-los se vier a necessitar deles.[14] A reciprocidade do dever de alimentar entre pais e filhos é proclamada no art. 229 da Constituição, conforme visto.

5 – *Caracteres*. Os alimentos constituem-se em dever para o alimentante. Uma vez apurados os seus requisitos, o parente da classe e no grau indicado legalmente tem de os suprir. Mas se, pela força das circunstâncias, mais de um parente

---

10 Degni, *Il Diritto di Famiglia*, p. 478; Orlando Gomes, ob. cit., nº 208; Planiol, Ripert *et* Boulanger, *Traité Élémentaire*, v. I, nº 1.684; Enneccerus, Kipp *y* Wolff, *Tratado, Derecho de Familia*, v. II, § 97.
11 De Page, *Traité*, v. I, nº 550 *bis*.
12 Enneccerus, Kipp *y* Wolff, *Derecho de Familia*, v. II, § 97.
13 Pontes de Miranda, ob. cit., § 164.
14 Ruggiero e Maroi, *Istituzioni*, v. I, § 50; Mazeaud, nº 1.221.

os tiver de fornecer, cada um responderá pela sua parte (obrigação cumulativa) *pro numero virorum*, de vez que não impera no caso o princípio da solidariedade, nem se encontra na lei fundamento para hierarquizar o débito alimentar, estabelecendo-se uma ordem preferencial que o credor de alimentos deva necessariamente seguir. Veremos adiante a orientação adotada pelo art. 1.698 do Código de 2002, relativa à responsabilidade pelos alimentos, quando forem várias as pessoas a prestá-los. Assinalam os escritores certa vacilação jurisprudencial no direito francês.[15]

Frise-se, no entanto, a prestação adotada pelo "Estatuto da Pessoa Idosa" (arts. 11 e 12 da Lei nº 10.741/2003) ao determinar a solidariedade no que concerne à obrigação de alimentos para os maiores de 60 anos, podendo os mesmos escolher entre os prestadores.

Determinou, ainda, o art. 14 da referida lei que, "se pessoa idosa ou seus familiares não possuírem condições econômicas de prover o seu sustento, impõe-se ao Poder Público esse provimento, no âmbito da assistência social".

Deles não pode fugir o obrigado, sob fundamento de não cultivar relações de amizade com o reclamante, ou de ter compromissos desta ou de outra ordem. O direito pátrio não mais conserva as escusativas vigorantes em nosso direito pré-codificado, como seja cometimento de ingratidão, abandono da casa paterna, falta de respeito aos pais, casamento contra a vontade destes.[16]

Criou-se, desta sorte, uma faculdade para o alimentário e lhe imprimiu caráter de ordem pública, posto que fundado em motivos humanos e piedosos.[17] Esse direito não pode ser renunciado. Obviamente, o interessado terá o arbítrio de o não exercer, pois que sempre prevalece a regra *invito non datur beneficium*. A ninguém se pode impor um dever de solicitar alimentos. O que se lhe veda é a renúncia. Mas a esta equivale, e é inválida, a cláusula pela qual uma pessoa se obriga a não exercer ou não reclamar alimentos[18] (*vide* art. 1.707). Diante das novas diretrizes introduzidas pelo art. 1.694 do Código Civil e numa interpretação sistemática dos arts. 1.704 e 1.707, pode-se concluir que também os alimentos dos companheiros são irrenunciáveis.

Posto que se trate de um crédito pecuniário, e seja obrigação líquida, certa e exigível, a sua natureza é incompatível com a compensação. Não pode, igualmente ser objeto de cessão, compensação ou penhora (*vide* art. 1.707).

Mantêm-se as restrições relativas à transação no que concerne aos alimentos futuros por serem irrenunciáveis e por se tratarem de direitos patrimoniais de caráter privado (art. 841). O que se tem aqui em vista é o direito aos alimentos ou a faculdade de obtê-los. As prestações alimentares já vencidas, como valores patrimoniais, podem ser renunciadas e podem ser objeto de transação.[19]

---

15 Planiol, Ripert *et* Boulanger, *Traité Élémentaire*, v. I, nº 1.685. A respeito da obrigação alimentar cumulativa, cf. De Page, *Traité*.
16 Lafayette, *Direito de Família*, § 141.
17 Quartarone, *Il Diritto agli Alimenti*, p. 63; João Claudino de Oliveira e Cruz, ob. cit., nº 5.
18 Pontes de Miranda, ob. cit., § 170.
19 Cf. a propósito da renúncia e da transação: Enneccerus, Kipp *y* Wolff, *Tratado, Derecho de Família*, v. II, § 97; De Page, nº 561.

Embora o art. 1.030 do Código Civil de 1916 tenha atribuído à transação o efeito de coisa julgada (no que não foi recepcionada no Código de 2002), o § 3º do art. 301 do CPC/1973 condicionava este efeito à existência de decisão por sentença de que não coubesse recurso. O art. 502 do Novo CPC conceitua a coisa julgada material como "a autoridade que torna imutável e indiscutível a decisão de mérito não mais sujeita a recurso". Conclui-se, portanto, que transação só terá efeito de coisa julgada se homologada judicialmente. Só assim, esclarece Sergio Bermudes, poderá o Réu arguir como preliminar de sua contestação a exceção de coisa julgada, defesa de que se trata o art. 301, VI, do diploma processual.[20]

A faculdade concedida ao necessitado de alimentos cria-lhe um direito de natureza especial. É um dever a que não se pode esquivar o parente, cônjuge ou companheiro a ele sujeito. E, neste sentido, o caráter é de ordem pública. Dada a sua finalidade de atender às exigências da vida, não é renunciável.[21] É, contudo, lícito deixar de exercê-lo, tendo em vista que não se concede benefício a quem não o quer – *invito non datur beneficium,* o que reafirmou o art. 1.707 de 2002.

Observa-se que, na V Jornada de Direito Civil do STJ, esta visão foi flexibilizada, decidindo-se que "o art. 1.707 do Código Civil não impede seja reconhecida válida e eficaz a renúncia manifestada por ocasião do divórcio (direto ou indireto) ou da dissolução da 'união estável'. A irrenunciabilidade do direito a alimentos somente é admitida enquanto subsistir vínculo de Direito de Família" (Enunciado 263). Dessa forma, entendeu-se que é possível que o ex-cônjuge ou ex-companheiro renuncie aos alimentos.

Impenhorabilidade. Destinando-se a prestação alimentar a prover a mantença do alimentário, não responde pelas dívidas deste. A pensão alimentícia configura-se, assim, de pleno direito, isenta de penhora, o que foi previsto expressamente nos comentários ao art. 1.707.

Imprescritibilidade. O direito aos alimentos é imprescritível, ainda que por longo tempo não exercido, muito embora existissem os requisitos de sua reclamação. O art. 23 da Lei nº 5.478/1968 declarou expressamente que a prescrição "só alcança as prestações mensais e não o direito a alimentos". Prescrevem, todavia, as prestações alimentares vencidas, no prazo de dois anos (art. 206, § 2º, CC/2002). Alerte-se para o art. 2.028 das "Disposições Transitórias" ao determinar que "serão da lei anterior os prazos, quando reduzidos por este Código, e se, na data de sua entrada em vigor, já houver transcorrido mais da metade do tempo estabelecido na lei revogada".

Incessibilidade. O crédito de alimentos é inseparável da pessoa.[22] Não pode ser cedido a outrem.[23] Tratando-se de crédito incessível, a transferência acaso realizada não é somente inoponível a terceiros, como inválida entre as partes (v. II das *Instituições*

---

20 Sergio Bermudes, "Transação e Exceção de Coisa Julgada", *in Estudos Jurídicos em Homenagem ao Professor Caio Mário da Silva Pereira*, 1984, p. 174.
21 Clóvis Beviláqua.
22 Ruggiero e Maroi, *Istituzioni*, loc. cit.
23 Planiol, Ripert *et* Boulanger, *Traité Élémentaire*, v. I, nº 1.702; Mazeaud, v. I, nº 1.214; João Claudino de Oliveira e Cruz, nº 15.

– nº 179). Este princípio foi recepcionado pelo art. 1.707 de 2002. No entanto, as prestações vencidas, como constituem dívida comum, nada obstam sua cessão a outrem[24] (art. 286, CC/2002).

Irrepetibilidade. Tradicionalmente, consideram-se irrepetíveis as prestações de alimentos prestados entre os cônjuges, "por se tratar de um dever moral".[25] Esta característica atinge os alimentos provisórios ou definitivos.

Yussef Said Cahali alerta que, em razão da irrepetibilidade dos alimentos, não cabe a caução para o seu levantamento. Este princípio foi incorporado pela redação dada ao inciso I do § 2º do art. 475-O do CPC/1973 pela Lei nº 11.232/2005, ao dispensar, quando, nos casos de crédito de natureza alimentar até o limite de 60 (sessenta) vezes o salário mínimo, o exequente demonstrasse situação de estado de necessidade. Já alertava, no entanto, Joel Dias Figueira Junior: "o limite valorativo imposto pelo legislador para a dispensa de caução é inadmissível, porquanto inconstitucional, pois viola o princípio da igualdade e do devido processo legal...".[26]

O Novo CPC reconhece tal desajuste, passando a estabelecer que a caução poderá ser dispensada nos casos em que o crédito seja de natureza alimentar, independentemente de sua origem, ou quando o credor demonstrar situação de necessidade (art. 521, I e II).

Estes requisitos e características serão melhores analisados em face das modificações introduzidas no Código Civil de 2002 (nº 426, *infra*).

426. Os alimentos no Código Civil

Mudanças substanciais foram introduzidas pelo Código Civil de 2002, exigindo do intérprete e dos aplicadores do direito efetiva atenção no que tange às suas características e ao âmbito de aplicação.

Esclareça-se, inicialmente, que o legislador de 2002 não se preocupou em distinguir os alimentos se originários das relações de parentesco, como aqueles destinados aos descendentes ou ascendentes ou do rompimento da sociedade conjugal ou da extinção da união estável.

Para Francisco José Cahali "esta modificação estrutural, sem dúvida, repercute na interpretação das regras e princípios sobre a matéria, indicando venha a prevalecer o tratamento estritamente idêntico da pensão, independentemente da origem da obrigação".[27]

Na forma do art. 1.694 "podem os parentes, os cônjuges ou companheiros pedir uns aos outros os alimentos de que necessitem para viver de modo compatível com a sua condição social, inclusive para atender às necessidades de sua educação", sendo este dever recíproco entre pais e filhos e extensivo a todos os ascendentes.

---

24 Planiol, Ripert *et* Boulanger, v. I, 1.702.
25 Pontes de Miranda, *Tratado de Direito Privado*, IX, § 1.000, p. 209.
26 Joel Dias Figueira Junior, *Comentários à Novíssima Reforma do CPC: Lei 10.444, de 07 de maio de 2002*, p. 213.
27 Francisco José Cahali, ob. cit., p. 194.

O Código de 2002, como visto anteriormente, também inovou na medida em que vinculou os alimentos à condição de ser "compatível com a sua condição social", ressalvando inclusive a finalidade de "atender às necessidades da educação do alimentando". Não mais estabeleceu como parâmetro atender à subsistência do alimentando, ampliando-o para um novo âmbito de abrangência, ou seja, "a manutenção do *status* do demandante". Luiz Felipe Brasil Santos considera, ainda, ser "esta garantia de todo inadequada e fora da realidade".[28]

Ressalva Regina Beatriz Tavares da Silva que, "com a maioridade, embora cesse o dever de sustento dos pais para com os filhos, pela extinção do poder familiar (art. 1.635, III), persiste a obrigação alimentar se comprovado que os filhos não têm meios próprios de subsistência e necessitam de recursos para a educação".[29]

Referindo-se à parte final do art. 1.694 relativa às "necessidades para a educação", a mesma autora sugere sua supressão e indica que as despesas com a educação devem compor a obrigação alimentar, somente quando o beneficiário for menor.

Já se acompanhava a tendência nos Tribunais no sentido de não mais vincular a obrigação alimentar à *patria potestas*. Os filhos maiores que não podiam prover à própria subsistência tinham o direito de buscar os alimentos com bases diversas. Já se consolidara a possibilidade de o filho intentar ação de alimentos fundada nos pressupostos do art. 399 do Código de 1916 que vinculava a obrigação alimentar à prova de não ter bens, nem poder prover, pelo seu trabalho, à própria mantença. A Jurisprudência do Superior Tribunal de Justiça consolidou-se no sentido de que "a maioridade dos filhos não acarreta a exoneração automática da obrigação de prestar alimentos". Assim entendeu a 4ª Turma, tendo como relator o Ministro Fernando Gonçalves, ao declarar: "com a maioridade cessa o poder familiar, mas não se extingue, *ipso facto*, o dever de prestar alimentos, que passam a ser devidos por força da relação de parentesco. Precedentes. Antes da extinção do encargo, mister se faz propiciar ao alimentando oportunidade para comprovar se continua necessitando dos alimentos".[30] No mesmo sentido a 4ª Turma do STJ, tendo como relator o Min. Barros Monteiro, por maioria, decidiu que o dever de prestar alimentos não termina automaticamente alcançada a maioridade, devendo, porém, propiciar-se ao alimentado oportunidade de se manifestar sobre o cancelamento da pensão, provada a necessidade do recebimento. Os votos vencidos entenderam que o *Parquet*, no caso, não tem legitimidade para recorrer.[31]

A Súmula nº 358 do STJ, consolidando tal entendimento, considerou: "o cancelamento de pensão alimentícia de filho que atingiu a maioridade está sujeito à de-

---

28 Luiz Felipe Brasil Santos, "Alimentos no Novo Código Civil", in *Revista Brasileira de Direito de Família* nº 16, p. 212.
29 Regina Beatriz Tavares da Silva, in *Novo Código Civil Comentado* (coord.: Ricardo Fiúza) São Paulo, Saraiva, 2002, p. 1.503 (*vide*, também, *RTJSP*, 18/201; *RT*, 522/232, 698/156, 727/262).
30 STJ – 4ª Turma – REsp. nº 688.902/DF – Rel. Min. Fernando Gonçalves – *DJ* de 16.08.2007.
31 STJ – REsp. nº 680.977-DF – Rel. Min. Barros Monteiro – julg. em 23.8.2005. Precedentes citados: REsp. nº 442.502-SP – *DJ* de 15.6.2005, e REsp. nº 608.371-MG – *DJ* de 9.5.2005.

cisão judicial, mediante contraditório, ainda que nos próprios autos". Em precedente relatado pelo Ministro Eduardo Ribeiro, observou-se: "O fato da maioridade nem sempre significa não sejam devidos os alimentos. Hipótese em que o acordo que estabeleceu a pensão, foi concluído quando os filhos já eram maiores".[32]

Antônio Carlos Mathias Coltro conclui que "a maioridade não implica em automática condição para o trabalho nem na possibilidade de sua obtenção". Reportando-se à destacada decisão da 3ª Turma do STJ, tendo como Relatora a Ministra Nancy Andrighi, o autor esclarece que "com a maioridade extingue-se o poder familiar, mas não cessa o dever de prestar alimentos, a partir de então fundado no parentesco. É vedada exoneração automática do alimentante, sem possibilitar ao alimentado a oportunidade de se manifestar e comprovar, se for o caso, a impossibilidade de prover sua subsistência. O mesmo julgado conclama a realização do contraditório que pode se dar: (I) nos mesmos autos em que foram fixados os alimentos ou (II) por meio de ação própria de exoneração".[33]

Como no Código de 1916, o legislador de 2002 condicionou os alimentos ao binômio "necessidade/possibilidade" quando especificou no § 1º do art. 1.694 que "os alimentos devem ser fixados na proporção das necessidades do reclamante e dos recursos da pessoa obrigada".

Os alimentos devem ser prestados por aquele que os forneça sem desfalque do necessário ao próprio sustento. Não seria racional que o alimentário fosse obtê-los de parente que não tem recursos, ou que este se reduza a condições precárias pelo fato de os suprir.

A doutrina tem desenvolvido a noção de *alimentos compensatórios,* pelos quais o ex-cônjuge ou ex-companheiro possuidor de melhor condição econômica é chamado para auxiliar o outro a reequilibrar sua condição social até que o desequilíbrio econômico decorrente do divórcio seja ajustado. Faz jus aos alimentos compensatórios o ex-cônjuge ou ex-companheiro que não receber bens, "quer por tal ser acordado entre as partes, quer em face do regime de bens adotado", ou na hipótese em que os bens do casal que produzem rendimentos permaneçam na administração exclusiva de um deles. Maria Berenice Dias esclarece que os alimentos compensatórios, por disporem de caráter indenizatório, não ensejam execução pelo rito da prisão civil, e não se submetem ao trinômio proporcionalidade-possibilidade-necessidade.[34]

Referido entendimento foi confirmado pela Terceira Turma do STJ no julgamento do *Habeas Corpus* 708.634/RS.[35] Isso porque entendeu o Ministro Relator

---

32 STJ – 3ª Turma – REsp. nº 4347/CE – Rel. Min. Eduardo Ribeiro – julg. em 25.02.1991, p. 1.467.
33 Antônio Carlos Mathias Coltro, "Alimentos e maioridade: a Súmula do STJ nº 358", *in Revista de Direitos das Famílias e Sucessões nº 06,* Porto Alegre, Magister/IBDFAM, 2007, p. 104. Ver: STJ – 3ª Turma – REsp. 1.218.510/SP – Rel. Min. Nancy Andrighi – Julg. em 27.09.2011 – *DJe* 03.10.2011.
34 Maria Berenice Dias, *Manual de Direito das Famílias.* 8ª ed. São Paulo: Revista dos Tribunais, 2011, p. 549.
35 STJ – 3ª Turma – HC 708.634/RS – Rel. Min. Paulo de Tarso Sanseverino – Julg. em 03.05.202 – *DJe* de 09.05.2022.

Paulo de Tarso Sanseverino que a fixação dos alimentos compensatórios é decorrente do princípio da reparação integral (art. 944 do CC) e não leva em consideração a necessidade do credor ou mesmo a possibilidade de pagamento pelo devedor.

Cristiano Chaves de Faria esclarece que é conferida "a possibilidade de fixação do pensionamento em perspectiva compensatória sempre que a dissolução do casamento atinge, sobremaneira, o padrão social e econômico de um dos cônjuges sem afetar o outro. Especialmente, naquelas relações afetivas que se prolongaram por muitos anos, com uma história de cooperação recíproca. Nessas circunstâncias, advindo o divórcio, após longos anos de relacionamento, o patrimônio comum será partilhado, a depender do regime de bens e o cônjuge que precisar poderá fazer jus aos alimentos, para a sua subsistência. Todavia, considerando que um dos cônjuges tem um rendimento mínimo, absolutamente discrepante do padrão que mantinha anteriormente, pode se justificar a fixação dos alimentos em valor compensatório".[36]

Deve-se destacar que, com a conquista da independência financeira e com o tratamento isonômico conferido à mulher, sobretudo após a Constituição Federal de 1988, a obrigação alimentar entre ex-cônjuges ou ex-companheiros passou a adquirir também diferentes contornos. Se antes a legislação assegurava alimentos em qualquer circunstância, hoje os Tribunais – em especial o Superior Tribunal de Justiça – têm considerado a obrigação alimentar entre ex-cônjuges ou ex-companheiros uma exceção à regra, incidindo somente quando for configurada a dependência do outro ou a carência de assistência alheia. O entendimento predominante tem sido no sentido de que esse tipo de obrigação deverá ser fixado por tempo certo, de acordo com o caso concreto.

Nesse sentido, em decisão recente, a 3ª Turma do STJ determinou que os alimentos devidos entre ex-cônjuges deverão ser fixados "com termo certo, a depender das circunstâncias fáticas próprias da hipótese sob discussão, assegurando-se, ao alimentado, tempo hábil para sua inserção, recolocação ou progressão no mercado de trabalho, que lhe possibilite manter pelas próprias forças, *status* social similar ao período do relacionamento". A Relatora Ministra Nancy Andrighi ressalvou, contudo, que a obrigação será perene "nas excepcionais circunstâncias de incapacidade laboral permanente, ou ainda, quando se constatar a impossibilidade prática de inserção no mercado de trabalho". A Turma concluiu, ainda, que "se os alimentos devidos a ex-cônjuge não forem fixados por termo certo, o pedido de desoneração total, ou parcial, poderá dispensar a existência de variação no binômio necessidade/possibilidade, quando demonstrado o pagamento de pensão por lapso temporal suficiente para que o alimentado revertesse a condição desfavorável que detinha, no momento da fixação desses alimentos".[37]

---

36 Cristiano Chaves de Faria, *Curso de Direito Civil: Famílias*. 4ª edição. Salvador: Editora Juspodivm, 2012.
37 STJ – 3ª Turma – REsp. 1.205.408 – Rel. Min. Nancy Andrighi – Julg. em 21.06.2011 – *DJe* 29.06.2011. No mesmo sentido: STJ – 3ª Turma – Resp. 1.188.399/PB – Rel. Min. Nancy Andrighi – Julg. em 21.06.2011 – *DJe* 29.06.2011. Mais recentemente, asseverou a mesma Turma do

A mesma Turma do STJ, tendo como Relatora a Ministra Nancy Andrighi, já fixava em 2008 o entendimento de que "detendo o ex-cônjuge alimentando plenas condições de inserção no mercado de trabalho, como também já exercendo atividade laboral, quanto mais se esse labor é potencialmente apto a mantê-lo com o mesmo *status* social que anteriormente gozava ou, ainda, alavancá-lo a patamares superiores, deve ser o alimentante exonerado da obrigação".[38] No julgamento do REsp. 1.025.769/MG, a Turma apontou como pressupostos da obrigação de prestar alimentos: o vínculo de parentesco, ou conjugal ou convivencial; a necessidade e a incapacidade do alimentando de sustentar a si próprio; e a possibilidade do alimentante de fornecer alimentos. A Ministra Nancy Andrighi chama atenção para o caráter temporário desta espécie de alimentos, afirmando que "a obrigação de prestar alimentos transitórios – a tempo certo – é cabível, em regra, quando o alimentando é pessoa com idade, condições e formação profissional compatíveis com uma provável inserção no mercado de trabalho, necessitando dos alimentos apenas até que atinja sua autonomia financeira, momento em que se emancipará da tutela do alimentante – outrora provedor do lar –, que será então liberado da obrigação, a qual se extinguirá automaticamente".[39]

Em 2011, a 3ª Turma do STJ, ao julgar o *Habeas Corpus* nº 187.202, decidiu pelo afastamento da possibilidade de prisão de um indivíduo executado pela ex-mulher por dívidas alimentícias, pois o direito não havia sido exercitado por mais de 30 anos. Para a Relatora Ministra Nancy Andrighi, "O não exercício do direito à percepção de alimentos, pelo lapso temporal de 30 anos, apesar de não importar em exoneração automática da obrigação alimentar, torna possível afastar a possibilidade de prisão civil do alimentante inadimplente, pois questionável a necessidade do alimentado e, por conseguinte, desnecessária a coação extrema, que tem o escopo único de resguardar a sobrevida de quem recebe alimentos".[40]

Observa-se, assim, que a Jurisprudência tem se pautado em critérios mais compatíveis com a nova realidade vivenciada pela sociedade brasileira, que revela uma inclusão cada vez mais forte da mulher no mercado de trabalho. A obrigação alimentar deve basear-se na razoabilidade e na proporcionalidade, devendo o Magistrado considerar os fatores determinantes em cada situação apresentada no Tribunal.

Buscando indicar a efetiva diferença entre a obrigação de alimentos e a pensão compensatória, Rolf Madaleno esclarece: "enquanto a pensão alimentícia está desti-

---

STJ: "Os alimentos devidos entre ex-cônjuges devem ser fixados por prazo certo, suficiente para, levando-se em conta as condições próprias do alimentado, permitir-lhe uma potencial inserção no mercado de trabalho em igualdade de condições com o alimentante" (STJ – 3ª Turma – REsp 1.616.889/RJ – Rel. Min. Nancy Andrighi – Julg.: 13.12.2016 – DJe 01.02.2017).

38 STJ – 3ª Turma – EDcl no Recurso Especial nº 933.355/SP – Rel. Min. Nancy Andrighi – Julg. em 26.06.2008 – DJe 05.08.2008.

39 STJ – 3ª Turma – REsp. 1.025.769/MG – Rel. Min. Nancy Andrighi – Julg. em 24.08.2010 – DJe 01.09.2010.

40 STJ – 3ª Turma – HC 187.202/RJ – Rel. Min. Nancy Andrighi – Julg. em 16.08.2011 – DJe 25.08.2011.

nada a cobrir as necessidades vitais do credor dos alimentos, inclusive para atender a condição social do alimentando, constituindo-se em uma verba indispensável para o sustento, habitação, vestuário e assistência médica do destinatário dos alimentos, sendo proporcional aos recursos da pessoa obrigada e as necessidades do reclamante (§ 1º, art. 1.694, CC), em sentido oposto, nos alimentos compensatórios a quantia será determinada em razão do desequilíbrio econômico que sofre um dos cônjuges ou conviventes com a ruptura do vínculo afetivo e sua finalidade não é a subsistência, mas a de restaurar, com critério de igualdade, o equilíbrio financeiro vigente entre os consortes ou companheiros, por ocasião da separação. Não se trata de indenizar nenhuma violação do dever conjugal de mútua assistência, ou de sancionar a quem rompe a coabitação, mas sim de situar a desfeita convivência a um *background familiar* da união rompida e compensar o parceiro economicamente prejudicado". (...) "Os alimentos compensatórios, ao contrário da pensão alimentícia (art. 1.707, CC), são renunciáveis e seu pleito não é obrigatório, sendo endereçados apenas ao cônjuge ou convivente em razão da dissolução conjugal, para compensar a perda do padrão social e econômico, ficando sua fixação a critério do juiz, consoante as circunstâncias fáticas, a serem ponderadas na quantificação dos alimentos compensatórios. (...) Os alimentos compensatórios, ao contrário dos alimentos transitórios, não devem dispor de um tempo certo de vigência ou de estipulação judicial, diante de sua peculiar característica de evitar o desequilíbrio econômico dos ex-cônjuges e de contrabalançar o prejuízo sofrido pelo parceiro em desvantagem financeira com o rompimento de sua relação conjugal".[41]

Diferentemente dos alimentos compensatórios, *os alimentos transitórios* se projetam por certo tempo, ou condicionam o direito alimentar a certa circunstância, como na hipótese de filho estudante universitário que extrapola o tempo de frequência regular dos estudos e se matricula em poucas cadeiras, para com este expediente esticar indefinidamente no tempo a sua formação, no propósito aético de perpetuar um direito alimentar extinto. (...) "alcançada a condição projetada na sentença, extingue-se automaticamente o direito alimentar, independentemente do ajuizamento de ação de exoneração, ou de revisão, podendo o interessado pedir a expedição de ofício judicial na primitiva ação de arbitramento alimentar, para ordenar a cessação de eventual desconto dos alimentos em folha de pagamento de filhos menores".[42]

Controversa novidade foi introduzida no § 2º do art. 1.694, ao indicar que os alimentos devem atender apenas ao indispensável "quando a necessidade resultar de culpa de quem os pleiteia". Não se sabe a efetiva intenção do legislador ao indicar o elemento "culpa" para restringir o direito aos alimentos. Indaga-se se é decorrente

---

41 Rolf Madaleno, "Responsabilidade Civil na Conjugalidade e Alimentos Compensatórios" *in Família e Responsabilidade: teoria e prática do Direito de Família* (coord. Rodrigo da Cunha Pereira). Porto Alegre: Magister/Ibdfam, 2010, p. 489.
42 Rolf Madaleno, "Alimentos e sua configuração atual", *in Manual de Direito das famílias e das Sucessões* (coord. Ana Carolina Brochado Teixeira e Gustavo Pereira Leite Ribeiro). Belo Horizonte: Del Rey / Mandamentos, 2008, pp. 444/446.

do comportamento do ex-cônjuge ou companheiro, credor de alimentos ou se teria o legislador entendido a "culpa" em decorrência da conduta do alimentando que, por desperdício, ou prodigalidade, ou culpa própria, tornou-se carente, nem por isso lhe podem ser recusados. Nesse caso, porém, reduzem-se ao indispensável à própria subsistência.

Considerando que o *caput* do art. 1.694 menciona o direito de "*parentes, cônjuges e companheiros*", há que se distinguir a obrigação de alimentos dos filhos menores, o que abrange sustento, assistência à saúde, educação, enfim assistência material de forma ampla, dos alimentos que são devidos aos filhos maiores ou parentes, a quem é devido, em princípio, somente o necessário a sua subsistência.

No que concerne à "culpa" do necessitado que se encontra carente por sua própria ação (ou omissão) e imprevidência, os alimentos serão apenas os indispensáveis a sua subsistência, tratando-se, pois, de alimentos em sentido estrito, naturais ou necessários, fixados, então, no mínimo para a subsistência do reclamante.[43]

Caio Mário indagava em seus "manuscritos" se o legislador não teria entendido a culpa "em decorrência da conduta do alimentando que, por desperdício, ou prodigalidade, ou culpa própria diversa, tornou-se carente, não se podendo recusar-lhe um mínimo para a sua subsistência".[44] Luiz Felipe Brasil Santos argumenta tratar-se da "culpa pelo próprio fato de ser necessitado".[45]

Ressalvou o art. 1.695 que "são devidos os alimentos quando quem os pretende não tem bens suficientes, nem pode prover, pelo seu trabalho, à própria mantença, e aquele, de quem se reclamam, pode fornecê-los, sem desfalque do necessário ao seu sustento". Repetiu o legislador a regra do *caput* do art. 399 do Código Civil de 1916, substituindo a expressão "parente que os pretende" por uma forma genérica: "quem os pretende".

O Código determina no art. 1.696 a reciprocidade da obrigação alimentar entre pais e filhos, estendendo-a a todos os ascendentes "recaindo a obrigação no mais próximo em grau, uns em falta de outro". Mais do que um dever jurídico, a prestação alimentar é uma obrigação natural entre pais e filhos. Pela mesma razão, e com o mesmo fundamento, os genitores devem alimentos à prole, assim os naturais quanto os civis, e os filhos os devem a seus pais. Nada impede, por outro lado, que se cumpra a prestação alimentar por concurso entre parentes, no caso de ser preciso obter de um devedor a complementação do que outro paga, mas em volume suficiente às necessidades do alimentário, atendida a proporção dos respectivos recursos daquele que for convocado. Com a entrada em vigor do "Estatuto da Pessoa Idosa" (Lei nº 10.741/2003), foi reforçada a obrigação de prestar alimentos aos ascendentes, tendo o art. 12 daquele diploma legal estabelecido a solidariedade entre os prestadores.

---

43 Zeno Veloso, in *Código Civil Comentado*. v. XVII, São Paulo: Atlas, 2003, p. 23.
44 Caio Mário da Silva Pereira em seus "manuscritos", incorporados ao v. V das *Instituições* atualizado pela autora deste trabalho.
45 Luiz Felipe Brasil Santos, "Os alimentos no novo Código Civil", in *Revista Brasileira de Direito de Família*, Porto Alegre, Síntese, v. 16, 2003, p. 15.

Este foi o entendimento da Terceira Turma do STJ, tendo como Relatora a Ministra Nancy Andrighi, ao julgar Recurso Especial onde os pais idosos postularam alimentos em face de um dos filhos. Diante do chamamento da outra filha para integrar a lide, foi reafirmada a natureza solidária da obrigação de prestar alimentos à luz do Estatuto da Pessoa Idosa. A Lei nº 10.741/2003 atribuiu natureza solidária à obrigação de prestar alimentos quando os credores forem idosos, que, por força da sua natureza especial, não prevalece sobre as disposições específicas do Código Civil. O Estatuto da Pessoa Idosa, cumprindo política pública (art. 3º), assegura celeridade no processo, impedindo intervenção de outros eventuais devedores de alimentos. A solidariedade da obrigação alimentar devida ao idoso lhe garante a opção entre os prestadores (art. 12).[46]

Sujeitos passivos e simultaneamente ativos são os parentes, os cônjuges ou companheiros que, deles necessitando, têm o direito de exigir, uns dos outros, a prestação destinada à respectiva subsistência, abrangendo tanto os alimentos naturais, quanto civis. Recomenda o legislador que se observe a gradação na linha ascendente, os mais próximos em grau em primeiro lugar, sucedendo-lhe os mais remotos na falta dos primeiros.

Alerte-se que os tios não são obrigados a pagar alimentos aos sobrinhos menores. Como parentes colaterais de terceiro grau, ou seja, sem descendência direta, não são obrigados a pagar pensão alimentícia. Assim decidiu a 3ª Turma do STJ, que proveu recurso do Ministério Público do Rio Grande do Sul contra dois sobrinhos que pediam pensão alimentícia para suas tias idosas. Os sobrinhos, representados por sua mãe, ajuizaram ação de alimentos contra suas tias, irmãs de seu pai. Na ação, eles pediam a perpetuação da contribuição das tias para complementar a pensão, em fixação provisória, no valor equivalente a dois salários mínimos, e definitiva, em três salários mínimos.

Em sua decisão, a relatora, Ministra Nancy Andrighi, destacou que, se as tias paternas, pessoas idosas, sensibilizadas com a situação dos sobrinhos, buscaram alcançar, de alguma forma, condições melhores para o sustento da família, mesmo depois da separação do casal, tal ato de caridade, de solidariedade humana não deve ser transmutado em obrigação decorrente de vínculo familiar, notadamente em se tratando de alimentos decorrentes de parentesco, quando a interpretação majoritária da lei tem sido de que tios não devem ser compelidos a prestar alimentos aos sobrinhos. A relatora ressaltou, ainda, que, no caso, o que se verifica ao longo do relato que envolve as partes é a voluntariedade das tias de prestar alimentos aos sobrinhos, para suprir omissão de quem deveria prestá-los, na acepção de um dever moral, porquanto não previsto em lei. Trata-se de um ato de caridade, de mera liberalidade, sem direito de ação para sua exigência. Para ela, o único efeito que daí decorre, em relação aos sobrinhos, é que, prestados os alimentos, ainda que no cumprimento de uma obrigação natural nascida de laços de solidariedade, não são eles repetíveis, isto é, não terão as tias qualquer direito de serem ressarcidas das parcelas já pagas.[47]

---

46 STJ – 3ª Turma – REsp. nº 775565/SP – Rel.ª Min.ª Nancy Andrigh – *DJU* de 13.06.2006.
47 STJ – 3ª Turma – REsp. nº 1032846/RS – Rel. Min. Nancy Andrighi – julg. em 19.12.2008.

No entanto, deve-se destacar que parte da doutrina defende que o dever alimentar dos parentes não é excluído pela lei. Para Maria Berenice Dias, "trazer a lei algumas explicações quanto à obrigação entre ascendentes e descendentes, bem como explicitar o dever dos irmãos, não exclui o dever alimentar dos demais parentes. O silêncio não significa que tenham os demais sido excluídos do dever de pensionar". A mesma autora chama atenção para o questionamento feito por Rolf Madaleno: "se pode e está habilitado a receber, porque realmente haveria de estar impedido de doar, como se solidariedade e parentesco fossem via de mão única?". E conclui: "Não se trata, portanto, de restringir os direitos sucessórios, mas de ampliar os direitos familiares, para permitir que a pensão alimentícia possa ser cobrada do parente colateral vocacionado a herdar".[48] Todavia, salienta-se que a ordem de transmissão sucessória não pode ser vinculada ao dever de alimentos, sob pena de deparar com um cenário de insegurança jurídica e equivoco conceitual dos institutos.[49]

Com a demonstração da insuficiência de recursos dos genitores, caberá aos avós a responsabilidade de prestar alimentos aos netos, de forma complementar e sucessiva. Com efeito, conforme entendimento consubstanciado na Súmula 596 do STJ, "a obrigação alimentar dos avós tem natureza complementar e subsidiária, somente se configurando no caso de impossibilidade total ou parcial de seu cumprimento pelos pais".

A Terceira Turma do STJ, ainda na vigência do Código de 1916, reconheceu, expressamente, o dever de complementação pelo avô "sempre que as necessidades do menor não puderem ser integralmente satisfeitas pelos pais".[50]

Igualmente, decidiu a 4ª Turma do STJ que, "frustrada a obrigação alimentar principal, de responsabilidade dos pais, a obrigação subsidiária deve ser diluída entre os avós paternos e maternos na medida de seus recursos, diante de sua divisibilidade e possibilidade de fracionamento. A necessidade alimentar não deve ser pautada por quem paga, mas sim por quem recebe, representando para o alimentado maior provisionamento tantos quantos coobrigados houverem no polo passivo da demanda".[51]

No mesmo sentido manifestou-se a 3ª Turma do STJ, tendo como Relator o Ministro Humberto Gomes de Barros: "os avós podem ser chamados a complementar

---

48 Maria Berenice Dias, in Manual de Direito das Famílias. 8ª ed. São Paulo: Revista dos Tribunais, 2011, pp. 543-545.
49 O STJ tem posicionamento consolidado quanto à ilegitimidade dos tios para cumprimento de obrigação alimentar aos sobrinhos, conforme julgados citados a seguir: STJ – 4ª Turma – HC 12.079/BA 2000/0009738-1 – Rel. Min. Sálvio de Figueiredo Teixeira – julg. em 12.09.2000 – DJ 16.10.2000 – p. 312 – JBCC vol. 185, p. 446 – RBDF vol. 8, p. 112 – RT vol. 786, p. 215; STJ – 3ª Turma – AgRg no REsp 1.305.614/DF 2012/0016182-1 – Rel. Min. Sidnei Beneti – julg. em 17.09.2013 – DJe 02.10.2013; STJ – 3ª Turma – REsp 1.032.846/RS 2007/0197508-7 – Rel. Min. Nancy Andrighi – julg. em 18.12.2008 – DJe 16.06.2009; STJ – AREsp 1.106.434/PR 2017/0117491-6 – Rel. Min. Luis Felipe Salomão – DJ 21.11.2018.
50 STJ – 3ª Turma – REsp. nº 268.212/MG – Rel. Min. Ari Pargendler – DJU de 27.11.2000.
51 STJ – 4ª Turma – REsp. nº 658139/RS – Rel. Min. Fernando Gonçalves – DJU de 11.10.2005.

os alimentos dos netos, na ausência ou impossibilidade de o pai fazê-lo. A obrigação não é solidária."[52]

Ressalte-se, ainda, a decisão da 4ª Turma do STJ, que entendeu que o falecimento do pai do alimentante não implica a automática transmissão do dever alimentar aos avós. No caso, a pensão que o pai pagava ao filho havia sido fixada com o reconhecimento da paternidade e, após a morte do pai, o alimentando ajuizou ação para transferir a obrigação alimentar ao avô. Os ministros decidiram, por maioria, que, "não tendo ficado demonstrada a impossibilidade ou a insuficiência do cumprimento da obrigação alimentar pela mãe, como também pelo espólio do pai falecido, não há como reconhecer a obrigação do avô de prestar alimentos".[53]

Quanto à prioridade no chamamento para compor o polo passivo, a 4ª Turma do STJ, tendo como Relator o Ministro Fernando Gonçalves, assim esclareceu: "a interpretação literal do dispositivo parece conceder uma faculdade ao autor da ação de alimentos de trazer para o polo passivo os avós paternos e/ou os avós maternos, de acordo com sua livre escolha. Todavia, essa não representa a melhor exegese. É sabido que a obrigação de prestar alimentos aos filhos é, originariamente, de ambos os pais, sendo transferida aos avós subsidiariamente, em caso de inadimplemento, em caráter complementar e sucessivo. Nesse contexto, mais acertado o entendimento de que a obrigação subsidiária – em caso de inadimplemento da principal – deve ser diluída entre os avós paternos e maternos, na medida de seus recursos, diante de sua divisibilidade e possibilidade de fracionamento. Isso se justifica, pois a necessidade alimentar não deve ser pautada por quem paga, mas sim por quem recebe, representando para o alimentando, maior provisionamento tantos quantos réus houverem no polo passivo da demanda. com esse entendimento, *a Turma, prosseguindo o julgamento, conheceu do recurso e deu-lhe provimento para determinar a citação dos avós maternos, por se tratar da hipótese de litisconsórcio obrigatório simples.*[54]

A 3ª Turma do STJ, tendo como Relatora a Ministra Nancy Andrighi, ressaltou o caráter subsidiário da obrigação alimentar por parte dos avós, determinando que "O mero inadimplemento da obrigação alimentar, por parte do genitor, sem que se demonstre sua impossibilidade de prestar os alimentos, não faculta ao alimentado pleitear alimentos diretamente aos avós. (...) Na hipótese, exige-se o prévio esgotamento

---

[52] STJ – 3ª Turma – AgRg no REsp. nº 514356/SP – Rel. Min. Humberto Gomes de Barros – *DJ* de 29.11.2006. No mesmo sentido: "A obrigação alimentar dos avós apresenta natureza complementar e subsidiária, somente se configurando quando pai e mãe não dispuserem de meios para promover as necessidades básicas dos filhos." (STJ – 3ª Turma – REsp 1.415.753/MS – Rel. Min. Paulo de Tarso Sanseverino – Julg.: 24.11.2015 – *DJe.*: 27.11.2015).

[53] STJ – 4ª Turma – REsp 1.249.133/SC – Rel. Min. Antonio Carlos Ferreira – Julg.: 16.06.2016 – *DJe.*: 02.08.2016.

[54] STJ – 4ª Turma – REsp. nº 658.139/RS – Rel. Min. Fernando Gonçalves – julg. em 11.10.2005. Precedentes citados: REsp. nº 50.153/RJ – *DJ* de 14.11.1994; REsp. nº 261.772/SP – *DJ* de 20.11.2000; REsp. nº 366.837/RJ – *DJ* de 22.9.2003, e REsp. nº 401.484/PB – *DJ* de 20.10.2003.

dos meios processuais disponíveis para obrigar o alimentante primário a cumprir sua obrigação, inclusive com o uso da coação extrema preconizada no art. 733 do CPC."[55]

Ressalte-se o Enunciado n° 599, aprovado na VII Jornada de Direito Civil do CJF/STJ, segundo o qual: "Deve o magistrado, em sede de execução de alimentos avoengos, analisar as condições do(s) devedor(es), podendo aplicar medida coercitiva diversa da prisão civil ou determinar seu cumprimento em modalidade diversa do regime fechado (prisão em regime aberto ou prisão domiciliar), se o executado comprovar situações que contraindiquem o rigor na aplicação desse meio executivo e o torne atentatório à sua dignidade, como corolário do princípio de proteção aos idosos e garantia à vida".

No mesmo sentido, o STJ já entendeu que havendo meios executivos mais adequados e igualmente eficazes para a satisfação da dívida alimentar dos avós, deve ser convertida a execução para o rito da penhora e da expropriação, a fim de afastar o decreto prisional. Para os ministros, o "fato de os avós terem assumido uma obrigação de natureza complementar de forma espontânea não significa dizer que, em caso de inadimplemento, a execução deverá obrigatoriamente seguir o rito estabelecido para o cumprimento das obrigações alimentares devidas pelos genitores".[56]

O art. 1.697 do Código Civil de 2002 repetiu a regra do art. 398 de 1916. Não mais se questiona a obrigação alimentar entre colaterais, uma vez que o art. 1.697 estendeu-a "aos irmãos, assim germanos, como unilaterais", na falta de ascendentes ou descendentes. Este artigo afirma o princípio da obrigação de alimentos com base na solidariedade familiar. Questiona-se a vinculação à vocação hereditária.

Tratando-se de obrigação alimentar entre colaterais, que vai até o segundo grau, é necessário que os alimentados comprovem que buscaram os alimentos dos parentes de grau mais próximo para, somente após, intentar ação em face de irmãos.[57]

Yussef Said Cahali considera que a obrigação alimentar não ultrapassa o parentesco de segundo grau. Recorrendo à vasta jurisprudência, reconhece o direito de "menor impúbere pleitear alimentos de irmãos unilaterais", embora ressalve a preferência de "se firmar, em primeiro lugar, a obrigação dos irmãos germanos". Alerta, no entanto, que a obrigação alimentar, relativa a filho sob poder familiar, "sobrepõe àquela relativa aos demais parentes credores de alimentos, ou seja, descendentes, ascendentes e colaterais".[58]

Importante a regra do art. 1.698 ao prever a possibilidade de o parente chamado a prestar alimentos recorrer aos demais de grau imediato, não tendo o próximo condições de suportar o encargo. O legislador de 2002 determinou este dever "na proporção dos respectivos recursos". Autorizou, inclusive, na hipótese de intentada

---

55 STJ – 3ª Turma – REsp. 1211314/SP – Rel. Min. Nancy Andrighi – Julg. em 15.09.2011 – *DJe* 22.09.2011.
56 STJ – 3ª Turma – HC 416.886/SP – Rel. Min. Nancy Andrighi – Julg. 12.12.2017 – *DJe* 18.12.2017.
57 TJDF – APC 2003.07.1.0161140-5, 2ª T. – Rel. Des. Carmelita Brasil. *DJU* 24.08.2008, p. 133).
58 Yussef Said Cahali, ob. cit., n° 73.

ação contra uma das pessoas responsáveis, poder a mesma convocar os demais parentes para integrar a lide.

Rosa Maria de Andrade Nery merece destaque por pontuar, lucidamente, que os "fenômenos modernos que a doutrina, a lei e a jurisprudência alçam à condição de criar vínculos jurídicos, os fatos denominados 'afetividade' e 'inseminação heteróloga' são aptos, também, a fazer gerar – pelas mesmas causas – a parentalidade em linha colateral".[59]

Os alimentos constituem obrigação natural, e aquele que os cumpre obedece a uma norma de ordem pública. Se faltar aquele que os deve, ou não pode prestá-los, a obrigação passa ao que lhe suceder, na forma do que prescrevem os artigos anteriores. Verificando que o devedor não pode suportar o encargo por inteiro, transfere-se aos seguintes na proporção das possibilidades de cada um (obrigação alimentar cumulativa).

Intentada ação de alimentos, o citado pode chamar à lide os eventuais obrigados, cabendo ao juiz concluir pela exclusão, ou pela condenação proporcional, em face das circunstâncias, podendo cada um dos devedores ser obrigado à prestação de valor diferente.

No entanto, Francisco José Cahali, ressalvando posição contrária da Doutrina e da Jurisprudência, insurge-se contra o posicionamento do Código de 2002 ao prever a possibilidade de, proposta a ação contra um, serem chamados a integrar a lide todas as pessoas obrigadas. "Primeiro, faz incursão indevida no direito processual, ao prever causa específica de intervenção de terceiro no processo, e, o que é pior, sem identificar o respectivo instituto processual, requisitos e efeitos desta intervenção. Lembramos processar-se a ação de alimentos pelo rito especial, e, como tal, ser avessa a incidentes processuais desta natureza. Segundo, contraria o espírito cada vez mais acentuado de se buscar soluções rápidas aos processos, especialmente diante do caráter alimentar da pretensão".[60]

Opina Nelcy Pereira Lessa no sentido de que "a ação de alimentos pode ser proposta contra apenas uma das pessoas obrigadas a quem será reservada a faculdade de promover a instauração de litisconsorte passivo, chamando as demais pessoas obrigadas a integrar a lide, respondendo cada qual dos chamados, na proporção dos respectivos recursos; inocorrendo solidariedade passiva, o juiz decidirá de modo uniforme para todas as partes, sendo-lhe defeso ordenar de ofício, que o autor promova a citação de todos os litisconsortes, posto que não são necessários".[61]

Prevê o art. 1.699 que, "se fixados os alimentos, sobrevier mudança na situação patrimonial de quem os supre, ou na de quem os recebe, poderá o interessado reclamar ao juiz, conforme as circunstâncias, exoneração, redução ou agravação do encargo". O presente artigo atende aos critérios da necessidade ou possibilidade, supervenientes. Deve ser atendido, igualmente, o princípio da proporcionalidade, podendo o valor ser alterado se houver comprovada a alteração da situação de fato, por parte do credor ou do devedor.

---

59 Rosa Maria de Andrade Nery, *Alimentos*, 3. ed., São Paulo, 2022, p. 184.
60 Francisco José Cahali, ob. cit., p. 198.
61 Nelcy Pereira Lessa, in *O Novo Código Civil: Do Direito de Família*, pp. 415-416.

Se a situação econômica do alimentante ou do alimentado mudar de tal modo que o primeiro não os possa prestar, ou não os suporte no quantitativo determinado; ou se o alimentado melhorar as condições, poderá o juiz exonerar o devedor, ou reduzir o encargo. Reversamente, se o credor de alimentos vier a necessitar de reforço da prestação, e o devedor o suportar, pode o suprimento ser agravado. Em qualquer dessas circunstâncias, cabe ao interessado ingressar com ação própria de revisão de cláusula ou exoneração de pensão, na qual será comprovado o fato que justifique a mudança.

A exoneração poderá, ainda, ocorrer em se apurando o desaparecimento de pressuposto básico. Assim é que, se a sentença de separação conceder pensão ao cônjuge inocente e desprovido de recursos, perdê-la-á esta se se remaridar, ou ainda passando a conviver com outrem. Se o pressuposto da pensão é ter os filhos menores em sua companhia, perdê-la-á se os mesmos se afastarem de sua companhia. Em qualquer caso de suprimento alimentar a alteração da situação econômica do credor ou do devedor autoriza a revisão.

Esclarece Maria Berenice Dias que, para cessar o crédito alimentar, deve haver o reconhecimento de união estável ou a existência do casamento, de modo que o simples relacionamento do credor com outra pessoa não pode levar à exoneração, já que não é imposto ao credor o dever de fidelidade para com o alimentante.[62] Em verdade, o que se verifica é a necessidade de auxílio material após a dissolução conjugal, seja casamento ou união estável.

Na hipótese de constituição de nova família pelo alimentante, os Tribunais têm admitido a revisão, o que autoriza alterar a pensão de ex-cônjuge e filhos de leitos anteriores. Esta será igualmente lícita, se as condições de depreciação monetária, provocadas pela *inflação* ou outra qualquer causa, gerarem a depreciação do valor extrínseco da moeda. O seu aviltamento implica que o credor de alimentos sofre, indiretamente, agravação na sua necessidade alimentar, que somente será sanada mediante correção no valor da pensão, para reajustá-la às condições de atualidade.[63]

426-A. REVISÃO DOS ALIMENTOS

A 3ª Turma do Superior Tribunal de Justiça, tendo com Relatora a Ministra Nancy Andrighi, ao versar sobre a possibilidade de revisão ou exoneração dos alimentos, esclareceu que deve o postulante primeiramente demonstrar de maneira satisfatória os elementos condicionantes da revisional de alimentos, nos termos do art. 1.699 do CC/2002. "(...) Se não há prova do decréscimo das necessidades dos credores, ou do depauperamento das condições econômicas do devedor, a constituição de nova família, resultando ou não em nascimento de filho, não importa na redução da pensão alimentícia prestada a filhos havidos da união anterior". Conclui o vene-

---

62 Maria Berenice Dias, *Manual de Direito das Famílias*. 8ª ed. São Paulo: Revista dos Tribunais, 2011, p. 530.
63 Caio Mário da Silva Pereira, "Cláusula de Escala Móvel", *in Revista dos Tribunais*, v. 234, pp. 3-18.

rando Acórdão: "a revisibilidade munida da efetiva alteração da ordem econômica das partes há de ser o fator desencadeante de um Judiciário mais atento e sensível às questões que merecem peculiar desvelo como o são aquelas a envolver o Direito a Alimentos em Revisional, permitindo a pronta entrega da prestação jurisdicional, no tempo e modo apropriados, sem interpretações deslocadas".[64]

Já admitiu a 3ª Turma do STJ, ainda, a determinação de alimentos em valores distintos para filhos de diferentes relacionamentos, considerando a capacidade financeira das mães das crianças e as reais necessidades dos filhos.[65]

O Código de 2002, diversamente do art. 402 do Código de 1916, determina, no art. 1.700, que "a obrigação de prestar alimentos transmite-se aos herdeiros do devedor, na forma do art. 1.694, onde constam expressamente as condições para se pedir os alimentos".

Não recepcionou o princípio previsto no art. 23 da Lei nº 6.515/1977, que relaciona os alimentos aos limites das forças da herança (art. 1.796 de 1916). Apesar da divergência vigorante no que tange a esta regra da lei divorcista, procurou a Jurisprudência distinguir aqueles devidos pelo cônjuge e aqueles decorrentes da relação de parentesco, prevalecendo, então, o princípio do art. 402 de 1916 que determinava a obrigação de prestar alimentos, como dever personalíssimo.

Pela redação do Código de 2002, dúvidas se apresentam quanto aos titulares da obrigação alimentar. Ao cônjuge e ao companheiro, que teve o seu regime sucessório equiparado ao do cônjuge, também se transmite a obrigação alimentar?

Há que se interpretar o art. 1.700 nos limites do art. 1.997, ou seja, as dívidas provenientes de alimentos se transmitem aos herdeiros do devedor, sempre limitadas à força da herança. Não faz sentido que o espólio e, finalmente, os herdeiros passem a ter a obrigação de prestar alimentos ao credor do falecido. Deve ser também atendido o princípio do § 1º do art. 1.694, relativo ao binômio necessidade/possibilidade.

Mais uma vez, por iniciativa do IBDFAM, foi proposta a alteração do art. 1.700 para ser aprovado com a seguinte redação: "Art. 1.700. A obrigação de prestar alimentos decorrente do casamento e da união estável transmite-se aos herdeiros do devedor no limite dos frutos do quinhão de cada herdeiro".

Interpretando o art. 1.700 do Código Civil de 2002, importante decisão da Segunda Seção (3ª e 4ª Turmas) do STJ, tendo como Relator o Ministro Ruy Rosado de Aguiar, concluiu que "o espólio tem obrigação de prestar alimentos àquele a quem o *de cujus* devia, mesmo vencidos, após a sua morte". Reconheceu ainda o V. Acórdão

---

64 STJ – 3ª Turma – REsp. 1.027.930/RJ – Rel.ª Min.ª Nancy Andrighi – Julg. em 16.03.2009. No mesmo sentido, julgou a 4ª Turma do STJ no REsp. 703318/PR, tendo como Relator o Ministro Jorge Scartezzini: "Por outro lado, a circunstância de o alimentante constituir nova família, com nascimento de filhos, por si só, não importa na redução da pensão alimentícia paga a filha havida de união anterior, sobretudo se não resta verificada a mudança para pior na situação econômica daquele" (STJ – 4ª Turma – 703318/PR – Rel. Min. Jorge Scartezzini – Julg. em 21.06.2005 – *DJe* 01.08.2005).

65 STJ – 3ª Turma – REsp 1624050/MG – Rel. Min. Nancy Andrighi – Julg. 19/06/2018 – *DJe* 22.06.2018.

que "enquanto não encerrado o inventário e pagas as quotas devidas aos sucessores, o autor da ação de alimentos e presumível herdeiro não pode ficar sem condições de subsistência no decorrer do processo".[66]

No mesmo sentido, a 3ª Turma do STJ, tendo como Relatora a Ministra Nancy Andrighi, decidiu que "transmite-se, aos herdeiros do alimentante, a obrigação de prestar alimentos, nos termos do art. 1.700 do CC/2002. O espólio tem a obrigação de continuar prestando alimentos àquele a quem o falecido devia. Isso porque o alimentado e herdeiro não pode ficar à mercê do encerramento do inventário, considerada a morosidade inerente a tal procedimento e o caráter de necessidade intrínseco aos alimentos".[67]

No entanto, a Jurisprudência tem decidido que deve haver condenação prévia do autor da herança para se falar em transmissão do dever jurídico de prestar alimentos. Assim julgou a 4ª Turma do STJ, tendo como Relator o Ministro Aldir Passarinho Junior que "a hipótese prevista no art. 23 da Lei nº 6.515/1977, sobre a transmissão aos herdeiros da obrigação de prestar alimentos supõe que esse ônus já houvesse sido instituído em desfavor do alimentante falecido, hipótese diversa da presente nos autos, em que quando do óbito ainda não houvera decisão judicial estabelecendo os provisionais".[68]

Ressalte-se, ainda, o REsp 1.337.862/SP, no qual a 4ª Turma do STJ decidiu que o espólio do genitor do autor de ação de alimentos não possui legitimidade para figurar no polo passivo da ação quando inexistir obrigação alimentar assumida pelo genitor por acordo ou decisão judicial antes da sua morte. Para os Ilustres Ministros, apesar de o art. 23 da Lei do Divórcio e o art. 1.700 do Código Civil de 2002 estabelecerem que a obrigação de prestar alimentos transmite-se aos herdeiros do devedor, de acordo com a jurisprudência do STJ e com a doutrina majoritária, "esses dispositivos só podem ser invocados se a obrigação alimentar já fora estabelecida anteriormente ao falecimento do autor da herança por acordo ou sentença judicial. Isso porque esses dispositivos não se referem à transmissibilidade em abstrato do dever jurídico de prestar alimentos, mas apenas à transmissão (para os herdeiros do devedor) de obrigação alimentar já assumida pelo genitor por acordo ou decisão judicial antes da sua morte".[69]

O art. 1.701, recepcionando quase que integralmente o art. 403 do Código de 1916, determinou que "a pessoa obrigada a suprir alimentos poderá pensionar o alimentando, ou dar-lhe hospedagem e sustento, sem prejuízo do dever de prestar o ne-

---

66 STJ – Segunda Seção – (3ª e 4ª Turmas) – REsp. nº 219.199 – Rel. Min. Ruy Rosado de Aguiar – julg. em 10.12.2003.
67 STJ – 3ª Turma – REsp. 1010963/MG – Relatora Ministra Nancy Andrighi – Julg. em 26.06.2008 – DJe 05.08.2008.
68 STJ – 4ª Turma – REsp. 509801/SP – Rel. Min. Aldir Passarinho Junior – Julg. em 21.10.2010 – DJe 11.11.2010. No mesmo sentido: STJ – 3ª Turma – AgRg no REsp. 981180/RS – Rel. Min. Paulo de Tarso Sanseverino – Julg. em 07.12.2010 – DJe 15/12/2010; STJ – 4ª Turma – REsp. 775180/MT – Rel. Min. João Otávio de Noronha – Julg. em 15.12.2009 – DJe 02.02.2010.
69 STJ – 4ª Turma – REsp 1.337.862/SP – Rel. Min. Luis Felipe Salomão – julg. em 11.02.2014 – DJe 20.03.2014.

cessário à sua educação, quando menor". O parágrafo único deu ao juiz a faculdade de fixar "a forma do cumprimento da prestação".

A pensão alimentar é, via de regra, em dinheiro. O devedor paga ao reclamante uma soma periódica (mensal, ou trimestral, ou anual, ou mesmo quinzenal), compreendendo os fatores básicos essenciais à vida: alimentação, vestuário, habitação, criação, educação, tratamento.

A lei faculta ao devedor, em vez de pensionar o alimentário, dar-lhe em casa hospedagem e sustento, sem prejuízo do dever de prestar o necessário à sua educação, quando menor (Código Civil, art. 1.701), e desta forma proporcionar-lhe os meios de subsistência direta. Faz, portanto, nascer para o alimentante uma faculdade alternativa (Trabucchi). Compete, porém, ao juiz fixar o modo de cumprir a prestação, de acordo com as circunstâncias apresentadas e comprovadas. Cabe, ainda, ao juiz proceder com cautela a fim de evitar atritos. No direito francês, o pagamento é sempre em dinheiro, exatamente para não criar conflitos,[70] salvo convenção especial dos próprios interessados.[71]

Reportando-se à separação judicial litigiosa, o art. 1.702 orienta, no sentido de que "sendo um dos cônjuges inocente e desprovido de recursos, prestar-lhe-á o outro a pensão alimentícia que o juiz fixar, obedecidos aos critérios estabelecidos no art. 1.694". É questionável a necessidade de comprovação da "inocência" daquele que pretende os alimentos.

Merece referência o art. 1.703 ao indicar expressamente que "os cônjuges separados judicialmente contribuirão na proporção de seus recursos". Reafirmou, portanto, o legislador o que já estipulara no art. 1.566, IV, ao reconhecer o dever de ambos os cônjuges para o sustento e guarda dos filhos, atendido o princípio constitucional de igualdade entre os cônjuges (art. 226, § 5º, CF).

É lícito ao juiz, se o cônjuge credor preferir, determinar que a pensão consista no usufruto de determinados bens do devedor, conforme orientação do art. 21, § 1º, da Lei nº 6.515/1977. Mas é claro que tal providência não pode consistir em um capricho do cônjuge credor. Certo, porém, que o juiz poderá assegurar a liquidez da pensão, mediante garantia real ou fidejussória, mesmo tendo o legislador do novo Código desprezado esta alternativa.

Ressalve-se, no entanto, que, seja na separação consensual ou litigiosa ou no divórcio os pais têm o dever de contribuir para a manutenção dos filhos. Se for por mútuo consentimento, os cônjuges têm a liberdade de convencionar a pensão para sustento e educação dos filhos, a cargo de um deles ou de ambos. E também a que o cônjuge dará ao outro para a sua subsistência. O que particularmente se acentua é que a liberdade de estipulação pode girar em torno do *quantum*. Podem, inclusive, dispensá-los.

Se litigioso, compete ao juiz determinar a quem cabe a guarda dos filhos menores (*vide* nos 408 e 419-C, *supra*). E, em consequência, se estabelecem os encargos

---

70 Planiol, Ripert *et* Boulanger, *Traité Élémentaire*, v. I, nº 1.690.
71 Carbonnier, v. II, nº 113, p. 332.

financeiros com a criação e educação. Se todos os filhos ficarem sob a guarda de um só dos cônjuges, será fixada a contribuição com que deva concorrer o outro para o sustento deles. O juiz estabelecerá a maneira de se cumprir, com equidade, este dever. No caso de serem retirados da companhia dos pais, e confiados a parentes, a sentença ordenará o modo de ocorrer as despesas respectivas, encarregando-se delas ambos os cônjuges, conforme suas condições econômico-financeiras.

A Lei nº 6.515, de 26 de dezembro de 1977 (Lei do Divórcio), estendeu o dever alimentar aos filhos maiores, quando inválidos (art. 16), o que constitui medida sadia e justa.

Já tendo ocorrido a separação, o art. 1.704 (*caput*) reconheceu o direito aos alimentos ao cônjuge separado judicialmente provada a necessidade e condicionando ao fato de não ter sido declarado culpado na ação de separação. Não previu, expressamente, o mesmo direito ao divorciado. Tem sido reconhecido este direito àqueles que tenham ressalvado esta hipótese na decretação do divórcio. Têm os Tribunais, excepcionalmente, comprovada a necessidade, reconhecido ao ex-cônjuge divorciado o direito aos alimentos.

Assim já decidira a 4ª Turma do STJ, na vigência do Código de 1916, ao determinar que "sendo de iniciativa do ex-marido a ação direta de divórcio fundada na ruptura da vida em comum, subsiste a obrigação de prestar alimentos ao ex-cônjuge, independentemente da cogitação de culpa pela separação do casal".[72] O mesmo Tribunal decidiu que "o compromisso de prestar alimentos antes de convertida a separação em divórcio não se dissolve com este, sendo necessário para a exoneração prova de que houve alteração na situação econômica, que as instâncias ordinárias não reconheceram".[73]

O parágrafo único do art. 1.704 admite a hipótese de o cônjuge considerado responsável necessitar de alimentos e, sem parentes em condições de prestá-los, nem aptidão para o trabalho, poder buscá-los junto ao outro cônjuge "fixando o juiz o valor indispensável à sobrevivência".

Consagra o Código o princípio que rompe com a regra, segundo a qual é pressuposto da pensão alimentar ao cônjuge separado judicialmente o fato de ser considerado inocente. Esta exceção, com todos os riscos que gera, assenta nos pressupostos da necessidade, por um lado; e, por outro lado, de ser o reclamante necessitado e não ter condições para o trabalho.

Dentro da orientação do Código de 2002, na hipótese de decretação de culpas recíprocas, ou seja, de descumprimento pelo marido e pela mulher de dever conjugal, ambos perdem o direito a alimentos, uma vez que não haverá "inocência" de qualquer deles, sempre com observância do disposto no parágrafo único do art. 1.704.

Com a Emenda Constitucional nº 66/2010, que deu nova redação ao art. 226 da Constituição Federal de 1988, e com o consequente fim da separação, encerrou-se a

---

72 STJ – 4ª Turma – REsp. nº 6859/RJ – Rel. Min. Barros Monteiro – julg. em 24.02.1992.
73 STJ – 3ª Turma – REsp. nº 10308/SC, nº 1991/0007537-0 – Rel. Min. Carlos Alberto Menezes Direito – julg. em 05.02.2004 – *DJ* de 29.03.2004.

busca por motivos para a dissolução do casamento, que só pode ser obtida por meio do divórcio. Maria Berenice Dias esclarece que, diante da mudança, as previsões legais que estabelecem a redução da obrigação alimentar do cônjuge "culpado" – arts. 1.702 e 1.704 do CC – restaram derrogadas, não cabendo mais a possibilidade de identificação de quem deu causa à situação de necessidade para o estabelecimento do encargo.[74]

É entendimento pacífico na Doutrina e na Jurisprudência que não se extingue o dever alimentar na hipótese de desemprego. No Julgamento do REsp. 1058689/RJ, a 3ª Turma do STJ, tendo como Relatora a Ministra Nancy Andrighi, esclarece que "para além da circunstância provocada pelo desemprego na vida propriamente dita daquele que presta os alimentos, propagam-se os reflexos incidentes diretamente sobre aquele que os recebe, ante a utilização em larga escala do emprego informal no mercado de trabalho; a denominada relação sem vínculo empregatício repercute diretamente na forma de comprovação da renda do alimentante, que poderá, de diversas maneiras, esgueirar-se pelas beiradas da informalidade para eximir-se da obrigação alimentar, sob alegação de desemprego".[75]

Nilton Teixeira Carvalho esclarece: "continua líquida e certa a obrigação alimentar baseada na sentença homologatória ou condenatória, até que revista por ação própria; a base de cálculo será o último salário percebido pelo devedor dos alimentos". Não basta estar desempregado, porém é necessário não possa prover à sua mantença pelo trabalho, por invalidez, enfermidade ou outra causa efetiva.[76] Assim entendeu o Tribunal de Justiça do Rio Grande do Sul ao decidir que "a tão só alegação de desemprego não pode ensejar a desobrigação do dever alimentar e a minoração da verba alimentar, tendo em vista que cabe ao alimentante buscar meios de prover a mantença a quem lhe é conferido o dever de sustento".[77]

Dispensável a regra do art. 1.705 ao prever que, "para obter alimentos, o filho havido fora do casamento pode acionar o genitor". Determinada a obrigação alimentar nos moldes do art. 1.694 e reconhecida a equiparação dos direitos dos filhos independente da origem da concepção, não mais se justifica o conteúdo do referido artigo. Ressalve-se o direito de se requerer que a ação se processe em segredo de justiça na forma do art. 155, II, do Código de Processo Civil/1973 (art. 189, II, CPC/2015).

Tratando-se de filho adotivo, como ele cai *in potestate* do adotante, é por ele alimentado. Nem se compreenderia fosse alguém adotá-lo, para o abandonar desprovido dos meios de subsistência. Desde que as relações entre pai e filho adotivo imitam a filiação biológica, o adotante deve alimentos subordinados à apuração dos

---

[74] Maria Berenice Dias, *Manual de Direito das Famílias*. 8ª ed. São Paulo: Revista dos Tribunais, 2011, p. 527.
[75] STJ – 3ª Turma – REsp. 1058689/RJ – Rel. Min. Nancy Andrighi – Julg. em 12.05.2009 – DJe 25.05.2009.
[76] Nilton Teixeira de Carvalho, "Extinção de Alimentos e desemprego", *in Revista Brasileira de Direito de Família*, v.10, pp. 32-33.
[77] TJRS – Ag. 700721987060 – 7ª CC – Rel. Des. Ricardo Raupp Ruscheil, julg. em 01.02.2008.

requisitos já deduzidos (nº 426, *supra*). Em face da reciprocidade dominante na matéria, ao filho adotivo incumbe suprir os alimentos ao adotante necessitado.

Revogado o art. 1.626, CC, pela Lei nº 12.010/2009, manteve-se a redação do § 1º do art. 41, ECA, ao estabelecer que se um dos cônjuges ou companheiro adota o filho do outro, mantêm-se os vínculos de filiação entre o adotado e o cônjuge ou companheiro do adotante e os respectivos parentes. Embora se reconheça a permanência da relação familiar de origem, não se justifica estender ao genitor biológico e seus parentes o dever de prestar alimentos. Este passa a ser exclusivo dos adotantes, seus ascendentes ou descendentes.

O art. 1.706 reporta-se à lei processual ao autorizar ao juiz a fixação dos alimentos provisionais. Cabe ao juiz, ao despachar a inicial, fixá-los desde logo, atendendo às circunstâncias do caso, às necessidades do alimentando e às possibilidades do alimentante. Prevalecerão na pendência da lide, e serão transformados em definitivos, na mesma ou em diversa cifra, ou revogados, conforme o desfecho da demanda. Diverge a Doutrina no que concerne à distinção entre alimentos provisionais e provisórios (*vide* nº 427, *supra*). Ambos, no entanto, representam um *quantum* fixado pelo Juiz, antes da citação do Réu. Atente-se, outrossim, aos procedimentos especiais da Lei nº 5.478/1968 conhecida como "Lei Especial de Alimentos".

Maria Berenice Dias esclarece que os alimentos provisórios são "estabelecidos liminarmente na ação de alimentos, ou em momento posterior, mas antes da sentença", enquanto os alimentos provisionais são "deferidos em ação cautelar ou quando da propositura da ação de divórcio, anulação de casamento, bem como na ação de reconhecimento de união estável e se destinam a garantir a manutenção da parte ou a custear a demanda".[78]

O Novo CPC não traz previsão correspondente ao procedimento cautelar referente aos alimentos provisionais, previsto pelos arts. 852 a 854 do CPC/1973. Nota-se que "não há qualquer disposição no Estatuto Processual emergente, o que pode levantar dúvida de sua retirada do sistema. Todavia, em muitos casos, tais alimentos são utilizados para satisfazer os interesses de filhos não reconhecidos, que ainda não têm a prova pré-constituída da obrigação alimentar". Assim, para Flávio Tartuce, os alimentos provisionais permanecem no sistema, aplicando-se a eles o art. 19 da Lei de Alimentos, que não foi revogado pelo Novo CPC.[79]

Merece destaque a decisão da 3ª Turma do STJ que determinou o pagamento de alimentos provisionais a um indivíduo idoso pelos irmãos unilaterais. A Relatora Ministra Nancy Andrighi observou que "Os alimentos provisionais arbitrados em cautelar incidental à ação de investigação de paternidade têm amparo legal não apenas se forem decorrentes do vínculo paterno-filial surgido do reconhecimento, como

---

78 Maria Berenice Dias, *Manual de Direito das Famílias*. 8ª ed. São Paulo: Revista dos Tribunais, 2011, p. 561.
79 TARTUCE, Flávio. *O Novo CPC e o Direito Civil*. Rio de Janeiro: Forense; São Paulo: Método, 2015, p. 435.

também dos laços de parentesco dele derivados. (...) O parentesco surgido entre as partes, na hipótese, irmãos unilaterais, em razão da sentença de reconhecimento da paternidade, declarada e confirmada, respectivamente, em 1º e em 2º graus de jurisdição, é suficiente para autorizar o arbitramento dos alimentos na forma em que se deu. Isso porque o dever do pai – premorto – de prover o sustento do filho assim reconhecido, surgiu exatamente em razão do reconhecimento dessa paternidade. Esse dever de sustento é estendido aos herdeiros – filhos – do investigado, que passam a ser sujeitos passivos da obrigação de prestar alimentos ao possível irmão, até que esse alcance condição idêntica à que eles ostentam – de herdeiro do falecido pai".[80]

O art. 1.707 do Código Civil, além de declarar irrenunciável o direito a alimentos, afirma ser ele insuscetível de cessão, compensação ou penhora. Se, de um lado, ninguém pode renunciar o direito aos alimentos, conforme visto (vide nº 426, *supra*), de outro, não pode o alimentário postulá-los para o tempo passado. *In praeteritum non vivitur*. O reclamante até então já viveu, provendo por qualquer meio à própria manutenção.

A incompensabilidade dos débitos de alimentos está presente no art. 373, II, do Código Civil de 2002 ao determiná-la "quando uma delas se originar de alimentos" e a impenhorabilidade da prestação alimentícia está inserida no art. 650, II, Código de Processo Civil/1973.[81]

A sentença que os conceder retrotrai nos seus efeitos à data da citação inicial, a partir de quando as prestações são devidas (Lei nº 5.478, de 25 de julho de 1968, art. 13, § 2º).

A 4ª Turma do STJ, no AgRg no REsp 1.412.781/SP, ressaltou que o entendimento pacificado desse Tribunal Superior é no sentido de que "os alimentos definitivos fixados na sentença prolatada em revisional de alimentos, independentemente de se tratar de aumento, redução ou exoneração, retroagem à data da citação, (...) com a ressalva de que os valores já pagos são irrepetíveis e não podem ser objeto de compensação com prestações vincendas".[82]

O art. 1.708 tratou, especificamente, da extinção do dever de prestar alimentos se o alimentado venha a contrair casamento, união estável ou o concubinato. De acordo com o Enunciado 265 da V Jornada do STJ, na hipótese de concubinato, deve ser comprovada a prestação de assistência material pelo concubino a quem o credor de alimentos se uniu.

Inovando o legislador de 2002, previu o parágrafo único do mesmo art. 1.708, ao determinar a extinção dos alimentos se ocorrer "procedimento indigno" por parte do credor em relação ao devedor. Este último há de ser apreciado *cum arbitrio boni viri* do juiz. A linguagem do preceito não é feliz e suscita interpretações controversas.

---

80 STJ – 3ª Turma – REsp. 1.170.224/SE – Rel. Min. Nancy Andrighi – Julg. em 23.11.2010 – *DJe* em 07.12.2010.
81 Sem correspondente no CPC/2015.
82 STJ – 4ª Turma – AgRg no REsp 1.412.781/SP – Rel. Min. Luís Felipe Salomão – julg. em 22.04.2014 – *DJe* 25.04.2014.

Milton Paulo de Carvalho Filho explica que "as causas que determinam a exclusão da herança (art. 1.814, CC), aquelas que autorizam a deserdação (arts. 1.962 e 1.963, CC) aplicadas por analogia, também poderão configurar procedimento indigno para os fins dispostos neste artigo".[83] No Enunciado 264 da V Jornada do STJ, ficou determinado que "na interpretação do que seja procedimento indigno do credor, apto a fazer cessar o direito a alimentos, aplicam-se, por analogia, as hipóteses dos incs. I e II do art. 1.814 do Código Civil".

Embora não se cogite expressamente da espécie, não é razoável que o devedor de alimentos continue a supri-los depois de haver o alimentário, como exemplo, incorrido em crime de calúnia ou de injúria contra ele. A este se acrescente a tentativa contra a vida; em qualquer caso, seria mister a condenação definitiva no juízo criminal. Há um pressuposto moral que não pode faltar nas relações jurídicas, e que há de presidir à subsistência da obrigação de alimentos.

Merece referência a solução do direito italiano, aliás, consagrada como preceito no Código Penal (art. 541), fazendo decair dos alimentos o que comete algum dos delitos contra a moralidade e os bons costumes em relação ao alimentante.[84] Não sobrevivem, na atualidade, as causas extintivas vigentes no direito anterior ao Código de 1916 (ingratidão do alimentário, abandono da casa paterna, falta de respeito aos pais, casamento contra a vontade destes).

O art. 1.709 veio completar a incidência do preceito anterior ao determinar que "o novo casamento do cônjuge devedor não extingue a obrigação constante da sentença de divórcio".

Não é somente diante de novo casamento que permanece o dever do alimentante de prestar alimentos à família antes constituída. Independentemente da espécie de família constituída pelo devedor de alimentos, seja casamento, seja união estável, sua obrigação se mantém.

Este artigo é também inovação da Câmara dos Deputados, e afina-se com as tendências jurisprudenciais. O credor de alimentos nada tem a ver com o matrimônio do alimentante. O fundamento da pensão alimentícia não reside no estado conjugal do devedor, porém nos pressupostos que a autorizam. Vindo o alimentante a casar-se, ou a se unir a outrem em concubinato ou união estável, continua sujeito a prestar os alimentos. O preceito não se limita ao caso do devedor de alimentos que era casado, e contraiu novo matrimônio. Tem alcances maiores devendo ser objeto de revisão pelo legislador.

Previu o art. 1.710 a possibilidade de serem atualizadas as prestações alimentícias, de qualquer natureza, segundo índice oficial regularmente estabelecido.

O Código Civil de 1916 estabelecia a variação do valor dos alimentos, sobrevindo mudança na fortuna de quem os supre ou de quem os recebe. A jurisprudência assentou, de maneira pacífica e definitiva, que as dívidas de valor são sempre reajustáveis. Os Tribunais têm proclamado que as pensões de alimentos, ainda que não

---

83 Milton Paulo de Carvalho Filho, reportando-se à Zeno Veloso, *in Código Civil Comentado: Doutrina e Jurisprudência*, São Paulo, Manole, 2008, p. 1.840.
84 Trabucchi, *Istituzioni*, nº 106.

estipulada a correção, podem ser revistas se se evidencia a sua desatualização em decorrência da perda de poder aquisitivo da moeda.

A emenda do Senado preferiu adotar a fórmula "índice oficial regularmente estabelecido", não vinculando a atualização monetária a determinada cláusula de escala móvel. O presente artigo é a consagração destes princípios.

Importa, ainda, ressaltar que a 3ª Turma do STJ já se posicionou no sentido de que obrigação alimentar extinta, mas que continua a ser paga por mera liberalidade do alimentante, não pode ser mantida com fundamento no instituto da *surrectio*. No caso analisado pelo colegiado, o devedor, apesar de ter sido exonerado judicialmente do dever alimentar após 24 meses da celebração de acordo na ação de divórcio e de ter logrado êxito em ação revisional posteriormente proposta pela ex-mulher, cujo intuito principal era a manutenção do dever obrigacional já extinto, resolveu arcar com o pensionamento por cerca de 15 anos. Entretanto, para a Turma, a liberalidade em questão não ensejou direito subjetivo algum, pois a própria beneficiária já tinha ciência de que o direito pleiteado era inexistente, considerando-se que não haveria título executivo judicial ou extrajudicial apto a ensejar a cobrança dos alimentos, pois, desde que ultrapassado o prazo de 24 meses, a obrigação findou, ficando exonerado o alimentante do pagamento a partir de então.[85]

427. Casos especiais de alimentos

427-A. Alimentos decorrentes de ato ilícito

Em caso de ressarcimento de dano por aplicação do princípio da responsabilidade civil, o agente, além do dano matemático, poderá ser condenado ao pagamento de uma pensão à vítima que tenha a sua capacidade de trabalho reduzida, ou aos seus herdeiros, se tiver falecido em consequência do evento danoso.

A exemplo do art. 159 do Código Civil de 1916, o art. 186 de 2002 define o ato ilícito, mas não regulamenta a forma de indenizar. O art. 927, por sua vez, indica, como gerador da responsabilidade civil, o dever de "reparar o dano". Dispensou, no entanto, a prova da culpa, nos casos previstos em lei, "quando a atividade normalmente desenvolvida pelo autor do dano implicar, por sua natureza, risco para os direitos de outrem" (parágrafo único do art. 927).

Determina o art. 948, II, do Código de 2002 que, "no caso de homicídio, a indenização consiste, sem excluir outras reparações: II – na prestação de alimentos às pessoas a quem o morto os devia, levando-se em conta a duração provável da vida da vítima". Ao ressalvar a expressão "sem excluir outras reparações", admitiu o legislador a acumulação com o ressarcimento por dano moral.

---

85 STJ – 3ª Turma – REsp 1.789.667-RJ – Rel. Min. Paulo de Tarso Sanseverino – Rel. p/ acórdão Min. Ricardo Villas Bôas Cueva – Julg. em 13.08.2019 – *DJe* 22.08.2019.

Esclareça-se, oportunamente, que a postulação de alimentos, em sede indenizatória, na hipótese definida no art. 948, II, do Código Civil, por versar sobre obrigação fundada em ato ilícito, não é causa de natureza alimentar, abrangida pelas ações de alimentos decorrentes de relações de parentesco, previstas no Código Civil (arts. 1.694 e segs.) e na Lei de Alimentos (nº 5.478/1968).

Prevê a Súmula nº 491 do STF "ser indenizável o acidente que cause a morte do filho menor, ainda que não exerça trabalho remunerado". Refletindo a natureza indenizatória e não ressarcitória, a lesão moral de um pai em decorrência da perda de um filho dispensa meios de prova, pois, quando existe uma relação entre pai e filho, é ela inegável presunção da vida. Os pais, por serem pessoas atingidas pelo sofrimento, têm legitimidade para propor a ação indenizatória por danos morais.

Destaque-se, ainda, a possibilidade de dano moral ao nascituro já reconhecido em nossos Tribunais. Sem distingui-los dos nascidos, Silmara J. de Abreu Chinelato e Almeida afirma que a reparação neste caso "visa uma compensação e não um ressarcimento e se equipara à indenização pela morte do filho menor".[86] A Doutrina reconhece, também, às crianças e jovens a possibilidade de indenização por danos morais. Nesta hipótese, para Roberto Senise Lisboa "não caberá ao Direito analisar se a vítima sofreu ou não. Deverá ser estabelecida uma presunção de sofrimento".[87]

Entendeu o STJ, na vigência do Código de 1916, que, embora diverso dos alimentos do Direito de Família em razão do seu caráter indenizatório, aqueles decorrentes do ato ilícito sujeitam-se à revisão, havendo modificação nas condições econômicas, consoante dispõe o art. 475-Q, § 3º, do Código de Processo Civil/1973 (correspondente ao art. 533, § 3º, do CPC/2015).[88]

Tratando-se de alimentos "*ex delicti*" não se aplica a prisão por débito alimentar por descaber interpretação ampliativa para a aplicação da medida, prevista em caráter excepcional na Constituição Federal (art. 5º, LXVII), nem mesmo as normas relativas à prisão civil previstas no art. 733 do Código de Processo Civil/1973 (arts. 528 e 911, CPC/2015) e no art. 19 da Lei nº 5.478/1968.

Destaca-se a decisão da 3ª Turma do STJ, tendo como Relator o Ministro Massami Uyeda, que decidiu ao credor de pensão alimentícia decorrente de indenização por ato ilícito (no caso, um acidente de trânsito) não pode ser oposta a impenhorabilidade do bem de família. O Relator esclarece que "a pensão alimentícia é prevista no art. 3.º, III, da Lei nº 8.009/1990, como hipótese de exceção à impenhorabilidade do bem de família. E tal dispositivo não faz qualquer distinção quanto à causa dos alimentos, se decorrente de vínculo familiar ou de obrigação de reparar danos".[89]

---

86 Silmara J. de Abreu Chinelato e Almeida, "O Nascituro no Código Civil e no Direito Constituendo do Brasil", *in Revista de Informação Legislativa*, Brasília, nº 97, 1988, p. 187.

87 Roberto Senise Lisboa, "O Dano Moral e os Direitos da Criança e do Adolescente", *in Revista de Informação Legislativa*, nº 118, p. 462.

88 STJ – REsp. nº 22.549-1/SP – 3ª Turma – Rel. Min. Eduardo Ribeiro – *DJU* de 05.04.1993.

89 STJ – 3ª Turma – REsp. 1186225/RS – Rel. Min. Massami Uyeda – Julg. em 04.09.2012 – *DJe* 13.09.2012.

Pelo *caput* do art. 533 do Novo CPC, "quando a indenização por ato ilícito incluir prestação de alimentos, caberá ao executado, a requerimento do exequente, constituir capital cuja renda assegure o pagamento do valor mensal da pensão". Tal capital pode ser representado por imóveis ou por direitos reais sobre imóveis suscetíveis de alienação, títulos da dívida pública ou aplicações financeiras em banco oficial, sendo inalienável e impenhorável enquanto durar a obrigação do executado, além de constituir-se em patrimônio de afetação (§ 1º).

Nota-se que o magistrado poderá substituir a constituição do capital pela inclusão do exequente em folha de pagamento de pessoa jurídica de notória capacidade econômica ou por fiança bancária ou garantia real (§ 2º). Mantém-se a possibilidade de redução ou aumento da prestação quando sobrevier modificação nas condições econômicas (§ 3º). Finda a obrigação alimentícia, o juiz mandará liberar o capital, cessar o desconto em folha ou cancelar as garantias prestadas (§ 5º).

Reporte-se aos estudos desenvolvidos nos volumes I e II destas *Instituições*, relativos aos princípios gerais de responsabilidade civil e aos demais aspectos presentes na obra *Responsabilidade Civil*, de autoria de Caio Mário.

427-B. ALIMENTOS GRAVÍDICOS

Matéria que despertava o interesse dos juristas com repercussão nos Tribunais é a que acode à indagação se o nascituro possuía direito a alimentos. Em estrita interpretação do art. 2º do Código Civil, a resposta seria negativa, uma vez que por este preceito a personalidade começa com o nascimento com vida, e o nascituro, não tendo personalidade, não teria *legitimatio* para pleiteá-los. À vista de outros conceitos, entretanto, a matéria merece ponderação.

Se a lei põe a salvo os direitos do nascituro desde a concepção, é de se considerar que o seu principal direito consiste no "direito à própria vida" e esta seria comprometida se à mãe necessitada fossem recusados os recursos primários à sobrevivência do ente em formação em seu ventre.

Neste sentido, Pontes de Miranda comenta que "a obrigação alimentar pode começar antes de nascer, pois existem despesas que tecnicamente se destinam à proteção do concebido e o direito seria inferior se acaso recusasse atendimento a tais relações inter-humanas, solidamente fundadas em exigências da pediatria".[90]

Oliveira e Cruz destaca o direito do nascituro de ser alimentado e cuidado para poder viver; assim, pode a mãe pedir alimentos para ele, hipótese em que, na fixação, o juiz levará em conta as despesas que se fizerem necessárias para o bom desenvolvimento da gravidez, até o seu termo final, incluindo despesas médicas e de medicamentos".[91]

---

90 Pontes de Miranda, *Tratado de Direito Privado, Parte Especial*, t. IX – *Direito de Família*, Rio de Janeiro, pp. 215-16.
91 João Cândido de Oliveira e Cruz, *Dos Alimentos no Direito de Família*, p. 79.

Para Silmara Chinelato e Almeida, na hipótese de separação judicial, estando a mulher grávida, mesmo que ela própria tenha renunciado aos alimentos, a renúncia só a ela se aplica, não aos alimentos devidos ao nascituro que expressamente tem o *status* de filho".[92]

O art. 8º do ECA, com as alterações promovidas pela Lei nº 13.257/2016, assegura a todas as mulheres o acesso aos programas e às políticas de saúde da mulher e de planejamento reprodutivo e, às gestantes, nutrição adequada, atenção humanizada à gravidez, ao parto e ao puerpério e atendimento pré-natal, perinatal e pós-natal integral no âmbito do Sistema Único de Saúde. Ressalta-se que o atendimento pré-natal deve ser realizado por profissionais da atenção primária e deve-se primar pela vinculação da gestante, no último trimestre da gestação, ao estabelecimento em que será realizado o parto, garantido o direito de opção da mulher. Ademais, conforme o § 3º do referido dispositivo, os "serviços de saúde onde o parto for realizado assegurarão às mulheres e aos seus filhos recém-nascidos alta hospitalar responsável e contrarreferência na atenção primária, bem como o acesso a outros serviços e a grupos de apoio à amamentação". A gestante e a mãe, inclusive aquelas que manifestem interesse em entregar seus filhos para adoção ou que se encontrem em situação de privação de liberdade, também possuem direito à assistência psicológica no período pré e pós-natal, inclusive como forma de prevenir ou minorar as consequências do estado puerperal.

A estes argumentos acrescente-se o princípio contido no art. 5º da Constituição de 1988, segundo o qual o primeiro dos direitos individuais inscreve "inviolabilidade do direito à vida", sendo descabido argumentar que tal direito refere-se somente à vida extrauterina ou subordinada ao nascimento.

No art. 227 da Constituição, ao assegurar à criança e ao adolescente, com absoluta prioridade, o direito à vida, este há de retroceder à existência intrauterina, como condição essencial à sua subsistência como pessoa em desenvolvimento.

Os nossos Tribunais já reconhecem a legitimidade processual do nascituro, representado pela mãe, tendo decisão pioneira da Primeira Câmara do Tribunal de Justiça de São Paulo atribuído legitimidade *ad causam* ao nascituro, representado pela mãe gestante, para propor ação de investigação de paternidade com pedido de alimentos. Concluiu o Relator Des. Renan Lotufo – reportando-se à decisão pioneira no mesmo sentido do Tribunal do Rio Grande do Sul (*RJTJRS* 104/418) que "ao nascituro assiste, no plano do Direito processual, capacidade para ser parte como autor e como Réu. Representando o nascituro, pode a mãe propor ação investigatória e o nascimento com vida investe o infante na titularidade da pretensão de direito material, até então uma expectativa resguardada".[93]

---

[92] Silmara Chinelato e Almeida, "O direito do nascituro aos alimentos", *in Revista de Direito Civil* nº 54, p. 57.
[93] TJSP – 1ª Cam. – Ap. Cível nº 193648-1 – Rel. Des. Renan Lotufo – Julg. em 14.09.1993, citado na obra *Direito da Criança e do Adolescente: uma Proposta Interdisciplinar*, de autoria de Tânia da Silva Pereira, p. 143.

Na hipótese de reconhecimento anterior ao nascimento, autorizada pelo parágrafo único do art. 1.609 do Código Civil, não se pode excluir a legitimidade do nascituro para a ação de alimentos.

Consolidou-se a orientação jurisprudencial no sentido de se aplicar a disciplina do art. 13, § 2º, da Lei nº 5.478/1968, com retroação dos efeitos à data da citação na hipótese do art. 7º da Lei nº 8.560/1992, ao autorizar a fixação dos alimentos provisórios ou definitivos na sentença de primeiro grau que declara a paternidade.[94]

Após a entrada em vigor da referida Lei, vasta Jurisprudência vinha discutindo o termo inicial destes alimentos, divergindo se eram os mesmos devidos desde a sentença de primeiro grau ou a partir da citação. A Súmula nº 277 do Superior Tribunal de Justiça, de iniciativa do Ministro Antônio de Pádua Ribeiro, aprovada em reunião realizada em 14 de maio de 2003, determina que "julgada procedente a investigação de paternidade, os alimentos são devidos a partir da citação".

Merece referência a decisão do Tribunal de Justiça do Rio Grande do Sul, tendo como Relatora a Des. Maria Berenice Dias, ao estabelecer que: "havendo indícios da paternidade, não negando o agravante contatos sexuais à época da concepção, impositiva a manutenção dos alimentos à mãe, no montante de meio salário mínimo para suprir suas necessidades e também as do infante que acaba de nascer. Não afasta tal direito o ingresso da ação de investigação de paternidade, cumulada com alimentos".[95]

Destaque-se, ainda, a decisão da 3ª Turma do STJ, tendo como relatora a Ministra Nancy Andrighi, ao considerar ser incabível a redução da indenização por perdas e danos morais fixada em relação ao nascituro, filho da vítima do acidente fatal de trabalho, considerando, sobretudo, a impossibilidade de mensurar-se o sofrimento daquele que, muito mais que os outros irmãos vivos, foi privado do carinho, assim como de qualquer lembrança ou contato, ainda que remoto, de quem lhe proporcionou a vida. "A dor, mesmo do nascituro, não pode ser mensurada, conforme os argumentos da ré, para diminuir o valor a pagar em relação aos irmãos vivos".[96]

Em situação diversa, a 4ª Turma do STJ, tendo como Relator o Ministro Luís Felipe Salomão, julgou procedente pedido de indenização referente ao seguro DPVAT, em razão de aborto causado por acidente automobilístico, que provocou a morte do nascituro. Para o Ilustre Relator, "há de se reconhecer a titularidade de direitos da personalidade ao nascituro, dos quais o direito à vida é o mais importante. Garantir ao nascituro expectativas de direitos, ou mesmo direitos condicionados ao nascimento, só faz sentido se lhe for garantido também o direito de nascer, o direito à vida, que é direito pressuposto a todos os demais".[97]

---

94 STJ – 2ª S. – EDREsp. nº 85.685/SP – Rel.ª Min.ª Nancy Andrighi – *DJU* de 24.06.2002; TJMG – 2ª C. Cív. – AC 000.198.312-1/00 – Rel. Des. Corrêa de Marins – julg. em 13.02.2001.
95 TJRS – Agr. t. 70018406652 – Rel.ª Des.ª Maria Berenice Dias – *DJ* de 11.04.2007.
96 STJ – 3ª Turma – REsp. nº 931.556/RS – Rel.ª Min.ª Nancy Andrighi – *DJ* de 17.06.2008.
97 STJ – 4ª Turma – REsp 1.415.727/SC, Rel. Min. Luís Felipe Salomão – julg. em 04.09.2014 – *DJe* 29.09.2014.

Merece referência especial a Lei n° 11.804, de 05 de novembro de 2008, que procura disciplinar o direito de a gestante buscar alimentos durante a gravidez, visando assegurar o direito à vida do nascituro e de sua genitora.

A Lei n° 11.804/2008, além de conferir à gestante a legitimidade *ad causam* para a postulação de alimentos (art. 1°), determinou em seu art. 6°, parágrafo único, que "após o nascimento com vida, os alimentos gravídicos ficam convertidos em pensão alimentícia em favor do menor". Dessa forma, pode-se concluir que a gestante e o nascituro são os destinatários dos recursos que lhe serão propícios para garantir a sobrevivência e, portanto, ambos são titulares do direito a alimentos.[98]

O *caput* do art. 6° da Lei n° 11.804/2008 determina que "convencido da existência de indícios da paternidade, o juiz fixará alimentos gravídicos que perdurarão até o nascimento da criança, sopesando as necessidades da parte autora e as possibilidades da parte ré".

No que se refere à fixação do *quantum* alimentar, deverá ser obedecida a regra prevista no art. 1.694 do Código Civil, atendendo o binômio alimentar necessidade-possibilidade. O art. 2° da Lei estabelece que os alimentos "compreenderão os valores suficientes para cobrir as despesas adicionais do período de gravidez e que sejam dela decorrentes, da concepção ao parto, inclusive as referentes à alimentação especial, assistência médica e psicológica, exames complementares, internações, parto, medicamentos e demais prescrições preventivas e terapêuticas indispensáveis, a juízo do médico, além de outras que o juiz considere pertinentes".

Conhecida como a lei dos *alimentos gravídicos,* deve-se observar que são flagrantes alguns equívocos. Cite-se como exemplo a fixação da competência no domicílio do réu quando de forma expressa o estatuto processual concede foro privilegiado ao credor de alimentos. De qualquer modo, esclarece Maria Berenice Dias, a referência há que ser interpretada da forma que melhor atenda ao interesse da gestante, a quem não se pode exigir que promova a ação no local da residência do devedor de alimentos.

Outra incongruência é impor a realização de audiência de justificação, mesmo que sejam trazidas provas de o réu ser o pai do filho que a autora espera. Da forma como está posto, é necessária a oitiva da genitora, sendo facultativo somente o depoimento do réu, além de haver a possibilidade de serem ouvidas testemunhas e requisitados documentos. Porém, congestionadas como são as pautas dos juízes, mesmo sem a audiência, convencido da existência de indícios da paternidade, indispensável reconhecer a possibilidade de ser dispensada a solenidade para a fixação dos alimentos.

A referida lei prevê a responsabilização da autora por danos materiais e morais a ser apurada nos mesmos autos, caso o exame da paternidade seja negativo. Assim, ainda que não tenha sido imposta a obrigação alimentar, o réu pode ser indenizado, pelo só fato de ter sido acionado em juízo. Esta possibilidade cria perigoso antece-

---

98 Tânia da Silva Pereira e Natália Soares Franco, "O cuidado e o direito aos alimentos do nascituro e da gestante: considerações sobre a Lei n° 11.804/2008", *in Cuidado e Vulnerabilidade* (Coord. Tânia da Silva Pereira e Guilherme de Oliveira). São Paulo: Atlas, 2009, pp. 99/100.

dente. Abre espaço a que toda ação desacolhida, rejeitada ou extinta confira direito indenizatório ao réu. Ou seja, a improcedência de qualquer demanda autoriza pretensão por danos materiais e morais. Para Maria Berenice Dias, trata-se de flagrante afronta ao princípio constitucional de acesso à justiça, dogma norteador do estado democrático de direito.

Mesmo explicitado que os alimentos compreendem as despesas desde a concepção até o parto, de modo contraditório é estabelecido como termo inicial dos alimentos a data da citação. Ninguém duvida que isso pode gerar toda a sorte de manobras do réu para esquivar-se do oficial de justiça. Ao depois, o dispositivo afronta jurisprudência já consolidada dos tribunais e se choca com a Lei de Alimentos, que, de modo expresso, diz: ao despachar a inicial o juiz fixa, desde logo, alimentos provisórios.

Quando do nascimento, os alimentos mudam de natureza, se convertem em favor do filho, apesar do encargo decorrente do poder familiar ter parâmetro diverso, pois deve garantir ao credor o direito de desfrutar da mesma condição social do devedor. De qualquer forma, nada impede que o juiz estabeleça um valor para a gestante, até o nascimento e, atendendo ao critério da proporcionalidade, fixe alimentos para o filho, a partir do seu nascimento. Caso o genitor não proceda ao registro do filho, e independente de ser buscado o reconhecimento da paternidade, a lei deveria determinar a expedição do mandado de registro. Com isso seria dispensável a propositura da ação investigatória da paternidade ou a instauração do procedimento de averiguação, para o estabelecimento do vínculo parental.

Desse modo, a ação de alimentos gravídicos não se extingue ou perde seu objeto com o nascimento da criança. Isso porque, como apontou o Ministro Marco Aurélio Bellizze no julgamento do REsp 1.629.423/SP, "após o nascimento, passará a ser o recém-nascido a parte legítima para requerer a execução, seja da obrigação referente aos alimentos gravídicos, seja da pensão alimentícia eventualmente inadimplida. Nessa linha de raciocínio, o nascimento ocasionará o fenômeno da sucessão processual, de maneira que o nascituro (na figura da sua mãe) será sucedido pelo recém-nascido".[99]

Outra questão que surge é: diante da impossibilidade do pai de suportar o encargo alimentar, podem ser chamados a concorrer os parentes de grau imediato, ou seja, avós ou parentes até o segundo grau, no caso dos alimentos gravídicos? Para parte da doutrina, haveria a possibilidade de aplicação subsidiária do Código Civil, estendendo-se a obrigação a avós e parentes até o 2º grau (art. 1.698, CC), tendo em vista que o objetivo da norma é a proteção da prole. No entanto, como a paternidade não está firmada, não há ligação de parentesco que justifique os alimentos avoengos[100] nesta hipótese.[101]

---

99 STJ – 3ª Turma – REsp 1.629.423/SP – Rel. Min. Marco Aurélio Bellizze – Julg. 06.06.2017 – *DJe* 22.06.2017.
100 Sobre o tema, ver Tânia da Silva Pereira, Antônio Carlos Mathias Coltro, Sofia Miranda Rabelo e Livia Teixeira Leal, *Avosidade: relação jurídica entre avós e netos*, São Paulo: Foco, 2021.
101 Marina Alice de Souza Santos, "Da Titularidade dos Alimentos Gravídicos: uma (Re)visão das Teorias do Início da Personalidade", *in Revista Brasileira de Direito de Família e Sucessões*. v. 17. Ago/Set. Porto Alegre: Magister; Belo Horizonte: IBDFAM, 2010, p. 97.

Pondera, finalmente, Maria Berenice Dias: "apesar das imprecisões, dúvidas e equívocos, os alimentos gravídicos vêm referendar a moderna concepção das relações parentais que, cada vez com um colorido mais intenso, busca resgatar a responsabilidade paterna. Mas este fato, por si só, não absolve todos os pecados do legislador".[102]

O dever de assistência material encontra embasamento no cuidado e na solidariedade social, que constituem o fundamento dos alimentos gravídicos, visando garantir a integridade do nascituro e da gestante durante a gravidez. Leonardo Boff demonstra que a essência humana não se encontra tanto na inteligência, na liberdade ou na criatividade, mas no *cuidado*, de modo que nele se identificam os princípios, os valores e as atitudes que fazem da vida um bem-viver e das ações um reto agir.[103]

Esta e outras iniciativas jurisprudenciais e doutrinárias conduzem à reafirmação dos direitos do nascituro muito além da simples expectativa de direitos.

427-C. Alimentos no Estatuto da Criança e do Adolescente

Dentro do contexto da *Doutrina Jurídica da Proteção Integral*, o Estatuto da Criança e do Adolescente previu a competência da Justiça da Infância e Juventude (art. 148, parágrafo único, letra "g") para julgar ações de alimentos em situações especiais previstas no art. 98 do Estatuto da Criança e do Adolescente, sobretudo, na hipótese de "falta ou omissão dos pais ou responsável".

A *Convenção Internacional sobre os Direitos da Criança* (ONU/1989) ao reconhecer direitos mínimos à população infantojuvenil determina, no art. 3º, 2, que: "os Estados-Partes se comprometem a assegurar à criança a proteção e os cuidados necessários ao seu bem-estar, tendo em conta os direitos e deveres dos pais, dos tutores ou de outras pessoas legalmente responsáveis por ela e, para este propósito, tomarão todas as medidas legislativas e administrativas apropriadas".

A norma estatutária não é novidade no Brasil. Informa Paulo Lúcio Nogueira que o Decreto-Lei nº 6.026, de 24 de novembro de 1943, já previa a possibilidade de processo de alimentos devido a menores abandonados, embora na prática não tivesse a devida aplicação, pois o menor, quando chega a ser abandonado, o foi porque os responsáveis desapareceram, e abrir um processo sem finalidade é trabalho inútil. O Código de Menores revogado também previa a competência do Juiz de Menores para conhecer de ação de alimentos de menor em situação irregular (art. 89, IV), o que também não teve a devida aplicação.[104]

---

102 Maria Berenice Dias, "Alimentos Gravídicos", *in Jus Navigandi* nº 1.853, inserido em 28.07.2008. Disponível em: <http://jus2.uol.com.br/doutrina/texto.asp?id=11540>. Acessado em 29.01.2009.

103 Leonardo Boff *in Saber cuidar: ética do humano, compaixão pela terra*. Petrópolis: Vozes, 2003, pp.11/12.

104 Paulo Lúcio Nogueira, *in Estatuto da Criança e do Adolescente comentado*, São Paulo, Saraiva, 1996, pp. 233-234.

Trata-se de Ação de Alimentos de iniciativa do Ministério Público com fundamento no art. 201, inc. III, do Estatuto da Criança e do Adolescente, promovida junto à Vara da Infância e Juventude.

Esta legitimidade autoriza o *Parquet* a promover e acompanhar os procedimentos pertinentes como substituto processual, atuando em nome próprio como substituto processual na forma do art. 6º do Código de Processo Civil/1973 (art. 18, CPC/2015), além de suas funções como *custos legis*. Destaca-se que, com o Novo CPC, o Ministério Público passa a ser considerado *custos iuris*, desempenhando o papel de fiscal da ordem jurídica como um todo. Destaca-se o entendimento consubstanciado na Súmula 594 do STJ, de que "O Ministério Público tem legitimidade ativa para ajuizar ação de alimentos em proveito de criança ou adolescente independentemente do exercício do poder familiar dos pais, ou do fato de o menor se encontrar nas situações de risco descritas no artigo 98 do Estatuto da Criança e do Adolescente, ou de quaisquer outros questionamentos acerca da existência ou eficiência da Defensoria Pública na comarca".

Também não se pode negar a aplicação, no âmbito do "Estatuto", dos pressupostos do art. 1.694 do Código Civil de 2002, ou seja, que os alimentos devem permitir ao alimentando um modo de viver compatível com a sua condição social, sendo este dever "extensivo a todos os ascendentes".

Na forma do art. 575, inc. II, do Código de Processo Civil/73, a execução das prestações vencidas e não pagas será também da competência do Juízo da Infância e Juventude, ou seja, onde se decidiu a causa no primeiro grau de jurisdição, com todos os trâmites pertinentes. No Novo CPC, a execução dos alimentos decorrentes de títulos judiciais seguirá o procedimento constante nos arts. 528 a 533, prevendo o legislador de 2015 um cumprimento de sentença especial para a sentença que reconheça a exigibilidade de obrigação de prestar alimentos.

Aplicar-se-ão, também, neste caso, os procedimentos da "Lei Especial de Alimentos", devendo ser fixados, inclusive, os alimentos provisórios, sendo os pais ou responsáveis convocados a contribuir para o sustento da criança ou adolescente. Esta medida se dá especialmente na hipótese de crianças e adolescentes afastados do convívio familiar, situação especial em que o Ministério Público age em defesa de seus interesses, como destinatários de um tipo todo especial de proteção.

Normalmente, os recursos financeiros oriundos destas ações são depositados em uma Caderneta de Poupança em nome daquele que está acolhido na instituição e estará à disposição do Juízo, servindo para atender às necessidades especiais de seu titular. Em princípio, estes recursos não serão repassados ao titular da entidade de acolhimento e serão disponibilizados, por ordem judicial, para o seu destinatário, desde que atinja a idade própria para ter acesso às instituições financeiras, ficando a cargo da autoridade judiciária liberar os recursos através de alvará judicial.

Cristiano Chaves de Farias, confirmando esta legitimidade, declara que a legitimação ministerial nada mais pretende, senão garantir amplo acesso à Justiça na proteção dos direitos infantojuvenis. Segundo ele, "recusando-lhe o acesso à justiça para cobrar alimentos, se estará negando por via oblíqua o seu próprio direito à vida".[105]

Não se pode afastar a legitimidade do Curador Especial para a propositura desta medida sempre que os interesses do alimentando colidirem com os de seus pais ou responsável, ou quando carecer de representação ou assistência legal, ainda que eventual (art. 142, parágrafo único, ECA e art. 9°, CPC/1973 – art. 72, CPC/2015).

O procedimento processual deverá ser regido pelo rito da Lei n° 5.478/1968. A ação pode ser proposta contra os parentes do alimentando por iniciativa do Ministério Público (art. 201, III, ECA) ou do "curador especial" (parágrafo único do art. 142, ECA ou art. 9°, CPC/1973 – art. 72, CPC/2015), sempre que os interesses deste colidirem com os de seus pais ou responsável, ou quando carecer de representação ou assistência legal ainda que eventual.

Em nome de "interesses individuais indisponíveis" previstos no art. 127 da Constituição Federal, está presente a legitimidade do Ministério Público prevista no art. 201, III, do Estatuto da Criança e do Adolescente, para "promover e acompanhar ações de alimentos", sem prejuízo de sua atuação *custos legis* quando a ação for da iniciativa do Curador Especial exercido pela Defensoria Pública ou por um Curador Dativo.

O mais comum no cotidiano forense das Varas da Infância e Juventude se dá na hipótese de o Ministério Público propor a referida ação contra os genitores, quando a criança ou adolescente estiver afastado do convívio familiar.

Entretanto, é importante destacar que a jurisprudência atual tem se inclinado no sentido de que o Ministério Público possui legitimidade para propor ação de alimentos em favor de menor que se encontra devidamente representado, mesmo que não se encontre em situação de risco. Nesse sentido, a 3ª Câmara Cível do Tribunal de Justiça da Bahia, no julgamento da Apelação Cível n° 0000526-46.2013.8.05.0082, entendeu que "o direito a alimentos é direito individual indisponível, estando, portanto, inserto nas hipóteses que legitimam a atuação do Ministério Público" e que a "interpretação em sentido oposto resultaria em violação às normas constitucionais, assim como a ofensa ao fundamental direito de acesso à justiça. Isto porque, além de se tratar da defesa de direitos indisponíveis, sobressai a necessidade precípua de permitir o livre acesso à justiça, o que, por vezes, tem se mostrado como algo difícil".[106]

De acordo com o entendimento da 3ª Turma, ainda, a genitora do alimentando não pode prosseguir na execução de alimentos, em nome próprio, a fim de perceber os valores referentes aos débitos alimentares vencidos, após a transferência da titularidade da guarda do menor ao executado. Para o colegiado, uma vez extinta a obrigação alimentar pela exoneração do alimentante – no caso, pela alteração da guarda do menor em

---

[105] Cristiano Chaves de Farias, "A legitimidade do Ministério Público para a Ação de Alimentos: uma questão constitucional", *in Revista Brasileira de Direito de Família*, n° 8, Porto Alegre, Síntese, p. 48, 2001.

[106] TJBA – 3ª Câmara Cível – Apelação Cível n° 0000526-46.2013.8.05.0082 – Rel. Des. Rosita Falcão de Almeida Maia – julg. em 10.12.2013 – *DJ* 12.12.2013.

favor do executado –, a genitora não possui legitimidade para prosseguir na execução dos alimentos vencidos, em nome próprio, pois não há que se falar em sub-rogação na espécie.[107]

427-D. ALIMENTOS DECORRENTES DE RELAÇÕES NÃO BIOLÓGICAS

O Direito de Família Contemporâneo, de forma inequívoca, vem sofrendo uma mudança de paradigma no que se refere às relações familiares. Se antes os vínculos biológicos eram privilegiados sob diversos aspectos, hoje se observa a valorização dos vínculos afetivos, com o reconhecimento da paternidade socioafetiva, apta a gerar direitos e deveres jurídicos. "Quando se fala em obrigação alimentar dos pais sempre se pensa no pai registral, que, no entanto, nem sempre se identifica com o pai biológico. Como vem, cada vez mais, sendo prestigiada a filiação socioafetiva – que, inclusive, prevalece sobre o vínculo jurídico e o genético –, essa mudança também se reflete no dever de prestar alimentos. Assim, deve alimentos quem desempenha as funções parentais."[108]

Assim, com base na solidariedade social e no princípio da não discriminação entre os filhos (art. 227, § 6º, CF), pode a filiação socioafetiva gerar a obrigação alimentar. Este entendimento foi consolidado pelo Enunciado 341 da IV Jornada de Direito Civil, que determinou que "para os fins do art. 1.696, a relação socioafetiva pode ser elemento gerador de obrigação alimentar".

Maria Berenice Dias atenta para a corrente doutrinária moderna, denominada *paternidade alimentar*, que sustenta que "a concepção gera dever de prestar alimentos, ainda que o pai biológico não saiba da existência do filho nem de seu nascimento e mesmo que a paternidade tenha sido assumida por terceiros". Assim, diante da impossibilidade econômico-financeira do genitor socioafetivo, o filho poderia reivindicar alimentos do genitor biológico. No entanto, a 12ª Câmara Cível do TJRJ, no julgamento da Apelação Cível nº 2006.001.51839, decidiu pela impossibilidade jurídica do pedido de pensão alimentícia frente aos pais biológicos e ao pai socioafetivo.[109]

A 7ª Câmara Cível do TJRS, no Agravo de Instrumento nº 70007798739, tendo como Relator o Des. Sérgio Fernando de Vasconcellos Chaves, decidiu que, não havendo dúvida com relação ao vínculo socioafetivo, decorrente da posse do estado de filho, "a alegação de inexistência do liame biológico é irrelevante e vazia" para a determinação da obrigação alimentar[110]. No mesmo sentido, na Apelação Cível nº 70034001164, a mesma Câmara, tendo como Relator o Des. André Luiz Planella Villa-

---

107 STJ – 3ª Turma – REsp 1.771.258-SP – Rel. Min. Marco Aurélio Bellizze – Julg. em 06.08.2019 – DJe 14.08.2019.
108 Maria Berenice Dias, *Manual de Direito das Famílias*. 8ª ed. São Paulo: Revista dos Tribunais, 2011, p. 533-534.
109 Maria Berenice Dias, *Manual de Direito das Famílias*. 8ª ed. São Paulo: Revista dos Tribunais, 2011, p. 534.
110 TJRS – 7ª Câmara Cível – Agravo de Instrumento nº 70007798739 – Rel. Des. Sérgio Fernando de Vasconcellos Chaves – Julg. em 18.02.2004.

rinho, julgou que "a falta de conclusão positiva da perícia de DNA realizada, com baixa probabilidade da paternidade em razão de o investigado ser falecido e das partes que se submeterem não terem sido as preferenciais para resultado mais concludente, não deve prevalecer se o restante do complexo probatório é conclusivo quanto à atribuída paternidade, restando demonstrada pela prova oral, e posse de estado de filha, ensejando o reconhecimento da filiação".[111]

Assim, prevalece o entendimento de que, comprovada a vinculação socioafetiva entre pai e filho, há a possibilidade de, diante da necessidade do filho, se pleitear a pensão alimentícia em face do pai afetivo.

427-E. LEGADO DE ALIMENTOS

Pode o testador deixar um "legado alimentar" ao impor ao herdeiro um "encargo alimentar" em benefício de determinada pessoa e aí temos "alimentos testamentários", previstos no art. 1.920 do Código de 2002. O Legado de alimentos "abrange o sustento, a cura, o vestuário e a casa, enquanto o legatário viver, além da educação, se ele for menor". O testador pode estipular o montante. Não o fazendo, poderá o juiz fixar a quantia, considerando as necessidades do legatário confrontadas com sua condição social. Se o testador não estabeleceu limitação temporal, o legado será vitalício. As despesas com educação poderão avançar pela maioridade do legatário, se este fizer curso universitário. Se o testador não estabelecer de qual dos seus bens será retirada a renda necessária ao cumprimento do legado, caberá ao juiz decidi-lo.[112]

Como obrigações legais de alimentos, estas são situações especiais que, quase sempre, encontram disciplina no Direito de Família, de forma direta ou analógica, respeitadas as situações que lhes são peculiares.

428. AÇÃO DE ALIMENTOS

A "ação de alimentos" é o meio técnico de reclamá-los. Ela se inaugura com uma audiência de conciliação (Lei nº 968, de 10 de dezembro de 1949), concitando o juiz os litigantes a que se componham sobre o direito e sobre o montante dos alimentos. A ação tem rito especial e sumário, regulado na Lei nº 5.478, de 25 de julho de 1968.

Na forma do art. 100 do Código de Processo Civil/1973, o foro competente para a ação de alimentos é o do domicílio do alimentando, mantendo-se igual regra para a hipótese de oferta dos alimentos por parte do devedor. Também será competente o domicílio do alimentando na hipótese de ação revisional de alimentos, "sendo

---

[111] TJRS – 7ª Câmara Cível – Apelação Cível nº 70034001164 – Rel. Des. André Luiz Planella Villarinho – Julg. em 11.08.2010.
[112] Mauro Antonini, *Código Civil Comentado: Doutrina e Jurisprudência,* São Paulo, Manole, 2008, pp. 2.053-4.

aconselhável que a demanda seja distribuída ao juízo por onde tramitou o processo da primeira delas".[113]

Manteve igual orientação o Novo CPC, ao estabelecer que a competência para processar e julgar a ação de alimentos é do domicílio do credor (art. 528, § 9º, novo CPC). O art. 53, II, também fixa a competência do domicílio ou residência do alimentando, para a ação de alimentos.

Destaca-se a decisão da 2ª Seção do STJ, que determinou que "o caráter continuativo da relação jurídica alimentar, conjugado com a índole social da ação de alimentos, autoriza que se mitigue a regra da *perpetuatio jurisdictionis*". Assim, "os alimentos podem ser revistos ainda no trâmite do processo originário ou em nova ação. Essa demanda posterior não precisa ser proposta em face do mesmo juízo que fixou os alimentos originalmente, podendo ser proposta no novo domicílio do alimentando, nos termos do art. 100, II, do Código de Processo Civil.[114] (...) Até mesmo a execução do julgado pode se dar em comarca diversa daquela em que tramitou a ação de conhecimento, de modo a possibilitar o acesso à Justiça pelo alimentando".[115]

Na falta de entendimento, o juiz fixará, em apreciação sumária dos fatos, a importância com que o reclamado concorrerá para a mantença do reclamante na pendência da lide, partindo do pressuposto da necessidade de obter desde logo o indispensável à subsistência. São os alimentos provisionais, que se destinam a assegurar ao necessitado os recursos para se manter na pendência da lide.[116]

Os Tribunais têm distinguido, claramente, os alimentos "provisionais" dos "provisórios", reportando, aqueles, ao art. 852, I, do Código de Processo Civil/1973 e, estes, ao art. 4º da Lei nº 5.478/1968, previstos na "Ação Especial de Alimentos".

Os provisionais, como medida cautelar, devem ser requeridos em autos apartados, desde que comprovado o *periculum in mora* e o *fumus boni iuris*, até mesmo por quem não fez prova constituída da sua condição de credor.

Segundo Yussef Said Cahali,[117] tratando-se de provisionais, a medida cautelar sujeita-se às regras do processo civil comum e perde sua eficácia se não proposta a ação principal (ação de dissolução da sociedade conjugal ou ação ordinária de alimentos cumulada com investigação de paternidade).

O art. 1.706 do Código Civil estabelece que "os alimentos provisionais serão fixados pelo juiz, nos termos da lei processual". O legislador de 2002 não cogitou de distinguir as duas modalidades, orientação já consolidada pelos Tribunais.

A sentença que os conceder retrotrai nos seus efeitos à data da citação inicial, a partir de quando as prestações são devidas (art. 13, § 2º, Lei nº 5.478/1968).

---

113 Yussef Said Cahali, ob. cit., p. 953.
114 Correspondente ao art. 53, II, CPC/2015.
115 STJ – 2ª Seção – Conflito de Competência nº 114.461/SP – Rel. Min. Raul Araújo – Julg. em 27.06.2012 – *DJe* 10.08.2012.
116 Espínola, *A Família no Direito Civil Brasileiro*, nº 254, nota 22.
117 Yussef Said Cahali, ob. cit., p. 905.

A 3ª Turma do STJ, no REsp nº 1.315.476/SP, de relatoria da Ministra Nancy Andrighi, decidiu aplicar a sistemática de execução estabelecida a partir da edição da Lei nº 11.232/2005 à execução de alimentos. Entendeu-se que "a partir de uma interpretação sistemática e teleológica dos dispositivos que versam sobre cumprimento de sentença e execução de prestação alimentícia, conclui-se que, tendo o cumprimento de sentença tornado mais ágil o adimplemento da quantia devida, e considerando a presteza que deve permear a obtenção de alimentos – por ser essencial à sobrevivência do credor –, a cobrança de alimentos pretéritos deve se dar via cumprimento de sentença, sem a necessidade de uma nova citação do executado".[118]

Tratando-se de investigação de paternidade cumulada com alimentos, e conforme determinação do art. 7º da Lei nº 8.560/1992, mesmo que não haja pedido específico, o Juiz somente os fixará na sentença. Somente após o reconhecimento da paternidade a ação de alimentos poderá fundar-se no rito especial previsto na Lei nº 5.478/1968, porque esta pressupõe prova da relação de parentesco ou da obrigação alimentar.

Aprovou o Superior Tribunal de Justiça em reunião realizada em 14 de maio de 2003, tendo como Relator o Ministro Antônio de Pádua Ribeiro, a Súmula nº 277, segundo a qual "julgada procedente a investigação de paternidade, os alimentos são devidos a partir da citação".

Destaca-se a decisão da 3ª Turma do STJ, tendo como Relator o Ministro Sidnei Beneti, que determinou que "o só fato da maioridade do filho, quando da propositura de ação de investigação de paternidade não afasta a orientação consolidada pela Súmula 277/STJ". O Ilustre Ministro destacou que "uma vez reconhecida a paternidade, a obrigação de alimentar, em caráter definitivo, exsurge, de forma inconteste, desde o momento em que reclamado aquele direito, com o pedido de constrição judicial, qual seja, quando da instauração da relação processual válida, que se dá com a citação, com amparo no que dispõe o art. 13, § 2º, da Lei n. 5.478/1968".[119]

Entende-se, que, se alguém, na ausência da pessoa obrigada aos alimentos, por ela os prestar ao alimentando, poderá reaver do devedor a importância, ainda que este não ratifique o ato (art. 871). Não vai aqui uma exceção ao princípio da futuridade da prestação alimentar, mas a consagração da equidade e estímulo ao benfeitor, pois seria incivil que o devedor se eximisse de todo encargo pelo fato de um terceiro subvencionar a manutenção do alimentário sem que a isto estivesse obrigado. E, segundo a boa doutrina, o reembolso ao terceiro independe de prévia sentença condenatória.[120]

Poderá o juiz determinar que o devedor possa substituir a prestação em dinheiro pelo suprimento *in natura*, atendendo às circunstâncias de cada caso, e, desta sorte, evitando constrangimento e litígios.

---

118 STJ – 3ª Turma – REsp nº 1.315.476/SP – Rel. Min. Nancy Andrighi – Julg.: 17.10.2013 – DJe: 25.10.2013.
119 STJ – 3ª Turma – REsp 1.349.252/SP – Rel. Min. Sidnei Beneti – Julg.: 24.09.2013 – *DJe* 02.10.2013.
120 Clóvis Beviláqua, *Comentários* (ao art. 1.341), v. IV.

No entanto, tal determinação deve ser prevista na sentença, de modo que a jurisprudência do STJ vem entendendo que, "fixada a prestação alimentícia, incumbe ao devedor cumprir a obrigação na forma determinada pela sentença, não sendo possível compensar os alimentos arbitrados em pecúnia com parcelas pagas *in natura*". Assim, a realização de gastos diversos, sem a concordância expressa da outra parte pela compensação, não exime o pagamento em pecúnia estabelecido na ação de alimentos.[121] Contudo, tal entendimento pode ser flexibilizado no caso de enriquecimento indevido de uma das partes.[122]

Deve-se ressaltar que, por consubstanciar uma obrigação de fazer, não se revestindo de liquidez para embasar execução do título judicial,[123] a fixação de obrigação alimentar na modalidade *in natura* mostra-se, a princípio, inexequível nos termos do art. 528 do CPC/2015, na medida em que a exigibilidade do título executivo é pressuposto processual do processo de execução.[124] É necessário que haja, portanto, a quantificação da obrigação a fim de se aplicar o procedimento previsto para a execução da dívida alimentícia.

Na hipótese do alimentante trabalhar com vínculo empregatício, a pensão deverá incidir sobre a totalidade dos rendimentos decorrentes da relação de emprego, incluindo o 13º salário, gratificações permanentes e sobre férias.[125] Excluem-se as gratificações eventuais ou ajuda de custo para viagens.[126]

No que tange ao 13º salário, decidiu o STJ que os Alimentos alcançam esta parcela salarial.[127]

Esclarece, ainda, Fabiana Marion Spengler, no que tange ao "Fundo de Garantia por Tempo de Serviço" – FGTS, como também ao PIS/PASEP, com relação aos valores depositados em favor do trabalhador, que estes não são alcançados pelos descontos a título de alimentos (...) "por serem valores cujo objetivo principal é socorrer o desempregado, sem justa causa, quando fica sem emprego, sem remuneração e à mercê da própria sorte".[128] No mesmo sentido, o Enunciado nº 572 da VI Jornada de Direito

---

[121] STJ – 4ª Turma – AgRg no AREsp 586.516/SP – Rel. Min. Marco Buzzi – Julg.: 17.03.2016 – *DJe* 31.03.2016.

[122] Nesse sentido, já decidiu a 4ª Turma do STJ que "a obrigação de o devedor de alimentos cumpri-la em conformidade com o fixado em sentença, sem possibilidade de compensar alimentos arbitrado em espécie com parcelas pagas *in natura*, pode ser flexibilizada para afastar o enriquecimento indevido de uma das partes" (STJ – 4ª Turma – AgInt no REsp 1.560.205/RJ – Rel. Min. Luis Felipe Salomão – Julg.: 16.05.2017 – *DJe* 22.05.2017).

[123] TJRS – 8ª Câmara Cível – *Habeas Corpus* 70060304250 – Rel. Des. Luiz Felipe Brasil Santos – Julg.: 17.07.2014.

[124] TJDFT – 4ª Turma Cível – Apelação Cível 926.434, 20130110742708 – Rel. Des. Cruz Macedo – Julg.: 03.02.2016.

[125] A 2ª Seção do STJ, no julgamento do REsp 1.106.654/RJ, firmou o entendimento de que incide pensão alimentícia sobre o terço constitucional de férias (STJ – 2ª Seção – REsp 1.106.654/RJ – Rel. Min. Paulo Furtado – Julg.: 25.11.2009, *DJe* 16.12.2009).

[126] Fabiana Marion Spengler, *Alimentos: da Ação de Execução*, p. 41.

[127] STJ – 3ª Turma – REsp. nº 547411 – Min. Carlos Alberto Menezes Direito – Recurso provido em parte – *DJ* de 17.03.2005.

[128] Fabiana Marion Spengler, ob. cit., p. 42.

Civil do STJ determina que "mediante ordem judicial, é admissível, para a satisfação do crédito alimentar atual, o levantamento do saldo de conta vinculada ao FGTS".

No que se refere às horas extras, no REsp nº 1.098.585/SP, de relatoria do Ministro Luís Felipe Salomão, a 4ª Turma do STJ determinou que "o valor recebido pelo alimentante a título de horas extras, mesmo que não habituais, embora não ostente caráter salarial para efeitos de apuração de outros benefícios trabalhistas, é verba de natureza remuneratória e integra a base de cálculo para a incidência dos alimentos fixados em percentual sobre os rendimentos líquidos do devedor".[129]

Reconhecida a sua natureza indenizatória e não alimentícia, ainda mais quando tal verba não integra o acordo de pensionamento, somente é permitida sua retenção, no caso de inadimplência do alimentante.[130]

Têm os Tribunais, admitido, no entanto, no caso de despedida do alimentante, o bloqueio das verbas indenizatórias e do FGTS correspondente ao percentual da pensão alimentícia convencionada para efeito de garantir a execução dos alimentos na hipótese de inadimplência. Esta verba deverá ficar depositada à disposição do Juízo.[131]

Nada obsta a homologação do acordo de alimentos pactuado entre as partes, ouvido o Ministério Público. Não pode, no entanto, ferir princípio de ordem pública.

Autoriza-se dedução fiscal no Imposto de Renda das despesas pagas a título de alimentos, desde que previstas expressamente e homologadas judicialmente.

O STJ possui, ainda, precedente indicando que não se incorporam à verba alimentar valores recebidos a título de participação nos lucros e resultados, considerando que o Tribunal Superior do Trabalho fixou o entendimento de que o valor pago a título de participação em lucros e resultados tem natureza indenizatória e, ainda que paga em periodicidade diversa daquela estipulada na legislação de regência, não se transmuda em salário ou remuneração.[132]

Sanção. A natureza essencial da prestação alimentar sugere a imposição de cominações especiais. Se o obrigado aos alimentos tiver vínculo empregatício, a pensão será cumprida mediante desconto em folha de pagamento. Para este efeito, o juiz comunicará a decisão ao empregador, individualizando o credor e o devedor (Decreto-Lei nº 3.200, de 1941; art. 734, CPC/1973).

O Novo CPC prevê, em seus arts. 529 e 912, que, "quando o executado for funcionário público, militar, diretor ou gerente de empresa ou empregado sujeito à legislação do trabalho, o exequente poderá requerer o desconto em folha de pagamento da importância da prestação alimentícia". Mantém-se a regra do desconto em folha, que será mais bem analisada a seguir.

---

129 STJ – 4ª Turma – Resp nº 1.098.585/SP – Rel. Min. Luís Felipe Salomão – Julg.: 25.06.2013 – DJe: 29.08.2013.
130 TJRS – 3ª CC – AI nº 1997.002.03938 – Rel. Antônio Eduardo F. Duarte – julg. em 24.03.1998.
131 TJRJ – 18ª CC – AI nº 1999.002.11420 – Rel. Jorge Luiz Habib – julg. em 30.05.2000.
132 STJ – 3ª Turma – REsp 1.465.679/SP – Rel. Min. Nancy Andrighi – 09.11.2017 – *DJe* 17.11.2017.

As modalidades de cobrança dependem do período do débito, se vencido ou não há mais de três meses.

Pelo regime processual de 1973, possui o credor a faculdade de optar: pedir a intimação do devedor para pagar em quinze dias para evitar a incidência da multa, ou sua citação para pagar em três dias sob pena de prisão (art. 733, CPC/1973). Caso o devedor proceda ao pagamento nos respectivos prazos, não há incidência da multa.

Na forma do art. 732 do Código de Processo Civil/1973, tratando-se de dívida pretérita, atribui-lhe a lei o caráter de liquidez e certeza, podendo o juiz ordenar o sequestro dos bens do devedor, para atender às prestações vencidas. Trata-se de tratamento semelhante ao procedimento de exigibilidade de qualquer outro tipo de débito. Pressupõe a existência de dívida líquida, certa e exigível na forma do art. 586 do Código de Processo Civil (correspondente ao art. 783, CPC/2015).[133] Tem sido majoritário o entendimento liderado pela 4ª Turma do STJ, tendo como Relator o Ministro Barros Monteiro – RHC nº 8.339 – no sentido de que "cuidando-se de débitos pretéritos, inadmissível a Execução, nos moldes previstos no art. 733 do CPC/1973".[134]

Se o débito for igual ou inferior a três meses, determina o legislador para, no prazo de 03 dias, "efetuar o pagamento, provar que o fez ou justificar a impossibilidade de efetuá-lo". Se não for paga a dívida ou rejeitada a justificação apresentada, expedir-se-á mandado de prisão, que poderá ser levantada antes do termo (art. 733 e §§, CPC/1973).

Nota-se que o Novo CPC – Lei nº 13.105, de 16 de março de 2015, alterou o regime da execução da obrigação de pagar alimentos, o que será tratado de forma mais ampla no *Item 428-A*, a seguir.

Admite-se, na execução dos alimentos, a *exceção de pré-executividade*, como meio de defesa do executado. Trata-se de medida judicial que possibilita ao devedor o direito de levar ao conhecimento do magistrado os defeitos e vícios da peça exordial antes que ocorra a penhora ou o depósito, obtendo a garantia de que suas alegações serão recebidas e examinadas. Isso tudo porque, naquelas situações em que se mostram evidentes a ilegalidade e a impertinência da demanda executiva, não é justo permitir-se a invasão ao patrimônio do devedor, para somente então, abrir-se a possibilidade do contraditório e à ampla defesa. Como toda execução, aquela que visa a cobrança dos alimentos, exige título líquido, certo e exigível. A inexistência deste requisito ou a sua nulidade, por exemplo, permitem a exceção de pré-executividade como meio de defesa do executado antes dos embargos.[135]

---

133 O STJ já se manifestou no sentido da necessidade da liquidez da sentença que fixa alimentos, a fim de se garantir celeridade e efetividade na execução (STJ – 3ª Turma – REsp 1.442.975/PR – Rel. Min. Paulo de Tarso Sanseverino – Julg.: 27.06.2017 – *DJe* 01.08.2017).

134 STJ – 4ª Turma – Rel. Ministro Barros Monteiro – RHC nº 8.339/SP, *in Revista de Direito de Família*, v. 2, p. 93.

135 Fabiana Marion Spengler e Theobaldo Splender Neto, "Exceção de Pré-Executividade no Débito Alimentar", *in Revista Brasileira de Direito de família*, Porto Alegre, Síntese/IBDFAM, v. 20, pp. 23-25, outubro-novembro de 2003.

Concluem Fabiana Marion Spengler e Theobaldo Splender Neto por sua admissibilidade em casos excepcionais, observando, sempre, com rigor, a boa-fé do executado e a lisura de suas alegações, para fim de não permitir-lhe nada mais do que um meio de defesa adequado, quando realmente for necessário, e não como meio de protelar o pagamento daquilo que é devido.[136]

Considera, no entanto, Leonardo Greco que não se exige prazo, nem forma ou procedimento especial. Pode ser arguido por escrito ou verbalmente.[137]

Diversamente a esta medida, os embargos à execução consistem em ação autônoma de conhecimento incidental ao processo de execução, obedecidos os requisitos do art. 282 do Código de Processo Civil/1973 (correspondente ao art. 319 do CPC/2015). A exceção de pré-executividade não tem forma específica e é postulada através de simples petição nos próprios autos do processo de execução. Há possibilidade de oferecimento de exceção concomitante com os embargos, mas pressupondo matéria diversa; senão haverá duplicidade de instrumento para um mesmo fim, o que é contrário à sistemática processual vigente. Alerta Rita Dias Nolasco que não deve ser admitido o recebimento da exceção de pré-executividade como embargos à execução, o que tem acontecido na prática, por resultar flagrante cerceamento de defesa, já que os embargos são bem mais amplos.[138]

Dentro dos modernos mecanismos de garantia da execução, merece referência a Decisão do TJSP tendo como relator o Des. Manoel de Queiroz Pereira Calças, no Agravo de Instrumento nº 1.198.103-0/0, da 29ª Câmara da Seção de Direito Privado do Tribunal de Justiça do Estado de São Paulo, *onde se aplicou a desconsideração da pessoa jurídica ao inverso para responsabilizar a empresa nas obrigações do sócio, executado por dívida pessoal.* Em tal hipótese trata-se, propriamente, de despersonalização e não de desconsideração da pessoa jurídica. Abstraída, assim, a pessoa da sociedade, pode-se atribuir a mesma obrigação ao sócio ou administrador (que, por assim dizer, se escondiam atrás dela), e, em decorrência, caracterizar-se o ilícito.

Em síntese, a desconsideração é utilizada como instrumento para responsabilizar sócio por dívida formalmente imputada à sociedade. Também é possível, contudo, o inverso: desconsiderar a autonomia patrimonial da pessoa jurídica para responsabilizá-la por obrigação do sócio. "A fraude que a desconsideração invertida coíbe é, basicamente, o desvio de bens. O devedor transfere seus bens para a pessoa jurídica sobre a qual detém absoluto controle. Desse modo, continua a usufruí-los, apesar de não serem de sua propriedade, mas da pessoa jurídica controlada. Os seus credores, em princípio, não podem responsabilizá-lo executando tais bens. É certo que, em se tratando de pessoa jurídica de uma sociedade, ao sócio é atribuída a participação societária, isto é, quotas ou ações representativas de parcelas do capital social. Essas são, em regra, penhoráveis para a garantia do cumprimento das

---

136 Fabiana Marion Spengler e Theobaldo Splender Neto, ob. cit., p. 29.
137 *Leonardo Greco, O Processo de Execução,* Rio de Janeiro, Renovar, 2001, v. 04, p. 627.
138 Rita Dias Nolasco, *Exceção de Pré-executividade,* São Paulo, Método, 2004, p. 210.

obrigações do seu titular" (apenas são impenhoráveis as quotas sociais de sociedade limitada de pessoas).

Destaque-se, ainda, que no Direito positivo brasileiro a desconsideração da personalidade foi introduzida nos seguintes diplomas: Código de Defesa do Consumidor (artigo 28 da Lei nº 8.078/1990); Lei Antitruste (art. 34 da Lei nº 12.529/2011); Lei do Meio Ambiente (artigo 4º da Lei nº 9.605/1998) e Código Civil de 2002 (artigo 50, mais recentemente alterado pela Lei nº 13.874/2019). A Jurisprudência de nossos Tribunais, que já aplicava a desconsideração da personalidade jurídica com base nos princípios que vedam o abuso do direito e da fraude contra credores, passou a aplicá-la com fundamento nos dispositivos legais acima referidos, inclusive a desconsideração inversa da personalidade jurídica. Sem respaldo legal expresso, como bem salientada pela Ministra Nancy Andrighi, esta inversão é criação doutrinária.

A decisão reporta-se, ainda, a Fábio Konder Comparato ao pontuar que essa desconsideração da personalidade jurídica não atua apenas no sentido da responsabilidade do controlador por dívidas da sociedade controlada, mas também em sentido inverso, ou seja, no da responsabilidade desta última por atos do seu controlador.[139] E prossegue o mestre das Arcadas: "Na jurisprudência brasileira, tem-se desconsiderado, com frequência, a personalidade jurídica das sociedades constituídas unicamente de marido e mulher, sob a alegação de nulidade. Mas tal hipótese é, propriamente, de despersonalização e não de desconsideração da pessoa jurídica". (...) Analisada a legislação, doutrina e jurisprudência sobre a desconsideração da personalidade jurídica e, em especial, sobre a desconsideração inversa, cumpre examinar a prova documental produzida, sob a óptica da defesa apresentada pelas sociedades.[140]

Destaca-se que o Novo CPC cria o incidente de desconsideração em seu art. 133, que depende de pedido da parte ou do Ministério Público, não podendo ser feito de ofício, provados os requisitos constantes no art. 50 do Código Civil. Instaurado o incidente, suspende-se o processo, para citar a pessoa jurídica. Esse procedimento é aplicável também à desconsideração inversa (art. 133, § 2º, Novo CPC).

A Lei nº 5.478/1968, derrogando o Código Penal, deu nova redação ao seu art. 244 para definir como *delito* punível, com pena de detenção de um a quatro anos, deixar de prover à subsistência do cônjuge ou de filho menor de 18 anos ou inapto para o trabalho, ou de ascendente inválido ou maior de 60 anos, não lhes proporcionando os recursos necessários, ou faltando ao pagamento de pensão alimentícia judicialmente acordada, fixada ou majorada.

A Constituição Federal, posto não admitir prisão por dívida, ressalva esta hipótese (art. 5º, LXVII). Em outros sistemas o descumprimento do dever alimentar

---

139 Fabio Konder Comparato. "O Poder de Controle da Sociedade Anônima", no capítulo III, *in Confusão Patrimonial entre Titular do Controle e Sociedade Controlada. A Responsabilidade* Externa Corporis, Rio de Janeiro, Forense, 1983.
140 TJSP – 29ª Câmara de Direito Privado do Tribunal de Justiça do Estado de São Paulo – AI nº 1.198.103-0/0 – Rel. Des. Manoel de Queiroz Pereira Calças, processo de origem nº 33.453/2001 da 16ª Vara Cível da Capital – julg. em 06.08.2008 – divulgado no jornal eletrônico *Migalhas* em 15.08.2008.

encontra igualmente repressão penal com a caracterização do delito de abandono da família.[141]

No entanto, importa destacar a recente decisão da 3ª Turma do STJ, de relatoria da Ministra Nancy Andrighi, que concedeu *habeas corpus* a uma mulher de 77 anos, para lhe garantir o direito a cumprir, no próprio domicílio, a pena de prisão civil que lhe foi imposta por inadimplemento de pensão alimentícia. A decisão, em caráter excepcional, amparada no princípio da dignidade da pessoa humana, levou em conta que a devedora é pessoa com idade avançada e portadora de cardiopatia grave.[142]

Revisibilidade. Tem-se dito que a sentença proferida em ação de alimentos não faz coisa julgada. A expressão não significa que lhe falta definitividade resultante do esgotamento de todos os recursos (coisa julgada formal). Mas é certíssimo, no sentido de que se sujeita a reexame ou revisão, independentemente de esgotamento de todos os recursos.

Com efeito, sobrevindo mudança na situação financeira de quem os supre, ou de quem os recebe (art. 1.699, CC), poderá o interessado reclamar ao juiz, e este, julgando-o provado, determinará a majoração ou redução do *quantum* devido, adequando-o ao requisito da *proporcionalidade* já focalizado (nº 426, *supra*). Poderá, mesmo, exonerar o devedor, se as circunstâncias o aconselharem. O art. 15 da Lei nº 5.478/1968 expressamente estabelece o princípio da revisibilidade.

Várias situações autorizam a revisão da verba alimentar, a exemplo de "nova união do alimentante, bem como o nascimento de prole desta, pois havendo prole do novo casamento ou da união concubinária, tendo estes filhos similares direitos a serem sustentados pelo genitor comum, só daí resulta a configuração de um encargo superveniente que autoriza a minoração do *quantum* antes estipulado, para que todos os filhos menores, independentemente da natureza da filiação, possam ser atendidos equitativamente, na proporção de suas necessidades".

Para Fabiana Marion Spengler, são também determinantes o desemprego ou a diminuição nas condições financeiras do alimentante, a moléstia grave e/ou prolongada impeditiva do exercício de atividades laborativas do alimentante.[143]

A mesma autora indica, também, circunstâncias de fato que autorizam a majoração, a citar: ser o alimentando acometido de doença grave de tratamento prolongado e custo elevado; ter o alimentando ingressado em instituição de ensino particular com elevação de custo para o término dos estudos; ter o alimentante sofrido alteração em sua situação financeira, passando a auferir melhor renda, possibilitando dar melhores condições de vida ao alimentante.[144]

A possibilidade de "oferta dos alimentos" está prevista, expressamente, no art. 24 da Lei nº 5.478/1968, ao admiti-la por parte do "responsável pelo sustento da

---

141 Planiol, Ripert e Boulanger, *Traité Élémentaire*, v. I, nº 1708; De page, nº 559.
142 STJ – 3ª Turma – Habeas Corpus nº 38.824/SP – Rel. Min. Nancy Andrighi – Julg.: 17.10.2013 – DJe 24.10.2013.
143 Fabiana Marion Spengler, "Coisa Julgada, Revisão e Exoneração de Alimentos, *in Revista Brasileira de Direito de família,* Porto Alegre, Síntese, v. 16, p. 37, 2003.
144 Fabiana Marion Spengler, ob. cit., p. 36.

família que deixar a residência comum". Outras hipóteses autorizam a oferta desde que o autor se reconheça como titular da obrigação alimentar. O objeto da ação será a fixação do *quantum,* o que será arbitrada pelo Juiz, podendo este último homologar eventual acordo no que concerne ao valor e condições do pagamento.

428-A. A EXECUÇÃO DE ALIMENTOS NO NOVO CÓDIGO DE PROCESSO CIVIL

O Novo CPC – Lei nº 13.105, de 16 de março de 2015 – cindiu os procedimentos de execução de alimentos, dividindo-os em: *execução de alimentos decorrentes de títulos judiciais,* regulada pelos arts. 528 a 533, e *execução de alimentos decorrentes de títulos extrajudiciais,* regulada pelos arts. 911 a 913.

Tratando-se de *alimentos decorrentes de títulos extrajudiciais* (escrituras públicas de divórcio, dissolução de união estável ou separação etc.),[145] o devedor será citado para, em três dias, efetuar o pagamento, provar que o fez ou justificar a impossibilidade de fazê-lo, podendo-se aplicar as regras da prisão civil (art. 911, Novo CPC).

O novo CPC também traz a possibilidade do desconto em folha de pagamento do devedor no art. 912. Pelo dispositivo, sendo o devedor de alimentos "funcionário público, militar, diretor ou gerente de empresa, bem como empregado sujeito à legislação do trabalho, o exequente poderá requerer o desconto em folha de pagamento de pessoal da importância da prestação alimentícia". No despacho, o juiz oficiará ao empregador ou à autoridade, sob pena de crime de desobediência, o desconto a partir da primeira remuneração posterior do executado. Quando a execução for feita por meio de penhora, o credor fica garantido do recebimento mensal do seu crédito (art. 913, novo CPC).

No caso de *alimentos fixados em demanda judicial,* as regras do cumprimento de sentença são utilizadas, sendo reguladas pelos arts. 528 e seguintes. Encaixam-se neste caso os alimentos fixados em ação de divórcio ou de dissolução de união estável, em ação de investigação de paternidade etc.

Ressalte-se que a competência para processar e julgar a ação de alimentos é do domicílio do credor, por força do art. 528, § 9º, novo CPC. O art. 53, II, do novo CPC também fixa a competência do domicílio ou residência do alimentando para a ação de alimentos. Ressalta-se que o Ministério Público somente atuará na ação de alimentos quando houver interesse de incapaz. Permanecem as ações de alimentos correndo em segredo de justiça (art. 155, II, CPC/1973 – art. 189, II, CPC/2015) e tendo como valor da causa doze vezes da parcela pleiteada na inicial (art. 259, VI, CPC/1973 – art. 292, III, CPC/2015).

---

145 Art. 784, Novo CPC: *São títulos executivos extrajudiciais: (...) II – a escritura pública ou outro documento público assinado pelo devedor; III – o documento particular assinado pelo devedor e por 2 (duas) testemunhas; (...)*

O art. 528 dispõe que, "no cumprimento de sentença que condene ao pagamento de prestação alimentícia ou de decisão interlocutória que fixe alimentos, o juiz, a requerimento do exequente, mandará intimar o executado pessoalmente para, em 3 (três) dias, pagar o débito, provar que o fez ou justificar a impossibilidade de efetuá-lo". Note-se que somente a comprovação de fato que gere a impossibilidade absoluta de pagar justificará o inadimplemento (art. 528, § 2º).

Caso o devedor não o faça, o juiz poderá mandar protestar o pronunciamento judicial, aplicando-se, no que couber, o disposto no art. 517 (art. 528, § 1º). Assim, o novo CPC cria um protesto de dívida alimentícia, incumbindo ao exequente apresentar certidão de teor da decisão, que deverá ser fornecida no prazo de três dias e deverá indicar o nome e a qualificação do exequente e do executado, o número do processo, o valor da dívida e a data de decurso do prazo para pagamento voluntário. Comprovada a satisfação integral da obrigação, o protesto será cancelado por determinação do juiz, mediante ofício a ser expedido ao cartório.

A Jurisprudência vem dando aplicabilidade ao novo dispositivo, tendo a 3ª Turma do STJ decidido que é "possível, à luz do melhor interesse do alimentando, na execução de alimentos de filho menor, o protesto e a inscrição do nome do devedor de alimentos nos cadastros de proteção ao crédito", não havendo impedimento legal para que se determine a negativação do nome de devedor de alimentos no ordenamento pátrio.[146]

Com base no art. 139, IV do CPC/15, vem sendo determinada, ainda, como medida coercitiva, a suspensão da Carteira Nacional de Habilitação (CNH) e do passaporte do devedor.

Se o executado não pagar ou se a justificativa apresentada não for aceita, o juiz, além de mandar protestar o pronunciamento judicial, decretará a prisão do devedor pelo prazo de um a três meses. Como é cediço, a prisão civil não possui natureza punitiva, e sim coercitiva, razão pela qual, se o devedor efetuar o pagamento, será imediatamente solto (art. 528, § 6º, novo CPC). A prisão deve ser feita em regime fechado, devendo o preso ficar separado dos presos comuns (art. 528, § 4º). Se a prisão for cumprida e o devedor continuar inadimplente, ele não se desobriga do pagamento da pensão alimentícia (art. 528, § 5º), de modo que o devedor não fica exonerado da dívida se for preso. O procedimento continuará, agora com coerção patrimonial, já que restou comprovada a insuficiência da prisão. O novo CPC confirma que o prazo máximo de três meses para a prisão civil é cabível para qualquer tipo de alimentos, sejam eles provisórios ou definitivos, por força do art. 531.

Em relação ao prazo da prisão civil, algumas observações devem ser feitas.

O legislador de 2015 revogou os arts. 16 e 18 da Lei de Alimentos (art. 1.072, Novo CPC), deixando, contudo, de revogar o art. 19, o que gera algumas celeumas. Isso porque o Novo CPC estabelece prazo de um a três meses para a prisão, enquanto o art. 19 da Lei nº 5.478/1968 determina o prazo máximo de 60 dias.

---

146 STJ – 3ª Turma – REsp 1.469.102/SP – Rel. Min. Ricardo Villas Bôas Cueva – Julg.: 08.03.2016 – *DJe*.: 15.03.2016.

Destaca-se, neste sentido, o posicionamento de Flávio Tartuce, ao qual nos filiamos. Para o autor, o art. 19 da Lei de Alimentos se aplicaria aos alimentos provisionais, não previstos pelo novo Código.[147] Assim, realizando uma interpretação integrativa, para os alimentos provisórios e definitivos vigoraria o prazo previsto pelo Novo CPC, de um a três meses, enquanto para os alimentos provisionais, que não foram regulados pelo novo Estatuto Processual, seria aplicado o prazo da lei especial, de 60 dias, tendo em vista que não houve revogação expressa do art. 19 pelo legislador.

O novo Estatuto Processual afirma que só é possível o uso da prisão civil para a dívida atual de alimentos, ou seja, aquela que compreende as três prestações anteriores ao ajuizamento e as que forem vencendo no curso do processo. Trata-se de entendimento anteriormente consubstanciado na Súmula 309 do STJ, e, hoje, positivado no § 7º do art. 528 no Novo CPC.

Nota-se que o § 8º do art. 528 estabelece uma escolha ao credor, que pode optar pelo cumprimento da sentença por meio de penhora ou de prisão civil. Alexandre Câmara esclarece que "o emprego do procedimento especial (...) se dá por opção do credor. Pode ele, porém, preferir utilizar-se do procedimento-padrão do cumprimento de sentença, caso em que não será admissível a prisão do executado, mas, recaindo a penhora sobre dinheiro, eventual concessão de efeito suspensivo à impugnação não impedirá que o exequente levante, mensalmente, a importância da prestação que lhe é devida".[148]

Ressalta-se que, em 2018, a 4ª Turma do STJ, sob a relatoria do Ministro Luis Felipe Salomão, decidiu que é possível a decretação de prisão civil em razão do não pagamento de pensão alimentícia a ex-cônjuge,[149] entendendo de forma diversa de posição firmada pela 3ª Turma em agosto de 2017, que afastou a prisão do alimentante em um caso de alimentos devidos a ex-cônjuge maior e capaz.[150]

Como o art. 528 do novo CPC não restringe a prisão civil, questiona-se se tal procedimento também seria aplicado aos alimentos ressarcitórios. Mantém-se, neste

---

147 TARTUCE, Flávio. *O Novo CPC e o Direito Civil*. Rio de Janeiro: Forense; São Paulo: Método, 2015, p. 435.
148 CÂMARA, Alexandre Freitas. *O Novo Processo Civil Brasileiro*. São Paulo: Atlas, 2015, p. 364.
143 STJ – 4ª Turma – HC 413344/SP – Rel. Min. Luis Felipe Salomão – Julg. 19.04.2018 – *DJe* 07.06.2018.
150 "Seguindo a linha desse entendimento, a prisão civil só se justifica se: i) for indispensável à consecução dos alimentos inadimplidos; ii) atingir o objetivo teleológico perseguido pela prisão civil – garantir, pela coação extrema da prisão do devedor, a sobrevida do alimentado – e; iii) for a fórmula que espelhe a máxima efetividade com a mínima restrição aos direitos do devedor. Em se tratando de prole menor ou incapaz, a iminência e impossibilidade de superação do risco alimentar é presunção que raramente pode ser desafiada. No entanto, quando o credor de débito alimentar for maior e capaz, e a dívida se prolongar no tempo, atingido altos valores, exigir o pagamento de todo o montante, sob pena de prisão civil, é excesso gravoso que refoge aos estreitos e justificados objetivos da prisão civil por dívida alimentar, para desbordar e se transmudar em sanção por inadimplemento, patrocinada pelo Estado, mormente na hipótese, quando é sabido que o alimentante tem patrimônio passível de expropriação, fórmula até hoje não cogitada para a satisfação do crédito perseguido." STJ – 3ª Turma – HC 392521/SP – Rel. Min. Nancy Andrighi – Julg. 27.06.2017 – *DJe* 01.08/2017.

caso, o entendimento anteriormente mencionado de que não se aplica a prisão por débito alimentar decorrente de ato ilícito, por descaber interpretação ampliativa para a aplicação da medida restritiva.

Merece destaque, ainda, acórdão da 4ª Turma do STJ que afastou a aplicação da teoria do adimplemento substancial nos casos de controvérsias relacionadas a obrigações de natureza alimentar, considerando-se que a obrigação alimentar diz respeito a bem jurídico indisponível, intimamente ligado à subsistência do alimentando.[151]

O novo CPC traz a possibilidade de desconto em folha do pagamento do devedor. O desconto em folha, a princípio, é para dívida vincenda, e não para dívida vencida (§ 1º do art. 529). No entanto, o § 3º possibilita o desconto em folha para dívida vencida, desde que a soma dos débitos (dívida vencida e dívida vincenda) não ultrapasse 50% dos ganhos líquidos do devedor. Pelo art. 529, "quando o executado for funcionário público, militar, diretor ou gerente de empresa ou empregado sujeito à legislação do trabalho, o exequente poderá requerer o desconto em folha de pagamento da importância da prestação alimentícia". Nesse caso, o magistrado oficiará à autoridade, à empresa ou ao empregador, determinando o desconto a partir da primeira remuneração posterior do executado, sob pena de crime de desobediência.

O art. 532 do Novo CPC destaca que o devedor de alimentos pode praticar o crime de abandono material (art. 244, CP), sendo feita remessa ao Ministério Público para a propositura da ação penal diante de uma atitude procrastinatória e reiterada de não pagamento dos alimentos.

Por fim, deve-se destacar importante alteração no que diz respeito à possibilidade de quebra da impenhorabilidade do salário e remunerações em geral em face de obrigação de prestar alimentos.[152] O inciso IV do art. 833 do Novo CPC determina como impenhoráveis "os vencimentos, os subsídios, os soldos, os salários, as remunerações, os proventos de aposentadoria, as pensões, os pecúlios e os montepios, bem como as quantias recebidas por liberalidade de terceiro e destinadas ao sustento do devedor e de sua família, os ganhos de trabalhador autônomo e os honorários de profissional liberal", ressalvando, contudo, a hipótese de penhora para pagamento de prestação alimentícia, independentemente de sua origem, bem como às importâncias excedentes a cinquenta salários mínimos mensais (§ 2º do art. 833).

Assim, os salários e remunerações deixam de ser absolutamente impenhoráveis. Para Flávio Tartuce, conclui-se que, em virtude do novo regramento, "os próprios alimentos podem ser penhorados, naquilo que exceder o montante de cinquenta salários mínimos mensais, valor considerado para manter o mínimo vital ou o patrimônio mínimo do devedor".[153]

---

151 STJ – 4ª Turma – HC 439.973/MG – Rel. Min. Luis Felipe Salomão – Rel. Acd. Min. Antonio Carlos Ferreira – Julg. 16.08.2018 – *DJe* 04.09.2018.
152 No mesmo sentido tem entendido a jurisprudência do STJ: EREsp 1.874.222/DF – Corte Especial – Rel. Min. João Otávio de Noronha – Julg. em 19.04.2023 – *DJe* de 24.05.2023.
153 TARTUCE, Flávio, ob. cit., p. 430.

428-B. ALIMENTOS AO COMPANHEIRO

O direito aos alimentos na união estável passou por inúmeras etapas no Direito brasileiro, tendo como norteador a Constituição Federal de 1988. A indenização por serviços prestados no período de vida em comum vigorou por longo tempo na Jurisprudência "como solução paliativa no sentido de não deixar a companheira (na maioria das vezes para não dizer a totalidade) ao total desamparo".[154]

Guilherme Calmon Nogueira da Gama[155] destaca, ainda, a orientação anterior à Carta de 88 quando "o instituto do companheirismo pertencia ao campo obrigacional, sem repercussão no Direito de Família". (...) Conclui, após longa análise, que "a Doutrina, à unanimidade, aponta a inexistência da obrigação alimentar entre os companheiros antes do advento da Constituição Federal de 1988, inclusive, diante da orientação firmada pela jurisprudência".

Eventual hipótese de composição de interesses se consubstanciava também em "doação, acordo celebrado entre ambos de promessa de fornecimento de renda periódica; esta última, como obrigação natural, podia cessar a qualquer tempo, unilateralmente, tratando-se de obrigação natural que não se convertia em obrigação civil".[156]

Diante da regra do art. 226, § 3°, da Constituição Federal, o mesmo autor[157] destaca os rumos assumidos pelo direito aos alimentos no período que se seguiu à Carta Magna e à entrada em vigor da Lei n° 8.971/1994. Além de retirar do âmbito do Direito das Obrigações o tratamento da questão relativa ao companheirismo, reconheceu-se, expressamente, tal união como sendo espécie de família, não somente na sua constituição como também na sua manutenção. No entanto, a despeito de vasta Doutrina e Jurisprudência defendendo os alimentos entre companheiros, o entendimento que prevaleceu, neste período, foi a sua inadmissibilidade.

O direito aos alimentos na união estável foi regulamentado pela Lei n° 8.971/1994. Apesar de algumas controvérsias que envolveram a sua interpretação, ela representou efetivo avanço ao reconhecer o direito aos alimentos no art. 1°: "À companheira comprovada de um homem solteiro, separado judicialmente, divorciado ou viúvo, que com ele viva há mais de cinco anos, ou dele tenha prole".

Destaque-se naquele texto legal a exigência de prazo mínimo de vida em comum (cinco anos), sendo óbvio que o filho nascido deveria ser da companheira para autorizar os alimentos do parceiro, independente dos alimentos devidos ao filho decorrente da relação de parentesco.

Autorizou, ainda, o procedimento determinado pela Lei n° 5.478/1968, relativa ao rito especial de alimentos, uma vez comprovada a união estável e cessando o relacionamento entre os companheiros, enquanto não constituir nova união e desde que prove a necessidade. Deveria ser comprovada, previamente, a relação de fato.

---

154 Guilherme Calmon Nogueira da Gama, *O Companheirismo: Uma Espécie de Família*, p. 373.
155 Guilherme Calmon Nogueira da Gama, ob. cit., p. 375.
156 Guilherme Calmon Nogueira da Gama, ob. cit., p. 376.
157 Guilherme Calmon Nogueira da Gama, ob. cit., p. 379.

A Lei nº 9.278/1996 definiu a união estável no art. 1º como entidade familiar fundada na "convivência duradoura, pública e contínua, de um homem e de uma mulher, estabelecida com objetivo de constituição de família", estabelecendo entre os direitos e deveres dos conviventes, em igualdade de condições, a "assistência moral e material recíproca" (art. 2º, II).

Assumindo a tese da derrogação parcial da Lei nº 8.971/1994 (*vide* nº A-3, *supra*), manteve-se a orientação quanto ao direito aos alimentos. Comprovada a união estável, não se pode afastar a adoção do rito da Lei nº 5.478/1968.

O art. 7º da Lei nº 9.278/1996 determinou a assistência material "prestada por um dos conviventes ao que dela necessitar a título de alimentos". Além da comprovação do binômio "necessidade/possibilidade", o legislador de 1996 condicionou a concessão dos alimentos à "dissolução da união por rescisão". Em qualquer hipótese de rompimento da união, admitida a pesquisa da culpa, deve esta ser colocada em segundo plano para se priorizar a obrigação de prestar alimentos.

O Código Civil de 2002, ao estabelecer no art. 1.694 o direito de os "parentes, cônjuges ou conviventes pedirem uns aos outros os alimentos de que necessitem para viver de modo compatível com a sua condição social", estendeu aos companheiros todo o tratamento dos alimentos decorrentes das relações de parentesco ou do rompimento da sociedade conjugal.

Rolf Madaleno considera que, diverso do casamento, não deve ser considerada a culpa na união estável, porque o art. 1.704 do Código Civil de 2002 só cogita de sua repercussão entre os cônjuges, não sendo lícito, portanto, restringir direitos quando a culpa do § 2º do art. 1.694 do Código Civil não corresponde à causa da ruptura, mas sim, ao exame da culpa que deu causa ao estado de indigência e de necessidade do alimentando".[158]

O Código Civil, no art. 1.708, previu o fim do dever alimentar com o casamento, a união estável ou o concubinato do credor. Acrescentou, ainda, no parágrafo único, que "com relação ao credor cessa, também, o direito a alimentos, se tiver procedimento indigno". A prevalecer esta controversa condição, não deve ser afastada sua comprovação, embora represente um desafio a sua caracterização para o aplicador do direito e para o intérprete.

Quanto à obrigação alimentar nas relações homoafetivas, indique-se a decisão unânime do Tribunal de Justiça do Rio de Janeiro: "A única semelhança que, de princípio se pode apontar nas relações homossexuais com a família nascida do relacionamento entre pessoas de sexos diferentes, é o afeto. Mas o afeto, ainda que seja reconhecido pela doutrina moderna do direito de família como elemento mais importante da relação familiar, ainda não é fonte por si só de obrigações. Ainda assim, se a relação chegou ao fim, e, portanto, não há mais afeto, é impossível julgar a ação reconhecendo obrigação alimentar cuja fonte seria exatamente o afeto, inexistente a esta altura. Quando se desfaz o vínculo afetivo que resultou em família reconhecida pela ordem jurídica, como a decorrente do casamento, ou da união estável, o que

---

158 Rolf Madaleno, *Curso de Direito de Família*, Rio de Janeiro, Forense, 2008, pp. 714-715.

gera a continuidade do devedor de solidariedade é o vínculo jurídico, inexistente na relação homoafetiva".[159]

Em posição diversa o mesmo Tribunal (TJRJ), tendo como Relator o Des. Siro Darlan de Oliveira, reconheceu o direito aos alimentos de companheiros tendo um deles alegado ter convivido com o réu de forma estável e duradoura por mais de cinco anos e que este lhe pagava o plano de saúde, sua faculdade, além de outras despesas, tendo sido o relacionamento por ele rompido. Com base em parâmetros constitucionais, o julgador vislumbrou que a relação homoafetiva merece proteção como entidade familiar, não podendo o Poder Judiciário se manter alheio ou distante das novas concepções que permeiam a sociedade. Não se pode denegar a tutela jurisdicional, sendo certo que a união pelo amor é que caracteriza a entidade familiar, não podendo os julgadores se manterem arraigados a meros conceitos ultrapassados, em dissonância à evolução social. Ressalvando vasta Jurisprudência favorável aos alimentos nas relações homoafetivas, destaca-se a orientação avançada do TJRJ,[160] em que o Relator concedeu os alimentos, indicando como solução a anulação da sentença de primeiro grau.[161]

Finalmente, diante da histórica decisão do STF, no sentido de reconhecer a união estável homoafetiva (ADI 4.277/DF e ADPF 132, Rel. Min. Ayres Britto, 04 e 05.05.2011), não resta dúvida de que devem ser deferidos alimentos ao companheiro homoafetivo.

O art. 1.709 determina a permanência da obrigação de prestar alimentos na hipótese de "novo casamento do cônjuge devedor". O mesmo dever aplica-se na hipótese de novo relacionamento familiar daquele que os deve, mesmo que não haja casamento.

Por fim, aplica-se aos alimentos devidos ao companheiro a regra do art. 1.710, que autoriza a atualização das prestações segundo índice oficial regularmente estabelecido.

Conclui-se pela visão lúcida de que, embora o Código de 2002 tenha apresentado flagrantes avanços no que concerne aos alimentos, inúmeros desafios se apresentam ao intérprete, exigindo do legislador efetivas modificações.

428-C. Alimentos durante a pandemia

A pandemia da Covid-19, que teve início em 2020, trouxe consigo a necessidade de modificações, ainda que transitórias, no ordenamento jurídico, para houvesse possibilidade de adequação às particularidades desse tempo.

Diante disso, em 2020, foi promulgada a Lei 14.010/2020 que tratou de um Regime Jurídico Emergencial e Transitório das relações jurídicas de Direito Privado (RJET) durante o período da pandemia do coronavírus.

---

159 TJRJ – 16ª CC, Ap. Cível 4643/2007– Rel. Marcos Alcino Torres – julg. em 02.04.2007.
160 TJRJ – AC 70012836755; EI 70006984348; EI 70003967676.
161 TJRJ – 15ª CC – AC nº 2006.001.09083 – voto vencido do Des. Siro Darlan de Oliveira – julg. em 01.11.2006.

Com relação ao Direito de Família, o único ponto destacado pela lei está ligado a questões relacionadas à pensão alimentícia, uma vez que, em seu artigo 15, a lei determinou que, até 30 de outubro de 2020, a prisão civil por dívida alimentícia deveria ser cumprida em regime de prisão domiciliar.[162]

Sobre os efeitos da Lei, conclui a autora Léia Comar Riva: "Some-se a essas providências a indispensável ação de sopesar que diante do inadimplemento do alimentante devedor, sem a prisão em regime fechado, cada vez mais restarão situações de inadimplências, visto que, conforme exposto, o fato de inexistir esse meio coercitivo de execução para compelir o devedor ao pagamento da pensão alimentícia, possibilita a inadimplência. Assim, aquele guardião que detém a guarda física da criança ou do adolescente terá que se responsabilizar tanto moral como materialmente cada vez mais por seus filhos." "(...) Entende-se, portanto, ser necessário enfatizar que a Lei nº 14.010/2020 dispõe sobre um regime jurídico emergencial e com aplicabilidade transitória, apenas e tão somente enquanto durar a pandemia do Coronavírus".[163]

Antes mesmo da publicação da lei mencionada já havia a preocupação, pelo Poder Judiciário Brasileiro, de pensar em alternativas que minimizassem os riscos de contágio pelo coronavírus no sistema prisional.

No artigo 6º a Recomendação advertia "aos magistrados com competência cível que mantivessem em prisão domiciliar as pessoas presas por dívida alimentícia, com vistas a mitigar os riscos epidemiológicos e em observância ao contexto local de propagação do vírus.

A Recomendação foi prorrogada por mais duas vezes, mas os efeitos do RJET – com exceção de casos específicos – cessaram em 30.10.2020. Contudo, o Superior Tribunal de Justiça (STJ) (AC. 3ª T., HC 682185/SP, rel. Min. Moura Ribeiro, j. 28.9.21, *DJe* 4.10.21) manteve a proibição do encarceramento do devedor de alimentos mesmo após a perda de vigência da lei, devido às estatísticas ainda preocupantes dos números de contágio.

A ministra Nancy Andrighi, relatora do *habeas corpus*, destacou que "não se pode, em todas as hipóteses, simplesmente adiar o cumprimento da prisão fechada para um período futuro, pois não há previsão do momento em que ela poderá ser efetivada."; por outro lado, "não se pode considerar automaticamente que o regime domiciliar seja adequado em todos os casos, na medida em que existem inúmeras situações nas quais essa modalidade de prisão será ineficaz."[164]

---

162 Art. 15. "Até 30 de outubro de 2020, a prisão civil por dívida alimentícia, prevista no art. 528, § 3º e seguintes da Lei nº 13.105, de 16 de março de 2015 (Código de Processo Civil), deverá ser cumprida exclusivamente sob a modalidade domiciliar, sem prejuízo da exigibilidade das respectivas obrigações."

163 RIVA, Léia Comar. Prisão do Devedor de Alimentos em Tempos do Coronavírus (Covid-19) – Lei nº 14.010, de 10.06.2020. *Revista Magister de Direito Civil e Processual Civil*, nº 98 – Set-Out/2020. Disponível em: http://conhecimento.tjrj.jus.br/documents/5736540/7186707/PrisaodoDevedordeAlimentos.pdf. Acesso em 21 maio 2021.

164 STJ Notícias. Mesmo com fim do impedimento legal, ainda não é possível prisão fechada para devedor de alimentos. Disponível em https://www.stj.jus.br/sites/portalp/Paginas/Comunicacao/

Neste caso em específico, com a finalidade de manter a flexibilidade no tratamento do tema, foi determinada a intimação do credor para indicar a sua escolha, "sem prejuízo, em qualquer hipótese, da aplicação (inclusive cumulativa e combinada) das medidas indutivas, coercitivas, mandamentais ou sub-rogatórias previstas no artigo 139, inciso IV, do Código de Processo Civil – de ofício, pelo juiz, ou a requerimento do credor."[165]

As autoras Fernanda L. Barretto, Luciana Brasileiro, Marília P. Xavier e Silvia Felipe Marzagão, em artigo denominado "Alimentos: análise multifacetada e proposta de agenda para o futuro pós pandêmico", publicado em obra coletiva sobre os impactos do coronavírus no Direito de Família e Sucessões, entenderam ser temerário o cumprimento da dívida alimentar em regime fechado, considerando que, no contexto atual (da pandemia), o principal objetivo é a preservação de vidas humanas. No entanto, as autoras entendem como necessária a reflexão sobre outras medidas,[166] "para evitar que a notícia de afastamento da prisão em regime fechado[167] sirva de estímulo para o inadimplemento".[168]

Ainda que tal recomendação seja compreensível, diante do atual cenário, é fato que ela diminui consideravelmente, ou até mesmo fulmina temporariamente, a função coercitiva que é a essência da prisão civil por dívida alimentar, e seu distintivo com relação à prisão sancionatória do direito penal. Num momento em

---

Noticias/30032021-Mesmo-com-fim-do-impedimento-legal--ainda-nao-e-possivel-prisao-fechada-para-devedor-de-alimentos.aspx#:~:text=A%20relatora%20do%20habeas%20corpus,do%20Conselho%20Nacional%20de%20Justi%C3%A7a%2C Acesso em 21 maio 2021.

165 STJ Notícias. Mesmo com fim do impedimento legal, ainda não é possível prisão fechada para devedor de alimentos. Disponível em https://www.stj.jus.br/sites/portalp/Paginas/Comunicacao/Noticias/30032021-Mesmo-com-fim-do-impedimento-legal--ainda-nao-e-possivel-prisao-fechada-para-devedor-de-alimentos.aspx#:~:text=A%20relatora%20do%20habeas%20corpus,do%20Conselho%20Nacional%20de%20Justi%C3%A7a%2C Acesso em 21 maio 2021.

166 "O Código de Processo Civil vigente inaugurou novos mecanismos para perseguir o cumprimento da obrigação, contudo, ainda é o temor da prisão civil que assegura o pagamento dos alimentos no Brasil, mesmo que seja medida excepcional, aplicada em situações de inadimplemento voluntário." BARRETTO, Fernanda Leão; BRASILEIRO, Luciana; XAVIER, Marília Pedroso; MARZAGÃO, Silvia Felipe. *Alimentos: Analise multifacetada e proposta de agenda para o futuro pós pandêmico*. In NEVARES, A. L. M.; XAVIER, M. P.; MARZAGÃO, S. *Coronavírus: impactos no Direito de Família e Sucessões*. Indaiatuba: Editora Foco, 2020. p. 311.

167 "Ao final, concluímos que a prisão civil é um dos meios mais eficazes para compelir o devedor de alimentos a adimplir seu dever e que a mesma deve ocorrer somente após esgotadas todas as providências legais para o adimplemento, como desconto em folha de pagamento da pessoa obrigada, penhora de vencimentos (DINIZ, 2018, p. 714) e nos limites previstos pela legislação nacional e internacional de proteção aos direitos humanos." RIVA, Léia Comar. Prisão do Devedor de Alimentos em Tempos do Coronavírus (Covid-19) – Lei nº 14.010, de 10.06.2020. *Revista Magister de Direito Civil e Processual Civil*, nº 98 – Set-Out/2020. Disponível em http://conhecimento.tjrj.jus.br/documents/5736540/7186707/PrisaodoDevedordeAlimentos.pdf. Acesso em 21 maio 2021.

168 BARRETTO, Fernanda Leão; BRASILEIRO, Luciana; XAVIER, Marília Pedroso; MARZAGÃO, Silvia Felipe. *Alimentos: Analise multifacetada e proposta de agenda para o futuro pós pandêmico*. In NEVARES, A. L. M.; XAVIER, M. P.; MARZAGÃO, S. Coronavírus: impactos no Direito de Família e Sucessões. Indaiatuba: Editora Foco, 2020. p. 311.

que muitos estabelecimentos comerciais ficaram impedidos de funcionar, que as atividades laborais estiveram suspensas ou foram realizadas remotamente, que as atividades sociais e de lazer não eram possíveis, ficar em casa foi – e continua sendo – medida básica, adotada por todos que podem se proteger e contribuir com a proteção do próximo. Assim, permanecer em casa, ainda que em função de uma ordem judicial, não será solução jurídica eficaz ao encorajamento do adimplemento pelo devedor.[169]

Para as autoras, por outro lado, os efeitos da pandemia do coronavírus nas questões relacionadas aos alimentos vão além da discussão quanto à possibilidade, ou não, de prisão civil por dívida alimentar. No artigo, as autoras destacam a importância de conceder um caráter de provisoriedade[170] às decisões judiciais proferidas neste contexto, "em primeiro lugar, para evitar posturas oportunistas nas quais haja pretensão de alterar o quantum mesmo havendo a possibilidade de pagamento. E, em segundo lugar, porque não se pode tornar perene uma decisão baseada em cenário passageiro, sob o risco de converter em regra o que deveria ser exceção."[171]

Por se tratar de uma situação transitória, uma vez que as partes podem ter sido atingidas pelos efeitos da pandemia e, por essa razão precisaram alterar a dinâmica das pensões alimentícias, é possível que as partes também sejam afetadas pelo fim do período pandêmico e retomada da economia.

Foi o que ocorreu em outubro de 2021, quando o Conselho Nacional de Justiça (CNJ) aprovou o Ato Normativo nº 0007574-69.2021.2.00.0000, orientando os magistrados a retomarem a decretação da prisão de devedores de pensão alimentícia, em especial daqueles que se recusarem a se vacinar para adiar o pagamento da dívida.

Nesta situação o magistrado poderá conceder prazos "para que as partes apresentem documentos que demonstrem sua situação e atualizem informações como

---

169 BARRETTO, Fernanda Leão; BRASILEIRO, Luciana; XAVIER, Marília Pedroso; MARZAGÃO, Silvia Felipe. *Alimentos: Analise multifacetada e proposta de agenda para o futuro pós pandêmico*. In NEVARES, A. L. M.; XAVIER, M. P.; MARZAGÃO, S. *Coronavírus: impactos no Direito de Família e Sucessões*. Indaiatuba: Editora Foco, 2020. p. 311.

170 "A defesa do caráter provisório das decisões ganha sentido também ao considerar certas limitações no pleno exercício do princípio do contraditório que o isolamento social provocou. O regime de teletrabalho adotado por boa parte dos Tribunais impede ou limita a realização de certos atos que se fazem necessários por uma adequada análise probatória. São exemplos a impossibilidade de concussão de estudos psicossociais exaurientes e perícias (por exigirem interações físicas presenciais), bem como diligências de visitas de assistentes sociais na residência das partes". BARRETTO, Fernanda Leão; BRASILEIRO, Luciana; XAVIER, Marília Pedroso; MARZAGÃO, Silvia Felipe. *Alimentos: Analise multifacetada e proposta de agenda para o futuro pós pandêmico*. In NEVARES, A. L. M.; XAVIER, M. P.; MARZAGÃO, S. *Coronavírus: impactos no Direito de Família e Sucessões*. Indaiatuba: Editora Foco, 2020. p. 312.

171 BARRETTO, Fernanda Leão; BRASILEIRO, Luciana; XAVIER, Marília Pedroso; MARZAGÃO, Silvia Felipe. *Alimentos: Analise multifacetada e proposta de agenda para o futuro pós pandêmico*. In NEVARES, A. L. M.; XAVIER, M. P.; MARZAGÃO, S. *Coronavírus: impactos no Direito de Família e Sucessões*. Indaiatuba: Editora Foco, 2020. p. 312.

renda mensal e custos fixos".[172] Por isso a importância de atribuir caráter transitório às decisões envolvendo os alimentos em um estado de pandemia.

428-D. Alimentos compensatórios

Embora não existam referências legais relativas aos "Alimentos Compensatórios", eles têm sido reconhecidos pela Doutrina e pelo Sistema de Justiça Brasileiro com a natureza indenizatória.

A Doutrina e a Jurisprudência têm identificado os alimentos compensatórios *humanitários* e *patrimoniais*, sempre de natureza indenizatória, não se confundindo com a pensão alimentícia ou com os alimentos de dependência financeira de subsistência previstos no art. 1.694 do Código Civil.

Eles têm a gênese da indenização e não carregam a função meramente alimentar, tanto que podem ser concedidos mesmo quando seu beneficiário tem emprego, profissão e, portanto, renda própria, assim como podem ser cumulados com eventual pagamento de pensão alimentícia pelo mesmo devedor dos alimentos compensatórios e não comportam a execução pelo rito prisional.[173]

Entendeu o Superior Tribunal de Justiça que os "alimentos compensatórios são fruto de construção doutrinária e jurisprudencial, fundados na dignidade da pessoa humana, na solidariedade familiar e na vedação do abuso do direito. Destinam-se a mitigar uma queda repentina do padrão de vida do ex-cônjuge ou ex-companheiro que, com o fim do relacionamento, possuirá um patrimônio irrisório se comparado do outro consorte, sem contudo pretender a igualdade econômica do ex-casal, apenas reduzindo os efeitos deletérios oriundos da carência social".[174]

Visam, portanto, a preservação do padrão de vida (condição social), manutenção do *status quo* do alimentando (ex-cônjuge ou ex-companheiro) após a separação – ou mesmo, fixados para indenizar a parte que não usufrui dos bens comuns no período anterior à partilha, destinados a evitar o enriquecimento sem causa do ex-cônjuge alimentante. Essa espécie de alimentos não tem o objetivo de garantir os direitos constitucionais à vida e à dignidade humana e conserva tão somente natureza indenizatória.[175]

---

172 BARRETTO, Fernanda Leão; BRASILEIRO, Luciana; XAVIER, Marília Pedroso; MARZAGÃO, Silvia Felipe. *Alimentos: Analise multifacetada e proposta de agenda para o futuro pós pandêmico.* In NEVARES, A. L. M.; XAVIER, M. P.; MARZAGÃO, S. *Coronavírus: impactos no Direito de Família e Sucessões.* Indaiatuba: Editora Foco, 2020. p. 313.
173 MADALENO, Rolf Hanssen. *Alimentos compensatórios.* Rio de Janeiro: Forense, 2023. p. 182.
174 STJ – 3ª Turma – REsp 1.954.452/SP (2021/0011820-2) – Rel. Min. Marco Aurélio Bellizze – julg. em 13.06.2023. FERNANDES, Vander. Disponível em: https://www.jusbrasil.com.br/artigos/alimentos--entre-ex-conjuges-alimentos-compensatorios-x-pensaoalimenticia/1569123137#text=1.694%20do%20C%C3%B3digo%20Civil%2C%20anos, %2C%20REsp%201290313%2F%20AL.
175

Nos alimentos compensatórios existe um regime de comunidade de bens, e justamente são bens comuns que geram rendas, que se encontram sob a administração exclusiva de um dos cônjuges, privando o meeiro dessas rendas que, por direito de meação, a ele pertencem, tudo se desenvolvendo em notório enriquecimento injusto do cônjuge administrador.[176]

Alerte-se que os alimentos compensatórios, diferentemente da pensão alimentícia, não possuem natureza alimentar, isto é, não têm como finalidade a manutenção do sustento de um dos consortes. Além do seu caráter indenizatório visam promover a adequação de eventuais diferenças financeiro-econômicas experimentadas por um dos consortes por ocasião do desequilíbrio econômico, após o divórcio ou fim da união estável.

Rolf Madaleno, ao indicar a situação mais frequente de sua aplicabilidade, reporta-se ao Ministro Luiz Felipe Salomão ao esclarecer que "tais alimentos visam possibilitar a indenização do cônjuge que renuncia as suas expectativas profissionais em prol da família e, com a ruptura da união, vê decair sensivelmente, a sua condição econômica e social".[177]

Os alimentos compensatórios patrimoniais têm sua origem nos exatos termos colhidos do parágrafo único do art. 4º da Lei de Alimentos (Lei nº 5.478/1968) ao estabelecer que, "se se tratar de alimentos provisórios pedidos pelo cônjuge, casado pelo regime da comunhão universal de bens, o juiz determinará, igualmente, que seja entregue ao credor, mensalmente, parte da renda líquida dos bens comuns administrados pelo devedor".[178]

A temporariedade da pensão compensatória, na visão de Teresa Marín Garcia de Leonardo, "previne a possível passividade do credor de se abster de tentar conseguir um posto de trabalho para, destarte, seguir recebendo a pensão compensatória, como também, evita possíveis situações de fraude do credor da pensão, uma vez que em algumas ocasiões em que é concedida de forma indefinida, esses credores, a fim de seguirem percebendo os alimentos compensatórios, levam a cabo atividades informais que são difíceis de provar que estão trabalhando, eliminando os estímulos de recuperação do credor de seus próprios esforços, pois, se os alimentos compensatórios fossem uma renda absoluta e ilimitada no tempo, ela seria uma cara insuportável para o devedor ter de aboná-la e um enriquecimento injusto daquele que recebe a pensa compensatória".[179]

"A prestação pecuniária pode ser na forma de *capital*, ou na forma de uma *pensão*; de acordo com o direito espanhol existem duas modalidades de prestação compensatória, entregando ao credor bens ou dinheiro em uma prestação única, passando a denominá-la como pensão, se a opção for denominá-la como pensão, se a opção

---

176 MADALENO, Rolf Hanssen. *Alimentos compensatórios*. Rio de Janeiro: Forense, 2023. p. 203.
177 SALOMÃO, Luiz Felipe. *Direito privado*: teoria e prática. Rio de Janeiro: Forense, 2014. p. 664.
178 MADALENO, Rolf Hanssen. *Alimentos compensatórios*. Rio de Janeiro: Forense, 2023. p. 218.
179 LEONARDO, Teresa Marín Garcia de, *apud* MADALENO, Rolf Hanssen. *Alimentos compensatórios*. Rio de Janeiro: Forense, 2023. p. 286.

for a do recebimento como prestações mensais por prazo determinado, ou indeterminado. Podem ainda ser acordados pelo abono dos rendimentos de um bem posto em locação, pela constituição de um capital, ou de um fundo de investimentos que gere determinada rentabilidade e, até mesmo quando originário dos lucros obtidos de ações de determinada sociedade".[180]

Louvável o quadro comparativo apresentado na obra de Rolf Madaleno sobre os alimentos compensatórios, ao comparar a pensão alimentícia com os *alimentos compensatórios humanitários* e com os *alimentos compensatórios patrimoniais*.[181]

Destacamos especialmente alguns elementos comparativos indicados pelo mesmo autor, os quais reforçam as respectivas identificações e são confundidos em alguns julgados dos nossos tribunais.

A *pensão alimentícia* tem natureza alimentar e deve cobrir as necessidades vitais do credor; pode ser cumulada com a prestação compensatória, admite revisão (art. 1.699 do CC), autoriza a prisão civil, podendo ser pedida desde a separação de fato do casal. Além de caber a renúncia das pensões atrasadas, a pensão alimentícia prescreve em dois anos (art. 206, § 2º, do CC) e extingue-se com novo matrimônio.

Com a *pensão alimentícia*, o credor atende sua subsistência e satisfaz suas necessidades de sobrevivência, as quais podem se restringir aos alimentos naturais e, portanto, aqueles seguramente indispensáveis para a manutenção do alimentando, como podem agravar o estilo de vida do destinatário dos alimentos, tendo em conta o padrão social experimentado pelos cônjuges.[182]

Os *alimentos compensatórios humanitários* têm natureza indenizatória e não dependem da prova de necessidade e podem ser cumulados com os alimentos, não podendo ser revistos para majorar, e sim para reduzir. Além de sofrerem a atualização monetária, proíbem a prisão civil. Podem também ser renunciados e prescrevem em três anos (art. 206, § 3º, V, do CC), não se extinguindo por conta de outra relação.

Os *alimentos compensatórios patrimoniais*, além de terem natureza indenizatória, compensam a posse exclusiva dos bens rentáveis comuns por um dos meeiros. Também proíbem a prisão civil. Além de sofrerem a atualização monetária, não se extinguem com a morte do meeiro se não realizada a partilha. Prescrevem em três anos (art. 206, § 3º, IV, do CC).

Quanto à natureza jurídica dos *alimentos compensatórios humanitários*, Rolf Madaleno esclarece: "são provenientes da drástica queda do padrão de vida do consorte ou companheiro destinatários dos alimentos compensatórios"; os *alimentos compensatórios patrimoniais* "são originários da existência de bens comuns que geram renda, mas que se encontram sob a livre e unilateral administração do cônjuge ou companheiro judicialmente acionado, não existindo nessa hipótese, qualquer exigência de grave alteração no padrão de vida de um cônjuge em detrimento do outro. (...) Trata-se de um pressuposto dos alimentos compensatórios humanitários, cuja

---

180 MADALENO, Rolf Hanssen. *Alimentos compensatórios*. Rio de Janeiro: Forense, 2023. p. 289.
181 MADALENO, Rolf Hanssen. *Alimentos compensatórios*. Rio de Janeiro: Forense, 2023. p. 218.
182 MADALENO, Rolf Hanssen. *Direito de família*. Rio de Janeiro: Forense, 2023. p. 1.175.

subjetividade deverá ser avaliada pelo julgador, ao passo que os alimentos compensatórios patrimoniais reclamam exclusivamente a existência de bens comuns rentáveis e que estejam sob a administração exclusiva do outro consorte ou convivente e nada mais.[183] (...) Constitui-se no ressarcimento de um prejuízo objetivo, surgido exclusivamente da disparidade econômica ocasionada pela ruptura do matrimônio e carrega em seu enunciado uma questão de equidade".[184]

Esclarece ainda Rolf Madaleno: "naquelas compensações de um pagamento único, ela se extingue com o cumprimento integral do débito, seja com a entrega de bens ou de dinheiro, como também é possível que os alimentos compensatórios tenham sido ordenados ou acordados com uma condição resolutiva consensualmente é a hipótese dos alimentos compensatórios *patrimoniais*, que vigem até a efetiva partilha de bens comuns e rentáveis, ou podem se tratar de alimentos compensatórios *humanitários* acordados até o recebimento de uma herança ou assunção de um emprego, nesse caso, sua extinção é automática, como se extingue de pleno direito quando os alimentos compensatórios fora estabelecidos por um prazo certo".[185]

Diante de um novo relacionamento afetivo do cônjuge credor dos alimentos compensatórios, indaga Rolf Madaleno se esse fato era sua exoneração judicial, e essa nova relação afetiva do credor da compensação econômica pode se dar de forma oficial, tendo ele contraído novas núpcias ou pode decorrer do estabelecimento de uma relação informal, estável, embora não tenha sido oficializada por meio de um contrato escrito particular ou por escritura pública de união estável.

Afirma Rolf Madaleno,[186] reportando-se a Laura Salluera Aznar: "essa exoneração se dá até mesmo por razões de equidade, pois não se pode obrigar o ex-cônjuge para que continue contribuindo com o sustento de um domicílio que não só é alheio, como muitas vezes, pode se mostrar inclusive odioso".[187]

Conclui Rolf Madaleno: "importante registrar que um novo relacionamento afetivo não gera qualquer efeito jurídico no caso dos alimentos compensatórios *patrimoniais*, pois estes são devidos em razão da posse exclusiva dos bens rentáveis comuns que se encontram nas mãos do devedor dos alimentos compensatórios e só se extinguem com a efetiva partilha dos bens comuns e rentáveis".[188]

---

183 MADALENO, Rolf Hanssen. *Alimentos compensatórios*. Rio de Janeiro: Forense, 2023. p. 211.
184 MADALENO, Rolf Hanssen. *Direito de família*. Rio de Janeiro: Forense, 2023. p. 1.184.
185 MADALENO, Rolf Hanssen. *Alimentos compensatórios*. Rio de Janeiro: Forense, 2023. p. 347.
186 MADALENO, Rolf Hanssen. *Alimentos compensatórios*. Rio de Janeiro: Forense, 2023. p. 348.
187 AZNAR, Laura Allueva. *Prestación compensatoria y autonomia privada familiar*. Valencia: Tirant Lo Blanc, 2016. p. 130.
188 MADALENO, Rolf Hanssen. *Alimentos compensatórios*. Rio de Janeiro: Forense, 2023. p. 348-349.

ANEXO – A
UNIÃO ESTÁVEL

Sumário

A-1. Concubinato e união estável. **A-2.** Direitos dos companheiros na Lei nº 8.971/1994. **A-3.** União estável na Lei nº 9.278/1996. **A-4.** União estável no Código Civil. **A-4.1.** O regime patrimonial na união estável. **A-5.** Direitos sucessórios dos companheiros. **A-6.** Outras questões legais que envolvem a união estável.

Bibliografia

Álvaro Villaça Azevedo, "A recente Lei nº 8.971/1994 que concede aos concubinos o direito a alimentos e à sucessão poderá ser revogada", in *Revista Literária de Direito*, março/abril 1995; Ana Carolina Brochado Teixeira e Renata de Lima Rodrigues. *Direito das Famílias entre a Norma e a Realidade*, São Paulo, Atlas, 2010, p. 130; Andréa Amin, *O Novo Código Civil: Do Direito de Família* (coord.: Heloisa Maria Daltro Leite), Rio de Janeiro, Freitas Bastos, 2006; Caio Mário da Silva Pereira, *Instituições*, v. IV, nº 314; Eneccerus, Kipp y Wolff, *Tratado, Derecho de Familia*, v. II, § 97; Flávio Tartuce, *O novo CPC e o Direito Civil*, Rio de Janeiro, Forense; São Paulo: Método, 2015; Francisco José Cahali, *Contrato de Convivência na União Estável*, São Paulo, Saraiva, 2002; Francisco José Cahali, *Curso Avançado de Direito Civil – Direito das Sucessões*, São Paulo: RT, 2003, v. 6, p. 230; Francisco José Cahali, "Dos Alimentos", in *Direito de Família e o Novo Código Civil* (coord.: Rodrigo da Cunha Pereira e Maria Berenice Dias), Belo Horizonte, Del Rey, 2001; Guilherme Calmon Nogueira da Gama, *O Companheirismo: uma Espécie de Família*, São Paulo, Revista dos Tribunais, 2001; João Rubens Pires Baldela e Renata Carlos Steiner, "União estável como ato-fato: importância da classificação", in *Revista brasileira das Famílias e Sucessões*. n. 28 (jun/jul), Porto Alegre: Magister/Ibdfam, 2012, pp. 18/20;

Lamartine Corrêa de Oliveira e Francisco José Ferreira, *Direito de Família*, São Paulo, Fabis, 1991; Lucia Mothé Glioche, *O Novo Código Civil: Do Direito de Família* (coord.: Heloisa Maria Daltro Leite), pp.106-107; Maria Berenice Dias, "A União Homossexual e a Constituição Federal", *in Revista Brasileira de Direito de Família*, n° 15, 2003; Maria Berenice Dias, *Manual de direito das famílias*, São Paulo: Editora Revista dos Tribunais, 2011, pp. 50-54; Mauro Antonini, *Código Civil Comentado: Doutrina e Jurisprudência* (coord.: Ministro Cezar Peluso), São Paulo, Manole, 2008; Milton Paulo de Carvalho Filho, *Código Civil Comentado: Doutrina e Jurisprudência* (coord. Ministro Cezar Peluso), São Paulo: Manole, 2009, p. 1909; Nelson Rosenvald, *Código Civil Comentado* (coord.: Ministro Cezar Peluso), São Paulo: Manole, 2009, pp. 2.227-2.228; Paulo Lôbo, *Direito Civil: Famílias,* São Paulo, Saraiva, 2008, pp. 150-151; Paulo Lôbo, *Direito Civil: Famílias*, São Paulo: Saraiva, 2010, pp. 167-168; Rodrigo da Cunha Pereira, *Concubinato e União Estável*, p. 142; Rodrigo da Cunha Pereira, "Da União Estável", *Direito de Família e o novo Código Civil* (coord. Maria Berenice Dias e Rodrigo da Cunha Pereira), Belo Horizonte: Del Rey, 2003, p. 259; Rolf Madaleno, *Curso de Direito de Família,* Rio de Janeiro, Forense, 2008, p. 769; Rolf Madaleno, *Curso de Direito de Família,* Rio de Janeiro: GEN/Forense, 2011, pp.1028/1079; Rolf Madaleno, *Curso de Direito de Família*, Rio de Janeiro: GEN/Forense, 2013, p.1124; Silvio Capanema de Souza, *Da Locação de Imóvel Urbano,* Rio de Janeiro, Forense, 1999; Silvio Rodrigues, "Casamento e União Estável", *in Revista Brasileira de Direito Comparado,* n° 11, 1991; Simão Isaac Benjó,"União Estável e seus Efeitos Econômicos em Face da Constituição Federal", *in Revista Brasileira de Direito Comparado,* v. II, 1991, pp. 59 e segs.; Tereza de Arruda Alvim Pinto, *Entidade Familiar e Casamento Formal: Aspectos Patrimoniais*, p. 71; Zeno Veloso, *Direito Hereditário do cônjuge e do companheiro*, São Paulo: Saraiva, 2010, p. 162; Zeno Veloso, *União Estável*, Belém, Cejup, 1999.

A-1. CONCUBINATO E UNIÃO ESTÁVEL

Concubinato houve em todos os tempos e em todas as civilizações, repercutindo necessariamente na vida jurídica. Se nos ativermos apenas ao nosso Direito, vamos encontrar no Código Filipino disposições que se lhe referiam, para condená-lo, impondo severas punições às "barreganices" de nobres e peões.

Saltando para o Código Civil de 1916, encontrava-se no art. 363, I, inscrito como uma das hipóteses em que era permitida a investigação de paternidade. Divergindo da referência às relações sexuais (art. 363, II), que exigiam comprovação convincente, e provado o concubinato em coincidência com o período legal da concepção, induzia a quase presunção de paternidade.[1]

O ciclo interpretativo do inciso legal ensejou farta elaboração doutrinária. Partindo da exigência de vida *more uxorio*, que alguns autores como Franzen de Lima e Carvalho Santos consideravam indispensável à sua caracterização, chegou-se, mais modernamente, à concepção adaptável às condições da vida moderna, segundo a qual não constituía elementar etiológica do concubinato a convivência sob o mesmo teto e a dependência econômica da mulher. A Súmula nº 382 do STF declarou não ser indispensável ao concubinato a vida *more uxorio*. Em contraposição, teceram-se outros requisitos, dentre os quais salientavam-se a continuidade, a constância nas relações, a fidelidade.[2]

A matéria planava no campo juscivilista com a necessária repercussão jurisprudencial até que a Constituição Federal de 1988 veio trazer novas conotações. Encarando a realidade brasileira, teve em vista conceitos consagrados em sistemas jurídicos modernos. O capítulo destinado à família abre-se com a afirmação de que ela é a base da sociedade e tem especial proteção do Estado (art. 226).

A par da família, tradicionalmente constituída pelo casamento, enxergou a "entidade familiar", que conceituou no art. 226, § 3º, nestes termos: "Para efeito de proteção do Estado é reconhecida a união estável entre o homem e a mulher como entidade familiar, devendo a lei facilitar sua conversão em casamento".

---

1 Silvio Rodrigues, "Casamento e União Estável", *in Revista Brasileira de Direito Comparado*, p. 48.

2 A propósito, a doutrina nacional e estrangeira marchou no mesmo sentido (cf. Caio Mário da Silva Pereira, "Concubinato, seu Conceito Atual", *in Revista Forense,* v. 190, p. 13; Arnoldo Medeiros da Fonseca, *Investigação de Paternidade*, Rio de Janeiro, Forense, 1958, pp. 145 e segs.; Filadelfo Azevedo, "Parecer", *in Revista Forense*, v. 81, p. 578; Edgard de Moura Bittencourt, *O Concubinato no Direito*, Editora Alba, 1961, nos 33 e segs.; Adhildo Lourenço Dias, *in A Concubina e o Direito Brasileiro*, São Paulo, Saraiva, 1975, nos 35 e segs.; Savatier, *La Recherche de la Paternité*, Editora Dalloz, 1927, pp. 44 e segs.; Planiol, Ripert *et* Boulanger, *Traité Élémentaire*, Editora Librairie Générale de Droit et de Jurisprudence, 1950, v. I, nº 1.511; Mazeaud, Mazeaud *et* Mazeaud, *Leçons de Droit Civil*, Editions Monthrestien, 1955, v. I, 967).

A disposição, a princípio muito controvertida, vem sendo objeto de consideração dos juristas, e ganhando nitidez na medida em que melhor se definem os seus contornos.

Incontestavelmente, está havendo o crescimento das uniões entre pessoas que iniciam novos relacionamentos, surgindo um ou outro, de casamento desfeitos e geralmente de experiências traumáticas e onerosas, preferindo optar pela informalidade da livre união, quando muito, documentada por um contrato escrito de convivência, com a adoção usual do regime convencional da separação de bens.[3]

Num primeiro plano, o Constituinte de 1988 passou a considerar as uniões extraconjugais como realidade jurídica, e não apenas como um fato social. Retirou-lhes todo aspecto estigmatizante, no momento em que as colocou sob a "proteção do Estado". Não se pode eliminá-la do âmbito do Direito de Família, eis que a Constituição as insere no art. 226, no Capítulo destinado à Família. Cumpre, portanto, caracterizar a "entidade familiar".

De primeiro, afastou-se a sua equiparação ao casamento. Uma vez que "a lei facilitará sua conversão em casamento", deixou bem claro que não igualou a entidade familiar ao casamento. Não se cogitaria de conversão, se tratasse do mesmo conceito. União estável e casamento "são institutos diversos".[4] Naquela oportunidade, não faltou quem sustentasse ser de conveniência que o legislador baixasse, desde logo, normas esclarecedoras, formulando os extremos da "entidade familiar".

Para Caio Mário não parecia convinhável. Em princípio, ele sempre entendeu não caber ao legislador formular definições. Definir é obra da doutrina. A lei baixa comandos, com caráter geral e obrigatório. Tratando-se de conceito novo, sem a devida sedimentação, uma norma legislativa definidora poderia pecar pelo excesso, lançando a noção muito além do objeto, a definir ou revelar-se demasiado restrita, deixando de abraçar nos seus termos os pressupostos necessários. Para ele, era preferível que a elaboração pretoriana fosse promovendo sua construção dentro da variedade dos casos de espécie, e destarte permitindo à Doutrina uma flexibilidade conceitual mais proveitosa.

Alguns parâmetros, contudo, se esboçaram. Como se expressara Simão Isaac Benjó, para a configuração da união estável não basta o simples "companheirismo", mas se requer seja "duradoura e notória" a que não seria estranho o fator psicológico de haver "sempre a possibilidade de contração do vínculo do casamento".[5]

---

3   Rolf Madaleno, *Curso de Direito de Família,* Rio de Janeiro, Forense, 2008, p. 769.
4   Silvio Rodrigues, "Casamento e União Estável", ob. cit., p. 49, muito embora um ou outro julgado haver, um tanto precipitadamente, proclamado sua equiparação, como acusa Semy Glanz, em artigo publicado na mesma *Revista Brasileira de Direito Comparado,* nº 11, 1991, pp. 48-90. Veja-se, ainda, na caracterização da "união estável", Humberto Theodoro Júnior, "Alguns Aspectos da Nova Ordem Constitucional sobre o Direito Civil", *in Revista da Faculdade de Direito da Universidade de Uberlândia,* v. 20, p. 27.
5   Simão Isaac Benjó, "União Estável e seus Efeitos Econômicos em face da Constituição Federal", *in Revista Brasileira de Direito Comparado,* v. II, 1991, pp. 59 e segs.

Lamartine Corrêa de Oliveira e Francisco José Ferreira eliminam, da entidade familiar, toda situação como "namoro" ou um "caso", a que faltam a duração e a estabilidade.[6]

Em mais de uma oportunidade, inclusive em votos no Tribunal de Justiça do Estado do Rio de Janeiro, o eminente jurista Carlos Alberto Menezes Direito considerou união estável "a entidade familiar formada por um homem e uma mulher, com vida em comum, *more uxorio*, por período que revele estabilidade e vocação de permanência, com sinais claros, induvidosos de vida familiar, e com o uso em comum do patrimônio". Entendeu o ilustre julgador que, com a nova disciplina constitucional, o que se tratara como sociedade concubinária, produzindo efeitos patrimoniais, com lastro nas regras da sociedade de fato, no Código Civil de 1916, passara ao patamar da união estável e, como tal, todas as questões relativas a ela deveriam ser apreciadas nas Varas de Família.

Para Rodrigo da Cunha Pereira, o elemento caracterizador da união estável deve ser buscado em volta da noção de "núcleo familiar", que, por sua vez, e de acordo com a Constituição da República, gravita em torno da durabilidade, estabilidade, convivência sob o mesmo teto, prole, relação de dependência econômica. A inexistência de qualquer destes requisitos, no entanto, não pode conduzir à conclusão pela inexistência de união estável, bastando que tenha se formado relação afetiva e amorosa em forma de família.[7]

Embora não pareça exigível a convivência sob o mesmo teto, a união estável guarda aproximação com a posse de estado de casados, o que levou Simão Benjó a dizer que "a companheira deve ter o trato, o nome e a fama de esposa".[8] Vale dizer: os que vivem em união estável devem ser tidos como tais perante os amigos e a sociedade, embora a utilização do nome do companheiro, pela mulher, não seja requisito fundamental. Igualmente não nos preocupamos com o "tempo de duração", que pode ser mais ou menos longo. O que importa é serem as uniões duradouras, inspiradas no elemento anímico, a gerar a convicção de que podem marchar para a relação matrimonial.

Um dos pontos de atenções é o que diz respeito à "conversão" em casamento. A norma constitucional se limita a dizer: "devendo a lei facilitar sua conversão em casamento". O legislador constituinte, ao priorizar a conversão, indicou, expressamente, a diferença entre os dois institutos; não se justificaria converter institutos semelhantes. Os critérios para a conversão, no entanto, foram deixados para a lei ordinária. Previu o art. 8º da Lei nº 9.278/1996 a possibilidade de os conviventes, de comum acordo e a qualquer tempo, requererem a conversão da união estável em casamento, por requerimento ao Oficial do Registro Civil da Circunscrição

---

6   Lamartine Corrêa de Oliveira e Francisco José Ferreira, *Direito de Família*, São Paulo, Fabis, 1991, p. 89.
7   Rodrigo da Cunha Pereira, "Da União Estável", *in Direito de Família e o novo Código Civil* (coord. Maria Berenice Dias e Rodrigo da Cunha Pereira). Belo Horizonte: Del Rey, 2003, p. 259.
8   Simão Isaac Benjó, ob. cit., p. 61.

de seu domicílio. Faltava, no entanto, a regularização quanto aos procedimentos pertinentes.

Todavia, a Lei nº 14.382/2022 e o Provimento CNJ nº 37/2014, alterado pelo Provimento CNJ nº 141/2023, recém editado, regularizaram a conversão da união estável em casamento. De início, destaca-se que, nos termos do art. 9º-E do Provimento, a conversão extrajudicial continua sendo facultativa, de modo que o casal ainda pode se utilizar da via judicial para realizar a mudança.

Nos termos do art. 9º-F do Provimento, o procedimento de conversão deve ser iniciado "com pedido expresso dos companheiros para que conste do registro as datas de início ou de fim da união estável". Para comprovação das datas, vale dizer, o casal poderá se utilizar de todos os meios probatórios legalmente admitidos.

Continuamente, o registrador fará entrevista com os companheiros – que deverá ser reduzida a termo –, analisará as eventuais provas e decidirá fundamentadamente sobre o pedido. Em caso de indeferimento, o casal poderá suscitar dúvida no prazo de 15 dias da ciência, conforme o § 7º do art. 9º-F do Provimento nº 37, alterado pelo Provimento nº 141.

No mais, no tocante ao regime de bens do casamento, este será o mesmo que vigia na união estável, salvo se for realizado pacto antenupcial. Ou seja, se o casal quiser alterar o regime de bens quando converter a união estável em casamento, deverá expressar essa vontade em termo escrito.[9]

No direito comparado, Cabo Verde e Cuba adotam a forma judicial e Panamá regulamenta a conversão por via administrativa. Comenta Rodrigo da Cunha Pereira: "Atitude corajosa do legislador seria, em hipóteses especiais, autorizar a conversão judicial por iniciativa de cada um dos companheiros, atendidos alguns requisitos legais, como prevê o Código Civil de Cuba".[10]

Nesse sentido, o STJ já reconheceu, em precedente da 3ª Turma, a existência de interesse de agir para a propositura de ação judicial de conversão de união estável em casamento, entendendo que os "arts. 1.726, do CC e 8º, da Lei 9.278/96 não impõem a obrigatoriedade de que se formule pedido de conversão de união estável em casamento exclusivamente pela via administrativa" e que a "interpretação sistemática dos dispositivos à luz do art. 226, § 3º, da Constituição Federal confere a possibilidade de que as partes elejam a via mais conveniente para o pedido de conversão de união estável em casamento".[11] Como visto, esse precedente é reforçado nas normas recentes, uma vez que a desjudicialização incentivada pela Lei nº 14.382/2022 não exclui a possibilidade de realização da conversão por meio de ação judicial.

Adiante, se não se chegou a converter em casamento, aplicavam-se à união estável, com maior força de convicção, aquelas normas legais e pretorianas que envolviam o concubinato, dentre as quais a que emanava da Súmula do Supremo Tri-

---

9   É o que preveem os §§ 1º e 2º do art. 9º do Provimento nº 141/CNJ.
10 Rodrigo da Cunha Pereira, *Concubinato e União Estável*, p. 142.
11 STJ – 3ª Turma – REsp 1.685.937/RJ – Rel. Min. Nancy Andrighi – Julg.: 17.08.2017 – *DJe* 22.08.2017.

bunal Federal, verbete 380, que permitia atribuir à companheira ou ao companheiro a metade daquilo com que tinha contribuído para o acrescentamento patrimonial do outro, mediante o aporte de recursos ou força de trabalho.

O rigoroso preenchimento das exigências contidas na Lei nº 8.971/1994 consagrou a busca do esforço comum que "deixava livre a busca da proporção do esforço de cada um, quando da dissolução da sociedade de fato".[12] A Lei nº 9.278, de 1996, por outro lado, considerou a colaboração comum uma presunção *juris tantum*.

Diante da hipótese de construção do patrimônio comum, sendo um dos partícipes ainda ligado pelo vínculo do matrimônio, mas, separado de fato, considera-se possível, desde então, a partilha dos bens adquiridos na constância da vida comum com cada um dos parceiros.[13]

Discute-se, ainda, a possibilidade da conversão do casamento em união estável. Neste caso, a melhor solução seria a realização do divórcio, com a divisão dos bens e a dissolução do vínculo conjugal, e a posterior elaboração de um contrato de convivência, reconhecendo a configuração de uma nova união, com efeitos diversos da primeira.

Para Caio Mário haveria de se excluir da pesquisa do esforço comum os bens adquiridos a título gratuito. Da mesma forma, Guilherme Calmon Nogueira da Gama afasta da partilha de bens aqueles oriundos de herança ou doação, "justamente em virtude da inexistência de esforço do próprio adquirente para amealhar aquele patrimônio, motivo pelo qual não há que se perquirir o esforço do consorte".[14]

Outro aspecto que careceu de definição nos Tribunais Superiores foi a possibilidade, ou não, de se reconhecer a união estável, quando um dos companheiros é ligado à outra pessoa pelo vínculo do matrimônio.

Como a Constituição reservou à lei "facilitar a conversão da união estável em casamento", esta ressalva pressupunha, em princípio, a ausência de impedimentos para o casamento. Naquela oportunidade, sugerimos fossem consideradas situações intermediárias, em que os cônjuges, embora ligados pelo vínculo do matrimônio, comprovada e irreversivelmente, estivessem separados de fato, ou separados judicialmente, e não divorciados.

Se a Constituição Federal autorizava o divórcio, "comprovada a separação de fato por mais de dois anos" ou "após prévia separação judicial por mais de um ano", não havia por que não reconhecer a união estável entre pessoas definitivamente separadas, mesmo de fato, ou aquelas que, separadas judicialmente, não tivessem promovido o rompimento do vínculo matrimonial pelo divórcio. Neste aspecto, o Código Civil de 2002 estabeleceu, no art. 1.723, § 1º, que no reconhecimento da união estável não se aplicam os princípios relativos aos impedimentos do casamento no caso de a "pessoa se achar separada de fato", ou seja, permitiu-se que fossem reconhecidos efeitos jurídicos às uniões livres entre "pessoas casadas e separadas de fato".

---

12 Rodrigo da Cunha Pereira, ob. cit.
13 Guilherme Calmon Nogueira da Gama destaca a orientação do Superior Tribunal de Justiça no sentido de "rechaçar a arguição da inexistência de sociedade de fato em relação ao sócio casado". *In O Companheirismo: uma Espécie de Família*, p. 309.
14 Guilherme Calmon Nogueira da Gama, ob. cit., p. 310.

Consequentemente, consolidou-se a orientação jurisprudencial que já autorizara a partilha dos bens adquiridos, comprovadamente, na constância da vida em comum, e objeto de interesses recíprocos, mesmo sendo um dos companheiros ainda ligado pelo vínculo do matrimônio.

A-2. Direitos dos companheiros na Lei nº 8.971/1994

Na mesma linha de proteção assinalada no correr deste volume dedicado ao Direito de Família, foi editada a Lei nº 8.971, de 29 de dezembro de 1994. Seu surgimento provocou acesa polêmica em congressos, além de comentários na imprensa leiga.[15]

Nestas *Instituições,* Caio Mário reservou-se a prerrogativa de examinar o diploma legal com olhos de intérprete, a salientar seus pontos essenciais, tendo presente o texto na sua ontologia e nos seus aspectos etiológicos.

Duas ideias-forças se defrontam no seu conteúdo: a primeira, emanada da Constituição Federal de 1988, assenta em que "a família, base da sociedade, tem especial proteção do Estado" (art. 226); a segunda proclama o reconhecimento da "união estável entre o homem e a mulher, como entidade familiar". Situado entre estes dois polos, cabe então interpretar aquele diploma. A lei, no seu conjunto, refletiu um passo evolutivo a mais no conceito sociológico da "família" em nosso Direito, ao envolver as relações matrimoniais e extramatrimoniais.

No primeiro plano (art. 1º e parágrafo único), assegurou à companheira e ao companheiro o disposto na Lei nº 5.478, de 25 de julho de 1968, a saber: direito a alimentos.

Para se valer desse direito, fixou o cumprimento de determinados requisitos, a saber:

A) Convivência por tempo superior a cinco anos, ou, independentemente do decurso do prazo, a existência de prole comum. Nesta última hipótese, a prole não era de qualquer mulher, mas da companheira, exigindo aí pressupostos de vida em comum.

B) Era condição ser livre o parceiro, isto é, que o homem e mulher deveriam ser solteiros, separados judicialmente, divorciados ou viúvos.

C) Temporariedade do direito alimentar, isto é, o dever alimentar cessava desde que o beneficiado viesse a constituir nova união. Aqui o legislador não foi preciso. Não esclareceu se a "nova união" seria matrimonial ou extramatrimonial. Como

---

15 Naquela oportunidade foram de nosso conhecimento: Tânia da Silva Pereira (*O Globo,* 15 de janeiro de 1995; *Estado de Minas,* 19 de janeiro de 1995); Saulo Ramos (*Folha de São Paulo,* 21 de março de 1995); Mário Roberto Carvalho de Faria; Guilherme Couto de Castro; Rodrigo da Cunha Pereira (*Estado de Minas,* 24 de fevereiro de 1995); Zeno Veloso (em resposta a Saulo Ramos); Francisco José Cahali (*Dos Alimentos na União Estável,* Lei nº 8.971/1994); Silvio Rodrigues (*Seminário de Direito Civil,* Belém do Pará, 16 de março de 1995).

a orientação legislativa e constitucional vige no sentido de prestigiar a "entidade familiar", é de se concluir que o direito aos alimentos deixa de subsistir, mesmo quando se trata de união livre. Pois é óbvio que descabe a condição de duplo crédito alimentar: contra aquele cujo dever fora reconhecido com o companheiro (ou companheira) em conjunção com igual direito a prevalecer contra quem a ele (ou ela) se constituiu "nova união". Não previu o legislador de 1994 os fundamentos para a dissolução da união estável para efeito de autorizar o pedido de alimentos.

D) Como todo direito alimentar, este é subordinado ao binômio "necessidade/possibilidade". A lei somente se refere à primeira, ao encerrar o *caput* do artigo com esta cláusula: "desde que prove a necessidade". O requisito não é uma criação daquela lei, senão que constitui *conditio legis* de todo crédito alimentar, tal como se expõe no art. 396 do Código Civil de 1916 e no art. 1.694 do Código de 2002. Correlato ao requisito da necessidade, estará forçosamente a possibilidade de prestá-los, pois nem esta lei, nem outra qualquer, pode impor a alguém a prestação de alimentos com sacrifício de sua própria subsistência, como ainda a quem o faça pondo-a em risco se vier a dá-los.[16]

Uma vez que a Lei nº 8.971/1994 reportou-se à Lei nº 5.478/1968 e considerando que esta última impõe, como no art. 2º, comprovar "o parentesco e a obrigação alimentar do devedor", tornou-se necessária, naquela época, a prova pré-constituída dos seus requisitos. Portanto, deve, sempre, ser comprovada a relação de fato para se recorrer aos princípios da Lei Especial de Alimentos.

Na falta de um critério específico, prevalece a norma geral da proporcionalidade instituída no art. 400 do Código anterior e recepcionada pelo § 1º do art. 1.694 do Código de 2002, na razão das necessidades do reclamante e dos recursos da pessoa obrigada. O crédito alimentar não há de constituir motivo de enriquecimento do alimentando – *de lucro capiendo*, nem se justifica venha a exceder desproporcionalmente ao *status* econômico habitual do reclamante.

Salvo sentença transitada em julgado, reconhecida anteriormente a união estável para que fosse concedido o benefício especial dos alimentos provisórios previstos no art. 4º da Lei nº 5.478/1968, havia que se comprovar a sua existência, admitindo-se a realização de prova pré-constituída além de outras inequívocas demonstrações, a exemplo da dependência previdenciária e fiscal, certidão de casamento religioso ou algum outro elemento igualmente ponderável.

Questão que se colocou quando da entrada em vigor da Lei nº 8.971/1994 e que prosseguiu até os nossos dias, sempre objeto de questionamento, consiste em definir quando cessa o direito de pleitear alimentos. Comprovada a união estável e cessando o relacionamento entre os companheiros, foram assegurados os benefícios da Lei nº 5.478, de 25 de julho de 1968, para o futuro. O requerente deve comprovar que viveu (passado) em união com seu parceiro. Enquanto subsistiu a união estável, e recebeu a assistência alimentar, nada poderia reclamar, porque seu direito fora satisfeito durante a vida em comum. Fundamental é, e sempre será, a prova da necessidade e da dependência econômica de quem os pleiteia. A lógica jurídica não pode tolerar que qualquer dos compa-

---

16 Enneccerus, Kipp *y* Wolff, *Tratado, Derecho de Familia*, v. II, § 97.

nheiros pretenda o reconhecimento aos alimentos com base em uma relação pretérita já encerrada depois de grande lapso de tempo.

Alimentos pelo tempo decorrido não lhes cabem, porque a regra é que não se concedem para o passado, uma vez que o postulante, bem ou mal, viveu, prevalecendo o brocardo latino *in preteritu non vivitur*. A possibilidade de pleiteá-los não é eterna. Os mesmos devem ser requeridos tão logo consubstanciado o rompimento da vida em comum. Cabe ao juiz avaliar esta necessidade vinculada à relação de dependência econômica entre os companheiros. Quanto ao futuro, a continuidade dos alimentos cessa se o alimentado vier a constituir nova união, ou se provar a desnecessidade por qualquer meio: exercício regular de uma atividade laborativa, recebimento de herança, ocorrência de um ato liberal, ou até um evento fortuito como seja o recebimento de um prêmio advindo da sorte.

A questão se colocou mais complexa no direito sucessório. No falecimento de qualquer dos companheiros, previa a lei, expressamente, a participação na sucessão do falecido. Assim dispondo, a Lei de 1994, no entendimento de Caio Mário, incluiu o companheiro (ou companheira) na ordem de vocação hereditária, ausentes descendente, ascendente e cônjuge, sempre subordinado ao fato de não haver constituído nova união, matrimonial ou extramatrimonial.

Previram os incisos I e II do art. 2º que o(a) companheiro(a) sobrevivente teria direito, enquanto não constituísse nova união, ao usufruto de quarta parte dos bens do *de cujus*, se houvessem filhos deste ou comuns, e, ainda, o direito do(a) companheiro(a), enquanto não constituísse nova união, ao usufruto da metade dos bens do *de cujus*, se não houvesse filhos, embora sobrevivessem ascendentes.

O "usufruto legal" equiparado ao "usufruto vidual" do cônjuge sobrevivo do referido artigo 1.611 do Código Civil de 1916, sem a natureza de direito real, não nascia da manifestação da vontade das partes, a exemplo daquele oriundo de testamento ou doação "*inter vivos*".

Semelhante ao usufruto dos bens dos filhos na constância do "*patria potestas*", previsto no art. 389 do Código de 1916 (art. 1.689, I, CC/2002), não é de sua essência e validade o seu registro, exigência básica do direito real de usufruto (art. 715, CC/1916; art. 1.391, CC/2002). Seu eventual registro no RGI é medida *ad cautelam* para conhecimento de terceiros, não sendo, portanto, substancial a sua inscrição. A lei não restringiu o direito ao usufruto apenas aos bens adquiridos com esforço comum. Portanto, os percentuais relativos à "quarta parte" ou "metade" acima referidos deveriam ser calculados sobre todos os bens que compunham a herança.

A alínea III do art. 2º, relativa ao direito do companheiro sobrevivente à titularidade da herança, na falta de descendentes e de ascendentes, gerou conflito de lei de difícil solução. No entender de Caio Mário, a companheira (ou companheiro) foi colocada pela Lei nº 8.971/1994 em terceiro lugar na ordem de vocação hereditária e vice-versa. Sob certo aspecto, foi considerada "herdeira necessária". Respeitado o direito do *de cujus* de testar a parte disponível, cabia à companheira disputar a "totalidade de herança" prevista no item III do art. 2º, se o falecido não deixasse descendente, nem ascendente.

Diante da indagação se a Lei nº 8.971/1994 surtiria efeitos pretéritos, deixando ao desabrigo situações de fato anteriores, a 4ª Turma do STJ, tendo como Relator o Ministro Jorge Scartezzini, decidiu que a união estável, quer antes, quer depois da edição da Lei nº 8.971/1994, gerava direitos e obrigações, já que era um fato jurídico, e, como tal, desafiava a proteção estatal. Logo, tais relações foram equiparadas às sociedades de fato, sendo os bens sujeitos ao chamado regime de comunhão de aquestos. Se tal relação, que se perpetua durante um longo período, configura-se pelo *animus* que inspira os companheiros a viverem como se casados fossem, não se pode alegar que a Lei nº 8.971/1994, ao regular a matéria acerca dos alimentos e da sucessão de tais pessoas, somente surtiria efeitos futuros, deixando ao desabrigo toda a construção legislativa e pretoriana de que se tem notícia. Inexistindo referência na lei ao termo inicial da contagem do prazo quinquenal para aquisição do direito, deve-se aplicá-la, revestida que é do caráter benéfico, a todos os fatos pendentes.[17]

O art. 3º da Lei nº 8.971/1994 referia-se aos bens que, deixados pelo autor da herança, resultassem de atividade em que teria havido colaboração do companheiro. Admitia-se a aplicação da lei somente quando cessava a união pela morte de um dos companheiros, uma vez que a lei se referia à "herança", e ao companheiro "sobrevivente". Na hipótese de extinção da união estável por alguma causa diversa da morte, indagou-se se continuava prevalecendo o princípio da Súmula nº 380 ou se estendia a mesma regra às outras formas de ruptura da união.

Debateu-se, também, no período que sucedeu à Lei nº 8.971/1994, sobre a vigência ou não da Súmula nº 380 do Supremo Tribunal Federal, no que concerne à expressão "esforço comum" para a formação do patrimônio. Esta efetiva divergência persiste até os dias presentes, mesmo na vigência do Código de 2002, embora o mesmo se refira, no art. 1.725, ao regime da comunhão parcial de bens. Recomendou-se naquela oportunidade que a partilha não implicava necessariamente em meação, e, assim, que "seu arbitramento fosse feito com moderação, considerando a duração da sociedade, a idade das partes, a contribuição indireta prestada pela companheira, orientando-se o juiz pelos critérios sugeridos pela doutrina e pela jurisprudência, com razoabilidade, valendo-se de sua experiência e bom senso, atento à realidade da vida e às peculiaridades do caso".[18]

Guilherme Calmon Nogueira da Gama[19] alega não existir razão juridicamente plausível para tratamento diferenciado para as espécies de rupturas ocorridas em vida, até mesmo porque é direito adquirido quando da aquisição patrimonial, e não

---

17 STJ – 4ª Turma – REsp. nº 397168/SP – Rel. Min. Jorge Scartezzini – julg. em 26.10.2004 – *DJ* de 06.12.2004, p. 315. "No caso concreto, já que dúvidas não havia nos autos de que a autora era companheira do falecido por longos 07 (sete) anos; que o mesmo não deixou descendentes e ascendentes; que nos termos da lei esta é herdeira da totalidade dos bens deixados (art. 2º, III, da Lei nº 8.971/1994), porquanto a mesma atinge as situações pendentes; não há que se falar em violação ao art. 6º da LICC".

18 Guilherme Calmon Nogueira da Gama, *O companheirismo: uma espécie de família*, São Paulo, RT, 2001, pp. 311-312.

19 Guilherme Calmon Nogueira da Gama, ob. cit., p. 430.

em virtude de morte de um dos companheiros. Bastava que se demonstrasse a "colaboração" de um ou do outro, para a formação de patrimônio devido à atividade comum. O vocábulo "colaboração", por ter significado mais amplo que "contribuição", abrangia toda espécie de coparticipação, seja em valores, seja em força de trabalho, seja ainda de maneira indireta, como na hipótese de proporcionar ambiente doméstico que propiciasse ao companheiro (ou companheira) dirigir sua energia, esforço ou imaginação criativa, para o acúmulo dos bens deixados pelo *de cujus*.

Não se pode afastar a possibilidade de se cumular o direito ao usufruto e à metade decorrente do trabalho em regime de colaboração. A mesma lei veio legalizar o princípio contido na Súmula nº 380 do STF, porém com maior extensão e profundidade. Pela referida Súmula, em cessando a relação concubinária, a companheira teria direito, numa dissolução de sociedade de fato, à parte dos bens com que teria contribuído para o incremento patrimonial do companheiro, uma vez provado que o acrescentamento deveu-se à participação efetiva, em valores ou com a força do seu trabalho.

Mantém-se a aplicação da Súmula nº 380 do STF nas hipóteses de concubinato impuro, considerado como sociedade de fato. A partilha decorrente de tais casos impõe a prova do esforço comum na construção patrimonial.[20]

Reconhecida a situação jurídica da companheira, ainda se questiona se a sua anuência é necessária à disposição de bens pelo companheiro. A matéria sempre foi polêmica e, a nosso ver, a negativa se impõe. A união estável não equivale ao casamento, devendo a lei "facilitar a sua conversão" (Constituição, art. 226, § 3º). Consequentemente, exigir a anuência seria estabelecer uma outorga uxória, sem a existência de *status* matrimonial. Estes, como outros aspectos, foram sendo apreciados pelos Tribunais, indicando situações não abrangidas pela Lei nº 8.971/1994. Tratando-se de relação jurídica decorrente de situação de fato, a mencionada lei não conseguiu abranger todas as hipóteses que se apresentavam, o que exigiu do legislador novo ordenamento.

A-3. União estável na Lei nº 9.278/1996

Com a publicação da Lei nº 9.278/1996, foram inúmeros os pronunciamentos sobre as questões que envolvem a união estável. Destaque-se neste debate a indagação se teria havido derrogação ou ab-rogação da primeira pelo segundo texto legal.

Filiamo-nos àqueles que consideram que não ocorreu a substituição total de um texto pelo outro. Entre outras razões, embora a Lei nº 9.278/1996 indique como objetivo "regulamentar § 3º do art. 226 do CF", além de ter se mostrado mais abrangente que a Lei nº 8.971/1994, foi votada com o rito de lei ordinária, não atendendo às exigências do art. 69 da CF relativas às leis complementares.

Assumindo a tese da derrogação parcial da Lei nº 8.971/1994, consideramos que se manteve a orientação quanto ao direito aos alimentos, com exceção do prazo

---

[20] STJ – 3ª Turma – REsp 1.628.701 / BA – Rel Min. Ricardo Villas Bôas Cueva – Julg. 07.11.2017 – *DJe* 17.11.2017.

de 5 anos, reduzido para um ano na hipótese do nascimento do filho comum. Comprovada a união estável, não se pode afastar a adoção do rito da Lei nº 5.478/1968.

O art. 1º da Lei nº 9.278/1996 identificou como entidade familiar "a convivência duradoura, pública e contínua de um homem e uma mulher, estabelecida com objetivo de constituição de família". A questão básica era definir o que era "convivência duradoura", já que o legislador se omitira quanto à fixação de um tempo mínimo para o reconhecimento de direitos dela decorrentes.

No entendimento de Caio Mário, deveria existir uma duração, a sucessão de fatos e eventos, a permanência do relacionamento, a continuidade do envolvimento, a convivência *more uxorio*, a notoriedade, enfim, a soma de fatores subjetivos e objetivos que, do ponto de vista jurídico, define a situação. Não sendo a doutrina uniforme quanto ao tempo de relacionamento estável, tornou-se fundamental a orientação da jurisprudência sobre o assunto.

Buscando subsídios no próprio Direito de Família, Guilherme Calmon Nogueira da Gama admite considerar como convivência duradoura, aquela em torno dos dois anos, levando em conta que esse prazo era exigido para que se requeresse o divórcio direto, com o rompimento do vínculo do casamento.[21]

Além deste tempo mínimo, outros elementos devem ser considerados como comprovação desse convívio para caracterizar a intenção de constituir família. A interrupção repentina decorrente da morte de um dos companheiros não deve descaracterizar este projeto de vida em comum, se os demais elementos indicam a constância e efetividade do relacionamento. Caio Mário situou-se entre aqueles que não consideravam prioritário o tempo de convivência. Para ele, havia de se indicar, como prova, outros elementos objetivos que identificassem o *animus* de se constituir uma relação familiar estável.

A Lei nº 9.278/1996 assumiu alguns pressupostos do "regime da comunhão parcial de bens", embora não o tenha declarado expressamente, indicando como "presunção de condomínio" a aquisição dos bens, com esforço comum, na constância da união estável. Esta presunção, no entanto, na vigência desta Lei, como ressalva Rodrigo da Cunha Pereira, não era absoluta, admitindo-se a comprovação de que determinados bens não eram fruto do trabalho e esforço maior de qualquer dos companheiros. A presunção "poderia ser ilidida, já que o ordenamento jurídico brasileiro não abraça o critério da presunção absoluta".[22] Alerte-se, no entanto, para o § 1º do art. 5º ao estabelecer que a presunção do *caput* não se aplica quando a aquisição patrimonial ocorrer com o produto dos bens adquiridos anteriormente ao início da união estável.

No que tange ao regime de condomínio, previsto na Lei nº 9.278/1996, discutiu-se se houve impropriedade terminológica, entendendo alguns que o legislador referiu-se à "comunhão",[23] à semelhança do art. 271, I, CC, recepcionada pelo art. 1.660, I, do Código de 2002. Caio Mário considerou que o legislador

---

21 Guilherme Calmon Nogueira da Gama, ob. cit., pp. 160-161.
22 Rodrigo da Cunha Pereira, ob. cit., p. 116.
23 Zeno Veloso, *União Estável*, pp. 70-71.

efetivamente determinou o regime de condomínio (arts. 623 e segs., CC/1916; art. 1.314, CC/2002), sobretudo, ao reportar-se à presunção relativa já indicada. Como condômino, pretendeu o legislador que cada um dos parceiros "tenha o poder jurídico, não sobre uma parte determinada da coisa, porém sobre ela em sua integralidade", assegurando-se a eles "a participação de cada um em função da utilização do bem".[24]

Indicou a referida lei, com acerto, a possibilidade de "contrato escrito" relativo à administração do patrimônio comum (§ 2º do art. 5º). O referido documento pode versar outras questões que envolvem o relacionamento, desde que não sejam utilizados para contrariar regras legais e princípios de ordem pública. Igualmente, não há que se exigir sua assinatura anteriormente ao início da união. Pode ser firmado na constância da vida em comum, podendo os companheiros dar-lhe efeitos retroativos. Como negócio jurídico decorrente de uma relação de fato, diverso do casamento, pressupõe a capacidade civil e o livre consentimento das partes, portanto ineficaz, se presentes as limitações relativas à idade e aquelas decorrentes da falta de aptidão para manifestar o consentimento.[25]

Rolf Madaleno, referindo-se a Francisco José Cahali, aponta a impossibilidade de contratar um regime de comunhão universal na união estável, porque "os bens aprestos só podem ingressar no acervo do outro por doação expressa, e inexistindo previsão legal sobre este regime de bens seria inadequado dar retroatividade ao contrato sobre bens particulares preexistentes ao início da relação, quando as partes pretendem a comunhão de bens anteriores à convivência".[26]

Quanto aos alimentos, admitiu-se a sua possibilidade uma vez dissolvida a união estável, determinando o art. 7º "a assistência material prestada por um dos conviventes ao que dela necessitar a título de alimentos". Efetivamente, não se pode afastar a hipótese de prestação de alimentos na união estável, fruto de consenso entre as partes, sempre presentes o binômio "necessidade/possibilidade". Discute-se, no entanto, na doutrina, se se deve investigar culpa para se impor a um dos conviventes a obrigação de prestá-los. O legislador de 1996 condicionou a concessão dos alimentos à "dissolução da união por rescisão". Nas *Instituições*, Caio Mário identificou a rescisão como forma genérica de "cessação de relação contratual", incluindo aquelas hipóteses de fraude ou lesão, como também as hipóteses de resilição unilateral ou bilateral. Não se pode concluir que o legislador assumiu essa ou aquela posição. Há que priorizar, em princípio, a necessidade daquele que pretende os alimentos, abandonando a culpa como primeiro elemento a ser pesquisado para efeito de identificar o direito alimentar. A pesquisa da culpa na conduta do companheiro deverá situar-se em segundo plano para impor-se a obrigação de prestar alimentos.

---

24 Caio Mário da Silva Pereira, *Instituições*, v. IV, nº 314.
25 Destaque-se a obra de Francisco José Cahali, intitulada *Contrato de Convivência na União Estável*, onde são abordados todos os aspectos que envolvem o referido "contrato escrito" previsto no art. 5º da Lei nº 9.278/1996.
26 Rolf Madaleno, *Curso de Direito de Família*, Rio de Janeiro: GEN/Forense, 2013, p. 1124.

Alerte-se, no entanto, que o Projeto que deu origem à Lei de 1996 teve vetado pelo Presidente da República o seu art. 6º, que identificava a rescisão, no parágrafo 3º, como "ruptura da união estável" por "quebra dos deveres constantes nesta lei e do contrato escrito". Portanto, há que se considerar a relevância deste fato para se avaliar qual foi a intenção do legislador ao utilizar a palavra "rescisão".

A dissolução por morte de um dos conviventes estava prevista expressamente no parágrafo único do mesmo art. 7º, instituindo o "direito real de habitação", enquanto vivesse ou não constituísse nova união ou casamento, relativamente ao imóvel destinado à residência da família. No que concerne ao direito do convivente sobrevivo, também neste caso era diversa a interpretação da referida norma legal.

Para Guilherme Calmon Nogueira da Gama não havia incompatibilidade na coexistência do direito sucessório de habitação com os demais direitos sucessórios diante da particularidade das situações concretas e, assim, em qualquer caso, na hipótese do companheiro não ser contemplado com a propriedade ou o usufruto sobre aquele imóvel que servia de residência da família, mas sim sobre outros bens, seria possível a concessão do direito de habitação ao sobrevivente.[27]

O legislador não especificou se o direito real recaía sobre imóvel adquirido no período de vida em comum ou antes de iniciado o relacionamento. O mesmo autor ressalva que, apesar de não explícita no texto, deve ser considerada implícita a cláusula "sem prejuízo da participação que lhe caiba na herança". Da mesma forma, considera implícita a cláusula "desde que seja o único bem daquela natureza a inventariar", pois, do contrário, haveria vantagem dos companheiros em relação aos casados.[28]

Independentemente da titularidade do bem imóvel em nome do *de cujus*, ou do companheiro sobrevivo, o que pretendeu o legislador foi a proteção daquele que, por morte do outro, não fique na dependência da caridade dos familiares. Não parecia intenção do legislador condicionar o direito à habitação ao imóvel adquirido com esforço comum.

Ressalve-se, ainda, que, mesmo na vigência da Lei nº 9.278/1996, já se reconheciam direitos, se comprovada a *affectio maritalis* e a "convivência contínua e duradoura" entre os companheiros que, embora casados, vivessem, comprovadamente, separados de fato. Embora impedidos de se casar em razão do vínculo matrimonial não desfeito, cabia demonstrar a convivência num relacionamento familiar estável. Esta questão foi solucionada pelo Código de 2002.

Indagava-se, finalmente, a utilidade prática do art. 8º, ao admitir, de comum acordo, a conversão da união estável em casamento através de requerimento ao Oficial do Registro Civil da circunscrição do domicílio. Não se pode abandonar a investigação dos impedimentos para o casamento, previstos nos arts. 180 a 182 do Código de 1916 (arts. 1.525-1.527 e arts. 1.531 e 1.532, CC/2002). Vencidas tais formalidades, a conversão pouco difere da celebração.

---

27 Guilherme Calmon Nogueira da Gama, ob. cit., pp. 160-161.
28 Guilherme Calmon Nogueira da Gama, ob. cit., pp. 453-454.

O art. 1º da Lei nº 9.278/1996 não enumerava a coabitação como elemento indispensável à caracterização da união estável. Ainda que seja dado relevante para se determinar a intenção de construir uma família, não se trata de requisito essencial, devendo a análise centrar-se na conjunção de fatores presente em cada hipótese, como a *affectio societatis* familiar, a participação de esforços, a posse do estado de casado, a fidelidade, a continuidade da união, entre outros, nos quais se inclui a habitação comum. Este foi o entendimento do STJ em julgado de 02.10.2008 da 3ª Turma, tendo como Relator o Ministro Ari Pargendler.[29]

Reconheça-se, finalmente, que a Lei nº 9.278/1996 deu passos importantes para a regulamentação da união estável, embora ainda tenha deixado lacunas que, a cada dia, desafiam os intérpretes e operadores do direito.

A-4. União estável no Código Civil

Observe-se, inicialmente, que o Código de 2002 não fez mudanças significativas no que concerne à união estável, embora tenha incluído título novo no Livro IV (Direito de Família). Confrontado com as leis já mencionadas, percebem-se algumas inovações, embora tenha sido mantida, em geral, a mesma orientação da Lei nº 9.278/1996.

Tornou-se necessária uma efetiva mudança na Constituição Federal, onde somente é reconhecido como "união estável" o relacionamento "entre um homem e uma mulher", prevalecendo a diversidade de sexos como requisito para a sua caracterização. A cada dia, novos núcleos familiares são reconhecidos como "entidades familiares".

Estudos realizados por Rodrigo da Cunha Pereira já identificavam relações de afeto homossexuais, prevendo o reconhecimento como uniões estáveis com os mesmos direitos, deveres e consequências patrimoniais, previdenciárias, hereditárias das uniões estáveis heterossexuais.[30]

Maria Berenice Dias, identificando a mútua assistência (*affectio maritatis*) como centro de gravidade das relações de família, não afastava a possibilidade de reconhecimento de uma comunidade familiar entre companheiros homossexuais. Reconhecendo, com reservas, as barreiras constitucionais, a ilustre jurista questionava as razões que excluíam o reconhecimento jurídico às uniões afetivas entre pessoas do mesmo sexo, marcada pela "convivência diária, estável, sem impedimentos, livre, mediante comunhão de vida e de forma pública e notória na comunidade social".[31] A Jurisprudência, paulatinamente, vinha reconhecendo direitos decorrentes dessa relação de afeto e cuidado entre os parceiros.

---

29   STJ – 3ª Turma – REsp. nº 275839/SP – Rel. Min. Ari Pargendler – julg. em 02.10.2008.
30   Rodrigo da Cunha Pereira, ob. cit., pp. 145-150.
31   Maria Berenice Dias, "A união Homossexual e a Constituição Federal", *in Revista Brasileira de Direito de Família*, nº 15, pp. 131-150.

Concluiu o STJ, tendo como Relator o Ministro Hélio Quaglia Barbosa, que "não houve por parte do constituinte exclusão dos relacionamentos homoafetivos com vista à produção de efeitos no campo previdenciário, configurando-se mera lacuna que deverá ser preenchida a partir de outras fontes de direito". Outrossim, o próprio INSS, tratando da matéria, regulou, através da Instrução normativa n° 25, de 07.06.2000, os procedimentos com vista à concessão de benefício ao companheiro ou companheira homossexual, para atender à determinação judicial expedida pela Juíza Simone Barbasin Fortes, da Primeira Vara Previdenciária de Porto Alegre, ao deferir medida liminar na Ação Civil Pública n° 2000.71.00.009347-0, com eficácia *erga omnes*. Mais razoável, pois, estender-se tal orientação para alcançar situações idênticas, merecedoras do mesmo tratamento.[32]

O STJ também se manifestou favoravelmente à inscrição do parceiro em plano de assistência médica, reconhecendo que "a relação homoafetiva gera direitos e analogicamente à união estável, permite a inclusão do companheiro como dependente. O homossexual não é cidadão de segunda categoria. A opção ou condição sexual não diminui direitos e, muito menos, a dignidade da pessoa humana".[33]

Os Tribunais estaduais, pouco a pouco, foram reconhecendo direitos dos parceiros homoafetivos, inclusive o direito à pensão. Comprovada a sociedade de fato pelos documentos juntados aos autos e não questionada pela parte contrária, o TJSP, tendo como Relator o Desembargador Carlos Eduardo Pachi, reconheceu o direito do parceiro sobrevivente a receber pensão, "posto que dependente e cumpridos os requisitos legais".[34]

Esse desenvolvimento da jurisprudência, finalmente, culminou na histórica decisão em que o STF reconheceu a união estável homoafetiva (ADI 4.277/DF e ADPF 132, Rel. Min. Ayres Britto, 04 e 05.05.2011), equiparando os direitos dos pares homoafetivos aos dos companheiros.

Esta decisão do STJ reflete a tendência mundial nas legislações estrangeiras, regulamentando as uniões homossexuais, com a sua equiparação às relações heterossexuais. A primeira parceria entre casais do mesmo sexo surgiu na Dinamarca, em 1989; na Noruega, em 1993; Groelândia, em 1994; Suécia, em 1995; Islândia, em 1996; Holanda, em 1999; na Argentina, especificamente na cidade de Buenos Aires, a Lei n° 1.004, de 12 de dezembro de 2002, previu a possibilidade de registro de uniões homossexuais a partir do qual são concedidos direitos e impostos deveres, com diferente alcance, e, posteriormente, legalizou as uniões homossexuais através da Ley de Matrimonio Igualitario (Ley n° 26.618), promulgada em 21.07.2010; na Bélgica, em 13 de fevereiro de 2003, foi aprovada a *Loi Ouvrant le mariage a des Personnes de Même sexe et Modifiant Certaines Dispositions du Code Civil*. No

---

32 STJ – 4ª Turma – REsp. n° 395904/RS – Rel. Min. Hélio Quaglia Barbosa – julg. em 13.03.2005.
33 STJ – 3ª Turma – REsp. n° 238715/RS – Rel. Min. Humberto Gomes de Barros – julg. em 07.03.2006.
34 TJSP – 6ª Câm. Dir. Públ. – AC 245.935-/2-00 – Rel. Des. Carlos Eduardo Pachi – julg. em 19.12.2006.

Canadá, em julho de 2005, foi aprovada a *Civil Mariage Act,* reconhecendo o matrimônio das uniões homossexuais e, em 2009, o México modificou artigos do Código Civil e do Código de Procedimentos Civis para admitir matrimônio entre pessoas do mesmo sexo, inclusive, com a possibilidade de adoção de crianças por casais homossexuais, o que foi confirmado pela Suprema Corte de Justiça do México.[35]

Entre nós, a histórica decisão do STJ de 2011, acima indicada, representa um marco decisivo no Brasil, sobretudo ao conferir interpretação conforme a Constituição ao art. 1.723 do CC, para excluir qualquer significado que impeça o reconhecimento da união contínua, pública e duradoura entre pessoas do mesmo sexo como entidade familiar, entendida esta como sinônimo perfeito de família. Além disso, no julgamento, o STF considerou a liberdade para dispor da própria sexualidade como direito da personalidade, emanada do princípio da dignidade da pessoa humana. Para o Supremo, a diretriz da formação da família seria o "não atrelamento a casais heteroafetivos ou a qualquer formalidade cartorária, celebração civil ou liturgia religiosa", sendo a família, "por natureza ou no plano dos fatos, vocacionalmente amorosa, parental e protetora dos respectivos membros, constituindo-se no espaço ideal das mais duradouras, afetivas, solidárias ou espiritualizadas relações humanas de índole privada, o que a credenciaria como base da sociedade (CF, art. 226, *caput*)". Com esses fundamentos, foram equiparados os direitos dos pares homoafetivos aos dos companheiros.

Neste sentido, a 3ª Turma do STJ, no REsp nº 1.291.924/RJ, de relatoria da Ministra Nancy Andrighi, reconheceu a competência da Vara de Família para apreciação de ação de reconhecimento e dissolução de união estável homoafetiva. O acórdão de origem havia fixado a competência do Juízo Cível para apreciação da questão, mas a Turma entendeu que, tendo-se equiparado as uniões estáveis homoafetivas às uniões estáveis heteroafetivas, houve extensão automática àquelas, das prerrogativas já outorgadas aos companheiros dentro de uma união estável tradicional. Assim, "havendo vara privativa para julgamento de processos de família, esta é competente para apreciar e julgar pedido de reconhecimento e dissolução de união estável homoafetiva, independentemente das limitações inseridas no Código de Organização e Divisão Judiciária local".[36]

Tem sido também reconhecido o direito a alimentos no caso de rompimento de união homoafetiva, entendendo-se que a "legislação que regula a união estável deve ser interpretada de forma expansiva e igualitária, permitindo que as uniões homoafetivas tenham o mesmo regime jurídico protetivo conferido aos casais heterossexuais".[37]

Coerente com a caracterização de união estável prevista na Lei nº 9.278/1996, o Código de 2002 exige, no art. 1.723, que a união seja "pública, contínua, duradoura",

---

35 Rolf Madaleno, *Curso de Direito de Família.* Rio de Janeiro: Forense, 2011, pp.1028/1029.
36 STJ – 3ª Turma – REsp nº 1.291.924/RJ – Rel. Min. Nancy Andrighi – Julg.: 28.05.2013 – DJe: 07.06.2013.
37 STJ – 4ª Turma – REsp nº 1302467/SP – Rel. Min. Luis Felipe Salomão – Julg.: 03.03.2015.

objetivando a "constituição de família", sem fixar um prazo mínimo para se constituir entidades familiares, no que agiu com bom-senso o legislador.

Também merece destaque a Decisão da 3ª Turma do STJ – REsp. nº 1.201.462 – tendo como Relator o Ministro Massami Uyeda, julgada em 14.04.2011, ao buscar uma definição para a União Estável. O Ilustre Relator a identifica como ato-fato jurídico, porquanto preocupa-se com a conduta e sua exteriorização no mundo dos fatos, ou seja, o fato resultante da conduta humana. Assim, pouco interessa a vontade declarada de constituir família. A vontade encontra-se objetivada no agir das partes, podendo ser inferidos por fatos vários, que não uma declaração de vontade. Para o Relator, "a melhor interpretação, no entanto, seria retirada do art. 1.727, CC, que prescreve que as relações estabelecidas entre aqueles que não podem casar seriam concubinato, e não União Estável. De forma reversa, não se poderia reconhecer união estável se lhe faltasse a possibilidade de conversão em união estável". Na visão do Relator, este é o espírito da Constituição da República, vez que, em seu art. 226, § 3º, expressa a facilitação da conversão da união estável em casamento. Fixou-se, portanto, como elemento componente do suporte fático da união estável a possibilidade de conversão em casamento.[38]

Alerte-se que admitiu o legislador a caracterização da união estável no caso de pessoa casada e separada de fato, ao declarar, no § 1º do art. 1.723, que "a união estável não se constituirá se ocorrerem os impedimentos do art. 1.521; não se aplicando a incidência do inciso VI no caso de a pessoa casada se achar separada de fato", ou seja, na hipótese de se comprovar que a pessoa vive um relacionamento consolidado com o novo companheiro, após a separação de fato, mesmo que não tenha sido desfeita a sociedade conjugal, ou mesmo o vínculo pelo divórcio ou anulação do casamento, ou, ainda, pela morte do cônjuge. Conclui-se que a União Estável não se baseia necessariamente no registro cartorial, mas sim no afeto e no intuito de constituir família.[39]

Paulo Lôbo esclarece que a lei não exige que, para início da união estável, o companheiro casado tenha antes obtido o divórcio, única hipótese de dissolução voluntária do casamento. Mas é necessário, ao menos, que esteja separado de fato de seu cônjuge, ou separado judicialmente. Assim, na hipótese de o relacionamento com o outro companheiro ter começado quando ainda havia convivência com o cônjuge, somente após a separação de fato se dá o início da união estável, pois antes configurava concubinato. O Código Civil não exige tempo determinado para caracterizar a separação de fato da pessoa casada para identificar a união estável. O autor alerta, no entanto, para o art. 1.830 do Código Civil de 2002, que estabelece o prazo de dois anos da separação de fato dentro do qual ao cônjuge sobrevivente é

---

38 João Rubens Pires Baldela e Renata Carlos Steiner, "União estável como ato-fato: importância da classificação", in *Revista brasileira das Famílias e Sucessões*. n. 28 (jun/jul). Porto Alegre: Magister/Ibdfam, 2012, pp. 18/20.
39 TJ-MG – 4ª Câmara Cível – Apelação Cível nº 1.0024.06.222204-7/001 – Rel. Des. Darcio Lopardi Mendes – Julg. em 13.11.2008 – Publ. em 02.12.2008.

reconhecido direito sucessório. Decorrido o prazo de dois anos, a lei presume que a relação, por rompida, não autoriza mais a participação sucessória do sobrevivente no acervo pertencente ao *de cujus*.[40]

Para que haja o reconhecimento de união estável com pessoa casada, contudo, deve haver a citação do cônjuge, conforme decidiu a 4ª Turma do STJ, considerando-se que o ex-cônjuge teria interesse em "aderir à defesa do réu para comprovar a manutenção da convivência conjugal, o que afastaria a possibilidade de reconhecimento da união estável".[41]

Os demais "impedimentos" obstam o reconhecimento da "entidade familiar" estabelecida, constitucionalmente.

Os impedimentos matrimoniais, conhecidos anteriormente como "dirimentes públicos" no Código de 1916 (art. 183, incisos I a VIII), identificados no Código de 2002 como "Impedimentos" (art. 1.521), devem afastar a caracterização da união estável, com exceção expressa daquela união que envolve pessoa casada, mas separada de fato. Neste aspecto, o legislador de 2002 solucionou a questão ao reconhecer a possibilidade da união estável à pessoa que "se achar separada de fato", concedendo a ela os efeitos jurídicos da união estável. Consolidou-se a orientação jurisprudencial que já permitia, inclusive, a partilha dos bens adquiridos, comprovadamente, na constância da vida em comum, e objeto de interesses recíprocos, mesmo sendo um dos companheiros ligados pelo vínculo do matrimônio.

Assim, não havendo separação de fato, é impossível a configuração da união estável concomitante ao casamento, mesmo porque, tendo em vista a clara opção do ordenamento jurídico brasileiro pela monogamia, seria incoerente validar e formalizar a simultaneidade de relações. É o entendimento prevalente no Superior Tribunal de Justiça.[42]

Tal entendimento foi formulado pelo STF no julgamento,[43] em repercussão geral, do Recurso Extraordinário 1.045.273, no qual se fixou a seguinte Tese nº 529: "A preexistência de casamento ou de união estável de um dos conviventes, ressalvada a exceção do artigo 1.723, parágrafo 1º, do Código Civil, impede o reconhecimento de novo vínculo referente ao mesmo período, inclusive para fins previdenciários, em virtude da consagração do dever de fidelidade e da monogamia pelo ordenamento jurídico-constitucional brasileiro".

Quanto às "causas suspensivas" (art. 1.523) correspondentes aos impedimentos "impedientes" do direito anterior (art. 183, XII a XVI), não se pode afastar a carac-

---

40 Paulo Lôbo, ob. cit., p. 157.
41 STJ – 4ª Turma – REsp 1658903 / RN – Rel. Min. Maria Isabel Gallotti – Julg. 28.11.2017 – *DJe* 04.12.2017.
42 STJ – 4ª Turma – AgInt no REsp 2.023.908/MS – Rel. Min. Antonio Carlos Ferreira – Julg. em 29.05.2023 – *DJe* 02.06.2023 e STJ – 4ª Turma – AgRg no AREsp 748.452/SC – Rel. Min. Raul Araújo – Julg. em 23.02.2016 – *DJe* 07.03.2016.
43 STF – Tribunal Pleno – RE 1.045.273 – Rel. Min. Alexandre de Moraes – Repercussão Geral – *DJe* 08.04.2021.

terização da união estável, conforme expressamente autoriza o § 2º do art. 1.723 do Código Civil de 2002.

Para Paulo Lôbo, a convivência sob o mesmo teto não é requisito da união estável. Persiste o conteúdo da Súmula nº 382 do STF, que atingia o que atualmente se denomina união estável. Nem a Constituição nem o Código Civil fazem tal exigência, acertadamente, pois na realidade social brotam relações afetivas estáveis de pessoas que optaram por viver em residências separadas, especialmente quando saídas de relacionamentos conjugais, ou que foram obrigadas a viver assim em virtude de suas obrigações profissionais. Para o autor, "a estabilidade da convivência não é afetada por esta circunstância, quando companheiros se comportarem, nos espaços públicos e sociais, como casados fossem".[44]

Rolf Madaleno diverge desta opinião ao alertar que, "embora no art. 1.724 não conste do rol dos deveres recíprocos dos conviventes, a vida *more uxorio* dos companheiros, a jurisprudência e a doutrina vêm resistindo em reconhecer o relacionamento estável ressentindo da vida comum sob o mesmo teto, salvo quando demonstradas e ponderadas as eventuais exceções, como as de conviventes que trabalham em cidades distintas, ou quando mantêm seus filhos de relações precedentes em suas respectivas moradias de origem, sem alterar a rotina da família, mas identificando um local próprio, rotineiro e neutro de encontros, como uma terceira residência adquirida para servir de referência para a nova entidade familiar".[45]

O Superior Tribunal de Justiça já firmou entendimento no sentido de que a coabitação não é elemento indispensável à caracterização da União Estável, sendo dado relevante – ou mesmo um dos fundamentos a demonstrar a relação comum – para se determinar a intenção de construir uma família, devendo a análise centrar-se na conjunção de fatores presentes em cada hipótese, como a *affectio societatis* familiar, a participação de esforços, a posse do estado de casado, a fidelidade, a continuidade da união, entre outros, nos quais a habitação comum se inclui.[46]

Ressalte-se que a 3ª Turma do STJ, no REsp 1.454.643/RJ,[47] analisando uma relação amorosa vivenciada por dois namorados que passaram a viver juntos no exterior, apontou que a simples projeção da formação de uma família e a coabitação, ocasionada pela contingência e interesses particulares de cada um, afiguram-se "insuficientes à verificação da *affectio maritalis* e, por conseguinte, da configuração da união estável". Para a Corte, o propósito de constituir família não consubstancia mera proclamação, para o futuro, da intenção de constituir uma família, devendo "se

---

44 Paulo Lôbo, ob. cit., pp. 152-153.
45 Rolf Madaleno, *Curso de Direito de Família*, Rio de Janeiro, Forense, 2011, p. 1.051.
46 Milton Paulo de Carvalho Filho, *Código Civil Comentado: Doutrina e Jurisprudência* (coord. Ministro Cezar Peluso), São Paulo: Manole, 2009, p. 1909. Vide STJ – 4ª Turma – REsp. 474.962/SP – Rel. Ministro Salvio de Figueiredo Teixeira, *DJe* 01.03.2004; STJ – 3ª Turma – REsp. nº 275.839/SP – Rel. Min. Ari Pargendler, *DJe* 23.10.2008.
47 STJ – 3ª Turma – REsp nº 1.454.643/RJ – Rel. Min. Marco Aurélio Bellizze – Julg.: 03.03.2015 – *DJe* 10.03.2015.

afigurar presente durante toda a convivência, a partir do efetivo compartilhamento de vidas, com irrestrito apoio moral e material entre os companheiros. É dizer: a família deve, de fato, restar constituída". Caso isso não ocorra, tem-se namoro qualificado, e não união estável.

Com base no mesmo entendimento, o TRF2 afastou o direito à pensão estatutária, entendendo que o autor mantinha com a falecida um namoro qualificado, não fazendo jus ao benefício. Para o Rel. Des. Fed. Sérgio Schwaitzer, embora a relação fosse pública, contínua e duradoura, não possuía o elemento subjetivo característico da união estável, na medida em que o casal planejava formar um núcleo familiar, mas não houve comunhão plena de vida.[48]

O art. 1.724 estabeleceu, para as relações pessoais entre os companheiros, os deveres de "obediência aos deveres de lealdade, respeito e assistência e de guarda, sustento e educação dos filhos". Indaga-se se a "fidelidade", obrigação recíproca entre os cônjuges no casamento, no art. 1.566, I, do Código de 2002 (art. 231, CC/1916), foi excluída da união estável. Dentro de uma interpretação literal, ser fiel é obrigação, apenas, para os cônjuges. Para os companheiros, cabe-lhes obediência aos deveres de lealdade, respeito e assistência e de guarda, sustento e educação dos filhos. Não se justifica dar tratamento diverso, quando são valores essenciais nas relações entre os cônjuges e companheiros.

Importante inovação na Jurisprudência pátria é observada pela recente decisão do STJ, tendo como Relator o Ministro Massami Uyeda, que estendeu a presunção de concepção dos filhos na constância do casamento prevista no art. 1.597, II do CC/2002 à união estável. No acórdão, a 3ª Turma fundamentou a decisão com base no reconhecimento da união estável como entidade familiar, o que permite a interpretação sistemática do referido dispositivo, para que passe a contemplar, também, a presunção de concepção dos filhos na constância de união estável. No caso julgado, o companheiro da mãe havia falecido 239 (duzentos e trinta e nove) dias antes ao nascimento da criança, ou seja, dentro da esfera de proteção conferida pelo inciso II do art. 1.597, do Código Civil, que presume concebidos na constância do casamento os filhos nascidos nos trezentos dias subsequentes, entre outras hipóteses, em razão de sua morte. O Relator chamou atenção para os requisitos para a constituição da união estável: "convivência duradoura e pública, ou seja, com notoriedade e continuidade, apoio mútuo, ou assistência mútua, intuito de constituir família, com os deveres de guarda, sustento e de educação dos filhos comuns, se houver, bem como os deveres de lealdade e respeito". Assim, sendo preenchidos os requisitos, é aplicável a presunção de concepção dos filhos na constância da relação, em consonância ao texto constitucional (art. 226, § 3º) e ao Código Civil (art. 1.723), que conferiram ao instituto da união estável a natureza de entidade familiar.[49]

---

48 TRF2 – Turma Espec. III – Apelação Cível/Reexame Necessário nº 0004779-38.2014.4.02.5101 – Rel. Des. Fed. Sérgio Schwaitzer – Publ.: 09.03.2016.
49 STJ – 3ª Turma – REsp. nº 1.194.059/SP – Rel. Min. Massami Uyeda – Julg. em 06.11.2012 – *DJe* 14.11.2012.

A-4.1. O REGIME PATRIMONIAL NA UNIÃO ESTÁVEL

Embora a Lei nº 9.278/1996 tenha estabelecido alguns pressupostos do "regime da comunhão parcial de bens", ao referir-se à "presunção de condomínio" no que tange aos bens adquiridos com esforço comum na constância da união estável, o legislador de 2002 determinou expressamente o regime da comunhão parcial de bens na forma do art. 1.725 do CC, permitindo "contrato escrito" entre os companheiros, para dispor, diversamente. Conclui-se que o Código Civil reconheceu aos companheiros o direito de pactuarem com maior liberdade os efeitos patrimoniais da União Estável. Nessa toada, cumpre pontuar que, conforme decisão da Terceira Turma do STJ,[50] realizado contrato entre os companheiros, este só terá eficácia perante terceiros a partir do registro público. Caso contrário, o instrumento particular vinculará apenas as partes.

Adotado o regime da comunhão parcial de bens na União Estável, reporte-se aos arts. 1.559 e 1.660 do CC, admitindo-se o direito à meação quanto aos bens adquiridos a título oneroso, na constância da União Estável, salvo contrato escrito. Assim concluiu a 3ª Turma do Superior Tribunal de Justiça, tendo como Relator o Ministro Sidnei Beneti, ao manter a decisão do Tribunal de origem (TJBA) que reconheceu o direito à meação de todos os bens móveis e imóveis adquiridos por ambos os conviventes na constância da união estável, excluído de tal monte o percentual atinente aos valores representados pelos bens próprios e anteriores à união, que foram alienados pelo autor para a compra dos primeiros imóveis e demais bens de consumo para uso comum do casal; tal conclusão não pode ser afastada por depender do revolvimento do quadro fático-probatório.[51]

Diante da indagação sobre a possibilidade de se conferir retroatividade ao contrato de convivência, Francisco José Cahali admite expressamente aos companheiros "fazer incidir suas previsões sobre situação pretérita ou já consumada". Para ele, "as partes são livres para dispor sobre o seu patrimônio atual, passado ou futuro".[52] Paulo Lôbo, no entanto, limita a eficácia retroativa do regime de bens pactuado à proteção dos interesses de terceiros de boa-fé.[53]

No julgamento do REsp 1.383.624/MG,[54] a 3ª Turma do STJ entendeu que, "no curso do período de convivência, não é lícito aos conviventes atribuírem por contrato efeitos retroativos à união estável elegendo o regime de bens para a sociedade de fato, pois, assim, se estar-se-ia conferindo mais benefícios à união estável que ao casamento".

---

50 STJ – 3ª Turma – REsp 1.988.228/PR – Rel. Min. Nancy Andrighi – *DJe* de 13.06.2022.
51 STJ – 3ª Turma – REsp. nº 1027220/BA – 2008/0025098-3 – Rel. Min. Sidnei Beneti – julg. em 01.06.2010 – pub. *DJe* de 30.06.2010.
52 Francisco José Cahali, in *Contrato de Convivência na União Estável*, São Paulo, Saraiva, 2002, pp. 76-77.
53 Paulo Lôbo, in *Direito Civil – Famílias*. São Paulo, Saraiva, 2009, p. 161.
54 STJ – 3ª Turma – REsp nº 1.383.624/MG – Rel. Min. Moura Ribeiro – *DJe* 12.06.2015.

Ademais, a jurisprudência do Superior Tribunal de Justiça adota entendimento semelhante no tocante às escrituras públicas que formalizam a união estável. Desse modo, conforme fixado no julgamento do REsp 1.845.416,[55] a escritura púbica que define regime de bens diverso da comunhão de bens terá eficácia *ex nunc*, ou seja, desde agora.

Como aponta a Min. Nancy Andrighi em seu voto, "a ausência de contrato escrito convivencial não pode ser equiparada à ausência de regime de bens na união estável não formalizada, como se houvesse somente uma lacuna suscetível de ulterior declaração com eficácia retroativa", de forma que "o silêncio é eloquente e se traduz na submissão das partes ao regime legal, de modo que a escritura posteriormente lavrada efetivamente modifica o regime então vigente".

No mesmo sentido, a 4ª Turma do STJ, ao apreciar o Agravo em Recurso Especial 1.631.112/MT,[56] entendeu pela invalidade de cláusulas nas referidas escrituras públicas que determinem a retroatividade do regime de bens. No caso em questão, a união estável foi formalizada em janeiro de 2008 por meio de escritura pública que definiu a retroatividade do regime da separação total de bens até maio de 2000, data que o casal começou a morar junto. No voto do Ministro Relator Antônio Carlos Ferreira, este destacou os precedentes[57] da corte segundo os quais "a eleição do regime de bens da união estável por contrato escrito é dotada de efetividade *ex nunc*, sendo inválidas cláusulas que estabeleçam a retroatividade dos efeitos".

Reporte-se, mais uma vez, à opinião de Rodrigo da Cunha Pereira ao destacar que "o Código de 2002 eliminou a expressão esforço comum, aproximando, ainda mais, a união estável do casamento". Não mais se admite buscar a comprovação de que um dos companheiros tenha dado maior contribuição. Doravante, é definitiva a sua condição de meeiro, titular de uma parte ideal do patrimônio comum.[58]

Este foi o entendimento do STJ, tendo como Relator o Ministro Carlos Alberto Menezes Direito, que, ao ressalvar a aplicabilidade da Súmula nº 377 do STF, esclareceu que "as Turmas que compõem a Seção de Direito Privado daquela Corte assentaram que, para os efeitos da Súmula nº 377 do STF, não se exige a prova do esforço comum para partilhar o patrimônio adquirido na constância da união. Na verdade, para a evolução jurisprudencial e legal, já agora o art. 1.725 do Código de 2002, o que vale é a vida comum, não sendo significativo avaliar a contribuição financeira, mas sim a participação direta e indireta representada pela solidariedade que deve unir o casal, medida pela comunhão de vida, na presença em todos os momentos da convivência, base da família, fonte do êxito pessoal e profissional de seus membros".[59]

---

55 STJ – 3ª Turma – REsp 1.845.416/MS – Rel. Min. Marco Aurélio Bellizze – Rel. p/ acórdão Min. Nancy Andrighi – *DJe* de 24.08.2021.
56 STJ – 4ª Turma – AgInt no AREsp 1.631.112/MT – Rel. Min. Antônio Carlos Ferreira – *DJe* de 14.02.2022.
57 STJ – 3ª Turma – AgInt no AREsp 1.292.908/RS – Rel. Min. Nancy Andrighi – *DJe* de 27.03.2019.
58 Rodrigo da Cunha Pereira, ob. cit., p. 116.
59 STJ – 3ª Turma – REsp. nº 736627/PR – Rel. Min. Carlos Alberto Menezes Direito – julg. em 11.04.2006.

Considerando a mudança introduzida pela Lei nº 12.344/2010, a qual, embora tenha aumentado para 70 anos a idade, impõe, obrigatoriamente, o regime da absoluta separação de bens no casamento, indaga-se se tais limitações previstas no art. 1.641, II, do CC para o casamento, se aplicaria, por analogia, aos companheiros da mesma idade. Indaga-se também sobre a validade do "contrato escrito" dos "companheiros idosos", visando à opção pelo regime previsto no art. 1.725 do CC, ou seja, da "comunhão parcial de bens". Para Caio Mário, a vigorar esta última alternativa, estaríamos prestigiando a união estável em detrimento do casamento, o que não parece ser o objetivo do legislador constitucional, ao incentivar a conversão da união estável em casamento. Para o autor, devem ser aplicadas aos companheiros idosos as mesmas limitações previstas para o casamento; para ele deverá prevalecer o regime da separação legal de bens. A omissão do legislador na hipótese dos companheiros idosos criou flagrante conflito de interpretação. Por via de consequência, o autor afasta o "contrato escrito" entre os "companheiros idosos", visando à opção pelo regime previsto no art. 1.725 do CC, ou seja, da "comunhão parcial de bens".

Guilherme Calmon Nogueira da Gama, neste mesmo rumo de orientação, esclarece que "as pessoas inseridas no contexto da separação legal de bens, ou seja, as pessoas que não têm opção de escolha do regime de bens no casamento, pelas razões apontadas no dispositivo, também não podem pactuar quanto aos bens adquiridos na constância da união extramatrimonial, pois, do contrário, haveria estímulo à existência de situações fundadas no companheirismo em detrimento do casamento, o que é vedado pela norma constitucional que prevê a conversão da união estável em casamento".[60]

Francisco José Cahali, antes da Lei nº 12.344/2010, manifestou-se em posição diversa, ao considerar que o regime patrimonial da união estável não se confunde com o regime de bens do casamento, envolvidos, cada qual, com suas características e peculiaridades, sendo, pois, inadequado aproveitar-se a regra de um para outro. Aliás, quisesse o legislador, para esta finalidade, tratar com identidade os dois institutos, bastaria fazer incidir, quanto ao regime patrimonial, as regras do regime de bens do casamento. (...) A lei silencia, indicando a independência e autonomia do regime patrimonial na união estável em relação ao regime de bens decorrente do casamento.[61] Ao comentar o Código de 2002, o autor manteve a orientação no sentido da inaplicabilidade da imposição do regime da separação de bens, previsto no art. 1.641, CC, às pessoas que iniciem união estável com idade superior a sessenta anos (70 anos a partir de 2010) ou demais circunstâncias enumeradas na norma para o casamento.[62] Para esta atualizadora, a Lei nº 12.344/2010 representou um retrocesso ao manter a discriminação dos idosos, ferindo os princípios da dignidade humana e da igualdade. A vigorar tal limitação, deve a mesma, no entanto, ser aplicada ao casamento e à união estável.

---

60 Guilherme Calmon Nogueira da Gama, ob. cit., p. 345.
61 Francisco José Cahali, ob. cit., pp. 120-121.
62 Francisco José Cahali, ob. cit., p. 284.

Este tem sido o entendimento do STJ ao aplicar o art. 1.641 do Código Civil à união estável diante da suposta equiparação da categoria familiar ao casamento. Atente-se, no entanto, que o mesmo STJ entendeu, entre outras questões que, embora prevalecendo o entendimento do STJ de que o regime aplicável na união estável entre sexagenários é o da separação obrigatória de bens, temperado, no entanto, pela Súmula 377-STF com a comunicação dos bens adquiridos onerosamente na constância da união, sendo presumido o esforço comum, o que equivale à aplicação do regime da comunhão parcial. O mesmo STJ alertou contra a restrição aos atos praticados por pessoas com idade igual ou superior a 60 anos, o que representa ofensa ao princípio da dignidade da pessoa humana.[63] No que concerne ao direito à conversão da união estável em casamento, o art. 1.726 de 2002 pouco inovou em relação à Lei nº 9.278/1996, uma vez que mantém o sistema de pedido conjunto pelos companheiros. Incluiu, no entanto, a obrigatoriedade de pedido judicial de conversão, o qual, a nosso ver, será provimento de jurisdição voluntária, cabendo à organização judiciária do Estado indicar o Juízo competente.

Destaque-se, no entanto, o art. 1.727, ao declarar que "as relações não eventuais entre o homem e a mulher, impedidos de casar, constituem concubinato". Pretendeu o legislador distinguir a união estável do concubinato. Quis distinguir o relacionamento estável que atenda aos requisitos do art. 1.723, do concubinato identificado como "impuro", ou seja, "adulterino, incestuoso ou desleal, como, respectivamente, o de um homem casado que tenha, paralelamente ao seu lar, outro de fato; o de um pai com sua filha; e o de um concubino formando um outro concubinato", como bem identificou Álvaro Villaça de Azevedo.[64]

Ressalte-se que a Jurisprudência do Superior Tribunal de Justiça conceitua a concubina como "mulher que se une, clandestinamente ou não, a homem comprometido, legalmente impedido de casar". Por sua vez, "a companheira é a mulher que vive, em união estável com homem desimpedido para o casamento ou, pelo menos, separado judicialmente, ou de fato, há mais de dois anos, apresentando-se à sociedade como se com ele casada fosse".[65]

Foi garantido no art. 1.694 do CC o direito recíproco dos companheiros aos alimentos. Deduz-se que se aplicam os mesmos princípios previstos no Código Civil relativos aos alimentos dos ex-cônjuges, inclusive o direito de utilizar-se do rito especial da Lei nº 5.478/1968. Alerte-se, no entanto, para a perda do direito aos alimentos pelo companheiro que constituir nova união estável ou caso venha a contrair matrimônio. Francisco José Cahali opina no sentido da inaplicabilidade do art. 1.709

---

63 STJ – 3ª Turma – REsp..1.171.820/PR – Rel originário Min. Sidnei Beneti – Rel. para o acórdão Min. Nancy Andrigui. Julg. em 07.12.2010. Precedentes citados: REsp. 915.297-MG – *DJe* 03.03.2009; REsp. nº 736.627-PR, *DJe* 1º.07.2008; REsp. nº 471.958-RS, *DJe* 18.02.2009; REsp. nº 1.090.722-SP *DJe* 30.08.2010.
64 Álvaro Villaça de Azevedo, "A recente Lei nº 8.971/1994 que concede aos concubinos o direito a alimentos e à sucessão poderá ser revogada", *in Revista Literária de Direito*, março/abril 1995, p. 30.
65 STJ – 3ª Turma – REsp. nº 532.549 – Rel. Min. Castro Filho – *DJ* de 20.06.2005.

do CC, destacando que sequer os divorciados teriam direito a pretender alimentos do ex-cônjuge "quando, até a decretação do divórcio, não tiver sido estabelecida a pensão".

Esclarece, ainda, que, "superada a fase da dissolução da união, momento em que surge e se discute eventual obrigação alimentar, após a consumação do rompimento, outro instante será inadequado à pretensão alimentar".[66] Na hipótese de dissolução amigável deverá prevalecer o que acordarem os companheiros.

No julgamento do REsp 1.354.693/SP,[67] o STJ decidiu que se transmite ao espólio somente a responsabilidade pelo pagamento dos débitos alimentares que não tenham sido quitados pelo devedor em vida, extinguindo-se, com o óbito do alimentante, a obrigação de prestar alimentos a sua ex-companheira originada de acordo celebrado em razão da dissolução da união estável.

Ressalte-se que é devida a pensão por morte do companheiro, desde que demonstrada a união estável. Sobre o tema, eis a decisão do STJ, tendo como Relator o Ministro Nilson Naves: "... se a legislação previdenciária não impõe a necessidade da prova material para comprovação de dependência econômica para fins previdenciários, não há por que o magistrado fazer tal interpretação da norma. Onde a lei não distingue, não pode o intérprete fazê-lo".[68]

A união estável não é reconhecida legalmente como "estado civil". Fora as hipóteses de realização de um "Pacto", representa quase sempre um desafio identificar o seu início. Inúmeras situações jurídicas envolvem, cada vez mais, direitos e deveres oriundos dessa relação de fato, sobretudo se foi precedido por um casamento. Paulo Lôbo admite o "estado civil de companheiro", explicando que "quem ingressa em união estável deixa de ser solteiro, separado, divorciado, viúvo". O mesmo autor justifica sua posição: "a) a tutela constitucional e do Código Civil à união estável como relação diferenciada do estado de casado e do estado de solteiro; b) o vínculo inevitável dos companheiros com a entidade familiar, especialmente dos deveres comuns; c) a relação de parentesco por afinidade com os parentes do outro companheiro, que gera impedimento para outra união com estes; d) da proteção dos interesses de terceiros que celebram atos com um dos companheiros, em razão do regime de bens de comunhão parcial desde o início da união".[69]

Cabe ressaltar que a 3ª Turma do STJ possui precedente admitindo a pretensão de inscrição do fato jurídico da união estável no Registro Civil de Pessoas Naturais, com as devidas remissões recíprocas aos atos notariais anteriores relacionados aos companheiros, uma vez declarada a união estável por meio de sentença judicial transitada em julgado. Destacou a Relatora do acórdão, Ministra Nancy Andrighi, que,

---

66 Francisco José Cahali, "Dos Alimentos", in *Direito de Família e o Novo Código Civil* (coord.: Rodrigo da Cunha Pereira e Maria Berenice Dias), p. 204.
67 STJ – REsp 1.354.693/SP – Rel. originário Min. Maria Isabel Gallotti – Rel. p/ acórdão Min. Antonio Carlos Ferreira – Julg.: 26.11.2014 – DJe 20.02.2015.
68 STJ – 6ª Turma – REsp. nº 783.697/GO – Rel. Min. Nilson Naves – DJe 20.06.2006.
69 Paulo Lôbo, *Direito Civil: Famílias*, São Paulo, Saraiva, 2010, pp. 167-168.

"Afora o debate sobre a caracterização de um novo estado civil pela união estável, a interpretação das normas que tratam da questão aqui debatida – em especial a Lei de Registros Públicos – deve caminhar para o incentivo à formalidade, pois o ideal é que à verdade dos fatos corresponda, sempre, a informação dos documentos, especialmente no que tange ao estado da pessoa natural".[70]

Da exegese do art. 1.727 do CC, concernente ao *concubinato* entre pessoas impedidas de casar cujo relacionamento é marcado ou não pela clandestinidade, indaga-se se este último gera deveres e direitos produzindo os efeitos da União Estável. A grande verdade é que a simultaneidade das relações familiares se multiplica, cada dia, exigindo um novo olhar para as situações que se apresentam.

Questão recente, que tem gerado polêmica na doutrina e na Jurisprudência, diz respeito à possibilidade de reconhecimento de uniões estáveis concomitantes, o que os doutrinadores contemporâneos vêm denominando de "poliamor". O Supremo Tribunal Federal reconheceu a existência de repercussão geral em um Agravo em Recurso Extraordinário contra uma decisão do TJ-SE que entendeu pela impossibilidade do reconhecimento de uma relação homoafetiva devido à existência de declaração judicial de união estável entre o falecido e uma mulher em período concomitante.[71]

Para Maria Berenice Dias, "negar a existência de famílias paralelas – quer um casamento e uma união estável, quer duas ou mais uniões estáveis – é simplesmente não ver a realidade. (...) Por fim, desconsiderar a participação do companheiro casado na relação concubinária, a fim de entendê-la como monoparental em havendo filhos, ofende o princípio da livre escolha da entidade familiar, pois se estaria diante de uma entidade monoparental imposta". Para a referida autora, deixando o Estado de conferir proteção a mais de uma família ao mesmo tempo, ele estaria privilegiando o infiel e punindo a concubina e, consequentemente, os filhos havidos desta relação extraconjugal.[72]

No entanto, o STJ tem decidido no sentido da impossibilidade do reconhecimento de uniões estáveis paralelas, com base na condição da exclusividade de relacionamento sólido para caracterização e validade de uma união estável.

Assim, a 4ª Turma do STJ, tendo como Relator o Ministro Luis Felipe Salomão, decidiu que "havendo sentença transitada em julgado a reconhecer a união estável entre o falecido e sua companheira em determinado período, descabe o reconhecimento de outra união estável, simultânea àquela, com pessoa diversa". O Relator esclarece que "não se está analisando a possibilidade de, no mundo dos fatos, haver mais de uma união com vínculo afetivo e duradouro, com o escopo de constituição de laços familiares, o que evidentemente acontece. O que se está a perquirir é se, ain-

---

[70] STJ – 3ª Turma – REsp 1.516.599/PR – Rel. Min. Nancy Andrighi – Julg.: 21.09.2017 – *DJe* 02.10.2017.
[71] STF – Repercussão Geral no Recurso Extraordinário com Agravo nº 656.298-SE – Rel. Min. Ayres Brito – Publ. em 17.02.2012.
[72] Maria Berenice Dias, *Manual de direito das famílias*, São Paulo: Editora Revista dos Tribunais, 2011, pp. 50-54.

da que de fato haja vínculos afetivos desse jaez, o ordenamento jurídico confere-lhes alguma proteção. Vale dizer, indaga-se se as relações afetivas com esses caracteres, simultaneamente perfectibilizadas, recebem, não de fato, mas juridicamente, o predicativo de 'união estável'".[73]

A 3ª Turma, tendo como Relator o Ministro Carlos Alberto Menezes Direito, já havia decidido anteriormente que "mantendo o autor da herança união estável com uma mulher, o posterior relacionamento com outra, sem que se haja desvinculado da primeira, com quem continuou a viver como se fossem marido e mulher, não há como configurar união estável concomitante, incabível a equiparação ao casamento putativo".[74]

Ainda, no REsp. 1157273/RN, a 3ª Turma do STJ ressaltou que a análise dos requisitos para configuração da união estável[75] deve "centrar-se na conjunção de fatores presente em cada hipótese, como a *affectio societatis* familiar, a participação de esforços, a posse do estado de casado, a continuidade da união, a fidelidade, entre outros". Segundo a Relatora Ministra Nancy Andrighi, em uma sociedade estruturalmente monogâmica, não haveria a possibilidade de atenuação do dever de fidelidade e de lealdade, devendo o juiz, ao analisar as lides que apresentam paralelismo afetivo, estar atento às "peculiaridades multifacetadas apresentadas em cada caso, decidir com base na dignidade da pessoa humana, na solidariedade, na afetividade, na busca da felicidade, na liberdade, na igualdade, bem assim, com redobrada atenção ao primado da monogamia, com os pés fincados no princípio da eticidade".

Por fim, a Relatora concluiu que "emprestar aos novos arranjos familiares, de uma forma linear, os efeitos jurídicos inerentes à união estável, implicaria julgar contra o que dispõe a lei; isso porque o art. 1.727 do CC/2002 regulou, em sua esfera de abrangência, as relações afetivas não eventuais em que se fazem presentes impedimentos para casar, de forma que só podem constituir concubinato os relacionamentos paralelos a casamento ou união estável pré e coexistente".[76]

No mesmo, sentido, a 3ª Turma do STJ, no julgamento do REsp nº 1.348.458/MG, decidiu que, ainda que não seja previsto pela lei como requisito para a configuração da união estável, "a fidelidade está ínsita ao próprio dever de respeito e lealdade entre os companheiros".

---

73 STJ – 4ª Turma – REsp. nº 912926/RS – Rel. Min. Luis Felipe Salomão – Julg. em 22.02.2011 – *DJe* 07.06.2011.
74 STJ – 3ª Turma – REsp. nº 789293/RJ – Rel. Min. Carlos Alberto Menezes Direito – Julg. em 16.02.2006 – *DJe* 20.03.2006.
75 "Sob a tônica dos arts. 1.723 e 1.724 do CC/02, para a configuração da união estável como entidade familiar, devem estar presentes, na relação afetiva, os seguintes requisitos: (i) dualidade de sexos; (ii) publicidade; (iii) continuidade; (iv) durabilidade; (v) objetivo de constituição de família; (vi) ausência de impedimentos para o casamento, ressalvadas as hipóteses de separação de fato ou judicial; (vii) observância dos deveres de lealdade, respeito e assistência, bem como de guarda, sustento e educação dos filhos." (STJ – 3ª Turma – REsp. nº 1157273/RN – Rel. Min. Nancy Andrighi – Julg. em 18.05.2010 – *DJe* 07.06.2010.)
76 STJ – 3ª Turma – REsp. nº 1157273/RN – Rel. Min. Nancy Andrighi – Julg. em 18.05.2010 – *DJe* 07.06.2010.

No acórdão, foram apontadas três correntes doutrinárias acerca do tema, com base em um estudo realizado por Laura Ponzoni. A primeira, capitaneada por Maria Helena Diniz, nega o reconhecimento de uniões estáveis paralelas, com base no dever de fidelidade ou de lealdade e no princípio da monogamia. A segunda, majoritária, considera a boa-fé e aplica analogicamente a lógica do casamento putativo caso o terceiro esteja certo de que integra uma entidade familiar nos termos legais, sem o conhecimento de que o outro é casado ou mantém união diversa. Nesses casos, o companheiro de boa-fé possuirá os direitos assegurados à união estável, sem prejuízo dos danos morais cabíveis. A terceira, defendida por Maria Berenice Dias, admite uniões estáveis concomitantes, independentemente de boa-fé, considerando que o dever de fidelidade não é requisito essencial à caracterização da união estável.[77]

Mais recentemente, na análise do Pedido de Providências nº 0001459-08.2016.2.00.0000, o Plenário do Conselho Nacional de Justiça (CNJ) decidiu que os cartórios brasileiros não podem registrar uniões poliafetivas, formadas por três ou mais pessoas, em escrituras públicas.

Dessa forma, verifica-se, ainda, a impossibilidade do reconhecimento de uniões estáveis paralelas, tendo em vista a base monogâmica do Estado brasileiro e os impedimentos previstos pelo Código Civil Brasileiro. Contudo, isso não significa que a relação concubinária seja ignorada pelos Tribunais; implica, sim, em efeitos jurídicos, mas equipará-la ao casamento e à união estável seria afrontar de forma expressa a intenção legislativa de proteger os deveres de lealdade e de fidelidade da família.

No entanto, não se pode ignorar que a jurisprudência tem reconhecido, em alguns casos, direitos à concubina. No julgamento da Apelação Cível nº 941949-6, a 12ª Câmara Cível do Tribunal de Justiça do Paraná decidiu no sentido da possibilidade de, excepcionalmente, conceder alimentos naturais à concubina, quando restar comprovada a dependência econômica em relação ao concubino, desde que isso não represente prejuízos às condições de vida da entidade familiar em que o par afetivo está de boa-fé. Os magistrados consideraram que a concubina, encontrando-se em idade avançada, e a filha comum (falecida) haviam dependido economicamente do réu por 15 anos, para determinar, de forma excepcional, o cabimento dos alimentos naturais.

Para a Relatora, Desembargadora Ivanise Maria Tratz Martins, "havendo quebra do dever de lealdade, deve-se averiguar se há ou não boa-fé por parte da terceira pessoa que ingressa na relação paralela. Se ignorava que o seu par era casado ou já participava de união estável, se está diante de uma união estável putativa, sendo digna de tutela jurídica, tal qual já se fazia com o casamento putativo (CC, art. 1.561) em que havia boa-fé do cônjuge. No entanto, se o terceiro não estava de boa-fé, a entidade a ser reconhecida é o concubinato (CC, art. 1.727)". Assim, "ao tutelar a relação concubinária, necessário o justo equilíbrio a nortear a aplicação de alguns

---

77 STJ – 3ª Turma – REsp nº 1.348.458/MG – Rel. Min. Nancy Andrighi – julg. em 08.05.2014 – *DJe* 25.06.2014.

efeitos análogos ao casamento, em caráter excepcional, sem que se prejudique o núcleo familiar de boa-fé, que teve tolhida sua liberdade substancial".[78]

No julgamento do REsp nº 1.185.337/RS,[79] a 3ª Turma do STJ reconheceu o dever de um homem de pagar alimentos a mulher que conviveu com ele em relacionamento paralelo ao casamento durante 40 anos. No caso, a mulher, já idosa, desistiu de sua atividade profissional ainda jovem para dedicar-se ao homem, que, ao longo do tempo em que perdurou o relacionamento amoroso paralelo ao casamento, proveu espontaneamente o sustento da mulher. Para o Ministro Relator, João Otávio de Noronha, "de regra, o reconhecimento da existência e dissolução de concubinato impuro, ainda que de longa duração, não gera o dever de prestar alimentos à concubina", mas, em virtude das peculiaridades do caso concreto, considerando que o homem, espontaneamente, proveu o sustento da concubina, durante longo período de relacionamento amoroso e que a mulher abandonou a carreira para dedicar-se exclusivamente ao parceiro, deve ser reconhecido o direito da concubina, já em idade avançada, em receber o auxílio-alimentar. Considerou-se, ainda, que a questão alimentar não está restrita a dois dispositivos isolados do Código Civil, havendo várias outras referências ao tema, como o dispositivo que trata da responsabilidade civil (art. 948, II) e o que dispõe sobre os atos unilaterais/gestão de negócios (art. 871), além da aplicação dos princípios da dignidade e solidariedade humana.

Em interessante decisão, a 8ª Câmara Cível do Tribunal de Justiça do Rio Grande do Sul, na Apelação Cível nº 70027512763, reconheceu a possibilidade de constituição de uniões estáveis paralelas, prevendo uma nova nomenclatura para a meação dos bens nesse caso. Para o Relator Desembargador Rui Portanova, tratar-se-ia de "triação", na medida em que se tem uma divisão por três. Para ele, "com efeito, não pode haver divisão pelo 'meio' que dá origem à palavra 'meação'. A presente decisão, em face da peculiaridade, fará uma divisão por três. Logo, 'triação'". Na decisão, o Ilustre Desembargador considerou que havia união dúplice no caso, de modo que tudo que o *de cujus* adquirira com a esposa e com a companheira nesse período formaria um patrimônio comum, a ser dividido entre os três: 1/3 para a esposa, 1/3 para a companheira e 1/3 pertencente ao *de cujus*, que seria a herança – espólio.[80]

Ressalte-se que, em junho de 2015, a Turma Regional de Uniformização (TRU) dos Juizados Especiais Federais da 4ª Região julgou procedente pedido de uniformização e concluiu que, em casos de coexistência de relação conjugal e extraconjugal, tanto esposa como companheira devem receber a pensão. Encontra-se pendente de julgamento no STF o Recurso Extraordinário 883.168/SC, que trata

---

78 TJPR – 12ª Câmara Cível – Apelação Cível nº 941949-6 – Rel. Des. Ivanise Maria Tratz Martins – julg. em 23.10.2013.
79 STJ – 3ª Turma – REsp 1.185.337/RS – Rel. Min. João Otávio de Noronha – Julg.: 17.03.2015 – *DJe* 31.03.2015.
80 TJRS – Apelação Cível nº 70027512763 – Rel. Des. Rui Portanova – 8ª Câmara Cível – julg. em 14.05.2009.

da possibilidade de rateio de benefício previdenciário entre a viúva do segurado e a companheira com quem mantinha união paralela ao casamento.[81]

As uniões afetivas plúrimas, múltiplas, simultâneas e paralelas têm ornado o cenário fático dos processos de família com os mais inusitados arranjos, entre eles, aqueles em que um sujeito direciona seu afeto para um, dois, ou mais outros sujeitos, formando núcleos distintos e concomitantes, muitas vezes colidentes em seus interesses. Ao analisar as lides que apresentam paralelismo afetivo, deve o Juiz, atento às peculiaridades multifacetadas apresentadas em cada caso, decidir com base na dignidade da pessoa humana, na solidariedade, na afetividade, na busca da felicidade, na liberdade, na igualdade, bem assim com redobrada atenção ao primado da monogamia, com os pés fincados no Princípio da Eticidade".[82]

Na hipótese de existirem filhos comuns dos concubinos, estes terão o mesmo tratamento dos filhos oriundos do casamento ou de outra entidade familiar; uma vez comprovada a sociedade de fato entre eles, as relações patrimoniais serão regidas pelo Direito das Obrigações. Nas uniões dúplices o princípio da monogamia diante da existência de outros princípios que norteiam o Direito de Família contemporâneo, não é suficiente para colocá-la à margem da ordem jurídica familiar. Concluem Ana Carolina Brochado Teixeira e Renata de Lima Rodrigues que "o simples fato de haver simultaneidade familiar, no âmbito das relações conjugais, não pode ser caracterizado como uma presunção absoluta de conduta desleal, inapta a gerar eficácia jurídica familiar".[83]

A-5. DIREITOS SUCESSÓRIOS DOS COMPANHEIROS

Esclareça-se, inicialmente, que predomina para efeito de sucessão dos companheiros a legislação vigente antes de janeiro de 2003, se o companheiro faleceu antes desta data, prevalecendo a regra do art. 1.787 do Código Civil de 2002, ao afirmar que "regula a sucessão e a legitimação para suceder a lei vigente ao tempo da abertura da sucessão", o que foi reforçado pelo art. 2.041 do CC. Conclui-se que a lei aplicável a qualquer sucessão, dos cônjuges ou companheiros, é a lei da data do óbito. Na hipótese de morte presumida, com ou sem declaração de ausência, indica Nelson Rosenvald que o juiz dispensará o longo processo de conversão da ausência em sucessão (art. 6º do CC) para imediatamente estabelecer a morte presumida em processo de jurisdição voluntária (art. 7º do CC), prevalecendo a lei vigente na data

---

81 IBDFAM. *Justiça Federal do Sul do Brasil firma entendimento jurisprudencial sobre famílias paralelas ao casamento.* Disponível em: <http://www.ibdfam.org.br/noticias/5671/Justi%C3%A7a+Federal+do+Sul+do+Brasil+firma+entendime nto+jurisprudencial+sobre+fam%C3%ADlias+paralelas+ao+casamento>. Acesso em: 06 out. 2015.
82 STJ – 3ª Turma – REsp. nº 1.157.273/RN – Rel. Min. Nancy Andrighi – julg. em 18.05.2010.
83 Ana Carolina Brochado Teixeira e Renata de Lima Rodrigues, in *Direito das Famílias entre a Norma e a Realidade*, São Paulo, Atlas, 2010, p. 130.

que o magistrado salientar como provável para o falecimento, mesmo que a sentença seja prolatada tempos depois da vigência do Código Civil de 2002.[84]

Consolidou-se, definitivamente, o reconhecimento de direitos oriundos de relações de fato entre companheiros, sendo um deles ainda ligado pelo vínculo do matrimônio. Distingue-se, a cada dia, a "existência do casamento" da "constância no casamento". (...) "Constância significa convivência que, por óbvio, rompe-se com a separação de fato. A existência, a seu turno, identifica-se com um liame meramente formal".[85] Indaga-se a efetiva intenção do legislador ao estabelecer, no art. 1.830 do CC de 2002, que "somente é reconhecido direito sucessório ao cônjuge sobrevivente se, ao tempo da morte do outro, não estavam separados judicialmente, nem separados de fato há mais de dois anos, salvo prova, neste caso, de que essa convivência se tornara impossível sem culpa do sobrevivente". Admitida a hipótese de reconhecimento de direitos sucessórios na "existência" do casamento, e não na "constância", a nosso ver, será difícil identificar o direito sucessório do companheiro. Ao ressalvar o direito de o "cônjuge" justificar que "a convivência se tornara impossível sem culpa dele, o cônjuge", são inevitáveis intermináveis processos de Inventário. Recomenda-se destacar os bens adquiridos na constância da vida em comum com o companheiro e aqueles incorporados ao patrimônio do ex-casal na constância do casamento.

Ao enumerar os "herdeiros necessários", o art. 1.845 do CC não incluiu o companheiro, como se chegou a vislumbrar da leitura do art. 2º da Lei nº 8.971/1994, ao determinar que a companheira ou companheiro herdariam a totalidade da herança na ausência de descendente, ascendente e cônjuge, sempre subordinado ao fato de não ter constituído nova união, matrimonial ou extramatrimonial. Eram afastados naquele texto legal os colaterais e o Poder Público.[86]

No que concerne ao direito real de habitação do companheiro sobrevivo, não é pacífica a orientação doutrinária e jurisprudencial sobre o assunto, sobretudo porque foi garantido ao cônjuge sobrevivente este direito no art. 1.831, "qualquer que fosse o regime de bens". Mauro Antonini defende a tese de que na vigência do Código de 2002 permanece o direito real de habitação do companheiro sobrevivente.[87] Zeno Veloso, ao contrário, reportando-se ao art. 1.790 do CC[88] afirma que, se o Código Ci-

---

84 Nelson Rosenvald, in *Código Civil Comentado* (coord.: Ministro Cezar Peluso), Barueri/SP, Manole, 2009, pp. 2.227-2.228).
85 Tereza de Arruda Alvim Pinto, *Entidade Familiar e Casamento Formal: Aspectos Patrimoniais*, p. 71.
86 A condição de herdeiro necessário, apesar da omissão no Código de 2002, é defendida por Carlos Roberto Barbosa Moreira em "considerações pessoais" no volume VI das *Instituições* de Caio Mário da Silva Pereira. Buscando analisar o art. 1845 do CC dentro do contexto no qual ele se insere, propõe identificar no sistema da lei outros elementos capazes de confirmar ou desmentir aquela declaração (vide nº 448-B, v. VI *das Instituições*).
87 Mauro Antonini, *Código Civil Comentado: Doutrina e Jurisprudência* (coord.: Ministro Cezar Peluso), São Paulo, Manole, 2008, p. 1.998.
88 Deve-se ressaltar que o Supremo Tribunal Federal, no julgamento dos Recursos Extraordinários 646.721 e 878.694 sob o rito da repercussão geral, decidiu pela inconstitucionalidade da distinção de regimes sucessórios entre cônjuges e companheiros, prevista pelo art. 1.790.

vil não menciona este direito, isto permite concluir que o legislador não quis prever tal benefício aos companheiros.[89] No entanto, o mesmo autor alerta para a hipótese relativa ao único imóvel destinado à residência da família constituída da união estável. Diante desta situação especial, o autor alerta para a possibilidade de disciplinar o direito real de habitação por analogia ao art. 1831 do CC, assegurando o mesmo direito atribuído ao cônjuge sobrevivo, "qualquer que seja o regime de bens". O autor, reportando-se a João Baptista Villela, sugere a aplicação da *cláusula de maior favorecimento*. E conclui: *"Afinal, casamento e união estável* são entidades familiares de idêntica altura, de igual importância e com a mesma dignidade."[90]

Embora o Código Civil não tenha estendido o direito real de habitação sobre o imóvel destinado à residência da família ao sobrevivente da união estável, o art. 2.045 da lei civil não revogou expressamente a Lei nº 9.278/1996, cujo parágrafo único do art. 7º confere à união estável o direito real de habitação. E, de acordo com o art. 2º da Lei de Introdução às Normas do Direito Brasileiro, a lei posterior só revoga a anterior quando expressamente o declare; quando com ela seja incompatível; ou quando regule inteiramente a matéria. Portanto, tecnicamente segue em plena vigência a Lei nº 9.278/1996 naquilo que não for incompatível com o Código Civil, como sucede em relação ao direito real de habitação na união estável quando prevista para o casamento.[91]

Destaca-se o entendimento do Tribunal de Justiça do Rio de Janeiro de que, no caso em que o companheiro seja apenas usufrutuário do imóvel, doado pelo *de cujus* aos filhos ainda em vida, não subsiste o direito real de habitação daquele. Com efeito, entende-se que o evento morte promove a extinção do usufruto, adquirindo os filhos (donatários) a propriedade plena do imóvel, ainda que o bem estivesse sendo ocupado pelo companheiro, inexistindo direito de habitação a socorrê-lo.[92]

Ressalta-se, ainda, que a Jurisprudência vem entendendo que o reconhecimento de união estável em sede de inventário é possível quando esta puder ser comprovada por documentos incontestes juntados aos autos do processo.[93]

O legislador civilista convocou, originalmente, o companheiro no art. 1.790 do CC para participar da herança, porém, restringindo-se aos "bens adquiridos onerosamente na vigência da união estável" e nas "condições" estabelecidas na lei, a saber:

I – se concorrer com filhos comuns, terá direito a uma quota equivalente à que por lei for atribuída ao filho;

---

89 Zeno Veloso, in *Direito Hereditário do cônjuge e do companheiro*, São Paulo, Saraiva, 2010, p. 162.
90 Zeno Veloso, ob. cit. pp. 163-164.
91 Rolf Madaleno, *Curso de Direito de Família*, Rio de Janeiro, Forense, 2011, p. 1.078.
92 Neste sentido: TJRJ – 17ª Câmara Cível – Apelação Cível nº 0002334-87.2009.8.19.0001 – Rel. Des. Edson Vasconcelos – Julg.: 15.06.2011. TJRJ; 8ª Câmara Cível – Agravo de Instrumento nº 0014162-15.2011.8.19.0000 – Rel. Des. Mônica Costa Di Piero – Julg.: 24.05.2011.
93 STJ – 3ª Turma – REsp 1.685.935/AM – Rel. Min. Nancy Andrighi – Julg.: 17.08.2017 – *DJe* 21.08.2017.

II – se concorrer com descendentes só do autor da herança, tocar-lhe-á a metade do que couber a cada um daqueles;

III – se concorrer com outros parentes sucessíveis, terá direito a um terço da herança;

IV – não havendo parentes sucessíveis, terá direito à totalidade da herança.

Os incisos ora citados restringiam o direito do companheiro ao *caput* do artigo. Contudo, o Supremo Tribunal Federal, no julgamento dos Recursos Extraordinários 646.721 e 878.694 sob o rito da repercussão geral, decidiu pela inconstitucionalidade da distinção de regimes sucessórios entre cônjuges e companheiros, fixando a seguinte tese: "No sistema constitucional vigente, é inconstitucional a distinção de regimes sucessórios entre cônjuges e companheiros, devendo ser aplicado, em ambos os casos, o regime estabelecido no art. 1.829 do CC/2002".[94]

Devem ser feitas algumas ressalvas, contudo: "a) em primeiro lugar, ressalte-se que, para que o estatuto sucessório do casamento valha para a união estável, impõe-se o respeito à regra de transição prevista no art. 2.041 do CC/2002, valendo o regramento desde que a sucessão tenha sido aberta a partir de 11 de janeiro de 2003; b) tendo sido aberta a sucessão a partir de 11 de janeiro de 2003, aplicar-se-ão as normas do 1.829 do CC/2002 para os casos de união estável, mas aos processos judiciais em que ainda não tenha havido trânsito em julgado da sentença de partilha, assim como às partilhas extrajudiciais em que ainda não tenha sido lavrada escritura pública, na data de publicação do julgamento do RE n. 878.694/MG; c) aos processos judiciais com sentença transitada em julgado, assim como às partilhas extrajudiciais em que tenha sido lavrada escritura pública, na data daquela publicação, valerão as regras dispostas no art. 1790 do CC/2002".[95]

O STJ também vem capitaneando tal entendimento, apontando que "O tratamento diferenciado acerca da participação na herança do companheiro ou cônjuge falecido conferido pelo art. 1.790 do Código Civil/2002 ofende frontalmente os princípios da igualdade, da dignidade humana, da proporcionalidade e da vedação ao retrocesso".[96] O STJ já se manifestou, ainda, no sentido de que os colaterais não podem questionar herança se companheiro ainda está vivo, diante da equiparação dos direitos sucessórios.[97]

---

[94] Ressalta-se que ficaram vencidos os Ministros Marco Aurélio e Ricardo Lewandowski. Em seu voto divergente, o Ministro Marco Aurélio destacou que não caberia "ao Judiciário, após a escolha legítima pelos particulares, sabedores das consequências, suprimir a manifestação de vontade com promoção de equiparações", sustentando a manutenção da diferenciação entre os dois institutos (STF – Pleno – RE 646.721/RS – Rel. p/ acórdão Min. Luís Roberto Barroso – Julg.: 10.05.2017).

[95] STJ – 4ª Turma – REsp 1.337.420/RS – Rel. Min. Luis Felipe Salomão – Julg.: 22.08.2017 – *DJe* 21.09.2017.

[96] STJ – 3ª Turma – REsp 1.332.773/MS – Rel. Min. Ricardo Villas Bôas Cueva – Julg.: 27.06.2017 – *DJe* 01.08.2017.

[97] STJ – 4ª Turma – REsp 1.337.420/RS – Rel. Min. Luis Felipe Salomão – Julg.: 22.08.2017 – *DJe* 21.09.2017.

A-6. Outras questões legais que envolvem a união estável

Destacam-se ainda alguns aspectos que deverão merecer atenção especial:

A) Interessa à união estável a regra do art. 1.562 ao permitir à parte interessada requerer a separação de corpos, antes de mover a ação de dissolução de união estável, "comprovando sua necessidade, a separação de corpos, que será concedida pelo juiz com possível brevidade". Lúcia Mothé Glioche sugere que o interessado "demonstre a imperiosidade de tal medida, pois, tendo esta natureza cautelar, exige, como outra qualquer da mesma índole, para a sua concessão, evidência inequívoca dos pressupostos tradicionais do *fumus boni iuris* e do *periculum in mora* (art. 798, CPC/1973 – art. 294, CPC/2015),[98] circunstâncias que facultarão ao julgador sua concessão liminar".[99]

B) Aplica-se, também, por analogia, o art. 977 ao facultar aos cônjuges contratar sociedade, entre si ou com terceiros, desde que não tenham casado no regime da comunhão universal de bens, ou no da separação obrigatória. Portanto, autoriza-se, igualmente, aos companheiros, cujo regime de bens tenha sido da comunhão parcial, o direito de constituírem sociedade entre si.

C) Revogado o parágrafo único do art. 1.618, CC, autoriza o § 2º do art. 42, ECA (com as alterações da Lei nº 12.010/2009), a adoção por companheiros "comprovada a estabilidade da família". Estabelece, ainda, o § 4º do mesmo art. 42, ECA, que os ex-companheiros podem adotar conjuntamente, contanto que acordem sobre a guarda e o regime de visitas e desde que o estágio de convivência tenha sido iniciado na constância do período de convivência e que seja comprovada a existência de vínculos de afinidade e afetividade com aquele não detentor da guarda, que justifiquem a excepcionalidade da concessão. Nesta hipótese, deve ser demonstrado efetivo benefício ao adotando, podendo ser assegurada a guarda compartilhada, conforme previsto no art. 1.584 do Código Civil.

D) Permite o art. 1.711 que "a entidade familiar, mediante escritura pública ou testamento, destine parte de seu patrimônio para instituir bem de família, desde que não ultrapasse um terço do patrimônio líquido existente ao tempo da instituição, mantidas as regras sobre a impenhorabilidade do imóvel residencial estabelecida em lei especial". Inovou, portanto, o legislador civil ao estender ao companheiro o mesmo direito atribuído ao cônjuge. A instituição do bem de família é uma forma da afetação de bens a um destino especial, ou seja, ser a residência da família, e, enquanto for, ser impenhorável, por dívidas posteriores à sua constituição, salvo as restrições previstas expressamente no art. 1.715. Permanecem, portanto, em vigor, duas formas de bem de família: aquele voluntário ou decorrente da vontade do

---

98 Destaca-se que, com o advento do Novo CPC – Lei nº 13.105, de 16 de março de 2015, as ações cautelares passam a estar previstas como formas de tutela provisória de urgência, sendo reguladas pelos arts. 300 e seguintes.
99 Lucia Mothé Glioche, *O Novo Código Civil: Do Direito de Família* (coord.: Heloisa Maria Daltro Leite), pp. 106-107.

interessado na sua instituição (bem móvel ou imóvel) e o bem de família involuntário ou legal, que não depende da vontade do instituidor e resulta da estipulação estabelecida na Lei nº 8.009, de 29 de março de 1990, subordinado à observância de requisitos mais simples.

E) No que concerne ao direito ao nome, a Lei nº 14.382/2022 alterou a Lei nº 6.015/1973 (Lei de Registros Públicos) para reconhecer aos conviventes em união estável o direito de incluir o sobrenome do companheiro ou companheira a qualquer tempo, da mesma forma como ocorre com pessoas casadas.

Anteriormente, a Lei nº 6.216/1975 havia alterado a LERP para acrescer o art. 57, §§ 2º e 3º. Todavia, o dispositivo legal fazia menção apenas à companheira (mulher solteira, desquitada ou viúva que viva com homem solteiro, desquitado ou viúvo) e condicionava o direito de acrescer ao seu nome o patronímico do companheiro à duração da união estável, que deveria ser superior a cinco anos. Nesse sentido, Rodrigo da Cunha Pereira comenta que essa conquista "esbarra em limites e restrições para uma ação mais ampla do patronímico em face de uma sistemática jurídica que tinha como referencial a indissolubilidade do vínculo matrimonial, o que veio mudar somente dois anos depois de sua vigência com a Lei de Divórcio de 1977".[100] Omitiu-se o Código de 2002 quanto a esta prerrogativa entre os companheiros. A proteção do Estado à união estável como "entidade familiar" como à família decorrente do casamento, aliado ao princípio da equiparação de direitos de homens e mulheres, não pode afastar direito dos nubentes de acrescer ao seu o sobrenome do outro previsto no § 1º do art. 1.565 do CC.

Da mesma forma, quando instado a opinar sobre a questão no passado, no julgamento do REsp nº 1.306.196/MG, a 3ª Turma do STJ, tendo como Relatora a Ministra Nancy Andrighi, utilizou a analogia para aplicar à união estável as disposições específicas do Código Civil relativas à adoção de sobrenome dentro do casamento, considerado a identidade entre os institutos. A Ilustre Relatora destacou que, no caso das uniões estáveis, "a única ressalva é que seja feita prova documental da relação, por instrumento público, e nela haja anuência do companheiro que terá o nome adotado, cautelas dispensáveis dentro do casamento, pelas formalidades legais que envolvem esse tipo de relacionamento".[101]

F) Embora o Código de 2002 tenha sido omisso quanto aos direitos do companheiro relativos à locação, no caso do falecimento do locatário, autoriza o art. 11 da Lei nº 8.245/1991 que o companheiro sobrevivo prossiga na locação, vinculado a duas condições: desde que residente no imóvel e comprovada a dependência econômica do *de cujus*. Este direito foi assegurado, também, no art. 12 na hipótese de "dissolução de sociedade concubinária". Prevê o inciso III do art. 47 da Lei nº 8.245/1991, nos contratos com prazo inferior a 30 meses, as retomadas para uso próprio do companheiro. Entende a Doutrina que esta norma não é de âmbito geral e

---

100 Rodrigo da Cunha Pereira, ob. cit., p. 98.
101 STJ – 3ª Turma – REsp nº 1.306.196/MG – Rel. Min. Nancy Andrighi – Julg.: 22.10.2013 – *DJe* 28.10.2013.

não é restrita ao imóvel residencial, aplicando-se, também, aos imóveis comerciais.[102] Não tendo constado do Código Civil qualquer cláusula restritiva quanto ao direito de o companheiro prosseguir na locação, nem mesmo eventual revogação das regras já indicadas, mantém-se a mesma orientação constante da referida lei especial.

G) Destaque-se, finalmente, entre os Enunciados do Conselho da Justiça Federal aprovados em setembro de 2002, sob a coordenação do Ministro Rui Rosado, a sugestão de se incluir no preceito do § 2º do art. 1.565 o planejamento familiar como livre decisão dos companheiros, atendendo ao princípio do art. 226, § 7º, da Constituição Federal. Mantém-se em vigor a Lei nº 9.263/1996, que regulamentou o princípio constitucional estabelecendo providências e penalidades.

H) Deve ser incluído o companheiro entre aqueles que estão impedidos de ser testemunhas por seu efetivo envolvimento emocional com as questões que abrange o outro.

I) Tendo em vista a regra do art. 499 do Código Civil de 2002, que autoriza a compra e venda entre cônjuges, com relação a bem excluídos da comunhão, o mesmo se dará com a união estável, já que o legislador de 2002 reconheceu expressamente a existência do regime da comunhão parcial entre companheiros no art. 1.725.

J) Aplica-se à união estável o art. 496 do Código Civil de 2002, devendo ser exigido, também, o consentimento do companheiro na hipótese de venda de ascendente a descendente, além da concordância dos demais descendentes.

K) Direito Intertemporal – Os Tribunais vinham se manifestando, orientados pelo STF, no sentido de que, quando da dissolução da união estável, aplicava-se, às relações patrimoniais, o ordenamento normativo da época da aquisição. Assim, se o patrimônio tivesse sido adquirido sob a égide da Lei nº 8.971/1994, não importava que a união estável tivesse sido dissolvida após a vigência da Lei nº 9.278/1996, os bens só iriam se comunicar se provado o esforço comum, aplicando-se a Súmula nº 380 do STF. Esta orientação deve permanecer na vigência do Código de 2002. O art. 1.725 determina expressamente que as relações patrimoniais na união estável regem-se pelo regime da comunhão parcial de bens, salvo contrato escrito. Deve ser aplicado, portanto, por analogia, o art. 2.039, ao prescrever que o regime de bens do casamento celebrado na vigência do Código Civil anterior é o por ele estabelecido. Assim, somente incidirá o art. 1.725 às uniões estáveis estabelecidas na vigência do Código de 2002.

Destaca-se a decisão da 3ª Turma do STJ que determinou que às uniões estáveis dissolvidas após a data de publicação da Lei nº 9.278/1996 aplicam-se as suas disposições. Assim, "os bens adquiridos a título oneroso na constância da união estável, individualmente ou em nome do casal, a partir da vigência da Lei nº 9.278/1996, pertencem a ambos, dispensada a prova de que a sua aquisição decorreu do esforço comum dos companheiros, excepcionado o direito de disporem

---

102 Silvio Capanema de Souza, *Da Locação de Imóvel Urbano*, p. 281.

de modo diverso em contrato escrito, ou se a aquisição ocorrer com o produto de bens adquiridos em período anterior ao início da união (§ 1º). (...) Ademais, é certo que a Lei nº 9.278/1996 não exige, como previa o regime anterior, a prova de que a aquisição dos bens decorreu do esforço comum de ambos companheiros para fins de partilha".[103]

No EREsp nº 1.171.820/PR,[104] a 2ª Seção do STJ decidiu que, no caso de união estável envolvendo sexagenário e cinquentenária, regida pelo art. 258, II, do Código Civil de 1916 (art. 1.641, II, CC/2002), vigente à época dos fatos, e mantida sob o regime da separação obrigatória de bens, a divisão entre os conviventes dos bens adquiridos onerosamente na constância da relação depende da comprovação do esforço comum para o incremento patrimonial. Assim, "apenas os bens adquiridos onerosamente na constância da união estável, e desde que comprovado o esforço comum na sua aquisição, devem ser objeto de partilha".

No mesmo sentido, no REsp nº 959.213/PR, a 4ª Turma do STJ, tendo como Relator o Ministro Luís Felipe Salomão, decidiu que "os bens adquiridos anteriormente à Lei 9.278/96 têm a propriedade – e, consequentemente, a partilha ao cabo da união – disciplinada pelo ordenamento jurídico vigente quando respectiva aquisição, que ocorre no momento em que se aperfeiçoam os requisitos legais para tanto e, por conseguinte, sua titularidade não pode ser alterada por lei posterior em prejuízo ao direito adquirido e ao ato jurídico perfeito (CF, art. 5, XXXVI e Lei de Introdução ao Código Civil, art. 6º)". A Turma destacou, na decisão, que, enquanto a sucessão é disciplinada pela lei em vigor na data do óbito, "a partilha de bens, ao contrário, seja em razão do término, em vida, do relacionamento, seja em decorrência do óbito do companheiro ou cônjuge, deve observar o regime de bens e o ordenamento jurídico vigente ao tempo da aquisição de cada bem a partilhar".[105] Sem pretender esgotar o tema, o capítulo da união estável no Código de 2002 se apresenta como um dos mais controversos, exigindo imediata iniciativa de reformulação.

L) Ressalta-se que o Novo CPC veio positivar o que a Doutrina e a Jurisprudência já vinham fazendo: conferindo tratamento semelhante à união estável e ao casamento, de modo que em diversos dispositivos o companheiro foi apontado ao lado do cônjuge (arts. 144, III e IV; 145, III; 244, II; 388, III; 447, § 2º, I, entre outros).

Tartuce destaca que o art. 73 do Novo CPC gera impactos ao prever a vênia ou outorga convivencial para as ações reais imobiliárias em seu § 3º, quando a relação de convivência seja comprovada nos autos. Para o autor, "a outorga do companheiro passa a ser exigida nos casos do inciso II do art. 1.647, em diálogo com o Novo CPC".[106]

---

103 STJ – 3ª Turma – REsp. nº 1.021.166/PE – Rel. Min. Ricardo Villas Bôas Cueva – Julg. em 02.10.2012 – *DJe* 08.10.2012.
104 STJ – 2ª Seção – EREsp nº 1.171.820/PR – Rel. Min. Raul Araújo – Julg.: 26.08.2015 – *DJe* 21.09.2015.
105 STJ – 4ª Turma – REsp nº 959.213/PR – Rel. Min. Luís Felipe Salomão – Julg.: 06.06.2013 – *DJe* 10.09.2013.
106 TARTUCE, Flávio. *O novo CPC e o Direito Civil*. Rio de Janeiro: Forense; São Paulo: Método, 2015, p. 399.

Em relação aos demais casos do art. 1.647, permanece a celeuma. Cabe observar que o STJ tem considerado a publicidade da união estável como parâmetro. No julgamento do REsp nº 1424275/MT, a 3ª Turma da referida Corte assim decidiu: "nas hipóteses em que os conviventes tornem pública e notória a sua relação, mediante averbação no registro de imóveis em que cadastrados os bens comuns, do contrato de convivência ou da decisão declaratória da existência da união estável, não se poderá considerar o terceiro adquirente do bem como de boa-fé, assim como não seria considerado caso se estivesse diante da venda de bem imóvel no curso do casamento. Contrariamente, não havendo o referido registro da relação na matrícula dos imóveis comuns, ou não se demonstrando a má-fé do adquirente, deve-se presumir a sua boa-fé, não sendo possível a invalidação do negócio que, à aparência, foi higidamente celebrado".[107]

---

[107] STJ – 3ª Turma, REsp 1424275/MT – Rel. Min. Paulo de Tarso Sanseverino – Julg.: 04.12.2014 – *DJe* 16.12.2014.

ANEXO – B
BEM DE FAMÍLIA

Sumário

B-1. Aspectos gerais. **B-1-A.** Histórico. **B-1-B.** Natureza jurídica. **B-2.** O bem de família voluntário no Código Civil. **B-3.** O bem de família legal (Lei nº 8.009/1990).

Bibliografia

Alexandre Guedes Alcoforado Assunção, *Novo Código Civil Comentado* (coord.: Ricardo Fiúza), São Paulo, Saraiva, 2002; Álvaro Villaça de Azevedo, *Bem de Família com Comentário da Lei nº 8.009/1990*, São Paulo, Revista dos Tribunais, 1996; Álvaro Villaça de Azevedo, "Do Bem de Família", *in Direito de Família e o Novo Código Civil* (coord.: Rodrigo da Cunha Pereira e Maria Berenice Dias), Belo Horizonte, Del Rey, 2002; Ana Marta Cattani de Barros Zilveti, *Bem de Família*, São Paulo, Quartier Latin, 2006; Clóvis Beviláqua, Comentário ao art. 70 do Código Civil; Clóvis Beviláqua, *Teoria Geral*, § 30; Colin e Capitant, *Cours*, I, nos 723 e segs.; Cunha Gonçalves, *Tratado*, v. III, t. I, nos 291 e segs.; De Page, *Traité Élémentaire*, V, nos 555 e segs.; Enneccerus, Kipp e Wolff, *Tratado*, I, § 114; Ernest Lehr, *Études sur le Droit Civil des États Unis de l'Amérique du Nord*, Paris: Librairie de la Societá du Recueil J.B. Sirey, 1906; Ferrara, *Trattato*, nos 165 e segs.; Marques dos Reis, *Manual do Código Civil*, II, pp. 142 e 191; Milton Paulo de Carvalho Filho, *in Código Civil Comentado: Doutrina e Jurisprudência* (coord.: Ministro Cezar Peluso), São Paulo, Manole, 2008, pp.1.851-52; Milton Paulo de Carvalho Filho, *in Código Civil Comentado: Doutrina e Jurisprudência.* (coord. Ministro Cesar Peluso), São Paulo: Manole, 2009, p. 1899. Oertmann, *Introducción*, § 24; Orlando Gomes, *Introdução*, nos 122 e segs.; Patrícia Silveira Tavares, *in O Novo Código Civil: do Direito de Família* (coord.: Heloisa Maria Daltro Leite), Rio de Janeiro, Freitas Bastos, 2006; Planiol, Ripert *et* Boulanger, *Traité Élémentaire*, I, nos 2.514 e segs.; Rita de Cássia Correa de Vasconcelos, *A Impenhorabilidade dos Bens de Família e as Novas Entidades Familiares*, São Paulo, Revista dos Tribunais, 2002; Ruggiero e Maroi, *Istituzioni*, § 67; Savatier, *Le Bien de Famille Insaisissable*; Ernest Lehr, *Études sur le Droit Civil des États Unis de l'Amérique du Nord*, Paris: Librairie de la Societá du Recueil J. B. Sirey, 1906; Serpa Lopes, *Curso*, I, nos 166 e segs.; Serpa Lopes, *Tratado de Registros Públicos*, II, pp. 249 a 261; Vicente Ráo, *O Direito e a Vida dos Direitos*, II, nos 168 e segs.

B-1. Aspectos gerais

B-1-A. Histórico

A instituição do bem de família é um caso especial de inalienabilidade voluntária. Sua origem é norte-americana, especialmente do Estado do Texas. Inicialmente implantado naquela região como território mexicano, prosseguiu na fase de sua independência (1836) e posterior componente dos Estados Unidos da América. Na Constituição Texana de 1845, o *homestead* era definido como uma porção de terra pertencente aos chefes de família protegida contra a alienação judicial forçada, por quaisquer débitos contraídos por seu proprietário posteriormente à aquisição da propriedade. O valor não poderia exceder a dois mil dólares e ao tamanho de duzentos acres de terra em área rural, uma vez que ainda não se previa o *homestead* urbano, o que somente veio a ocorrer muito tempo depois. O proprietário também não podia vender o *homestead* sem o consentimento da esposa.[1]

Nos Estados Unidos, em consequência de grave crise econômica que o atingiu no começo do século XIX, o Estado do Texas promulgou a primeira lei relativa ao instituto em 1839, permitindo que ficasse isenta de penhora a pequena propriedade, sob a condição de sua destinação à residência do devedor. Uma lei federal de maio de 1862 tratou da matéria, inicialmente como uma concessão gratuita de terras de domínio público, isentando de penhora e de execução por dívidas anteriores á concessão do título de propriedade. Outros Estados daquela Federação adotaram a norma, e, assim, implantou-se no território americano o instituto do *homestead*.[2]

Sua definição nos Estados Unidos é relativamente uniforme e qualquer direito a ele concernente deve ser criado por lei ou por norma constitucional. Em termos gerais, esclarece Ana Marta Cattani de Barros Zilveti, o instituto pode ser entendido como "privilégio que se concede às famílias ou às pessoas em geral para continuar a viver em suas casas livre da ação de seus credores. A propriedade do *homestead* abrange não só a residência principal, mas também o terreno, prédios adjacentes e seus acessórios que sejam necessários para o uso da família".[3]

Antes do Código Civil, nossos civilistas cuidaram do instituto, preconizando sua adoção no nosso direito, e, com a votação dele, foi introduzido no Direito brasileiro sob a denominação "bem de família", que não é a tradução fiel da palavra *homestead*, e sob disciplina jurídica que difere da instituição originária norte-americana.

---

1 Ana Marta Cattani de Barros Zilveti, *Bem de Família*, São Paulo, Quartier Latin, 2006, pp. 32-36.
2 Ernest Lehr, *in Études sur le Droit Civil des États Unis de l'Amérique du Nord*, p. 74; Savatier, *Le Bien de famille Insaisissable*, p. 15.
3 Ana Marta Cattani de Barros Zilveti, ob. cit., p. 60.

Introduzido no Código Civil de 1916, foi também objeto de disciplina no Decreto-lei nº 3.200, de 19 de abril de 1941, na Lei nº 6.015, de 31 de dezembro de 1973, e no Código de Processo Civil.

O Código revogado de 1916 o inscrevia na Parte Geral, completando o regime dos bens. Incluído no art. 70, autorizava os chefes de família a destinar um prédio para domicílio desta, com cláusula de ficar isento de execução por dívidas, salvo as que proviessem de impostos relativos ao mesmo prédio. Os demais artigos (71 a 73) introduziram subsídios para a sua validade. Sofreu, após 1988, algumas sensíveis alterações.

Foi o projeto de Código Civil de 1965 que o transpôs para o Direito de Família, onde o atual Código Civil o mantém.

Segundo o Código de 2002, podem os cônjuges ou entidade familiar destinar parte de seu patrimônio, instituir bem de família, com cláusula especial visando a ficar isento da execução por dívidas.

B-1-B. Natureza jurídica

Os nossos doutrinadores, na resposta a esta indagação, assumem posições diversas. Alguns se abstêm de qualquer pronunciamento, como se não houvesse a questão. Outros debatem o tema, e, entre esses, as opiniões diferem. Marques dos Reis enxerga no nosso *homestead* uma transmissão de domínio, em que o instituidor é alienante e a família, como um ente coletivo, o adquirente.[4] Serpa Lopes sustenta a transformação do domínio pessoal do instituidor em um "singular condomínio", mas sem que qualquer dos cotitulares possua uma quota *pro indiviso*.[5]

Clóvis Beviláqua limita seu efeito à isenção da penhora sobre o bem destinado ao domicílio da família, que desta sorte deixa de ser uma garantia dos direitos dos credores.[6]

Para Caio Mário, a instituição do bem de família é uma forma da afetação de bens a um destino especial que é ser a residência da família, e, enquanto for, é impenhorável por dívidas posteriores à sua constituição, salvo as provenientes de impostos devidos pelo próprio prédio.

Não se verifica uma transmissão (salvo constituição por terceiro), porque a coisa não sai da propriedade do *pater familias*, e não ocorre a criação de um condomínio, pela razão de nenhum dos membros do grupo familiar ter uma quota ideal do imóvel. Se se atentar para o fato de que com a morte dos cônjuges e a maioridade dos filhos se opera, *pleno iure*, a sua extinção, da mesma forma que esta pode ser declarada a requerimento dos interessados, se o bem tiver deixado de preencher o requisito de sua destinação, concluir-se-á que não sofre a coisa, como objeto de relação jurídica, uma alteração essencial na sua natureza. É, e continua sendo

---

4 Marques dos Reis, *Manual do Código Civil*, II, pp. 142 e 191.
5 Serpa Lopes, *Tratado de Registros Públicos*, II, pp. 249 a 261.
6 Clóvis Beviláqua, Comentário ao art. 70 do Código Civil.

objeto do direito de propriedade do instituidor, mas afetado a uma finalidade, *sub conditione* da utilização como domicílio dos membros da família.

Atente-se para a aprovação da Lei nº 8.009 de 1990, que dispôs sobre a impenhorabilidade do bem de família, ou seja, deve ser garantido que certos bens, de regra, não poderão ser penhorados para garantir o pagamento de dívidas. Daí se falar em bens impenhoráveis; alguns absolutamente, outros relativamente. Nesse contexto, insere-se o imóvel residencial próprio da entidade familiar, abrangendo também, mesmo se o devedor não possuir bem imóvel, os móveis que guarnecem a residência alugada (parágrafo único do art. 2º).

Entenda-se, portanto: a Lei nº 8.009/1990 reconheceu o *bem de família legal* e involuntário, mantendo-se em vigor o *bem de família voluntário* previsto no Código Civil, instituído por meio de escritura pública pela entidade familiar ou por testamento. O Código Civil, no art. 1.711, ressalvou que ficam "mantidas as regras sobre impenhorabilidade do imóvel residencial estabelecida em lei especial", o que significa que permanece em vigor a Lei nº 8.009/1990.

B-2. O bem de família voluntário no Código Civil

O Código de 2002 transferiu-o da Parte Geral, anteriormente localizado, para o Livro de Família, sendo regulamentado nos arts. 1.711 a 1.722, sempre instituído por um ato de vontade dos *cônjuges* ou da *entidade familiar*, abrangendo esta última a *união estável* (§ 3º do art. 226-CF) ou o chefe da *família monoparental* (§ 4º do art. 226-CF). Quando o bem pertencer ao patrimônio comum do casal, ambos os cônjuges devem consentir em sua instituição.[7]

Determina o art. 1.711 do Código Civil que o bem de família deve ser instituído mediante *escritura pública* ou *testamento*; na primeira hipótese, a constituição ocorre com a inscrição no Registro de imóveis, acarretando a falta desta a nulidade do ato, conforme estabelece o inciso IV do art. 166 do mesmo Código; tratando-se de *testamento* – do próprio instituidor ou de terceiro –, a disposição de última vontade somente terá eficácia com a morte do testador e após o pagamento de todas as dívidas do Espólio deste, quando ainda existir patrimônio a ser partilhado; aí sim, a destinação será consolidada.

No caso de ser instituído por ato *inter vivos* (doação) o bem só poderá retornar ao patrimônio do doador por cláusula de reversão, quando ocorrer qualquer das cláusulas de extinção do bem de família (v. arts. 1716, 1721 e 1722).[8]

Pelo Código Civil, qualquer bem pode ser gravado como bem de família, até mesmo aquele que seja de maior valor, "desde que não ultrapasse um terço do patrimônio líquido existente ao tempo da instituição".

---

7   Milton Paulo de Carvalho Filho, *Código Civil Comentado: Doutrina e Jurisprudência*. (coord. Ministro Cesar Peluso), São Paulo: Manole, 2009, p. 1899.
8   Milton Paulo de Carvalho Filho, ob. cit., p. 1899.

Seguindo a orientação da Carta Magna de 1988, assumiu as regras e princípios relativos à sociedade conjugal e às entidades familiares reconhecidas constitucionalmente (art. 226, CF). Destaque-se, ainda, que ao se referir à família, usa a expressão em sentido estrito. Não abrange toda a parentela, nem compreende aqueles que são beneficiados pela vocação hereditária. Excluem-se outros parentes, ainda que vivam sob dependência econômica daqueles que foram mencionados na instituição.

O bem de família, no Código Civil, obedece a requisitos intrínsecos e extrínsecos, à que se submete a sua validade, como a sua eficácia. Subjetivamente considerado, têm legitimidade para constituí-lo, essencialmente, os cônjuges e a entidade familiar. Instituído pelos cônjuges ou companheiros não importa em transferência de domínio.

Álvaro Villaça de Azevedo critica tal inovação ao prever a hipótese de os cônjuges ou conviventes destinarem por testamento parte de seu patrimônio para este fim. Falecendo os testadores, além de restarem seus filhos beneficiados com a herança, nada impede aos credores dos falecidos de habilitarem seus créditos no inventário destes, pois serão, sempre, anteriores à constituição que, por testamento, se concretiza a partir do falecimento. Realmente, os efeitos do ato jurídico, realizado por testamento, começam a fluir depois da abertura sucessória. Melhor seria que o artigo citado (1.711) mencionasse, tão só, a constituição do bem de família pelos cônjuges ou pela entidade familiar, por meio de escritura pública, a qualquer momento.[9]

Eventualmente, poderá fazê-lo um terceiro (parágrafo único do art. 1.711), dependente da aceitação expressa de ambos os cônjuges beneficiados, pois a eles é reservada a faculdade de anuir em receberem um bem por liberalidade, porém subordinado ao gravame que o marca. Sendo por terceiro, *donationis causa,* ocorre mutação; a essência da doação se traduz na saída do bem do patrimônio do doador, para o do donatário.

Alerte-se que, uma vez constituído por testamento, está sujeita sua criação à eficácia *post mortem* da disposição de última vontade. Como tal, somente tem origem com a subsistência do testamento e sua execução. Tendo em vista que a vontade do testador é essencialmente ambulatória, pode o instituidor (sejam os cônjuges, entidade familiar ou um terceiro) revogar a todo tempo o testamento, e, consequentemente invalidar unilateralmente a criação do bem de família. Igualmente, a instituição por testamento somente pode dizer respeito aos filhos menores ou incapazes e, ainda assim, estará sujeita a verificação prévia da existência de dívida do falecido, pois o testamento só terá eficácia após a morte do testador. Os filhos, então, deverão aguardar a abertura da sucessão para que se faça o levantamento do patrimônio do falecido e o pagamento de eventuais dívidas, e, somente após, concluir pela possibilidade efetiva do bem legado ser bem de família. O limite de 1/3 do patrimônio líquido deverá ter como data referencial o momento da abertura da sucessão, e não

---

9 ÁLvaro Villaça de Azevedo, "Do Bem de Família", in *Direito de Família e o Novo Código Civil*, p. 215.

o momento da elaboração do testamento, sendo que eventuais dívidas do falecido serão sempre anteriores à constituição do bem de família.[10]

Caso o bem de família seja instituído mediante testamento, ficará a cargo do testamenteiro o cumprimento desta formalidade.[11]

Esclareça-se, oportunamente, que o instituto passou por inúmeros critérios de fixação de valor desde o Decreto-Lei nº 3.200/1941, tendo, por último, a Lei nº 6.742/1979 determinado a ausência de limitação neste âmbito.

O legislador de 2002 determinou o limite máximo do valor em 1/3 (um terço) do patrimônio líquido do instituidor, existente à época de sua instituição. Assim, ao se promover a sua criação, a lei requer que o instituidor seja proprietário do bem, e goze de solvência.

Ressalva Patrícia Silveira Tavares que "a opção legislativa, no entanto, não está imune a críticas. Não obstante o esforço elogiável no sentido de evitar abusos, atualmente, não poderá uma família proprietária de um único imóvel ou, ainda, de dois imóveis de valor aproximado entre si, fazer jus ao benefício, aproveitando-lhe, tão somente, as normas constantes da Lei nº 8.009/1990".[12]

Estabelece o art. 1.712 que "o bem de família consistirá em prédio residencial urbano ou rural, com suas pertenças e acessórios, destinando-se, em ambos os casos, a domicílio familiar, e poderá abranger valores mobiliários, cuja renda será aplicada na conservação do imóvel e no sustento da família".

Objetivamente, considera-se "prédio" um bem imóvel construído, independentemente de ser urbano ou rural. Há de se destinar à residência da família, mas não constitui requisito de sua criação que já fosse, anteriormente, habitado por ela. Destarte, não pode ser constituído de um terreno, em zona urbana ou rural. Ao prédio aderem todas as suas pertenças e acessórios.

A inovação do Código consiste em permitir que abranja também valores móveis (corpóreos ou incorpóreos) *sub conditione* de se aplicar a sua renda na conservação do imóvel que lhe é objeto, e ainda do sustento da família. Todo o complexo (imóvel, pertenças, acessórios, valores mobiliários) estará compreendido na proporcionalidade e na limitação do valor estabelecido no art. 1.711.

A parte final do art. 1.712 refere-se ao imóvel urbano ou rural "com suas pertenças e acessórios" e, ainda, aos "valores mobiliários", os quais não existem isoladamente. O legislador estabelece que a renda destes aplicar-se-á "na conservação do imóvel e no sustento da família". Infere-se, ainda, que os valores mobiliários (aplicações, ações, rendimentos) somente serão considerados *bens de família* desde que vinculado ao imóvel destinado à residência da entidade familiar. Estabelece o

---

10 Ana Marta Cattani de Barros Zilveti, ob. cit., p. 189.
11 Patrícia Silveira Tavares, ob. cit., p. 439. Na nota 471 da mesma página, a autora reporta-se aos incisos IV e V do art. 166 do Código Civil, que declara nulo o negócio jurídico quando não revestir a forma prescrita em lei ou for preterida alguma solenidade que a lei considere essencial para sua validade.
12 Patrícia Silveira Tavares, ob. cit., p. 436.

art. 1713 que os valores mobiliários não podem exceder ao valor do prédio instituído à época da instituição. São aqueles que, expressamente, são destinados a gerar receita para conservação do imóvel e sustento da família. Eles não podem ser desviados dessa finalidade, nem convertidos em investimento que desfigure o bem de família.

Devem os valores mobiliários ser devidamente individualizados e discriminados no instrumento de instituição do bem de família, na escritura ou no testamento (§ 1º do art. 1.713).

Tratando-se de títulos nominativos, a sua instituição deverá constar dos respectivos livros de registro (§ 2º do art. 1.713), assim como a referência expressa à sua vinculação.

A questão relativa aos valores mobiliários continua a ser tratada no art. 1.718, que se encontra deslocado no contexto. Dentro da boa técnica legislativa deveria ele subseguir ao art. 1.713.

O instituidor tem opção para estabelecer quem deva administrar os valores, os quais poderão ser entregues à pessoa de sua confiança (§ 3º do art. 1.713). A escolha pode recair em instituição financeira, que a recebe em custódia. O administrador dos fundos, quem quer que seja, recebe-os na qualidade de depositário, e estará sujeito às regras que disciplinam o contrato de depósito, inclusive sujeição às penas de depositário infiel. O instituidor ditará o critério de distribuição da renda, obedecendo à finalidade estabelecida: conservação do imóvel e sustento da família. O administrador dos valores mobiliários, além de cumprir o modo estabelecido para os pagamentos, estará sujeito à prestação de contas, como todo gestor de bens alheios.

Vindo a cessar as atividades da entidade administradora, os valores serão transferidos a outra empresa análoga, qualquer que seja o processo, judicial ou extrajudicial, da liquidação. Se for aberta a falência da instituição administradora, caberá a entrega dos valores segundo o procedimento prescrito para a restituição, independentemente do prazo da custódia.

O Código de 1916 determinava que o instrumento constitutivo do bem de família, depois de registrado, fosse publicado pela imprensa. O objetivo era levar o fato ao conhecimento de terceiros, que teriam assim a possibilidade de acautelar seus interesses.

Quanto à forma e ao momento da aceitação, no que couber, aplica-se o art. 539, relativo à aceitação da doação, bem como as normas abrangidas pelos arts. 1.804 e segs., relativas à aceitação da herança.

Deve-se assinalar que nada impede que o instituidor adquira o bem no mesmo ato da instituição. O que se acentua é a inaptidão para constituir bem de família na falta de domínio. A solvência do instituidor deve ser encarada no momento de sua criação. Aquele que, após o registro do título, vier a incorrer em estado de insolvência, não pode sofrer nem impugnação nem o cancelamento.

O art. 1.714 estabelece a condição *sine qua non* para a constituição do bem de família voluntário: o registro de seu título no Registro de Imóveis, o que autoriza a produção dos seus efeitos legais. Alerte-se que os arts. 167, I, 260 e segs. da Lei de Registros Públicos tratam do registro do bem de família, tendo sido revogado parcialmente o art. 262, que impunha a publicação de edital na imprensa da instituição do bem de família, por não mais exigir o presente artigo.[13]

Dispensou o legislador de 2002 a providência junto à imprensa, confiando no efeito publicitário do Registro, deixando aos eventuais prejudicados discutir a validade ou eficácia da destinação do bem, e a demonstração da anterioridade da obrigação, relativamente aos seus direitos. O que importa é que o imóvel destinado a bem de família conste, com esta destinação, do Registro de Imóveis, não apenas para acobertar os beneficiários, como ainda para efeito publicitário, e conhecimento de terceiros, inclusive dos credores. Os efeitos *erga omnes* de sua criação se iniciam com a sua inscrição no Registro Imobiliário.

Declara expressamente o art. 1.715 que o bem de família isenta de execução por dívidas posteriores à sua criação, sejam elas voluntárias ou não. Não poderá ser pretexto para fraudar credores. Ressalvam-se, no entanto, os impostos incidentes sobre o prédio, que por eles responde, em qualquer situação. Igualmente responde pelos encargos condominiais, que constituem obrigações *propter rem*, gravando a própria coisa.

Estabelece o parágrafo único do art. 1.715 que, na hipótese de execução das dívidas mencionadas no *caput*, serão vendidos os bens instituídos para pagamento de impostos ou encargos condominiais; o saldo, se houver, será sub-rogado em outro imóvel com a mesma destinação de bem de família. Não sendo isto possível, será convertido em títulos da dívida pública, cujas rendas destinam-se ao sustento do grupo familiar. Deixou o legislador ao arbítrio do juiz solução diversa, se motivos relevantes o aconselharem.

Na forma do art. 1.716, sobrevive este benefício em vida de ambos os cônjuges e dos filhos, e somente terminará com a morte de um e de outro, e com a maioridade dos filhos do casal.

Pela leitura cuidadosa dos arts. 1.715 e 1.716, há de se afirmar que a impenhorabilidade é relativa, em dois sentidos: a) seletivamente: só exime o bem da execução por dívidas subsequentes à constituição do bem de família, não podendo ser utilizado o instituto de proteção desta como um vínculo defraudatório dos credores que já o sejam no momento de seu gravame, e é então requisito de sua validade a solvência do *pater famílias*. Da mesma forma a impenhorabilidade não se estende às dívidas provenientes dos impostos e taxas condominiais incidentes sobre o próprio imóvel;[14] b) *temporariamente:* somente subsiste enquanto viverem os cônjuges e até que os filhos completem maioridade. Tratando-se de filho maior incapaz, estabelece o art. 1.722-CC, perdura o bem de família se existirem filhos sujeitos à curatela.

---

13 Milton Paulo de Carvalho Filho, ob. cit., p. 1903.
14 Acerca da questão, a Terceira Turma do Superior Tribunal de Justiça (STJ) entendeu pela possibilidade de penhora de bem de família mantido em condomínio em razão da falta de pagamento, pelos condôminos moradores, dos aluguéis cobrados judicialmente pela outra condômina. Veja-se: STJ – 3º Turma – REsp 1.888.863/SP – Rel. Min. Ricardo Villas Bôas Cueva – Rel. p/ acórdão Min. Nancy Andrighi – Julg. em 10.05.2022 – *DJe* de 20.05.2022.

Completa o art. 1.717 dispondo que o prédio e os valores mobiliários, constituídos com este fim, não podem ter destino diverso do previsto no art. 1.712, ou serem alienados sem o consentimento dos interessados e seus representantes legais, ouvido o Ministério Público.

Alexandre Guedes Alcoforado Assunção considera defeituosa a redação do art. 1.717, cujo objetivo deveria ser, tão somente, de impedir o desvirtuamento do instituto. Sua parte final induz ao entendimento equivocado de que a alienação pode ser realizada sem autorização judicial.[15]

Deduz-se, pela redação do art. 1.717, que a vinculação ao destino estabelecido pelo instituidor é permanente, mas não é perpétua, podendo ser extinto excepcionalmente conforme previsto no art. 1.719. Não podem os interessados dar ao imóvel e aos valores móveis correlatos finalidade diversa da prevista no ato constitutivo. Atendendo a que a oneração dos bens é um ato de vontade, admite-se que por outro ato de vontade venha a cessar. Nesse caso, é mister a manifestação positiva de todos os interessados. Existindo menores, o juiz designará curador *in litem* que por eles se manifeste, na hipótese de não terem representantes legais, ou de se esboçar conflito de interesses. Em qualquer hipótese deve ser ouvido o Ministério Público, antes de decisão do juiz, a qual não poderá ser dispensada.

O art. 1.718, dentro da boa técnica legislativa, como já visto, deveria subseguir ao preceito do art. 1.713. Qualquer forma de liquidação da entidade administradora, a que se refere o § 3º do art. 1.713, não atingirá os valores a ela confiados, ordenando o juiz a sua, transferência para outra instituição semelhante, obedecendo-se, no caso de falência, ao disposto sobre pedido de restituição.

Reitere-se que, confiada a administração dos valores mobiliários a uma entidade qualquer, permanece a sua vinculação à finalidade que a inspirou. Vindo a cessar as suas atividades, os valores serão transferidos à outra empresa análoga, qualquer que seja o processo, judicial ou extrajudicial, da liquidação. Se for aberta a falência da instituição administradora, caberá a entrega dos valores segundo o procedimento prescrito para a restituição, independentemente do prazo da custódia, ou da natureza corpórea ou incorpórea, fungível ou infungível dos valores administrados.

Prevê expressamente o art. 1.719 a necessidade de autorização judicial para extinção ou sub-rogação dos bens que constituem o bem de família em outros; como a alienação implica, necessariamente, a extinção do bem de família, poderá prescindir de procedimento judicial.

O art. 1.719 cogita de cessação voluntária. Prevê a hipótese de ocorrer motivo superveniente, impossibilitando a manutenção do bem de família nas condições que foi instituído. Neste caso, "poderá o juiz, a requerimento dos interessados, extingui-lo ou autorizar a sub-rogação dos bens que o constituem em outros, ouvidos o instituidor e o Ministério Público". Poderão os interessados requerer a sua extinção, comprovando a circunstância, ou pedir a sub-rogação dos bens em outros, como no caso de ser a instituição originária um imóvel rural e ter a família de se mudar para

---

15 Alexandre Guedes Alcoforado Assunção, *in Novo Código Civil Comentado*, p. 1.526.

o centro urbano. Autuado o pedido, será ouvido o instituidor, se vivo for, bem como o Ministério Público. Deverá o juiz nomear um curador à lide, à vista de conflito de interesses; no caso de menores sem representação, nomeará um curador especial (art. 9º, CPC/1973 – art. 72, CPC/2015).

Este dispositivo legal pode ser de grande valia para que os valores mobiliários sejam sub-rogados de acordo com as tendências do mercado financeiro. Os investimentos lucrativos, no momento da instituição, podem não mais os ser no futuro.

Deve o instituidor estatuir o modo de administrar o bem de família, e a quem cabe. No silêncio do ato, compete a administração a ambos os cônjuges, que procederão em harmonia.

Admitiu o art 1.720 a intervenção da autoridade judiciária para dirimir as dúvidas em caso de divergência quanto à administração do bem de família.

Determina o parágrafo único do art. 1.720 que "com o falecimento de ambos os cônjuges, a administração passará ao filho mais velho, se for maior. Sendo todos menores, a administração incumbirá ao tutor".

Alerta Marta Cattani de Barros Zilveti para a redação imprecisa do art. 1.720 do Código Civil de 2002, ao se referir somente aos cônjuges, quando o correto seria mencionar companheiros ou qualquer dos pais (no caso de família monoparental), isto é, os responsáveis pela entidade familiar. A mesma imprecisão se observa nos arts. 1.714, 1.716, 1.721 e 1.722, o que não deve afastar a correta interpretação dos dispositivos legais, em consonância com o art. 1.712, que, expressamente, menciona cônjuges ou entidade familiar.[16]

Destaca o art. 1.721 que "a dissolução da sociedade conjugal não extingue o bem de família". Não ressalvou a hipótese de extinção da união estável. Sendo esta última uma entidade familiar protegida pelo Estado, não se pode excluir o direito dos companheiros, uma vez que o art. 1.711 prevê expressamente que "pode a entidade familiar destinar parte do patrimônio para instituir bem de família". Se não acordarem, ou for litigiosa a separação, caberá ao juiz decidir, à vista das circunstâncias. Nestas situações, devem ser invocados os artigos 1.717 ou 1.719.

Determina, ainda, o parágrafo único do art. 1.721, que, na hipótese de morte de um dos cônjuges, o sobrevivente poderá pedir a extinção do bem de família, se for o único bem do casal. Este parágrafo representa uma exceção à regra do *caput*.

Esta disposição mereceu justa crítica do Professor Álvaro Villaça Azevedo ao considerar que "não é certo que se deva admitir possa o cônjuge sobrevivente provocar a extinção do bem de família, quando este é o único bem do casal, pois restarão seriamente prejudicados os filhos menores. De qualquer sorte esta previsão legal não é automática. O juiz, verificando a possibilidade de prejuízo aos menores, deverá indeferir a extinção da proteção".[17]

---

16 Ana Marta Cattani de Barros Zilveti, ob. cit., p. 202.
17 Álvaro Villaça de Azevedo, *apud* Alexandre Guedes Alcoforado Assunção, ob. cit., pp. 1.529-1.530.

Esclareça-se que até que sejam verificadas algumas das hipóteses de extinção do bem de família previstas em lei, não poderá tal bem ser objeto de partilha, quer por ato *inter vivos*, quer em virtude de morte de um dos cônjuges ou conviventes.[18]

Finalmente, cuidou expressamente de sua extinção, no art. 1.722, na hipótese da morte de ambos os cônjuges e da maioridade dos filhos, desde que não sujeitos à curatela. Repetindo o enunciado do art. 1.716, acrescentou a proteção legal ao filho que, embora maior, seja sujeito à curatela. Neste caso, a afetação do bem de família permanecerá até o falecimento do filho curatelado, protegendo-se mais uma vez, a entidade familiar.[19]

Instituído para residência da família, subsiste o bem de família em função da finalidade para que foi criado. Falecendo ambos os cônjuges, sendo os filhos menores, ou algum deles, permanece a instituição. Na hipótese de, maiores que sejam, algum dos filhos ser incapaz, subsistirá o *homestead,* cabendo a administração ao curador. Dadas, porém, às circunstâncias, será lícita a extinção, a pedido dos demais interessados, com sub-rogação da parte correspondente ao curatelado.

Compondo agora o "Livro de Família", o instituto há que priorizar a convivência familiar, sobrepondo-a aos interesses unicamente patrimoniais.

B-3. O BEM DE FAMÍLIA LEGAL (LEI Nº 8.009/1990)

Diverso do bem de família estatuído pelo Código Civil, este tipo de bem de família é imposto pelo próprio Estado, por norma de ordem pública, em defesa da célula familiar. Esclarece Álvaro Villaça Azevedo que "nessa lei emergencial, não fica a família à mercê de proteção, por seus integrantes, mas defendida pelo próprio Estado, de que é fundamento".[20] Neste sentido, a 3ª Turma do STJ decidiu que a impenhorabilidade do bem de família protege a entidade familiar e não o devedor. Por isso, é indisponível e irrenunciável, não podendo tal bem ser dado em garantia de dívida, exceto nas hipóteses previstas expressamente na lei.[21]

A 4ª Turma do STJ, tendo com Relator o Ministro Luis Felipe Salomão, decidiu que a impenhorabilidade do bem de família, por ser matéria de ordem pública, pode ser arguida a qualquer tempo antes da arrematação do imóvel. O Relator esclarece que "Cumpre fazer uma distinção entre as hipóteses em que a questão já foi alegada e decidida no processo, daquelas em que a alegação advém tardiamente, depois de apresentada a defesa de mérito do devedor. Quando não há alegação, tampouco deci-

---

18 Patrícia Silveira Tavares, ob. cit., p. 444.
19 Milton Paulo de Carvalho Filho, *in Código Civil Comentado: Doutrina e Jurisprudência* (coord.: Ministro Cezar Peluso), São Paulo, Manole, 2008, pp. 1.851-52.
20 Álvaro Villaça de Azevedo, "Bem de Família", *in Direito de Família e o novo Código Civil* (coord.: Maria Berenice Dias e Rodrigo da Cunha Pereira), Belo Horizonte, Del Rey/IBDFAM, 2005, p. 215.
21 STJ – 3ª Turma – EDcl no Recurso Especial nº 1.115.265/RS – Rel. Min. Sidnei Beneti – Julg. em 19.06.2012 – *DJe* 22.06.2012.

são anterior, a impenhorabilidade do bem de família é matéria de ordem pública, dela podendo conhecer o juízo a qualquer momento, antes da arrematação do imóvel. Por outro lado, a ausência de alegação oportuna, a depender do caso concreto, quando comprovada a má-fé, resolve-se na redistribuição dos ônus sucumbenciais. Também foi debatido no REsp. o ônus da prova sobre a impenhorabilidade do bem de família. Para o Ministro Luis Felipe Salomão, a regra do art. 333 do CPC[22] é voltada para os casos nos quais o magistrado não está plenamente convencido sobre as alegações das partes, ou seja, somente há necessidade de a solução do litígio se apoiar no ônus da prova "quando não houver provas dos fatos ou quando essas se mostrarem insuficientes a que o julgador externe – com segurança – a solução que se lhe afigure a mais acertada".[23]

Não há necessidade de estar registrado no Registro de Imóveis a indicação de se tratar de bem de família para que o devedor possa invocar a proteção da referida lei. O fim social da lei é proteger a vida familiar.

Alerta Ana Marta Cattani de Barros Zilveti que a jurisprudência brasileira vem amenizando o caráter residencial do instituto em decisões relativas ao bem de família da Lei nº 8.009.[24]

Não se pode afastar a incidência dos benefícios da lei especial se o bem tiver sido instituído, também, na forma do Código Civil. Nada obsta que a impenhorabilidade prevista nos dois diplomas legais incida sobre o mesmo imóvel.

Dispõe o art. 1º que "o imóvel residencial próprio do casal, ou da entidade familiar, é impenhorável e não responderá por qualquer tipo de dívida civil, comercial, fiscal, previdenciária ou de outra natureza, contraída pelos cônjuges ou pelos pais ou filhos que sejam seus proprietários e nele residam, salvo nas hipóteses previstas nesta Lei".

Reconhecendo os seus benefícios à entidade familiar, não se pode afastar a impenhorabilidade da residência das famílias monoparentais indicadas no § 4º do art. 226 da Constituição Federal. Aplicam-se, inclusive, às famílias formadas por um dos pais com seu filho (art. 227, § 6º, CF). Há que se estendê-la à família substituta nas hipóteses de tutela e guarda judicial concedidas na forma do art. 33 do Estatuto da Criança e do Adolescente.

Não se pode afastar a possibilidade de se estender o direito à impenhorabilidade ao imóvel de uma pessoa solteira. O STJ assumiu tal entendimento equiparando o solteiro, o viúvo e o separado judicialmente, à entidade familiar, conferindo, também, a estes a proteção do *homestead*, destacando que "seu escopo definitivo é a proteção de um direito fundamental da pessoa humana, o direito à moradia. Se assim ocorre, não faz sentido proteger quem vive em grupo e abandonar o indivíduo que sofre o mais doloroso dos sentimentos, a solidão. É impenhorável por efeito do

---

22 Correspondente ao art. 373 do CPC/2015 – Lei nº 13.105/2015.
23 STJ – 4ª Turma – REsp. nº 981.532/RJ – Rel. Min. Luis Felipe Salomão – Julg. em 07.08.2012 – *DJe* 29.08.2012. Precedentes citados: REsp. 976.566/RS, *DJe* 05.04.2010; REsp. 467.246/RS, *DJe* 12.08.2003; REsp. 262.654/RS, *DJe* 20.11.2000; REsp. 282.354/MG, *DJe* 19.03.2001, e AgRg no Ag 927.913/RJ, *DJe* 17.12.2007.
24 Ana Marta Cattani de Barros Zilveti, ob cit., p. 199.

preceito contido no art. 1º da Lei nº 8.009/1990, o imóvel em que reside, sozinho, o devedor celibatário".[25]

Vasta contribuição jurisprudencial tem conduzido a interpretação da Lei nº 8.009/1990.

A 5ª Turma do STJ, tendo como Relator o Ministro Felix Fischer, "com respaldo em recente julgado proferido pelo Pretório Excelso, declarou impenhorável bem de família pertencente a fiador em contrato de locação, porquanto o art. 3º, VII, da Lei nº 8.009/1990 não foi recepcionado pelo art. 6º da Constituição Federal (redação dada pela Emenda Constitucional nº 26/2000)".[26]

Contudo, em 2006, no julgamento do RE 407.688/SP, o STF se manifestou, por maioria, no sentido da possibilidade de penhora do único bem do fiador em contrato de locação.[27] Seguindo esse entendimento, o STJ editou, em 2015, a Súmula 549, que determina como "válida a penhora de bem de família pertencente a fiador de contrato de locação".

Tal posicionamento não passou incólume a críticas, considerando-se que o direito de crédito do locador não poderia se sobrepor ao direito à moradia do fiador e à proteção de seu patrimônio mínimo. Mais recentemente, o STF, no julgamento do Recurso Extraordinário nº 1.307.334, com repercussão geral (Tema 1.127), concluiu pela constitucionalidade da penhora de bem de família pertencente a fiador em locação residencial e comercial. O Ministro Relator Alexandre de Moraes entendeu que o direito à moradia não é absoluto, devendo-se sopesá-lo com o direito à livre-iniciativa do locatário.

A 2ª Turma do STJ, tendo como Relatora a Ministra Eliana Calmon, declarou que embora "a Lei 8.009/1990 tenha tornado impenhorável o bem de família, isto não impede o seu aluguel para auxiliar na manutenção da família. Precedentes desta Corte prevalecem sobre a corrente mais ortodoxa".[28]

Consoante entendimento da 4ª Turma do STJ, a impenhorabilidade do bem de família no qual reside o sócio devedor não é afastada pelo fato de o imóvel pertencer à sociedade empresária, na medida em que não caracteriza qualquer hipótese descrita em no art. 3º da lei.[29]

---

25   STJ – Embargos de Divergência em REsp. nº 18223 de 2003/SP (1999/0110360-6).
26   STJ – 5ª Turma – REsp. nº 699837/RS – Rel. Min. Felix Fischer – julg. em 02.08.2005 – *DJ* de 26.09.2005, p. 447.
27   Fiador. Locação. Ação de despejo. Sentença de procedência. Execução. Responsabilidade solidária pelos débitos do afiançado. Penhora de seu imóvel residencial. Bem de família. Admissibilidade. Inexistência de afronta ao direito de moradia, previsto no art. 6º da CF. Constitucionalidade do art. 3º, inc. VII, da Lei nº 8.009/90, com a redação da Lei nº 8.245/91. Recurso extraordinário desprovido. Votos vencidos. A penhorabilidade do bem de família do fiador do contrato de locação, objeto do art. 3º, inc. VII, da Lei nº 8.009, de 23 de março de 1990, com a redação da Lei nº 8.245, de 15 de outubro de 1991, não ofende o art. 6º da Constituição da República. (STF – Tribunal Pleno – RE 407.688/SP – Rel. Min. Cezar Peluso – Julg. 08.02.2006, *DJ* 06.10.2006).
28   STJ – 2ª Turma – REsp. nº 670265/SE – Rel.ª Min.ª Eliana Calmon – julg. em 20.10.2005 – *DJ* de 14.11.2005, p. 258.
29   STJ – 4ª Turma – EDcl no AREsp 511.486/SC – Rel. Min. Raul Araújo – Julg.: 03.03.2016 – *DJe*.: 10.03.2016.

Entretanto, de acordo com o entendimento da 2ª Seção do STJ, é possível penhorar imóvel bem de família nos casos em que ele for dado em garantia hipotecária de dívida contraída em favor de pessoa jurídica quando os únicos sócios da empresa devedora são proprietários do bem hipotecado, em virtude da presunção do benefício gerado aos integrantes da família.[30]

A impenhorabilidade, além das benfeitorias, estende-se a todos os equipamentos, inclusive os de uso profissional, ou móveis que guarneçam a casa, desde que quitados (parágrafo único do art. 1º).

O bem de família legalmente instituído não exige a observância das formalidades previstas no Código Civil. No que tange aos bens indicados no parágrafo único, também no regime da Lei nº 8.009/1990 a impenhorabilidade não exige qualquer formalidade específica.

Alerte-se para o art. 3º do referido diploma legal, com as alterações promovidas pela Lei nº 13.144, de 6 de julho de 2015,[31] ao estabelecer a impenhorabilidade oponível aos credores, em qualquer espécie e processo de execução relativa, uma vez que determina, nos seus incisos, algumas exceções: os créditos decorrentes de financiamento, que seja destinado à construção ou aquisição do imóvel, com as limitações estabelecidas no contrato (inciso II);[32] créditos de pensão alimentícia, resguardados os direitos, sobre o bem, do seu coproprietário que, com o devedor, integre união estável ou conjugal, observadas as hipóteses em que ambos responderão pela dívida (inciso III); cobrança de impostos, predial ou territorial, taxas e contribuições dele oriundos (inciso IV); para execução de hipoteca sobre ele instituída, em razão de oferecimento do mesmo como garantia, pelo casal ou entidade familiar (inciso V);[33] por ter sido adquirido com produto de crime ou para execução da sentença penal condenatória a ressarcimento, indenização ou perdimento de bens (inciso VI); e, finalmente, por obrigação decorrente de fiança concedida em contrato de locação (inciso VII).[34]

Ressalta-se que o inciso I do art. 3º foi revogado pela Lei Complementar nº 150, de 2015, que dispõe sobre o contrato de trabalho doméstico.

---

30 STJ – 2ª Seção – EAREsp 848498/PR – Rel. Min. Luis Felipe Salomão – Julg. 25.04.2018 – *DJe* 07.06.2018.
31 "Altera o inciso III do art. 3º da Lei nº 8.009, de 29 de março de 1990, que disciplina o instituto do bem de família, para assegurar proteção ao patrimônio do novo cônjuge ou companheiro do devedor de pensão alimentícia."
32 Recentemente, a Terceira Turma do STJ decidiu ser possível a penhora de bem de família por dívida de contrato de empreitada global para construção do imóvel. Conforme julgado: REsp 1.976.743/SC – Rel. Min. Nancy Andrighi – Julg. em 08.03.2022 – *DJe* de 11.03.2022.
33 Nesse sentido, convém pontuar que, conforme entendimento do STJ (julgamento do Recurso Especial nº 1.789.505/SP), o disposto no inciso V do art. 3º não será aplicado a imóveis dados como caução. O Ministro Relator Marco Buzzi destacou que "Trata-se de mecanismos com regras e dinâmica de funcionamento próprias, cuja equiparação em suas consequências implicaria inconsistência sistêmica".
34 Este inciso foi acrescido pelo art. 82 da Lei nº 8.245, de 18.10.1991, que regula a locação de imóveis urbanos.

A exceção prevista no art. 3º, V, da Lei nº 8.009/1991, que deve ser interpretada restritivamente, somente atinge os bens que foram dados em garantia de dívidas contraídas em benefício da própria família. Em caso analisado pelo STJ, considerou-se que a hipoteca havia sido constituída em garantia de dívida de terceiro, o que não afastaria a proteção dada ao imóvel pela lei que rege os bens de família.[35]

Ressalta-se que, de acordo com o entendimento da 3ª Turma do STJ, a ausência de registro da hipoteca em cartório de registro de imóveis não afasta a exceção à regra de impenhorabilidade prevista no art. 3º, V, da Lei nº 8.009/1990, a qual autoriza a penhora de bem de família dado em garantia hipotecária na hipótese de dívida constituída em favor de entidade familiar. Para a Turma, se a ausência de registro da hipoteca não a torna inexistente, mas apenas válida *inter partes* como crédito pessoal, a ausência de registro da hipoteca não afasta a exceção à regra de impenhorabilidade prevista no art. 3º, V, da Lei nº 8.009/1990.[36]

Em relação à exceção prevista no inciso VI, decidiu a 4ª Turma do STJ que, na execução civil movida pela vítima, não é oponível a impenhorabilidade do bem de família adquirido com o produto do crime, ainda que a punibilidade do acusado tenha sido extinta em razão do cumprimento das condições estipuladas para a suspensão condicional do processo. Considerou-se que o legislador não exigiu a existência de condenação criminal transitada em julgado para a incidência da referida exceção à regra de impenhorabilidade.[37]

Merece destaque, ainda, a decisão da 3ª Turma do STJ, tendo como Relator o Ministro Massami Uyeda, que decidiu que a impenhorabilidade do bem de família não pode ser oposta ao credor de pensão alimentícia decorrente de indenização por ato ilícito (no caso, um acidente de trânsito). O Relator esclarece que "a pensão alimentícia é prevista no artigo 3.º, inciso III, da Lei n. 8.009/90, como hipótese de exceção à impenhorabilidade do bem de família. E tal dispositivo não faz qualquer distinção quanto à causa dos alimentos, se decorrente de vínculo familiar ou de obrigação de reparar danos".[38]

Da mesma forma, o art. 4º da mesma Lei excluiu dos seus benefícios aquele que, sabendo-se insolvente, adquire de má-fé imóvel mais valioso para transferir a residência familiar, desfazendo-se ou não da residência antiga. O § 1º do mesmo artigo autoriza o juiz, na respectiva ação do credor, a transferir a impenhorabilidade para a moradia familiar anterior, ou anular-lhe a venda, liberando a mais valiosa para a execução ou concurso, conforme a hipótese.

---

35 STJ – 4ª Turma – REsp 997.261/SC – Rel. Min. Luis Felipe Salomão – Julg.: 15.03.2012. Precedentes citados: REsp 268.690/SP – *DJe* 12.03.2001; REsp 1.022.735/RS – *DJe* 18.02.2010, e AgRg no AgRg no Ag 1.094.203/SP – *DJe* 10.05.2011.
36 STJ – 3ª Turma – REsp 1.455.554/RN – Rel. Min. João Otávio de Noronha – Julg.: 14.06.2016.
37 STJ – 4ª Turma – REsp 1.091.236/RJ – Rel. Min. Marco Buzzi – Julg.: 15.12.2015 – *DJe* 01.02.2016.
38 STJ – 3ª Turma – REsp. 1186225/RS – Rel. Min. Massami Uyeda – Julg. em 04.09.2012 – *DJe* 13.09.2012.

Destaca-se acórdão proferido pela 3ª Turma do STJ, no julgamento do REsp 1.364.509/RS,[39] que reconheceu a ocorrência de fraude de execução e afastou a proteção conferida pela Lei nº 8.009/1990, no caso de doação realizada ao menor impúbere, do único imóvel onde residia a família, dias depois de intimados os devedores para pagar quantia certa, em cumprimento de sentença.

Para a Relatora Ministra Nancy Andrighi, "a exegese sistemática da Lei nº 8.009/1990 evidencia nítida preocupação do legislador no sentido de impedir a deturpação do benefício legal, vindo a ser utilizado como artifício para viabilizar a aquisição, melhoramento, uso, gozo e/ou disposição do bem de família sem nenhuma contrapartida, à custa de terceiros". Assim, "é preciso considerar que, em regra, o devedor que aliena, gratuita ou onerosamente, o único imóvel, onde reside com a família, está, ao mesmo tempo, dispondo daquela proteção legal, na medida em que seu comportamento evidencia que o bem não lhe serve mais à moradia ou subsistência".

Reconheceu a Súmula nº 205 do Superior Tribunal de Justiça a aplicabilidade da Lei nº 8.009/1990 "mesmo se a penhora for anterior à sua vigência".

O art. 5º da lei especial determina que para os efeitos da impenhorabilidade considera-se um único imóvel utilizado pelo casal ou pela entidade familiar para moradia permanente.

Interpretando a mesma norma a 4ª Turma do Superior Tribunal de Justiça, tendo como Relator o Ministro Ruy Rosado, estabeleceu que, em se tratando do único bem residencial do devedor, ainda que nele não tenha efetiva residência, é de ser aplicada ao caso a regra da impenhorabilidade da Lei nº 8.009/1990. Se o imóvel está locado servindo de subsistência da família que passa a morar em imóvel alugado, nem por isso o bem perde a sua destinação imediata que continua sendo garantia à moradia familiar.[40]

Não se pode afastar o reconhecimento de bem de família ao único bem pertencente ao casal na hipótese de separação judicial ou dissolução de união estável, gozando o seu titular dos benefícios da lei aquele que permanecer com a guarda dos filhos.

Rita de Cássia Correa de Vasconcelos considera que "ainda que o executado tenha destinado o imóvel residencial para a moradia do ex-cônjuge com a prole comum, este imóvel está sob a proteção da impenhorabilidade legal, pois abriga os filhos do devedor". (...) "Se por ocasião da partilha de bens em comunhão for destinado um imóvel para cada um deles, a melhor solução é no sentido de reconhecer a existência de duas novas entidades familiares, ambas sujeitas à proteção da Lei nº 8.009/1990".[41]

Na hipótese de dívidas de alimentos, não pode o devedor pretender a impenhorabilidade em sua defesa (art. 3º); no entanto, não lhe pode ser negado o benefício da

---

39 STJ – 3ª Turma – REsp 1.364.509/RS – Rel. Min. Nancy Andrighi – julg. em 10.06.2014 – *DJe* 17.06.2014.
40 STJ – 4ª Turma – REsp. nº 98.958/DF – julg. em 19.11.1996, e REsp. nº 114.119/SP – julg. em 18.12.1997.
41 Rita de Cássia Correa de Vasconcelos, *A Impenhorabilidade dos Bens de Família e as Novas Entidades Familiares*, p. 214.

lei especial se o imóvel é a única residência do executado, onde reside com os filhos do segundo matrimônio.

A 5ª Turma do STJ, tendo como Relator o Ministro Jorge Scartezzini, alertou no sentido de se "respeitar, em razão do regime de casamento adotado, a meação referente ao cônjuge do alimentante, que deve ser reservada em caso de hasta pública".[42]

Da mesma forma, a 4ª Turma do STJ, tendo com Relator o Ministro Jorge Scartezzini, afastando a alegação de impenhorabilidade do bem de família nos termos do art. 3º, III, da Lei nº 8.009/1990, considerou válido o arresto efetuado no referido bem, que, em caso do não pagamento do débito alimentar será convertido em penhora, de acordo com o art. 654 do Código de Processo Civil/1973 – art. 830, § 3º, CPC/2015. Ressalvou o Ilustre Julgador a meação da esposa do alimentante, que não é devedora dos alimentos devidos ao filho deste, nascido fora do casamento.[43]

A Jurisprudência vem admitindo, ainda, a incidência da indisponibilidade de bens determinada em ação civil pública por ato de improbidade administrativa sobre bem de família.[44]

Importa asseverar, ainda, que a 3ª Turma do STJ vem afastando a impenhorabilidade do bem de família nos casos em que houver violação do princípio da boa-fé objetiva. Nesse sentido, "não pode o devedor ofertar bem em garantia que é sabidamente residência familiar para, posteriormente, vir a informar que tal garantia não encontra respaldo legal, pugnando pela sua exclusão (vedação ao comportamento contraditório)".[45]

Diverso do modelo previsto no Código de 1916, que foi recepcionado pelo Código de 2002, a impenhorabilidade da Lei nº 8.009/1990 se apresenta de forma efetiva na medida em que se impõe independentemente de qualquer formalidade. No entanto, a dispensa de registro ou outra formalidade dificulta a sua publicidade, o que o torna vulnerável perante terceiros.

Álvaro Villaça Azevedo alerta, finalmente, que o bem de família instituído no Código Civil é o patrimônio, a propriedade, num sentido protetivo do núcleo familiar, devendo, por isso, apresentar-se com maiores limitações, além das normais.[46]

---

42 STJ – 5ª Turma – REsp. nº 697.893/MS – Rel. Min. Jorge Scartezzini – julg. em 21.06.2005. Precedentes citados: RMS 9.316/MG – *DJ* de 14.12.1998; REsp. nº 200.251/SP – *DJ* de 29.04.2002; EREsp. nº 111.179/SP – *DJ* de 11.05.2005, e REsp. nº 439.542/RJ – *DJ* de 1º.09.2003.

43 STJ – 5ª Turma – REsp. nº 697893/MS – Rel. Min. Jorge Scartezzini – *DJ* de 21.06.2006. Completou o Relator: Note-se que este Tribunal de uniformização infraconstitucional já firmou entendimento no sentido da possibilidade de bem indivisível de propriedade comum do casal, em razão do regime de casamento adotado, ser penhorado e levado à hasta pública em sua totalidade, desde que reservada à cônjuge meeira a metade do valor obtido.

44 STJ – 1ª Turma – AgInt no REsp 1670672/RJ – Rel. Min. Benedito Gonçalves – Julg. 30.11.2017 – *DJe* 19.12.2017.

45 STJ – 3ª Turma – REsp 1.782.227/PR – Rel. Min. Nancy Andrighi – Julg. em 27.08.2019, *DJe* 29.08.2019; STJ – 3ª Turma – REsp 1.560.562/SC – Rel. Min. Nancy Andrighi – Julg. em 02.04.2019 – *DJe* 04.04.2019.

46 Álvaro Villaça Azevedo, ob. cit., p. 217.

Destaque-se, ainda, que os benefícios do Código de 2002 e da Lei n° 8.009/1990, priorizando a convivência do núcleo familiar, representam a efetiva segurança para a vida e desenvolvimento de seus membros.

É neste sentido que a 3ª Turma do STJ, no REsp n° 1.126.173/MG, tendo como Relator o Ministro Ricardo Villas Bôas Cuevo, determinou a proteção da impenhorabilidade a dois núcleos familiares de forma simultânea, visando resguardar o sentido amplo de entidade familiar. O Relator esclarece que "no caso de separação dos membros da família, (...) a entidade familiar, para efeitos de impenhorabilidade de bem, não se extingue, ao revés, surge em duplicidade: uma composta pelos cônjuges e outra composta pelas filhas de um dos cônjuges". No acórdão, ressalta-se que a Lei n° 8.009/90 tem como finalidade maior a proteção do direito fundamental à moradia.[47]

---

47 STJ – 3ª Turma – REsp n° 1.126.173/MG – Rel. Min. Ricardo Villas Bôas Cuevo – Julg.: 09.04.2013 – *DJe* 12.04.2013.

Índice Alfabético-remissivo
(Os números se referem aos parágrafos.)

A

Abandono material da Família. Delito – 428
Abandono. Separação Judicial Litigiosa – 406
Ação anulatória do registro – 410
Ação de alimentos – *Vide* Alimentos – 426, 428
Ação de busca e apreensão de filho – 417
Ação de contestação de reconhecimento – 411
Ação de contestação da maternidade – 410
Ação de contestação de paternidade – 410
Ação de estado ou ações prejudiciais – 410
Ação de impugnação da paternidade – 410
Ação de vindicação do estado de filiação – 410
Ação investigatória – imprescritibilidade – 409, 410
Ação investigatória (*vide* Paternidade) – 412
Ação negatória da maternidade – 410
Ação negatória da paternidade – 410
Ações de Família – Novo CPC – 405-C
Administração dos bens do filho – 404, 417, 418
Administrador provisório dos bens do interditando – 423-A
Adoção simples – 413
Adoção. Alimentos – 427
Adoção. Aspectos históricos – 413
Adoção. Anuência do companheiro – 414
Adoção. Aspectos criminais – 413-D
Adoção. Código Civil e Estatuto da Criança e do Adolescente – 414
Adoção. Conceito e natureza jurídica – 413-A, 414
Adoção. Considerações gerais – Introdução, 413
Adoção. Criança ou adolescente afastado do convívio familiar – 414
Adoção. Efeitos – 413-B
Adoção. Igualdade de direitos entre filhos – 413
Adoção. Impedimento matrimonial – 380
Adoção Internacional – 414-A
Adoção. Legitimação adotiva – 413
Adoção. Licença maternidade – 413-C
Adoção. Maiores de 18 anos – 413
Adoção. Parentesco – 409
Adoção. Pelo tutor – prestação de contas – 419
Adoção. Pelo Curador do ascendente interdito – 423-A
Adoção. Poder Familiar – 414
Adoção plena. Disciplina – 413
Adoção. Por procurador – proibição – 414
Adoção. Requisitos – 414
Adulterino *a matre*. Aspectos históricos – 411
Adulterino *a patre*. Aspectos históricos – 411
Adultério. Não ilide a presunção de paternidade – 410
Adultério. Perdão tácito – 406, 407-B
Adultério. Quebra do dever de fidelidade – 396
Affectio maritalis no Direito Romano – 373, 396, 405
Afinidade. *Vide* Parentesco – 408
Agnatio. Parentesco – 408
Alienação Parental – 407-G
Alimentos. Atualização – 425
Alimentos compensatórios – 426, 428-D
Alimentos convencionais – 427
Alimentos decorrentes de relações não biológicas – 427-D
Alimentos decorrentes de ato ilícito – 427-A

Alimentos gravídicos – 427-B
Alimentos provisionais – 426, 427, 428
Alimentos testamentários – 427
Alimentos. Código Civil de 2002 – 426
Alimentos. Companheiros – 428-A
Alimentos. Cônjuge separado – 425
Alimentos. Desemprego – 425
Alimentos. Divórcio – 426
Alimentos. "Estatuto da Criança e do Adolescente" – 427
Alimentos. "Estatuto das Pessoas Idosas" – 426
Alimentos. Execução – 428-A
Alimentos. Impenhorabilidade – 425
Alimentos. Imprescritibilidade – 425
Alimentos. Inacessibilidade – 425
Alimentos. Incompensabilidade – 425
Alimentos. Irrepetibilidade – 425
Alimentos. Legado de Alimentos – 427, 427-E
Alimentos. Nascituro – 427, 427-B, 429-A
Alimentos. Proporcionalidade – 425
Alimentos. Reciprocidade – 425
Alimentos. Revisibilidade – 428-A
Alimentos. Sanção – 428
Alimentos. Ação – 426, 428
Alimentos. Ato ilícito – 427-A
Alimentos. Cessação – 428
Alimentos. Conceito, natureza e caracteres – 425, 426
Alimentos. Desconto em folha – 428
Alimentos. Não são devidos para o tempo passado – 428
Alimentos. Requisitos – 425
Alimentos. Separação de fato – 427
Apelidos do marido – 398
Aquestos. Regime de comunhão parcial – 403-A
Assento de nascimento – 409
Assento do casamento – 386
Assistência aos psicopatas – 423
Assistência mútua, dever conjugal – 396
Ato ilícito. Alimentos à vítima – 427-A
Ausência de consentimento: casamento inexistente – 390
Ausência de vínculo. Requisito matrimonial – 377
Ausência física. Por si só não induz falta ao dever de coabitação – 396
Autoridade incompetente: casamento inexistente – 390
Autorização como requisito matrimonial – 376-A
Autorização para casar: revogação – 376-A, 416
Autorização para casar: tutelado – 421
Autorização. Suprimento judicial – 376-A, 416

B

Balanço anual. Curatela – 423-D
Balanço anual. Tutela – 422
Bem de família legal na Lei nº 8.009/1990 – B-3
Bem de família voluntário no Código Civil – B-2
Bem de família. Aspectos gerais – B-1
Bem de família. Extinção da sociedade conjugal – B-2
Bem de família. Histórico – B-1-A
Bem de família. Impenhorabilidade – B-3
Bem de família. Natureza jurídica – B-1-B
Bem de família. Valores mobiliários – B-2
Bens de órfãos – 422
Bens reservados da mulher – considerações especiais – 402
Bigamia. Impedimento matrimonial – 380
Bigamia. Nulidade do casamento – 391
Busca e apreensão de filho – 416

C

Capacidade específica para o casamento – 376-A
Caracteres dos alimentos – 425
Casamento civil e casamento religioso – 376
Casamento religioso com efeitos civis – 376
Casamento. Anulável – 392
Casamento. Ato complexo – 374
Casamento. Caráter sacramental – 374
Casamento. Definições – 373
Casamento. Deveres com a prole – 396
Casamento. Inexistência – noção e casos – 390
Casamento. Irregular – 394
Casamento. No exterior: prova – 389
Casamento. Nulo – 391
Casamento. Nuncupativo – 387
Casamento. Procuração – 388
Casamento. Putativo. Noção e efeitos – 393
Casamento. Assento – 386
Casamento. Capacidade – 376-A
Casamento. Caracteres – 375
Casamento. Cerimônia nupcial – 384
Casamento. Cerimônia nupcial – Presença dos nubentes – 384
Casamento. Cerimônia nupcial – suspensão – 385
Casamento. Conceito – 373
Casamento. Contrato ou instituição – 374
Casamento. Deveres de ambos os cônjuges – 396
Casamento. Deveres – Fidelidade recíproca – 396
Casamento. Deveres implícitos – 396
Casamento. Deveres – mútua assistência – 396

ÍNDICE ALFABÉTICO-REMISSIVO

Casamento. Deveres – vida em comum no domicílio conjugal – 396
Casamento. Direitos e deveres patrimoniais entre os cônjuges – 401
Casamento. Direitos e deveres vinculados à atividade empresarial – 397
Casamento. Direitos sucessórios dos cônjuges – 398
Casamento. Dissolução – 405
Casamento. Efeitos jurídicos em geral – 395
Casamento. Efeitos patrimoniais – 395
Casamento. Efeitos patrimoniais – Direito real de habitação – 395
Casamento. Efeitos pessoais – 395
Casamento. Efeitos sociais – 395
Casamento. Esponsais – 376
Casamento. Finalidades – 375
Casamento. Habilitação – Processo – 383
Casamento. Habilitação – Requisitos e pressupostos matrimoniais – 382
Casamento. Impedimentos – 377, 378, 379
Casamento. Natureza jurídica – 374
Casamento. Posse de estado – 389-A
Casamento. Presunção de morte – 381-A
Casamento. Prova – 389
Casamento. Suspensão da cerimônia – 384
Causas suspensivas. Aspectos gerais – 380
Causas suspensivas. Casamento (casamento irregular) – 394
Causas suspensivas. Confusão de patrimônios – 380
Causas suspensivas. Contas da tutela e curatela – 380
Causas suspensivas. Divórcio – 380
Causas suspensivas. Oposição – 380
Causas suspensivas. Confusão de sangue – 380
Celebração. Falta: casamento inexistente – 390
Cerimônia nupcial – 384
Cerimônia nupcial – Data, hora e local – 384
Cerimônia nupcial – Suspensão – 385
Certidão de nascimento – "Documento de nascido Vivo" – DNV – 409
Certidão de habilitação – 383
Certidão de óbito. Habilitação para casamento – 382
Certidão do casamento. Prova específica – 389
Cessação da curatela – 424
Cessação da tutela – 422
Cessação do poder familiar – 418
Cessação de obrigação alimentar – 426
Coabitação. Deveres dos cônjuges – 396

Coação. Casamento anulável – 392
Coemptio. Casamento romano – 375
Cognatio. Parentesco – 409
Cogestão dos cônjuges – 396
Coisa julgada. Investigação de paternidade – 412
Coisa julgada. Sentença na ação de alimentos – 428
Comunhão parcial de bens – 403-A
Comunhão universal. Cessação – 403-B
Comunhão universal. Exclusões – 403-B
Comunicação de aquestos – 395
Comunicação dos aquestos no regime de separação legal – 400
Concepção do filho. Determinação do momento – 410
Concubinato e União estável – Anexo A
Confarreatio. Cerimonial no Direito Romano – 375
Conflito de presunções na paternidade – 410
Confusão de patrimônio. Causas Suspensivas – 380
Confusão de sangue. Causas Suspensivas – 380
Consentimento para casar – 376-A, 416
Consentimento, ausência total: casamento inexistente – 390
Contas da curatela – 423-D
Contas da tutela: Causas suspensivas – 422
Contas da tutela. Obrigação do tutor – 422
Contas na administração dos bens dos filhos menores – 404
Contestação da maternidade – 410
Contestação de reconhecimento – 411
Contratos entre esposos – 399
Controle da natalidade – Planejamento familiar – Introdução, 372-A, 376-A, 395, A-4
Convenção antenupcial. *Vide* pacto antenupcial – 403
Corretagem matrimonial – 376
Criação e educação de filho – 416
Crise da autoridade paterna – 417
Crise da família. Mais aparente que real – Introdução
Cuidados especiais com a família no direito moderno – Introdução
Curador ao nascituro – 423-B
Curador do interdito – Representante dos filhos – 416
Curador especial ao filho – colisão de interesses – 416, 417
Curador pode adotar o filho do interdito – 423-A
Curadoria oficial e curatela – 424
Curatela no Código Civil – 423-A

Curatela compartilhada – 423-D
Curatela. Cessação – 424
Curatela. Excepcionais sem o completo desenvolvimento mental – 423-A
Curatela. Nascituro – 423-B
Curatela. Processo de Interdição – 423-A
Curatela. Pródigo – 423-E
Curatela. Conceito e espécie – 423
Curatela. Deficientes físicos – 423-C
Curatela. Deficientes mentais – 423-A
Curatela. Ébrios habituais – 423-A
Curatela. Enfermo – 423-C
Curatela. Exercício – 423-D
Curatela e Idoso – 423
Curatela. Toxicômanos – 423-A

D

Dano moral na promessa de casamento – 388
Dano moral no divórcio – 407-B
Dano moral por abandono afetivo – 416
Débito conjugal. Dever dos cônjuges – 396
Declaração de estado civil; habilitação para casamento – 378
Defeito físico irremediável. Anulação do casamento – 392
Defesa. Investigação de paternidade – 412
Depreciação monetária. Pensão alimentar – 428
Desagregação da família. Crise da família – Introdução
Descodificação – Introdução
Desconsideração da pessoa jurídica e ação de alimentos – 428
Desconto em folha: pensão alimentar – 428
Deveres de ambos os cônjuges – 396
Deveres e direitos patrimoniais entre cônjuges – 401
Deveres e direitos patrimoniais entre cônjuges – bens móveis – 401
Deveres e direitos dos cônjuges – atividade empresarial – 397
Direito ao nome afetivo – 414-B
Direito ao nome no Divórcio – 407
Direito de Família. Caráter institucional – 371
Direito de Família. Definição – 371
Direito de Família. Inovações constitucionais – 372-A
Direito de Família. Institutos que o compõem – 372
Direito de Família. Princípios norteadores – 372-E
Direito de Família. Publicização – 371

Direito de Família. Sua colocação no direito privado – Introdução – 371
Direito real de habitação – Cônjuges – 398
Direito real de habitação – União estável – A-4
Direitos de Família puros. Em confronto com os patrimoniais – 371
Direitos dos companheiros na Lei nº 8.971/1994 – A-2
Direitos dos companheiros na Lei nº 9.278/1996 – A-3
Direitos dos companheiros no Código Civil – A-4
Direitos sucessórios dos cônjuges – 398
Dissolução do casamento – Divórcio – 405
Dissolução do casamento – Divórcio – conversão – 406
Dissolução do casamento – Aspectos gerais – 405
Dissolução do casamento – Direito ao nome: os efeitos da separação e do divórcio – 407
Divórcio. Alimentos – 426
Divórcio extrajudicial – 405
Divórcio no exterior – 406-A
Divórcio. Considerações iniciais – 405
Divórcio-remédio – 405
Divórcio-sanção – 405
Doações entre cônjuges – 403-E
Documentação. Habilitação para casamento – 378
"Documento de Nascido Vivo" – DNV – 409
Dolo. Anulação do casamento – 392
Dualidade de filiações não se admite – 412

E

Edital de casamento – 377
Edital. Dispensa de publicação – 378
Efeitos da adoção – 413-B
Efeitos do reconhecimento de paternidade – 411
Efeitos jurídicos do casamento – 395
Efeitos patrimoniais do casamento – 395
Encargo alimentar testamentário – 427
Encíclica *Humanae Vitae* – Introdução
Enfermidades. Não constituem impedimento – 382
Entidade Familiar – 372-A, Anexo A
Erro essencial. Casamento anulável – 392
Erro sobre o ato em si mesmo – 392
Escrito. Investigação de paternidade – 412
Escusas do tutor – 420
Esponsais como contrato pré-nupcial – 376
Estado de casados. Efeito jurídico do casamento – 395
Estado de filiação. Direito personalíssimo, indisponível e imprescritível – 411

Estatuto da Criança e do Adolescente – 372-C
Estatuto da Juventude – 372-D
Estatuto da mulher casada – Introdução
Estatuto da Pessoa com Deficiência – 423
Estatuto da Pessoa Idosa – Introdução, 372-E, 426
Estrutura do organismo familiar. Mudança – Introdução
Evolução do Direito de Família – Introdução
Exame de sangue. Prova de paternidade – 410, 412
Exceptio plurium concubentium – 412
Exercício da tutela – 421

F

Falta de Celebração. Casamento inexistente – 390
Família constitucionalizada – Introdução
Família matriarcal – 369
Família natural – 368, 372
Família patriarcal romana – 369, 416
Família reconstituída – 370
Família romana patriarcal – 369
Família romana. Seu fundamento ético – 416
Família socioafetiva – 372-B
Família. Estatuto da Pessoa Idosa – 372-D
Família. Célula social – 368
Família. Conceito – 370
Família. Concepção moderna – 370
Família. Despatrimonialização – Introdução, 368
Família. Estatuto da Criança e do Adolescente – 372-C
Família. Inovações constitucionais – 372-A
Família. Institutos – 372
Família. Manutenção – 427
Família. Natureza jurídica – 371
Família. Origem e evolução – 369
Família. Para efeitos sucessórios vai até o quarto grau colateral – 368
Família. Personalidade jurídica – Introdução
Família. Planejamento familiar – Introdução – 372-A, 376-A, 395, A-4
Família. Publicização – Introdução, 371
Família. Referência na "Carta das Nações Unidas" – Introdução
Fidelidade recíproca. Dever de ambos os cônjuges – 396
Filho adulterino *a matre*. Aspectos históricos – 411
Filho adulterino *a patre*. Aspectos históricos – 411
Filiação decorrente do casamento: indivisibilidade – 410
Filiação – Maternidade – Provas – 409

Filiação nas relações matrimoniais – 409
Filiação – Reconhecimento voluntário – Aspectos gerais – 411
Filiação – Reconhecimento voluntário – Aspectos históricos – 411
Filiação – Presunções – Conflitos – 409
Finalidades do casamento – 375
Formas do casamento romano – 375

G

Garantia da tutela – 421
Gratificação ao tutor – 421
Grau de parentesco – 409
Guarda e sustento dos filhos – 396
Guarda na dissolução da sociedade conjugal – 407-B
Guarda na Lei nº 8.069, de 1990 – 422-A
Guarda compartilhada – 416, 407-B, 418-A
Guarda definitiva – 422-A
Guarda provisória – 422-A

H

Habilitação – Requisitos e pressupostos matrimoniais – 382
Habilitação *a posteriori* para os efeitos civis do casamento religioso – 376
Hasta pública. Alienação de bens de órfão – 421
Hipoteca legal. Tutela – 421
Homicídio. Impedimento matrimonial – 380
Homicídio. Nulidade do casamento – 391
Humanae Vitae. Encíclica papal – Introdução

I

Idade núbil. Impedimento matrimonial – 381
Idade. Requisito matrimonial – 377
Igualdade jurídica entre os cônjuges – Introdução, 398
Impedimento. Casamento anterior – 378
Impedimento. Decorrente de crime – 378
Impedimento. Decorrente da adoção – 378
Impedimento. Parentesco – Afinidade – 378
Impedimento. Parentesco em linha colateral – 378
Impedimento. Parentesco em linha reta – 378
Impedimentos. Classificação – 378
Impedimentos no Código Civil – 378
Impedimento. Distingue-se de incapacidade – 379
Impedimentos. Oposição – 379

Impenhorabilidade da pensão alimentar – 426
Impotência. Anulação do casamento – 392
Imprescritibilidade do direito aos alimentos – 426
Impugnação de paternidade – 410
Incapacidade para tutela – 420
Incapacidade. Casamento anulável – 392
Inacessibilidade do crédito alimentar – 426
Incesto, nulidade de casamento – 391
Incesto. Impedimento matrimonial – 380
Incompensabilidade da obrigação alimentar – 426
Incompetência da autoridade: casamento inexistente – 390
Incompetência do juiz. Anulabilidade do casamento – 391
Indelegabilidade da tutela – 421
Indenização pelo rompimento de noivado – 376
Indenização por abandono afetivo – 416
Indivisibilidade da filiação – 410
Indivisibilidade da tutela – 422
Ineficácia do casamento – 390
Inexistência do casamento – 390
Inferioridade da mulher no Direito romano – Introdução
Infidelidade moral. Não é adultério, porém injúria – 396
Inflação. Pensão alimentar – 428
Injúria. Separação judicial. Aspectos históricos – 406
Inseminação artificial: problema do adultério e da injúria – 406
Inseminação artificial – Introdução
Institutos do Direito de Família – 372
Interdição. Levantamento – 424
Investigação de paternidade. Aspectos históricos – 412
Investigação de paternidade. Filhos adulterinos – Vedação anterior – 412
Investigação de paternidade. Filhos incestuosos – Vedação anterior – 412
Investigação de paternidade. Juízo competente – 412
Investigação de paternidade. Legitimidade ativa – 412
Investigação de paternidade. Legitimidade passiva – 412
Investigação de paternidade. Defesa – 412
Investigação de paternidade. Autoridade da coisa julgada – 412
Investigação de paternidade. Das provas – 412
Investigação de paternidade. Casos permissivos no Código de 1916 – 412
Investigação de paternidade. Do nome – 412

Irmãos germanos – 408
Irmãos unilaterais – 408
Irregularidade do casamento, diversa da nulidade – 394
Irrenunciável. O direito à ação anulatória do casamento – 391
Irrevogabilidade do reconhecimento – 412

J

Justificação – prova do casamento – 389
Juiz – Impressão pessoal na interdição – 423-A
Juiz – Responsabilidades na tutela – 421

L

Legado de alimentos – 427
"Lei Maria da Penha". Aspectos civis – 407-F
"Lei Maria da Penha". Contribuição – 405-A
Levantamento da interdição – 424
Licença-maternidade. Adoção – 413-C
Local, hora e data da cerimônia nupcial – 384

M

Mãe bínuba. Poder familiar – 415
Manutenção da família – 397, 427
Maternidade – ação investigatória – 412
Maternidade. Prova – 409
Maternidade. Sempre certa – 412
Matriarcado. Origem e evolução da família – 369
Ministério Público. Pode opor impedimento – 379
Moléstia grave. Casamento anulável – 392
Mudo. Declaração nupcial – 384
Mulher. Igualdade jurídica – Introdução
Mulher. Modificação na sua condição jurídica e social – 395
Mutação dos conceitos básicos da família – Introdução
Mútua assistência. Dever de ambos os cônjuges – 396

N

Nascituro. Curadoria – 423-B
Nascituro. Direito a alimentos – 427-B
Natalidade. Limitação – Introdução
Natureza jurídica da adoção – 414
Natureza jurídica da família – 371
Natureza jurídica do casamento – 374
Natureza jurídica do reconhecimento de paternidade – 411-C

ÍNDICE ALFABÉTICO-REMISSIVO

Necessidades do alimentando – 426
Noivado. Compromisso moral dos nubentes – 376
Nome. Direito de acrescer recíproco entre cônjuges – 375
Nome afetivo – 414-B
Nome do marido: quando a mulher perde-o – 407
Nulidade de atos praticados após a sentença de interdição – 424
Nulidade do casamento. Casos – 391
Nulidade do casamento. Efeitos – 391

O

Obediência, respeito e serviços do filho menor – 416
Obrigação alimentar – *vide* alimentos – 425
Oposição dos impedimentos – 379
Ordem pública. Sua predominância no Direito de Família – 371
Origem e evolução da família – 369

P

Pacto antenupcial – regime da participação final nos aquestos – 403-C
Pacto antenupcial. Comparecimento do pai ou tutor – 403
Pacto antenupcial. Considerações gerais – 403
Pacto antenupcial. Registro – 403
Parentesco Civil – 408
Parentesco de outra origem – 408
Parentesco. Adoção – 408
Parentesco. Afinidade – 408
Parentesco. Impedimento matrimonial – 380
Parentesco. Linha colateral – 408
Parentesco. Relações – 408
Partilha de bens. Separação Judicial e Divórcio – 405-A, 405-B, 406
Paternidade. Direito ao nome – 409, 411, 412
Paternidade. Exclusão – 409
Paternidade. Ação investigatória – 412
Paternidade. Ação investigatória – provas – 412
Paternidade. Efeitos da coisa julgada – 412
Paternidade. Impugnação – 410
Paternidade. Posse de estado – 409
Paternidade. Reconhecimento voluntário – 411
Paternidade. Responsável – Introdução
Paternidade socioafetiva – 410
Patriarcado. Origem e evolução da família – 369
Pecúlios. Teoria – 418
Pensão alimentar. Cessação – 428
Pensão alimentar: desconto em folha de pagamento – 428

Pensão alimentar: em dinheiro ou em hospedagem – 428
Pensão alimentar: revisão – 428
Personalidade jurídica da família. Refutação da tese – Introdução
Planejamento familiar – Introdução, 372-A, 376-A, 395, A-4
Poder familiar quanto aos bens dos filhos – 404, 417
Poder familiar. Adoção – 414
Poder familiar. Adolescente – 416
Poder familiar. Cessação, suspensão e perda – 418
Poder familiar. Direito de correção – 416
Poder familiar. Evolução histórica – 415
Poder familiar. Guarda Compartilhada – 418-A
Poder familiar. Medidas aplicáveis aos pais ou responsável – 418
Poder familiar. Obrigatoriedade de os pais matricularem os filhos na rede regular de ensino – 416
Poder familiar. Pessoa do filho – 416
Poder familiar. Responsabilidade civil dos pais – 415
Poder familiar. Usufruto e administração dos bens de filhos menores – 404, 417
Poder Familiar. Evolução e conceito – 415
Poder familiar. Violência intrafamiliar – 418
Poliandria. Origem e revolução da família – 369
Posse de estado de casados – 389
Posse de estado de filho – 410, 412
Posse de estado. Investigação de paternidade – 412
Possibilidade de dar alimentos – 426
Prazo de concepção – 410
Presença dos nubentes é necessária – 384
Presentes de noivado. Como se caracterizam – 376
Prestação de contas. Curatela – 424
Prestação de contas. Tutela – 422
Prestação de contas. Poder familiar – 404
Presunção de paternidade – 410
Princípio do melhor interesse da criança – 372-F
Prioridade absoluta – 372-F
Prisão. Débito alimentar – 428
Proclamas. Habilitação para o casamento – 383
Procriação dos filhos, finalidade do casamento – 375
Pródigo. Interdição – 423
Promessa de casamento. Indenização pelo rompimento – 376
Proporcionalidade. Prestação alimentar – 426
Prova da maternidade – 410

Prova da paternidade – 410
Prova do casamento – 389
Prova do casamento celebrado no estrangeiro – 389
Prova hematológica da paternidade – 410, 412, 413
Prova testemunhal da paternidade – 413
Psicopatas. Assistência – 423
Publicização do Direito de Família – Introdução

R

Reciprocidade do dever alimentar – 426
Reconhecimento voluntário da paternidade – Aspectos históricos – 411
Reconhecimento voluntário. Introduz o filho na família paterna – 411
Reconhecimento voluntário. Modalidades – 411
Reconhecimento voluntário. Não se admite de filho já reconhecido – 411
Reconhecimento voluntário. Em testamento. Vedada revogação – 411
Reconhecimento voluntário. No Registro do nascimento – 411
Reconhecimento voluntário. Escritura pública ou documento particular – 411
Reconhecimento voluntário. Efeito retro-operante (*ex tunc*) – 411
Reconhecimento voluntário. Dever de prestar alimentos – 411, 427
Reconhecimento voluntário. Ação de impugnação do reconhecimento – 411
Reconhecimento voluntário. Atributos – 411
Regime de bens. Começa a vigorar na data do casamento – 399
Regime de bens. União Estável – Anexo A
Regime de bens no casamento. Disposições gerais – 399
Regime de bens no casamento. Comunhão parcial – 403-A
Regime de bens no casamento. Comunhão universal – 403-B
Regime de bens no casamento. Doações antenupciais – 403-E
Regime de bens no casamento. Modificação – 399-A
Regime de bens no casamento. Pacto antenupcial – 403
Regime de bens no casamento. Participação Final nos Aquestos – 403-C
Regime de bens no casamento. Separação de bens (convencional) – 403-D

Regime de bens no casamento. Separação de bens obrigatória (legal) – 400
Registro dos editais de casamento – 378
Relações de parentesco – 408
Relações jurídicas pessoais e patrimoniais – Direito de Família – 372
Remoção do tutor – 422
Representação do filho pelos pais – 416
Representação do louco. Curatela – 423
Representação do menor. Tutela – 422
Requisitos. Casamento – 377
Responsabilidade civil dos pais – 416
Responsabilidade do juiz. Tutela – 422
Responsabilidade do tutor – 421, 422
Revisão. Pensão alimentar – 428
Rompimento do noivado – 376

S

Sacramento. Casamento cristão – 373, 374
Sanção ao opositor de impedimento – 379
Sanção. Prestação alimentar – 428
Sentença de divórcio: habilitação para casamento – 378
Sentença de interdição é declaratória – 424
Sentença na ação de alimentos: efeito retro-operante – 428
Separação de bens – 402
Separação de corpos – 406
Separação de fato. Direito a alimentos – 427
Separação extrajudicial – 407-C
Separação judicial consensual – 405-B
Separação judicial litigiosa – 405-A
Separação judicial litigiosa. Fundamentos. Aspectos históricos – 406
Separação obrigatória e a comunicação dos aquestos – 400
Serviços do filho menor – 416
Sinceridade, dever implícito dos cônjuges – 396
Sobrenome do Padrasto. Acréscimo – 407-A
Sociedade conjugal. Dissolução – 405
Sociedade entre cônjuges – 399
Socorro. Dever de assistência – 396
Solenidade do casamento – 375
Suprimento de autorização para casar – 378, 381, 385
Surdo-mudo. Declaração nupcial – 384
Suspensão da cerimônia nupcial – 383, 385
Suspensão do poder familiar – 418
Sustento e guarda dos filhos – 396

T

Taxinomia do Direito de Família – 371
Teoria dos pecúlios – 418

Testemunhas. Investigação de paternidade – 412
Toxicômano. Curatela – 423-A
Tutela. Exercício – 421
Tutela. Bens de órfãos – 421
Tutela. Conceito e espécies – 419
Tutela. Criança ou adolescente afastado do convívio familiar – 420
Tutela. Dativa – 419
Tutela. Escusas – 420
Tutela. Legítima – 419
Tutela. Testamentária – 419
Tutela. Extinção – 422
Tutela. Garantia – 421
Tutela. Incapacidade – 420
Tutela. Prestação de contas – 422
Tutela. *Protutor* – 421
Tutor. Gratificação – 421
Tutor. Incapacidades e escusas – 420
Tutor. Pode adotar o pupilo – 422
Tutor. Remoção – 422
Tutor. Responsabilidade – 422
Turbatio sanguinis. Causas suspensivas – 380

U

União estável e uniões livres – 373
União estável no Código Civil – A-4
União estável. Regime de bens – maiores de 70 anos – A-4
União estável. Adoção por companheiro – 414, A-4
União estável. Bem de Família – A-4, B-2
União estável. Companheiro como testemunha – A-4
União estável. Compra e venda entre companheiros – A-4
União estável. Constituição de sociedade entre companheiros – A-4
União estável. Direito ao nome – A-4
União estável. Direito aos alimentos – 428-A, A-4
União estável. Direito Intertemporal – A-4
União estável. Direito Real de habitação – A-4
União estável. Direitos dos companheiros na locação – A-4
União estável. Direitos dos companheiros na Lei nº 8.971/1994 – A-2
União estável. Direitos dos companheiros na Lei nº 9.278/1996 – A-3
União estável. Direitos sucessórios – A-4
União estável. Planejamento familiar – A-4
União estável. Regime patrimonial – A-4.1
União estável. Separação de corpos – A-4
União estável. Sociedades entre companheiros – 397, A-4
União estável. Usufruto da quarta parte ou da metade – 395
União homoafetiva – 370
Usucapião familiar – 398-A
Usufruto e administração dos bens de filhos menores – 404
Usufruto. Não cabe ao tutor – 422

V

Venire contra factum proprium – 372-F
Vida em comum. Dever de ambos os cônjuges – 396
Vínculo jurídico da paternidade – 412
Vindicação do estado de filiação – 410
Violência doméstica – 407-F
Visita e convivência com os avós – 407-C